第十四届中国智能交通年会论文集

第十四届中国智能交通年会学术委员会 编

电子工业出版社·

Publishing House of Electronics Industry

北京·BEIJING

内 容 简 介

《第十四届中国智能交通年会论文集》汇集了国内外城市交通、公路、铁路、车辆、水运、航空等不同智能交通领域的精选论文 67 篇，主要包含智能交通的发展与政策、智能交通技术、智能交通应用、智能交通的成果及转化，以及智能交通领域最近的热点研究。本书适合于智能交通相关领域的科研、技术和管理人员等阅读。

未经许可，不得以任何方式复制或抄袭本书之部分或全部内容。
版权所有，侵权必究。

图书在版编目（CIP）数据

第十四届中国智能交通年会论文集 / 第十四届中国智能交通年会学术委员会编. —北京：电子工业出版社，2019.10

ISBN 978-7-121-37585-9

Ⅰ. ①第… Ⅱ. ①第… Ⅲ. ①交通运输管理—智能系统—中国—学术会议—文集 Ⅳ. ①U-39

中国版本图书馆 CIP 数据核字（2019）第 219780 号

责任编辑：刘志红
印　　刷：涿州市般润文化传播有限公司
装　　订：涿州市般润文化传播有限公司
出版发行：电子工业出版社
　　　　　北京市海淀区万寿路 173 信箱　邮编　100036
开　　本：787×1 092　1/16　印张：47　字数：1203.2 千字
版　　次：2019 年 10 月第 1 版
印　　次：2024 年 11 月第 2 次印刷
定　　价：198.00 元（含光盘 1 张）

凡所购买电子工业出版社图书有缺损问题，请向购买书店调换。若书店售缺，请与本社发行部联系，联系及邮购电话：(010) 88254888，88258888。
质量投诉请发邮件至 zlts@phei.com.cn，盗版侵权举报请发邮件至 dbqq@phei.com.cn。
本书咨询联系方式：(010) 88254799，lzhmails@phei.com.cn。

编委会名单

主　编

李朝晨

副主编

武　平　金茂菁　关积珍　杨　颖

编　委

郭丽君　李晓雨　贺　松　宋　琪

学术委员会名单

主任委员

黄　卫

副主任委员

马　林　关积珍　王军利

委员（排名不分先后）

秦　勇　鲁光泉　张　可　刘春煌　王　力　夏井新
杨　琪　刘好德　魏　运　杨　颖　孙帮成　何兆成
李　萌　初秀民　殷惠广　董宏辉　刘　浩　田大新
魏秀琨　吕能超

目 录

三维可视图谱库构建及交通拥堵持续时间研究 ……………………………………… 1

基于人类学习优化算法的列车速度曲线优化 ……………………………………… 14

基于出行需求大数据的共享单车总量控制测算方法研究——以杭州为例 ………… 23

面向网联自动驾驶汽车的平视显示系统综述 …………………………………… 31

定制客运固定乘降点规划模型 …………………………………………………… 43

船用 HUD 系统的设计与仿真 …………………………………………………… 53

基于加权灰色关联的交通事故致因分析 ………………………………………… 62

高速磁浮线路平曲线最小半径优化分析 ………………………………………… 71

CBTC 和 CTCS 系统差异性分析及兼容性方案探讨 …………………………… 82

基于云计算技术的新一代公安交管信息系统架构研究 ………………………… 96

车辆轨迹融合电警数据的干道路径流量估计 …………………………………… 105

信号控制交叉口右转区域机非冲突消除方法 …………………………………… 118

数据驱动的城市快速路交通需求估计与推演方法 ……………………………… 129

航标漂移特征分析与防碰撞策略研究 …………………………………………… 140

铁路局安全风险管理信息系统研究与应用 ……………………………………… 150

自适应交通信号控制评价方法研究及应用 ……………………………………… 160

大中型客车侧翻重大事故特征及伤亡影响研究 ………………………………… 174

基于 AnyLogic 地铁车站自动售检票系统布局调整优化研究 ………………… 182

RSU 布局优化模型及仿真优化方法研究 ……………………………………… 192

基于公交车辆运用的充电桩增设数量估算方法 ………………………………… 205

基于 CBTC 的大数据智能软件测试技术研究 ………………………………… 219

基于 MT 发生器的船舶交通流仿真研究 ……………………………………… 233

基于 NMEA2000 标准的无人艇运动控制系统网络研究 ……………………… 245

基于大数据和仿真的高速交通指挥技术研究 …………………………………… 254

基于多源数据融合的信控交叉口交通波重构 …………………………………… 265

基于航道云 GIS 平台的信息资源管理与应用研究 …………………………… 277

基于卷积神经网络的高速出口换道识别研究 ………………………………… 288

基于深度卷积神经网络的行程速度短时预测 ………………………………… 304

基于深度学习的无人艇转向点行为预测 ……………………………………… 319

基于收费数据的高速公路短时客货运输量短时预测研究 …………………… 329

基于无人机的桥梁三维重构及检测系统 ……………………………………… 338

基于优化 PSO-BP 神经网络的船舶航向预测 ………………………………… 351

面向自动驾驶汽车的声学环境感知研究 ……………………………………… 359

无人艇变论域模糊自整定 PID 航向控制 …………………………………… 369

基于光纤传感的快速路交通安全监测研究 …………………………………… 379

汽车分时租赁差异化定价方法研究 …………………………………………… 389

基于手机数据的医疗设施可达性研究——以昆山市为例 …………………… 402

基于手机信令数据的人群类型识别研究 ……………………………………… 417

山地城市干道交织区通行能力模型研究 ……………………………………… 429

基于号牌识别和 GPS 数据的实时排队长度估计方法 ……………………… 447

基于深度学习的路面裂缝自动识别方法 ……………………………………… 458

基于 CNN+LSTM 的城市路网动态 OD 估计方法研究 ……………………… 469

面向城市路网级联失效的限流防控模型研究 ………………………………… 478

典型 T 型交叉口渠化与信号配时协调优化 ………………………………… 490

单点交叉口信号控制方案时段划分方法 ……………………………………… 504

基于号牌识别数据的控制子区承载力估计 …………………………………… 514

基于交叉口间车流关联性的信号控制子区划分 ……………………………… 528

考虑车头时距不确定性的交叉口饱和车流识别 ……………………………… 541

信号交叉口饱和车头时距估计方法 …………………………………………… 553

一种基于模拟退火的交通数据补偿方法 ……………………………………… 561

基于大数据的城市功能区交通模式分析 ……………………………………… 572

基于荟萃分析的智能网联车技术避碰效益分析 ……………………………… 584

动车组运用检修一体化作业过程管理系统的设计与实现 …………………… 600

货车管理信息系统整合关键技术研究 ………………………………………… 611

基于 IFC 与 RTM 结合的铁路基础设施数据模型框架研究⋯⋯⋯⋯⋯⋯⋯⋯ 621

基于航空票价的京沪动卧列车定价策略及效果评价研究⋯⋯⋯⋯⋯⋯⋯⋯ 628

铁路技术站智能调度决策系统研究 ⋯⋯⋯⋯⋯⋯⋯⋯⋯⋯⋯⋯⋯⋯⋯⋯ 637

铁路货车运行里程统计系统设计与应用 ⋯⋯⋯⋯⋯⋯⋯⋯⋯⋯⋯⋯⋯⋯ 648

面向铁路要素的可量测实景地理信息技术研究 ⋯⋯⋯⋯⋯⋯⋯⋯⋯⋯⋯ 657

铁路货车健康管理信息系统应用探讨 ⋯⋯⋯⋯⋯⋯⋯⋯⋯⋯⋯⋯⋯⋯⋯ 665

铁路基础设施元数据管理研究与应用 ⋯⋯⋯⋯⋯⋯⋯⋯⋯⋯⋯⋯⋯⋯⋯ 674

铁路客车故障轨旁图像检测设备联网应用接入技术研究⋯⋯⋯⋯⋯⋯⋯⋯ 682

基于 NEMA 相位的交叉口信号配时方法设计 ⋯⋯⋯⋯⋯⋯⋯⋯⋯⋯⋯⋯ 690

北京大兴机场陆侧交通规划设计方案仿真评估 ⋯⋯⋯⋯⋯⋯⋯⋯⋯⋯⋯ 700

高速公路通行卡调配路径算法研究 ⋯⋯⋯⋯⋯⋯⋯⋯⋯⋯⋯⋯⋯⋯⋯⋯ 710

面向智能车路系统的交叉口安全与效率测试评价方法 ⋯⋯⋯⋯⋯⋯⋯⋯⋯ 721

共享自动驾驶车辆对智能车路系统的影响研究 ⋯⋯⋯⋯⋯⋯⋯⋯⋯⋯⋯ 732

三维可视图谱库构建及交通拥堵持续时间研究

蔡晓禹[1*]　杜　蕊[1]　刘秀彩[2]　高志刚[3]　唐小勇[3]

（1. 重庆交通大学山地城市交通系统与安全重庆市重点实验室，重庆 400074；

2. 中设设计集团股份有限公司，南京 210014；

3. 重庆市城市交通大数据工程技术研究中心，重庆 400020）

【摘要】本文基于重庆市 GPS 浮动车数据和可视化技术构建基于时间、空间、交通参数的三维可视图谱库，从中提取交通拥堵持续时间参数。基于生存分析方法构建交通拥堵持续时间模型，定量分析天气状况、时间因素、道路条件对拥堵持续时间的影响分布特性，结果表明：龙腾大道—海峡路（交通流方向由东向西），70%的拥堵在 15 分钟内可以消散，2.3%拥堵持续时间超过 1 小时，0.7%拥堵持续时间超过 90 分钟。除公交站点外，其他影响因素下的拥堵持续时间存在显著性差异。

【关键词】三维可视化技术；生存分析；非参数回归；拥堵持续时间

Construction of City Road 3D Visible Map Library and Research on Congestion Duration

Cai Xiaoyu[1*], Du Rui[1], Liu Xiucai[2], Gao Zhigang[3], Tang Xiaoyong[3]

（1. Chongqing Key Lab of Traffic System & Safety in Mountain Cities, Chongqing Jiaotong University, Chongqing 400074；

2. China Design Group Co.,LTD., Nanjing 210014；

3. Chongqing Urban Transportation Big Data Engineering Technology Research Center, Chongqing 400020）

基金项目：重庆市社会民生类重点研发项目/ Key Social R&D Projects on Social Livelihood in Chongqing（cstc2018jscx-mszd0554）。

*通信作者简介：蔡晓禹（1979-），男，四川达州人，工学博士，教授，研究方向：交通数据挖掘与应用、交通网络评价与管控。手机号码：13708329902，E-mail：caixiaoyu@cqjtu.edu.cn。

Abstract: This paper builds a three-dimensional visible map library based on time-space, traffic parameters based on Chongqing floating GPS data and visualization technology, and extracts the parameters of traffic jam duration. Based on the survival analysis method, a traffic congestion duration model was constructed to quantitatively analyze the distribution of weather conditions, time factors and road conditions on the duration of congestion. The results show that: Longtong Avenue - Strait Road (traffic flow direction from east to west), 70% of the congestion can dissipate in 15 minutes, 2.3% of the congestion duration of more than 1 hour, 0.7% of the congestion duration of more than 90 minutes. In addition to the bus stop, there were significant differences in the duration of congestion under other influencing factors.

Keywords: Three-dimensional visualization technology; Graph datab; Survival analysis; Nonparametric regression; Congestion duration.

1 引言

随着城市化进程的加快和机动车的普及，交通需求的快速增长远超过路网提供的交通供给，交通拥堵、交通安全、环境污染已成为交通领域的三大难题。据公安部交通管理局统计[1]，截至 2016 年底，全国机动车保有量已高达 2.9 亿辆，包括重庆市在内的 49 座城市机动车保有量都已经超过百万辆。

面对日益严重的交通供需矛盾，许多学者针对交通拥堵的形成原因、拥堵种类及拥堵控制策略进行深入研究，提出很多交通拥堵理论、治理方法和模型。Lighthill 和 Whitham 提出了著名的交通波动理论，用来探究拥堵的时空变化规律[2]。Wright 和 Roberg 等认为产生交通拥堵的根本原因是交通瓶颈，拥堵往往从瓶颈处开始向其他方向传播，最终形成区域性交通拥堵[3]。Bauza 和 Gozalvez 基于车辆网技术分析和预测交通拥堵[4]；Wibisono 等利用快速增量树漂移检验模型对数据进行可视化[5]；Andrea 等运用 GPS 浮动车数据和手机信令数据识别交通拥堵和事故[6]。目前的研究中相关模型较少结合大数据，更多的是在交通流理论基础上，从流量、速度、占有率、排队长度等角度解析交通拥堵问题，对交通拥堵持续时间的研究也相对较少。

面对愈发突出的交通供需矛盾，突破传统的理论与策略，寻求新方法来更加有效地解决当前社会广泛存在的交通问题显得尤为重要。大数据时代的到来和可视化技术的发展，为交通拥堵数据化与智能化管理提供新思路，为高效便捷获取交通参数并深入探究交通问题提供新技术。本文通过构建三维可视图谱库获取交通拥堵持续时间，并引入生存分析方法构建交通拥堵持续时间模型，分析不同影响因素下拥堵持续时间的分布特性，以期提升城市交通管理水平、辅助管控决策的制定，为出行者提供完善的交通信息服务。

2 三维可视图谱库构建方法

（1）对 GPS 数据进行预处理：数据清洗、数据校准、数据简化。

① 轨迹数据清洗。GPS 原始数据的异常数据主要包括数据缺失、经纬度错误、日期时刻错误等[7]。除此之外，过大的速度、过长的距离、长时间速度为 0 的数据等也需要剔除。

② 轨迹数据校准。GPS 系统和地图服务商采用的坐标系不同，直接在地图上绘制的 GPS 轨迹数据，不能准确定位在路网的实际位置，需要对原始 GPS 数据进行校准，实现地图匹配。

③ 轨迹数据化简。GPS 数据传输频率较高，数据量大，具有冗余性。用路段代替轨迹点，并保存交通参数统计信息（平均速度）的方法，将轨迹点表示成路段信息的序列，这样可以提高轨迹数据可视化的绘制效率[8]。

（2）可视化信息表达。

三维可视图谱库采用二维坐标轴显示世界中的平面路网地理空间位置，用表示实际时刻的一维时间轴展示地理空间位置随时间的变化。这样，由二维的平面空间和一维的时间就组成了一个三维时空图。任意选定某个时刻，都可以从三维时空图中得到相应的截面，表现现实世界的平面几何状态。通过运用时间维的几何特性对交通状态时空数据进行可视化表达，形象地表达了交通运行状态随时间的变化过程。

构建三维可视图谱库的具体流程及表达效果，如图 1、图 2 所示。

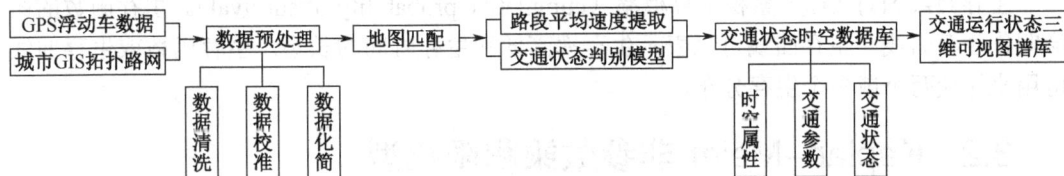

图 1　图谱库构建流程

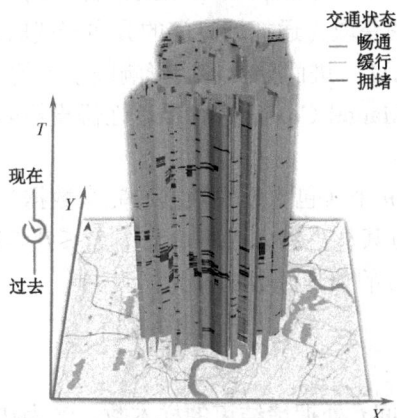

图 2　交通运行状态的三维可视图谱库

3 基于生存分析的交通拥堵持续时间建模

3.1 交通拥堵生存分析的定义

（1）拥堵生存时间

广义的生存时间指从某个起始事件开始，到某个终点事件的发生所经历的时间，也称为"失效时间"[9]。交通拥堵从发生、传播到消散所经历的拥堵持续时间定义为拥堵的生存时间。

交通拥堵的生存时间可以分为两种类型：1）完全数据：交通拥堵在研究的时间内，可以准确记录拥堵发生到结束的完整时间信息，这种生存数据称为完全数据。2）截尾数据：拥堵往往受多种影响因素的控制，检测数据的缺失或调查受限等客观原因，无法确定拥堵的开始或结束时间，这类数据称为不完全数据。

（2）交通拥堵的生存函数

描述生存时间统计特征的基本函数就是生存函数 $S(x)$，它反映交通拥堵发生至时间 t（在时刻 t 之后交通拥堵仍未结束）的概率，生存函数在某时刻的函数值就是生存率。其定义为：

$$S(x) = P(T > t) = \int_t^\infty f(x)\mathrm{d}x = 1 - F(x) \tag{3-1}$$

式（3-1）中：T 为拥堵持续时间，$f(x)$ 为概率密度函数；$F(x)$ 为概率函数

生存函数 $S(x)$ 又称为累积生存概率（cumulative probability of survival）。生存函数的图形叫作生存曲线。生存曲线可以表示生存率高低和生存时间的长短。生存函数或生存曲线可用来比较两个或多个生存分布。

3.2 Kaplan–Meier 非参数乘积限模型

Kaplan-Meier（K-M）函数是由 Kaplan 和 Meier 提出的一种非参数模型，又称为乘积限估计值的回归模型。在无法获取交通拥堵时间的分布形式时，应用 K-M 模型可以直接估计交通拥堵持续时间的生存函数，进而分析各类影响因子下的交通拥堵持续时间分布特性。为确保结果的准确性，采用 Mantel-Cox 法进行显著性假设检验。当显著性检验特征值 P 小于 0.05 时，显著性假设成立。

假设时间样本数据中有 m 个（包含删失数据和完全数据）拥堵持续时间，拥堵持续时间的取值有 n（$n \leqslant m$）个，对其从小到大排序，记作 $T_1 \leqslant T_2 \leqslant T_3 \cdots \leqslant T_m$，则基于 K-M 模型的拥堵持续时间生存函数 $S(t)$ 的估计函数 $\hat{S}(t)$ 为：

$$\hat{S}(t) = \prod_{t_i \leqslant t}\left[1 - \frac{d_i}{Y_i}\right] \tag{3-2}$$

式（3-2）中：d_i 为在时间 t_i 处拥堵结束的样本数，Y_i 为在时间 t_i 之前拥堵未结束的样

本数。$1-\dfrac{d_i}{Y_i}$ 为拥堵在时间 t_i 的生存概率。

基于 Kaplan-Meier 非参数乘积限模型分析影响因素与拥堵持续时间关系的流程，如图 3 所示。借助图谱库提取路段的交通拥堵持续时间，选取天气状况、时间因素、道路条件三类可能影响拥堵持续时间分布的因素，运用 Kaplan-Meier 非参数回归模型进行拥堵持续时间生存函数的计算，采用 Mantel-Cox 方法检验不同影响因素下拥堵持续时间生存函数分布的差异性。

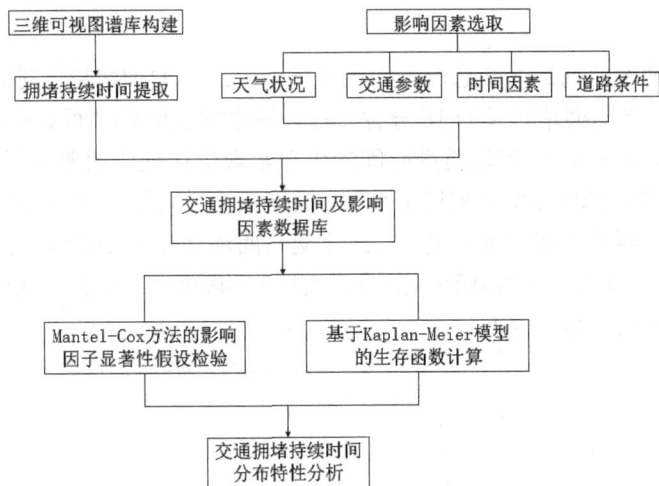

图 3　基于 Kaplan-Meier 模型的拥堵持续时间特性分析流程

4　案例分析

4.1　数据描述

选取龙腾大道—海峡路通道（交通流方向由东向西）2016 年 10 月 31 日—2016 年 11 月 26 日，共计 27 天，交通拥堵状态数据作为样本数据构建图谱库。研究以"3—拥堵"状态表征路段拥堵事件，经过数据处理，共计得到 1 524 条交通拥堵持续时间样本，并借助网络抓取获得重庆市天气、道路条件数据，搭建交通拥堵持续时间及影响因素数据库。

对每个样本记录按天气状况、时间因素、道路条件三类影响因素进行标志划分：星期数 1～7 分别表示星期一至星期天；天气"0""1"分别表示雨天、非雨天；车道数"3""4"分别表示三车道、四车道；高峰时段"0""1""2"分别表示早高峰、晚高峰、平峰时段；匝道"0""1"分别表示有匝道、无匝道；桥梁"0""1"分别代表有桥梁、无桥梁；公交站"0""1"分别代表无公交车站、有公交车站。交通拥堵持续时间数据库中，时间样本信息如表 1 所示。

表 1　交通拥堵持续时间样本信息

路段编码	路段名称	路段长度/米	拥堵开始时刻	拥堵结束时刻	拥堵持续时间/min	平均速度/km·h⁻¹	运行状态	星期数	天气	车道数	高峰时段	匝道	桥梁	公交车
0240	鹅公岩大桥	1504	07:45	08:15	30	13.1	3	1	1	4	0	0	1	0

4.2　不同影响因素下拥堵持续时间特征分析

龙腾大道—海峡路通道（交通流方向由东向西）总体的拥堵持续时间最短为 5 分钟，最长是 165 分钟，平均拥堵时长为 16 分钟，其中拥堵发生持续时间最长的路段在赵家坝立交（海峡路—鹅公岩立交）。拥堵持续时间的生存函数变化规律如图 4 所示。70%的拥堵在 15 分钟内可以消散，2.3%拥堵会超过 1 小时，拥堵持续时间超过 90 分钟的生存率为 0.7%。长时间拥堵路段主要发生在龙腾大道（二郎立交—西环立交）、鹅公岩大桥（赵家坝立交—鹅公岩立交）、赵家坝立交（海峡路—鹅公岩大桥）、海峡路（大石路立交—赵家坝立交）、大石路立交（海峡路—海峡路）。

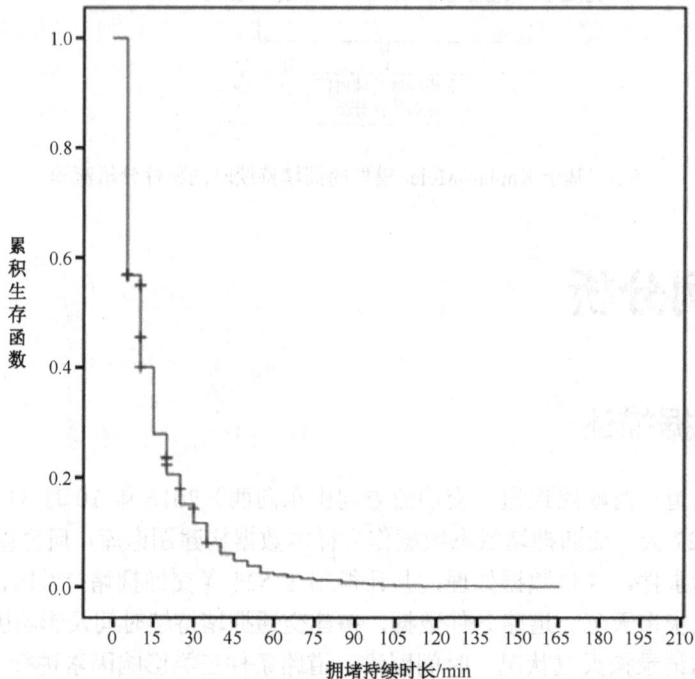

图 4　拥堵持续时间的生存函数

4.2.1　不同天气影响下的拥堵持续时间分布特性

根据交通拥堵发生时间的天气状况，将交通环境分为雨天和非雨天两类。图 5 为不同天气下拥堵持续时间的生存函数变化规律。总体上，生存函数随拥堵持续时间的增大而呈现下降趋势。雨天生存曲线高于非雨天，表明雨天更容易产生长时间交通拥堵，拥堵状况比非雨天更加严重。拥堵在 75 分钟内的雨天和非雨天对交通拥堵差异性比较明显，75 分钟后天气对拥堵的分布不存在显著性差异。雨天产生的交通拥堵 78%可以在 75 分钟内消散，非雨天 90%的拥堵可以在 75 分钟内消散。在相同的拥堵持续时间下，雨天产生拥堵生存率比非雨天大，雨天拥堵结束的概率小，拥堵消散速度慢。

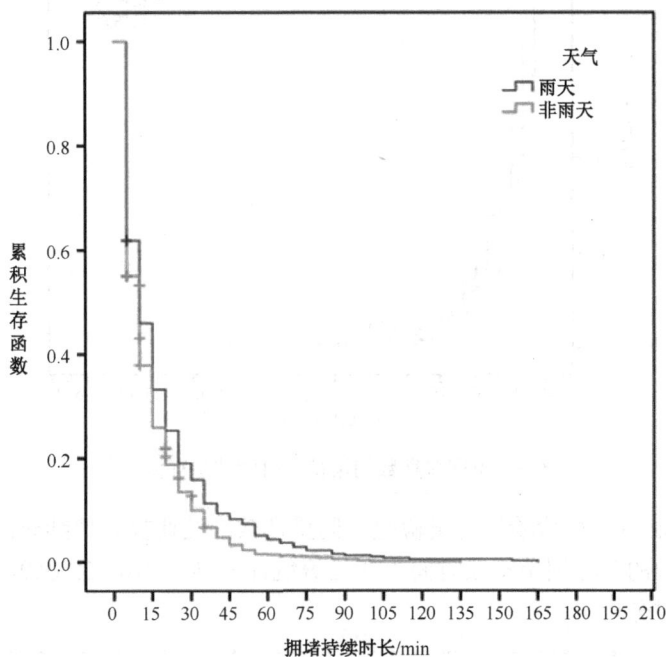

图 5　不同天气拥堵持续时间的生存函数

采用 Mantel-Cox 时序秩检验计算雨天与非雨天情况下交通拥堵持续时间的分布差异，可以得到不同天气条件下的交通拥堵持续时间存在显著统计差异 $[x^2(1)=15.989，P<0.001]$，检验结果表明雨天与非雨天对交通拥堵持续时间具有显著性差异。结合 Kaplan-Meier 拥堵持续时间函数求得的生存率可知，当拥堵在 45 分钟时，天气条件导致的拥堵呈现出最大差异，雨天在 45 分钟的生存率为 8.4%，非雨天生存率为 3.3%，两者相差 5.1%。

4.2.2　时间因素影响下的交通拥堵持续时长分布特性

（1）星期数。

图 6 为从星期一至星期天每个星期数的生存函数。从生存函数图可以看出，随拥堵持续时间的增加，拥堵大于某个时间点的生存率逐渐降低，生存曲线在[0,30]分钟下降比较明显，[30,75]分钟内变化比较缓慢，75 分钟后趋于平缓。总体来说，拥堵持续 30 分钟时，91.2%拥堵已经消散，拥堵持续时间大于 30 分钟的生存率为 8.8%。在工作日中，星期五发生[0,20]时间区间内的概率最大，星期一拥堵超过 20 分钟的生存率均大于其他星期数，表明星期一拥堵一旦形成，就很难快速消散。星期六和星期天生存率均低于其他星期数，而且拥堵在 1 小时内基本上完全消散。周末居民出行主要以娱乐、休闲为主，出行相对分散；与周末不同，工作日居民出行相对集中，出行目的比较单一，主要以上下班为主，拥堵结

束的概率比较小，更容易产生长时间交通拥堵。

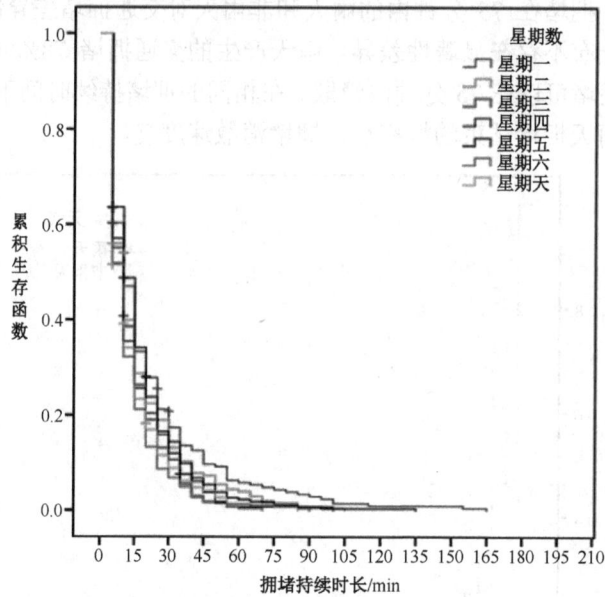

图 6　不同星期数拥堵持续时间的生存函数

用 Mantel-Cox 时序秩检验法定量检验不同星期数的交通拥堵持续时间分布差异性，可以得到不同星期数的交通拥堵持续时间存在显著统计差异 [$x^2(6)=32.049$，$P<0.001$]。

（2）高峰小时分析。

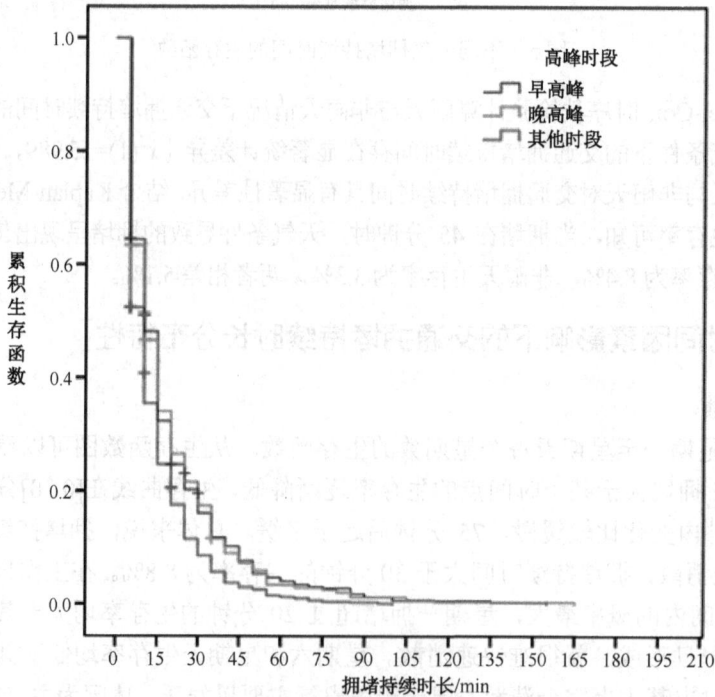

图 7　不同高峰时段拥堵持续时间的生存函数

根据交通拥堵的发生时段，将拥堵持续时间划分为早高峰、晚高峰、其他时段三类。根据重庆市交通特性对高峰小时的划分规定，工作日早晚高峰分别为 7:00—9:00、17:00—19:00；双休日的早晚高峰分别为 10:00—12:00、16:00—19:00。

图 7 为早高峰、晚高峰、其他时段拥堵持续时间的生存函数随时间的变化规律：总体上，早高峰和晚高峰的生存曲线几乎重合，对交通拥堵持续时间分布无明显差异，产生的超过 2 小时的长时间恶性拥堵概率也相对较高。拥堵持续时间在 85 分钟内，高峰时段生存曲线高于平峰时段，说明高峰时，更容易产生长时间交通拥堵，高峰时段拥堵结束的可能性较平峰时段小；拥堵持续时间超过 85 分钟后，高峰时段与平峰时段生存曲线相差不大，但是平峰最大拥堵持续时间小于高峰时段。

由 Mantel-Cox 时序秩检验方法可得，不同时段的拥堵持续时间分布存在显著性差异 $[x^2(2)=30.339，P<0.001]$。当拥堵在 45 分钟时，不同时段导致的拥堵呈现出最大差异，早晚高峰时段在 45 分钟的生存率分别为 7.7%、7.3%，平峰时段生存率为 3.1%，分别相差 4.6%、4.2%。

4.2.3 不同道路条件影响下的拥堵持续时间分布特性

（1）桥梁。

根据交通拥堵的发生路段，将拥堵发生的路段分为桥梁路段和非桥梁路段两类。重庆市地理条件的特殊性，核心区跨江桥梁已有 16 座，随着机动车的增长，桥梁的拥堵持续时间进一步拉长，拥堵严重突出。由图 8 可以看出，桥梁的拥堵持续时间的生存率更大，拥堵在下个时刻消散的可能性更小，桥梁为长时间拥堵多发路段。

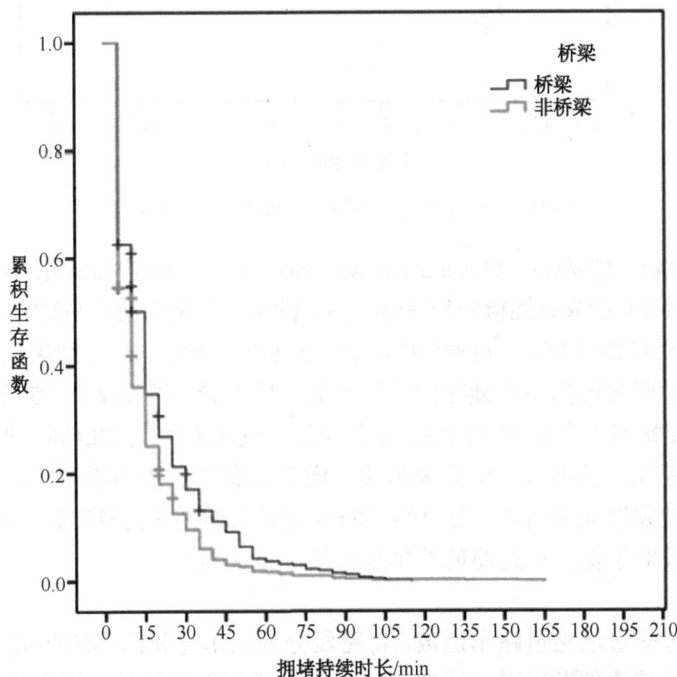

图 8　桥梁路段拥堵持续时间的生存函数

由 Mantel-Cox 时序秩检验得到的桥梁与非桥梁路段的拥堵持续时间分布存在显著性差异（$x^2(1)=22.849$，$P<0.001$）。拥堵在 45 分钟时，桥梁与其他路段拥堵持续时间分布的差异性最大，桥梁的拥堵持续时间生存率为 11.1%，其他路段生存率为 4.1%，两者相差 7%。

（2）公交站点。

根据路段是否设有公交站点，将路段分为有公交站点和无公交站点两类。交通拥堵发生时，拥堵持续时间小于 10 分钟时，有公交站点与无公交站点生存率曲线基本重合；拥堵超过 10 分钟后，有公交站点的路段生存率略大于无公交站点的路段。有无公交站点拥堵持续时间的生存函数如图 9 所示。

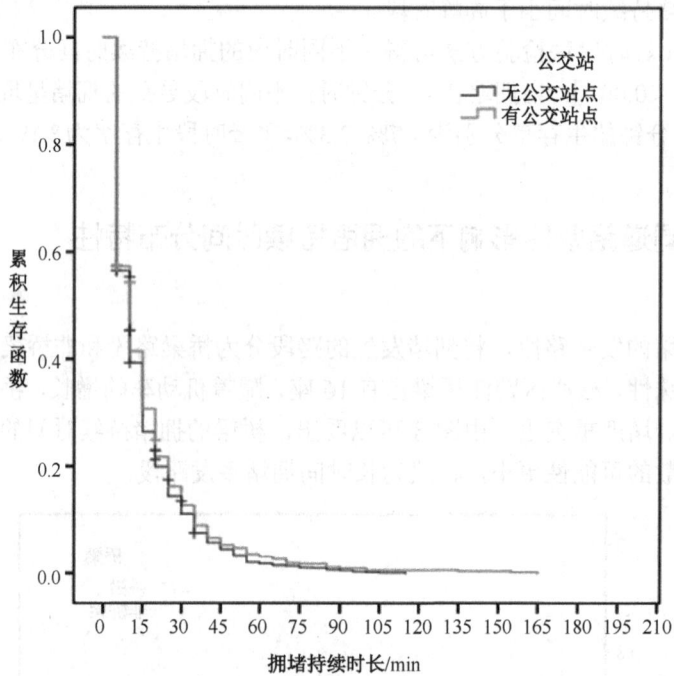

图 9   有无公交站点拥堵持续时间的生存函数

采用 Mantel-Cox 时序秩法、Generalized Wilcoxon 法、Tarone-Ware 法计算有无公交站点对交通拥堵持续时间分布的显著性检验特征值，得到的结果分别为（$x^2(1)2.289$，$P=0.13>0.05$；$x^2(1)=0.587$，$P=0.444>0.05$；$x^2(1)=1.089$，$P=0.297>0.05$）。检验结果表明研究路段上有无公交站点的布设对交通拥堵持续时间不具有显著性差异。当拥堵为 15 分钟时，拥堵差异最大，此时，公交站点生存率为 30.7%，无公交站点的生存率为 28.4%，两者仅相差 2.3%，但也可以看出二者差异性不大。这是因为该通道上公交站点皆为港湾式，主要分布在道路条件比较好的非常发性拥堵路段，公交站点的有无对交通拥堵持续时间影响不显著。因此，公交站的合理布设对于保障快速路的整体运行效率至关重要。

（3）车道数。

根据龙腾大道—海峡路道路车道数，将路段分为三车道和四车道两类。由图 10 中的生存函数可以看出拥堵事件发生时，四车道的生存曲线高于三车道，四车道更容易发生长时间交通拥堵，问题更严峻。在拥堵发生前提下，桥梁与其他路段相比，拥堵持续的时间更长。Mantel-Cox 时序秩检验得到不同车道数下的交通拥堵持续时间存在显著统计差异（$x^2(1)=22.849$，$P<0.001$），检验结果表明四车道路段和三车道路段的交通拥堵持续时间分布具有显著性差异。

值得注意的是，该通道四车道道路条件虽然比三车道好，像鹅公岩大桥等四车道路段交通需要远大于交通供给，因此单从改善道路条件，拓宽车道数来治理交通拥堵策略是不合理的。要结合交通需求和城市空间产业布局，加强交通管制和智能交通诱导来寻求供需平衡，这样才能科学有效地缓解交通拥堵。

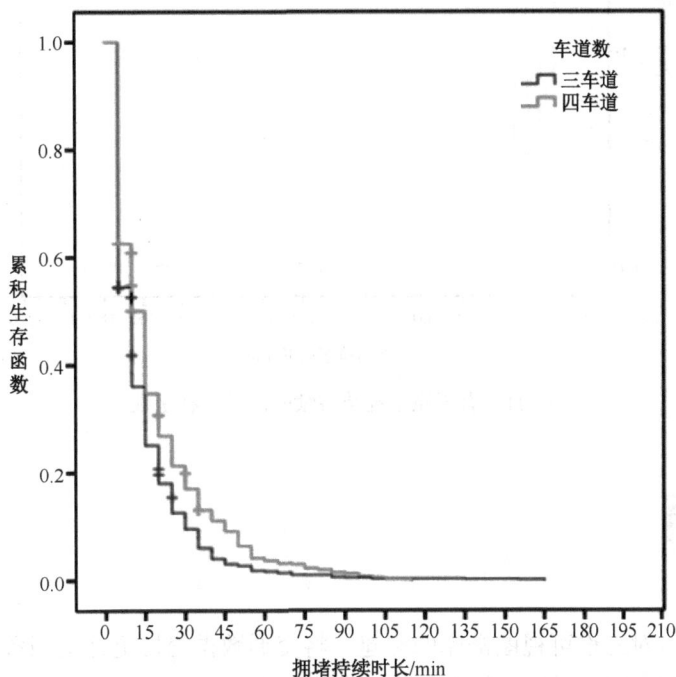

图 10   车道数拥堵持续时间的生存函数

（4）匝道。

根据路段是否有匝道设置，将道路条件分为有匝道和无匝道两类。相比无匝道路段，有匝道的路段交通拥堵持续时间的生存率更大，拥堵消散速度比无匝道路段慢，有无匝道拥堵持续时间的生存函数如图 11 所示。这是因为匝道出入口间距比较小，相邻交织区间距更近，使得从快速路与城市道路的交通流运行特征更加复杂多变，更容易产生长时间的交通拥堵。采用 Mantel-Cox 时序秩检验得到有无匝道条件下的交通拥堵持续时间存在显著统计差异（$x^2(1)=63.073$，$P<0.001$）。拥堵在 40 分钟时，桥梁与其他路段拥堵持续时间分布的差异性最大，有匝道的拥堵持续时间生存率为 10%，无匝道路段生存率为 2.4%，两者相差 7.6%。

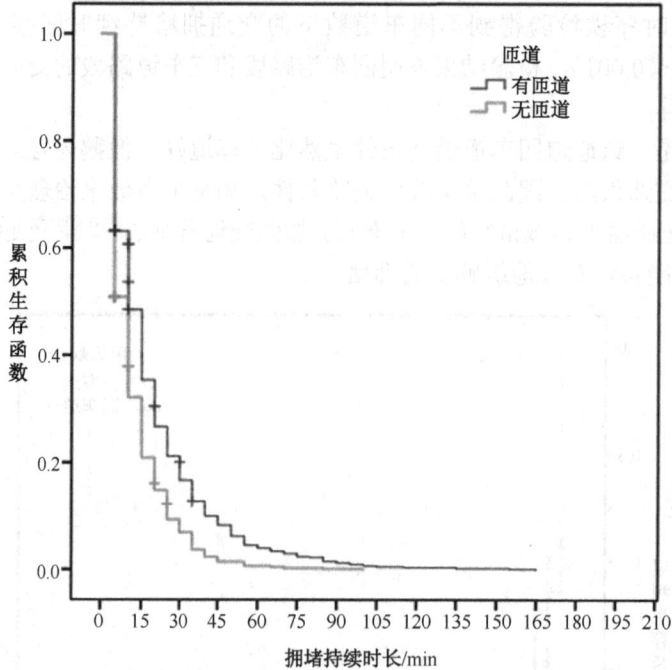

图 11　有无匝道拥堵持续时间的生存函数

5　结语

（1）本文通过对三维可视图谱库的构建，将交通数据挖掘更好地服务于交通治理，为快速获取交通拥堵参数，可以节省大量实地调研成本。

（2）借助非参数回归模型，定量分析重庆市龙腾大道—海峡路（交通流方向由东向西）在不同影响因素下拥堵持续时间的分布特性：① 雨天比非雨天更容易发生拥堵，并且拥堵结束的概率比较小，并拥堵消散速度慢；② 不同星期交通拥堵状况存在差异性，星期一更容易产生长时间交通拥堵，而且很难快速消散；③ 早晚高峰拥堵持续时间差异不大，但比平峰时段更容易产生拥堵；④ 桥梁、车道数、匝道对交通拥堵持续时间的分布特性有显著差异，桥梁、三车道比四车道、有匝道比无匝道路段更容易产生长时间的交通拥堵，而路段有无公交站点对拥堵持续时间分布没有显著性差异。

参考文献

[1]　公安部交通管理局. 2016 年全国机动车和驾驶人保持快速增长新登记汽车 2752 万辆新增驾驶人 3314 万人. [EB/OL].

[2] 黄捷. 智能交通系统国内外现状分析[J]. 企业导报，2012(11):100.

[3] Wright C, Roberg P. The conceptual structure of traffic jams[J]. Transport Policy, 1998, 5(1):23-35.

[4] Bauza R, Gozalvez J. Traffic congestion detection in large-scale scenarios using vehicle-to-vehicle communications[J]. Journal of Network & Computer Applications, 2013, 36(5):1295-1307.

[5] Wibisono A, Jatmiko W, Wisesa H A, et al. Traffic big data prediction and visualization using Fast Incremental Model Trees-Drift Detection (FIMT-DD)[J]. Knowledge-Based Systems, 2015, 93:33-46.

[6] D'Andrea E, Marcelloni F. Detection of Traffic Congestion and Incidents from GPS Trace Analysis[J]. Expert Systems with Applications, 2016, 73.

[7] yuan J, Zhang C Y,et al.An interactive-voting based map matching Algorithm[C]// Proceedings of the 11th International Conference on Mobile Data Management. Piscataway: IEEE Press, 2010:43-52.

[8] He X G.Visual analytics of and traffic with large scale taxi GPS data[D]. Hangzhou: Zhejiang University of Technology, 2013.

[9] 苟锡荣. 基于 GPS 浮动车的城市交通状态时空分布规律研究[D]. 昆明：昆明理工大学. 2013.

[10] 彭非，王伟. 生存分析[M]. 北京：中国人民大学出版社，2004.

基于人类学习优化算法的
列车速度曲线优化

曹　鹏　吕新军　田绪俊

（卡斯柯信号有限公司）

【摘要】研究高速列车节能问题意义重大，基于列车的牵引、巡航、惰行、制动运行理论，建立列车单质点能耗模型，提出一种基于人类学习优化算法的列车速度曲线优化方法。根据线路的坡度值将线路离散化为不同的子区间，人类学习优化算法根据能耗、时间、限速等约束条件为每个子区间寻找最优目标速度，得到能耗最小的运行速度组合序列。以 CRH3 高速列车为研究车型，选取实际线路的数据，仿真结果表明基于人类学习优化算法的列车速度曲线优化方法在满足约束的条件下能够使列车达到节能目的。

【关键词】人类学习优化算法；能耗模型；最优目标速度；节能

Optimization Of Train Velocity Curve Based on
Human Learning Optimization Algorithm

Cao Peng, Lv Xin Jun, Tian Xu Jun

（CASCO Signal Ltd.）

Abstract: Research on saving energy of high-speed trains has great significance, set up the energy consumption model of single point train based on theory of tracting, cruising, coasting, braking, finally the optimization method of train velocity curve based on human learning optimization algorithm is proposed. According to the slope values, the line is divided into several discrete intervals, Human learning optimization algorithm finds the best target velocity for subinterval based on constraint condition including energy consumption, time, limit-speed, which obtains running speed assembled sequence for minimum energy consumption. Taking the CRH3 high-speed train as the research vehicle, selecting the data of actual line, the simulation result shows that this method can achieve energy-saving with constraint condition being satisfied.

Keywords: Human Learning Optimization Algorithm, Energy Consumption Mode, Optimal Target Velocity, Energy-Saving.

1　引言

高速列车的规模不断扩大，在促进经济增长的同时也产生了很大的能耗，列车能耗模型的优化成为国内外学者研究热点。刘建强等人在现代最优控制基础上[1]，建立最小能耗计算模型，利用极小值公式推导得到最佳控制原则。程帅等将改进的布谷鸟算法应用于单列车能耗模型、多列车能耗模型及列车延误多目标优化控制模型[2]，结果表明了该方法的优越性。李玉生等人提出一种坡道三分法，并将遗传算法应用于列车节能控制这一典型最优控制问题[3]。柯倩等将多目标粒子群优化算法应用于高速列车追踪节能优化运行中[4]，实现高速列车节能优化。Song 等人按照等坡度值将线路离散化成各个子区间[5]，并采用基于遗传算法的离线全局优化和在线局部优化的二次速度曲线寻优方法，来获得节能性更好的速度轨迹。曹佳峰等人首先运用微积分计算方法对"牵引—匀速—惰行—制动"（模式 1）和"多次牵引—惰行—制动"（模式 2）2 种运行模式下高速列车运行时间、运行距离及能耗进行了计算[6]，其次，又提出一种包含坡道运行优化和全线惰行优化的两阶段优化方法，其中，包括采用遗传算法搜索第一阶段的速度组合序列[7]。

人类学习优化算法（Human learning Optimization，HLO）是一种基于简化人类学习模型的新型智能优化算法[8]，该算法在解决方程数多、非线性强、变量维数高等优化命题中具有优势，受此启发提出一种基于人类学习优化算法的列车速度曲线优化方法。考虑列车的再生制动，建立单质点列车的能耗模型，充分利用线路中的上坡或者下坡，将线路按照坡度值离散化为不同的子区间[5]，HLO 为每个子区间搜索最优的目标速度值，得到能耗最小的列车速度运行曲线，仿真结果表明基于 HLO 的列车速度曲线优化方法能够优化求解节能性更好的速度曲线。

2　基于人类学习优化算法的列车速度曲线优化

2.1　列车受力分析

考虑列车的单质点运行模型，忽略列车内部之间的受力情况，列车的受力分析如图 1 所示，在运行过程中，列车主要受到牵引力 F_0、基本阻力 F_1、附加阻力 F_2，以及最大制动力 B 的作用。

根据《列车牵引计算规程》，CRH3 高速列车的牵引力 $F_0(V)$ 的计算公式如式（1）所示，单位为 KN。

$$F_0(V) = \begin{cases} -0.285V + 300, & V \leqslant 119\text{km/h} \\ 31\,500/V, & V > 119\text{km/h} \end{cases} \tag{1}$$

CRH3 高速列车的基本阻力 F_1 计算公式如式（2）所示，其中，V 为列车运行速度，单位为 km/h；$F_1(V)$ 为单位基本阻力，单位为 N/KN。

$$F_1(V) = 0.000\,115V^2 + 0.0064V + 0.775 \tag{2}$$

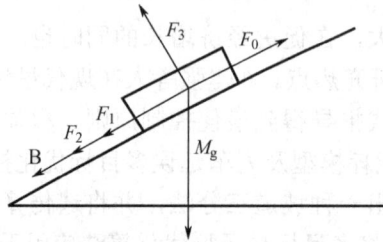

图 1　列车受力分析图

附加阻力 F_2 主要包括坡道附加阻力 F_g[13]、曲线附加阻力 F_c[14]、隧道附加阻力 F_t[13]，三个附加阻力根据线路条件的不同，可能单独存在，也可能多种并存，三个附加阻力计算公式如式（3）所示。其中，i 为坡道千分度；R 为曲线半径，单位为 m；L_s 为隧道长度，单位为 m，则附加阻力 F_2 计算公式如式（4）所示。

$$\begin{cases} F_g = i & \text{(N/KN)} \\ F_c = 600/R & \text{(N/KN)} \\ F_t = 0.000\,13L_s & \text{(N/KN)} \end{cases} \tag{3}$$

$$F_2 = F_g + F_c + F_t \tag{4}$$

2.2　列车能耗模型的建立

将线路按照等坡度值划分为 n 个区间 $\{S_1, S_2, \cdots, S_i, \cdots, S_n\}$，列车在各个区间采取牵引、巡航、惰行、制动的模式，只有在进站时才采取制动模式。根据每个子区间的目标速度进行工况的切换。在 S_i 区间的目标速度为 V_i，在上一个区间 S_{i-1} 的目标速度为 V_{i-1}，即 S_i 区间的初始速度。在每个区间为了减少工况的切换次数，首先采用牵引或者惰行模式由 V_{i-1} 加速或者减速至目标速度 V_i，该变速阶段行驶的距离为 S_{i1}；其次，采用巡航模式运行到 S_i 区间的结束位置，该匀速阶段行驶的距离为 S_{i2}，或者在整个 S_i 区间一直采用巡航模式恒速运行，则

$$S_i = S_{i1} + S_{i2} \tag{5}$$

如果列车在最大牵引力的作用下也无法从 V_{i-1} 加速到 V_i，或者一直惰行也无法从 V_{i-1} 减速到 V_i，则需要对 V_i 进行重新初始化，能耗的计算方式如下。

（1）当 V_{i-1} 大于 V_i

列车采取惰行模式由 V_{i-1} 减速到 V_i，然后以巡航模式行驶到 S_i 区间的末端，则计算公式如下：

$$\begin{cases} S_{i1} = \int_{V_{i-1}}^{V_i} \dfrac{1\,000v}{\left| F_1(v) + F_g + F_c + F_t \right| * g} \mathrm{d}v \\[3mm] t_{i1} = \int_{V_{i-1}}^{V_i} \dfrac{1\,000}{\left| F_1(v) + F_g + F_c + F_t \right| * g} \mathrm{d}v \\[3mm] S_{i2} = S_i - S_{i1} \\[3mm] t_{i2} = \dfrac{S_{i2}}{V_i} \end{cases} \tag{6}$$

其中，S_{i1}、t_{i1} 为列车采取惰行模式行驶的距离、时间，S_{i2}、t_{i2} 为列车采取巡航模式行驶的距离、时间。惰行模式依靠惯性行驶，不消耗能量，则列车在 S_i 区间的行驶的时间及能耗为：

$$\begin{cases} t_i = t_{i1} + t_{i2} \\[2mm] E_i = \dfrac{(F_g + F_c + F_t)M_g S_{i2} + F_1(V_i)M_g S_{i2}}{1\,000} \end{cases} \tag{7}$$

（2）当 V_{i-1} 小于 V_i。

列车采取牵引模式由 V_{i-1} 加速到 V_i，然后采取巡航模式运动到 S_i 区间的末端，则计算公式如下：

$$\begin{cases} S_{i1} = \int_{V_{i-1}}^{V_i} \dfrac{v}{\left| \dfrac{1\,000F_0(v)}{M} - \left(\dfrac{F_1(v) + F_g + F_c + F_t}{1\,000} g \right) \right|} \mathrm{d}v \\[5mm] t_{i1} = \int_{V_{i-1}}^{V_i} \dfrac{1}{\left| \dfrac{1\,000F_0(v)}{M} - \left(\dfrac{F_1(v) + F_g + F_c + F_t}{1\,000} g \right) \right|} \mathrm{d}v \\[5mm] S_{i2} = S_i - S_{i1} \\[3mm] t_{i2} = \dfrac{S_{i2}}{V_i} \end{cases} \tag{8}$$

其中，S_{i1}、t_{i1} 为列车采取牵引模式行驶的距离、时间，S_{i2}、t_{i2} 为列车采取巡航模式行驶的距离、时间，则列车在 S_i 区间的行驶时间及能耗为：

$$\begin{cases} t_i = t_{i1} + t_{i2} \\[2mm] E_i = \dfrac{1}{2}M(V_i^2 - V_{i-1}^2) + \dfrac{(F_g + F_c + F_t)M_g S_i}{1\,000} + F_1(v)S_{i1} + \dfrac{F_1(V_i)M_g S_{i2}}{1\,000} \end{cases} \tag{9}$$

（3）V_{i-1} 等于 V_i。

列车采取巡航模式一直运行到 S_i 区间的末端，则列车在 S_i 区间的行驶时间及能耗为：

$$\begin{cases} t_i = \dfrac{S_i}{V_i} \\[3mm] E_i = \dfrac{(F_g + F_c + F_t + F_1(V_i))M_g S_i}{1\,000} \end{cases} \tag{10}$$

（4）列车制动进站。

CRH3 采用电空制动结合的制动方式，充分利用制动阶段反馈到接触网的能量，以减少运行能耗[13]。采用反向迭代算法，根据恒定制动减速度 a 从运行终点反推制动速度曲线，计算列车制动距离 S_b。假设制动点 X_b 位于第 n 个区间，则在该区间内首先以速度 V_{n-1} 巡航到 X_b，然后开始制动，则该区间的计算公式如下：

$$\begin{cases} t_{n1} = \dfrac{V_{n-1}}{a} \\ S_b = \dfrac{V_{n-1}^2}{2a} \\ S_{n2} = S_n - S_b \\ t_{n2} = \dfrac{S_{n2}}{V_{n-1}} \end{cases} \tag{11}$$

其中，t_{n1} 为列车制动阶段的时间；t_{n2}、S_{n2} 为列车从第 n 个区间的起始端运行到制动点 X_b 的时间及距离，则列车在 S_n 区间的行驶时间及再生制动反馈储能分别为：

$$\begin{cases} t_n = t_{n1} + t_{n2} \\ E_n = \dfrac{1}{2} M V_{n-1}^2 - \dfrac{(F_g + F_c + F_t) M_g S_n + F_1(V_{n-1}) M_g S_{n2}}{1\,000} - \displaystyle\int_0^{V_{n-1}} \dfrac{F_1(v) M_g v}{1\,000a} \mathrm{d}v \end{cases} \tag{12}$$

故在整个线路中，列车的运行时间和能耗如式（13）所示，其中，λ 为列车再生制动反馈的效率。

$$\begin{cases} T = \displaystyle\sum_{i=1}^{1 \leqslant i \leqslant n} t_i \\ E = \displaystyle\sum_{i=1}^{1 \leqslant i \leqslant n-1} E_i - \lambda E_n \end{cases} \tag{13}$$

2.3　人类学习优化算法

人类学习优化算法（Human Learning Optimization，HLO）通过随机学习、个体学习、社会学习三个学习算子生成新的个体，从而进行全局优化。

（1）随机学习算子。

HLO 算法以一定的概率进行随机学习，如式（14）所示。

$$x_{ij} = \begin{cases} 0, \mathrm{rand}() < 0.5 \\ 1, \quad 其他 \end{cases} \tag{14}$$

其中，$\mathrm{rand}()$ 表示 0 与 1 之间的随机数，x_{ij} 表示个体 i 的第 j 个比特。

（2）个体学习算子。

HLO 算法中，每个个体以一定的概率通过个体最优解进行个体学习，具体如式（15）所示，ikd_i 表示第 i 个个体的所有比特，ikd_{ij} 表示第 i 个个体的个体最优解中的第 j 个比特。

$$x_{ij} = \mathrm{ikd}_{ij} \tag{15}$$

（3）社会学习算子

HLO 算法中每个个体以一定的概率通过全局最优解进行社会学习，具体如式（16）所示，其中 skd 表示全局最优解。

$$x_{ij} = \text{skd}_{1j} \qquad (16)$$

人类学习优化算法以特定的概率执行随机学习算子、个体学习算子、社会学习算子这三个算子来产生新解，如式（17）所示，其中，p_r、p_i 为确定执行何种学习算子的控制参数。具体而言，p_r 是随机学习的概率，RE(0,1)表示随机取 0 或者 1。p_i-p_r 是个体学习的概率；$1-p_i$ 是社会学习的概率。

$$x_{ij} = \begin{cases} \text{RE}(0,1) & 0 \leqslant \text{rand}() < p_r \\ \text{ikd}_{ij} & p_r \leqslant \text{rand}() < p_i \\ \text{skd}_{1j} & p_d \leqslant \text{rand}() < 1 \end{cases} \qquad (17)$$

2.4　人类学习优化算法在列车速度曲线节能中的应用

适应度函数的选取关系到 HLO 算法的寻优结果。结合实际需求，不仅要考虑列车能耗，还应该考虑列车准点停车及准时停车的问题。

2.4.1　准点停车约束

为了保证乘客的安全与方便，列车在运行控制中须考虑到精确停车，其计算表达式为式（18）。其中，S_{real} 表示列车实际运行的距离；S_{target} 表示列车计划运行的距离；ΔS 表示停车误差，通过设置运行距离裕量 ΔS_{margin} 来保证列车能够准点停车。

$$\Delta S = \left| S_{\text{real}} - S_{\text{target}} \right|$$
$$\Delta S \leqslant \Delta S_{\text{margin}} \qquad (18)$$

2.4.2　准时停车约束

在列车运行过程中，必须考虑列车按时到达这个因素，其计算表达式为式（19）。其中，T_{real} 表示列车实际运行的时间；T_{target} 表示列车计划运行的时间；ΔT 表示列车运行时间的误差，通过设置运行时间裕量 ΔT_{margin} 来保证列车能够准时停车。

$$\Delta T = \left| T_{\text{real}} - T_{\text{target}} \right|$$
$$\Delta T \leqslant \Delta T_{\text{margin}} \qquad (19)$$

选取能耗模型 E、准点停车约束 ΔS、准时停车约束 ΔT 三个指标作为 HLO 算法的适应度函数，如式（20）所示，其中，w_1、w_2、w_3 为三个指标的权重系数。

$$\text{Fitness} = w_1 \times E + w_2 \times (\Delta S - \Delta S_{\text{margin}}) + w_3 \times (\Delta T - \Delta T_{\text{margin}}) \qquad (20)$$

基于 HLO 算法的列车速度曲线优化的设计方法如图 2 所示。

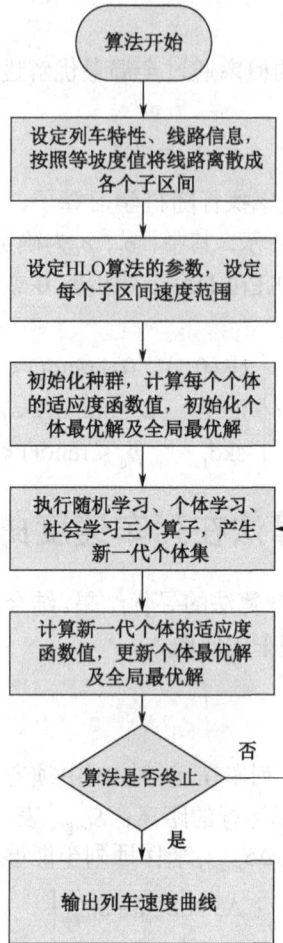

图 2　基于 HLO 算法的列车速度曲线优化的设计方法

3　基于人类学习优化算法的列车速度曲线优化方法的仿真

以武汉—广州高铁中英德到清远的线路数据为仿真对象[9]，线路全长为 56km，运行时间为 16min，允许时间误差为 20s，限速情况为 200～300km/h。采用四动四拖的 CRH3 型动车组[10]，其模型数据参数如表 1 所示。

表 1　CRH3 型动车组模型参数

类　　型	参　　数
满载质量/ton	563
输出功率/kW	8 800

续表

类　型	参　数
乘客定员/人	600
车辆数/辆	8
最高运营速度/（km/h）	350

采用 HLO、BPSO[11]、BASA[12]等算法根据线路的能耗模型优化求解每个子区间的目标速度，其中，$w_1=1, w_2=5\times10^9, w_3=5\times10^9$，优化结果表 2 说明三种算法都能保证列车准时、准点停车，但列车按照 HLO 算法优化求解的目标速度行驶，具有更好的节能效果。

表 2　三种算法的性能指标

算　法	ΔS	ΔT	E	Fitness
HLO	0	15.115 2	$2.575\ 2\times10^9$	$7.185\ 1\times10^{10}$
BPSO	0	17.350 8	$2.585\ 9\times10^9$	$8.934\ 0\times10^{10}$
BASA	0	17.352 8	$2.623\ 7\times10^9$	$8.938\ 8\times10^{10}$

满足准点停车约束及准时停车约束，计算采用常规运行控制方法时列车的能耗情况，以最大加速度牵引到一个合适的速度，随后巡航到制动起始点，最后以再生制动模式运行到列车的终点，并与基于 HLO 算法的列车子区间目标速度优化求解的方法进行对比，结果如表 3 所示。由结果分析可知，基于 HLO 算法的运行时间虽然慢了约 1.3 秒，然而和常规控制方法相比，节能比例达到 8.06%，说明列车按照 HLO 算法优化求解的速度曲线进行行驶，节能效果更好。

表 3　两种方法的性能指标

算　法	ΔS	ΔT	E
采用 HLO 优化求解	0	15.115 2	$2.575\ 2\times10^9$
常规方法	0	13.838 8	$2.820\ 8\times10^9$

4　结语

满足列车准时准点的约束，根据列车的能耗模型，采用 HLO 算法优化求解列车每个等坡度子区间的目标速度，为列车的节能运行提供一种有效的方案。

参考文献

[1]　刘建强，魏远乐，胡辉. 高速列车节能运行优化控制方法研究[J]. 铁道学报，2014(10):7～12.

[2]　程帅，李守义，明波等. 列车节能运行决策问题的模拟优化研究[J]. 计算机工程与应用，2017(12).

[3]　李玉生，侯忠生. 基于遗传算法的列车节能控制研究[J]. 系统仿真学报，2007，19(2):384-387.

[4]　柯倩. 高速列车追踪运行节能优化与控制研究[J]. 科技创新与应用，2018(31).

[5]　Song Y , Song W . A Novel Dual Speed-Curve Optimization Based Approach for Energy-Saving Operation of High-Speed Trains[J]. IEEE Transactions on Intelligent Transportation Systems, 2016:1-12.

[6]　曹佳峰，张博昊，刘斌. 高速列车节能优化运行模式研究[J]. 铁道运输与经济，2017(8).

[7]　曹佳峰，刘斌. 基于2阶段优化的高速列车节能运行仿真研究[J]. 铁道科学与工程学报，2018, v.15；No.97(04):7-14.

[8]　Wang L, Ni H.Q, Yang R.X, Fei M.R, Ye W. A Simple Human Learning Optimization Algorithm [C], Proceedings of International Conference on LSMS&ICSEE 2014, Springer Berlin Heidelberg, 2014, pp. 56-65

[9]　宋文婷，谭觅，蔡文川等. 高速列车的节能操纵策略研究[J]. 铁道科学与工程学报，2016，13(3):423-429.

[10]　王成莉. 基于遗传算法的高速列车节能运行控制研究[D]. 2016.

[11]　Cesare N D, Chamoret D, Domaszewski M. Optimum topological design of negative permeability dielectric metamaterial using a new binary particle swarm algorithm [J]. Advances in Engineering Software, 2015, 101:149-159.

[12]　Wang W, Li C, Liao X, et al. Study on unit commitment problem considering pumped storage and renewable energy via a novel binary artificial sheep algorithm [J]. Applied Energy, 2017, 187:612-626.

[13]　毛保华. 列车运行计算与设计[M]. 北京：人民交通出版社，2008.

基于出行需求大数据的共享单车总量控制测算方法研究

——以杭州为例

程　珂[1]　高杨斌[1]　武　睿[1]　黄明钗[1]

（1. 杭州市综合交通研究中心，杭州　310006）

【摘要】基于杭州市共享单车运行监测数据、共享单车用户调查数据及城市居民出行数据，分析共享单车需求构成及使用特征，在此基础上，提出一种城市共享单车规模总量控制测算方法，测算从其他出行方式转移至共享单车出行的需求量和共享单车与公交系统接驳的需求，进而得到与城市出行需求相适应的共享单车规模总量，可为城市共享单车的投放量控制和运营管理提供依据，促进共享单车有序发展。

【关键词】共享单车；大数据；城市交通；出行需求；交通管理

Research on a Calculation Method for Shared Bicycles Scale Control Based on Travel Demand Big Data
——Take Hangzhou as an Example

Cheng Ke[1], Gao Yangbin[1], Wu Rui[1], Huang Mingchai[1]

（1. Hangzhou Comprehensive Transportation Research Center, Hangzhou 310006, China）

Abstract: Based on the monitoring data of shared bicycle operation in Hangzhou, the survey data of shared bicycle users and the travel data of urban residents, this paper analyzes the demand composition and usage characteristics of shared bicycles. Based on this, a method for calculating the scale of shared bicycles in urban areas is proposed. Calculate the demand for shared bicycle travel shifted from other modes of travel and the demand for public transportation connection using share bicycles, thereby obtaining the scale of shared bicycles that are compatible with urban travel needs. The method can provide a basis for the scale control and operation management of urban shared bicycles, and promote the orderly development of shared bicycles.

Keywords: shared bicycle; big data; urban transportation; travel demand; traffic management.

1 引言

随着移动互联网的快速发展，共享经济、共享出行作为"互联网+"的产物应运而生。自 2016 年以来，一种依托于 GPS 定位与移动支付的自行车共享系统——"共享单车"在中国各大城市迅猛发展，短时间内迅速扩张。据中国交通运输部不完全统计，截至 2017 年 7 月，全国共享单车运营公司近 70 家，累计投放车辆超过 1 600 万辆。

共享单车符合当前城市绿色出行、公交优先的交通发展理念，在解决公共交通接驳换乘"最后一千米"的问题方面起到了很大作用，因此在全国各大中城市迅速普及。但在共享单车诞生和成长初期，其管理水平远远滞后于扩张规模，导致许多城市均面临共享单车管理困境，主要矛盾集中在无节制大量投放占用公共道路资源、乱停乱放影响正常通行秩序、热点区域车辆过度集聚无法疏散等。如何正确测算共享单车使用需求，根据需求指导城市共享单车规模维持在合理范围，对提高城市共享单车的管理水平十分重要。

近年来，针对共享单车的研究主要有以下几个方面：1）描述共享单车经济现象、研究宏观监管政策[1~3]；2）基于用户问卷调查数据，分析各大城市共享单车出行特征[4,5]；3）采用数学建模方式，研究用户对共享单车选择行为及共享单车供需特征[6~8]；4）共享单车与公共自行车互补性研究[9~11]。而针对一个城市与其总体出行需求相适应的共享单车规模测算方面，尚未形成可用于管理实践的方法研究。

共享单车规模是由城市的人口、出行结构、道路空间资源、企业服务水平等多方面决定的。2017 年，杭州市出台《杭州市促进共享单车规范发展的指导意见（试行）》，提出共享单车应该根据市场需求及城市发展整体规划，应根据监测数据报告，及时合理调整投放规模、数量和区域。因此，杭州市共享单车总量控制研究应立足于杭州市公众出行需求特征和共享单车发展定位，合理制定与需求相适应的车辆投放规模，同时也指导运营企业加强线下的运营调度，避免局部区域出现车辆严重过剩现象。

2 杭州市共享单车使用特征

通过对互联网数据分析，2017 年 10 月杭州市共享单车总量已超过 70 万辆。根据杭州市交通局共享单车监管平台 2017 年 12 月的统计，共有 7 家共享单车企业数据接入平台，备案车辆数总量达 88.27 万辆（其中动态车辆数 68.02 万辆）。

为更好地了解杭州市共享单车的使用现状和运行特征，结合共享单车监管平台数据与4 000 余份问卷调查数据，对杭州市共享单车使用特征进行分析。其中，由于问卷调查受访者的年龄结构与实际年龄结构有一定偏差，因此，基于实际年龄结构对样本进行了扩样处理。经对数据总结分析，共享单车的出行需求特征主要有以下几点。

2.1　共享单车出行来源

共享单车使用需求的产生主要分为两类。一类由其他出行方式的全程出行转移而来。其中，步行、地面公交、公共自行车、自有自行车、出租车（包括网约车）转移至共享单车出行的比例相对较大，而私人小汽车、轨道交通、助动车等出行方式转移为共享单车出行的比例较小。

另一类是使用共享单车与轨道交通、地面公交等接驳。调查数据显示，乘坐轨道交通、地面公交使用共享单车接驳比例分别约为 15.5%、9.5%。

2.2　部分交通方式转移比例与出行距离有关

从步行、地面公交出行转移至共享单车出行的比例与出行距离有关，出行距离越短，转移至共享单车比例越大。根据居民出行调查数据，以及共享单车使用问卷调查结果，各出行方式距离比例、转移比例如表 1、表 2 所示。

表 1　步行转移至共享单车的比例

距离/km	0～0.5	0.5～1	1～1.5	1.5～2	>2	合　　计
比例	43.04%	30.28%	12.57%	5.50%	8.61%	100%
转移至互联网租赁自行车的比例	8.61%	7.57%	3.77%	1.93%	1.72%	23.60%

表 2　公交车转移至共享单车的比例

距离/km	0～1	1～5	5～10	>10	合　　计
比例	3.31%	36.15%	31.15%	29.39%	100%
转移至互联网租赁自行车的比例	1.09%	3.62%	1.56%	0.00%	6.26%

而公共自行车的出行特性和使用条件与共享单车十分相似，具有较高的互相替代性，所以公共自行车转移至共享单车的比例与出行距离的关系不大。根据共享单车使用问卷调查结果，约有 25% 的公共自行车用户改用共享单车。约有 11% 的自有自行车出行者改用共享单车出行；约有 12% 的出租车出行者改用共享单车出行。

2.3　共享单车使用比例与使用者年龄关联较大

共享单车用户中，20～39 岁居多，占 84%。50 岁以上用户仅占 5%。这与不同年龄段对共享单车的接受程度差异较大有关，见图 1。

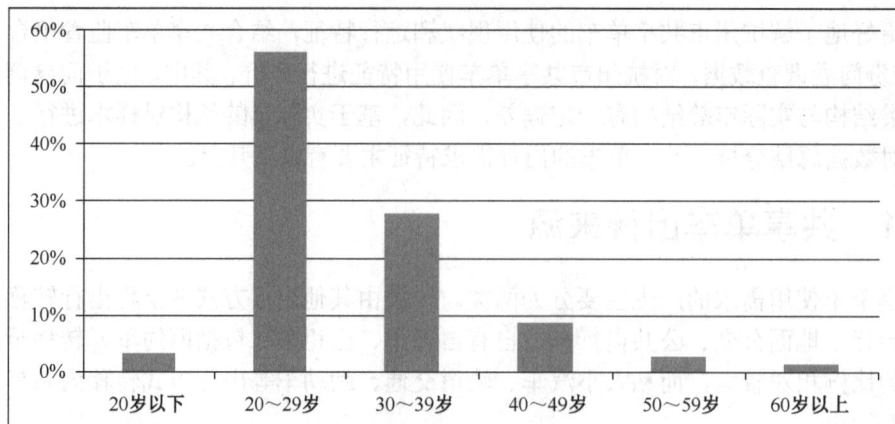

图 1　共享单车用户年龄分布

2.4　车辆利用率在 50%～60%

根据共享单车的使用特性，将大于 200m 的位移认为是使用过程中发生的移动。根据对杭州市区主流共享单车的监测数据，监测时段内，发生过大于 200 米以上位移的车辆（被使用过的车辆）约占车辆总数的 50%～60%。表 3 为 2017 年 10 月共享单车的利用率。

表 3　共享单车利用率（2017 年 10 月）

共享单车品牌	移动距离		
	>50m	>100m	>200m
品牌 1	60.63%	54.70%	52.08%
品牌 2	63.39%	60.68%	57.72%
品牌 3	74.91%	68.35%	63.29%

3　基于出行需求的共享单车总量测算方法

基于 2015 年杭州市居民出行调查所得的常住人口数量、交通出行总量、出行率和出行方式结构，结合上述共享单车出行特征，设计共享单车出行需求测算方法，进而得到共享单车的规模需求总量。

3.1　共享单车出行需求测算

共享单车出行需求分为从其他出行方式转移的需求和与公交系统接驳的需求。公式如下：

$$N = N_{转移} + N_{接驳} \tag{1}$$

式中：

N——市区共享单车出行需求总量，单位：人次。

$N_{转移}$——从其他出行方式转移为共享单车出行需求量，单位：人次。

$N_{接驳}$——与公交系统接驳的共享单车出行需求总量，单位：人次。

$$N_{转移} = \sum D_a \times i_a \tag{2}$$

式中：

D_a——出行方式 a 的每日出行需求，单位：人次。

i_a——出行方式 a 的共享单车转移比例，单位：%。

$$N_{接驳} = \frac{Q_{轨道} \times i_{轨道接驳}}{\delta_{轨道}} + \frac{Q_{公交} \times i_{公交接驳}}{\delta_{公交}} \tag{3}$$

式中：

$Q_{轨道}$、$Q_{公交}$——轨道交通、地面公交日均客运量，单位：人次。

$i_{轨道接驳}$、$i_{公交接驳}$——轨道交通、地面公交的共享单车接驳比例，单位：%。

$\delta_{轨道}$、$\delta_{公交}$——轨道交通、地面公交换乘系数。

基于第 2 节所述共享单车出行特征、杭州市居民出行调查中各出行方式分担率，以及以上测算所得的转移比例，分别计算各年龄层、各转移与接驳方式的共享单车出行需求量，再加总得到杭州市区共享单车出行需求总量。

由于不同年龄段对共享单车的接受程度差异较大，因此对于从其他出行方式转为共享单车出行的转移比例，对各年龄段设置共享单车使用修正系数。修正系数的设置原则为：年轻居民更倾向于改用共享单车，修正系数大；年纪越大的用户越少改用共享单车，修正系数小。设置情况如表 4 所示。

表 4　不同年龄段转移比例修正系数

年　龄	步　行	公交车	公共自行车	自有自行车	出租车
13～20	1.5	1	1	1	1
20·30	1.5	2	2	1	1
30～40	1.5	2	1.2	1	1
40～50	0.5	1	1	1	1
50～60	0.5	0.5	0.5	1	1

表 5 为 20～30 岁市民共享单车转移使用量，该年龄段每日交通出行总量 285.2 万人次，测算所得 $N_{转移}$ 为 29.1 万人次。

表 5　20～30 岁市民共享单车转移使用量

	步　行	地面公交	公共自行车	自有自行车	出租车
原出行量	52.0	35.8	5.3	8.4	22.2
转移比例	23.6%	12.5%	50.0%	11.0%	12.0%
年龄修正系数	1.5	2	2	1	1
共享单车转移使用量	18.39	4.48	2.67	0.89	2.67

由于 60 岁以上居民使用共享单车的比例较低，不再用出行方式计算转移比例的测算方法，而直接根据共享单车使用问卷调查结果，取 60 岁以上居民的共享单车分担率为 1.7%。

各年龄段全程使用共享单车的出行量测算如表 6 所示，从其他出行方式转移为共享单车出行需求量约 91.82 万人次/日。

表 6　共享单车出行转移量（单位：万人次）

	1～20 岁	20～30 岁	30～40 岁	40～50 岁	50～60 岁	60 岁以上	合　计
交通出行总量	114.9	285.2	256.0	356.5	242.1	325.7	
互联网租赁自行车分担率	12.63%	10.20%	6.62%	4.41%	4.13%	1.70%	
互联网租赁自行车出行量	14.52	29.10	16.94	15.73	10.00	5.54	91.82

表 7 为共享单车接驳量。基于出行方式结构和公交轨道日均客运量，结合共享单车出行分担率、接驳比例，测算与公交系统接驳的共享单车出行需求总量，测算所得 $N_{接驳}$ 为 37.90 万人次/日。共享单车出行需求总量 N 总计约为 129.7 万人次/日。

表 7　共享单车接驳量（单位：万人次）

	日均客运量	接驳比例	换乘系数	接驳量
轨道	103.2	15.5%	1.5	10.66
公交	315.4	9.5%	1.1	27.24

3.2　共享单车车辆规模测算

公式如下：

$$S = \frac{N}{\alpha_{平均}\beta_{平均}\gamma_{共享单车}} \tag{4}$$

式中：

S——共享单车车辆目标规模；

$\alpha_{平均}$——共享单车目标利用率；

$\beta_{平均}$——共享单车目标周转率；

$\gamma_{共享单车}$——目标年共享单车平均实载率，由于共享单车每次只搭乘 1 人，因此实载率为 1。

（1）目标利用率

为避免共享单车大量闲置的情况，同时也保证服务质量，目标利用率为 67%～85%。

（2）目标周转率

目前，杭州市公共自行车日均周转率为 2.5～3.3，高于共享单车周转率水平。相比公共自行车，共享单车取用和还车更为方便，周转率应稍高于公共自行车的周转率水平；而考虑到外围地区公共自行车共享单车需求量较小，周转率会较低，但不应低于公共自行车的 50%。因此，取目标周转率为 1.9～5.5。

表 8 为杭州市各区域共享单车车辆规模。考虑到中心城区与外围地区人口密集度、交通设施和交通服务水平存在差异，采用不同的目标利用率和目标周转率，测算所得杭州市

区共享单车规模总量约为46.2万辆。

表8　杭州市各区域共享单车车辆规模

区　域	人口占比	共享单车出行量（人次/日）	利用率	周转率（人次/日/辆）	共享单车需求量（辆）
主城区	47.8%	62.0	0.67	5.5	16.8
萧山、余杭	36.0%	46.7	0.75	3.8	16.4
富阳、临安	16.2%	21.0	0.85	1.9	13.0
合计	100%	129.7			46.2

4 应用实例

2018年3月，杭州市发布《杭州市共享单车发展研究报告》《杭州市共享单车服务质量考核办法》，以本文所述基于出行需求的城市共享单车总量控制测算方法测算所得的共享单车目标规模为依据，对共享单车企业实施考核与减量管理。

截至2019年年初，杭州备案共享单车品牌5家，实际运营主要为2家，报备车辆数从2017年的88万辆逐步"瘦身"至目前的38万辆，市场热度明显低于2017年。

5 结语

本方法优点在于在居民出行结构数据和共享单车运行数据的基础上进行测算，结果较为可靠；目标利用率和目标周转率可根据共享单车发展阶段及城市实际情况随时调整，以达到对共享单车规模目标动态调控的效果。缺点在于转移比例等变量较多，需要通过大量调查样本进行标定。

共享单车作为一种分享经济模式下的新生产业，遵循产品生命周期规律，即经历四个阶段：引入期、成长期、稳定期、衰退期。在引入期和成长期，应兼顾社会效益与企业效益，政府给予正确的政策引导，建立有效的行业监管体系，提高社会资源利用率和服务水平，防范经济风险和社会风险，如发布指导意见或管理条例，建立共享单车运行监测平台等。目前，杭州市共享单车发展已进入稳定期，占用道路公共资源、妨碍交通秩序等问题随着车辆投放规模的减小、管理水平的提高而明显减少。同时，初期的使用热潮也已经褪去，监管平台数据显示，目前杭州市共享单车的日均发生订单数约35.6万个，仅为2017年日均使用量的45%，日均利用率在65%左右，日均周转率在1.7左右。在稳定期，对共享单车的总量控制标准应适当放宽，尽量延长其稳定阶段，使其保持活力，避免过早进入衰退阶段。

参考文献

[1] 何涛. 共享单车现象与共享经济发展探讨[J]. 技术经济与管理研究, 2017, (8): 99-104.

[2] 李胤. 北京城市共享单车管理政策研究[J]. 交通世界（下旬刊）, 2018, (10): 158-160.

[3] 郝雅立, 温志强. 共建共治共享: 大数据支持下共享单车智能化治理路径[J]. 管理评论, 2019, 31(1): 249-254.

[4] 冉林娜, 李枫. 共享单车出行特性与出行行为分析[J]. 交通信息与安全, 2017, 35(6): 93-100, 114. DOI:10.3963/j.issn.1674-4861.2017.06.013.

[5] 周荣, 王元庆, 朱亮等. 基于时空数据的共享单车出行特征研究[J]. 武汉理工大学学报（交通科学与工程版）, 2019, 43(1): 159-163. DOI:10.3963/j.issn.2095-3844.2019.01.031.

[6] 袁朋伟, 董晓庆, 翟怀远等. 基于 Nested Logit 模型的共享单车选择行为研究[J]. 交通运输系统工程与信息, 2018, 18(5): 191-196, 210. DOI:10.16097/j.cnki.1009-6744.2018.05.028.

[7] 王翔翔, 严凌. 考虑心理潜变量的共享单车出行选择行为研究[J]. 物流科技, 2018, 41(11): 90-94.

[8] 武涛, 寿叶涛. 基于线性规划法的共享单车供需研究[J]. 汽车实用技术, 2018, (16): 193-195. DOI:10.16638/j.cnki.1671-7988.2018.16.069.

[9] 张翼飞, 童瑶宝, 卢峰等. 杭州共享单车与公共自行车互补性问题研究[J]. 智能城市, 2018, 4(16): 23-25.

[10] 马书红, 杨野, 王元庆等. 在共享单车影响下的公共自行车发展研究[J]. 交通运输系统工程与信息, 2018, 18(1): 231-236, 244. DOI:10.16097/j.cnki.1009-6744.2018.01.034.

[11] 张寒冰, 王怡然, 解浩东. 共享单车与公共自行车的互补性研究——以南京市为例[J]. 中国商论, 2018, (11): 165-167.

面向网联自动驾驶汽车的平视显示系统综述

单　铮[1]　朱晓东[1]　朱弘戈[1]　马万经[2]

（1. 中国公路工程咨询集团有限公司，北京，100083；

2. 同济大学道路与交通工程教育部重点实验室，上海，201804）

【摘要】平视显示（Head-up Display，HUD）是一种将虚拟影像投射到驾驶员前向视野的显示设备。它最初是为军用航空开发的，之后才应用于汽车领域。现如今，HUD 在研究和实践上取得了很大的进展，并且在网联自动驾驶领域存在巨大潜力。对目前 HUD 的研究工作做一个很好的总结，将有助于 HUD 未来在网联自动驾驶汽车上的应用和研究。本文对与 HUD 相关的关键方面进行了详细回顾。首先介绍了 HUD 的概念及其分类。其次，对不同厂家的 HUD 系统进行了收集和比较，展示了目前 HUD 的现实应用情况。然后，综述了国内外对 HUD 相关驾驶行为的研究现状。

【关键词】抬头显示；网联自动驾驶；驾驶行为；综述

A Review of Head-up Display for Connected and Automated Vehicles

Shan Zhen[1], Zhu Xiaodong[1], Zhu Hongge[1], Ma Wanjing[2]

（1. China Highway Engineering Consultants Corporation, Beijing, 100083；

2. The Key Laboratory of Road and Traffic Engineering, Ministry of Education, Shanghai, 201804）

Abstract: The Head-up display (HUD) is a display device which projects a virtual image on the forward field of view of drivers. It was first developed for military aviation then started to be applied for cars. HUD has obtaining great progresses in research and practice. A good summary of the current works about HUD will facilitate its future application and research. This paper provides a detailed review of the key aspects associated with HUD. First, the conception of HUD and its various categories were introduced. Second, HUD systems of different manufacturers were collected and compared, showing the current field application of HUD. Third, the academic research mainly on driving behavior related of HUD is summarized. At the end, the future direction for automotive HUD is also provided to show the great potential of it.

Keywords: Head-up Display, Connected and Automated Vehicles; Driving Behavior, Review.

1 引言

网联自动驾驶处于我国交通技术发展的支撑地位，是未来智能交通系统的核心之一，也是我国抢占智能交通前沿技术制高点的关键[1,2]。其中，安全驾驶辅助是网联自动驾驶的核心之一，是解决交通安全的关键手段[3]。车载人机交互界面的主要载体是视觉显示[4]，平视显示是一种将虚拟图像投射到驾驶员前方视野的显示设备，驾驶员可以在界面上水平查看相关驾驶信息。平视显示器的显示原理是建立在光学原理基础上的，图像被投射到玻璃窗上，并被部分反射，反射部分被观察者感知为一个虚拟的图像[5]。HUD 具有信息获取效率高、改善驾驶绩效等优势，最初用于军用航空显示。由于汽车安全问题的日益突出，从 20 世纪 80 年代开始，它开始应用于汽车。随着时间的推移，HUD 系统配备了更多的新兴技术，带来更好的驾驶体验，已成为未来车载显示的发展方向[6]。麦肯锡等国际市场研究机构将 HUD 作为未来车载系统的重要组成，预计 HUD 年增长率最高达 29.91%，增长主要来自网联自动驾驶行业[7,8]；到 2024 年，大概 1/3 的车辆会配备 HUD[9]。Jim Sax（美国制造业跨国公司 3M 汽车电气化研发副总裁）直言，HUD 将为网联自动驾驶技术的发展铺路[10]。在我国交通事故死亡率高出美国 47%和日本 340%[11]的背景下，面向网联自动驾驶安全驾驶辅助功能，设计开发有效、准确和精细化的 HUD 人机交互界面，是网联车安全驾驶辅助应用实践中极为迫切的需求。为促进 HUD 未来的研究与应用，对目前有关 HUD 的研究工作做一个很好的总结是很有必要的。

本文从四个方面对 HUD 进行了详细的回顾。第一部分介绍 HUD 的概念及其各种类别。第二部分对 HUD 的界面设计、驾驶行为、人为因素等方面的学术研究进行了综述。第三部分收集并比较了不同厂家的 HUD 系统，展示了目前 HUD 的现实应用情况。第四部分对 HUD 未来发展方向进行了展望，显示了其巨大的发展潜力。

2 HUD 类别

一般来说，网联自动驾驶车辆上的汽车平视显示系统有：挡风玻璃型（Windshield HUD，WHUD）和组合型（Combiner HUD，CHUD）。

2.1 挡风玻璃型

挡风玻璃型的 HUD 界面是直接投影在挡风玻璃上的（WHUD 示例如图 1 所示），视觉融合效果更好。通常这种系统默认包含在车辆中，并且不同的 WHUD 系统在挡风玻璃上投影区域的位置和范围不同。然而，汽车挡风玻璃一般都是曲面玻璃，需要根据挡风玻璃的尺寸和曲率进行高精度非球面反射才能清晰显示。因此，WHUD 的实施需要先进的光学和电子技术，这导致了高成本的问题。许多汽车制造商选择在他们的高端车型中应用 WHUD。

图 1　WHUD 示例

2.2　组合型

组合型 HUD 界面的图像主要是利用投影装置投射到一块透明树脂面板上的。一般情况下，这种系统在车辆中作为辅助装置使用，这意味着它也可以在车辆之间互换。不同的 CHUD 系统的投影设备放置位置有所不同。大多数都放在仪表板上，如图 2（a）所示；另一些放在挡光板上，如图 2（b）所示。CHUD 通常连接到车载诊断（On-board Diagnostic，OBD）接口，以获取车辆状态信息。与 WHUD 相比，CHUD 虽然视觉效果可能不如 WHUD，但更简单、更经济。CHUD 具有较高的灵活性和普适性，更有可能推广给大部分驾驶员。

（a）置于仪表盘上　　　　　　　　　（b）置于挡光板上

图 2　CHUD 示例

近年来，随着增强现实（Augmented Reality，AR）等高科技的发展和结合，HUD 正被不断改进。

3 关于 HUD 的研究

关于 HUD 的研究主要集中在人为因素、功能、界面设计三个方面。下面几节将详细介绍这三个方面。

3.1 人为因素

在早期，汽车 HUD 的研究主要集中在系统的形式和结构设计上，涉及光学和电子技术，旨在开发一种实用的产品。虽然汽车 HUD 在一些基本技术上与飞机 HUD 相似，但在工作状态、信息内容、驾驶员特性等方面存在显著差异。因此，人因工程和驾驶员行为分析在测试和提高汽车 HUD 性能方面发挥了重要作用，尤其是在安全方面[12]。

在早期的研究中，并没有显示 HUD 对驾驶行为有显著的影响，结果也没有为显著的性能优势提供足够的证据。此外，由于工作负荷、显示复杂性和驾驶员年龄等因素的相互作用，结论是模棱两可的。汽车 HUD 预计将具有性能优势，如增加眼睛在路上的时间和减少重新适应的要求，特别是对老司机。早期的研究还表明，HUD 的关键操作性能问题包括对比度干扰和认知捕捉[13]。考虑到当今技术的局限性，潜在的优势没有被充分发现是合理的。成像效果的好坏对 HUD 的应用至关重要，这也与光学技术、系统结构和内容设计密切相关。

随着这些核心技术的发展，HUD 的优势逐渐显现，后来的研究也证明了这一点。Liu 等研究了在不同路况下，驾驶员在平视显示器或路面上的注意力对驾驶性能的影响。结果显示，注意 HUD 的驾驶员对限速标志变化的反应比注意道路时更快[14]。AblaJimeier 等针对汽车 HUD 的权威评分进行了以用户为中心的基于眼睛注视的分析[15]。从他们的研究中，主要的结果是，驾驶员对 HUD 的接受度很高，并且与低头显示（Head-down Display，HDD）相比性能良好。很多人为因素和驾驶行为分析都与 HUD 的具体功能或设计有关，这些工作和结果将在后面总结。

3.2 功能

3.2.1 导航

除了基本的车辆驾驶状态信息，例如速度、导航已经添加到 HUD。早在 1986 年，HUD 在日本车路通信系统（Road and Automobile Communication System，RACS）中就展示了它在未来车载导航系统中的应用[16]。然而，由于在 HUD 上添加了更多的内容，图像可能会干扰驾驶任务，对驾驶性能带来负面影响。对 HUD 导航信息影响评价的研究也是有需求的。Hooey 等研究了 HUD 提供简单路线指导信息的驾驶性能，但没有表明 HUD 会分散受试者的注意力，或者与任何形式的认知捕捉有关[17]。一些研究出现了其他结论，一项初步的基于道路的评估研究结果表明，虽然与低头显示相比，HUD 的驾驶员导航性能更好，但 HUD 明显导致了特定的负面行为变化[18]。这些安全问题和不一致的结论使得如何设计和呈现界面上的导航信息成为重要问题。从简单的标志[19]到接触模拟[20]、增强现实[21]，改进的视觉表征增强了驾驶员的认知可用性和可视性。

3.2.2　安全驾驶辅助

网联自动驾驶汽车 HUD 的另一个重要功能是安全驾驶方面的指导。先进驾驶辅助系统应运而生，为驾驶员提供更多有用、智能的安全驾驶和经济驾驶信息。HUD 系统具有吸引驾驶员注意力的优点，是一个很好的信息显示平台。Cheng 等使用基于激光 WHUD 来帮助司机遵守限速规定，使收到超速警告的司机有效地减少减速时间[22]。通过新兴的车辆通信技术，Yang 等提出车内交通灯的当前模式和预测模式来辅助驾驶员[23]。结果表明，在预测模式下，制动和加速操作明显减少，扫瞄时间缩短。

AR 技术在这方面也得到了广泛的应用。Tonnis 等开发了用于 HUD 的纵向和横向驾驶员辅助的可视化方案，包括制动距离虚拟指示器和车道分区区域可视化（Tonnis，等，2008）[24]。它被证明可支持驾驶性能，而不是增加精神负荷。Simon 等使用 HUD 来显示道路标志的警示，这些警示不够突出，司机无法看到和注意到，从而证明了这种方法的适用性（Simon 等，2009）[25]。Charissis 等还提出了一种新的 WHUD 界面设计，旨在提高驾驶员在低能见度条件下的空间感知和响应时间[26]。在本研究中，HUD 界面被证明可以增强对车辆周围空间的了解，提高驾驶员的反应时间。Park 等引入了一个以驾驶员为中心的 AR HUD 系统，代表路线导航、周围车辆和行人、变道引导、兴趣点和交通标志等信息[27]。

虽然基于增强现实的应用很多，但是增强现实技术是否具有良好的应用效果还有待研究。Rusch 等评估 AR 提示的效果，旨在引导有经验的司机注意路边的危险，没有发现 AR 线索干扰周围非目标线索感知或驾驶员表现的证据[28]。Eyraud 等指出，AR 在决策阶段对视觉注意分配的影响更强，但在所有 AR 条件下，提取信息的能力效率较低[29]。

近年来，越来越多的交通领域研究开始使用 HUD 作为主要显示，进一步研究自动驾驶系统性能等相关问题[30],[31]及碰撞预警系统效果相关的问题[31],[32]。所有这些趋势也显示出对 HUD 的普遍认可，并逐渐成为未来场景的主流显示器。

3.2.3　其他辅助服务

随着新型车载技术、车载远程信息技术和车载信息娱乐技术的引入，驾驶员在网联自动驾驶车内获取的信息数量呈爆炸式增长。驾驶过程中同时进行的一些辅助任务可能会分散驾驶员对车辆控制的注意力，导致交通事故。HUD 被认为是在复杂情况下高效捕获信息的一种高潜力显示器。Horrey 等研究了驾驶员在驾驶时使用不同显示器显示电话号码时的表现。结果表明，HUD 在相关任务中具有最佳的支持性能[33]。Wittmann 等比较了不同显示位置的效果，发现车载显示位置离挡风玻璃越近，对实际驾驶性能的不利影响越小[34]。基于上述结果，HUD 的位置似乎是一个影响因素。

更多的车内交互和显示设备导致了视觉、听觉和交互系统的结合。Jackus 等测量了驾驶时使用单一或多模式显示的影响，使用 WHUD、听觉显示和两种界面的组合呈现了分层的、基于列表的菜单[35]。实验表明，与单纯的声控显示器相比，视觉和视听平视显示器的交互速度更快、效率更高。Tippey 等在驾驶和设备交互任务中评估了语音（与手动）输入和平视（与低头）显示的单独和组合效果（Tippey 等，2017）[36]。尽管边开车边发短信的性能成本很高，但语音输入法的性能优于人工输入，平视显示器可能会进一步扩大这些性能优势。Haeuslschmid 等为了平衡相关信息的可访问性和显示带来的干扰，研究了 HUD 自触发的影响，旨在呈现信息对驾驶员需求的影响[37]。然而，它最终证明了基于眼球轨迹和通过换挡桨实现的 HUD 增加了工作量和干扰，并对用户体验产生了影响。在这项研究中，参与者更愿意让 HUD 永久显示较少的内容。

3.3　交互设计

合理的 HUD 视觉表征可以改善行车安全，反之，将导致驾驶员脑力负荷过载、注意力分散，甚至加剧事故风险，因此 HUD 视觉表征得到了重视，表征优化内容包括颜色、表达方式（图形或文字）、布局等。一些研究者总结了 HUD 界面的一般设计原则。Smith 等提出了一个具有代表性的感性因素与 HUD 图像设计属性之间关系的预测模型[38]。Park 等使用偏好度分析法确定 HUD 提供的信息量、类型、颜色等要素[39]。结合驾驶模拟器和脑电波测量仪的测试方法，对上述元素进行了合理的颜色选择和布局测试。Gotze 等总结了 HUD 城市区域人机界面概念的定性和定量需求[40]。Zhang 研究了 HUD 信息架构，明确了视觉信息的划分[41]。然后根据这些接口信息在组织中的重要性分类，选择不同持续时间和触发器的显示模式。Yang 等主要研究 AR HUD 的驾驶环境安全信息界面，通过视觉要素变量区分不同权重的信息，确定最优提示信息量[42]。

对于一些特定的功能，也有研究人员对不同的设计效果进行比较分析，以满足不同的应用需求。Cheng 等使用各种生物启发的警报来表示速度和限速信息，结果显示，这些警报都以互补的方式加强[43]。Kircher 等比较了间歇性视觉生态驾驶信息和连续视觉生态驾驶信息对视线行为的影响，然后推荐间歇性信息，因为间歇性信息可以缩短停留时间，并且当视线频率增加时，系统设计师更容易控制[44]。Kim 等人介绍了行人预警界面的不同设计，实验研究表明，AR HUD 上保角图形提供的空间信息不仅可以提高驾驶员的驾驶性能，而且与传统的制动标志相比，可以使制动性能更加平稳[45]。Thill 等调查了驾驶者对 HUD 上的生态驾驶和导航建议的遵守情况，验证了系统提出某项建议的同时，提出原因比仅仅提出建议能够使驾驶员更好地遵守[46]。

4　实际应用

第一次生产配置 HUD 是 1988 年由通用汽车在美国推出的一款敞篷车（如图 3（a））。显示的信息只是从仪表板信息内容中选择的，包括速度、转向箭头、远光灯指示器和低燃料指示器等（如图 3（b））。显示的图像简单、单色，大部分信息与仪表板上显示的内容相同。

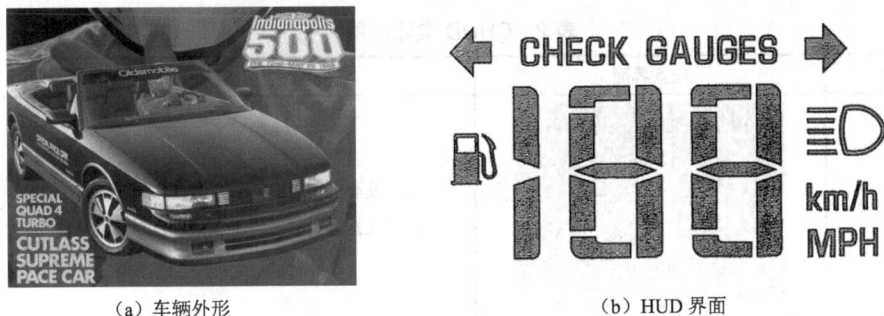

（a）车辆外形 （b）HUD 界面

图 3　第一款配置 HUD 的车辆

随着技术的发展，HUD 逐渐具有了更多的功能和设计。不同厂家的 HUD 系统参见表 1（WHUD）和表 2（CHUD）。在汽车市场上，WHUD 大多应用于豪华轿车，豪华轿车还配备了先进的驾驶辅助系统（ADAS），包括自适应巡航控制、车道维持辅助等。WHUD 用于显示来自 ADAS 的信息，以便可以直接引导驾驶员。WHUD 还集成了车辆导航系统，为驾驶员提供更好的视觉路径引导。随着技术的进步，越来越多的低价车也开始安装 WHUD。

表 1　WHUD 实际应用

生产商	交互界面	显示信息
BMW		导航信息（数字道路图像、方向箭头、步距、限速）、速度、夜视辅助系统报警信息
Audl		导航信息（数字路网、方向箭头、限速）、车速、自适应巡航控制、主动车道维护辅助、夜视辅助系统报警信息、油耗报警
Geely		速度、车辆状态信息（自动停车、换道辅助等）

对于 CHUD，早期的产品只是显示从 OBD 接口获得的信息。得益于互联网电子地图的发展，导航成为 CHUD 中的主要内容。不同的制造商致力于改进导航信息的格式和设计，从数字箭头图标到虚拟道路网络。增强现实技术也被用来为驾驶员提供更好的视觉导航指导。与此同时，由于在驾驶过程中，附加任务的发生更加频繁，一些 CHUD 对于不同的第三方应用程序，如呼叫、消息、音乐播放等具有很强的兼容性。这些 CHUD 系统通常与智能手机应用程序一起工作。随着娱乐功能不断增加，驾驶安全是否得到改善仍然是一个问题。

表 2　CHUD 实际应用

生产商	交互界面	显示信息
Fangzheng Tech		速度、发动机转速、电池电压、发动机故障、油耗、轮胎指示器、限速报警、疲劳驾驶报警、水温报警等
Garmin		导航信息（车道，方向箭头，步距），行驶时间，速度
Carrobot		导航信息（方向箭头及提示、数字路网及路线图像、行驶距离、行驶时长）、车速、行车安全警示、第三方应用（微信消息、音乐播放器、天气预报、语音交互）
WayRay		导航信息（增强现实方向箭头，步距），速度

5　结语

　　HUD 在提高安全性和提高信息获取效率方面显示出巨大的潜力。随着新兴科技的发展和结合，HUD 在功能和显示界面上都发生了巨大的变化。本文首先介绍了 HUD 的基本概念和分类。为便于实际应用，收集并比较了不同厂家的 HUD 系统。在文献综述的基础上，综述了与 HUD 相关的驾驶行为分析的学术研究进展。未来，随着网联汽车技术在理论和实践上地不断进步，除辅助驾驶和娱乐界面外，汽车内外信息交互将成为一个热门话题。界面的设计将更加注重图像的格式、风格、大小、颜色等，用户友好的界面有利于驾驶行为和用户体验。HUD 功能的丰富性将使信息组织更加重要，回答诸如在哪里放置什么信息，静态还是动态、何时显示这些动态信息，如何更新信息内容等问题。将 HUD 与其他交互系统结合，利用不同车载系统自身优势，增强信息表达效果也将是一种趋势。在驾驶行为实验方面，更复杂的驾驶员模拟器、现场实验装置、眼动仪等仪器将有助于收集更多有用的信息，从而得出更科学、合理的结论。HUD 仍有很大的发展空间，是一个很有发展前景的学术和实践研究领域。

参考文献

[1] 新华网. 车联网产业发展报告（2019）[EB/OL]. 2019. [2019-01-28]. http://www.xinhuanet. com/ auto/2019-01/28/c_1124043861_6.htm.

[2] 中国通信学会. 车联网技术、标准与产业发展态势前沿报告（2018 年）[R]. 中国通信学会，2018.

[3] 冉斌. 世界智能交通进展与趋势[J]. 中国公路，2018(14): 22-23.

[4] 郭伏，钱省三. 人因工程学[M]. 北京：机械工业出版社，2018.

[5] Ablaßmeier M, Poitschke T, Wallhoff F, et al. Eye gaze studies comparing head-up and head-down displays in vehicles[C]//2007 IEEE International Conference on Multimedia and Expo. IEEE, 2007: 2250-2252.

[6] BETANCUR J A, VILLA-ESPINAL J, OSORIO-GÓMEZ G, et al. Research topics and implementation trends on automotive head-up display systems[J]. International Journal on Interactive Design & Manufacturing, 2018, 12(1): 199-214.

[7] McKinsey & Company and LUNAR. Elevating the ridesharing experience [EB/OL]. 2017. [2018. 12.26]. https://mobility.lunar.com/.

[8] Markets and Markets. Head-up display market by component, type, application, and geography - global forecast to 2023[EB/OL]. 2016. [2018-12-23]. https://www. marketsandmarkets. com/Market-Reports/ head-up- display-hud-market-684.html.

[9] ABI Research. Automotive display technologies: touch Screens, HUDs, and dynamic Clusters [EB/OL]. 2015. [2018.12.26]. https://www.abiresearch.com/market-research/ product/ 1021371-automotive-display- technologies-touch-scre/.

[10] SAX J. Picturing the future of connected mobility: How HUDs are paving the way [EB/OL]. 2018. [2018.12.26]. https://www.3m.com/3M/en_US/automotive-experience-ev-solutions-us/human-machine-interface- solutions/head-up-display/jim-sax-hud-article/.

[11] World Health Organization. Global status report on road safety 2018[R]. Geneva: WHO, 2018.

[12] Weihrauch M, Meloeny G G, Goesch T C. The first head up display introduced by general motors[R]. SAE Technical Paper, 1989.

[13] Gish K W, Staplin L. Human factors aspects of using head up displays in automobiles: A review of the literature[J]. 1995.

[14] Liu Y C. Effects of using head-up display in automobile context on attention demand and driving performance[J]. Displays, 2003, 24(4-5): 157-165.

[15] Ablajimeier M, Poitschke T, Wallhoff F et al. Eye gaze studies comparing head-up and head-down displays in vehicles[J], 2007. In proc. of ICME, p 2250－2252

[16] Todoriki T, Fukano J, Okabayashi S, et al. Application of head-up displays for in-vehicle navigation/route guidance[C]//Proceedings of VNIS'94-1994 Vehicle Navigation and Information Systems Conference. IEEE, 1994: 479-484.

[17] Hooey B L, Gore B F. Advanced traveler information systems and commercial vehicle operations components of the intelligent transportation systems: head-up displays and driver attention for navigation information[R]. United States. Federal Highway Administration, 1998.

[18] Burnett G E. A road-based evaluation of a head-up display for presenting navigation information[C]//Proceedings of the HCI international conference, Crete. 2003, 3: 180-184.

[19] Sato A, Kitahara I, Kameda Y, et al. Visual navigation system on windshield head-up display[C]//Proc. 13th World Congress on Intelligent Transort Systems, CD-ROM. 2006.

[20] Poitschke T, Ablaßmeier M, Rigoll G, et al. Contact-analog information representation in an automotive head-up display[C]//Proceedings of the 2008 symposium on Eye tracking research & applications. ACM, 2008: 119-122.

[21] Lee J W, Park B J, Yoon C R, et al. A study of issues and considerations for development of a vehicle AR system[C]//2015 International Conference on Information and Communication Technology Convergence (ICTC). IEEE, 2015: 1160-1162.

[22] Cheng S Y, Doshi A, Trivedi M M. Active heads-up display based speed compliance aid for driver assistance: A novel interface and comparative experimental studies[C]//2007 IEEE Intelligent Vehicles Symposium. IEEE, 2007: 594-599.

[23] Yang B, Zheng R, Yin Y, et al. Analysis of influence on driver behaviour while using in-vehicle traffic lights with application of head-up display[J]. IET Intelligent Transport Systems, 2016, 10(5): 347-353.

[24] Tonnis M, Lange C, Klinker G. Visual longitudinal and lateral driving assistance in the head-up display of cars[C]//Proceedings of the 2007 6th IEEE and ACM International Symposium on Mixed and Augmented Reality. IEEE Computer Society, 2007: 1-4.

[25] Simon L, Tarel J P, Brémond R. Alerting the drivers about road signs with poor visual saliency[C]//2009 IEEE Intelligent Vehicles Symposium. IEEE, 2009: 48-53.

[26] Charissis V, Papanastasiou S. Human‐machine collaboration through vehicle head up display interface[J]. Cognition, Technology & Work, 2010, 12(1): 41-50.

[27] Park H, Kim K. Efficient information representation method for driver-centered AR-HUD system[C]//International Conference of Design, User Experience, and Usability. Springer, Berlin, Heidelberg, 2013: 393-400.

[28] Rusch M L, Schall Jr M C, Gavin P, et al. Directing driver attention with augmented reality cues[J]. Transportation research part F: traffic psychology and behaviour, 2013, 16: 127-137.

[29] Eyraud R, Zibetti E, Baccino T. Allocation of visual attention while driving with simulated augmented reality[J]. Transportation research part F: traffic psychology and behaviour, 2015, 32: 46-55.

[30] Guo C, Sentouh C, Popieul J C, et al. Cooperation between driver and automated driving system: Implementation and evaluation[J]. Transportation research part F: traffic psychology and behaviour, 2017.

[31] Blommer M, Curry R, Swaminathan R, et al. Driver brake vs. steer response to sudden forward collision scenario in manual and automated driving modes[J]. Transportation research part F: traffic psychology and behaviour, 2017, 45: 93-101.

[32] Liu Y C, Ho C H. A comparison of car following behaviors: Effectiveness of applying statistical quality control charts to design in-vehicle forward collision warning systems[J]. Transportation research part F: traffic psychology and behaviour, 2018, 53: 143-154.

[33] Horrey W J, Wickens C D. Driving and side task performance: The effects of display clutter, separation, and modality[J]. Human factors, 2004, 46(4): 611-624.

[34] Wittmann M, Kiss M, Gugg P, et al. Effects of display position of a visual in-vehicle task on simulated driving[J]. Applied Ergonomics, 2006, 37(2): 187-199.

[35] Jakus G, Dicke C, Sodnik J. A user study of auditory, head-up and multi-modal displays in vehicles[J]. Applied ergonomics, 2015, 46: 184-192.

[36] Tippey K G, Sivaraj E, Ferris T K. Driving while interacting with Google Glass: Investigating the combined effect of head-up display and hands-free input on driving safety and multitask performance[J]. Human factors, 2017, 59(4): 671-688.

[37] Haeuslschmid R, Klaus C, Butz A. Presenting Information on the Driver's Demand on a Head-Up Display[C]//IFIP Conference on Human-Computer Interaction. Springer, Cham, 2017: 245-262.

[38] Smith S, Fu S H. The relationships between automobile head-up display presentation images and drivers' Kansei[J]. Displays, 2011, 32(2): 58-68.

[39] Park H, Kim K. Efficient information representation method for driver-centered AR-HUD system[C]//International Conference of Design, User Experience, and Usability. Springer, Berlin, Heidelberg, 2013: 393-400.

[40] Götze M, Bißbort F, Petermann-Stock I, et al. A Careful Driver is One Who Looks in Both Directions When He Passes a Red Light - Increased Demands in Urban Traffic[C]//International Conference on Human Interface and the Management of Information. Springer, Cham, 2014: 229-240.

[41] Zhang J. Information Architecture and Visual Design of HUD Interface. Journal of Shandong University of Art and Design [C], 2014. (02), 41-46.

[42] Yang X. Research of Driving Environment Safety Information Interface Design Principles for In-Vehicle AR-HUD [C]. South China University of Technology, 2017.

[43] Cheng S Y, Doshi A, Trivedi M M. Active heads-up display based speed compliance aid for driver assistance: A novel interface and comparative experimental studies[C]//2007 IEEE Intelligent Vehicles Symposium. IEEE, 2007: 594-599.

[44] Kircher K, Fors C, Ahlstrom C. Continuous versus intermittent presentation of visual eco-driving advice[J]. Transportation research part F: traffic psychology and behaviour,

2014, 24: 27-38.

[45] Kim H, Miranda Anon A, Misu T, et al. Look at me: Augmented reality pedestrian warning system using an in-vehicle volumetric head up display[C]//Proceedings of the 21st International Conference on Intelligent User Interfaces. ACM, 2016: 294-298.

[46] Thill Serge, Riverio Maria, Lagerstedt Erik, Lebram Mikael and Hemeren Paul, et al. Driver adherence to recommendations from support systems improves if the systems explain why they are given: A simulator study[J]. Transportation Research Part F: Traffic Psychology and Behaviour,2018, 56, 420-435.

定制客运固定乘降点规划模型

傅新华[1] 彭昌勇[1] 张玺[2] 刘娜[2] 张旺[2]

（1. 重庆愉客行网络有限公司，重庆 400060；

2. 重庆交通大学 交通运输学院，重庆 400074）

【摘要】定制客运是道路客运行业实现转型升级、供给侧改革的重点方向之一。在初期有限运力条件下，定制客运固定乘降点规划问题是提升旅客服务水平、吸引客流的关键因素。本文对定制客运固定乘降点设置原则进行了分析。在服务半径、运力水平等约束条件下，以旅客起点到固定乘降点平均距离最短为优化目标，建立定制客运固定乘降点整数规划模型。以重庆愉客运城际商务快客为例，运用规划模型获得了不同参数条件下定制客运固定乘降点设置方案，可为道路客运行业管理部门提供决策依据。

【关键词】定制客运；选址；整数规划；Python；PuLP

Fixed Boarding/Alighting Location Planning Model for Customized Passenger Transport

Fu Xinhua[1], Peng Changyong[1], Zhang Xi[2], Liu Na[2], Zhang Wang[2]

(1. Chongqing Yukexing Network Co. Ltd., Chongqing 400067;

2. School of Traffic & Transportation, Chongqing Jiaotong University, Chongqing 400074)

Abstract: Customized passenger transportation is one of the key directions for the transformation and upgrading of the road passenger transport industry and the supply-side reform. Under the condition of limited initial capacity, the problem of customized passenger fixed boarding/alighting location planning is the key factor to improve passenger service level and attract passengers. This paper analyzes the principle of setting the fixed boarding/alighting location of customized passenger transport. Under the constraints of service radius and capacity level, an integer programme model for customized passenger transport's boarding/alighting location planning was established, with the objective of optimizing the shortest average distance between the passenger starting point and the fixed boarding/alighting location. Taking Chongqing Yukexing intercity business express as an example, the planning model is used to obtain the customized passenger transport's fixed boarding/alighting location setting scheme under different parameters, which can provide decision-making basis for the road passenger operation industry management department.

Keywords: customized passenger transport, location planning, integer programming, Python, PuLP.

1 引言

道路客运凭借运输区域广、方式多样、方便灵活等特点，一直主导着旅客运输行业。但是近年来客运量及周转量不断下降，空载率升高，企业收益普遍较低。造成这一现象出现的原因很多：一是传统道路客运经营模式无法满足旅客多层次、高质量的出行需求；二是道路客运行业受到的限制较大，与其他运输方式衔接不足，无法凸显道路客运的优势[1]；三是高铁、航空、网约车等发展迅速，道路运输范围逐步缩减，客运竞争日趋激烈，很大程度上制约着客运行业的发展，等等。综上所述，传统的客运模式已不再适于当前行业的发展，必须进行转型升级。

在"互联网+"的支撑下，通过科学的调研及深入分析行业发展现状，定制客运应运而生，它是"互联网+道路客运"新业态，是助推行业转型升级的重要举措[2]。相对于传统客运来说，其主要优势在于提供上门接送，而且灵活。定制客运适应市场需求，整合大量可以利用的资源和信息，提高服务水平，有助于改变目前一些企业的经营困境，给道路客运行业的发展注入新的生机。目前，定制客运运营服务形式主要有城际快车、定制巴士、定制机场专线、定制包车、定制公务车等[3]。截至 2018 年 9 月，重庆、山西、北京、江苏等 15 个省市开展了定制客运服务[4]，并且在实践中取得了巨大成功。

定制客运是新时代兴起的一种全新的客运服务模式，对乘降点的选址优化研究很少。乘降点的选址是定制客运中重要的部分，乘降点选择的合理与否会直接影响出行者的满意程度及客运线路设计质量的好坏。一方面，如果旅客从出发地到乘车点的距离过长，所花费的时间越多，旅客体验感会大打折扣，高质量的出行很难得到保障；另一方面，如果乘降点设置太多，旅客上下车的时间增加，定制客运的优越性难以体现。因此，合理的乘降点选择对定制客运的服务水平和持续有序的发展有着极其重要的影响。

选址问题是运输物流领域中的经典规划问题，许多专家学者在该方向上做出了贡献。徐志远等采用层次分析法建立层次化评价指标体系，提出了应急避难场所的选址规划方案[5]；李镜璇等分析了校园快递自提柜的需求，提出了基于聚类分析、整数规划方法的智能自提柜选址规划方案[6]；杨珍珍等基于海量移动位置数据提出了数据驱动的电动汽车充电站选址方法[8]。

本文将应用经典的选址规划问题的思路对定制客运固定乘降点选址进行分析和建模，提出以旅客到乘降点平均距离为优化目标的整数规划模型，并以重庆城际商务快客为例，给出了不同情形下重庆主城区乘降点规划方案。

2 定制客运概述

2.1 定制客运的概念

定制客运是传统道路客运的有效补充，服务于特定城市间的中短途客运，是跨区域的运输服务，采用城际商务车与班线客运融合发展，优势互补，弥补传统道路客运服务形式单一的不足点，满足旅客上门接送最后一千米出行服务的需求，解决传统道路客运乘车体验痛点，向旅客提供专车运输服务。它以 7 座及以上的客车为运力，打破传统班线客运固定的经营方式，结合旅游包车的灵活性，拓宽客运服务范围，使上下车站点变得灵活，时间自由，旅客体验更为舒适，有效应对旅客出行需求的转变，满足道路客运市场差异化的需求。

在互联网高速发展的新时代，定制客运的主要客运渠道是网络平台，借助官方网站、手机 App、微信公众号等平台发布客运信息，旅客可在线购票，预约出行。近年来定制客运以其便捷的乘车方式和定制化的组织模式深受广大旅客的喜爱，取得了初步的成效。

以重庆市为例，"愉客行"为主城区的旅客提供更加灵活方便的出行选择，开通了主城至邻水、潼南、垫江、黄水、万州、大足、开州等 10 余条定制客运专线，实现从重庆主城区向多点集散旅客，提供区县城区范围内免费接送乘车。根据数据显示，目前开通的多条专线，车辆数和班次都达到了一定的规模，满足了旅客的需求，实现多点上下客及站外乘车，力求为传统道路客运企业打造一体化的解决方案，从班线客运到定制客运，从受高铁航空冲击到联程联运，从出租车被网约车围剿到融合互补发展，提高旅客出行体验。

2.2 主要功能框架

定制客运为旅客提供统一的客运信息服务平台，通过官方网站、手机 App、微信公众号、自动售票机等查询汽车票，填写订单信息，完成车票的购买，以旅客出行的便捷性和定制客运的灵活性为主，为旅客带来舒适的出行服务体验。

定制客运对客运司机的管理更为仔细。首先，司机应具备相应的从业资格，为旅客提供安全的出行；其次，对司机端的设计全面，可查询到司机信息，显示当前班次（待检票及行程中），我的班次（未完成的班次及已完成的班次），优化客运出行，完善定制客运系统功能。

定制客运以旅客为核心，充分利用互联网、GPS、大数据等先进技术，提供全面、可靠的中央管理后台，完成个人信息、系统用户、线路配置、商家中心、订单中心等整合。为客运运营工作人员提供高效、系统的管理平台。

定制客运为确保服务平台稳定运行，设计全方位的商家管理后台，方便旅客及时获取班次信息，提高定制服务质量。

主要功能框架如图 1 所示。

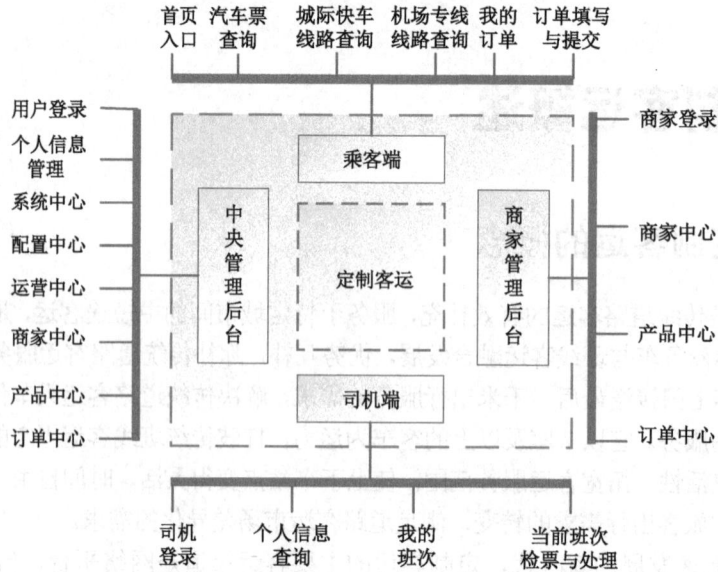

图 1　主要功能框架

2.3　主要业务流程

定制客运的主要业务流程有班车发布、用户购票、用户退票、订单执行流程等。

2.3.1　班车发布流程

工作人员登录后台，在产品中心创建既定线路，根据线路信息、班次信息、上下车点等这些基本信息制定排班计划。发布班次时，同一班次根据接送地点的不同，可设置不同价格，依照出发地到目的地距离长短等实际情况及企业收益评估来定点定价，之后在平台上发布制定好的班次，由相关工作人员统一进行调度管理。

2.3.2　用户购票流程

用户登录 App 或微信公众号平台查询汽车票，进入用户行为界面，可选择查询班次或历史记录来得到需要的班次列表，班次查询中新增线路滚动班次，根据出发时间和到达时间、出发地和目的地来选择班次，填写乘车人及联系人信息，订单中显示乘车点、乘车时间和座位号，用户提交订单后，并在有效的支付时间内付款，完成购票。

2.3.3　用户退票流程

用户登录互联网平台，在"我的订单"中找到待检票的订单，根据退票规则查询是否满足退票条件。若满足退票条件可发起退票，显示退票成功，系统更改订单状态解除锁仓，钱款会在扣除手续费之后在规定工作日内退回原支付账户。

2.3.4　订单执行流程

首先由商家排班调度，司机接收到调度短信，获得班次信息；其次由旅客查看班次，选择班次，完成支付，订单下达后，可发送短信给多个指定工作人员，商家和司机均可收到订单信息，司机去上车点接旅客，旅客到乘车站点取纸质车票或凭电子车票检票乘车。最后到达目的地后，系统自动更新订单为已完成状态，再由财务开始结算。

3　定制客运固定乘降点选址模型

定制客运乘降点选址问题作为定制客运乘降点的重要组成部分，关键在于资源的配置优化，目的是基于不同的目标函数及约束条件选择最优的位置及资源配置。本模型以旅客到乘降点的平均距离最小为目标函数，考虑定制客运的服务半径及供需要求等作为约束条件，建立了线性规划模型。

3.1　问题描述及问题假设

已知某城市旅客需求点集合$\{1,2,\cdots,N-1,N\}$及备选乘降点集合$\{1,2,\cdots,M-1,M\}$，旅客需求点数量为N个，备选乘降点数量为M个，拟从M个备选乘降点中选择P个作为乘降点。备选乘降点的运力和需求点的需求量都是固定的且已知的。以实现旅客到乘降点的平均距离最小为目标，考虑乘降点服务半径，最终确定乘降点位置及其需求量分配。

问题假设：① 每个乘降点的建设成本相同；② 乘降点的位置和服务的班线运力为已知且不变，需求点的位置和旅客需求量也是已知且不变的；③ 计算乘降点与需求点的距离采用直线距离；④ 乘降点和需求点的位置以高斯坐标的形式表示。

3.2　乘降点设置原则

定制客运乘降点的选取应符合以下几项基本原则。

（1）考虑原有乘降点。

原有的定制客运乘降点的存在说明该点有一定的停放需求，因此在重新选择乘降点时应尽可能利用原有的乘降点。也可以将原有的乘降点作为备选乘降点，通过模型计算得出结果，原有乘降点做对比，适当对其进行修改。

（2）与其他交通方式站点相结合。

在定制客运选择乘降点时，在充分考虑客流量的同时，也要考虑其他交通站点对客流量的影响，即应适当避开大型交通枢纽，更好地满足不同区域旅客的需求。

（3）需求点与备选乘降点。

定制客运乘降点选址之前，应已知需求点和备选乘降点的数量及位置，即通过所有已知的乘降点，在所有备选乘降点中选择最优的乘降点。

（4）乘降点的服务半径。

由于乘降点与需求点均在重庆市主城区内，因此乘降点的服务半径对模型的影响可以忽略不计，即可看作服务半径无穷大。

3.3　模型目标函数

本文建立的模型以旅客需求点到乘降点的总距离最小为目标函数，数学表达式如下：

$$\min Z = \sum_{i=1}^{N} \left(\frac{r_i}{\sum_{i=1}^{N} r_i} \times \sum_{j=1}^{M} d_{ij} \times y_{ij} \right) \tag{1}$$

式中，r_i 表示旅客需求点 i 的旅客数量；d_{ij} 表示需求点 i 与乘降点 j 之间的直线距离；y_{ij} 为 0-1 决策变量，表示旅客是否从需求点 i 出发到乘降点 j 乘降出行，"是"取值为 1，"否"取值为 0。

3.4　模型约束条件

（1）旅客选择唯一性，即需求点旅客（同质性）只能选择一个乘降点乘车，模型的数学表达式为：

$$\sum_{j=1}^{M} y_{ij} = 1, \quad \forall i \in \{1, 2, \cdots, N\} \tag{2}$$

（2）定制客运的运力能满足所有旅客要求，即所有需求点的总旅客数不超过定制客运总运力，数学表达式为：

$$\sum_{i=1}^{N} \sum_{j=1}^{M} y_{ij} \times r_i - \sum_{j=1}^{M} c_j \times x_j \leqslant 0 \tag{3}$$

式中，c_j 表示备选乘降点 j 配置的运力；x_j 为 0-1 决策变量，表示旅客是否选择备选乘降点 j 作为乘降点，"是"取值 1，"否"取值 0。

（3）有足够的备选乘降点，以及选择的乘降点数量不大于预定乘降点数量，数学表达式为：

$$\sum_{j=1}^{M} x_j \leqslant P \tag{4}$$

（4）任意乘降点服务半径应该覆盖至少一个需求点，数学表达式为：

$$d_{ij} \times y_{ij} \leqslant D \quad \forall i \in \{1, 2, \cdots, N\} \quad \forall j \in \{1, 2, \cdots, M\} \tag{5}$$

式中，D 表示给定的乘降点服务半径。

（5）旅客从任意需求点出发都能在一个乘降点乘降出行，数学表达式为：

$$y_{ij} \leqslant x_j, \quad \forall i \in \{1, 2, \cdots, N\}, \quad \forall j \in \{1, 2, \cdots, M\} \tag{6}$$

3.5　模型表达式

将目标函数（1）和约束条件（2）～（6）联立，可得到定制客运固定乘降点整数规划模型，如下所示：

$$\min Z = \sum_{i=1}^{N}\left(\frac{r_i}{\sum_{i=1}^{N} r_i}\times \sum_{j=1}^{M} d_{ij}\times y_{ij}\right)$$

$$\text{s.t} \quad \sum_{j=1}^{M} y_{ij}=1 \quad \forall i\in\{1,2,\cdots,N\}$$

$$\sum_{i=1}^{N}\sum_{j=1}^{M} y_{ij}\times r_i - \sum_{j=1}^{M} c_j\times x_j \leqslant 0$$

$$\sum_{j=1}^{M} x_j \leqslant P$$

$$d_{ij}\times y_{ij}\leqslant D, \ \forall i\in\{1,2,\cdots,N\}, \ \forall j\in\{1,2,\cdots,M\}$$

$$y_{ij}\leqslant x_j, \ \forall i\in\{1,2,\cdots,N\}, \ \forall j\in\{1,2,\cdots,M\}$$

$$y_{ij}\in\{0,1\}, \ \forall i\in\{1,2,\cdots,N\}, \ \forall j\in\{1,2,\cdots,M\}$$

$$x_j\in\{0,1\}, \ \forall j\in\{1,2,\cdots,M\}$$

式中，$i\in\{1,2,\cdots,N\}$ 表示旅客需求点集合；$j\in\{1,2,\cdots,M\}$ 表示备选乘降点集合；r_i 表示旅客需求点 i 的旅客数量；d_{ij} 表示需求点 i 与乘降点 j 之间的距离；c_j 表示备选乘降点配置运力；P 表示预定乘降点数量；D 表示预定乘降点服务半径；y_{ij} 为决策变量，表示旅客是否从需求点 i 出发到乘降点 j 乘车，"是"取值 1，"否"取值 0；x_j 为决策变量，表示旅客是否选择降备选乘降点 j 作为乘点，"是"取值 1，"否"取值 0。

4 实例分析

本文以重庆愉客行城际商务快客为例，规划其在重庆市主城区内的固定乘降点选址。经调查，主城区旅客需求点主要包括菜园坝、观音桥、红旗河沟、陈家坪汽车站（站前广场）、大坪医院、重庆龙头寺长途汽车南站和重大 C 区等 46 个旅客出行需求区域。近期规划的备选乘降点主要包括红旗河沟、花卉园、大坪医院、时代天街、西南医院、重庆西站和重医附一医院等 38 个。通过愉客行出行平台的后台数据，我们统计分析了城际商务快客某一个月的交易数据，提炼出 46 个需求点的旅客需求数量，再通过该月的班次计划推算出备选乘降点的运力。利用 OpenStreetMap 提取了需求点和乘降点的经纬度坐标，将其转换为对应的高斯坐标，以计算较为精确的直线距离。整理后的数据示例如表 1 所示，表格中的数据为需求点与备选乘降点间的距离。

表 1 案例相关基础数据

两点距离（米）	备选乘降点 1 (648 953.49, 3 273 318.39)	备选乘降点 2 (652 233.83, 3 274 551.36)	...	备选乘降点 38 (650 341.02, 3253745.72)	需求量/人数
需求点 1 （644 861.80, 3 273 734.05）	4 112.748 5 08	7 417.197 716	...	20 725.713 21	12

续表

两点距离（米）	备选乘降点 1 (648 953.49, 3 273 318.39)	备选乘降点 2 (652 233.83, 3 274 551.36)	...	备选乘降点 38 (650 341.02, 3253745.72)	需求量/人数
需求点 2 (641 517.35, 3 272 091.21)	7 536.720 033	10 995.239 04	...	20 357.164 72	72
...	...	...	...	...	...
需求点 46 (647 192.76, 3 268 248.44)	5 366.988 274	8 070.885 16	...	14 840.499 6	728
运力/座位数	930	186	...	186	

本文建立的整数规划模型属于线性规划模型的一类特殊问题，使用 Python 语言编写的 PuLP[8]模块对实例问题进行编程求解。最后求解了四种情形下的乘降点规划方案（见表2），即规划乘降点的数量分别为 7 个、10 个、14 个和 21 个。

从规划结果可以看到，当规划的乘降点数量增加后，可以减少旅客出行平均距离，提升定制客运的服务水平。例如，情形 2 乘降点数量为 10，平均距离为 705.8 米，比情形 1 的 918.5 米减少了 212.7 米。当然，为了方便研究，本文没有考虑运营成本约束、需求点到乘降点的实际道路距离等因素，因此，规划结果有一定局限性。

表2　不同情形下乘降点规划方案

	规划乘降点数量	平均距离/米	总距离/米	规划乘降点选址
情形 1	7	918.5	89 118.5	红旗河沟、大坪医院、三峡广场、双碑轻轨站、西南医院、陈家坪汽车站、重医附一医院
情形 2	10	705.8	62 847.1	红旗河沟、大坪医院、重庆北站南（北）广场、冉家坝、三峡广场、双碑轻轨站、西南医院、重庆西站、陈家坪汽车站、重医附一医院
情形 3	14	650.7	52 366.2	观音桥、红旗河沟、会展中心、大坪医院、石桥铺、重庆北站南（北）广场、冉家坝、三峡广场、双碑轻轨站、西南医院、重庆西站、陈家坪汽车站、歇台子轻轨站、重医附一医院
情形 4	21	634.8	34 670.9	观音桥、五里店、红旗河沟、花卉园、会展中心、朝天门、大坪医院、大坪轻轨站、石桥铺、菜园坝、重庆北站南（北）广场、冉家坝、三峡广场、沙坪坝火车站轻轨、双碑轻轨站、西南医院、新桥医院、重庆西站、陈家坪汽车站、歇台子轻轨站、重医附一医院

通过将规划模型于 2018 年 5 月应用到生产实际（各类客观因素未发生明显变化），统计数据来看，城际商务快客每月售票数和上座率稳步递增。图 2 所示为重庆愉客行城际商务快客月售票数、总上座率和"潼南线"月上座率。

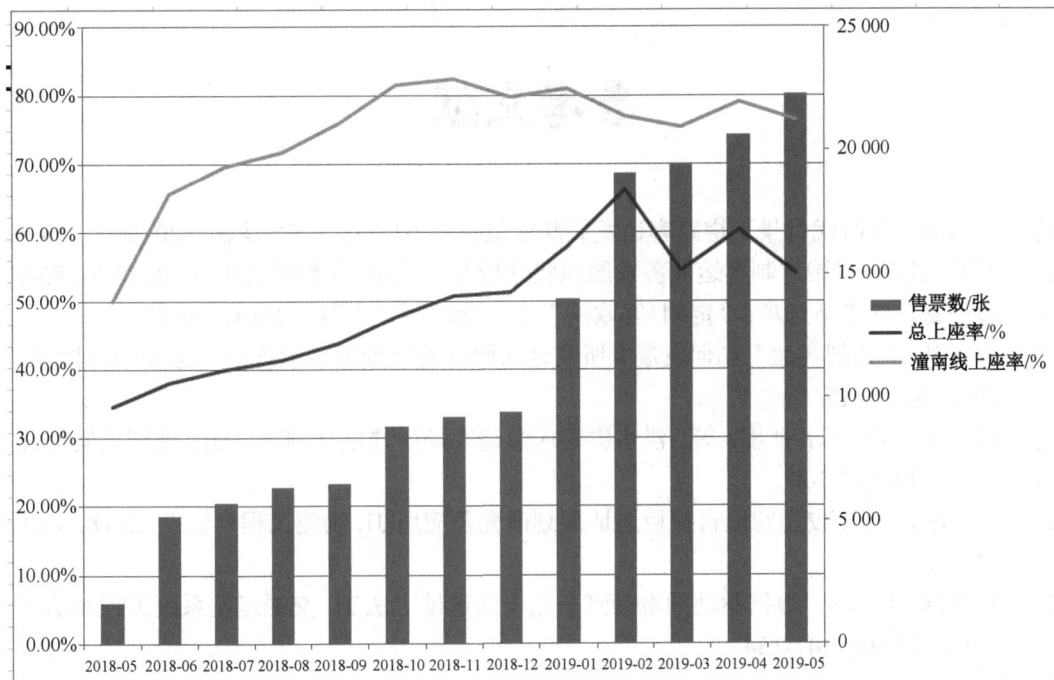

图 2　重庆愉客行城际商务快客月售票数、总上座率和"潼南线"月上座率

5　结语

在道路客运行业转型升级发展不断深化背景下，定制客运作为满足旅客多样化出行需求的新型道路客运服务模式，应更加关注旅客出行体验。定制客运可通过不断提升旅客出行安全性、便捷性和舒适性来吸引、培育定制客运旅客群体。在定制客运发展初期运力有限条件下，固定乘降服务模式是兼顾旅客出行需求和运力水平的较好过渡模式，而其中固定乘降点规划是影响旅客出行服务水平的关键因素之一。本文以旅客到固定乘降点平均距离为优化目标，建立了定制客运固定乘降点整数规划模型，并以重庆愉客行城际商务快客为例，在不同服务半径、不同规划乘降点数量情况下，给出了相应的固定乘降点规划方案，旨在为定制客运行业管理者决策提供更科学的参考依据。需要指出的是，本文仅考虑了旅客需求点对应一个乘降点的情况，而实际中，出于旅客偏好差异，同一个需求点的旅客，可能会选择不同的乘降点出行。在今后的研究中，我们将考虑旅客需求点对应多个乘降点出行的情况。

参考文献

[1]　田仪顺. 新时代背景下道路客运发展新定位及新方向[J]. 综合运输，2018(2). 18-22

[2]　郭祥，沈兵. 我国定制客运业务发展现状分析及建议[J]. 运输经理世界，2018(6). 85-87

[3]　黄细富. 转型新选项："定制+互联网"[J]. 运输经理世界，2016. 76-77

[4]　许宝利. "定制客运"如何发展？听交通运输部客运处权威解答[J]. 运输经理世界，2018(6). 24-25

[5]　徐志远，王山东，征程，等. 洪水灾害应急避难场所选址规划研究[J]. 地理空间信息，2016，14(6): 25-27.

[6]　李镜璇，卢山. 校园智能自提柜选址规划研究及应用[J]. 物流工程与管理，2018. 40(1): 74-77.

[7]　杨珍珍，高自友. 数据驱动的电动汽车充电站选址方法[J]. 交通运输系统工程与信息，2018，18(05): 147-154.

船用 HUD 系统的设计与仿真

孙晓雪[1]　黄希瑞[2]　仇光伟[1]　郭晓亮[1]

（1. 上海海事大学商船学院，上海，201306；
2. 珠海港航经营有限公司，珠海，519080）

【摘要】平视显示器（HUD）作为一种重要的显示仪表，因其将外界视镜与飞机飞行参数融合显示的特性，被广泛应用于航空和航海领域，较好地解决了人在驾驶飞机和船舶时产生的视觉疲劳与注意力分散等问题。为降低船舶航行风险，向船舶驾驶员提供良好的情景意识，本文提出船用 HUD 的系统设计并进行仿真。仿真结果表明，船用 HUD 具有良好的辅助船舶操纵特性，可以保障船舶在低能见度狭窄水域正常航行，为载运工具智能化技术提供新的发展方向。

【关键词】HUD，船舶操纵，Unity3D，航海仿真

Design and simulation of marine HUD system

Sun Xiaoxue[1], Huang Xirui[2], Qiu Guangwei[1], Guo Xiaoliang[1]

（1. Merchant Marine College, Shanghai Maritime University, Shanghai, 201306;
2. Zhuhai Port Business Management Co., Ltd., Zhuhai, 519080）

Abstract: As an important display instrument, head-up display (HUD) has been widely used in air force and civil aviation because of its characteristics of fusing the external viewing mirror with the flight parameters of aircraft. It can solve the problems of visual fatigue and distraction caused by piloting aircraft. In order to reduce the risk of ship navigation and provide good situational awareness for ship drivers, this paper presents the system design and Simulation of HUD for ships. The simulation results show that the ship HUD has good maneuverability characteristics, can ensure the normal navigation of ships in low visibility and narrow waters, and provides a new direction for the development of vehicle intelligence technology.

Keywords: HUD, Ship Manoeuvring, Unity3D, Navigation Simulation.

1 引言

2018 年 2 月 27 日，烟台机场受平流雾笼罩影响跑道能见度低于 300 米，山东航空烟台分公司启动 HUD 特殊标准起飞程序，解决了以往飞机在能见度不良情况下无法起飞的问题，有效保障航班正常运转。平视显示器（Head Up Display，HUD）利用光学原理将重要的驾驶参数等信息投影到一片透明玻璃上。HUD 位于座舱前端，高度大致与飞行员眼睛平齐，可将外界景象与 HUD 显示数据融合向驾驶员显示[1,2]。HUD 在民航中的普及有效降低了飞行员在操纵飞机时低头查看显示屏与仪表的频率，将飞机重要参数简化直观显示，较好地克服了以往飞机在能见度不良等条件无法正常起降的问题，为飞机驾驶员提供了良好的情景意识获取与辅助操纵驾驶体验。当前，HUD 也逐渐在高档轿车市场实现应用与推广。

近年来，因船舶驾驶员注意力分散，对于船舶操纵技术的不成熟所造成的海上交通事故频发。船舶驾驶台仪表众多且大多分散布置，为获取重要航行参数常需要在各个仪器前频繁走动观察，分散了值班人员的注意力。同时，驾驶员视线频繁在查看仪表与远处瞭望造成的视觉疲劳，也加大了船舶意外事故的风险。大量船舶常年因大雾天气丧失狭窄水域航行能力，放弃进入航道靠港而选择就近抛锚，港口当日工作停滞，造成巨额经济损失。

在此背景下，如果将 HUD 应用于船舶驾驶，会显著提升船舶驾驶员对船舶航行参数的查看和监管效率，提升对载运工具的操纵体验，弥补了经验不足的驾驶员操纵技术不成熟的缺陷[3]。本文提出一种船用 HUD 系统，对系统框架进行分析设计，设计基于 Unity3D 的 HUD 航海仿真实现，并测试船舶在配备 HUD 条件下低能见度航行结果测试，结果表明 HUD 系统仿真可以辅助驾驶员掌握航行数据信息，并在低能见度条件下较好地辅助操纵船舶，为未来智能船舶发展提供新的发展方向。

2 系统框架设计

鉴于飞行器与海上航行参数显示有较大的不同，仿真软件的设计应在借鉴飞行器 HUD 界面与功能的基础上进行优化设计[4]，并结合当前最新国际海事组织（IMO，International Maritime Organization）要求标准与船舶实际情况[5]，从航行实际的角度出发综合考虑。船用 HUD 仿真要求显示界面既要有驾驶船舶所需的航行参数信息，同时也能观察到船舶所处外部航行环境信息。结合普适性和可拓展性的要求，船用 HUD 仿真系统应满足下列要求。

（1）应具有融合性，即驾驶员在观察 HUD 显示信息时，可以同时透过 HUD 显示屏幕观察到外界环境；

（2）具有较好的普适性，即该 HUD 显示系统可适用于普通商船、高速船、特种船等不同船舶的不同航行状态；

（3）具有较高的可拓展性，根据船舶实际情况，进行个性化配置设置与信息显示，满足船舶驾驶员多种使用需求。

结合上述分析，本文提出的船用 HUD 系统结构框架，如图 1 所示。

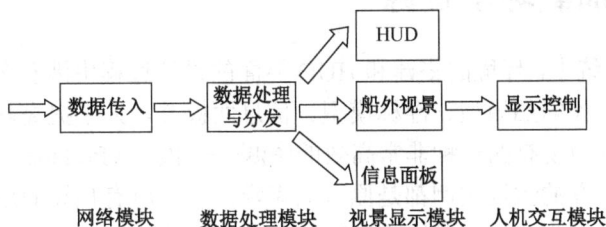

图 1　系统结构框架

如图 1 所示，船用 HUD 仿真系统主要由以下几个主要模块组成。

网络模块：主要功能为连接仿真数据与驱动系统，将数据传入驱动系统。因本文主要论述仿真软件系统的构建，所以省略系统执行过程中数据产生的实际过程描写。

（1）数据处理模块。主要功能是对传入数据进行压缩、处理计算与分发。网络模块将大量的船舶操纵与航行数据传入，为确保网络传输顺畅，数据处理模块将大量数据进行打包压缩处理。因为打包压缩后的数据无法直接使用，所以数据还需经过处理与转换。如地理位置数据的输入，本船地理位置数据将 GPS 数据作为输入源，航行环境中的其他船舶的地理位置数据以收集的 AIS 数据作为输入源。在三维视景系统中，物体必须将世界坐标转换为以仿真系统中海图域为中心的三维坐标才能正确表示并代入运算。当数据处理结束后，将数据进行分发到视景显示模块。

（2）视景显示模块。主要功能为显示 HUD、航行环境视景和船舶信息阅览。其子模块：① HUD 显示当前船舶航行数据信息，包括船舶位置信息、航向航速信息、水深信息等船舶常用数据显示，并将这些数据信息结合符号直观可视化显示出来，信息显示布局参考当前民航 HUD 显示，并在其基础上综合了船舶避碰规则与良好船艺要求，将重要信息显示模块置于显示屏右侧。航行环境视景包括了开阔水域，狭水道，港口及不同气象条件下的视景显示。② 船舶在不同风浪条件下的六自由度摇摆视景显示[6]和船舶尾迹显示等。③ 船舶信息阅览模块根据驾驶员的人机交互操作有选择性地显示周边船舶的详细信息，如船名、DCPA、TCPA 等信息。

（3）人机交互模块。主要功能为提供视角切换功能，在船舶多个视角观察本船和周围环境。可根据需要同时选择观看 HUD 与外界视景，或只观看 HUD 显示信息。

3　系统关键技术

本文提出的船用 HUD 模拟系统，以船舶航行感知数据为主要依据，实现航行主要参数可视化显示，缓解了船员查看各仪器参数所带来的注意力分散和视觉疲劳，为航行安全增添了保障。以 Unity 3D 为搭建平台，其涉及对三维模型资源的管理、数据场景的加载、脚本逻辑的监控等过程。其中，场景交互界面的信息实时更新和渲染是保障船用 HUD 模拟系统高沉浸度的核心。以下就部分核心技术简要说明系统的运行机制。

3.1　动态加载环境资源

在 HUD 模拟系统中，环境的搭建和 HUD 界面的设计过程中涉及多种频繁创建且可重复使用的物体对象，如船舶模型、浮标模型、信息面板等。为了提高软件的开发速度，此处我们运用 Unity3D 中现有的一种非常高效的资源——预设（Prefabs）。预设的对象可以在场景中多次置入；所有的预设实例都是原型的克隆体，当所有预设的原型发生改变时，场景中的预设实例也会发生变化。预设可以通过代码的形式加载，这样在场景搭建中就无须一个一个地添加模型对象，减少系统环境搭建过程中的环境对象的布置时间，并且通过动态加载机制能够缩短系统初始启动的时间。以实现航行环境中所有红色浮标模型的动态搭建为例，首先导入浮标三维模型，并创建一个红色的浮标三维模型预设，在系统主逻辑管理控制脚本的 Start ()函数中通过代码

　　GameObject buoyGo=Instantiate (Resources.Load<GameObject>("buoy/buoy_red"))
即可实现三维浮标模型在场景中的实例化，再结合循环语句设置对象的坐标便可实现所有红色浮标三维模型在航行环境中的动态加载。同理，利用动态加载的方式根据船舶数据字典中船舶的信息通过代码控制实现航行环境中周边船舶模型的自动创建。使用预设不仅有效地避免大量频繁性的工作，同时也能对模型资源进行统一的编辑和管理，无须一个一个地去调整修改，大大提高了开发的效率。此外，针对新添的对象，只需要将编辑好的对象添加到 Assets 下的 Resources 文件夹中，便可使用预设的方法，结合相应的加载代码实现对象动态自主的创建。

3.2　HUD 显示模块的结构设计

人机交互界面是船用 HUD 仿真系统中最重要的结构模块，它的渲染效果和数据信息显示直接影响仿真效果的实时性、有效性和交互性的程度。由系统结构框架图可知，整体的场景显示交互模块包括三个部分：HUD 显示界面、三维航行环境和信息面板，这三部分显示模块均需要根据实时传入的数据进行界面信息的更新和同步响应。而船用 HUD 展示的船舶航行数据较多、资源较大，但单位和显示数据形式基本相同。为了实现三个模块的信息更新的一致性，我们采用单体模式（Singleton），在这种模式下，我们编写统一数据传输和管理单体类脚本 CommonManager.cs，确保数据管理和使用的唯一。而我们的数据资源比较密集，如果直接使用单体模式，在第一次加载该类时就会自动创建该单体实例，消耗系统资源。为了避免出现这种情况，我们添加了惰性加载机制，也就是在使用该类时才去实例化创建它。基于面向对象的思路，在该单体类中创建通用船舶队伍信息字典属性，实现数据的更新请求和存储管理。在场景中使用数据时通过实例化该单体类引用船舶信息字典便可实现信息数据实时共享，使数据结构更加清晰，同时统一船舶的基本信息结构模式。该船舶队伍信息字典以船舶的 ID 为键，以船舶信息类为值，其中船舶信息类包括船舶的 ID、名称、船型、经纬度、ROT、SOG、COG、HDG、BRG、DCPA、TCPA 等基本属性和 GetSpeed()、GetDirection()等方法。当 CommonManager.cs 每一分钟发送一次船舶信息更新请求时，自动更新船舶信息字典，实现数据统一有效的管理。同时后续增加新船舶的信息或新增船舶数据类型时，只需

要更新船舶信息字典，便可直接使用相应的数据，减小二次开发的成本和难度。

3.3 船舶辅助驾驶显示功能

为给船舶驾驶员带来较好地辅助驾驶体验，保障船舶在能见度不良条件下正常航行，本文提出船用 HUD 显示系统对于船舶未来三分钟航迹显示功能。基于现有较为成熟的船舶六自由度运动数学模型[7]，输入船舶在当前水域所受的风流压等气象信息，结合本船船型数据、主机转速和艉尾吃水等信息，可以计算出本船未来航迹。

船用 HUD 的未来航迹显示采用三个矩形框体表示，分别代表船舶未来 1,2,3 分钟所在位置。显示的未来航迹基于当前瞬时航行信息计算得到，当航行信息发生变化后，数据处理模块将调节显示，实时更新在 HUD 显示屏幕上。

为保障船舶在低能见度水域正常航行，本文提出了船用 HUD 航道显示功能。以电子海图输入航线为中心，偏航报警距离为航道宽度，可辅助船舶按预定路线航行。

3.4 HUD 仿真显示流程设计

HUD 仿真系统以 Unity 3D 搭建的三维船舶航行环境为视景，将周边环境中船舶的姿态变化、航标信号灯的变化、HUD 光学组件上信息的变化、天空、海洋等进行实时协同显示，其流程如图 2 所示。

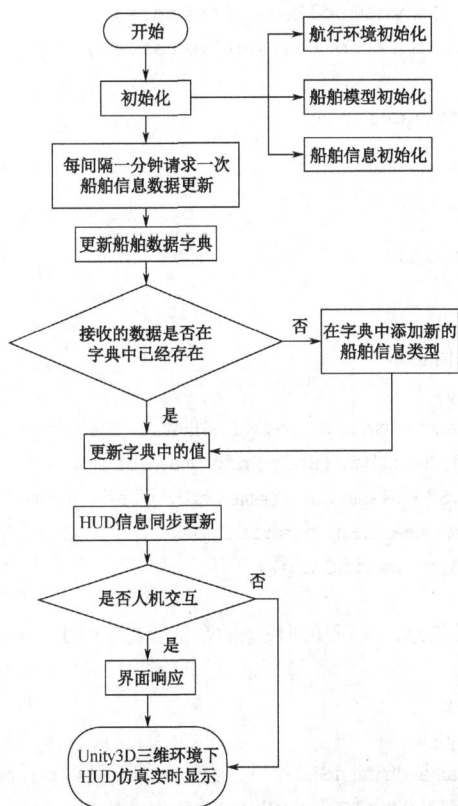

图 2 HUD 仿真显示流程

　　该系统以 C#为脚本语言，通过 3DMax 进行相应的三维物体建模，并将模型导入 Unity 3D 引擎中，根据导入的海域图构建仿真系统的世界坐标系，搭建三维航行环境，并通过接口输入船舶信息，完成初始化工作[8]。然后每间隔一分钟请求一次船舶数据更新，判断新的数据是否已存在于船舶数据字典中。如果存在，则更新相应的船舶具体信息；如果不存在，添加到船舶数据字典中，同时 HUD 信息面板根据船舶字典实时同步更新。再通过检测是否有鼠标/手指单击以判断是否进行人机交互，如果检测到交互触碰，则界面响应并将触碰的信息进行放大显示。HUD 面板信息更新部分代码如下：

```
using UnityEngine;
using UnityEngine.UI;
public class CanvasToolBar : MonoBehaviour {
 public Text txtMainShipName;
 public Text txtMainShipType;
 public Text txtLatValue;
 public Text txtHdgValue;
 public Text txtSpdValue;
 public Text txtLonValue;
 public Text txtCogValue;
 public Text txtSogValue;
 public Text txtRotValue;
//创建一个信息面板的单体对象
 private static CanvasToolBar _instance;
 public static CanvasToolBar GetInstance()
 {
     return _instance;
 }
 void Awake()
 {
     _instance=this;
 }
 /// <summary>
   /// 初始化面板信息
   /// </summary>
   /// <param name="mainShip">主船的船舶信息</param>
 public void InitToolBar(ShipInfo mainShip)
 {       txtMainShipName.text=mainShip.shipName;
txtMainShipType.text=mainShip.shipType;
     UpdateToolBar (mainShip);
 }
/通过传入主船的船舶信息，从而使面板上的数据信息实时更新/
 /// <summary>
   /// 更新面板信息
   /// </summary>
   /// <param name="mainShip">主船的船舶信息</param>
 public void UpdateToolBar (ShipInfo mainShip)
 {
```

```
            txtLatValue.text = mainShip.lat;
            txtHdgValue.text = mainShip.StrHdg ();
            txtSpdValue.text = mainShip.StrSog ();
            txtLonValue.text = mainShip.lon;
            txtCogValue.text = mainShip.StrCog ();
            txtSogValue.text = mainShip.StrSog ();
            txtRotValue.text = mainShip.StrRot();
        }
    }
```

4 仿真实验

为检验船用 HUD 仿真软件使用效果，本文分别设置船舶在能见度不良情况下通过狭水航道进港操船场景。实验过程中操纵船舶，观察船舶在使用 HUD 辅助操纵下船舶航迹显示，使用计划航线与实际船舶航迹进行对比，最终做出决策。

4.1 实验数据准备

为验证船用 HUD 在较差能见度情况下辅助船舶正常操纵效果（见图 3），实验中选取复杂水域实验船舶操纵优化结果。因此，保证实验过程中外界变量控制参数不变，取消了风浪等其他条件对船舶操纵结果的影响。本文的实验参数设置结果如表 1 所示。

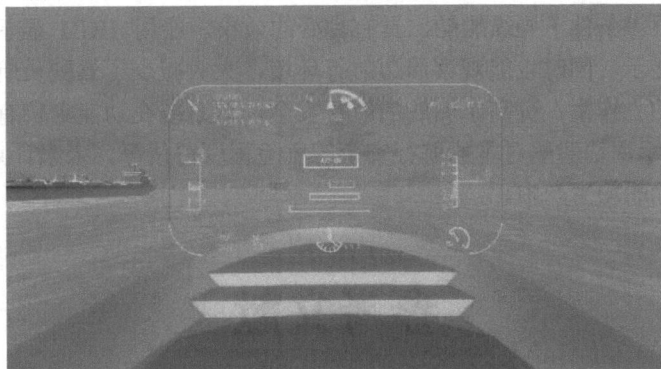

图 3　能见度不良条件下船用 HUD 效果图

表 1　船舶航行实验参数设置

参数名称	设置状态
航行水域	高栏港进港水域
能见度	不足 1000 米
风浪条件	无风浪
实验时间	30 分钟

船舶操纵使用外接 QMC-Q1 操舵仪与 SAM 船用主机车钟传入船舶操舵与主机转速指令信息。船舶模型为一艘 38 000 吨的巴拿马型商船，长 190 米、宽 30 米、满载吃水 10 米、海速 10 节。

4.2　实验结果对比与分析

船用 HUD 仿真系统载入上述实验环境后，船舶计划航线与实际航迹在电子海图上显示进行对比，实验结果表明在使用船用 HUD 仿真系统辅助船舶驾驶在狭窄水域能见度不良条件下，船舶航迹与计划航线基本重合，航程因能见度不良受限影响略低于计划航程，实验结果符合设计预想。但船舶在部分转向点附近，航迹相比于计划航迹偏差较大，船舶转向过大并多次矫正航向的情况，原因为船舶在车令和舵令下达过程中执行时间较长，存在设备响应延时，没有纳入仿真软件计算模型中。该船用 HUD 系统表现出船舶在预测未来航迹的功能上仍需要优化。需要建立健全更加综合准确的航迹预测模型，适用于不同类型的船舶平台。

5　结语

本文采用面向对象的编程技术，从智能船舶信息化发展的实际需求出发，以 Unity 3D 引擎为平台，设计了船用 HUD 系统，并对该系统在能见度不良条件下辅助操纵船舶性能进行仿真实验。仿真实验表明船用 HUD 显示系统可以较好地辅助船舶驾驶员在能见度不良、操纵水域受限等条件下操纵船舶，具有良好的效果。船用 HUD 显示系统将主要的船舶数据信息集成显示，同时也能观察周边航行环境，大大减少了驾驶员航行过程中频繁监察航海仪器数据的工作量，提高了船舶的航行安全。该系统在功能上仍有待拓展，如根据 TCPA、DCPA 显示周边船舶对本船航行安全的危险程度评估等。未来计划进行船用 HUD 硬件设计用于实际船舶生产中。

参考文献

[1]　周宁，孟令光. HUD——提升飞行安全的有力工具[J]. 中国民用航空, 2012(12): 31-34.

[2]　刘微，尚家发. 智能船舶发展现状及我国发展策略研究[J]. 舰船科学技术, 2017, 39(21): 189-193.

[3]　朴范镇，李锋，姜元义. 基于模拟驾驶器的 HUD 信息分析[J]. 交通标准化, 2012(22): 82-85.

[4]　王建美，罗卫东，曹博等. 车载 HUD 的人机界面设计[J]. 自动化仪表, 2015, 36(07): 85-87.

[5] 张秀凤，尹勇，金一丞. 规则波中船舶运动六自由度数学模型[J]. 交通运输工程学报，2007(03): 40-43.

[6] 吴正. 基于 U3D 的船用培训软件设计[J]. 上海船舶运输科学研究所学报，2018,41(01): 63-67.

[7] 杨盐生，方祥麟. 船舶操纵性能仿真预报[J]. 大连海事大学学报，1997(01): 3-8.

[8] 吴华兴，康凤举，黄伟等. 基于虚拟现实环境的飞机显控系统软件仿真[J]. 系统仿真学报，2012，24(06): 1232-1235

基于加权灰色关联的交通事故致因分析*

黄 钢 张爱红 邓毅萍 李 艳

（公安部交通管理科学研究所 道路交通安全公安部重点实验室，江苏 无锡 214151）

【摘要】为提高道路交通安全水平，运用灰色系统理论中传统灰色关联理论和加权灰色关联理论，对中国 2013-2017 年的道路交通事故主要原因（超速、酒驾、疲劳驾驶等40 项）进行分析，判断道路交通事故的主要致因，灰色关联结果表明，超速驾驶、未按规定让行、违法会车和酒后驾驶是导致事故发生的关键因素。将传统的灰色关联模型计算结果与加权灰色关联结果进行比较，证明了加权灰色关联模型具有更高的准确性。结果表明了灰色关联模型在交通事故致因分析中的适用性，为科学预防道路交通事故提供良好的指导和借鉴。

【关键词】道路交通安全；事故致因分析；灰色关联分析；白化权函数

Road Traffic Accident Analysis Based on Weighted Grey Theory in Traffic Casualty

Huang Gang, Zhang Aihong, Deng Yiping, Li Yan

（ Key Laboratory of Ministry of Public Security for Road Traffic Safety, Institute of Traffic Management Research, Ministry of Public Security, Wuxi 214151, China ）

Abstract: In order to improve the road traffic safety situation, the traditional grey relational theory and weighted grey relational theory in grey system theory are used to analyze the main causes of road traffic accidents in China from 2013 to 2017 (40 items such as speeding, drunk driving and fatigue driving). The results of grey relational analysis show that speeding, non-compliance, illegal crossing and drunk driving are the most critical factors leading to accidents. The results of traditional grey relational model

---

* 公安部交通管理科学研究所项目（项目编号：2019SJA01）。

with those of weighted grey relational model are compared to prove that the weighted grey relational model has better accuracy. The results show the applicability of grey correlation model in traffic accident cause analysis, which provides good guidance and reference for scientific prevention of road traffic accidents.

Keywords: road traffic safety; analysis of accident causes; grey relational analysis; whitenization weight function.

1 引言

近年来，道路交通安全受到广泛关注，通过政府的一系列改善措施，我国交通事故起数和死亡人数逐年下降。但由于我国人口基数大、机动车保有量多，交通安全形势依然严峻。据统计，2017 年，我国共接报涉及人员伤亡的道路交通事故 203 049 起，造成 63 772 人死亡、209 554 人受伤[1]。而道路交通事故成因复杂，涉及因素众多，我国公安部交管局统计的交通事故主要原因中，包含了超速、酒驾、逆行、疲劳驾驶等 40 余项因素，传统的事故统计分析多以事故占比来描述某一因素对交通事故的影响程度，其科学性有待进一步提高。交通事故致因中，各因素间缺乏明确的内在联系，是典型的灰色系统。灰色关联理论对数据量和信息准确度的要求不高，不要求数据具有典型的概率分布[2]，而道路交通事故是人-车-路-环境综合致因的结果，因而灰色关联分析符合道路交通事故分析的特点。目前，灰色关联在道路交通安全管理[3]、交通事故预测[4]等方面得到了较好的应用。传统的灰色关联模型未考虑序列在数据上的接近程度，不可避免地存在风险性[5]。加权灰色关联模型是一种优化的灰色关联计算算法，可使用合适的权函数对各序列进行权值分配来解决存在的风险。目前，该方法直接在道路交通事故致因分析方面的应用较少，其在道路交通事故中的应用相对于传统的灰色模型的优越性仍需进一步验证。

因此，本文以 2013-2017 年全国道路交通事故数据为样本，运用灰色系统中的两种关联模型进行计算，并分析计算结果，以期对道路交通事故致因进行更加科学的分析，为提升我国道路交通安全水平提供科学依据。

2 传统灰色关联理论与实例分析

2.1 灰色关联理论和分析步骤

灰色关联分析是对一个系统变化态势的定量描述和比较的方法，通常可以用灰色关联理论来分析各个因素对于结果的影响程度，关联度的本质是序列曲线之间的几何形状差异，差异表现越小，则因素与结果之间的关联度越大[6]。

灰色关联分析的一般步骤如下。

（1）确定分析数列。包含参考数列（母序列）$x_0(k)$ 和比较序列（子序列）$x_i(k)$（$k=1,2,\cdots,n$；$i=1,2,\cdots,m$）。在本文的交通事故分析中，将死亡人数作为参考序列，事故主要因素（超速、酒驾、逆行、疲劳驾驶等 40 项作为比较序列）。

（2）无量纲化变量。由于系统中各序列数据的量纲可能不同，不便于比较或比较难以得到正确的结论，因而有必要进行数据的无量纲化处理，主要有初值化和均值化无量纲处理。本文所有数据的量纲均为死亡人数，因而无量纲化处理对结果的影响不大，但为了得到最佳的计算结果，分析时仍需进行无量纲化处理。

（3）计算关联系数。根据灰色关联理论，比较序列 x_i 与 x_0 在 k 时刻的关联系数 $\zeta_i(k)$，定义为：

$$\zeta_i(k) = \frac{\min_{i \in m} \min_{k \in n} |x_0(k) - x_i(k)| + \rho \max_{i \in m} \max_{k \in n} |x_0(k) - x_i(k)|}{|x_0(k) - x_i(k)| + \rho \max_{i \in m} \max_{k \in n} |x_0(k) - x_i(k)|} \tag{1}$$

式（1）中，ρ 为分辨率系数，当 $\rho \leqslant 0.546\,3$ 时，分辨效果较好[7]，一般取 0.5。

（4）计算关联度。比较序列 x_0 对参考序列 x_i 的灰色关联度为：

$$\gamma_i = \gamma(x_i, x_0) = \frac{1}{n} \sum_{k=1}^{n} \zeta_i(k) \tag{2}$$

2.2 传统灰色关联理论的事故致因分析

首先，选取 2013-2017 年全国道路交通事故数据为样本，参考序列为每年的事故死亡人数总数，比较序列为各事故原因造成的死亡人数。样本数据见表 1 所示（表 1 中已删除无法表征死亡原因的其他类原因，并且道路因素影响量非常小。为方便计算处理，已将道路因素去除）。

表 1 2013-2017 年全国道路交通事故主要原因统计

	事故原因	2013 年	2014 年	2015 年	2016 年	2017 年
	死亡人数总数/人	58 539	58 523	58 022	63 093	63 772
机动车	超速行驶	3 075	3 240	3 382	3 332	3 235
	酒后驾驶	2 209	2 384	2 600	2 621	1 795
	逆向行驶	2 552	2 296	2 327	2 334	2 290
	疲劳驾驶	677	718	612	741	833
	违法变更车道	745	625	596	667	764
	违法超车	1 378	1 251	1 176	1 246	1 256
	违法倒车	733	685	628	719	687
	违法掉头	340	318	322	286	304
	违法会车	1 610	1 556	1 448	1 549	1 582
	违法牵引	24	24	23	27	15
	违法抢行	423	501	522	661	602
	违法上道路行驶	2 241	2 139	2 148	2 154	2 147
	违法停车	261	226	267	283	235
	违法占道行驶	1 353	1 331	1 141	1 205	1 064

续表

	事故原因	2013 年	2014 年	2015 年	2016 年	2017 年
机动车	违法装载	1 112	920	822	857	520
	违法装载超限及危险品运输	158	116	128	185	158
	违反交通信号	1 195	1 315	1 445	1 549	1 721
	未按规定让行	6 225	6 087	5 940	6 882	7 174
	无证驾驶	5 639	5 402	5 065	5 209	5 183
	不按规定使用灯光	97	109	76	115	101
	制动不当	184	161	133	180	190
	转向不当	68	83	80	109	102
	油门控制不当	13	16	23	27	22
非机动车	超速行驶（非）	135	129	127	137	153
	酒后驾驶（非）	79	100	144	145	159
	逆行（非）	242	247	255	309	363
	违法超车（非）	17	11	20	18	25
	违法牵引（非）	1	0	0	1	2
	违法抢行（非）	36	44	53	82	82
	违法上道路行驶（非）	164	188	215	288	288
	违法停车（非）	8	8	7	13	12
	违法占道行驶（非）	346	373	421	434	554
	违法装载（非）	23	18	20	26	27
	违反交通信号（非）	248	335	334	440	521
	未按规定让行（非）	289	387	426	509	572
	无证驾驶（非）	5	5	16	12	17
行人	行人违法上道路	619	644	589	594	598
	行人违法占道	48	49	61	75	79
	行人违反交通信号	253	245	250	311	325
意外	意外	82	89	96	119	105

表 1 中，选取死亡人数总数为参考序列，各项事故原因为子序列，按照均值化处理各序列数据，得到无量纲数据。取分辨率系数为 0.5，按照式（3）计算各项数据的关联系数 $\zeta_i(k)$，关联函数计算结果如表 2 所示。

表 2　关联系数计算结果

事故原因	2013 年	2014 年	2015 年	2016 年	2017 年
超速行驶	0.971 382	0.967 537 4	0.904 779 5	0.976 090 7	0.924 931 1
酒后驾驶	0.979 360 7	0.929 410 8	0.822 518 7	0.898 971 3	0.721 13
逆向行驶	0.868 801 8	0.998 329 5	0.969 697 3	0.931 808 7	0.897 321 7
疲劳驾驶	0.971 287 4	0.959 278 4	0.874 899 9	0.989 794 8	0.874 060 6
违法变更车道	0.853 344 9	0.939 708 1	0.899 592	0.923 121 9	0.916 697 4
违法超车	0.857 503 9	0.973 137	0.965 582 3	0.930 282 9	0.926 339 6
违法倒车	0.889 866 3	0.972 584 2	0.937 258 3	0.999 071 5	0.925 578

事故原因	2013 年	2014 年	2015 年	2016 年	2017 年
违法掉头	0.867 392 7	0.946 466 8	0.921 159 4	0.846 634	0.894 808 3
违法会车	0.914 947	0.956 738 1	0.968 808 5	0.945 095 2	0.957 660 4
违法牵引	0.889 600 2	0.889 311	0.930 358 7	0.831 104 7	0.650 336 2
违法抢行	0.795 789 6	0.945 552 1	1	0.807 653 7	0.932 516 9
违法上道路行驶	0.920 360 6	0.978 563 4	0.962 381 6	0.938 427 1	0.921 159 2
违法停车	0.930 737 2	0.902 756 9	0.893 833	0.917 691 9	0.848 289 6
违法占道行驶	0.839 940 1	0.857 619 9	0.970 586 3	0.931 342 2	0.800 718 3
违法装载	0.679 313 4	0.862 565 1	0.989 153 2	0.961 092 9	0.622 833
违法装载超限及危险品运输	0.891 289 8	0.794 095 7	0.879 733 1	0.788 664 7	0.997 614 5
违反交通信号	0.838 378 6	0.927 803 4	0.951 990 8	0.967 237 3	0.845 584 1
未按规定让行	0.995 459 9	0.967 429 8	0.949 115 8	0.976 242 6	0.933 549 8
无证驾驶	0.887 317 5	0.938 398 1	0.996 705 7	0.924 483	0.905 820 5
不按规定使用灯光	0.997 413 2	0.855 271 9	0.787 900 7	0.871 140 4	0.948 574 7
制动不当	0.865 214 7	0.976 905 5	0.806 441 8	0.981 187	0.921 639 1
转向不当	0.785 864 9	0.963 426 2	0.931 666 9	0.796 097 7	0.883 908 3
油门控制不当	0.691 612	0.806 069 5	0.805 340 1	0.714 748 5	0.959 688 8
超速行驶（非）	0.974 223 8	0.974 074 6	0.965 781 5	0.952 390 9	0.918 060 4
酒后驾驶（非）	0.682 762 7	0.810 912 4	0.796 741 1	0.869 383 2	0.775 923 3
逆行（非）	0.865 959 7	0.884 909 6	0.926 244 2	0.943 155 9	0.764 595 2
违法超车（非）	0.956 921 3	0.666 852 1	0.842 524 2	0.931 741 7	0.697 045 7
违法牵引（非）	0.722 749 4	0.428 518 3	0.430 630 9	0.781 529 1	0.334 563 1
违法抢行（非）	0.667 712 3	0.762 524 9	0.916 674 2	0.685 125	0.692 486 3
违法上道路行驶（非）	0.744 051 4	0.834 202 1	0.976 262 1	0.773 320 4	0.782 711 8
违法停车（非）	0.844 577 1	0.844 838	0.759 903 8	0.702 598 3	0.791 122 2
违法占道行驶（非）	0.824 997 3	0.889 509 3	0.965 702 7	0.970 065 3	0.748 862
违法装载（非）	0.951 727 2	0.803 740 1	0.899 534 4	0.886 342 6	0.852 340 1
违反交通信号（非）	0.702 822 3	0.906 757 4	0.913 194 8	0.853 854 5	0.688 118 3
未按规定让行（非）	0.703 953	0.900 546 9	0.983 354 7	0.859 558 8	0.742 393 1
无证驾驶（非）	0.585 914	0.586 039 5	0.596 060 1	0.943 392 3	0.598 178 6
行人违法上道路	0.941 853 2	0.893 839 4	0.994 480 6	0.916 051 8	0.910 671 9
行人违法占道	0.785 864 9	0.799 998 1	0.980 902 1	0.824 267 2	0.777 519 2
行人违反交通信号	0.932 240 9	0.899 117 5	0.929 518	0.904 933	0.862 564 2
意外	0.846 251	0.923 404 3	0.980 858 8	0.815 098 3	0.985 614 8

得到关联系数后，继续按照式（2）计算上述各项事故原因的关联度，对计算结果的排序如表 3 所示。

表 3　各项事故原因的关联度排序

排　序	事故原因	关联度	排　序	事故原因	关联度
1	未按规定让行	0.964 36	21	违法占道行驶	0.880 041

续表

排　序	事故原因	关联度	排　序	事故原因	关联度
2	超速行驶（非）	0.956 906	22	违法占道行驶（非）	0.879 827
3	超速行驶	0.948 944	23	违法装载（非）	0.878 737
4	违法会车	0.948 65	24	逆行（非）	0.876 973
5	违法倒车	0.944 872	25	转向不当	0.872 193
6	违法上道路行驶	0.944 178	26	违法装载超限及危险品运输	0.870 28
7	疲劳驾驶	0.933 864	27	酒后驾驶	0.870 278
8	逆向行驶	0.933 192	28	违法牵引	0.838 142
9	行人违法上道路	0.931 379	29	未按规定让行（非）	0.837 961
10	违法超车	0.930 569	30	行人违法占道	0.833 71
11	无证驾驶	0.930 545	31	违法装载	0.822 992
12	制动不当	0.910 278	32	违法上道路行驶（非）	0.822 11
13	意外	0.910 245	33	违法超车（非）	0.819 017
14	违法变更车道	0.906 493	34	违反交通信号（非）	0.812 949
15	违反交通信号	0.906 199	35	油门控制不当	0.795 492
16	行人违反交通信号	0.905 675	36	违法停车（非）	0.788 608
17	违法停车	0.898 662	37	酒后驾驶（非）	0.787 145
18	违法抢行	0.896 302	38	违法抢行（非）	0.744 905
19	违法掉头	0.895 292	39	无证驾驶（非）	0.661 917
20	不按规定使用灯光	0.89 206	40	违法牵引（非）	0.539 598

由表 3 可以看出，传统的灰色关联理论得到的事故原因关联分析已具有一定的参考和分析价值，其中未按规定让行、非机动车的超速行驶和机动车超速行驶排序前三，关联度分别为 0.964 36、0.956 906 和 0.948 944，这与实际情况具有一定的契合性，表明未按规定让行和超速行驶已成为我国道路交通事故频发的主要原因。此外，诸如"违法倒车""意外"等原因与事故死亡人数的关联度排序相对较高，可能的原因是传统的灰色关联理论并没有考虑各事故原因的权重差异。实际情况下，各序列因子在整体数据系统不同点处的权重是各不相同的，不同点处的关联系数对比其平均值的波动有一定影响[8]，需要针对不同的因子科学的分配权值来对交通事故致因进行合理科学的判断。

3 加权灰色关联理论

3.1 加权灰色关联基本思想及权重系数的确定

加权灰色关联理论在传统灰色关联理论中，引入了累减生成序列。设序列 $x' = (x'(1), x'(2), \cdots, x'(n))$ 为序列 $x = (x(1), x(2), \cdots, x(n))$ 的累减生成序列。其中，$x'(1) = x(1)$，$x'(k) = x(k) - x(k-1)$，$k = 2, 3, \cdots, n$。对于参考序列 x_0 和比较序列 x_i，加权灰色关联系数定义为：

$$\zeta_i(k) = \frac{\rho \max_{i \in m} \max_{k \in n} |x_0(k) - x_i(k)|}{(\lambda_1 |x_0(k) - x_i(k)| + \lambda_2 |x_0'(k) - x_i'(k)|) + \rho \max_{i \in m} \max_{k \in n} |x_0(k) - x_i(k)|} \quad (3)$$

式（3）中，λ_1、λ_2 为位移加权系数和变化率加权系数，两者均取值为 0.5。

比较序列 x_0 对参考序列 x_i 的加权灰色关联度为：

$$\gamma_i = \gamma(x_i, x_0) = \sum_{k=1}^{n} \varepsilon_k \zeta_i(k) \quad (4)$$

式中，ε_k 为白化权函数[9]法确定的权重系数，白化权函数是灰色聚类评估模型中最常见的权函数，刘思峰[10]等人对白化权函数进行了较好改进，将其方法引入到本文的权函数计算中，一般步骤如下。

序列 $x_i(j) = (x_i(1), x_i(2), \cdots, x_i(j), \cdots, x_i(n))$，其中，$i=1,2,\cdots,m$，$j=1,2,\cdots,n$。

（1）选取白化权函数：$f(x) = xe^{1-x} + (1-x)e^x - 1$；

（2）计算各序列各属性因子总和 $S_k = \sum_{i=1}^{m} x_k(i)$；

（3）计算各因子的熵值 $e_k = \frac{1}{m} \sum_{i=1}^{m} f(\frac{x_i(k)}{S_k})$；

（4）计算熵和 $E = \sum_{k=1}^{n} e_k$；

（5）计算相对权重 $\varepsilon_k' = \frac{1}{m-E}(1-e_k)$；

（6）确定权重 $\varepsilon_k = \frac{1}{\sum_{k=1}^{n} \varepsilon_k'} \varepsilon_k'$。

3.2　基于加权灰色关联的交通事故致因分析结果

使用的样本数据仍为 2013-2017 年全国道路交通事故数据，参考序列为每年的事故死亡人数总数，比较序列为各事故原因造成的死亡人数，样本数据见表 1 所示。基于白化权函数确定的各事故原因的权值及加权关联度排序参见表 4。

表 4　各项事故原因的权值及加权关联度排序

排序	事故原因	白化权值	加权关联	排序	事故原因	白化权值	加权关联
1	超速行驶	0.024 764	0.120 13	21	行人违法占道	0.024 958	0.107 877
2	未按规定让行	0.024 785	0.118 796	22	违法占道行驶	0.024 798	0.106 709
3	违法会车	0.024 765	0.117 427	23	违法超车（非）	0.025 051	0.105 176
4	超速行驶（非）	0.024 781	0.115 963	24	制动不当	0.024 83	0.104 604
5	酒后驾驶	0.024 772	0.114 673	25	意外	0.024 994	0.104 27
6	行人违法上道路	0.024 765	0.114 496	26	转向不当	0.024 894	0.104 063
7	违法停车	0.024 791	0.113 478	27	违法停车	0.024 84	0.103 824
8	行人违反交通信号	0.024 83	0.113 431	28	油门控制不当	0.025 052	0.103 357
9	违法上道路行驶	0.024 761	0.113 18	29	违反交通信号（非）	0.025 058	0.101 263

排序	事故原因	白化权值	加权关联	排序	事故原因	白化权值	加权关联
10	不按规定使用灯光	0.024 844	0.112 312	30	违法停车（非）	0.025 055	0.100 153
11	疲劳驾驶	0.024 808	0.112 125	31	违法装载	0.025 001	0.100 055
12	违反交通信号灯	0.024 834	0.111 902	32	违法装载超限及危险品运输	0.024 886	0.100 05
13	违法上道路行驶（非）	0.024 84	0.111 761	33	未按规定让行（非）	0.024 996	0.098 245
14	违法超车	0.024 772	0.111 601	34	无证驾驶（非）	0.025 803	0.094 214
15	违法掉头	0.024 775	0.111 499	35	违法抢行（非）	0.025 25	0.094 025
16	违法抢行	0.024 868	0.110 556	36	无证驾驶	0.024 766	0.093 74
17	违法变更车道	0.024 91	0.110 012	37	违法牵引（非）	0.028 855	0.092 178
18	违法占道行驶（非）	0.024 892	0.108 877	38	违法牵引	0.024 803	0.067 184
19	违法装载（非）	0.024 866	0.108 241	39	酒后驾驶（非）	0.025 039	0.047 443
20	逆行（非）	0.024 885	0.108 183	40	逆向行驶	0.024 767	0.021 188

通过对比表 3 和表 4，按照传统灰色关联理论得到的事故原因，关联排序前五名的分别为：未按规定让行>非机动车超速行驶>机动车超速行驶>违法会车>违法倒车。而通过加权后的灰色关联模型理论得到的事故原因关联排序前五名的分别为：机动车超速行驶>未按规定让行>违法会车>非机动车超速行驶>酒后驾驶。可以看出，排序前五名的事故原因中，机动车超速行驶、未按规定让行、违法会车、非机动车超速行驶是两种灰色关联模型中共同排出的，而加权灰色关联模型中的酒后驾驶则代替了传统灰色关联模型中的违法倒车。此外，原因"意外"已排序为 25，对比传统的灰色关联模型排序第 13，相对更加合理，并且二者在最大的事故原因分布上差异不大，但在中间层次及关联程度较小的层次上有较大的差异。

综上，超速行驶、未按规定让行、违法会车和酒后驾驶是导致交通事故的关键原因，基于白化权函数的加权灰色关联模型比传统的灰色关联模型对于事故致因的关联分析更加合理。

4 结语

本文分别使用了传统的灰色关联模型和白化权函数加权灰色关联模型，并结合 2013-2017 年交通事故统计数据对道路交通事故中 40 项主要事故原因进行了关联分析，结果表明，道路交通事故最主要的原因为超速行驶、未按规定让行、违法会车和酒后驾驶。实际的道路交通事故数据验证了加权灰色关联模型在道路交通事故致因分析中的适用性。运用本文提出的加权灰色关联模型，可对道路交通事故致因进行科学合理的排序，有助于交通管理者制定对应的安全管理措施，提高道路交通安全水平。

参考文献

[1] 公安部交通管理局. 中华人民共和国道路交通事故统计年报，2017.

[2] X. Li, K. W. Hipel, Y. Dang. An improved grey relational analysis approach for panel data clustering, Expert Systems with Applications, 2015, 42 (23): 9105-9116

[3] 钱吴永. 灰色建模技术及其在道路交通事故管理中的应用研究[D]. 南京航空航天大学学院，2012.

[4] 刘香云. 基于灰色关联度的道路交通事故组合预测方法研究[D]. 北京交通大学学报，2015.

[5] 宁小磊，吴颖霞，陈战旗. 一种改进的灰色关联模型验证方法研究[J]. 计算机仿真，2015，32(07): 259-263.

[6] Y. Liu et al. The assessment of traffic accident risk based on grey relational analysis and fuzzy comprehensive evaluation method, Natural Hazards, 2017, 88 (3): 1409-1422.

[7] 邓聚龙. 灰色系统的基本方法[M]. 武汉: 华中理工大学出版社，1987: 40-97.

[8] 甘浪雄，张宝刚，郑元洲等. 灰色系统理论在海上交通事故预测中的应用[J]. 船海工程，2008，37(6): 99-102.

[9] 束慧，王文平，熊萍萍. 白化权函数已知的区间灰数的核与灰度[J]. 控制与决策，2017，32(12): 2190-2194.

[10] 刘思峰，方志耕，杨英杰. 两阶段灰色综合测度决策模型与三角白化权函数的改进[J]. 控制与决策，2014，29(07): 1232-1238.

高速磁浮线路平曲线最小半径优化分析

李辉柏[1]　**黄靖宇**[2]

（1. 同济大学道路与交通工程教育部重点实验室，上海 201804；
2. 同济大学国家磁浮交通工程技术研究中心，上海 201804）

【摘要】本文首先借助以往线路设计工作者常用的静态分析方法，从满足列车悬浮架构造要求、轨道梁制造安装要求，以及乘客舒适度要求计算得到了高速磁浮线路平曲线最小半径的理论计算值。然后以 TR08 型高速磁浮列车为研究对象，通过对列车各部件结构特点和力的传递关系的分析研究，建立了包含 129 个自由度的高速磁浮车辆—线路动力学模型。最后，运用该模型对平曲线最小半径静态分析结果进行仿真分析，根据仿真结果对半径值进行优化调整。优化过后，列车通过设计曲线段，运行更加平稳，动力学性能良好，乘客舒适性与工程经济性得到较好的平衡。

【关键词】高速磁浮、平曲线最小半径、动力学模型、优化分析

Optimization Analysis of Minimum Rad[1]ius of Flat Curve of High Speed Maglev Line

Li Huibai[1], Huang Jingyu[2]

（1. State Key Laboratory of Road and Traffic Engineering, Tongji University, 201804, China;
2. National Maglev Transportation Engineering Technology Research Center, Tongji University, Shanghai 201804, China）

Abstract: In this paper, the theoretical calculation value of the minimum radius of the flat curve of the high-speed maglev line is calculated by using the static analysis method commonly used by the circuit design workers in the past to meet the requirements of

---

1 **基金项目：** "十三五"国家科技支撑计划重大项目子课题（2016YFB1200602-30）。

the train suspension structure, the rail beam manufacturing and installation requirements and the passenger comfort requirements. Then taking the TR08 high-speed maglev train as the research object and through the analysis and research on the structural characteristics and force transmission relationship of train components, a high-speed maglev vehicle-line dynamics model with 129 degrees of freedom is established. Finally, the established dynamic model is used to simulate the static analysis of the minimum radius of the flat curve, and the radius value is optimized and adjusted according to the simulation results. After the optimization, the train runs more smoothly when passing the designed curve section, the dynamic performance is good, and the passenger comfort and engineering economy are balanced well.

Keywords: High-speed maglev, flat curve minimum radius, dynamic model, optimization analysis.

1 引言

随着我国国民经济的发展，各地之间的人员交流越来越频繁，同时随着国民生活水平不断提高，人们对于出行品质的要求也越来越高，因此，更高速度、更舒适性的交通方式成为乘客出行的首选。截止 2019 年，我国高速铁路运营速度高达 350km/h，运营里程超过 2.9 万千米。无论是运营速度，还是运营里程都稳居世界第一。然而，受轮轨关系、弓网关系、流固耦合关系、运营环境等因素的影响，轮轨高速列车运行速度已很难有进一步的提升空间。高速磁浮列车运行时悬浮于线路轨道上方一定高度，近似贴地飞行，摆脱了传统轮轨列车的轮轨接触限制，具有比轮轨高速列车更高的速度，被认为是下一代轨道交通的发展方向。德国、日本、美国、中国等世界铁路强国也纷纷将巨额资金投入高速磁浮系统、低真空管（隧）道铁路系统的研发工作，欲在新一轮的铁路技术革命竞争中占据有利地位。

与传统轮轨铁路相同，线路部分是高速磁浮系统中最基础、最重要的部分。线路选线设计质量的好坏，不仅对施工建造中的工程费用支出产生影响，对列车运行中的安全性、平稳性、乘客乘坐舒适性，以及运行维护难易程度和费用产生影响[1]。而平曲线最小半径，是高速磁浮铁路工程中的主要技术标准之一，其选定合理与否，对线路适应困难地形、绕避既有建筑物、提高列车运行速度、改善乘客乘坐舒适度起到举足轻重的作用，因此有必要对高速磁浮铁路线路平曲线最小半径展开分析研究。

以往选线设计工作者在对平曲线最小半径进行取值时，大多采用静态分析方法，即将高速磁浮列车看成一个质点或者刚体，以车辆曲线段运行时所受到的横向加速度和垂向加速度的限值为计算依据，对平曲线最小半径进行计算。这种方法没有考虑车辆复杂的结构问题和车辆内部各部件之间的相对运动关系，对车辆-线路之间的动力作用更是考虑较少，所得到的平曲线最小半径值有可能取值过小，难以满足车辆动力学性能要求；也有可能取值过大，增大线路长度，导致工程经济性不佳。因此，有必要从动力学角度建立高速磁浮车辆线路动力学模型，对由静态分析方法计算得到的平曲线最小半径值进行仿真分析和优化调整，得到兼顾舒适度要求和工程经济性要求的高速磁浮线路平曲线最小半径合理建议值。本文研究成果对高速磁浮线路规范的编制具有一定的参考作用，同时对选线设计工作者从动力学角度进行线路设计提供了一个新的方向。

2 高速磁浮线路平曲线最小半径静态分析

传统轮轨铁路平曲线最小半径由列车运行安全条件、内外轨磨耗均衡条件，以及乘客舒适度条件确定。与轮轨铁路不同，在高速磁浮交通系统中，列车采用环抱线路轨道的方式运行，极大地降低了列车脱轨和倾覆的可能性。列车采用电磁悬浮原理悬浮于轨道上方一定高度，与轨道不存在机械接触，车辆与线路之间基本不存在磨耗问题。因此，高速磁浮列车具有运行安全性高，并且内外轨磨耗基本不存在的特点，线路平曲线最小半径可由舒适度条件确定。

此外，高速磁浮列车悬浮架结构与轮轨列车走行部转向架结构、线路轨道与钢轨轨枕结构也存在不同，对允许通过的平曲线最小半径有一定要求。因此，高速磁浮线路平曲线最小半径还应当考虑列车悬浮架构造要求和轨道梁制造安装要求。

综上所述，高速磁浮线路最小平曲线半径主要由列车悬浮架构造要求、轨道梁制造安装要求，以及乘客舒适度要求决定。

（1）列车悬浮架构造要求。

以 TR08 型高速磁浮列车为例，每节车含有 4 个悬浮架，列车运行时悬浮架依靠主动控制的悬浮力、导向力得以始终环抱线路轨道，在每个悬浮架长度范围内，导向电磁铁可以认为是一个直线型刚性体，而线路轨道在空间范围内表现为既弯且扭的状态，这就必然导致一个导向电磁铁长度范围内直线型的导向电磁铁与曲线型的侧向导向轨之间的间隙出现不均等分布，这种不均等分布的间隙受曲线半径的影响很大。若曲线半径过小，将会导致导向电磁铁与侧向导向轨之间间隙过小而有可能发生碰撞，危及行车安全。因此，从安全性角度出发，为了防止因平曲线半径过小导致磁浮列车与线路轨道发生碰撞，根据磁浮列车构造特点，上海高速磁浮示范线和德国 Transrapid 磁悬浮铁路选线设计指导书规定，满足车辆构造要求的平曲线最小半径应不低于 350m[2,3]。

（2）轨道梁制造安装要求。

在高速磁浮轨道梁的制造安装过程中，很难实现与设计完全相符的既弯且扭的空间曲线，实际工程设计和建造过程中一般采用"以直拟曲"技术，用短直线拟合成曲线，设计曲线半径越小，则设计拟合误差越大，这就不可避免地带来了设计拟合误差。对于设计线型与实际空间线型之间的误差而言，其总误差一般包括设计拟合误差和制造安装误差两部分，我国机加工能力水平有限，在施工过程中不可避免地存在制造安装误差，为了给轨道梁制造安装留有一定的误差空间，要求设计拟合误差不能过大。按照上海高速磁浮示范线设计经验，轨道梁导向面 Y 向几何偏差总误差不能超过 2mm，其中设计拟合过程遵循"半矢高"原则，即拟合后直线型的功能件中部和端部到设计线路中心线的最大距离为一个半矢高距离[4]，如图 1 所示。因此，不同曲线半径条件下的设计拟合误差 δ_y 可用下式表示：

$$\delta_y = \frac{\Delta h}{2} = \frac{R_H - \sqrt{R_H^2 - (L/2)^2}}{2} \tag{2-1}$$

式中，R_H 为平曲线半径，L 为一个功能件的长度。

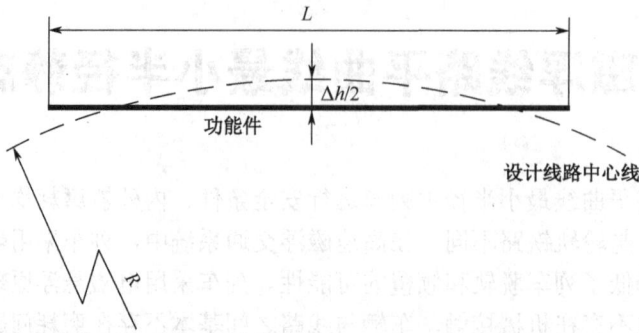

图 1　半矢高拟合示意图

高速磁浮轨道梁功能件种类较多，功能件长度为 n 个定子长度。为了减少功能件种类，简化轨道梁生产复杂程度，上海高速磁浮示范线多数采用 3 096mm 长度功能件[5]。因此，当功能件长度取 3 096mm 时，不同平曲线半径条件下的设计拟合误差见表 1，其中，设计拟合误差占总误差比重随平曲线半径的变化关系，如图 2 所示。

表 1　设计拟合误差 δ_y 与平曲线半径变化关系

R_H /m	300	400	500	600	700	800	900	1 000	1 100	1 200
拟合误差 δ_y /mm	1.997	1.498	1.198	0.998	0.856	0.749	0.666	0.599	0.545	0.499
拟合误差占总误差比重/%	99.85	74.88	59.91	49.92	42.79	37.44	33.28	29.95	27.23	24.96

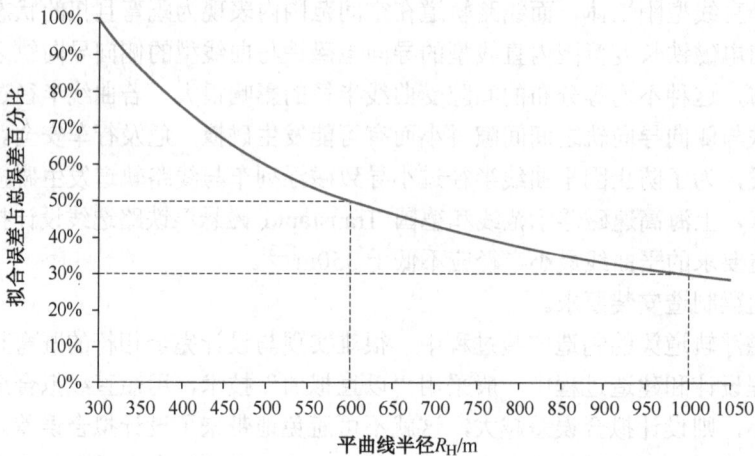

图 2　设计拟合误差占误差比重随平曲线半径的变化关系图

由上图可以看出，随着平曲线半径的增大，设计拟合误差快速减少，当曲线半径增大到 600m 时，设计拟合误差所占比重已经下降到 50%。当曲线半径进一步增大到 1 000m 时，拟合误差所占比重下降到 30%，相应留给轨道梁加工安装误差的空间就只有 70%。

因此，从设计拟合误差和轨道梁制造安装误差角度考虑，留给轨道梁加工安装50%的误差空间时，可以采用600m的高速磁浮线路曲线半径。

（3）乘客舒适度要求。

列车通过曲线段时会产生一定大小的离心力，当列车曲线通过速度与线路超高设置不匹配时，会导致列车沿曲线向外的离心力与沿曲线向内的向心力不平衡，使车厢乘客承受一定大小的未被平衡的横向加速度。因此，从满足乘客乘坐舒适度要求考虑，列车未被平衡的横向加速度不能超过一定的限值，即如下式所示：

$$a_y \leqslant a_{max} \tag{2-2}$$

通过对图3列车曲线段运行时的重力、悬浮力、向心力、离心力的受力分析，可得到列车未被平衡的横向加速度，用式（2-3）表示。

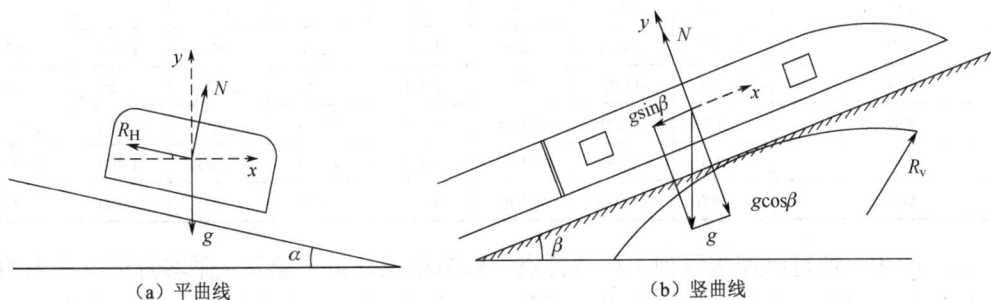

（a）平曲线　　　　　　　　　　（b）竖曲线

图3　高速磁浮列车曲线段运行受力分析

$$R_H = \left| \frac{(V/3.6)^2 \cos\alpha \cos^2\beta}{a_y + \left[g\cos\beta + m\dfrac{(V/3.6)^2}{-R_V} \right]\sin\alpha} \right|, \ 其中，\ a_y \leqslant a_{max} \tag{2-3}$$

式中：R_H——平曲线半径/m；

R_V——竖曲线半径/m；

V——列车运行速度/（km/h）；

α——横坡角/（°）；

β——纵坡度/（‰）；

g——重力加速度，取9.81 m/s²；

a_y——未被平衡的横向加速度/（m/s²）；

a_{max}——未被平衡的横向加速度限值/（m/s²）。

对于未被平衡的横向加速度限值，国际铁路联盟（UIC）相关资料表明，当未被平衡的横向加速度达到0.118g时，绝大多数乘客没有不舒适的感觉[6]；欧美国家规定横向加速度限值一般不能超过0.1g[7]；德国Transrapid选线设计指导书和上海高速磁浮示范线规定其加速度限值不能超过1.25m/s²[8]。因此，参考国内外相关经验，建议高速磁浮线路允许未被平衡的横向加速度限值，一般情况下为1.0m/s²，困难情况下为1.25m/s²。

此外，高速磁浮列车运行速度高，为避免因线路空间线型复杂影响列车运行平稳舒适性，高速磁浮线路一般不允许平竖曲线重叠设置，并且在实际选线设计工作中，一般先进行平曲线设计，后进行竖曲线设计。因此，对式（2-3）可进行简化，如下式所示：

$$R_{\mathrm{H}} = \left| \frac{(V/3.6)^2 \cos\alpha}{\alpha_y + g \times \sin\alpha} \right|, \ 其中 \ a_y \leqslant a_{\max} \tag{2-4}$$

因此，根据式（2-4）可计算得到不同速度条件下满足舒适度要求的高速磁浮线路平曲线最小半径，如表2所示。

表2　高速磁浮线路平曲线最小半径

线路条件 行车速度/（km/h）	$\alpha=3°$		$\alpha=6°$		$\alpha=9°$		$\alpha=12°$	
	一般地段	困难地段	一般地段	困难地段	一般地段	困难地段	一般地段	困难地段
100	1 000	650	—	—	—	—	—	—
200	2 100	1 800	1 600	1 400	1 300	1 100	1 000	950
300	4 600	4 000	3 500	3 100	2 800	2 500	2 300	2 100
350	6 300	5 400	4 700	4 200	3 700	3 400	3 100	2 900
400	8 200	7 000	6 100	5 400	4 800	4 400	4 000	3 700
500	13 000	11 000	9 500	8 500	7 600	6 900	6 400	5 800

综上所述，通过高速磁浮列车构造特点、轨道梁设计拟合误差及乘客舒适度要求的分析研究，认为干线及正线上的线路平曲线最小半径应由乘客舒适度要求决定，不同设计速度条件下的曲线最小半径取值可以参考表2所列数值。对于线路个别控制点、渡线、车辆段出入段线等其他配线，其曲线最小半径取值应符合车辆构造要求和轨道梁制造安装要求。

3　高速磁浮车辆–线路动力学模型

为了从动力学角度对高速磁浮线路平曲线最小半径静态分析结果进行优化和调整，有必要建立起能综合考虑车辆各个部件结构和功能的多自由度高速磁浮车辆-线路动力学模型。

以TR08型高速磁浮列车为例，一节车包含1个车体、4个悬浮架、16个抗侧滚摇枕、16个摆杆、14个悬浮电磁铁、12个导向电磁铁、2个制动电磁铁等主要部件，模型中考虑各个部件的自由度如表3所示。

表3　各部件自由度

部　件	横　移	沉　浮	侧　滚	点　头	摇　头	伸　缩
车体	√	√	√	√	√	—
悬浮架	√	√	√	√	√	—
摇枕	—	—	√	—	—	—
摆杆	—	—	√	√	—	—

续表

部件	横移	沉浮	侧滚	点头	摇头	伸缩
悬浮电磁铁	—	√	—	√	—	—
导向电磁铁	√	—	—	—	√	—
制动电磁铁	√	—	—	—	√	—

因此，在梳理各部件运动自由度数的基础上，通过对各部件连接关系和力的传递关系的分析研究，基于多体动力学原理在 Simpack 软件平台中建立包含 129 个自由度的单节高速磁浮车辆-线路动力学模型，如图 4 所示。

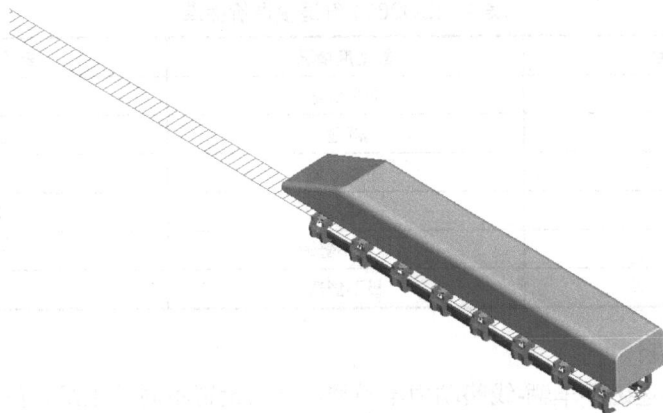

图4　高速磁浮车辆-线路动力学模型

4 高速磁浮线路平曲线最小半径动力学优化分析

建立好车辆线路动力学模型后，可以在模型中设置不同的仿真工况对静态分析结果进行动力学仿真，模拟列车运行状态，并根据仿真结果，分析车辆曲线通过时的动力学性能状态，对静态分析结果进行评价和优化调整，获得更合理的高速磁浮线路平曲线最小半径建议值。

（1）评价指标。

高速磁浮线路线形和线路设计参数的变化会使通过曲线段的列车产生一定大小的离心力，使列车动力学性能发生变化，进而影响到车厢内乘客对乘坐舒适性的满意程度，是影响乘客舒适度的主要影响因素。对于评价列车动力学性能优劣的指标，轮轨铁路列车通常采用轮轨横向力、轮轨垂向力、轮轴横向力、脱轨系数、轮重减载率、倾覆系数、横向振动加速度、垂向加速度等参数指标，而高速磁浮列车暂未出版发表用于评价车辆动力学性能的指标。

很多学者在进行高速磁浮列车曲线通过性能的分析研究时会参考借鉴轮轨列车等其他领域的相关研究成果，采用 GB 5599-85《铁道车辆动力学性能评定和试验鉴定规范》、UIC513《铁道车辆内旅客振动舒适性评价准则》、ISO2631 标准等列车运行平稳性和舒适性指标。ISO2631 标准用于评价人体对振动承受的反应，通过大量的现场试验和论证，现已成为国际通用的、适用于各行业的评价振动加速度对人体舒适度影响程度的标准，本文采用 ISO2631《关于全身振动评价指南》，这一振动和冲击标准用于评价高速磁浮列车通过曲线段时的动力学性能，反映车厢乘客的舒适满意程度。

ISO2631 舒适度评价标准如表 4 所示。

表4　ISO2631 舒适度评价标准

加速度/（m/s²）	舒适度情况	舒适度等级
<0.315	非常舒适	1 级
0.315~0.63	舒适	2 级
0.5~1.0	还算舒适	3 级
0.8~1.6	不舒适	4 级
1.25~2.5	非常不舒适	5 级
>2.5	极不舒适	6 级

（2）动力学分析。

通过建立的高速磁浮车辆-线路动力学模型，可以设置不同的工况，仿真模拟不同设计行车速度条件下，平曲线半径变化对车辆动力学性能的影响规律，并根据舒适性与工程经济性的最佳匹配设计原理，选择适宜的平曲线最小半径值。仿真分析中，取曲线段列车运行时车体质心受到的横向加速度和垂向加速度用于评判车辆动力学性能优劣和乘客舒适性高低。相关仿真工况设置如下。

利用建立的动力学模型仿真模拟列车以 V=100km/h 的速度通过不同半径的曲线段，曲线半径变化范围为 400~1 100m，仿真结果如表 5 所示，其横向、垂向动力响应与平曲线半径的变化关系如图 5 所示。

表5　车体动力学响应仿真结果（V=100 km/h）

曲线半径/m	横向加速度/（m/s²）	横向舒适度等级	垂向加速度/（m/s²）	垂向舒适度等级
400	1.426	5 级	0.110	1 级
450	1.210	4 级	0.172	
500	1.039		0.087	
550	0.901		0.101	
600	0.778	3 级	0.140	
650	0.682		0.072	
700	0.594		0.060	
750	0.520	2 级	0.056	
800	0.457		0.052	
850	0.398		0.048	
900	0.351		0.045	

续表

曲线半径/m	横向加速度/（m/s²）	横向舒适度等级	垂向加速度/（m/s²）	垂向舒适度等级
950	0.302		0.043	
1000	0.262	1 级	0.042	
1050	0.226		0.040	
1100	0.191		0.038	

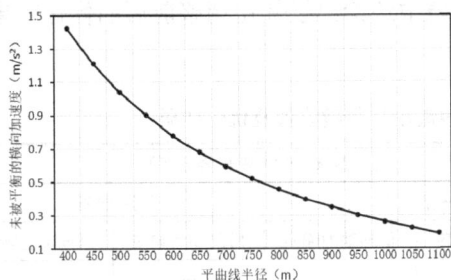

（a）横向加速度

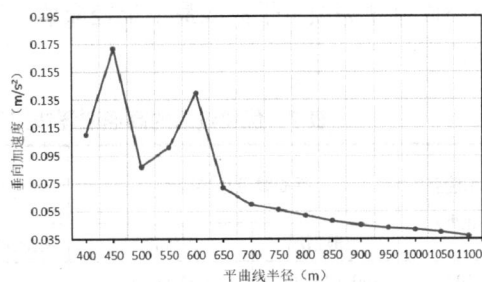

（b）垂向加速度

图 5　不同平曲线半径下的加速度动力响应（V=100km/h）

　　观察图 5 曲线变化走向可知，列车通过曲线段时的横向加速度、垂向加速度的大小与平曲线半径有关，都随着曲线半径的增大而减小，但是进一步观察曲线斜率的变化趋势可以发现平曲线半径对横向加速度的影响更大，横向加速度随平曲线半径的增大先迅速减小，当半径增大到一定程度时，横向加速度随平曲线半径增加而减小的幅度又越来越缓慢。此外，参照表 5 动力学性能评价标准可知，对比动力学模型的仿真结果，通过静态分析方法计算得到的设计行车速度 100km/h 条件下，平曲线最小半径一般情况下取值 1 000m，困难情况下 650m，其横向、垂向加速度动力响应能够满足高速磁浮线路选线设计中对于一般情况下的舒适度等级不低于 2 级、困难情况下不低于 3 级的要求。然而，观察图中曲线变化趋势可知，在两处半径值附近，满足舒适度要求的平曲线半径取值还有一定的下降空间，可以在满足规定的舒适度等级要求下，进一步降低平曲线半径取值，以缩短线路长度，降低工程支出。因此，从工程经济性角度考虑，可以对这两处曲线半径值进行优化调整，调整为一般情况下取值 700m，困难情况下 600m，调整后的优化效果如表 6 所示。

表 6　平曲线最小半径动力学优化效果（100km/h）

工　况	优化方法	舒适度等级（横向/垂向）		长度变化	舒适度等级变化
		优化前	优化后		
困难情况	650 m→600 m	3 级/1 级	3 级/1 级	减少 8%	不变
一般情况	1 000 m→700 m	1 级/1 级	2 级/1 级	减少 30%	降低 1 级

　　优化过后，车辆动力学性能仍能满足舒适度要求，平曲线半径减小，线路长度缩短，工程经济性进一步提高，选线设计更加灵活，实现了平曲线半径与乘坐舒适度和工程经济性的最佳匹配设计。因此，由静态分析方法计算得到的设计行车速度 100km/h 条件下平曲线最小半径一般情况下取值 1 000m、困难情况下 650m，结果存在的一定的不足，可以通过动力学模型对其取值进行优化，调整为一般情况下 700m、困难情况下 600m，并且这种

优化是可行的，实现了舒适性与工程经济性的最佳匹配设计。

同理，对于 V=200km/h、300km/h、350km/h、400km/h、500km/h 速度等级下的平曲线最小半径静态分析取值，也可按照相同的方法进行动力学仿真模拟，设置不同的仿真工况，基于舒适性与工程经济性的最佳匹配设计原理，根据仿真结果对曲线半径取值进行优化调整，得出适宜的平曲线最小半径建议值。由于篇幅限制，其余速度等级下的仿真分析过程不再一一列举，表 7 给出了经过动力学仿真分析和优化调整过后的高速磁浮线路不同速度等级下平曲线最小半径取值，同时表中还给出了优化调整前后的优化效果对比。

表 7　优化过后的高速磁浮线路平曲线最小半径建议值及优化效果

行车速度/ (km/h)	平曲线最小半径/m		优化效果（动力响应降低率）			
			一般情况		困难情况	
	一般情况	困难情况	横向动力响应	垂向动力响应	横向动力响应	垂向动力响应
100	700（1 000）	600（650）	—	—	—	—
200	1 150（1 000）	1 050（950）	42%	13%	27%	10%
300	2 600（2 300）	2 400（2 100）	39%	12%	35%	13%
350	3 500（3 100）	3 300（2 900）	38%	11%	35%	12%
400	4 500（4 000）	4 300（3 700）	36%	11%	39%	14%
500	7 000（6 400）	6 600（5 800）	30%	9%	34%	12%
平均优化效果			37%	11%	34%	12%

注：括号内数值为静态分析结果，括号外为经过动力学仿真分析过后的优化调整结果。

从表 7 可以看出，通过对由静态分析方法计算得到的平曲线最小半径取值进行动力学仿真分析和优化调整，列车通过曲线段时的动力学性能得到了较好的改善，一般路段情况下的横向动力响应平均降低了 37%，垂向动力响应降低了 11%，困难路段情况下的横向动力响应平均降低了 34%，垂向动力响应降低了 12%，车辆通过曲线段时运行更加平稳，乘客舒适性要求得到满足，并且在满足舒适度要求的前提下兼顾了工程经济性的要求，缩短线路长度，降低工程支出。

5　结语

通过建立高速磁浮车辆-线路动力学模型，设置不同的工况进行仿真分析，可以发现由静态分析方法计算得到的高速磁浮平曲线最小半径值存在一定的不足，会导致列车通过设计曲线段时，低速度情况下，曲线半径值偏大，线路长度较长，工程经济性不佳；高速情况下，列车动力学性能较差，乘客舒适性要求得不到满足。因此，运用动力学模型对半径值进行优化调整后，结论如下。

（1）列车通过设计曲线段时的动力学性能得到了较好的改善，一般路段情况下的横向动力响应平均降低了 37%，垂向动力响应降低了 11%，困难路段情况下的横向动力响应平均降低了34%，垂向动力响应降低了12%；

（2）车辆通过曲线段时运行更加平稳，乘客舒适性要求得到满足，并且在满足舒适度要求的前提下，兼顾了工程经济性的要求，实现了舒适性与工程经济性的最佳匹配设计。

参考文献

[1] 李辉柏，黄靖宇. 高速磁浮线路最大纵坡值研究[J]. 城市轨道交通研究，2018，21(11):44-48.

[2] 蒂森磁悬浮高速列车有限公司. 磁悬浮高速列车 TRANSRAPID 技术和系统.

[3] 时瑾，魏庆朝，赵金顺等. 高速磁浮交通线路平竖曲线主要技术参数研究[C]// 2005 全国博士生学术论坛. 2005.

[4] 袁亦竑，曾国锋，陈定祥等. 高速磁浮轨道"以直拟曲"技术的进一步分析[J]. 城市轨道交通研究，2008(1):25-27.

[5] 中华人民共和国住房和城乡建设部. 高速磁浮交通设计标准[S]. 2018.

[6] 王靖. 中低速磁浮交通圆曲线参数动力学仿真研究[D]. 西安：西南交通大学，2015.

[7] 姚金斌. 中低速磁浮交通线路最小平曲线半径的合理取值[J]. 都市快轨交通，2007，20(3):17-20.

[8] 吴祥明. 磁浮列车[M]. 上海：上海科学技术出版社，2003.

[9] 仇飞剑. 基于旅客舒适度的高速铁路线路参数研究[D]. 西安：西南交通大学，2008.

CBTC 和 CTCS 系统差异性分析及兼容性方案探讨

李 亮 [1,2] 史宁娟 [2] 孙 旺 [1,2]

（1. 中国铁道科学研究院集团有限公司通信信号研究所，北京 10010；

2. 北京市华铁信息技术有限公司，北京 10010）

【摘要】本文针对目前国内城市轨道交通、市域铁路及城际铁路互连互通发展现状和前景，系统地介绍了在区域轨道交通中应用 CBTC 和 CTCS 系统结构、工作原理等；并详细分析了 CBTC 与 CTCS 系统存在的差异。在此基础上，针对兼容 CTCS 和 CBTC 的列车控制系统方案进行探讨，提出了对应技术解决方案。

【关键词】CBTC；CTCS；城市轨道交通；市域铁路；城际铁路；列车控制系统；互连互通

Difference Analysis and Compatibility Scheme of CBTC and CTCS System

Li Liang[1,2], Shi Ningjuan[2], Sun Wang[1,2]

(1. China Academy of Railway Sciences Corporation Limited Signal and Communication Research Institute, Beijing 10010, China;

2. Beijing HuaTie Information technology Co., Ltd.)

Abstract: Aiming at the current situation and Prospect of domestic urban rail transit, suburban railway and inter-city railway interconnection, this paper systematically introduces the structure and working principle of CBTC and CTCS systems applied in regional rail transit, and analyses the differences between CBTC and CTCS systems in detail. On this basis, the scheme of train control system compatible with CTCS and CBTC is discussed, and the corresponding technical solutions are put forward.

Keywords: CBTC; CTCS; Urban Rail Transit; Suburban Railway; Intercity Railway; Train Control System; Interoperability.

1 引言

截至 2018 年 12 月 31 日,中国内地开通城市轨道交通的城市 37 个,线路里程 5 539.19 千米,其中市域铁路 656.5 千米;同样截至 2018 年年底,国内开通的城际铁路里程约为 2 700 千米,2019 年计划通车里程约为 4 000 千米。随着城市群区域一体化发展,城际铁路和城市轨道交通已经形成高效的交通运输网,并成为城市生活的脉络,有效地提高了社会资源的使用。因此,实现城际交通网与城市轨道交通网融合已逐渐成为轨道交通发展的一个重要方向。

2 互连互通现状

随着目前国内轨道交通的高速发展,轨道交通逐渐成为一个现代化综合交通运输体系,并且实现区域内轨道交通"零距离换乘、无缝化衔接"成为重要发展目标。为实现该目标,城际铁路与城市轨道交通之间的互连互通变得越来越迫切,实现城际铁路与城市轨道交通的互连互通运营有助于轨道交通的网络化发展,进一步提高轨道交通对城市发展的促进作用。

目前,城市轨道交通的互连互通发展已经在多个城市进行,并且形成了有效的标准和规范;城际铁路采用的技术标准和规范是广泛应用在国内高速铁路上的标准规范,支持互连互通。此外,城市轨道交通和城际铁路在各自适用的范围内已经实现了互连互通。

在互连互通实现过程中,用于保证列车行车安全的列车控制系统成为一个关键环节;但是由于标准、制式等诸多因素的存在,目前适用于城际铁路的列车控制系统与适用于城市轨道交通的列车控制系统之间并没有实现互连互通。因此,具备跨制式兼容的列车控制系统成为实现城际铁路和城市轨道交通之间互连互通运行的关键系统。

3 CBTC 系统

3.1　CBTC 系统介绍

CBTC（Communications-based Train Control）系统是目前国内城市轨道交通中应用最为广泛的列车控制系统。CBTC 系统是基于无线通信的列车控制系统,系统支持基于无线通信的列车移动闭塞控制,也支持基于点式报文的列车准移动闭塞控制。

随着城市轨道交通互连互通标准的制定和发布,以及工程应用项目的实施和顺利载客运营；具备互连互通能力的标准化 CBTC 系统将在城市轨道交通运营中得到更为广泛的应用。

3.2　CBTC 系统结构

CBTC 系统按照功能划分为以下几个部分：设置在控制中心和沿线车站的列车自动监督系统—ATS，安装在列车上的车载控制器—VOBC（包括 ATP/ATO 等），设置在沿线车站的计算机联锁系统—CI 和区域控制器—ZC，以及数据传输系统 DCS；此外，还包含布置在线路上的应答器、计轴等基础信号设备。具体系统连接图如图 1 所示。

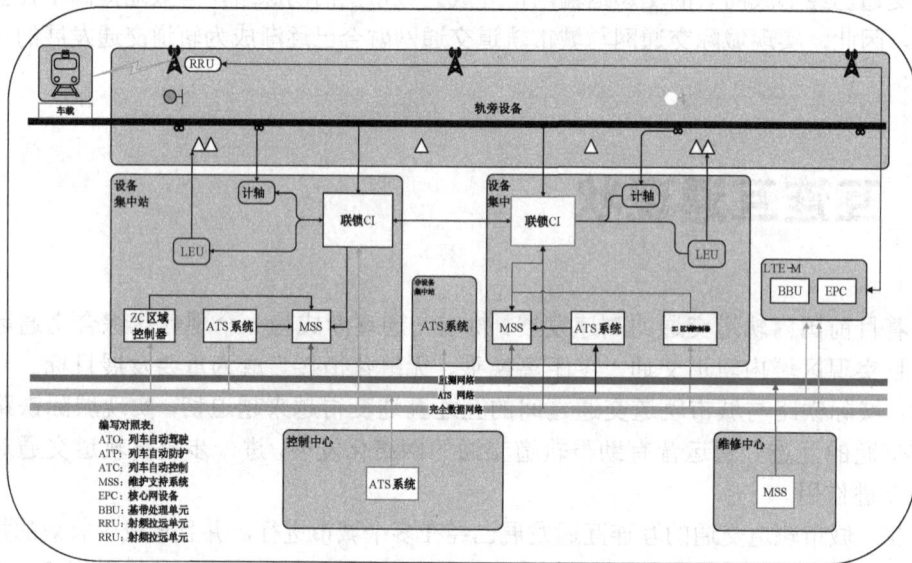

图 1　CBTC 系统连接示意图

3.3　CBTC 系统工作原理

在 CBTC 系统中，列车运行控制依据地面提供的连续移动授权或点式移动授权行车。在连续通信级别（CTC）下，列车依据地面的设置应答器获取位置实现定位，并通过车地通信向地面区域控制器（ZC）实时发送列车的位置报告；ZC 依据列车的位置报告计算移动授权。在点式控制级别（ITC）下，列车通过线路上设置的应答器完成定位；应答器传输系统依据进路状态选取对应的点式授权报文，并通过有源应答器发送到列车。

此外，ATS 系统通过车地通信，以及地面网络系统获取线路状态信息，以及列车运行状态信息，对列车运行进行实时追踪，并按照计划指挥列车运营。ATO 系统在 CBTC 系统中得到广泛应用，ATO 系统在 ATP 系统的防护下完成列车的自动驾驶、自动停车执行站内开关门操作、自动折返等操作，并依据 ATS 系统发送的运营命令按照计划实时、准点、高效地自动运行。

4 CTCS 系统

4.1 CTCS 系统介绍

CTCS（Chinese Train Control System）系统是目前国内普速铁路、高速铁路、城际铁路领域中应用最为广泛的列车控制系统。CTCS 系统按照等级可以分为 CTCS0、CTCS1、CTCS2、CTCS3 及 CTCS4。其中，CTCS0、CTCS1 级为基于轨道电路的固定闭塞模式，适用于普速铁路的列车运行控制；CTCS2、CTCS3 级为基于轨道电路和无线通信的准移动闭塞模式，适用于高速铁路和城际铁路的列车运行控制；而 CTCS4 级是基于无线通信的移动闭塞，是适用于高速铁路的下一代列车控制系统。本文主要介绍和分析适用于城际铁路的 CTCS2/3 级列车运行控制系统（下文简称 CTCS 系统）。

4.2 CTCS 系统结构

CTCS 系统按照功能划分为以下几个部分：设置在调度中心和沿线车站的调度集中系统——CTC，安装在列车上的车载 ATP/ATO 设备/无线接入设备，设置在沿线车站的计算机连锁系统——CBI 和无线闭塞中心——RBC（C3 线路设置）、列车控制中心 TCC、临时限速服务器 TSRS、通信控制服务器 CCS（部分 C2 线路设置），以及数据传输网 OTE（安全网和非安全网）。此外，还包含布置在线路上的应答器、轨道电路等基础信号设备。CTCS 系统连接示意图如图 2 所示。

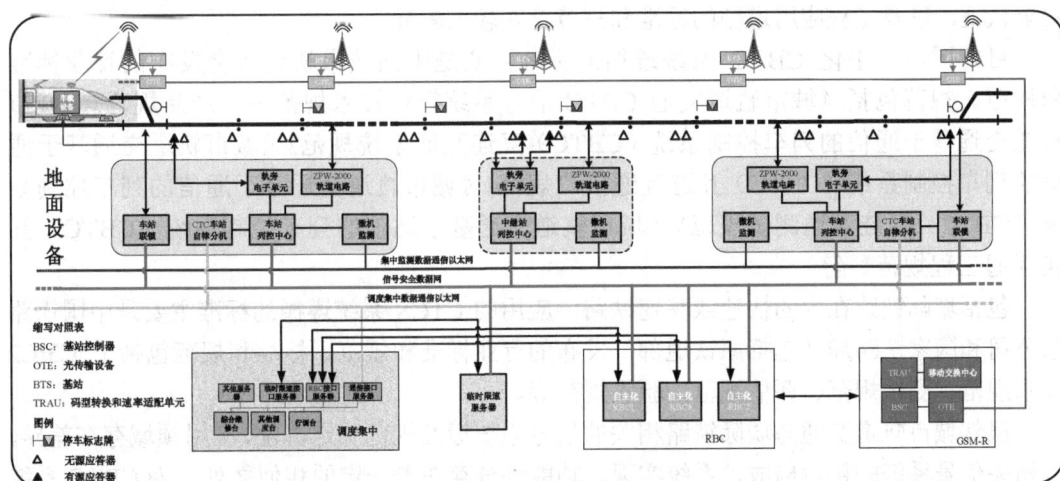

图 2　CTCS 系统连接示意图

4.3 CTCS 系统工作原理

在 CTCS 系统中，列车运行控制依据地面提供的移动授权或点式报文，以及轨道电路状态行车。在 CTCS3 级别下，列车通过设置在线路上的应答器完成列车定位，并通过车地通信接口向地面无线闭塞中心（RBC）实时发送列车的位置报告；RBC 依据列车位置报告和轨道区段状态计算移动授权。在 CTCS2 级别下，列车通过线路上设置的应答器完成定位，并通过轨道电路，以及应答器（组）获取线路数据；列车控制中心和应答器传输系统依据进路状态选取对应的授权报文，并通过有源应答器发送到列车。

此外，列车调度集中系统（CTC）通过车地通信、轨道电路等获取列车运行状态信息，以及线路状态信息，对列车运行进行实时追踪，并按照运行图计划指挥列车运营。ATO 系统在 CTCS 系统中也得到了应用，CTCS2+ATO、CTCS3+ATO 系统在 ATP 系统的监督下自动控制列车运行，并依据 CTC 发送的运行计划自动控制列车按图运行。

5 CBTC 和 CTCS 系统差异

基于国内区域轨道交通中的实际应用情况，以下的差异分析主要是针对适用于市郊和城际的 CTCS2/3 级列车控制系统和 CBTC 系统的差异。由于适用的标准体系不同，两个系统间的差异主要体现系统数据、系统架构和功能、系统接口，以及通信协议等几个方面。CTCS/CBTC 系统差异示意图如图 3 所示。此外，针对列车在 CTCS 和 CBTC 区域互连互通运行需要解决的关键差异进行了重点分析。

5.1　适用标准差异性

由于系统的应用的领域及管理单位的不同，CBTC 和 CTCS 系统的设计、开发、测试、安全认证，以及工程应用遵循的标准和规范存在较大差异。

目前国内自主化 CBTC 系统遵循的标准主要是中国城市轨道协会发布的行业标准和规范。规范包括《城市轨道交通 CBTC 信号系统行业技术规范——产品规范》《城市轨道交通基于通信的列车控制系统（CBTC）互连互通系统规范》《城市轨道交通基于通信的列车控制系统（CBTC）互连互通接口规范》《城市轨道交通基于通信的列车控制系统（CBTC）互连互通测试规范》《城市轨道交通基于通信的列车控制系统（CBTC）互连互通工程规范》等。

包括城际铁路在内的快速或高速铁路，应用的 CTCS 系统遵循的标准主要是中国铁路总公司和国家铁路局（包括原铁道部）发布的行业标准和规范。标准和规范包括了 C3/C2 技术规范、测试规范、评估规范、验收规范等。

虽然城市轨道交通与城际铁路相关的信号系统标准规范制定单位、应用领域存在差异，但相关信号系统的接口构成、系统实现、功能划分存在着一定的相似之处，为 CBTC 系统与 CTCS 系统实现互连互通提供一定的前提条件。

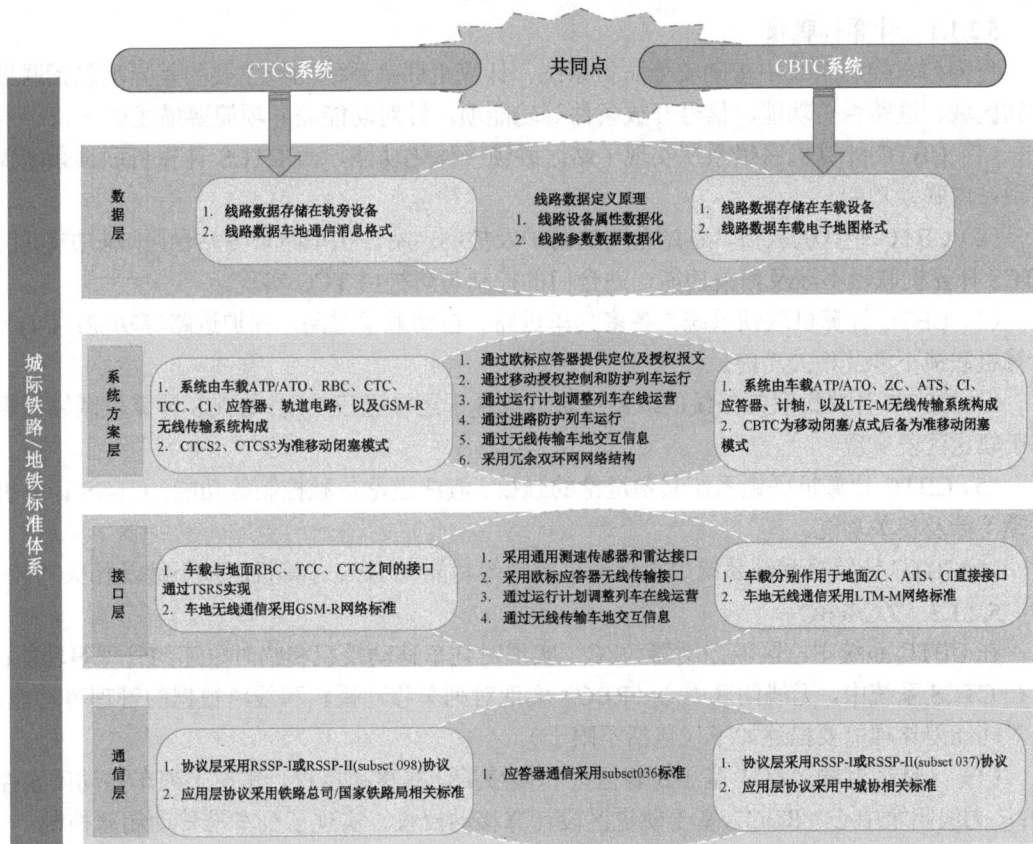

图 3　CTCS/CBTC 系统差异示意图

5.2　系统功能差异性

5.2.1　系统功能

　　由于 CBTC 和 CTCS 系统采用标准的差异性，导致系统从功能设计到功能实现存在较大差别。以下将针对系统的构成做一个功能层面的差异分析。CTCS/CBTC 系统功能差异示意图，如图 4 所示。

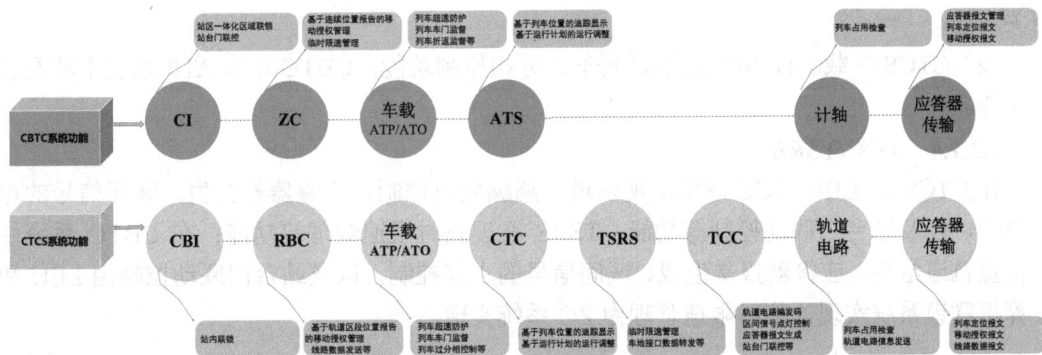

图 4　CTCS/CBTC 系统功能差异示意图

5.2.1.1　计算机联锁

作为列车控制系统中基础安全防护系统，计算机联锁系统功能主要的差异项包括联锁管辖区域、进路相关功能、信号开放条件等功能项。针对功能差异项简要描述如下。

（1）CBTC 计算机联锁系统实现了站区联锁一体化功能，而 CTCS 计算机联锁系统仅实现站内联锁功能。

（2）CBTC 计算机联锁具备站台门的防护及控制、站台扣车防护等站台区域防护功能；CTCS 计算机联锁不涉及相关功能，站台门的控制与防护由 TCC 实现。

（3）CBTC 计算机联锁系统具备多列车进路、自动触发进路、保护进路等功能；CTCS 计算机联锁不涉及相关功能。

（4）CBTC 计算机联锁系统的联锁逻辑运算基于逻辑区段实现；CTCS 计算机联锁逻辑基于轨道区段实现。

（5）CBTC 计算机联锁系统具备道岔的强扳、渡线道岔单独控制等功能；CTCS 计算机联锁不涉及相关功能。

（6）CBTC 计算机联锁系统虚拟信号机控制等功能；CTCS 计算机联锁不涉及相关功能。

5.2.1.2　ZC/RBC

在 CBTC 系统中，区域控制器（ZC）实现对列车移动授权和临时限速的管理等功能；而在 CTCS 系统中，无线闭塞中心（RBC）实现对列车移动授权和线路数据的管理等功能。针对功能差异项简要描述如下（包括不限于）。

（1）区域控制器（ZC）基于逻辑区段和偏移量计算移动授权，实现了列车移动闭塞控制；无线闭塞中心（RBC）基于轨道区段计算移动授权，实现了列车准移动闭塞控制。

（2）区域控制器（ZC）实现临时限速的管理；CTCS 系统中该功能由 TSRS 实现。

（3）无线闭塞中心（RBC）具备线路数据的发送功能，依据列车的位置报告将线路数据信息发送到列车；区域控制器（ZC）不涉及相关功能，线路数据由车载存储使用。

5.2.1.3　车载 ATP/ATO

在 CBTC 系统中，车载 ATP 依据列车位置和速度等信息实现超速防护、车门监督、折返监督等功能，ATO 实现在 ATP 监督下的自动驾驶功能；而在 CTCS 系统中，车载 ATP 依据列车位置和速度等信息实现超速防护、车门监督、过分相控制等功能，ATO 实现在 ATP 监督下的自动驾驶功能。针对功能差异项简要描述如下（包括不限于）。

（1）CBTC 车载 ATP 可以实现对列车折返状态监督功能；CTCS 车载 ATP 系统不涉及相关功能。

（2）CTCS 车载 ATP 可以实现对列车过分相控制功能；CBTC 车载 ATP 系统不涉及相关功能。

5.2.1.4　TCC/TSRS

在 CTCS 系统中，TCC 系统实现轨道电路编发码控制、应答器报文生、区间信号的点灯控制，以及站台门联动控制等功能，TSRS 实现临时限速管理等功能；在 CBTC 系统中不设置轨道电路、应答器报文生成、区间信号的点灯控制，以及站台门联动控制由 LEU 和计算机联锁系统实现，临时限速管理由 ZC 系统实现。

5.2.1.5　ATS/CTC

CBTC 列车自动监督系统（ATS）和 CTCS 列车调度集中系统（CTC）都是实现对列车在线追踪显示、运行调整等功能；但由于应用差异，导致系统功能在使用方式和功能细节存在差异。针对功能差异项简要描述如下（包括不限于）。

（1）ATS 系统需根据不同季节的工作日、节假日、早/晚高峰、平峰等客流因素绘制不同类型的列车运行图；而在 CTC 系统以旅客和市场需求为主，优化运输组织，节约运输资源为原则编制列车运行图，运行图的编制原则不同。

（2）ATS 是可以基于时刻表和运行间隔进行实时的站间运行时间/等级和停站时间调整；CTC 系统无须调整实时调整站间、站内运行时间。

（3）ATS 系统对列车控制手段为跳停、扣车、运行等级、临时限速；CTC 系统对列车控制手段为紧急停车、临时限速。

（4）ATS 系统可以显示列车精确位置占用（基于逻辑区段和偏移量）；而 CTC 系统只能显示轨道区段占用信息。

5.2.1.6　车载界面 HMI

CBTC 和 CTCS 车载 HMI 都是实现对列车运行状态显示和操作提示等功能；但由于应用差异，导致系统功能在使用方式和功能细节存在差异。针对功能差异项简要描述如下（包括不限于）：

（1）CBTC HMI 显示目标距离及目标速度的信息显示；CTCS HMI 显示距离信息、预告信息、速度变化坡度信息、机车信号、最限制速度曲线等。

（2）CBTC HMI 显示终点站、下一站、车次、跳停、扣车、自动折返等；CTCS HMI 显示计划状态、千米标、文本信息、缩放键、备用系统状态等监控信息。

CTCS/CBTC 系统车载 HMI 界面差异示意图如图 5 所示。

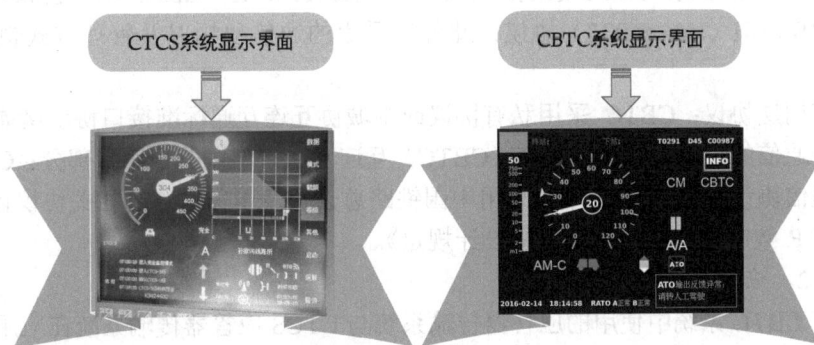

图 5　CTCS/CBTC 系统车载 HMI 界面差异示意图

5.2.2　系统控制模式及转换

在 CBTC 系统中，系统的控制模式包括连续等级控制控制模式、点式等级控制模式、限制控制模式。而在 CTCS 系统中，系统的控制模式包括 C3 目视、C3 部分、C3 完全、C2 目视、C2 部分、C2 完全、调车等模式。此外，为适应不用的运营方式和需求，系统设计的模式转换的方式也存在较多差异。CTCS/CBTC 系统模式差异示意图如图 6 所示。

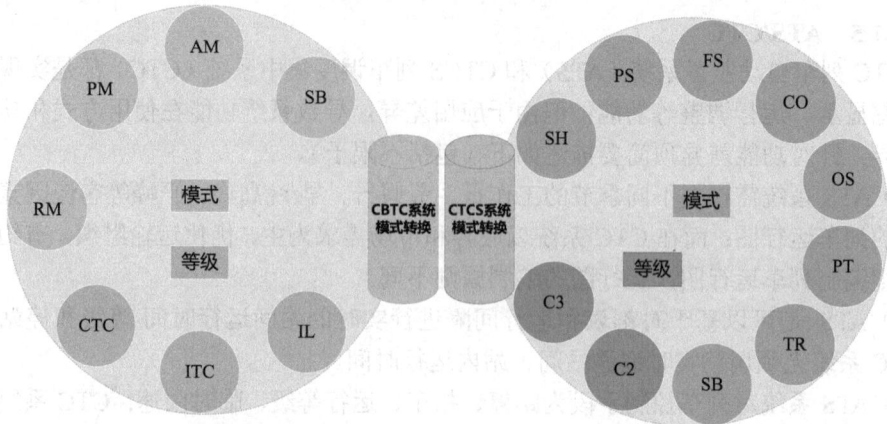

图 6　CTCS/CBTC 系统模式差异示意图

5.2.3　系统接口差异性

5.2.3.1　车地接口

5.2.3.1.1　无线传输系统

目前在 CBTC 系统中使用的车地无线传输系统接口与 CTCS 车地无线传输系统接口存在以下几个方面的差异。

（1）接口设备：车地之间通信接口不同，CBTC 系统中车载分别针对地面 ZC、CI、ATS 系统等；而 CTCS2/3 系统中列车针对地面 CCS/TSRS（RBC、CTC、TCC）系统。

（2）传输方式：CBTC 系统采用 WLAN 或 LTE-M 方式；CTCS2/3 系统采用 GSM-R 方式。

（3）安全传输协议：CBTC 系统采用 RSSP-I 或 RSSP-II（subset 098）协议，CTCS2/3 系统采用 RSSP-II（subset 037）协议；此外，采用的通信秘钥以及管理方式也存在较大差异。

（4）应用层协议：CBTC 采用私有协议或中城协互连互通标准接口协议诸如《城市轨道交通基于通信的列车运行控制系统（CBTC）互连互通接口规范—第 2 部分：CBTC 系统车地连续通信协议》；而 CTCS 系统采用中国铁路总公司及国家铁路局相关协议标准，诸如《铁路 GSM-R 数字移动通信系统工程设计规定》。

5.2.3.1.2　应答器传输系统

目前在 CBTC 系统中使用的应答器传输系统与 CTCS 应答器传输系统在应用层存在差异。CBTC 使用的应答器报文依据用户自定义报文或中城协互连互通标准，诸如《城市轨道交通基于通信的列车运行控制系统（CBTC）互连互通接口规范—第 1 部分：应答器报文》；CTCS 系统采用中国铁路总公司及国家铁路局相关协议标准，诸如《CTCS-2/3 级列控系统应答器应用原则》。

5.2.3.2　线路接口

在 CBTC 或 CTCS 系统中，各自均可以通过线路之间对应的系统之间的接口，实现装载不同车载列控系统的列车跨线路运行。两个系统在系统结构上存在较大差异，具体体现在以下几个方面。

（1）接口设备：在 CBTC 系统，系统跨线接口主要包括计算机联锁系统间接口、区域控制器间接口，以及列车自动监督系统间接口等；而在 CTCS 系统中，系统跨线接口主要包括列控中心系统间接口、无线闭塞中心系统间接口、临时限速服务器间接口、通信控制服务器间接口，以及调度集中系统间接口等。

（2）网络结构：CBTC 和 CTCS 系统中的有线网络都属于封闭环境传输系统。由于系统结构设计不同，组网结构存在较大差异，包括环网间互连方式、路由层级的配置等。

（3）通信协议：在 CBTC 系统中，线路轨旁设备间网络采用的是 RSSP-I 安全协议；CTCS 系统采用 RSSP-I 协议或 RSSP-II 协议（涉及与 RBC 通信采用）。此外，在应用层的通信协议方面，CBTC 系统采用是私有协议或中城协议互连互通标准接口协议，而 CTCS 系统采用的是中国铁路总公司及国家铁路局相关协议标准，诸如《RSSP II 铁路信号安全通信协议》。

5.3　工程设计差异性

由于适用不同的标准体系，CTCS 系统与 CBTC 系统在系统工程设计存在着较大差异性，如列车的行车原则、应答器布置原则、信号机设置原则，以及基于以上原则生成的线路数据等。

5.3.1　设计原则

由于系统应用的差异，CTCS 和 CBTC 系统工程设计原则也存在较多差异，主要体现在以下几个方面（包含但不限于）：

（1）列车行车原则

在 CTCS 系统中，列车采用的是左侧行车原则；而在城市轨道交通中，列车的行车采用右侧行车原则。

（2）应答器布置原则

在 CTCS 系统中，依据系统功能和性能要求设置应答器（或应答器组），并遵循总公司相关设计标准；在 CBTC 系统中，依据系统功能和性能要求设置应答器，并遵循中城协相关设计标准。

（3）信号机设置原则

在 CTCS 系统中，依据系统功能要求设置站内实体信号机，区间不设置实体信号机；在 CBTC 系统中，站内和区间都设置实体信号机。此外，信号机的灯位和显示含义也存在较多差异。

5.3.2　线路数据

不管在 CTCS 系统还是在 CBTC 系统中，线路数据是系统的关键部分之一。线路数据用于描述列车所运行线路的参数信息，主要包括线路上的设备布置情况、线路的数据参数等重要信息。列车控制系统通过对线路数据的运算控制列车安全运行。CTCS 系统（C2 和 C3）和 CBTC 系统中对于线路数据定义和使用存在以下差别。

（1）线路数据存储方式

在 CTCS 系统中，线路数据存储在轨旁系统级设备上，车载设备不存储线路数据；在 CBTC 系统中线路数据车载和轨旁系统都存储，但主要存储在车载设备上。

（2）线路数据描述方式

在 CTCS 系统中线路数据主要通过应答器报文和轨道电路编码信息进行描述，如定位信息报文、线路速度报文信息报文、线路坡度报文信息报文、停车位置信息报文、区段占用/空闲编码等。列车通过读取应答器报文及轨道电路编码信息获取列车所运行线路的相关数据信息。

在 CBTC 系统中，线路数据主要通过车载电子地图和应答器报文进行描述。车载电子地图将线路上的设备信息、线路信息等以数据结构的形式进行定义和描述，而应答器报文主要用于列车位置等信息进行定义和描述。列车通过读取应答器报文进行位置确认，并通过位置信息在电子地图中索引获取列车所运行线路的相关数据。

6　兼容性方案

对于列车控制系统而言，实现跨制式线路之间互连互通运行，需要解决上述系统差异性问题。针对两种制式系统的差异性分析，本文提出了基础兼容和深度兼容两种方案。CTCS/CBTC 互连互通形式图如图 7 所示。

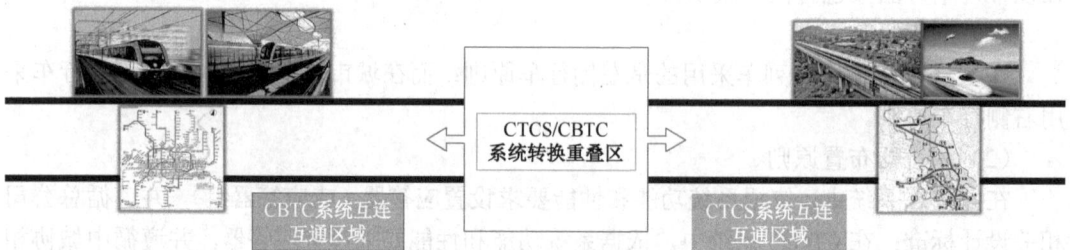

图 7　CTCS/CBTC 互连互通示意图

6.1　基础兼容方案

基础兼容方案采用"核心逻辑独立，基础设备兼容"原则。在该原则下，既有地面系统保持不变，车载系统通过安装兼容型列控系统实现 CBTC 系统与 CTCS 系统跨区域无缝切换的方式。

核心逻辑独立是指在 CTCS 区域和 CBTC 区域采用各自独立功能逻辑，车载系统在 CTCS 区域运行 CTCS 系统逻辑，并与地面、轨旁系统的连接和处理方式不变；在 CTCS 与 CBTC 系统跨区域部分，需解决跨区域间的相互切换，进入 CBTC 区域后，可选择与 CBTC 区域运行的相关系统的处理方式，在保持地面设备逻辑功能不变更的情况下，最终实现 CTCS 与 CBTC 系统的互连互通。

基础设备兼容是指采用兼容的外围基础设备，如测速测距设备：运行在 CBTC 区域与

CTCS 区域均使用统一的测速测距设备，为车载系统提供精确的测速测距信息。系统定位设备：在 CBTC 区域与 CTCS 区域均使用统一的应答器设备和兼容的应答器传输系统软件，为车载系统提供定位和部分线路数据信息。无线接入设备，运行在 CBTC 区域与 CTCS 区域均采用统一的无线网络，提供无线传输网。该方案示意图如图 8 所示。

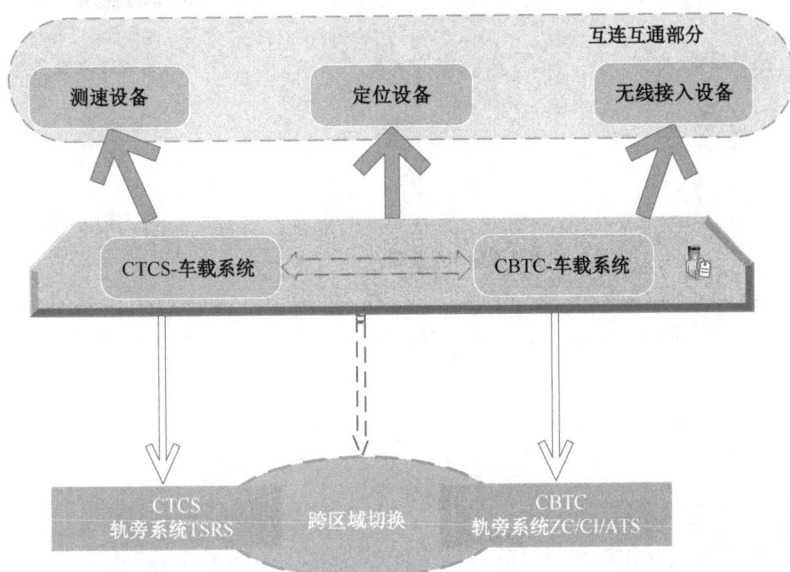

图 8　设备兼容方案示意图

该方案存在以下优点。

（1）系统变更量小，变更仅涉及与基础设备之间的接口部分，变更风险低；

（2）核心逻辑独立，不同制式系统保持原有的逻辑，耦合性风险低。

该方案存在以卜缺点。

（1）系统设备数量多，同时安装两套核心设备需要更大的安装空间；

（2）系统造价成本较高。

6.2　深度兼容方案

深度兼容方案采用深度集成方式，通过对车载列控系统的深度兼容设计，实现车载一套设备兼容地面 CTCS 和 CBTC 系统。其中，车载系统可使用统一的硬件平台实现 CTCS 和 CBTC 系统的相关车载软件功能，在跨区域部分进行与地面不同设备连接并完成交互，从而达到无缝切换。

外围基础设备兼容方式与 6.1 节一致。

该方案示意图如图 9 所示。

该方案存在以下优点：

（1）系统设备数量少，设备维护量少、安装空间要求低；

（2）系统软件数量少，软件管理相对简单；

（3）系统造价成本较低。

该方案存在以下缺点：

（1）系统逻辑复杂，同时兼容两套逻辑带来高复杂度的逻辑，风险高；

（2）系统变更评估复杂，一个逻辑变更需要对整个逻辑进行评估，验证复杂度高。

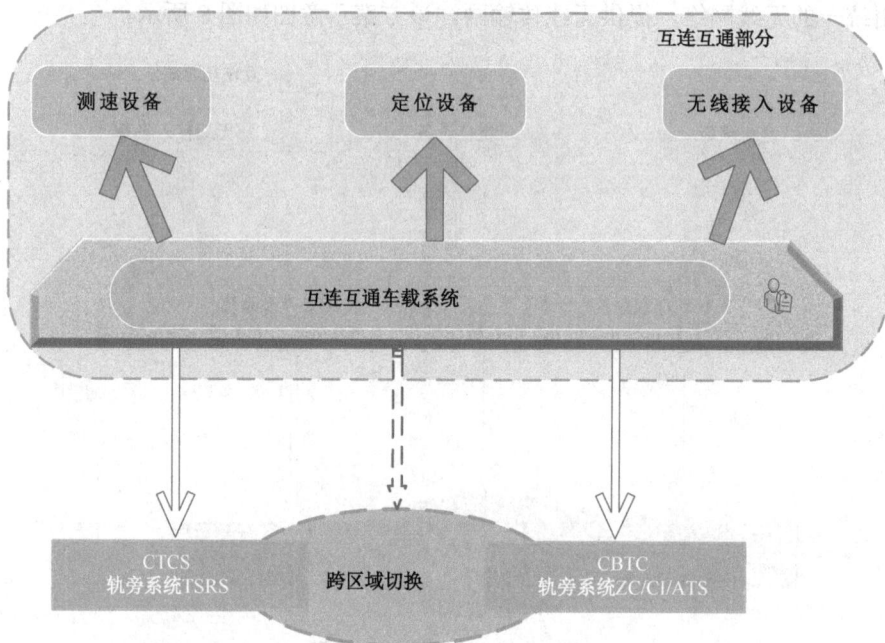

图 9　设备兼容方案示意图

7 结语

本文总结与分析了 CBTC 系统与 CTCS 系统在系统结构、工作原理、功能防护、接口间的差异性与共同点，提出了基于"核心逻辑独立，基础设备兼容"原则的基础兼容方案和采用深度集成方式的深度兼容方案，并分析各自优缺点。基于目前 CBTC 和 CTCS 系统发展情况和存在的差异现状，很难只通过一套独立的列控系统兼容所有差异性。因此，深度兼容方案还存在较高的设计和评估风险。虽然基础兼容方案中设备数量相对较多；但随着科技的发展，系统设备小型化已经可以实现，可通过系统小型化方式解决安装空间等问题。

基于以上分析，实现兼容 CBTC 和 CTCS 系统的列控系统可以分为两个阶段，即从初期的低风险、易实现的基础兼容方式到远期的高度集成化的深度兼容方案演变的过程。

参考文献

[1]　T/CAMET 040010.1—2018. 城市轨道交通. 基于通信的列车运行控制系统（CBTC）

互连互通系统规范第 1 部分.

[2]　T/CAMET 040011.1—2018. 城市轨道交通. 基于通信的列车运行控制系统（CBTC）
　　　互连互通接口规范第 1 部分：应答器报文.

[3]　T/CAMET 040011.2—2018. 城市轨道交通. 基于通信的列车运行控制系统（CBTC）
　　　互连互通接口规范第 2 部分：CBTC 系统车地连续通信协议.

[4]　T/CAMET 040011.8—2018. 城市轨道交通. 基于通信的列车运行控制系统（CBTC）
　　　互连互通接口规范第 8 部分：车载人机界面.

[5]　科技运[2008] 34 号. CTCS-3 级列控系统总体技术方案.

[6]　运基信号[2010] 848 号. CTCS-3 级列控车载设备人机界面（DMI）显示规范.

[7]　科技运[2010] 21 号. CTCS-3 级列控系统应答器应用原则.

基于云计算技术的新一代公安交管信息系统架构研究

李 标[1,3]　徐 进[2]　邱红桐[3]

（1. 无锡华通智能交通技术开发有限公司，江苏 无锡 214151；
2. 扬州市江都区公安局交通警察大队，江苏 扬州 225200；
3. 公安部交通管理科学研究所，江苏 无锡 214151）

【摘要】目前，公安交通管理信息系统的传统架构和数据处理方法已经在海量的交通管理数据存储和处理方面产生以下瓶颈：交通管理采集数据越来越多、业务应用越来越复杂、数据查询响应速度越来越慢。由此，本文提出了采用云计算服务和大数据技术建设交通管理新模式架构的新一代公安交通管理信息系统的设计思路，为更好地满足全国各地公安交通管理信息化发展和应用需求，同时在公安交通管理信息化领域适应新一代信息技术的快速进步，提高公安交通管理信息化系统整体效能，有必要对系统架构进行转型升级，转变智能化系统建设和发展模式，提高技术的应用效率，促进公安交通管理信息系统的健康持续发展。

【关键词】云计算技术；大数据；新一代公安交通管理信息系统；系统架构

Research on the New Generation Public Security Traffic Management Information System Architecture Based on Cloud Computing Technology

Li Biao[1,3], Xu Jin[2], Qiu Hongtong[3]

(1. Wuxi Huatong Intelligent Transportation Technology Development Co., Ltd., Wuxi Jiangsu 214151;
2. Traffic Police Battalion, Jiangdu District Public Security Bureau of Yangzhou City, Yangzhou Jiangsu 225200;
3. Traffic Management Research Institute of Ministry of Public Security, Wuxi Jiangsu 214151)

Abstract: At present, the traditional architecture and data processing methods of the public security traffic management information system have generated the following bottlenecks in the massive traffic management data storage and processing: traffic management collects more and more data, business applications become more and more complex, and data query response speed is too slow. Therefore, this paper proposes a new generation public security traffic management information system using cloud computing services and big data technology to construct a new traffic management architecture model, in order to better meet the needs of public security traffic management information development and application throughout the country, In the field of public security traffic management informationization, adapting to the deep application of the new generation of information technology, improving the overall efficiency of the public security traffic management information system, it is necessary to transform or update the system architecture, transform the intelligent system construction and development model, and improve the application efficiency of the technology. Promote the healthy and sustainable development of the public security traffic management information system.

Keywords: cloud computing technology; big data; new generation public security traffic management information system; system architecture.

1 引言

近年来，随着云计算、大数据、人工智能、"互联网+"等新兴技术的井喷式发展，同时在政策指导推动下，公安交通管理部门信息化系统建设取得了一定进展和部分成果。但是随着新技术在公安交通管理业务的深度应用，全国各地不同基础应用系统和业务平台建设采集了更丰富甚至是海量的异构化数据，数据量呈指数级增长（例如，一座中等规模城市的市级公安交通管理部门仅仅结构化后的车辆通行数据就已经高达 8 000 万条/天，每年数据量将达到 20TB）[1]。目前，全国公安交通管理数据资源采集、处理、存储及应用重点是，以服务部门业务应用为主，便民服务社会公众为辅；由于系统没有与其他行业或领域形成数据资源的联动共享，因此产生了信息"壁垒""孤岛"、信息资源融合差、信息共享交换程度低、统一管理标准缺乏等现象，严重制约了公安交通管理信息系统的智能化发展。

数据资源和技术应用是公安交通管理信息系统的基础，交通管理数据采集手段、数据处理方法的深度革新将引领智能交通系统的变革[2]。面对数据及复杂交通管理业务应用需求的日益增长，如何全面、准确地监测、管理和分析数据资源，以及数据资源在业务中的深度应用，已经成为一个现实的公安交通管理智能化难题。

2 公安交通管理信息化系统发展历程

2.1 起步发展期

1997-2005 年，是我国公安交通管理信息系统从人工操作转向计算机系统化管理的探索起步阶段。

期间形成了以交通信号控制系统为核心的城市智能交通综合管理系统。1997 年，公安部交通管理局发布《关于印发<公安交通指挥中心建设与发展的若干意见>》（以下简称《若干意见》[1997]231 号），此《若干意见》对公安交通管理信息系统建设的技术架构、功能和应用等进行了全面的阐述。随着《若干意见》的发布也吹响了公安交通指挥中心系统建设全面起步的号角，继北京、上海、广州、深圳等一些大城市之后，一些中等城市也逐步开始建设城市智能交通管理系统；但是整个系统建设是"烟囱式"架构，表现在各个应用系统都是独立运行的，数据、应用层面孤岛现象，系统仅仅处于信息化应用阶段。

2.2 稳定发展期

2006-2015 年，是我国公安交通管理信息系统的快速发展阶段。

期间对整个公安交通管理信息化、智能化系统开展了大量的"烟囱式+集成式"混合式架构研究和应用。同时，全国各地公安交通管理部门也同步开展了城市交通管理智能化系统的可行性研究、规划及设计建设的工作，中心集成应用平台的相关子系统，诸如交通信息处理子系统、地理信息系统、预案管理子系统、勤务管理子系统、辅助决策子系统等；路面、人员与车辆数据采集子系统，诸如交通信号控制系统、交通视频监控系统、LED 交通信息发布系统、警用车辆定位系统、卡口车辆比对报警管理系统、交通事件采集系统等，相继完成并投入使用。但系统技术架构在数据层面表现为"烟囱式"，应用层面表现为"紧耦合的集成式"，仅仅停留在不同基础应用系统之间的数据在物理层面共同存储、相互调用。

2.3 创新升级期

自 2015 年以来，我国智能交通管理系统进入提档升级阶段，一是从数量上看，因为大部分子系统都已经在前面两个阶段建成了，新建的数量较少；二是从质量上看，更多的是改建、扩建，主要特征是提档升级。

在这个阶段，公安部交通管理局组织开发的交通管理综合应用平台、公安交通集成指挥平台、互联网交通安全综合应用平台四大平台已经在全国开展推广应用。物联网、云计算、大数据、互联网+、人工智能等新一代信息技术迅猛发展，并得到广泛应用；华为、阿里、腾讯、百度等世界级企业也在布局公安交通管理信息化发展，促进整个交通管理科技应用产业蓬勃发展，这也为新时代公安交通管理信息系统创新升级注入了新动能。此阶段，公安交通管理信息系统进入了以数据集中和共享融合为途径，"技术融合、业务融合、数据融合"三个层次的全方位融合为特征的阶段，形成了"开放—融合—共享式"的新一代公安交通管理信息系统智能化体系架构。

3 系统建设中存在的问题及面临的挑战

至今，公安交通管理信息化系统发展已经经历多个阶段，科技信息化基础设施建设取得了较大发展。同时，科技强警也取得了一定成效，各部门之间已基本形成了较为完备的信息系统，为数据接入、融合共享奠定了数据来源保障。但公安交通管理信息化发展过程中，海量数据的采集、处理与存储，数据之间的共享交换，让潜在的矛盾与问题日益凸显[1]。

（1）数据资源种类多，接入混乱，缺乏统一标准的数据管理规范；

（2）数据资源分散在不同业务部门的公安信息网、公安视频传输专网、互联网等多种网络域内独立运行，无序且单向，海量历史数据得不到有效利用，形成了新的"信息孤岛"；

（3）数据共享，交换不充分，信息资源不对称，缺乏信息联动；

（4）数据服务手段落后，业务流程衔接不通畅，没有完全支持交通管理业务实战应用需求；

（5）业务应用软件与基础平台紧密耦合，系统集成和升级难度较大。

本文针对交通管理不同异构数据资源的整合开发利用的现状和各部门之间信息资源共享联动存在的问题，立足交通管理信息资源智能化、智慧化的发展方向，制定交通管理信息资源有效的开发、共享长效机制，促进信息资源公开共享、整合利用和业务数据联动协同，逐步改变信息资源的分散化、碎片化、不规范化的管理模式，建立统一化、规范化、精细化的公安交通管理信息系统架构，实现对交通管理信息资源统一有效的组织和管理，促进智能交通管理行业信息化健康、有序发展。

4 基于云计算技术的新一代公安交管信息系统设计

4.1 新一代公安交管信息系统体系架构

根据"十三五"公安信息化"三横三纵"的总体技术架构发展情况，本文结合公安交通管理业务特点和突出问题，秉承"开放兼容、分层解耦、融合共享"的设计理念，基于TaaS、IaaS、PaaS、DaaS 及 SaaS 等不同云计算技术服务，构建公安交管信息系统的"六横四纵"新一代体系架构；其中，"六横"自下而上分别是设备感控层、云数据传输层、云基础设施层、云平台服务层、云数据服务层和云业务应用层，"两纵"分别是安全保障体系和运维保障体系。基于云计算技术的新一代公安交通管理信息化系统架构（以下简称

"TIPDS"技术架构）如图1所示。

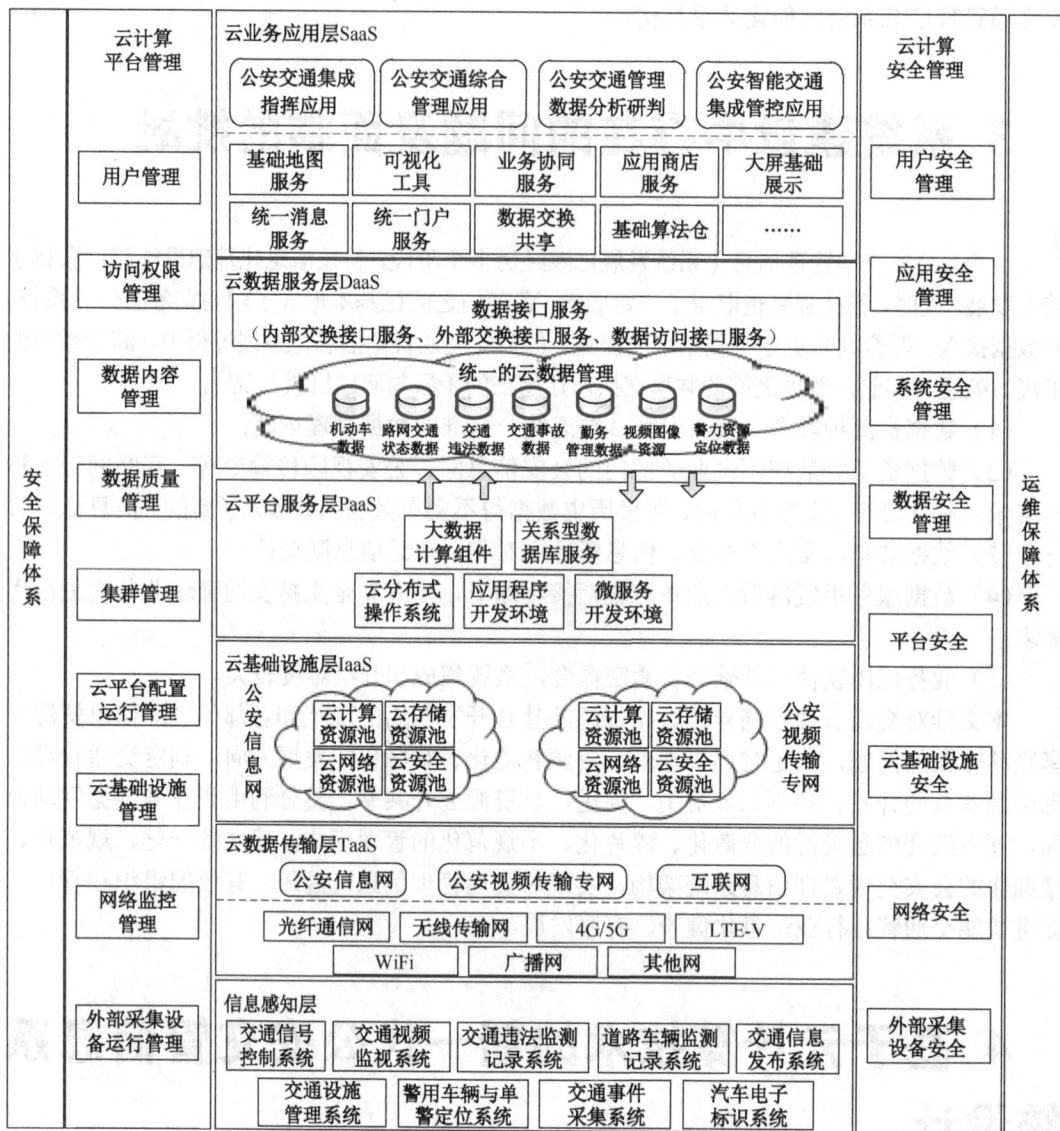

图1　基于云计算服务的新一代公安交通管理信息系统架构

（1）设备感控层

设备感控层是构建整个公安交通管理信息系统完备、全量交通信息环境的基础感知和控制系统，包括对人、车、路、环境及事件等信息的更全方位、更深的感知刻画，并通过各种接入网络将感知信息向上层汇聚；感知与认知新技术主要包括人工智能视频图像分析、汽车电子标识（RFID）、边缘计算、北斗卫星定位、车联网、无人机、手机信令分析等。

（2）云数据传输层 TaaS

构建集光纤传输骨干网、移动通信网、无线局域网、无线传感网、广播网等多种方式为一体的基础网络传输架构，根据公安交通管理数据和业务应用情况划分为公安信息网、公安视频传输专网、互联网等，为系统之间的互连互通和内外部业务信息（数据、视频图像、语音等）的传输提供强有力保障。

（3）云基础设施层 IaaS

云基础设施层是搭建系统的数据计算、存储、网络、安全等完善的基础设施环境，通过网络设备和云计算服务将分布在各级数据中心的硬件资源连接成统一的资源池（云计算资源池、云存储资源池、云网络资源池及云安全资源池），利用云计算虚拟化服务按需、自主动态分配基础设施资源，并实现不同类别资源统一调度、管理。

（4）云平台服务层 PaaS

根据系统对基础软硬件环境和数据处理能力的需求，整合数据库、中间件、GIS 平台和插件框架等基础软件，屏蔽了底层复杂的操作，提供了可满足特定需求的云计算平台，基于分布式缓存、并行计算、异步渲染、环境集成计算等技术向上层提供服务支撑。

（5）云数据服务层 DaaS

为新一代公安交通管理信息系统运行所需的数据进行统一的存储、管理和共享服务，并对外提供数据统一访问引擎（API）、数据生命周期管理、传输交换、授权认证、共享管理等；根据不同的交通管理数据业务，对上层业务集成应用提供云数据资源服务。

（6）云业务应用层 SaaS

采用 SOA 与微服务相结合的技术架构，将交通管理业务逻辑封装成单元性共享服务组件，并根据交通管理业务流程进行逻辑组合和复用。以微应用形式面向指挥中心、秩序、事故、违法、车管等各个业务部门，提供交管信息处理、基础算法仓、应用商店服务、业务协同服务、统一消息服务、统一门户服务、可视化工具等基础应用服务，支撑上层公安交通管理综合应用平台、公安交通集成指挥平台、公安交通管理数据分析研判平台、互联网综合服务管理平台等业务应用。

（7）云计算安全管理

负责新一代公安交通管理信息系统的安全管理，面向不同层级提供不同的云安全管理服务。

（8）云计算平台管理

对云计算平台架构所需的 TaaS、IaaS、PaaS、DaaS 和 SaaS 等各层应用进行统一管理，提供用户管理、访问权限管理、部署调度管理、网络监控管理等功能应用。

4.2 新一代公安交管信息系统云平台部署架构

系统按照"双网双平台"架构开展规划、设计与建设，即分别在各级公安信息网和公安视频传输专网部署云计算、大数据基础设施。其中，公安信息网部分定位为公安交通管理大数据应用，着重面向车驾管管理、缉查布控、重点对象管理、交通违法管理、执勤执法监督、特勤/警卫保障、智能分析与决策支持等不同业务范畴，侧重于数据作战、监管；公安视频传输专网部分定位为基础系统管理与控制、视频图像资源生产和大数据云应用，着重面向交通组织与管控、非现场违法管理、设施设备管理、智能分析与决策支持、交通管理信息服务等不同业务范畴，侧重于数据决策、服务。基于云计算技术的新一代公安交通管理信息化系统部署如图 2 所示。

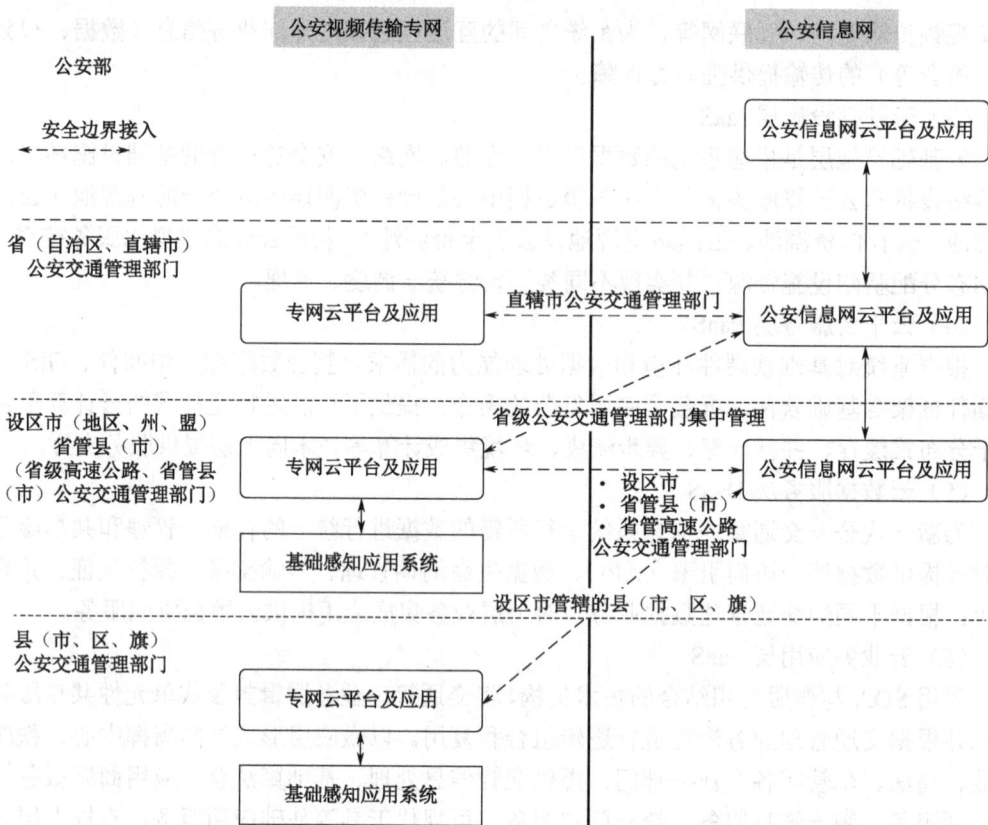

图 2　基于云计算平台的新一代公安交通管理信息系统部署图

4.3　系统新优势与新特征分析

4.3.1　新优势分析

新的系统架构有如下四个优势。

一是，按需定义所需计算和存储能力，提升资源使用效率。对已经池化的各种云计算、云网络、云存储等虚拟资源进行整合和统一管理，根据不同级别、不同规模的公安交管信息系统对资源的需求，定制虚拟机资源模板，实现资源的动态申请、管理、分配和回收，提升资源整体使用效率。

二是，提供面向数据全生命周期的管理，充分发挥交通管理数据价值。面向公安交通管理各个部门与外部单位、互联网公司建立立体化的信息共享服务体系，使用全局的数据统一视图和元数据同步机制，提供数据统一访问引擎、数据生命周期管理、共享管理等数据管理工具，为后续开展交通管理数据处理、数据挖掘、大数据分析、深度学习等提供支撑。

三是，采用分布式存储处理机制，提升数据处理效率。通过构建全国"部/省级—市级—县级"云节点等四级数据分布式存储和管理节点，实现数据结构化、非结构化和半结构化数据的体系化分级管理和分布式数据处理。使用分布式计算、并行计算、分布式内存等云计算技术，实现在不额外增加硬件成本的基础上，提升数据处理效率。

四是，提供高效、自动化的云平台管理功能，降低系统维护成本。通过云计算管理平台的多维度、高效的监控管理功能，可以实现对服务器、存储设备、网络设施、安全设备等云计算基础设施运行状态的实时监控与远程自动化、智能化管理。在满足用户业务软件对资源的服务需求的同时，减少系统运维成本。

4.3.2　新特征分析

物联网、移动互联网、云计算、大数据、人工智能等新兴 IT 技术的日益成熟为新一代公安智能交通管理系统的发展提供了重要的支撑和载体[3]。相比传统系统架构和技术，新一代公安交通管理信息系统体系架构具有以下"6新"的特征。

第一个新：海量交通管理信息，多业务、多种类的全量数据，涉及大量的结构化数据、非结构数据、半结构数据。

第二个新：与公安系统整体、其他部委、社会单位及互联网公司之间的数据融合，共享层次更深、更凸出、数据开放程度更大。

第三个新：云计算、大数据、人工智能、车路协同、AR/VR、高精地图等新兴技术与交通管理需求的深入融合应用。

第四个新：针对交通管理业务应用功能，业务应用场景更具创新性、用户体验感增强，同时更具象化、微服务化。

第五个新：交通管理需求导向模式变化、以问题和应用目标为主要导向，不同业务部门的业务数据关联、数据挖掘建模更灵活、更便捷。

第六个新：面向不同业务部门主导的业务管理需求的服务用户更聚焦、更清晰、更丰富。

5　结语

当前我国公安交通管理信息系统的科技发展必然趋势可以概括为"三通、三融、三新"，即人、车、路环境互连互通、不同网络互连互通、云计算服务互连互通；技术融合、业务融合、数据融合；新技术集成应用创新、警务体制机制创新、交通管理模式创新。

新一代公安交通管理信息系统智能化体系架构按照"十三五"公安信息化"三横三纵"的总体技术架构，从系统体系架构和云平台部署架构两个层面进行重构，整个系统分为设备感控层、云数据传输层、云基础设施层、云平台服务层、云数据服务层和云业务应用层；其摒弃了传统公安交通管理信息化系统的"烟囱式""紧耦合的集成式"架构，消除了数据资源孤立、功能分散、业务独立等现象，从底层彻底打通不同系统之间的业务应用与数据壁垒，实现了数据资源的深度挖掘和应用。

同时，融合应用云计算、大数据、人工智能等新技术，实现了对交通管理、交通执法、交通信息服务等业务的多维度提升和全方位创新，具有显著的社会效益、生态效益、经济效益，值得在公安交通管理智能化建设领域大力推广。

参考文献

[1] 李标, 封春房, 朱自博等. 基于数据驱动的智能交通管理数据资源平台框架研究[C]. 第十二届中国智能交通年会大会论文集, 2017.

[2] 陆化普, 孙智源, 屈闻聪. 大数据及其在城市智能交通系统中的应用综述[J]. 交通运输系统工程与信息, 2015(5): 45-52.

[3] 张继先, 宋鸿, 王少飞等. 重庆都市区新一代智能交通管理系统架构研究[J]. 公路交通技术, 2015(4):156-161.

车辆轨迹融合电警数据的
干道路径流量估计

刘家豪　姚佳蓉　唐克双*

（同济大学 综合交通信息与控制工程系，上海 201804）

【摘要】随着我国车辆导航和移动定位技术的快速发展和应用，基于车辆轨迹数据的路网 OD 估计和路径流量估计逐渐成为研究热点问题。针对以往基于车辆轨迹数据单一数据源的条件下，路网 OD 和路径流量估计精度较低，可靠性不足，未能充分挖掘车辆轨迹数据所能提供的信息等缺陷，本研究引入了车辆自动识别（AVI）数据，针对干道两侧双向布设有电警检测器的场景，融合电警数据和轨迹数据提出了一种基于广义最小二乘法的信控干道路径流量估计方法。仿真验证结果表明该方法可以有效提高干道的路径流量估计精度，当设置仿真模型渗透率为 0.1，电警漏检率为 0% 时，一小时粒度的路径流量估计的平均绝对误差为 16.17 辆，平均绝对百分误差为 34.23%。本方法可还原实际干道的需求分布和关键流量路径，为干道协调控制方案优化提供参考。

【关键词】路径流量估计，车辆轨迹数据，电警数据，数据融合，广义最小二乘法

Path Flow Estimation Method of Signalized
Arterials Using Vehicle Trajectory Data and
E-police Detector Data

Liu Jiahao, Yao Jiarong, Tang Keshuang *

(1. Department of Transportation Information and Control Engineering, Tongji University, Shanghai, China, 201804,)

Abstract: With the rapid development and application of vehicle navigation and mobile positioning technology in China, the OD estimation and the path flow estimation based on vehicle trajectory data have gradually become hot topics. Current researches on network OD and path flow estimation solely using vehicle trajectory data fail to fully exploited the information hidden in trajectory data, presenting a relatively unsatisfactory and reliability. Therefore, electronic police (E-police) detector data are introduced in this paper to propose a data fusion method for path flow estimation for signalized arterials. Aiming at the typical scene where electronic police detectors are installed on both ends of the arterial, a generalized least squares method is used to solved the indeterminate problem of path flow estimation with more constraints provided by two data sources. Evaluation is done using a simulation case and the results show that the proposed method can reach a mean absolute error of 16.17veh and mean absolute percentage error of 34.23% for one-hour path flow estimation when the penetration rate is 0.1and the miss rate of E-police detection is 0 The proposed method can accurately estimate the demand distribution and critical path of actual progression in the arterial , providing reference for the arterial coordination control optimization.

Keywords: path flow estimation, vehicle trajectory data, E-police data, data fusion, generalized least square method.

1 引言

随着信息技术的高速发展，城市路网中的检测设备日益增加，这些设备逐渐被应用于交通系统运行监测和管控中，包括车辆自动识别设备（卡口、电警、RFID 等）、车辆导航 GPS 数据（高德、百度、腾讯等）。这些多源异构的交通数据可以提供道路断面的流量、速度数据、部分车辆的行驶路径、抽样车辆的连续采样轨迹信息，为交叉口及干道的运行监测和控制评估和优化提供充足的数据支撑。

路网的 OD 流量是交通规划和信号协调控制的数据输入，反映了交通需求的空间分布，自 1978 年 Van Zuylen 和 Willumsen 提出了由路段流量反推 OD 矩阵的方法[1]后，至今，路网 OD 矩阵和路径流量动态估计的研究在国内外已有 30 多年的历史。作为中国特有的检测设备，电警检测器具有断面车辆全样本采集、可识别个体车辆 ID 和通过时刻的优势，可通过车牌匹配直接计算得到部分车辆 OD 及其行程时间。基于电警数据，Dixon（2002）[2]研究利用多种信息，包括 OD 矩阵、路段出行比例、出行时间等，基于广义最小二乘法（GLS）与卡尔曼滤波算法（KF）两种 OD 估计器进行 OD 估计。孙剑（2011）等人[3]引入粒子滤波的思想，使用贝叶斯估计方法修正路段流量与路径流量之间的关系，并用蒙特卡洛随机过程模拟车辆的行驶路径，对车辆路径进行重构，进而得到 OD 矩阵。孙剑（2013）等人[4]于 2013 年对其进行了完善，改进了粒子滤波算法，引入电警数据的动态路径信息、动态行程时间信息及检测器可测性三个判据，得到动态 OD 矩阵。另一方面，随着轨迹数据量的日益增加，近年来国内外研究者利用车辆轨迹数据单一数据源在路网 OD 估计，以及路径流量估计方面进行了广泛研究。Stacy M. Eisenman（2004）等人[5]和董敬欣（2005）等人[6]使用浮动车 GPS 数据，改进了浮动车比例估算模型，提出了浮动车比例变动模型，估计精度有了较为明显的改善。不同于前者，Yamamoto et al（2009）[7]利用浮动车数据，基于贝叶斯方法来推导路段流量，进而采用极大熵方法来动态估计 OD 矩阵，该方法由于未能考虑路段流量的波动，估计精度较差。Yanni Yang（2010）等人[8]使用浮动车 GPS 数据，引入先验矩阵的概念，建立双层规划模型，使用遗传算法进行求解，研究表明该方法相对于传统估计方法，精度有所提高。Peng Cao（2013）等人[9]分三步提出了从浮动车数据中估算 OD 矩阵的方法：第一步用极大似然法推导、拟合不同类型道路的速度-密度函数；第二步根据浮动车车速分别用贝叶斯推断法（BM）和一个常用方法（OM）来估计路段流量；第三步，使用一种基于动态交通分配的双层广义最小二乘法估计器估计 OD 矩阵，它同时考虑了估计 OD 和目标 OD 矩阵，以及估计路段流量和观测路段流量之间的误差，从而由估计所得的路段流量和历史 OD 矩阵对 OD 矩阵进行动态估计。同年，Peng Cao 等人[10]进一步研究了在浮动车数据取样频率较低的情况下进行 OD 矩阵估计的方法。该方法考虑了将浮动车的出行时间分解到单独路段的问题，在先前的双层广义最小二乘法估计器的基础上，提出了一个可靠的 OD 估计模型。Mei et al（2015）[11]通过历史数据和实时出租车浮动车数据的融合，提出了一种基于半监督学习算法的车辆路径判别方法。

在基于轨迹数据的各项研究中，使用广义最小二乘法算法拥有良好的表现，它同时考虑了估计 OD 和先验 OD 矩阵，以及估计路段流量与观测路段流量之间的误差，并最小化其误差平方和来计算动态 OD，但其仅能反映各估计值与检测值的偏离程度，不能反映不同估计值的可靠程度，并且当渗透率较低时，模型表现一般。在基于电警数据的各项研究中，粒子滤波算法在路径重构方面具有较好的表现，但由于在干道中，每一对 OD 间仅有一条出行路径，路径选择的思想较为薄弱，因此粒子滤波算法不适合于干道路径流量。

综上所述，现有研究中，仅基于单一数据无法解决渗透率、检测器安装等问题，各模型将受到一定的限制，因此本研究将在传统广义二乘法的基础上，引入行程时间目标函数，基于车辆轨迹数据和电警数据，以路径流量的相对误差平方和最小为优化目标，建立一种改进的广义最小二乘法的路径流量估计模型。

2 基于广义最小二乘法的路径流量估计模型

在路网 OD 及路径流量估计中，传统广义最小二乘法的基本思想是，建立若干约束，通过最小化估计路段流量（V）与检测路段流量（V^*），以及估计 OD 矩阵（X）和先验矩阵（X^*）的误差平方和来计算动态 OD，见公式（1）。

$$\min Z = \left(X - X^*\right)^2 + \left(V - V^*\right)^2 \tag{1}$$

本研究建立的广义最小二乘法算法与传统的广义最小二乘法不同，本模型引入行程时间目标函数，用来反映不同 OD 流量之间的交通运行特征差异，并以相对误差平方和最小为优化目标，反映不同估计值的可靠程度，旨在获得更加有效、可靠的路径流量估计。由于本研究的研究背景为干道，OD 对流量和路径流量是一对一的关系，因此干道的路径流量估计也等同于 OD 流量的估计。因为干道的 OD 对不存在路径选择的问题，所以传统模型目标函数的路段流量误差和路径流量误差本质上就存在重复，并且通过电警数据能够得到较为准确的真实路段行程时间。因此，本模型选用了路径流量的估计误差和路段行程时间估计误差作为目标函数，模型流程图如图 1 所示。

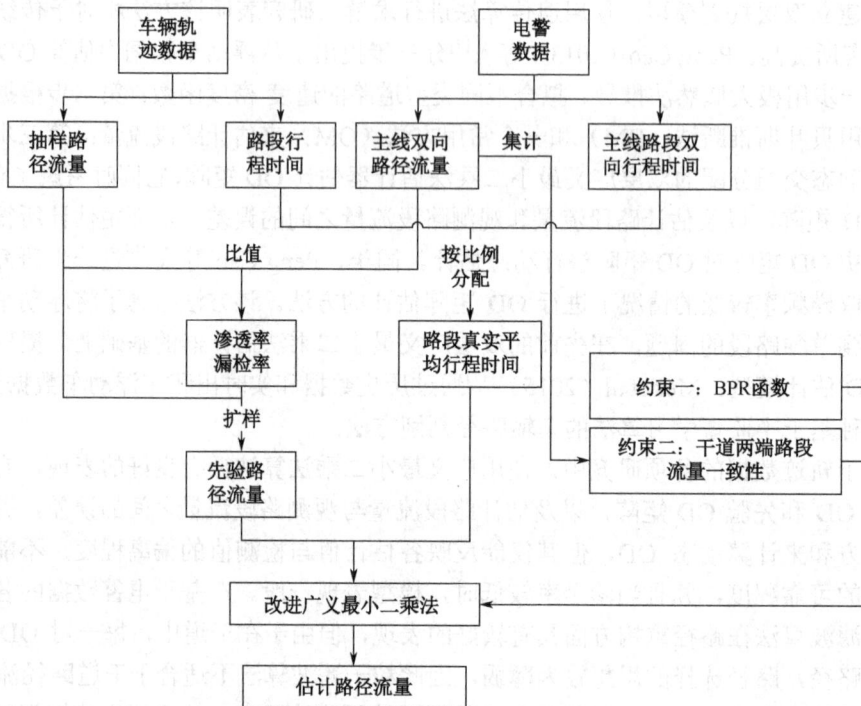

图 1　广义最小二乘法模型流程图

优化模型及其约束如下。

$$\min Z = \omega_1 \left(\frac{X - \hat{X}}{\hat{X}} \right)^2 + \omega_2 \left(\frac{T - \hat{T}}{\hat{T}} \right)^2 \tag{2}$$

$$\left| t_k - t_k^{ff} \left[1 + \alpha \left(\frac{q_k}{C_k} \right)^{\beta} \right] \right| \leqslant \varepsilon \hat{t}_k \tag{3}$$

$$q_k = \sum_i x_i^k \tag{4}$$

$$Q_j = \sum_i x_i^j \tag{5}$$

$$X \geqslant 0, T \geqslant 0 \tag{6}$$

其中，i 表示所有路径的集合，k 表示所有路段的集合，j 表示干道两端四个断面的编号，即 $i = 1, \cdots, I$，$k = 1, \cdots, K$，$j = 1, 2, 3, 4$；式（2）中，X 表示路径流量估计值，$\hat{X}$ 表示先验路径流量，T 表示路段行程时间估计值，$\hat{T}$ 表示路段实际平均行程时间（s），ω_1 与 ω_2 为权重因子。

模型的约束条件如（3）～（6）所示，式（3）表示美国通行能力手册（HCM）中的路阻函数（BPR 函数）[12]，其含义是路段行程时间与路段交通量之间的关系，t_k 表示路段

k 的行程时间估计值（s），t_k^{ff} 表示自由流速度下路段 k 的行程时间（s），q_k 表示路段 k 的路段流量估计量（veh），C_k 表示路段 k 的通行能力（veh/h），$\hat{t}_k$ 表示路段 k 的路段实际平均行程时间（s），α、β 表示 BPR 函数的参数，ε 表示估计相对误差；式（4）表示的是路段流量与路径流量之间的关系，q_k 表示路段 k 的路段流量估计量（veh），x_i^k 表示通过路段 k 的路径流量估计值（veh）；式（5）表示干道两端双向断面流量约束，Q_j 分别为通过干道两端四个断面的流量（veh），x_i^j 为通过断面 j 的路径流量（veh）。

约束一为 BPR 函数，由公式（3）所示，它能够有效表示路段行程时间与路段流量的关系，当路段流量为 0 时，车辆将以自由流车速运行，当路段饱和度逐渐增大时，路段行程时间将呈指数级增加。在本研究中，BPR 函数约束将根据路段流量的大小有效限制路段行程时间的上下限，进而对路径流量估计值的可靠程度进行约束，其中 α、β 取标准 BPR 函数，$\alpha = 0.15$，$\beta = 4.0$。

约束二为路段流量一致性约束，由公式（5）所示，其表示的是通过干道两端断面的路径流量分别与电警数据测得的干道两端断面流量相等，如图 2 所示，共有四个断面，因此本约束共含有四个等式。本约束可有效控制模型中驶入与驶出干道两端的车流量，可有效提高模型的可靠性，并且能一定程度上减少模型求解过程中的迭代次数。

本模型中优化目标式（2）及约束式（3）～（6）构成了具有凸目标函数和线性约束的非线性优化问题，因此，存在全局最优解。本研究可采用传统的基于梯度的搜索算法进行求解，并且 ω_1 与 ω_2 都取值为 0.5。

本研究背景为两端设有电警的干道，可获得的多源数据干道两端交叉口的全向电警数据、采样车辆轨迹数据等。研究背景示意图见图 2。

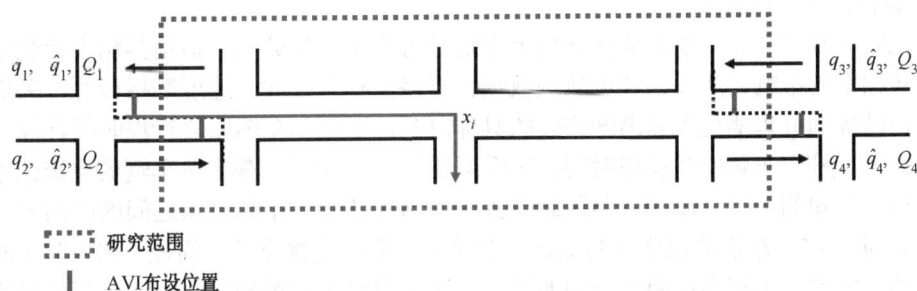

图 2　研究背景示意图

其中，Q_j 表示通过断面的电警数据统计得到流量，q_j 表示通过断面的车辆轨迹数据统计得到的流量，$\hat{q}_j$ 表示被两种检测器同时识别的车流量，$j = 1,2,3,4$；x_i 为采样车辆轨迹数据集计得到的路径 i 的路径流量（veh），$i = 1,\cdots,I$。各参数如下。

● 电警漏检率

通过对电警数据及车辆轨迹数据进行统计，可分别得到电警测得的通过干道两端双向路段断面的流量和车辆轨迹数据得到的以干道主线两端为 OD 的抽样流量。通过车辆车牌的匹配，可得到被两种检测器都识别到的车辆，从而可以得到重叠的流量大小。若电警无漏检现象，一定存在 $q_j = \hat{q}_j$，因此电警漏检率估计值可用以下公式计算：

$$m = \frac{\sum_{j=1}^{4} (q_j - \hat{q}_j)}{\sum_{j=1}^{4} q_j} \tag{7}$$

- **采样车辆渗透率**

采样车辆渗透率表示的是路网中所有运行车辆中采样车辆所占比例。通过式（5）中电警漏检率的计算，可计算得到通过干道两端的实际车流量，而通过轨迹数据的统计，可得到通过干道两端的采样车辆的车流量，流量示意图如图 2 所示，因此浮动车渗透率估计值可用以下公式计算：

$$p = \frac{\sum_{j=1}^{4} q_j}{\sum_{j=1}^{4} Q_j \div (1-M)} = \frac{\sum_{j=1}^{4} q_j}{\sum_{j=1}^{4} Q_j} \times (1-M) \tag{8}$$

- **先验路径流量**

在采样车辆覆盖均匀、稳定条件下，可以认为采样车辆的出行特性与干道全样车辆的出行特性近似一致。因此，在研究时段内，基于采样车辆轨迹数据，可直接计算得到采样车辆的先验路径流量，再结合采样车辆渗透率，可直接扩样得到干道的路径流量，即为 $\hat{X}$，示意图如图 2 所示。

根据式（7）与式（8），可计算得到电警漏检率及采样车辆渗透率，得到采样车辆渗透率后，再通过其对车辆轨迹数据进行扩样，即可得到各路径的先验路径流量，计算公式如下所示：

$$\hat{X}_i = \frac{x_i}{p} = \frac{x_i \times \sum_{j=1}^{4} Q_j}{\sum_{j=1}^{4} q_j \times (1-M)} = \frac{x_i \times \sum_{j=1}^{4} Q_j}{\sum_{j=1}^{4} \hat{q}_j} \tag{9}$$

- **路径行程时间**

车辆轨迹数据能够提供车辆在路段上的运行时空位置的分布，但是其精度会受到轨迹信息上传频率的影响，所以在利用轨迹数据计算路段行程时间、速度等指标时，关键问题就是如何精确划分车辆进入和离开路段的具体时刻，不停车车辆路段行程时间计算示意图如图 3 所示。停车车辆路段行程时间计算示意图如图 4 所示，基于单车辆的轨迹数据，有两个指标是未知的：（1）车辆从路段起点到驶入路段的第一个轨迹点之间的时间差（可称为**驶入时间**）；（2）车辆从该路段的最后一个轨迹点到路段终点的时间差（称为**驶出时间**）。在离开路段之前，车辆存在两种不同的情况，即可能停车后再驶离路段或者不停车直接驶离路段，因此，本研究将分两种情况计算两种车辆的驶入和驶出时间。

对于不停车直接驶离路段的车辆，短距离内车辆的速度变化很小，因此，驶入和驶出速度都可以视作常数，可使用车辆在该路段的第一个轨迹点和最后一个轨迹点的速度作为驶入和驶出速度。对于停车之后再驶离路段的车辆，驶入时间计算与不停车直接驶离路段的车辆相同。对于驶出时间，可认为车辆的停止与车辆的启动大致相同，即认为车辆停止的减速度与车辆启动的加速度大体相同，因此只需保证车辆加速距离与停车距离大体相同，即可大致估计出加速时间，即车辆的驶出时间。路段行程时间计算示意图如下所示。

根据图 4，不停车车辆路段行程时间由驶入时间、驶出时间和最后一个轨迹点与第一个轨迹点之间的行程时间相加得到，计算公式如下：

$$t_{np} = \frac{l_{in}}{v_{in}} + \frac{l_{out}}{v_{out}} + (t_{out} - t_{in}) \tag{10}$$

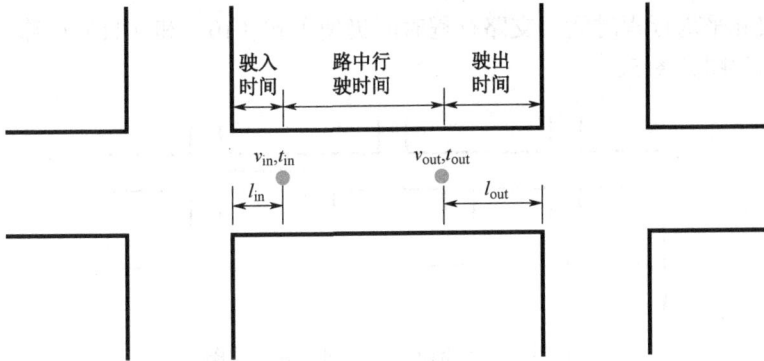

图3　不停车车辆路段行程时间计算示意图

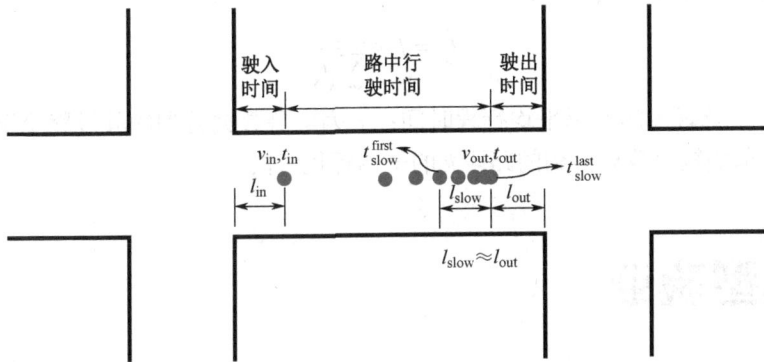

图4　停车车辆路段行程时间计算示意图

其中，l_{in} 表示车辆驶入距离，v_{in} 表示第一个轨迹点的速度，l_{out} 表示车辆驶出距离，v_{out} 表示最后一个轨迹点的速度，t_{out} 表示最后一个轨迹点的时刻，t_{in} 表示第一个轨迹点的时刻。

根据图 5，停车车辆路段行程时间同样由驶入时间、驶出时间和最后一个轨迹点与第一个轨迹点之间的行程时间组成，其驶入时间与不停车车辆相同，但是驶出时间不同，本研究中将此处的减速过程与加速过程视为标量数值和变化率相同的过程，因此车辆减速距离与加速距离大致相等，即 $l_{slow} \approx l_{out}$，计算公式如下：

$$t_p = \frac{l_{in}}{v_{in}} + \frac{l_{out}}{v_{out}} + \left(t_{out} - t_{in}\right) + \left(t_{slow}^{last} - t_{slow}^{first}\right) \tag{11}$$

其中，与式（11）相同的符号表示的含义相同，l_{out} 表示驶出距离，即加速距离，l_{slow} 表示减速距离，并有 $l_{slow} \approx l_{out}$，t_{slow}^{last} 表示减速至停车的最后一个轨迹点的时刻，t_{slow}^{first} 表示与减速至停车的最后一个轨迹点距离为 l_{slow} 的轨迹点的时刻。

相比于车辆轨迹数据，电警数据得到的行程时间可靠性更高，与实际行程时间更为接近，因此，为使路段行程时间更准确，本研究将融合电警数据与车辆轨迹数据，再进一步计算路段行程时间。

本研究中的实验背景仅有干道的两端设有电警检测设备，因此对电警数据根据车辆的牌照信息进行配对，即可得到通过整个干道主线双向的行程时间。利用车辆轨迹数据由式（10）和式（11）计算的每条轨迹路段行程时间通过集计可以得到各路段的平均行程时间占比，对电警数据计算得到的行程时间按照干道各路段的权重按比例进行分配，即可得到干道各路段的实际平均行程时间，支路行程时间仍使用式（10）和（11）计算。干道路段行程时间计算示意图见图5。

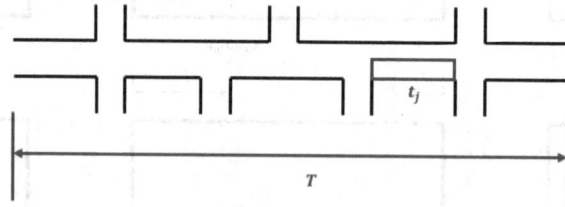

图5　干道路段行程时间计算示意图

干道行程时间计算公式如下：

$$\hat{T}_k = T \times \frac{t_k}{\sum_k t_k} \tag{12}$$

其中，$\hat{T}_k$ 为路段 k 的实际平均行程时间；T 为电警数据得到的驶过整个干道的平均行程时间；t_k 为车辆轨迹数据得到的路段 k 的平均行程时间。

3　模型验证

3.1　模型构建

仿真模型选用青岛市福州南路（闽江路—香港中路）路段作为背景建立，该路段共有3个T型交叉口和2个十字交叉口，其中，闽江路—福州南路交叉口西进口道、漳州一路—福州南路交叉口东进口道为单行道。仿真模型路段及其交叉口参见图6。

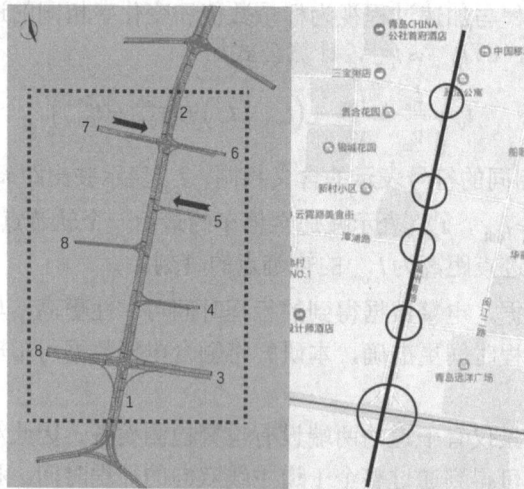

图6　仿真模型路段及其交叉口

3.2 仿真数据预处理

仿真时长设置为4 200s，包括600s的预热时间，车辆轨迹数据则通过车辆记录进行采集，将仿真模型中车辆记录的数据粒度设为3秒，得到频率为3秒的车辆轨迹数据，电警数据则通过数据采集点进行收集。车辆轨迹仿真数据示例见表1。电警仿真数据示例见表2。

表1 车辆轨迹仿真数据示例

仿真/秒	车辆编号	路段编号	车道编号	路段位置	位置（横向）
601	255	1	4	32.77	0.5
601	322	1	1	42.23	0.5
601	448	1	3	42.05	0.5
601	477	1	3	29.14	0.5
601	493	1	4	26.27	0.5
601	652	55	1	54.61	0.5

表2 电警仿真数据示例

检测器编号	驶入时间	驶出时间	车辆编号	车辆类型	公交线路	速度	加速度	占有率	车内人数	排队长度	车辆长度
2	600.36	600.74	1 205	100	0	38.3	-0.91	0.38	1	6	4.01
4	-1	600	1 197	100	0	31.5	2.07	0	1	5	4.21
10	-1	600.09	1 146	100	0	32.8	1.96	0.09	1	22	4.21
12	601	-1	1 145	100	0	39.9	-3.78	0	1	21	4.61
19	600.54	600.93	1 205	100	0	37.7	-0.91	0.39	1	6	4.01
22	600.1	600.53	1 197	100	0	33.1	1.89	0.44	1	5	4.21

表1中，路段位置为车辆在该路段中的位置，位置（横向）表示时间步长结束时的横向位置，数值范围为0~1，0表示车道右侧，0.5表示车道中央，1表示车道左侧。表2中驶入时间和驶出时间单位为s，驶入时间为-1，表示车辆前边缘已在之前的时间步长内驶过截面，驶出时间为-1，表示车辆后边缘尚未到达数据采集点；车辆类型中，100代表小型汽车；速度的单位为km/h。

根据车辆编号提取每一辆车的轨迹数据，根据轨迹数据中的路段编号识别该轨迹的起点与终点，由于本模型的验证时间为600~4 200s中间的1小时，为了统一，将提取终点到达时刻位于600~4 200s之间的轨迹数据，提取完成后即可得到真实的OD矩阵，即路径流量作为验证对比的真实值。接下来在提取完成的所有轨迹数据中，随机抽取10%的车辆轨迹数据，模拟渗透率为10%的情况。

数据点采集的电警数据包含驶入时间与驶出时间，本模型将选用驶入时间作为通过时间。然后对电警数据进行集计，得到通过各断面的交通量，再根据车辆编号进行匹配，得到具有完整OD路径的交通量。同样，电警数据也需筛选出驶出干道时间处于600~4 200s时段的车辆，若该车辆只拥有驶入干道的时间，即筛选出驶入干道时间位于600~4 200s的车辆。

根据式（7）~（12）计算各参数取值代入模型（2）~（6）中，进行求解。

3.3　结果分析

在渗透率为 0.1，电警无漏检的场景下，计算得到一小时估计粒度的路径流量估计值，并与真实值进行对比，从而对模型的准确性进行评价。

在误差分析方面，本文将使用平均绝对误差（MAE）和平均绝对百分误差（MAPE）用以评价该模型路径流量估计结果计算公式，如下所示：

$$\text{MAE} = \frac{\sum_i |x_i - \hat{x}_i|}{N} \tag{12}$$

$$\text{MAPE} = \sum_i \left| \frac{x_i - \hat{x}_i}{\hat{x}_i} \right| \times \frac{1}{N} \tag{13}$$

其中，x_i 为各路径流量估计值；$\hat{x}_i$ 为各路径流量真实值；N 为干道所有的实际出行路径数。

根据仿真结果，MAE 为 16.17，MAPE 为 34.23%。由此可见，该模型具有足够的估计精度，可还原实际路网的需求分布和关键流量路径，为干道协调控制方案优化提供流量输入。

3.4　敏感性分析

为了探究电警漏检率及采样车辆的渗透率对模型估计精度的影响，本文使用了 8 组电警漏检率（0%、5%、10%、15%、20%、30%、40%、50%）和 8 组渗透率（3%、5%、7%、10%、15%、20%、30%、50%）对该模型进行敏感分析。

通过对比图 7 及图 8，整体上来说，随着渗透率的增高，漏检率的降低，各模型及先验矩阵的误差逐渐降低，相比电警漏检率，渗透率对该模型的影响更大。

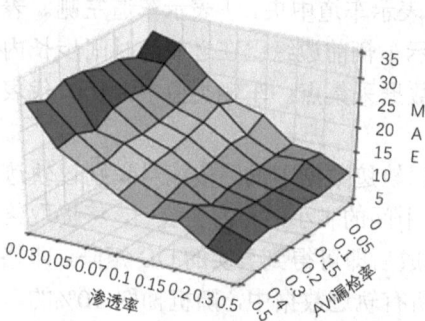

图 7　广义最小二乘法模型 MAE 变化趋势图　　　图 8　广义最小二乘法模型 MAPE 变化趋势图

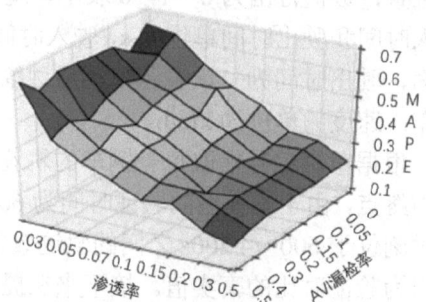

固定电警漏检率为 0，取轨迹数据的渗透率为 3%、5%、7%、10%、15%、20%、30%、50%，对先验矩阵进行敏感性分析，得到的结果如表 2 所示。固定渗透率为 0.1，取电警漏检率为 0%、5%、10%、15%、20%、30%、40%、50%，分别对三个模型及先验矩阵进行敏感性分析，得到的结果如表 3 所示。

渗透率敏感性分析表如表 3 所示，当抽样率为 0.03～0.15 时，相对先验矩阵，模型误差有显著的降低，但当抽样率低于 0.1 时，结果总体上来说较差；当抽样率大于 0.3 时，模型相对先验矩阵无明显提升，并且先验矩阵结果较好，可靠性较强，可直接使用先验矩阵。

电警漏检率敏感性分析表如表 4 所示，本模型在电警漏检率逐渐增大时，误差没有显著增大，可以说明，在该仿真模型的背景下，当电警漏检率小于 0.5 时，本模型的敏感性较低。

表3 渗透率敏感性分析表

渗透率	指标	先验矩阵	广义最小二乘法模型	
		结果	结果	提高
0.03	MAE	32.58	28.72	11.87%
	MAPE	77.62%	71.46%	7.93%
0.05	MAE	29.19	26.70	8.53%
	MAPE	60.39%	56.05%	7.18%
0.07	MAE	27.67	25.12	9.21%
	MAPE	57.49%	52.68%	8.37%
0.1	MAE	19.25	16.17	16.00%
	MAPE	41.63%	34.23%	17.77%
0.15	MAE	18.13	15.72	13.32%
	MAPE	38.21%	34.36%	10.07%
0.2	MAE	13.74	13.34	2.88%
	MAPE	28.26%	27.06%	4.25%
0.3	MAE	10.37	10.22	1.46%
	MAPE	22.36%	22.36%	-0.01%
0.5	MAE	7.94	8.15	-2.72%
	MAPE	17.00%	17.49%	-2.84%

表4 电警漏检率敏感性分析表

电警漏检率	指标	先验矩阵	广义最小二乘法模型	
		结果	结果	提高
0	MAE	19.25	16.17	16.00%
	MAPE	41.63%	34.23%	17.77%
0.05	MAE	21.30	19.49	8.50%
	MAPE	44.18%	41.80%	5.37%
0.1	MAE	20.32	18.81	7.43%
	MAPE	42.97%	40.50%	5.75%
0.15	MAE	20.72	18.64	10.02%
	MAPE	42.69%	38.77%	9.17%
0.2	MAE	19.04	18.45	3.07%
	MAPE	41.58%	39.04%	6.12%
0.3	MAE	22.49	19.81	11.91%
	MAPE	46.09%	39.83%	13.59%
0.4	MAE	22.25	21.53	3.22%
	MAPE	47.03%	45.80%	2.62%
0.5	MAE	22.74	21.04	7.47%
	MAPE	46.84%	43.24%	7.67%

4 结语与展望

本研究基于车辆轨迹数据，以电警数据作为补充，提出了一种改进的广义最小二乘法。主要贡献有：（1）初步探究了车辆轨迹数据和电警数据两种数据源的融合方法。（2）不需要历史路径流量，可直接根据两种数据源计算得到先验路径流量，并最终估计得到路径流量。（3）以福州南路路段为研究对象，建立仿真模型，对比分析了模型和先验矩阵的路径流量估计精度，在抽样比为 0.1，并且无电警漏检的情况下，一小时的路径流量估计精度 MAE 可达 16.17，MAPE 可达 34.23%，并对模型对于电警漏检率和轨迹抽样率的敏感性进行分析。本模型可帮助交通管理者了解干道交通需求的分布，识别出干道的关键流量路径，为干道协调控制方案优化提供参考，对缓解交通拥堵，解决干道交通痛点具有重要的研究意义。

值得注意的是，模型在车辆轨迹数据渗透率极低的情况下，估计精度还有待改进。因此后续的研究将聚焦于：（1）进一步研究车辆轨迹数据与电警数据的新的融合方法（特征级、决策级），在车辆轨迹数据渗透率极低的条件下，能够挖掘更多的信息，提供更加精确的先验矩阵，从而提升模型精度；（2）分析模型对其他参数（如轨迹上传频率等）的敏感性。（3）通过实证案例或者其他场景的仿真模型对模型的可靠性和稳定性进行评价。

参考文献

[1] 赵慧. 动态 OD 估计方法研究综述[J]. 交通标准化，2011(22):128-133.

[2] Michael P. Dixon. Real-Time OD Estimation Using Automatic Vehicle Identification and Traffic Count Data[J]. Computer-Aided Civil and Infrastructure Engineering, 2002, 17:7-21.

[3] 孙剑，冯羽. 自动识别环境下车辆的出行矩阵估计新方法[J]. 同济大学学报（自然科学版），2011，39(12):1800-1804.

[4] 孙剑，冯羽. 基于车辆自动识别技术的动态 OD 矩阵估计新方法[J]. 同济大学学报（自然科学版），2013，41(09):1366-1371+1377.

[5] Eisenman S M, List G F. Using probe data to estimate OD matrices[C]// International IEEE Conference on Intelligent Transportation Systems. 2004.

[6] 董敬欣，吴建平. 使用浮动车检测 OD 矩阵的算法及可靠性分析[J]. 北京交通大学学报，2005(03):73-76.

[7] Yamamoto, T., et al. Updating Dynamic Origin-destination Matrices using Observed Link Travel Speed by Probe Vehicles. Presented at the 18th ISTTT, 723-738, 2009.

[8] Yanni YANG, Hua-pu LU and Qizhou HU.A Bi-level Programming Model for Origin –

Destination Estimation Based on FCD. Presented at ICCTP 2010.

[9]   Cao P, Miwa T, Yamamoto T, et al. Bilevel Generalized Least Squares Estimation of Dynamic Origin-Destination Matrix for Urban Network with Probe Vehicle Data[J]. Transportation Research Record, 2013, 2333(2333): 66-73.

[10] Peng Cao, Tomio Miwa, Toshiyuki Yamamoto and Takayuki Morikawa. Estimation of Dynamic Link Flows and OD Matrices from Lower Polling Frequency Probe Vehicle Data [J]. Journal of the Eastern Asia Society for Transportation Studies, 2013, 10: 762-775.

[11] Mei Y., et al. Real-Time Identification of Probe Vehicle Trajectories in the Mixed Traffic Corridor. Transportation Research Part C, 57:55-67, 2015.

[12] National Research Council. HCM (2010): highway capacity manual. 5th ed. Transportation Research Board, Washiongton D.C.2010.

信号控制交叉口右转区域机非冲突消除方法

（同济大学道路与交通工程教育部重点实验室　上海　200092）

【摘要】 为了解决交叉口常见的右转机动车对非机动车的"包饺子式"事故，需要准确分析交叉口渠化特征对机动车与非机动车冲突模式与严重性的影响，从交通安全的角度优化交叉口右转区域渠化设计。本文首先基于事故分析与理论论证，指出车速过高、车辆盲区与大型车辆内轮差是导致右转车辆与非机动车频繁发生严重冲突的主要原因，据此针对性地提出"小半径+右转封闭"设计模式与实施方法，并提供"机非分隔长度"的推荐值与转弯半径取值方式。由于车辆盲区与内轮差形成机理不同，本文采用冲突严重性与危险区域面积两项指标分别反映车辆盲区与内轮差对非机动车驾驶安全的影响。对12处交叉口右转区域车辆轨迹数据的分析结果表明："小半径+右转封闭"设计模式能减少右转机动车与盲区内非机动车碰撞的可能性，降低车辆右转速度，减小冲突能量，同时减小大型车辆内轮差区域与非机动车道重合的危险区域面积，从而提升右转区域的安全性。

【关键词】 交通设计；信号交叉口；冲突严重性；右转机动车

A method of conflict resolution between motorized and non-motorized vehicle at right turn area of signalized intersection

Long Keke[1], Yang Xiaoguang[1*], Jiang Zehao[1]

（Key Laboratory of Road and Traffic Engineering of Ministry of Education, Tongji University, Shanghai 200092, China）

Abstract: In order to avoid accidents between right-turning vehicles and straight running non-motor vehicles, it is necessary to analyze the influence of intersection channelization characteristics on traffic conflict mode and severity. Thus, intersection right turn area design is optimized from the perspective of traffic safety. Firstly, based on accident analysis and theoretical argumentation, this paper points out that the high vehicle speed, blind zone and the large inner wheel difference are the main causes of frequent conflicts between right-turning vehicles and straight running non-motor vehicles. Thus, an ad-hoc design mode is proposed, which aims at reducing the radius and blocking the right corner of intersection. The recommended value of separation length between motor vehicles and non-motor vehicles as well as right turn radius are also provided. Two indicators, conflict severity and dangerous area, are applied to respectively reflect the impact of the blind zone and the inner wheel difference. Analysis based on vehicle trajectory data from 12 right turn area shows that the proposed design mode is able to reduce the collision possibility between non-motor vehicles and right-turning vehicles. Besides, it descends the right-turn speed of vehicles and thus abate the conflict energy. Finally, it lessens the dangerous area where the wheel difference area of large vehicle intrudes in the non-motor vehicle lane, thereby improving the safety of the right turn area.

Keywords: Traffic design; signalized intersection; conflict severity; right-turning motor vehicle.

1 引言

尽管个人汽车拥有量迅速增长，但非机动车仍然是发展中国家和发达国家许多国家的重要旅行模式。对于这些国家，城市交叉口的主要交通冲突之一是机动车和非机动车之间的冲突，其中最严重的是右转车辆和非机动车辆之间的冲突[1]，目前尚缺乏系统性交叉口设计理念来避免这一类事故发生。

针对信号控制交叉口右转区域交通设计，我国现行《城市道路交叉口规划规范》[2]和《城市道路交叉口设计规程》[3]虽然规定了渠化方案的选择方式，以及交叉口右转半径的取值范围，但对右转交通设计缺乏系统设计指南，未考虑各类设施对安全的影响[4]，部分设计参数也不符合交通安全的设计理念。导致现有交叉口缺乏精细化右转方案设计，往往根据规范随意选取转弯半径，盲目追求大交叉口，依赖右转信号灯控制冲突，引发"机非混行"，冲突严重、通行效率降低等问题。

目前，国内外针对交通安全设计的研究中多针对单一设施进行研究，缺乏面向机动车右转区域整体的安全设计思路，而且现有研究关于某些设计方法对交通事故的影响存在争议[5][6]。因为诸如右转专用车道设置、渠化岛设置等因素不是导致事故发生的直接原因，而是通过影响冲突双方的运行状态（速度、冲突角度等）间接导致了事故的发生。中观统计模型[4]无法分析交通冲突形成的机理，只能从统计角度出发概述不同设计与冲突次数的相关性。无法指导实际工程设计。

为了向交叉口设计工程提供可量化的参考，本文首先分析右转机动车与非机动车冲突事故的特点，指出国内交叉口渠化设计中存在的问题。从避免冲突与降低冲突严重性两个角度出发，提出"小半径+转角封闭"机动车右转区域安全设计方法。最后基于实测车辆轨迹数据，验证小半径与转角封闭方案对于降低机-非冲突严重性与减小危险区域面积的效果。

2 问题背景

近来，大型货车右转盲区导致的交通事故频发，2018 年 9 月，上海浦东同一路口发生 2 起大型货车右转撞倒行人、非机动车事故[7]；2018 年 3 月，深圳 4 天 2 人被右转货车当场碾压身亡[8]；2018 年 10 月 8 日深圳宝安区货车右转时剐蹭电动车，导致 2 人碾压致死[9]。以上事故均发生在主干道交叉口机动车右转车道上，碰撞点均位于肇事货车的右侧，货车盲区内。资料表明，因驾驶员右转存在视线盲区等因素导致的大货车右转事故约占"致死交通事故"的 30%[10]。

总结这些事故发生的原因，主要可分为三点：一、非机动车直行轨迹与机动车右转交角较小，非机动车正处于机动车右转盲区内；二、机动车和非机动车车辆之间缺乏物理隔离，大型车辆后轮易侵入非机动车道导致剐蹭；三、部分交叉口转弯半径过大，机动车右转时车速过高。

3 小半径转角封闭右转渠化设计方案

右转交通设计，按照机动车右转过程可分为三个部分：进口车道布局、右转区域布局与出口车道布局，受到交通量特征与信号控制的影响。本文提出的设计方案主要集中在右转部分，主要包括两条措施。

3.1 增加物理分隔

交叉口转角处的非机动车道渠化模式决定了机非车道是否存在隔离。进出口道的隔离类型包括：标线隔离、护栏隔离、绿化隔离，不同渠化方式宽度不同，对机动车、非机动车的约束程度不同。现行交叉口设计中多强调进出口道机非分隔①③的重要性，缺乏对右转区域机非分隔②的设计分析[11]。而司机实际转弯半径易受道路设计的影响。因此，交叉口转角开放时，对司机右转路径缺乏限制，会鼓励司机以较高的车速右转。

大型车辆驾驶员若忽略内轮差的影响，只注意前轮轨迹，后轮在转弯过程中容易侵压非机动车道，产生冲突隐患。对非机动车而言：非机动车等待红灯时，其膨胀特性导致其容易溢出到机动车道上，造成机非混行；并且开放转角对非机动车约束小，无法强迫非机动车二次过街。因此，右转区域的机非分隔既要考虑对机动车的合理约束，也要为非机动车提供足够的待行空间。大交叉口设有机非分隔带的同时，根据进出口道分隔带宽度与右转区域面积选择栏杆分隔或绿化带分隔，进出口道无机非分离带的小交叉口可采用硬质栏杆。右转角处绿化带型机非分隔与栏杆型机非分隔如图 1 所示。

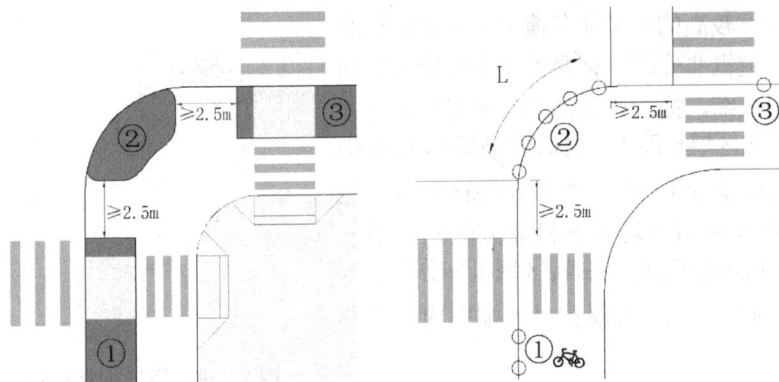

图 1　右转角处绿化带型机非分隔与栏杆型机非分隔

隔离区②的长度 L 决定了非机动车过街的位置，从而决定了机动车与非机动车的行驶路径和冲突夹角 θ，当机非分隔半径 R 与右转车道半径 d 确定时，冲突夹角 θ 与隔离区长度 L 成正比。若冲突角度小于 60°，非机动车容易落入右转大型车辆盲区内，L 在不同转弯半径与车道宽度的情况下推荐取值参见表 1。右转机动转非机动车冲突夹角参见图 2。

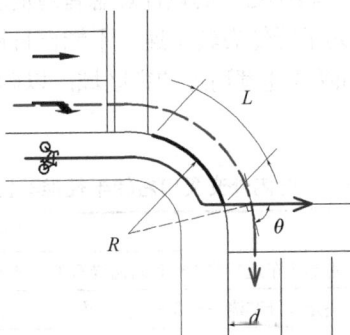

图 2　右转机动车与非机动车冲突夹角

表 1　机非分隔长度推荐最小值

机非分隔长度最小值	机非分隔半径 R/m					
右转车道宽度 d/m	5	7	9	11	13	15
2.75	0.9	2.0	3.1	4.1	5.2	6.2
3	0.8	1.9	2.9	4.0	5.0	6.1
3.25	0.6	1.7	2.8	3.8	4.9	5.9

当机动车进口道未设右转专用道时，隔离区②的长度 L 应能容纳一辆机动车，右转车可在此处避让行人，同时避免妨碍进口道直右车道上的直行车通行。

在道路交叉角度 $\alpha < 75°$ 的斜交交叉口，非机动车过街路线应该尽量与道路中心线垂直。过街横道与道路中线垂直还可以缩短行人过街长度，减少其暴露在冲突区域的时间。在保证冲突角度 > 60° 的前提下，人行横道与道路中线相交角度可根据不同方向行人与非机动车过街需求之比进行确定。

为防止速度较高的非机动车撞上转角处的机非分隔，将进口道机非分隔护栏靠近交叉口的末端向非机动车道内压缩，提示非机动车改变运行轨迹。分隔栏末端变化区域长度 L_m 应保证非机动车能在极限视距处及时改变行车路线，宜取 6～8m。分隔栏变化流线型指向应与右转区域机非分隔栏末端一致，因此变化区域宽度 d_m 视右转区域机非分隔栏末端位置而定。进口道机非分隔护栏末端向内压缩参见图3。

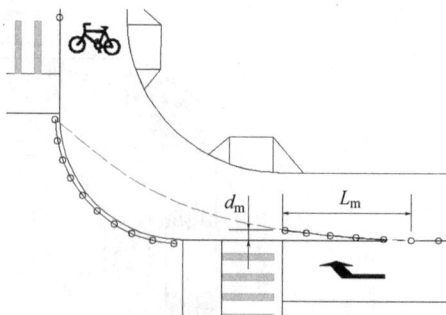

图3　进口道机非分隔护栏末端向内压缩

3.2　合理化转弯半径

右转半径的影响因素包括：右转大车数、出口道数和由信号控制决定的车流冲突。因此，设计转弯半径时要同时考虑车流特性、渠化与信号控制。我国现行规范以交叉口设计速度计算车辆转弯所需半径的结果范围较大，并且远大于美国《道路设计手册》[12]，导致部分交叉口直接选用最大半径，与规范中"右转转小弯"的设计理念背道而驰。实测数据表明，车辆右转速度与路缘石半径呈正比关系[6]，为了降低右转车速，不能盲目根据交叉口设计速度选择半径，应当通过渠化迫使右转车辆主动降低速度通过冲突区域，以确保安全性。国内外交叉口右转半径推荐值参见表2。

表2　国内外交叉口右转半径推荐值

国家/城市	推荐值	取值原则
美国[12]	4.6～7.6m	考虑大车通行需求时可将路缘石半径增至12.2～15.24m
得克萨斯[13]	3～4.5m	满足设计车流与应急救援车辆转弯半径的前提下尽可能小
英国	4m	若涉及大型车辆，在保持半径尽可能小的原则下加大半径
阿布扎比	2～5m	无转弯要求时可缩减到0.5m；居民区有路侧停车的城市支路，可缩窄路口；右转车速不得超过15km/h
中国 2010[3]，2011[2]	10～20m	有非机动车道时，推荐转弯半径可减去非机动车道及机非分隔带宽度
上海 2016	<10m	主干路路口不超过10m；支路路口采用5m
广州 2016	<10m	无右转交通流时可缩减到0.5m；有自行车道的支路交叉口转弯半径应小于5m

交叉口面积取决于转弯半径，目前国内的交叉口设计往往盲目追求设置硬质渠化岛的大交叉口，导致了行车秩序混乱、车辆通过时间变长、行人过街距离变长、通行效率降低、土地资源利用效率低等一系列问题。

减小转弯半径迫使车辆减速、降低冲突严重性，小转弯半径还可以得到更高的安全性、更有序的秩序、更大的慢行空间、更紧凑的土地利用。但转弯半径过小时，大型车辆转弯时侵占出口道的临近一条车道，造成延误与冲突。解决办法包括将相交道路的停车线向后移。合理的转弯半径应保证多数通行车辆能以与机非分隔相同的曲率变化通过。大转弯半径增大过街距离参见图4。

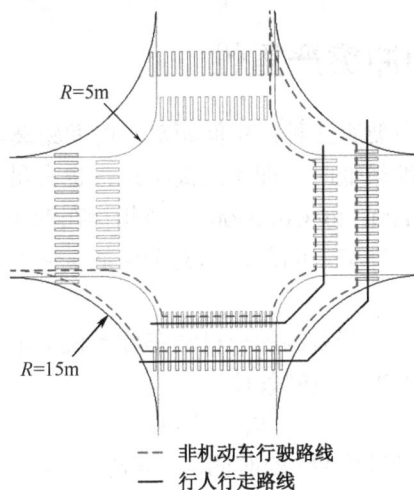

R=5m

R=15m

－－－ 非机动车行驶路线
—— 行人行走路线

图4 大转弯半径增大过街距离

4 适用性分析

4.1 数据调查

为确保样本数据能如实地反映信号控制交叉口右转区域的驾驶行为，选择无特殊影响因素的典型信号交叉口，调查时间选取能见度较高的工作日平峰时段，保证每个交叉口至少1h的观察时间。调查共选取了上海与宿迁市内5个交叉口、12处右转角，其中5处右转角为小半径转角封闭型渠化设计，7处右转角为转角开放型设计。调查获取了各右转角区域视频资料，从而提取出右转机动车与非机动车的运行轨迹。交叉口右转角渠化信息参见表3。

表3 交叉口右转角渠化信息

No.	交叉口	右转角	类型	机动车道宽度/m	非机动车道宽度/m	机非分隔半径/m
1	安驰路—米泉南路	东北	封闭	3.5	4.5	11
2		西南	封闭	3.5	4.5	11.67
3		东南	封闭	3.5	4.5	12
4	安驰路—墨玉南路	北	封闭	3.75	4	13.5
5		南	封闭	3.75	4	15
6	项王路—黄河路	东南	开放	3	4.6	12.5
7		西北	开放	3	4.6	17
8		东北	开放	3	4.7	20
9	项王路—青年路	东南	开放	2.6	4.7	10.2
10		西南	开放	2.6	4.9	15
11	嘉松北路—曹安公路	西北	开放	2.7	5.4	22
12		东北	开放	2.8	6.4	25

4.2　基于盲区的冲突严重性

冲突严重性的判别方式主要有三种：空间距离，时间距离，能量判别[14]。空间距离法的局限性在于，碰撞双方速度较低时，即使距离很近，也有足够空间采取措施避免冲突，而时间距离法多基于 TTC（Time to Collision），该指标在低速状态下，结果较大，容易忽略低速状态下的冲突，如机非冲突。因此，本文采用能量判别法评价右转机动车与直行非机动车的冲突严重性。

右转机动车到达停车线时，若右侧的非机动车位于机动车盲区之外，则机动车不减速通过交叉口，其与非机动车发生碰撞的条件为：

$$|t_n - t_v| \leqslant t_x \tag{1}$$

t_v 为机动车从自停车线到冲突点 i 的时间；$t_v = d_v / V_e = d_v / V_v$，$d_v$ 为机动车自停车线到冲突点的的距离；V_e 为机动车穿越停车线速度；V_v 为机动车到达冲突点速度；t_n 为非机动车自当前位置到冲突点 i 的时间；$t_n = d_n / V_n$，d_n 为非机动车自当前位置到冲突点的距离，满足式（1）的 $d_n \in [d_{min}, d_{max}]$；$V_n$ 为非机动车速度。

若右转机动车右侧的非机动车位于盲区内，机动车自停车线起制动减速，平均制动速度 $a = -5\mathrm{m/s}^2$，则冲突点处机动车速度为：

$$V_v = \max\left(\sqrt{V_e^2 + 2a(d_v - V_e t_z)}, 0\right) \tag{2}$$

采用能量判别法计算出口道的机—非冲突能量 E_{v-n}，交叉冲突在冲突角度 $\theta \in \left(0, \dfrac{\pi}{4}\right)$ 时定义为追尾冲突，在 $\theta \in \left(\dfrac{\pi}{4}, \dfrac{3\pi}{4}\right)$ 时定义为横向冲突[14]。

$$E_{v-n} = \begin{cases} \dfrac{1}{2} M_v M_n V_v V_n \sin^2 \theta_{v-n} & \theta \in \left(\dfrac{\pi}{4}, \dfrac{3\pi}{4}\right) \\[2ex] \dfrac{1}{2} M_v M_n V_v V_n \cos^2 \theta_{v-n} & \theta \in \left(0, \dfrac{\pi}{4}\right) \end{cases} \tag{3}$$

M_v、M_n 分别为冲突车辆、非机动车质量；θ_{v-n} 为机—非冲突角度。

非机动车在交通量较小时，到达规律服从泊松分布，而我国大城市的非机动车流量远大于国外，车流波动性大，非机动车到达服从负二项分布，在一定时间 t 内到达交叉口 x 辆自行车的概率为：

$$P\big(N(t) = x\big) = C_{x+\beta-1}^{\beta} p^{\beta} (1-p)^x, \ x = 0, 1, 2, \cdots$$

式中，β 与 p 是负二项分布的参数，且 $0 < \beta < p < 1$。相应车头时距 X 的期望值为 $E(X) = tp / \beta(1-p)$，任意长度为 Δd_n 的路段上非机动车数量 $q_n = \Delta d_n / (E(X) V_n)$。定义右转角冲突严重性 ρ 为非机动车危险路段非机动车到达量与机—非冲突能量的乘积：

$$\rho = \int_{d_{min}}^{d_{max}} E_{v-n} \Delta q_n \, d(d_n) \tag{4}$$

4.3　基于大型车辆内轮差的危险区域

右转大型车辆导致的事故主要由内轮差与盲区两个因素引起，二者形成机理不同，不可混为一谈。内轮差区域是指车辆前轮与后轮行驶轨迹围成的封闭区域，大型车辆通过开放式右转角时，即使前轮运行轨迹不侵占非机动车通行区域，也会因为大型车辆内轮差较大导致后轮驶入机非分隔线以内。该区域内非常容易发生剐蹭事故，因此本文采用大型车辆内轮差覆盖非机动车与行人通行区域的面积来反映右转区域危险面积。

分析不同右转角的大型车辆转弯半径变化情况，在右转区域，转弯半径保持不变，由于大型车辆需要的转弯半径较大，当右转角较小时，大型车辆需要提前右转，因此不同渠化设计条件下大型车辆速度不同，开始转弯的地点不同，转弯半径不同。本文将大型车辆右转轨迹近似为圆弧，基于刚体运动学模型，后轮的速度方向为前轮与后轮的连线方向。因此，以车辆前轮轨迹圆心为坐标原点建立坐标系，车辆右后轮 B 在 t 时刻的位置 (x_B, y_B) 可依据速度投影定理表示为式（5）[15]。

$$\begin{pmatrix} \dfrac{dx_B}{dy_B} \end{pmatrix} = \dfrac{v_A}{l^2}\left(x_B \sin\beta + y_B \cos\beta\right) \cdot \begin{pmatrix} R\cos\beta + x_B \\ -R\sin\beta + y_B \end{pmatrix} \tag{5}$$

式中，v_A 为车辆前轮速度，可近似取车辆速度；β 为前轮转动角度，$\beta = v_A t / R$。取人行道宽度为 5m，非机动车道宽度为 3m，大型车辆前后轴距 12.5m，依据右转角大型货车平均拟合轨迹计算内轮差区域与非机动车道重合面积 A_1 及与人行道重合面积 A_2。右转开放的传统渠化交叉口右转货车内轮差区域如图 5 所示。右转封闭的传统渠化交叉口右转货车内轮差区域参见图 6。

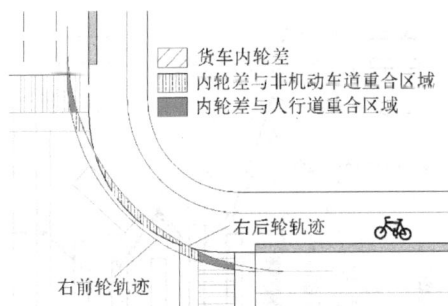

图 5　右转开放的传统渠化交叉口右转货车内轮差区域

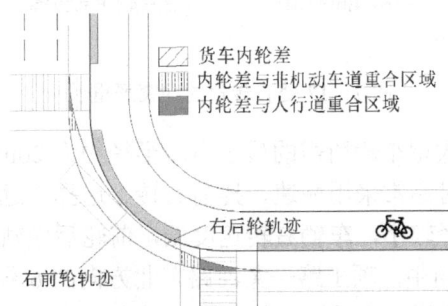

图 6　右转封闭的传统渠化交叉口右转货车内轮差区域

4.4　结果分析

依据右转角及右转机动车与非机动车的累计轨迹，判断冲突点，在封闭型右转角中，机动车自停车线到达冲突点的距离 d_v 较大，有充足时间减速，且位于机动车盲区的非机动车到达冲突点的最小距离 D 较大，远大于非机动车与机动车发生冲突的临界距离 d_{max}，因此不存在右转机动车与盲区内的非机动车发生冲突的情况，因此累计碰撞能量较低。两种右转角的冲突严重性参见表 4。

表 4　两种右转角的冲突严重性

转角类型	封闭型右转角	开放型右转角
$d_v(m)$	21.1	8.6
$D(m)$	16.0	8.3
冲突角度 θ（°）	73.0	38.6
冲突严重性 ρ	72.9	208.9

位于安驰路—米泉南路西南方向的 2 号封闭式右转角，右转车速较小（13.5m/s），右转机动车自停车线到冲突点的距离较长（20.9m），车辆有充足时间在到达冲突点前减速为零，且不存在右转车与盲区内非机动车冲突的情况，因此冲突能量为零。位于嘉松北路—曹安公路的两处开放式右转角半径较大，平均车辆右转速度高（22.8m/s），且位于机动车盲区中 3.5m 范围内的非机动车都有可能与右转机动车发生冲突，但机动车右转过程中无法发现非机动车，仍保持较高速度通过冲突点，导致冲突能量明显高于其他右转角。12 处右转角的冲突严重性参见图 7。

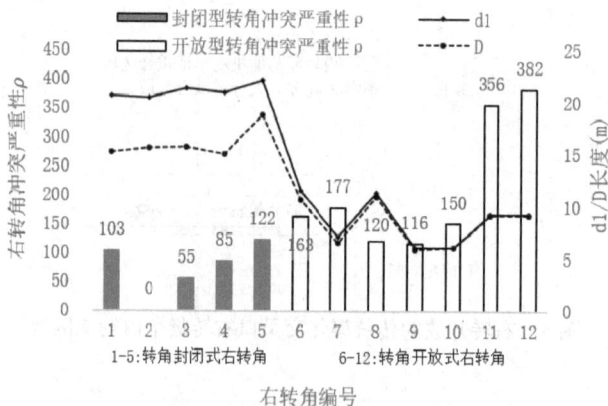

图 7　12 处右转角的冲突严重性

前后轴距为 12.5m 的大型车辆所需的最小右转半径约为 20m，因此大型车辆在小转角半径的封闭型右转角右转时通常采用减速、提前右转、选择较远点出口道的方式。由于封闭型右转角的平均转角半径较小，车辆右转速度低，前轮后轮轨迹最大距离较大，内轮差面积 A 较小。开放型右转角中，项王路—黄河路东北方向的 6 号封右转角处，东进口道与北出口道两处的行人过街横道距离较近，均接近右转角重点，导致非机动车与行人在车辆右转中间段过街，因此与内轮差区域重合面积最大。表 5 为封闭右转角与开放右转角危险区域。图 8 所示为 12 处右转角危险区域面积。

表5　封闭右转角与开放右转角危险区域

危险区域面积/m²	封闭型右转角	开放型右转角
A	23.88	27.59
A_1	3.23	7.28
A_2	1.06	1.53

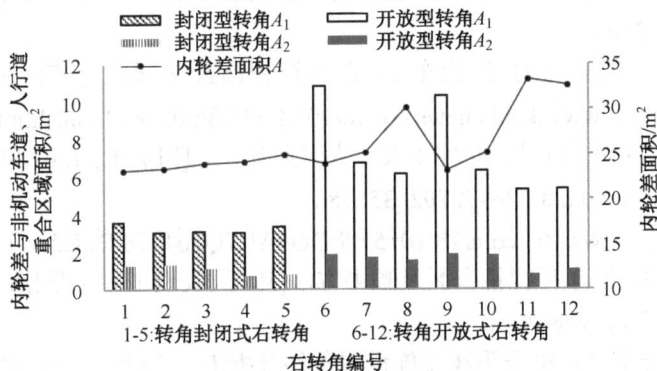

图8　12处右转角危险区域面积

5　结语

1）右转机动车与直行非机动车频繁发生冲突事故的原因在于，传统渠化交叉口右转车速过高，转角处缺乏机动车与非机动车的隔离，导致非机动车易驶入车辆盲区或大型车辆内轮差区域。

2）"小半径+转角封闭"右转渠化设计方案能通过减小半径降低右转车速，通过封闭式转角设计防止位于机动车与其盲区内的非机动车发生冲突，同时阻止大型车辆后轮驶入非机动车道，从避免冲突与减小冲突严重性两个方面提升交叉口的安全性。

3）基于实测轨迹数据的分析为交叉口渠化设计提供了依据。封闭型右转角冲突严重性低于开放型右转角，内轮差区域与非机动车道重合面积小于开放型右转角，安全性更高。

参考文献

[1]　Dianchao Lin, Wanjing Ma,Li Li 等. A driving force model for non-strict priority crossing behaviors of right-turn drivers[J]. Transportation Research Part B, 2016, 83.

[2]　中华人民共和国住房和城乡建设部．城市道路交叉口规划规范：GB 50647—2011[S]．北京：中国计划出版社，2011:17-18.

[3]　城市道路交叉口设计规程 CJJ152-2010 [S]. 北京：中国建筑工业出版社，2010.

[4]　郭延永，刘攀，徐铖铖等. 基于交通冲突模型的信号交叉口右转设施安全分析[J]. 中国公路学报，2016，29(11):139-146.

[5]　Sacchi E. Sayed T. A comparison of collision-based and conflict-based safety evaluations: The case of right-turn smart channels[J]. Accident Analysis & Prevention, 2013, 59: 260-266.

[6]　Fitzpatrick K, Schneider Iv W H. Turn Speeds and Crashes within Right-Turn Lanes[J]. Intersections, 2005.

[7]　宣克炅. 同一地点月内 2 次车祸 雷同过程凸显交通隐患[EB/OL]. (2018-09-27). [2019.3.1]. http:// www.kankanews.com/a/2018-09-28/0038603568.shtml?appid=401081.

[8]　千万别踏入"死亡弯月"，深圳 4 天 2 人因此死亡！[EB/OL]. (2018-04-01). [2019.3.1]. http://www. sohu.com/a/226972702_355788.

[9]　http://shenzhen.news.163.com/18/1015/09/DU5AK7Q204178 D6R.html.

[10]　吴佳林，孔军. 汽车后视镜盲区及预测方法[J]. 武汉理工大学学报：信息与管理工程版，2010，32(6): 958-961.

[11]　徐闯闯. 信号交叉口机非隔离设施设置条件分析[D]. 南京：东南大学，2015.

[12]　American Association of State Highway, Transportation Officials. A Policy on Geometric Design of Highways and Streets[J]. 2011.

[13]　Texas Department of Transportation, Roadway Design Manual[M]. December2013.

[14]　郭伟伟. 交通冲突判别方法研究[D]. 吉林大学，2008.

[15]　李逸良，邱信明. 车辆转弯时内轮差的运动学理论模型[J]. 力学与实践，2017，39(01): 94-99.

数据驱动的城市快速路交通需求估计与推演方法[1]

马成元　章　程　赖金涛　杨泽林　杨晓光

（同济大学 道路与交通工程教育部重点实验室，上海 201804）

【摘要】城市快速路的常发性拥堵通常是由于在一定的时间和空间维度下道路容量无法满足相应的交通需求。而在交通拥堵分析中的交通需求不应为实际的道路车流量，而应指某一时空位置需要通过的车辆数，尤其是在拥堵状态下，路段的交通需求可能远大于实际交通通过量。如果直接利用路段实际交通量分析道路供需关系，难以分析道路通行能力瓶颈的原因及其演变机制。为了分析城市快速路的时空交通需求，本文建立了快速路交通需求动态时空关系的理论模型，并提出了基于交通量推演不同时空理论交通需求的方法。针对上海南北高架快速路系统实际案例，应用需求分析理论方法推演得到各时空维度的理论交通需求，并通过将理论交通需求的分析结果与对应的道路通行能力进行比较，可以准确识别出拥堵瓶颈的时空位置并探究拥堵演变机制。

【关键词】智能交通；城市快速路；交通大数据；交通需求分析

Data-driven Method for Urban Expressway Traffic Demand Estimation and Evolution

Ma Chengyuan, Zhang Cheng, Lai Jintao, Yang Zelin, Yang Xiaoguang

（Key Laboratory of Road and Traffic Engineering of Ministry of Education, Tongji University, Shanghai 201804, China）

Abstract: The traffic congestions on urban expressways, in most cases, could be due to the road capacity cannot meet the corresponding traffic demand in certain time and space. The traffic demand is the number of vehicles needed to pass at a spatio-temporal location,

---

1 **基金项目：** 国家自然科学基金（61773293），国家重点研发计划课题（2018YFB1600603）。

rather than the number of actual passing vehicles. Apparently, the current method regarding the traffic volume as traffic demand is not appropriate, especially in the state of congestion, while the traffic demand of the road section could be much larger than the actual traffic volume. So it is difficult to analyze the cause of road bottleneck and its evolution mechanism while using the traffic volume as traffic demand. In order to analyze accurate spatio-temporal traffic demand of the urban expressway, the theoretical model of the time-space relationship of the expressway system traffic demand is established in this paper. And then the process of deducing actual traffic demand of different time and space domains based on the traffic volume is proposed. Taking Shanghai North-South elevated expressway system as an example, the analyzes method is applied based on the loop detectors data of the entire expressway including ramps. After data cleaning, the loop detectors data of free flow state are extracted to fit the model of traffic demand time-space relationship. Then, taking the traffic flow time sequence of all the entry and exit ramps and initial location of the expressway mainline as the input, the actual traffic demand of different time and space domains are derived based on the traffic volume using the analytics traffic demand space-time model. Finally, analysis results of the spatio-temporal traffic demand are compared with the capacity of the expressway, and the spatio-temporal locations of congestion bottlenecks are recognized accurately. The results of recognition also show the difference between the theoretical traffic demand and the traffic flow.

Keywords: ITS, urban expressway, traffic big data, traffic demand analysis.

1 引言

城市快速路是城市道路网络中的骨干和重要通道，而随着交通需求的增加，城市快速路的拥堵问题日益严重。以上海"南北高架"为例，50%以上的路段全年出现拥堵天数超过 200 天。在快速路拥堵的分析和治理中，通常从交通供需关系的角度进行分析。一般而言，交通供给是指现有交通基础设施的通行能力，交通需求指城市活动产生的人与物的移动需求。无论是在宏观的总体层面还是某一具体的时空位置，交通需求大于供给将直接导致交通系统的拥堵。故城市交通系统中交通需求和供给的关系是交通拥堵问题致因分析的关键。

关于快速路需求分析方法的研究，Newell 在 1993 年提出基于波动理论的交通流模型[1]，并被广泛采用，童梅等基于重力模型提出了实时估计快速路 OD 的方法[2]，Zhou 等提出了一种估计拥挤状态下快速路 OD 需求的方法[5]。针对快速路交通状态识别与拥挤机理分析问题，何蜀燕等利用基本图对快速路交通状态的跃迁现象进行研究[3]，董春娇等利用混沌分析方法研究了拥挤状态下城市快速路交通流特征[4]，Zeroual A 等利用宏观交通模型对快速路检测数据进行统计分析以识别其交通状态[6]。另外，随着城市快速路信息化水平的不断提高，可以利用已有的交通理论模型实时仿真快速路的运行状态[7]，感知并预测快速路交通需求，为相关交通管控决策赋能。

在已有的研究中，常将"交通流量"直接作为"交通需求量"。实际在时空分析粒度较小的动态交通分析中，尤其对于中微观交通拥堵分析，这两者有着本质的区别。在某一特定的时空位置，"交通需求"代表出行者需要通过某基础设施的意愿的统计结果，而交通流量是受到基础设施通行能力限制下的车辆通过量。理论上，道路交通流量不可能超过道路通行能力，交通需求则没有数量约束。交通需求量可以理解为无道路通行能力限制下的道路流量时空状况。而交通需求量大于通行能力的时空位置，即是道路拥堵发生的瓶颈点，所以交通需求量的提取在快速路拥堵定位和致因分析中至关重要。

但在实际中，交通需求量难以通过交通系统的检测器来直接获取，需要根据交通流的机理特征分析，获取时空动态交通需求。具体而言，交通需求仍与交通流量从概念上有差异也有联系。主要体现在三个方面：1）在交通状态为自由流状态下，交通需求量和实际车流量一致；2）交通流量可理解为受到道路通行能力限制的交通需求量，是交通需求量的反映；3）在较长时间段内，交通需求量和实际车流量一致，即虽然短时可能受到通行能力的影响，车流发生了阻塞；但是在快速路系统中，不考虑车流改变路径和放弃出行的前提下，某一断面理论中的通行需求都将以流量的形式反映出来。

因此交通需求量可以通过交通流的机理解析，利用实际道路流量实现反推估计。即基于实际中拥堵状态下的车流时空流量，反推估计理论上各时空维度的交通需求，进而定位交通拥堵瓶颈。从这个角度而言，本文中快速路的交通需求是一个交通供需分析中的重要工具。

本文首先基于实际检测数据提取城市快速路交通流动态时空特征，进而提出交通需求推演方法，然后以上海南北高架为实例进行快速路交通需求分析。

2 快速路动态交通需求分析方法

2.1 数据驱动的动态交通需求提取分析框架

交通需求的推演提取本质是，通过当前道路条件下的实际交通流情况，反推出不受道路通行能力限制条件下交通流的时空分布，进而将其与道路通行能力比较，即可分析出拥堵发生的时空点及演变特征。

而数据驱动的分析方法即着重发挥实际交通检测数据的价值，主要体现在三个方面：

（1）作为交通需求分析的输入，利用检测数据提取出真实交通现状；

（2）作为交通机理解析的基础，采用实际场景下的交通数据提取出交通流动态演变特征，相比于纯理论演绎模型或基于仿真实验的模型，数据驱动的模型结果更能真实地反映实际中的复杂状态，结果也更加简洁易于应用；

（3）数据同时也用于结果应用中的比较分析，如交通需求提取结果与当前流量的比较等。

城市快速路交通需求提取分析框架如图1所示。

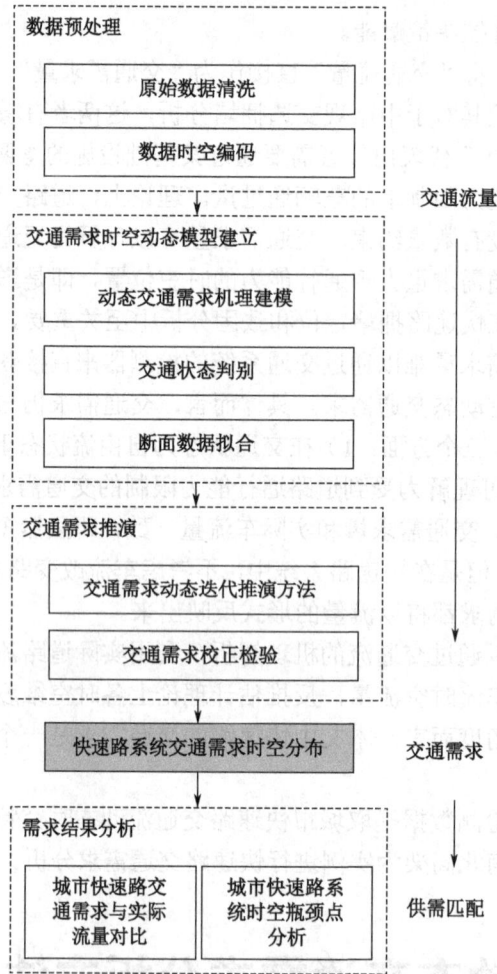

图1　城市快速路交通需求提取分析框架

交通需求分析的核心部分在于对快速路交通需求动态关系的提取和基于该动态关系的交通需求推演方法。利用经过原始数据清洗的交通检测数据研究交通需求推演方法，从而基于该方法，将现有的交通流量情况推演从而得到整个快速路系统的交通需求时空分布，并将需求结果进行拥堵分析等。

2.2　动态交通需求机理分析模型

动态交通需求机理分析是对快速路上下游不同断面在不同时间的交通流量之间关系的研究。将快速路主线上两个相邻的断面在三个时间点的时空关系抽象为图 2，其中V_n^t代表上游断面 n 在时间 t 的流量，V_i^t 代表在两断面之间的上匝道断面 i 在时间 t 的流量，V_o^t 表示在两断面之间的下匝道断面 i 在时间 t 的流量，V_{n+1}^t 代表相邻下游断面 $n+1$ 在时间 t 的流量，其他变量含义同理。图中表示的是一般化的相邻断面间的车流模型示意，其中两断面中间的可能没有上匝道或下匝道，也可能有多个上、下匝道，模型的基本形式同理。由于流量一般以一定时间段 Δt 内的通过车辆数记录，因此采用离散形式表达动态关系。快速路系统不同断面的流量的时空关系示意图如图 2 所示。

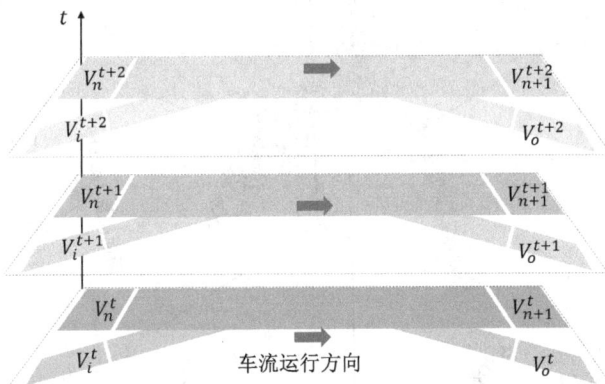

图 2　快速路系统不同断面的流量的时空关系示意图

在如图 2 所示的不同时空的快速路交通流量之间存在动态关系，即下游断面当前时刻的车流量，直接由过去一段时间上游断面车流量及中间匝道的流入流出车流量影响，且理论上应呈明显的线型关系。

$$V_{n+1}^{t+2} = \sum_{x=0}^{\tau} k_n^x V_n^{t+2-x} + \sum_{x=0}^{\tau} k_i^x V_i^{t+2-x} - \sum_{x=0}^{\tau} k_o^x V_o^{t+2-x} \tag{1}$$

其中，等式右侧表示会影响到 V_{n+1}^{t+2} 的上游断面与上、下匝道的车流量，k_n^x 表示上游断面在 $t+2-x$ 时刻的车流在 V_{n+1}^{t+2} 的比例，其他系数含义相同。τ 表示会影响到断面 $n+1$ 的上游流量的时间段长度。同时在离散时间段的流量记录下，可能会出行 $t+2$ 时刻断面 n 的流量在同一时段流至断面 $n+1$，因此 x 从 0 开始计算。

同时流量间满足总量的一致性，即上游的流量总会流至下游或者出匝道，即满足：

$$\sum_{x=0}^{\tau} k_n^x = \sum_{x=0}^{\tau} k_o^x = \sum_{x=0}^{\tau} k_i^x = 1 \tag{2}$$

利用实际数据可以直接拟合出实际场景下各断面流量的时空关系，并可通过该数值关系来进一步完成交通需求的理论推演。

2.3　快速路交通状态判别方法

推演出不受道路通行能力限制的交通需求时空分布，需要利用交通流在自由流状态下的动态演变特征，进而需要基于自由流状态下的交通检测数据来进行分析，所以需要对交通流是否为自由流进行判断。快速路拥堵状态判别的已有相关研究十分丰富[3,6]。南北高架某一断面流量、占有率、速度关系如图 3 所示。

交通流基本图（交通流的流量—密度关系图）常被用于划分交通状态，各国研究人员根据不同实测结果，采用不同的拟和方法得到了多种形式的基本图形态，如三角形、反"λ"形、抛物线形等。本研究中根据实际数据特征，采用三角形的基本图来区分出交通拥堵状态及畅通状态。快速路拥堵状态判别如图 4 所示。

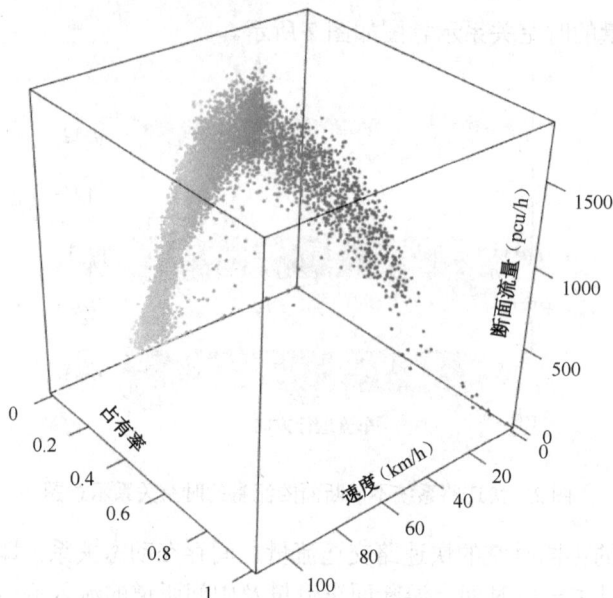

图3　南北高架某一断面流量、占有率、速度关系

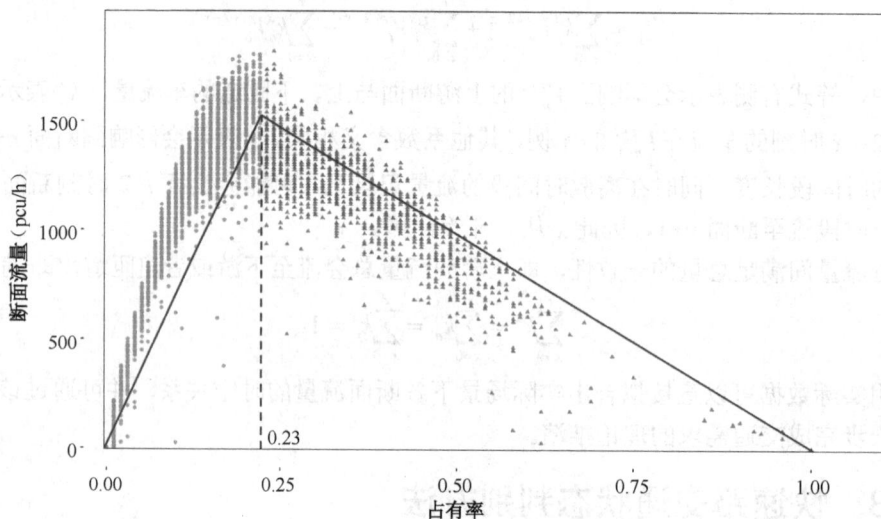

图4　快速路拥堵状态判别

图4中自由流状态和拥堵状态数据分别用不同颜色来标识，最终确定将占有率0.23作为状态区分阈值。对于不同的断面，需要根据其对应的数据情况来判断通畅和拥堵的区分阈值。

2.4　快速路需求推演估计方法

交通需求的时空推演即是在当前的各匝道的流入流量及快速路系统最上游的交通流量的情况下，利用上文的交通需求时空机理，推演得到在整个快速路系统在通畅情况下（通行能力无限大）的交通需求时空分布。推演结果将与实际各时空位置的通行能力比较，获取拥堵瓶颈点。动态交通需求推演算法流程如图 5 所示。

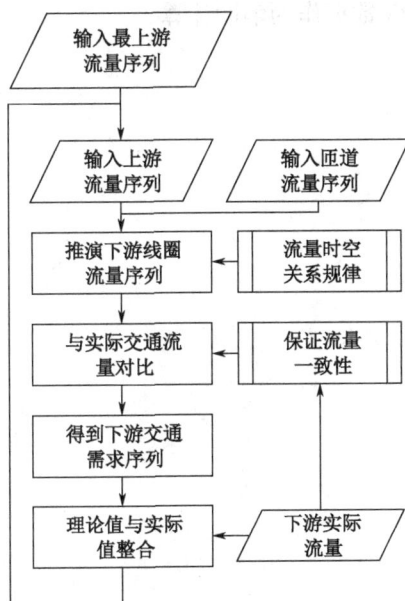

图 5　动态交通需求推演算法流程

首先将最上游位置 n_0 的流量时间序列作为最初流入快速路系统的交通需求。然后根据最上游断面 n_0 与下一个断面 n_1 需求的时空关系，推得断面的交通需求。然后将计算后的 n_1 断面的流量，按照同样的方式迭代计算下游各断面的流量结果，最终获得整个快速路系统不同时空维度的交通需求。

3　实例分析

本文将以上海南北高架快速路系统为例，通过本文的方法对交通需求进行推演分析。南北高架是上海南北走向的一条骨干快速路，全长 22.3 千米，2017 年上海综合交通运行年报显示其年堵 247 天，交通压力很大，07:30-09:30、12:00-14:00、16:30-18:30 等时段拥堵情况尤其严重。按上文所述的思路，对南北高架全天各空间位置的理论交通需求进行分析推演。首先需要进行一系列数据准备工作，然后基于实际数据建立时空需求机理模型，最后完成全线动态交通需求的推演和分析。

3.1　数据准备

分析采用数据是 2017 年 10 月 1 日—31 日上海南北高架中的线圈数据，数据量 438 万余条，包括 298 个主线线圈及 200 个匝道线圈，线圈位置示意图如图 6 所示。线圈记录有对应位置对应车道的车流密度、占有率、流量、速度等信息，数据记录时间粒度为 5 分钟，主线线圈平均空间距离为 400 米左右。线圈数据需要精细的数据预处理，主要是针对损坏的线圈进行数据填补处理，对线圈大面积损坏的断面予以剔除，并对异常数据进行清洗。另外，有同时期网联车辆 GPS 数据作为辅助计算。

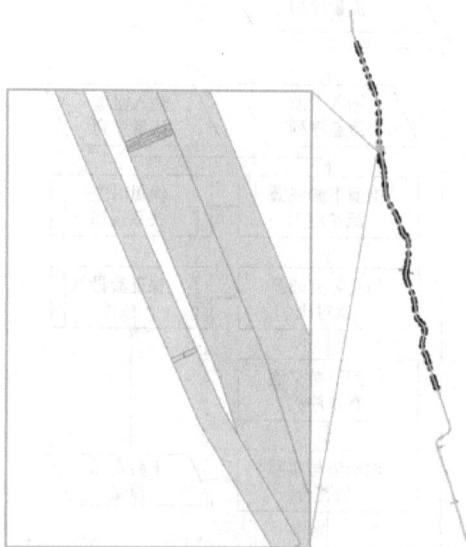

图 6　线圈位置示意图

首先，需要对南北高架全线进行时空离散化处理，以便于模型的解析。时间维度直接采用数据采集粒度 5 分钟为间隔进行均匀分割，即将需求在连续的时间线的分布离散为 5 分钟的时段需求。

空间维度的离散则首先沿南北高架主线道路建立一维坐标轴线，然后将线圈布设断面作为空间维度的分割点，形成"断面序列"，进而实现将整个南北高架路主线的离散化。最终推演得到的需求结果将以空间离散化的分割点上的车流量需求的形式展现，而任意空间位点的需求量可根据离散化的结果插值获得。

3.2　动态交通需求机理模型建立

根据上文所述，建立各断面时空需求模型框架，并使用实际数据拟合模型结果。首先根据交通状态判别方法，提取符合要求的自由流状态下的交通数据集；进而对模型框架进行线性拟合，每两个相邻的上下游断面都需要建立一组线性关系。以东侧某断面（序号为 13）拟合结果为例，断面 12 与断面 13 间有一条上匝道，因此断面 13 时空关系模型为：

$$V_{13}^t = \sum_{x=0}^{1} k_{12}^x V_{12}^{t-x} + \sum_{x=0}^{2} k_{12i}^x V_{12i}^{t-x} \tag{3}$$

由于断面较近且时间粒度较大（5min），所以上游断面 5 分钟时段内大部分的车流量都将在同一时段流至下游断面，故只取当前时段和上一时段的流量值作为自变量。拟合结果如下所示，各参数之和接近体现了各断面流量的一致性。断面交通流时空动态模型拟合结果表参见表 1。

表 1　断面交通流时空动态模型拟合结果表

自变量	系数 k	标准差	t 值	Pr（$>$|t|）
V_{12}^{t}	0.665 3	0.067 4	9.879	<0.001
V_{12}^{t-1}	0.329 4	0.067 6	5.026	<0.001
V_{12i}^{t}	0.825 5	0.105 3	7.839	<0.001
V_{12i}^{t-1}	0.169 1	0.105 9	1.125	0.026

3.3　动态需求结果分析

在上下游时空需求机理模型建立之后，按照上文所述方法对实际交通需求进行推演，推演中需根据具体情况对交通需求的推演结果和该断面实测流量数据比较。

需求推演完成后，即获得了南北高架全线全天候的交通需求分布，取 2017 年 10 月 26 日为例，南北高架交通需求时空分布如图 7 所示。

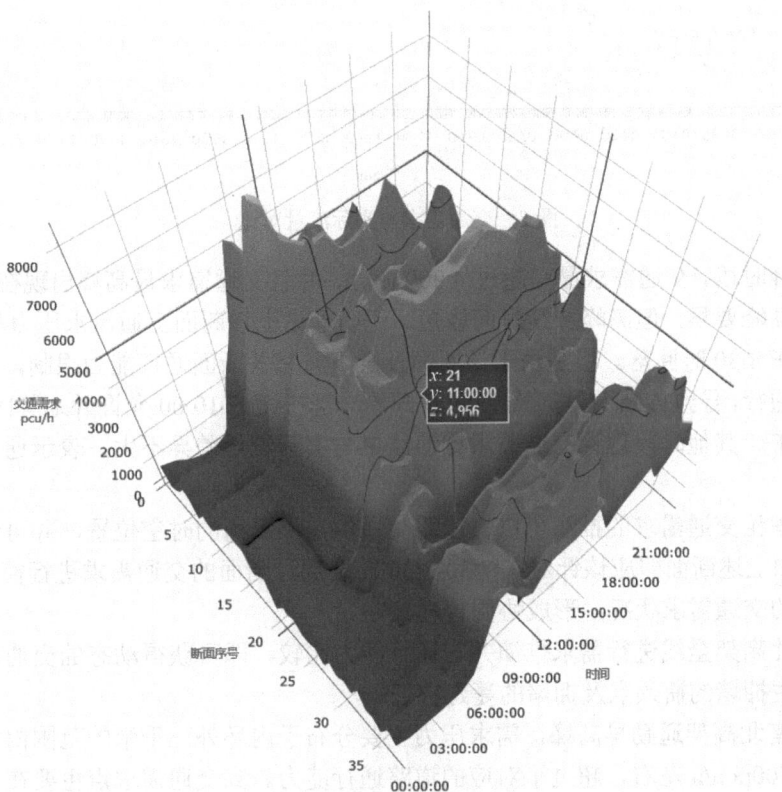

图 7　南北高架交通需求时空分布

图 7 中，x 轴，y 轴分别代表空间断面序号和时间，z 轴则代表对应时空位点的交通需求量，例如，图中标签点代表 11:00 时 21 号断面的交通需求为 4 956pcu/h。由于南北高架在每日 7:00-10:00、15:00-20:00 时间段中间路段限制外地牌照车辆通行，所以总体交通需求明显体现出 7:00-9:00 时段的早高峰、10:00-11:00 时段允许外牌通行高峰、17:00-19:00 时段晚高峰，以及夜间小高峰。

在图 7 中，沿 x 轴和 y 轴分别可以获得交通需求的时空切片，以某一断面的空间切片为例，图 8 为交通需求与实际流量对比。该断面的交通需求总体特征为早高峰比较明显；晚高峰流量相对较少，而且由于限制外地牌照车辆早晚高峰通行，甚至出现流量低谷；夜间也有流量小高峰出现。

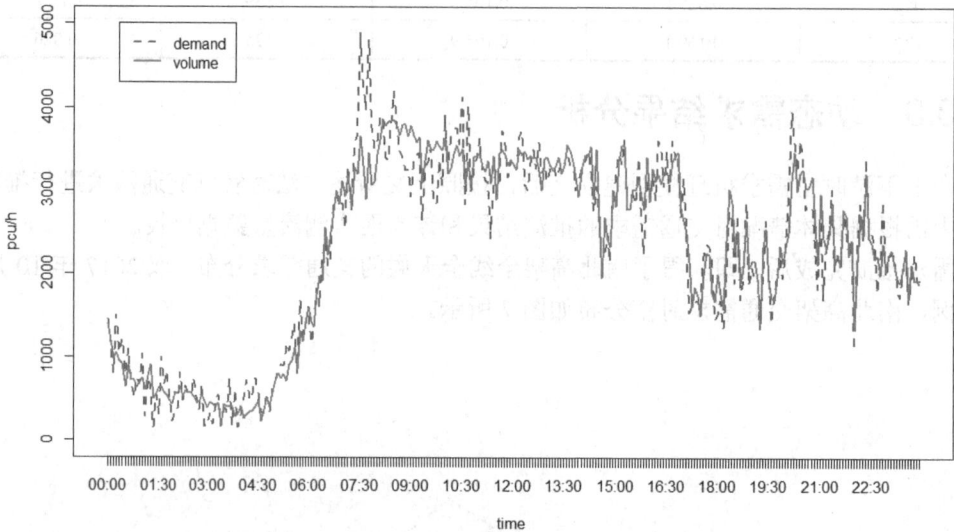

图 8　交通需求与实际流量对比

在早高峰时段，交通需求最高超过 4 900pcu/h，并且交通需求最高峰出现在 7:30 左右，较实际流量高峰要早，但高峰持续时间较短。说明理论上该断面交通需求压力从 7:30 始出现高峰，约在 8:30 时回落。但是由于该断面及上下游相关断面通行能力限制，导致交通需求无法完全通行，导致该断面早高峰从 8:00 开始一直持续到 10:00 允许外地牌照车辆通行，高峰直至下午。其他时段理论交通需求推演结果与实际流量差异不大，表示通行需求基本得到了满足。

通过对理论交通需求的推演可以快速路交通供需不平衡的时空位置，并可针对性采取管理措施，如上述断面即应该针对在 7:30-8:30 需要通过断面的交通需求进行需求管理，配合其他断面的交通需求状况，形成协同管理策略。

对于南北高架全线进行需求推演并与通行能力比较，即可获得动态的交通压力分布，进而发现产生拥堵的瓶颈点及拥堵的蔓延特征。

8:00 为南北高架通勤早高峰，需求压力主要分布于内环外三千米的范围内，最高断面需求量达 7 500pcu/h 左右，超过了对应的道路通行能力。高交通需求点主要在立交位置，高峰时间为 6:30-8:30，局部地区高峰持续到 10:00 的第二个高峰期。西侧由于 8:00 时中部的交通压力过大产生上游断面的拥堵并持续向北蔓延。15:00 为南北高架平峰时段，需求压力主要分布于北中环的位置，最高断面需求量达 6 000pcu/h 左右，其他位置需求量平均在 3 000pcu/h 左右，交通需求压力主要集中在东侧中部位置。

通过对交通需求与实际流量及道理通行能力的比较可以更加准确把握交通拥堵的产生和演变机制，进而形成精准化的应对策略。

4 结语

准确把握交通需求的时空分布是快速路交通拥堵分析的关键，而实际的交通流量并不能直接替代交通需求量。本文提出了通过挖掘交通需求时空动态关系，来推演城市快速路理论交通需求时空分布的方法。通过上海南北高架快速路系统的实际案例，证明了交通需求分析方法的适用性。同时，通过将推演得到的理论交通需求与实际流量和道路通行能力比较分析，进一步获取了快速路交通需求特征，交通拥堵致因及拥堵的演变机制。

参考文献

[1] Newell G F. A simplified theory of kinematic waves in highway traffic, part ii, queuing at freeway bottlenecks[J]. Transportation Research Part B, Methodological, 1993, 27(4): 289-303.

[2] 童梅，杨晓光. 基于实时数据的城市快速路动态交通需求估计方法研究[C] 中国民航出版社. 中国交通研究与探索（2007）. 天津：全国交通运输领域青年学术会议. 2007.

[3] 何蜀燕，关伟. 城市快速路交通流状态跃迁的实证分析[J]. 中国公路学报，2008，21(5).

[4] 董春娇，邵春福，诸葛承祥，等. 拥挤流状态下城市快速路交通流时空特性[J]. 北京工业大学学报，2012，38(8):1242-1246.

[5] Zhou, Xuesong, Zhang, et al. Dynamic origin-destination demand flow estimation under congested traffic conditions: a general framework[J]. Transportation Research Part C Emerging Technologies, 2013, 34(34):16-37.

[6] Zeroual A, Harrou F, Sun Y, et al. Monitoring road traffic congestion using a macroscopic traffic model and a statistical monitoring scheme[J]. Sustainable Cities & Society, 2017, 35.

[7] 赖金涛，章程，马成元等. 基于多源数据的快速路交通平行实验平台搭建[C] 第十三届中国智能交通年会大会论文集. 2018.

航标漂移特征分析与防碰撞策略研究[1]

倪汉杰 [1,2]　蒋仲廉 [1]　初秀民 [1]　聂梓熠 [1,2]

（1. 武汉理工大学 国家水运安全工程技术研究中心，湖北 武汉 430063；
2. 武汉理工大学能源与动力工程学院，湖北 武汉 430063）

【摘要】内河航道通航环境复杂，船舶类型及助航设施数量较多，船与船、船与助航设施之间的碰撞事故时有发生，严重影响了我国内河航运的安全、平稳发展。航标是水路运输中最重要的助航设施之一，其综合管理与维护一直是保障内河船舶通航安全的重要内容。针对长江武汉河段航标历史运维数据，本文从航标、环境、人因、管理四个角度阐述了航标碰撞事故诱因，并研究了航标漂移特征，提出了航标防碰撞策略；研究成果对于提升内河航标的管理维护水平具有重要参考价值。

【关键词】内河航道；航标；碰撞；漂移特征

Buoy Drift Characteristic Analysis and Anti-collision Strategy Research

Ni Hanjie[1,2], Jiang Zhonglian[1], Chu Xiumin[1], Nie Ziyi[1,2]

（1. National Engineering Research Center for Water Transport Safety, Wuhan University of Technology, Wuhan 430063;
2. School of Energy and Power Engineering, Wuhan University of Technology, Wuhan 430063）

Abstract: Because of the complex navigation environment of inland waterway and the large number of vessels and navigational aids, collisions between vessels and navigational aids occur frequently, which seriously affects the development of inland waterway

---

1 **基金项目：**国家重点研发计划课题（2018YFB600404）、国家自然科学基金项目（51709220）、中央高校基本科研业务费专项资金资助（2019III096CG）。

navigation. The integrated management and maintenance of buoys in inland waterways has always been the most important thing to ensure the safety of navigation in inland waterways. The performance, status, location and other parameters of buoys have an important impact on inland waterway transportation. In view of some inland waterway sections in Wuhan of the Yangtze River, combined with the relevant navigation rules of inland waterway ships, the causes of the accident are analyzed in terms of buoy, human, environment and management factors. The drifting characteristics of buoys are investigated and feasible suggestions are proposed. The results of present study could provide a guidance for the management and maintenance of inland buoys in the future.

Keywords: Inland waterway; Aids to navigation; Collision; Drifting characteristics.

1 引言

航标是引导船舶安全航行与定位、标示航道方向、界限和碍航物与表示警告的人工标志，为各种水上活动提供安全航行信息。近年来，内河航道中的船舶碰撞航标事故频繁发生，直接影响往来船舶与乘客的安全，且容易造成航标的破损与移位，是航道通航安全的重要隐患。因此，如何结合数据聚类分析方法，通过对碰撞事故影响因素的分析，制定航标防碰撞策略与措施，具有重要的工程参考价值。

目前，针对内河航标防碰撞的对策主要通过准确掌握船舶各种参数及航道各影响因素、及时更新海图与收听航行警告信息、使用安全航速与航标保持一定距离等途径[1]，但上述策略相对笼统，在实际执行和监管上很难达到。在此基础上，王莹[2]采取了基于远程视频图像处理的碰撞技术取证手段，能够识别并抓拍船舶影像，有效找到肇事船舶，加强监管威慑力；另外，航标位置数据的处理也可以有效帮助船舶确定和航标间的位置距离，如刘胜[3]等提出基于卡尔曼滤波和 FCM 聚类分析算法结合的方法，可以准确提高航标定位精度。

本文从航标、环境、人因、管理四方面探讨了航标碰撞事故诱因。以长江武汉河段水域航标历史数据为例，采用聚类分析方法研究了内河航标漂移特征。据此提出了内河航标防碰撞策略，对于内河航标维护管理具有一定的参考意义。

2 航标碰撞事故原因分析

2.1 航标因素

浮动航标一般以锚碇为中心在一定范围内移动，实际位置与当时所处的风、浪、流的情况有很大联系，漂移距离存在很大波动；并且 GPS 定位的接收机天线通常安装在航标架上，在无风、无浪、无流等理想情况下航标保持正立，但在内河航道复杂环境下，航标架一般会产生一定角度的倾斜，使得定位中心偏离了实际航标位置中心，产生航标倾斜误差[4]。航标定位误差因素图如图1所示。若设定航标高度为h，航标架倾斜角为θ，则倾斜误差大小为：

$$e_1 = h \times \sin\theta \qquad (1)$$

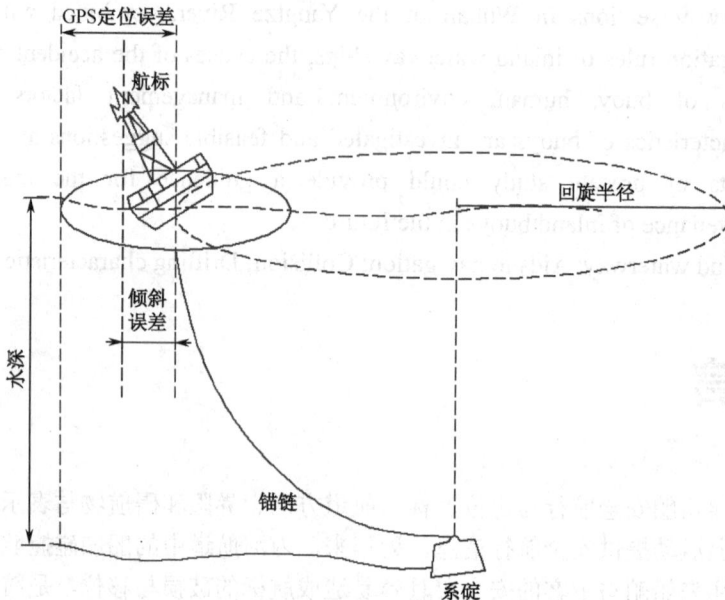

图1　航标定位误差因素图

　　另外，GPS本身定位精度也受一定因素的影响，误差主要可以分为三大类：卫星误差、传播误差和接收误差。目前，内河航道武汉段航标GPS定位误差一般在10m上下浮动。

2.2　环境因素

　　以长江武汉段为研究区域，武汉属于典型亚热带季风性湿润气候，冬夏季风风向存在明显差距。冬季主导风向为北风和东北风，夏季主导风向为西南风和南风。通过美国全球气象预报网站（www.wunderground.com）的相关数据分析（2018年长江武汉河段风速统计分布图如图2所示）可知：长江武汉段夏季最大风速超过20m/s的情况要多于其他日期；虽然由于地形影响，强风、大风天气较少，但内河航道通航环境相对复杂，渔船、货船、挖泥船等数量众多，航道尺度较窄，船舶操纵领域较小，因而大大增加了船舶碰标事故的发生率。

　　结合近三年长江武汉段航标被碰案例统计分析，辖区大部分碰标事故发生在风况气候恶劣时，强风极易造成船舶漂移。因此，风况条件是复杂的内河通航环境条件之一，也是导致内河航标漂移的重要因素。2018年长江武汉河段风速统计分布图如图2所示。

武汉某时段最大与最小风速

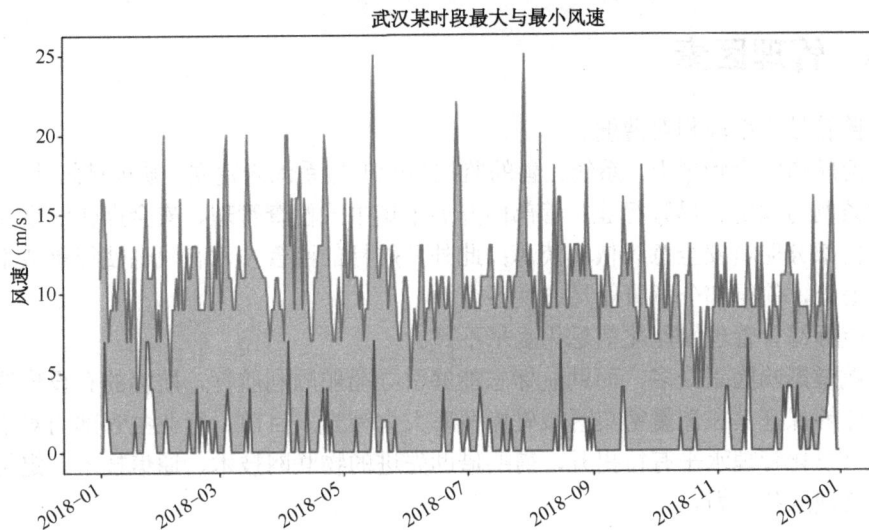

图2　2018年长江武汉河段风速统计分布图

2.3　人为因素

根据 IMO 有关数据统计，大约 80%以上的海上发生事故都是人为因素导致。即便内河航道存在通航环境复杂、水域狭窄、会遇频繁等情况，但人为因素依旧占据主导地位。此外，碰标事故相对于船舶碰撞事故来说，其导致的经济损失情况、严重程度、关注度等都要小很多，且事故发生后肇事船舶易于逃逸，给航标管理造成了诸多不便。因此，事故的频发性和航标管理服务需求使得人为因素分析具有重要意义。

导致事故发生的人因，主要包括以下三类。

一、船员专业技术较差，未经正规培训。

由于船舶操作人员的技术问题造成的事故数不胜数，船舶操作人员在航行或避碰时对船舶与助航设施的灯号、声号等没有准确认识；对于雷达、AIS、电子航道图有关设备使用不够熟练，应急能力薄弱。

二、未按照内河航道有关航行条例航行。

内河航道航行除了要严格遵照《国际避碰规则》《中华人民共和国海上交通安全法》等，还需要遵守《中华人民共和国内河避碰规则》等许多航行条例，在船舶航行时违反相关航行规则或技术标准便会给安全带来隐患。例如，船舶在相反航道航行，违反规则进行穿越或追越等，都是高风险行为，容易引发事故。

三、少许船舶助航设施落后且保养不良。

内河航道通航环境复杂，船舶类型繁多，部分船舶依然保留落后的仪器设备，无法全面快速地了解航行周围环境变化，导致事故发生。另外，船上人员应严格遵守有关助航设施的检查条例，经常排查维护船上设备，减少安全隐患。

2.4　管理因素

一、监管技术手段相对薄弱。

在内河航道综合管理上，系统完善的监控与管理体系尚未建立，缺少精细化、规范化、文件化的条例与规定。尽管行业主管部门开展了集中式检查管理、安全操作法规宣传教育等措施，但部分船员安全意识依旧淡薄；此外，航标的监管技术有限也使得事故不易及时被发现与追查，使得部分肇事船员态度不端。

二、航标综合管理智能化信息化水平不高。

内河航道影响因素众多，而助航标志能够引导船舶顺利航行，航标的布设位置恰当、标识显著能够保证其在流量密集区域碰撞概率大大减少。目前，行业主管部门对于助航设施智能化信息化管理水平有待提升，需要借助先进的物联网技术、通信技术、定位技术，提升航标管理服务能力。

3　航标漂移特征研究

由上述航标碰撞诱因分析可知：GPS 航标定位数据存在较多影响因子，一定程度上造成了定位精度误差。卡尔曼滤波技术凭借其简便、可操作性强等特点，在航标位置数据分析中的应用得到广泛普及；通过对输入数据不断的优化修正，从而得到最优的结果。本文将卡尔曼滤波筛选修正后的数据应用于聚类分析中，得到了相对准确的航标聚类中心；通过对比航标布设位置信息，可进一步获知不同河段的航标漂移特征，提升航标管理与定位服务水平。

3.1　基于卡尔曼滤波的航标 GPS 数据处理

目前，静态单点航标的定位模型普遍近似为定常速度模型进行研究，为便于观测处理，以待测量航标点的速度和位置作为状态变量，将待测航标点的经度、纬度、高度，以及对应方向速度纳入状态向量[5]，得出离散化后的系统状态方程与观测方程为：

$$X_{k+1} = \Phi_{k+1/k} X_k + \Gamma_k w_k \tag{2}$$

$$Z_{k+1} = H_{k+1} X_{k+1} + v_{k+1} \tag{3}$$

上述公式中，X_{k+1} 和 Z_{k+1} 分别表示下一时刻的状态向量和观测向量；$\Phi_{k+1/k}$、Γ_k、H_{k+1} 分别表示状态转移矩阵、噪声驱动阵和测量矩阵；w_k 和 v_{k+1} 为系统噪声与观测噪声，两者均假定为高斯白噪声。

设定观测周期为 T，则航标定常速度观测模型的有关参数可表示如下：

$$\Phi_{k+1/k} = \begin{bmatrix} I_3 & 0_{3\times3} \\ 0_{3\times3} & T \cdot I_3 \end{bmatrix}_{6\times6}, \quad \Gamma_k = \begin{bmatrix} T \cdot I_3 \\ \dfrac{T^2}{2} \cdot I_3 \end{bmatrix} \tag{4}$$

通过参数的选取和特性的分析，本文采用了定常系统卡尔曼滤波算法处理航标初始位置数据，滤波方程如下：

$$
\begin{cases}
\overline{x}_{k/-k} = \Phi_{k,k-1}\hat{x}_{k-1}, \\
P_{k/k-1} = \Phi_{k,k-1}P_{k-1}\Phi_{k,k-1}^T + \Gamma_{k-1}\Phi_{k-1}\Gamma_{k-1}^T, \\
K_k = P_{k/k-1}H_k^T(H_kP_{k/k-1}H_k^T + R_k)^{-1}, \\
P_k = (I_6 - K_kH_k)P_{k/k-1}(I_6 - K_kH_k)^T + K_kP_kK_k^T, \\
\overline{x}_k = \overline{x}_{k/k-1} + K_k(z_k - H_k\overline{x}_{k/k-1}).
\end{cases}
\tag{5}
$$

为验证航标位置数据滤波算法的可靠性，本文以白沙洲大桥桥区#1 红浮航标的位置数据为例进行研究，卡尔曼滤波前后数据对比如图 3 所示。由图可知，原始的航标数据波动范围较广，呈离散型分布；经过滤波处理后的航标数据，其经纬度的分布保持在较小范围内，更加准确地反映了航标实际位置信息。

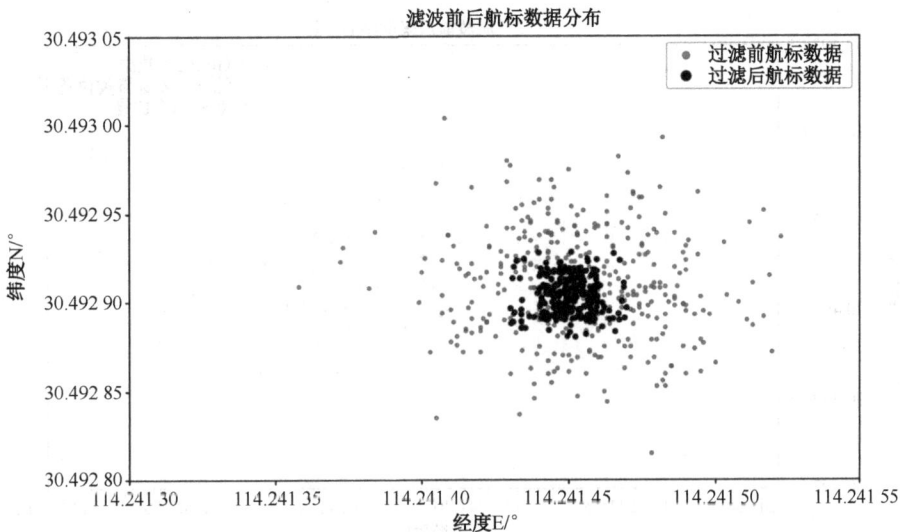

图3　卡尔曼滤波前后数据对比

3.2　基于 K-means 聚类算法确定航标中心

经过卡尔曼滤波对航标位置数据的修正，得到的滤波结果分布在一个较小的区域内，但不便于实时记录，也无法直接提供给内河航行船舶作为参考。K-means 聚类算法是典型的基于原型目标函数的算法，通过平方误差较小衡量得出聚类结果，有着优良的收敛性和效率。因此，本文采用该算法对滤波后航标数据进行聚类分析，算法流程图如图 4 所示。

设例中航标的 n 个坐标数据为 $\{X_n \in K^2, n = 1,2,\cdots,i\}$，在第 m 次迭代得到的聚类中心为 θ_m，每个数据对象与聚类中心的最短欧式距离为 $\mathrm{d}(X)$，则根据公式 $\dfrac{\mathrm{d}(X)^2}{\sum_{X \in k}\mathrm{d}(x)^2}$ 可确定每个数据对象成为新的聚类中心的概率；最终，滤波前后聚类中心对比如图 5 所示。

图 5 为滤波后聚类中心位置与航标原始布设位置的对比。由图可直观发现：采用滤波与聚类相结合的方法，可以使得最终聚类中心更接近实际数据反映的航标位置，有效提高

了航标 GPS 定位精度，为航标布设与避碰、漂移特征分析提供了一种合理可行的技术手段。

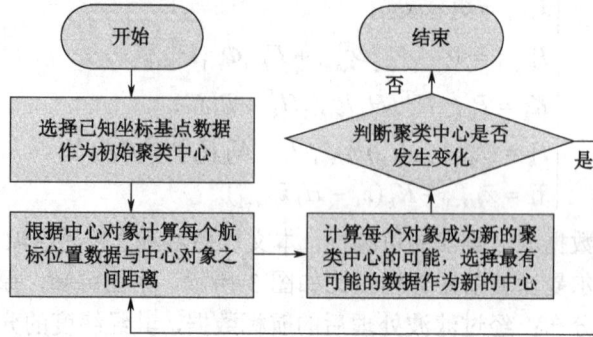

图 4　算法流程图

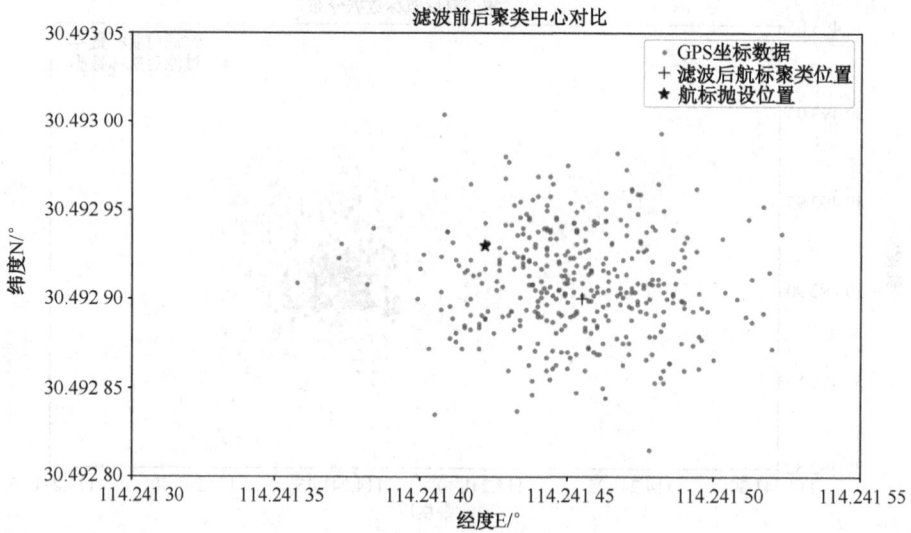

图 5　滤波前后聚类中心对比

3.3　结果分析

为了进一步研究长江武汉河段航标漂移特征，本章节对研究区域其他航标位置数据进行了计算与分析，基于卡尔曼滤波数据处理和 K-means 聚类的组合定位分析方法获得了各个航标重新定位后的实验结果。武汉内河航道段航标实验前后数据对比如表 1 所示。

表 1　武汉内河航道段航标实验前后数据对比

航标名称	布设经度/°E	布设纬度/°N	定位经度/°E	定位纬度/°N
长江大桥桥区下水#2 白浮	114.279 32	30.546 96	114.280 01	30.546 91
长江大桥桥区下水#2 红浮	114.281 10	30.545 75	114.281 09	30.545 74
鹦鹉洲大桥桥区#1 白浮	114.272 27	30.540 40	114.273 95	30.540 46
军山大桥桥区#1 白浮	114.143 75	30.375 52	114.141 51	30.377 89
钟家湾#1 白浮	114.167 06	30.405 23	114.163 92	30.399 77

通过滤波后聚类中心位置与航标原始布设位置的对比,可以得到与白沙洲大桥桥区#1红浮相类似的结论:航标重新定位得到的经纬度更贴近航标GPS坐标数据的浮动范围中心,而航标原始布设的坐标数据则与范围中心存在不同程度的定位偏差。这结论说明:借助本文所提出的定位方法得到的聚类中心,与实际航标数据更为贴近,可以有效降低航标的定位偏差,减少航标漂移造成的干扰。

4 防范措施

结合船舶碰标事故影响因素和漂移特征分析,可以制定相应的防范措施,从源头减少事故发生的概率,降低事故发生的严重程度;最终形成完善的航标管理体系,提高内河航道维护管理服务水平。

4.1 提高现代化内河航道防碰技术手段的普及

重视内河航道信息化建设,建立更具有现代化科技含量的定位和通信体系,能有效提供一个安全稳定的通航环境。本文采取的航标定位技术是航道防碰技术手段的一种,能够相对准确地反映航标的实际地理坐标,帮助航道维护管理工作人员更好的分析内河航道的当前态势,一定程度上改善内河航标碰撞事故发生的概率。

4.2 加大新能源新材料在航标领域的应用

航标投入使用后,经过长时间恶劣水况侵袭和自身的磨损老化,会渐渐减弱甚至失去助航能力,对内河航道通航造成影响。在更多的航标设施上采取新的技术、能源或者材料,能增强产品的可靠性,降低维护成本,提升维护效率[6]。近年来,研究人员提出了多种航标维护方法,杨明喜[7]提出将超高分子量聚乙烯材料运用在航标设施上,可以有效改善钢制航标易于形变、锈蚀、污染等缺点。陈家齐[8]提出基于波浪能发电装置作为航标新能源的想法,有效满足了航标的供电需求,能将航标工作状态始终维持在正常水平。

4.3 进一步完善航道管控机制

美国密西西比河水系航运建立了健全的法律法规体系[9],部门巡查与监控工作缜密完备,起到了法律震慑作用,为航道通航安全提供了坚实基础。欧洲莱茵河水系管理由莱茵河航行中央委员会机构负责,职能明确统一,单一机构便融合了我国内河航道、海监、救助等多个部门职能,工作流程清晰高效。

借鉴国外内河航运部门的管理经验,我国内河航道应进一步完善巡查和内河航标管控机制,采取更常态化的航道巡航和更高效的碰撞监控技术。在这一要求下,周思宏[10]提出了基于AIS信息与航标遥测遥控系统结合的航标碰撞事故取证技术手段,在船舶碰标事故发生后,能够及时向岸台报警,通过视频传输设备监控并追踪肇事船舶,最终通过航标痕迹鉴定取得法律证据。水上交通事故不同于陆上交通事故，受水面环境影响，水上交通事故难以进行补救和追查，航标碰撞取证技术可有效缓解肇事船舶逃逸现象，对内河航道的通航安全、航标综合管理提供了有效帮助。

4.4　加强船舶管理能力，提高船员基本素质

人因依然是水上事故发生的主要因素。从经济角度来看，新颖的技术手段、材料能源需要大量成本投入。因此，从人为角度深入开展水上交通事故诱因分析与建模研究，据此制定合理完善的防范措施已成为水路交通安全领域的重要研究内容。结合本文研究内容，可以采取如下预防措施。

（1）加强船员培训机构的监督力度，提高船员的综合素质。船员应熟练掌握船上各项操作技能并遵守内河航道航行规则，在应急状况下做出合理判断，减少安全隐患和事故概率。

（2）重视对船员的日常综合管理，强化船上人员的安全防范意识。船舶操纵人员的工作负荷保持在合理水平上，并具有良好的安全意识，是船舶安全航行的关键。

5　结语

我国内河航道资源丰富，水路交通在综合立体交通体系中占据了重要地位。随着水路运输的快速发展，未来船舶交通流量将继续保持上升趋势，内河航道助航设施的稳定性、可靠性管理维护研究将成为高效、安全、绿色、智能水运建设目标的重要组成内容。本文结合长江武汉河段航标维护管理数据，探讨了航标碰撞事故诱因；借助卡尔曼滤波和聚类分析方法，实现了航标布设位置的重新定位，实验结果验证了该方法的有效性。另外，通过梳理近年来水路交通领域的研究成果，总结了若干个航标防碰撞策略，对于提升内河航道维护管理技术水平具有一定的参考价值。

参考文献

[1]　张鹏. 船舶碰撞灯浮的原因浅析及对策建议——以进出上海港船舶为例[J]. 航海，2017(01):57-59.

[2]　王莹，欧阳文全，赵建等. 船舶防撞预警视频监测技术在淮河入海航道的应用[J]. 中国水运（下半月），2018，18(2):51-52.

[3]　刘胜，张青春，张兰勇. 聚类算法的 GPS 静态单点定位方法[J]. 哈尔滨工业大学学报，2012，44(11):71-74.

[4]　甘浪雄，徐才云，周春辉等. 基于卡尔曼滤波和 ISODATA 的航标漂移预警方法[J]. 上

海海事大学学报，2017，38(4):26-31.

[5] 孙罡，王昌明，张爱军. GPS 静态单点定位的滤波算法比较[J]. 南京理工大学学报（自然科学版），2011，35(01):80-85.

[6] 王龙彪. 现代航标维护管理模式分析[J]. 中文信息，2019，(3):231,287.

[7] 杨明喜，阚明. 基于航标领域的超高分子量聚乙烯材料应用研究[J]. 建材发展导向（上），2018，16(12):110.

[8] 陈家齐，陈韶宽. 航标新技术新材料的应用情况探究[J]. 珠江水运，2019，(1):59-60.

[9] 卢长利，周溪召. 欧美发达国家发展内河航运的经验借鉴[J]. 生产力研究，2007，(22):96-97,145.

[10] 周思宏. 航标防碰撞对策研究[A]. 中国航海学会内河海事专业委员会. 2018 年海事管理学术年会优秀论文集[C]. 中国航海学会内河海事专业委员会: 中国航海学会内河海事专业委员会，2018:4.

铁路局安全风险管理信息系统研究与应用

宁 静[1] 佘振国[1] 罗 浩[1]

（1. 中国铁道科学研究院电子计算技术研究所，北京 100081）

【摘要】安全风险管理是强化铁路安全基础的有效举措，为深入推进铁路安全风险管理，进一步以"技防"手段加强安全风险预防和控制，提出铁路局安全风险管理信息系统的建设目标，并在阐述铁路安全风险管理应用需求的基础上，将安全风险与岗位职责、工作标准等有机结合，开展系统总体结构、网络结构、应用功能等相关技术研究。系统上线运行为提升全局安全管理水平发挥了重要的作用，通过规范干部履职行为来强化安全风险管控和安全隐患排查治理过程，促进安全管理"强基达标、提质增效"。

【关键词】铁路；安全风险管理；履职考评；隐患排查；安全预警

Research and Application of Railway Bureau Safety Risk Management Information System

NING Jing[1], SHE Zhenguo[1], LUO Hao[1]

(1. Institute of Computing Technologies, China Academy of Railway Sciences, Beijing 100081, China)

Abstract: Safety risk management is an effective measure to strengthen the foundation of railway safety. The construction target of the railway bureau safety risk management information system is proposed in order to promote railway safety risk management, strengthen safety risk prevention and control by means of "technical protection". The safety risks are combined with job responsibilities and work standards to research the overall system structure, network structure and application functions on the basis of expounding the application requirements of railway security risk management. The system which is running online has played an important role in improving safety management level of the railway bureau. The safety risk control and the hidden trouble investigation are strengthened by standardizing the performance of cadres and make sure the safety management can "strengthen base and reach the standards, improve quality and efficiency".

Keywords: railway; safety management system; performance evaluation; hidden trouble investigation; safety early warning.

1 引言

随着铁路网规模快速扩充、高速铁路集中投产，铁路安全面临的风险不断加大，对强化铁路安全风险管理特别是安全生产过程控制提出了更高的要求。如何确保现实安全，实现铁路安全长治久安这一核心目标和安全工作由"治病"向"强身"的转变，更需要持续创新安全风险管理，坚持按照"问题在现场、原因在管理、根子在干部"的思路，强调管理上出现问题是铁路安全的最主要风险源，坚持铁路安全风险管理的重要思想共识和基本安全理念，不断强化和规范安全管理，推动铁路安全工作创新发展[1]。为此，引入计算机网络、闭环管理、"互联网+"、大数据处理等信息技术，通过研制建设铁路局统一的、集成融合的安全风险管理信息系统，全面满足深化铁路安全风险管理的需求。

2 建设目标

以中国铁路总公司《关于深入推进安全风险管理进一步提升安全工作水平的意见》（铁总办[2016]199 号）和铁路局相关安全风险管理和干部履职考核管理等文件为依据，以全面有效落实"管控铁路安全风险点"为主线，以"干部履责规范化"和"职工作业标准化"管理为抓手，将安全风险点与岗位职责、工作标准和检查问题等有机结合[2]，采用计算机网络、工作流和"互联网+"等信息技术，构建全局统一的铁路安全风险管理信息系统，实现各类安全风险信息的数据融合、集成和信息共享，全面满足铁路局各级部门对安全风险辨识与监测、评估与预警、按岗管控与履职考核等管理需求[3]，为持续深化"安全管理规范化、场作业标准化、检查整治常态化"提供技术支撑手段，全面提升全局安全风险管理的规范化和智能化水平[4]。

3 总体方案

3.1 系统需求分析

依据铁路安全风险管理的总体业务流程分析，结合铁路局安全风险管理的实践，有安全工作基础。针对主要业务需求，逐项分析系统的功能需求，得出铁路安全风险管理业务需求与系统功能需求对照视图，如图 1 所示。

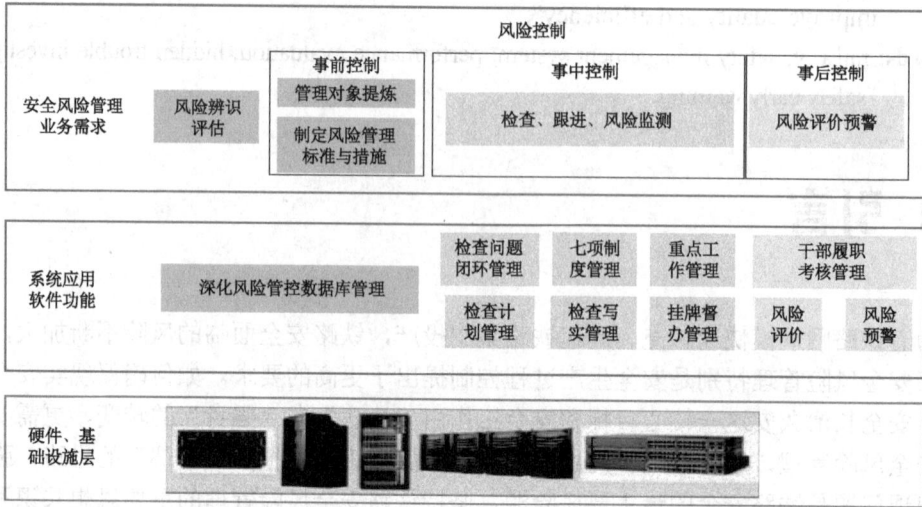

图 1 铁路安全风险管理业务需求与系统功能需求对照视图

铁路局安全风险管理业务需求与系统功能需求对照表如表 1 所示。

表 1 铁路局安全风险管理业务需求与系统功能需求对照表

业务需求		功能需求	功能描述
风险辨识评估			
	提炼管理对象	深化风险管控数据库管理	将风险划分为行车安全风险、人身安全风险等 10 类，对于每一个风险类别由铁路局和专业系统统一制定风险源，铁路局、专业处室、站段三级分别针对各项风险源进行细化分解，研判风险，及相应的管控岗位、防控措施、安全管理职责、工作标准、安全履责计划等，从而形成铁路局、业务处、站段三级安全风险数据库。
	制定风险管理标准和措施		
风险控制	检查、跟进、风险监测	检查问题闭环管理	实现各类安全信息在路局、站段、车间（班组）相关用户之间的闭环过程控制。主要包括日常检查发现的隐患问题进行录入、下发、处理、整改、反馈、销号等自动流转的信息化处理[5]。
		检查计划管理	各单位信息管理员制定本单位月度检查计划，规划每月要检查的下级单位、检查负责人等，月中对照月初的计划，掌握完成情况，月末根据计划的完成情况，考核单位的检查覆盖率。
		检查写实管理	记录各级干部日常下现场检查、夜查、跟班作业、添乘检查的情况等。
		重点工作管理	各层级的安全工作，分解到相关管理岗位，实行分层发布。在发布时应明确各层级工作责任，各责任层再将各项工作责任进一步分解并发布，保证各层级责任明晰。各岗位接收并完成工作任务后，将工作完成情况逐级上报，实现安全工作的闭环管控[6]。
		挂牌督办管理	
		七项制度管理	
	风险评价、预警	干部履职考核管理	每位干部每月填写干部月度安全生产责任制考核表，实行按月逐级考核。
		风险评价	通过采集各类铁路安全风险因素信息，持续监控铁路安全风险因素的变动情况，预测未来变化趋势，并评价各种铁路安全风险状态偏离预警线的强弱程度，向决策层发出预警信号。
		风险预警	

业务需求	功能需求	功能描述
辅助管理	综合安全信息管理	对安全风险管理相关的重要文电、会议资料、通知通报等安全文件进行统一管理，实现安全文件的录入、发布、下载、查询、打印功能，设定发布范围和浏览范围，确保安全文件规范管理，及时掌握公文的发布和查阅情况。
	基础数据管理	对全局组织机构、管理干部和职工信息等基础数据进行统一管理，可以对量化考核指标、履职考核系数等考核参数进行动态调整，并由各单位管理员分级维护。

3.2 系统总体结构

依托铁路综合计算机网，在路局部署相关计算机服务器设备及系统软件，建立统一的安全风险管理信息服务平台（铁路局安全风险管理信息系统构成示意图如图2所示），集成各类安全信息，采用 B/S 模式，支撑铁路局、站段、车间（班组）三级联网应用，实现安全信息、安全工作、风险预警、履职考核等应用，同时，支持安全风险管理信息系统与各业务系统间的信息交互与共享[7]。

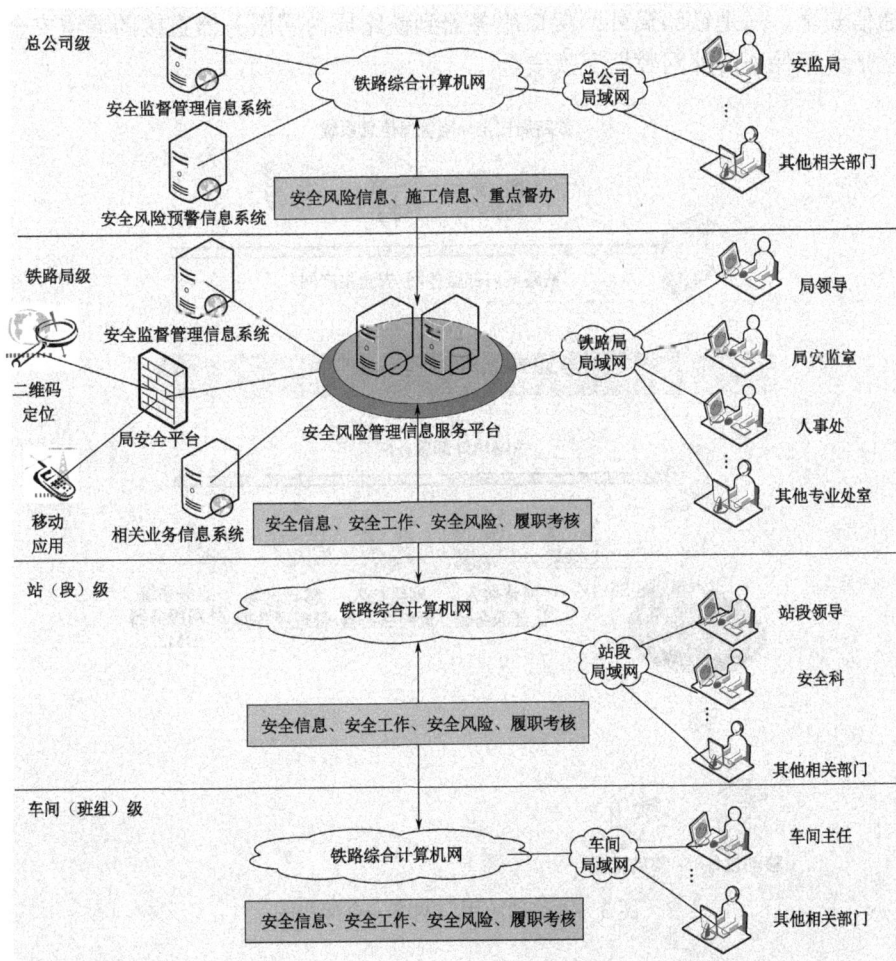

图 2　铁路局安全风险管理信息系统构成示意图

利用移动互联网、智能移动终端等技术，基于移动信息安全策略，研发基于 Android 的手机端应用，实现手机端与现有铁路安全风险管理信息系统的互联互通和功能扩展，实时便捷地完成轨迹记录、风险管控、隐患排查、信息追踪、重点工作、安全履责等功能。通过移动应用的建设与实施，使全局各级领导、安全管理人员可利用智能移动终端随时、随地开展工作，打破安全信息在时间和空间上的束缚，促使铁路安全管理工作向更加便捷化、智能化、高效化和科学化方向发展。

3.3　网络架构

系统部署在铁路综合计算机网中，与其他专业信息系统之间的数据交换，在铁路局综合计算机网内实现；系统通过铁路局路内外网安全平台提供移动应用服务，确保数据的可靠传输。

"移动应用"网络安全架构图如图 3 所示，包括三个部分。一是移动端应用利用公网传递加密的信息，通信安全由移动公网保证。二是移动端应用到铁路局外网接口服务器（即 DMZ 区服务器）之间的数据加密和通信安全使用 SSL VPN 进行身份认证和通道加密，保证数据通信安全。三是铁路局外网接口服务器到铁路局内网服务器直接的通道安全，由局网络安全平台来保证内外网数据交换安全。

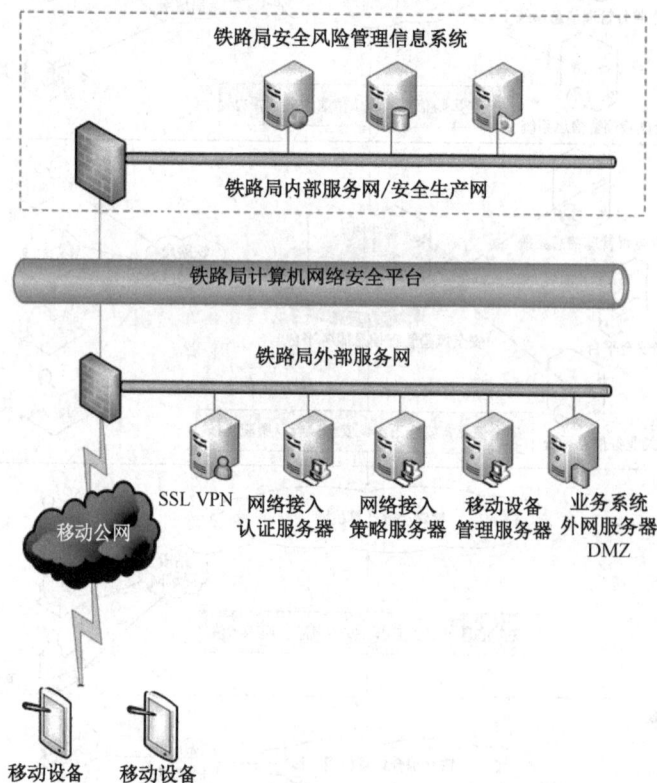

图 3　"移动应用"网络安全架构图

3.4　系统主要功能

系统设有风险辨识、安全预警、风险管控、履职考评、安全隐患、工作督办、安全奖励、报表中心等功能模块，通过规范安全信息流转、干部履职行为等来强化安全风险管控和安全隐患排查治理过程。系统功能结构图如图4所示。

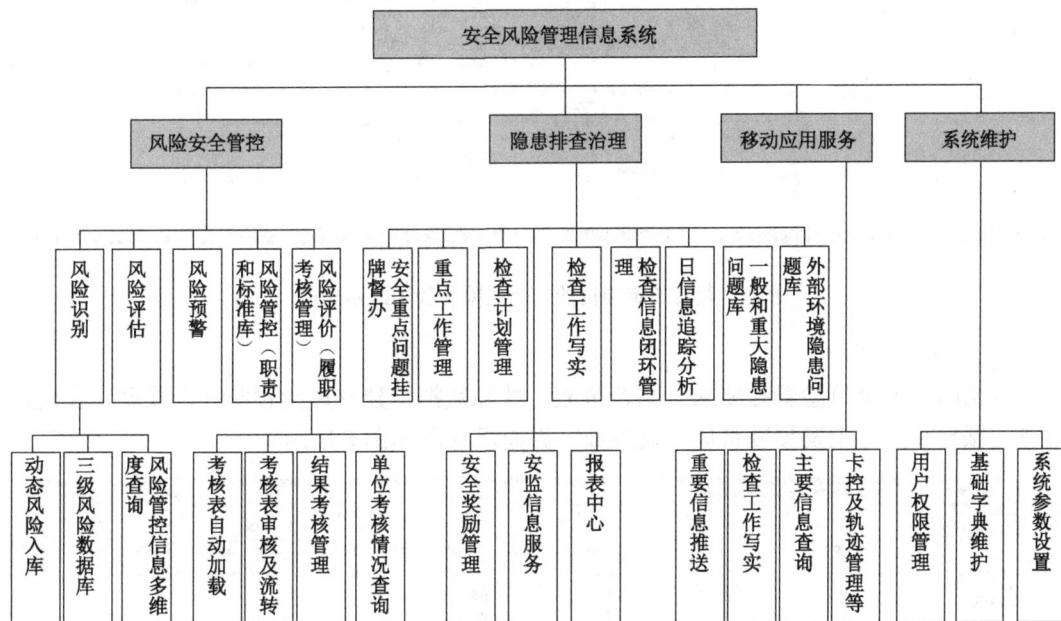

图 4　系统功能结构图

一、实施安全风险全面管控

（一）风险识别

（1）风险分析研判。按照"变化就是风险"原则和"自下而上辨识提报""自上而下发布承接"流程，下级识别确定安全风险源点后，并逐级上报；上级识别确定安全风险源点后，向相关管控的下级部门、单位发布，实现安全风险动态管理。

（2）生成各层级《安全风险库》。识别确定安全风险源点后，按照"领导负责、分工负责、逐级负责、岗位负责"要求，必须指定负责该安全风险源点的管控部门、管理岗位，制定风险管控措施。通过这些数据，系统可以自动生成路局、系统、站段、车间、班组五级《安全风险库》。

（3）风险信息多维度查询。通过"安全风险"，自动生成《安全风险岗位控制表》，知晓每一个风险分类、风险源、风险点的全部管控岗位（人员）；通过"防控岗位"，系统自动生成《岗位安全风险防控表》，知晓所选择岗位负责管控的全部安全风险源点。查看指定岗位的安全风险防控信息示意图如图5所示。

（二）风险评估

将风险分为重大风险、较大风险、一般风险和低风险4级[8]，实行安全风险分级管控，用红、橙、黄、蓝四种颜色标识，便于针对不同等级风险制定防控措施。

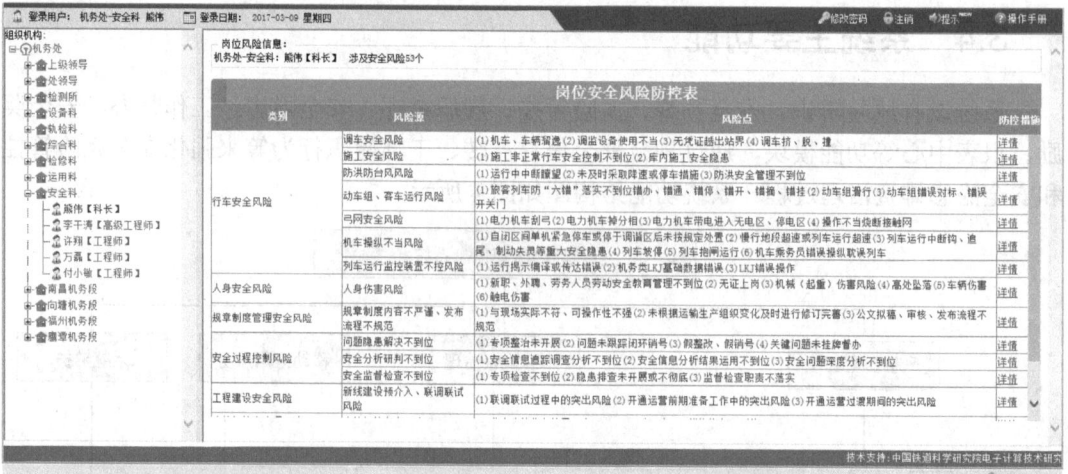

图 5　查看指定岗位的安全风险防控信息示意图

（三）风险预警

依据路局安全风险管控要求，结合事故、故障数据，建立风险预警评价模型，实现超限自动预警和人工填发预警管理。风险预警界面示意图如图 6 所示。

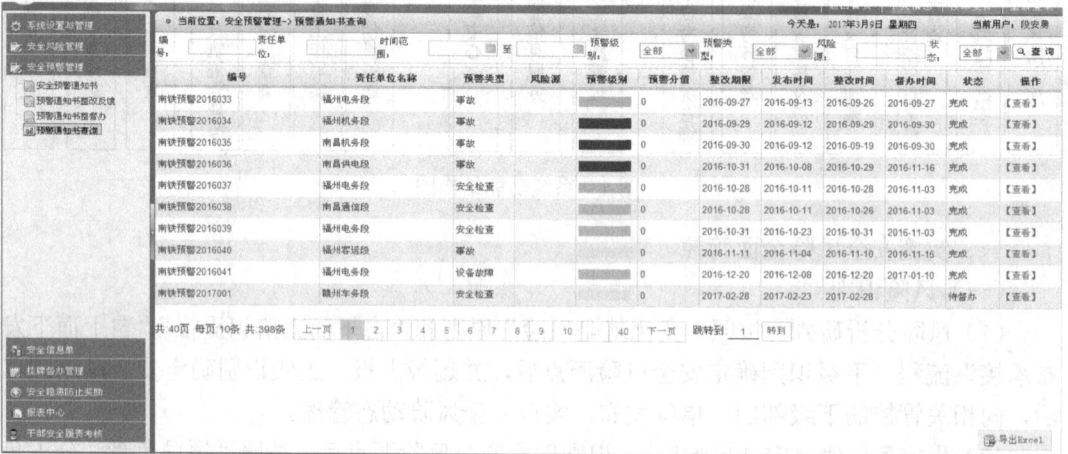

图 6　风险预警界面示意图

（四）风险管控

各级风险管控人针对自己负责管控的安全风险源点，制定管控岗位的安全管理职责和工作标准，据此逐条制订安全履责计划（月度、季度、半年度、年度），生成各级管理岗位 12 个月的《干部安全履责计划》，在风险管控履职中对照执行。

（1）生成《安全管理职责和工作标准》。各级风险管控人针对自己负责管控的安全风险源点，制（修）定管控岗位的安全管理职责和工作标准。通过这些数据，系统可以自动生成各部门、各单位、各岗位的《安全管理职责和工作标准》。

（2）生成月度安全履责计划。采集安全管理职责和工作标准的同时，各级风险管控人还必须依据本岗位工作标准，逐条制（修）定安全履责计划（月度、季度、半年度、年度）；同时制定和接收上级指派的重点工作。通过这些数据，系统可以自动生成各级管理岗位 12 个月的《干部安全履责计划》，可以在风险管控履职中对照执行。干部安全履责计划如图 7 所示。

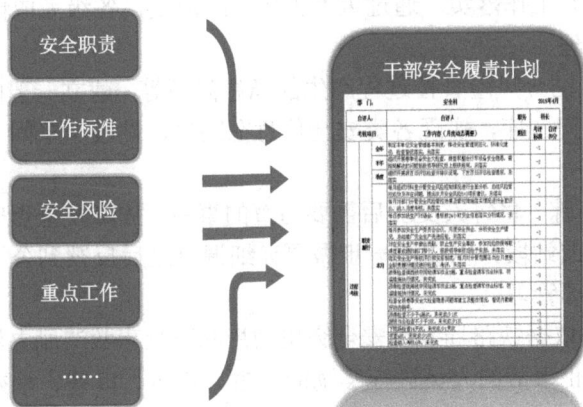

图 7　干部安全履责计划

（五）风险评价

通过《干部安全履责考核表》客观地执行与逐级考评，确保风险管控效果评价真实有效。考核内容包括：

（1）岗位基本职责落实。每名管理人员针对自己的岗位基本职责标准计划，逐项对照落实，每完成一项填记一项、销号一项，保证了工作的有序推进。岗位职责落实示意图如图 8 所示。

图 8　岗位职责落实示意图

（2）风险防控职责落实。每名管理人员现场检查时围绕自己负责管控的安全风险源点进行，通过填写"检查工作写实""检查信息单"，关联考核风险防控职责的完成情况，并通过手机刷 RFID 标签的"卡控"功能，确保履责真实性。

（3）重点（督办）工作落实。通过重点工作逐级派发，各级完成情况逐级提报确认。

二、隐患排查治理

（一）安全检查。结合风险管控过程产生的隐患问题等，建立一般隐患、重大隐患和外部环境隐患 3 个隐患问题库，实现各类安全信息在路局、站段、车间（班组）各级用户之间的闭环过程控制。

（二）重点信息追踪。将每天交班后需要追查的事故、故障及重点安全检查问题等信息整理下发到各业务部或站段，以便进一步做更详细调查之后反馈到公司安监室，实现重点信息的细化追查与闭环管理。

（三）安全奖励。依据铁路局发现安全突出隐患和防止事故奖励办法的有关规定，对发现安全突出隐患和防止事故的人员进行奖励的申报、核实、审签、承办等奖励信息处理流程管理。

（四）报表中心。生成"月度各站段安全风险考核统计表""月度铁路交通事故统计考核表""月度隐患治理分析表""高风险检查覆盖率"等相关统计分析图表，提供各项安全风险管理过程数据统计查询功能。

4 应用效果

系统自 2017 年 4 月在铁路局投入运用以来，为提升全局安全管理水平发挥了重要的作用，为构建人防、物防、技防"三位一体"安全保障体系奠定基础。

一、实现安全风险规范化和智能化管理。通过规范安全风险库，明晰风险管控责任；通过专项预警和过程预警等安全风险预警闭环管理实现安全风险预警管控；通过记录现场监督检查痕迹，进一步促进各级管理人员强化关键时段、关键岗位、关键环节的安全风险过程管控，从源头上防范假检查、假落实等问题发生。

二、加强了隐患排查治理。明确检查项目，确定检查定量，使隐患排查计划有序开展，规范安全隐患库，对安全隐患闭环治理进行全过程管控，实现安全隐患的处置跟踪、时限控制、重点盯控、处理留痕、多维度分析。

三、将干部履责与安全风险管控、安全隐患治理有机结合，规范干部履职考评究责。动态编制安全履职计划，将工作责任逐项分解到岗位，使每个岗位的干部工作有计划，每项工作的落实情况有据可查，为追溯履职过程、全面展现风险管控状况、客观公正考核提供了有利的技术手段。

四、安全管理的信息化、网络化、规范化，使安全管理和考核机制相结合，显著地提高了安全问题处理反馈效率和安全管控能力。系统通过对安全管理数据的智能分析和可视化展示，为各级领导提供安全监督管理，同时，辅助决策支持。

5 结语

安全风险管理是强化铁路安全基础的有效举措，是实现铁路安全发展的必由之路。结合铁路安全风险管理实践，将风险管理与规范干部履职行为有机融合，研究提出的系统建设目标、应用需求、总体结构、应用功能等为铁路安全风险管理信息系统的搭建提供了理论指导，系统的建设和运用取得了显著的应用效果，为提升安全风险管理工作的质量和水平，实现铁路安全风险控制发挥了重要作用。

参考文献

[1] 中国铁路总公司（铁总办[2016]199号）. 中国铁路总公司关于深入推进安全风险管理进一步提升安全工作水平的意见[S]，2016.

[2] 李速明，刘敬辉，马俊琦. 铁路安全风险管理现状及发展研究. 铁道技术监督，2017. 5:32-36.

[3] 张志科，刘敬辉. 铁路客运安全风险管理研究. 铁道运输与经济，2017.3(39):56-61.

[4] 关则彬. 铁路安全风险预警系统研究[J]. 铁道运输与经济，2017.12(39):49-54.

[5] 刘常军，马哲，雷涛. 铁路工程安全风险管控和隐患排查治理. 中国安全科学学报，2018.12(2):166-170.

[6] 马广林. 铁路安全管理七项制度在安全风险管理中的运用. 铁路技术创新，2017.2:100-103.

[7] 佘振国，宁静，关则彬. 铁路安全风险预警信息系统的研究与设计[J]. 铁路计算机应用，2017，26(2): 4-7.

[8] 宁静，关则彬，佘振国等. 风险量化模型在铁路安全风险预警中的应用. 铁路计算机应用，2018.4:51-54.

自适应交通信号控制评价方法研究及应用[1]

陈　蓓　俞春辉　马万经

（同济大学 交通运输工程学院 上海 201804）

【摘要】上海市积极推进交通信号控制的改善优化，目前有超 2000 个交叉口采用自适应形式的动态交通信号控制。各路口的交通控制水平需要进行科学、客观、全面的定量评价，以反映其实际应用效果。本文通过信号控制层面的问题剖析，针对单点和干线协调交叉口，分别建立了问题导向的交叉口信号控制评价指标体系，并基于多源数据对关键评价指标建立了计算模型。在此基础上，对智慧交通信号控制评价系统应用进行了设计和研发，基于 MVC 的开发模式，后端开发部署了数据处理、评价计算相关算法，前端设计完成了人机交互、结果可视化功能。研究成果可有效地为城市交通控制系统建设和升级提供决策依据，对于城市交通控制水平的提升具有十分重要的促进作用。

【关键词】自适应信号控制；评价方法研究；评价系统设计

Research and Application on Adaptive Traffic Signal Control Evaluation Method

Chen Bei, Yu Chunhui, Ma Wanjing

（Tongji University, College of Transportation Engineering, Shanghai 201804, China）

Abstract: Shanghai is actively promoting the improvement and optimization of traffic signal control, with more than 2000 intersections adopting adaptive traffic signal control. The traffic signal control level of each intersection needs to be evaluated scientifically, objectively and comprehensively in order to reflect its actual application effect.

基金项目：

1 自然科学基金委优秀青年基金：城市道路交通设计与优化（51722809）。

2 上海市青年科技英才扬帆计划/ Shanghai Sailing Program（19YF1451600）。

Through the analysis of the signal control problem, this paper proposed the problem-oriented signal control evaluation index system for isolated and coordinated intersection respectively, and established the calculation model for the key evaluation indexes based on multi-source data. Then the application of intelligent traffic signal control and evaluation system was designed and developed. Based on the MVC development mode, the back-end development deployed relevant algorithms of data processing and evaluation calculation, and the front-end design completed human-computer interaction and result visualization functions. This research can effectively provide decision-making basis for the construction and upgrading of urban traffic control system and play a very important role in promoting the level of urban traffic control.

Keywords: adaptive traffic signal control; evaluation method; evaluation system design.

1 引言

自 2017 年起,"城市道路交通文明畅通提升行动计划"在全国部署实施,着力提升城市道路交通治理能力现代化水平。近年来,公安部在全国部署"推进城市道路交通信号灯配时智能化和交通标志标线标准化"工作,上海市积极推进交通信号控制的改善优化,超 2 000 个路口采用 SCATS 系统,基于线圈流量检测和负反馈控制技术原理,实现了对交叉口配时方案的动态调整。各路口的交通控制水平需要进行科学、客观、全面的定量评价,以反映其实际应用效果,为城市交通控制系统建设和升级提供决策依据。

随着城市机动化水平的不断提高,道路交通对人们日常出行和社会经济活动的影响也在不断加大。交叉口既是城市交通运行的瓶颈,也是造成车流中断、延误严重的问题所在。有效的交叉口信号控制有助于降低车流延误、提升车流运行效率。因此,准确分析交叉口交通控制水平,判断其控制方案层面存在的问题,是交通控制方案改善和优化的基础,也是城市交通控制系统建设和升级的决策依据。如何根据不同的交叉口情况,差异化地选取指标,科学地建立评价体系,反映不同管理需求下交叉口信号控制的水平,对信号控制方案的改善和优化具有重大意义。

从多样化的检测数据提取交通状态特征参数,是进行交叉口评价的基础,交叉口评价指标大多从交通状态特征参数中选取,或者由基本的交通状态参数经过相关计算构成。目前基于固定检测数据对交通运行状态参数的计算包括交通流量[1]、排队长度[2]、延误[3]及行程时间[4]等。随着 GPS 技术的广泛应用,浮动车作为交通状态检测的新来源,在交通状态检测领域已受到了越来越高的关注度。许多学者利用轨迹数据,对交通运行状态参数进行估计,如利用轨迹数据估计交通流量[5]、排队长度[6]、延误[7]以及行程时间[8]等。针对固定检测数据与移动检测数据各自的优缺点,部分学者对两类数据进行融合,弥补了使用单一数据带来的不足,有效提高了交通运行状态参数的估计精度[9]。

在对交叉口进行评价的研究方面,国外以服务水平的评价为主,不同国家评价标准不同，多已形成本国的评价规范。美国对交叉口的研究多集中在服务水平划分上，在美国《通行能力手册》（HCM2000）中选取车辆延误指标评价信号交叉口，把交叉口的服务水平分为六个等级[10]。在德国，《通行能力手册》（HBS）对信号交叉口也采用了延误作为评价指标[11]。日本将本国研究成果编入《道路通行能力手册》，将饱和度指标作为服务水平的划分标准。苏联则根据车辆在路段上的实际行驶速度与车辆自由行驶速度之比即速度系数将信号交叉口服务水平分为四个等级[12]。加拿大要通过通行能力、排队及其他运行和环境（油耗，成本或排放）三大类指标进行交叉口运行评价[13]。

我国目前没有形成统一的评价规范，面向国内交叉口运行现状及特征，我国学者在评价指标的选取时更加丰富和多样化，除了基本的交通状态特征参数（流量，行程时间，延误，排队长度），还考虑了停车次数[14]、二次停车率[15]、驾驶员感受[16]、交叉口受阻车辆比[17]等指标。现有研究在数据驱动下对交叉口进行评价时，尽管评价指标和方法均呈现多样化的趋势，其评价结果更多体现的是交叉口的交通状态或运行效果，并不能体现信号控制方案的真实水平及其优化潜能，也并未考虑自适应控制的动态系统与传统定时控制的差异。

本文首先在数据驱动下对自适应信号控制评价方法进行研究，并在此基础上进行了应用系统的设计。在科学合理的理论方法指导下，通过标准化、自动化、智能化应用系统来协助管理者，可进一步提升信号评价效率、扩大智慧信号灯的应用范围。最后，本文选取了上海市部分交叉口，基于实际数据对其信号控制水平进行了评价和结果分析。

2 评价方法研究

本研究以上海市基础路网信息、出租车轨迹数据、SCATS 线圈数据（包括流量数据和动态信号配时数据）等为数据基础，对其进行了标准化处理与结构化存储设计，并从单点信号控制、干线协调控制两个层面出发，提出了面向上海自适应交通信号控制系统应用评价方法。

2.1　数据结构设计

自适应交通信号控制评价，涉及大量数据的管理与利用，需要将数据有效地组织起来。其中，反映交通运行情况的主要数据来源是车辆轨迹数据和 SCATS 系统中的线圈数据，交通运行数据字段如表 1 所示。

表 1　交通运行数据字段

车辆轨迹数据		SCATS 线圈数据	
字段	说明	字段	说明
Date	日期	FSTR_STARTTIME	相位开始时间
Time	时间	FSTR_DETECTORID	检测器编号
Vehicle ID	车辆编号	FSTR_PHASIC	相位号

续表

车辆轨迹数据		SCATS 线圈数据	
字段	说明	字段	说明
Longitude	经度	FINT_PHASICLENGTH	相位时长
Latitude	纬度	FINT_FLOW	流量
Carry	是否载客	FFLT_SATURATION	饱和度
Direction	方向角	FINT_CONVERTFLOW	折算流量
Speed	瞬时速度	FINT_MAXFLOW	小时最大流量
District	区域	FINT_GREENTIME	绿灯时长

数据结构是评价算法设计和系统应用设计的基础,合理的数据结构有助于形成系统化、结构化的信息库,方便规范化的读取和写入。根据对评价所需的各类信息的明确分类,基于面向对象的思想,主要存储了四大类数据,数据对象关系如图 2-1 所示。

(1)道路基本信息:交叉口、路段、车道、转向方案、信号方案、相位;

(2)协调控制信息:协调单元、协调方案、协调流向、相位差;

(3)交通运行信息:轨迹来源、轨迹数据、线圈设备、线圈数据、信号执行数据;

(4)评价结果信息:单点交叉口评价、流向评价结果、相位评价结果、交叉口评价结果、干线;

(5)交叉口评价、协调交叉口评价结果、协调路段评价结果、协调方案评价结果、问题诊断等。

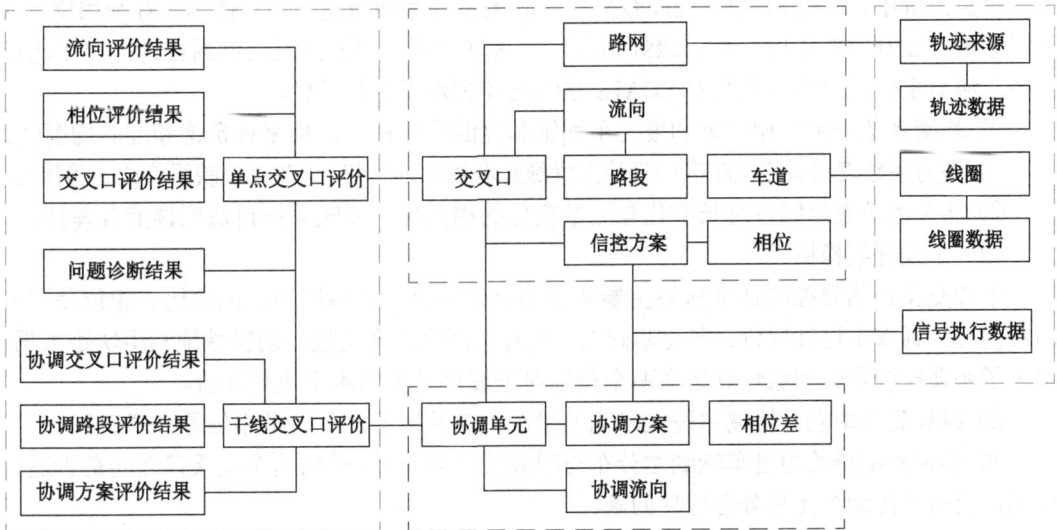

图 2-1 数据对象关系

2.2 评价方法研究

面向 SCATS 自适应信号控制系统,基于信号控制评价层面的问题剖析,分别建立了单点与干线交叉口的信号控制评价指标体系,对单点、干线交叉口信号配时的现存问题进行评价与诊断。单点交叉口信号控制评价体系主要从两个方面对信号控制水平进行评价：① 绿灯时长是否合理；② 周期时长是否合理。干线交叉口信号控制评价体系主要从四个方面对信号控制水平进行评价：① 公共周期合理性，② 绿信比合理性，③ 相位差合理性，④ 协调单元划分合理性。自适应交通信号控制评价体系图 2-2 所示。

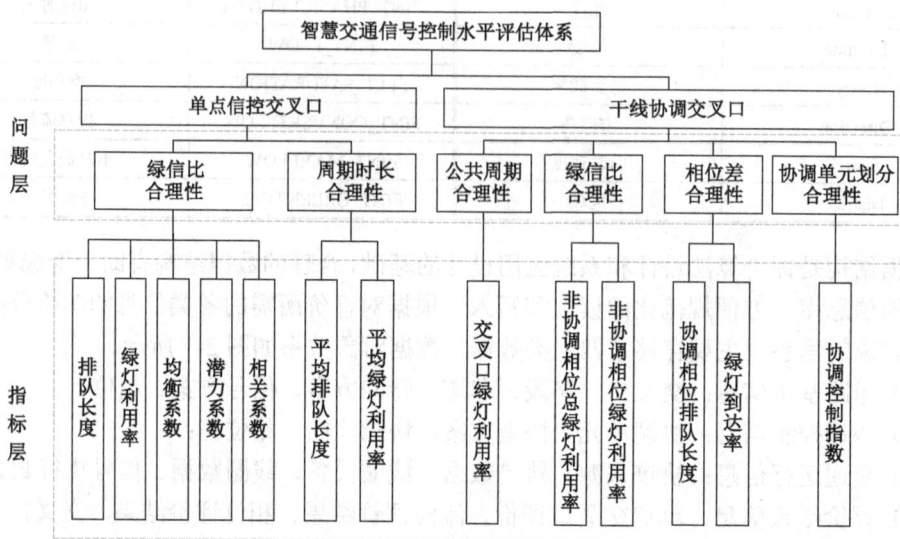

图 2-2　自适应交通信号控制评价体系

（1）单点评价指标

单点评价中，通过 SCATS 线圈数据中实际流量与饱和流量之比，作为绿灯利用率，反映绿灯被有效利用的程度。基于绿灯利用率，从时空两个层面出发，创新性地提出了均衡系数、潜力系数以及相关系数对 SCATS 系统的控制水平进行评价。

① 均衡系数表示该相位饱和度与平均饱和度的接近程度，用来评价饱和度的均衡性。

② 潜力系数表示该相位距离的理论最优绿灯利用率的可优化空间，反映绿信比改善潜力。

③ 相关系数表示绿灯时长变化与流量变化的相关性，反映系统自适应调节合理性。

（2）干线评级指标

干线交叉口信号控制评价体系主要从协调单元划分、公共周期、绿信比、相位差四方面对信号控制水平进行评价。在此基础上，从时空两个层面出发，创新性地利用轨迹数据，提出了协调控制指数和绿灯到达率两个指标对干线协调控制水平进行评价。

① 绿灯到达率表示协调路段上车辆被绿波覆盖的情况，反映了相位差合理性；

② 协调控制指数通过车辆到达分布与绿波的协调情况，评估两个交叉口之间是否适合协调，反映了协调单元划分合理性问题。

3 评价系统设计

为了实现理论方法向实际应用的转化，在评价方法的基础上，结合数据处理与结果可视化需求，进一步设计开发了自适应交通信号控制评价系统。

3.1 系统整体架构

系统基于 MVC 的开发模式，利用 Python、JavaScript、HTML 和 CSS 语言，集成数据库、地图路网、可视化图表等。功能层面，针对单点和干线交叉口，实现基础信息录入、运行现状评价两大主体功能。在进行功能实现时，将系统分为前端与后端，系统后端主要实现数据处理、评价计算等相关算法的部署，前端主要实现和用户的交互、结果的展示等方面，自适应交通信号控制评价系统基本架构如图 3-1 所示。

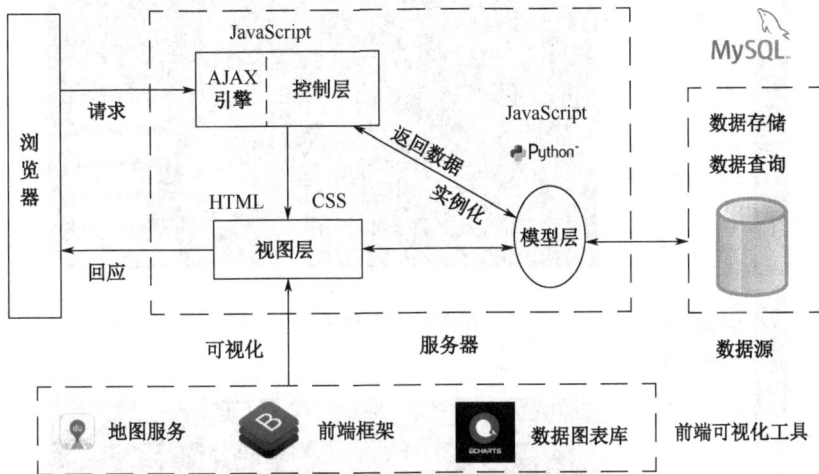

图 3-1　自适应交通信号控制评价系统基本架构

3.2 功能模块设计

自适应交通信号控制评价系统的前端主要模块应用设计功能要点如下：

（1）区域结果概览

系统基于区域地图，对系统中所录入和评价的交叉口进行宏观结果的展示和概览，方便使用者从区域层面的评价情况进行查看，快速定位到问题交叉口，直观地得到评价分数与诊断结论，并提供了进一步查看评价详情的入口。同时，提供了时间轴选择、空间智能检索，使用者可在较大的区域中快速锁定目标交叉口及时段。单点/干线交叉口区域结果页面如图 3-2 所示。

（2）基础信息录入

系统通过快捷的用户交互界面设计与开发，实现了包括交叉口基础类型、渠化设计、信控方案等多方面信息的快速录入，以及干线协调单元的关联选择、协调方案录入等功能。前端的数据录入图形化的界面提高了用户友好性，后端根据数据结构设计与标准化处理结果，将相关数据自动进行关联与管理。同时，基于地图可进行不同交叉口对象间的快速切换，方便使用者的编辑与查看。单点/干线交叉口基本信息页面如图 3-3 所示。

（3）评价结果展示

系统在评价结果的详情展示中，既包括了当前交叉口关键的基础信息，同时重点展示了控制效果评价和诊断问题优化潜能。后端运行对应算法，进行相关指标的计算，并存储结果供前端调用；系统前端从时间和空间等多个维度，考虑单点和干线交叉口信号评价指标的特点，选取了合适的可视化形式，立体化展示运行现状与评价结果。单点/干线交叉口评价结果页面如图 3-4 所示。

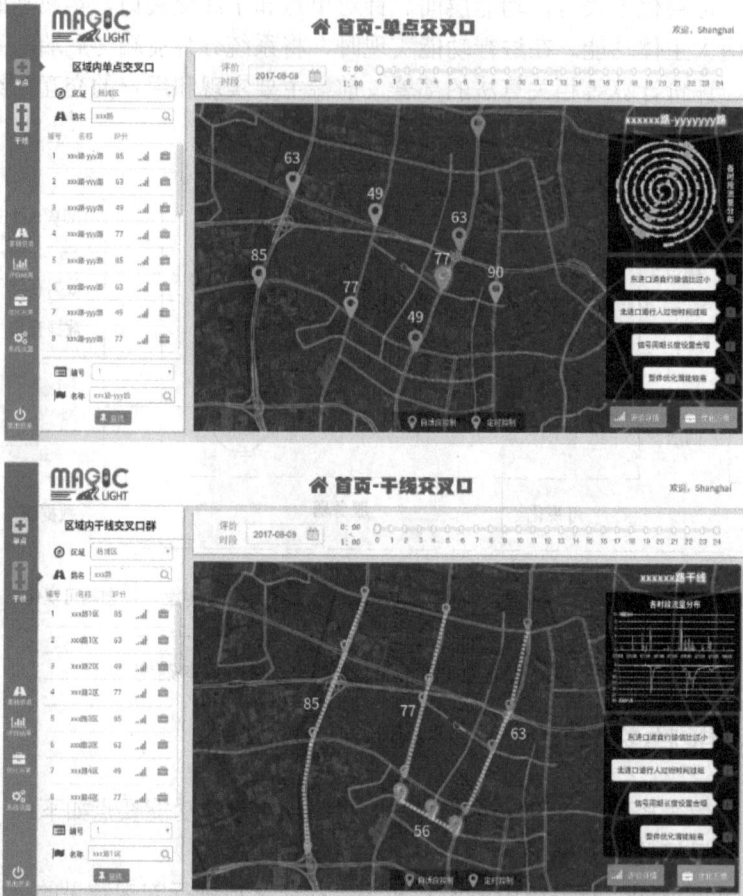

图 3-2　单点/干线交叉口区域结果页面

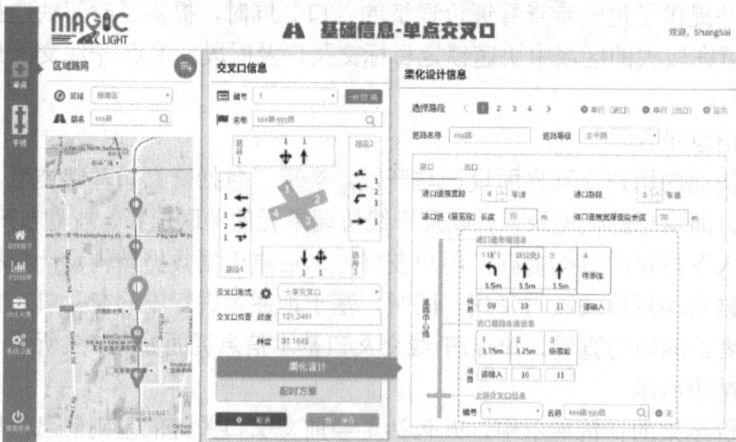

图 3-3　单点/干线交叉口基本信息页面

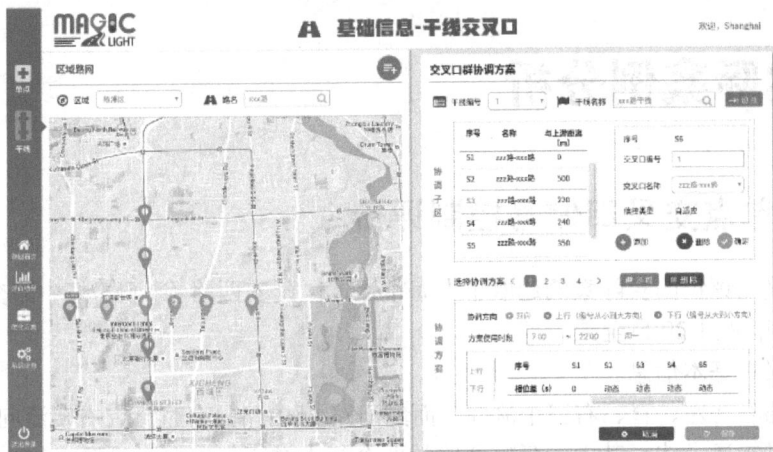

图 3-3 单点/干线交叉口基本信息页面（续）

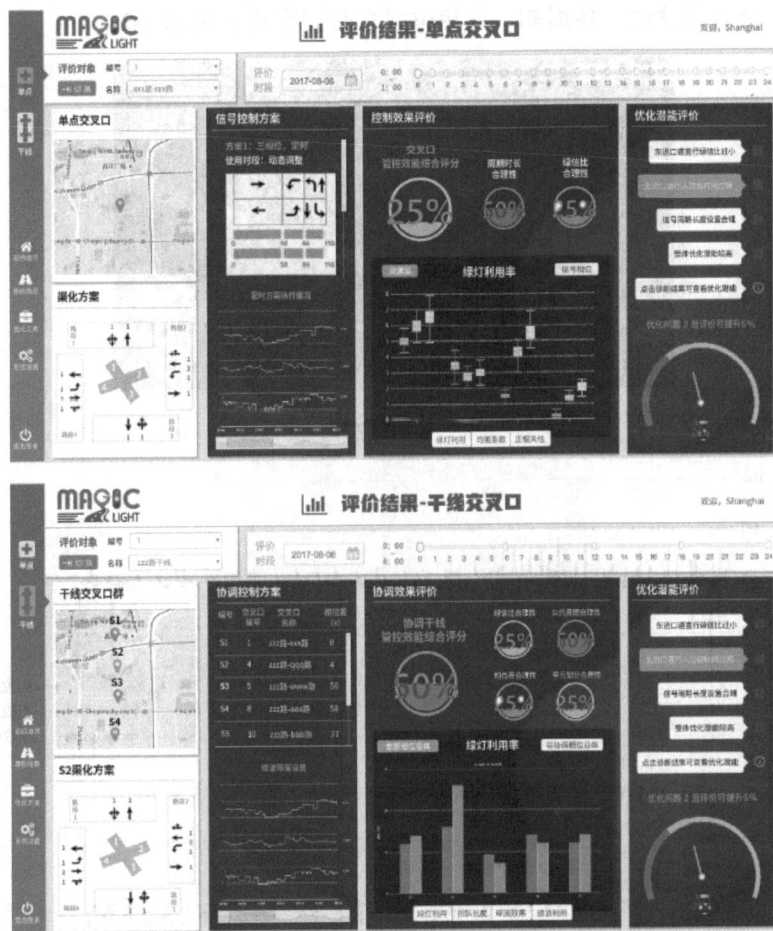

图 3-4 单点/干线交叉口评价结果页面

4 实际案例分析

4.1 单点交叉口信号控制评价

单点交叉口评价的实际案例选取了上海市徐汇区延安西路-剑河路/虹中路交叉口,评价时段为 2018 年 8 月 29 日全天。

(1) 交叉口基本信息。

延安西路存在左、直、右三个流向,而剑河路/虹中路只有直行、右转流向。四个路段均设有行人过街斑马线,其中,延安西路的两个行人过街有安全岛设置。该交叉口为三相位交叉口。SCATS 路口图参见图 4-1;其中,SCATS 系统是动态配时方案,因此不同周期的各相位时长会有所波动。各周期、各相位绿灯时间变化参见图 4-2。

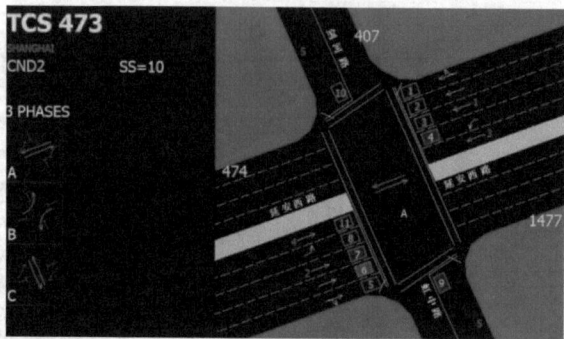

图 4-1　SCATS 路口图

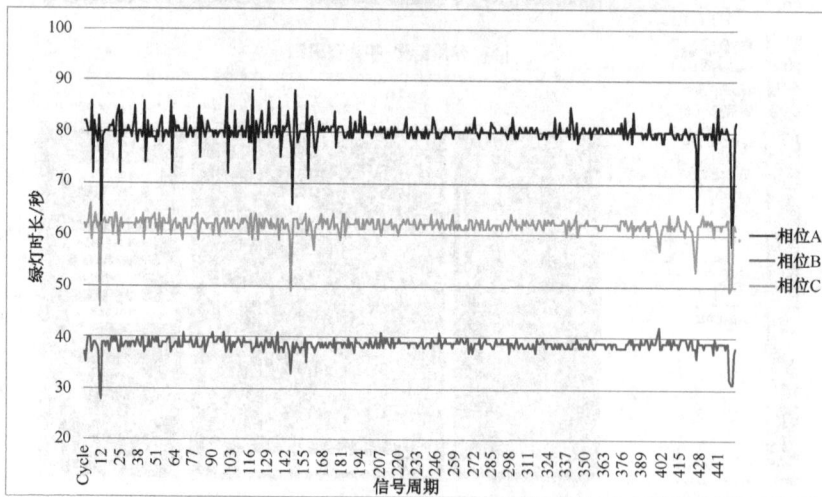

图 4-2　各周期、各相位绿灯时间变化

(2) 绿灯利用率。

经计算,绿灯利用率在一天中呈现出较大的波动性与规律性,其数值呈现与早晚高峰对应的双峰分布。其中，相位 A、相位 B 的绿灯利用率较为接近，但其数值高峰均在 0.6 左右，判断其通行能力还有利用的空间。相位 C 的绿灯利用率在高峰时期利用率最高，能够达到 0.9 及以上，可见该相位的通行能力得到了充分的发挥，见图 4-3。

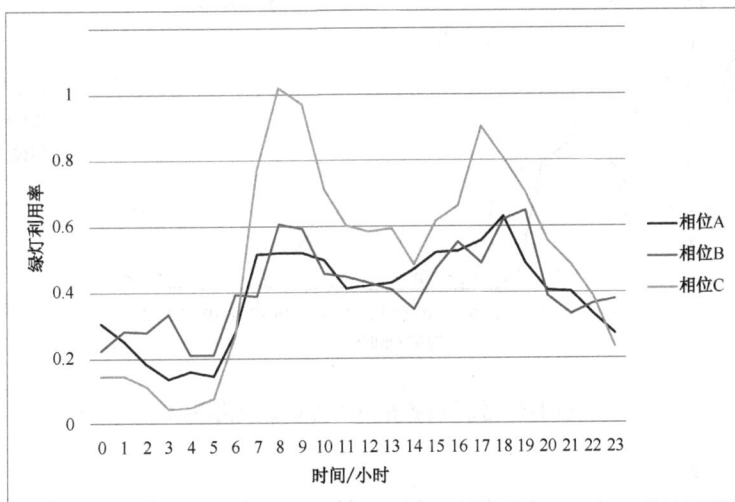

图 4-3　全天内各相位绿灯利用率变化情况

（3）均衡、潜力系数。

全天内各相位均衡系数变化情况如图 4-4 所示。全天内各相位潜力系数变化情况如图 4-5 所示，计算可知，相位 A 的均衡系数全天均超过 0.6，相位 B 普遍时间在 0.5 以下，相位 C 在全天呈现出较大的波动性，可见相较于相位 B 和相位 C，相位 A 的绿信比设置更为合理。各个相位的潜力系数在凌晨车辆较少的时段比较大，与实际交通需求的波动一致。其中，相位 A 的交通流量最大，该相位的潜力系数普遍较小，可见通行潜力挖掘的较为充分；尽管相位 B/C 的交通流量较小，其潜力系数也较小，可见绿信比与流量相匹配，潜力挖掘也相对充分。

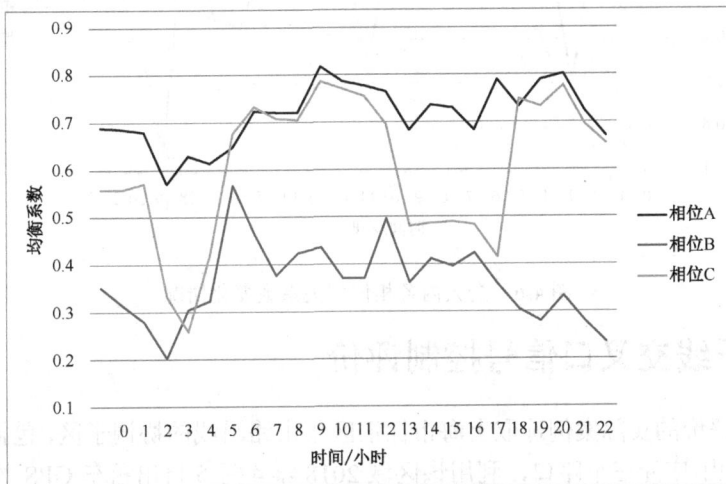

图 4-4　全天内各相位均衡系数变化情况

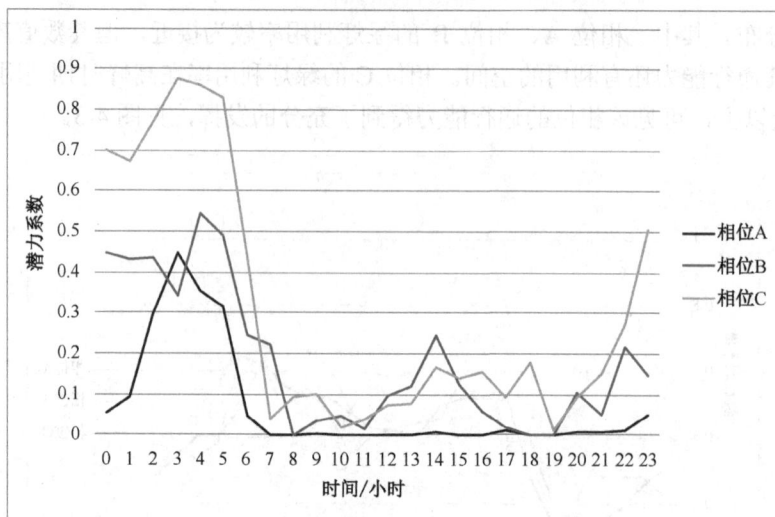

图 4-5　全天内各相位潜力系数变化情况

（4）相关系数。

通过计算相关系数可知，各个相位绿灯时长变化与流量变化的相关性均较弱。各个相位都有较多的负值，这说明其动态调整策略有很多时间是与需求变化趋势相反的。该信号控制交叉口可能与其他交叉口干线协调，原始配时方案时长范围约束较强，因此根据现状交通需求动态调整幅度不大。全天内各相位相关系数变化情况参见图 4-6。

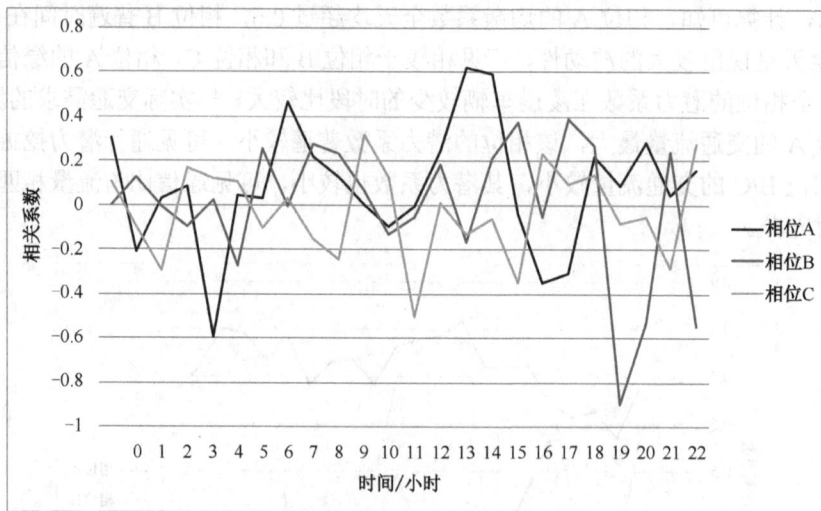

图 4-6　全天内各相位相关系数变化情况

4.2　干线交叉口信号控制评价

干线协调评价的实际案例选取上海市徐汇区华山路沿线的协调子区，包括：华山-淮海、华山-康平、华山-广元三个路口，利用该区域 2018 年 4 月 5 日出租车 GPS 数据进行计算。华山路沿线交叉口如图 4-7 所示，路网与车辆轨迹点匹配如图 4-8 所示。

图 4-7　华山路沿线交叉口

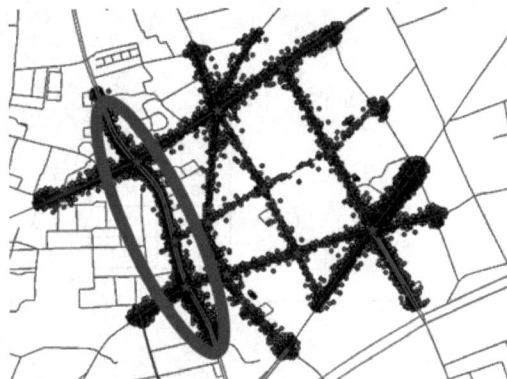

图 4-8　路网与车辆轨迹点匹配

（1）协调控制指数。

计算各路段车辆的行程时间，绘制行程时间分布图，路段车辆行程时间分布图及协调控制指数计算结果如图 4-9 所示。可以看出，实际路段的行程时间分布相对较为离散，但由于交叉口绿灯时长较大，可允许的车辆离散程度也较大。各个路段的协调控制指数均较小，故认为该协调子区划分较为合理。

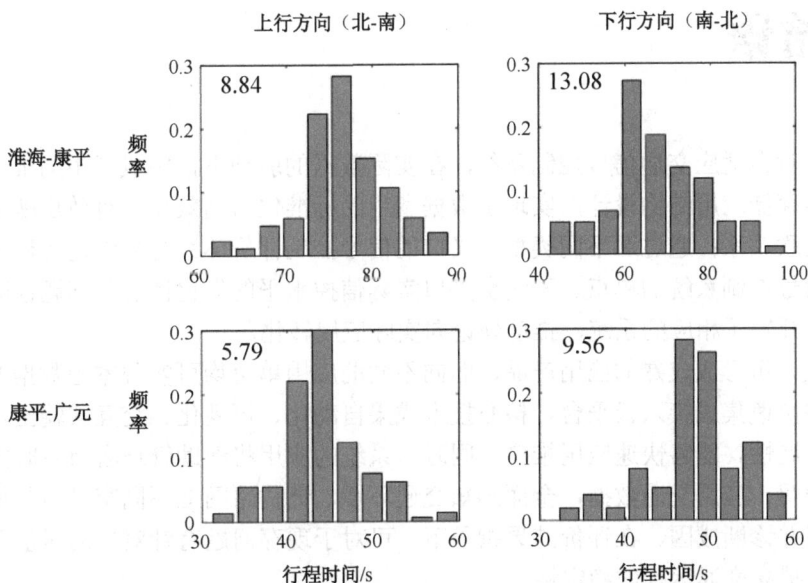

图 4-9　路段车辆行程时间分布图及协调控制指数计算结果

（2）绿灯到达率。

计算各交叉口间协调路段的绿灯到达率，整体评分较高，说明相位差方案较合理。进一步分析各个路段的绿灯到达率评分，可以看出下行方向总体评分高于上行方向，说明上行方向仍有一定的提升空间。华山路沿线绿灯到达率及评分计算结果参见图 4-10。

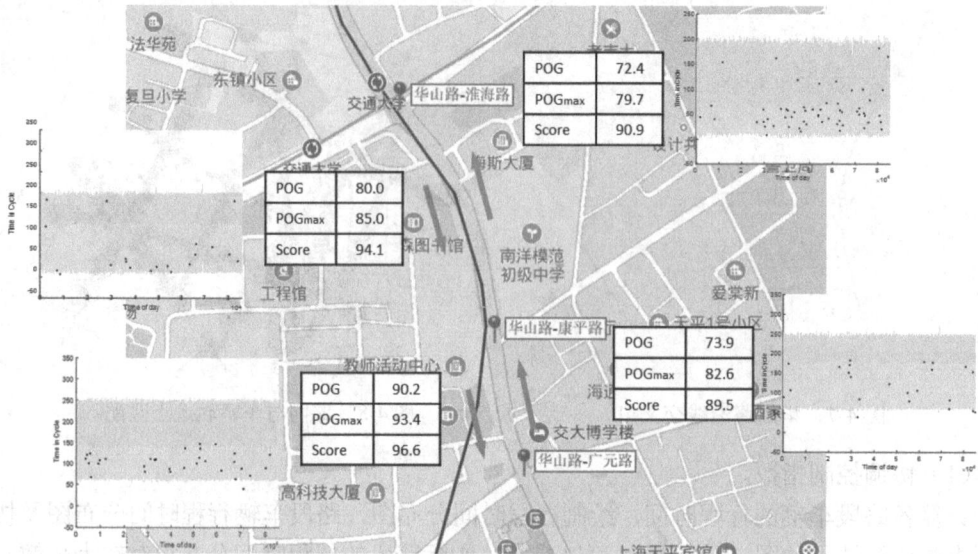

图 4-10　华山路沿线绿灯到达率及评分计算结果

5 结语

　　本文针对自适应交通信号控制系统，在实际数据的驱动下，完成了不同维度多源交通数据的科学存储应用结构设计，实现了数据利用的标准化与高效化，有效反映了不同维度数据间的关联关系；通过对不同类型交叉口的信号控制评价体系与方法进行研究，实现了对自适应信号控制系统的单点、干线交叉口实际信控水平的量化评价与问题诊断。此外，进一步设计开发了相应的系统，推动理论向实际应用转化。

　　研究成果可形成成熟的应用产品，面向不同的应用单位均可实现本地数据的标准化、规范化，并快速集成接入云平台，核心技术成果自动化、可视化、交互式输出，具有较强的复制和扩展性，能够快速应用推广。同时，系统的应用将帮助管理者节省时间与精力的同时深入理解、应用交通数据，全面感知交通环境，评估路网上不同交叉口的信控水平、识别问题点并诊断成因。在评价结果指导下，可对于现存问题有针对性的对症下药，改善交通环境，提高交通运行的稳定性。

参考文献

[1]　Kwon J, Varaiya P, Skabardonis A. Estimation of truck traffic volume from single loop detectors with lane-to-lane speed correlation[J]. Transportation Research Record: Journal of the Transportation Research Board, 2003 (1856): 106-117.

[2]　Bezuidenhout J, Ranjitkar P, Dunn R. Estimating queue size from single loop detector data. 20th ITS World Congress Tokyo, 2013.

[3]　Zheng J, Ma X, Wu Y, et al. Measuring Signalized Intersection Performance in Real-Time With Traffic Sensors[J]. Journal of Intelligent Transportation Systems, 2013, 17(4): 304-316.

[4]　谢方方. 基于视频检测系统的城市道路交通状态估计[D]. 济南：山东大学，2015.

[5]　Zheng J, Liu H X. Estimating traffic volumes for signalized intersections using connected vehicle data[J]. Transportation Research Part C Emerging Technologies, 2017, 79:347-362.

[6]　Hiribarren G, Herrera J C. Real time traffic states estimation on arterials based on trajectory data[J]. Transportation Research Part B Methodological, 2014, 69(69):19-30.

[7]　Wang H, Zhang G, Zhang Z, et al. Estimating control delays at signalized intersections using low-resolution transit bus-based global positioning system data[J]. Intelligent Transport Systems, 2016, 10(2):73-78.

[8]　廖孝勇，王鑫，王珂莉等. 基于小样本公交浮动车数据的路段行程时间计算方法研究[J]. 科技视界，2014(36):20-21.

[9]　Comert G. Effect of stop line detection in queue length estimation at traffic signals from probe vehicles data[J]. European Journal of Operational Research, 2013, 226(1):67-76.

[10]　Washington D . Highway capacity manual[M]. Transportation Research Board, National Research Council, 1985.

[11]　Lemke K. The New German Highway Capacity Manual (HBS 2015)[J]. Transportation Research Procedia, 2016, 15:26-35.

[12]　王炜，过秀成. 交通工程学[M]. 南京：东南大学出版社，2000.

[13]　Etal D.R. Canadian capacity guide for signalized intersections[M]. Institute of Transportation Engineers, District 7, 2012.

[14]　孙明正，吴志周，杨晓光. 城市道路平面交叉口交通设计评价系统设计与开发[J]. 交通信息与安全，2003，21(1):23-26.

[15]　钱寒风，林航飞，袁文平等. 上海中心城平面交叉口评价系统研究[J]. 中国市政工程，2005(06):68-70.

[16]　王爽，周彤梅. 信号控制交叉口服务水平的评价方法研究[J]. 中国人民公安大学学报：自然科学版，2007，13(3):77-79.

[17]　袁晶矜，袁振洲. 信号交叉口服务水平评价体系指标的分析及应用[J]. 公路交通技术，2006(4):145-149.

大中型客车侧翻重大事故特征及伤亡影响研究

魏 然 李 毅 张 超 李平凡 苏 森

（公安部交通管理科学研究所，无锡 214151）

【摘要】大中型客车侧翻事故隐患复杂、后果严重，研究大中型客车侧翻事故的特征与伤亡规律对于科学预防该类事故发生，降低客车乘员在重特大事故中的伤亡风险具有重要意义。本文针对 2012 年至 2017 年间的事故统计数据，研究大中型客车侧翻重大事故的统计特征，分析了事故中落差、车速与事故频次的分布；利用回归分析研究了落差、车速与事故致死率的关系及其置信空间；最后利用方差分析等多元统计方法，计算了落差、车速及侧翻形态等因素的灵敏度，并进行了大中型客车侧翻重大事故致死率的参数影响分析。研究表明侧翻形态对致死率的影响最大，且车速为70km/h、环境落差为 15m 的区间内大中型客车侧翻重大事故的致死率最高。研究可为车辆安全设计以及客车安全运营等提供指导。

【关键词】大中型客车；侧翻事故；重大事故；事故特征；伤亡分析

Research on Casualty Effects and Characteristics of Large and Medium-sized Bus in Rollover Major Accident

Wei Ran, Li Yi, Zhang Chao, Li Pingfan, Su Sen

(Traffic Management Research Institute of the Ministry of Public Security, Wuxi 214151, China)

Abstract: Aiming at the characteristics of complex and serious consequences of Large and Medium-sized Bus in Rollover Major Accident (LBRMA), it is necessary to study the casualty effects and statistical characteristics of LBRMA in order to reduce the casualty risk of passengers. Firstly, this paper studied the LBRMA statistical characteristics based on the major accident data from 2012 to 2017, and analyzed the distribution rule of rollover height, vehicle speed and accident frequency in LBRMA. Secondly, the relationship between rollover height, vehicle speed and accident fatality rate were established by using regression analysis. Finally, the parameter sensitivities of rollover height, vehicle speed and rollover form were studied by variance analysis and multivariate parameter statistical methods. The studies have shown that casualty effect of rollover form is the primary parameter, and when the vehicle speed is 70km/h, and rollover height is 15m, the accident fatality rate reaches the peak value. The research can provide technical guidance for vehicle safety design, safety development and bus safety operation.

Keywords: Large and Medium-sized Bus; rollover accident; Major accident; accident characteristics; casualty analysis.

1 引言

道路交通重特大道路交通事故的事故致因复杂、后果严重，同时还具备偶发性、潜伏性、因果联系性、不可逆性、突然性等事故特征[1]。我国的客车在交通事故中的占比较高[2]，近年来大中型客车（包含车长 6m 以上的客车）的重大事故凸显，例如陕西"2017.8.10"事故、内蒙古"2017.4.29"事故等典型大中型客车的重大事故带来了重大的人员伤亡和重大财产损失。大中型客车的安全性不容忽视，在大中型客车众多事故形态中，侧翻事故往往造成群死群伤的严重后果[3]，车辆滚翻、坠崖的事故约占重大事故总数的一半[4]。然而我国大中型客车的事故特征、事故类型复杂，现有的客车安全性试验标准与实际事故存在较大差异。为了降低客车乘员在重特大事故中的伤亡风险，研究大中型客车的重大事故统计特征非常必要。

国内外学者在客车事故特征方面开展了大量研究。申艳军[5]对我国公路隧道运营期交通事故整体特征及伤亡状况进行了研究，统计分析了各因素对事故伤亡影响权重；Sam[6]对加纳在 2011 至 2015 年间的客车事故进行了统计分析，探讨了道路环境、事故时段、酒驾、行人等参数对事故严重程度的影响，最终为客车事故预防提供策略；苏奎[7]对近 10 年的重大交通事故进行了分析，研究了客车交通事故的特点和原因，并提出了提升客车交通安全的系列措施；吴光耀[8]对上海的 43 起客车事故进行了深度分析，并利用 Pc-Crash 对此类事故进行了重建，总结了客车事故特征，为客车乘员约束系统的设计提供了参考。以上研究探讨了客车事故的统计分析方法，并对客车事故统计特征分析的应用提供了较好思路，但针对大中型客车侧翻重大事故的特征及其伤亡规律研究报道并不多见。

本文针对 2012 年至 2017 年间的国内重大交通事故数据，利用回归分析、方差分析等多元统计方法，研究大中型客车侧翻重大事故的统计特征、伤亡规律及影响因素。

2 大中型客车侧翻重大事故统计分析

为了研究大中型客车的事故特征,针对近年来的大中型客车道路交通重大事故的频次、死亡人数、车速、落差等关键参数进行统计。数据来自公安部交通管理局发布的《道路交通事故统计年报》、国家安监总局公布的重大事故调查报告。

2.1　大中型客车重大事故统计

2012 年至 2017 年,全国共发生重大道路交通事故 86 起,造成 1297 人死亡,1222 人受伤,其中大中型客车重大道路交通事故 40 起,造成 649 人死亡,749 人受伤。如图 1 所示,重大事故的数量与死亡人数呈逐年下降趋势,且下降趋势明显;但 2012 年至 2017 年间大中型客车重大事故的数量与死亡人数的数据具有波动性,2013 年以后的数据并没有出现下降的趋势。说明大中型客车在重大事故中的占比逐年上升,至 2017 年,大中型客车重大事故死亡人数占重大事故死亡总数的 81.3%。大中型客车重大事故数量与死亡人数参见图 1。

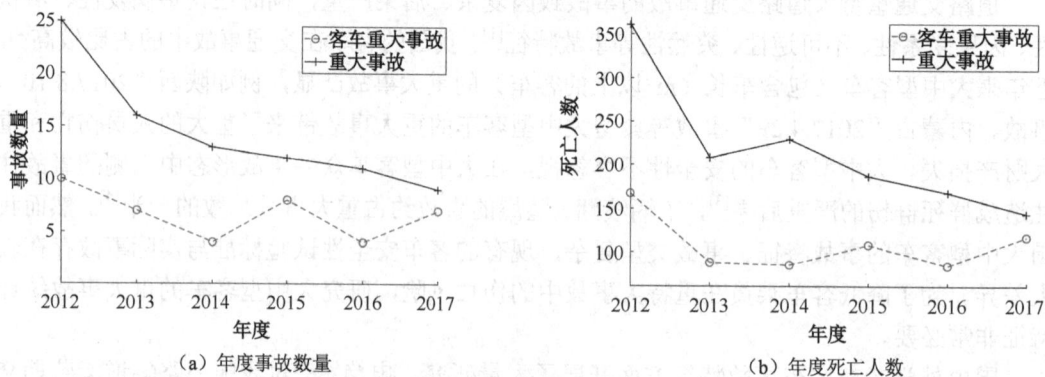

图 1　大中型客车重大事故数量与死亡人数

2.2　大中型客车侧翻重大事故统计

大中型客车重大事故中包含正面碰撞、侧翻（包含坠车）、失火等事故形态。2012 年至 2017 年间,大中型客车侧翻重大事故数量为 22 起,占大中型客车重大事故总数的 55%。大中型客车侧翻重大事故数量与死亡人数如图 2 所示,侧翻事故在大中型客车重大事故中有较高的占比,且其年度事故数量、死亡人数有近似的波动趋势。因此,每年的大中型客车侧翻事故形态直接影响了大中型客车重大事故的趋势。

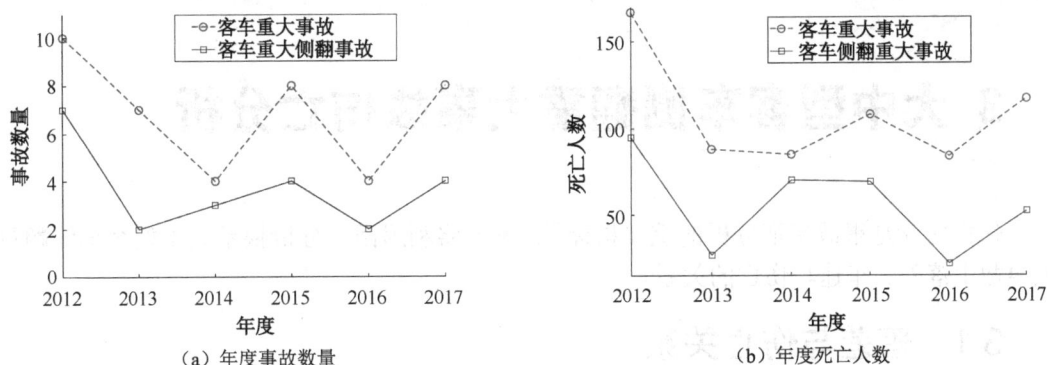

(a) 年度事故数量　　　　　　　　　　(b) 年度死亡人数

图 2　大中型客车侧翻重大事故数量与死亡人数

2.3　大中型客车侧翻重大事故频次分布

对侧翻重大事故的落差、车辆速度分别进行单因素频次分析。筛除 2014.8.18 事故（环境落差为 137m）、2013.2.2 事故（环境落差为 125m）后，分析落差在 40m 内的大中型客车侧翻重大事故频次，如图 3（a）所示，根据落差与事故频次的概率密度函数，侧翻事故的环境落差大概率集中在 10 米内。其中，2 米落差的事故概率最高，其事故频次的概率是 20 米以上落差事故的 5 倍。

图 3（b）为大中型客车的车速与侧翻重大事故频次分布及概率密度函数，2012 年至 2017 年的大中型客车侧翻重大事故的车速整体分布较均匀，侧翻事故车速为 60km/h 的事故频次较集中，但其频次概率与其他车速分布相差不大。

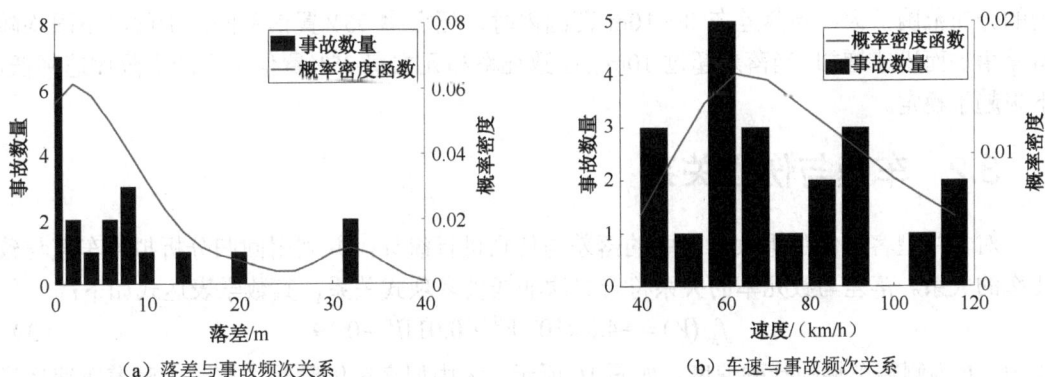

(a) 落差与事故频次关系　　　　　　　(b) 车速与事故频次关系

图 3　大中型客车侧翻重大事故频次分布

综上，根据 2012 年至 2017 年的数据统计，大中型客车重大事故在重大事故中的占比逐年升高；侧翻事故形态对大中型客车重大事故的趋势影响较大，因此，针对大中型客车侧翻事故分析非常必要。根据大中型客车侧翻重大事故频次分析，其环境落差大概率集中在 10 米内；侧翻事故的车速整体分布较均匀，对事故影响较小。

3 大中型客车侧翻重大事故伤亡分析

伤亡情况是事故特征分析的重要指标[9]，本章将利用回归分析揭示大中型客车侧翻重大事故中落差、车速与伤亡的关系。

3.1 落差与伤亡关系

为了深入剖析落差、车速等因素的事故致因，引入致死率 f_M：

$$f_M = \frac{n_d}{n_d + n_i} \tag{1}$$

式中，n_d 为该事故中的死亡人数，n_i 为受伤人数。筛除落差 100m 以上、碰撞对象为固定物等特殊事故后，对大中型客车侧翻重大事故中的落差与伤亡进行统计，并利用回归分析拟合落差与致死率的关系。落差与致死率的关系符合幂函数的非线性规律，其数学表达式如下：

$$f_M(H) = -0.46 \times H^{-0.2} + 0.74 \tag{2}$$

式中，H 为该事故中侧翻车辆的环境落差。如图 9 所示，在 0～10m 的环境落差区间内，死亡率和致死率随落差迅速增加；当落差超过 10m 后，死亡率和致死率增速减缓。利用 95% 置信空间可得到大中型客车侧翻重大事故中不同环境落差下致死率范围（落差与 95% 置信区间致死率关系见表 1）。环境落差多为 10m，当落差大于 15m 后，事故案例减少，置信区间的分布范围扩大；当落差在 0～10m 范围内时，死亡率 95% 置信空间的上限与下限均随落差增加而迅速增加；当落差超过 10m 后，致死率和死亡率 95% 置信空间的上限增速降低，下限趋于稳定。

3.2 车速与伤亡关系

对大中型客车侧翻重大事故中的落差与伤亡进行统计，并利用回归分析拟合车速与致死率的关系。落差与致死率的关系符合二次非线性多项式关系，其数学表达式如下：

$$f_M(V) = -4.8 \times 10^{-5} V^2 + 0.011V - 0.19 \tag{3}$$

式中，V 为侧翻车辆的行驶速度。如图 10 所示，大中型客车侧翻重大事故中随着车速递增致死率递增，当车辆速度超过 100km/h 后，致死率增速减缓。利用拟合获取的 95% 置信空间可得到大中型客车重大事故中不同车辆速度下的致死率范围（车速与 95% 置信区间致死率关系见表 2）。由于大中型客车的限速要求，超过 100km/h 的事故较少，由于样本量较少，100km/h 以上的置信空间范围较大。

表1　落差与95%置信区间致死率关系

环境落差/m	致死率
0.5	0.08～0.39
5	0.28～0.49
10	0.35～0.55
15	0.38～0.61
20	0.39～0.67
25	0.40～0.72
30	0.40～0.77

表2　车速与95%置信区间致死率关系

车辆速度/（km/h）	致死率
50	0.12～0.34
60	0.21～0.36
70	0.26～0.40
80	0.30～0.44
90	0.33～0.46
100	0.34～0.48
110	0.30～0.53

4 大中型客车侧翻重大事故伤亡影响因素分析

以上研究分析了车速、落差与伤亡之间的单因素影响关系，为了进一步分析环境落差、车辆速度对大中型客车重大事故伤亡的协同影响，本章将利用等值线云图、多元回归分析等统计方法研究大中型客车侧翻重大事故伤亡的影响因素。

4.1　落差与车速对伤亡的协同影响

利用多元回归分析描述大中型客车侧翻重大事故中的落差与车辆速度协同影响，图6是环境落差-车辆速度的致死率等值线云图，图中右侧的标尺代表事故中的致死率，致死率的峰值出现在图片中部，即车辆速度约70km/h、环境落差15m区间的大中型客车侧翻重大事故的致死率最高。

这与车速与伤亡关系的研究结论（参见图5）相同，大中型客车车速达到100km/h的事故较少，且该区域的事故致死率在速度上升至70km/h时已经达到了较高的水平，进一步说明了车速对大中型客车侧翻重大事故的影响较小。图4为落差与致死率关系示意图。

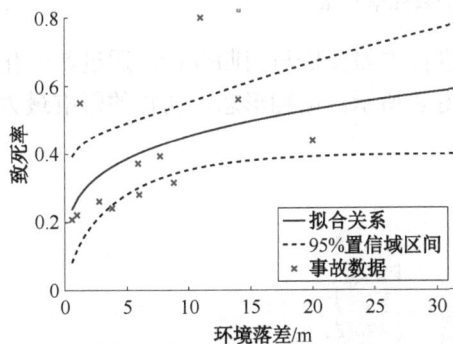

图4　落差与致死率关系

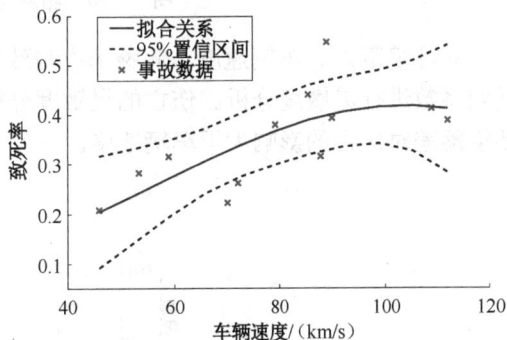

图5　车速与致死率关系

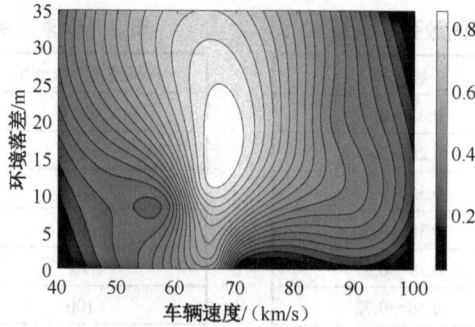

图6 环境落差-车辆速度的致死率等值线云图

4.2 伤亡影响因素灵敏度分析

本节将探讨环境落差、车辆速度、客车侧翻形态对大中型客车侧翻重大事故中的伤亡的参数影响。首先将大中型客车的侧翻形态分为90°侧翻和仰翻两种形态，并对不同落差环境下的90°侧翻、仰翻事故的死亡率进行曲线拟合。如图7所示，仰翻事故拟合关系的斜率明显大于90°侧翻事故，则仰翻形态更容易导致大中型客车人员伤亡。90°侧翻与仰翻的致死率对比参见图7。

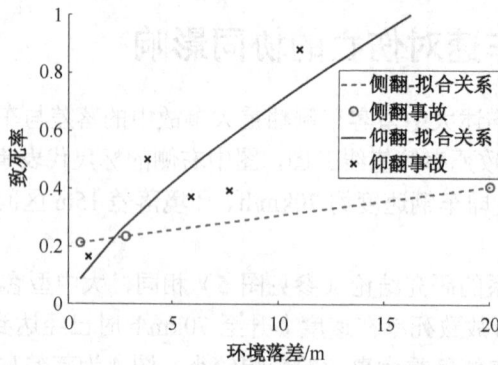

图7 90°侧翻与仰翻的致死率对比

对环境落差、车辆速度、侧翻形态与致死率进行方差分析与回归分析，通过归一化的回归系数进行灵敏度分析。伤亡的灵敏度分析如图8所示。侧翻形态对伤亡的影响最大，环境落差对伤亡的影响大于车辆速度。

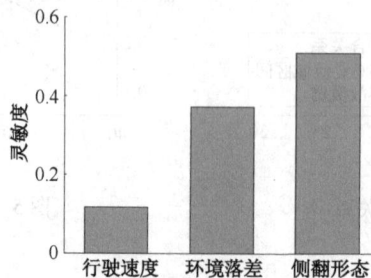

图8 伤亡的灵敏度分析

5 结语

本文利用回归分析、方差分析等多元统计方法，对 2012 年至 2017 年间的大中型客车侧翻重大事故的频次、伤亡及其影响因素进行了统计分析，研究得到以下结论。

（1）大中型客车重大事故在重大事故中的占比逐年升高；侧翻事故形态对大中型客车重大事故的趋势影响较大。

（2）大中型客车侧翻重大事故环境落差大概率集中在 10 米内；且车速为 70km/h、环境落差为 15m 的区间内大中型客车侧翻重大事故的致死率最高。

（3）侧翻形态对伤亡的影响最大，环境落差对伤亡的影响大于车辆速度。

本研究可为大中型客车事故的总体特征、安全性试验边界条件等相关研究提供参考。本文的分析数据来源于《道路交通事故统计年报》和国家安监总局公布的重大事故调查报告，随着我国事故深度调查的开展，事故调查报告中车速、环境落差、侧翻形态等关键参数将记录得更加全面，届时关于事故特征的统计分析研究将获得更丰富的数据支撑。

参考文献

[1] 李方媛. 重特大道路交通事故致因机理及其风险行为研究[D]. 长安大学学报，2014.

[2] 白苁珉. 营运车辆技术状况及安全隐患对道路交通安全的影响分析及对策研究 [D]; 长安大学，2014.

[3] 朱守胜，毛群，曹红艳等. 基于事故统计的营运客车坠车事故树分析[J]. 公路与汽运，2017，5(1): 41-46.

[4] 谢来发. 高速公路路侧事故分析与安全保障技术研究[D]. 西安：长安大学，2012.

[5] 申艳军，杨阳，邹晓龙，等. 国内公路隧道运营期交通事故统计及伤亡状况评价 [J]. 隧道建设（中英文），2018，38(4): 564-574.

[6] Sam E F, Daniels S, Brijs K, et al. Modelling public bus/minibus transport accident severity in Ghana [J]. Accident; analysis and prevention, 2018, 119(1): 114-121.

[7] 苏銮，李高波，吕光辉. 长途客车交通事故原因及实例分析 [J]. 交通企业管理，2013，28(8): 71-72.

[8] 吴光耀. 基于事故分析的客车侧翻碰撞仿真及乘员损伤研究 [M]. 13th International Forum of Automotive Traffic Safety. 2016: 6-13.

[9] Flugel S, Veisten K, Rizzi L I, et al. A comparison of bus passengers' and car drivers' valuation of casualty risk reductions in their routes [J]. Accident analysis and prevention, 2019, 122(1): 63-75.

基于 AnyLogic 地铁车站自动售检票系统布局调整优化研究

辛 宇[1] 董哲伟[2] 刘 颂[3]

（1. 北京航空航天大学 交通科学与工程学院,车路协同与安全控制北京市重点实验室，北京 100191；

2. 北京航空航天大学 大数据科学与脑机智能高精尖创新中心，北京，100191；

3. 南京理工大学，210094）

【摘要】随着城市的快速发展和绿色出行意识的提高，公共交通越来越成为市民和旅客出行选择的交通方式。轨道交通作为城市公共交通主要的接泊工具，承担着愈加沉重的担子。仅以南京地铁为例，从 2012 至 2019 年客流量已从 15186 万人次增长至 33215 万人次，增长率接近 118%，随着不断激增的客流量暴露出地铁售检票设施布局已经无法满足现有的客流需求。因此笔者针对现存售检票设施进行调研，制定以人流密度和设备利用率为参数的调查研究方式。最终依照不同的车站客流类型，对地铁内部的闸机和自动售票机的布局和设置进行了优化设计，使其能够与乘客客观客流性相匹配，满足短、中、长期的客流需求。最后以地铁站为实例提出优化布局方案，并通过 AnyLogic 软件仿真对优化方案进行了评价。

【关键词】城市轨道交通 AFC 布局 设备利用率 AnyLogic

Research on AFC Layout Adjustment Optimization Based on AnyLogic Metro Stationtion

Xin Yu[1], Dong Zhewei[2], Liu Song[3]

(1. School of transportation science and engineering, Beijing university of aeronautics and astronautics, Beijing key laboratory of vehicular road coordination and safety control, Beijing 100191, China;

2. Big data science and high precision innovation center, Beijing university of aeronautics and astronautics, Beijing 100191, China;

3. Nanjing University of Science and Technology, 210094)

Abstract: With the rapid development of the city and the awareness of green travel, public transport has increasingly become a means of transportation for citizens and travelers. As the main accessing tool for urban public transportation, rail transit bears an heavier burden. Taking Nanjing Metro as an example, from 2012 to 2019, the passenger traffic has increased from 151.86 million to 332.15 million, with a growth rate close to 118%. With the surge in passenger traffic, the layout of subway ticketing facilities has been unable to meet the existing Passenger flow demand. Therefore, the author conducts research on the existing ticketing facilities and sets up a survey and research method based on the parameters of human flow density and equipment utilization. Finally, according to different types of station passenger flow, the layout and setting of the gates and ticket vending machines inside the subway are optimized to match the objective passenger flow of passengers to meet the short-, medium- and long-term passenger flow requirements. Finally, the Xiaolingwei subway station is taken as an example to propose an optimal layout scheme, and the optimization scheme is evaluated by AnyLogic software simulation.

Key words: Urban rail transit　AFC layout　Equipment utilization　AnyLogic

0 引言

地铁是城市轨道交通中的重中之重，如何提高或合理利用车站设施的容量，优化车站的客流组织已成为轨道交通组织中的一个重要问题。其中地铁的售检票环节是影响乘客出行时间的一个重要环节，如果在购票、进站、出站上花费时间较长，就容易导致乘客堆积在站厅，地铁站便失去了其舒适快捷的独特性，反而安全隐患还有所增加。

目前行业内对于售检票设施通行能力的相关研究主要是以城市轨道交通为基础来进行研究，售检票设施通行能力值的计算与获取主要是通过两种方法，一是根据已有的设计参考值进行设计，二是通过实地调查，通过数据分析来获取实际通行能力。

参考《地铁设计规范》确定的通行能力建议值，许多专家对城市轨道交通车站设施进行了分析和研究。王波等人[1]建立了换乘站设施的评价体系，并得出了相应的评价指标，并对定量计算方法进行了分析。付亭[2]讨论了城市轨道交通车站瓶颈识别与疏散的理论与方法。

Suzuk T[3]，Takacs L[4]，Chaudhry M L[5]分析自动检票闸机配置，利用相关模型获取对应指标，通过控制配置数量对指标进行分析，选择指标最优的配置数量。在自动检票闸机前后两侧均设置密度检测面域，检测行人行程时间。其密度刻画采用 J.J.Fruin[6]提出的服务等级：颜色由浅至深依次为 A（≤0.308 人/m²），B（0.308～0.431 人/m²），C（0.431～0.718 人/m²），D（0.718～1.076 人/m²），E（1.076～2.153 人/m²），F（>2.153 人/m²）。Victor J[7]等人是最早开始研究行人个体行为的，他们把最短路定律应用到乘客移动上。后来很多专家学者将其用来模拟城市轨道交通站内客流行为[8]。

　　王子甲[9]、刘双青等[10]，通过调查得到平均客流服务时间间隔，通过计算分析得到了节点设施的平均通行能力。根据乘客的特点（如携带行李类型、票卡类型、操作熟悉度、年龄、性别等），对谭松涛[11]、翟翔蓉[12]改进设施的能力进行了相关研究。焦蓉、冯永贞等人[13]分析了自动售票机和 AGM 通过的过程，并通过三种方式对乘客进行分类，即先检查车票进站、同时检查车票进站和通过闸机再检票。分析出各类通行方式下的 AGM 通行能力。

1　自动检票闸机当前布置方案

1.1　地铁站概况

　　下图是某地铁车站设施布局，设有 3 个出入口。站台层共有 3 个出入口，楼梯和自动扶梯是站台层与站厅层的连接设备。非付费区设有 2 个人工售票窗口、12 个自动售票机、2 个安全检查设施。包括 8 个进站闸机、5 个东侧出站闸机、5 个西侧出站闸机。地铁站原布局图和设施如图 1。从图中可以发现现有的站厅层布局主要呈现 2 进 2 出型。

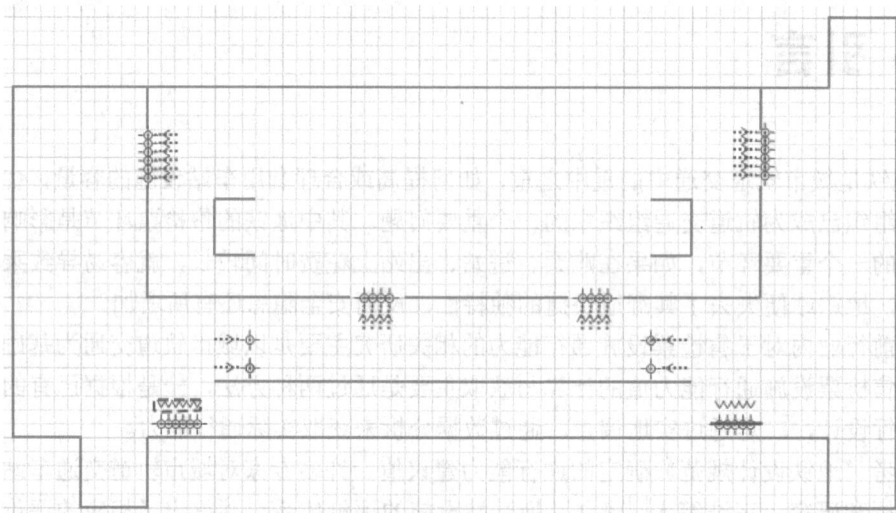

图 1　地铁站原布局图和设施

1.2　相关冲突点

（1）行人流线问题。

　　地铁站台层出现流线冲突点，人流密度较高，主要表现为自动售票机乘客与进站乘客之间存在流线冲突以及地铁站的 1、3 号口进站乘客与出站乘客的流线冲突。在所有的设施布置中，自动售票机和 AFC 设备距离行人流线距离近，导致进出站因空间不足导致客流冲突现象。地铁站售流线图如图 2 所示。

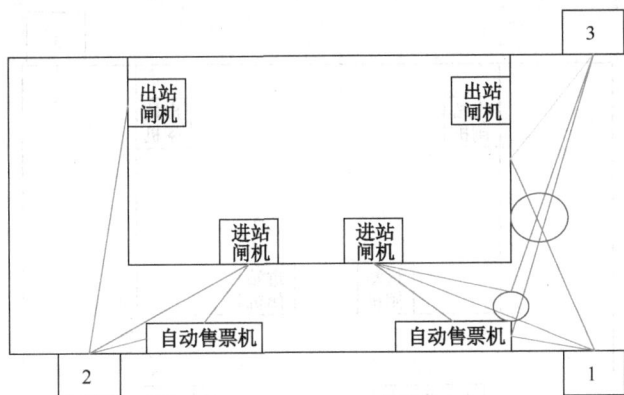

图 2　地铁站售流线图

（2）设施分配问题。

通过实地调查和统计，采用人工计数法的方式，统计了下午 4：30-6：30 三个进站口的人数及通往东西两侧出站闸机的人数，得到表格如下。

表 1　高峰时期进出站闸机人数/（人/h）

闸机类型	日常人数	高峰人数
东侧进站闸机	864	1158
西侧进站闸机	34	65
东侧出站闸机	1272	1687
西侧出站闸机	90	162

可以看出东侧的进出站人数远大于西侧进出站人数，但是两侧的闸机数目和售检票数目却是一致的，导致了东侧压力过大，而西侧设备浪费，尤其在地铁高峰期时，4 分钟一班的地铁高峰人流，往往导致东侧排队严重，人流拥挤。

2 地铁站售检票设施布局优化方案

2.1　流线优化

根据以上调查中存在的问题，优化方案主要针对东侧客流流线冲突，提出的措施如下：

（1）将收费区域改为北侧不变，南侧收费区与墙隔离。

（2）在南侧东向增设一个单向检票服务设施。如此，直接避免了三号口进站行人流线和东侧出口行人流线的交叉，并且有效缓解了北侧东向进站检票服务设施的压力，加快行人进出站速度，减少旅客堆积。

（3）西侧出入口客流流量小，客流流线冲突问题不明显，且基于节能环保理念，所以无须增设或改进进站检票服务设施，只需调节售检票设施数量即可。

优化后的地铁站如图 3。

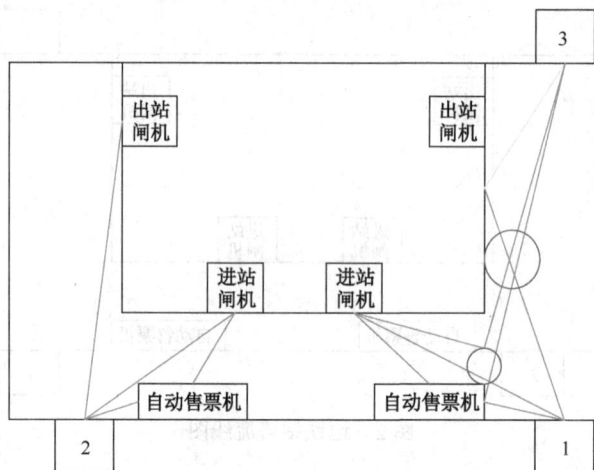

图 3　优化后地铁站

2.2　售检票设施数目优化

闸机数目的设定

可以通过排队 M/M/N 系统来描述通过多个闸机的客流过程。其总数计算如下：

$$A = \sum_{i=1}^{n} Ai = \sum_{i=1}^{n} \frac{Q_f \cdot K_t}{V} \qquad (1)$$

式中：

Q_f——高峰小时进站客流量；

A_i——站厅第 i 个人口所需配置的闸机数量；

K_t——到达客流的超高峰小时系数；

V——闸机通行能力；

n——入口数量。

出站客流与入站客流相比具有特殊性，随着列车的到达，出站客流具有短时间突增，符合离散分布的特征，在短时间内会对出口闸机产生强烈影响。因此，出站闸机的计算方法略有不同，如：

$$A' = \sum_{i=1}^{n} A'_i = \sum_{i=1}^{n} \frac{Q_o \cdot \lambda_f \cdot K_d}{V} \qquad (2)$$

式中：

Q_o——高峰小时出站客流量；

A_i——站厅第 i 个出口所需配置的闸机数量；

K_d——列车到站客流的超高峰小时系数；

V——闸机通行能力；

λ_f——间断流修正系数。

根据调查中存在的问题，结合对车站的数据实际分析，通过相关公式计算以及仿真验证，尽可能对场站进行了合理的优化。

根据公式计算结果与优化后的方针将对地铁站进行以下优化，优化方案主要针对售检票服务设施和场站布局等。

3 站售检票设施布局优化设计与仿真评价

3.1 仿真建立

地铁车站楼层模型的建立主要是在 AnyLogic 行人库中应用模块。本实验使用行人生成模块、行人步行模块、行人终端模块、行人基本设置模块、行人服务模块、行人选择模块，以及行人选择模块等。

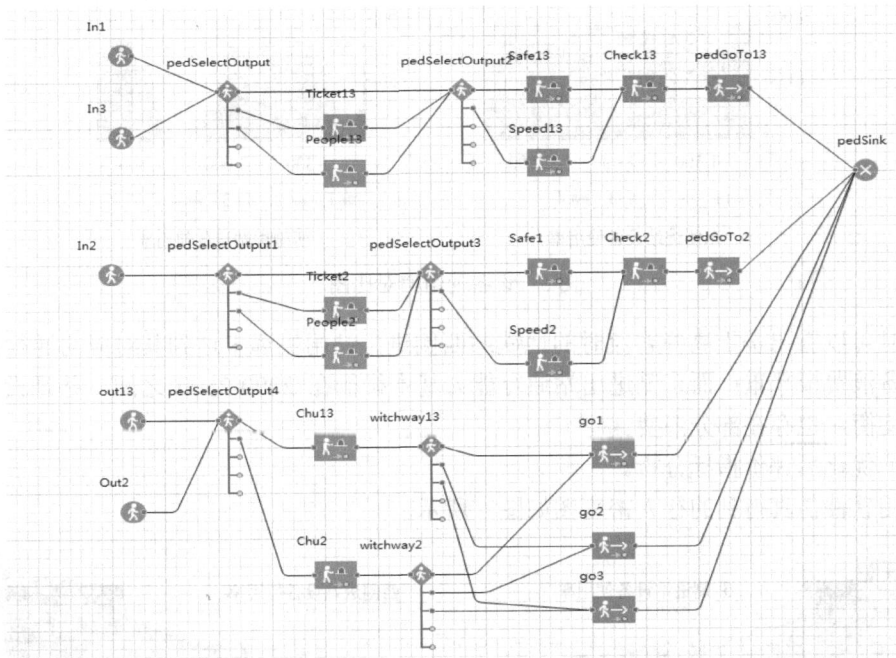

图 4 地铁站模块连接图

3.2 地铁站售检票设施布局优化方案评价

（1）优化前评价指标分析。

由地铁站仿真效果图可以看出，在东南安检口与入闸口处排队人数比较密集;通过地铁站两处人流密度对比图也可以看出东侧与西侧人数密度差异巨大，东侧安检的行人密度达到 6.013 人/m²，达到了人满为患的状态。闸机前的密度为 3.627 人/m²，较为通畅，对应的西侧安全门最高密度仅为 0.3 人/m²。同时东侧中间行走时间与最大平均走行时间都超过了 1 分钟甚至接近 2 分钟。这些数据表明东侧的人流量过大，并且与出站行人流线发生冲突，从而导致行人流量密度不断增加，排队时间也越来越长。西侧却因为人流较少，售检票设施一直处于闲置状态，没有发挥出应有的功效。设备使用率对比图如图 5 所示。

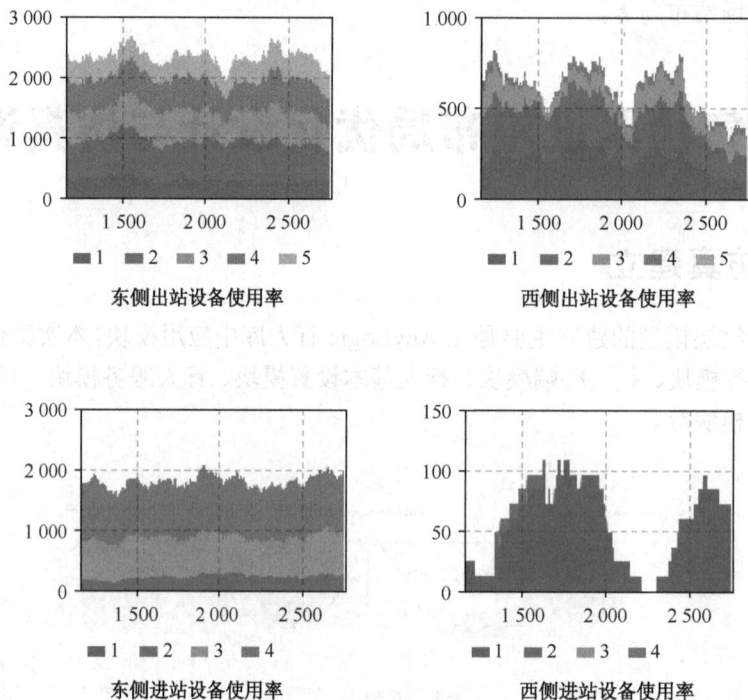

图 5　设备使用率对比图

并且可以看出基于高峰客流时的地铁站西侧进出站闸机远未达到其对应的通行能力水平，设备浪费很严重；而东侧进出站通行能力基本徘徊在 2000-2500 之间，并且设备之间使用不均衡，也存在部分浪费。

（2）优化后评价指标分析。

利用软件仿真得到的行人密度图如图 6 所示。

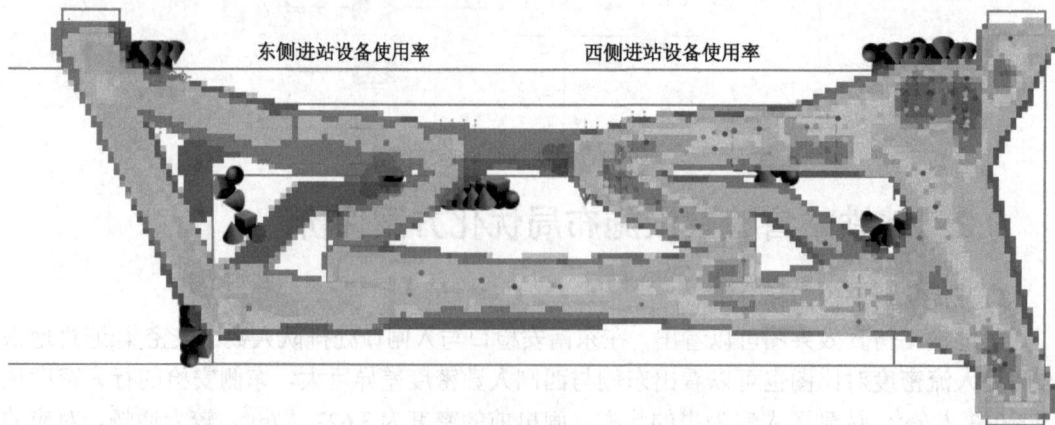

图 6　优化后的行人密度图

通过比较优化前后的效果图和人流密度折线图，可以发现经过优化后的地铁不再存在很多的拥堵区，排队系统更加流畅，人流密度大大降低，满足了客流高峰的需要。合理地增加设施可以减少服务时间，加快乘客进出站，减少疏散时间，减轻拥塞造成的"瓶颈"现象。可以看出，东侧安全检查站的最大流量密度降至 $3.1/m^2$；东侧入口闸机前人流密度下降到 3.0 人/m^2，这是由于西侧的部分进出站闸机搬到了东侧，舒缓了东侧的客流压力；同时西侧安检设施和进出站闸机的最大客流密度都略有上升，但是仍然低于东侧，仍可以给乘客提供顺畅的进出站服务。入口的各类进入时间分别减少了 25%、5%、29%。这表明，东侧进站闸机的排队是畅通的，系统的拥挤程度降低，整体排队时间也会缩短，行人流线交织点减少，设施布局趋于合理，同时西侧行人仍能保持流畅的进站体验。优化后的设备使用率和通行能力参见图 7。

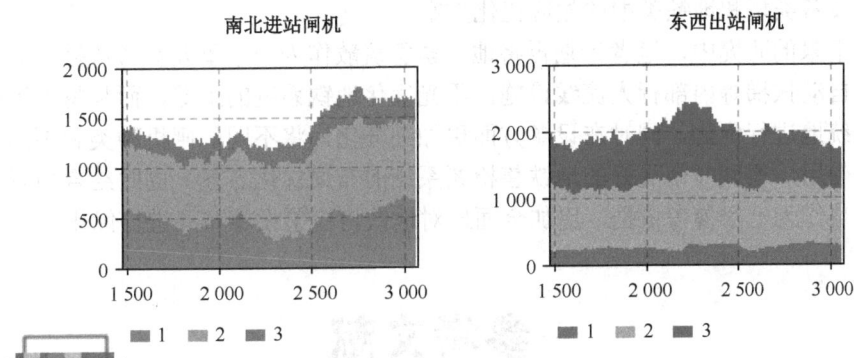

图 7　优化后的设备使用率和通行能力

优化后的设备使用率和通行能力如图所示，可以看出同侧的通行能力基本已经持平并且和未优化前的通行能力相平。

3.3　优化方案优点

（1）人性化。改进后的售票设备布局更便利了乘客购买票据、进入站厅和乘坐地铁。乘客们的路线体验更加舒适快捷，方便了乘客上车，提高客流效率。同时，乘客的心理负担也会降低，由于不熟悉环境而无法顺利进站的情况会显著减少。

（2）效益化。经过上述优化布局后，车站设施服务的效率和乘客的满意度将大大提高，既增加了乘客在地铁系统中的舒适度，同时提高了整体的经济效益。

（3）更加效率。在完善检票设施布局后，显著减少了行人流线的碰撞，提高了乘客行进的流畅性，使旅客能够快速购票、进站、上车，减少了站厅内滞留旅客人数，改善了地铁车站的组织效率。

（4）安全性。通过该布局优化后，地铁的整体通行能力得到了提高，但是安全疏散具有特殊性，乘客不再以自己的目的地选择出口，而是就近选择出口，本次优化并没有将西侧的进出站闸机完全剩余到最大利用率，而是各额外多增加了一台，目的就是为了在出现紧急情况时，能够保证乘客安全，效率的疏散。

4 结语

随着城市的飞速发展，乘客客运交通的需求愈发增长，这对客运交通领域尤其是地铁的运载能力要求很高，而地铁的售检票系统布局对地铁通行能力起到了决定性的作用，笔者通过参考相关文献，并通过实地调查研究，统计以行人平均密度和行进平均时间为参数，分析出了地铁售检票系统优化的一个方案，并以 AnyLogic 仿真进行优化验证，最终整理出一份依照设备类型和地铁类型的相应优化方案。

在接下来的研究中，笔者计划再将地铁紧急疏散作为一个重要参考依据，同时考虑地铁楼梯、自动扶梯等内部行人流线设施，不光优化地铁系统的上层，而是将上下两层进行结合，系统地进行优化，同时在设备方面更加细分化，将不同的闸机种类和不同的售检票设施结合使用，得到一个更好的地铁售检票系统的布局优化方案。同时结合仿真，将乘客排队时间也作为一个参考依据，更加全面地对地铁售检票设施布局进行优化。

参考文献

[1] 王波，安拴庄，李晓霞。城市轨道交通换乘设施的评价方法[J]. 都市快轨交通，2007，（04）：40-43

[2] 付亭. 城市轨道交通车站集散能力瓶颈识别[D]. 北京交通大学学报，2014.

[3] Suzuki T.Batch arrival queueing problem[J]Operation Research ,1975,23(4):83-85

[4] Takacs L，Takacs L M.Introduction to the Theory of Queues[M].New York:Oxford university press,2003.

[5] Chaudhry M L.The queueing system $M^X/G/I$ and its ramifications[J].Naval research logistics quarterly,1979,26(4):667-674.

[6] Fruin J J. Pedestrain planning and design[M].New York:Metropolitan Association of Urban Designers and Environ-mental Planners Inc.1971.

[7] Victor J.Blue J L A. Emergent Fundamental Pedestrian Flows from Cellular Automata Micro-simulation[J]Transportation Research Record.1998，1644:29-36.

[8] Asano M，Kuwahara M.2010. Microscopic pedestrian simulation model combined with a tactical model for route choice behavior. Transportation Research Part C 18 (6)， 842–855.

[9] 王子甲，陈锋，李小红. 北京轨道交通自动售票机配置参数研究[J]. 铁道运输与经济，2012，（04）：83-86

[10] 刘双庆，史聪灵. 地铁检票闸机通过能力研究[J]. 中国安全生产科学技术，2014，(3)：130-133.

[11] 覃松涛，叶霞飞. 衔接铁路客运站的城市轨道交通车站闸机通过能力分析[J]. 城市轨

道交通研究，2013，（05）：100-103

[12] 翟向荣. 城市轨道交通车站设备通行能力匹配性研究[D]. 北京：北京交通大学，2012.

[13] 吴娇蓉，冯建栋，叶健红. 磁卡和 IC 卡并用检票闸机通行能力分析[J]. 交通大学学报，2011，（06）：28-32.

RSU 布局优化模型及仿真优化方法研究

颜 英 杨宇伟

（上海电科智能系统股份有限公司，上海 200063）

【摘要】针对车路协同在交通监控中的应用需求，本文研究了 RSU 设施选址问题，在分析了与传统交通信息检测设施布局问题的区别之后提出了 RSU 设施布局的重要度排序算法及 3 种节点重要度计算策略。考虑到全面评价车路协同系统实施中的 RSU 设施布局对交通流运行、设施通信和应用模拟的综合需求，通过对 VISSIM 的二次开发，建立了 RSU 布局优化仿真评价系统。然后以北京奥林匹克公园路网 RSU 设施布局为例，验证了布局优化模型的有效性，结果表明：在 3 种节点重要度计算策略中，综合考虑监控速度与监控路径的混合策略效益明显优于简单的重要度计算策略。最后，在建议的混合策略下，分别针对不同的 RSU 数量和 OBU 占有率，研究了交通监控评价指标的变化情况，在以上场景中，重要度排序优化布局方案效益均优于随机布设方案，且优化布局方案随着 RSU 数量和 OBU 占有率的增加效益随之提高，而随机布设方案监控效益存在较大的波动性。

【关键词】车路协同；RSU 设施布局；重要度排序；仿真优化

Research on RSU Localization Model and Simulation Optimization

Yan Ying, Yang Yuwei

（ Shanghai SEARI Intellingent System Co.,Ltd, Shanghai 200063 ）

Abstract: Facing the needs of VII applications in traffic management, the RSU location problem for VII deployment is investigated in this paper. After analyzing the differences between traditional traffic information detector location problem and RSU location problem, a significance ranking model for RSU localization and three node significance degree (SD) computing strategies are put forward. Taking account of the requirement of traffic flow operation, communication between facilities and application simulating to comprehensively evaluating RSU localization during the implementation of VII system, a VII simulation environment for RSU localization evaluation within the VISSIM microscopic traffic simulation software was established by developing add-on functions using VISSIM Component Object Model (COM). A VII test bed of Olympic Park network in Beijing is taken for example to evaluate the performance of RSU localization model. The results of simulation experiments indicate that the mixed SD strategy considering both speed and route monitoring is superior to the other two simplified SD strategy. And then impacts of RSU number and OBU market penetration on traffic monitoring evaluation measures are also studied based on the proposed mixed SD strategy. In this case, the evaluation measures of optimized RSU configuration generated by significance ranking algorithm are always better than those of random RSU configuration. In addition, the benefits of optimized RSU configuration increased with the increasing of OBU number and market penetration, while the benefits of random RSU configuration are volatile.

Keywords: Vehicle Infrastructure Integration; RSU localization; significance ranking; simulation optimization.

1 引言

近年来，先进的无线通信和新一代互联网技术的迅速发展，推动了以车车、车路通信为基础的"车路协同"（Vehicle Infrastructure Integration，VII）系统的规划实施。车路协同系统可以充分实现人车路的有效协同，保证交通安全，提高通行效率，正受到政府、企业以及研究机构的广泛关注。中国国家科技部在国家科技规划中也将"车路协同系统"列为重点研究领域之一，并在北京、上海等地建立车路协同测试基地。

目前已有许多研究致力于评价车路协同安全应用的效益，另一方面，也有不少研究聚焦于车路协同在交通管理中的应用，如将装备有（On Board Unit，OBU）的车辆作为探测车，检测其运行信息，进而监控交通网络状态。值得注意的是，有许多因素会影响车路协同系统提供的探测车数据的精度，如 VII 车辆占有率，快照数据生成、处理、发送的方法，通信延时，路边单元的布局（Road Side Unit，RSU）和 RSU 通信距离等。其中首要问题就是 RSU 的布局对车路协同系统监控效益的影响。然而目前对于 RSU 布局优化的研究却很少，在已有的车路协同测试基地建立过程中，RSU 的选址仍以经验分析为主。合理的 RSU 布局方案（数量与位置）应当能够在一定成本约束下为车路协同应用提供最大化的有效探测车数据，这是车路协同系统部署中的关键问题之一。

本文面向城市交通监控管理需求，基于 VII 的系统功能，研究 RSU 布局优化的重要度排序模型，通过微观交通仿真软件 VISSIM 建立一个 VII 仿真测试平台，实现真实测试平台中难以完成的 RSU 布局优化模型评价，并分析了不同参数对 RSU 优化模型在信号控制路网中优化效益的影响。

2 RSU 布局优化模型

传统的定点交通信息检测设施仅采集单点数据，其布局优化问题主要面向 OD 矩阵估计，常用方法包括经验布设法、相似度法、行程时间估计法等方法。VII 系统通过 DSRC 技术实现 RSU 通信范围内 VII 车辆与设施的实时通信，可以获得准确丰富的 VII 车辆状态数据，并在车载单元缓存中储存快照数据得到 RSU 通信范围外 VII 车辆带时延的状态数据，VII 系统的探测数据采集功能在交通管理中的应用使得交通管理部门获得大规模路网内实时准确的交通流状态成为可能。由于快照数据存在，因此 RSU 有直接覆盖范围和间接覆盖范围，RSU 所能采集到的 VII 车辆信息与邻近 RSU 的位置有一定关系。快照数据复杂的处理过程及 VII 系统自身特性决定了 RSU 的布局问题很难像定点检测器布局优化问题一样通过解析的方法得到满意的解决。

目前 RSU 的选址通常只是沿着道路等距离间隔地布设，在速度越高的道路上布设间隔越长，这是一种经验主义的布设方法。实际上，RSU 在路网中的位置与数量是影响 VII 应用的主要因素之一，合适的 RSU 布局应当在投入一定的条件下相比其他布局方案使得 VII 应用获得更好的结果，即通过 VII 应用的效益（交通监控评价指标）来评价 RSU 布局方案。

本文提出了城市道路 RSU 布局问题的重要度排序算法，核心思想是通过确定路网中各节点的重要度 SD（Significance Degree），在重要度较高的关键节点处优先布设 RSU。针对城市道路网络，考虑 VII 系统实施过程中对于改善交叉口交通安全的首要需求，通常需要将 RSU 设置在交叉口附近，因此本文假设 RSU 选址的集合是路网中的所有节点和大于 RSU 覆盖距离一倍的路段中间点。对于给定的路网首先在不考虑 RSU 数量约束的条件下确定"满布"的 RSU 布局（在选址集合中所有位置均布设 RSU）时的交通监控指标精度；然后删除任意一个 RSU，得到此时的监控指标精度。通过比较精度（效益）差来确定该 RSU 的重要度。若要得到给定数量的 RSU 布局则应在"满布"方案中生成一个子集，并且该子集中所有 RSU 所在节点的重要度高于其他节点的重要度，此时该子集是较优的一个布局方案。

显然，节点重要度的计算策略是该算法的核心，定义合适的节点重要度才能使重要度排序算法更有效。针对 VII 交通监控应用，本文设计了 3 种节点重要度策略。3 种策略计算公式如下：

stra1:
$$SD_i = \left| MAE_{\overline{R}_i} - MAE_R \right| \quad i=1,2,\cdots,i,\cdots,|R| \tag{1}$$

stra2:
$$SD_i = \left| RI_{\overline{R}_i} - RI_R \right| \quad i=1,2,\cdots,i,\cdots,|R| \tag{2}$$

stra3:
$$SD_i = \left| \frac{MAE_{\overline{R}_i}}{RI_{\overline{R}_i}} - \frac{MAE_R}{RI_R} \right| \quad i=1,2,\cdots,i,\cdots,|R| \tag{3}$$

定义 RSU "满布" 方案中的 RSU 构成集合 R，$|R|$ 为集合 R 包含的 RSU 个数，$\overline{R_i}$ 为 R 的不包含第 i 个 RSU 的子集，其中 $i=1,2,\cdots,i,\cdots,|R|$，因此集合 $\overline{R_i}$ 中应包含 $|R|-1$ 个 RSU。式中 SD_i 为第 i 个 RSU 所在节点的重要度，$MAE_{\overline{R_i}}$ 是以 $\overline{R_i}$ 为 RSU 布局方案通过仿真实验得到的 MAE 指标，同样 MAE_R，$RI_{\overline{R_i}}$，RI_R 分别为其下标表示的 RSU 布局方案对应的评价指标。由于策略 3 同时考虑了速度和路径指标，因此本文称之为混合策略。对于 3 种节点重要度计算策略的比较将在 4.3 节中进行讨论。

综上所述，重要度排序算法流程如下。

Step1：在不考虑 RSU 投入数量约束的条件下，生成初始的 RSU 满布布局方案，即集合 R，RSU 个数为 $|R|$。选址时在主要交叉口附近以及长度大于 RSU 覆盖距离一倍的路段中间点设置 RSU。

Step2：当 RSU 布局分别为 R，$\overline{R_i}$（$i=1,2,\cdots,i,\cdots,|R|$）。$|R|+1$ 种方案时，分别进行仿真评价，得到每个 RSU 布局方案对应的 VII 应用评价指标。

Step3：考虑 VII 应用的目标（如对交叉口安全的改善，提高采集到的交通监控数据质量），定义重要度计算策略。

Step4：根据仿真结果计算集合 R 中每个 RSU 所在节点的 SD 值。

Step5：对集合 R 中各 RSU 根据其 SD 计算值按降序排列得到 RSU 重要度序列。对于给定 RSU 投资数量 $|R^*|$（$|R^*|<|R|$），取 RSU 序列中前 $|R^*|$ 个 RSU 得到优化后的 RSU 布局方案 R^*。

Step6：对方案 R^* 进行仿真评价，计算 VII 应用评价指标（详见 3.3 节）。

Step7：若 R^* 满足要求，R^* 即为优化后的 RSU 布局方案，否则返回 step3。

3 VII 仿真环境构筑

为了评价 VII 系统的效益，首先需要建立合适的测试评价环境。对于 VII 系统通信能力及 VII 环境下的车辆行驶特性可以通过实地实验以少量的实验车辆及 RSU 进行测试评价，但对于大范围路网上 RSU 设施的不同布局方案效益评价，系统运行及各种方案的测试费用将十分巨大，并且无法对不同场景进行灵活测试，借助于仿真的方法可以有效克服这些障碍。

本研究建立 VII 仿真环境的目的是将其应用于重要度排序算法过程中，通过仿真测试不同 RSU 布局方案对 VII 交通监控应用效益的影响，进而评价 RSU 布局优化算法的有效性。在美国联邦公路局（FHWA）所开发的 VII 系统部署物理结构的基础上，开发 RSU 布局仿真评价系统，该系统包括四个模块：通信模块、微观交通模块、策略应用模块和数据库模块。RSU 布局仿真评价系统架构如图 1 所示。

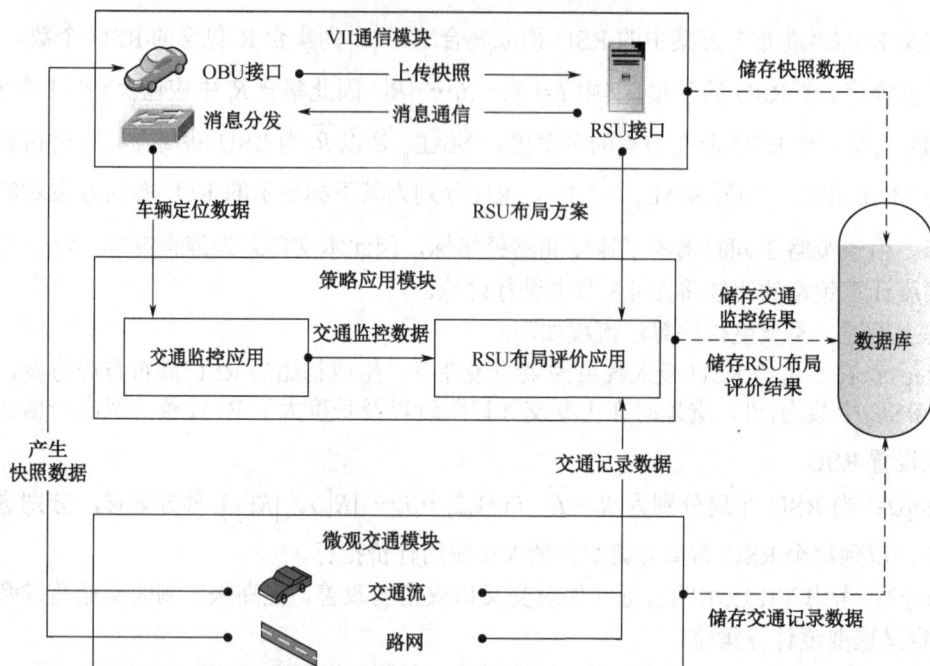

图 1　RSU 布局仿真评价系统架构

3.1　VII 通信模块

VII 通信模块的功能是负责模拟车载单元和路边单元在 VII 环境下的通信行为，将 VII 应用所需的快照数据发送到策略应用模块。VII 通信模块通过编程实现对 VII 通信机能在功能级的模拟，其核心是 RSU 的车辆快照数据采集功能。由于快照数据存在，因此 RSU 有直接覆盖范围和间接覆盖范围，间接覆盖范围也能提供交通流运行信息。参考 SAE J2735 道路车辆标准的定义，VII 通信模块共有两部分功能。

快照产生过程。
- 本研究定义周期快照与启动/停车快照两类 VII 车辆缓存快照数据。
- 周期快照产生间隔基于车辆速度，当速度大于 96km/h（约 60mile/h），产生间隔为 20s，当速度小于 32km/h（约 20mile/h），产生间隔为 4s，其他速度下产生间隔为介于 4s 与 20s 之间的线性插值。当车辆为停车状态时不产生周期快照。
- 当车辆连续 5s 没有移动时产生停车事件快照，在一次停车事件后若车辆速度超过 16km/h（约 10mile/h）的阈值则产生启动事件快照。

快照储存和上传过程。
- 若车辆不在任何 RSU 通信距离内，则快照数据会存储在车辆缓存中，当车辆进入最近的 RSU 通信距离内时一次将所有车辆缓存中的数据上传。
- 当 VII 车辆在最近的 RSU 通信距离内时，车载单元会向 RSU 发送每一仿真秒的车辆快照数据。
- 在车辆缓存中存储快照时，启动/停车快照相对周期快照具有更高优先级，由于车辆缓存容量有限。当缓存空间已满时，新的快照会替换最老的快照。

3.2 微观交通仿真模块

该模块的作用是模拟 VII 环境下交通流运行行为以及提供重要度排序算法的仿真评价的"基准指标"。本研究中应用的是成熟的交通仿真软件 VISSIM。经过标定的 VISSIM 模型能够反应混合交通流环境下的交通运行特征，在全世界已得到了广泛的应用。通过 VISSIM 的 COM 接口，对应于不同的 RSU 布局方案，外部程序可以通过微观交通仿真模块实时提取交通流运行数据，通过通信模块传输给策略应用模块。

根据 SAE J2735 道路车辆标准对 VII 车辆位置数据的定义结合程序开发的需要，定义本研究中交通仿真模块输出的车辆快照数据结构参见表 1。

表 1   车辆快照数据结构

车辆 ID	车辆唯一编号
时间戳/s	仿真时间戳
当前路段 ID	车辆所在路段编号
是否为 VII 车辆	该仿真车辆是否装备了 OBU
纬度	纬度（对应仿真模型中 Y 坐标）
经度	经度（对应仿真模型中 X 坐标）
高程/m	高程（对应仿真模型中 Z 坐标）
速度/（km/h）	当前瞬时车速
当前车辆状态	当前车辆状态包括：行驶中、停车、启动中

请注意，经过标定的微观交通仿真模型同时会提供 VII 交通监控的"基准指标"，每个 RSU 布局方案采集的交通状态指标会与"基准指标"对比，进而评价某布局方案的优劣。

3.3 策略应用模块

策略应用模块是 VII 系统的外部功能模块，通过处理 VII 通信模块提供的数据和对不同布局优化方案的仿真运行得到各种应用指标。它包含两个部分：用于监控交通状态的参数提取子模块以及不同布局方案的效益评价子模块。

参数提取子模块的目的是获取道路交通状态相关的数据，如速度、流量、密度、OD、路径、占有率等，本文选取了路段速度，VII 车辆路径以 5 分钟的时间间隔进行统计计算。路段速度指标根据所有 VII 车辆快照数据提供的行驶在该路段上的点速度样本计算调和平均值，VII 车辆路径记录各车辆行驶中所经过的路段，通常在 RSU 布设密度较低时由于存在快照数据丢失，所得到的 VII 车辆路径都是不完整的。

效益评价子模块目的是评价不同 RSU 布局方案及场景下交通监控指标的精度，包括路段速度平均绝对误差（Mean Absolute Error for link speed，MAE），路径完整度（Route Integrity，RI），交通监控覆盖率（TMC，可以计算路段速度指标的路段比例）。以交通仿真器产生的数据作为"基准"数据，通过比较与基准数据的偏差计算评价指标，计算公式如下：

$$\text{MAE} = \frac{1}{LA} \sum_{a=1}^{A} \sum_{l=1}^{L} \left| V_{\text{la}} - V_{\text{la}}^{*} \right| \tag{4}$$

式中，A 为统计时段数，L 为路网中点速度样本数不为零的路段数，V_{la} 是根据 VII 车辆快照数据获得的路段 1 在时段 a 的平均速度估计值，V_{la}^{*} 是对应的路段平均速度的基准数据。

$$RI = \frac{1}{A}\sum_{a=1}^{A}\frac{1}{N_a}\sum_{n_a=1}^{N_a}\frac{S_{n_a}}{S_{n_a}^*} \tag{5}$$

式中，N_a 是时段 a 内向 RSU 发送数据的 VII 车辆数，S_{n_a} 是观测到的时段 a 中第 n 辆 VII 车辆所经过的路段数，$S_{n_a}^*$ 是该车实际行驶通过的路段数。

$$TMC = \frac{L}{L^*}\times 100\% \tag{6}$$

式中，L^* 是路网中的总路段数。

3.4　数据库模块

数据库主要存储三类数据，由交通仿真器产生的交通流数据、快照数据，以及应用模块产生的 VII 应用结果数据。

4　案例分析

4.1　测试基地

研究选取北京市奥林匹克公园路网作为测试基地。北京奥林匹克公园是举办 2008 年奥运会的核心区域，同时也是中国启动 VII 示范工程的备选基地之一。测试基地路网范围约 10 平方千米左右。该 VISSIM 模型由奥林匹克片区 VISUM 宏观模型切片导出，根据 170 000 人次的出行时间问卷调查与实测交通量数据进行了标定。标定后的模型由 169 个小区，873 个 link 组成。100 个主要路段的行程时间误差为 12%，流量误差为 10%。研究区域微观模型图如图 2 所示。

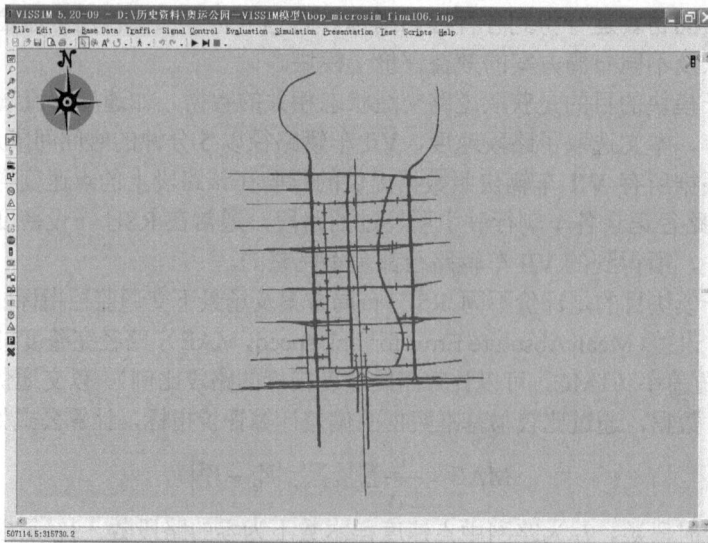

图 2　研究区域微观模型图

4.2 仿真实验

研究首先在奥林匹克公园 10 个干线交叉口设置 RSU，生成了重要度排序算法的初始布局 R 作为 VII 仿真实验的基础输入数据之一。RSU 初始布局如图 3 所示，图中红色标识位置即为 RSU 所在位置，此时测试路网基本处于满布状态。对于 R 的 10 个子集 $\overline{R_i}$（i=1,2,···,i,···,10）则依次设定布局方案 R 中的第 i 个 RSU 为失效状态作为实验输入，通过 11 组基础仿真实验得到计算 10 个 RSU 节点 SD 值所需的 VII 监控应用评价指标。

图 3 RSU 初始布局

每组实验都对高峰小时的交通状况进行一小时的仿真，额外包括 30 分钟的预热时间，一次仿真过程共产生 40 157 个车辆对象。每次仿真实验的输入除了不同的 RSU 布局方案，还包括各种 VII 系统参数，如车载单元缓存容量，快照采集间隔，RSU 通信距离等，仿真实验参数表设定参见表 2，11 组基础仿真实验均采用表 2 中相同的设定。仿真实验结果表参见表 3。

表 2 仿真实验参数表

参　数	值
RSU 通信距离/m	200
快照产生小间隔/s	4
快照产生大间隔/s	20
快照产生小间隔速度阈值/（km/h）	32
快照产生大间隔速度阈值/（km/h）	96
快照缓存大小	30
VII 车辆占有率/%	100
启动事件速度阈值/（km/h）	16
停车事件时间阈值/s	5
停车时是否记录快照	否

表 3　仿真实验结果表

RSU 布局	$\overline{R_1}$	$\overline{R_2}$	$\overline{R_3}$	$\overline{R_4}$	$\overline{R_5}$	$\overline{R_6}$	$\overline{R_7}$	$\overline{R_8}$	$\overline{R_9}$	$\overline{R_{10}}$	R
MAE/（km/h）	2.53	2.48	2.4	2.68	2.66	2.44	2.49	2.66	2.73	2.41	2.39
RI	82%	82%	80%	80%	79%	69%	79%	79%	77%	80%	83%

4.3　仿真实验结果分析

4.3.1　RSU 重要度策略分析

重要度排序算法的核心是 RSU 的 SD 值计算模型，采用不同的 SD 计算方法将得到不同的 RSU 重要度序列，因此需要分析 SD 计算模型对 RSU 布局结果的影响，以选取合适的 SD 计算模型。针对 VII 交通监控应用本研究设计了 3 种 RSU 节点重要度计算模型，即在通过重要度排序算法确定 RSU 布局方案的过程中分别使用公式（1），（2），（3）表示的 SD 值计算模型得到 3 个布局策略对应的 RSU 重要度序列，从而确定 RSU 布局方案。通过计算表 3 中数据得到集合 R 中 10 个 RSU 的 SD 值，并作归一化处理。3 种不同 SD 计算策略的节点 SD 值如图 4 所示。

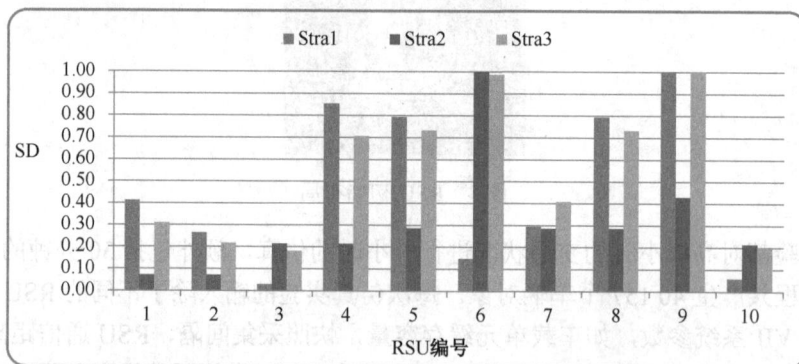

图 4　3 种不同 SD 计算策略的节点 SD 值

图 4 是使用 3 种 SD 计算策略分别得到的集合 R 中各 RSU 的 SD 值经归一化处理后的计算值比较，横坐标为 RSU 编号，通过比较发现同一 RSU 的 SD 值在三种布局策略下具有明显区别，因此，3 个 RSU 重要度序列也有很大不同，这表明重要度排序算法中不同的 SD 计算模型对布局结果会产生显著影响。

为了全面比较本研究中设计的 3 种策略在面向 VII 交通监控应用的 RSU 布局问题中的优劣，对不同数量的 RSU 投入条件下根据重要度排序算法得到的 RSU 布局方案进行仿真评价，结果如图 5、6、7 所示。

图 5 显示了采用 3 种不同 SD 计算策略的 MAE 变化曲线图（路段速度平均绝对误差）。当 RSU 投入数量大于 6 个，即 RSU 监控覆盖路段（包括直接覆盖与间接覆盖）超过 70% 时采用 3 种策略在路段速度监控方面没有显著区别，而当 RSU 数量少于 6 个时，stra1 的 MAE 指标最优，stra2 最差，总体上采用三种策略在路段速度监控中得到的数据质量差别不大，MAE 相差最大不超过 1km/h，这是因为路段速度估计的误差在相同 RSU 布局数量时主要受路段点速度的样本量影响，在 VII 车辆占有率，VII 快照丢失率基本相同的情况下

路段点速度的样本量不会相差很多。

图 6 显示了 3 种不同 SD 计算策略产生的 RI 变化曲线图。图 5 表明采用 stra2 与 stra3 得到的 RSU 布局采集到的车辆路径完整度基本在同一水平，而采用策略 1 的 RI 指标，则最多要低 15%。

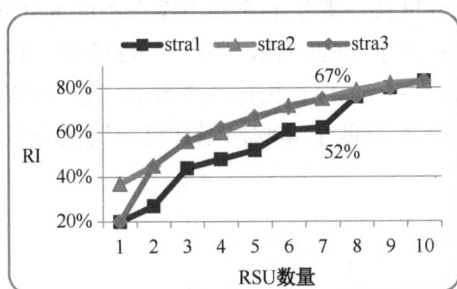

图 5　3 种不同 SD 计算策略的 MAE 变化曲线图

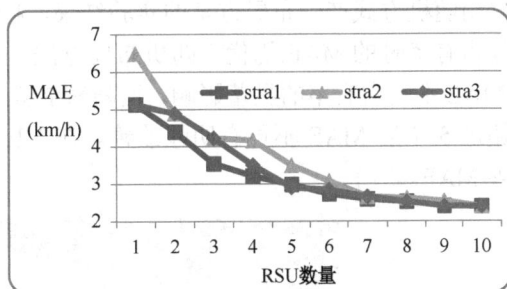

图 6　3 种不同 SD 计算策略的 RI 变化曲线图

图 7 是 3 种不同 SD 计算策略的 TMC 指标对比图。从图中可以发现策略 3 仅在 RSU 数量少于 4 个时得到的交通监控覆盖范围低于策略 1，并且最多不超过 7%，而策略 2 得到的 TMC 指标相对策略 3 最多小 9%。值得注意的是无论采用何种布局策略，随着投入 RSU 数量的增加，VII 交通监控评价指标的改善并不是线性增加的，投入 RSU 数量越多平均每个 RSU 带来的效益越少，存在边际效益递减现象。

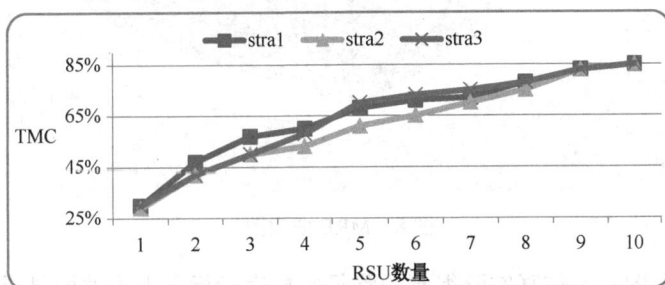

图 7　3 种不同 SD 计算策略的 TMC 指标对比图

综合对三种策略的分析，发现针对本研究设计的 VII 交通监控应用采用策略 3 在各种 RSU 投入数量时均可得到较高质量的交通监控数据。

4.3.2　重要度排序算法敏感性分析

在 VII 系统推广早期，装备 OBU 的车辆比例会较少，因此，在 VII 正式实施前，决策者尤为关心布局优化方案是否对 VII 车辆占有率敏感。为了评价重要度排序算法的有效性以及 VII 车辆占有率参数对布局结果的影响，本研究首先分别通过随机生成（从布局方案 R 中随机选取若干 RSU 作为新的布局方案）与重要度排序算法（SD 计算策略采用策略 3）两种方法产生 RSU 数量分别为 1 到 10 个的两组共 20 个布局方案，然后依次对每一个布局方案进行 7 次仿真实验，得到相应的 VII 交通监控应用仿真评价指标，实验中 VII 车辆占有率参数依次设定为 5%，10%，20%，40%，60%，80% 及 100%，共 7 个水平，其他参数保持一致，因此共进行 20×7=140 次仿真实验。MRE 曲面图如图 8 所示。RI 曲面图如图 9 所示。TMC 曲面图如图 10 所示。

　　图 8（MRE 曲面图）为仿真实验得到的 MAE 指标的结果，x 轴表示 RSU 数量，y 轴表示 VII 车辆占有率，下方曲面是重要度排序算法产生的布局方案的实验结果，上方网格是采用随机方式产生布局方案的实验结果。采用重要度排序算法的布局方案在不同 RSU 数量与占有率时的 MAE 均优于随机布局方法，最大相差了 1.67km/h，并且当 RSU 数量较少时 MAE 不受占有率的显著影响，而随着 RSU 数量的增加 MAE 指标改善显著，当 RSU 数量超过 5 个后 MAE 不再有明显改善。在 VII 车辆占有率低于 40%时增加这一比例会显著改善 MAE。

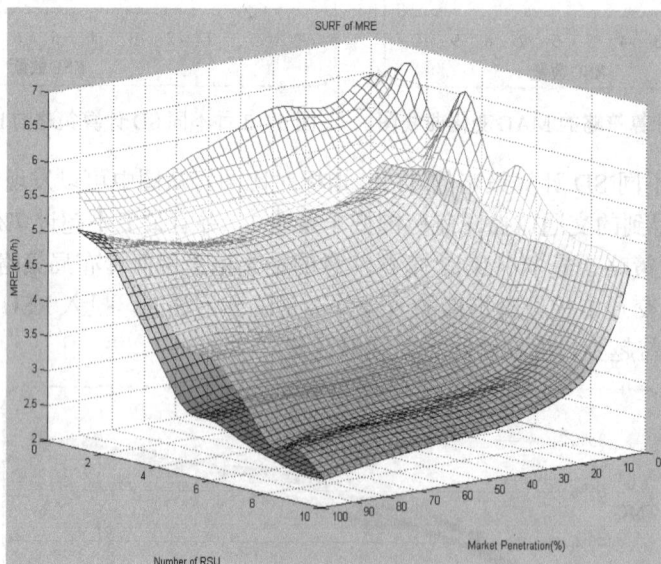

图 8　MRE 曲面图

　　图 9（RI 曲面图）为仿真实验得到的路径完整度指标，上方曲面是重要度排序算法产生的布局方案的实验结果，采用重要度排序算法产生的 RSU 布局方案可以得到比随机布局方法更高的路径完整度，平均相差 16%，并且随着 RSU 数量增加稳定提升。由于只有装备了 OBU 的 VII 车辆的路径才有可能被记录到，因此 VII 车辆占有率的变化不会影响 RI。

　　图 10（TMC 曲面图）为仿真实验得到的各布局方案的交通监控覆盖率，平滑曲面是重要度排序算法产生的布局方案的实验结果，结果表明不同的布局方法对 RSU 覆盖率影响并不显著，主要还是受到 RSU 数量的影响，当 VII 车辆占有率低于 20%时该比例的增加会显著提高 TMC。

　　综合 8、9、10 图可以看出优化布局方案随着 RSU 数量和 VII 车辆占有率的增加效益随之提高，而随机布设方案监控效益存在较大的波动性。使用重要度排序算法可以得到更高效的 RSU 布局，有效提高 VII 交通监控应用的数据质量，为 VII 系统实施过程中的 RSU 选址提供理论和方法的支持。

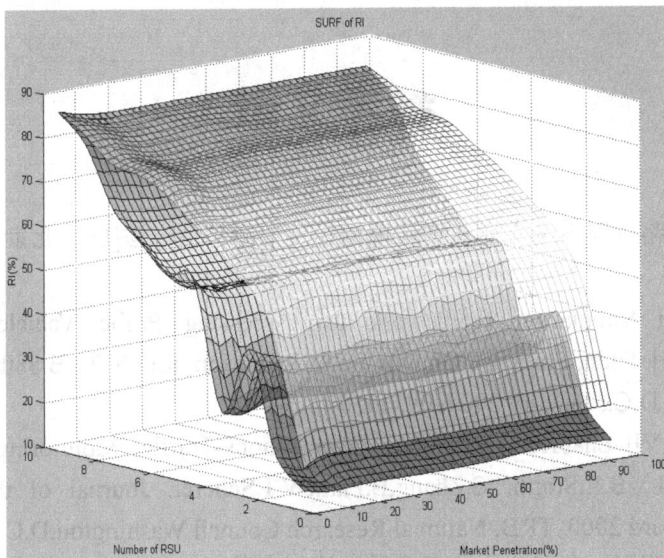

图 9　RI 曲面图

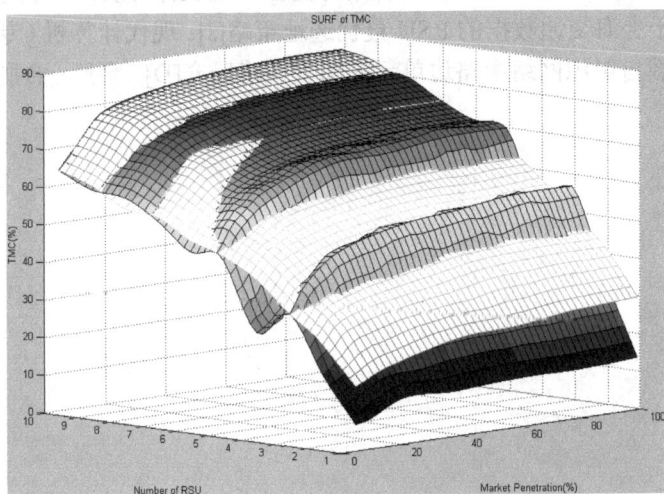

图 10　TMC 曲面图

5　结语

本文针对 VII 系统在交通监控管理中的应用，研究了 VII 系统实施过程中的 RSU 设施选址问题，在分析了与传统交通信息检测设施布局问题的区别之后提出了 RSU 设施布局的重要度排序算法及节点重要度策略，通过 VISSIM 软件的二次开发构建了 VII 仿真环境对 RSU 布局方案进行仿真评价，仿真分析结果表明，优化后的 RSU 布局方案优于随机布设方案，本文提出的优化模型可以有效指导 RSU 设施选址。

参考文献

[1]　张立爽. 车路协同系统交通仿真环境构建及效率评估方法[D]. 北京：北京交通大学，2018.

[2]　VII Testbed Simulation Framework for Assessing Probe Vehicle Snapshot Data Generation[J]. Dion, Francois, Oh, Jun-Seok, Robinson, Ralph. TRB 88th Annual Meeting, Washington, D.C., January 2009. 09, 1350

[3]　Simulating VII-Enabled Operations Applications-Traffic Monitoring Case Study[J]. Tanikella, H., B.L.Smith, G.Zhang,B.Park,W.T.Scherer. Journal of the Transportation Research Board 2000, TRB, National Research Council,Washington,D.C.,2007, 35-43

[4]　崔琳娜，吴克寿. 车路协同仿真场景设计与实现[J]. 厦门理工学院学报，2015(01).

[5]　丁亚林，朱云生，王斌. 车路协同仿真与实验系统软件开发[J]. 科学视界，2015(04).

[6]　王志坤. 基于上海交通数据的 RSU 最优选址策略[J]. 现代计算机（专业版），2016(17).

[7]　丁正超. 车载自组织网络中路边单元的部署策略研究[D]. 合肥：合肥工业大学，2017.

基于公交车辆运用的充电桩增设数量估算方法

钟楠海[1]　滕　靖[1]*　韩　璐[1]　潘小逸[1]　杨忠玄[2]

（1. 同济大学道路与交通工程教育部重点实验室，上海 200092；
2. 上海交通投资信息科技有限公司，上海 200070）

【摘要】我国大城市进入纯电动公交车辆运营阶段，充电桩增设数量是投资建设决策的重要依据。本文提出一种考虑各城市分时电价政策的影响、基于公交车辆运用的充电桩增设数量的估算方法。论文提炼了分时电价方案下的车辆充电规则，提出了给定车辆数和充电桩数量下的车辆运营费用推算方法，由此得到充电桩数量增加导致的年折旧额及节省的车辆能耗与充电桩数量的关系曲线。基于此曲线，能找到给定分时电价策略和车辆数下的最佳充电桩增设数量值。最后，以上海真南路公交停车场为例，调查相关参数，说明方法的有效性。

【关键词】纯电动公交；分时电价政策；车辆运用；充电桩数量

Research on Estimation Method of Adding Quantity of Charging Piles Based on Public Transport Vehicle Operation

Zhong Nanhai[1], Teng Jing[1], Han Lu[1], Pan Xiaoyi[1], Yang Zhongxuan[2]

（1. Key Laboratory of Road and Traffic Engineering, Ministry of Education, Tongji University, Shanghai 200092;
2. Shanghai Transportation Investment Information Technology CO.,LTD. Shanghai 200070）

Abstract: Big cities in China have entered the stage of pure electric bus operation, and the addition of charging piles is an important factor in investment and construction decision-making. This study proposes a method for estimating the addition of charging piles based on the use of public transport vehicles considering the impact of time-of-use tariff policies in different cities. The study refines the vehicle operation rules under the time-of-use tariff policies and proposes the calculation method of vehicle operating expenses for a given number of vehicles and the number of charging piles, thereby obtaining the relationship curve between the annual depreciation amount and the energy consumption of the vehicle caused by the increase in the number of charging piles and the number of charging piles. Based on this curve, the study finds the optimal number of charge piles for a given time-of-use tariff strategy and number of vehicles. Finally, take the Shanghai Zhennan Road bus parking lot as an example to investigate the relevant parameters and explain the effectiveness of the method.

Keywords: pure electric bus; time-of-use tariff policies; vehicle operation; quantity of charging pile.

为贴合时代对于环保绿色的号召，我国公共交通领域正经历着由纯电动公交车替代传统柴油公交车的全新变革。近年来，根据交通运输行业发展统计公报的数据，截至 2017 年年末全国拥有公共汽电车运营线路 56786 条，运营线路总长度 106.9 万千米；全国拥有公共汽电车 65.12 万辆，比上年增长 7.0%。其中，纯电动车占 26.3%，相比 2016 年年末纯电动车仅占 15.6%，更新速度大幅提升。2015 年交通运输部在《关于推进公交都市创建工作有关事项的通知》中提出在 37 个公交都市创建城市的新增和更换的公交车辆里面，要求新能源公交车推广的比例不低于 30%，同时确定到 2020 年整个行业推广应用新能源公交要达到 60 万辆的目标。上海将于 2022 年前完成全部营运公交车辆电动化。纯电动公交高速发展对充电设施的配套建设提出要求，其中充电桩作为纯电动公交系统装备不可缺少的部分，如何经济、合理配建充电桩资源，需要得到理论研究支持。

随着纯电动公交的普及，对于许多已建成的充电场，面临着以下问题。

（1）纯电动公交车方面，由于续航里程限制而导致不能完全按照原有石化公交的调度计划的运营，车辆对充电桩的依赖较大，且纯电动公交车以电能为驱动力的特性使得电费成本成为公交公司运营成本中最重要的一部分；

（2）充电桩方面，用于充电桩建设较早，如今已出现数量不足或是设备落后不能满足当下公交车需求的问题；

（3）充电策略方面，在充电桩数量有限条件下，公交企业不得不选择在电价峰值时段充电，从而带来过高的电费成本。

通过对中国大陆 31 个省份与直辖市的电价表统计与分析发现，目前有 22 个省份与直辖市实行分时电价收费方式，4 个省份可选择是否采用分时电价的收费方式，仅 5 个省份不采用分时电价。中国大陆各省份不同电价收费方式占比如图 1 所示。

纯电动公交以电能作为驱动力，车辆能耗费用即电费开销成为车辆运行费用的最重要部分。如何在分时电价政策下合理制订充电方案，会对实际运营成本和生成效率产生很大的影响。充电桩的数量，将直接决定单位时间的最大输出电能，即一定程度上限制了通过"削峰填谷"降低能耗费用的幅度。本文结合各省市分时电价政策情况估算纯电动公交车辆的能耗费用，基于充电桩的建设维修费用，以成本最小为目标来推算充电桩的合理增设数量，更具普适性。

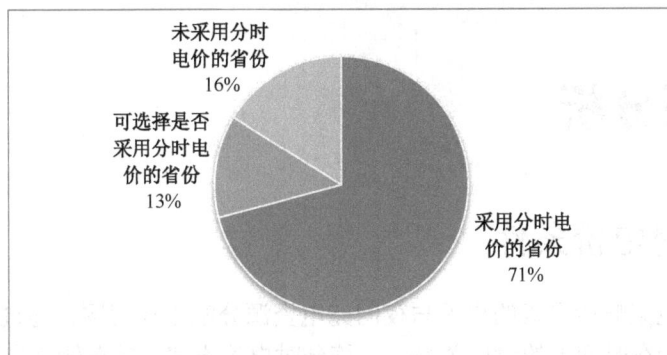

图 1　中国大陆各省份不同电价收费方式占比

1 文献综述

本论文研究过程中涉及充电桩的充电策略优化、成本效益计算、有关投入产出和成本灵敏度分析的内容，受到国内外学者研究成果的启发。

在充电桩充电策略优化和运营成本效益的研究方面，高佳宁提出了基于分时电价机制的有序充电策略，考虑电池特性，构造了使电池充电成本和电池购置成本之和最小的混合整数规划模型，通过 Yalmip 优化工具箱进行求解[1]；李斌等同样构建了使充电站充电成本最小的混合整数规划模型（MIP），主要确定了充电机每日的充电时间，还对比分析了有序充电策略相比于无序充电策略在减少充电站总的充电成本的优越性[2]；李长留在李斌的建模基础上，深入考虑了充电桩功率分配的情况，并对公交车每圈的耗电量选取了更精细化的数据，最后采用遗传算法进行求解[3]；申善毅对电动汽车充电基础设施商业运营模式进行研究，并以公交线路运营调度为侧重点进行充电站的运营规划与优化计算[4]；于浩明建立了以充电电能最大为目标的有序充电优化模型，通过改进粒子群算法求解，并结合分时电价划分原则提出节省成本概念[5]；Paul 针对纯电动公交和柴油公交混用的充电场站，提出已知车辆运行调度计划，通过贪婪算法求解车辆的充电计划[6]；Wang 提出了一种针对城市公交的优化充电调度框架，将充电调度模式搭建为单站式运输网络配置模型，且以场站运营总成本最小为目标，建立了混合整数规划优化模型，以求解充电站的位置、充电桩的数量和电动公交车的充电计划，并采用灵敏度分析对参数摄动进行预判[7]；而 Antti Lajunen 则给出了柴油车更换为电动车后的成本效益计算方法，其中提出了关于充电场运营的成本参数[8]。

在投入产出和成本灵敏度分析相关研究方面，孙世民等通过投入产出模型分析了产品基本投入和原材料价格与成本间的关系，并利用灵敏度分析的方法，探究了各影响因素的摄动对于成本的影响程度，为成本管理提供依据[9]；苏卫华等分析了影响电网规划可靠性成本的主要因素，建立了全寿命周期灵敏度分析模型，通过对比分析参数取值不同时整体方案曲线的差异，辅助决策者选择综合成本最优决策方案等[10]。

2 问题分析

2.1 分时电价条件

针对现行充电策略所造成的白天与夜间充电资源分配不均问题，通过比对公交车运营时刻表与分时电价在时间上的对应关系，提炼分时电价方案下的车辆充电原则。

通过对十个省份大工业用电 35 千伏档分时电价的电费整理，并将时间与高峰平段低谷时段对应，分时电价抽象图参见图 2。由表 1 可知，高峰时段的单位电价远大于平峰时段和低谷时段。

表 1　十个省份大工业用电 35 千伏档的分时电价

省份/市	高峰时段	费用/（元/千瓦时）	平峰时段	费用/（元/千瓦时）	低谷时段	费用/（元/千瓦时）
北京	10:00-15:00; 8:00-21:00	0.948 4	7:00-10:00; 15:00-18:00; 21:00-23:00	0.647	23:00-7:00	0.354 6
广州	14:00-17:00; 19:00-22:00	0.962 6	8:00-14:00; 17:00-19:00; 22:00-24:00	0.583 4	00:00-8:00	0.291 7
海南	10:00-12:00; 16:00-22:00	1.015	7:00-10:00; 12:00-16:00; 22:00-23:00	0.626 2	23:00-7:00	0.327 1
河南	8:00-12:00; 18:00-22:00	0.924 12	12:00-18:00; 22:00-24:00	0.601 03	0:00-8:00	0.317 62
江苏	8:00-12:00; 17:00-21:00	1.044 7	12:00-17:00; 21:00-24:00	0.626 8	0:00-8:00	0.308 9
上海	8:00-11:00; 18:00-21:00	1.102	6:00-8:00; 11:00-18:00; 21:00-22:00	0.67	22:00-6:00	0.258
天津	8:00-11:00; 18:00-23:00	0.936 5	7:00-8:00; 11:00-18:00	0.658 5	23:00-7:00	0.354 5
云南	9:00-12:00; 18:00-23:00	0.792 9	7:00-9:00; 12:00-18:00	0.528 6	23:00-7:00	0.264 3
浙江	19:00-21:00	1.044 4	8:00-11:00; 13:00-19:00; 21:00-22:00	0.865 4	11:00-13:00; 22:00-8:00	0.392 4

（数据来自各省发改委《关于合理调整电价结构有关事项的通知》）

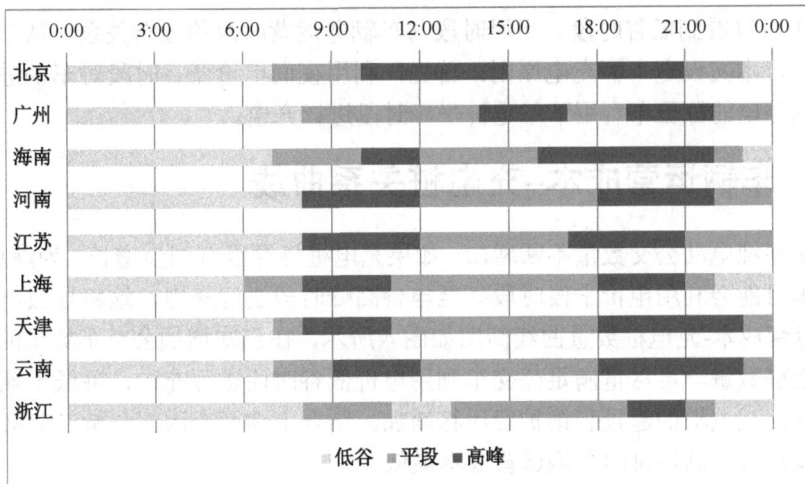

图2 十个省份大工业用电35千伏档的分时电价抽象图

2.2 分时电价下的车辆充电原则

本文以上海市 837 路公交车列车运营时刻表为例，统计了每个车辆的运营时间，并对其进行归纳分类，抽象结果参见图 3。按照不同的运营方式，将车辆分为分班车与连班车两类，分别对应图 3 的 1-11 号与 12-21 号车辆。其中，连班车全天仅需执行一批任务，即出入充电场各一次；分班车全天则有两次任务，分上下午执行，除了夜间返回场站，早晨离开场站外，车辆还可能会在日间非运营时间返场。分班车加强了早晚客流高峰时段的运能投入。

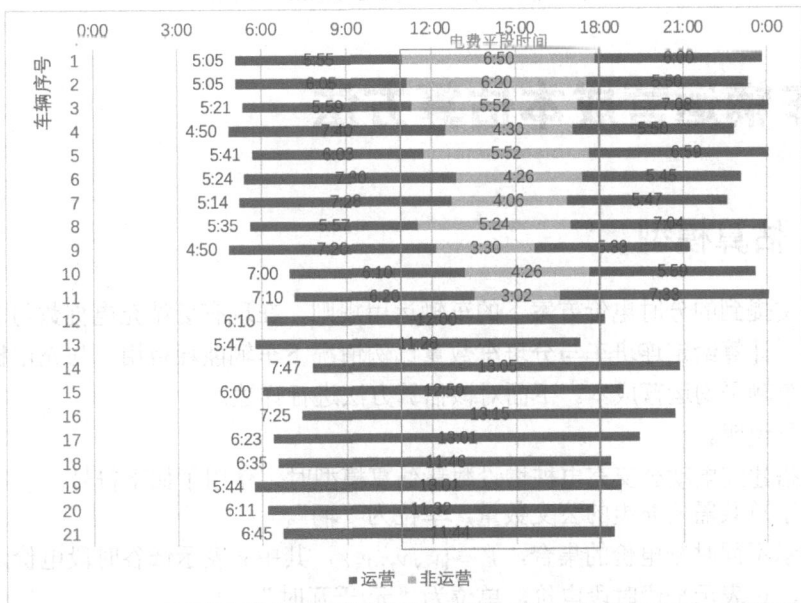

图3 上海市 837 路公交车运营时刻表抽象结果

由图 3 可以看到低谷时段、平峰时段与车辆非运营时段的分布关系。从节约电费成本的角度出发，本文设定车辆充电原则：首先，利用夜间电价低谷时段对车辆进行充电，额外需要日间补电的分班车利用下午电价平峰时段进行充电。

2.3　车辆运营成本–充电桩关系曲线

随着场站纯电动公交数量不断增加，如果充电桩资源没有同步增长，为满足日常运营，部分公交车可能会利用电价平段时段甚至电价高峰时段进行充电，这将导致电费成本的升高。车辆运营成本-充电桩数量曲线简图如图 4 所示，在已知增加公交车数量的情况下，通过增加充电桩数量，可尽量满足公交车利用电价低谷时段进行充电，降低车辆能耗费用，但与此同时，充电桩的建设和维护费用将增加。结合上述两个因素分析，势必存在最佳的充电桩增设数目以满足总的车辆运营成本最低。

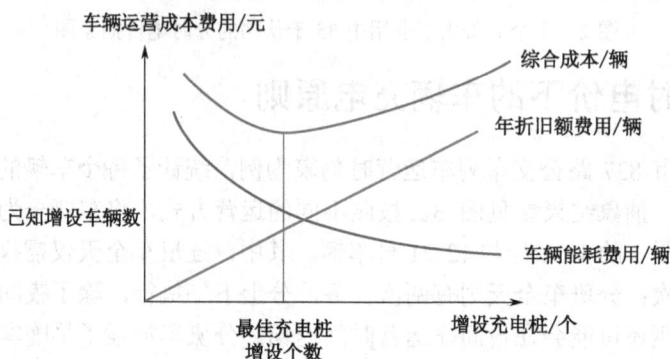

图 4　车辆运营成本-充电桩数量曲线简图

3 车辆运营成本估算方法

3.1　估算模型

通过上文提到的分时电价方案下的车辆运用规则，在现有场站充电桩数与公交车数已知的情况下，计算给定连班车与分班车数量比例情况下车辆能耗费用，与充电桩年折旧额合计，计算车辆平均运营成本。下面对该估算方法进行详述。

（1）符号说明。

本文在搭建纯电动公交充电桩增设数量估算模型时，使用了如下符号。

μ：表示总共需要充电的公交数量，单位为"辆"。

V：表示不同时刻电价的集合，$V = \{v_1, v_2, v_3\}$，其中 v_1 表示低谷时段电价，v_2 表示高峰时段电价，v_3 表示平段时段电价，单位为"元/千瓦时"。

t：表示充电时段的时长集合，$t = \{t_1, t_2, t_3\}$，其中 t_1 表示在下午平价时段可充电时长，t_2 表示夜间电费谷价时段可充电时长，t_3 表示下午电费峰价时段可充电时长，单位为"小时"。

t_0：表示低谷时段内充电桩完成指定车辆充电任务后剩余的时长，称为夜间零碎时间，单位为"小时"。

t'：表示平峰时段补电的车辆充电时长，单位为"小时"。

m：表示不同电价时段最多可充满电的公交车数集合，$m = \{m_1, m_2, m_3\}$，m_1 对应电价低谷时段，m_2 对应电价高峰时段，m_3 对应电价平段时段，单位为"辆"。

m_0：表示在夜间零散时间充电的车数，单位为"辆"。

E：表示一个充电桩的建设成本，单位为"元"。

Y：表示一个充电桩可以使用的年限，单位为"年"。

P：表示该车场现有充电桩的数量，单位为"机"。

M：表示该车场现有纯电动公交车的数量，单位为"辆"。

DP：表示该车场计划增加充电桩的数量，单位为"机"。

DM：表示该车场计划增加纯电动公交车的数量，单位为"辆"。

BR：表示排班计划中实行分班制的公交车数，单位为"辆"。

AR：表示排班计划实行连班制的公交车数，单位为"辆"。

BF：表示将要增加的实行分班制的公交车数，单位为"辆"。

AF：表示将要增加的实行连班制的公交车数，单位为"辆"。

S：表示电动公交充电场内每个充电桩所配备的车位数，单位为"辆"。

CS：表示每个充电桩能支持同时充电的车辆数，单位为"辆"。

PS：表示该车场最多能容纳的纯电动公交车辆数，单位为"辆"。

T：表示每辆纯电动公交车从返场时的最低电量到充满电所需要的时长，单位为"小时"。

J：表示每辆纯电动公交车从返场时的最低电量到充满电所需要的电能，单位为"焦耳"。

J_S：表示每辆纯电动车利用在峰谷电价时段，完成几个批次的完整充电之后的多余时间充电所需要的电能，单位为"焦耳"。

J_m, J_n：表示每辆分班制的车平均在上、下午的班次所消耗的电能，单位为"焦耳"。

C：表示平均每辆纯电动公交每年运营所消耗的总成本，单位为"元"。

（2）推断假设。

1）现有公交车在调度上可以分为两类，一类采用分班制，这类车辆可以利用平峰时段进行充电；另一类采用连班制，即只可在夜间充电。假设通过车场现有采用分班制及连班制车辆的比例，可推算新增车辆中分班车及连班车的数量：

$$BR + AR = M \tag{1}$$

$$BF + AF = DM \tag{2}$$

$$BR : AR = BF : AF \tag{3}$$

2）可近似认为充电电量与充电时间成正比，k 为比例系数，即

$$J = kt \tag{4}$$

（3）模型建立。

目标函数：

$$\min C / 365 = \left[\Sigma_{i=1}^{\mu} J_i \nu_i + (E \cdot DP / Y) / 365 \right] / (M + DM) \tag{5}$$

为了寻求总成本最小，在此依据分时电价的特性，进行如下分类讨论，如图5所示：

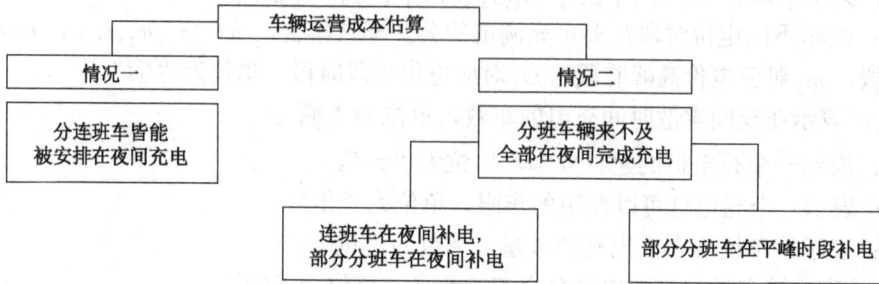

```
                车辆运营成本估算
        ┌──────────────┴──────────────┐
      情况一                        情况二
        │                             │
   分连班车皆能                  分班车辆来不及
   被安排在夜间充电              全部在夜间完成充电
        ┌──────────────┴──────────────┐
   连班车在夜间补电,              部分分班车在平峰时段补电
   部分分班车在夜间补电
```

图5　推算逻辑

1）情况一：夜间可以充完全部车辆，即

$$m_1 \geqslant M + DM \tag{6}$$

m_1 表示在夜间可充电时间范围内最多可充电的车辆数：

$$m_1 = \frac{t_2}{T} \cdot CS \cdot (P + DP)，（\lfloor \; \rfloor 为向下取整符号，下文同） \tag{7}$$

约束条件：纯电动公交车辆数总和应不超过车场的容量：

$$M + DM \leqslant PS \tag{8}$$

此时成本可表示为：

$$\frac{C}{365} = V_1 \Sigma_{i=1}^{M+DM} J_i + \frac{E \cdot \dfrac{DP}{Y}}{365} \tag{9}$$

2）情况二：夜间不能充完所有车辆，即

$$m_1 < M + DM \tag{10}$$

m_2 表示在中午可充电时间范围内最多可充电的车辆数：

$$m_2 = \left\lfloor \frac{t_1}{T} \right\rfloor \cdot CS \cdot (P + DP) \tag{11}$$

约束条件：

a. 充电车辆数应小于充电桩周围可停车辆数：

$$S \cdot P \geqslant \max\{m_1, m_2\} \tag{12}$$

b. 纯电动公交车辆数总和应不超过车场的容量，即满足公式（8）。

c. 由于连班车只能在夜间充电，所以夜间可充电车辆数应大于连班车数量：

$$m_1 \geqslant AF + AR \tag{13}$$

d. 中午必须充完除了在夜晚充满电的其他所有车：

$$m_2 \geqslant (BF + BR) - \left[m_1 - (AF + AR) \right] \tag{14}$$

夜间零碎时间由夜间充电时间求出：

$$t_0 = t_2 - \lfloor t_2 / T \rfloor \tag{15}$$

在 t_0 时间段内可充的电量：

$$J_0 = k t_0 \tag{16}$$

平峰时段应充的电量为 $J_i - J_0$ ，对应的时间为：

$$t' = \left(J_i - J_0\right)/k \tag{17}$$

该时间应比可用的完整平峰时段时长要短，即

$$t' < t_1 \tag{18}$$

在这种情况下，又可分为两类：

① 未能在夜间充电的分班车可全部在夜间零碎时间充部分电：

$$\left(P + \mathrm{DP}\right) \cdot \mathrm{CS} \geqslant \left(\mathrm{BF} + \mathrm{BR}\right) - \left[m_1 - \left(\mathrm{AF} + \mathrm{AR}\right)\right] \tag{19}$$

成本可表示为：

$$q = \left(\mathrm{BF} + \mathrm{BR}\right) - \left[m_1 - \left(\mathrm{AF} + \mathrm{AR}\right)\right] \tag{20}$$

$$C/365 = \left[v_1 \Sigma_{i=1}^{m_1} J_i + v_1 \Sigma_{i=1}^{q} J_{si} + v_3 \Sigma_{i=1}^{q}\left(J_i - J_{si}\right) + \left(E \cdot \mathrm{DP}/Y\right)/365\right]/\left(M + \mathrm{DM}\right) \tag{21}$$

即晚上充满电的所有车的电费成本与分两次充电的分班车的电费成本之和，再加上建设费用。

② 未能在夜间充电的分班车不能全部在夜间零碎时间充部分电，有一部分分班车只能完全在平峰时段进行充电：

$$\left(P + \mathrm{DP}\right) \cdot \mathrm{CS} < \left(\mathrm{BF} + \mathrm{BR}\right) - \left[m_1 - \left(\mathrm{AF} + \mathrm{AR}\right)\right] \tag{22}$$

成本可表示为

$$p = \mathrm{CS} \cdot P' \tag{23}$$

$$\frac{C}{365} = \left[v_1 \Sigma_{i=1}^{m_1} J_i + v_{11} \Sigma_{i=1}^{p} J_{si} + v_3 \Sigma_{i=1}^{p}\left(J_i - J_{si}\right) + v_3 \Sigma_{i=1}^{(q-p)} J_i + \frac{E \cdot \dfrac{\mathrm{DP}}{Y}}{365}\right]/\left(M + \mathrm{DM}\right) \tag{24}$$

即低谷时段充电的所有车的电费成本与分两次充电的分班车的电费成本之和，最后加上建设费用。

综上所述，分类讨论的结果为：

$$\min \frac{C}{365} = \begin{cases} \left[\Sigma_{i=1}^{\mu} J_i v_i + \left(E \cdot \mathrm{DP}/Y\right)/365\right]/\left(M + \mathrm{DM}\right), \\ m_1 \geqslant M + \mathrm{DM} \\ \left[v_1 \Sigma_{i=1}^{m_1} J_i + v_1 \Sigma_{i=1}^{q} J_{si} + v_3 \Sigma_{i=1}^{q}\left(J_i - J_{si}\right) + \left(E \cdot \mathrm{DP}/Y\right)/365\right]/\left(M + \mathrm{DM}\right), \\ m_1 < M + \mathrm{DM}，且满足式（19） \\ \left[v_1 \Sigma_{i=1}^{m_1} J_i + v_{11} \Sigma_{i=1}^{p} J_{si} + v_3 \Sigma_{i=1}^{p}\left(J_i - J_{si}\right) + v_3 \Sigma_{i=1}^{(q-p)} J_i + \left(E \cdot \mathrm{DP}/Y\right)/365\right]/\left(M + \mathrm{DM}\right), \\ m_1 < M + \mathrm{DM}，并且满足式（22） \end{cases} \tag{25}$$

3.2 车辆运营成本展示

为了便于观察随着充电桩数量及公交车辆数量增加，平均车辆运营费用的变化关系，绘制函数的三维图像。将模型的 DP 与 DM 作为两个自变量，C 作为参变量，可以得到一个

二元函数 $C = f(\text{DP}, \text{DM})$。根据设定的自变量范围，结合实际，选取所有整点，即增加公交车数量与充电桩数量均为整数的情形，分别计算对应的成本函数值作为绘图点，绘制运营成本函数的三维曲线。

在实际情形中，充电桩的配备或是增设工作都是建立在对于纯电动公交的数量已知或是有预估范围的前提下。同时，充电桩都是以一定单位数量进行建设的（DP 为某个整数的倍数），即为离散的数据点，而不是连续函数。

在计算给定增加电动公交车数量的前提下最优增设充电桩数量时，可以通过比较不同增设充电桩数对应的运营成本，以找出车辆运营成本的最小值和与之相对应的最优增设充电桩数量。

4 案例分析

本文以上海市真南路停车场为案例，通过收集到的相关数据确定模型的参数，应用上述模型对充电场内最优增设充电桩的数量进行计算。

4.1 真南场参数确定

（1）电价及充电时长参数。

真南场位于上海市普陀区，其参照的分时电价制度如表 1 所示。同时，通过收集该车场多条线路的每日排班计划，统计出夜间以及下午可用来充电的平均时段，结合分时电价的时间表，可得到午间用于充电的峰价时长为 1 小时、平价时长为 7 小时，夜间充电的谷价时长为 8 小时。

（2）车场参数。

车场参数包括车场现有分班车、连班车、充电桩数以及最大可容纳车辆数。以真南路停车场为例，现有分班车数量为 230 辆，连班车数量为 133 辆，标准充电桩数为 60 个，考虑到真南场立体停车场的设计和周围的空地，该车场的容纳不受限，在此设定一个极大值 10 000 个。

（3）充电特性。

根据停车场充电桩记录的历史车辆 SOC（电池荷电状态）数据，以及充电时间累积统计值，通过文献参考、实地询问及数据统计，得到平均每辆公交车充满所需的时长及电量，分别为 3 小时和 600kW·h。由于充电桩在型号上存在差异，还需要输入单个充电桩最多可同时充电车数。以真南路停车场为例，一个标准一机四枪充电桩最多可同时充 4 辆车。

（4）建设费用。

通过市场调研可知，目前主流的充电桩是一机两枪或一机四枪，功率是 150kW。一机四枪的设备价为 10～13 万。施工因为有现场土建，雨棚，电力变电站等辅助成本占比较大，单纯每个桩的设备安装费用较少。一个 64 台充电桩（256 个停车充电位）的停车场土建费用约 2 000 万元。综合计算，平均每一台充电桩的建设费用约为 427 500 元。考虑充电桩存在技术更新的可能，设定使用年限为 8 年，则经过年折旧，平均每一台充电桩每年的建设费用约为 53 400 元左右。

4.2 模型应用

由于停车场对于充电桩和纯电动公交的增设数量存在上限，同时考虑控制变量范围以减少计算量，在求解前先设定最多能增加的充电桩数量与公交车数量。在此，为方便计算设定最大增设充电桩数量为 50 机，最大增加公交车数量为 500 辆。

以充电桩增设数量模型为依据，得到如图 6 所示的"增加充电桩数量-增加公交车数量-平均每辆车运营成本"三维图像绘图结果。

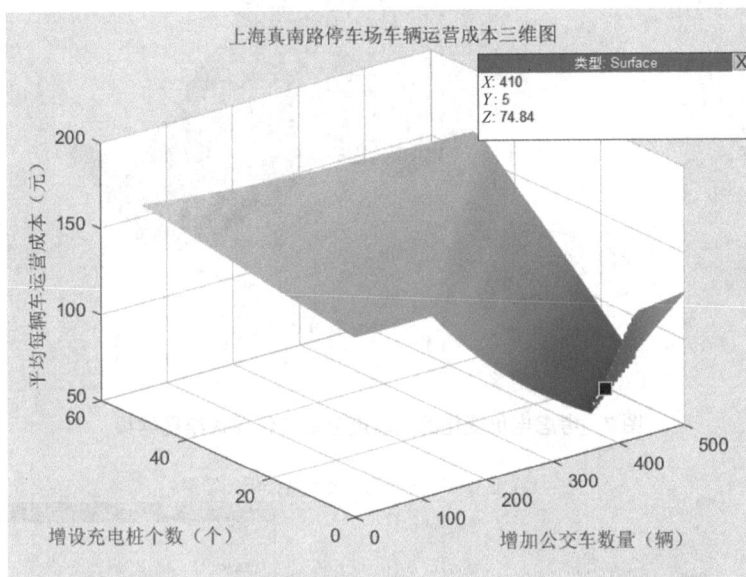

图 6　"增加充电桩数量-增加公交车数量-平均每辆车运营成本"三维图像绘图结果

模拟设定近期内停车场计划增加的纯电动公交车数量为 410 辆，进行计算，通过遍历所有图像中整点可以得到结果，理论上对应综合成本最低的充电桩增设数为 5 机。在实际生产中，充电桩的增设是按批次增设的，各批次建设数量会结合市场行情以及资金预算来确定，本研究结果提供了基本决策逻辑和单位增幅的成本变动规律，对于决策也有一定的支持价值。

4.3 灵敏度分析

本文对三个关键参数的变动做灵敏度分析：电价、充电桩价格、分班车连班车数量比。

（1）电价。

仅将电价作为单一的灵敏度分析对象，模拟峰价、平价、谷价时段的电费分别增为 1.2、0.7、0.3，参见图 7。此时，运营费用最低点对应的充电桩增设数为 5 机。

（2）充电桩价格。

仅将充电价格作为单一的灵敏度分析对象，充电桩价格上升 10%，参见图 8。最优充电桩增设数为 5 机。

（3）分班车连班车数量比。

仅将分班车连班车数量比作为单一灵敏度分析对象，将分班车与连班车数量的比例设定为 2:1，参见图 9，最优充电桩增设数为 12 机。

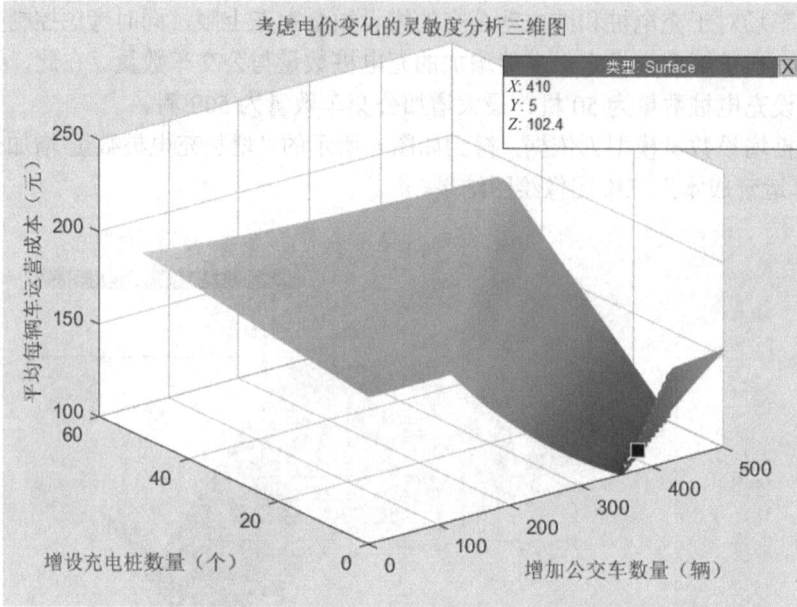

图 7　考虑电价变化的灵敏度分析三维图像绘图结果

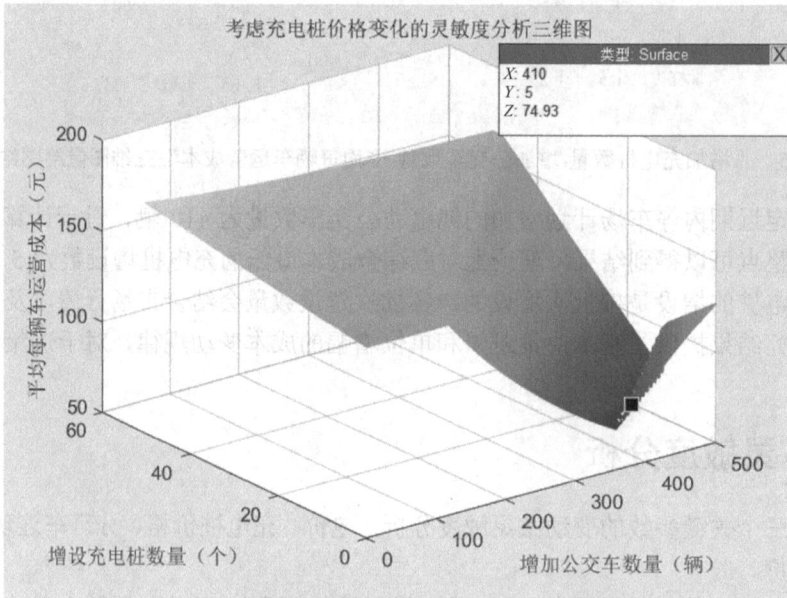

图 8　考虑充电桩价格变化的灵敏度分析三维图像绘图结果

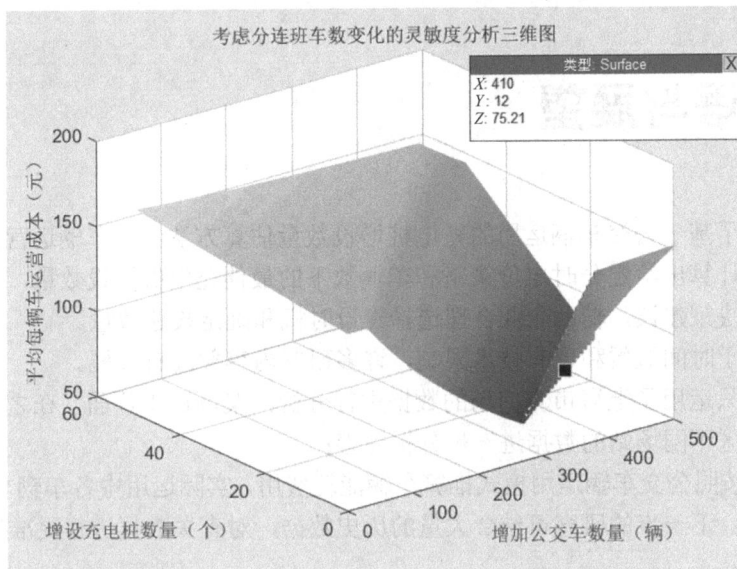

图9 考虑分连班车数变化的灵敏度分析三维图像绘图结果

（4）多参数摄动分析。

将以上三个因素都纳入灵敏度分析对象，数据同上，则可以得到如下三维曲线，如图10所示。此时，综合费用最低点对应的充电桩增设数为12机。

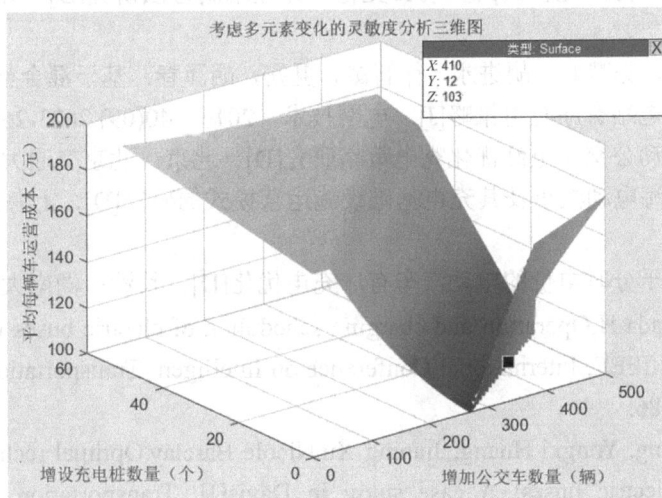

图10 多元素灵敏度分析三维图像绘图结果

通过本例简单地说明对于公交企业来说，选择增设12机能满足需求，充电费用会节约，建设费用会增加，如该场纯电动公交数量增长停滞则会导致充电桩资源浪费；选择5机建设费用会节省，但充电费用开销上升，如果车辆日车千米指标波动增长，则可能出现无法满足正常运营的风险。由此，通过灵敏度分析，能为公交企业充电桩投资决策和车辆增长决策提供一定理论性的参考依据。

5　结语与展望

本文研究了基于公交车辆运用的充电桩增设数量估算方法，以车辆运营成本最低为目标，从理论上计算出给定分时电价策略和车辆数下的最佳充电桩增设数量，并以此给公交企业提供投资决策建议，辅助企业合理选择建设时机和确定投建数量。

然而，由于时间短暂和现有技术限制，许多研究内容并没有开展。

（1）本文只运用了上海市真南场的数据进行分析，案例过于片面，在之后的研究上可以结合更多地区不同场站的数据进一步分析完善；

（2）本文按照公交车辆运用模式推算车辆能耗费用，实际运用中各车辆SOC是存在差异且为动态的。下一步的研究可结合大量的历史数据，对有关数据进行更准确估算。

参考文献

[1]　高佳宁. 考虑分时电价的纯电动公交行车计划编制方法研究[D]. 北京：北京交通大学，2018.

[2]　李斌，刘畅，陈慧妙，胡进永，徐智威，夏露，胡泽春. 基于混合整数规划的电动公交车快速充电站有序充电策略[J]. 电网技术，2016，40(09):2623-2630.

[3]　李长留. 电动公交充电站优化充电策略研究[D]. 北京：北京交通大学，2018.

[4]　申善毅. 上海电动汽车及其充电基础设施运营模式的研究[D]. 上海：上海交通大学，2011.

[5]　于浩明. 基于分时电价的电动汽车有序充电优化[D]. 长沙：湖南大学，2015.

[6]　Paul T, Yamada H.Operation and charging scheduling of electric buses in a city bus route network[C]// IEEE, International Conference on Intelligent Transportation Systems. IEEE, 201 2780-2786.

[7]　Yusheng Wang, Yongxi Huang, Jiuping Xu,Nicole Barclay.Optimal recharging scheduling for urban electric buses: A case study in Davis[J]. Transportation Research Part E: Logistics and Transportation Review, 2017, 115-132.

[8]　Lajunen A.Energy consumption and cost-benefit analysis of hybrid and electric city buses[J]. Transportation Research Part C Emerging Technologies, 2014, 38(1):1-15.

[9]　孙世民，吴扬俊. 企业投入产出模型与成本灵敏度分析[J]. 中国农业大学学报，1996(02):1-6.

[10]　苏卫华，管俊，杨熠娟等. 全寿命周期成本电网规划的灵敏度分析模型[J]. 中国电力，2014，47(11):127-133.

基于 CBTC 的大数据智能软件测试技术研究[1]

王 超

（中国铁道科学研究院集团有限公司 北京 100081）

【摘要】 采用软件度量建模[1-3]与大数据计算[4-7]技术，解决基于通信的列车自动控制系统（CBTC）软件测试的质量和效率问题。构建多元线性回归[8-10]软件度量模型，制定合理的软件质量标准并对软件质量进行评估；提出一种高效的基于 hadoop 开源框架的分布式哈希分区统计算法（D_HashPTS）用以解决海量的计算任务。针对国产 CBTC 项目的不同软件测试需求与不同项目的安全等级要求，能够生成合理化的测试模型，对测试任务进行分布式并行处理，减少测试人员冗余的重复性劳动与无效的沟通时间，提高开发与测试人员的工作效率。

【关键词】 基于通信的列车自动控制系统；大数据；软件建模；软件测试

Research on Large Data Intelligent Software Testing Technology Based on CBTC

Wang Chao

（CHINA ACADEMY OF RAILWAY SCIENCES CORPORATION LIMITED, Beijing 100081, China）

Abstract: Software metrics modeling and big data computing technology are used to solve the quality and efficiency of software testing of Communication-based Train Automatic Control System (CBTC). A multivariate linear regression software metrics model is constructed, reasonable software quality standards are formulated and software quality is evaluated. An efficient distributed hash partition statistics algorithm (D_HashPTS) based on Hadoop open source framework is proposed to solve massive computing

---

1 **项目基金：** 中国铁道科学研究院通信信号研究所基金资助（2018HT07）。

tasks. Aiming at different software testing requirements and different project security level requirements of domestic CBTC project, a reasonable testing model can be generated, testing tasks can be distributed and parallel processed, redundant repetitive labor and ineffective communication time of testers can be reduced, and work efficiency of developers and testers can be improved.

Keywords: communication-based train control system; big data; software modeling; software test.

1 引言

随着铁路行业的快速发展，涉及软件安全性问题已经成为人们关注的重点。类似铁路行业发生的一些重大事故，大多都与系统的软件缺陷相关。而系统的缺陷会随着软件的复杂度呈指数级上升，这也直接提高了软件测试的复杂度和测试成本。现阶段 CBTC 系统的软件测试主要存在的问题如下。

（1）软件度量标准大多基于 NASA 的软件度量模型，该标准是由美国软件工程实验室（SEL）制定的，主要用于指导美国航空航天局（NASA）与戈达德航天飞行中心（GSFC）的软件开发并作为产品软件安全与任务的保障。但是作为城市轨道交通领域的国产 CBTC 系统，有其自身软件度量的特性，并不完全适合应用此标准。

（2）软件测试系统大多部署在本地服务器中，但是对于较大规模的并行软件测试，且测试过程中存在大量的软件度量建模与频繁迭代测试的项目，由于存在海量测试计算，传统的服务器组并不适用。

2 研究现状

软件测试在国外的企业占有非常重要的地位，无论实际应用和理论研究都有广阔的市场前景，其发展规模相对比较成熟。随着近些年国内对软件测试平台重要性的认可，越来越多的企业把软件测试与产品质量直接挂钩。但是现阶段铁路行业的软件自动化测试方法和使用的测试工具相对比较简单，缺少适用于 CBTC 的独立的软件质量评价标准。虽然一些企业已经把测试服务器部署在了云端[11-12]，但只是利用了云端的资源划分功能，并没有充分利用分布式集群的计算功能来处理软件测试的业务逻辑。

本文结合国产 CBTC 系统软件的实际应用情况，按照铁路行业标准要求，构建了适用于 CBTC 系统的多元线性回归软件度量模型、提出一种高效的 D_HashPTS 算法，可以把海量复杂的计算任务分配到 hadoop 服务器集群中高效并行处理。在保证软件测试质量的同时，提高软件测试人员的效率，节约了测试成本，有非常高的实际应用意义。

3 软件度量模型

在本节中，我们主要介绍基于多元线性回归度量模型的构建。本模型采用国产 CBTC 系统应用项目的历史数据，参考铁路控制和防护系统软件标准（EN50128）、铁路应用可靠性可用性可维护性和安全性技术条件和验证标准（EN50126）、工业标准化编程规范（MISRA-C），利用统计学方法，制定满足国产 CBTC 系统的软件代码质量参数标准。并对其中每个参数的影响因子与影响系数进行了定量分析，进而可以对实际工程项目的软件质量的各项指标进行细化评价，便于测试与开发人员对影响软件代码质量的参数进行预测与调整，保障软件的安全等级（SIL），也是列车平稳安全运行的重要防护手段。

3.1 度量模型基本定义

多元线性回归度量模型由使用因数、度量项、度量结果三级结构构成，通过选择各级评价因素及其加权值的方法来考察多个变量间的相关性与强度，对被测软件及其子程序进行评价。

定义 1 设质量特性 Q 为因变量，度量结果集 X_i 为自变量，评价软件质量特性公式定义如下：

$$Q = \sum_{j=1}^{M} V_j * (\sum_{i=1}^{N_j} W_i * X_i)$$

其中，M 表示软件质量特性的使用因数数量，V_j 为第 j 个使用因数的权重；N_j 表示属于第 j 个使用因数的质量度量项的总项数，W_i 表示当前度量项 i 的权重，同一特征下所有度量元权重之和为 1；X_i 表示当前度量项 i 的度量结果。

例 1 设函数的度量模型的总度量特性有 3 个，可测试性下有 2 个度量元，可维护性下有 3 个度量元，清晰性下有 5 个度量元，则软件质量特性 Q = 可测试性度量 + 可维护性度量 + 清晰性度量，计算公式为：

$$Q = \upsilon_1 * \sum_{i=1}^{2} \omega_i * X_i + \upsilon_2 * \sum_{j=1}^{3} \omega_j * X_j + \upsilon_3 * \sum_{k=1}^{5} \omega_k * X_K$$

在实际的软件测试项目中，往往需要对多个软件模块或对软件模块内部间的多函数质量特性进行评估，发现强耦合等软件质量问题，需要引入多级软件质量评估。

定义 2 设多级软件质量特性 Q_l 为因变量，则评价软件质量特性公式定义如下：

$$Q_l = \upsilon_{1l} * \sum_{i=1}^{2} \omega_{il} * X_{il} + \upsilon_{2l} * \sum_{j=1}^{3} \omega_{jl} * X_{jl} + \upsilon_{3l} * \sum_{k=1}^{5} \omega_{kl} * X_{Kl}$$

其中，$1 \leq l \leq m$，m 为评估对象的数量。

定义 3 采用矩阵向量来存储软件质量特性内部相关性的元素值，定义如下：

$$
Q = \begin{bmatrix} Q_1 \\ Q_2 \\ \vdots \\ Q_m \end{bmatrix}, \quad
\alpha = \begin{bmatrix} \alpha_{11} & \alpha_{12} & \cdots & \alpha_{1p} \\ \alpha_{21} & \alpha_{22} & \cdots & \alpha_{2p} \\ \vdots & \vdots & \cdots & \vdots \\ \alpha_{m1} & \alpha_{m2} & \cdots & \alpha_{mp} \end{bmatrix}, \quad
X = \begin{bmatrix} \beta_{11} & \beta_{21} & \cdots & \beta_{m1} \\ \beta_{12} & \beta_{22} & \cdots & \beta_{m2} \\ \vdots & \vdots & \cdots & \vdots \\ \beta_{1p} & \beta_{2p} & \cdots & \beta_{mp} \end{bmatrix}
$$

其中，Q 为由响应变量组成的 m 维质量特性向量；α 为度量项 W_i 的权重向量参数矩阵；X 为度量结果向量矩阵；p 为评估参数的数量。

例 2　对于 αX 向量积为 $m \times m$ 阶的度量矩阵，对于矩阵向量积如下：

$$
\begin{bmatrix}
\alpha_{11}\beta_{11}+\alpha_{12}\beta_{12}+\ldots+\alpha_{1p}\beta_{1p} & \alpha_{11}\beta_{21}+\alpha_{12}\beta_{22}+\ldots+\alpha_{1p}\beta_{2p} & \cdots & \alpha_{11}\beta_{m1}+\alpha_{12}\beta_{m2}+\ldots+\alpha_{1p}\beta_{mp} \\
\alpha_{21}\beta_{11}+\alpha_{22}\beta_{12}+\ldots+\alpha_{2p}\beta_{2p} & \alpha_{21}\beta_{21}+\alpha_{22}\beta_{22}+\ldots+\alpha_{2p}\beta_{2p} & \cdots & \alpha_{21}\beta_{m1}+\alpha_{21}\beta_{m2}+\ldots+\alpha_{2p}\beta_{mp} \\
\vdots & \vdots & \cdots & \vdots \\
\alpha_{m1}\beta_{11}+\alpha_{m2}\beta_{12}+\ldots+\alpha_{mp}\beta_{1p} & \alpha_{m1}\beta_{21}+\alpha_{m2}\beta_{22}+\ldots+\alpha_{mp}\beta_{2p} & \cdots & \alpha_{m1}\beta_{m1}+\alpha_{m2}\beta_{m2}+\ldots+\alpha_{mp}\beta_{mp}
\end{bmatrix}
$$

可以看到在 m 阶矩阵中只有主对角线上的元素为合理的采样值，而其他位置的元素值并非评估对象，而只需要选择属于各自使用因数的度量结果，即主对角线上的元素，形成 $p \times m$ 阶向量矩阵：

$$
\begin{bmatrix}
\alpha_{11}\beta_{11} & \alpha_{21}\beta_{21} & \cdots & \alpha_{m1}\beta_{m1} \\
\alpha_{12}\beta_{12} & \alpha_{22}\beta_{22} & \cdots & \alpha_{m2}\beta_{m2} \\
\vdots & \vdots & \cdots & \vdots \\
\alpha_{1p}\beta_{1p} & \alpha_{2p}\beta_{2p} & \cdots & \alpha_{mp}\beta_{mp}
\end{bmatrix}
$$

参照此 $p \times m$ 阶向量矩阵可以发现，矩阵中的所有元素为 aT 与 X 中各元素的子积，即 $aT * X$。

例 3　选取使用因数 V_j 的 $m \times p$ 阶权重向量矩阵 υ 如下：

$$
\upsilon = \begin{bmatrix}
\upsilon_{11} & \upsilon_{12} & \upsilon_{13} & \ldots & \upsilon_{1p} \\
\upsilon_{21} & \upsilon_{22} & \upsilon_{23} & \ldots & \upsilon_{2p} \\
\vdots & \vdots & \vdots & \ldots & \vdots \\
\upsilon_{m1} & \upsilon_{m2} & \upsilon_{m3} & \ldots & \upsilon_{mp}
\end{bmatrix}
$$

对于满足 $\upsilon(aT * X)$ 向量积如下：

$$
\begin{bmatrix}
\upsilon_{11}\alpha_{11}\beta_{11}+\upsilon_{12}\alpha_{12}\beta_{12}+\cdots+\upsilon_{1p}\alpha_{1p}\beta_{1p} & \cdots & \upsilon_{11}\alpha_{m1}\beta_{m1}+\upsilon_{12}\alpha_{m2}\beta_{m2}+\cdots+\upsilon_{1p}\alpha_{mp}\beta_{mp} \\
\upsilon_{21}\alpha_{11}\beta_{11}+\upsilon_{22}\alpha_{12}\beta_{12}+\cdots+\upsilon_{2p}\alpha_{1p}\beta_{1p} & \cdots & \upsilon_{21}\alpha_{m1}\beta_{m1}+\upsilon_{22}\alpha_{m2}\beta_{m2}+\cdots+\upsilon_{2p}\alpha_{mp}\beta_{mp} \\
\vdots & \cdots & \vdots \\
\upsilon_{m1}\alpha_{11}\beta_{11}+\upsilon_{m2}\alpha_{12}\beta_{12}+\cdots+\upsilon_{mp}\alpha_{1p}\beta_{1p} & \cdots & \upsilon_{m1}\alpha_{m1}\beta_{m1}+\upsilon_{m2}\alpha_{m2}\beta_{m2}+\cdots+\upsilon_{mp}\alpha_{mp}\beta_{mp}
\end{bmatrix}
$$

同理，选取主对角线上的元素组成 $m \times m$ 阶矩阵，即 $\upsilon(a * XT)$，如下：

$$
\begin{bmatrix}
\upsilon_{11}\alpha_{11}\beta_{11} & \upsilon_{12}\alpha_{12}\beta_{12} & \cdots & \upsilon_{1p}\alpha_{1p}\beta_{1p} \\
\upsilon_{21}\alpha_{21}\beta_{21} & \upsilon_{22}\alpha_{22}\beta_{22} & \cdots & \upsilon_{2p}\alpha_{2p}\beta_{2p} \\
\vdots & \vdots & \cdots & \vdots \\
\upsilon_{m1}\alpha_{m1}\beta_{m1} & \upsilon_{m2}\alpha_{m2}\beta_{m2} & \cdots & \upsilon_{mp}\alpha_{mp}\beta_{mp}
\end{bmatrix}
$$

定义 4　选取 u_i 为 m 维误差向量（$1 \leqslant i \leqslant m$），$u_i \sim N(0, \sigma2)$，并且独立，$m$ 维误差向量矩

阵 $u = \begin{bmatrix} u_1 \\ u_2 \\ \vdots \\ u_m \end{bmatrix}$，则多元线性软件度量回归模型表示为：$Q = \upsilon * (a * X^{\mathrm{T}}) + u$

3.2 度量模型参数分析

3.2.1 参数分类

根据 EN50128/EN50126、MISRA-C 2012 标准要求，结合 CBTC 系统近 10 个项目的测试历史数据的影响分析，制定本模型的软件质量评价标准分类如下：

（1）软件测试性；（2）软件维护性；（3）软件清晰性。

对于每类软件质量评价标准都有相应的使用因数权重向量，而且每类软件质量评价标准内部会细化为多个度量项，每类度量项都有相应的权重向量和参数范围；对于满足参数范围的度量结果评价为 1，否则为 0。表 1 为广州 7 号线 CBTC 车载软件测试项目构建的软件度量模型测试性、维护性和清晰性的部分参数标准。其中权重因子用来衡量本度量项在最终评价模型计算中算占的比重，最小与最大值为度量结果的评价范围，权重因子数量、权重因子系数、度量项数量和度量项评价范围根据具体项目软件性能指标要求而确定。

表 1　软件质量度量标准

准则	度量	简称	权重	最小值	最大值
测试性	*Number of Globals*	*UT NoG*	0.126 0	0	50
	Number of Basic Blocks	*Blks*	0.135 0	1	30
	Number of Loops	*Tot Loops*	0.158 3	0	4
	Fan in	*Fan in*	0.210 5	0	5
	Fan out	*Fan out*	0.200 6	0	5
维护性	*Essential Knots*	*Eknts*	0.153 9	0	2
	Essential Cyclomatic Complexity	*EV(G)*	0.120 0	1	3
	Knots	*Knots*	0.196 0	0	5
	Cyclomatic Complexity	*V(G)*	0.138 6	1	10
清晰性	*Total Comments*	*Tot Comm*	0.050 0	10	200
	Comments in Headers	*Head*	0.100 0	5	50
	Comments in Declarations	*Decl Comm*	0.018 0	0	100
	Comments in Executable Code	*Exe Comm*	0.100 0	1	100
	Blank Comments	*Blnk Comm*	0.036 0	0	100
	Depth of Loop Nesting	*Nest Dept*	0.150 0	0	2

3.2.2 复杂度分析

以 *filter.c* 模块为例，截取其中的 9 个函数进行软件质量度量分析，部分软件质量度量参数结果统计如表 2 所示。*P* 表示统计结果满足标准，*F* 表示统计结果不满足标准。Knots 表示节点数，Eknts 表示基本节点数；*V(G)* 表示圈复杂度，*EV(G)* 表示基本圈复杂度；Blks

表示基本块的数量；Tot Loop 表示循环语句的数量，Nest Dept 表示循环嵌套深度；Fan in 表示函数的扇入，Fan out 表示函数的扇出；UT NoG 表示全局变量的数量。

表 2　软件质量度量复杂度分析

文件名	函数名	Knots	Eknts	V(G)	EV(G)	Blks	Tot Loops	Nest Dept	Fan in	Fan out	UT NoG
filter.c	*FilterFun_Init*	0(P)	2(P)	1(P)	1(P)	1(P)	14(F)	2(P)	1(P)	1(P)	1(P)
filter.c	*FilterFun_Release*	1(P)	3(P)	1(P)	1(P)	1(P)	11(F)	2(P)	1(P)	1(P)	0(P)
filter.c	*process*	0(P)	1(P)	4(P)	1(P)	8(P)	3(P)	1(P)	1(P)	1(P)	0(P)
filter.c	*STRFilter_create*	0(P)	1(P)	3(P)	1(P)	6(P)	4(P)	1(P)	1(P)	1(P)	0(P)
filter.c	*STRFilter_free*	2(P)	2(P)	1(P)	1(P)	1(P)	3(P)	1(P)	1(P)	1(P)	0(P)
filter.c	*process_by_rate*	7(F)	6(F)	5(P)	1(P)	14(P)	3(P)	1(P)	1(P)	5(F)	0(P)
filter.c	*process_by_value*	6(F)	6(F)	5(P)	4(F)	13(P)	3(P)	1(P)	1(P)	4(F)	0(P)
filter.c	*ExpFilter_create*	1(P)	1(P)	3(P)	1(P)	6(P)	4(P)	1(P)	1(P)	1(P)	0(P)
filter.c	*ExpFilter_free*	0(P)	1(P)	1(P)	1(P)	1(P)	3(P)	1(P)	1(P)	1(P)	0(P)

4 D_HashPTS 算法

图 1 为一个定期计划的项目汇总统计报告示例，显示的是多个真实项目的软件测试工程。该报告包含了项目的测试状态、模块数量、函数数量、总代码行数（SLOC 为代码行的基准单位）、新增代码行数、重量级修改行数、轻量级修改行数及未修改函数如下：

```
                        Project Summary Statistics

10/20/2018

                                                 Extensively  Slightly
                                     Total   New  Modified    Modified    Old
     Project    Status   Module  Function SLOC  SLOC   SLOC       SLOC     SLOC

     PROJECTA   ACTIVE     14     132    15500  11800    0          0       3700
     PROJECTB   ACTIVE      5     224    16000  14100    0          0       1900
     PROJECTC   INACTIVE    2     175    34902  34902    0          0          0
     PROJECTD   INACTIVE    2     415    41829  40201   450       1044      134
     PROJECTE   INACTIVE   40     292    50911  45345    0        4673      893
     PROJECTF   ACTIVE     20     397    61178  49712    0       10364     1102
     PROJECTG   ACTIVE      1      76     8547   8041    0         446       60
     PROJECTH   ACTIVE     11     494    81434  70951    0          0      10483
     PROJECTI   INACTIVE   11     267    72412  55289  1879       4184     11060
     PROJECTJ   ACTIVE     14     930   178682 141084 16017      13647     7934
     PROJECTK   INACTIVE    4     322    36905  26986    0        7363      2556
     PROJECTL   INACTIVE    6     244    52817  45825  1342       1156      4494
```

图 1　项目汇总统计

PROJECTA-B、PROJECTF-H、PROJECTJ 是需要同时进行软件测试的项目，PROJECTC-E、PROJECTK-L、PROJECTI 是后续需要进行测试的项目。在实际的测试过程中，由于存在开发测试阶段的迭代过程，经常需要频繁修改代码，这些并行处理的测试任务的代码量甚至可以达到 MSLOC 级。由软件质量度量模型的构建过程可知，涉及的评估参数数量和评估对象的数量非常巨大，而对这些评估参数的计算过程会占用大量的运算资源。

传统地把测试任务运行在单一服务器组的工作方式已经不能满足海量数据的运算与测试。所以本文针对软件建模中存在的海量数据复杂计算问题，基于开源 hadoop 软件体系架构[13-16]，提出 D_HashPTS 算法，并搭建 hadoop 服务器测试集群[17-18]，将业务处理逻辑在集群内并行执行，实现高效快速的软件质量度量模型运算。

4.1 数据分布式解析

4.1.1 软件测试数据切片

客户端提交测试文件到 hadoop 服务器集群目录文件中去，集群中的客户端程序会扫描磁盘中的目录文件，遍历其中需要测试的每个文件，并根据预先配置的参数，划分输入切片。图 2 以广州 7 号线 CBTC 车载软件 *filter.c* 模块为例划分输入切片，格式如下。

FileSplit0:/model/input/filter.c 0-64k
FileSplit1:/model/input/filter.c 64-128 K
FileSplit2:/model/input/filter.c 128-135K
FileSplit3:/model/input/key.c 0-26K
FileSplit4:/model/input/utility.c 0-39k
FileSplit5:/model/input/Task.c 0-64k
FileSplit6:/model/input/Task.c 64-128 K
FileSplit7:/model/input/Task.c 128-130K

图 2　软件测试数据切片

集群中 MRAppMaster 节点会根据切片文件的大小自动启动集群中的 maptask 任务，并把制定的切片分配到相应的 maptask 中去，如图 3 所示。

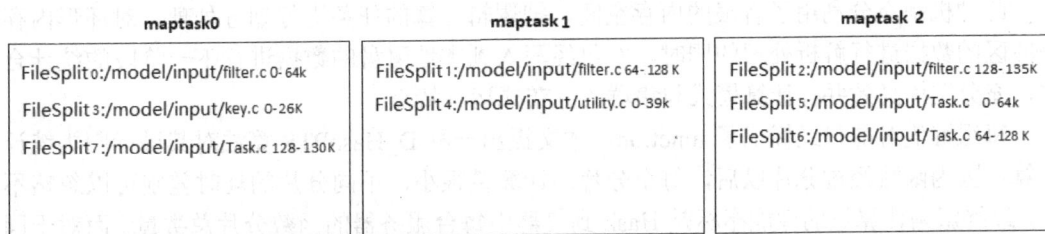

图 3　数据切片划分

4.1.2 软件测试数据分区

对软件质量度量评估的运算复杂度主要取决于评估矩阵中各元素的统计和其相应的计

算，而评估矩阵主要的工作在于各阶段的向量内积，并进行累加，例如，$Q_1 = \upsilon_{11}\alpha_{11}\beta_{11} + \upsilon_{12}\alpha_{12}\beta_{12} + \cdots + \upsilon_{1p}\alpha_{1p}\beta_{1p} + u_1$，针对此种情况，本文采用 key-value 键值对的方式模拟软件质量评估矩阵的内积累加操作。由于矩阵中每个元素的位置具有唯一性，标记为 key 值，相应的元素值标记为 value，而对于每个矩阵向量都是针对模块中具体的函数进行的分析，相应的函数名标记为 function，则统计的数据格式如下：(function){key$_1$: value$_1$, key$_2$: value$_2$, $\cdots$, key$_n$: value$_n$}。

在集群中启动的多个 maptask 任务会统计出大量的 key-value 键值对，为便于后续的运算，本模型采用一种环形内存区对其进行缓存。环形内存区示意图如图 4 所示。

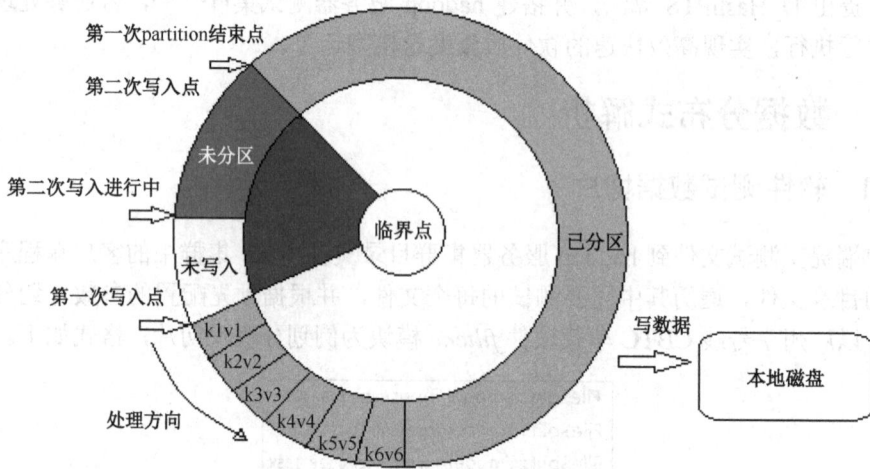

图 4　环形内存区示意图

在第一次写入点与第二次写入点间的 key-value 键值对数据，为了最大化利用分布式系统的计算效率，需要对环形内存区的键值对进行标记分区（partition），对于不同分区的数据可以分配给集群中的不同节点。环形内存区会设置一个临界点标志，例如当写入的内存数据已经达到总内存数据量的 80% 时，为防止数据的溢出，会启动数据分区线程任务对键值对进行标记分区，对已经处理好的标记分区会写入本地磁盘并清空分区数据缓冲区。然后以第一次 partition 结束点的位置为起始点开始第二次写入数据，在未达到临界点前可以循环写入键值对到环形内存区中。

此种机制充分利用了有限的内存空间，把逻辑计算的任务进行划分处理，对环形内存缓冲区的数据进行解析处理的同时，对已经写入到本地磁盘的数据进行下一阶段的统计合并，充分发挥高效并行计算模式与集群的分布式运行特点。

每组键值对前已经标记了 function，本文提出一种 D_HashPTS 算法对其进行归类统计计算。因为函数经过分片以后，每个分片的计算量很小，不同分片的耗时差别可以忽略不计，最终影响计算量的性能指标是 Hash 到集群中每台服务器的函数分片总数量。而对于同一函数的不同分片在经过哈希分区后必须分到同一分区进行处理，以保持数据的有效性。这就要求 Hash 算法尽可能地把函数分片按照合理的方法均分到每台服务器中。由于 key-value 中 function 是非重复的，根据字母表 A-Z，a-z 与 ASCII 码表的对应关系，把所有的函数名转换为十六进制序列，每组序列可以唯一标识函数名。在 partition Hash 的过程中，会对每位字母的十六进制序列进行累加，这样可以确保拥有相同 function 的分片数据可以 Hash 到同一 partition 中，并尽可能保证集群中 partition 的平衡性，数据分区参见表 3。

表 3　数据分区

FileSplit0:/model/input/filter.c	*FilterFun_Init*	\u0046\u0069\... \u0074	partition0
FileSplit0:/model/input/filter.c	*FilterFun_Release*	\u0046\u0069\... \u0065	partition1
FileSplit0:/model/input/filter.c	*process*	\u0070\u0072\... \u0073	partition2
FileSplit0:/model/input/filter.c	*STRFilter_create*	\u0053\u0054\... \u0065	partition3
FileSplit0:/model/input/filter.c	*STRFilter_free*	\u0053\... \u0065\u0065	partition0
FileSplit1:/model/input/filter.c	*STRFilter_free*	\u0053\... \u0065\u0065	partition0
FileSplit1:/model/input/filter.c	*process_by_rate*	\u0070\u0072\... \u0065	partition1
FileSplit1:/model/input/filter.c	*process_by_value*	\u0070\... \u0075\u0065	partition2
FileSplit1:/model/input/filter.c	*ExpFilter_create*	\u0045\u0078\... \u0065	partition3
FileSplit1:/model/input/filter.c	*ExpFilter_free*	\u0045\... \u0065\u0065	partition1
FileSplit2:/model/input/filter.c	*ExpFilter_free*	\u0045\... \u0065\u0065	partition1

对应 *filter.c* 文件的所有数据切片的 Hash 分区如图 5 所示。

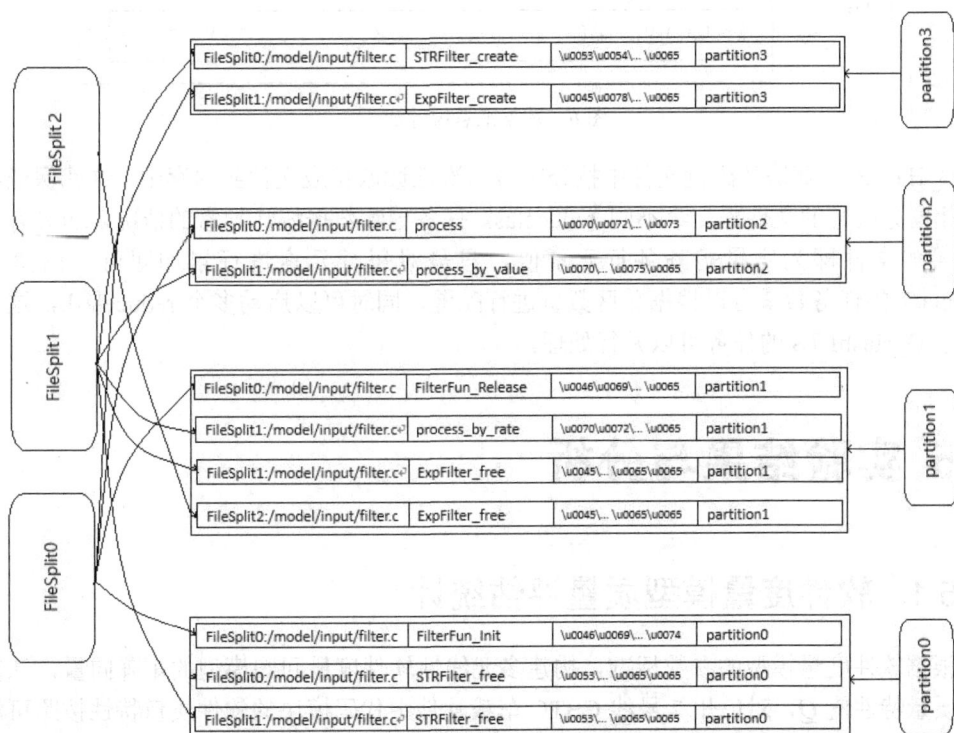

图 5　数据切片的 Hash 分区

4.2　数据汇总统计计算

对于经过分片分区解析存储在磁盘中的中间数据，D_HashPTS 算法还需要完成 key-value 键值对的汇总统计计算功能。因为服务器集群中的每台机器都是多线程运行的，D_HashPTS 算法在进行 maptask 任务与 partition 任务时。数据汇总统计流程可以在汇总服务器启动独立的 reducetask 任务对磁盘中的中间结果数据进行汇总统计，数据汇总统计流程如图 6 所示。

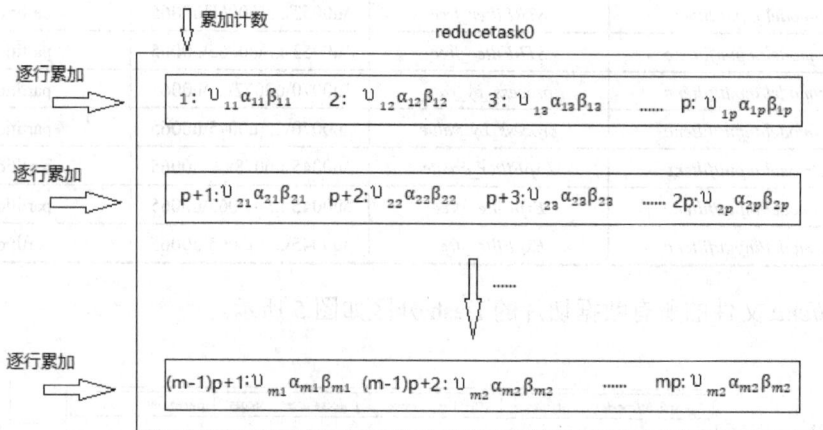

图 6　数据汇总统计流程

D_HashPTS 算法从磁盘文件中按分区号一次性读取相应文件到内存中，这就保证不会存在相同分区号的文件提交给不同 reducetask 任务导致数据统计异常的情况，而具有相同分区号的文件即为度量矩阵各行元素值，只需对每行元素进行累加即可。而集群中 reducetask 的任务数量可以根据分区数量进行配置，同时可以启动多个 reducetask，这也就保证了 D_HashPTS 的任务可以并行处理。

5　实验结果与分析

5.1　软件度量模型质量评估统计

根据软件度量模型的参数标准，构建多元线性软件度量回归模型的矩阵向量，计算其软件质量特性值 Q，对广州 7 号线 CBTC 车载软件中代码模块的软件质量特性按照可测试性、可维护性、清晰性进行分类评估统计。根据软件质量度量标准，对软件质量特性值 Q 划分为 4 个统计区间，为 EXCELLENT、GOOD、MIDDLE、INFERIOR。

（1）按因素内部可测试性评估的子程序质量分类图如图 7 所示。

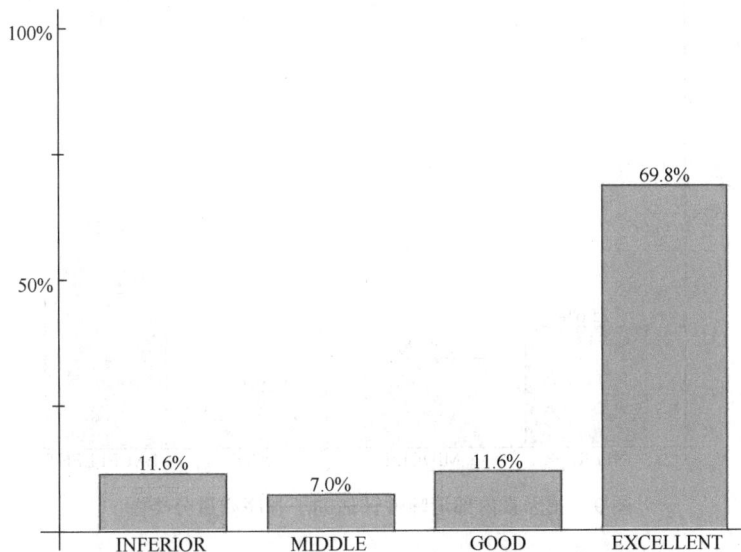

图 7　按因素内部可测试性评估的子程序质量分类图

（2）按因素内部可维护性评估的子程序质量分类图如图 8 所示。

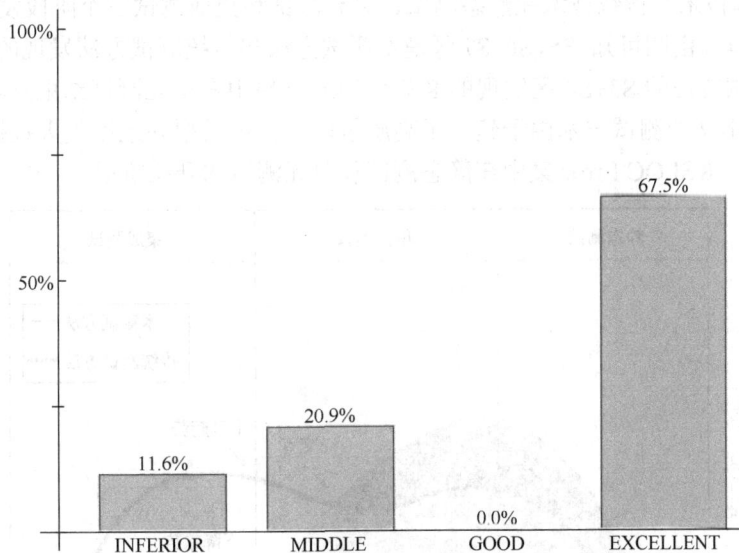

图 8　按因素内部可维护性评估的子程序质量分类图

（3）按因素内部清晰性评估的子程序质量分类图如图 9 所示。

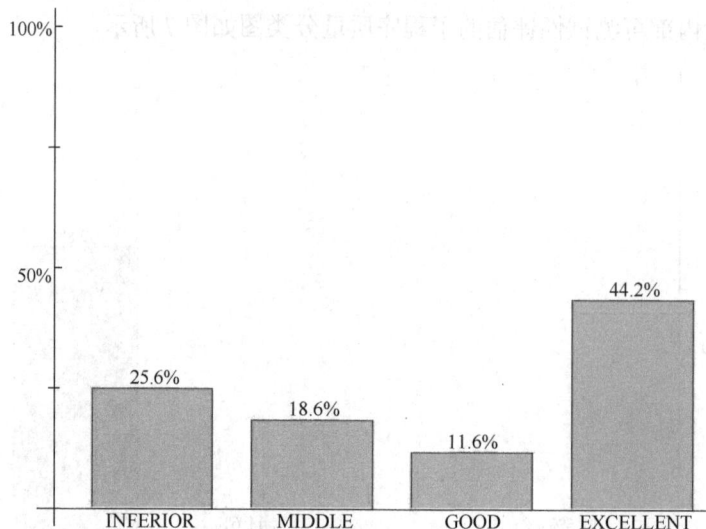

图 9　按因素内部清晰性评估的子程序质量分类图

5.2　智能软件测试性能统计

智能软件测试性能统计，主要是进行各测试阶段千行代码错误率（KSLOC Error）比较。图 10 为本技术与传统技术在静态测试、单元测试和集成测试三个阶段发现的 KSLOC Error 的分区比较。由图可知，S5、S6、S7 区是本测试方法和传统测试方法发现的等量 KSLOC Error，传统测试方法的 S3+S4 区发现的 KSLOC Error 集中在单元测试结束阶段和整个集成测试阶段，而本文的测试技术由于建立了高质量软件度量模型并采用了大数据计算方法，S1+S2 区发现的 KSLOC Error 集中在静态测试和单元测试的开始阶段。

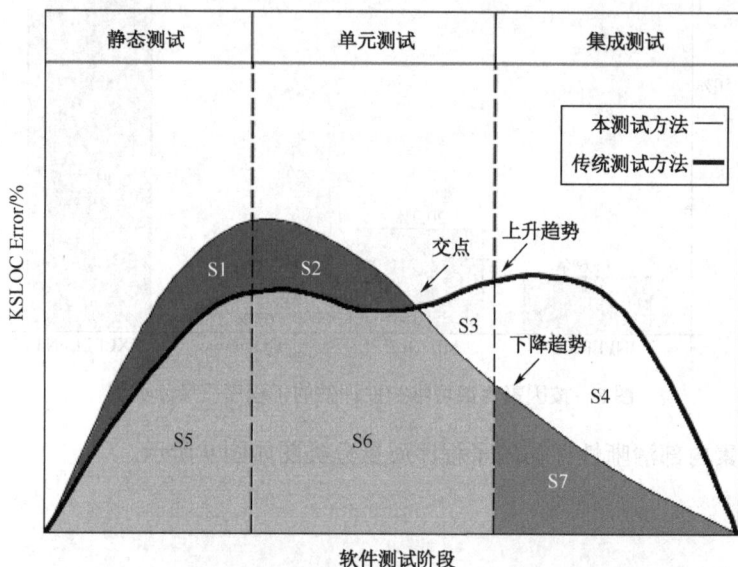

图 10　各测试阶段 KSLOC Error 比较

因此，本技术可以预先解决一些对软件质量影响重大的结构性问题，进而减少后续软件修改过程中产生的关联性软件缺陷。可以看到在本技术实施的单元测试结束和集成测试阶段，KSLOC Error 存在减少趋势，从而间接减少软件测试的迭代次数，提高软件测试的效率。

6 结语

本系统便于测试人员根据项目软件的复杂程度，利用大数据处理机制快速构建软件度量模型，提高了软件测试的执行效率和软件测试的准确性，实现了在软件全生命周期内的智能化测试，对国产 CBTC 项目的软件测试工作起到了极大的改进作用；但是由于静态与单元测试存在阶段性的迭代回归，并需要生成相应的测试报告，这些都会导致大量的重复性工作，如何把这些工作实现智能化处理是下一阶段主要研究的内容。

参考文献

[1] Madhuri Gupta Dr. Arvind Kalia. Empirical Study of Software Metrics [J]. Research journal of science and technology, 2017, 9(1):17-24.

[2] Jayadeep Pati, Babloo Kumar, Devesh Manjhi, K.K.Shukla. Machine Learning Strategies for Temporal Analysis of Software Clone Evolution using Software Metrics [J]. International Journal of Applied Engineering Research, 2017, 12(11):2798-2808.

[3] Harikesh Bahadur Yadav, Dilip Kumar Yadav. Early software reliability analysis using reliability relevant software metrics [J]. International journal of systems assurance engineering and management, 2017, 8(4):2097-2108.

[4] Schmidt Bertil, Hildebrandt Andreas. Next-generation sequencing: big data meets high performance computing[J]. Drug discovery today, 2017, 22(4):712-717.

[5] Zhang Yu, Bao Yanke, Shao Liangshan, Liu Wei. A Multivariate Decision Tree for Big Data Classification of Distributed Data Streams [J]. ACTA AUTOMATICA SINICA, 2018, 44(6): 1115-1127.

[6] Orazio Tomarchio, Giuseppe Di Modica, Marco Cavallo, Carmelo Polito. A Hierarchical Hadoop Framework to Handle Big Data in Geo-Distributed Computing Environments [J]. International journal of information technologies and systems approach, 2018,11(1).

[7] Wu Liu, Peng Cui, Jukka K. Nurminen, Jingdong Wang. Special issue on intelligent urban computing with big data [J]. Machine Vision and Applications, 2017, 28(7):675-677.

[8] R. Shanthi, R. Joel Karunakaran. Corrosion Behaviour of Some Phenyl Thiazole by Multiple Linear Regression Technique [J]. Asian Journal of Chemistry: An International Quarterly Research Journal of Chemistry, 2017, 29(10): 2299-2304.

[9] Choi, Jae-Seok Kim, Munchurl. Single Image Super-Resolution Using Global Regression

Based on Multiple Local Linear Mappings [J]. IEEE Transactions on Image Processing, 2017,26(6):1300-1314.

[10] Nazif, Amina Mohammed, Nurul Izma Malakahmad, Amirhossein Abualqumboz, Motasem S. Regression and multivariate models for predicting particulate matter concentration level [J]. Environmental Science and Pollution Research, 2018, 25(1):283-289.

[11] Nooruldeen Nasih Qader, Bahador Shojaiemehr, Amir Masoud Rahmani. Cloud computing service negotiation: A systematic review [J]. Computer Standards and Interfaces, 2018,55(1):196-206.

[12] Wang Cailu, Tao Yuegang, Yang Peng, Liu Zuojun, Zhou Ying. Parallel Task Assignment Optimization Algorithm and Parallel Control for Cloud Control Systems [J]. ACTA AUTOMATICA SINICA, 2017, 43(11):1973-1983.

[13] Ishak H. A. Meddah, Khaled Belkadi. Parallel Distributed Patterns Mining Using Hadoop MapReduce Framework [J]. International journal of grid and high performance computing, 2017, 9(2):70-86.

[14] Sneha Shoney Sebastian. Improved Fair Scheduling Algorithm for Hadoop Clustering [J]. Oriental journal of computer science and technology: An international open access peer reviewed research journal, 2017, 10(1):194-200.

[15] Orazio Tomarchio, Giuseppe Di Modica, Marco Cavallo, Carmelo Polito. A Hierarchical Hadoop Framework to Handle Big Data in Geo-Distributed Computing Environments[J]. International journal of information technologies and systems approach, 2018, 11(1):16-47.

[16] Rathore, M. Mazhar Paul, Anand Ahmad, Awais Anisetti, Marco Jeon, Gwanggil. Hadoop-Based Intelligent Care System (HICS): Analytical Approach for Big Data in IoT [J]. ACM Transactions on Internet Technology, 2018.18(1).

[17] Jian LU, Huanqing DONG, Junwei ZHANG, Zhenjun LIU, Lu XU. HWM: a hybrid workload migration mechanism of metadata server cluster in data center [J]. Frontiers of Computer Science in China, 2017, 11(1): 75-87.

[18] Lei Jingchao, Hu Zhouhong, Li Jiansheng, Yang Yongyao. Application of Cluster Technology in Rail Transit Video Surveillance System [C]. //The 11th China intelligent transportation annual conference, Beijing:Publishing House of Electronics Industry, 2016: 998-1008.

基于MT发生器的船舶交通流仿真研究[1]

吴明洋 [1,2]　吴　青 [2]　初秀民 [1]　蒋仲廉 [1]

（1. 武汉理工大学国家水运安全工程技术研究中心，湖北　武汉　430063；
2. 武汉理工大学物流工程学院，湖北　武汉　430063）

【摘要】船舶生成是交通流仿真的关键问题之一，本文首先对长江武汉段桥区航道交通流历史数据进行分析，得出船舶速度、船舶尺寸、船舶到达间距等特征属性的概率分布规律；针对线性同余发生器性能上的不足，引入 MT 随机数发生器，开展了基于MT 发生器、线性同余发生器的随机数生成算法研究，结合 MATLAB 平台进行了船舶交通流仿真实验。研究结果表明：采用 MT 发生器的船舶生成算法比线性同余发生器在绝大多数船舶属性的生成上更接近于实测值，说明基于 MT 随机数发生器的船舶交通流仿真方法可更好地逼近实际交通状态，对于内河航道通过能力、饱和度研究具有重要意义。

【关键词】交通流仿真；内河航道；随机数发生器；船舶特征

Inland Vessel Traffic Flow Simulation Based on MT Random Number Generator

Wu Mingyang[1,2], Wu Qing[2], Chu Xiumin[1], Jiang Zhonglian[1]

（1. National Engineering Research Center for Water Transport Safety, Wuhan University of Technology, Wuhan 430063, China;
2. School of Logistics Engineering, Wuhan University of Technology, Wuhan 430063, China）

Abstract: Ship generation is one of the key problems in traffic flow simulation. In this paper, first, the historical data of traffic flow in the waterway of Wuhan section of the

1 基金编号：国家重点研发计划课题（2018YFB1600404）、国家自然科学基金项目（51709220、51479155），中央高校基本科研业务费专项资金资助（2019III096CG）。

Yangtze River are analyzed. The probability distribution rules of ship speed, ship size, ship arrival distance and other characteristic attributes are obtained. In view of the shortcomings of Linear Congruence Generator in generating performance, MT random number generator is introduced, and the random number generation algorithm based on MT generator and Linear Congruence Generator is used to generate traffic flow simulation ships, respectively. The simulation experiments are carried out on the MATLAB platform at last. The results show that the ship generation algorithm using MT generator is closer to the measured values than Linear Congruence Generator in the generation of most ship attributes. It shows that the traffic flow simulation based on MT random number generator is better in approaching the actual traffic state and of great significance to the research on the capacity and saturation of inland waterways.

Keywords: traffic flow simulation; inland waterways; random number generator; ship characteristics.

1 引言

随着内河航运的高速发展，运量增长迅速，船舶数量大幅增加，种类也越来越多，交通流状况日趋复杂。与之相应的是，各类跨江跨河大桥林立，航道变浅变窄，通航条件不断恶化。这些都使得内河航道通航风险剧增，而桥区航道尤甚。为了降低桥区航行风险，保证桥区船舶安全有序通行，须对船舶交通流规律进行研究。

针对船舶交通流仿真问题，国内外学者开展了广泛的研究。Wijaya 等[1]对大量 AIS 数据进行分析后，利用船舶的属性和运动特征建立了交通流仿真模型进行船舶行为预测。Ercan[2]建立了伊斯坦布尔海峡水域的仿真模型，分析了该水域内油船的船舶交通流情况与通航环境的联系。Goerlandt 等[3]针对海上事故频发，建立了一个以船舶碰撞概率为基础的交通流仿真模型，通过验证发现，该仿真模型可以有效地给出事故发生时间、地点等信息。徐武雄等[4]提出多桥航道的交通流仿真模型对内河多桥水域的航道通过能力进行评估。杨星等[5,6]根据船舶行为间影响的不同，通过为船舶设置不同的优先级，以船舶到达规律和船舶行为建立船舶行为模型，研究了船间相互影响下的交通流特征。由以上研究文献可见，船舶交通流仿真的一个关键问题就是根据船舶特征参数生成仿真所需船舶，目前交通流仿真领域多采用 Monte-Carlo 方法生成车辆或船舶等交通工具。XU 等[7]采用 Monte-Carlo 方法对长江武汉桥区交通流的历史数据进行分析，获取船舶类型等参数的概率分布规律，并根据这些分布规律提出了仿真中船舶的生成方法，通过 VS 仿真验证了方法在桥区航道交通流仿真中的有效性。刘拥辉等[8]在分析拥挤交通流交通特性的基础上，运用 Monte-Carlo 方法模拟拥挤交通流生成，运用 VB 语言结合 VISSIM 仿真软件进行实时仿真，通过仿真结果与实测数据的对比分析，验证了所设计的拥挤交通流生成模型能够较好地模拟实际拥挤交通流的生成。郑小燕等[9]采用 Monte-Carlo 方法开发了交通流发生程序，结合 VISSIM 仿真软件，针对不同交通状态，分别对车辆稀疏流和拥挤流进行了仿真，验证了程序的可靠性。

以上学者在运用 Monte-Carlo 方法时均采用的是线性同余发生器生成均匀分布随机数。作为 Monte-Carlo 方法的基础，随机数能否满足均匀性和独立性等统计检验都严重影响着仿真结果的精度。蒋里强等[10]设计一种基于混沌映射原理的随机数发生器并运用高炮射击仿真的过程，与线性同余发生器等常用随机数发生器进行了比较，试验表明该方法具有较好的效果。虞治涵等[11]引入 MT 随机数发生器，通过性能评价验证了其较于线性同余发生器的优越性，然后在不同交通状态下，基于 MT 发生器产生随机数应用不同的随机分布构建相应的随机发车模型。在 VC 环境下开发车辆生成程序进行仿真实验验证了基于 MT 发生器的随机发车模型较线性同余发生器更好地逼近了实际交通状态。

基于上述思路，本文将根据武汉桥区船舶交通流历史数据，统计分析了船舶速度、尺寸等分布规律，通过对比 MT 发生器与传统的线性同余发生器，对船舶交通流仿真中的船舶生成方法进行研究，为桥区航道通航安全提供理论基础。

2 研究区域及数据来源

本文以长江干线武汉段为研究水域，选取武汉市长江大桥断面进行过往船舶的特征属性信息采集。由于内河船舶部分并未安装或未开启 AIS 设备，故而利用 AIS 数据可能存在数据丢失问题。因此，课题组通过现场采集方法，获取了武汉长江大桥断面 2013 年 3 月 7 日至 3 月 13 日的过往船舶信息。现场观测人员分两组，手持测速雷达，分别测量上行与下行的船舶航速，并记录船舶类型、船舶长度、到达时刻等信息。武汉长江大桥断面实测船舶交通流信息参见表 1。

表 1　武汉长江大桥断面实测船舶交通流信息

序号	到达时间	船长/m	船速/knot	船舶类型
1	2013/3/9 10:05	79	1.91	散货船
2	2013/3/9 10:20	70	3.12	空货船
3	2013/3/9 10:24	99	2.88	集装箱船
4	2013/3/9 10:35	65	1.81	空货船
5	2013/3/9 10:51	55	1.70	油船
6	2013/3/9 10:52	75	2.60	煤货船

3 船舶交通流特征分析

本文运用 Arena 软件的 Input Analyzer 功能模块对船舶参数进行直方图拟合，Input Analyzer 能对输入数据进行十余种分布拟合，并输出各种分布拟合的方差，选取最优分布，给出分布函数表达式，并进行 k-s 检验与 x^2 检验。下面分别对各种船舶特征规律进行分析。

3.1　船舶类型分布统计

根据实测数据，长江武汉段航道船舶类型主要分为货船、危险品船和集装箱船三种。由于其他船只所占比例过小，本文仅针对上述三种船型进行研究，现场观测下行船舶类型，统计结果如表 2 所示。

表 2　下行船舶类型统计结果

船舶类型	货船	危险品船	集装箱船
船舶数量	586	46	17
船舶比例	90.3%	7.1%	2.6%

在上行船舶中，货船、危险品船、集装箱船所占比例分别为 83.9%、11.9%、4.2%。由数据统计可见，集装箱所占比例太小，采用统计规律分析的意义不大，故本文只对货船与集装箱船的具体特征属性进行分布统计。

3.2　船舶到达速度分布统计

由于水流流向的因素，上下行船舶速度存在明显差异，进行分布拟合得到上下行货船与危险品船的速度分布。

（1）上行货船速度分布规律。

上行货船速度分布直方图与最佳拟合曲线如图 1 所示。

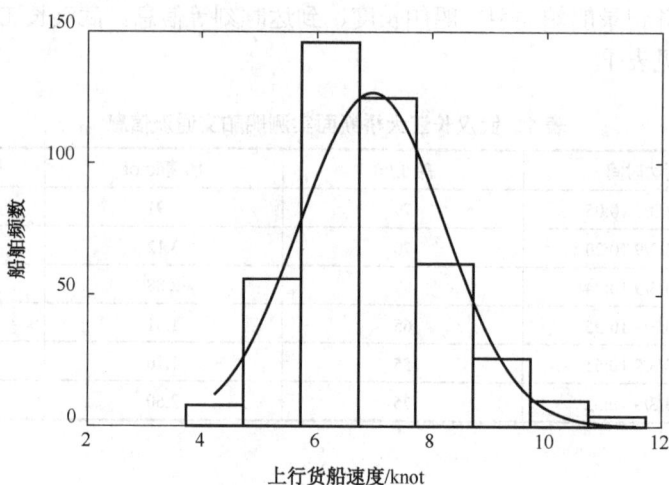

图 1　上行货船速度分布直方图与最佳拟合曲线

上行货船速度符合 Beta 分布，其概率密度表达式如式（1）所示，参数值为 $\alpha = 3.6$，$\beta = 6.07$。

$$f(v) = \frac{x^{\alpha-1}(1-v)^{\beta-1}}{\int_0^1 u^{\alpha-1}(1-u)^{\beta-1}\,\mathrm{d}u} \tag{1}$$

（2）下行货船速度分布规律。

下行货船速度分拟合曲线结果符合 Beta 分布，与上行船舶不同的是其速度表达式的常数项比上行速度大，其概率密度函数表达式如式（1）所示，参数值为 $\alpha=3.17$，$\beta=6.33$。

（3）上行危险品船速度分布规律。

上行危险品船舶速度符合正态分布，其直方图与拟合曲线如图 2 所示，正态分布概率密度函数表达式如式（2）所示，其参数值为 $\mu=8.03$，$\sigma=1.43$。

$$f(v) = \frac{l}{\sigma\sqrt{2\pi}} \exp\left(-\frac{(v-\mu)^2}{2\sigma^2}\right) \tag{2}$$

其中，l 表示船舶速度，μ 表示船舶速度的期望，σ 表示船舶速度的标准差。

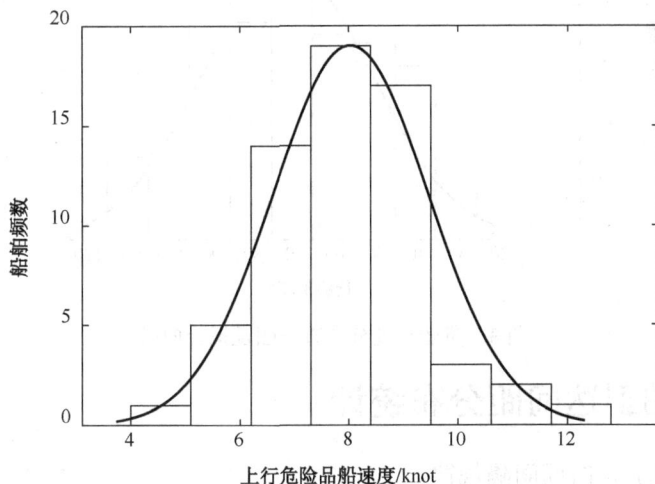

图 2　上行危险品船速度分布直方图与拟合曲线

（4）下行危险品船速度分布规律。

根据拟合结果得到下行危险品船的速度符合 Beta 分布，Beta 分布概率密度表达式如式（1）所示，其参数值为 $\alpha=1.19$，$\beta=1.15$。

3.3　船舶尺寸分布统计

（1）货船尺寸分布规律。

根据实验采集数据，利用 Arena 软件进行分布拟合并检验，上行货船与下行货船的长度分布规律相同，为正态分布拟合时拟合结果最佳，货船长度直方图及拟合曲线如图 3 所示。

正态分布概率密度函数表达式如式（2）所示，货船尺寸的分布拟合参数为 $\mu=71.1$，$\sigma=20.5$。

（2）危险品船尺寸分布规律。

对危险品船的长度进行分布拟合后得到，上下行危险品船长度均符合正态分布，其概率密度表达式如式（2）所示，危险品船长度的分布参数为 $\mu=59.8$，$\sigma=13.5$。

（3）船舶长宽尺寸关系。

通过对船舶长度与宽度数据做相关性分析后发现，它们之间呈线性相关，其函数关系如式（3）所示。

$$w = 0.1257 * l + 3.638 \qquad (3)$$

其中，w 表示船舶宽度，l 表示船舶长度。

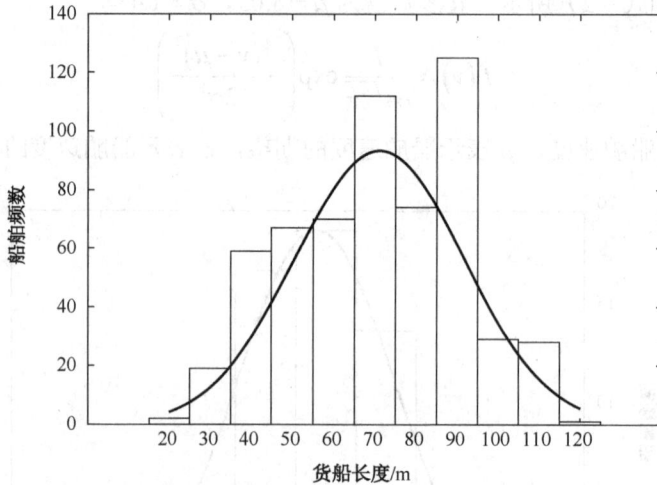

图 3　货船长度分布直方图及拟合曲线

3.4　船舶到达间距分布统计

（1）上行船舶到达时间间隔规律。

对现场采集的船舶到达时刻作差，可得到相邻船舶到达时间间隔。由数据分析可知：上行船舶到达时间间隔符合对数正态分布。上行船舶到达时间间隔直方图及拟合曲线如图4所示。

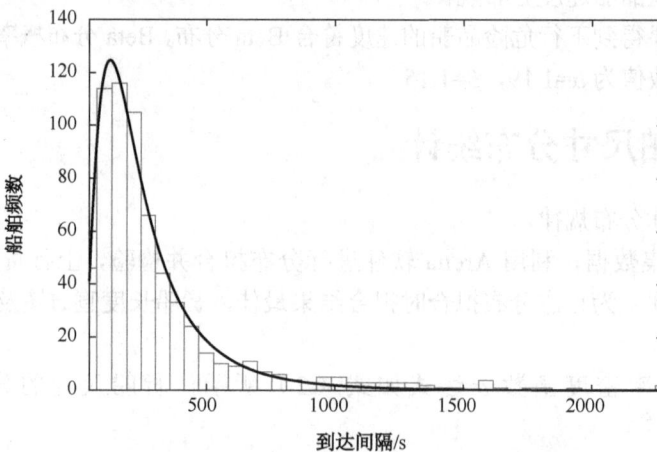

图 4　上行船舶到达时间间隔直方图及拟合曲线

对数正态分布概率密度函数表达式如式（4）所示。上行船舶达到时间间隔分布的参数为 $\mu = 335$，$\sigma = 496$。

$$f(x) = \frac{1}{\sigma x \sqrt{2\pi}} \exp\left(-\frac{(\ln x - \mu)^2}{2\sigma^2}\right) \tag{4}$$

（2）下行船舶到达时间间隔的分布规律。

下行船舶到达时间间隔的分布规律与上行船舶相同，也为对数正态分布，概率密度函数参见式（4）。下行船舶达到时间间隔分布的参数 $\mu = 402$，$\sigma = 387$。

4 船舶交通流仿真

4.1 随机数发生器比较

产生已知概率分布的随机变量是实现 Monte-Carlo 方法模拟的关键，也是蒙特卡罗方法被称为随机抽样的原因。最简单、最基本、最重要的一个概率分布是 U（0，1），均匀分布随机数发生器性能的好坏直接影响 Monte-Carlo 方法的模拟效果。

（1）MT 随机数发生器。

MT 算法（Mersenne Twister），是 Makoto M 和 Takuji N 于 1998 年提出的一种伪随机数生成算法，是基于有限二进制域的矩阵线性循环[12]。其修复了以往随机数生成算法的诸多缺陷，可快速生成高质量的伪随机数，且经过了广泛的统计学检验，被认为是更可靠的伪随机数发生器。

MT 算法生成随机数的主要流程如下。

1）初始化 n 个状态：根据给定的种子点 x_0，通过移位、异或、乘法、加法等操作生成后续 $n-1$ 个状态 x_1 到 x_{n-1}。

2）第二步，生成伪随机数：根据当前状态，通过移位、与、异或操作生成随机数。

3）更新 n 个状态：每生成 n 个随机数后，在生成下一个随机数前，更新状态。

（2）随机数检验。

为了判断随机数发生器所产生的随机数序列是否满足其统计特性，应对随机数进行特定的检验。按照交通特性，检验可分为三类：参数检验、均匀性检验和独立性检验[13]。参数检验指对随机数的数字特征进行检验，如均值、方差的估计值和理论值之间的差异是否显著。均匀性检验用来对随机数落在各子区间的频率和理论频率之间的差异进行检验，看其差异是否显著。独立性检验一般采用自相关检验法对产生的随机数序列间的相关性进行检验。具体方法介绍详见陈延超等[14]的相关研究，本文不做赘叙。

本文分别运用线性同余发生器及 MT 发生器随机生成 30 000 个随机数，经过 1 000 次统计检验，随机数样本的统计检验通过次数如表 3 所示。

表 3　随机数样本的统计检验通过次数

随机数发生器	参数检验	均匀性检验	独立性检验
线性同余发生器	921	904	897
MT 发生器	935	906	924

由表 3 中的数据可知，MT 随机数发生器在各种检验方法中的结果都优于线性同余发生器。

4.2 船舶特征参数生成

根据船舶各项特征参数的分布规律，可分为（0，1）均匀分布、正态分布、对数正态分布以及 Beta 分布 4 种。分别引入四种随机数发生器对各项船舶参数进行生成。

（1）U（0，1）随机数发生器。

本文采用 MT 随机数发生器产生 U（0，1）分布随机数，MT 发生器原理如下：

对于 ω 字长的 x，有如下递推公式：

$$x_{k+n} = x_{k+m} \oplus (x_k^u \mid x_{k=1}^l) A, \quad k=0,1,\cdots \tag{5}$$

$$A = R = \begin{pmatrix} 0 & I_{a+} \\ a_n & (a_{n-1},\ldots,a_0) \end{pmatrix} \tag{6}$$

其中，$0 < m < n$ 是整数（常数），初始值为 $(x_0, x_1, \ldots, x_{p-1})$，$x_n$ 是二进制表示的行向量，A 是 $\omega \times \omega$ 维由 0，1 元素组成的矩阵。$\mid$，$\oplus$ 为计算机中的位移符 or, xor。$(x_k^u \mid x_{k=1}^l)$ 表示 x_k 的前 $\omega - r$ 位和 x_{k-1} 的后 r 位组合而成的行向量。r 称为字符分割点。

根据 MT 随机数发生器可生成服从 U（0，1）分布的随机数 x，可确定船舶类型。下行船舶类型流计结果参见表 2，下行船舶类型累计比例如表 4 所示。

表 4　下行船舶类型累计比例

船舶类型	货船	危险品船	集装箱船
船舶数量	586	46	17
船舶比例	90.3%	7.1%	2.6%
累计比例	90.3%	97.4%	100%

产生船舶类型的算法如下。

第 1 步，利用 MT 发生器生成 U（0，1）分布随机数 x；

第 2 步，判断 x 所在累计概率的区间。

下文各种分布随机数生成算法也都是以 MT 均匀随机数发生器为基础的。

（2）N（μ，σ^2）随机数发生器。

正态分布随机数发生器首先需要产生标准正态分布 N（0，1），本文采用较为精确的 Box-Muller 算法，生成标准正态分布随机数 x。

第 1 步，利用上文的 MT 发生器生成 U（0，1）分布的随机数 U_1 和 U_2。

第 2 步，求 $x = \sqrt{-2\ln U_1} \cos(2\pi U_2)$。

根据正态分布的规则有，如果 y 服从正态分布 N（μ，σ^2），则 $y = \mu + \sigma x$，由此可生成正态分布随机数 y。

第 3 步，采用 Box-Muller 算法生成标准正态分布 N（0，1）随机数 x。

第 4 步，求 $y = \mu + \sigma x$。

根据正态分布随机数发生器算法，结合各特征属性分布函数的参数值，可生成货船尺寸、危险品船尺寸及上行危险品船速度。

（3）LN（μ，σ^2）随机数发生器。

根据对数正态分布的定义规则，如果随机变量 x 符合正态分布 N（μ，σ^2），随机变量 y 符合对数正态分布 LN（μ，σ^2），则 $y = e^x$。因此，对数正态分布随机数 y 的生成方法如下。

第 1 步，运用上节 N（μ，σ^2）随机数发生器生成符合正态分布的随机数 x。

第 2 步，求对数正态分布随机数 $y = e^x$。

根据对数正态随机数发生器，结合船舶上下行时间间隔的概率密度分布函数的参数，可分别生成船舶上下行时间间隔随机数。

（4）Beta 分布随机数发生器。

运用舍选法生成 Beta 分布随机数 y，求解步骤如下。

第 1 步，根据参数 α、β，求概率密度分布函数最大值 $M = f(x)|_{(\alpha-1)/(\alpha+\beta-2)}$。

第 2 步，运用 MT 发生器产生 U（0，1）随机数 x_1，x_2。

第 3 步，检验 $x_2 * M \leqslant f(x)|_{x=x_1}$ 是否成立。若成立，则 $y = x_1$，否则 $y = x_2$。

根据 Beta 分布随机数发生算法，结合船舶特征属性概率密度分布函数的参数，可生成上行、下行货船速度随机数，以及下行危险品船速度随机数。

4.3　船舶智能生成算法

本文将船舶特征参数，例如，船舶类型、船舶尺寸、船舶到达速度等随机变量的生成算法都编制成函数，每生成一条船舶时，便调用这些随机数发生器函数生成各种船舶属性，并将这些属性赋予该船舶。设定仿真时长，仿真过程中根据船舶到达时间间隔随机数生成器生成的随机时间间隔（InterTime），得到下一次产生船舶的时间（NextTime），生成船舶，并确定其方向（Direction）同时更新当前时间（CurrentTime），直到到达仿真到达时间（EndTime），仿真结束，仿真时间步长为 Step，算法流程图如图 5 所示。

5　仿真案例分析

在 MATLAB R2018a 平台上，开展船舶交通流仿真实验研究；采用 4.3 节所述船舶智能生成算法，各运行 10 次，获取船舶交通流仿真结果，计算并分析各指标误差。

5.1　船舶数量对比

仿真运行 10 次，根据仿真结果平均值，分别将 MT 发生器与线性同余发生器的仿真结果与 7 天的实测船舶数量进行比较，仿真生成船舶数量与实测数量相对误差参见表 5。

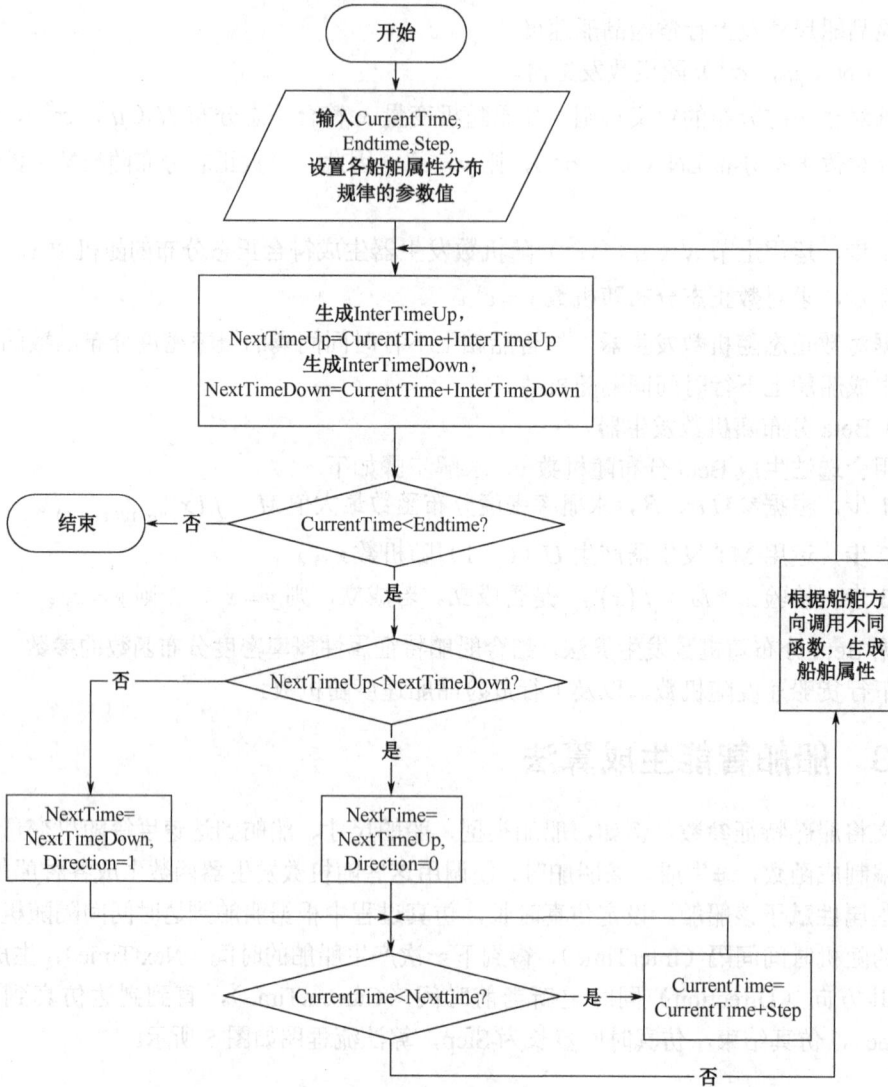

图 5　算法流程图

表 5　仿真生成船舶数量与实测数量相对误差

方向	随机数发生器	船舶总数	普通货船	危险品船	集装箱船
上行相对误差	线性同余发生器	8.72%	9.16%	9.75%	19.63%
	MT 发生器	6.25%	7.64%	9.20%	17.42%
下行相对误差	线性同余发生器	7.05%	9.13%	11.29%	11.54%
	MT 发生器	4.54%	4.20%	10.90%	13.57%

　　由结果可见，两种方法的仿真结果都与实测值的误差不大，并且除下行集装箱数量以外的七个数值指标均是 MT 发生器的仿真结果优于线性同余发生器。由于集装箱数量较少，因此，此组值不影响仿真效果整体评价。

5.2 船舶特征属性对比

对 10 次仿真结果进行整理,求得两种随机数发生算法仿真得到各类型船舶的属性的均值与实测属性值之间的相对误差。仿真生成船舶属性均值与实测船舶属性均值之间的相对误差参见表 6。

表 6 仿真生成船舶属性均值与实测船舶属性均值之间的相对误差

船舶属性	随机数发生器	普通货船	危险品船
速度相对误差	线性同余发生器	1.10%	1.70%
	MT 发生器	0.70%	1.20%
船长相对误差	线性同余发生器	1.58%	2.16%
	MT 发生器	1.52%	2.21%
时间距相对误差	线性同余发生器	7.51%	
	MT 发生器	4.07%	

由表 6 相对误差计算结果可见:两种随机数发生器在船舶属性模拟上都具有较好的效果;比较而言,MT 发生器生成的船舶特征更接近实测值,仿真效果更好。

综合表 5 及表 6 可知,MT 发生器在船舶数量以及船舶速度、船舶尺寸等船舶属性的仿真上比线性同余发生器具有更好的效果,可应用于内河船舶交通流仿真研究。

6 结语

针对内河桥区航道船舶行为特征复杂、通航风险高的现状,本文分析了长江武汉段桥区的船舶交通流历史数据,得到了船舶不同特征属性的分布规律,采用 MT 随机数发生器代替传统线性同余发生器生成船舶属性随机数,开展了内河船舶交通流仿真研究;经随机数检验以及验证分析,本文所采用的 MT 发生器生成的船舶属性更接近于现场实测数据,货船和危险品船的相对误差较同余算法所得结果小,基于 MT 算法的交通流仿真船舶生成方法可更真实地描述研究区域的船舶交通流状态。

本文研究成果可为内河航道通过能力评估、内河航道规划、船舶路线规划与避碰决策等提供技术支撑。

参考文献

[1] Wijaya W M, Nakamura Y. Predicting Ship Behavior Navigating through Heavily Trafficked Fairways by Analyzing AIS Data on Apache HBase[C]//Computing and Networking (CANDAR), 2013 First International Symposium on. IEEE, 2013: 220-226.

[2]   Ercan K. Simulation of marine traffic in Istanbul Strait [J]. Simulation Modelling Practice and Theory, (S1569-190X), 2003, 11(5): 597-608.

[3]   Goerlandt F, Kujala P. Traffic simulation based ship collision probability modeling[J]. Reliability Engineering & System Safety, 2011, 96(1):91-107.

[4]   徐武雄, 初秀民, 刘兴龙. 多桥水域航道通过能力仿真研究[J]. 交通运输系统工程与信息, 2015, 15(03):127-133.

[5]   杨星, 李键, 陈巍博, 刘敬贤, 吴正昊. 内河船舶交通流建模与仿真研究[J]. 中国航海, 2013, 36(03):80-85.

[6]   杨星, 杨旭刚, 王展, 刘克中, 李键. 基于蒙特卡洛方法的受限航道船舶交通拥塞仿真[J]. 中国航海, 2016, 39(02):40-44.

[7]   Xu W, Chu X, Chen X, et al. Method of Generating Simulation Vessel Traffic Flow in the Bridge Areas Waterway [C] //Computer Sciences and Applications (CSA), 2013 International Conference on. IEEE, 2013: 808-812.

[8]   刘拥辉, 吴志周, 曾小清. 基于 MC 方法的拥挤交通流生成建模及验证[J]. 公路交通科技, 2009, 26(S1):147-150.

[9]   郑小燕, 刘拥辉, 程林结. 基于 Monte-Carlo 算法的交通流仿真[J]. 合肥工业大学学报（自然科学版）, 2009, 32(9): 1374-1377.

[10] 蒋里强, 王学奎, 韩文超. 随机数的产生及其在高炮射击命中仿真中的应用[J]. 舰船电子工程, 2012, 32(11):56-58+63.

[11] 虞治涵, 方钰. 基于 MT 发生器的车辆生成模型构建与仿真[J]. 计算机工程与应用, 2014, 50(04):254-257+261.

[12] Makoto M, Takuji N. Mersenne twister[J]. ACM Transactions on Modeling and Computer Simulation (TOMACS), 1998, 8(1).

[13] 张鹏. 伪随机数序列的统计检验[A]. 清华大学工程物理系. 第三届反应堆物理与核材料学术研讨会论文摘要集[C]. 清华大学工程物理系：中国核学会, 2007:1.

[14] 陈延超, 牛东晓. 检验随机数符合均匀分布或者正态分布的几种常用方法[J]. 中国电子商务, 2013(23):49-49.

基于 NMEA2000 标准的无人艇运动控制系统网络研究

孙文力[1] 杨学斌[2] 高 旭[2]

（1. 大连海事大学 航海学院，大连 116026；
2. 大连海大船舶导航国家工程研究中心，大连 116026）

【摘要】无人艇作为智能交通技术的典型代表，正在成为新的产业投资热点。无人艇运动控制系统的网络结构设计直接影响着无人艇的性能提升和功能扩展。本文在分析无人艇运动控制系统的应用需求和现场总线技术发展的基础上，基于 NMEA2000 标准设计了可满足有人驾驶和无人驾驶双模式下使用的无人艇运动控制系统网络。在 LabVIEW 环境下完成了 PGN 参数组消息的编解码应用软件开发。论文研究不仅提升了无人艇运动控制系统网络的信息化水平，同时也为开展无人艇人工智能学习和训练奠定基础。

【关键词】无人艇；运动控制；CAN 总线；NMEA2000

Research on Network Design of Motion Control System for Unmanned Surface Vehicle Based on NMEA2000 Standard

Sun Wenli[1], Yang Xuebin[2], Gao Xu[2]

（1. Dalian Maritime University, Navigation College, Dalian 116026, China;
2. Dalian Maritime Navigation Co., LTD., Dalian 116026, China）

Abstract: As a typical representative of intelligent transportation technology, the Unmanned Surface Vehicle (USV) is becoming a new industry investment hotspot. The design of the motion control system network structure of USV directly affects the performance improvement and function expansion of USV. Based on the analysis of the application requirements of the movement control system of USV and the development of fieldbus technology, this paper designs a network of the motion control system of USV, which can meet the requirements of manned and unmanned modes, based on the National Marine Electrons Association （NMEA） 2000 standard. The coding and decoding software of Parameter Group Number (PGN) messages is developed in LabVIEW environment. The research not only improves the information level of the network of USV movement control system, but also lays a foundation for the AI learning and training of USV.

Keywords: USV; Motion Control; NMEA2000.

1 引言

作为无人平台系统的重要分支，无人艇在增强态势感知、减少人员伤亡、降低风险和提高效益等方面具有显著优势，正在成为智能交通领域新的投资热点。作为无人艇的重要子系统，无人艇运动控制系统的成熟水平直接影响着无人艇的航行操纵性能和任务效能，因此，关于运动控制系统的研究从未停止。位于控制系统最底层的网络结构，决定了具体采用何种数据接口和控制方式，对运动控制的准确性和可靠性具有重要影响。进入工业 4.0 时代，基于现场总线技术的分布式控制网络结构已经成为智能化系统的通用网络架构，论文研究正是顺应这一发展趋势，选取了在航海领域已成熟应用的 NMEA（National Marine Electrons Association）2000 标准，开展无人艇控制系统底层网络结构的研究，构建具有较高实时性和可靠性的高度灵活的分布式实时控制网络，切实提升无人艇运动控制系统的性能。

2 无人艇运动控制系统发展概述

无人艇运动控制系统的复杂程度主要与无人艇的应用级别和运行模式有关。按照无人艇的应用级别，通常将无人艇划分为非标准型和标准型，其中非标准型是指船长不大于 3 米的"X 级"无人艇，采用非标准模块建造，主要支持低层次的任务能力。标准型无人艇分为 7 米"港口级"无人艇、7 米"斯诺科勒级"半潜式无人艇和 11 米"舰队级"无人艇，支持按照任务目标灵活部署，采用即插即用的标准化模块建造，对高海况的适应能力较强，可支持较高层次的任务能力。在运行模式上，目前的发展趋势是采用有人驾驶和无人驾驶相结合的双模式运行。移除或者替换掉任务模块后，无人艇就可以支持有人驾驶。这种双运行模式的方式将会在较长一段时间内存在[1]。双运行模式下可以对有人驾驶船艇通过快速加装无人艇智能系统和任务模块，改造成无人艇以执行特定任务。

早期关于无人艇运动控制系统的研究，多采用集中式数据采集和控制方式，信号方式多为 RS422/232 串行数据和电压、电流等模拟信号控制方式。采用模拟信号进行测量和控制的精度较低，对运动控制的性能会产生一定的不利影响；同时采用集中式控制，所有的线缆最终将汇集到一台中央控制器,系统内部模块间连线复杂,安装和调试工作困难。工业 4.0 时代的自动化和智能化系统具有高度自动化、高度信息化和高度网络化三大基本特征,系统功能的扩展主要采用建立模块间的连通性和标准化接口实现[2]。顺应这一发展趋势,无人艇的运动控制系统也在逐步向采用现场总线网络的分布式控制转变。

3 无人艇运动控制系统网络结构

3.1 无人艇运动控制系统需求分析

目前主流无人艇的控制方式主要采用远程遥控和半自主控制两种方式。按照不同的任务场景,无人艇在海上航行过程中可能采取的操纵方案包括:按照规划航向航行、按照规划航线航行、按照指定航路点航行、与指定目标伴随航行等,其中按照规划航线航行又可以细分成直线航法、Z 型机动航法、任意曲线航法、圆形航法等航法。无论无人艇运动控制采用何种控制方式和操纵方案,直接驱动无人艇运动的底层控制指令都将分解成对艇载发动机和舵机的实时控制指令。

无人艇运动控制系统内部的信息逻辑如图 1 所示。无人艇运动控制器接收来自上一级任务规划模块的任务指令,通过计算规划出切实可行的操纵方案,再进一步分解为面向发动机的油门量指令和面向舵机的舵角指令等,驱动无人艇航行。同时控制器实时采集来自艇载导航传感器的无人艇位置、航速、航向、船首向等导航数据,以及发动机转速、实际舵角等执行器反馈数据,检查无人艇航行操纵控制的实际效果,根据目标值与测量值间的误差对操纵指令进行修正,直到无人艇按照任务指令稳定航行,航迹和航速误差均保持在可接受的范围内为止。

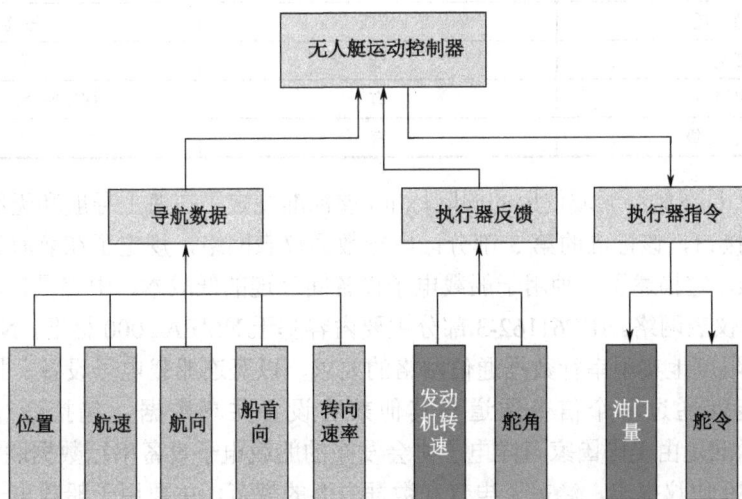

图 1　无人艇运动控制系统内部的信息逻辑

为了保障无人艇能够高效、可靠地执行上述航行操纵任务,不仅要选用质量可靠的传感器和执行器，同时对传输运动控制数据的网络也有较高的要求，选用的数据传输网络必须具有较高的实时性、可靠性和抗电磁干扰能力。目前船长在 5 米及以上的无人艇都会配备强劲的动力，设计航速一般会在 30 节以上，高航速不仅保障了操纵的灵活性，同时也提高了对恶劣海况的适应能力。因此要实现在不同海况等级下对无人艇的高精度航行操纵必须保证数据网络具有较高的实时性和可靠性。另外，海上的电磁环境比较复杂，无人艇内部系统如艇载的通信电台、动力系统、电力系统会产生较强的电磁干扰，外部有时候也会受到多种来源的电磁干扰，其中就包括敌方的主动电磁干扰，因此数据传输网络还应该具有较强的抗电磁干扰能力。

3.2　无人艇运动控制系统网络选择

针对实时性和可靠性要求较高的控制系统，一般都会选取现场总线技术构建现场总线网络。现场总线技术同时也支持对无人艇采用分布式控制。按照国际电工委员会 IEC61158 标准定义，现场总线是指将现场设备（如数字传感器、变送器、仪表与执行机构等）与工业控制单元、现场操作站等互连而成的通信网络，其关键标志是能支持双向、分散、多节点、总线式的全数字通信。CAN 是控制器局域网络（Controller Area Network）的简称，它属于现场总线中的典型代表，CAN 总线是具有良好性能的独特设计，CAN 在交通领域应用广泛，特别是在汽车行业应用最多，世界上一些著名的汽车制造厂商，大都采用了 CAN 总线来实现汽车内部的控制系统与检测和执行机构间的网络数据通信。此外，相比一般计算机网络通信，CAN 总线具有很多优点。例如，允许对实时响应的事件进行驱动通信；具有很高的数据完整性；在电磁干扰和有地电位差的环境下能正常工作[3]。表 1 是 CAN 与 Ethernet 的性能比较[4]。

表 1　CAN 与 Ethernet 的性能对比

对比项	CAN	Ethernet
电源功耗	较低	较高
带宽	低	高
冲突避免	有	探测冲突，无避免
消息优先级	有	无

IEC 61162 是在航海领域使用的国际标准，该标准规定了在海上导航和无线电通信设备中使用的数字接口，该标准的第 3 部分：串行数据仪表网络，规定了在航海领域中采用的 CAN 总线标准。它描述了一种用于船载电子设备间互连的低成本、中容量、双工、多发射机/多接收机的仪表网络。IEC61162-3 部分主要内容基于 NMEA 2000 标准，NMEA 2000 标准包含了最低限度地实现串行数据通信网络的要求，以互连船载电子设备。按照该标准设计的设备将能够通过单个信令通道与其他兼容设备共享数据，包括命令和状态[5]。NMEA2000 标准是由美国国家海洋电子协会发布的船载电子设备串行数据联网标准[6]。它基于 SAE J1939 协议提出，涵盖了电气和数据方面的规范，主要用于船载电子设备之间的数据通信，例如，测深仪、海图仪、导航仪器、发动机、液位传感器和卫星定位接收机等，其电气设计具有良好的抗电磁干扰能力，适合于在具有复杂电磁环境特征的船舶上使用。

NMEA2000 采用自配置方式，无须设定参数，也不需要额外的控制器。采用 NMEA2000 接口的设备支持在网络上即插即用，同时不会影响原有设备的正常使用。NMEA2000 相比 Ethernet 协议，具有更好的实时性和可靠性，相比上一代船载电子设备串行数据传输协议 NMEA0183，在数据带宽、实时性、抗干扰能力上均得到了显著提升。表 2 是 NMEA2000 和 NMEA0183 的性能对比[4]。

表 2　NMEA2000 与 NMEA0183 的性能对比

对比项	NMEA2000	NMEA0183
连接器	标准连接器（即插即用）	每个厂商采用不同连接器
数据速率	250kb/s	4.8kb/s（38.4kb/s）
协议	紧凑二进制消息	ASCⅡ串口通信
	多发，多收	单发，多收
	网络	串行通信

基于 NMEA2000 标准的 CAN 总线网络可以满足无人艇运动控制系统对数据传输的实时性、可靠性和抗电磁干扰能力的要求，因此选择 NMEA2000 网络作为无人艇运动控制系统的数据传输网络，同时该网络也可以作为艇载的导航系统、通信系统等其他子系统的数据传输网络。

3.3　基于 NMEA2000 标准的控制系统网络结构设计

按照无人艇运动控制系统需求分析结果，设计双模无人艇运动控制系统应配备的功能模块，具体包括：执行航行运动控制计算的运动控制器、采集高精度导航数据的北斗卫星罗经及其显示终端、控制舵机的操舵手柄、自动舵控制面板、自动舵控制计算机和舵角传感器，控制主机的油门量手柄和主机控制器，以及用于查看各种数据的多功能显示仪表。上述设备均配备了 NMEA2000 数据通信接口，并通过分支线缆连接到 NMEA2000 的主干网络上，具体网络结构如图 2 所示。该设计方案可同时支持有人驾驶、无人遥控或半自主控制的双模运行，符合当前无人艇运行模式设计要求。

如图 2 所示，构成 NMEA2000 网络的主要组件包括：主干/分支线缆、专用 T 型插头、终端电阻、电源线缆，以及专用供电电源。其中，主干网由主干线缆和专用 T 型插头连接而成。主干线缆采用粗线缆，支持的最大主干网络长度为 150 米，可以满足标准型无人艇控制系统网络的长度需求。同时网络两端均按规范配备了终端电阻（120 欧姆，1/4W），最右端采用自动舵计算机内置的终端电阻，最左端的 T 型插头上连接了专用的终端电阻。每个带有 NMEA2000 接口的功能模块通过分支线缆连接到主干网上的 T 型插头，支持即插即用。单根分支线缆长度均不超过 6 米，整个网络中使用的分支线缆总长度不超过 60 米，符合 NMEA2000 网络对分支线缆长度的要求[4]。

为了保证网络能够正常通信，按照"负载均衡"的原则在主干网上通过专用的电源线缆接入一路网络供电电源。图 2 中的每个功能模块都属于网络负载，通过计算每个负载的额定功率获得其负载当量数或 LEN 数，50mA 为一个标准负载当量，"负载均衡"原则就是通过计算主干网上接入的网络负载当量数和分布位置、网络线缆长度得出专用电源的接入位置[4]。

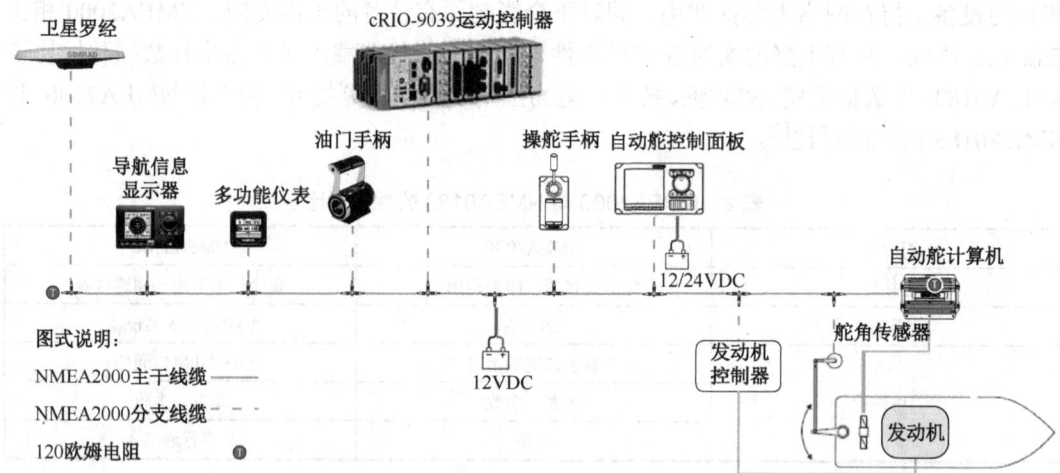

图 2　基于 NMEA2000 标准的控制系统网络结构

3.4　NMEA2000 数据解析

NMEA2000 网络中传输的数据由参数组构成，每个参数组通过不同的参数组编号（PNG）作为标识。参数组的组成方法决定了 NMEA2000 网络的功用和效率。根据数据对实时性要求的不同，即时和实时的数据利用帧的最小编号被迅速传输，通常采用单帧消息。不经常改变的数据有两种传输方式，一种伴随着相关的限定符和时间标签采用周期性传输，另一种是链接同一时间来自相同源地址的序列标识符（SID），采用快速包消息传输，附加快速包消息中包含附加限定数据[7]。如表 3 所示，是按照无人艇运动控制系统组成结构，整理出的在 NMEA2000 网络中传输的与无人艇运动控制相关的 PGN 参数组，涵盖了导航传感器数据、执行器反馈数据及发动机和舵机的操纵指令。

表 3　NMEA2000 运动控制系统网络中运行的 PGN 参数组

PGN 编号	PGN 名称	PGN 编号	PGN 名称	PGN 编号	PGN 名称
126992	系统时间	127488	发动机参数，快速更新	129033	日期和时间
127237	航向/航线控制	127489	发动机参数，动态	129283	偏航距
127245	舵角	127493	变速器参数，动态	129284	导航数据
127250	船舶首向	127498	发动机额定转速	130074	航线和 WP 服务
127275	航程日志	127251	转弯速率	130577	方向数据
127258	磁偏角	129285	航线/航路点数据	129029	GNSS 位置数据
128259	对水航速	129539	GNSS DOP	129540	GNSS 卫星视图
129025	位置，快速更新	129284	导航数据	129026	COG 和 SOG，快速更新

表 3 中的每一个 PGN 参数组的信息均包括：参数组名称、参数组编号（PGN）、目的地（全局或寻址）、默认优先级、默认更新率、查询支持、命令支持、是否为单帧，以及确认要求。每个具体消息规定了不同数量的数据字段，数据字段的定义包括数据类型、数据格式、数据字典、参数组定义[7]。

以 PGN 编号为 127250 的参数组为例,其参数组名称为:船舶首向;目的地:全局;默认优先级:2;默认更新率:100ms;查询支持:可选;命令支持:可选;单帧;无确认要求。该消息共包含 6 个字段:序列 ID、首向传感器读数、自差、磁差、首向传感器参考、NMEA 保留[7]。

4 基于 LabVIEW 的 PGN 参数组编解码软件开发

完成无人艇运动控制系统网络设计后,还应该在物理层和链路层完成对 PNG 参数组的编解码工作,这主要通过开发基于 LabVIEW 的 PGN 参数组编解码应用程序实现。

4.1 开发平台选择

硬件开发平台选用美国国家仪器公司生产的 NI CompactRIO 嵌入式测控平台,该系列平台产品可以为工业与嵌入式控制应用提供所需的高性能、高可靠性以及自主定制的灵活性。CompactRIO 提供了一个开放的嵌入式架构,包括内置的嵌入式实时控制器、实时操作系统、可编程 FPGA 以及小型、坚固且可热插拔的工业 I/O 模块,支持快速实现测量与控制系统的自定义设计、原型及发布。

无人艇运动控制器选取通过海事认证的 cRIO-9038 CompactRIO 控制器,它具有结构紧凑、坚固耐用的封装和强大的控制和采集能力,运行温度范围是-40℃~70℃,具备 50g 抗冲击和 5g 抗振动等级,支持冗余电源输入,符合各种国际安全标准。该控制器配置 1.33GHz 双核,8 槽,Kintex-7160T FPGA,可以满足绝大多数的海上使用环境。该控制器通过一块双端口的 NI 9860 CAN C 系列模块实现与 NMEA2000 网络的连通。

cRIO-9038 CompactRIO 控制器中安装 NI 基于标准 Linux 内核的实时操作系统(RTOS),该操作系统专为长期部署所需的稳定性和确定性运行而设计,提供对 Security-Enhanced Linux 的本地支持,具有更高的安全性。开发过程中可以利用 Linux 生态系统中的开源应用程序、IP 和实例以及庞大的用户和开发人员协作社区来加快开发速度。除了可用性和生态系统,NI Linux Real-Time 还是真正的双模式操作系统,它支持多任务操作,实现多个程序的并行运行,如果应用程序崩溃,系统将继续运行,并且在无明显中断的情况下修复应用程序故障。通过 LabVIEW Real-Time 模块,可以访问 NI LabVIEW2016 开发环境,以开发 NMEA2000 PGN 参数组解析应用程序。

4.2 开发实现

开发环境采用 NI LabVIEW2016,在该环境下,使用 LabVIEW Real-Time 模块,分别按照接收解码和编码发送两个过程来编写 NMEA2000 PGN 参数组应用程序。

基于采用开放式图形化编程环境的 LabVIEW,设计开发的 NMEA2000 数据报文的接收解码程序如图 3 所示，编码发送程序如图 4 所示。基于这两个应用程序，可以在物理层和网络链路层完成表 3 中列出的 PGN 参数组报文的编解码工作。

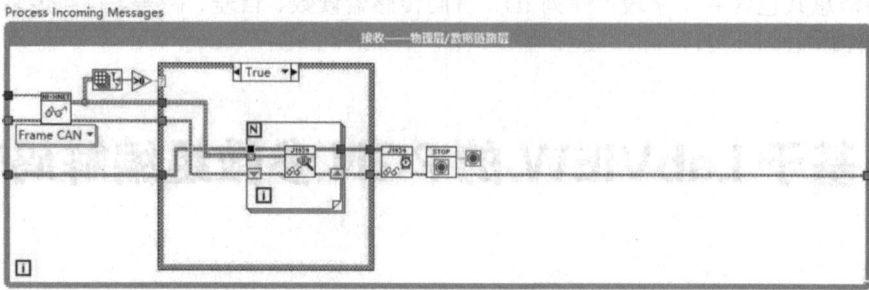

图 3　NMEA2000 数据报文的接收解码程序

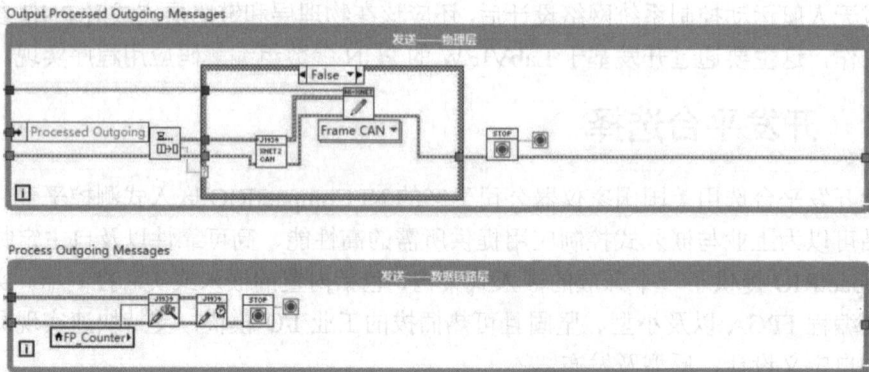

图 4　NMEA2000 数据报文的编码发送程序

4.3　测试验证

采用第三方数据仿真软件对 NMEA2000 PGN 参数组的编解码应用程序进行了测试验证。以 PGN127250 为例。首先在数据仿真软件中设置了 PGN 编号和发送的数据报文，然后按照设定发送频率连续进行发送，在接收端连续记录接收到的数据，如图 5 所示。通过记录、对比和分析发送数据和接收数据，结果表明开发的应用程序具备对 PGN127250 正确的编码发送和接收解码能力。表 3 中列出的其他 PGN 在测试过程中也获得了正确的结果。

图 5　PGN127250 接收解码记录

5 结语

随着智能交通技术的发展，产业界对无人艇的关注度和投入都在不断增长。基于现场总线技术构建无人艇运动控制系统网络，符合工业 4.0 时代智能系统的网络架构设计风格。选用 NMEA2000 标准作为具体实施标准，不仅可以获得更高的数据传输速率和可用带宽，而且网络具有较高的实时性、可靠性和电磁兼容性，符合海上环境的应用要求。网络结构设计简单，支持功能负载即插即用，内部连线减少，模块间具有良好的可配置性。网络结构易于重构，功能扩展灵活，支持有人驾驶与无人驾驶两种模式间的快速切换，符合无人艇应用需求。

工业 4.0 时代，智能系统的研究必然会引入人工智能技术。基于 NMEA2000 标准的无人艇运动控制系统网络具有标准的数据接口，为在无人艇运动控制领域开展人工智能深度学习和强化学习训练提供了便利，有利于促进无人艇智能运动控制技术的不断提升。同时，该网络结构也可以向无人艇上的其他功能子系统进行扩展应用，进一步全面提升无人艇的信息化水平和智能水平。

参考文献

[1] http://www.navy.mil/navydata/technology/usvmppr.pdf.

[2] 乌尔里希·森德勒著. 邓敏，李现民译. 工业 4.0-即将来袭的第四次工业革命[M]. 北京：机械工业出版社，2014.170-172.

[3] 龙志强，李晓龙，窦峰山等. CAN 总线技术与应用系统设计[M]. 北京：机械工业出版社，2013.1-3.

[4] Furuno. Furuno CAN bus Network Design Guide[EB/OL]. https://www.furuno.com/cn/support/

[5] IEC 61162-3, Maritime navigation and radio -communication equipment and systems - Digital interfaces - Part 3: Serial data instrument network[S].

[6] NMEA2000,NMEA2000®Standard for Serial-Data Networking of Marine Electronic Devices - Main Document[S].

[7] NMEA2000,NMEA2000®Standard for Serial-Data Networking of Marine Electronic Devices - Appendices A & B - Parameter Groups (PGNs) NMEA Network Messages[S].

基于大数据和仿真的高速交通指挥技术研究

孙杨世佳[1] 汪 晖[2]

（1. 上海市城乡建设和交通发展研究院，上海，200032；
2. 上海城市综合交通规划科技咨询有限公司，上海，200040）

【摘要】随着经济的快速发展、机动车保有量以及高速公路交通量的迅猛增加，导致交通事件事故频发，不仅影响高速公路的通行效率、经济效益，也造成了较为恶劣的社会影响。以某省高速公路为研究对象，在依托智慧高速信息化建设成果与大数据资源积累基础上，深入挖掘手机信令数据价值，实现对路网断面的交通流量实时监测，基于手机信令、收费流量等多源数据进行交通数据融合分析，建立路网拥堵预测预警指标体系，在此基础上，利用 VISSIM 交通仿真软件对分流诱导预案进行效果评估，辅助指挥调度人员选择最优分流措施以及实施时间，实现面向路网交通拥堵与分流疏导的辅助决策。

【关键词】高速公路；数据融合；拥堵预测；交通仿真；分流诱导

Research on Highway Traffic Command Technology Based on Big Data and Simulation

Sun Yang Shijia[1], Wang Hui[2]

（1. Shanghai Urban and Rural Construction and Transportation Development Research Institute,Shanghai 200032,China;
2. Shanghai Urban Comprehensive Transportation Planning Technology Consulting Co., Ltd., Shanghai 200040,China）

Abstract: With the rapid development of the economy, the quantity of motor vehicles and the rapid increase of highway traffic volume, traffic incidents and accidents frequently occur, which not only affects the traffic efficiency and economic benefits of expressways, but also causes relatively bad social impacts. Taking a provincial expressway as the research object, based on the wisdom and high-speed informationization construction achievements and the accumulation of big data resources, the value of mobile phone signaling data is deeply explored, real-time monitoring of traffic flow on the road network section is realized. Based on mobile phone signaling and charging, multi-source data, such as traffic is used for traffic data fusion analysis, and road network congestion prediction and warning index system is established. VISSIM traffic simulation software is used to evaluate the effect of the shunt induction plan, and the command and dispatch personnel can select the optimal diversion measure and implementation time, in order to achieve auxiliary decision-making for road network traffic congestion and diversion.

Keywords: highway; data fusion; congestion prediction; traffic simulation; shunt induction.

1 引言

"十三五"以来，国家、省市等各级主管部门对高速公路运营与管理提出了发展要求。2016 年 4 月，交通运输部发布了《交通运输信息化"十三五"发展规划》，指出要完善路网运行监测体系，开展基于大数据的路网运行研判和分析评价，利用交通运输运行状态数据，开展交通预测预警、趋势分析，并及时向社会发布，增强预见性、主动性和协同性。因此，研究通过利用路网现有多源交通大数据资源，开展路网交通信息化资源科学利用与深入挖掘，基于大数据进行路网运行研判和分析评价，有效实现信息技术与高速公路业务深度融合，对进一步提升路网交通组织应急指挥能力与公众出行服务水平具有重要研究与实践意义。

2 高速公路交通指挥现状问题

2.1 流量监控覆盖密度低、颗粒度较粗

目前大多数省份高速路网流量监控只限于跨越江、河、湖、海等自然界限流量，或是市界、省界等行政边界流量，主要是基于收费站数据和重点路段的卡口数据，并没有覆盖全路网的每一条路段；监控流量的时间颗粒度多为一天，不利于高速公路精细化地指挥调度与管理。

2.2 交通管理长期处于被动局面，缺乏主动干预与管控

目前高速公路交通管理普遍采用"发现—响应—处理"的模式，基本上很少进行对交

通的提前干预与把控，处于被动交通管理模式下。高速公路交通态势的预判是化被动为主动的关键之处，而现在对于交通流量的预判工作较为落后，主要采用历史经验和实时监控视频相结合[1]，存在准确性差、滞后等问题，不利于辅助管理人员进行决策。

2.3　分流管制措施主要依据人工经验判断

现行的指挥调度流程中，分流管制措施由调度人员依据经验进行人工发布实施，缺少智能化快速响应[2]，并且对预期的实施效果没有实际的交通流数据做支撑评价，这对于智慧高速建设中数字化、智能化的要求显然是不够的。

2.4　高速公路信息发布设施未充分发挥作用

虽然目前高速公路网大多已安装一定数量的信息发布设施，但从实际驾驶者的反馈可知，由于没有准确把握他们的感知习惯、需求及心理，他们并没有获取或使用相关发布出来的信息，因此没有起到有效传递交通信息的作用，也在一定程度上造成发布资源的浪费。

3　基于大数据和仿真的交通指挥技术路线

针对高速公路运营管理中数据来源单一、缺乏主动管理、决策缺乏定量支撑等现状问题，本文拟通过原始数据采集、数据融合处理、短时流量预测、分流诱导仿真[3]，为高速公路交通指挥提供决策辅助和依据，基于大数据和仿真的交通指挥技术路线图如图 1 所示。

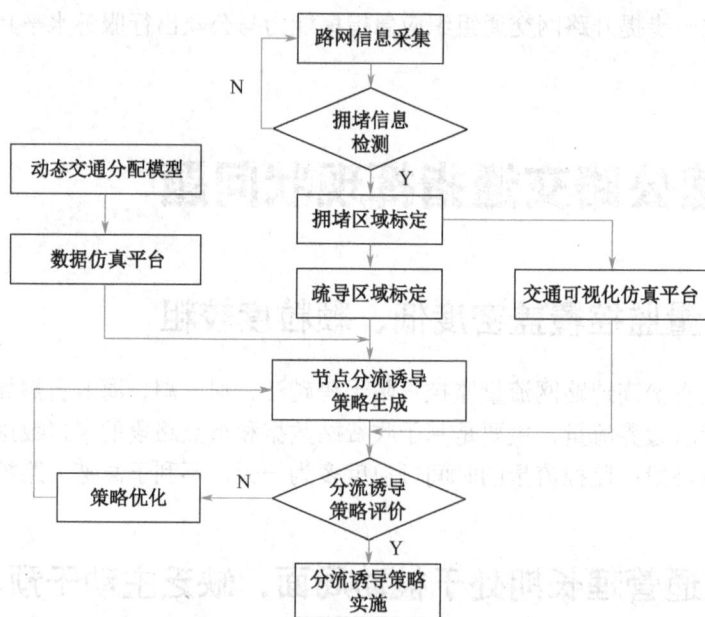

图 1　基于大数据和仿真的交通指挥技术路线图

4 关键技术研究

4.1 基于手机数据的高速公路交通流量实时监测

基于手机用户信令事件类型及信息采集，利用起源蜂窝定位技术和信令切换定位技术[4]获取手机用户在高速公路上的模糊定位信息，并结合交调流量数据分析出行特征。运用深度学习算法，将手机客流数据转换为交通流量数据，实现高速公路全断面的交通流实时监测，精细化监控路网交通运行状态。

1. 手机通道客流与断面车流关系模型

选取东部某高速公路 A 市-B 市区段，2017/7/1-2017/11/30 的手机通道客流的交调检测流量数据，进行高速公路客流与流量时变特性分析，如图 2 所示。由图可知，手机通道客流和交调检测车流量都存在高峰和低谷，且数据时间变化趋势大致相同，只是客流量大于车流量，原因在于一辆车很有可能载有多名乘客。

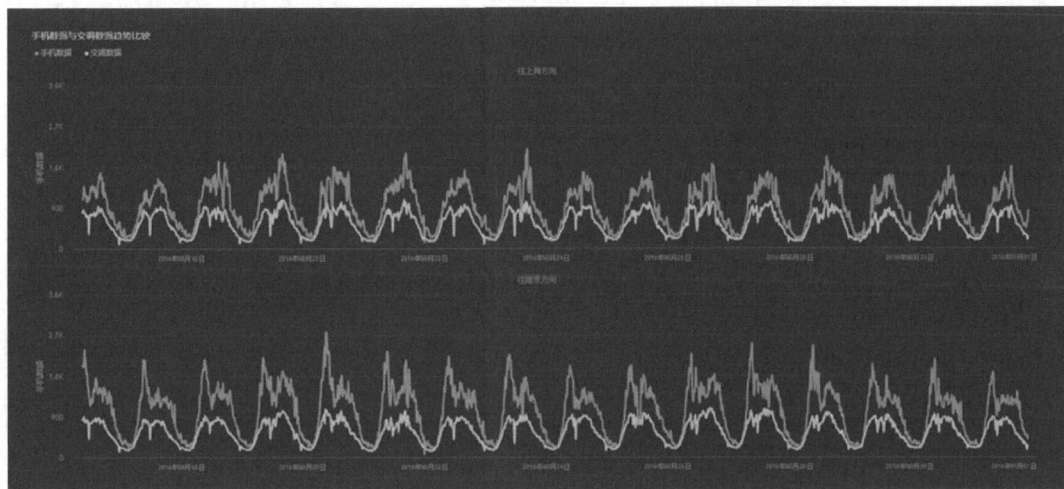

图 2 手机通道客流和交调流量时变特性对比图

根据手机客流与交调流量数据相关性分析以及车辆载客关系，建立手机通道客流与断面车流关系的线性模型：

$$Q_1\eta_1\sigma_1 + Q_2\eta_2\sigma_2 + \cdots + Q_n\eta_n\sigma_n = Q_{客} \qquad (1)$$

式中：Q_n 为交调设备检测到的第 n 种车型的流量；η_n 为第 n 种车型的占比；σ_n 为第 n 种车型的单车平均载客量；$Q_{客}$ 为通过手机信令数据获取的断面客流流量。

2. 模型参数确定

基于 LSTM 模型，采用 Tensor Flow 深度学习框架来实现对交通流的拟合，从而确定模型的参数。LSTM 模型也属于 RNN 神经网络模型的一种，也由输入层、隐含层以及输出层组成，对时间序列数据有较好的效果。在模型求解过程中，确定 1 个输入层、2 个隐含层、一个输出层的网络结构，使用激励函数为 sigmoid 及 tanh，目标函数为 MSE，优化函数为 adam，批处理数量为 1，迭代次数为 100。同时，将当前时刻前 4 个时刻的流量作为输入数据，即隐含层的输入节点个数为 4。

　　3．模型计算结果

　　以相同路段2017年7月～9月的手机客流的交调流量数据作为深入神经网络训练输入，2017 年 10 月和 11 月的交调流量数据作为检验数据。由图 3 可知，当流量较小时，拟合的误差较小，总体来说两者有一定的偏差，但趋势基本一致。表 1 为数据拟合结果的相关评价指标，总体拟合效果良好。

表 1　数据拟合结果评估

指标	最大值	最小值	均值	标准差
MAPE（%）	42.52	3.71	21.44	5.33
RMSE	6.73	0.69	1.85	1.21
EC	0.92	0.58	0.81	0.34

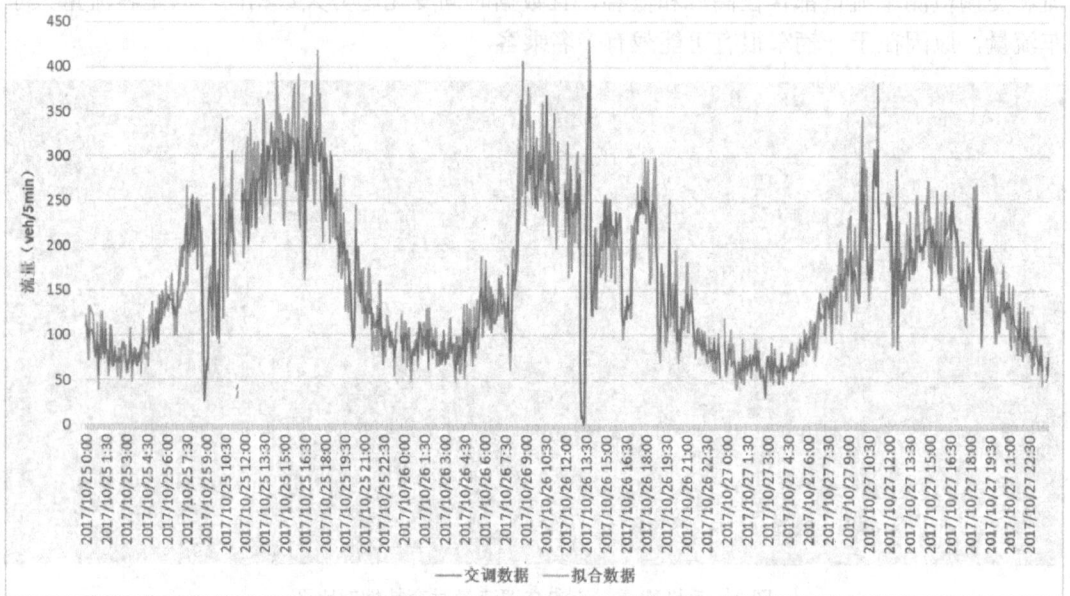

图 3　某一发布路段的拟合结果

4.2　基于多源数据融合的高速公路流量预测

　　基于交通流理论与 K 近邻非参数回归方法[5]，建立高速公路交通流量预测模型，实现路网交通流量与运行态势的深入分析，从广度与深度、时间与空间等多维度完成对道路交通拥堵预测与预警。

　　1．基于 K 近邻非参数回归的高速公路流量预测

　　采用非参数回归预测短时交通流量[4]时，首先需要构建容量足够大，且具有代表性的历史数据库，理想的历史数据库中包含了各类交通状态变化趋势和典型规律，当前采集的实时数据都能在其中找到与之相似的演变趋势。在形成历史数据库之后，就可以对当前观

测到的实时交通数据进行预测了。模型主要包括状态向量、距离度量准则、近邻 K 值的选取以及预测算法，从历史数据库中找到与当前实时观测数据相匹配的近邻，最后，利用预测算法就能够得到下一时刻的交通预测量。

（1）状态向量的定义

利用样本数据分析当前流量和未来流量的相关系数 ω_1、当前占有率和未来流量的相关系数 ω_2，得到 $\omega_1=0.934$，$\omega_2=0.916$，因此未来流量和当前流量、当前占有率的关系较为密切。因此，定义如下两组状态向量：

$$X(1)=[v(t),v(t-1),v(t-2),v(t-3),v_h(t),v_h(t-1),v_h(t-2),v_h(t-3)] \qquad (2)$$

$$X(2)=[v(t)...v(t-3),v_h(t)...v_h(t-3),o(t)...o(t-3),o_h(t)...o_h(t-3)] \qquad (3)$$

式中：$v(t)$ 为当前时刻的流量；$v(t-1)$ 为前一时刻的流量；$v_h(t)$ 为历史数据中相应的当前时刻流量；$v_h(t-1)$ 为历史数据中相应的前一时刻流量；$o(t)$ 为当前时刻的占有率；$o(t-1)$ 为前一时刻占有率；$o_h(t)$ 为历史数据中相应的当前时刻占有率；$o_h(t-1)$ 为历史数据中相应的前一时刻占有率。

（2）距离度量准则

采用欧式距离来度量实时数据与样本数据库的匹配程度，即计算状态向量中各分量和历史数据库中对应点的差离平方和。

（3）近邻值 K 的选取

近邻值 K 表示了从历史数据库中选取的近邻个数。K 值的选取在很大程度上和历史数据库的具体情况相关。一般情况下，K 值过大或过小都会影响预测精度，因此根据经验可将 K 的取值设置为 2～20 之间，通过模型计算逐步优化取值。

（4）预测算法选取

目前使用较为广泛的预测算法有等权重和带权重两种，相对而言带权重的预测算法更为符合人的认知，即历史数据库和当前观测值更为接近的数据序列，更能体现交通状况变化趋势，故选取带权重的预测算法。假设在历史数据库中找到 K 个近邻，实际数据和 K 个近邻的距离为 d_i（$i=1,2,\cdots,K$），近邻所对应的下一时刻流量为 $v_{hi}(t+1)$（$i=1,2,\cdots,K$），则带权重的预测算法表示为：

$$v(t+1)=\sum_{i=1}^{K}\beta_i v_{hi}(t+1) \qquad (4)$$

其中：

$$\beta_i=\frac{d_i^{-1}}{\sum_{i=1}^{K}d_i^{-1}} \qquad (5)$$

2. 模型计算结果

以 2017 年 7 月、8 月和 9 月的历史路段流量数据作为基础数据集，2017 年 10 月和 11 月的路段流量作为检验数据集，采用 K 近邻非参数回归算法进行流量预测。由表 2 可知，模型总体拟合情况良好，能够较为准确地预测高速公路交通流量变化。由图 4 可知，预测流量曲线与实际流量曲线趋势基本一致，在部分时间段有一定的误差，主要是由于高速公路交通流量存在较大的不确定性，受到多种因素的影响。

表 2 K 近邻非参数回归算法评价结果

指标	最大值	最小值	均值	标准差
MAPE（%）	44.53	2.45	26.46	3.63
RMSE	4.51	0.47	1.35	0.96
EC	0.92	0.76	0.84	0.25

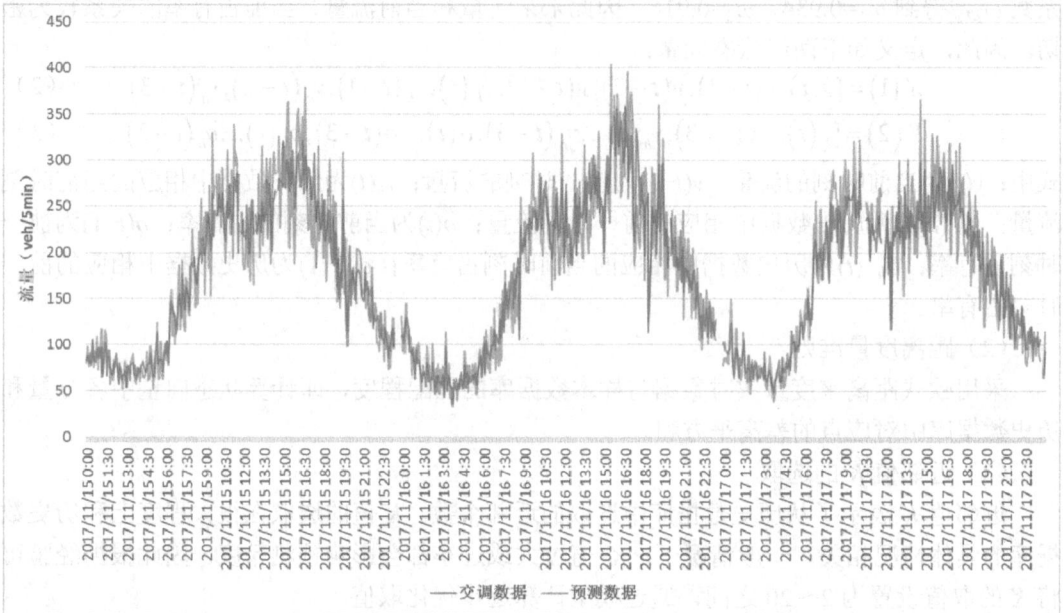

图 4 某一发布路段的预测结果

4.3 基于交通仿真的高速公路分流诱导措施评估

结合历史交通运营情况及拥堵历史信息，通过 VISSIM 交通仿真软件[6]分析分流诱导预案的实施效果，从而辅助高速公路管理人员进行指挥调度、公众服务等业务。

1．分流诱导的动态判定

为了避免高速公路交通路网中路段拥堵的进一步蔓延，利用立交枢纽、收费站等路网节点将即将流入拥堵路段的交通流诱导至其他路段上，并使绕行代价最低。因此，采取分流诱导措施应遵循以下原则：① 车流通过分流诱导路径的行程时间应不大于在拥堵路段排队等待时间；② 分流诱导路径的绕行代价越低，选择通过分流诱导路径的交通流量越大；③ 分流诱导路径上的交通量应不大于道路最大通行能力，避免交通拥堵的二次发生。

在此基础上，引入分流诱导指标来动态判定高速公路拥堵路段上游是否需要分流诱导，主要包括拥堵里程比例 θ 和拥堵里程比例变化率 ω。拥堵路段采取分流诱导措施需同时满足以下两个条件：

$$\theta_{\text{分}} < \theta < \theta_{\text{原}} \tag{6}$$

$$\theta_{\text{分}} \times \omega_{\text{分}} < \theta_{\text{原}} \times \omega_{\text{原}} \tag{7}$$

综合考虑拥堵时间和拥堵范围的影响，对上述分流诱导条件进一步优化。

$$\frac{1}{n+1}\sum_{i=t-n}^{t}\theta_{\mathcal{H}i}<\theta<\frac{1}{n+1}\sum_{i=t-n}^{t}\theta_{\mathbb{R}i} \tag{8}$$

$$\theta_{\mathcal{H}t}\frac{1}{n+1}\sum_{i=t-n}^{t-1}\frac{\theta_{\mathcal{H}i+1}-\theta_{\mathcal{H}i}}{\theta_{\mathcal{H}i}}<\theta_{\mathbb{R}t}\frac{1}{n+1}\sum_{i=t-n}^{t-1}\frac{\theta_{\mathbb{R}i+1}-\theta_{\mathbb{R}i}}{\theta_{\mathbb{R}i}} \tag{9}$$

2. 分流诱导措施的流量计算

用 N_r 表示路段 r 的分流临界容量，$N_r(t+\Delta t)$ 表示 $(t+\Delta t)$ 时刻路段 r 上的车辆数，具体计算公式如下。

$$N_r=Q_r\times\frac{l_r}{v_r} \tag{10}$$

$$N_r(t+\Delta t)=Q_r(t+\Delta t)\left[l_r/v_r(t+\Delta t)\right] \tag{11}$$

其中：Q_r 为路段 r 的分流临界通行能力；l_r 为路段 r 的长度；v_r 为路段 r 上车辆平均行驶速度；$Q_r(t+\Delta t)$ 为 $(t+\Delta t)$ 时刻路段 r 的交通量；$v_r(t+\Delta t)$ 为 $(t+\Delta t)$ 时路段 r 上车辆平均行驶速度。

当车辆数满足条件 $N_r(t+\Delta t)\leqslant N_r$ 时，路段 r 不发生拥堵。当 $N_r(t+\Delta t)>N_r$ 时，分流诱导的车辆数即为分流诱导量 $\Delta N_r(t+\Delta t)$。

$$\Delta N_r(t+\Delta t)=N_r(t+\Delta t)-N_r \tag{12}$$

3. 分流诱导的路径选择

分流诱导路径是指为了避免前方路段拥堵的进一步蔓延，将即将流入拥堵路段的交通流通过发布交通拥堵信息引导到平行路段上，并使绕行代价最低。在选取分流诱导路径时，以出行时间为权重，确定分流诱导的起点和终点，使出行时间达到最小的路径即为分流诱导路径，从而达到路径运行效率最优的目的。

用 $\Delta N_r(t+\Delta t)$ 表示目标流中流入路径 r_n 的车辆数，比较 $\Delta N_r(t+\Delta t)$ 与 r_n 的剩余流量 $\Delta q_{r_n}(t+\Delta t)$ 的大小，若 $\Delta N_r(t+\Delta t)\leqslant\Delta q_{r_n}(t+\Delta t)$，则 r_n 为分流诱导路径；$\Delta N_r(t+\Delta t)>\Delta q_{r_n}(t+\Delta t)$，则 $\Delta N_r(t+\Delta t)/\Delta q_{r_n}(t+\Delta t)=h$，假设每条分流诱导路径的分流能力相等，其中 h 为分流诱导路径的条数，h 应向上取整。

4. 基于 VISSIM 的高速公路交通组织措施评估

通过对某高速公路各路段交通运行情况的研究，选取 X 枢纽作为路网分流节点，利用 VISSIM 交通仿真软件模拟将该高速公路部分交通流量分流至其他高速公路后的路网整体运行状态。X 枢纽分流诱导仿真 3D 效果图如图 5 所示。

图 5 X 枢纽分流诱导仿真 3D 效果图

（1）基于路网的高速公路分流诱导措施效果评估

通过在 VISSIM 仿真软件中搭建模型及场景，模拟基于 X 枢纽节点将该高速开往 C 市方向的车辆分流至附近另一条高速公路，选择 VISSIM 软件中延误时间、出行时间等评价指标来分析分流诱导措施实施后的路网变化情况。分流措施仿真数据对比分析表参见表 3。

表 3　分流措施仿真数据对比分析表

参数	未采取分流措施	采取分流措施
车均延误时间（s）	1.218	1.056
车均停车延误（s）	7.516	6.462
平均车速（km/h）	89.268	90.111
总延误时间（h）	26.628	22.794
总行驶距离（km）	37475.023	37481.743
总停车延误（h）	4.317	3.724
总行程时间（h）	419.804	415.951

由表 3 可知，分流诱导方案的总延误时间、车均停车延误等指标均低于未分流诱导方案，而车辆的平均速度、总行驶距离等指标有所增加，说明分流诱导后会造成绕行，从而增加了行驶距离，但减少了延误，提高了平均车速，说明采取分流诱导方案能够有效缓解交通拥堵、提升路网整体通行效率。

（2）基于仿真的高速公路交通组织措施比选

在对分流诱导措施仿真预演研究的基础上，进一步研究不同交通组织措施的实施效果。根据历史交通事件数据，总结出三种常用的应对拥堵的策略：① 对高速行驶车辆选择性诱导下高速同时对试图由收费站进入高速的车辆进行选择性劝退；② 对上下游匝道进行关闭；③ 在上游一定范围外实施速度限制。借助 VISSIM 交通仿真平台，对上述三种交通组织措施分别进行预仿真，得出的路段的流量、速度变化情况，如图 6 和图 7 所示。

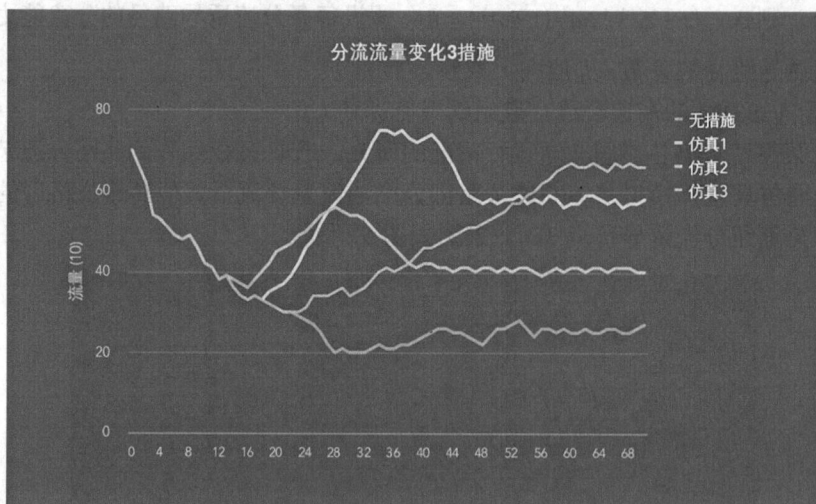

图 6　三种交通组织措施条件下的路段流量变化图

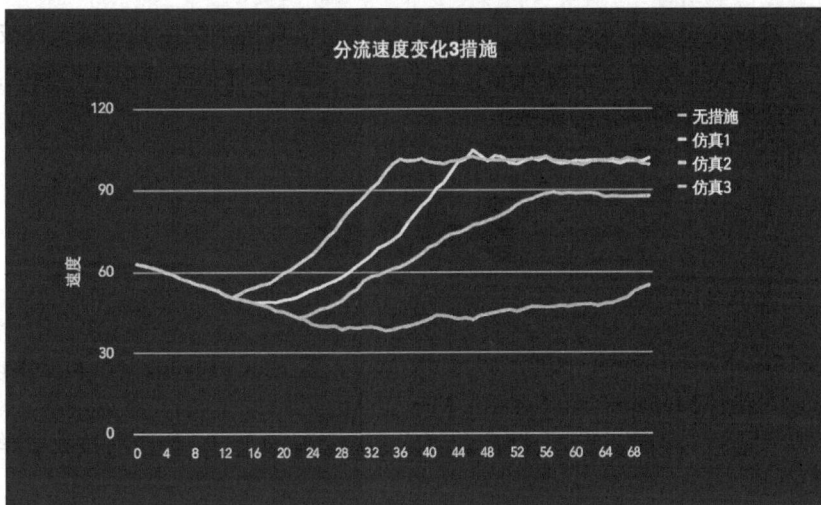

图7　三种交通组织措施条件下的路段速度变化图

由图表可知，不同的交通组织措施均可以有效缓解高速公路交通问题，但在起效时间、影响程度上具有一定的差异性。根据仿真数据结果，选取措施起效时刻点、措施执行时间和措施效果（稳定状态下的流量和速度）作为不同交通组织措施的定量评估指标，如表 4 所示。

表4　三种交通组织措施定量指标仿真评估结果

指标 措施	起效时刻点/min	执行时间/min	稳态流量/（veh/s）	稳态速度/（km/h）
促下限上	6	33	57	100
关闭进口	2	25	42	100
速度限制	10	46	66	88

关闭进口时效性较高，可短时间内见效，但会使得高速公路的通行量降低，造成通行能力浪费；速度限制措施见效慢，执行时间最长，但是能保证高速公路最终达到较高的通行量；促上限下措施则处于两者之间。

同理，此仿真场景可用于全国高速路网的其他区域，可对大流量及突发事件下可能形成的拥堵的应对措施进行预评估，为决策提供定量数据支撑。

5　结语

以东部某高速 A 市到 B 市区段为试验路段，利用关键技术研究与系统成果，实现良好的应用效果，辅助应急指挥人员制定交通组织措施决策，提升了该高速公路运营决策智能化水平。基于手机信令数据，可实现全路网 5min 断面流量监测，同时融合交调、收费站等数据后，流量监测精度可达到 85% 以上，短时流量预测达到 75% 以上，能基本满足路段运行监测水平，及时掌握交通变化态势。同时，将交通仿真技术运用到高速公路交通组织措施的决策上，打破人工发布与实施的传统管理方法，定量化评估交通组织措施的预期效果，实现智能化快速响应、科学化措施决策。

参考文献

[1] George Oster. The iowa Highway Emergency Rescue Technician in iowa[R]. iowa Highway Safety Management System, May 2002.

[2] 刘清，陶存新，张存保. 高速公路应急管理系统总体设计[J]. 华中科技大学学报. 2007，9:30-32.

[3] 尚华艳，黄海军，高自友. 可变信息标志诱导下的路径选择行为[J]. 系统工程理论与实践，2009，29(7):166-172.

[4] 胡永恺，宋璐，张健等. 基于手机信令数据的交通 OD 提取方法改进[J]. 交通信息与安全. 2015，5:84-90.

[5] 黄中祥，王正武，况爱武. 短时交通流可预测性分析与比较[J]. 土木工程学报，2004，37(2):108-113.

[6] 陈小鸿，肖海峰. 交织区交通特性的微观仿真研究[J]. 中国公路学报，2001，14（Sup.):88-91.

基于多源数据融合的信控交叉口交通波重构

周俊杰　谈超鹏　唐克双*

（同济大学交通运输工程学院，上海 201905）

【摘要】 基于移动互联网的定位导航技术的发展与普及，为利用车辆轨迹数据进行的交通评价与优化注入了新鲜血液，但同时我国城市干道依然面临轨迹渗透率较低的现实情况。在此背景下，面向信控交叉口，本文提出了一种基于轨迹数据和定点检测器数据融合的交通波重构方法。该方法首先以轨迹数据为主体，使用最小二乘回归模型，初步拟合交叉口处的集结波和消散波；然后基于布设成熟的定点检测器的数据，提出检测器时空区的概念以确定波速；最终通过搭建数据融合框架，面向四种场景对交通波进行重构。为验证方法的有效性，本文利用仿真数据对交通波重构精度进行评估。结果表明，本文提出的方法在轨迹抽样率为 3% 时，重构的交通波与实际交通波的非重合区域面积占比为 17.37%，且由重构交通波解析得到的周期最大排队长度和车均信控延误的平均绝对误差 MAE 分别为 15.86m 和 3.50s。本研究成果可以为道路设施瓶颈分析及交通状态估计与控制优化提供坚实的基础。

【关键词】 车辆轨迹；信控交叉口；定点检测器；交通波；最小二乘回归

Traffic Wave Reconstruction of Signal-controlled Intersection Based on Multi-source Data Fusion

Zhou Junjie, Tan Chaopeng, Tang Keshuang*

（College of Transportation Engineering, Tongji University, Shanghai 201905）

Abstract: The development and popularization of location-based navigation technology based on mobile Internet has injected fresh blood into traffic evaluation and optimization using vehicle trajectory data, but at the same time, China's urban trunk roads still face the reality of low trajectory penetration rate. In this context, for the signal-controlled intersection, this paper proposes a traffic wave reconstruction method based on trajectory data and fixed-point detector data fusion. Firstly, the trajectory data is taken as the main body, and the least squares regression model is used to initially fit the aggregated wave and dissipative wave at the intersection. Then based on the data of the mature fixed-point detector, the concept of the space-time zone of the detector is proposed to determine the wave velocity. Finally, by constructing a data fusion framework, the traffic waves are reconstructed for four scenarios. In order to verify the effectiveness of the method, this paper uses the simulation data to evaluate the accuracy of traffic wave reconstruction. The results show that the proposed method can account for 17.37% of the non-coincident area of the reconstructed traffic wave and the actual traffic wave when the trajectory sampling rate is 3%, and the maximum cycle queue length and vehicle's signal control delay obtained by the reconstructed traffic wave analysis. The average absolute error MAE of them are 15.86m and 3.50s respectively. The results of this study can provide a solid foundation for road facility bottleneck analysis and traffic state estimation, as well as control optimization.

Keywords: vehicle trajectory, signal-controlled intersection, fixed point detector, traffic Wave, Least Squares Regression.

1 引言

大数据时代的到来，使交通的检测手段日益丰富。诸如基于移动互联网的车辆导航数据和定点检测器数据等在交通状态检测与信号控制优化中的应用越来越广泛。其中，车辆轨迹数据可以在广域范围内对个体的空间位置变化特征建立连续而精确的刻画，是交通需求时空分布与交通流运行规律最全面的表达形式；但因其本质上是一种抽样的数据采集手段，故存在着流量未知及抽样误差等问题。定点检测器数据为集计时段的断面数据，虽然数据粒度较大，但其布设广泛、数据来源成熟的优点，是其他检测手段所不具备的。

在交通流的相关研究中，交通波（traffic wave）是一个重要的研究对象。交通波理论运用了流体力学理论，当车流因交通状况的改变而引起车队密度的改变时，其分界面（即波阵面）会在车流中进行冲击波传播，因此将其抽象比拟为水波的起伏。在二维的时空平面上，交通波可以表示为波阵面移动轨迹构成的多边形，其可以描述车流的排队—消散过程。基于交通波的时空平面多边形，可以进一步分析出延误、拥堵蔓延等交叉口运行性能指标，从而为道路设施瓶颈分析及交通状态评估提供有力的参考工具。但当今由于技术手段的限制，无法通过交通数据采集装置直接得到实际的交通波，因此，结合我国城市中信控干道的交通数据检测环境特点，深入研究交通波重构方法具有重要的理论意义和实用价值。

如今关于交通波重构的研究主要分为两类。第一类是从局部的交通波特征参数估计着手进行重构，即基于检测数据进行诸如波速、周期最大排队长度等特征参数的求解，其分别对应于交通波在几何平面上的斜率和空间延伸范围。Cetin M.（2012）[1]根据浮动车加入队尾时产生的事件数据来指定时空图上排队集结波的关键点，从而对集结波进行重构，其表征了车辆排队的动态的演化。Yang Cheng 等（2012）[2]使用了一种基于阈值的临界点提取算法对轨迹数据进行筛选过滤，从而对交通波波速和周期最大排队长度进行估计。Mohsen Ramezani 等（2015）[3]开发了一种仅依靠浮动车数据进行交通波估计的方法，其通过对排队特征点进行识别，然后进行线性拟合从而完成交通波重构，但其以最后一辆抽样排队车辆的排队加入位置来判断周期最大排队长度，在低抽样率情况下会存在较大误差。Fuliang Li 等（2015）[4]基于轨迹数据提取表示运动模式变化的拐点，然后使用分段线性函数来拟合所有拐点，从而对交通波进行重构，与 Ramezani 等[3]提出的方法相比，其在低渗透率的条件下精度更佳。Juyuan Yin 等（2018）[5]基于轨迹数据，采用卡尔曼滤波对集结波进行重构，实验表明其在低渗透率的条件也能保证一定的精度。但此类方法在排队轨迹稀疏（如 0 条或 1 条、2 条排队轨迹）的周期中，都无法有效地对交通波进行重构。Hao Wu 等（2018）[6]和 Lei Liu 等（2018）[7]基于 AVI 数据，分别使用临界点分析法和贝叶斯概率推断，对周期最大排队长度进行了估计，但此类方法无法对交通波波速进行估计。第二类是通过重构全样的车辆轨迹，从而直接在时空平面上得到交通波。Mehran 等（2011）[8]和 Sun 等（2011）[9]利用浮动车数据、AVI 数据及信控数据对全样的车辆轨迹进行了重构，但在浮动车渗透率很低的情况下，此类方法难以有效发挥作用。为解决此问题，唐克双等（2016）[10]和徐天祥（2017）[11]在不使用浮动车数据的情况下对轨迹进行了重构，但重构轨迹对于交通波构建的准确性仍有待商榷。

上述研究中，基于轨迹数据对交通波特征参数进行估计的方法虽然更为直观、完整，但其在稀疏排队轨迹周期中表现不理想；而基于其他数据源的方法大多只能计算出部分特征参数。此外，重构轨迹的方法在交通波估计中的有效性也尚待验证。针对以上不足，并考虑到我国城市信控干道典型的定点低频检测环境，本研究计划以低渗透率的车辆轨迹数据为主体，并结合低频的定点检测器数据、信号配时数据，以特征参数求解的思路对信控交叉口交通波进行重构。通过构建数据融合框架发挥各自数据源的优势，并克服轨迹数据在稀疏轨迹周期中难以有效重构交通波的问题。

下文将首先介绍基于轨迹数据和定点检测器数据的交通波特征参数估计；然后介绍交通波重构的数据融合框架；最后进行方法验证和总结。

2 基于轨迹数据的集结波消散波估计

参照 Mohsen Ramezani[3]的定义，车辆的轨迹点可基于阈值分类器被分为运动点和停止点。连续运动点和连续停止点间的分界点被称为排队加入点，反之则被称为排队离开点；其都属于排队特征点。而排队特征点则包含了集结波和消散波的关键信息。

对应到车辆运动的位置——时空图像上，排队加入点和离开点分别如图 1 中蓝色圆点集和黄色圆点集所示，若将全样的排队加入和离开特征点集分别相连，则可构成完整的集结波和消散波，如图 1 中蓝色和黄色线所示。

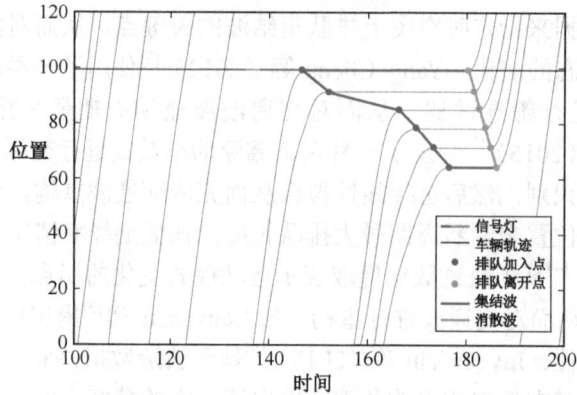

图 1　车辆轨迹与交通波对应关系

采用基于 OLS（Ordinary Least Square，普通最小二乘）原则的一元线性回归模型，通过导入排队特征点，可以进行集结波和消散波的求解，模型求解公式如下：

$$\arg\min_{b_w^i, k_w^i} S = \arg\min_{b_w^i, k_w^i} \sum_{k=1}^{n_i} e_i^2 = \arg\min_{b_w^i, k_w^i} \sum_{k=1}^{n_i} \left(x_Q^{i,k} - b_w^i + k_w^i \cdot t_Q^{i,k} \right)^2 \tag{1}$$

其中，n_i 表示第 i 个周期中排队特征点的组数，一组排队特征点由一辆车的一个排队加入点和一个排队离开点组成。$x_Q^{i,k}$，$t_Q^{i,k}$ 分别表示第 i 个周期中第 k 辆车的排队特征点的位置和时间，Q 为排队特征点类别标识符，当 $Q=J$ 时表示排队加入点；当 $Q=L$ 时表示排队离开点。b_w^i，k_w^i 分别表示第 i 个周期中估计得到的交通波截距和斜率，w 为交通波类别标识符，当 $w=f$ 时表示对集结波的估计；当 $w=d$ 时表示对消散波的估计。

基于上述公式即可得到每周期交通波的斜率值和截距。但实际情况下，某些周期内排队轨迹只有 1 条甚至没有，而基于 OLS 的一元线性回归模型一般要求至少存在 3 个点才能进行计算（即便 2 个点，也很可能因随机抽样的原因使其距离过近，从而带来很大误差），因此仅使用轨迹数据尚无法对所有周期进行集结波和消散波的估计。

3　基于定点检测器的时空区构建

基于定点检测器，本文提出检测器时空区的概念，如图 2 所示，x_{dec} 表示交叉口前的路中检测器设置的位置；$x_{stopline}$ 表示交叉口的停车线的位置。在 x_{dec} 处，定点检测器的集计统计数据将时间划分成了序号为 $1, 2, \cdots, n, \cdots$ 的集计检测时段，如图 2 蓝色括号所示。

设集计检测时段 n 的起始时刻为 $t_{dec,n}$，如图中下方左侧黑色箭头所示。将在集计时段 n 内通过的车流视作宏观交通流，其中 $\overline{q_n}$ 和 $\overline{v_n}$ 表示干道在此集计检测时段内的平均流量和平均速度。当发生检测器占用时，可假设上游的到达交通流流率和速度与未发生排队溢出的最近的上一个集计时段的参数一致，从而对流量和速度进行修正。在均匀到达假设下，最早通过检测器的车流以速度 $\overline{v_n}$ 匀速行驶，从而得到无排队抵达停车线的时间为：

$$t_{\text{stopline},n} = t_{\text{dec},n} + \frac{x_{\text{stopline}} - x_{\text{dec}}}{\overline{v_n}} \tag{2}$$

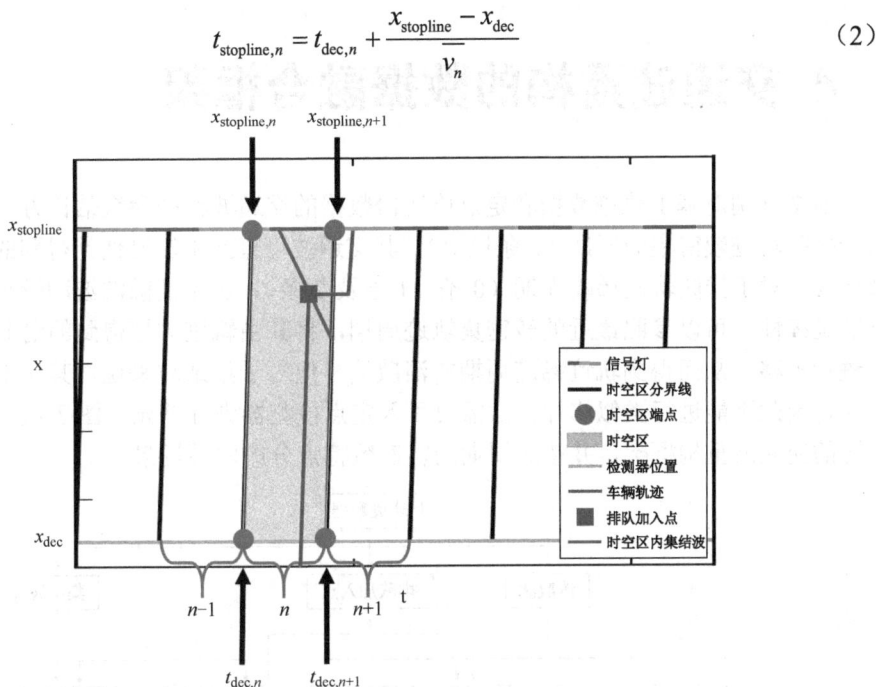

图 2　检测器时空区示意图

如图中上方左侧箭头所示。同理，对于集计检测时段 $n+1$，设其起始时刻为 $t_{\text{dec},n+1}$，也可以得到最早通过检测器的车流无排队抵达停车线的时间为：

$$t_{\text{stopline},n+1} = t_{\text{dec},n+1} + \frac{x_{\text{stopline}} - x_{\text{dec}}}{\overline{v_{n+1}}} \tag{3}$$

通过上述计算可以得到四个点组成的集合 A_n，即：

$$A_n = \left\{ \left(t_{\text{dec},n}, x_{\text{dec}}\right), \left(t_{\text{dec},n+1}, x_{\text{dec}}\right), \left(t_{\text{stopline},n}, x_{\text{stopline}}\right), \left(t_{\text{stopline},n+1}, x_{\text{stopline}}\right) \right\} \tag{4}$$

点集 A_n 中的四个点如图中蓝色圆点所示，其构成了一个四边形区域，如图中半透明蓝色区域所示。此区域表示了在某个集计检测时段内通过定点检测器的车流，在定点检测器位置和停车线位置之间的时空占用范围，而在此时空区中集结波波速 w_{fn}，由交通波理论可表示为：

$$w_{\text{fn}} = \frac{\overline{q_n}}{\dfrac{\overline{q_n}}{\overline{v_n}} - k_q} \tag{5}$$

其中，k_q 表示平均的排队密度。计算得到 w_{fn} 后，若能在时空区 A_n 中找到任意一个集结波上的点，即可得到本时空区中的集结波。例如图 2 中所示的红色抽样轨迹，其排队加入点为图中方点所示。因其位于时空区 A_n 中，则贯穿此排队加入点的集结波的波速即为 w_{fn}，进而可由此点延伸出本时空区的集结波，如图中紫色线段所示。

4 交通波重构的数据融合框架

前文分别对基于轨迹数据和定点检测器数据的交通波特征参数估计方法进行了介绍。对于排队轨迹较密集的周期（2条以上），其交通波可直接由轨迹估计得到的集结波和消散波构成。对于排队轨迹稀疏周期（0条、1条及2条），由于消散波波动较小，依据交通状态的延续性，可以参照最近的较密集轨迹周期，将其由轨迹数据得到的消散波按照周期时间进行平移，从而得到轨迹稀疏周期的消散波；但对于集结波来说，其在不同周期中变化较大，因此不能进行类似修补，故需要引入定点检测器进行补充。图3展示了融合两类数据源的交通波重构框架，并按照周期的轨迹数特点分成四种场景。

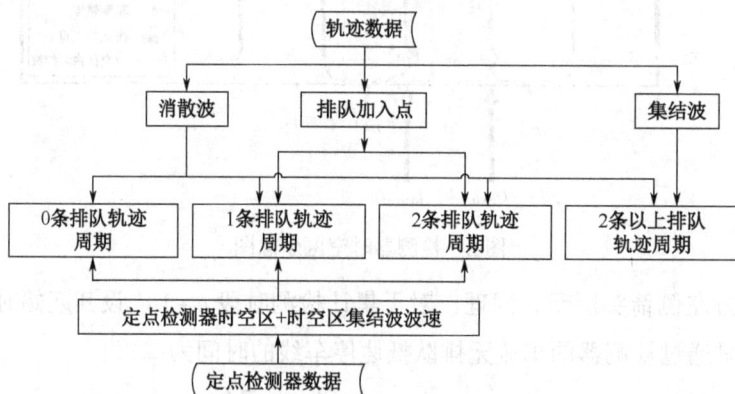

图3　针对不同场景的数据融合框架

接下来将对四种场景下的数据融合交通波重构进行说明。

（1）0条排队轨迹的周期。

具有0条排队轨迹的周期交通波重构如图4所示，其中标注了停车线位置，黑色虚线表示定点检测器时空区的分界线。重构的主要步骤如下。

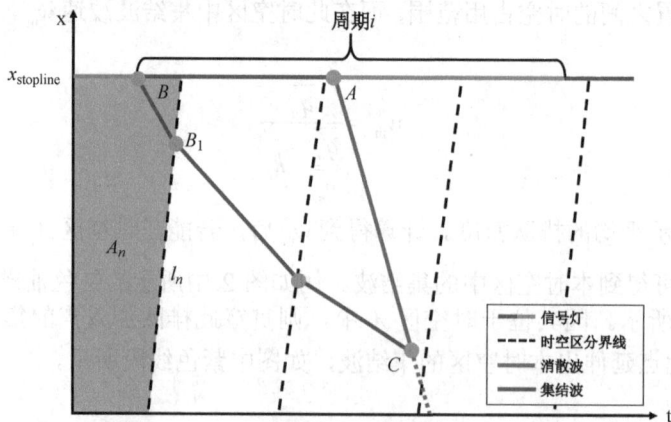

图4　具有0条排队轨迹周期的交通波重构

Step1：已知消散波直线为

$$x = k_d^i \cdot t + b_d^i \qquad (6)$$

如图中橙色线段所示。其与停车线交于 A 点，此为消散波的一端点。

Step2：由于没有额外的到达信息，因此假设本周期交通流从红灯启亮时开始形成排队，因此集结波起点确定为该周期红灯启亮位置点 B。于是可以搜索到点 B 所在的定点检测器波速重构时空区 A_n，进而可以得到 A_n 所对应的集结波波速 w_{fn}。

Step3：从 B 点出发，以集结波波速 w_{fn} 为斜率向上游作射线。

Step4：若射线与 A_n 和后一个波速重构时空区 A_{n+1} 的分界线 l_n 相交，则可得到如图所示的交点 B_1。此时将集结波波速更新为 w_{fn+1}，从 B_1 点出发，以 w_{fn+1} 为斜率继续向下游作射线。

Step5：重复 Step4，直至射线与消散波直线交于点 C，从而得到完整的集结波，如图中蓝线所示，其与消散波一起构成整个交通波。

（2）1 条排队轨迹的周期

具有 1 条排队轨迹的周期交通波重构如图 5 所示，重构的主要步骤如下。

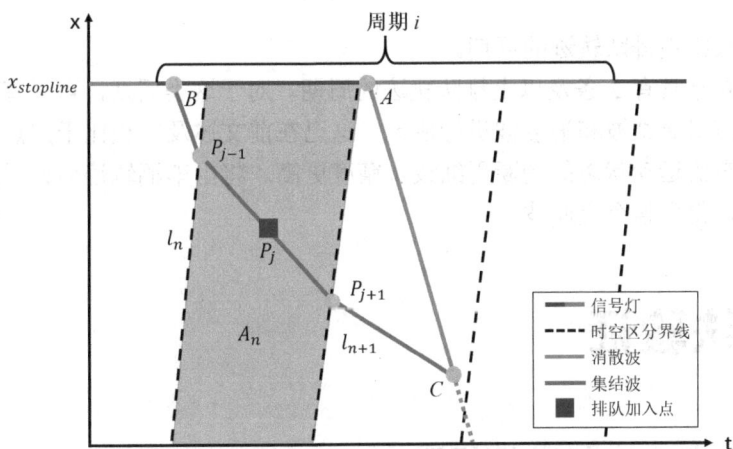

图5　具有 1 条排队轨迹周期的交通波重构

Step1：已知消散波直线为

$$x = k_d^i \cdot t + b_d^i \qquad (7)$$

如图中橙色线段所示。其与停车线交于 A 点，此为消散波的一端点。

Step2：由于已知本周期唯一一条排队车辆轨迹的排队加入点 P_j 的坐标，因此，选择将点 P_j 作为集结波向前后延伸的起点。由于具有车辆到达信息，因此，相比于情况（1），本情况下的集结波定位可以更加精确。确定点 P_j 所在的定点检测器波速重构时空区 A_n，进而可以得到 A_n 所对应的集结波波速 w_{fn}。

Step3：从 P_j 点出发，以集结波波速 w_{fn} 为斜率向下游作射线。

Step4：若射线与 A_n 和前一个波速重构时空区 A_{n-1} 的分界线 l_n 相交，则可得到如图所示的交点 P_{j-1}。此时将集结波波速更新为 w_{fn-1}，从 P_{j-1} 点出发，以 w_{fn-1} 为斜率继续向下游作射线。

Step5：重复 Step4，直至射线与停车线相交。

Step6：从 P_j 点出发，以集结波波速 w_{fn} 为斜率向上游作射线。

Step7：若射线与 A_n 和后一个波速重构时空区 A_{n+1} 的分界线 l_{n+1} 相交，则可得到如图所示的交点 P_{j+1}。此时将集结波波速更新为 w_{fn+1}，从 P_{j+1} 点出发，以 w_{fn+1} 为斜率继续向下游作射线。

Step8：重复 Step7，直至射线与消散波直线交于点 C，从而得到完整的集结波，如图中蓝线所示，其与消散波一起构成整个交通波。

（3）具有 2 条排队轨迹的周期。

此情况下的重构基于之前述及的情况（2），对于 2 个排队加入点可以分别得到 2 个重构交通波，此二交通波的消散波相同，但集结波不同。在此基于平均思想来抵偿误差，做法为将每个集结波的拐点分别水平投影至另外一个集结波上得到新的拐点，然后对于每一组纵坐标相同的拐点，取其中点并依次相连，便可得到调整后的集结波，其与消散波一起构成整个交通波。通过融合两个轨迹点各自所包含的交通波信息，从而使得重构结果更为精确。

（4）具有较密集排队轨迹的周期。

此类周期是指具有 2 条及以上排队轨迹的周期。对于这类周期，可以直接使用轨迹识别的排队特征点对集结波和消散波进行估计，这已在前文述及。相比于定点检测器数据，轨迹数据对于车流运动状态的判断更细致，精度更高。将由车辆轨迹估计得到的集结波和消散波相交即可得到整个交通波。

5 方法验证

5.1 仿真建模与数据提取

为了对本文所提出的方法进行验证，在仿真软件 VISSIM 中对交通流进行了模拟。研究对象为交叉口处某方向的直行车道组车流，仿真建模场景如图 6 所示。仿真软件导出的数据采集点数据可以模拟定点检测器得到的数据，而车辆记录数据可以模拟轨迹数据。仿真共运行 22 320s，其中前 720s 为预热时间，干道流量设置在 2000veh/h 左右，期望速度为 50km/h，轨迹采样频率为 3s。为模拟较为稀疏的轨迹数据环境，设置轨迹抽样率为 3%。

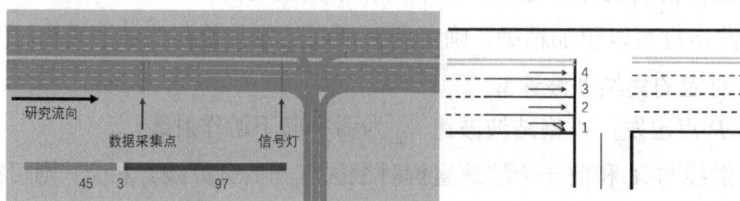

图 6　仿真建模场景

5.2 结果分析

（1）误差评价。

评价指标选取为非重合区域面积比 β，即重构交通波和真实交通波之间所有非重合区域面积 S 占真实交通波面积 $\hat{S}$ 之比（%）：

$$\beta = \frac{S}{\hat{S}} \times 100\% \tag{8}$$

重构交通波面积 S 和真实交通波面积 $\hat{S}$ 示意图如图 7 所示。

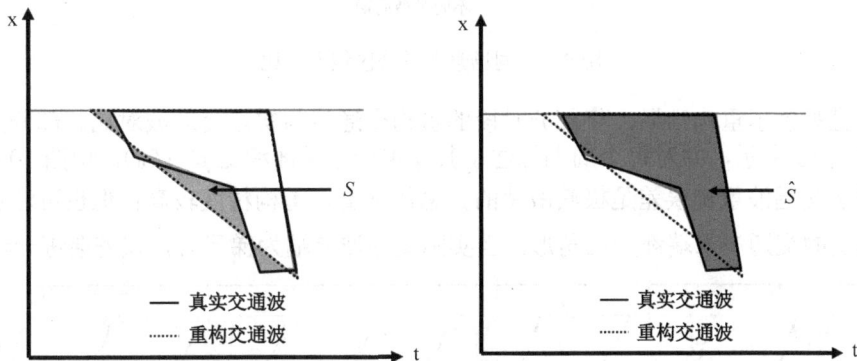

图 7 误差计算指标示意

截取部分周期的 β 值变化及对应的排队轨迹数，各周期非重合区域面积比如图 8 所示。

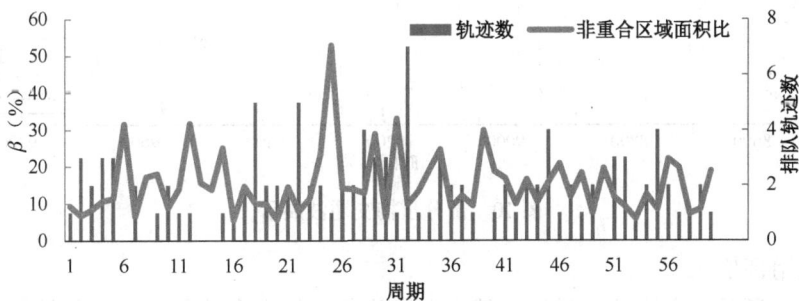

图 8 各周期非重合区域面积比

由图 8 可知，在大部分周期中重构的误差较低。同时由于本文所提出的交通波重构算法由周期的轨迹数量情况不同，将重构场景分为了四类进行重构，因此在评价重构误差时将此四类场景分开取平均值进行对比。不同场景非重合区域面积比如图 9 所示。由图可知，随着排队轨迹的增加，交通波的非重合区域面积比由 34.35% 下降至 11.82%。说明随着抽样排队轨迹数的增加，重构交通波的精度会逐渐提高。注意到其中排队轨迹数为 0 的情形相较于其他 3 种情形而言误差较为明显，分析这是由于假设此情形下集结波从红灯启亮处开始延伸所致，而实际情况中红灯刚启亮时可能并没有车辆到达。

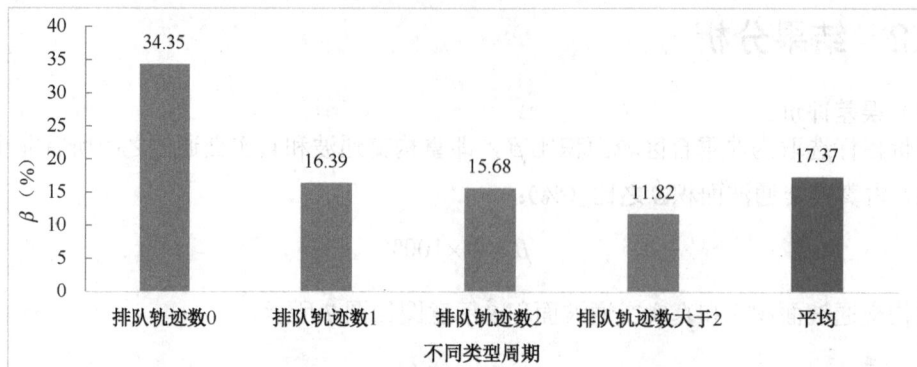

图 9　不同场景非重合区域面积比

　　为了直观展示重构结果，将部分时段的重构交通波与实际交通波对比。部分重构交通波展示如图 10 所示，并对每个周期标注了其非重合区域面积比 β（%）。由图 10 可看出，β 指标对于交通波重构误差是极其敏感的。总体来看，重构精度较高；但也可注意到，本方法重构出的交通波末端都为三角形，当实际交通波末端为梯形时，误差会进一步增大。

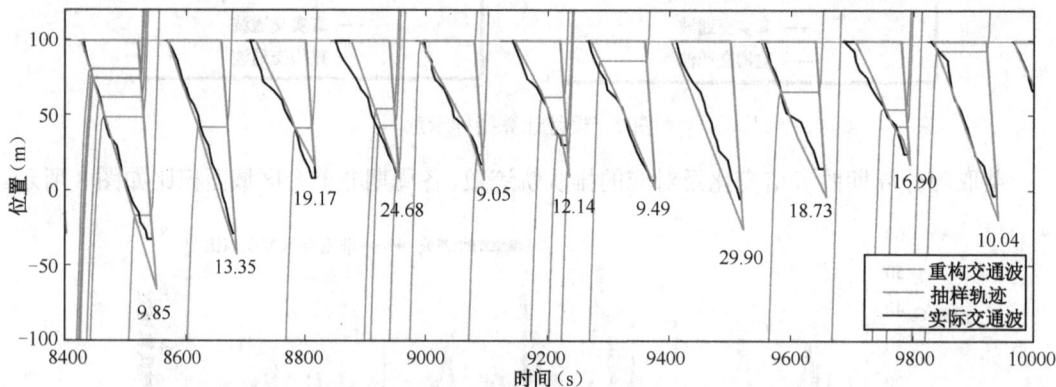

图 10　部分重构交通波展示

（2）效用评价。

　　为了说明所重构交通波的效用，笔者对其进行每周期车均信控延误的计算，并统计其相对于实际信控延误的误差。作为对比，直接由轨迹数据提取得到车均信控延误，并统计其相对于实际信控延误的误差。在采集到轨迹的周期中，两者平均绝对误差 MAE 分别为 3.50s 和 11.60s。相比之下，由重构交通波所得到的延误数据更为接近实际情况。此外，由重构交通波解析得到周期最大排队长度的平均绝对误差 MAE 为 15.86m。这说明重构交通波在某些方面可以提供更准确的交通状态信息。

6　结语

　　本文提出了一种融合轨迹数据和定点检测器数据的信号控制交叉口交通波重构方法，

该方法主要贡献有：（1）提出了定点检测器时空区的概念，通过构建数据融合框架，将时空区内的波速融合进重构方法中，克服了基于单一轨迹数据的方法在稀疏轨迹周期下难以有效估计交通状态的问题；（2）此方法在抽样率为 3% 的情况下，非重合区域面积比为17.37%，从中可以解析出较为精确的交通状态指标。其可为道路设施瓶颈分析及交通状态估计与控制优化提供坚实的基础。

值得注意的是，本研究对于交通波末端的刻画还不够精细，尚不能准确对梯形交通波进行重构，且使用定点检测器集计数据直接计算波速的时间粒度较大（多为 1 分钟），在交通到达复杂的情况下会存在较大误差。后续研究将聚焦于：（1）使用非排队车辆的信息对交通波范围进行限制和进一步修正；（2）研究从定点检测器数据中得到更精细参数的方法。

参考文献

[1] Cetin M. Estimating queue dynamics at signalized intersections from probe vehicle data: Methodology based on kinematic wave model[J]. Transportation Research Record, 2012, 2315(1): 164-172.

[2] Cheng Y, Qin X, Jin J, et al. An exploratory shockwave approach to estimating queue length using probe trajectories[J]. Journal of intelligent transportation systems, 2012, 16(1): 12-23.

[3] Ramezani M, Geroliminis N. Queue profile estimation in congested urban networks with probe data[J]. Computer‐Aided Civil and Infrastructure Engineering, 2015, 30(6): 414-432.

[4] Li F, Tang K, Yao J, et al. Real-time queue length estimation for signalized intersections using vehicle trajectory data[J]. Transportation Research Record, 2017, 2623(1): 49-59.

[5] Yin J, Sun J, Tang K. A Kalman Filter-Based Queue Length Estimation Method with Low-Penetration Mobile Sensor Data at Signalized Intersections[J]. Transportation Research Record, 2018: 0361198118798734.

[6] Wu H, Yao J, Liu L, et al. Left-turn queue spillback identification based on license plate recognition data[J]. Transportation Research Record, 2018.

[7] Liu L, Tan C, Yao J, et al. Fusing license plate recognition data and vehicle trajectory data for lane-based queue length estimation at signalized intersections[J]. Transportation Research Record, 2018.

[8] Mehran B, Kuwahara M. Fusion of probe, passing time and signal timing data to estimate vehicle trajectories on urban arterials[J]. Journal of Japan Society of Traffic Engineers, 2011, 46:77-89.

[9] Sun Z, Ban X. Vehicle trajectory reconstruction for signalized intersections using variational formulation of kinematic waves[C]//Transportation Research Board 90th Annual Meeting. 2011.

[10] 唐克双，徐天祥，潘昂等．基于定点检测数据的城市干道车辆轨迹重构[J]．同济大学学报（自然科学版），2016 (2016 年 10): 1545-1552.

[11] 徐天祥．基于数据融合的城市干道车辆轨迹重构[D]．上海：同济大学，2017.

¹基于航道云 GIS 平台的信息资源管理与应用研究

吴 溪 [1,2] 杨保岑 [1,2] 周冠男 [1,2] 杨传波 [1,2] 翁 玉 [1,2]

（1. 长江航道测量中心，武汉 430010；
2. 国家内河航道整治工程技术研究中心智能航道分中心，武汉 430010）

【摘要】本文研究了云计算技术在地理信息领域的最新应用，结合典型案例分析，设计了面向"云上长航"战略的航道资源管理与应用框架，基于 ArcGIS 云平台软件，构建了航道云 GIS 资源管理与应用原型系统。该系统实现了云 GIS 环境下的航道信息的管理、制图、可视化与分析应用，初步探索云计算、大数据技术在航道业务领域的应用点与应用效果，可解决来自不同 GIS 平台航道信息融合与协同共享等问题，降低地理信息技术使用门槛，大幅度提高航道信息资源的分析与挖掘能力。

【关键词】云 GIS；云上长航；数字航道

Research on Resource Management and Application Based on Waterway Cloud GIS Platform

Wu Xi[1,2], Yang Baocen[1,2], Zhou Guannan[1,2], Yang Chuanbo[1,2], Weng Yu[1,2]

(1. Changjiang Waterway Survey Center, Wuhan 430010, Hubei, China;
2. National Engineering Research Center for Inland Waterway Regulation, Intelligent Waterway Sub-center, Wuhan 430010, Hubei, China)

Abstract: This paper studies the latest applications of cloud computing technology in the field of geographic information system and designs a framework of waterway resource management and application for the 'Changjiang transportation on the Cloud' strategy.

基金项目：国家重点研发计划课题"内河航道综合信息服务系统研发及示范"（编号：2018YFB1600405）Research and Development of Inland Waterway Integrated Service System and Its Demonstration（No：2018YFB1600405）。

A prototype system based on the ArcGIS cloud platform software was developed to implement the management, mapping, visualization and analysis of the waterway information in the cloud GIS environment, and initially explores the application and its effects of cloud computing and big data technology in the waterway business, which can solve the digital waterway information fusion and collaborative sharing and other issues, thus making it easier to use GIS and greatly improving the ability to analyze and mine information resources.

Keywords: Cloud GIS, Changjiang transportation on the Cloud, digital waterway.

1 引言

为贯彻落实《长江经济带发展规划纲要》和国务院、交通运输部关于推进信息化发展的决策部署，长江航务局正全力打造"云上长航"，加快推进网络化、标准化、智能化的长江航运信息服务体系建设，更好地服务长江经济带发展。长江航道局也加大了信息化建设力度，开展了长江电子航道图系统工程、数字航道系统工程的建设工作，以加快云计算、大数据、物联网、移动互联网等信息技术在航道服务领域的集成和应用。

随着航道信息化的不断发展，航道测量、航道管理、电子航道图生产等数据与相关测绘数字资源呈现出爆炸式的增长趋势，而目前开展的航道地理信息资源共享工作，一般都是在数据层面的整合与交换，实时共享程度不高，对不同类型、不同数据结构的数据需要进行数据清洗、抽取与转换等大量处理工作，一旦数据内容或者结构发生改动，则会影响数据共享的效率与准确性，这些情况都制约着"大数据"时代下的航道信息化发展。因此，从提供空间数据转向提供空间信息服务是空间信息共享应用的必然趋势。

而相对于传统 GIS 平台，云 GIS 最大的优势就是可以将云计算的各种特征用于支撑航道地理空间信息的各要素，包括建模、存储、处理等，从而改变传统的 GIS 应用方法和建设模式，将 GIS 平台中的数据资源与应用资源都转换成可调用、可访问的地理信息服务并进行管理，实现灵活的数据管理与服务共享方式，提高航道业务部门之间协同共享能力与航道信息资源的分析与挖掘能力[1]。

在此背景下，针对长江数字航道建设中对日益增长的地理信息资源管理与服务协同共享的需求，本文通过对云 GIS 环境下的航道地理信息资源管理与分析服务开展研究，为航道信息服务与应用推广提供新的思路，也为后续"云上长航"的落地提供研究基础。

2 长江航道云 GIS 平台技术研究

2.1 云 GIS 技术与应用案例研究

云计算正在迅速成为一种通用型技术，它将深刻改变我们应用 GIS 的传统方法和模式。

云 GIS 正是基于云计算的理论、方法和技术，扩展 GIS 的基本功能而产生的全新一代 GIS 技术，改进传统 GIS 的结构体系，以实现海量空间数据的高性能存取与处理操作，使其更好地提供高效的计算能力和数据处理能力，解决地理信息科学领域中计算密集型和数据密集型的各种问题。其实质是将 GIS 的平台、软件和地理空间信息能够方便、高效地部署到以云计算为支撑的"云"基础设施之上，能够以弹性的、按需获取的方式提供最广泛的基于 Web 的服务。

随着数字城市地理空间框架转型升级为智慧城市时空基础设施，相应要实现"四个提升"，即空间基准提升为时空基准，基础地理信息数据库提升为时空大数据，地理信息公共平台提升为时空信息云平台，支撑环境由分散的服务器集群提升为集约的云环境[2]。因此，云 GIS 技术在数字城市向智慧城市的转型中利用其云计算技术的特性能更好地为地理信息资源的计算与共享服务，国内外涌现出大量成功案例。

美国国家地理空间信息平台（GeoPlatform）[3]提供了一个基于互联网的地理空间信息服务环境，有效解决了各级政府、业务部门之间数据无法共享、数据获取困难、信息不易查找、资源重复开发、系统难以维护等问题。GeoPlatform 实现了数据的汇集、管理、服务、流通、共享与维护，各级政府、业务部门无须搭建自己的平台或建设基础设施，只需在平台内通过云计算和网络提供的各种工具，"一站式"获取所需的地理空间数据、服务和应用。宁夏地理空间基础信息共享库基于宁夏电子政务公共云平台建设，该共享库有效整合覆盖宁夏全区的多个分辨率卫星航天影像及人口、经济、农业、环境保护、气象、国土资源、水利、交通等专题的权威空间数据资源，并以"云租用服务"的方式对外提供便捷、权威、现势性强的地理信息，创新性地解决了空间数据共享存在的重复建设、资源利用低效等问题。数字衡阳地理信息基础工程市县一体化时空大数据与云平台采用"云架构部署、集中式管理"的思路建设，构建市级和区县级两层逻辑架构，分别承载市、县级别的平台资源。其中，市级平台是基础，维护全市基础地理空间资源，将资源按区域快速构建县级平台；县级维护县级专题资源，更好地为县级政府单位用户服务。智慧宁波时空信息云平台着力打造集云计算、大数据、物联网和地理信息等先进技术于一体的综合时空信息和服务平台，开拓宁波"市县一体化"应用模式，提供完善的测绘地理信息采集、处理、动态更新及应用搭建的技术体系，形成持续更新、具备时间序列及丰富类型的测绘地理信息数据和切实的示范应用[4]。

从以上基于云 GIS 技术的行业应用案例可以看到，各行业打造的云 GIS 平台面向政府应用，搭建统一、高效的"一站式"地理信息管理、处理、共享、服务的云 GIS 系统，实现多源数据的高度融合，为各级政府及行业主管部门提供便捷、权威、现势性强的地理信息云服务。传统模式下建设地理信息系统需要购买几台服务器、GIS 平台软件、数据库软件等，费用大、项目周期长且需要专业人才配合，而基于地理信息云服务，可以低成本、快速搭建，无须操心数据保密、机房维护、专业人才缺失等问题。一个通过"传统自主建设"可能需要花费几百万，耗时大半年的项目，通过"云服务租用"模式，数小时内就能建立起来。云 GIS 技术在行业中的应用，能够满足政府各部门对地理信息服务日益增长的需求，推进政务空间地理信息数据共享和交换，全面提升地理信息服务于国民经济与社会发展的能力。

2.2　长江航道云 GIS 平台框架与服务模式

面对新一代信息技术发展的浪潮以及长江经济带国家战略发展需要，迫切需要对长江航运未来信息化发展进行从上至下、全面系统的总体谋划，厘清发展思路，明确发展目标，确立重点任务，统领未来一段时期的信息化工作，为长江航运信息化发展描绘蓝图。为此，长江航务管理局于 2016 年提出"云上长航"的发展战略，开展"云上长航"发展规划研究工作。"云上长航"是指综合运用云计算、大数据等新一代信息与通信技术，通过基础设施资源的全面高效整合、航运要素的全面数字化实时感知、航运数据资源的全面开放共享、航运业务应用的全面融合升级，打造全新的长江航运信息化体系，创造新的长江航运发展生态，引领长江航运向现代服务业转型升级[5]。

在"云上长航"发展总体规划的指导下，基于"云上长航"5 大智慧应用 + 1 个云数据中心 + 1 张全连接网络的"511"总体规划模型，采用虚拟化、弹性化、服务化的设计思想，分为基础设施层（IaaS），时空大数据（DaaS）、时空信息云服务层（PaaS）、应用服务层（SaaS）。航道云 GIS 平台能提供基于 Web 服务实现时空地理空间数据的共享与在线地图创建、要素编辑与空间分析应用，达到跨平台异构多源数据的访问和互操作的目的，实现航道信息融合与服务聚合，通过其丰富的应用服务接口可以构建多种航道业务应用程序。

借助先进的云计算技术架构及强大的 GIS 平台能力，航道云 GIS 平台可以提供多种服务模式。

（1）数据服务调用。

和传统 B/S 架构下的应用一样，云 GIS 平台首先提供数据资源服务的调用，如基础底图服务、功能服务及专题资源服务等。即其他各政府单位业务系统可以按照用户权限、区域权限等调用平台 GIS 服务资源，形成新的业务应用或嵌入原有业务系统。

（2）专题资源托管。

对某些非 GIS 行业政府单位或企事业单位，可以借助于云 GIS 平台资源中心，实现业务数据快速上图，将用户专题资源托管到平台，实现资源空间化，供其他业务系统使用。用户无须使用 GIS 平台，更无须掌握专业 GIS 知识。

（3）硬件资源租用。

云 GIS 平台还可以为各政府单位及单位提供硬件资源租用的模式。硬件资源包括服务器、存储、网络等。用户无须规划 IT 硬件设施，直接使用平台提供的虚拟机服务器即可。这种模式极大地加快了业务系统的构建能力，提高了资源利用效率，同时平台提供的高可用性环境也减少了系统建设的风险。

（4）GIS 平台租用。

云 GIS 平台除了可以提供硬件资源租用外，还可以给其他政府单位提供平台中部署可用的 GIS 站点，这样他们得到的就是一个完整的 GIS 服务平台（或集群），然后可以将自己的业务系统或 GIS 资源部署到该服务器上。这种模式减少了用户对 GIS 平台的投入，无须用户配备人员进行运维管理，降低了平台管理的风险。

（5）其他部门业务系统挂接。

云 GIS 平台是一个标准的、开放的平台体系，对外提供的资源都是标准的 Web 服务，而用户托管在平台的资源也是以服务形式存在的。因此，在和其他业务系统挂接上不存在障碍。原有业务系统如果要使用平台资源，直接通过平台提供的开发接口调用服务即可。如果原有业务系统要整合到平台里，需要将业务应用的相关 GIS 资源迁入平台，发布标准 GIS 服务，然后调用该服务。

（6）创新应用快速推广模式。

利用云 GIS 平台中的应用程序模板，可以快速构建用户定制的应用系统，并可快速推广。在这种模式中，用户无须掌握编程开发语言，利用现有空间分析工具或定制模型工具即可，大大减少了项目投资与周期。

3 长江航道云 GIS 资源管理与应用原型系统搭建

3.1 技术选型

目前，长江电子航道图生产编辑系统基于 Desktop for ArcGIS 桌面平台及空间数据库进行搭建，基于数据库驱动制图的方式使得同一数据源能够生产出基于不同标准的数据，基于多源异构数据制作了满足 CJ57 标准的长江电子航道图。长江电子航道图公共服务平台基于 Server for ArcGIS 开发相关接口实现航道信息对外发布。

因此，为了充分利用已有软件与数据成果，本项目拟选用 ArcGIS 平台中的私有云门户 Portal for ArcGIS 为基础，基于航道云 GIS 平台的 PaaS 层与 SaaS 层，搭建可重用、可定制、可集成的长江航道云 GIS 资源管理与应用原型系统。

Portal for ArcGIS 是一款私有的、可协同的地理空间内容管理系统，它集地图、程序、群组、服务以及资源于一身，是应用（Apps）与组织机构服务器（Server）进行交互、获取内容和使用资源的必经之路，是打造新一代 Web GIS 平台非常关键的一款产品。不需要安装 ArcGIS 桌面或服务器端软件，只需要通过浏览器，用户就可以随时随地地通过网络访问和获取所需要的服务，并且可以"一键式"在线创建 Web 应用，通过其丰富的应用服务接口可以构建各种应用程序，实现业务数据整合，提供以一种更加友好的方式，高效率、低成本的方式使用地理信息资源[6]。

3.2 关键技术

（1）航道行业信息模型接入与应用程序快速搭建方法。

通过在 ArcMap 中构建长江航道河床冲淤分析与方量计算模型，并以地理处理工具的形式发布为地理处理功能服务，便可在航道云 GIS 平台中快速使用与推广，并通过 Web AppBuilder 通过直观的所见即所得的模式，不需要编写一行代码就能够轻松构建 Web 应用程序，在配置过程中，添加地图和工具的时候，可以直观地预览应用程序，并直接运行。

（2）AIS 信号流数据接入 GeoEvent 与空间化展现方法。

为了充分利用海量、实时动态的船舶自动识别系统（Automatic Identification System，AIS）数据进行数据服务，通过开发 AIS 数据接收器软件，将 AIS 信号实时数据流接入到 ArcGIS GeoEvent（实时数据源与传感器扩展模块）中，由 ArcGIS GeoEvent 经过处理后将 AIS 实时数据托管在 Portal for ArcGIS 软件上发布的要素图层中，这些空间化的要素便能反映当前长江航道中正在航行船舶的最新数据信息，将日常 GIS 应用转变为一线决策应用。在航道管理与维护业务中，AIS 信息可以结合数字航道中动态监测信息情况，开展航标配布优化、水道船舶流量统计、航标碰撞定责等多项业务分析与统计工作，提高航道信息化管理水平。

3.3　原型系统搭建

基于 ArcGIS 平台中的私有云门户 Portal for ArcGIS 软件，充分利用长江数字航道建设工程的数据资源，研制基于 DEM 的长江航道河床冲淤模型，研制 AIS 信号流解析软件，搭建起一套可重用、可定制、可集成、可推广的长江航道云 GIS 资源管理与应用原型系统。该系统分为如下三个部分。

（1）航道信息资源管理系统。

航道信息资源管理系统将长江电子航道图资源与数字航道建设工程航道监测数据资源中以文件、图层、服务、应用程序等方式存在的资源进行统一管理，一方面实现对航道地理空间基础信息资源"一数一源"，另一方面可基于群组的共享策略对资源的访问进行控制，满足了长江航道部门以及其他政府部门对航道相关地理信息资源的应用与安全需求，实现航道地理空间信息资源高级形态的管理与应用，能够高效利用资源，扩大航道信息资源的服务领域，促进不同业务、不同部门协同联动应用，增强相关业务部门横向联系性。

（2）航道信息服务发布与分析系统

长江航道云 GIS 平台提供了内容丰富、功能强大、应用模式便捷，可方便、快捷地进行基于地理位置的信息浏览、查询、搜索、量算，以及专业模型分析等应用，支撑各业务系统开展各类增值服务与应用，通过应用表格数据上图技术、在线制图与可视化、服务叠加分析技术大大降低地理信息技术使用门槛，同时还能够让非 GIS 专业人员与 GIS 专业人员在平台上产生数据交互流转，也使非 GIS 专业人员能够快速获取专业的制图和分析结果，大大促进了 GIS 深入广泛应用。图 1 显示了长江电子航道图与航标动态监测数据。

长江航道局各业务部门中的强 GIS 用户，即熟悉 ArcGIS 桌面软件，能够进行制作、编辑和分析空间数据能力的业务人员。此类型用户通过 ArcGIS for Desktop 登录到长江航道云 GIS 资源管理与应用原型系统，将航道数据资源与分析模型工具以 GIS 服务的方式发布到平台之中。通过自主开发"AIS 客户端接收器"软件，用于解析以 TCP 长连接方式传输的 AIS 信号，再由 GeoEvent 软件的输入连接器将这些数据与 GeoEvent 建立连接，转换成 GeoEvent 内部的定义数据格式，最后将 AIS 实时数据流从 GeoEvent 中输出，作为新的地理要素添加到要素图层之中进行展示与分析应用。接入实时 AIS 数据转化为动态地理要素见图 2。

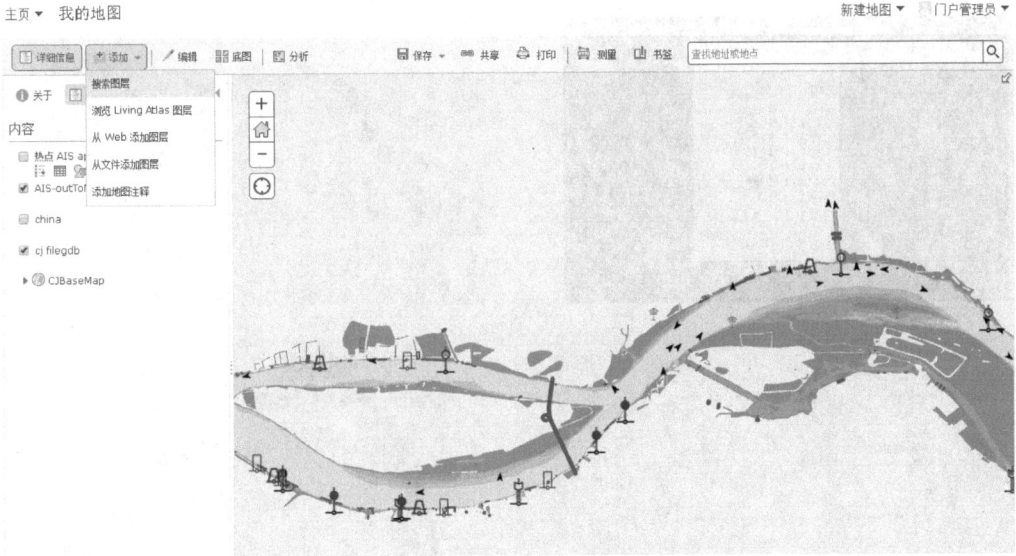

图 1　长江电子航道图与航标动态监测数据

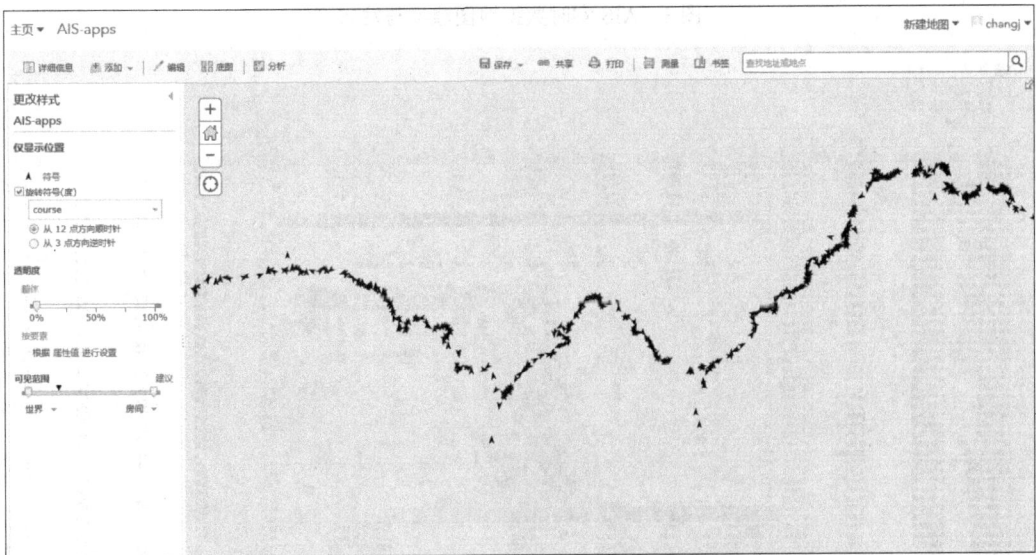

图 2　接入实时 AIS 数据转化为动态地理要素

　　AIS 实时数据地图渲染与发布如图 3 所示。图 3 分别对 AIS 数据进行了范围内的汇总分析，动态实时汇总了各个航道范围内的 AIS 数据量，并以不同方式进行符号化渲染。

　　另外，长江航道云 GIS 资源管理与应用原型系统还能够与办公软件进行结合。使用 ArcGIS Maps for Office 插件，通过 Microsoft 加载项在 Microsoft Office 中提供制图功能，能够使得弱 GIS 用户，即无 GIS 知识背景与软件操作能力的普通航道业务人员，能够在 Excel 中创建可显示电子表格数据的地图，并执行空间分析用于管理决策。Excel 表格数据地图与属性浏览如图 4 所示。

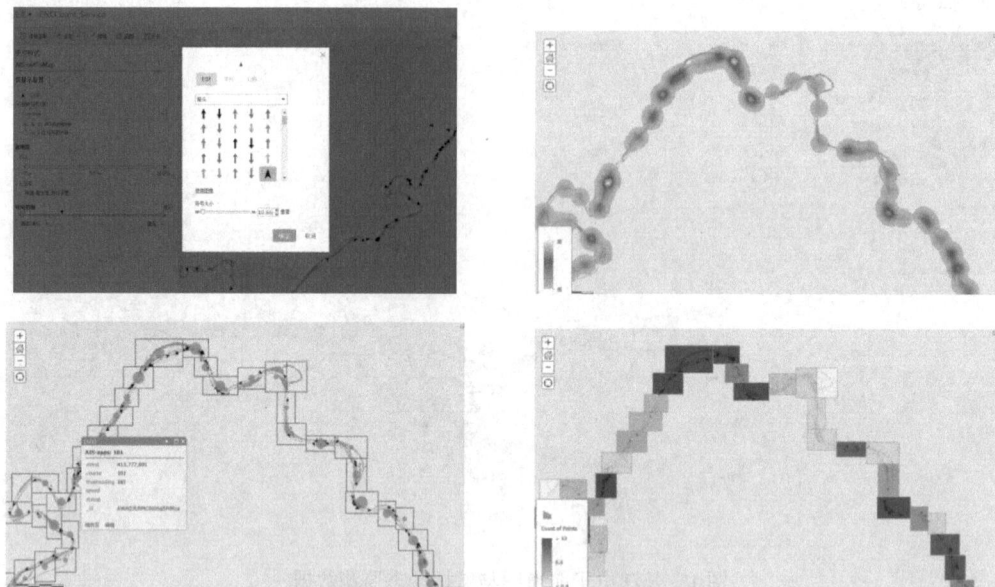

图3　AIS 实时数据地图渲染与发布

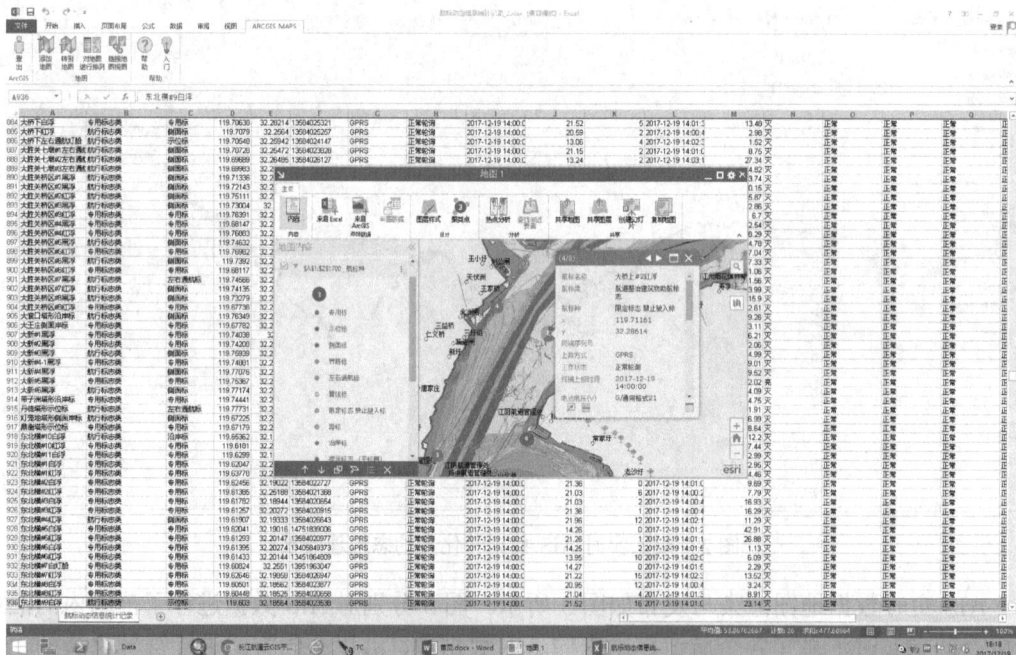

图4　Excel 表格数据地图与属性浏览

最后，用户可以在 ArcGIS Maps for Office 插件中登录到长江航道云 GIS 资源管理与应用原型系统中，将航道数据和与展示地图发布成"托管的 Web 图层"到航道云 GIS 平台门户中，并方便地与组织机构中的成员分享，还可以叠加在底图之上用来进行矢量要素的查询、可视化和编辑。托管的要素图层在浏览器端绘制，并支持可交互的高亮、查询和 pop-up 弹出窗等高级空间展示与分析功能。Excel 表格数据发布为托管服务与地图展示，如图5所示。

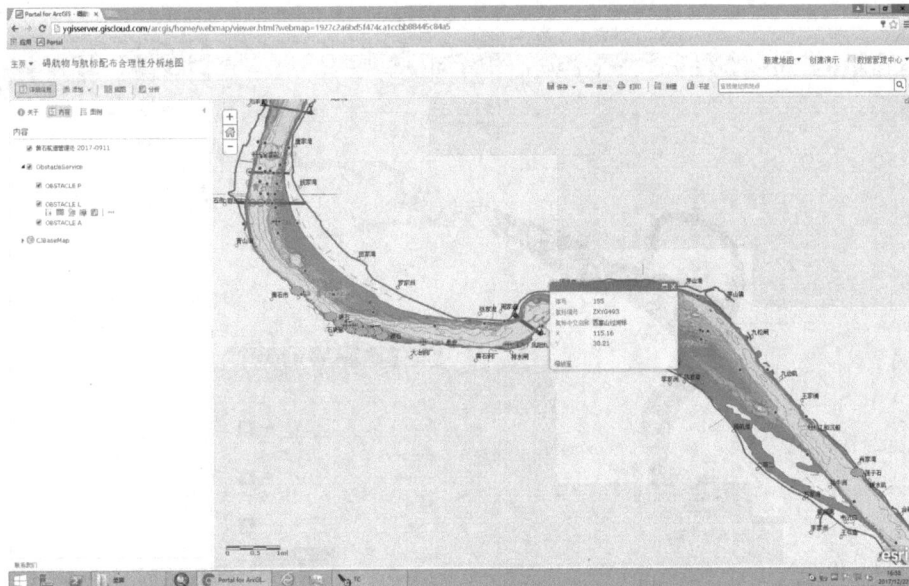

图 5　Excel 表格数据发布为托管服务与地图展示

（3）航道示范应用程序。

长江航道云 GIS 资源管理与应用原型系统中提供了大量可配置的应用程序模板以及微件，包括添加数据、分析、批处理属性编辑、图表、查找、绘图、图例、地图工具、基本查看器、局部透视、影像汇总、时间感知型、查找、编辑和过滤、查找器、汇总查看器、简易地图查看器、过滤器等，可以通过"地图+应程序模板"这种直观的所见即所得的模式，不需要编写一行代码就能够轻松构建 Web 应用程序并发布。长江电子航道图图幅生产展示系统如图 6 所示。基于 DEM 的长江航道河床冲淤分析系统如图 7 所示。

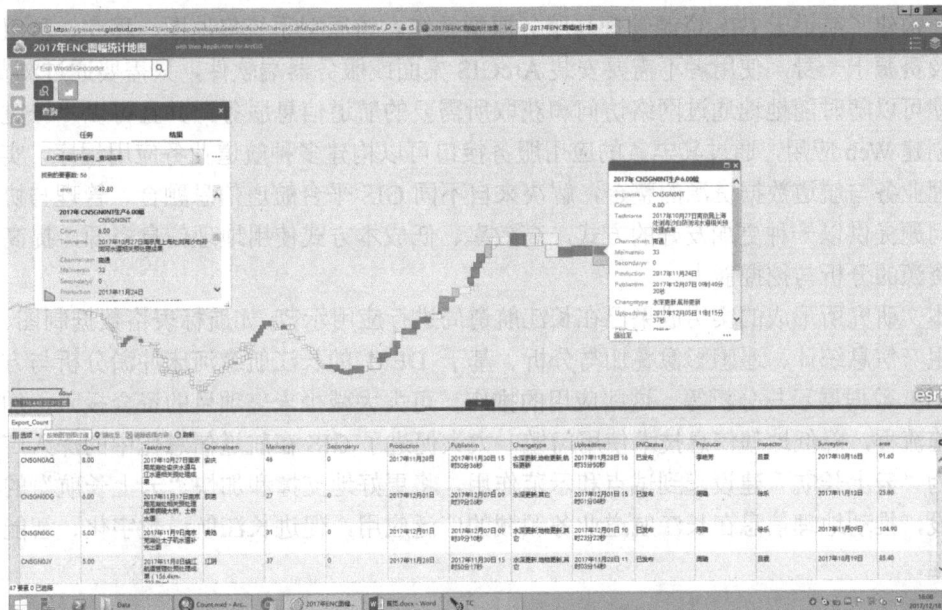

图 6　长江电子航道图图幅生产展示系统

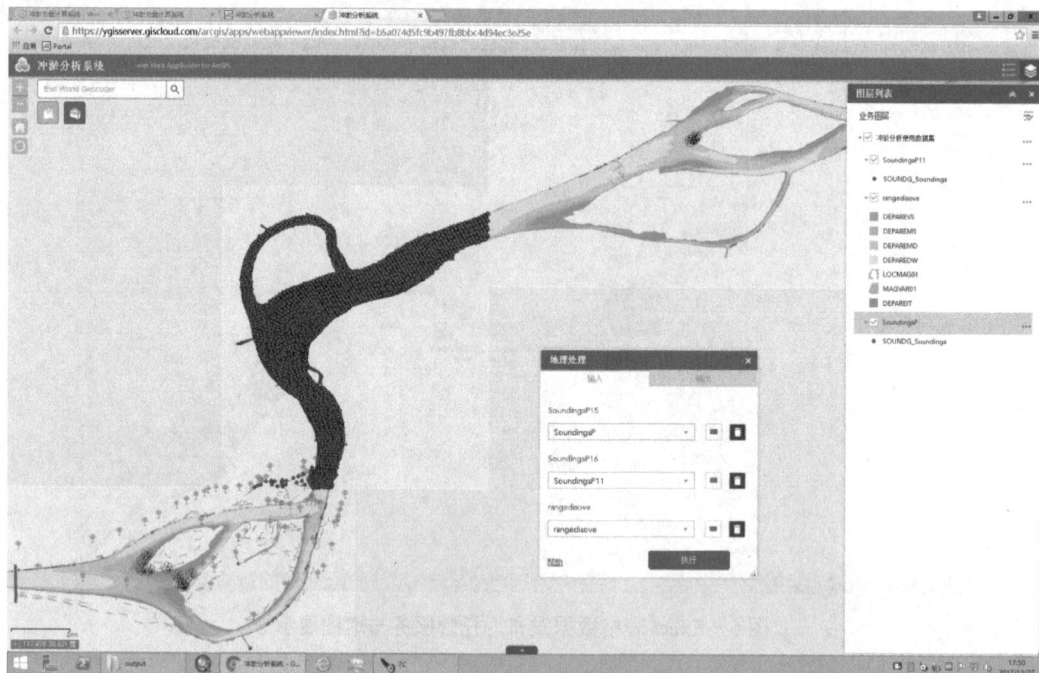

图 7　基于 DEM 的长江航道河床冲淤分析系统

4　结语与展望

根据对航道要素对云 GIS 环境中管理、制图、可视化的需求，使用 ArcGIS 门户解决方案，构建了航道云 GIS 资源管理与服务原型系统。该原型系统集地图、程序、群组、服务以及资源于一身，使用者不需要安装 ArcGIS 桌面或服务器端软件，只需要通过浏览器，用户就可以随时随地地通过网络访问和获取所需要的航道信息服务，并且可以"一键式"在线创建 Web 应用，通过其丰富的应用服务接口可以构建多种航道业务应用程序，实现航道管理业务与航道数据资源的整合，解决来自不同 GIS 平台航道信息融合、管理与协同共享等问题提供以一种更加友好的方式，高效率、低成本方式使用地理信息资源，提高航道信息资源的分析与挖掘能力。

本文研究所形成的实用成果已在长江航道局进行应用示范，如航标表格数据制图、ENC图幅生产信息统计、遥感影像叠加与分析、基于 DEM 的长江航道河床冲淤分析与方量计算、AIS 数据展示与分析等。这些应用的推广，可大大减少未来项目的资金投入、加快项目实施流程，降低地理信息技术使用门槛，大大促进了 GIS 在航道信息化中的深入广泛应用，为"云上长航"建设起到试点和示范作用，将更好地支撑和加快"云上长航"的布局与建设，推动地理信息在长江航道业务领域的广泛应用，促进长江航道数字化、智能化建设进程。

参考文献

[1] Esri 中国信息技术有限公司，ArcGIS 云计算解决方案[R]，2012.

[2] 国家测绘地理信息局. 智慧城市时空大数据与云平台建设技术大纲（2017 版）[R]，2017.

[3] https://www.geoplatform.gov/.

[4] http://skxxy.nbmap.gov.cn/portal/ningbo/viewer/index.html.

[5] 长江航务局. 云上长航发展总体规划（2017-2025 年）[R]，2017.

[6] Esri 中国信息技术有限公司. Portal for ArcGIS 10.4 白皮书[R]，2016.

基于卷积神经网络的高速出口换道识别研究

齐 龙[1,2] 徐 婷[1] 钟小明[3] 张 健[3]

（ 1. 长安大学，陕西 西安 710064；

2. 中设设计集团股份有限公司，江苏 南京 210064；

3. 华杰工程咨询有限公司，北京 100029 ）

【摘要】本文对车辆换道行为特征状态进行采集、提取和处理，研究分析了 17 种特征状态的车辆换道行为，利用植入卷计算法的卷积神经网络对换道行为图像的深度训练，利用反向传递的神经网络对 BP 神经网络权值矩阵的多重调整和修改，最终将识别能力提高到 95.73% 的水平，得出利用深度卷积神经网络识别交通换道行为可行的结论。本研究是交通安全领域智能交通研究的技术环节，对交通安全设施完善起到推动作用，对智能交通安全研究起到技术支撑作用。

【关键词】换道行为；卷积神经网络；贝叶斯滤波；高速出口；危险概率预测；行为识别

The Research of Lane-Changing Behavior on Freeway Exit Based on Convolutional Neural Network

Qi Long[1,2], Xu Ting[1], Zhong Xiaoming[3], Zhang Jian[3]

(1. Chang'an University, Shanxi xi'an 710064, China;

2. China Design Esign Group Co., Ltd., Jiangsu Nanjing 210064;

3. Chelbi Engineering Consultants, Inc, Beijing 10029, China)

Abstract: In this paper, the characteristics states of vehicle lane-changing behavior were sampled, extracted and processed, and 17 kinds of characteristics states of the vehicle lane-changing behavior were analyzed. The convolutional neural network implanted with convolution algorithm is used for deep training of lane-changing behavior images, besides, the weight matrix of BP neural network is multiple adjusted and modified by the back-transmitted neural network. Finally, the recognition accuracy is improved to 95.73% level. It is concluded that it is feasible to recognize lane-changing behavior by using deep convolution neural network. This research is the technical link of intelligent traffic research in the field of traffic safety, which promotes the improvement of traffic safety facilities and provides technical support for intelligent traffic safety research.

Keywords: ITS; Lane-changing behavior; Convolution neural network; Bayesian filtering; freeway exit; Risk probability prediction; behavior recognition.

1 引言

截至 2017 年，我国机动车保有量达到 3.101 亿辆，其中汽车保有量为 2.082 亿辆，较 2016 年增长 9.5%。截至 2017 年我国高速公路总里程达 13.64 万千米，较 2016 年增长 4.1%。根据统计，高速公路里程的增长比例低于汽车保有量的增长。这对高速公路承载能力要求不断提高，交通安全逐渐引起人们的高度重视。其中高速公路出口位置在交通事故黑点分析中占比较高，严重影响交通通行和安全，高速公路车辆换道行为对交通安全有着重要的影响。本研究基于深度卷积神经网络技术识别的换道行为特征分析，并建立换道危险状态概率预测模型。

国外先进的研究成果对高速公路换道行为进一步的研究提供了理论依据。Leonhardt V 等对驾驶员意图的换道行为进行提前、可靠的预测研究时，提出了运用人工神经网络相融合的特征参数建模方法[1]。Beggiato M 等在研究换道行为预测时从驾驶人特性、操纵特性和视觉特性，开发了一种结合驾驶人行为、车辆参数和周围环境数据的实时车道变化预测算法[2]。在研究换道决策过程时，Keyvan-Ekbatani M 等研究了基于两阶段实车试验的多驾驶员换道机动决策过程，发现了四种不同驾驶人对车道选择策略[3]。为了进一步分析驾驶人换道决策，Balal E 利用模糊推理系统提出了换道两种判断结果的决策模型[4]。在驾驶人角度上，Damerow F 研究了有限差分法的高级驾驶机动模型[5]。在解决图像识别问题上，Karpathy A 等人采用一种高分辨率的凹形结构进行提升加速训练的方法，通过在 UCF-101 行为识别数据集合上进行深度训练进一步研究最佳模型，显著性提升了 20%[6]。Lawrence S 等人利用结合局部图像采样、自组织映射（SOM）神经网络和卷积神经网络，通过卷积神经网络在分层的层集合中提取明显的特征，通过多层感知器和卷积神经网络比较，分析复杂程度，得出卷积神经网络是深度学习和训练较好的识别器[7]。为实现卷积神经网络实际功能，Vedaldi A 利用 MatConvNet 在 MATLAB 中进行实现，提供了每个计算函数的技术细节[8]。Oquab M 等人设计了在图像网络数据集中训练的方法，所传输的对象行为特征结果显著性得以改善[9]。在研究神经网络池化层过程中，Zeiler M D 等根据池化层的活动给出多项式的分布，在每个池化层随机选择激活，通过随机过程代替传统池化理论，提高数据集上的性能[10]。在图像分类识别的过程中 DC Ciresan 等提出了一种更快速全参数化的卷积神经网络变形 GPU 的方法实现，是一种监督式的学习训练过程[11]。

2　数据准备

2.1　信息资料采集

对照互通立交由东向西半幅路进行视频信息采集，由于换道行为导致的交通冲突在白天高峰时段数量较多，所以实验时间考虑工作日出行量较大，选择在周一至周五工作日为期五天的白天高峰时段。

配置可遥控高清防抖摄像机的飞行器 3 台、塔尺、轮式测距仪、装有微观交通流视频提取工具的笔记本电脑 1 台、激光测距仪等。

利用无人机对高速公路典型路段进行高空俯拍，无人机飞行高度是 200m，拍摄丈八互通式立体交叉由东向西方向出口位置向东 300m，向西至互通中心区域路段范围由东向西行驶方向的交通情况。

2.2　交通状况分析

利用 Origin 软件首先对速度数据进行相对概率的统计，进行整体分析，速度主要分布在 16m/s～26m/s 之间，即 57.6km/h～93.6km/h，整体速度分布情况和不同车道速度分布情况如图 1、图 2 所示。

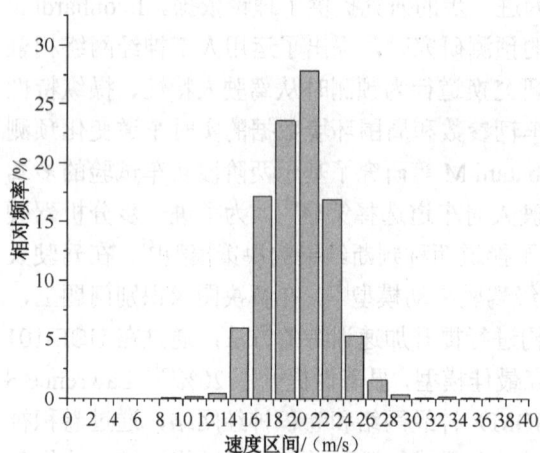

图 1　整体速度分布情况　　　　　　　图 2　不同车道速度分布情况

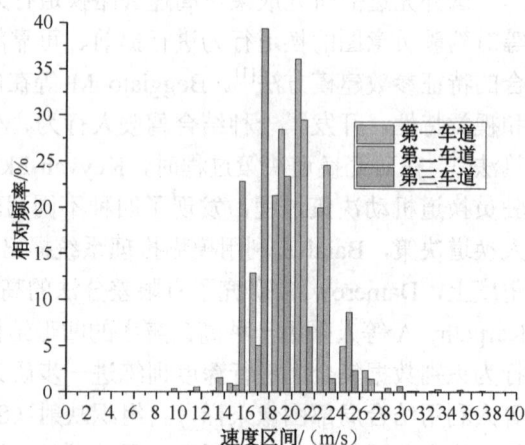

可以看出，第一车道与第二车道速度分布较为接近，第三车道速度明显低于第二车道。第三车道为外侧车道，大型车混入，所以车辆行驶速度低。

高速公路出口区域车辆换道过程中，车辆相对距离对换道的影响如图 3 所示。

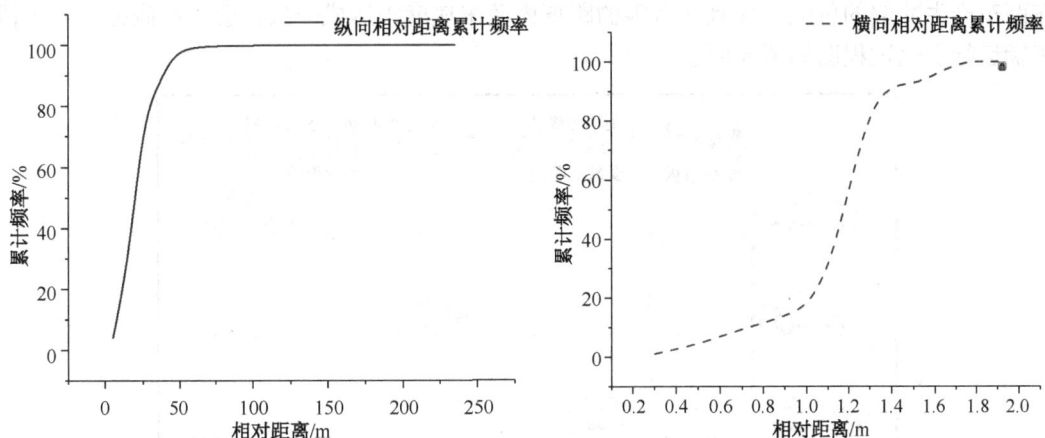

图 3　车辆相对距离对换道的影响

2.3　换道行为危险状况分析

利用 Tracker 物理学运动轨迹软件对换道车辆以及对周围所影响的车辆进行数据提取，获得 TTC 数据，TTC（中文名称：碰撞时间；是英文"Time to Collision"的缩写）为前后两车距离缩短至能够碰撞所需时间，是两车相对距离与相对速度的比值。Tracker 在车辆轨迹数据分析上的应用如图 4 所示。

图 4　Tracker 在车辆轨迹数据分析上的应用

对 TTC 计算分析，相同车道内前方车辆减速过程对后方车辆影响不大时，后方车辆速度为匀减速阶段，TTC 值较大，说明车辆有充分的时间避免受前车的影响产生冲突的发生；后车发现前车减速迅速时，采取全制动，TTC 值较小，车辆处于变减速阶段，这一过程存在两车产生冲突的可能，并且在有限的距离内两车速度未达成一致，会引起碰撞。各阶段车辆运行变化过程图如图 5 所示。

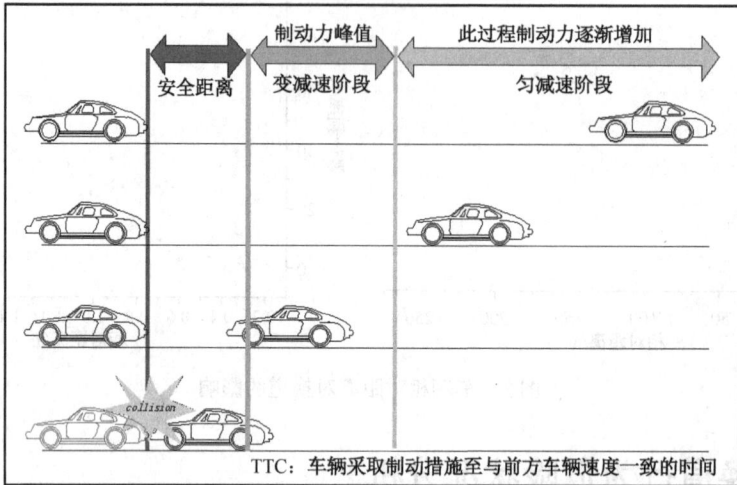

图 5　各阶段车辆运行变化过程图

本文考虑换道车辆在换道过程与前后车辆纵向以及与换道过程中相邻车辆横向之间的碰撞时间 TTC 的数值。对在换道状态下，赵世鹏[12]通过实验分析了纵向冲突和横向冲突的特点，并总结了一般危险驾驶行为和严重危险驾驶行为 TTC 划分的时间，其中，纵向冲突中 TTC 为 0~2.8s 为严重冲突，2.8~4.7s 为一般冲突；横向冲突中，侧向 TTC 为 0~2.3s 为严重冲突，2.3~4.2s 为一般冲突。

2.4　换道行为特征状态提取

利用交通流检测软件对车辆编号的实验是首先对换道行为的分布进行分析，即对有限实验时间内找出车辆换道状态；然后对不同换道状态进行统计分析，利用软件监测出所有参与换道行为的车辆，并且通过交通流检测软件对检测的车辆进行编号，交通流检测软件编号过程如图 6 所示。

图 6　交通流检测软件编号过程

对特征状态图集通过分类得到以下 8 种特征状态，这 8 种特征状态还可以分为若干小项，前提是已对换道前车辆位置状态做出说明，一是换道前，换道车辆前方有车；二是换道前，换道车辆前方无车。

（1）从左侧换道（换道后前方有车）。

暂不考虑后车所在车道是否有车行驶，当后车向左侧换道行驶时，当前车速度比后车速度小，存在后车接触前车的可能，用 TTC 表示前后车碰撞时间。

（2）从左侧换道（换道后后方有车）。

当前车向左侧换道行驶时，当后车速度比前车速度大，就存在后车接触前车的可能，用 TTC 表示前后车碰撞时间。

（3）从左侧换道（换道后前后有车）。

当换道车辆，向左侧换道后，前方车辆速度小于换道车辆，即对换道车辆造成影响；后方车辆如果速度超过换道车辆，需要减速行驶，这是换道车辆对后方车辆的影响。

（4）从右侧换道（换道后前方有车）。

暂不考虑后车所在车道是否有车行驶，当后车向右侧换道行驶时，当前车速度比后车速度小，存在后车接触前车的可能。

（5）从右侧换道（换道前前车影响换道视线，换道后前方有车）。

如 C 车前方有 B 车辆影响，由于 C 车驾驶员在左侧驾驶，那么当 C 车右转换道时受前方车辆影响，导致 C 车换道过程未及时发现右侧车道 A 车，进而 C 车制动不及时接触 A 车。考虑最不利因素情况下，这一过程 A 车选取右后角与 C 车选取驾驶员视点两点所连直线与右侧车道行驶方向组成的通视三角区，如 B 车辆点纵轴方向的数值大于 AC 线 y_n，则存在危险状态，前车影响换道视线情况如图 7 所示。

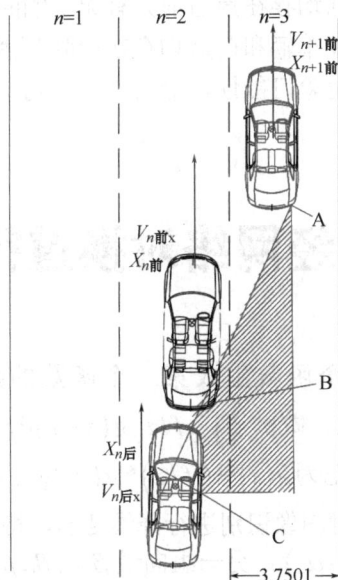

图 7　前车影响换道视线情况

（6）从右侧换道（换道后后方有车）。

当前车向右侧换道行驶时，当后车速度比前车速度大，就存在后车接触前车的可能，用 TTC 表示前后车碰撞时间。

（7）从右侧换道（换道后前后有车）。

换道车辆从原车道向右侧车道行驶过程中，在换道后右侧车道上，如换道车辆前方车辆速度低于换道车道时，则追尾事故发生的概率较大。在换道车辆后方的车辆速度高于换道车辆的情况下，对换道车辆也存在较大的影响概率。

（8）换道过程转向角度过大。

车辆在换道过程中，转向角度多大车辆可能产生侧滑不稳定状况的分析如下：当离心力大于地面摩擦力时，可能出现此情况。判断方法是超过对转向角度的临界值，存在安全问题。如转向离心力大于侧向摩擦力，公式为

$$\frac{mv^2}{R} > mg\varphi \tag{2.1}$$

那么转弯半径

$$R = \frac{D-1}{\sin\alpha} \tag{2.2}$$

综上可得：

$$\alpha > \arcsin\left(\frac{(D_n-1)g\varphi}{V_n^2}\right) \tag{2.3}$$

此时状态存在侧滑甚至侧翻的危险。

本文通过视频和数值的规律，划分车辆在换道过程的行为状态，研究分析了车辆左转和右转至相邻车道两个行驶方向均存在换道前方有无车辆的情况，换道过程中相邻车道前方存在行驶车辆、后方存在行驶车辆和前后均存在行驶车辆的情况，以及车辆转向角过大可能会出现车辆侧滑或侧翻的危险可能性，最后给出了判定以上存在换道行为危险状态的策略和数值。

3 深度卷积神经网络对换道行为识别过程

卷积神经网络是通过两个函数生成第三个函数的数学算法，这套数学算法对 $f(x)$、$g(x)$ 在 R 上的可积函数，做积分 $\int_{-\infty}^{\infty} f(\tau)g(x-\tau)\mathrm{d}\tau$，于是用 $h(x)$ 表示这个积分，就是函数 $f(x)$ 与 $g(x)$ 的卷积，记为 $h(x) = (f(x)*g(x))(x)$。在工程学中，通常输出=输入*系统。在行为识别过程中，可对图像识别进行降维处理，特点是速度快，识别率高。

定义一组向量 $\boldsymbol{\alpha} = (\alpha_1, \alpha_2 \cdots \alpha_n)$，另一组向量 $\boldsymbol{\beta} = (\beta_1, \beta_2 \cdots \beta_n)$，那么内积可以表示为 α 在 β 上的投影：

$$\boldsymbol{\alpha}\boldsymbol{\beta} = \alpha_1\beta_1 + \alpha_2\beta_2 + \cdots + \alpha_n\beta_n = \sum_{i=1}^{n}\alpha_i\beta_i \tag{3.1}$$

其中，傅里叶定义公式为

$F(\omega) = \int_{-\infty}^{+\infty} f(t) e^{-j\omega t} \mathrm{d}t$，将欧拉公式引入 $e^{ix} = \cos x + i \sin x$

式中 $f(t)$ 与 $e^{-j\omega t}$ 相乘后在无穷域上对其进行积分，这就是 $f(t)$ 投影在 $e^{-j\omega t}$ 上，也就是投影在两个正交三角函数中。

那么对于卷积投影 $f(x) * g(x) = \int_{-\infty}^{\infty} f(\tau) g(x - \tau) \mathrm{d}\tau$，将 $g(\tau)$ 进行一次反对称后进行投影，这种投影就相当于一种重合面积。卷积投影示意图如图 8 所示。

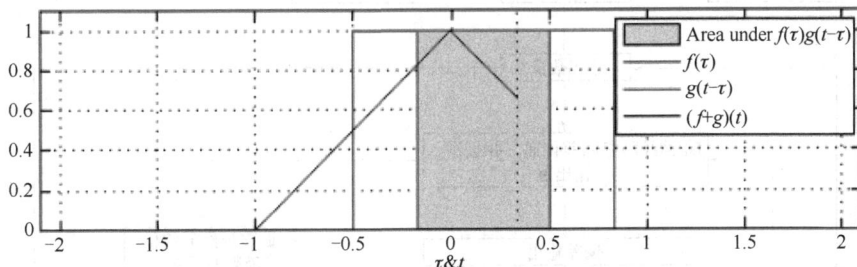

图 8 卷积投影示意图

对高速公路出口车辆换道行为的图像处理，用一个模板和一幅无人机拍摄的车辆换道形态图像进行卷积。

对于一个图像识别的卷积神经网络，通过分析一个 5×5 的图像，如果对灰度像素而言像素值用 0 和 1 表示 A。

$$A = \begin{bmatrix} 1 & 1 & 1 & 0 & 0 \\ 0 & 1 & 1 & 1 & 0 \\ 0 & 0 & 1 & 1 & 1 \\ 0 & 0 & 1 & 1 & 0 \\ 0 & 1 & 1 & 0 & 0 \end{bmatrix}$$

在考虑另一个矩阵 B，在卷积神经网络中称为滤波。

$$B = \begin{bmatrix} 1 & 0 & 1 \\ 0 & 1 & 0 \\ 1 & 0 & 1 \end{bmatrix}$$

用滤波 B 在 5×5 的图像 A 中滑动，每滑动一个像素成为步长，于是将对应的元素进行矩阵乘积。

将乘积叠加得到 3×3 矩阵中的每一个元素值，那么这个矩阵就是通过滤波对图像的识别结果，称为卷积特征。滤波在原始输入图像上的作用过程是特征检测过程。

滤波的存在形式不局限于此，不同滤波在图像卷积的效果不同，通过修改滤波矩阵的数值，实际上是对权值函数 W_{ij} 的修改，对滤波所滑过的图像过程是卷积过程，卷积神经网络会依据训练前所指定的滤波个数、大小和网络架构等参数，学习这些滤波的值，使用的滤波越多，所提取的特征就越多，网络在未知图像上，识别的模式也就越好。

3.1 卷积神经网络识别架构

换道行为可通过高速公路信息采集的图像运用卷积神经网络对图像进行识别训练，以达到对高速公路出口换道行为状态识别的目的，但在使用卷积神经网络发挥对图片识别作用的同时，应在第一步建立换道行为的识别架构。卷积神经网络识别流程图如图9所示。

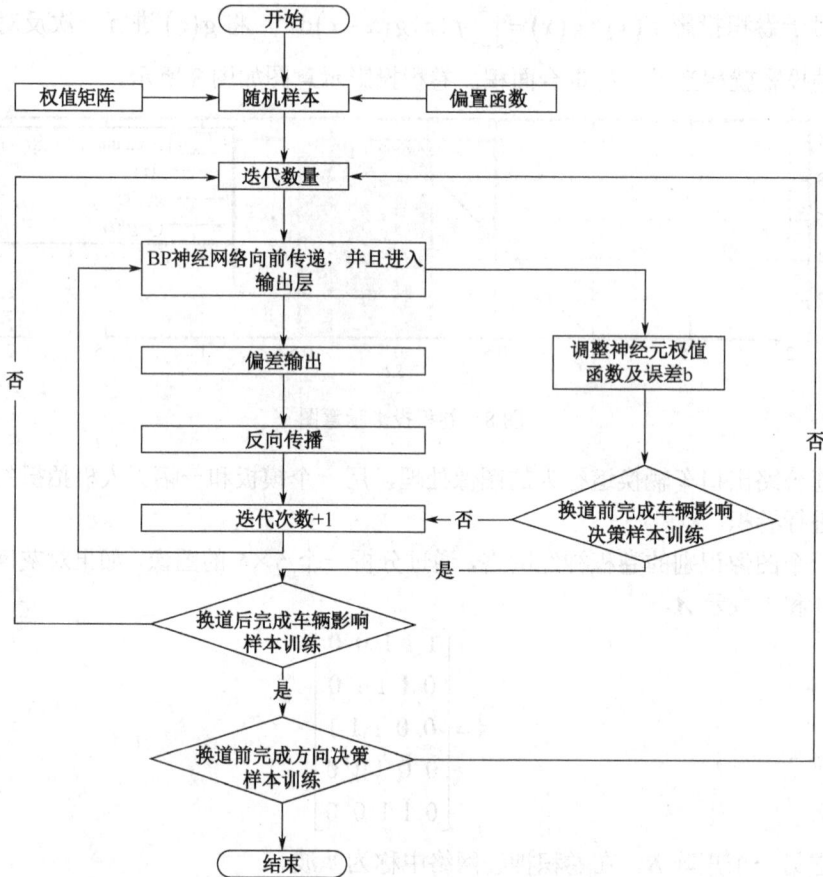

图9　卷积神经网络识别流程图

高速出口换道行为17种分步状态如表1所示。

表1　高速出口换道行为17种分步状态

状态特征	前方有无车辆影响	转向	与邻车横向距离	相邻车道交通状况
1	有车	左转		前后无车
2	有车	左转		前方有车

状态特征	前方有无车辆影响	转向	与邻车横向距离	相邻车道交通状况
3	有车	左转		后方有车
4	有车	左转		前后有车
5	无车	左转	—	前后无车
6	无车	左转		前方有车
7	无车	左转		后方有车
8	无车	左转	—	前后有车
9	有车	右转		前后无车
10	有车	右转		前方有车
11	有车	右转		后方有车
12	有车	右转		前后有车
13	无车	右转	—	前后无车
14	无车	右转	—	前方有车
15	无车	右转		后方有车
16	无车	右转	—	前方有车
17	有/无车	左/右转		—

采集的图像中，通过向前传播输入车辆的目标概率，可以随机分配训练样本的权重，对识别概率在最后进行调整。在识别换道行为的过程中，对分步识别的行为状态分别进行一次特征识别。在输出层进行反向传播，根据计算误差的梯度进行权重的计算，并且运用梯度下降法更新卷积特征核的值，目的是使输出的误差减小。多感知卷积特征核示意图如图 10 所示。

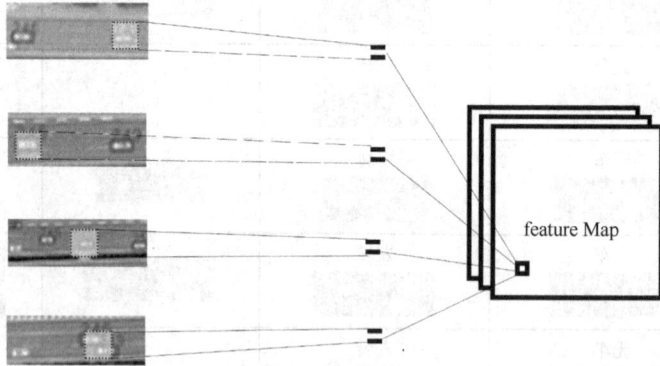

图 10　多感知卷积特征核示意图

在建立卷积神经网络识别换道行为特征的架构中，对解决 17 种换道行为进行依次识别，并进行分类；在实现卷积神经网络识别应用的过程中，使用 MATLAB 软件编写程序并实现顺利运行，并且将在下一节也同样运用 MATLAB 对卷积神经网络识别准确率进行验证。

3.2　利用 MATLAB 实现卷积神经网络应用过程

对特定时间所拍摄的视频转换成的 50 000 张特征图片，其中 40 000 张作为训练样本，10 000 张作为测试样本。

Deeplearn Toolbox-master 作为 MATLAB 的深度学习包，本文使用的机器学习算法是卷积神经网络 CNN。mnist_uint8.mat 是训练样本，每个样本的基本特征为 $540 \times 1\,920$ 的向量，对网络结构中的卷积核特征为 60×60。

在换道行为识别卷积神经网络中，所使用的函数包含了 CNN 包里的 Cnnsetup.m，Cnntrain.m，Cnnff.m，Cnnbp.m，Cnnapplygrads.m，Cnntest.m 六大函数，其中前五项为卷积神经网络运算函数，第六项为卷积神经网络识别准确率验证函数。本节只对识别特征的前五项函数进行描述。

在此函数中须设置 CNN 的参数和规格的关键函数、卷积数量和降采样层的数量、卷积核的大小和降采样的降幅等。

首先对训练样本进行数据转化，并归一化。

对 CNN 设计的结构体，每一层包含 7 个量：带权输入（z），输出（a），误差（δ），权重（W），偏置（b），权重梯度（∇W），偏置梯度（∇b）。在此不限于每层仅限于 7 个量，不同层所包含的变量不一致。

（1）Cnnsetup.m。

在初始化 CNN 参数中，将各层的特征图尺寸大小进行设计，并且进行初始化卷积层的卷积核、对单层感知机的参数进行设置。其中，权重设置为：-1～1 之间的随机数/sqrt（6/（输入神经元数量+输出神经元数量））对于卷积核权重，输入输出为：

fan_in, fan_out;

fan_out= net.layers{I}.outputmaps * net.layers{l}.kernelsize^2;

卷积核初始化，卷积层一共 9*32 个卷积核。对于每个卷积输出 featuremap，

fan_in=表示一个 map 的输出量，对应包含的神经元总数的所有卷积核。

在进行函数初始化的过程中，在 map 中建立一个向量，作为一个训练样本，并且通过传入网络中的结构体逐层构建卷积神经网络。

建立一个向量，以初始化函数的 map 作为载体，形成学习样本向量，那么卷积神经网络则是由结构体在网络中的传递进行逐层建立的。

for 命令一个网络层 layer。

如果降采样层的大小由 60*60 变为 30*30，那么这个比较函数就是 2。

如对一个降采样层的所有输入都是这个 map，那么对偏置量 b 初始化为 0。

如果输入的是卷积层，得到卷积层特征向量的大小，这个卷积层特征向量的大小为卷积核大小与上一层大小差的绝对值加上 1。对该层所连接的数量为卷积核数与卷积核大小的乘积。

于是对卷积核进行初始化，1 层卷积核为 1*32 个，第二层就是 2*64 个。

对输出的卷积核所对应的权重进行数量定义，如卷积核的初始化生成一个 9*32 的卷积核，那么权重的值是在-1～1 之间的随机数。

得到这个输出的卷积核。

（2）Cnntrain.m。

在训练 CNN 的函数中，对生成的一个批处理 Batch 样本进行训练，对在计算的 40 000 张样本量中的梯度，求和之后一次性更新到模型权重中，在批训练的过程中调用。

Cnnff.m 算法进行前馈传播的过程，利用 Cnnbp.m 算法进行反向误差传导，在这一过程中同时进行计算梯度，最后利用 Cnnapplygrads.m 算法将最终的梯度值更新至原始模型。

首先定义卷积核为 60*60*40 000 的一批作为训练样本数量。

通过分批训练得到分批数量，在迭代时需要，使用最小均方误差的平滑序列。

for 训练迭代过程，显示训练到第几个时间段，一个多少个时间段。

MATLAB 自带函数 randperm（n）产生的 1 到 n 的整数的无重复的随机排列，可以得到无重复随机数，用于随机安置训练顺序。

for 训练每个批处理样本。得到训练信号，每层进行一次训练，并且每次训练取 50 个样本。通过 Cnnff 进行向前传导，通过 Cnnbp 进行计算误差反向传导，并计算梯度。

如 L 为模型的成本函数，也就是最小均方误差，那么 rL 就是最小均方误差的平滑序列。

rL 的输出

（3）Cnnff.m。

尾部单层感知机的数据处理是对取得的 CNN 的输入后对两次卷积核采样层进行处理。本研究中对批训练采用的 40 000 个样本，是通过 SubFeatureMap2 被拼合成为

一个 2 592*40 000 的特征向量 F_v。

为得到输出层，通过全连接输入 F_v。

在对每次拼合输入的卷积特征值中，得到特征向量的一个输入图的大小，将矩阵进行变形为 m 行 n 列，也就是将元素的个数不变，原矩阵按照列排成一队，再按照行数排成若干队，最后，F_v 是一个（9*32）*60=288*60 的矩阵。

（4）Cnnbp.m。

函数 Cnnbp.m 的设计将实现两部分的计算功能——传递误差和梯度的计算，在计算传递误差的过程中，传递到卷积层上的元素，通过误差在降采样层进行反向过程传递到此层，于是降采样层为 2*2=4 份的复制误差。由于 sigmoid 处理卷积层所输入的元素，所以误差也由此求导得到由降采样层复制的误差，所以，伪代码为如下。

for 第一层 1=(每一层-1):-1:1。

if 对卷积层的敏感进行传输，i 层是卷积层，误差从下层，也就是降采样层传来，采用从后往前均摊的方式传播误差。

end

else if 如果第 i 层是采样层，误差从卷积层传来，采用卷积的方式得到。

for 输入一个 i 层输出层的数量，得到一个特征核大小的零矩阵。

for 从 1+i 层收集误差，得到下一层的灵敏度和卷积核。

end

输出 1+i 层卷积层。

end

end

end

（5）Cnnapplygrads.m。

Cnnapplygrads.m 函数能完成权重修改和对模型的更新。在更新特征抽去卷积层的权重中起到了重要作用。

4 深度卷积神经网络算法验证

对换道的 17 种行为，按照每一种行为的分步状态进行分类，对分类的状态通过卷积神经网络进行识别，识别过程通过 MATLAB 软件实现，并且通过 CNNtest.m 程序对识别的准确率进行检验，对调试后的权值矩阵重新检测，得到识别准确率。

卷积神经网络通过利用 Cnntest.m 验证代码对所编写的 CNN 程序对识别换道行为图像准确率进行验证。

准确率的验证是对卷积特征核的权值矩阵调整的适应性的检测，并且对训练的网络验证，保证对测试的图像准确率不低于 95%，CNN 测试结果如表 2 所示。

表 2　CNN 测试结果

批次	迭代数量	进行时间	精确率	训练速率
1	1	5.33	17.64%	1.00e-04
1	2 500	60.26	62.54%	1.00e-04
2	5 000	170.35	68.92%	1.00e-04
3	7 500	200.44	80.03%	1.00e-04
4	10 000	230.92	80.12%	1.00e-04
5	12 500	250.56	83.64%	1.00e-04
6	15 000	270.62	85.12%	1.00e-04
7	17 500	279.23	88.34%	1.00e-04
8	20 000	293.54	88.75%	1.00e-04
9	22 500	300.73	89.13%	1.00e-04
10	25 000	314.32	89.43%	1.00e-04
11	27 500	327.63	89.95%	1.00e-04
12	30 000	338.93	90.04%	1.00e-04
13	32 500	330.16	90.65%	1.00e-04
13	35 000	343.23	91.46%	1.00e-04
14	37 500	355.54	92.74%	1.00e-04
14	40 000	368.21	92.63%	1.00e-04
15	42 500	370.23	92.89%	1.00e-04
16	45 000	383.82	92.92%	1.00e-04
17	47 500	396.87	93.01%	1.00e-04
18	50 000	408.18	93.07%	1.00e-04
19	52 500	410.82	93.82%	1.00e-04
19	55 000	420.24	94.65%	1.00e-04
20	57 500	446.92	95.54%	1.00e-04
20	60 000	450.21	95.73%	1.00e-04

　　经过对卷积神经网络的图像识别训练后，训练后的网络对 10 000 个测试样本进行准确率的检测，测试样本与训练样本的图像采集为对同一个实验取样，对 40 000 个测试样本进行训练后，对已建立的包括 13 换道识别特征通过 10 000 个测试样本检验识别的准确率，迭代次数高达 60 000 次，这样才能得到可行的深度卷积神经网络识别算法。本实验分类和识别的正确率达到了 95.73%。

5 结语

利用无人机采集高速出口交通流数据，通过 Tracker 软件对换道车辆运行轨迹取样，提取速度和相对距离分布，用 Origin 数据分析软件得到换道行为分布图，利用 TTC 范围确定换道行为危险判定方法，将交通流检测软件获取的换道车辆导入 MATLAB 软件，通过深度卷积神经网络算法进行识别。研究结论如下。

（1）通过对高速公路出口车辆轨迹分析，划分了 17 种换道行为。17 种换道行为呈拓扑结构，根据换道前车辆前方是否受影响，换道过程转向决策及换道后与邻车道车辆的影响划分；依据 TTC 碰撞时间作为判定危险换道行为的标准，并通过判定条件和行驶轨迹建立危险换道行为特征模型。

（2）按照交通流监测软件对换道车辆编号作为深度卷积神经网络学习训练的识别条件，按照 17 种换道行为划分拓扑结构，深度卷积神经网络依次对车辆前方是否受影响，换道过程转向决策及换道后与邻车道车辆的影响三步约束条件进行训练，这一过程通过 MATLAB 实现。最后经过检测，识别率在 95.73%，说明利用深度卷积神经网络识别交通换道行为可行。

参考文献

[1] Leonhardt V, Wanielik G. Recognition of Lane Change Intentions Fusing Features of Driving Situation, Driver Behavior, and Vehicle Movement by Means of Neural Networks[J]. 2018

[2] Beggiato M, Pech T, Leonhardt V, et al. Lane Change Prediction: From Driver Characteristics, Manoeuvre Types and Glance Behaviour to a Real-Time Prediction Algorithm[M]// UR:BAN Human Factors in Traffic. Springer Fachmedien Wiesbaden, 2018

[3] Keyvan-Ekbatani M, Knoop V L, Daamen W. Categorization of the lane change decision process on freeways [J]. Transportation Research Part C Emerging Technologies, 2016, 69:515-526

[4] Balal E, Cheu R L, Sarkodie-Gyan T. A binary decision model for discretionary lane changing move based on fuzzy inference system [J]. Transportation Research Part C, 2016, 67:47-61

[5] Damerow F, Flade B, Eggert J. Extensions for the Foresighted Driver Model: Tactical lane change, overtaking and continuous lateral control[C]// Intelligent Vehicles Symposium. IEEE, 2016

[6] Karpathy A, Toderici G, Shetty S, et al. Large-Scale Video Classification with Convolutional Neural Networks[C]// Computer Vision & Pattern Recognition. 2014

[7] Lawrence S, Giles C L, Tsoi A C, et al. Face recognition: a convolutional neural-network approach[J]. IEEE Transactions on Neural Networks, 1997, 8(1):98-113

[8] Vedaldi A, Lenc K. MatConvNet:Convolutional Neural Networks for MATLAB[J]. 2015

[9] Oquab M, Bottou L, Laptev I, et al. Learning and Transferring Mid-Level Image Representations using Convolutional Neural Networks[J]. 2014

[10] Zeiler M D, Fergus R. Stochastic Pooling for Regularization of Deep Convolutional Neural Networks[J]. Eprint Arxiv, 2013

[11] An D C, Meier U, Masci J, et al. Flexible, high performance convolutional neural networks for image classification[C]// International Joint Conference on ijcai. 2011

基于深度卷积神经网络的行程
速度短时预测

陈思曲　李效松　唐克双*

（同济大学交通运输工程学院 上海 201804）

【摘要】快速路作为城市交通的骨架与动脉，准确的短时行程速度预测对交通诱导与管理控
制有着重大意义。以往的方法通常未充分考虑交通数据时间与空间的关联性，且对
卷积神经网络模型在该领域的应用研究不足。针对这些问题，本文基于上海市2011
年延安高架快速路线圈检测器数据，首先针对原始数据的特点提出了完备的数据处
理方案，随后按时空关系将线圈数据排列为二维矩阵并生成图像。在此基础上，将
行程速度时空图像作为模型学习对象，并确定三个预测任务，建立完善的神经网络
设计与优化流程，得到相应的深度卷积神经网络模型。最后，引入传统数理统计模
型与人工神经网络进行模型的综合对比评价。结果表明，卷积神经网络模型的预测
精度达到95.93%，预测绝对误差较传统行程速度预测模型下降了30.12%，同时具
有更高的训练效率。此外，该模型得到的行程速度时空图像能准确反映交通事件的
产生、延续、消散过程，与原始数据生成的图像基本一致。本文研究成果可以为城
市快速路的交通管理与控制部门提供更可靠的行程速度预测信息。

【关键词】短时行程速度预测；卷积神经网络；城市快速路；深度学习

Short-term Travel Speed Prediction Model
Based on Deep Convolutional Neural Network

Chen Siqu, Li Xiaosong, Tang Keshuang *

（ College of Transportation Engineering, Tongji University, Shanghai 201804 ）

Abstract: Served as the skeleton and artery of urban transportation network, the accurate
short-term travel speed prediction of urban expressway is of great significance for
traffic guidance and management control. Previous methods usually do not fully
consider the correlation between time and space of traffic data, and studies focusing

the application of convolutional neural network model in this field are insufficient. In response to these problems, this paper uses the 2011 Yan'an Elevated Expressway loop detector data, and proposes a complete data processing method regarding for the characteristics of the original data at the first step, and then arranges the loop data into a two-dimensional matrix according to the time-space relationship before generating an image. On this basis, the time-space image of travel speed is taken as the model learning object, and three prediction tasks are determined. This paper also presents a neural network design process and obtains the deep convolutional neural network model. Finally, the traditional mathematical statistics model and artificial neural network are introduced to carry out a comprehensive comparative evaluation. The results show that the prediction accuracy of the convolutional neural network model reaches 95.93%, and the predicted mean absolute error is 30.12% lower than the traditional travel speed prediction model. What is more, it has higher training efficiency. The time-space image of the travel speed obtained by the convolutional neural network model can also better reflect the generation, continuation and disappearance process of traffic events, which is basically consistent with the image generated by the original data. Therefore, the research results of this paper can provide more reliable travel speed prediction information for the traffic management and control department of the urban expressway.

Keywords: short-term travel speed prediction; convolutional neural network; urban expressway; deep learning.

1 引言

随着城市快速发展，交通拥堵逐渐成为制约城市经济和社会发展的瓶颈。其中，快速路作为城市交通的骨架和动脉，是交通治理的重要一环。短时交通预测通常应用于交通诱导与管理控制过程，关键指标为行程速度信息，能在一定程度上引导个体出行者选择合适的出行方式与线路，以避免或缓解城市交通拥堵。故研究建立具有强适应性、高效、准确的城市快速路短时行程速度预测模型，对于交通智能化与交通治理具有重大意义。

现有的短时交通预测研究成果大致可分为两类：一是基于统计学方法的预测模型，二是基于神经网络的学习类模型。随着计算机性能的提高，后者在近年来成为研究的热点。传统的数理统计学模型包括历史平均模型[1]、差分整合移动平均来自回归模型[2],[3]（AutoRegressive Integrated Moving Average model，ARIMA）与卡尔曼滤波模型[4],[5]，该类模型的建模思路与方法较为简单，在数据量足够且波动不大时能获得较好的预测精度，但模型计算过程涉及大量的参数估计，导致其可移植性较差，无法适应短时交通流不稳定的特征。随着非参数模型的发展，K最邻近算法[6]（K-Nearest Neighbor，KNN），以及支持向量机[7][8]（Support Vector Machine，SVM）等更先进的模型也被应用于短时交通预测领域，这类模型较传统模型在解决非线性、高维识别任务方面有着明显的优势，能更好地捕捉交通流的动态特征，提高模型预测精度，但其计算过程需耗费大量资源，对短时交通预测任务适应性不足。

神经网络类模型支持大尺寸、高纬度的输入数据，并具有更强的特征提取能力、模型鲁棒性与更高的预测精度，故在发展的初期就体现出了一定的优越性。多层前馈神经网络（Multilayer Feedforward Neural Networks，MLFNN）为最基本的神经网络模型，能利用简单的网络结构表征非线性能力，并得到优于传统模型的预测结果[9][10]。但 MLFNN 无法提取交通数据中更复杂的相关性特征。故具有更深、更复杂网络结构的模型被进一步提出，深度置信网络[11][12]（Deep Belief Networks，DBN）与栈式自编码器[13]（Stacked Auto Encoder，SAE）作为无监督学习模型在交通流量预测方面均取得了较好的结果。循环神经网络[14][15]（Recurrent Neural Networks，RNN）能高效准确地识别交通数据的时间序列特征，而长短期记忆网络[16]（Long Short-Term Memory，LSTM）被用来克服传统 RNN 在训练时的梯度消失问题，以捕获交通数据中存在的长期依赖特征。此外，还有学者将上述模型进行混合，以综合各类神经网络的优势[17][18]。近年来，随着计算机视觉技术的发展，卷积神经网络（Convolutional Neural Networks，CNN）在图像识别领域获得了巨大的成功[19][20]。与其他神经网络相比，CNN 具有保留数据本身维度、稀疏连接减少参数、提升对数据尺寸兼容性等优势。在短时交通预测领域，CNN 能将交通网络与交通状态作为图像输入，提取识别交通数据的多维特征，克服以往模型仅从时间或空间单一维度进行研究分析的不足。

综上所述，已有的研究未充分考虑交通数据的时空关联性，且缺少对卷积神经网络模型在短时行程速度预测方面的系统性分析[21]。为此，本文进行相关研究，主要贡献有 2 点：① 提出了完备的线圈检测器数据处理方案；② 以卷积神经网络为基础，进一步提出了更具有创新性、适应性与高效性的深度学习模型。并结合上海市 2011 年延安高架快速路线圈检测器数据，引入传统数理统计模型和人工神经网络进行对比，验证了模型的适应性。

2 数据采集与处理

2.1 数据说明

本文的研究对象为城市快速路，反映了连续流的交通运行状态。数据源为 2011 年全年上海市延安高架快速路的北线线圈检测器数据，延安高架快速路东起中山东一路与中山东二路衔接处，西至外环线，全长约 14 300 米，覆盖了延安高架北线的 14 个上下匝道及 2 个立体交叉，见图 1。研究路段共有 35 个检测断面，113 个线圈检测器对行程速度、流量等信息进行采集，数据回传时间间隔为 5 分钟。

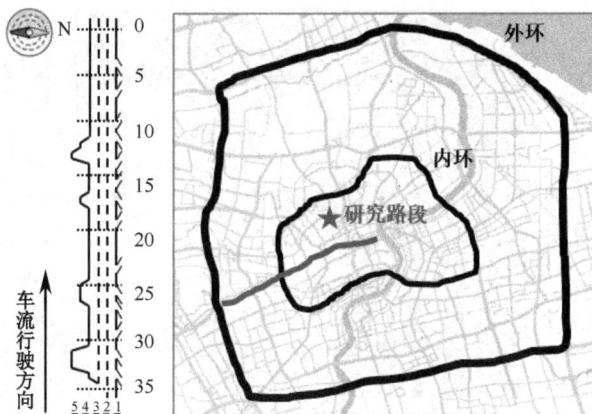

图 1 研究路段区位及拓扑结构示意图

2.2 行程速度时空图像生成方法

行程速度时空图像需要反映交通状态的时空变化特征，故以 x 轴代表时间，y 轴代表距离，得到行程速度时空矩阵表达式：

$$S = \begin{bmatrix} v_{1,1} & \cdots & v_{1,n} \\ \vdots & \ddots & \vdots \\ v_{m,1} & \cdots & v_{m,n} \end{bmatrix} \tag{1}$$

其中，n 表示时间粒度的间隔总数，m 表示研究区域内有效的检测器数量，$v_{m,n}$ 表示检测器 m 在第 n 个时间粒度的速度值。本文的检测器数量 m 为 35，间隔数 n 为 288。将矩阵转换为图像的方法主要有通道映射[21]与人工映射两类，后者一般采用分段映射的方法：

$$\text{Method}_{m,n} = \begin{cases} \text{color}_1, v_{m,n} > \text{speed}_1 \\ \text{color}_2, v_{m,n} \in [\text{speed}_2, \text{speed}_1] \\ \text{color}_3, v_{m,n} < \text{speed}_2 \end{cases} \tag{2}$$

其中，$\text{color}_{1,2,3}$ 表示映射的通道，$\text{speed}_{1,2}$ 表示重点关注的速度阈值，m,n 含义与式（1）中一致。本文采用二者相结合的方式对行程速度时空矩阵进行转换，依据上海市道路交通指数，确定 speed_1 为 25km/h，speed_2 为 45km/h，将行程速度分为 3 个区间，0～25km/h 区间采用红色通道，25～45km/h 区间采用黄色通道，45km/h 以上采用绿色通道，既能得到清晰的交通事件轮廓，又能准确地反映交通的动态变化特征。形成速度时空图像参见图 2。

2.3 数据处理

统计数据集的缺失率为 6.5‰，总体情况较好，但存在部分时段内部分线圈的集中数据缺失或异常现象，需要对数据集进行系统的数据处理与修补工作。本文数据处理流程参见图 3。

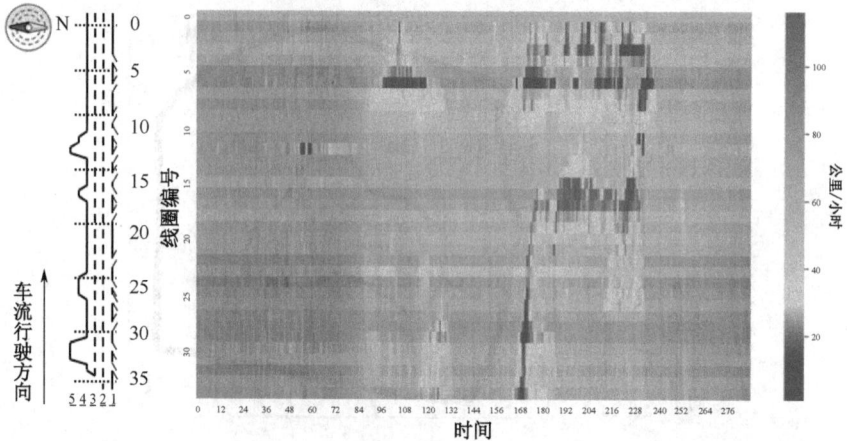

图 2　行程速度时空图像

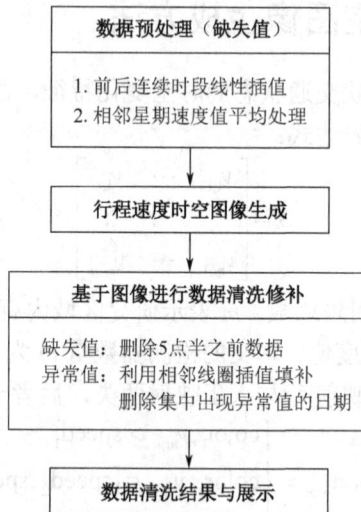

图 3　本文数据处理流程

　　数据预处理从交通数据时间维度的关联性出发,处理数据集中的缺失值。① 当某个线圈的数据连续缺失数量不大于 5 个时,利用前后时间段的行程速度进行线性插值处理;② 当某个线圈的数据连续缺失数量大于 5 个时,取相邻星期的行程速度平均值。数据预处理过程修补了 87.66%的缺失值,图 4 为数据缺失与超出阈值时段分布统计图(设定了 125km/h 的经验值)。

　　可以看出,无效数据基本上分布于第 60 个时刻(早晨 5 点)之前。考虑到凌晨时段是研究区域线圈检测器常用的轮休阶段,数据有效性较差,为统一下文模型的输入格式,删除 5 点半之前的线圈检测器数据。在此基础上生成行程速度时空图像,利用可视化方法识别在时间或空间上存在不连续或其他异常现象的线圈检测数据。当线圈 j 在某时间段 T 内存在数据异常现象时,考虑从空间上取线圈 $j-1$ 在时间段 $T+1$ 以及线圈 $j+1$ 在时间段 $T-1$ 的数据进行平滑修补处理。第 30 号线圈的异常数据修补对比(第 221 天)参见图 5。

$$S_T^j = \frac{S_{T+1}^{j-1} + S_{T-1}^{j+1}}{2}$$

$$（3）$$

其中，S_T^j 为线圈 j 在时段 T 内的行程速度序列。

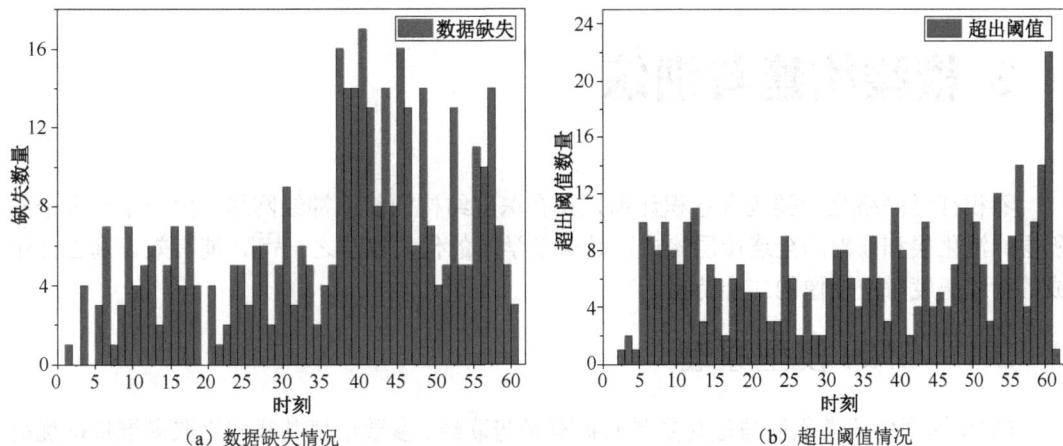

(a) 数据缺失情况

(b) 超出阈值情况

图 4　数据缺失与超出阈值时段分布统计图

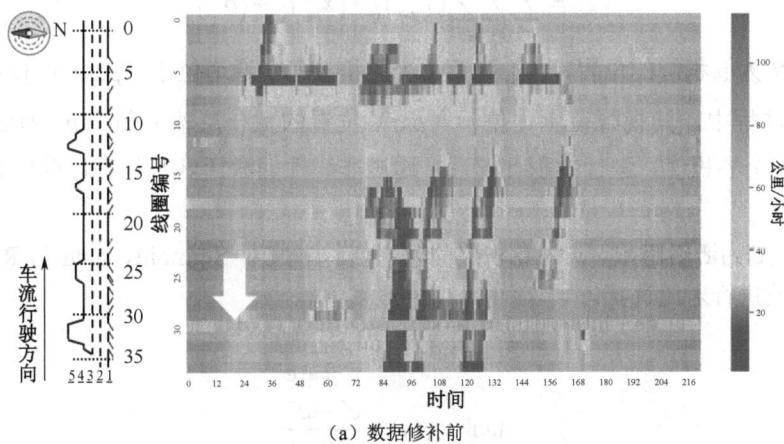

(a) 数据修补前

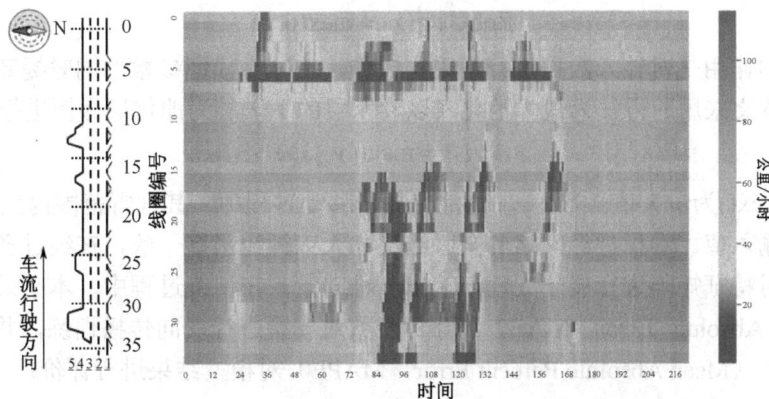

(b) 数据修补后

图 5　第 30 号线圈的异常数据修补对比（第 221 天）

最后对存在大量线圈检测器数据异常的天数进行直接剔除，共 12 天。本文提出的基于线圈检测器的数据处理方法将原始数据中的数据缺失率降至 0%，能修补所有检测器故障数据，并平滑异常值，数据处理过程完备。

3 模型构建与训练

卷积神经网络是一类包含卷积计算且具有深度结构的前馈神经网络，由一个或多个卷积层、池化层和顶部的全连接层构成，是深度学习的代表算法之一[23]，能有效识别上文生成的行程速度时空图像的二维特征。

3.1 CNN 模型原理

CNN 模型中的卷积层与池化层是其拥有稀疏联结、参数权值共享与提取多维特征优势的关键隐藏层。其中，卷积层的计算过程如下：

$$z_N^i = \sum_{j=1}^{J} \sum_{p=1}^{P} \sum_{q=1}^{Q} \left(w_{pq}^{ji}\right)_N * \left(x_{pq}\right)_N + \left(b^{ji}\right)_N \tag{4}$$

其中，N 为卷积层的位置，w_{pq}^{ji} 为第 i 个卷积核第 j 通道位于 (p,q) 的权值，x_{pq} 为在卷积核移动过程中，其视野范围内位于 (p,q) 位置的上一层输入值，b^{ji} 为偏置系数，z_i 为卷积层第 i 个卷积值。进行卷积计算后，通过非线性的激活函数处理，得到对应特征图：

$$y_N = g(z_N) \tag{5}$$

其中，$g(x)$ 为激活函数，y 为卷积层的输出值。本文对 Sigmoid、tanh 与 ReLU 三种不同的激活函数进行对比选择。

$$\text{Sigmoid}: g(x) = \frac{1}{1 + e^{-x}} \tag{6a}$$

$$\tanh: g(x) = \frac{e^x - e^{-x}}{e^x + e^{-x}} \tag{6b}$$

$$\text{ReLU}: g(x) = \max(0, x) \tag{6c}$$

池化层的作用是对输入数据进行下采样操作，在减少模型参数的同时提高提取特征的抗变能力，本文采用的方法为最大池化（以卷积层的下一层为池化层为例进行说明）：

$$y_{N+1} = \max((y_{pq})_N) \tag{7}$$

其中，$\max()$ 为最大值函数，y_{pq} 为池化算子移动过程中，其视野范围内位于 (p,q) 位置的上一层输入值。卷积神经网络的全联结层与人工神经网络一致，在经过多个卷积层与池化层后，对特征矩阵进行展平处理，输出一维向量。在训练过程中，本文采用平均绝对误差（Mean Absolute Error，MAE）为目标函数对模型进行反向传播训练，并结合平均绝对百分比误差（Mean Absolute Percent Error，MAPE）对模型结果进行评价：

$$\text{MAE} = \frac{1}{n} \sum_{i=1}^{n} |y_i - \hat{y}_i| \tag{8}$$

$$\text{MAPE} = \frac{1}{n} \sum_{i=1}^{n} \frac{|y_i - \hat{y}_i|}{y_i} \qquad (9)$$

其中，y 代表模型的输出值，$\hat{y}$ 代表模型的预期值，n 为样本量。

3.2 模型设计与优化思路

在结合数据源特征及 CNN 模型对初始图像尺寸要求的基础上，本文将模型预测间隔（模型输出）设置为 5 分钟，讨论不同输入时间步长条件下（30 分钟、45 分钟、60 分钟）模型的适应性，在此基础上进行模型的结构设计。由于深度学习模型的构建方法尚未存在普适规律，故本文结合相关理论研究经验得到图 6 所示的结构设计流程图。

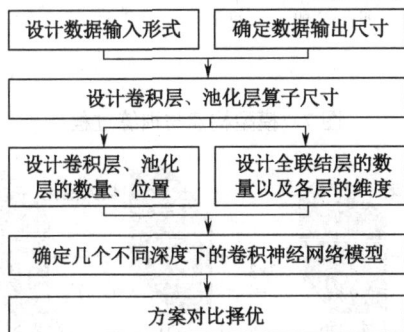

图 6 选择不同结构的卷积神经网络模型流程图

当确定 CNN 模型结构后，本文较为系统地分析了优化参数的取值，主要包括：① 初始学习率是模型进行反向传播时调整权值的重要优化参数；② 批处理大小影响模型的训练效率及收敛的精度；③ 激活函数能增加模型的非线性描述能力并防止过拟合现象；④ 学习率衰减与训练早停机制的结合能有效提高模型的精度。优化参数取值表如表 1 所示。

表 1 优化参数取值表

优化参数	初始学习率	批处理大小	激活函数	学习率调整计划
	0.01、0.001、0.0001	128、256、512	Sigmoid、tanh、ReLU	结合学习率衰减与训练早停机制
评价指标	MAE、MAPE			

3.3 CNN 模型训练结果

本文针对不同的卷积层与卷积核数量组合情况，确定了 60 种 CNN 模型结构，以及 10 套优化参数方案，以选择最优模型。模型构建与训练过程见图 7。

其中，编号为 21 的模型具有最小的 MAE 值，为本文最优的基于深度卷积神经网络的短时行程速度预测模型，共 10115109 个待训练参数。本文 CNN 模型结构示意图见图 8。

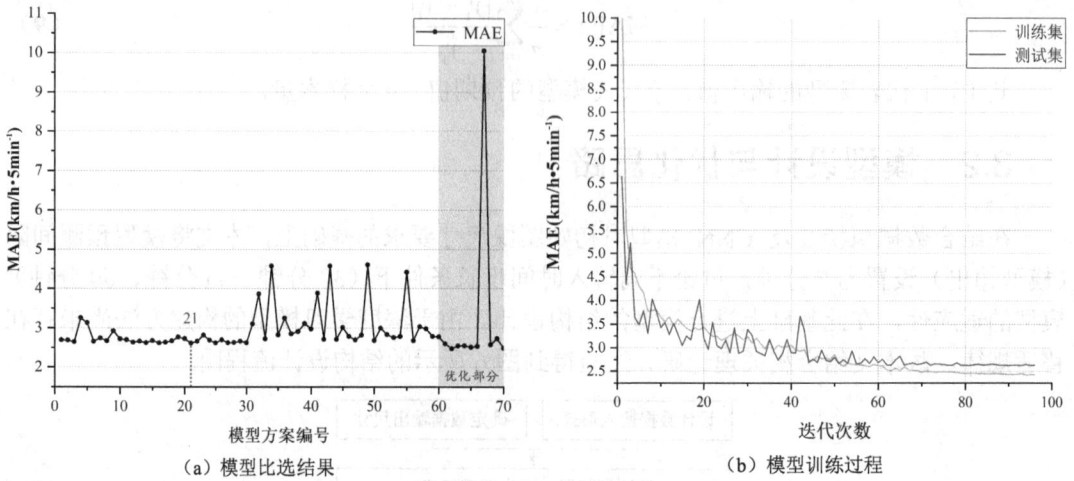

（a）模型比选结果　　　　　　　　（b）模型训练过程

图 7　模型构建与训练过程

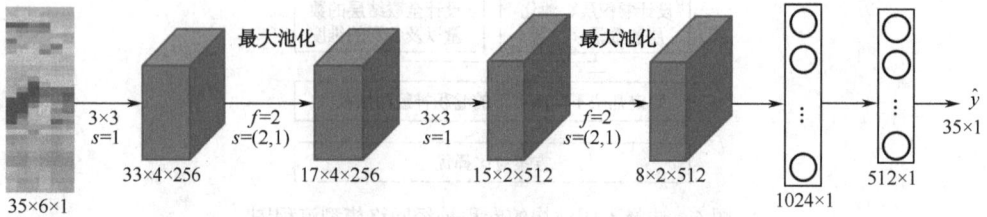

图 8　本文 CNN 模型结构示意图

4　模型评价

本文选取了传统的数理统计模型与人工神经网络对模型结果进行综合评价，包括输入时间步长、模型精度与训练效率以及可视化维度。涉及的模型有：经典的 ARIMA，具有 3 个隐藏层的 MLFNN（下文称为 ANN），以及对时序数据具有良好适应性的 RNN。

4.1　输入时间步长

本文在节 3 中设定了 30 分钟、45 分钟与 60 分钟不同输入时间步长，故对 ANN、RNN 与 CNN 模型在三种预测任务下均进行 10 次训练，见图 9。

图 9 选取为各个模型平均 MAE 值最小的两个输入时间步长。可以看出，在 30 分钟的历史数据预测 5 分钟的条件下，各个模型的精度最高，并且结果稳定，可靠性强。

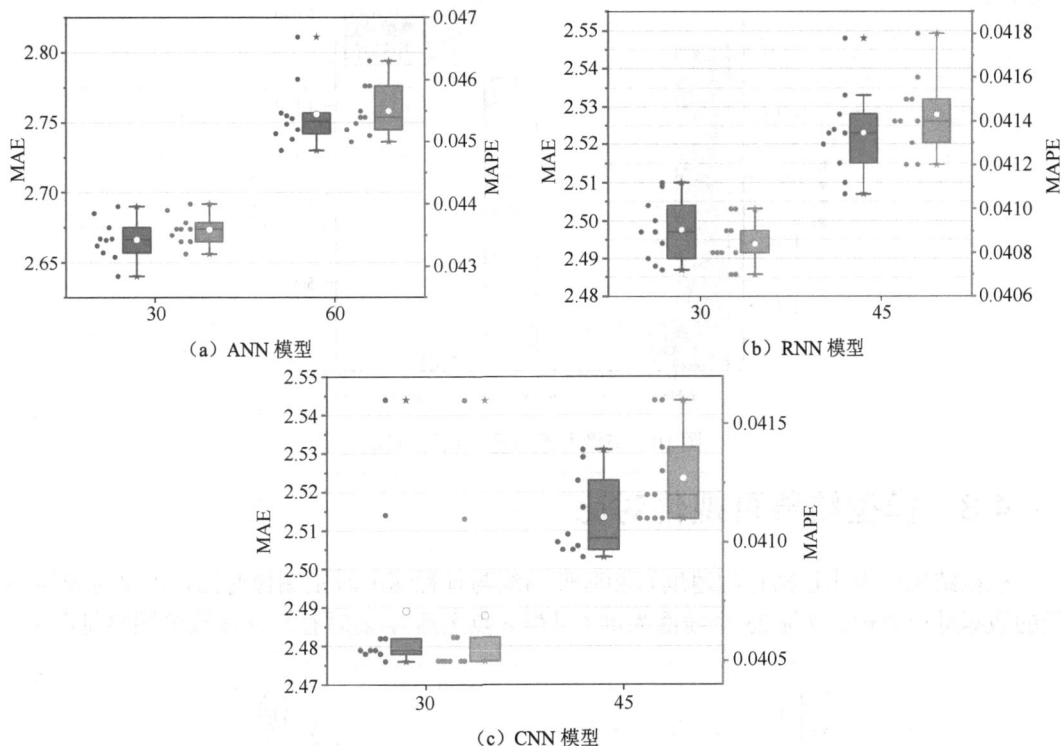

（a）ANN 模型

（b）RNN 模型

（c）CNN 模型

图 9　不同输入时间步长下的模型结果

4.2　模型精度与效率维度

表 2 说明在相同的预测任务条件下，CNN 模型预测误差最小，较传统数理统计模型下降了 30.12%，其预测精度也有 1.34% 的提升。此外，由于交通数据在时间维度存在着强相关性，故 RNN 模型同样体现出了较好的预测结果。

表 2　利用 30 分钟历史数据预测 5 分钟行程速度

模型	ARIMA	ANN	RNN	CNN
MAE/（km/h·5min^{-1}）	3.562	2.666	2.5	2.489
MAPE/%	5.4	4.36	4.08	4.06

考虑到短时交通预测任务对模型的实时性有较高要求，本文从模型训练效率方面对神经网络模型进行进一步的分析。模型参数数量与训练时间参见图 10，而 ARIMA 模型的参数估计需要耗费大量计算资源，不予讨论。

根据图 10 可以得到，CNN 模型较 ANN 模型参数数量提高了约 20 倍，训练时间无明显上升；而 RNN 模型在参数数量仅提高了约 3 倍的情况下，训练时间却远远高于 ANN 模型。总结得到，RNN 模型的训练效率最低，CNN 模型由于具有参数稀疏连接、权值共享的特征，训练效率高，对于短时交通预测任务的适应性强。

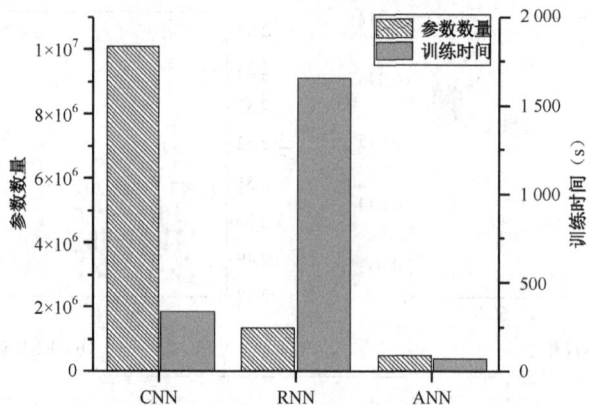

图 10　模型参数数量与训练时间

4.3　模型结果可视化对比

模型结果可视化包括行程速度预测时变曲线与行程速度时空图像对比，本文选取第 3 天的数据进行分析，以第 23 个线圈为例（早晨 6 点之后），短时行程速度预测图参见图 11。

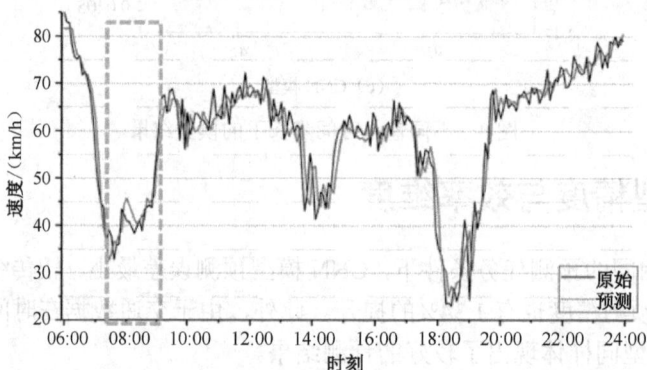

（a）ANN 模型

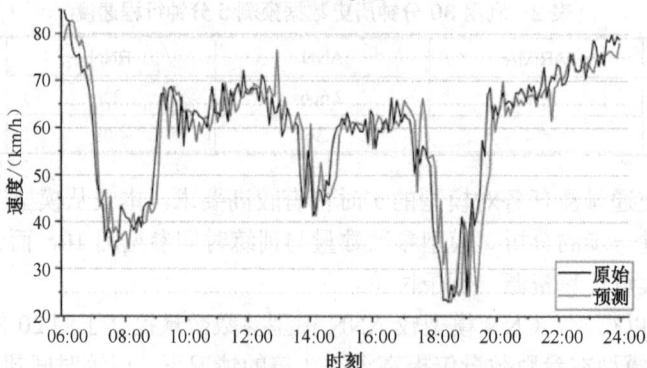

（b）ARIMA 模型

图 11　短时行程速度预测图

从图 11 可以看出，ANN 模型对行程速度的整体趋势及局部时段的预测都优于 ARIMA 模型。ARIMA 模型存在预测趋势与真实变化相反、延迟，以及预测结果波动性较大的异常现象。神经网络类模型的预测结果均较为良好，取图 11 中方框部分进行局部说明。短时行程速度预测图（局部）参见图 12。

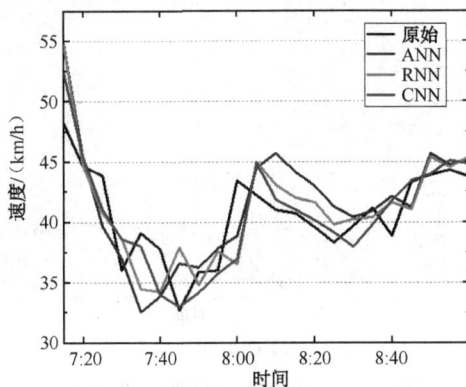

图 12　短时行程速度预测图（局部）

从图 12 可以看出，ANN 模型仍存在一定的预测偏差，RNN 模型能较好地反映行程速度的变化趋势，而 CNN 模型在此基础上，能获得与真实值更相近的预测曲线。从行程速度时空图像的角度可得到相似的结论。

行程速度时空图像对比参见图 13。

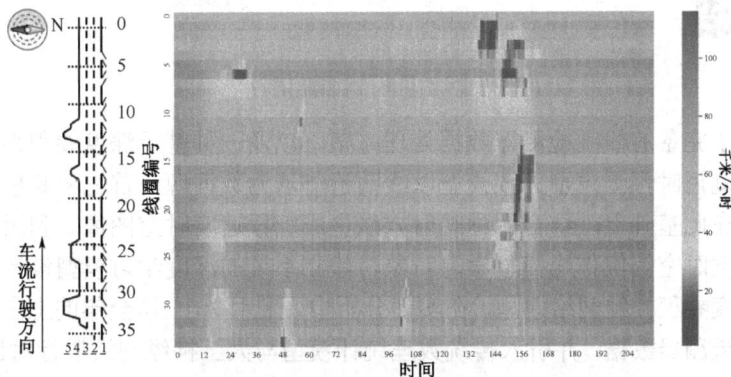

（a）原始图像

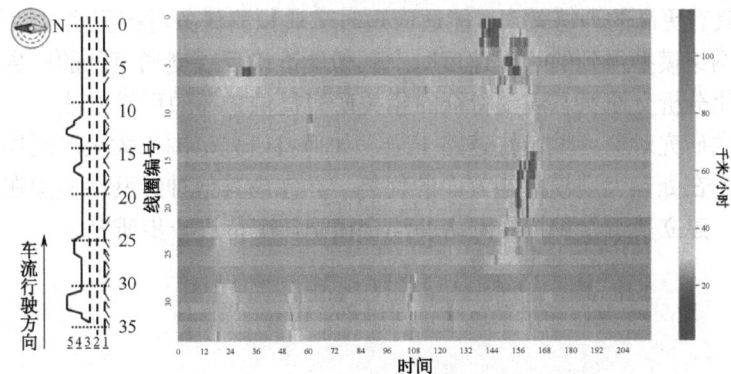

（b）ARIMA 模型

图 13　行程速度时空图像对比

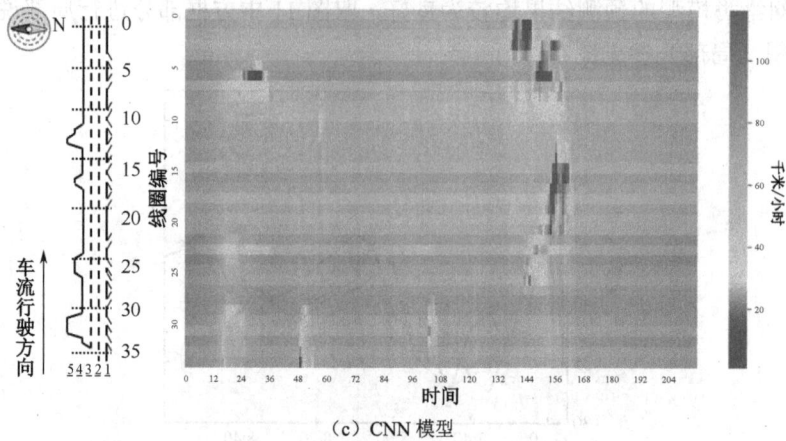

（c）CNN 模型

图13 行程速度时空图像对比（续）

由图13可得：ARIMA 模型只能捕捉基本的交通事件轮廓，同时预测结果存在有噪声及不连续的现象；而 CNN 模型不仅能准确地捕捉交通事件的时空位置，同时能清晰地反映交通事件发生、延续和消散的过程，获得的行程速度时空图像与原始数据图像基本一致。

5 结语

本文提出了完备的线圈检测器数据处理方案，以及一种基于深度卷积神经网络的城市快速路行程速度短时预测模型。该模型以线圈检测器为数据源，首先将其按时空关系排列为二维矩阵，在此基础上，结合两种映射方法生成行程速度时空图像。利用计算机视觉技术，以行程速度时空图像作为模型学习对象，建立系统的深度学习模型设计与优化流程，得到相应的深度卷积神经网络模型。在实证分析中，采用2011年全年的上海市延安高架快速路北线线圈检测器数据，并引入传统数理统计模型与人工神经网络进行对比。结果表明，深度卷积神经网络模型能有效降低预测结果的误差至 $2.489km/h \cdot 5min^{-1}$，预测精度达到95.93%，同时具有更高的训练效率，能适应短时交通预测任务对模型实时性的要求。此外，深度卷积神经网络模型得到的行程速度时空图像能准确反映交通事件的产生、延续、消散过程，为可视化分析交通状态演变特征的相关研究提供了新的可靠方法。

本文目前的研究对象为城市快速路干道，如何将研究范围扩大至路网层面以更好地发挥深度学习技术在处理大规模问题方面的优势，并考虑其他神经网络模型在短时交通预测领域的适应性，建立基于卷积神经网络的混合模型，有待进一步研究。

参考文献

[1] 刘静，关伟. 交通流预测方法综述[J]. 公路交通科技，2004，21(3):82-85.

[2] Ahmed M S, Cook A R. Analysis of freeway traffic time-series data by using Box-Jenkins techniques[M]. 1979.

[3] Williams B M , Hoel L A . Modeling and Forecasting Vehicular Traffic Flow as a Seasonal ARIMA Process: Theoretical Basis and Empirical Results[J]. Journal of Transportation Engineering, 2003, 129(6):664-672.

[4] Okutani I , Stephanedes Y J . Dynamic prediction of traffic volume through Kalman filtering theory[J]. Transportation Research Part B: Methodological, 1984, 18(1):1-11.

[5] 郭海锋，方良君，俞立. 基于模糊卡尔曼滤波的短时交通流量预测方法[J]. 浙江工业大学学报，2013，41(2).

[6] 王娟. 短时交通流量混合预测方法研究[D]. 长安大学，2007.

[7] 杨兆升，王媛，管青. 基于支持向量机方法的短时交通流量预测方法[J]. 吉林大学学报（工学版）(06):881-884.

[8] Hong W C . Traffic flow forecasting by seasonal SVR with chaotic simulated annealing algorithm[J]. Neurocomputing, 2011, 74(12-13):2096-2107.

[9] Smith B L , Demetsky M J . Short-term traffic flow prediction models-a comparison of neural network and nonparametric regression approaches[C]// Proceedings of IEEE International Conference on Systems, Man and Cybernetics. IEEE, 2002.

[10] Polson N G , Sokolov V O . Deep learning for short-term traffic flow prediction[J]. Transportation Research Part C: Emerging Technologies, 2017, 79:1-17.

[11] Huang W , Song G , Hong H , et al. Deep Architecture for Traffic Flow Prediction: Deep Belief Networks With Multitask Learning[J]. IEEE Transactions on Intelligent Transportation Systems, 2014, 15(5):2191-2201.

[12] Tan H, Xuan X, Wu Y, et al. A comparison of traffic flow prediction methods based on DBN[C]//16th COTA International Conference of Transportation Professionals Transportation Research BoardInstitute of Transportation Engineers (ITE) American Society of Civil Engineers. 2016.

[13] Lv Y , Duan Y , Kang W , et al. Traffic Flow Prediction With Big Data: A Deep Learning Approach[J]. IEEE TRANSACTIONS ON INTELLIGENT TRANSPORTATION SYSTEMS, 2015, 16(2):865-873.

[14] Yasdi R . Prediction of Road Traffic using a Neural Network Approach[J]. Neural Computing & Applications, 1999, 8(2):135-142.

[15] Ishak S, Kotha P, Alecsandru C. Optimization of dynamic neural network performance for

short-term traffic prediction[J]. Transportation Research Record, 2003, 1836(1): 45-56.

[16] Ma X , Tao Z , Wang Y , et al. Long short-term memory neural network for traffic speed prediction using remote microwave sensor data[J]. Transportation Research Part C: Emerging Technologies, 2015, 54:187-197.

[17] Zheng W, Lee D H, Shi Q. Short-term freeway traffic flow prediction: Bayesian combined neural network approach[J]. Journal of transportation engineering, 2006, 132(2): 114-121.

[18] Ma X , Yu H , Wang Y , et al. Large-Scale Transportation Network Congestion Evolution Prediction Using Deep Learning Theory[J]. PLOS ONE, 2015, 10.

[19] Krizhevsky A , Sutskever I , Hinton G . ImageNet Classification with Deep Convolutional Neural Networks[C]// NIPS. Curran Associates Inc. 2012.

[20] He K , Zhang X , Ren S , et al. Deep Residual Learning for Image Recognition[J]. 2015.

[21] Xiaolei M, Zhuang D, Zhengbing H, 等人. Learning Traffic as Images: A Deep Convolutional Neural Network for Large-Scale Transportation Network Speed Prediction[J]. Sensors, 2017, 17(4):818.

[22] 张扬, 何承, 张祎等. 上海市道路交通状态指数简介及应用案例[J]. 交通与运输, 2016, 32(3):16-18.

[23] Heaton, Jeff. Ian Goodfellow, Yoshua Bengio, and Aaron Courville: Deep learning[J]. Genetic Programming and Evolvable Machines, 2017:s10710-017-9314-z.

基于深度学习的无人艇转向点行为预测

孙文力[1] 高 旭[2] 杨学斌[2]

（ 1. 大连海事大学 航海学院，大连 116026；
2. 大连海大船舶导航国家工程研究中心，大连 116026 ）

【摘要】无人艇（Unmanned Surface Vehicle，USV）的智能化水平决定了其未来军事和商业应用前景。无人艇转向点行为是其自主航行最基础的智能行为，本文采用深度学习方法解决无人艇转向点行为的预测问题。通过分析转向点行为特征、制作数据样本、构建以及训练深度神经网络，实现无人艇转向点行为的预测模型。训练后的深度神经网络模型能够较好地预测无人艇转向效果，并对不同转向角度、航速以及引导参数具有良好的泛化性。测试结果表明，预测精确度可达 84.9%。

【关键词】无人艇；转向点行为；深度学习；航迹跟随

Prediction on the Waypoint Behavior of Unmanned Surface Vehicle based on Deep Learning

Sun Wenli[1], Gao Xu[2], Yang Xuebin[2]

（ 1. Navigation College, Dalian Maritime University, Dalian 116026, China;
2. Dalian Maritime Navigation Co., LtD., Dalian 116026, China ）

Abstract: The level of intelligence of Unmanned Surface Vehicle (USV) determines the future of its military and commercial applications. A deep learning based method is adopted to predict the waypoint behavior, which is the most basic intelligent behavior of USV for its autonomous navigation. By analyzing the characteristics of waypoint behavior, generating data samples, constructing and training deep neural networks, the prediction model of the waypoint behavior of USV is realized. The trained deep neural network model can predict the steering effect of USV better and has good generalization for different steering angles, speeds or guiding parameters. Test results show that the prediction accuracy can reach 84.9%.

Keywords: USV; waypoint behavior; deep Learning; track following.

1 引言

近年来，无人艇广泛应用于军事和民用领域，在港口防卫、海事安全、海洋测绘等方面发挥了重要的作用，已成为航海领域的热点方向[1]。对于所有军用、民用或学术领域的无人系统来说，自主控制技术都是一个核心问题。无人艇也不例外，能否在无人情况下实现自主航行，执行航迹跟随、自动避碰、协同编队等任务，是衡量无人艇自主能力的关键指标。其中，无人艇的航迹跟随，是无人艇自主航行最基本的条件。

随着人工智能技术的高速发展，特别是机器学习、深度学习在无人领域的广泛应用，为无人艇自主航行技术的研究提供了新思路和新方法。华盛顿大学的 Yize Chen 提出了一种基于深度神经网络的、以数据为驱动的控制方法，应用到最优控制理论中，大幅提升了复杂系统的控制效率和准确度[2]。英伟达自动驾驶团队使用深度神经网络，将从前向摄像头得到的原始图像映射为汽车自动驾驶的指令，在仿真模拟器和道路测试中取得了良好的效果[3]。

本文提出一种基于深度学习的研究无人艇航迹跟随技术的新方法。针对无人艇航迹跟随控制中的转向点行为，通过建立深度神经网络模型，结合仿真环境下无人艇不同航速、转向角度等参数的航行数据样本，采用深度学习方法进行训练，解决无人艇转向过程中涉及的多维向量空间决策的预测模型问题，为自主航行决策提供辅助和参考。

2 研究背景

2.1 转向点行为

美国麻省理工学院人工智能实验室的 Rodney Brooks 于 20 世纪 90 年代提出了一种包容式结构，将智能体的控制简化为若干个基于任务的行为[4][5]。以此为基础，可以将无人艇的自主控制转化为转向点行为、巡逻行为、定点行为、追踪行为等。其中，转向点行为是最基础的行为，其他许多行为都是在此基础上改进而成的[6]。

（1）定义。

转向点行为是指无人艇在 X-Y 平面内沿一系列规定的转向点移动，执行航迹线跟随航行任务，如图 1 所示。

如图 1 所示，每两个相邻的转向点间的连线是最短航迹线，也称为规划航线，无人艇按转向点行为自主航行，就是沿着规划航线航行。以转向点为圆心，有两个同心圆，其中内圆称为捕获圈（capture circle），外圆称为滑脱圈（slip circle）。当无人艇航行至捕获圈内时，就认为到达了该转向点。由于海上实际风、浪、流环境的影响，以致无人艇无法抵达捕获圈，为此设置滑脱圈，在海况恶劣的环境下，无人艇进入滑脱圈，也认为其到达了该转向点。

（2）制导原理。

无人艇转向点行为的控制采用前向制导原理，如图2所示。制导算法涉及两个参数：引导距离（lead distance）和引导阻尼（lead damper）。其中，引导距离是规划航线上的垂足到假想点 P 的距离，P 点是在垂足向下一转向点方向的规划航线上设置的一个假想点。基于该假想点，转向点行为输出最佳航向。如果引导距离大于到下一转向点的距离，P 点就由下一转向点取代。引导阻尼表示偏离规划航线的距离，即垂足到船位间的距离。当处于设置的引导阻尼阈值之外时，无人艇就会向规划航线方向转向，以缩小偏航距离，减少偏离程度。

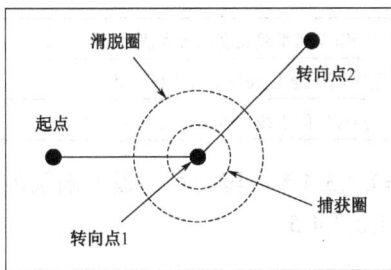

图 1　无人艇转向点行为

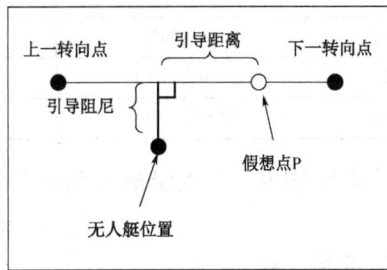

图 2　无人艇前向制导原理

（3）评价标准。

转向点行为的评价标准是无人艇距转向点的最大偏航距离。按照无人艇规划航线的转向角度，可以划分为锐角、直角和钝角 3 种情况。从船舶实际航行的角度看，除特殊海域外，规划航线的锐角转向较少，通常将锐角转换为两个钝角转向。因此，我们假设无人艇转向点行为的规划航线转向角 α 的取值范围为 $[90°, 180°)$。

如图 3 所示，W_0 点是无人艇的上一转向点位置，W_1 点是本次转向点的位置，W_2 点是无人艇下一转向点的位置，W_0W_1 为转向前航线，W_1W_2 为转向后航线，$W_0W_1W_2$ 三点夹角即为转向角 α。

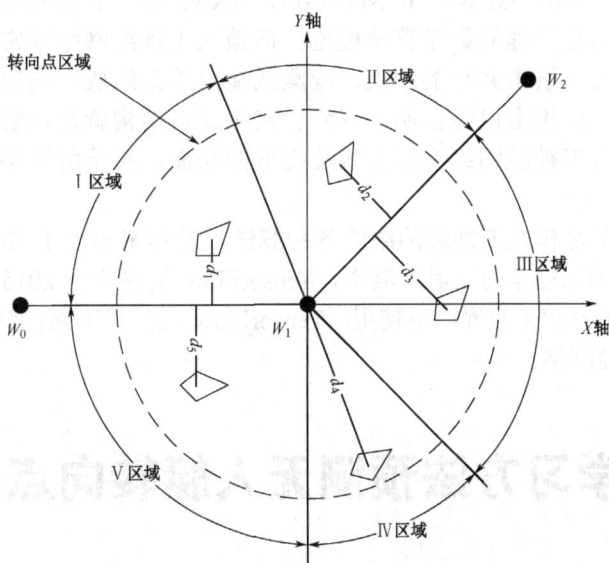

图 3　无人艇转向点行为偏航距离

无人艇沿 $W_0 W_1 W_2$ 转向时，航行轨迹可能会落入 X-Y 平面的 5 个区域中。航行轨迹区域划分及其转向点偏航距离定义如表 1 所示。

表 1　航行轨迹区域划分及其转向点偏航距离定义

区域	角度范围	最大偏航距离
Ⅰ区域	$\left[0, \dfrac{\alpha}{2}\right)$	船位与 $W_0 W_1$ 间垂线长度的最大值（d_1）
Ⅱ区域	$\left[\dfrac{\alpha}{2}, \alpha\right)$	船位与 $W_1 W_2$ 间垂线长度的最大值（d_2）
Ⅲ区域	$[\alpha, \alpha+90°)$	船位与 $W_1 W_2$ 间垂线长度的最大值（d_3）
Ⅳ区域	$[\alpha+90°, 270°)$	船位与 W_1 点连线长度的最大值（d_4）
Ⅴ区域	$[270°, 360°)$	船位与 $W_0 W_1$ 间垂线长度的最大值（d_5）

在不同区域内，无人艇最大偏航距离为 d_i，$i=1,2,3,4,5$。转向点的最大偏航距离为：

$$d_{\max} = \max(d_i), \quad i=1,2,3,4,5 \tag{1}$$

（4）控制过程。

无人艇沿转向点跟随航迹航行的过程首先是制导，即由转向点行为制导算法输出无人艇的速度和航向指令，引导无人艇朝下一个转向点航行；然后是控制，即通过动力单元（发动机和舵）将速度和航向指令转化为油门和舵角指令控制无人艇航行；之后，是无人艇在航行过程中受风浪流的影响，最终表现为无人艇的实际航行轨迹。

2.2　深度学习及人工神经网络

随着 AlphaGo 战胜人类围棋大师，人工智能、机器学习成为非常热门的技术。其中，深度学习是机器学习的一个分支，是推动人工智能发展的核心力量。深度学习解决的核心问题就是自动地将简单的特征组合成更加复杂的特征，并使用这些组合特征解决复杂问题[7]。

人工神经网络（Artificial Neural Networks，ANN）是一种模仿动物神经网络的行为特征，进行分布式信息处理的数学算法模型。前馈人工神经网络通常以层为单位从前向后馈送信息，其中每个层由并行的输入、隐藏或输出单元组成。同层不连接，两个相邻层可以是全联结的。理论上已经证明，双隐含层感知机结构就足以解决任何复杂的分类问题。并且，深层人工神经网络有组合特征提取的功能，对于解决不易提取特征向量的问题有很大帮助[8]。

为了实现深度学习和人工神经网络的各种算法，近年来出现了 TensorFlow、Caffe、Theano 等多种开源的深度学习工具。其中，TensorFlow 是谷歌于 2015 年开源的深度学习计算框架，已在学术界和工业界广泛使用。TensorFlow 提供了丰富的深度学习 API，可以高效地构建人工神经网络。

3　深度学习方法预测无人艇转向点行为

无人艇航迹跟随问题是一个复杂问题，主要有以下两点原因：其一，不同船艇安装的动力单元有所不同，无法使用线性模型将速度和航向转化为油门和舵角；其二，受风浪流作用后对船艇实际航迹也会产生很大影响，是一种非线性作用。传统方法只能简化近似，很难从根本上解决。

此外，无人艇在执行转向点行为时涉及诸多因素，属于多维向量空间决策问题，无法通过直线或高维空间平面划分给出各项因素产生的影响。因此，使用深度学习的方法，建立深度神经网络模型，能够更好地挖掘出无人艇航迹跟随与转向点行为参数间的关系。通过训练使深度神经网络模型具备转向效果评价能力，即根据输入的多维特征变量参数，输出转向效果评价值，为无人艇操纵决策提供辅助和参考，提高无人艇航迹跟随性能。一旦出现评价级别较低的情况，模型能够给出预警，禁止向动力单元输出不适宜的航向和航速指令，优化航行效果。

使用深度学习方法预测无人艇转向点行为分为以下 5 个步骤：

（1）选取特征变量，深度神经网络最终预测性能的好坏与选取的特征变量有很大关系；

（2）制作具有一定代表性的样本数据集，充分覆盖各种条件下无人艇转向点行为；

（3）构建深度神经网络，采用 BP（Back Propagation）算法进行误差的反向传播；

（4）使用验证集对网络进行训练，在达到较优效果后停止训练，保存该深度神经网络模型；

（5）使用测试集进行测试。

下面分小节进行详细说明。

3.1　特征选取

通过对无人艇转向点行为的研究和分析，选取无人艇转向点行为的特征变量有 6 个，可以分为 3 类，如表 2 所示。

表 2　无人艇转向点行为特征变量及类型

序号	特征变量	特征类型
1	捕获半径	与转向点行为的定义相关
2	滑脱半径	
3	引导距离	与行为制导算法相关
4	引导阻尼	
5	船艇速度	与船艇自身航行相关
6	船艇转向角度	

3.2　样本数据集

基于无人艇智能航行仿真平台，制作了无人艇转向点行为的数据集。为了能够与实船环境近似，仿真实验通过产生周期性的随机外力来仿真风浪流对无人艇的影响，实验了不同转向角度、不同航速条件下无人艇执行转向点行为，完成航迹跟随的情况。具体方法如下。

（1）以 10° 为间隔设置无人艇转向角度，规划出航线。

（2）以 10 节为间隔设置无人艇转向速度，在同一转向角度条件下，分别进行 10 节、

20 节、30 节航速下的无人艇转向实验。

（3）在某一转向角度、某一航速下，分别调整转向点行为相关参数（捕获半径、滑脱半径）和制导算法相关参数（引导距离、引导阻尼），进行实验。

（4）计算每次实验转向点的最大偏航距离。

（5）设置偏航距离分类阈值，根据偏航程度将无人艇转向点行为效果划分为 5 个级别，偏航范围在以转向点为圆心的 1 倍船长直径圆内属于 I 类，如图 4（a）所示，效果最佳；2 倍船长属于 II 类，如图 4（b）所示，效果次之；3 倍船长属于III类，如图 4（c）所示；4 倍船长属于IV类，如图 4（d）所示；超出 4 倍船长属于 V 类，如图 4（e）所示，效果最差。

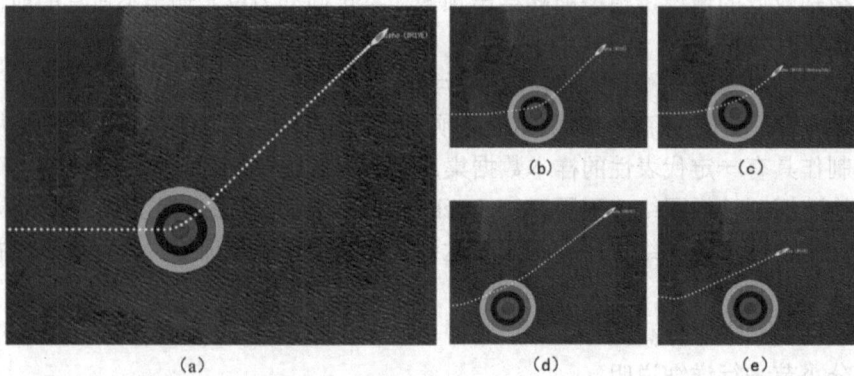

图 4　无人艇转向点行为效果类别

3.3　全联结网络结构

本文采用的人工神经网络为 $N_{6-6-7-7-8-7-6-5}$ 的 8 层前向全联结神经网络，解决了不同参数条件下无人艇转向点效果分类问题。深度神经网络结构如图 5 所示。

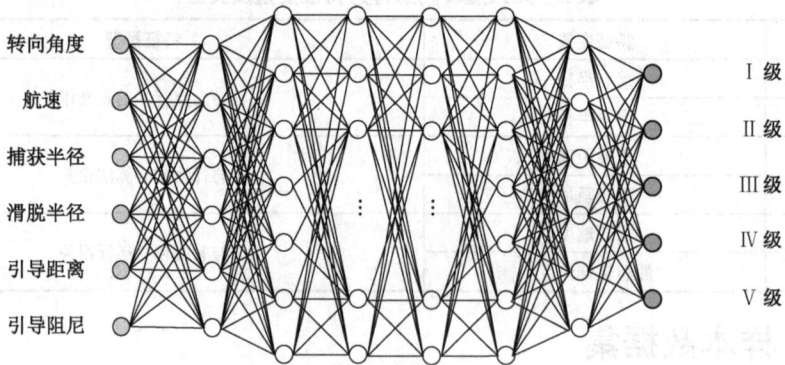

图 5　深度神经网络结构

对于最终输出的结果 y，用复合函数的形式表示全联结网络为：

$$y = f7\Big(f6\Big(f5\Big(f4\Big(f3\Big(f2\big(f1(x)\big)\Big)\Big)\Big)\Big)\Big) \tag{2}$$

深度神经网络的前向传播算法通过矩阵的乘法表示，其公式为：

$$y_i = a^{i-1}W^i \tag{3}$$

其中，y_i 表示第 i 层的输出，a^{i-1} 表示第 i 层的输入，W^i 表示第 i-1 层节点到第 i 层节点的参数。

隐藏层均使用 ReLU 函数作为激活函数，其公式为：

$$f(x) = \max(x, 0) \tag{4}$$

通过 ReLU 激活函数，每个节点不再是线性变换，于是整个神经网络模型也就不再是线性的了。经过 ReLU 函数的输出公式为：

$$y_{\text{relu}} = \max(a^{i-1}W^i, 0) \tag{5}$$

在 TensorFlow 中，实现带有 ReLU 激活函数的全联结神经网络层代码如下：

TensorFlow 代码 1
1   import tensorflow as tf
2   output = tf.keras.layers.Dense(6, activation=' relu')(input)

本文使用交叉熵作为损失函数来判断输出向量和期望向量的接近程度。给定两个概率分布 p 和 q，通过 q 来表示 p 的交叉熵为：

$$H(p, q) = -\sum_x p(x) \lg q(x) \tag{6}$$

在 TensorFlow 中，代码如下：

TensorFlow 代码 2
1   import tensorflow as tf
2   cross_entropy = tf.keras.losses.categorical_crossentropy(y_,y))

交叉熵刻画了两个概率分布之间的距离，交叉熵值越小，两个概率分布越接近，预测得越准确。通常与 softmax 回归一起使用，经过 softmax 回归处理之后的输出为：

$$\text{softmax}(y)_i = \frac{e^{y_i}}{\sum_{j=1}^{5} e^{y_j}} \tag{7}$$

在 TensorFlow 中，其实现与全联结层代码相同，仅选取 softmax 作为激活函数，其代码如下：

TensorFlow 代码 3
1   import tensorflow as tf
2   output = tf.keras.layers.Dense(6, activation=' softmax')(input)

对于每一个参数组合的样例，神经网络通过设置 5 个输出节点，经过 softmax 回归处理得到一个 5 维数组作为输出结果。数组中的每个维度对应一个类别。如果一个样本属于级别 k，那么这个类别所对应的输出值应该是 1，而其他节点的输出都是 0。

3.4 训练过程

深度神经网络的训练过程可以分为两个阶段：第一阶段，先通过前向传播算法计算得到预测值，并将预测值和真实值做对比，得出两者之间的差距；第二阶段，通过反向传播算法计算损失函数对每个参数的梯度,再根据梯度和学习率,使用梯度下降算法更新每一个参数。

前向传播算法在 3.3 节中已经给出,下面说明深度神经网络的反向传播过程。反向传播算法是训练神经网络的核心算法,它可以根据定义好的损失函数优化神经网络中权值参数的取值,从而使神经网络模型在训练数据集上的损失函数达到一个较小值。

设神经网络的第 i 层和第 j 层之间的权值为 W_{ji},E_d 为网络输出的损失函数,net_j 为第 j 层的输出,o_j 为第 j 个实际预测值,t_j 为第 j 个目标期望值。

$$\frac{\partial E_d}{\partial net_j} = \frac{\partial E_d}{\partial o_j} \cdot \frac{\partial o_j}{\partial net_j} = \left(o_j - t_j\right) \cdot \sigma'_{(net_j)} = \begin{cases} \left(o_j - t_j\right), & o_j > 0 \\ 0, & o_j \leqslant 0 \end{cases} \tag{8}$$

$$\frac{\partial E_d}{\partial W_{ji}} = \frac{\partial E_d}{\partial net_j} \cdot \frac{\partial net_j}{\partial W_{ji}} = \left(t_j - o_j\right) \cdot x_{ji} = \begin{cases} \left(o_j - t_j\right) \cdot x_{ji}, & o_j > 0 \\ 0, & o_j \leqslant 0 \end{cases} \tag{9}$$

$$W_{ji}^{new} = \begin{cases} W_{ji}^{old} + \eta \left(t_j - o_j\right) \cdot x_{ji}, & o_j > 0 \\ 0, & o_j \leqslant 0 \end{cases} \tag{10}$$

在 tensorflow 中,反向传播算法已经在随机梯度下降优化器中实现,直接调用即可,其实现代码如下:

tensorflow 代码 4
1	import tensorflow as tf
2	optimizer = tf.train.GradientDescentOptimizer(learning_rate).minimize(cross_entropy)

神经网络模型中,权值参数的优化过程直接决定了模型的质量。为了加速训练过程,本文采用随机梯度下降算法,设置学习率为 0.001。每次计算一部分训练数据得到损失函数,通过运算完成权值的更新。

训练设置迭代循环次数为 50 000,从样本数据集随机抽取 342 个样本作为训练集,另外抽取 73 个样本作为测试集。为了防止过拟合,训练过程每 1 000 次迭代后,在验证集上输出准确率结果,并保存模型的权重参数。在训练结束后,保存在验证集上准确率最高的深度神经网络模型作为无人艇转向点行为预测模型。最终,在测试集上对其进行检验。

3.5　实验结果

采用不同深度和宽度的神经网络结构,观察在验证集和测试集上的预测准确度,其结果分别如表 3 和表 4 所示。

表 3　不同深度神经网络的测试效果

网络层数	验证集准确度	测试集准确度
5	80.1%	72.3%
7	91.4%	73.5%
8	98.2%	84.9%
9	98.2%	73.5%
11	96.7%	67.4%
12	92.1%	40.8%

表4　不同宽度神经网络的测试准确度

网络宽度	验证集	测试集
6-6-6-6-6-6-6-5	80.8%	81.0%
6-7-7-7-7-7-7-5	82.8%	76.2%
6-6-7-7-8-7-6-5	98.2%	84.9%
6-8-8-8-8-8-8-5	83.9%	61.9%
6-10-10-10-10-10-10-5	89.7%	66.7%

实验表明，深度神经网络为 8 层，各层宽度分别为 6-6-7-7-8-7-6-5 的网络结构效果最优。该网络在验证集和测试集上的准确度趋势如图 6、图 7 所示。它在验证集上的准确率最高为 98.2%，在测试集上的准确率最高为 84.9%。

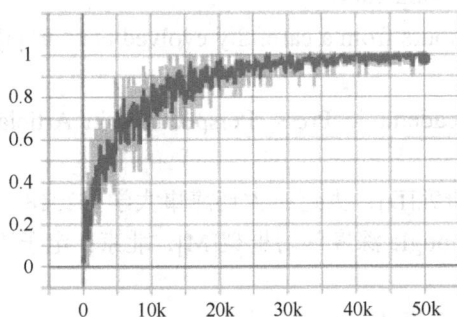

图 6　神经网络模型在验证集上训练的准确度结果　　图 7　神经网络模型在测试集上训练的准确度结果

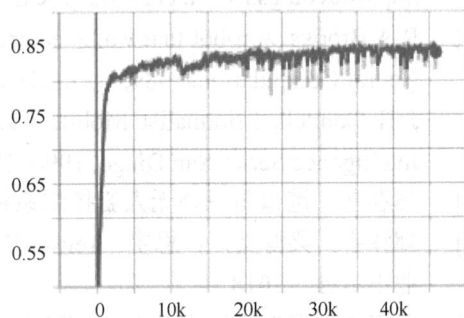

4 结语

本文基于深度全联结神经网络，以无人艇转向点行为为研究对象，选取转向角度、航速、捕获半径、滑脱半径、引导距离、引导阻尼作为特征变量，建立无人艇转向点行为的预测模型。使用从无人艇智能航行仿真平台获取的实验样本数据进行训练，得出以下结论。

（1）基于深度学习的方法，可以有效解决无人艇转向时所面临的环境、设备、算法等带来的复杂性问题。

（2）深度神经网络的层数和每一层节点宽度对预测效果有影响，实验表明 $N_{6-6-7-7-8-7-6-5}$ 的网络结构，在验证集和测试集上的表现优异。

（3）预测模型能够较好地判断出不同特征变量参数对无人艇转向行为效果的影响，预测准确率可达 84.9%。

综上所述，经过深度学习训练的无人艇转向点行为神经网络预测模型，能够为无人艇操纵决策提供辅助和参考信息。

参考文献

[1] 杨学斌. 无人艇体系结构研究[D]. 大连：大连海事大学，2011.

[2] Yize Chen, Yuanyuan Shi, Baosen Zhang. Optimal Control Via Neural Networks: A Convex Approach[J]. To Appear in International Conference on Learning Representations, 2019.

[3] Mariusz Bojarski. End-to-end Deep Learning for Self-Driving Cars [EB/OL]. http://devblogs.nvidia.com/ deep-learning-self-driving-cars.

[4] R A Brooks. A robot that walks emergent behaviours from a carefully evolved network[J]. Neural Computation, 1989, 1(2): 253-262.

[5] J H Connell, Minimalist Mobile Robots[J]. Academmic Press, Perspectives in Articial Intelligence Series San Diego, 1990: 175.

[6] 郭春雷. 港口防卫型无人艇控制系统的技术研究[D]. 大连：大连海事大学，2018.

[7] 郑泽宇，梁博文，顾思宇. TensorFlow 实战 Google 深度学习框架[M]. 北京：电子工业出版社，2018.

[8] 张玉宏. 深度学习之美[M]. 北京：电子工业出版社，2018.

基于收费数据的高速公路短时客货运输量短时预测研究

沈 凌[1,2,3] 陆 建[1,2,3] 邓 翎[1,2,3] 冯 怡[1,2,3]

（1. 东南大学交通学院，南京 211189；
2. 江苏省城市智能交通重点实验室，南京 211189；
3. 江苏省现代城市交通技术协同创新中心，南京 211189）

【摘要】目前高速公路收费数据的应用水平较低，仅限于车辆记录、联网收费等简单功能，这导致高速数据资源的严重浪费。针对高速公路收费数据量大和多输入多输出的特点，采用 ARIMA（p, d, q）模型对客货运量相关数据进行机器学习训练，进而对短时客货运输量短时预测。首先，利用 Onemine 数据平台对收费大数据构建时间序列；其次，采用差分法对网络流的时间序列 d 次差分，完成平稳性处理；最后训练得到满足平稳性检验的项数 p，q，并将其代入原 ARIMA 模型，预测之后 7 个时间集计区间（未来一周）各行政区域间的客货运输量。结果表明，该模型适用于高速收费数据的多输入多输出环境和庞大的数据量，具有良好的鲁棒性和准确性。

【关键词】短时预测；高速公路；收费数据；ARIMA

Research on Short-term Forecast of Highway Passenger and Freight Transportation Volume Based on Toll Data

Shen Ling[1,2,3], Lu Jian[1,2,3], Deng Ling[1,2,3], Feng Yi[1,2,3]

（1. School of Transportation, Southeast University, Nanjing 211189, China;
2. Jiangsu Key Laboratory of Urban ITS, Nanjing 21189, China;
3. Jiangsu Province Collaborative Innovation Center of Modern Urban Traffic Technologies, Nanjing 211189, China）

Abstract: At present, the application level of highway toll data is low, which is limited to entry-level functions such as vehicle record and networking toll, which leads to a serious waste of data resources. Aiming at the characteristics of large amount of toll data and multi-input and multi-output of highway, ARIMA (*p, d, q*) model is used to train the relevant data of passenger and freight volume by machine learning, and the short-term passenger and freight volume is predicted. Firstly, the OneMine data platform is used to construct the time series for charging large data; secondly, the difference method is used to deal with the time series d-order difference of network flow to complete the stationarity processing; finally, the items P and Q satisfying the stationarity test are trained and substituted into the original ARIMA model, and the passenger and freight traffic volume between the administrative regions in the next seven time-set intervals (next week) is predicted. The results show that the model is suitable for multi-input and multi-output environment and big data volume of highway toll data, and has good robustness and accuracy.

Keywords: short-term forecast; highway; toll data; ARIMA.

1 引言

随着信息化建设和大数据时代的到来，数据已经渗透到当今每一个行业和业务职能领域，成为重要的生产因素和战略性的生产资源。交通部《综合运输服务"十三五"发展规划》[1]中提出，提升交通运输大数据运用能力，运用大数据加强行业监管与服务，实现大数据的高效采集、有效整合和充分运用。当前我国交通步入了综合交通网络基本定型、现代运输体系基本形成的阶段，对交通出行结构的研究和更新提出了新的要求。因此，基于上述问题，如何利用高速公路收费站记录的大数据对城际之间客货运输量进行短时预测，成为本领域需要解决的技术问题。

传统方法下的高速公路需求预测技术，在取得能反映交通小区车流运行规律的调查点断面交通量后，分析交通运输与社会经济发展因素之间的对应关系，并选用增长率法，时间序列法[2,3]等对高速公路流量进行预测。在获取出行生成的基础上，对高速路网进行交通量分配，如传统的统计估计法，Wardrop 平衡原理[4]等，其中东南大学王炜等[5]的熵理论解决了大型交通网络中的 OD 矩阵推算方法。

上述方法适用于宏观规划分析，短时运量预测在管理控制方面更具有现实意义。需要说明的是一般意义上的短时交通流预测是指时间跨度不超过 15 分钟的交通流预测，然而在对高速公路进行需求预测时，不同于城市道路网，15 分钟的交通流预测对相关部门的管理控制意义有限，所以本文的高速公路短时预测目标为对未来 7 天的客货运输量。目前对短时预测的研究主要集中于机器学习，深度学习方法[6]和线性与非线性模型结合[7]等方法。中国的高速公路收费数据量大且完整，能够提供完整的出行 OD 信息组，这为运用机器学习进行短时预测提供了先决优势。Habtemichael[8]等人提出了一种基于数据驱动的高速公路短期交通预测方法，其对不同区域的大数据集进行采集，以改进 k 近邻算法识别相似交通模式进而对短期客货运输量进行预测。此外常用的机器学习方法还有神经网络方法[9][10]

等，都获得了较好的预测效果。然而，当高速公路为复杂网络结构，高速公路收费数据具有多输入、多输出结构时，多数模型呈现运算占用内存过大，或者求解困难甚至无解的结果。针对上述问题，本次研究对高速收费站数据建立时间序列，选取合适的训练集运用 ARIMA 模型对其训练，最终以训练得出的自适应模型进行运输量短时预测。

本次研究基于江苏省及其周边重要城市 2018 年 6～8 月高速公路收费数据对模型进行验证，结果表明，本文提出的 ARIMA 模型具有较好的稳定性和预测精度。

2 Arima 模型

差分自回归滑动平均模型（AutoRegressive Integrated Moving Average model，ARIMA）是由 Box 和 Jenkins 于 20 世纪 70 年代提出的一种著名的时间序列预测方法。在对时间序列进行训练分析时，要求其序列的均值和方差不会发生明显变化，即满足平稳性要求。自回归模型（Auto Regressive，AR）用于描述当前值和历史值的关系，即用变量自身的历史序列数据对自身进行预测，达到平稳性要求。移动平均模型（Moving Average，MA）关注的是自回归模型中的误差累积，进而消除预测中的随机波动。结合自回归模型 AR 和移动平均模型 MA，便得到了自回归移动平均模型（Auto Regressive Moving Average，ARMA）。运用差分法使数据满足平稳性要求，便得到了差分自回归滑动平均模型 ARIMA。

自回归模型（AR）和移动平均模型（MA）联合构建的 ARMA 是一种随机时间序列模型，其作用是对时间序列结构加以辨别，并且在此基础上以最小化协方差矩阵的方式预测出最优解。定义 p 为自回归项数，q 为滑动平均项数，自回归移动平均模型可以表示为 ARMA(p, q)，结构如下：

$$y_t = \mu + \sum_{i=1}^{p} r_i y_{t-i} + \epsilon_t + \sum_{i=1}^{q} \theta_i \epsilon_{t-i}$$

其中 y_t 是预测下一个集计区间的值，μ 是常数值，y_{t-i} 是第 i 个集计区间的值，ϵ_t 和 ϵ_{t-i} 分别是预测的和第 i 个时间区间的残差值。r_i 是自相关系数，θ_i 是移动平均系数。

AR、MA 和 ARMA 适合做平稳性时间序列的分析，然而当时间序列存在上升和下降趋势时，模型的分析效果不理想。为解决上述问题，对不平稳序列进行 d 次差分后，即可得到平稳时间序列，在此基础上进行模型分析。最佳差分次数可通过 Python 的 pandas 模块中 diff 函数进行求解。进行 d 次差分的 ARMA 模型可以表示为 ARIMA(p, d, q)，其具有以下结构：

$$\begin{cases} \varnothing(B)\nabla^d x_t = \theta(B)\varepsilon_t \\ E(\varepsilon_t) = 0, Var(\varepsilon_t) = \sigma_\varepsilon^2, E(\varepsilon_t\varepsilon_s) = 0, s \neq t \\ Ex_s\varepsilon_t = 0, \forall s < t \end{cases}$$

式中，x_t 为样本值，ε_t 为服从独立高斯分布的白噪声序列，B 为延迟算子，$\nabla^d = (1-B)^d$；$\varnothing(B) = 1 - \varnothing_1 B - \ldots \varnothing_p B^p$，为平稳可逆 ARIMA(p,q) 模型的自回归系数多项式。ARIMA(p, d, q) 中，d 为使之成为平稳序列所做的差分次数（阶数）。

其中，延迟算子 B 代表一个时间指针，即当前序列值乘以一个延迟算子，将当前序列值的时刻向前拨一个时刻，可表示为：

$$x_{t-1} = Bx_t, x_{t-2} = B^2 x_t, \ldots, x_{t-p} = B^p x_t$$

对于 d 阶差分可以表示为：

$$\nabla^d x_t = (1-B)^p x_t = \sum_{i=0}^{p} (-1)^p C_p^i x_{t-i}, \quad t = \pm 1, \pm 2, \cdots$$

为避免过拟合，将序列数据分为训练集和验证集。一般来说，机器学习通常选择 7:3 可满足要求。本次研究设计数据量大，对于大数据分析训练集占总样本数的 95%，验证集占 5%，即可得出良好的训练结果[11]。本次实验即选取上述比例进行训练分析，对选取数据运用 ARIMA 模型完成训练和机器学习过程。

3 实验过程

为检验本文模型对高速公路客货运量预测的预测鲁棒性和准确度，本次研究利用江苏省及其相邻重要城市的高速公路客货运输量进行验证。选择江苏省高速公路联网营运中心搜集各高速公路收费站 2018 年 6、7、8 月份的联网数据，其中联网数据表字段属性共 34 种字段属性，所有通过收费站的车辆均会被记录，部分未联网收费的数据缺失。

根据城市的行政区域分布特性，划定预测的目标区域，以市为行政区划单位采集目标区域内的高速收费数据。高速收费数据结构包括 EXP_KEYCOL，EXP_ENTRY_NETWORK，EXP_ENTRY_STATION，EXP_ENTRY_TIME，EXP_EXIT_NETWORK，EXP_EXIT_STATION，EXP_EXIT_TIME，EXP_VEHICLE_RECID，EXP_VEHICLE_CLASS，EXP_VEHICLE_TYPE，EXP_DISTANCE，EXP_AXIS_NUM，EXP_TOTAL_WEIGHT，EXP_OVERLOAD_RATE，EXP_TOTALWEIGHTLIMIT，EXP_AXISTYPE，EXP_JZXFLAG，EXP_FLAGSTATION，EXP_ETCFLAG，EXP_COMPUTESTATION，EXP_RECORDTYPE，EXP_DEALSTATUS，BATCHNO，EXP_EXIT_LANE，EXP_AXISINFO，EXP_GREENCHANNEL，EXP_FREEKIND，EXP_ETCLANEFLAG，EXP_ETCOBUID，EXP_PAYMETHOD，UPFLAG。样例数据如下：{"0010004011012018061611341700016160"，"3201"，"10001"，"2018/6/16　11:13:27"，"3201"，"10004"，"2018/6/16　11:34:17"，"苏 AH5D98 蓝"，"1"，"0"，"42.87"，"0"，"0.00"，"0.00"，"0.00"，"0"，"0"，"0"，"1"，"0"，"3"，"16809986"，"HW201806616000024"，"1101"，"0"，"0"，"2"，"1"，"3201021501044401"，"1"，"0"，"4"}。其中，EXP_KEYCOL 为字段唯一编号。根据《高速节点与区县对应字典表》对进出口编号进行转译，其数据包括NET_ID，STATION_ID，STATION_NAME，ROUTE_ID，ROUTE_NAME，IF_BORDER，IN_CITY，IN_ZONE。样例数据如下："3201"，"10001"，"南京南"，"S55"，"宁高高速"，"0"，"南京市"，"溧水区"}。进行对针对目标区域连续采集目标天数；为包含更多周期性规律，构建足够长度的时间序列，至少采集三个月数据。

对采集的数据利用 Oracle 中 SQL 语句进行数据筛选，将数据在 OneMine 大数据处理平台中完成处理。针对高速公路收费站数据结构，识别记录"进站时间"、"进站编号"、"出站时间”、“出站编号”、“车牌号”、“车辆类型”、“车辆类型编码”以及“车辆总重”字符段。在此基础上基于“进口时间”、“出口时间”、“进口编号”和“出口编号”进行去重计算，即去除重复字段标识码，去除起终点时间完全一致字段。在此基础上，完成数据的集成，使其成为便于分析的结构：“ENTRY_CITY 城市进入”，“EXIT_CITY 城市出口”，“日期”，“载客运量”，以及“载货运量”。

为整理出的收费数据增加分类属性，其属性包括客货运量识别属性和工作日识别属性。其中客货运量运用 Python 中 pandas.read_csv 对 excel 进行读取，运用 usecols 对读取的 Excel 数据进行识别分类。工作日的属性识别则运用 datetime 模块进行识别，令 2018.1.14 为初始周日，以 datetime.datetime(2018,1,14).strftime(%w)对周为量级的时间数据进行格式化，完成工作日识别工作。以城市行政区域为集计对象，以选取数据的日期为索引，以一个自然日为集计区间，对客货运量进行计数，构建各个城市之间的交通产生量和吸引量的时间序列。收集周期以 3 个月为例，可获取约 45 万组数据。利用 PYTHON 编译 ARIMA 模型，为避免过拟合，将序列数据分为训练集和验证集。其中训练集占总样本数的 95%，验证集占 5%。

将训练出的项数 p,q 代入高速公路客货运量预测模型，预测之后 7 个时间集计区间（未来一周）各行政区域间的客货运输量。为政府管理部门提供调度、管理和决策的必要信息，提升高速公路总体管理水平。

4 结果评价

以江苏省和相邻省市的城市行政区域为集计对象，以选取数据的 6 月～8 月的具体日期为索引，以一个自然日为集计区间，对客货运量进行计数，构建各个城市之间的交通产生量和吸引量的时间序列。研究对象为 6 月～8 月约 45 万组数据，用以预测未来一周的高速公路客货运输量。在此基础上，本次研究用 9 月 1 号～9 月 7 号实际客货运输量对模型精度进行检验，以鲁棒性和精准性作为评价指标。

根据运输量数据的特性，将数据分为工作日和非工作日数据。将所需求取的目标，翻译为其所在数据列的数据含义，再对其进行预测。如 9 月 1 日（周六）可以理解为，9 月的非工作日数据组里的第一个数据，9 月 3 日（周一）为工作日数据组里的第一个数据，依此类推，完成对 9 月第一周的客货运量预测，预测结果（部分）如图 1 所示。

IN_CITY出	IN_CITY进	工作日客流					非工作日客流		工作日货流					非工作日货流	
		9月3号	9月4号	9月5号	9月6号	9月7号	9月1号	9月2号	9月3号	9月4号	9月5号	9月6号	9月7号	9月1号	9月2号
上海市	上海市	420.628	425.323	430.069	434.869	439.722	214.331	209.666	241513.5987	240373.6351	239707.6355	239317.9347	239089.6989	113161.4055	113330.5479
上海市	南京市	15557.4	15568.8	15580.2	15591.6	15603.1	19801.4	20189.4	18696696.93	19535891.74	19789169.8	19266483.94	19361672.45	16281918.21	16281918.21
上海市	南通市	59906.2	59921.9	59937.6	59953.2	59968.9	171498	97661.5	67654271.4	67654271.4	67654271.4	67654271.4	67654271.4	63549897.37	63549897.37
上海市	安徽北	448.389	454.197	454.197	454.197	454.197	319.574	320.652	795422.1898	798853.1503	800070.0289	800500.8147	800653.2151	819688.2619	819688.2619
上海市	安徽南	6377.7	6419.67	6461.92	6504.45	6547.26	8143.96	8080.66	23327418.66	24183329.88	27035218.58	24876857.59	23773848.01	19006502.68	19031907.6
上海市	宿迁市	2050.79	2056.39	2062	2067.63	2073.28	2915.63	3070.99	1564097.01	1547611.376	1563490.338	1563490.338	1563490.338	1534679.166	1914716.799
上海市	山东省	3836.72	3858.06	3879.52	3901.1	3922.8	4113.33	4203.47	25948488.29	26761930.69	27648006.76	27494022.78	26748170.99	25154292.34	25101572.6
上海市	常州市	10959.8	10962.9	10966	10969.1	10972.2	17026.3	13528.7	10744396.9	10761835.96	10779303.33	10796799.05	10814323.17	8403852.957	8403852.957
上海市	徐州市	830.91	832.824	834.742	836.665	838.593	1031.18	1052.44	2549571.41	2393193.044	2393193.044	2393193.044	2393193.044	2539775.726	2425343.366
上海市	扬州市	5564.98	5568.17	5571.36	5574.55	5577.74	10372	11323	4435728.873	4435728.873	4435728.873	4435728.873	4435728.873	4244191.033	4244191.033
上海市	无锡市	29164.6	29155.9	29147.3	29138.6	29129.9	44777.1	47905.6	29074251.02	29119015.07	29163848.05	29208750.05	29253721.19	22257439.33	21772099.67
上海市	泰州市	13138.9	13124.3	13109.8	13095.4	13080.9	21492.7	23833	8608620.363	8608620.363	8608620.363	8608620.363	8608620.363	6213074.766	6242250.788
上海市	浙江省	21015.1	21070.9	21126.8	21182.9	21239.1	28266.5	47361.6	21501822.34	21397307.35	21353189.48	21334529.16	21326629.81	21078504.27	24573705.01
上海市	淮安市	3223.01	3239.91	3256.9	3273.98	3291.14	3026.4	2700.77	1762189.3	1707787.645	1707787.645	1707787.645	1707787.645	1205856.878	1531257.694
上海市	盐城市	12710.8	12722.9	12735	12747.1	12759.2	17118	19269	6483408.407	6554111.783	6584577.043	6597646.164	6603242.003	4620059.123	6001345.223
上海市	苏州市	207110	207034	206957	206880	206803	254149	278738	151602608.2	151602608.2	151602608.2	151602608.2	151602608.2	124844797.5	114236794.4
上海市	连云港市	1854.8	1865.06	1875.38	1885.75	1896.18	2421.97	2604.4	4002399.469	4002399.469	4002399.469	4002399.469	4002399.469	4753726.6	4815895.752
上海市	镇江市	2799.12	2809.28	2819.47	2829.7	2839.97	4882.87	5111.77	3951930.482	3951930.482	3951930.482	3951930.482	3951930.482	3138361.847	3138361.847

图 1　9 月第一周的客货运量预测结果（部分）

鲁棒性评价是指对预测结果表现出的稳定性进行分析，可采用预测结果与实测数据的最大相对误差的绝对值 R_i 作为模型鲁棒性评价指标，其计算公式如下：

$$R_i = \max_{t=1}^{n} \left| (M_t - F_t)/M_t \right| \times 100\%$$

其中，M_t 为实测数据；F_t 为预测结果；n 为样本量。

精确性评价是指对预测结果的精度进行评价，衡量预测结果与实测数据的整体误差情况，可选用的代表性指标为平均相对百分误差（MAPE），其计算公式如下：

$$\text{MAPE} = \frac{\sum_{t=1}^{n} \left| (M_t - F_t)/M_t \right|}{n} \times 100\%$$

对 6、7、8 三个月约 45 万组数据进行训练，未来一周预测，每天共有 326 组结果。如果对全部结果进行合并统计，则会造成绝对值 R_i 的夸大和 MAPE 的消弭，即稳定性会过差、准确性过好，检验不具备的科学性和有效性。本次研究综合考虑客货运输量的重要性和代表性，选取上海市与江苏省十三个地级市间未来周客货运量的检验结果进行分析，结果如表 1 所示。

表 1　上海市与江苏省十三个地级市间未来一周客货运量的检验结果

	最大相对误差绝对值		MAPE	
	客运量	货运量	客运量	货运量
9 月 1 号	35.66%	66.01%	13.43%	9.82%
9 月 2 号	55.35%	31.43%	29.10%	13.12%
9 月 3 号	21.09%	27.19%	8.22%	15.55%
9 月 4 号	30.72%	15.61%	12.29%	8.88%
9 月 5 号	34.34%	12.80%	15.57%	5.84%
9 月 6 号	38.24%	15.99%	17.31%	6.11%
9 月 7 号	37.28%	13.30%	20.86%	7.58%
平均	36.10%	26.05%	16.68%	9.56%

鲁棒性用于评价模型的稳定性。从表 1 中可以看出，预测未来一周的鲁棒性 R_i 客运量分布在 21.09% 至 55.35% 之间，货运量分布在 12.80% 至 66.01% 之间。在统计学中，认为最大相对误差即鲁棒性不超过 80%，可宣称模型稳定性合格。所以本次研究的模型稳定性符合要求。

平均相对百分误差（MAPE）用于评价模型的准确性，预测未来一周的 MAPE 客运量分布在 8.22% 至 29.10% 之间，货运量分布在 5.84% 至 15.55% 之间。在统计学中，认为平均相对百分误差（MAPE）在 5% 至 35% 之间为合理。5% 以下通常被认为是模板浓度过高，不宜进行时间序列分析或所选择的集计区间不合理；35% 以上则宣称模型不精确。所以本次研究的模型，在客货运输中模型的准确性表现优异。

同时可以发现，由于属于工作日的 9 月 3 号～9 月 7 号的稳定性和准确性要高于属于非工作日的 9 月 1 号和 9 月 2 号。城市间的客运量预测的稳定性和准确性均要低于货运量预测。表 1 展示了本次研究的稳定性和准确性，表 2 为上海市与江苏省十三个地级市间 9 月 1 号客货运量的检验结果，用以横向展示本次模型的稳定性和准确性。

表2 上海市与江苏省十三个地级市间9月1号客货运量的检验结果

城市		实际客运量	实际货运量	预测客运量	预测货运量	客运误差	货运误差
上海	南京	17 526.57	17 766 292	13 048.9	18 202 610	25.55%	2.46%
上海	南通	66 648.44	70 799 589	60 545.8	69 582 200	9.16%	1.72%
上海	常州	12 163.51	10 324 529	10 596.3	10 272 570	12.88%	0.50%
上海	镇江	3 097.814	4 075 315	3 164.2	4 117 800	2.14%	1.04%
上海	扬州	6 229.264	4 263 471	5 907	4 378 970	5.17%	2.71%
上海	盐城	13 269.03	7 592 367	12 913.5	6 321 010	2.68%	16.75%
上海	徐州	969.971 4	3 157 391	624.1	2 973 420	35.66%	5.83%
上海	宿迁	2 598.306	1 697 384	1 819.7	57 700 1.3	29.97%	66.01%
上海	苏州	207 125	1.57E+08	208 020.6	1.45E+08	0.43%	7.64%
上海	泰州	14 440.08	9 238 921	12 228	8 794 200	15.32%	4.81%
上海	无锡	29 468.35	31 109 035	29 060.8	30 330 400	1.38%	2.50%
上海	淮安	3 413.449	1 803 001	3 368	1 842 420	1.33%	2.19%
上海	连云港	1 943.426	4 992 938	2 584.1	4 319 410	32.97%	13.49%
均值						13.43%	9.82%

鲁棒性用于评价模型的稳定性。上述两组校验的鲁棒性 R_i 分布为 35.66% 和 66.01%，模型稳定性优异。具体分析，由于宿迁，连云港，徐州三市与上海的客货运量较小，误差容易偏大，鲁棒性较差，客运量分布为 29.97%、32.97% 和 35.66%，货运量宿迁为 66.01%。综上所述，若考虑所有数据，该模型的稳定性良好。若只考虑客货运量较大地区，该模型稳定性极为优异。平均相对百分误差（MAPE）用于评价模型的准确性，客货 MAPE 分别为 13.43% 和 9.82%，该模型准确性优异。客货运的直观预测结果分别如图 2 和图 3 所示。

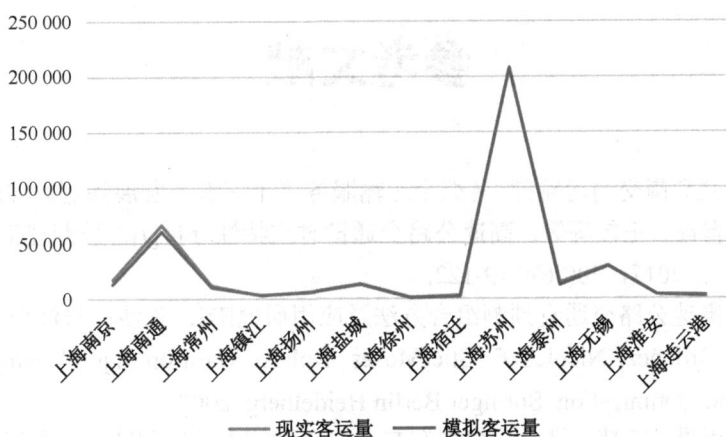

图 2 客运量预测结果校验

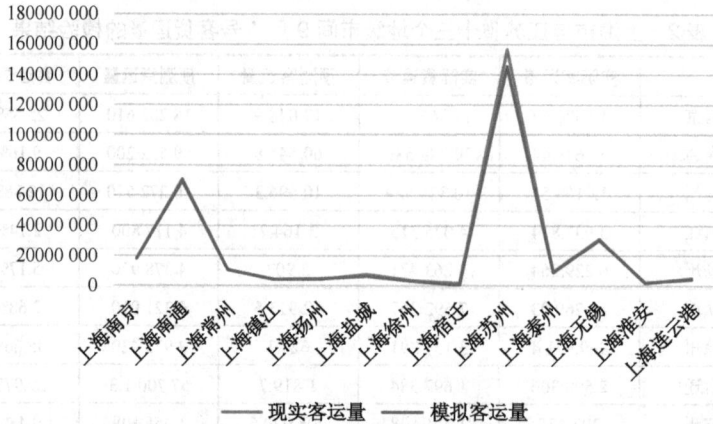

图3 货运量预测结果校验

5 结语

我国的高速公路收费数据完整且相近，是具有广泛应用前景的数据资源。在高速公路的短时客货运输量预测中，由于其拥有数据量庞大和多输入、多输出结构，一般的机器学习难以训练出满意的结果。本文以 ARIMA 模型对高速公路收费数据进行训练，得到了较好的预测结果，为管理部门提供调度、管理和决策的必要信息，提升高速公路总体管理水平。

参考文献

[1] 中华人民共和国交通运输部. 《综合运输服务"十三五"发展规划》，2016.7

[2] 娄岩，弓晋霞，王俊辉等. 高速公路交通量时空特性分析[J]. 长春理工大学学报（自然科学版），2017，40(06):119-122.

[3] 万发祥. 高速公路交通量预测组合方法及应用研究[D]. 长沙：长沙理工大学，2006

[4] Fernando Ordóñez, Nicolás E. StierMoses. Robust Wardrop Equilibrium[M]// Network Control and Optimization. Springer Berlin Heidelberg, 2007.

[5] 邵昀泓，程琳，王炜. 最大熵模型在交通分布预测中的应用[J]. 交通运输系统工程与信息，2005(01):83-87.

[6] Polson N G, Sokolov V O. Deep learning for short-term traffic flow prediction[J]. Transportation Research Part C Emerging Technologies, 2017, 79:1-17.

[7] Wang J , Deng W , Guo Y . New Bayesian combination method for short-term traffic flow forecasting[J]. Transportation Research Part C: Emerging Technologies, 2014, 43:79-94.

[8]   Habtemichael F G , Cetin M . Short-term traffic flow rate forecasting based on identifying similar traffic patterns[J]. Transportation Research Part C, 2016, 66:61-78.

[9]   Liu Z, Guo J, Cao J, et al. A Hybrid Short-term Traffic Flow Forecasting Method Based on Neural Networks Combined with K-Nearest Neighbor[J]. Promet-Traffic&Transportation, 2018, 30(4): 445-456.

[10]   Zhang J, Zhang H. An Improved Back Propagation Neural Network Forecasting Model Using Variation Fireworks Algorithm for Short-time Traffic Flow[C]//2018 13th World Congress on Intelligent Control and Automation (WCICA). IEEE, 2018: 1085-1090.

[11]   Shan S. Big data classification:problems and challenges in network intrusion prediction with machine learning[J]. Acm Sigmetrics Performance Evaluation Review, 2014, 41(4):70-73.

基于无人机的桥梁三维
重构及检测系统

孙乐乐[1] 孙 恒[2] 徐 婷[2]

（1. 长安大学信息工程学院，西安 710000；
2. 长安大学汽车学院，西安 710000）

【摘要】针对目前桥梁维护期后期安全检查存在的问题，结合目前最新技术的发展状况，采用一种高效综合的检测方法，用无人机拍摄图像，采集桥梁照片和视频数据并结合 Ubuntu16.04 系统进行建模，设计无人机桥梁三维重构及检测系统。该系统包括图像数据获取模块、图像拼接模块、3D 模型构建模块、裂缝检测模块，首先设置好飞行方案并经有关专家论证，设置好飞行轨迹、拍照间隔，飞行扫描间距设置为每秒拍一张图片，将待检测桥梁桥墩分区域编号，确定好影像精度的焦距和拍摄距离，开始进行数据采集飞行实验，将采集好的照片进行二维图像拼接及裂缝检测和 3D 建模，方便直观了解桥梁现况。该方法具有高效，灵活，省时省力省资源等优点。对一些桥梁检测特别是跨海大桥这种人工检测比较困难的情况，此法具有重要意义。

【关键词】无人机；裂缝检测；图像处理；3D 建模

Bridge 3D Reconstruction and Detection System
Based on UAV

Sun Lele[1] Sun Heng[2] Xu Ting[2]

（1. School of Information Engineering, Chang' an University, Xi 'an 710000;
2. School of Automobile, Chang' an University, Xi' an 710000）

Abstract: In view of the problems existing in the safety inspection at the later stage of bridge maintenance period, combined with the latest technology development, an efficient and comprehensive detection method is adopted. UAV is used to take images, collect bridge photos and video data, and Ubuntu16.04 system is used for modeling to design UAV bridge three-dimensional reconstruction and detection system. The system comprises an image data acquisition module, an image splicing module and a 3D model building module. The crack detection module firstly sets up a flight plan and sets up a flight track after demonstration by relevant experts, takes pictures at intervals, sets the flight scanning intervals to take one picture per second, numbers bridge piers to be detected into regions, determines the focal length and shooting distance of image precision, starts a data acquisition flight experiment, and conveniently and intuitively understands the bridge current situation by splicing the collected pictures into two-dimensional images and carrying out crack detection and 3D modeling. The method has the advantages of high efficiency, flexibility, time saving, labor saving, resources saving and the like. This method is of great significance for the detection of some bridges, especially the artificial detection of sea-crossing bridges.

Keywords: UAV, crack detection, image processing, 3D modeling.

1 引言

随着诸多桥梁公路的成功建设，方便人们出行的同时，但与此同时它们的养护及后期检验问题也逐渐暴露。根据 CJJ/T 233-2015《城市桥梁检测与评定技术规范》4.5.1 和 4.5.2 要求，对裂缝的检测包括全部结构受力构件，对裂缝的长度宽度检测宜采用专用测量仪器量测，这项规定对一些复杂的大桥特别是跨海大桥来说实施难度大，传统的桥梁检测装置依靠望远镜、桥梁检测车，检测过程费时费力，工作效率低下，对于一些周围环境复杂的桥梁，不能很好地满足需求。因此，提出一种高效便捷的桥梁检测方案很有必要。

目前国内对于桥梁裂缝的研究还处于发展中阶段，2003 年，王静[1]等人通过图像处理手段提出桥梁在不同荷载下的裂缝变形检测。2005 年曾燕华[2]进行了桥梁缺陷技术的研究，通过对图像的采集量化分割并结合 BP 神经网络进行识别，把识别出来有问题的建立存储库。2008 年，张维峰[3]研制出一种基于 C++的裂缝识别软件，在实际适用阶段也取得了不错的效果，但是它对图像采集的距离和像素要求较高，如果拍摄距离过远或者分辨率低会对识别精度造成影响。2010 年，张国旗[4]在特定的条件下对裂缝检测进行了研究，利用投影特征法将识别裂缝分类并做了后续的管理工作。同年，邹大鹏[5]等人开发出一套裂缝智能监测系统，该系统被应用在安装了高清摄像头的伸缩臂上，通过视频数据采集，系统分析计算可以达到识别效果。

国外对此研究要优于国内，2004 年，Yusuke Fujita[6]等人研究了一种去除噪声的方法，对采集来的图像进行平滑 Hessian 矩阵滤波来加强裂缝特征，并进行识别取得了较好的效果。2007 年，Yamaguchi[7]等人提出了一种新的技术，基于许多纹理特征组成的图像这一假设，提出了渗透模型，并在后续的研究中做出了改进，提出了新的裂缝检测快速算法。2009 年，C.Bernstone[8]等人通过对裂缝的标记追踪，验证了他们所提出的裂缝生长检测技术。2012 年，Nishikawa[9]提出的图像滤波可以对噪声的抑制起到很好的效果，但同时也可能会使裂缝发生断裂，从而影响识别精度。2016 年，Prasanna[10]等人基于机器学习研究了一种空间解调鲁棒特征分类器，该法精度高，但是检测最终的结果依然存在噪声。

无人机桥梁检测便捷高效，适用范围广，能近距离贴近桥梁的病害位置，并通过无线通信模块将数据传送地面，数据采集模块大大优于传统装置不受地理条件的制约。

因此，本文提出一种新型高效的检测方法，基于大疆系列无人机进行 2 次图像数据采集，对第一次采集回来的数据画区域进行图像拼接并进行裂缝识别满足需求，对第二次采集回来的数据进行 3D 建模满足视觉直观体验，通过 3D 模型可以快速找出裂缝所在区域，在此基础上可为检修人员减轻工作量，高效精准找出病害区域并制订合理方案解决。该法对于结构复杂和跨海大桥的高效精准检验具有重要意义，可提高整套系统流程的效率，降低周期，节省一些相关的不必要的资源浪费。

2 系统介绍

本系统由四个模块组成，图像数据获取模块、图像拼接模块、3D 模型构建模块、裂缝检测模块。系统总体功能模块图如图 1 所示。

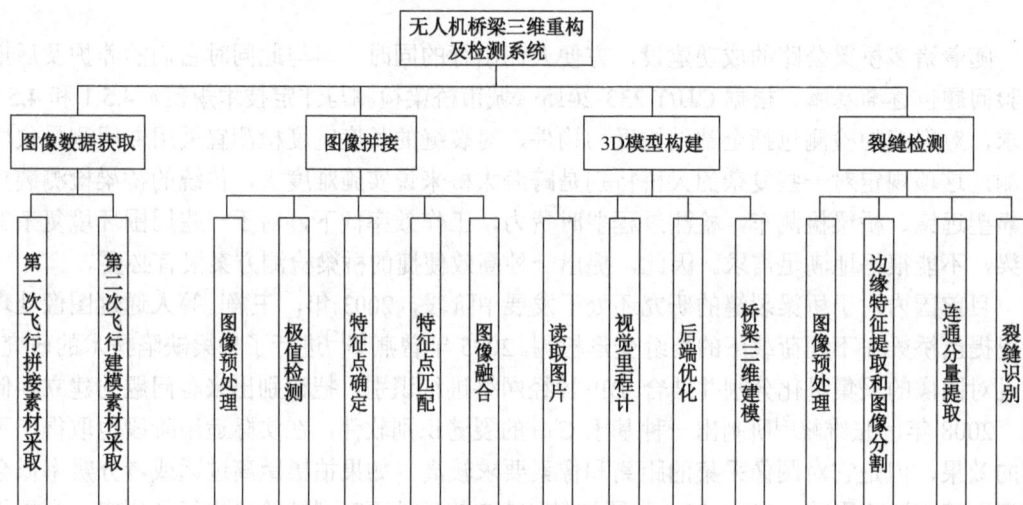

图 1　系统总体功能模块图

2.1 无人机图像数据获取

图像的高质量获取是所有后续工作的基础。本文采用大疆 M210-RTK 型号无人机采集图像，该型号无人机是大疆工业级无人机最强的一款机型，该型号无人机适用温度-20℃～45℃，最大可承受风速 12m/s，障碍物感知范围：0.7～30m，飞行时间高达 27min，适合复杂环境作业。

为了保证飞行的安全，首先要制订飞行方案，其次根据待检测桥梁的施工设计图纸，竣工图纸事先划分好桥墩区域，划分规则为桥墩从上到下以高度 1 米环绕桥墩一周的部分为一个区域，将桥墩进行编号，方便后续有规律地飞行，防止采集数据时多拍漏拍，检测出来的裂缝也方便维修人员快速找到其位置。此次飞行数据采集计划飞行 2 次，第一次飞行采集来的数据主要是进行图像拼接进行裂缝检测，第二次飞行采集来的数据用于 3D 建模，在飞行前论证好飞行方案，确定好影像精度的焦距，调整好相机及其他相关参数，按预定方案执行飞行计划。间距每隔一秒拍摄一次，飞行模式图如图 2 所示。

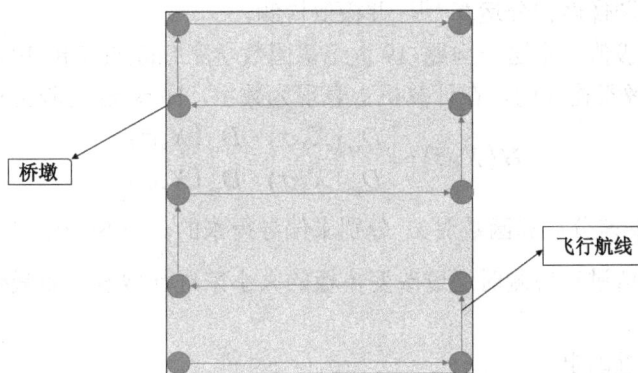

图 2　飞行模式图

　　第一次飞行时保持无人机与桥墩的距离为无人机避障下限 2 米并设置好此距离为定距离拍摄，拍摄距离不能过远，过远的话虽然可以减少内存和照片数量，但照片是由一个个像素点构成的，距离过远会造成图片不清晰，影响图片质量，本次设置定时环绕桥墩拍摄，定时设置的时间是 2s，以之前划分好的区域为单位进行拍摄。

　　第二次飞行时打开相机录像功能，以桥墩为中心，设置环绕飞行模式，飞行一周进行数据提取，拍摄时镜头转变的角度不能过大。

2.2　图像拼接

　　图像拼接技术是将两幅或者两幅以上图片通过特征点匹配将共有元素叠加，不同元素展开从而得到一幅完整的图片，该技术所形成的结果真实度高，对图片的处理只与照片的像素有关而不受周围环境的影响。随着生活的发展，这种技术的应用日益成熟，被广泛用于医学，卫星遥感等先进技术领域，在图像拼接流程中，主要由两个环节构成，图像配准和图像融合，而在这两个步骤中，图像配准又是极为重要的一步，配准作为融合的前期工作，奠定了基础，配准质量的好坏和配准的时间效率等问题直接影响着下一步融合的结果。

　　目前，图像拼接算法主要分为两类：基于像素灰度值的相关算法和基于局部特征的算法[11]。基于像素灰度值的算法要求相邻图片有 1/15～1/10 的重叠，通过重叠部分区域的像素灰度值之间的关系来确定变换坐标系，该方法对图片的要求过高，不同亮度、视角等的图片应用该方法时效果不甚理想。相比之下，基于局部特征算法对图像的不同亮度视角等具有良好的适用性，稳定性和较强的鲁棒性，我们这里采用后者 SURF（Speed-Up Robust Features）算法。

　　SURF 算法拼接的主要步骤如下。

　　（1）对采集到的图片进行预处理。

　　盒子滤波去噪，减小对后期的影响。盒子滤波模板的每一个元素都有权重，正是基于这一特点，可以改变盒子的大小，进而可以对图像从不同方向滤波，比起以往的各种迭代来说，这会减少时间，提高速率。

　　进行图像增强，平衡像素，弥补图像采集时因光照不均造成的部分区域暗淡。

　　（2）对待处理图像做积分运算[12]，并极值检测。

　　对于多元函数极值判定这一问题，19 世纪德国数学家 Ludwig Otto Hesse 提出了 Hessian Matrix。图像是由像素构成的，在计算机上表现为数字，Hessian 矩阵可写为：

$$H(X,\sigma) = \begin{bmatrix} D_{xx}(X,\sigma) & D_{xy}(X,\sigma) \\ D_{yx}(X,\sigma) & D_{yy}(X,\sigma) \end{bmatrix} \tag{1}$$

　　D_{xx}, D_{yy}, D_{xy} 是差分运算函数对 xy 分别求偏导得来的。在 SUFR 算法中基于盒子滤波的先验条件，对极值进行检测时通过改变模板的大小来进行搜索，而减少了内存的重新分配，提高了效率[13]。

　　（3）特征点位置确定。

　　在 SURF 算法中，通过一种挺接近 $\det(H)$ 的式子 $\Delta(H)$：

$$\Delta(H) = D_{xx} - (0.9 D_{xy})^2 \tag{2}$$

　　若该值为正，则为极值点。

　　（4）特征点方向确定。特征点方向图如图 3 所示。

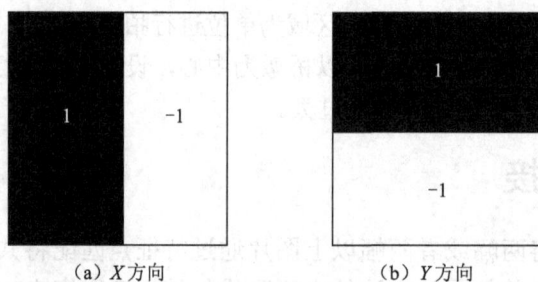

（a）X 方向　　　　　　　　　（b）Y 方向

图 3　特征点方向图

　　在特征点方向构建过程中，Haar 小波被用于垂直水平方向的滤波，图 3（a）是作用于 X 轴，图 3（b）是作用于 Y 轴。数字代表权重，黑色区域为 1，白色区域为 -1[14]。

　　为了得到特征点的主方向和旋转不变形，以每一个特征点为圆心建立一个半径为 6σ 的圆，把这个圆以 60° 的边界划分成 6 个区域，计算每个区域内点两个方向，X 和 Y 方向上的 Harr 小波响应向量之和（在这里，小波响应的边长取 4σ），点位置距圆心的远近与点权重值成反比，离得越远，值越小，然后，取 6 个区域中拥有最大矢量和的那个区域方向作为该点的特征方向。

　　（5）特征点描述符。

　　SURF 算法对每一个子区域会生成一个 4×4×4 的 64 维向量，同时为了解决不同像素间差值过大的情况，对所生成的向量做归一化处理从而生成基于 SURF 特征的描述符。

　　（6）特征点匹配。

　　常用的特征点匹配的方法有很多，相关系数法、Hausdorff 距离、最近邻匹配法等，在这里，我们采用的是最小距离法，此处，距离公式采用欧式距离：

$$D_i = \sum_{j=1}^{n}\sum_{i=1}^{m=1}\left(X_{1ij} - X_{2ij}\right) \tag{3}$$

X_{1ij} 代表第一幅图片的像素，X_{2ij} 代表第二幅图片的像素点，m 和 n 为图像的长和宽。首先将一幅图片中的特征点作为对象，将另一幅图片的像素点逐个与之匹配。当它们之间的距离小于阈值时（为了保证最后结果的可靠性，此处阈值取 0.5），则可判断这两点为同名特征点。

（7）图像融合。

为了简单高效，在图像融合这一部分采用直接平均法进行融合。将两幅图片重叠区域的像素点逐个进行加权求平均，从而实现融合，公式如下：

$$I(i,j) = \left[I_1(I,J) + I_2(i,j)\right]/2, \quad (i,j) \in (I_1 \cap I_2) \tag{4}$$

2.3　3D 模型构建

在此处的 3D 模型构建，我们采用 DSO（Direct Sparse Odometry）方法。

DSO 是视觉 Slam 的一种解决方案，可以在陌生环境中，基于采集到的图像信息，对周围环境进行建模，通过输入的连续变化的图片流，DSO 系统的视觉里程计计算得到图像中每个像素点的三维坐标及局部地图，之后根据不同时刻视觉里程计测得的相机位姿，基于图优化进行优化，得到全局统一的轨迹。根据估计的轨迹，建立符合要求的环境模型或地图。

它是结合稀疏法与直接法的视觉 Slam，与传统 Slam 中的特征点匹配不同[15]，可以利用所用图像中的像素点，将数据关联与位姿估计统一成一个优化问题，对于弱纹理特征的桥梁图像的三维建模有着更高的鲁棒性。

本文通过 DSO 对桥梁进行三维建模的步骤如下所示。

（1）读取图片，计算内参矩阵。

在对无人机采集到的桥梁图像进行 3D 建模之前，为了减少透镜引起的畸变，要对相机进行标定，标定板采用 8*8 的棋盘格，每个格子边长为 2.5mm，角点数为 49，为了提高相机标定时的精度，每幅标定图像都有一定的角度变化，标定图片如图 4 所示。

图 4　标定图片

本文通过将 15 幅标定图像输入到 MATLAB 工具箱 Camera Calibrator，得到内参矩阵 K：

$$K = \begin{bmatrix} 2327.8 & 0 & 2018.8 \\ 0 & 2331.7 & 1511.1 \\ 0 & 0 & 1 \end{bmatrix}$$

（2）视觉里程计（VO）。

视觉里程计是桥梁三维建模中的一个重要环节，在桥梁三维建模中，视觉里程计与后端优化过程同时存在，视觉里程计主要通过从视频中提取出连续变化的图像，从而计算逆深度收敛的不成熟点的三维坐标，即得到点云数据。

假设在空间中有点 P 和同一个相机获得的两帧图像 I_1、I_2，$[X,Y,Z]$为其世界坐标，p_1、p_2 分别表示空间点 P 在第一帧、第二帧中的像素坐标，直接法示意图如图 5 所示。

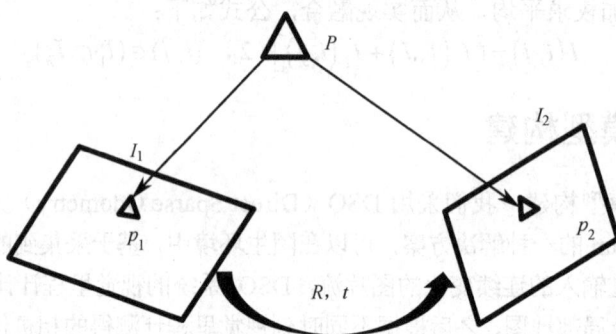

图 5　直接法示意图

为得到相机的位姿变换，以第一帧为参考，可求得第二帧的旋转矩阵 R 和平移矩阵 t，考虑到相机的内参矩阵 K 在整个建模过程中保持不变，p_1 和 p_2 的投影方程为：

$$p_1 = \begin{bmatrix} u \\ v \\ 1 \end{bmatrix} = \frac{1}{z_1} KP \tag{5}$$

$$p_2 = \begin{bmatrix} u \\ v \\ 1 \end{bmatrix} = \frac{1}{z_2} K(RP + t) = \frac{1}{z_2} K(\exp(\xi^\wedge)P) \tag{6}$$

其中，K 为大疆 M210-RTK 无人机云台搭载的相机的内参矩阵，z_1 是第一帧中空间点 P 的深度，z_2 是第二帧中空间点 P 的深度，ξ 是 R，t 对应的代数。

DSO 每帧图像处理流程如图 6 所示。

（3）后端优化。

DSO 中滑动窗口中的关键帧与它们关联的成熟点，即地图点，形成残差项，构成了后端中的优化问题。为了优化后端，本文采用高斯-牛顿法进行迭代，残差项在迭代过程中会形成一个大的线性方程[16]：

$$J^T W J \delta x = -J^T W r \tag{7}$$

其中，J，W，r 为雅可比行列式、权重和残差，δx 是整体优化更新量。

在桥梁三维建模的过程中会不断地重构这个优化问题，并保存优化后的结果。

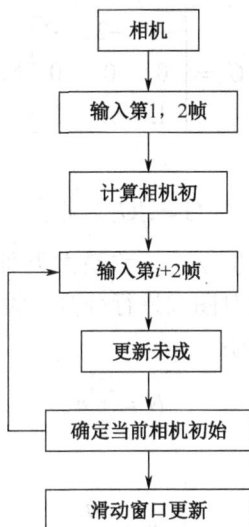

图 6　DSO 每帧图像处理流程

2.4　裂缝检测

裂缝检测技术现在被广泛地用于各种桥面路面检测，针对检测对象的不同，相应的算法和方法步骤也不尽相同，本文主要就水泥路面展开论述，水泥路面检测的步骤主要分为5 步。

① 将原图灰度化，减小内存，增快处理速度，也方便后续处理，由于人眼敏感度最高的颜色是绿色，蓝色最不敏感，所以在此我们采用 RGB 加权平均法来灰度化，公式如下：

$$I(i,j) = 0.3 \times R(i,j) + 0.59 \times G(i,j) + 0.11B(i,j) \tag{8}$$

② 为了降低噪声，对灰度化后的图像进行均值滤波操作，所谓滤波其实就是一个矩阵，均值滤波就是一个各元素相同的矩阵，这里我们采用的模板是 3×3，所以矩阵各元素大小是 1/9。

$$\begin{bmatrix} 1/9 & 1/9 & 1/9 \\ 1/9 & 1/9 & 1/9 \\ 1/9 & 1/9 & 1/9 \end{bmatrix}$$

③ 裂缝的边缘特征提取和图像分割，边缘特征提取在图像处理领域中有着举足轻重的地位，边缘有两个特性，一个是方向，另一个则是幅度，边缘与周围像素的差值较大，边缘幅度的走向沿着它的方向比较平缓，垂直与它的方向则变化剧烈。Sobel 算子计算速度快，效果好，这里采用 Sobel 算子进行边缘特征提取。该算子实质上是两组 3×3 的矩阵，X 和 Y 方向分别与图像做卷积，对其平方和取根号，求梯度。

水平方向模板：

$$G_x = \begin{bmatrix} -1 & 0 & 1 \\ -2 & 0 & 2 \\ -1 & 0 & 1 \end{bmatrix} * A \tag{9}$$

垂直方向模板：

$$G_y = \begin{bmatrix} -1 & -2 & -1 \\ 0 & 0 & 0 \\ 1 & 2 & 1 \end{bmatrix} * A \qquad (10)$$

每个点梯度的大小：

$$G = \sqrt{G_x^2 + G_y^2} \qquad (11)$$

图像分割这里采用的是 OTSU 算法，又称最大类间方差法，此方法的最终结果主要是得到一个最佳的阈值并以此为基础对图像进行分割。设图像的灰度值范围为$[0,L-1]$，灰度为i的像素数为n_i，则总的像素数为：

$$N = \sum_{i=0}^{L-1} n_i \qquad (12)$$

各灰度值出现的概率：

$$p_i = \frac{n_i}{N} \qquad (13)$$

对于p_i，有

$$\sum_{i=0}^{L-1} p_i = 1 \qquad (14)$$

把图中的像素用阈值 T 分成 C0 和 C1，C0 由灰度值在$[0,T-1]$的像素组成，C1 由灰度值在$[T,L-1]$的像素组成，则区域 C0 和 C1 的概率分别为：

$$P_0 = \sum_{i=0}^{L-1} p_i \qquad (15)$$

$$P_i = \sum_{i=0}^{L-1} p_i = 1 - P_0 \qquad (16)$$

区域 C0 和 C1 的平均灰度分别为：

$$\mu_0 = \frac{1}{P_0} \sum_{i=0}^{T-1} i p_i = \frac{\mu(T)}{P_0} \qquad (17)$$

$$\mu_i = \frac{1}{P_i} \sum_{i=T}^{L-1} i p_i = \frac{\mu - \mu(T)}{1 - P_0} \qquad (18)$$

其中，μ是整幅图像的平均灰度：

$$\mu = \sum_{i=0}^{L-1} i p_i = \sum_{i=0}^{L-1} i p_i + \sum_{i=T}^{L-1} i p_i = P_0 \mu_0 + P_1 \mu_1 \qquad (19)$$

两个区域的总方差为：

$$\sigma_B^2 = P_0 (\mu_0 - \mu)^2 + P_1 (\mu_1 - \mu)^2 = P_0 P_1 (\mu_0 - \mu_1)^2 \qquad (20)$$

通过 max 函数寻找大类间方差的最大值所对应的列号再减去 1 的值作为分割的图像阈值，本次实验中，阈值为 139。

④ 边缘连通分量提取。根据冈萨雷斯所著的书中相关公式，在已知连通分量 A 中的一个点的情况下，迭代收敛一次只能得到原始图像中的一个连通分量，我们需要得到整个图的所有分量，因此，要找到原始图像中灰度值为 1 的像素点。图像 B，把它当成原始点，

然后利用结构元素不断膨胀，再将每次膨胀后的结果同原始图像相交，直至 B 充满整个连通分量 A，则对连通分量的提取宣告结束。

⑤ 裂缝识别。首先计算图像裂缝中的像素数目，然后计算裂缝的质心坐标(x_{cen},y_{cen})，计算以长、宽分别为 8r+1 和 2r+1 的长方形内裂缝像素数目的总和 sum$r$，占总像素数目的百分比与 0.8 做比较。若大于 0.8，则计算裂缝的分布密度：

$$\rho = \frac{\text{sum}r}{(2r+1)(8r+1)} \tag{21}$$

然后，计算 X 轴和 Y 轴最大差分值均值 X_max，Y_max，最后拿 ρ 与 0.2 比较。若小于 0.2，则是线状裂缝，至于是横向还是纵向，则根据 X_max，Y_max 值判断。如果 ρ 介于 0.2 和 0.335 之间，则为块状裂缝，否则为网状裂缝。

3 实验结果

3.1 拼接实验

地点选取为长安大学，在长安大学彩虹桥通过 m210 无人机采集的图片，并基于 MATLAB 平台进行的处理效果图，原图（左）及拼接效果（右）如图 7 所示。

图 7　原图（左）及拼接效果（右）

3.2 建模实验

本次实验地点选取长安大学操场的桥梁柱，因其与桥墩有着相同的图像特征，因此用其模拟桥梁桥墩以检验建模效果，通过 m210 无人机定点环绕飞行模式进行视频采集，在 Ubuntu16.04 系统中完成了程序设计建模。效果图左下角大图和效果图如图 8 和图 9 所示。

图 8　效果图左下角大图

图 9　效果图

3.3　裂缝识别

在西安市桥墩桥面处拍摄了 50 幅裂缝图片，依托 2.4 节所述理论方法，基于 MATLAB 平台进行了识别，正确识别率高达 90%，精度较高，对于病害能够及时检测到，方便了后续处理，裂缝识别结果如图 10 所示。

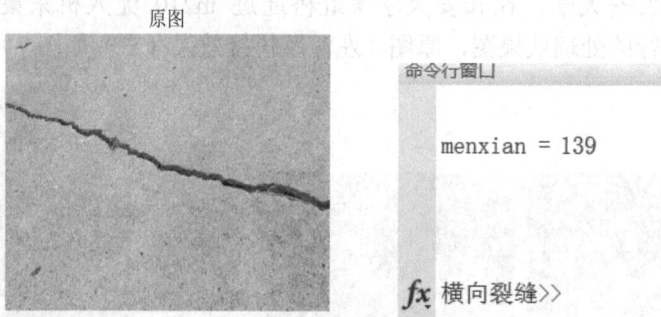

图 10　裂缝识别结果

在 50 个有裂缝的图片中，能够被正确识别出的有 45 张图片，识别率为 90%，模型的性能良好。裂缝识别精度如表 1 所示。

表 1　裂缝识别精度

样本数量/张	横向裂缝/张	纵向裂缝/张	网状裂缝/张
100	30	30	40
正确识别/张	28	27	35
识别精度	93.3%	90%	87.5%

4 结语

对桥梁检测时采用上述方案，图像拼接是为了后期的裂缝识别，3D 建模是为了更直观地找出病害的位置。本文与传统裂缝检测不同的是，二维与三维相结合，告别了以往只知道有病害具体在哪却需费功夫的难题。对大工程，复杂桥梁检测具有高效、直观、易实现的优点，可被广泛使用。

参考文献

[1]   王静，李鸿琦，邢冬梅等. 数字图像相关方法在桥梁裂缝变形监测中的应用[J]. 力学季刊，2003，24(4):512-516.

[2]   基于计算机视觉的桥梁表面缺陷检测技术研究[D]. 广州：广东工业大学，2005.

[3]   张维峰，刘萌，杨明慧. 基于数字图像处理的桥梁裂缝检测技术[J]. 现代交通技术，2008(5):34-36.

[4]   张国旗. 基于计算机视觉的桥梁表面缺陷检测技术研究[D]. 广州：广东工业大学，2010.

[5]   邹大鹏，吴百海，赖亚勇等. 智能视频桥梁检测车工作臂超声探障系统研究[J]. 机床与液压，2010，38(13):74-76.

[6]   Yusuke Fujita,Yoshihiro Mitani,Yoshihiko Hamamoto. A Method for Crack Detection on a Concrete Structure[J]. The 18th International Conference on Pattern Recognition. 2006: 901-904

[7]   Yamaguchi T, Nakamura S, Hashimoto S. An efficient crack detection method using percolation-based image processing[C]// IEEE Conference on Industrial Electronics & Applications. 2008.

[8]   Bernstone C, Heyden A. Image analysis for monitoring of crack growth in hydropower concrete structures[J]. Measurement, 2009, 42(6):878-893.

[9]   Concrete Crack Detection by Multiple Sequential Image Filtering[J]. Computer-Aided Civil and Infrastructure Engineering, 2012, 27(1):29-47.

[10]   Prasanna P , Dana K J , Gucunski N , et al. Automated Crack Detection on Concrete Bridges[J]. IEEE Transactions on Automation Science and Engineering, 2014:1-9.

[11]   郑永斌，黄新生，丰松江. SIFT 和旋转不变 LBP 相结合的图像匹配算法[J]. 计算机辅助设计与图形学学报，2010，22(2):286-292.

[12]   李士强. 基于 SURF 算法的视频拼接技术的研究[D]. 杭州：浙江工商大学，2011.

[13]   胡同喜，牛雪峰，谭洋等. 基于 SURF 算法的无人机遥感影像拼接技术[J]. 测绘通报，

2015(1).

[14] 陈浩. 基于 SURF 特征匹配算法的全景图像拼接[D]. 西安：西安电子科技大学，2010.

[15] Davison A J，Reid I D，Molton N D，et al. MonoSLAM: real-time single camera SLAM[J]. IEEE Transactions on Pattern Analysis and Machine Intelligence, 2007, 29(6):1052-1067.

[16] Jakob Engel, Vladlen Koltun, and Daniel Cremers. Direct sparse odometry. IEEE transactions on pattern analysis and machine intelligence, 3, 2018.

基于优化 PSO-BP 神经网络的船舶航向预测

秦 可 卜仁祥 方鹏飞

（大连海事大学航海学院 辽宁 大连 116026）

【摘要】 为了提高船舶航向预报的准确性，提高航行安全。采用自适应变异的粒子群算法 SAPSO（self-adapting particle swarm optimization algorithm）优化传统 BP 神经网络的网络参数，能够克服传统 BP 神经网络所具有的对初始权值阈值敏感且容易陷入局部最优的缺点，进而提出了一种自适应变异的粒子群优化算法的神经网络模型用于船舶航向预测。利用实船航行数据对预测模型进行船舶航向的实时预报仿真实验，结果证明了 SAPSO-BP 预测模型具有较高精度，验证了预测模型的有效性。

【关键词】 船舶；航向预测；BP 神经网络；自适应；粒子群优化

Self-adapting PSO-BP network in ship course prediction

Qin Ke, Bu Renxiang, Fang Pengfei

（Navigation College, Dalian Maritime University, Dalian 116026, Liaoning, China）

Abstract: In order to improve the accuracy of ship course prediction, self-adapting particle swarm optimization algorithm (SAPSO) is used to optimize the network parameters of traditional BP neural network, which can overcome the shortcomings of BP neural network which are sensitive to initial weight threshold and easy to fall into local optimum. Furthermore, a neural network model of adaptive mutation particle swarm optimization algorithm is proposed for ship course prediction. Finally, the real-time forecasting simulation experiment of the ship was carried out by using the measured

作者简介： 秦可，硕士研究生，主研领域：船舶避碰，船舶运动控制。

基金项目： 国家自然科学基金项目（61751202, 61803064）；辽宁省自然科学基金（20180550082, 20170540093）。

data of the MV YuPeng to verify the practicability and reliability of the SAPSO-BP prediction model.

Keywords: ship course prediction; BP neural network; self-adapting; particle swarm optimization.

1 引言

近年来，随着航海的快速发展，船舶的航行安全及效率问题日益得到重视，亟待解决。船舶航向预测对于船舶航行安全和效率都有重要的理论与现实意义，但船舶在海上的运动是一个复杂的运动系统，不但具有非线性、时滞性的特点，而且船舶运动受风、浪、流等时变环境因素影响较大，增加了船舶航向预测的困难性[1]。

以建立船舶运动模型的航向预测方法中[2],[3]，随着船舶装载及外界环境等因素的变化，对船舶运动产生很大的影响，干扰的随机性、复杂性直接导致了运动的复杂性，实时地建立数学模型难以实现，并且对数据源的要求较高，大多情况处于理想状态[4]。自20世纪80年代以来，随着人工智能技术的快速发展，使船舶航向预测的研究有了新方向，神经网络因具有较强的非线性映射能力，使得其在船海工程及其他工程领域得到了广泛的应用[5-7]。然而，传统的 BP 神经网络本身存在一些缺陷：网络的训练参数的选择具有随机性；预测模型容易陷入局部最小；同时模型的收敛速度也变化不定等[8-10]。专家学者在传统 BP 神经网络模型的基础上引入各种人工智能优化算法以克服其缺点，进而改善传统 BP 模型的非线性映射能力[11],[12]，但这些优化模型仍容易出现早熟而产生的过早收敛、搜索效率难以大幅度提高等现象，影响了其在实际工程中的应用。

为进一步改善船舶航向的预测精度，本文提出一种基于自适应变异的粒子群优化算法优化 BP 神经网络模型用于对船舶航向进行预测。SAPSO-BP 模型引入自适应变异的 PSO（Particle Swarm Optimization）智能优化算法进而优化传统 BP 网络的模型参数，此方法能够解决 BP 神经网络易于陷入局部最优及对模型初始权值、阈值选择敏感等缺点。采用该预测模型对船的航向数据进行预测仿真实验，将仿真结果与传统的 BP 网络预测模型进行对比，验证了基于自适应粒子群优化算法的 BP 模型，预测船舶风流压差，具有较高的有效性和可行性。

2 问题的描述

船舶平面坐标示意图如图 1 所示，其航向变化表示为：

$$\begin{cases} \psi(t) = \psi(t-1) + \int_{t-1}^{t} r\mathrm{d}(t) \\ \dot{r} = -\frac{1}{T}r - \frac{\alpha}{T}r^3 + \frac{K}{T}\delta + \mathrm{d}(t) \end{cases} \tag{1}$$

其中，ψ 为航向，r 为船舶转首角速度，K,T 为船舶参数，α 为非线性项参数，$d(t)$ 是连续的外界干扰，δ 为舵角。

可见影响船舶航向的因素主要有：船舶固有参数（K,T,α），当前航向（ψ）、船舶前进速度（u）、舵角（δ）及船舶所受的外界干扰。船舶固有参数因具体船舶而定，船舶所受外界干扰在较短时间内认为是恒定不变的。通过将采集的船舶航向、前进速度、舵角连续数据输入到神经网络模型进行学习，得到船舶航向的变化规律。当有新的数据输入到船舶航向预测模型时，该模型根据规律变化产生相应的输出。

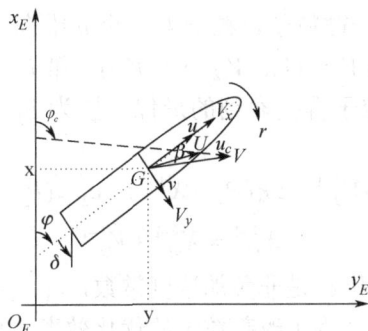

图 1   船舶平面坐标示意图

3 SAPSO–BP 算法的实现

3.1   BP 神经网络算法

BP 算法是将训练样本的输入和输出映射为非线性优化问题，并将网络训练的误差函数作为目标函数的变量来寻找极值问题。训练过程分为两部分：输入信息的正向传播以及输出误差信息的反向传播，通过设定迭代优化步数，反复进行训练学习，直至输出结果收敛。输入信息正向传播：信息由输入层传递至隐含层，使用传递函数计算再传递至输出层，获取正向传播信息。模型的第 j 个神经元的输出表示为：

$$y_j^k = \left(f \sum_{i=1}^{k-1} w_{ij}^{k-1} y_j^{k-1} - \theta_j^k \right) \tag{2}$$

其中，j =1, 2, $\cdots$, n, k=1, 2, $\cdots$, m, $f(x)$ 为传递函数，w_{ij}^{k-1} 为连接第 k-1 层第 i 个神经元与第 k 层神经元的权值，θ_j^k 为阈值。

预测模型误差反向传播：实际值与预测值的差值为 $E(wk)$，采用梯度下降法调节权值与阈值，最终使得误差函数最小。为了防止预测模型在学习过程中发生数值震荡，加入动量项：

$$w(k+1) = w(k) - \eta \partial E / \partial W(k) + \alpha \Delta w(k) \tag{3}$$

其中：η 为学习效率，α 为动量项系数。

为了解决 BP 模型因网络参数选择不当而容易陷入局部，最优提高收敛速度，专家学者引入了粒子群优化算法。

3.2 粒子群优化算法

在 PSO 寻优计算中每只鸟代表一个"微粒子"，在粒子寻优过程中首先对每个微粒子按照对应的法则规律进行速度和位置的初始化。循环求解时，每一个微粒子通过一定的速度对个体极值和群体极值进行寻优跟踪，并更新自身的位置，微粒子获得的最优值表示个体极值，群体极值则表示全部微粒子获得的最优值（全局最优值）。

设整个搜寻范围内有 N 个微粒子，粒子为一个 d 维向量，第 i 个粒子的位置表示为 $X_i=(X_{i1}, X_{i2}, \cdots, X_{iD})$，速度为 $V_i = (V_{i1}, V_{i2}, \cdots, V_{iD})$。第 i 个微粒子寻找到的最优位置为 $P_i =(P_{i1}, P_{i2}, \cdots, P_{iD})$，整个粒子群搜索到的最优位置为 $P_g = (P_{g1}, P_{g2}, \cdots, P_{gD})$。微粒子状态更新如下：

$$V_{id}^k = wV_{id}^{k-1} + c_1 r_1(P_{i_d} - X_{id}^{k-1}) + c_2 r_2(P_{g_d} - X_{id}^{k-1}) \tag{4}$$

$$X_{id}^{k-1} = X_{id}^{k-1} + V_{id}^{k-1} \tag{5}$$

其中，$i = 1, 2, \cdots, N$；c_1 和 c_2 是非负加速度常数，$c_1=c_2=2$；w 为惯性因子；r_1 和 r_2 是介于[0,1]之间的随机数。此外，为了改善粒子的优化效率，算法将每个微粒子的速度和位置进行适当的限制。$X_{id} \in (-X_{max}, X_{max})$，$V_{id} \in (-V_{max}, V_{max})$。其中，$X_{max}$ 和 V_{max} 均为常数。

3.3 自适应粒子群优化算法

粒子群优化算法虽然较快地提高了模型的收敛速度，但同时也存在搜索精度低、迭代效率在末期逐渐下降等缺点。本文引入了一种变异算子来改善 PSO 算法，该算子将一部分随机变量再次随机初始化，使得最优微粒子得以跳出之前求解得出的最优位置，使得算法的搜索范围增大。算子增加了寻找更优解的概率，其实质为在每次微粒子迭代更新之后，将其再以一定的概率初始化。其中，自适应变异算子公式表示如下：

$$pop(j, pos) = \lambda \times rands(1,1) \quad if \ rand > c \tag{6}$$

其中，j 为微粒子的种群规模数量，λ 为微粒子种群位置最大值，pos 为离散的均匀随机正整数，c 为正常数，通常小于 1。

SAPSO-BP 模型和 PSO-BP 模型适应度函数曲线比较如图 2 所示，本文选用相同的样本在同样的仿真环境下对传统 PSO-BP、SAPSO-BP 模型进行训练。图中绿色虚线为传统 PSO-BP 模型的适应度值变化线，当模型迭代至约为 35 步时，传统 PSO-BP 模型适应度值基本稳定在 0.9，也就是近似陷入了局部最优。而此时，红色实线（代表 SAPSO-BP 模型的适应度值变化）值，则继续减小，适应度值最终稳定在 0.6，说明改进的模型可以在同样的条件下更高效地跳出局部最优值，进而寻找最优解。可以得出结论：PSO-BP 模型的适应度函数值明显大于 SAPSO-BP 预测模型，表明了 SAPSO-BP 预测模型可以更快地跳出局部最优。其中，适应度函数公式如下：

$$error = |Y_k - O_k| \tag{7}$$

其中，O_k 为实际输出值，Y_k 为预测输出值。

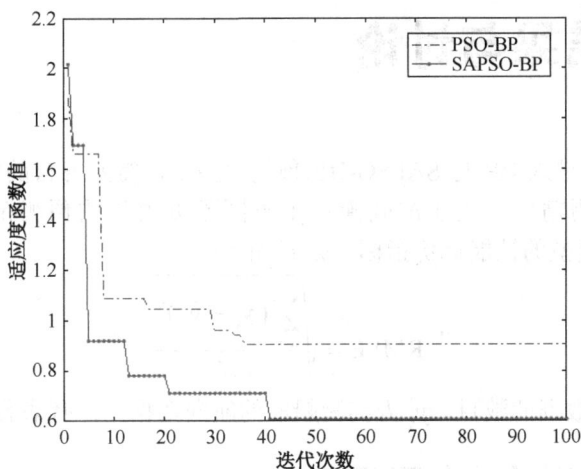

图 2 SAPSO-BP 模型和 PSO-BP 模型适应度函数曲线比较

3.4 SAPSO 优化算法训练 BP 神经网络

本文仿真实验的数据为船舶真实的采集数据，模型中增加了时间间隔输入量，克服了以往只能进行等间隔的数据输入、预测问题，提高了模型的普遍适应性。模型中采用连续 3 个时刻的数据为输入，即 t 时刻的航向由 t–3、t–2、t–1 时刻的数据预测得到，每一时刻的数据由船舶航向、航速、舵角、时间间隔值组成，因此确定将整个网络预测模型设置为 12 个输入节点，1 个输出节点。本文共选取了 220 组数据，其中，前 150 组数据用于 SAPSO-BP 模型的仿真训练，后 70 组数据则用于 SAPSO-BP 模型的仿真预测。该算法的实现步骤如下。

第一步：载入船舶航向、航速及舵角数据，并将数据归一化处理，建立 BP 神经网络以及 SAPSO 算法模型。SAPSO-BP 混合预测模型的初始参数 $c_1 = c_2 = 2$，微粒子群规模为 30，即微粒子数目为 30，迭代训练学习步数为 100，经过多次仿真实验测试，本文将每一个微粒子的初始速度规定在[-2,2]之间，以及初始位置规定在[-5,5]之间。

第二步：将算法中的粒子位置设置为 BP 网络的模型参数，再根据适应度函数公式计算微粒子初始适应度值。

第三步：网络模型在训练学习过程中，每个微粒子通过更新公式进行速度和位置的更新，并根据误差函数获得新的适应度值。然后将自适应变异算子添加到 PSO 算法中，由变异公式进行微粒子群体极值和个体极值的更新。

第四步：误差准则判断，若最优解的个体适应度值达到设置的误差要求，或迭代循环次数满足设置要求，则算法执行下一步；若不满足相应的准则要求，则返回第三步继续循环求解寻优。

第五步：SAPSO 算法的计算循环结束，把求解得到的模型参数赋给 BP 预测模型。

第六步：设定 BP 神经网络的网络参数：迭代次数为 1 000，学习目标为 0.000 1，学习率为 0.1。最后，使用赋值最优参数的 BP 网络进行航向预测。

4　仿真结果与讨论

将实测数据分别导入 BP 与 SAPSO-BP 预测模型中，得到各自的结果，通过对预测误差的比较来判定预测精度。为了准确衡量出不同预测模型的预测精度，将均方根误差（RMSE）作为预测模型的性能评价指标，公式如下：

$$RMSE = \sqrt{\frac{\sum_{k=1}^{n}(y_k - \hat{y}_k)^2}{N}} \tag{8}$$

其中，N 为预测数据的数目，y_k 为实测船舶的航向数据，$\hat{y}_k$ 代表预测船舶的航向数据。

4.1　BP 模型的航向预报

BP 船舶航向预测模型预测结果如图 3 所示。BP 船舶风流压差预测模型的预测值与实测值之间虽然在一些预测点有较大误差，但变化曲线基本吻合。考虑到船舶航向变化有着较强的非线性时变因素，BP 网络模型通过连续的数据学习，依然能够学到船舶航向的变化规律，说明了 BP 神经网络有着较强的映射能力。BP 船舶航向预测模型预测误差曲线如图 4 所示，BP 预测模型其预测值与实测值之间的差值（预测误差）绝大多数在 ±0.50 以内，但在两组预测点上出现了较大的误差值，最大误差为−1.20，其均方根误差 RMSE=0.302 8。

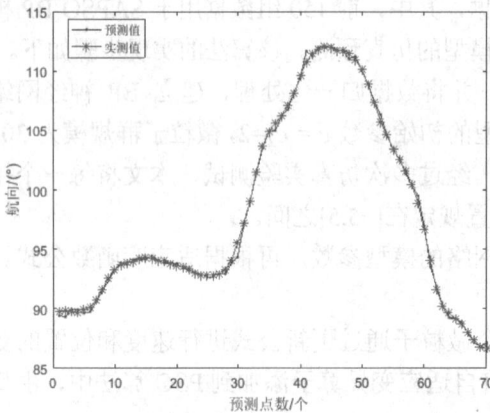

図 3　BP 船舶航向预测模型预测结果　　　　　図 4　BP 船舶航向预测模型预测误差曲线

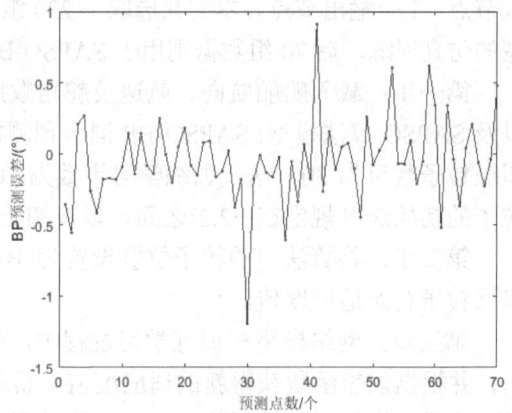

4.2　SAPSO–BP 模型的航向预报

SAPSO-BP 船舶航向预测模型预测结果如图 5 所示。基于自适应粒子群改进的预测模型，其预测值和实际值之间拟合情况明显优于 BP 模型，特别是消除了 BP 预测模型中出现的较大随机误差。图 6 为 SAPSO-BP 船舶航向预测模型预测误差曲线。其预测值与实测值之间的差值（预测误差）大多数在 ±0.30 以内，偶尔几组数据出现了较大误差，但最大误差仍不超过 ±0.60，其均方根误差 RMSE=0.185 2。

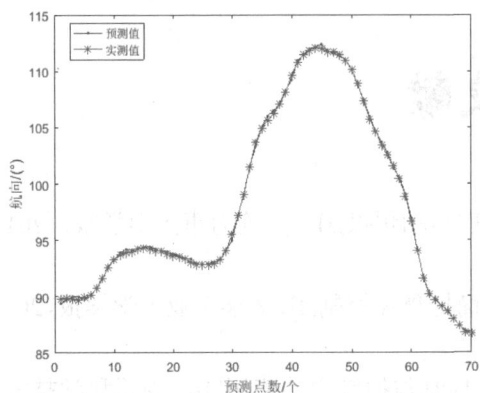

图 5　SAPSO-BP 船舶航向预测模型预测结果　　图 6　SAPSO-BP 船舶航向预测模型预测误差曲线

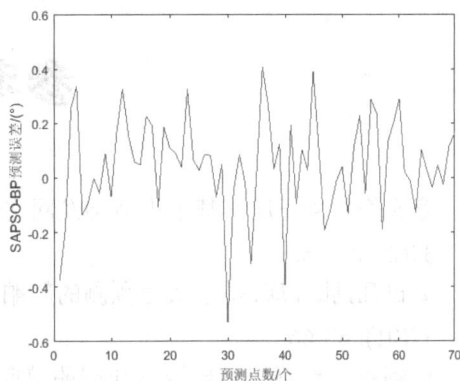

4.3　仿真结果分析

本仿真实验使用相同的实测船舶航向数据对模型进行训练、预测，由误差图可见 SAPSO-BP 模型预测误差明显较小，并且误差值相对稳定。经仿真计算得到的 BP 模型、PSO-BP 模型及 SAPSO-BP 模型的均方误差分别为：0.302 8、0.219 6 和 0.185 2，SAPSO-BP 预测模型的预报精度相对于 BP 和 PSO-BP 预测模型分别提高了 63.5%、18.6%。

为进一步验证优化模型的有效性，通过几种不同的神经网络模型在相同条件下进行仿真实验，得到各自的结果。仿真结果对比如表 1 所示，可以得出基于自适应粒子群优化训练的 BP 模型，其预测精度有了很大的提升。

表 1　仿真结果对比

预测模型	均方根误差/（°）
BP	0.302 8
RBF	0.279 6
PSO-BP	0.219 6
SAPSO-BP	0.185 2

5　结语与展望

本文建立了一种改进的 BP 算法来预测船舶航向，该算法将自适应粒子群用于 BP 模型参数的优化，此方法克服了传统 BP 神经网络易陷入局部最优以及对模型的初始权值阈值选择敏感的缺点，提高了模型的全局搜索能力。通过对大连海事大学教学实习船航向数据进行实时预测仿真实验，将仿真结果与传统的 BP 网络预测模型进行对比，验证了 SAPSO-BP 船舶航向预测模型具有较高的预测精度，为船舶航向的实时预测提供了一种有效途径。但在预测模型中没有考虑时变的外界干扰，所以随着时间的增长，预测误差也将增大，如何提高长时间的预测精度是接下来研究的重点。

参考文献

[1] 章文俊，刘正江. 基于小波神经网络的船舶运动预报[J]. 大连海事大学学报，2013，39(2): 25-28.

[2] 姜日凡，张显库. 基于灰色预测的船舶航向简捷鲁棒控制[J]. 大连工业大学学报，2018，37(01): 63-66.

[3] 谭鹤毅. 支持向量机技术在舰船航向广义预测与控制中的应用[J]. 舰船科学技术，2018，40(06): 16-18.

[4] 甄荣，金永兴，胡勤友等. 基于 AIS 信息和 BP 神经网络的船舶航行行为预测[J]. 中国航海，2017，40(2):6-10.

[5] 张泽国，尹建川，胡江强等. 基于灰色模型粒子群优化算法的自适应神经模糊推理系统模型的船舶横摇运动预报分析[J]. 科学技术与工程，2016，16(33):124-129.

[6] 曹洁，沈钧珥，张红等. 基于小波和多维重构的 BP 神经网络交通流短时预测[J]. 计算机应用与软件，2018，35(12):61-65+82.

[7] YU. S, ZHU. K, DIAO. F. A dynamic all parameters adaptive BP neural networks model and its application on oil reservoir prediction[J],Applied Mathematic and Computation, 2008, 195: 66-75.

[8] 任伟，牛玉霞. GA-BP 在化工园区 VOCs 预测模型中的应用[J]. 计算机应用与软件，2018，35(12):274-277+324.

[9] YIN. Sequential learning radial basis function network for real-time tidal level predictions[J]. Ocean Engineering, 2013, 57(2): 49-55.

[10] H. Baseri. Modeling of spring-back in V-die bending process by using fuzzy learning back-propagation algorithm[J]. Expert Systems with Applications, 2011, 38(7): 8894-8900

[11] 何廷一，田鑫萃，李胜男等. 基于蜂群算法改进的 BP 神经网络风电功率预测[J]. 电力科学与技术学报，2018，33(4):22-28.

[12] 张开生，黄谦. 基于粒子群优化 BP 神经网络的脉象识别方法[J]. 现代电子技术，2018，41(03): 96-100+106.

面向自动驾驶汽车的声学环境感知研究

陈达亮[1] 李仁仁[2] 王 东[1] 房 宇[2]

（1. 中国汽车技术研究中心有限公司，天津 300300；

2. 江苏大学汽车与交通工程学院，江苏镇江 212013）

【摘要】交通环境中声音信号能有力地补充自动驾驶汽车雷达、摄像头等传感器感知环境能力的不足，获取更全面的交通环境信息。本文将梅尔频率倒谱系数与时频域特征参数的组合特征向量，应用到支持向量机分类器中，完成交通环境特种声音的识别。实验结果表明交通环境特种声音在信噪比高于 50dB 的情况下，平均识别率高达 96.67%，弥补了当前自动驾驶环境感知系统对于声学环境感知的缺失。

【关键词】环境声音识别；梅尔倒谱系数；时频域特征；支持向量机

Traffic Environment Sound Recognition for Autonomous Vehicles

Chen Daliang[1], Li Renren[2], WangDong[1], FangYu[2]

（1. China Automotive Technology and Research Center Co. Ltd ,Tianjin 300300;

2. School of Automotive and Transportation Engineering, Jiangsu University, Zhenjiang 212013）

Abstract: The sound signal in the traffic environment can effectively supplement the shortage of mainstream environment-aware sensors, such as car radar and camera, of the self-driving to obtain more comprehensive traffic environment information. In this paper, the feature vector combining the Mel Frequency Cepstral Coefficient (MFCC) and the time-frequency domain parameters is applied to the support vector machine classifier. The experimental results show that the traffic environment special sound has an average recognition rate of 96.67% when the signal-to-noise ratio is higher than 50dB, which makes up for the lack of perception of the acoustic environment in the current automatic driving environment perception system.

Keywords: special sound event recognition; Mel cepstrum coefficient; time-frequency domain feature; support vector machine.

1 概述

自动驾驶系统主要包含三个部分：感知、决策和控制。其中环境感知是实现自动驾驶的基础，而多传感器融合是实现自动驾驶环境感知的必然趋势[1]。自动驾驶汽车环境感知系统的传感器主要包含激光雷达和摄像头等，但是目前感知系统无法适应特殊交通路况，难以发现"看不见"的交通突发事件，比如在拥挤道路上鸣笛开道的警车等。通过声音信号，能有效解决这类交通突发事件，交通环境声音识别将会给自动驾驶汽车装上"耳朵"，环境声音识别技术是声音识别的一种，是在特定环境下的一种应用。声音识别还包括语音识别[2]、语音情感识别[3]、声纹识别[4]、和故障智能诊断[5]等。

针对声音识别，大多数早期的研究都提出将梅尔频率倒谱系数（Mel Frequency Cepstrum Coefficient，MFCC）用于声音识别[6]，但是 MFCC 是根据人耳听觉特性和语音的发声特点提出的，所以在环境声音的识别中性能有所下降，因此针对环境声音事件，仍需要对特征提取和识别模型进行深入研究。目前主流的声音识别算法有支持向量机（Support Vector Machine，SVM）[7]、高斯混合模型（Gaussian Mixture Model，GMM）[8]和深度神经网络（Deep Neural Networks，DNN）[9]等，在小样本声音分类识别中，支持向量机方法具有较高的效率和识别率。

因此，本文根据交通环境声音特点，提出了梅尔频率倒谱系数和时频特征混合的特征参数组合，使用支持向量机识别模型解决交通环境声音的识别问题，其中交通环境声音包括警笛声、救护声、鸣笛声和尖叫声。

2 交通环境声音信号预处理

2.1 归一化

对交通环境声音的采集往往由于背景环境影响及采集设备与声源的距离等原因，造成各声音忽高忽低，影响采集质量。经过归一化处理可以在一定程度上减少各声音、由于采集原因导致的质量差距，而且有利于计算和分析声音信号的频率与特征参数分布，本文采用的归一化处理方法如下：

$$x(t) = \frac{x(t) - \overline{x(t)}}{\max |x(t)|} \tag{1}$$

上式中：$x(t)$ 为声音信号；$\overline{x(t)}$ 为声音信号均值。

2.2 预加重

随着信号速率的增加，采集的声音信号在传输过程中受损很大，为了在接收终端能得到比较好的信号波形，需要对受损的信号进行预加重处理，补偿高频分量在传输过程中的过大衰减。而预加重对噪声并没有影响，因此，有效地提高了输出信噪比。预加重的实现采用一阶数字滤波器，如公式（2）所示：

$$H(z) = 1 - \mu z^{-1} \tag{2}$$

上式中：$H(z)$ 为预加重传递函数；z 为频率；μ 为预加重系数，本文取 0.95。

2.3 分帧加窗

声音信号在宏观上一般是不平稳的，但是具有短时平稳性，所以在处理声音信号前需要对信号分帧处理。一般取帧长为 20ms。为了避免信号间断，取帧移为 10ms。信号的分帧是通过加窗函数实现的。本文加窗函数采用的是汉明窗。

2.4 端点检测

采集的信号中包含有效信号与噪声。端点检测可以将特种声音部分与噪音分割开来，准确的端点检测既可以减少计算负担，又可以提高识别性能[10]。本文采用双门限法进行端点检测，双门限法是基于短时能量和短时平均过零率实现端点检测的。利用噪声段和特种声音段短时平均能量的不同实现一级判决，再利用短时平均过零率的差异实现二级判决。短时能量的求解公式为：

$$\text{AMP} = \sum_{m=1}^{N} x^2(m) \tag{3}$$

上式中：AMP 为短时能量；$x(m)$ 为声音信号；N 为帧长。

短时过零率的计算公式为：

$$\text{ZCR} = \sum_{m=1}^{N} \left| \text{sign}\left[x(m) \right] \right| - \text{sign}\left[x(m-1) \right] \tag{4}$$

上式中：ZCR 为短时过零率；$x(m)$ 为声音信号；N 为帧长。

3 特征参数提取

声音特征参数提取是从声音信号中获得一种能够描述声音特征的过程。

3.1 梅尔频率倒谱系数

本文采用梅尔频率倒谱系数（MFCC）作为特征参数。MFCC 是在梅尔标度频率域下提取的倒谱参数，梅尔标度描述了人耳频率的非线性特征[11]。MFCC 提取流程如图 1 所示。

（1）图 1 中的预处理过程包含对声音信号的预加重、分帧加窗等步骤。信号进行预加重、分帧加窗等预处理后，再对信号 $X(t)$ 进行短时傅里叶变换得到频谱 $X(\omega)$：

$$X(\omega)=\sum_{t=0}^{N-1}X(t)e^{-j2n\pi/N},0\leqslant t\leqslant N \tag{5}$$

上式中：$X(\omega)$ 为频域信号；$X(t)$ 为分帧后时域信号；t 为时间；ω 为频率；N 为傅里叶变换区间长度。

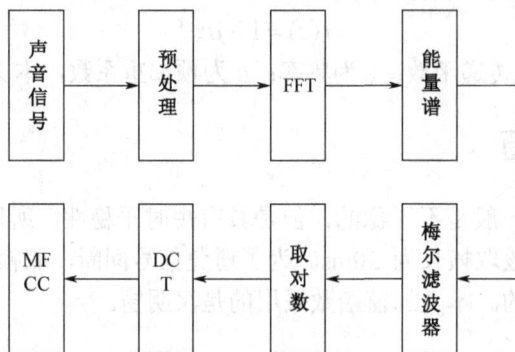

图 1　MFCC 提取流程

（2）求 $X(\omega)$ 的平方，即能量谱。通过使用包含 M 个滤波器的滤波器组（滤波器的个数和临界带的个数相近）对其滤波，本文采用的滤波器为三角滤波器，取 M=24。计算滤波器输出的能量对数叠加，其表达式如下：

$$s(m)=\ln\left(\sum_{k=0}^{N-1}\left|X(\omega)\right|^2 H_m(\omega)\right),\ 0\leqslant m\leqslant M \tag{6}$$

上式中：$s(m)$ 为能量对数；$H_m(\omega)$ 为三角滤波器函数表达式。

（3）再经离散余弦变换（DCT）得到梅尔倒谱系数（MFCC）：

$$C(n)=\sum_{m=0}^{N-1}s(m)\cos\left(\frac{\pi n(m-0.5)}{M}\right),\ n=1,2,\ldots,L \tag{7}$$

上式中：$C(n)$ 为梅尔倒谱系数；n 为 MFCC 维数，本文取 n=12；M 为三角滤波器的个数。

对采集的交通环境声音进行分析，图 2 是交通环境声音的 MFCC 参数。图中横轴是 MFCC 参数的维数，纵轴是声音的长度，竖轴为特征向量值的大小。

（1）从特征参数分布形状可以看出尖叫声在 500 帧左右出现峰值，符合尖叫声特征，但是从形状上无法区分救护声和警笛声。

（2）从特征参数密集程度可以看出，警笛声参数最密以深蓝为主；鸣笛声和尖叫声次之，以深蓝和浅绿色为主；救护声参数最稀薄以浅绿色和黄色为主。由此可见，MFCC 可以在一定程度上区分交通环境声音，但是对四种交通环境声音的区分度不够。

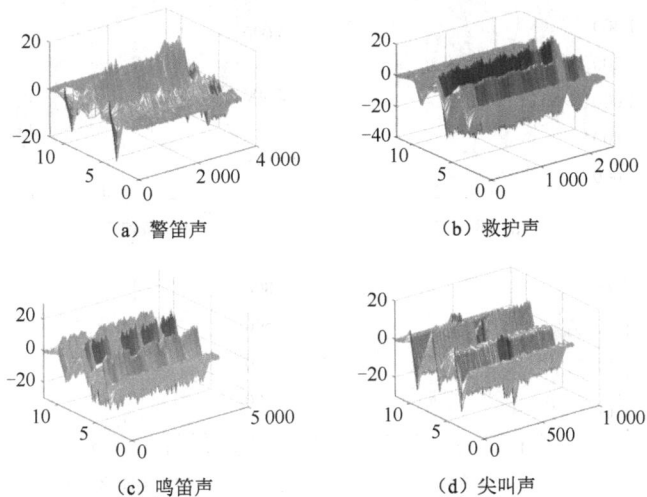

（a）警笛声　　　　　　　　　　　　　（b）救护声

（c）鸣笛声　　　　　　　　　　　　　（d）尖叫声

图 2　交通环境声音的 MFCC 参数

3.2　时频域特征参数

特种声音信号的频率随着时间的变化比较明显，从时频变化特征可以更全面地反映特种声音的频率特征。具体处理方法如下。

首先求取交通环境声音的时频谱特性。交通环境声音的时频谱图如图 3 所示，然后用每个时间点的最大功率谱密度来追踪时频信号，得到特种声音信号的时频谱线。交通环境声音的时频谱图如图 4 所示。从图 3 和图 4 可以看出，四种交通环境声音所处的频率段及频率随时间的变化规律各不相同，四种声音的时频域特征有明显的区别，分别求出四种声音信号每帧信号的频率均值，以及每帧信号上升段频率的导数平均值、每帧信号下降段频率的导数平均值，作为表示特种声音的时频变化的特征参数。

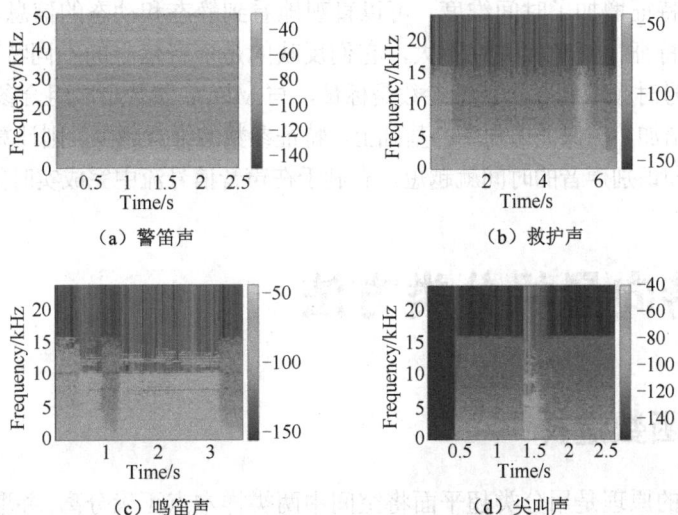

（a）警笛声　　　　　　　　　　　　　（b）救护声

（c）鸣笛声　　　　　　　　　　　　　（d）尖叫声

图 3　交通环境声音的时频谱图

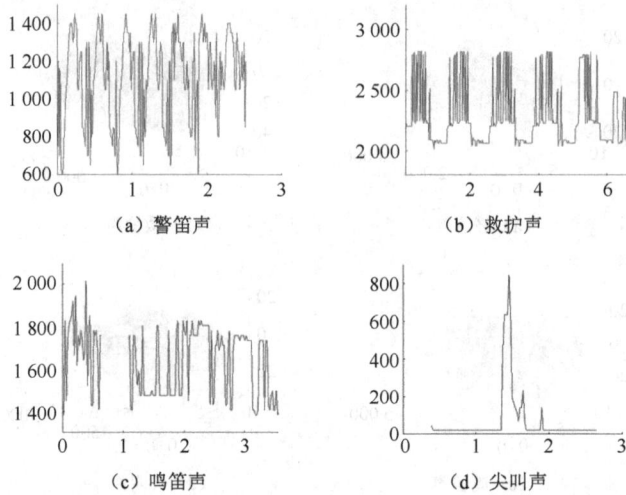

（a）警笛声　　　　　　　　　（b）救护声

（c）鸣笛声　　　　　　　　　（d）尖叫声

图 4　交通环境声音的时频谱图

3.3　混合特征

本文选取的城市环境特种声音的特征参数组合见表 1，共 15 个声音特征。

表 1　特征参数组合

特征项	具体特征	特征个数
时频域特征	频率的均值，上升段和下降段导数平均值	3
MFCC 参数	12 维的 MFCC 特征参数	12

本文选取 MFCC 与时频域特征构成特征参数组合的理论依据如下。

（1）警笛声、救护声、鸣笛声等特种声音的频率变化是有规律的。

（2）时频域特征增加了时间维度，可以直观地看到静态和动态的信息。而 MFCC 参数是人耳听觉感知特征，两者相关性不大，它们反映的是声音信号的不同特征。

（3）声音信号时频域的 3 个特征参数是标量，与 MFCC 参数形成组合参数不会使 MFCC 参数的维度明显增加。在保证识别率的基础上，特征参数的维数越少，则计算量越小，用于训练声音识别模型和识别声音的时间就越短，有利于在声音信号流中完成实时的特种声音识别。

4　支持向量机分类方法

4.1　核函数选择

支持向量机的原理是用分类超平面将空间中两类样本点正确分离，并取得最大边缘（正样本与负样本到超平面的最小距离）。所以支持向量机识别的关键在于求解分类超平面，确定特征空间结构。而核函数的选择，直接决定特征空间的结构，影响分类结果[12]。目前，较常用的核函数主要有 3 类：

（1）线性核函数

$$K\left(x_i, x_j\right) = x_i x_j \tag{8}$$

上式中：x_i、x_j 为声音样本；$K\left(x_i, x_j\right)$ 为核函数。

（2）多项式核函数

$$K\left(x_i, x_j\right) = (x_i x_j + 1)^d \tag{9}$$

上式中：d 为多项式阶数

（3）高斯核函数

$$K\left(x_i, x_j\right) = \exp\left(-\gamma \left|x_i - x_j\right|^2\right) \tag{10}$$

上式中：γ 是核参数，取经验值。

为了验证三种核函数对交通环境声音识别效果的影响，使用干净交通环境声音信号（无噪声污染）：警笛声、救护声、鸣笛声和尖叫声，各取 30 个声音样本，求其 MFCC 特征参数用于 SVM 模型训练，并获取训练过程中交叉验证结果和训练时长。SVM 核函数性能对比结果见表 2。对比可以看出，三种核函数对四种交通环境声音具有相同的识别率，但是高斯核函数完成模型训练的速度最快。高斯核函数不仅具有线性核函数与多项式核函数的优点，而且估值计算简单，不会出现溢出之类的计算问题，所以本文选用高斯核函数。

表 2　SVM 核函数性能对比

	识别率/%	训练时长/s
线性和函数	94.17	1.4536
多项式核函数	94.17	1.0194
高斯核函数	94.17	0.9522

4.2　多分类 SVM

支持向量机作为一种统计学上的分类方法，主要用于解决二分类的问题，由二分类可以得到多类分类器，完成四种声音的分类识别[13]。分类示例图参见图 5。

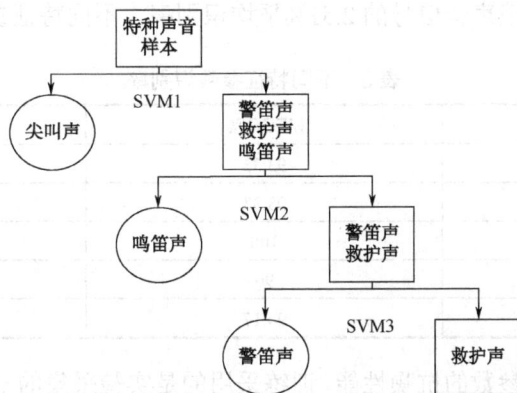

图 5　分类示例图

　　警笛声、救护声、鸣笛声与尖叫声的分类过程如图 5 所示。第一次将尖叫声的样本定为正样本，其余警笛声、救护声和鸣笛声的样本合起来定为负样本，这样得到第一个两类分类器；第二次将鸣笛声定为正样本，警笛声和救护声定为负样本；第三次将警笛声定为正样本，救护声定为负样本；定义 3 个两类分类器：SVM_c（$c=1,2,3$）。

　　对于每个要训练的声音样本，计算高维空间中的最佳超平面分类函数 $f(x)$，表达式如式（7）所示，$f(x)$ 值的正负分别代表不同的类别。

$$f(x) = \sum_i^L \alpha_i y_i K(x_i, x) + b \tag{11}$$

上式中：α_i 是支持向量 x_i 对应的拉格朗日乘子，y_i 是支持向量 x_i 的类别标注（为 1 或者-1），L 是支持向量总数，K 是高斯核函数。

　　通过计算测试声音样本向量到超平面的距离判断未知数据所属类别。然后通过公式（8）求得未知声音信号 x 相对于每一个二类分类器 $\text{SVM}c$ 的概率，完成声音分类识别。

$$P(\text{SVM}_c \mid x) = \frac{1}{(1 + \exp(f_x + B))} \tag{12}$$

上式中：B 是核函数参数，SVM_c 是二类分类器；f 是 x 相对于每一个二类分类器 SVM_c 的输出。

5　实验结果分析

　　实验用到的交通环境声音包括警笛声、救护声、鸣笛声和尖叫声，利用麦克风和 LMS 数采设备在半消声室内采集的蜂鸣器的模拟声音，每种各 60 个，其中，30 个声音样本用于模型训练，剩余 30 个进行识别测试。采样频率为 48 000Hz。

　　实验中比较了 MFCC 参数和组合特征参数的不同特征的识别率见表 3。其中，组合特征参数即为时频域特征和 MFCC 特征参数的组合。通过表 3 可以看出，时频域特征和 MFCC 特征参数的组合使用，虽然不能有效提高尖叫声的识别率，但是对机械声的识别率明显提升，从而提高了交通环境声音信号的 2.51% 平均识别率。不同特征参数识别率参见表 3。

表 3　不同特征参数识别率

	MFCC/%	组合参数/%
警笛声	93.33	96.77
救护声	93.33	100
鸣笛声	100	100
尖叫声	90	90
平均识别率	94.17	96.68

　　为了测试组合特征参数的抗噪性能，训练采用的是实验采集的干净交通环境声音信号，测试使用不同信噪比的交通环境声音，即在干净交通环境声音信号中添加信噪比不同的高

斯白噪声。不同信噪比组合特征参数的识别率参见表4。

表4 不同信噪比组合特征参数的识别率

信噪比/dB	识别率/%
20	45.8
30	75
40	77.5
50	96.68
INF	96.68

上表中，信噪比为 INF dB 表示无噪声污染的干净声音信号。从上表可以看出，本文的识别方法对于交通环境噪声具有一定抗噪能力。在信噪比高于 50dB 的情况下，识别性能基本不变，平均识别率为96.67%。信噪比降至30dB 时，也可以保持75%的平均识别率。

6 结语

由于目前自动驾驶汽车环境感知系统缺少对于声学环境感知的能力，以及对于环境声音识别技术的不足，本文提出将 MFCC 和时频域特征参数的组合用于 SVM 的训练与识别中，实验证明使用组合特征参数比单独使用 MFCC 特征参数有更高的识别率，在无噪声情况下，识别率高达 95%以上；而且此识别方法具有一定的抗噪能力。在信噪比高于 50dB 时，平均识别率保持不变，在信噪比降低至30dB 时，也有75%的正确识别率。

本文通过声音识别来辨识交通环境中的声音事件，证实了通过声音信号来补充自动驾驶汽车环境感知能力的可行性，是对传统自动驾驶汽车环境感知传感器（雷达和摄像头等）的有力补充。使自动驾驶汽车环境感知系统获取更全面的交通信息，提高自动驾驶汽车行车安全。

参考文献

[1] 郝俊. 自动驾驶环境感知系统研究[J]. 时代汽车，2018(9):15-16.

[2] Youhao Yu. Research on Speech Recognition Technology and Its Application[C]. Computer Science and Electronics Engineering, International Conference on, 2012.

[3] Kunxia Wang,Ning An,Lian Li. Speech emotion recognition based on wavelet packet coefficient model[C]. Chinese Spoken Language Processing, International Symposium on, 2014.

[4] 郑方,李蓝天,张慧等.声纹识别技术及其应用现状[J].信息安全研究,2016,2(1):44-57.

[5] 杨元威，关永刚，陈士刚等. 基于声音信号的高压断路器机械故障诊断方法[J]. 中国

电机工程学报，2018，38(22):6730-6737.

[6]　王浩安，李应. 噪声环境下基于能量检测的生态声音识别[J]. 计算机工程，2013，39(2):168-171.

[7]　李良荣，荣耀祖，顾平等. 基于 SVM 的车牌识别技术研究[J]. 贵州大学学报（自然科学版），2018，35(5):48-54.

[8]　Zhiqiang Wang, Catherine Da Cunha,Mathieu Ritou, et al. Comparison of K-means and GMM methods for contextual clustering in HSM[J]. Procedia Manufacturing, 2019, 28.

[9]　陈甜甜. 基于深度学习的说话人识别研究[D]. 北京：北京邮电大学，2018.

[10]　Cao Yali,La Dongsheng,Jia Shuo, et al. A speech endpoint detection algorithm based on wavelet transforms[C]. Control and Decision Conference, The 26th Chinese,2014.

[11]　Chauhan, P.M., Desai, N.P.. Mel Frequency Cepstral Coefficients (MFCC) based speaker identification in noisy environment using wiener filter[C]. Green Computing Communication and Electrical Engineering, International Conference on, 2014.

[12]　张雪英. 数字语音处理及 MATLAB 仿真（2 版）[M]. 北京：电子工业出版社，2016:189-194.

[13]　王行甫，陈家伟. 基于高斯核的 SVM 的参数选择[J]. 计算机系统应用，2014，23(7):242-245.

无人艇变论域模糊自整定 PID 航向控制[1]

张金越　郭　健　孙洪波　李丽娜

（集美大学航海学院，福建 厦门 361021）

【摘要】针对模糊自整定 PID 航向控制算法难以有效控制具有强非线性的无人艇，设计了变论域模糊自整定 PID 航向控制算法，利用遗传算法离线确定 PID 初始值，借助 MATLAB 软件，基于无人艇 MMG 模型，分别采用传统 PID、模糊自整定 PID 和变论域模糊自整定的 PID 航向控制算法进行无人艇航向控制的仿真试验，并采用加权综合评判法对三种算法的仿真结果进行定量评判。评判结果表明，变论域模糊自整定 PID 控制算法具有更好的控制效果。

【关键词】变论域模糊自整定 PID；PID 初始值；无人艇

Variable Universe Fuzzy Self-tuning PID Course Control for USV

Zhang Jinyue, Guo Jian, Sun Hongbo, Li Lina

（Jimei University, Xiamen 361021）

Abstract: Aiming at the problem that the fuzzy self-tuning PID course control algorithm is difficult to effectively control USV (Unmanned Surface Vehicle) with strong nonlinearity, a variable universe fuzzy self-tuning PID control algorithm is designed, and the initial value of PID is determined offline by genetic algorithm. Finally, with the help of MATLAB software, traditional PID, fuzzy self-tuning PID and variable universe fuzzy self-tuning PID course control algorithm are used to have a simulation test of course control for the MMG model of USV, meanwhile, the weighted comprehensive evaluation method is used to evaluate the simulation results. The

---

1 基金项目：国家自然基金资助项目（51879119）。

results show that the variable universe fuzzy self-tuning PID control algorithm has better control effect.

Keywords: variable universe fuzzy self-tuning PID; fuzzy value PID; USV.

1 引言

无人艇在航向自动控制的过程中，最重要的是保持航向的精确性以及减少能耗，而保持航向的精确性是无人艇解决自主航行、自动避碰等问题的前提。

在早期的船舶航向控制算法中，PID 自动舵由于结构简单且具有一定的鲁棒性，因而得到了广泛的应用。但由于其初始值固定不变，无法随外部环境的变化而变化，满足不了无人艇的应用需求。近年来，已有较多学者结合智能控制的理论，对无人艇航向控制进行了深入的研究：高双、朱齐丹以神经网络为辨识器设计了具有良好跟踪效果的模糊 PID 控制器[1]；武颖，杨胜强等人为无人艇设计了具有较强鲁棒性和抗干扰能力的反演滑模控制算法[2]；陈鸷鹭，程海边则将模糊控制与神经网络相结合，设计了具有动作速度快、稳定性好航向控制器[3]；除此之外，改进的 PID 控制、Backstepping 设计法等智能控制方法均取得了较好的应用效果。

本文为实现对无人艇自动避碰算法的仿真测试，对船长为 7.5m、船宽为 2.5m、排水量为 3.85 吨的喷水型无人艇进行航向控制的研究，设计了变论域模糊自整定 PID 控制器对无人艇进行航行控制，并采用遗传算法确定 PID 初始值，同时结合 MATLAB 仿真软件进行仿真，结果表明该控制器具有响应速度快，超调量小的特点。

2 无人艇航向控制算法

2.1 PID 航向自动舵原理

随着自动控制理论不断得到深化和发展，各种先进的控制算法不断被提出并且成功应用到船舶的航向控制中。PID 自动舵由于算法简单，同时具有一定的鲁棒性，得到了广泛的应用。其根据给定值 $\Psi_r(t)$ 与实际的输出值 $\Psi(t)$ 得到控制偏差 $e(t)=\Psi_r(t)-\Psi(t)$，并将偏差的比例、积分、微分进行线性组合，达到对被控对象的控制。图 1 为 PID 控制算法原理图。PID 的控制规律：Ψ 为受控系统的航向角，Ψ_r 为设定值。

传统的 PID 航向自动舵是一种精确的航向保持控制系统，它改善了系统的性能指标[4]。由于 PID 的初始值 k_p，k_i，k_d 固定不变的，而不同船型、不同环境下的 PID 初始值的选取各不相同，这是 PID 航向自动舵的缺点之一，这也导致了算法难以处在最佳工作状态。因此，实用的 PID 航向自动舵，应该具备 PID 参数自整定的功能。

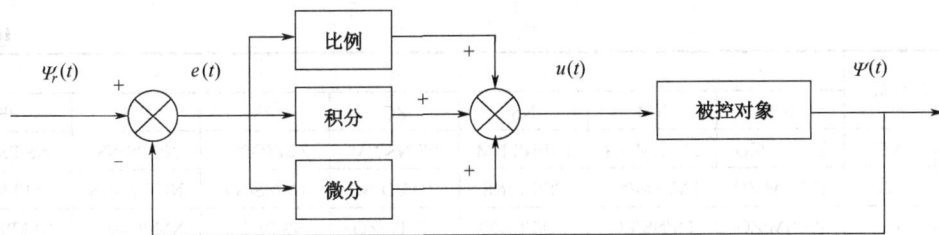

图 1　PID 控制算法原理图

2.2　模糊自整定 PID 航向自动舵原理

模糊自整定 PID 控制算法是运用了模糊数学的基本原理及其方法，采用模糊集表示它的规则的条件以及操作，同时在计算机的知识库内存入这些与控制相关的信息，接着根据控制系统实际的响应情况，采用模糊推理的方法，最终自动实现对 PID 参数的优化。模糊自整定 PID 控制算法原理图如图 2 所示。

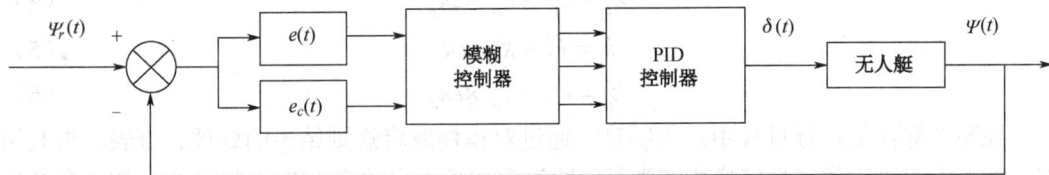

图 2　模糊自整定 PID 控制算法原理图

模糊自整定 PID 控制算法在运行的过程中，通过不断地对误差 e 及误差变化率 e_c 的检测，接着根据模糊规则表来调整 PID 的 k_p, k_i, k_d 这三个参数，能够满足在不同的误差 e 以及误差变化率 e_c 的情况下的控制功能，让被控对象具有良好的性能。

在本文模糊自整定 PID 航向自动舵的设计中，其具体的控制参数如下：

输入量 e 和 e_c 的论域为：

$$e, e_c = [-20, 20] \tag{1}$$

输出的修正量 $\Delta k_p, \Delta k_i, \Delta k_d$ 的论域为：

$$\Delta k_p, \Delta k_i, \Delta k_d = [-5, 5] \tag{2}$$

输入、输出变量词集为：

$$e, e_c, \Delta k_p, \Delta k_i, \Delta k_d = \{NB, NM, NS, ZO, PS, PM, PB\} \tag{3}$$

词集中的元素依次代表负大，负中，负小，零，正小，正中，正大。

$\Delta k_p, \Delta k_i, \Delta k_d$ 的模糊控制规则表参见表 1。

表 1　$\Delta k_p, \Delta k_i, \Delta k_d$ 的模糊控制规则表

$\Delta k_p / \Delta k_i / \Delta k_d$		e_c						
		NB	NM	NS	ZO	PS	PM	PB
e	NB	PB/NB/PS	PB/NB/NS	PM/NM/NB	PM/NM/NB	PS/NS/NB	ZO/ZO/NM	ZO/ZO/PS
	NM	PB/NB/PS	PB/NB/NS	PM/NM/NB	PS/NS/NM	PS/NS/NM	ZO/ZO/NS	NS/ZO/ZO

续表

$\Delta k_p / \Delta k_i / \Delta k_d$		e_c						
		NB	NM	NS	ZO	PS	PM	PB
e	NS	PM/NB/ZO	PM/NM/NS	PM/NS/NM	PS/NS/NM	ZO/ZO/NS	NS/PS/NS	NS/PS/ZO
	ZO	PM/NM/ZO	PM/NM/NS	PS/NS/NS	ZO/ZO/NS	NS/PS/NS	NM/PM/NS	NM/PM/ZO
	PS	PS/NM/ZO	PS/NS/ZO	ZO/ZO/ZO	NS/PS/ZO	NS/PS/ZO	NM/PM/ZO	NM/PB/ZO
	PM	PS/ZO/PB	ZO/ZO/NS	NS/PS/PS	NM/PS/PS	NM/PM/PS	NM/PB/PS	NB/PB/PB
	PB	ZO/ZO/PB	ZO/ZO/PM	NM/PS/PM	NM/PM/PM	NM/PM/PS	NB/PB/PS	NB/PB/PB

根据技术人员的基础知识和实际操作经验，该模糊自整定 PID 控制器中的输入变量和输出变量的隶属度函数曲线 NB 部分采用了降半正态分布曲线，PB 部分则采用了升半正态分布曲线，其余的 NM、NS、ZO、PS、PM 部分均采用了三角分布曲线。由此可得到各模糊子集的隶属度，根据各模糊子集的隶属度赋值表和各参数模糊控制模型，再应用模糊推理设计的 PID 参数模糊矩阵表，得到修正量代入下式计算：

$$k_p = k_p' + k_p' \times \Delta k_p \tag{4}$$

$$k_i = k_i' + k_i' \times \Delta k_i \tag{5}$$

$$k_d = k_d' + k_d' \times \Delta k_d \tag{6}$$

在整个算法的运行过程中，控制算法通过对模糊逻辑规则结果的处理、查表，再利用重心法将所得到的模糊量转换成清晰量，即可完成模糊自整定 PID 控制算法对 PID 参数的自整定。重心法的计算公式如下：

$$v_o = \frac{\int_v v u_v(v) \mathrm{d}v}{\int_v u_v(v) \mathrm{d}v} \tag{7}$$

由于模糊自整定 PID 控制算法的规则表和论域是固定不变的，随着误差的改变，其论域会显得过大或过小，容易造成 PID 参数调整过量或调整不足，系统控制性能变差[5]。

2.3　变论域模糊自整定 PID 航向自动舵的设计思路

由于模糊控制在误差较大时的控制效果比较理想，而误差较小时其附近的规则比较少，导致模糊控制器的精度降低，因此本文引入变论域机制，以实现对模糊自整定 PID 航向控制器的优化。变论域的思想是在规则形式不变的前提下，输入、输出论域既可随误差变小而收缩，也可随误差增大而膨胀[6]。论域的伸缩变换图如图 3 所示。

由图 3 可以看出，论域的压缩实为论域与伸缩因子相乘。在论域压缩后，被压缩的模糊子集在新论域上的隶属函数值没有发生变化，控制规则的总量也没出现改变，但在零点附近的规则数量增多，这使得系统的控制精度得到提高。

因此，引入变论域思想，加入伸缩因子，使模糊自整定 PID 控制器的模糊论域在误差减小时跟着缩小，如此相当于增加了控制规则，使得系统在较小误差时也能有较多的规则进行控制，使得系统更快地达到预期效果，弥补了模糊自整定 PID 的不足。

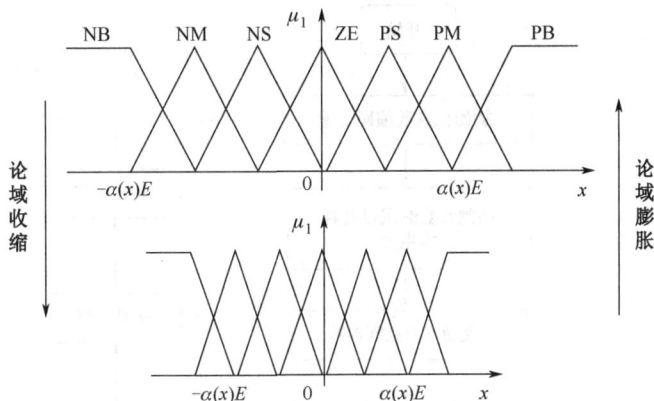

图 3 论域的伸缩变换图

3 无人艇变论域模糊自整定 PID 航向控制算法的关键技术

3.1 PID 初始值的确定

常规船舶可采用一阶 K-T 方程作为船舶航向控制系统，利用该方程，结合 PD 型航向控制律，运用二次型性能指标函数，即可实现 PID 航向控制算法初始值的自动确定算法[7]。但由于上述方法适用线性系统，而无人艇具有强非线性，不适合用该方法确定 PID 的初始值。

遗传算法是一种将需要寻优的参数进行编码，利用适应度函数，通过选择、交叉、变异等环节，不断得到更优的群体，并搜索优化群体中的最优个体、求得满足要求的最优解的方法。该方法不受参数初值的限制，只依赖与适应度函数，因此本文采用遗传算法离线优化确定 PID 的初始值。遗传算法的基本流程图如图 4 所示。

PID 初始值的确定本质上为基于一定目标函数的参数寻优问题，目标函数即为适应度函数，其得出的适应值是对求解结果的一种评判。常见的基于误差的性能评价指标有[8]以下几个

（1）绝对误差积分性能指标。

（2）平方误差积分性能指标。

（3）时间与绝对误差乘积积分性能指标。

（4）时间与误差平方乘积积分性能指标。

为了获得满意的动态特征，本文的 PID 参数优化的适应度函数选用了时间与绝对误差乘积积分性能指标：

$$J = \int_0^\infty t\left|e(t)\right|\mathrm{d}t \tag{8}$$

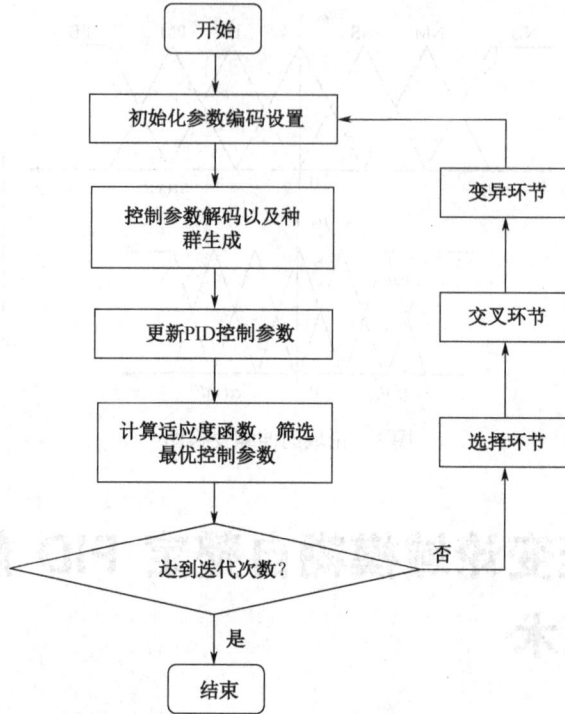

图 4　遗传算法的基本流程图

3.2　变论域伸缩因子的选取

相比于模糊自整定 PID，变论域模糊自整定 PID 控制器设计过程还需要选择伸缩因子。

伸缩因子选择为 $\alpha(x)$、$\beta(y)$，则输入的基本论域 $[-E, E]$ 变换为 $X =[-\alpha(x)E, \alpha(y)E]$，输出的基本论域 $[-K, K]$ 变换为 $Y =[-\beta(y)K, \beta(y)K]$，其中 E 代表 e、e_c，K 代表 k_p，k_i，k_d。

伸缩因子的选取要满足相应的规则，即避零性、对偶性、协调性、单调性、正规性等，目的是使论域的收缩变化跟随误差的变化。

现阶段常用的伸缩因子基于函数形式，具有结构简单、容易实现的特点，但存在需要确定函数中的参数的问题，如果参数选择不合理，则可能出现变论域模糊控制效果不如模糊控制的情况；另一方面，输入论域和输出论域的伸缩协调性也会影响系统的控制精度。

因此，本文采用基于模糊推理的伸缩因子，依据不同的误差和误差变化率情况，确定论域所需进行伸缩变化的规则，确定方法如下[9]。

（1）该模糊控制器的输入变量 e、e_c 的基本论域为 $[-20,20]$，在 e 的论域上定义 9 个模糊子集，分别为 {NB,NM,NS,NZ,ZO,PZ,PS,PM,PB}，依次代表负大、负中、负小、零负、零、零正、正小、正中、正大。在 e_c 的论域中定义 7 个模糊子集，分别为 {NB,NM,NS,ZO,PS,PM,PB}。利用三角形隶属函数，确定输入变量所属的模糊集合。

（2）在该调节机构中，输出量 α_e 及 α_{ec} 的论域为 $[0.2,2]$，输出量 β 的论域为 $[0.3,1.5]$，同时在输出论域上定义 7 个模糊子集：{CB,CM,CS,Z,AS,AM,AB}，分别代表大幅压缩、中度压缩、轻度压缩、保持不变、轻度扩大、中度扩大及大幅扩大。

（3）通过输入、输出之间的变化关系，总结论域伸缩变化的规律，可得到误差、误差变化率与伸缩因子之间的模糊关系，并得出伸缩因子的模糊规则表，再依据被控对象的具体情况对该模糊规则表进行修改。伸缩因子的模糊控制规则表见表 2。

表 2　伸缩因子的模糊控制规则表

$\alpha_e/\alpha_{ec}/\beta$		e_c						
		NB	NM	NS	ZO	PS	PM	PB
e	NB	CB/CB/AB	CM/CM/AB	CM/CM/AB	CS/CS/AM	ZO/ZO/AM	ZO/ZO/AS	ZO/ZO/AS
	NM	CB/CB/AB	CM/CM/AB	CM/CM/AB	CS/CS/AM	ZO/ZO/AM	ZO/ZO/AS	ZO/ZO/AS
	NS	ZO/CM/AM	ZO/CM/AM	ZO/CS/AS	AM/AM/ZO	AM/AM/ZO	AS/AS/ZO	AS/AS/ZO
	NZ	AS/AM/CS	AS/AM/CS	AM/AB/CS	AB/AB/CS	AM/AB/CS	AS/AM/CS	AS/AM/CS
	ZO	AM/AM/CS	AM/AM/CM	AM/AB/CM	AB/AB/CM	AM/AB/CM	AM/AM/CM	AM/AM/CS
	PZ	AM/AM/CS	AM/AM/CS	AM/AB/CS	AB/AB/CS	ZO/AB/CS	AM/AB/CS	AM/AB/CS
	PS	AS/AS/ZO	AS/AS/ZO	AM/AM/ZO	AM/AM/Z	AM/CM/AS	AS/CM/AM	AS/CS/AM
	PM	ZO/ZO/AS	ZO/ZO/AS	ZO/ZO/AM	CS/CS/AM	CM/CM/AM	CM/CM/AB	CM/CM/AB
	PB	ZO/ZO/AS	ZO/ZO/AS	ZO/ZO/AM	CS/CS/AM	CM/CM/AM	CM/CM/AB	CM/CM/AB

（4）对得到的模糊量进行去模糊化处理，即可得到相应的伸缩因子。

通过上述方法，有效解决了函数形式的伸缩因子参数难以确定的问题。

4 仿真结果与分析

4.1　基于 MATLAB 的仿真模型的构建

为了更好地研究无人艇的运动特性，便于对各种控制算法的适应性的研究，需要对无人艇的运动特性进行模型化处理。目前，业内常用的建立船舶运动数学模型的方法有两种：一种是根据船舶的物理意义而建立的分离型（MMG）船舶运动模型；另一种是响应型模型，其主要依托一阶 K-T 方程。

由于依托一阶 K-T 方程的响应型模型仅适用于线性的或者非线性程度低的船型，而本文研究的无人艇在进行实船旋回测试时降速明显，具有强非线性的特点，因此本文采用了MMG 建模的方式建立无人艇的运动数学模型。

4.2　实验方案及结果

由于风浪流的干扰是影响船舶正常航行的主要因素之一，因此进行仿真实验时，不能忽略其带来的影响。本文采用了白噪声驱动一个典型的二阶振荡环节来模拟海浪的干扰。可设计出在 4 级风作用下得到的海浪模型的传递函数为[10]：

$$h(s) = \frac{0.147\,44s}{s^2 + 0.376s + 0.940\,9} \tag{9}$$

在实船的操作中，常用的改向角为 10°、最大的改向角为 30°，且不同的速度下无人艇的最大操舵角也各不相同，因此，本文在静态环境及 4 级风作用下，对无人艇在 12 节速度改向 10° 和 30° 进行仿真，并且将最大舵角限制为 10°，通过遗传算法获取该条件下的最优 PID 初始值（无人艇在 12 节速度下改向 10° 及 30° 的 PID 初始值见表 3），在 MATLAB/Simulink 环境下，传统 PID、模糊自整定 PID 以及变论域模糊自整定 PID 对无人艇的模型控制效果进行对比分析，航向变化情况如图 5、图 7 所示，舵角变化情况如图 6、图 8 所示。

表 3　无人艇在 12 节速度下改向 10° 及 30° 的 PID 初始值

速度（节）	改向角（°）	P	I	D
12 节	10	14.12	0.0058	10.4
	30	3.98	0.0015	7.83

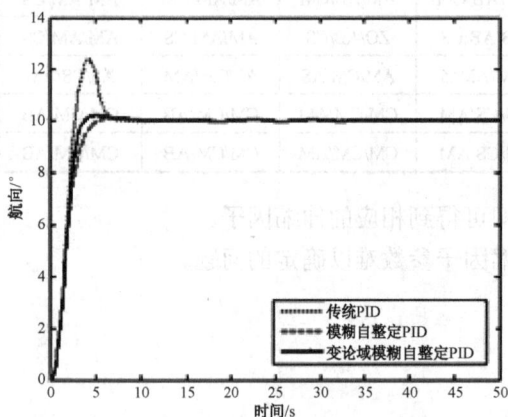

图 5　4 级风作用下无人艇改向 10° 的航向变化情况

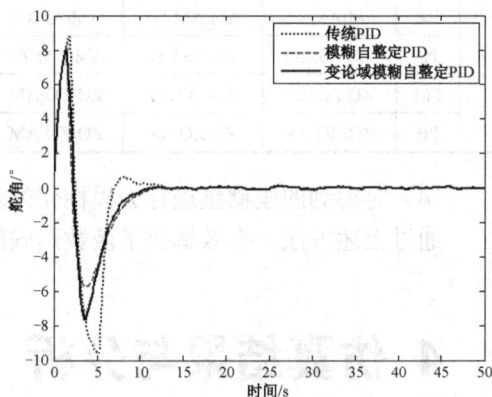

图 6　4 级风作用下下无人艇改向 10° 的舵角变化情况

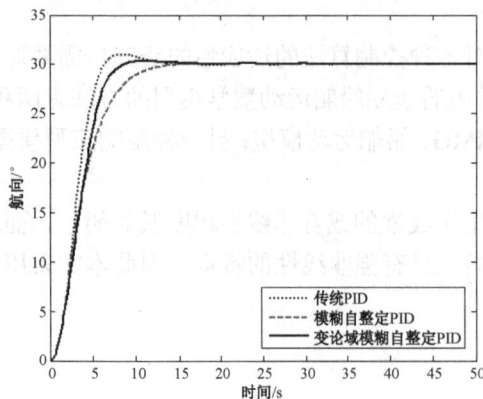

图 7　4 级风作用下无人艇改向 30° 的航向变化情况

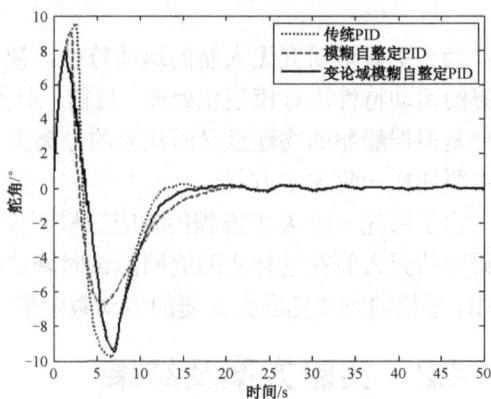

图 8　4 级风作用下下无人艇改向 30° 的舵角变化情况

4.3　结果分析

船舶航向跟踪性能指标主要包括跟踪响应速度、超调量、操舵次数、最大舵值和振荡次数。由于无人艇多用于搭载设备执行各种任务，因此更为重视其响应速度与精度，油耗等问题均较为次要。故本文评判指标只考虑跟踪响应速度和超调量，并利用加权综合评判法对无人艇的航向控制效果进行评判。

加权综合评判法的数学表达式为：

$$J = \sum a_i \cdot x_i \tag{10}$$

式（10）中，J 为评判结果，a_i 指的是第 i 个指标的权重，x_i 为第 i 个指标值。

根据文献[11]对一些有多年驾驶经验的船员以及长期从事航海教学的专家进行问卷调查，问卷的内容是其在船舶航向跟踪过程中最为看重的因素，问卷调查的统计结果显示，速度快和精度高被选中的次数分别为 62 和 79。

根据问卷调查结果，可计算出跟踪响应速度、超调量这两个性能指标的权值分别为 0.44 和 0.56。

为了使指标能更好地进行航向跟踪性能的评判，需要对指标值进行无量纲化处理。本文进行无量纲化处理采用极值化方法，即：

$$x_i' = \frac{x_i - \min}{\max - \min} \tag{11}$$

max 为指标值的最大值，min 为指标值的最小值。

为了使船舶航向跟踪性能指标与评判结果相关性一致，且更方便地反映船舶航向跟踪性能[7]，将航向跟踪响应速度这一指标修改为航向跟踪延迟时间。

由于本文只研究单一船型，在满足评判指标值相关性一致的前提下简化测试数据的分析过程，将评判算法中的指标——航向跟踪延迟时间修改为首次达到计划航向时间。

综上所述，无人艇的航向跟踪性能指标超调量和首次达到计划航向时间的权值分别为 0.56 和 0.44。根据上述指标权值对 3.2 的实验结果进行性能评判。无人艇以 12 节速度在 4 级风作用下不同改向条件的航向跟踪评判结果参见表 4。

表 4　无人艇以 12 节速度在 4 级风作用下不同改向条件的航向跟踪评判结果

算法　　　　　改向角	10°	30°
传统 PID	0.56	0.56
模糊自整定 PID	0.44	0.44
变论域模糊自整定 PID	0.21	0.21

由实验结果及评判结果可知，超调越小及首次达到改向角的时间越小则评判结果 J 越小，表明控制性能越好，无人艇变论域模糊自整定 PID 航向控制算法的性能优于传统 PID 和模糊自整定 PID 控制算法。

5　结语

本文将变论域思想引入模糊自整定 PID，设计了变论域模糊自整定 PID 控制器，采用遗传算法离线确定无人艇 PID 初始值。借助 Simulink 对三种航向控制算法控制无人艇的航向跟踪性能进行仿真比较，仿真结果表明，相比于传统 PID 和模糊自整定 PID 控制算法，变论域模糊自整定 PID 控制算法航向跟踪性能最佳，可应用于无人艇自动避碰仿真试验及自动航向控制。限于时间等因素，本文仅研究了变论域模糊自整定 PID 在 4 级风浪作用下的无人艇在 12 节改向 10° 及 30° 的控制效果，该控制算法对其他环境的适应性问题，还有待进一步验证。

参考文献

[1] 高双，朱齐丹，李磊. 基于神经网络的高速无人艇模糊 PID 控制[J]. 系统仿真学报，2007，19(4):776-779.

[2] 武颖，杨胜强，李文辉等. 基于滑模反演的欠驱动水面无人艇航向控制[J]. 科学技术与工程，2018，18(1):47-53.

[3] 陈鸳鹭，程海边. 基于模糊神经网络控制的水面无人艇建模与仿真[J]. 舰船科学技术，2010，32(11):134-136.

[4] 彭秀艳，张文颖，贾书丽. 基于算法的船舶航向模糊控制研究[J]. 控制工程，2013，20(4):623-626.

[5] 杨森，杨杰，张均东等.基于变论域模糊自整定 PID 船舶柴油发电机调速系统[J].2016，39(1):17-21.

[6] 罗海成，蒋启龙，刘东. 主动磁悬浮系统的变论域自适应模糊自整定 PID 控制[J]. 计算机测量与控制，2015，23(4):1165-1167.

[7] 蒋娇. 一种航迹智能控制算法优化研究[D]. 厦门：集美大学，2014.

[8] 曹默. 一种新型非线性 PID 的设计及其参数整定的研究[D]. 上海：华东理工大学，2011.

[9] 毛程程. 基于变论域模糊自整定 PID 的主汽温控制系统[D]. 辽宁：沈阳工业大学，2018.

[10] 杨承恩，贾欣乐，毕英君. 船舶舵阻横摇及其鲁棒控制[M]. 大连：大连海事大学出版社，2001，40-65.

[11] 赵晴. 船舶航迹智能控制算法的研究[D]. 厦门：集美大学，2012.

基于光纤传感的快速路交通安全监测研究

尹 露 赵怀柏

（上海电科智能系统股份有限公司，上海 200063）

【摘要】针对传统的点式道路交通信息采集手段，本文提出了一种可实现连续、长距离动态监控的光纤传感技术在道路信息采集中的应用。基于光纤传感器在快速路上获取的物理参数，进行交通安全监测模型的构建。通过利用现场敲击测试模拟车辆碰撞事故，检测光纤信号对事故感应的灵敏程度，并基于统计方案的聚类算法解调光纤扰动的变化规律。实验结果表明，分布式光纤传感技术可以作为一种有效手段支撑快速路的交通安全监测。

【关键词】光纤传感技术；交通安全监测；聚类算法

Research on Traffic Safety Monitoring of Expressway Based on Optical Fiber Sensing Technology

Yin Lu, Zhao Huaibai

(Shanghai Electrical Intelligent System Corporation Ltd (SEISYS), Shanghai 200063, China)

Abstract: In view of the traditional point road traffic information collection method, this paper proposes an optical fiber sensing technology which can realize continuous and long-distance dynamic monitoring in the application of road information collection. Based on the physical parameters obtained by the optical fiber sensor on the expressway, the traffic safety monitoring model is constructed. By simulating vehicle collision accident with field percussion test, the sensitivity of optical fiber signal to accident induction is detected, and the variation rule of optical fiber disturbance is demodulated by clustering algorithm based on statistical method. The experimental results show that the distributed optical fiber sensing technology can be used as an effective means to support the traffic safety monitoring of expressway.

Keywords: optical fiber sensing technology; traffic safety monitoring; clustering algorithm.

1 引言

城市快速路是全封闭、无信号灯控制、以机动车为主要服务对象的城市道路系统，它构成了城市交通的主干路网[1]。由于城市快速路具有通行能力大、节省出行时间的特点，许多城市加大了对快速路的建设投入，用于满足日益增长的交通需求，并作为缓解城市交通拥堵的一种手段[2]。然而，道路交通负荷的增大导致城市快速路交通事故频发，交通安全问题日益严峻，其主要原因如下。

（1）城市快速路为封闭的道路结构，车流量更加难以疏散。随着城市机动车保有量的爆发式增长，城市快速路的交通负荷不断增大，在交通拥堵的情况下，交通事故更易发生。

（2）现有的交通管理系统落后于城市快速路的交通发展需求。现有的交通安全预警系统大部分基于历史数据，构建预警指标体系并建立预警模型，最终对道路交通安全状态进行评价预警[3]，而这并不能预测交通流短时间内的变化所带来的事故风险，交通控制和诱导都具有明显的滞后性，无法有效阻止交通事故发生。

城市快速路上一旦发生交通事故，首先会引起严重的交通拥堵，造成行车延误，降低通行能力，严重时还会造成人员的伤亡和财产损失。因此，如何确定潜在的、即将发生的事，并及时采取相应的措施来降低道路事故的发生率，建设一个更安全的道路交通系统，已经成为一个改善城市交通安全状况的迫切任务[4]。

2 国内外研究综述

传统的交通安全研究方法是基于事故数或非事故间接的安全研究方法[5]，这类方法均基于交通事故的事后数据，无法动态地、实时地对道路交通安全进行准确的预测。随着我国智能交通的发展，越来越多样化的数据采集手段为道路预警系统提供了技术支持，同时交通数据流分析技术的慢慢成熟也为交通预警算法提供了理论上的支撑，建立道路交通预警系统成为必然趋势[6]。

国内外研究表明，交通流因素是导致交通事故发生的一个关键因素[7]，事故发生前的交通流状态与自由流下的交通状态具有明显的特征差异。因此，可通过对道路实时交通流特性的分析，来预测是否可能将会有事故发生。

研究方面，国外许多研究利用事故发生的风险与道路检测器所能获取的交通流参数之间的联系建立了实时事故风险预测模型。例如，Hughes 和 Council[8]首次对线圈检测器数据进行了分析，得出了实时监测的速度方差是导致道路上发生车辆碰撞的一个重要因素的结论。Madanat 和 Liu[9]通过采集高速公路上的手机数据来计算交通流，并结合天气数据进行分析建模，运用"实时事故概率预测方法"预测事故发生的可能性。

国内对交通事件的检测与预测研究方面，有朱茵等提出的城市道路预警事件自动算法，他们将智能检测设备 SCOOT 系统用于交通拥堵检测，用于预警城市道路上的交通拥堵[10]；陈晓东提出的基于交通流理论的高速路安全预警系统设计、系统的信息采集、数据处理与管理技术[11]；苑敬雅等基于三相交通流理论，通过对高速公路亚稳定的自由流特性进行分析，建立的不稳定状态下的预警机制[12]等。

3 交通数据的采集方式

根据交通传感器是否固定，传统的交通数据自动采集技术可以分为两类：固定型采集技术和移动型采集技术[13]。其中固定型采集技术提供了地点交通数据，而移动型采集技术提供了路段交通数据[14]。固定型采集设备主要分为三种。

（1）波频设备：包括微波检测器、超声波检测器、红外线检测器等。

（2）磁频设备：包括线圈感应检测器、地磁感应检测器等。

（3）视频设备：摄像头等。

移动型采集设备主要是安装在车辆上的，目前，得到广泛应用的技术有三类：全球定位系统（GPS）、电子标签和汽车牌照识别[14]。这些传统的交通数据采集手段的缺陷也十分明显，固定型采集技术需要根据布设位置集中于道路的某一点，检测范围、粒度十分受限，此外受环境因素影响较大；移动型采集技术则需要在车辆上强制安装采集设备，否则数据缺失严重，无法进行有效统计及算法分析。

4 分布式光纤传感技术在城市快速路的应用研究

对比传统的交通数据采集方式，光纤传感技术可以实现大规模、长距离的布控，并且可以灵敏捕捉光纤沿线外界产生的扰动信号，在交通安全监测预警方面显示出了良好的应用前景，因此也受到了越来越多的关注，开展了新的应用研究。目前分布式光纤传感技术的应用主要集中在长距离油气管道安全监测及周界安防[15]、航空航天飞行器等大型设备的老化度检测[16]、大型仓库及油罐的火灾防护及报警[17]等方面，但在交通运输方面的应用研究仍在起步阶段。

本研究基于Φ-OTDR 光纤传感设备，通过在上海市沪宁高速的现场敲击测试实验，模拟车辆碰撞事故，并采集光纤扰动数据，检测光纤传感信号对车辆事故感应的灵敏程度。此外，解调光纤波形在时间和位置上的变化规律，建立算法模型，实现对车辆撞击事故地点的准确定位和报警。

4.1　分布式光纤传感系统数据采集原理

Φ-OTDR 分布式光纤传感系统原理示意图如图 1 所示[18]。在光纤的一端注入一串相干窄脉冲，脉冲宽度内的瑞利后向散射光能够进行相关干涉，通过检测瑞利后向散射光干涉条纹的变化，从而判断出外界的扰动变化情况[19]。当扰动作用在传感光纤上时，光纤的弹光效应会使光纤的内部结构产生变化，扰动作用点的折射率会发生改变，同时改变散射光的光强[20]。

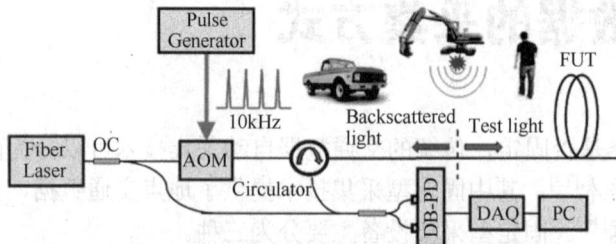

图 1　Φ-OTDR 分布式光纤传感系统原理示意图

瑞利散射光的光强如式（4-1）所示：

$$I = \left(\frac{2\pi}{\lambda}\right)^4 a^6 / r^4 \left(\frac{\hat{n}^2 - 1}{\hat{n}^2 + 2}\right)^2 \left(\cos^2\theta\cos^2\varphi + \sin^2\varphi\right) \tag{4-1}$$

其中，I 为光强，λ 为波长，a 为粒子半径，(θ, φ) 表示光散射的方向。从公式中可以看出，当入射光的波长远大于粒子的尺度时，光的强度与入射光波长的四次方成负相关关系。简而言之，由于光波沿光纤轴向向前传播，通过检测光纤在不同位置的衰减情况，可以判断出外界干扰点的具体位置。

图 2 为 Φ-OTDR 分布式光纤传感系统数据采集设备。系统中的光纤传感器响应非常灵敏，即使在光纤轻微抖动的情况下，也可以明显反映出瑞利后向散射的光强随扰动的变化，并输出相应的跳变波形。通过解调扰动信号，建立算法模型，分析光在光纤中的速度与扰动信号传递时间的关系和在位置上的变化规律，从而计算出扰动信号发生的具体位置和时间点。

图 2　Φ-OTDR 分布式光纤传感系统数据采集设备

4.2 基于分布式光纤传感的车辆事故实验测试

4.2.1 实验测试地点及设备安装

本实验中的测试路段为上海沪宁高速新郁路到万镇路段，共计 1.5 千米。测试所用的光缆为路段中央分隔带中间已有的通信光缆。采集数据用的分布式光纤传感系统安装在路网监测江桥分中心的机房内，光纤传感系统通过连接测试路段通信光缆中空闲的一芯，实时采集测试路段的光纤在现实交通状态下发生的扰动量。其中，光纤传感采集设备采集频率为 100Hz，每 1m，0.6s 采集一次扰动数据，测试路段共计 1 500 个点位。

4.2.2 实验测试过程

本次实验测试时间为 2018 年 5 月 8 日晚 11 点至 5 月 9 日凌晨 2 点半，在沪宁高速内侧车道封路养护的条件下进行，在上述测试路段一共选取 3 个实验点位，分别对实验点位防撞墙内的光纤施加三种不同的外界干扰：大铁锤敲打防撞墙、手摇光纤以及铁棍击打光纤，每次扰动时间均为 3 分钟，车辆事故模拟实验现场测试如图 3 所示。后台对分布式光纤传感系统采集的数据进行保存，用于后续建模分析。现场以车检器及摄像头位置作为参考物（车辆事故测试实验干扰点位参见表 1），用于确定干扰点的实际物理位置，为后续模型分析的结果提供准确有效的依据。

图 3　车辆事故模拟实验现场测试

表 1　车辆事故测试实验干扰点位

地理位置	经度	纬度	参照物	参照物坐标
祁连山南路-新郁路	121.362 2	31.252 5	车检器 A11VDT002	121.361 9,31.252 5
万镇路-祁连山南路	121.369 2	31.252 22	摄像头 S207V33	-
万镇路-祁连山南路	121.367 5	31.251 94	车检器 A11VD008	121.366 3,31.252 0

4.3 基于分布式光纤传感的交通安全监测模型研究

4.3.1 实验测试数据初步分析

由于光纤传感系统每 1m，0.6s 采集一次扰动数据，测试路段为 1 500m，因此，每分钟可以采集到一个 1 500×100 的数据矩阵，每小时有 60 个相同格式的数据矩阵。光纤传感系统采集的数据矩阵见表 2。

表 2　光纤传感系统采集的数据矩阵

时间 点位	1:01:00	1:01:0.6	1:01:1.2	1:01:1.8	...	1:02:00
1	1.874 068	1.594 559	1.318 77	1.465 096	1.383 642	1.714 613
2	1.121 786	1.094 703	1.045 13	1.453 859	1.404 499	1.784 616
3	0.912 373	0.948 525	0.997 017	1.276 109	1.187 472	1.443 925
...	0.897 258	0.887 367	0.937 005	1.111 202	1.137 258	1.362 344
1 500	0.925 991	1.006 249	1.008 636	1.045 588	1.108 291	1.324 946

图 4 展示了测试路段点位扰动值随位置变化的曲线。图 5 展示了测试路段点位扰动值随时间变化的曲线。利用 MATLAB 软件对每一个点位在测试时间内采集到的所有扰动值求平均值，可以得到 1 500 个点位的平均值曲线。图 5 为所有点位一小时的扰动平均值变化曲线，由于光纤采集设备每 0.6s 采集一次数据，因此，一小时共采集 6 000 次。

从图 4 可以看出，每 100 米范围内均有一个扰动数据的峰值出现，并且都大于整体数据平均值 2.20。这些峰值产生的原因是由外部干扰引起的，初步分析可能的原因有道路车辆行驶产生的干扰信号、人为敲击及施工作业等。

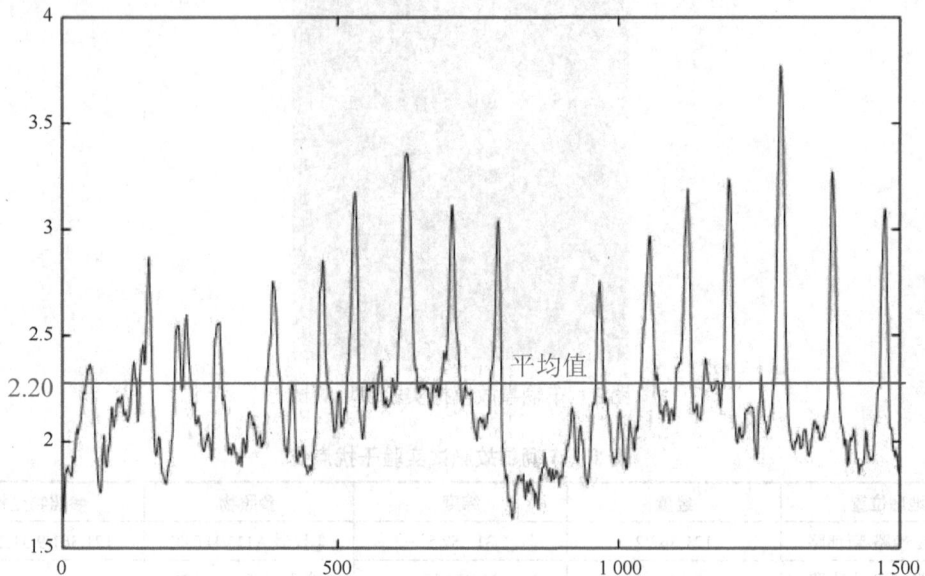

图 4　测试路段点位扰动值随位置变化的曲线

从图 5（测试路段点位扰动值随时间变化的曲线）可以看出，测试路段点位的扰动值集中在[1.75,2.5]的区间范围内，并随时间呈现出不规则的变化规律。

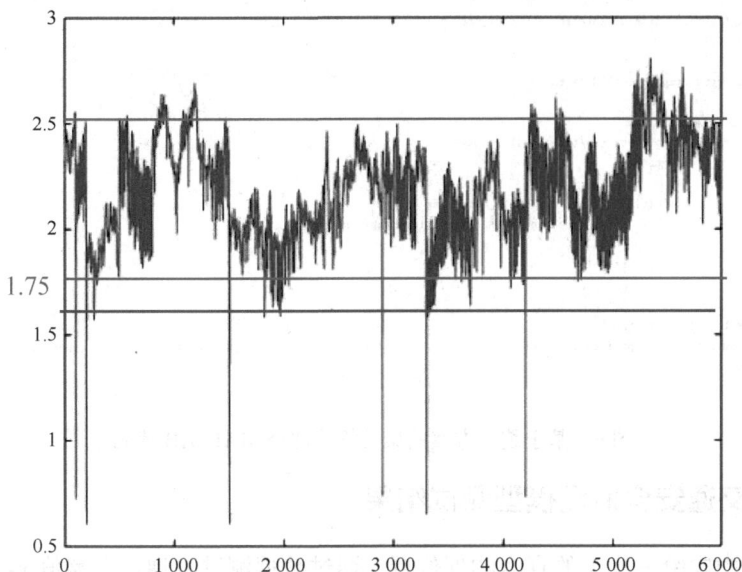

图 5　测试路段点位扰动值随时间变化的曲线

4.3.2　建立交通安全监测模型

为了准确找到本实验测试中人为施加的外部干扰点，本研究建立了基于统计方案的聚类算法，用于实现道路的交通安全监测及异常点报警。该算法的中心思想为，基于统计的方法给每一个聚类假定一个模型，然后去寻找能够很好地满足这个模型的数据集。这样一个模型可能是数据点在空间中的密度分布函数或者其他。其潜在的假定为目标数据集是由一系列的概率分布所决定的[21]。本研究基于统计方案的聚类算法具体步骤如下。

（1）测试路段点位的原始采集数据记为矩阵 A，若分析时间为一小时，$A=1\,500*6\,000$ 的数值矩阵。

（2）找到至少连续 10s 以上，并且扰动值大于某阈值 x 的位置点，保留位置结果，记为集合 L。

（3）分别计算集合 L 中每个点位前 5 米，后 15 米在该连续时间内每 0.6s 的扰动平均值，保留计算结果。

（4）在矩阵 A 中查找步骤（3）中计算结果对应的位置和时间点，将步骤（3）中的计算结果覆盖矩阵 A 的原始值，并将其余位置和时间点的数值归为 0，记为新的数据矩阵 B。

（5）在集合 L 中找到至少有连续 5m 的位置点，将满足要求的起始位置记为集合 L'。

（6）在矩阵 B 中依次查找集合 L' 中的位置点，并依次对每一个位置点 15m 内的数据求平均值，输出最终结果矩阵 C。

基于统计方案的聚类算法部分 MATLAB 代码如图 6 所示。

```
for posi = posi_front+1 : size(deviatetmp,1) - posi_back + 1
        posi_th = [];

    tmp = find( deviatetmp(posi,:)>data_th );
    flag = 1;
    for time = 1:size(tmp,2)-1
            if tmp(time+1) == (tmp(time) + 1)
                    continue
            else
                if (time - flag) >= ( time_maintaing -1 )
                        posi_th = [ posi_th [ tmp(flag):tmp(time) ] ];
                    end
                flag = time+1;
            end
    end
    for i = 1 : size(posi_th,2)
            output( posi , posi_th(1,i):posi_th(2,i) ) = mean( deviatetmp( posi-posi_front:posi+posi_back , posi_th(1,i):posi_th(2,i) )
        end
end
```

图 6　基于统计方案的聚类算法部分 MATLAB 代码

4.3.3　交通安全监测模型测试结果

参考表 1 中实验干扰点的真实物理位置，通过数据测试发现，在阈值 x=4.21 的情况下，计算结果最为接近真实的情况。交通安全监测模型安全异常点位计算结果参见表 3。

表 3　交通安全监测模型安全异常点位计算结果

异常位置	参考点位	异常时间	异常持续时间
392	车检器 A11VDT002	1:41:40-1:42:00	20 秒
634	摄像头 S207V33	1:19:40-1:19:50	10 秒
661	车检器 A11VD008	1:16:40-1:17:20	40 秒

图 7 为测试数据结果瀑布图。其中，红色虚线内的绿色亮线即为模型算法查找出来的交通安全异常点，产生原因为实验过程中的人为干扰。这是因为外在人为干扰为定点扰动，故其在横轴上的位置不会变化，表现为垂直于横轴的直线。图 7 中还有一类斜线，这是由测试路段周围驶过的车辆引起的扰动信号，由于车辆是动态行驶的，因此，其在横轴上的位置随车辆的移动而发生改变。

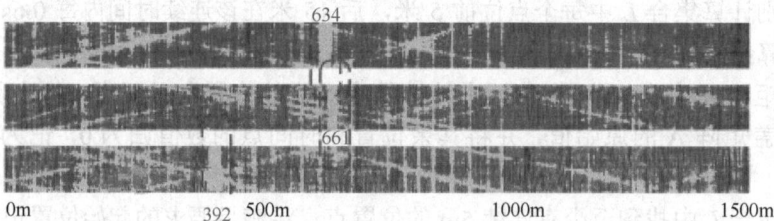

图 7　测试数据结果瀑布图

5　结语

基于上述研究成果，可以将分布式光纤传感技术作为一种新的数据采集手段应用到交通运输中。通过光纤传感系统，将采集的干扰振动值转化为交通安全监测信息，相对于传统的点式（如地磁、线圈、视频等）检测手段，可以实现连续的、长距离的动态监控，具有十分明显的优势。

后期研究可以考虑将算法应用到智能交通管理系统中，结合 GPS 定位和 3G 网络传输技术，实现在第一时间对安全异常点位进行报警，并通知管理人员进行查看。此技术在交通安全领域的应用可大大提高机动车辆驾乘人员的安全系数，并为疏导交通和交通事故的处理创造了积极、有利的条件，具有良好的应用前景。

参考文献

[1] 裴玉龙，王连震. 城市快速路交通事故特性分析及安全评价[J].交通信息与安全，2009(2).

[2] 殷俊杰，丁宏飞薄雾，等. 基于模糊聚类的城市快速路交通流状态划分[J]. 重庆交通大学学报（自然科学版），2013，32(4):652-655.

[3] 程翠. 基于云架构的高速公路交通安全预警系统研究[D]. 重庆：重庆交通大学，2015.

[4] 张静萱，朱广宇. 基于特征选择的城市快速路实时交通事故风险预测[D]. 北京：北京交通大学，2018.

[5] Chin H C, Quek S T. Measurement of traffic conflicts[J]. Safety Science, 1997, 26(3):169-185.

[6] 赵娜，袁家斌，徐晗. 智能交通系统综述[J]. 计算机科学，2014，41(11):7-11.

[7] 江永生. 基于交通流因素的胡道路交通事故分析预测研究[D]. 西安建筑科技大学，2009.

[8] HUGHES R, COUNCIL F. On establishing the relationship(s) between freeway safety and peak period operations: performance measurement and methodological considerations[C]. 78th Annual Meeting of Transportation Research Board, Washington D C:Transportation Research Board,1999.

[9] Madanat S, Liu P. A Prototype system for real-time incident likelihood predicition[J]. ITS-IDEA Program Project Final Report，1995.

[10] 朱茵，陆化普，刘强. 城市交通预警系统的事件自动检测算法研究[J]. 公路交通科技，2004，21(10):85-88.

[11] 陈晓冬. 基于交通流理论的高速公路安全预警系统关键技术研究[D]. 吉林：吉林大学，2011.

[12] 苑敬雅，朱茵.高速公路交通流分析与安全预警机制研究[J].中国安全科学学报,2016,26(9):146-150.

[13] 谭政. 城市道路交通流预测及应用[D]. 广东：华南理工大学，2012.

[14] 姜桂艳. 道路交通状态判别技术与应用[M]. 北京：人民交通出版社，2004.

[15] 廖延彪. 我国光纤传感技术现状和展望[J]. 光电子技术与信息，2003, 05:1-6.

[16] P.Moyoa, J.M.W.Brownjohn, R.Sureshc, et al. Development of fiber Bragg grafting sensors for monitoring civil infrastructure[J]. Engineering Structures, 2005(27):1828-1834.

[17] S. Sumitro, Y.Matsui, M.Kono, et al. Long span bridge health monitoring system in Japan[C]. SPIE, 2001, 4337:517-524.

[18] Martins H F, Martin-Lopez S, Corredera P, et al. Coherent Noise Reduction in High Visibility Phase-Sensitive Optical Time Domain Reflectometer for Distributed Sensing of Ultrasonic Waves [J]. Lightwave Technology Journal of, 2013, 31(23): 3631-3637.

[19] Rao Y J, Luo J, Ran Z L, et al. Long-distance fiber-optic Φ-OTDR intrusion sensing system [C]. 20th International Conference on Optical Fiber Sensors. International Society for Optics and Photonics, 2009: 750310-750310-4.

[20] 张俊楠. 基于 SVM 的Φ-OTDR 分布式光纤扰动传感系统模式识别研究[D]. 北京：北京交通大学，2017.

[21] 郭业清. 一种用于挖掘基因表达数据的动态聚类算法[D]. 广东：中山大学，2005.

汽车分时租赁差异化定价方法研究[1]

汪　磊[1,2]　马万经[1,2]

（1. 同济大学交通运输工程学院，上海 201804；
2. 同济大学道路与交通工程教育部重点实验室，上海 201804）

【摘要】 汽车分时租赁是一种新型的城市出行方式，对于提升城市机动性、改善城市交通、便捷城市出行具有重要的意义。然而，汽车分时租赁网络中车辆的自由流动导致了系统供给和需求分布的不匹配，影响了系统整体效率。通过差异化定价方法能够控制系统需求特征，从而改善供需匹配。本文提出了能够刻画弹性需求和转移需求两种特性的价格-需求模型，以系统收益最大化为目标，给出了求解不同站点的提价或降价幅度的算法，并展示了该方法在 App 上的实现。本文还给出了模型参数的标定和参考建议，能够为汽车分时租赁企业实施差异化定价提供依据。

【关键词】 城市交通；汽车分时租赁；运营优化；差异化定价

Variable Pricing Method for Car Sharing Systems

Wang Lei[1,2], Ma Wanjing[1,2]

（1. College of Transportation Engineering, Tongji University, Shanghai 201804, China;
2. Key Laboratory of Road and Traffic Engineering of the State Ministry of Education, Tongji University, Shanghai 201804, China）

Abstract: Carsharing is an innovative urban transportation mode, which is promising for improving urban mobility, relieving the urban traffic condition, and increasing the convenience of urban transportation. However, the unbalance happens between the distribution of vehicle supply and user demand due to the free floating of vehicle in the carsharing networks, which can impact the efficiency of operation. By variable

1 本研究由"博士后创新人才支持计划"项目（BX20190241）、教育部人文社科基金项目（16YJCZH070）资助。

pricing strategy the demand pattern of the system can be controlled in order to improve the balance between supply and demand. The paper proposes a price-demand model which considers both the elastic and shifting characteristics of demands influenced by differentiated prices among stations. The objective is to maximize the overall income of the system and the algorithm can output the combination of the price increments or decrements at each stations. The paper also introduces the implementation of the method on mobile App. The paper also suggests the value of the parameters in the model, which helps the carsharing operators to realize the variable pricing strategy.

Keywords: Urban Mobility; Carsharing; Operation optimization; Variable pricing.

1 引言

随着移动互联网技术的蓬勃发展，以共享经济为代表的新型商业模式不断涌现，使得新型共享交通模式成为城市交通系统的重要组成部分[1]。汽车共享（Carsharing）作为共享经济模式下的一种新型城市出行业态，形成了一种新型的城市出行方式。汽车共享的商业模式在国内以汽车分时租赁的形态出现。这种新模式有利于提高出行便利性、提高车辆利用率、减少资源和能源浪费、解决停车难问题，对于解决城市交通问题具有重要的现实意义[2]。

2017 年 8 月，交通运输部、住房城乡建设部发布《关于促进小微型客车租赁健康发展的指导意见》[3]，其中明确了创新、协调、绿色、开放、共享的五大发展理念，鼓励分时租赁的发展。《2017 中国新能源汽车分时租赁发展报告》[4]指出，2015 年分时租赁出行的用户需求约为 816 万次/天，2018 年达到 3 700 万次/天，其市场规模呈现爆炸式增长。与井喷式增长的市场规模相比，汽车分时租赁系统的相关的理论体系、技术支撑亟待建立和完善。如何提高运营管理效率，改善运营服务质量，同时提升整体运营收益，是当前汽车共享市场急速发展过程中必须面对的问题。

新出现的汽车分时租赁服务模式允许使用者自由地在任意站点借车、任意站点还车，从而提供灵活的出行体验。但该模式可能导致车辆在网络中的供给与用户需求的分布不匹配，从而影响系统运营效益。传统的方法是通过员工进行车辆的调配，但车辆调配的能力极大地受到人员数量、调运车辆能力等的制约。而目前的汽车分时企业规模不断扩大，传统的调度方法具有很大的局限性[5]。因此，可以通过汽车分时租赁需求管理手段，如差异化定价机制，在时间和空间上合理控制需求的分布，进而优化需求与供给的匹配，减轻传统员工调度的工作负荷，进一步提升系统总体收益。

汽车分时租赁系统的车辆调度方法研究由来已久[6]。其中需求管理手段起源于 Barth 等人提出的基于用户（user-based）的汽车共享系统车辆调度方法[7]，即通过激励手段（Incentives）吸引用户合乘或分乘，从而影响到车辆移动的数量。此后，Wanger 等人采用向用户发放酬金的方式，吸引用户完成本应由员工完成的车辆调度任务，从而改善传统员工调度人员数量不足的制约[8]。2015 年 Waserhole 等人真正意义上引入需求管理的手段，分析了价格和需求之间的关系，认为总体上价格越低则需求越高、价格越高则需求越低，这种关系呈现出反向 S 形曲线的特征[9]。须注意，全局定价策略能够影响宏观上的总需求，而不能需求在空间分布。同年 Jorge 等人进一步提出了一种差异化定价策略[10]，对于每一对独立的出发地和目的地（OD），假设价格和需求之间成线性关系，这样就可以针对不同的出发站点和到达站点设定差异化的定价，从而优化需求的空间分布。为了验证用户对于系统抛出的激励手段的响应程度，Wang 等人基于上海电动汽车分时租赁系统，设计了红包策略以吸引用户按照运营者的意愿出行，实验中观测发现激励手段确实能够在一定程度上减少车辆闲置率、提升系统持续运营的效益[11]。

然而，现有的研究尚存在局限性。首先是对于价格-需求变化关系的解析还比较初步，比如 Jorge 等人基于线性关系假设[10]，而 Waserhole 等人认为这一关系是非线性的[9]。其次，现有研究都假设 OD 对与 OD 对之间的价格-需求关系是相互独立的，即影响某一特定 OD 的价格，不会影响其他 OD 的需求，而用户需求可能会因为动态价格而转移到相邻区域的站点和 OD，这表明 OD 间需求不是独立的。

本文提出了考虑弹性需求和转移需求的价格-需求关系模型，进一步挖掘了价格-需求关系；同时将揭示需求的转移特性，表明特定站点的周边站点需求也会受到影响，弥补 OD 独立假设的缺陷；在此基础上，建立了价格优化模型，通过启发式算法求解得到不同站点的动态定价幅度，从而提升系统整体收益水平；进一步给出了差异化定价的用户和系统交互逻辑，为实际应用提供参考。

2 差异化定价原理

2.1 差异化定价对需求特征的影响逻辑

系统价格机制可分成以下三种。

（1）全局定价机制，即系统中对于不同 OD、不同借车站点、不同还车站点的定价都一致，不存在差异化，这类研究解决的问题是宏观上的价格应如何制定，但不能影响到需求的空间分布，如 Waserhole[9]、Huang 等人[12]的研究。

（2）面向 OD 的定价机制，即对于不同的 OD 制定不同的价格，能够影响到特定的 OD 间的需求，但是判断用户是否应该执行针对 OD 差异化价格的条件相对严格，且 OD 差异化定价比较零散和稀疏，不易传递给用户，用户也不易感知。如 Jorge 等人[10]采用的策略就是 OD 差异化策略。

（3）面向站点的定价机制，即对于不同站点的借车、还车制定不同的价格，用户获得差异化价格的条件是其是否在有差异化定价的站点发生了借车或者还车行为，该条件与 OD 差异化定价相比更宽松。在本文前期研究[11]中已经研究过降低价格（或给予用户补贴、折扣）对需求带来的影响，但没有涉及价格上浮带来的影响。

本文研究面向站点的定价机制，并且考虑价格上下浮动两种情形。必须注意，价格浮动可采取的具体形式多种多样，如补贴、折扣、代金券等形式，本文仅考虑采用不同形式后真实反映出的价值，用以描述差异化定价的具体数值。

面向站点的价格策略逻辑示意图如图 1 所示。其中，为了调控特定站点的借车需求，可针对在该站点实际借车的用户采用降价或提价的策略，降价可以吸引借车需求，从而减少车辆闲置，而提价可以抑制借车需求，满足部分需求且提高营收；同样，可针对站点实际还车的用户采用降价和提价策略，从而调控站点的还车量。

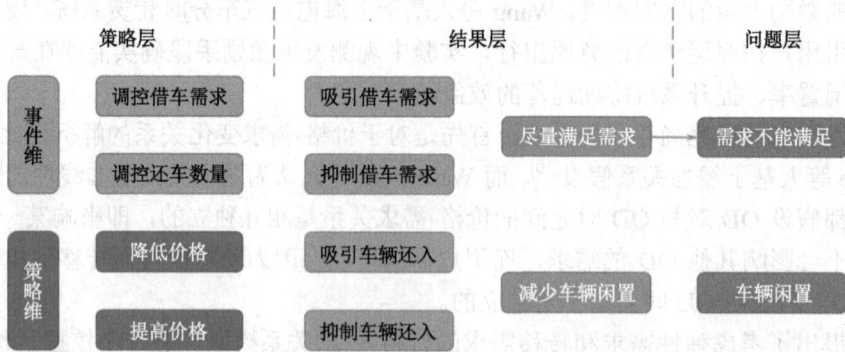

图 1　面向站点的价格策略逻辑示意图

注意到，某一站点的借还车价格策略，不仅能影响到该站点的借车需求和还车数量情况，也可能影响到周围站点的需求特征。面向站点的定价机制对于周边站点借还车需求的影响特征如图 2 所示。比如，由于某一站点采取了借车提价策略，一部分需求可能会转而使用其他交通方式或者放弃出行，另一部分需求则可能步行至周围其他站点，这部分需求转移成为其他站点的出行需求。这也说明了不同 OD 间需求随价格的变化特征不能简单看作是独立的。对于总体需求受差异化价格的影响特征建模需要考虑不同站点间需求的影响关系。

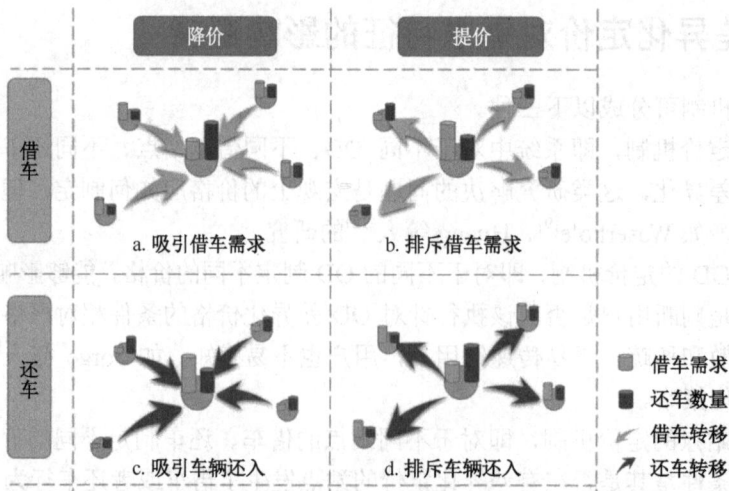

图 2　面向站点的定价机制对于周边站点借还车需求的影响特征

2.2 用户行为在差异化定价下的转移

面向站点的定价策略包括借车降价、借车提价、还车降价、还车提价（即图 2 所体现出的特征），拓展 Febbraro 等人提出的[13]的站点选择模型，构建用户行为转移概率的非线性回归公式。

① 若站点实施借车降价，会额外吸引需求，用户选择降价站点的概率是：

$$P_D^+(p,d) = \frac{\exp\left(\beta_{D0}^+ + \beta_{D1}^+ p + \beta_{D2}^+ d\right)}{1 + \exp\left(\beta_{D0}^+ + \beta_{D1}^+ p + \beta_{D2}^+ d\right)}, \quad p < 0 \tag{1}$$

② 若站点实施借车提价，需求会被排斥到周边站点去，用户转移至周边站点的概率是：

$$P_D^-(p,d) = \frac{\exp\left(\beta_{D0}^- + \beta_{D1}^- p + \beta_{D2}^- d\right)}{1 + \exp\left(\beta_{D0}^- + \beta_{D1}^- p + \beta_{D2}^- d\right)}, \quad p > 0 \tag{2}$$

③ 若站点实施还车降价，会额外吸引车辆还入，用户选择降价站点还车的概率是：

$$P_R^+(p,d) = \frac{\exp\left(\beta_{R0}^+ + \beta_{R1}^+ p + \beta_{R2}^+ d\right)}{1 + \exp\left(\beta_{R0}^+ + \beta_{R1}^+ p + \beta_{R2}^+ d\right)}, \quad p < 0 \tag{3}$$

④ 若站点实施还车提价，用户被排斥到周边站点还车，则转移至周边站点的概率是：

$$P_R^-(p,d) = \frac{\exp\left(\beta_{R0}^- + \beta_{R1}^- p + \beta_{R2}^- d\right)}{1 + \exp\left(\beta_{R0}^- + \beta_{R1}^- p + \beta_{R2}^- d\right)}, \quad p > 0 \tag{4}$$

其中，p 表示站点策略，$p > 0$ 时提价，$p < 0$ 时降价，$p = 0$ 时不发生转移，则概率为 0；d 表示步行时间；$\beta_{D0}^+, \beta_{D1}^+, \beta_{D2}^+, \beta_{D0}^-, \beta_{D1}^-, \beta_{D2}^-, \beta_{R0}^+, \beta_{R1}^+, \beta_{R2}^+, \beta_{R0}^-, \beta_{R1}^-, \beta_{R2}^-$ 为待标定的参数。

2.3 价格–需求关系模型

价格-需求关系由两部分组成：弹性需求和转移需求。

其中弹性需求部分表示用户在不同定价下选择其他方式或放弃出行的规律，其公式可构造一个反向 Logistic 函数：

$$D_s^E(p_s) = \frac{\alpha}{1 + \exp(\beta_0 + \beta_1 p_s)} \tag{5}$$

其中，$D_s^E(p_s)$ 表示在价格策略 p_s 下的站点 s 的弹性需求。通过非线性回可归确定其中参数 α，β_0，β_1（见 4.1 模型参数标定）。参数 α 决定了 D_s 的上限，β_0 决定了曲线在横轴方向上的偏移程度，β_1 决定了曲线的弯曲程度。

基于弹性需求、转移概率推导差异化定价对于借还车需求影响模型。设车需求的情况，S 表示所有站点的集合，站点 s 的借车需求为 D_s，$\forall s \in S$，则有：

$$D_s = D_{1s} + D_{2s} + D_{3s} \tag{6}$$

$$D_{1s} = D_s^E(p_s) \tag{7}$$

$$D_{2s} = -\delta_{Ds} \sum_{s' \in (S-s)} D_{s'}^0 P_D(p_{Ds}, d_{ss'}) \tag{8}$$

$$D_{3s} = \sum_{s' \in (S-s)} \delta_{Ds'} D_{s'}^0 P_D(p_{Ds}, d_{ss'}) \tag{9}$$

$$P_D\left(p_{Ds},d_{ss'}\right)=\begin{cases}P_D^-\left(p_{Ds},d_{ss'}\right), & p_{Ds}>0 \\ P_D^+\left(p_{Ds},d_{ss'}\right), & p_{Ds}<0 \\ 0, & p_{Ds}=0\end{cases} \tag{10}$$

$$\delta_{Ds}=\begin{cases}1, & p_{Ds}>0 \\ -1, & p_{Ds}<0 \\ 0, & p_{Ds}=0\end{cases} \tag{11}$$

以上公式中，对任一站点取一个标志变量 δ_{Ds}，标识站点是降价的或是提价的。$\delta_{Ds}=1$ 时，表示提价；$\delta_{Ds}=-1$ 时，表示降价；$\delta_{Ds}=0$ 时，表示无策略。

D_s 由三部分组成：D_{1s} 表示了受价格影响的弹性需求部分；D_{2s} 表示了由于站点 s 自身的价格而发生转移的需求，若 $p_{Ds}>0$ 实施提价，则 D_{2s} 为负，表示从站点 s 转移到其他站点 $s'\in(S-s)$ 的需求总和，若 $p_{Ds}<0$ 实施降价，则 D_{2s} 为正，表示从其他站点 $s'\in(S-s)$ 转移到站点 s 的需求总和；D_{3s} 表示了由于其他站点 $\forall s'\in(S-s)$ 的策略缘故，影响到站点 s 的需求，若 $p_{Ds'}>0$ 实施提价，则 $\delta_{Ds'}D_s^0 P_D\left(p_{Ds'},d_{ss'}\right)$ 为正，表示从站点 s' 转移至站点 s 的需求，若 $p_{Ds'}<0$ 实施降价，则 $\delta_{Ds'}D_s^0 P_D\left(p_{Ds'},d_{ss'}\right)$ 为负，表示站点 s 被站点 s' 吸引走的需求，再将 $\forall s'$ 的 $\delta_{Ds'}D_s^0 P_D\left(p_{Ds'},d_{ss'}\right)$ 求和，作为站点 s 受其他所有站点的定价策略的影响。

与借车需求相类似，可以给出还车需求的公式。由于还车时借车需求已经满足，不受弹性需求影响，故式中 R_{1s} 部分为固定项，等于 R_s^0，即长期观测的站点 s 的平均还车数。公式如下所示：

$$R_s=R_{1s}+R_{2s}+R_{3s} \tag{12}$$

$$R_{1s}=R_s^0 \tag{13}$$

$$R_{2s}=-\delta_{Rs}\sum_{s'\in(S-s)}R_s^0 P_R\left(p_{Rs},d_{ss'}\right) \tag{14}$$

$$R_{3s}=\sum_{s'\in(S-s)}\delta_{Rs'}R_s^0 P_R\left(p_{Rs'},d_{ss'}\right) \tag{15}$$

$$P_R\left(p_{Rs},d_{ss'}\right)=\begin{cases}P_R^-\left(p_{Rs},d_{ss'}\right), & p_{Rs}>0 \\ P_R^+\left(p_{Rs},d_{ss'}\right), & p_{Rs}<0 \\ 0, & p_{Rs}=0\end{cases} \tag{16}$$

$$\delta_{Rs}=\begin{cases}1, & p_{Rs}>0 \\ -1, & p_{Rs}<0 \\ 0, & p_{Rs}=0\end{cases} \tag{17}$$

3　系统运营效益优化

3.1　建模思路

系统中站点车辆数变化关系参见图3。

（1）在系统运营的时间片段 t 开始时刻，检测停在每一个站点的车辆数量。

（2）以上下阈值为判断标准，判断站点车辆数是否在合适的范围之内（在参考文献[14]中给出了站点状态上下阈值的求解方法），认为超出上阈值的站点出现车辆堆积的情况，低于下阈值的站点出现车辆不足的情况。

（3）对超出上阈值的情况，实施还车提价以减少车辆还入，实施借车降价以吸引车辆借出；对低于下阈值的情况，实施还车降价以吸引车辆还入，实施借车提价以减少借出需求。

（4）使整体收益最大化为目标求解时间片段 t 内站点 s 的借车、还车定价策略。

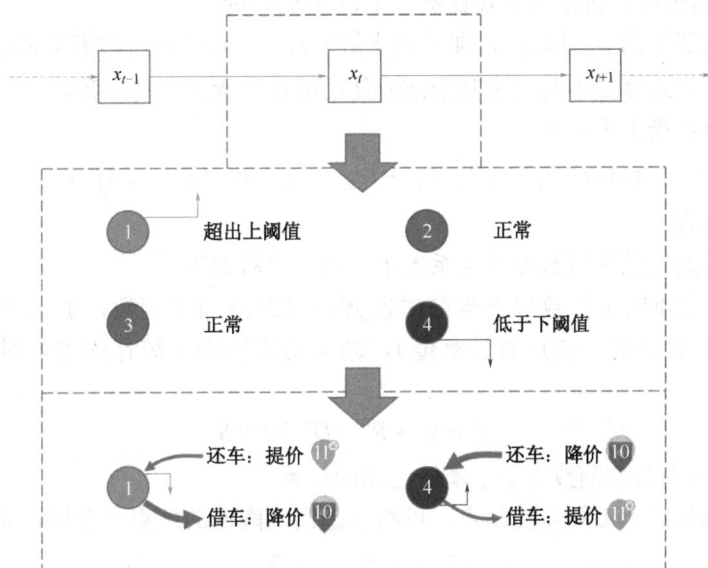

图 3   系统中站点车辆数变化关系

3.2　模型建立

（1）变量说明。

仅考虑某一特定时段，有如下变量。

S	所有站点的集合。
x_s^1	站点 s 当前时段的预期车辆数，$\forall s \in S$。
x_s^E	站点 s 当前时段受价格策略影响后的预期车辆数，$\forall s \in S$。
x_s^0	当前时段开始时站点 s 的车辆数，$\forall s \in S$。
R_s^0	历史数据中统计的当前时段站点 s 还车数均值或短时预测值，$\forall s \in S$。
D_s^0	历史数据中统计的当前时段站点 s 借车数均值或短时预测值，$\forall s \in S$。
p_{Ds}	站点 s 在当前时段的借车价格策略，$\forall s \in S$。
p_{Rs}	站点 s 在当前时段的还车价格策略，$\forall s \in S$。
R_s	受激励策略 p_{Rs} 影响后当前时段站点 s 还车数，$\forall s \in S$。
D_s	受激励策略 p_{Ds} 影响后当前时段站点 s 借车数，$\forall s \in S$。

$D_s^{'-}$　　　站点 s 在当前时段未被满足的借车需求，$\forall s \in S$。

$D_s^{'}$　　　站点 s 在当前时段被满足的借车需求，$\forall s \in S$。

x_s　　　当前时段受价格策略影响的需求被可用车辆满足后站点 s 的车辆数，$\forall s \in S$。

$S_{\text{upper},s}$　站点 s 在当前时段的上阈值，$\forall s \in S$。

$S_{\text{lower},s}$　站点 s 在当前时段的下阈值，$\forall s \in S$。

λ_s^u　　　站点 s 在当前时段车辆数超出上阈值的标记，0-1 变量，$\forall s \in S$。

λ_s^l　　　站点 s 在当前时段车辆数低于下阈值的标记，0-1 变量，$\forall s \in S$。

p　　　基础价格，按使用时长计费，单位为元/小时。

其中，决策变量为 p_{Ds} 和 p_{Rs}，即需要求解站点 s 在该时段内的借车价格策略和还车价格策略。此外，上述变量中与文中其余部分使用的符号含义保持一致。

（2）运营收益最大为目标。

$$\max F = \left(\sum_{s \in S} D_s^{'} \cdot (p + p_{Ds}) + \sum_{s \in S} R_s \cdot (p + p_{Rs}) \right) / 2 \tag{18}$$

（3）相关约束。

建模依然从站点的车辆数变化关系入手，具体步骤如下。

1）站点当前预期车辆数等于当前时段开始时站点的车辆数，加上历史数据中统计的当前时段还车数均值（或短时预测值），减去历史数据中统计的当前时段借车数均值（或预测值）：

$$x_s^1 = x_s^0 + R_s^0 - D_s^0, \forall s \in S \tag{19}$$

2）判断站点当前车辆数与上下阈值之间的关系。

若预期车辆数大于上阈值的站点，可给予超出上阈值的站点一个标记 λ_s^u：

$$\lambda_s^u = \begin{cases} 1, & x_s^1 - S_{\text{upper},s} \geq 0 \\ 0, & x_s^1 - S_{\text{upper},s} < 0 \end{cases}, \forall s \in S \tag{20}$$

若预期车辆数小于下阈值的站点，给予低于下阈值的站点一个标记 λ_s^l：

$$\lambda_s^l = \begin{cases} 1, & S_{\text{lower},s} - x_s^1 \geq 0 \\ 0, & S_{\text{lower},s} - x_s^1 < 0 \end{cases}, \forall s \in S \tag{21}$$

同时，对于车辆数保持在合理范围内的站点，将其激励策略置为 0：

$$p_{Ds} = (\lambda_s^u + \lambda_s^l - \lambda_s^u \lambda_s^l) p_{Ds}, \forall s \in S \tag{22}$$

$$p_{Rs} = (\lambda_s^u + \lambda_s^l - \lambda_s^u \lambda_s^l) p_{Rs}, \forall s \in S \tag{23}$$

3）计算激励策略影响后站点预期车辆数：

$$x_s^E = x_s^0 + R_s - D_s \tag{24}$$

其中，D_s 和 R_s 分别表示受到站点借车激励和还车激励影响后的借车需求和还车数量，由公式（6）～（11）、公式（12）～（17）确定，符号含义一致。

4）由于可能出现借车需求在激励策略极端条件下也不能够被满足的情况，x_s^E 依然可能为负数，因此需要进一步计算未被满足的需求：

$$D_s^{'-} = \max\left(0, -x_s^E\right) \tag{25}$$

则被满足了的需求为

$$D_s^{'} = D_s - D_s^{'-} \tag{26}$$

5）计算激励策略影响后的站点车辆数为

$$x_s = x_s^0 + R_s - D_s^{'} \tag{27}$$

3.3　求解算法

考虑到本模型的阶梯性质和非凸性，尝试采用模拟退火算法逼近最优解。本文中，启发式求解算法见表 1。其步骤可以描述如下。

Step 1：确定算法基本参数，其中 τ_{max} 为模拟退火开始温度，τ_{min} 为模拟退火最低温度，c 为温度下降率，K 为最大迭代次数；

Step 2：确定初始化条件，生成初始 p_{Ds}，p_{Rs}，$\forall s \in S$，计算目标 F_1；

Step 3：在前一个生成解的基础上添加随机扰动，生成新的 p_{Ds}，p_{Rs}，并计算目标 F_1；

Step 4：判断新解的目标是否小于当前最优，如果是，则将新解作为当前最优解；若否，则随机接受这组新解作为最优解，接受概率随 τ 的下降而下降；

Step 5：判断是否超过最大迭代次数 K，若否，回到 Step 3；若是，则进入下一步；

Step 6：判断是否达到最低温度，若否，回到 Step 2；若是，则结束，将当前最优解作为最终的解。

表 1　启发式求解算法

$\tau := \tau_{max}$

While $\tau > \tau_{min}$

$k := 0$

$p_{Ds}^k := 0$，$p_{Rs}^k := 0$，$p_{Ds}^{*} := p_{Ds}^k$，$p_{Rs}^{*} := p_{Rs}^k$，$\forall s \in S$

$F_1^k := F_1\left(p_{Ds}^k, p_{Rs}^k\right)$，$F_1^{*} \cdot F_1^k$

$k := 1$

While $k \leqslant K$

    $p_{Ds}^k := p_{Ds}^{k-1} + l \cdot \text{rand}$，$p_{Rs}^k := p_{Rs}^{k-1} + l \cdot \text{rand}$，$\forall s \in S$

    $F_1^k := F_1\left(p_{Ds}^k, p_{Rs}^k\right)$

    If $F_1^k < F_1^{*}$

        $F_1^{*} := F_1^k$，$p_{Ds}^{*} := p_{Ds}^k$，$p_{Rs}^{*} := p_{Rs}^k$

    Else if $\exp\left(-\left(F_1^k - F_1^{*}\right)/\tau\right) > (\text{rand}+1)/2$

        $F_1^{*} := F_1^k$，$p_{Ds}^{*} := p_{Ds}^k$，$p_{Rs}^{*} := p_{Rs}^k$

    $k := k+1$

End

$\tau := \tau \cdot c$

End

注：1. 在本文求解过程中，K 取 1000，τ_{min} 取 80，τ_{max} 取 90，c 取 0.99。

2. $F_1\left(p_{Ds}, p_{Rs}\right)$ 表示以 p_{Ds}，p_{Rs} 计算 F_1 的函数。

3. l 表示较当前解加入随机偏移的范围。

4. rand 表示生成 $[-1,1]$ 范围内的随机数。

4 差异化定价实现

4.1 模型参数标定

本文中建立的价格-需求模型中相关参数的标定，需要在实际运营中采用试验的方式，采集站点需求随价格策略而发生变化的历史数据，通过回归的方式标定。在 2017 年 8 月 16 日至 12 月 31 日之间，在上海运营的 3576 个站点中，共有 826 个站点曾经被设置过提价策略和降价策略。搜集这些站点的需求变化数据，首先标定转移需求概率函数中的变量，参数估计及相关统计量，从显著性意义来看，所拟合的参数能够被模型使用。需求转移概率函数的参数拟合参见表 2

表 2　需求转移概率函数的参数拟合

| a. 借车红包策略，$P_D^+(p,d)$ | | | | | | b. 借车收费策略，$P_D^-(p,d)$ | | | | | |
	参数估计	标准差	Wals 统计量	df	Sig.		参数估计	标准差	Wals 统计量	df	Sig.
β_{D0}^+	4.675	2.134	4.799	1	0.028	β_{D0}^-	6.988	2.388	8.563	1	0.003
β_{D1}^+	0.101	0.021	23.132	1	0.000	β_{D1}^-	−0.165	0.065	6.444	1	0.011
β_{D2}^+	0.132	0.045	8.604	1	0.003	β_{D2}^-	0.127	0.022	33.324	1	0.000
c. 还车红包策略，$P_R^+(p,d)$						d. 还车收费策略，$P_R^-(p,d)$					
	参数估计	标准差	Wals 统计量	df	Sig.		参数估计	标准差	Wals 统计量	df	Sig.
β_{R0}^+	4.427	3.628	1.489	1	0.222	β_{R0}^-	8.477	4.362	3.777	1	0.052
β_{R1}^+	0.081	0.032	6.407	1	0.011	β_{R1}^-	−0.162	0.026	38.822	1	0.000
β_{R2}^+	0.179	0.078	5.266	1	0.022	β_{R2}^-	0.246	0.098	6.301	1	0.012

对于弹性需求部分，需要将试验过站点的参数予以标定。部分站点的弹性需求参数标定如表 3 所示。现实中难以对所有站点进行标定，需要对参数进行近似取值。由于参数 α 决定了 D_s 的上限，β_0 决定了曲线在横轴方向上的偏移程度，β_1 决定了曲线的弯曲程度，α 可取历史统计得到的最大需求。若假设曲线形状一致，则 β_0 和 β_1 可取试验回归得到参数的均值。

表 3　部分站点的弹性需求参数标定

| a. 嘉实生活广场（地面） | | | 95%置信区间 | | b. 虹桥火车站 P9-1F | | | 95%置信区间 | |
参数	估计	标准差	下限	上限	参数	估计	标准差	下限	上限
α	25.851	1.820	22.076	29.626	α	619.295	242.396	123.539	1115.052
β_0	0.495	0.323	−0.176	1.166	β_0	0.530	0.664	−0.828	1.888
β_1	0.232	0.128	−0.034	0.498	β_1	0.039	0.010	0.020	0.059
c. 上海南站北广场 B1			95%置信区间		d. 美奂大厦			95%置信区间	
参数	估计	标准差	下限	上限	参数	估计	标准差	下限	上限
α	161.858	50.774	56.559	267.157	α	20.771	1.659	17.331	24.211
β_0	0.007	0.735	−1.519	1.532	β_0	0.176	0.251	−0.346	0.697
β_1	0.048	0.017	0.013	0.084	β_1	0.148	0.046	0.052	0.243

4.2 求解案例说明

算例已知条件如图 4 所示。应用本文所述模型，可以求解每个站点的借车与还车定价策略。对于求解情况有如下分析：令站点 1 的借车和还车策略分别由-100 至 100 变化，作目标函数 F 随 p_{R1} 和 p_{D1} 变化的曲面图（见图 5（a））；同时令站点 1 的借车策略和站点 4 的还车策略分别由-100 至 100 变化，作目标函数 F 随 p_{D1} 和 p_{R4} 变化的曲面图（见图 5（b））。图中显示可以通过调整站点 1 和站点 4 的提价或降价幅度，提升总体收益水平。

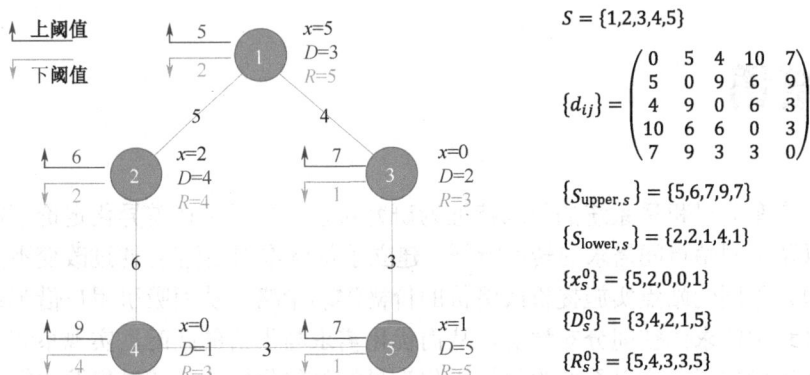

$$S = \{1,2,3,4,5\}$$

$$\{d_{ij}\} = \begin{pmatrix} 0 & 5 & 4 & 10 & 7 \\ 5 & 0 & 9 & 6 & 9 \\ 4 & 9 & 0 & 6 & 3 \\ 10 & 6 & 6 & 0 & 3 \\ 7 & 9 & 3 & 3 & 0 \end{pmatrix}$$

$$\{S_{\text{upper},s}\} = \{5,6,7,9,7\}$$

$$\{S_{\text{lower},s}\} = \{2,2,1,4,1\}$$

$$\{x_s^0\} = \{5,2,0,0,1\}$$

$$\{D_s^0\} = \{3,4,2,1,5\}$$

$$\{R_s^0\} = \{5,4,3,3,5\}$$

图 4　算例已知条件

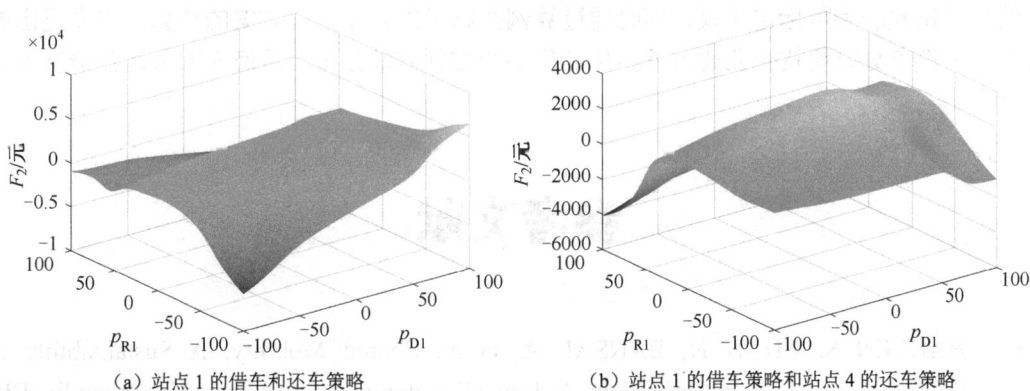

（a）站点 1 的借车和还车策略　　　（b）站点 1 的借车策略和站点 4 的还车策略

图 5　对站点 1 和站点 4 价格策略变化的分析

4.3 实际应用说明

本模型数据采集和计算结果可以与实际应用场景结合。前期研究[15]曾提出一种基于激励策略的汽车分时租赁系统调度 App，能够将激励手段与用户互动相互结合。本文研究能够为该软件平台提供核心方法模块。本文所提出的方法的实际应用模式如下。

（1）运营端应用本文的方法包含如下步骤。

1）计算站点停留车辆数量的上下阈值。

2）试验并回归价格-需求模型的相关参数。

3）接入站点车辆数量的实时数据。

4）每小时对站点车辆数量做出判断，识别车辆数越过上下阈值的站点。

5）计算车辆数越过上下阈值的站点的借车、还车定价。

（2）用户端获得差异化定价的条件。

1）用户可以在操作界面上看到所有站点。

2）界面上的站点显示出该站点为借车提价、借车降价、还车提价、还车降价站点为正常站点，并能显示提价或者降价幅度。

3）用户根据自身情况选择站点，预订车辆，并完成出行。

4）系统判断用户实际出行轨迹，并按实际出行的借车、还车站点的定价策略计费。

5　结语

本文以汽车分时租赁系统的需求特征为研究对象，分析了在差异化定价下需求的弹性变化特征以及不同站点间需求的转移特征，建立了价格-需求模型；通过改变不同站点的定价策略，即为不同的站点实施提价或降价的价格浮动策略，从而吸引用户借车或者还车，可以改变系统中需求的空间分布情况，从而优化需求与供给的匹配，实现系统运营收益的优化；本文还建立了一个以系统收益最大化为目标的优化模型，通过启发式算法可以求解不同站点借还车的提价或降价幅度，通过 App 发布信息，从而影响到用户的出行决策。本文给出了试验和参数标定建议，同时通过算例介绍了差异化定价方案的计算。本文提出的方法对于汽车分时租赁企业通过差异化定价手段控制需求分布，从而为改善运营情况提供了参考。

参考文献

[1] SHAHEEN S, CHAN N, BANSAL A, et al. Shared Mobility: A Sustainability & Technologies Workshop: Definitions, Industry Developments, and Early Understanding[R]. Berkeley: University of California, Berkeley, Transportation Sustainability Research Center; California Department of Transportation, 2015.

[2] 张国伍. 分时租赁, 智慧出行——"交通 7+1 论坛"第四十三次会议纪实[J]. 交通运输系统工程与信息, 2016, 16(4):1-10.

[3] 交通运输部, 住房城乡建设部. 关于促进小微型客车租赁健康发展的指导意见[EB/OL]. (2017-08-08)[2018-05-06]. http://www.gov.cn/xinwen/2017-08/08/content_5216567.htm.

[4] 环球车享汽车租赁有限公司. 2017 中国新能源汽车分时租赁行业发展报告[R]. 上海: 环球车享汽车租赁有限公司, 2018.

[5] NOURINEJAD M, ROORDA M J. Carsharing operations policies: a comparison between one-way and two-way systems[J]. Transportation, 2015, 42(3):497-518.

[6] 汪磊, 马万经, 陈蓓等. 汽车共享系统运营模式特征与运营调度研究综述[C]. 2017

年中国城市交通规划年会，2017.

[7] BARTH M, TODD M, XUE L. User-based vehicle relocation techniques for multiple-station shared-use vehicle systems[J]. Transportation Research Record: Journal of the Transportation Research Board, 2004, 1887:137-144.

[8] WAGNER S, WILLING C, BRANDT T, et al. Data Analytics for Location-Based Services: Enabling User-Based Relocation of Carsharing Vehicles[C]//International Conference on Information Systems. Fort Worth, USA: [s.n.], 2015: 1-16.

[9] WASERHOLE A, JOST V. Pricing in vehicle sharing systems: optimization in queuing networks with product forms[J]. EURO Journal on Transportation and Logistics, 2014, 5(3):293-320.

[10] JORGE D, MOLNAR G, DE ALMEIDA CORREIA G H. Trip pricing of one-way station-based carsharing networks with zone and time of day price variations[J]. Transportation Research Part B: Methodological, 2015, 81:461-482.

[11] Lei Wang, Yong Jin, Ling Wang, et al. Incentive-based Approach to Control Demands for Operation of One-way Carsharing System[J]. Transportation Research Record: Journal of the Transportation Research Board, 2019.

[12] HUANG K, CORREIA G H D A, AN K. Solving the station-based one-way carsharing network planning problem with relocations and non-linear demand[J]. Transportation Research Part C: Emerging Technologies, 2018, 90:1-17.

[13] FEBBRARO A, SACCO N, SAEEDNIA M. One-way carsharing: solving the relocation problem[J]. Transportation Research Record: Journal of the Transportation Research Board, 2012(2319):113-120.

[14] Lei Wang, Yugao Zhong, Wanjing Ma. GPS-data-driven Dynamic Destination Prediction for On-demand One-way Carsharing System[J]. IET Intelligent Transportation Systems, 2018, 12(10): 1291-1299.

[15] 陈蓓，马万经. 基于 App 的电动汽车分时租赁激励调度系统研究[C]. 第十一届中国智能交通协会论文集，2016(10): 416-425.

基于手机数据的医疗设施可达性研究

——以昆山市为例

王祖光[1]　肖　飞[2]　陆振波[1]

（1. 东南大学智能运输系统研究中心，南京 210018；

2. 南京市公安局交通管理局，南京 210018）

【摘要】针对医疗设施空间分布公平性问题，本文从可达性角度出发，考虑供需交互作用，利用强化的两步移动搜索法（E2SFCA）进行研究。本文根据基站划分泰森多边形作为研究单元，通过基站统计各研究单元的实际居住人口作为需求，研究尺度大大细化，通过高德API获得医疗设施供给信息及供需OD点间的各交通方式成本矩阵，更加真实可靠。本文综合考虑出行时间及出行距离对出行的影响，根据手机用户的出行情况划定医疗设施的服务范围及距离阈值，并引入基于时间阈值高斯衰减函数。本文对等级医院和医疗设施不同交通方式下的可达性空间分布及得分分布情况进行了分析，并针对分析结果给出了建议。

【关键词】手机数据；可达性；两步移动搜索；医疗设施

Research on Accessibility of Health Care Facilities Based on Mobile Phone Data：A Case Study of Kunshan

Wang Zuguang[1], Xiao Fei[2], Lu Zhen[1]

（1. Southeast University ITS Research Center, Nanjing 210018, China;

2. Nanjing Municipal Public Security Bureau Traffic Management Bureau, Nanjing 210018, China）

Abstract: Aiming at the problem of spatial distribution fairness of health care facilities, this paper considers the interaction between supply and demand from the perspective of accessibility, and uses the enhanced 2-step floating catchment area (E2SFCA) for research. In this paper, the Tyson polygon is divided into base units according to the base station. The actual resident population of each research unit is counted as the demand by the base station, and the health care facility supply information and the cost matrix of each transportation mode between the supply and demand OD points are obtained through the API. This paper comprehensively considers the impact of travel time and travel distance on travel, delineates the service range and distance threshold of health care facilities according to the travel mode of mobile phone users, and introduces a Gaussian decay function based on time threshold. This paper analyzes the spatial distribution and distribution of accessibility of different hospitals and health care facilities under different modes of transportation, and gives suggestions for the analysis results.

Keywords: mobile phone data; accessibility; E2SFCA; health care facility.

1 引言

1.1 医疗服务设施

医疗服务是维持社会运转和人民正常生活的重要基本必需品之一（Li, Y.; Wei, Y.H.D, 2010）。2005 年，第 58 届世界卫生大会呼吁成员国实现全民健康覆盖，这意味着在没有太大经济负担的前提下，公民可以在需要时得到适当的医疗服务（WHO, 2005）。2008 年世界卫生组织申明基本医疗服务是医疗政策、供给、研究的重点（WHO, 2008）。而保证医疗服务可达性的公平性是实现上述目标的基础，因为医疗服务可达性的巨大不公平会增大健康与生活质量的差异（Wang, X et al., 2018; Cutler, D.M et al., 2008）。各地居民获得医疗服务的机会不同，主要是因为医疗服务的供给与需求分布不均，以及不同的社会经济和人口统计特征。因此，很多学者开始利用空间可达性来描述医疗设施空间分布公平性情况。

1.2 空间可达性

空间可达性是衡量获取公共服务空间阻隔的重要方法之一（Penchansky & Thomas，1981），它考虑了服务的供应情况以及访问服务的距离因素（Guagliardo，2004）。可以通过确定现有可达性水平为决策者提供可能存在的设施分布差异（Joseph&Phillips，1984）。这种方法在医疗设施服务方面尤为常见，例如，衡量医疗服务的可达性水平可以突出医疗服务中潜在的不平等情况（Luo，2004）。

在过去的十年中，基于地理信息系统（GIS）的研究不断涌现，各种社会空间背景下服务可达性的空间模式被研究（Bauer，2017）。许多此类研究检测了健康相关服务的可达性，例如体育设施（Billaudeau 等，2011），绿色空间（Higgs, Fry, & Langford, 2012）或获得健康食品的机会（Smith et al., 2010）。研究服务可达性水平与地区服务水平不均衡指标之间的关联往往依赖于相对简单的衡量方法，如人口、供给比率（Cummins，McKay，& Macintyre，2005），平均或中位距离（Smith et al.，2010），到最近服务的最短距离（Macintyre 等，2008），或在指定时间/距离阈值内可用的设施数量（Ferguson 等，2013）等。虽然这些方法各有各自的优势，但是大多数都没有考虑供应和潜在需求之间的重要相互作用，这可能对研究提供的社会经济差异产生更广泛的影响。

移动搜索（FCA）空间可达性模型衍生于重力模型，是对传统做法的增强，主要原因是这一模型在输出中融合了供需比、累积机会和出行成本要素（Luo&Wang，2003）。FCA方法虽然相对传统方法有很多提升，但也有一些批评的声音。有人认为，使用重叠的搜索区域可能会导致对当地服务需求的过高估计，导致供需比出现偏差（Neutens，2015）。FCA依赖于主观定义的搜索阈值也可能存在问题，特别是在估算不同地理环境下的可达性时（McGrail&Humphreys，2014）。但由于缺乏用户前往服务区的时间/距离数据，上述问题通常是不可避免的（Higgs，2004）。E2SFCA 方法的一个主要限制是假设某个搜索区的人无论其对设施的接近程度如何都能获得相同的服务（McGrail，2012）。有学者通过增强的两步浮动搜索法（E2SFCA）来解决上述问题，该方法使用随着供应点和需求中心距离增加而减少的加权函数（Luo&Qi，2009）。

1.3　公共服务设施研究中的数据来源

在已有公共服务设施研究中，数据来自居民调查数据（Kanuganti S et al.,2016; Dony C C et al.,2015）和相关单位提供的设施数据（Xing L et al., 2018; Mao L et al., 2013），也有学者开始通过在线地图 API 来获得出行时间/距离（Tao Z et al., 2018）。在手机数据方面，Liu 结合土地使用得到城市空间特性（Liu, Lingbo et al.,），Hao W 基于手机数据和 E2SFCA 评估了城市绿地的人均面积和实际可达性。

2　方法

基于时空阈值的强化两步移动搜索法

本文使用基于时空阈值的两步移动搜索法（E2SFCA）进行医疗设施可达性评价，具体过程分为两步。

第一步：医疗供给（HC）与人口需求（P）之比

对于每个医院点 j，搜索距离阈值范围（d_0）内从 j 点出发的人群的移动范围及该范围内的居住人口（P），然后结合出行时间衰减计算该医疗点供给与人口需求之比 R_j，计算公式如下：

$$R_j = \mathrm{HC}_j / \sum_{k \in \{d_{kj} \leqslant d_0\}} P_k G(t_{kj}, t_0) \tag{1}$$

第二步：人群可达性指数

对于每个需求点 i，搜索距离阈值范围内的医疗设施，并结合出行时间衰减统计供需比之和。

$$A_i^F = \sum_{j \in \{d_{ij} \leqslant d_0\}} R_j G(t_{ij}, t_0) \tag{2}$$

其中：

$$Gt_{kj}, t_0 = \begin{cases} e^{-(1/2) \times (t_{kj}/t_0)^2} - e^{-(1/2)} / 1 - e^{-\left(\frac{1}{2}\right)}, & if, t_{kj} \leqslant t_0 \\ 0, & if, t_{kj} > t_0 \end{cases} \tag{3}$$

R_j：考虑出行时间衰减的情况下，j 居住点距离阈值范围内（$d_{kj} \leqslant d$）医疗服务能力与人口的比例

HC_j：j 的医疗供给

P_k：k 点居住的人口数

k：k 居住点

j：j 医疗点

t_{kj}：k 点与 j 点之间的出行时间

t_{ij}：i 点与 j 点之间的出行时间

t_0：时间衰减阈值

d_{kj}：k 点与 j 点之间的出行距离

d_{ij}：i 点与 j 点之间的出行距离

d_0：距离阈值

A_i^F：基于强化两步移动搜索法的居住点 i 的人群对医疗设施的可达性

$G(t_{kj}, t_0)$：k 点与 j 点之间的时间衰减值。

第一步基于距离阈值内人群的实际活动范围确定了医疗设施的服务区域（影响区域），同时也确定了各医疗设施的服务人口。考虑到一个居民点可能被多个医疗设施服务。第二步统计了重叠部分服务区的结果。通过引入高斯函数模拟出行吸引随出行时间的衰减，通过汇总可接受距离阈值范围内医疗服务与人口间的比值来确定各居民点的医疗服务可达性。

3 案例研究

3.1 研究区域

本文以昆山市全域为研究对象，研究区域内共有 11 个区镇，分别为：昆山开发区、昆山高新区、花桥经济开发区、张浦镇、周市镇、陆家镇、巴城镇、千灯镇、淀山湖镇、周庄镇、锦溪镇。

3.2　数据

本文主要使用 4 个数据源：手机信令数据、基站数据、公共服务设施 POI 数据和公共服务设施相关供给信息，其中基站数据主要配合手机信令进行分析，公共服务设施相关供给信息主要配合公共服务设施 POI 数据进行分析。手机信令数据及基站数据来源于某通信公司，本文研究了 2017 年 6 月 4 号到 10 号共 7 天的手机信令数据，包含了 156 万名用户的信息，数据经过预处理，消除了所有与隐私相关的信息，并根据其市场份额进行了扩算，其基本格式是以用户 ID 为主键的多字段表。本文共识别出 135 万用户的居住地，根据运营商市场占有比扩算后，与 2017 年昆山市国民经济和社会发展统计公报中的 205.9 万非常接近，说明了手机用户在居住人口识别方面具有的高精度。公共服务设施 POI 数据通过高德地图 API 接口爬取，相关供给信息来源于相关网站，本文研究对象为医疗设施，使用床位数作为设施供给。为了保证医院拥有可信的服务水平，本文选取昆山市的 347 所医疗设施，其中三级医院 5 所（含分院），二级医院 8 所，一级医院 7 所，其他级别医疗设施 327 所。昆山市医疗设施的空间分布情况如图 3 所示。

本文使用基于手机数据的居住人口数据，基于 3 107 个基站统计居住人口，根据基站划分泰森多边形进而得到细分基站范围内的人口数据，数据较新，可达性描述也更准确细致。

本文考虑不同交通方式对医疗设施可达性进行衡量，可以展示不同交通方式下医疗设施可达性的空间分布情况，同时对结果进行比对与分析，据此对医疗设施的空间分布均衡性情况进行评价，对城市规划与医疗设施均等化提出建议。

根据手机信令数据结合基站数据，本文主要得到以下信息：

（1）判别用户居住地。根据城市居民的出行特征及出行特点，选取工作日期间数据，选取用户在 1:00 到 7:00 期间逗留时间最长的基站，若日均逗留时间大于 2 小时，则识别该基站为其居住地。

（2）得到基站居住人口。对用户居住地进行判别后，统计各个基站的居住用户信息，得到基站居住人口数。

（3）得到出行 OD。若用户在某一基站及附近基站停留时长超过 40 分钟，则将该基站作为用户的停驻点，进而根据出行停驻点得到出行 OD。

根据公共服务设施 POI 数据和公共服务设施相关供给信息，结合高德 API，本文主要得到以下信息。

（1）根据供需点出行 OD，爬取基于高德地图最优路径算法的 OD 间不同交通方式所需时间、距离。

（2）分析出行距离与出行比例之间的关系。

（3）选取出行距离阈值、时间衰减阈值。

（4）在计算可达性时，结合出行时间计算吸引力衰减情况。

3.3　技术路线

本文的研究技术路线如图 1 所示。

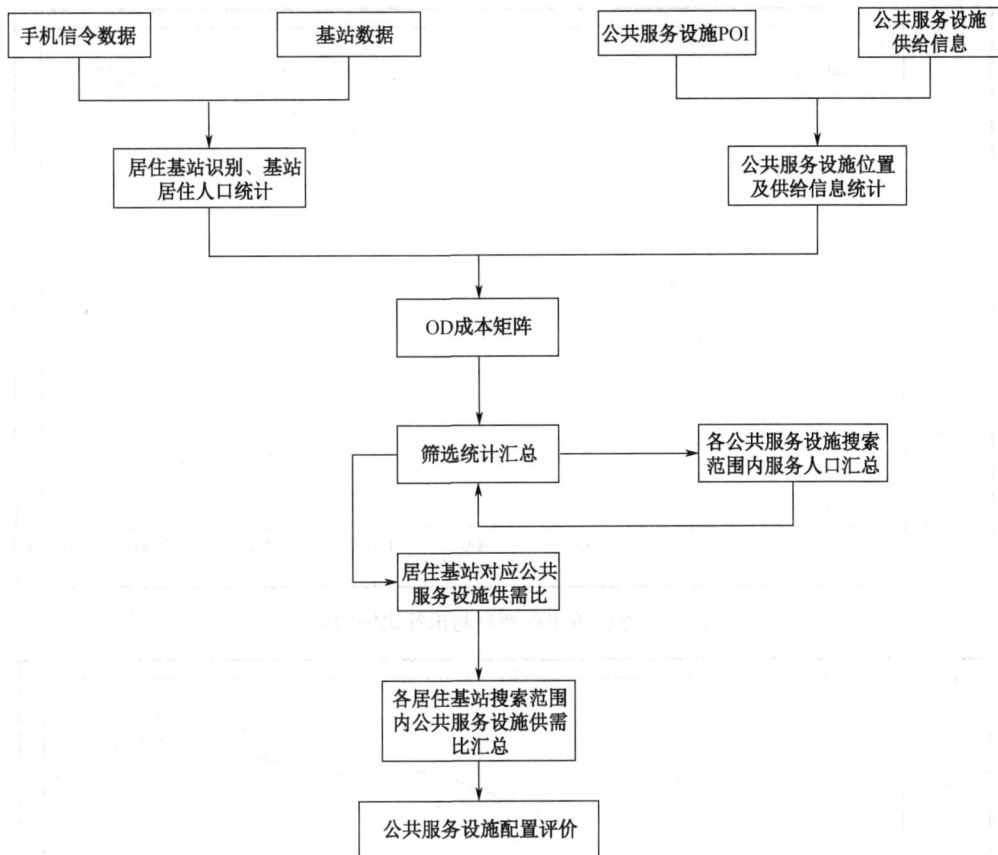

图 1　技术路线

3.4　距离阈值确定

对昆山一、二、三级医院，统计在医院停驻的用户的上位停驻点，通过高德 API 确定两点间各种交通方式的出行距离，进而确定医院的实际服务范围。

对一级医院选取 7-9 时出发，并在医院周围停驻的用户，统计 4 483 条数据，得到出行距离与该距离内出行次数占总出行次数的百分比之间的关系。图 2 展示了一级医院出行距离与出行比例的关系。

对二级医院选取 7-9 时出发，并在医院周围停驻的用户，统计 4 810 条数据，得到出行距离与该距离内出行次数占总出行次数的百分比之间的关系。图 3 展示了二级医院出行距离与出行比例的关系。

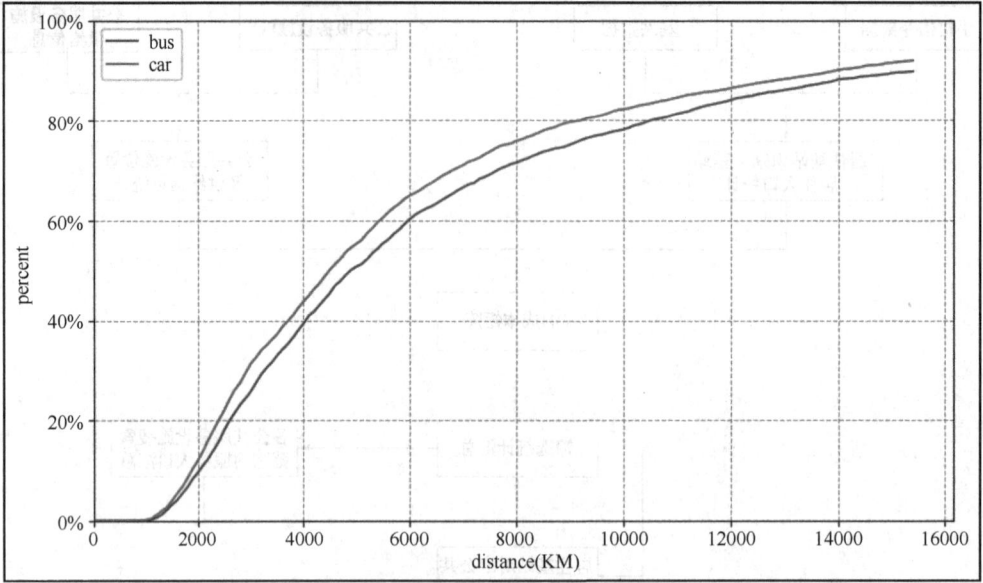

图 2　一级医院出行距离与出行比例的关系

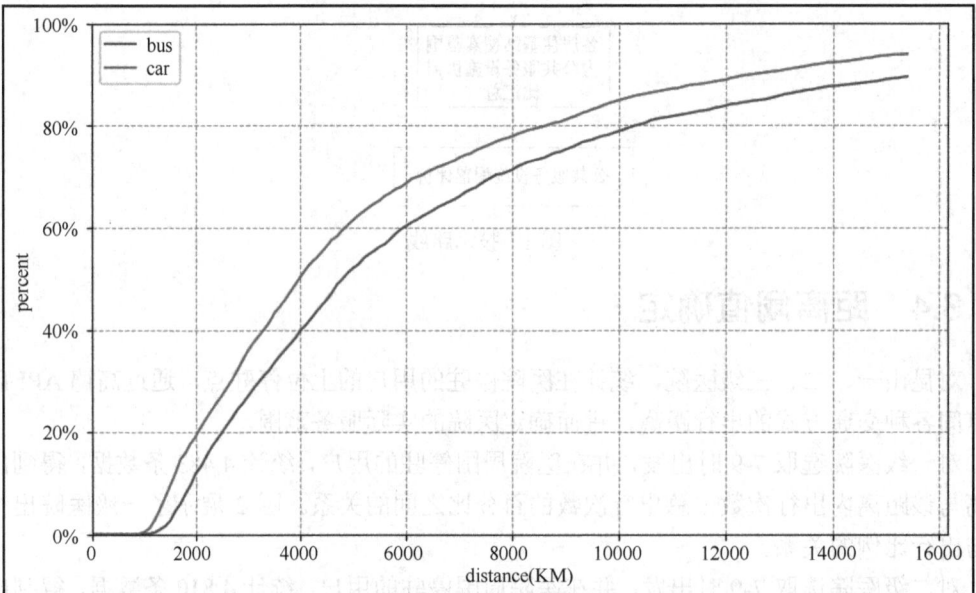

图 3　二级医院出行距离与出行比例的关系

对三级医院选取 7-9 时在医院周围停驻的用户，统计 3813 条数据，得到出行距离与该距离内出行次数占总出行次数的百分比之间的关系。图 4 展示了三级医院出行距离与出行比例的关系。

统计不同等级医院不同出行距离情况下公交与小汽车出行方式占该方式总出行的比例，结果如下所示，表 1 展示了公交方式下等级医院出行距离与出行比例的关系，表 2 展示了驾车方式下等级医院出行距离与出行比例的关系。

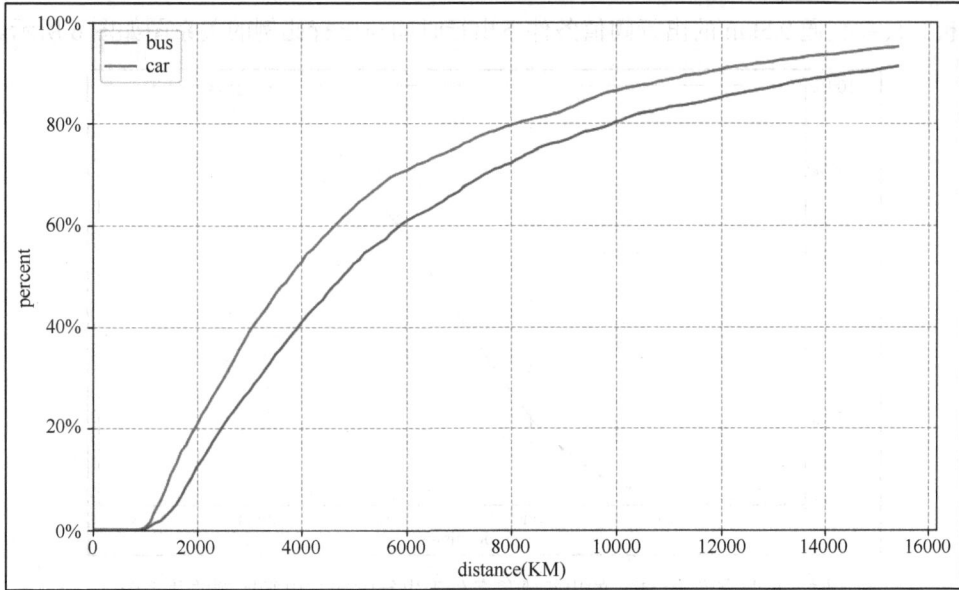

图 4　三级医院出行距离与出行比例的关系

表 1　公交方式下等级医院出行距离与出行比例的关系

	8km	8.5km	9km	9.5km	10km	10.5km	11km
Level1	71.55%	73.72%	75.13%	76.96%	78.16%	80.00%	81.34%
Level2	71.32%	73.48%	75.35%	77.22%	78.86%	80.50%	81.81%
Level3	72.15%	74.98%	76.53%	78.47%	80.28%	82.09%	83.22%

表 2　驾车方式下等级医院出行距离与出行比例的关系

	8km	8.5km	9km	9.5km	10km	10.5km	11km
Level1	75.89%	77.95%	79.69%	80.78%	82.23%	83.37%	84.58%
Level2	74.97%	76.80%	78.26%	79.86%	81.58%	82.96%	84.45%
Level3	79.62%	78.84%	80.15%	81.67%	83.32%	84.79%	86.34%

　　由以上各表可知，对等级医院有比较相似的出行规律，当公共交通出行距离达到 10.5km 时，出行比例接近 80%；当小汽车出行距离达到 9.5km 时出行比例接近 80%。因此，选取 10.5km 作为公共交通的搜索阈值，选取 9.5km 作为小汽车的搜索阈值，另选取 3km 作为步行到等级医院的搜索阈值。对于其他医疗设施，由于其数量较多，分布较广，选取 2.5km 作为公共交通和小汽车的搜索阈值，选取 1km 作为步行的搜索阈值。

3.5　时间衰减阈值确定

　　对等级医院，在公共交通 10.5km 的出行阈值条件下，对服务范围内居民点的出行时间进行分析，关系如下。图 5 展示了公共交通 10.5km 的出行阈值条件下出行时间与出行比例的关系图。

　　表 3 展示了公共交通 10.5km 出行阈值条件下出行时间与出行比例的关系表。

　　对等级医院，在小汽车 9.5km 的出行阈值条件下，对服务范围内居民点的出行时间进行分析。公共交通 9.5km 的出行阈值条件下出行时间与出行比例的关系图如图 6 所示。

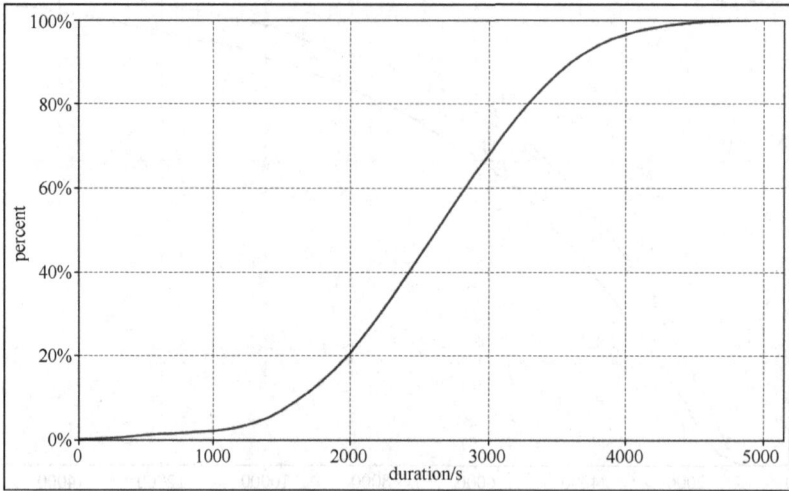

图 5　公共交通 10.5km 的出行阈值条件下出行时间与出行比例的关系图

表 3　公共交通 10.5km 的出行阈值条件下出行时间与出行比例的关系表

	3 600s	3 700s	3 800s	3 900s	4 000s	4 100s	4 200s
Bus	89.65%	91.92%	93.84%	95.36%	96.41%	97.38%	97.99%

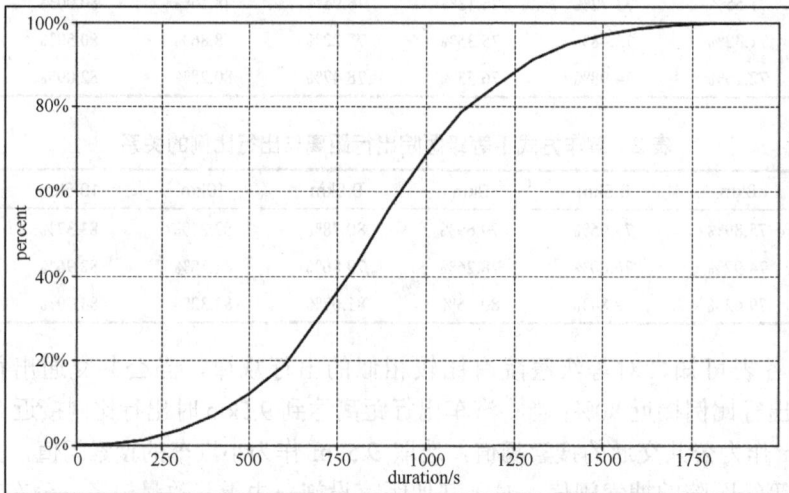

图 6　公共交通 9.5km 的出行阈值条件下出行时间与出行比例的关系图

表 4 展示了驾车出行 9.5km 的出行阈值条件下出行时间与出行比例的关系表。

表 4　驾车出行 9.5km 的出行阈值条件下出行时间与出行比例的关系表

	1 200s	1 300s	1 400s	1 500s	1 600s	1 700s	1 800s
Car	89.65%	91.92%	93.84%	95.36%	96.41%	97.38%	97.99%

由上述表和图可知，在选定距离阈值条件下，对于公共交通，当出行时间达到 3 900s

时，出行比例达到 95.36%；对于小汽车出行，当出行时间达到 1 500s 时，出行比例为 95.36%。因此，对等级医院，选取 3 900s 作为公共交通的高斯函数衰减阈值，选取 1 500s 作为小汽车的高斯函数衰减阈值，另对步行选取 1 800s 作为高斯函数衰减阈值。对其他医疗设施，选取 1 000s 作为各方式的高斯衰减阈值。

4 结语

根据研究，在昆山市的中心城区和西南部地区发现了高可达性得分，此外昆山东部花桥经济开发区也发现了较高的可达性得分。在小汽车出行方式下，在昆山西南部得到了分值高且分布较为连续均匀的可达性得分，但在公交出行方式下，这一模式更加分散。对于步行交通方式，可达性分数较高的区域主要分布在距离医院较近的组块。这些结果表明位于多个等级医院之间且在多个等级医院服务范围内的区块具有更高的可达性分数。

从昆山市各组块间的可达性分数的分布可以看出，对于不同的交通方式，大多数组块的可达性得分都较低（见图7和图8）。在驾车出行和公交出行的情况下，组块具有高可达性分数的概率更高，在这两种方式下，分布曲线有两个比较明显的峰值，第一个峰值是由于有较多的区域可达性分数极地造成的，第二个峰值是由于近似规模的等级医院周边区域有比较接近的可达性得分从而使得分数分布有一定程度上的聚集造成的。

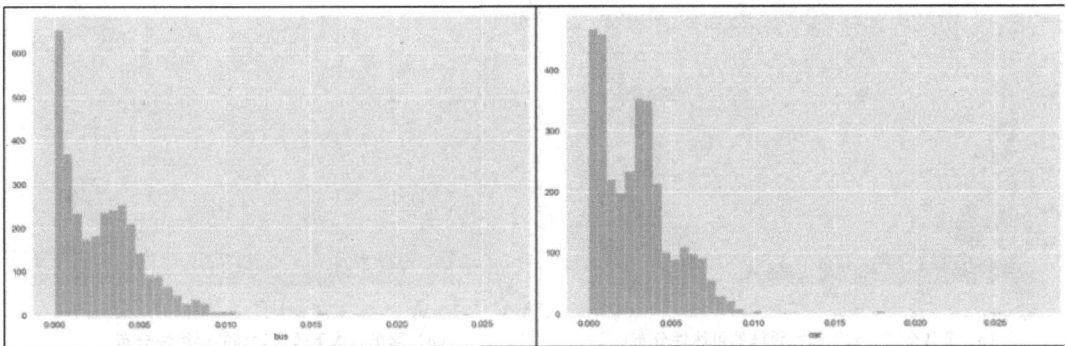

（a）公共交通方式下等级医院的可达性分布   （b）驾车方式下等级医院的可达性分布

（c）步行方式下等级医院可达性分布

图7   各交通方式等级医院的可达性分布

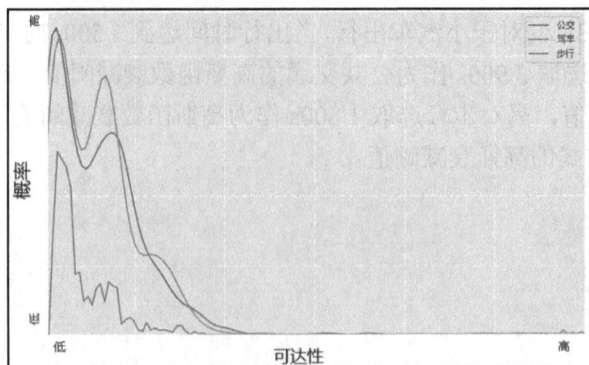

图8　各交通方式下等级医院可达性得分分布曲线

　　相较于只考虑等级医院，考虑全部医疗设施的情况下，高可达性区域在空间上更多，并且分布相对不集中。但总体来看医疗设施可达性不均衡程度仍然较大，可达性高的地区主要分布在中心城区及各镇中心区域，其主要原因是重要医疗设施较为集中地分布在中心城区和各镇中心区域，居民到达这些区域的距离较远，交通出行不方便，而其他区域虽然也有医疗设施，但其供给远远不能满足居民需求。驾车出行与公交出行有比较近似的可达性分布，但在驾车出行情况下，区域可达性更加连续，这一点在昆山西南地区可以比较明显地看出。对于步行交通方式，可达性分数较高的区域仍然主要分布在距离医疗设施较近的组块（各交通方式医疗设施可达性分布见图9）。

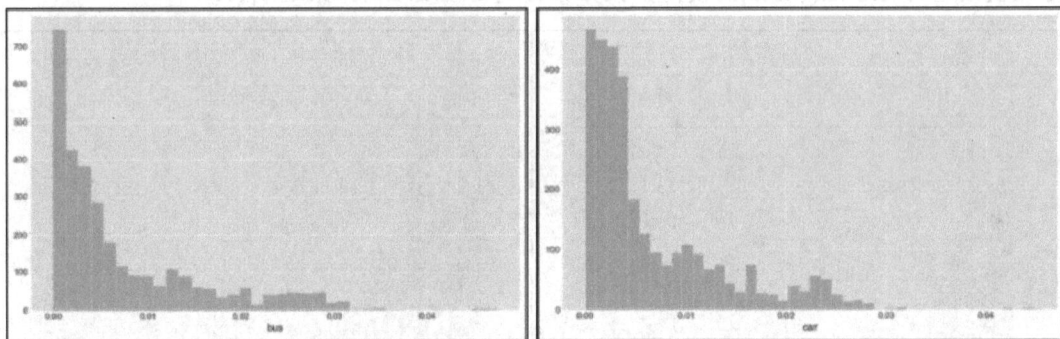

（a）公共交通方式下医疗设施的可达性分布

（b）驾车方式下医疗设施的可达性分布

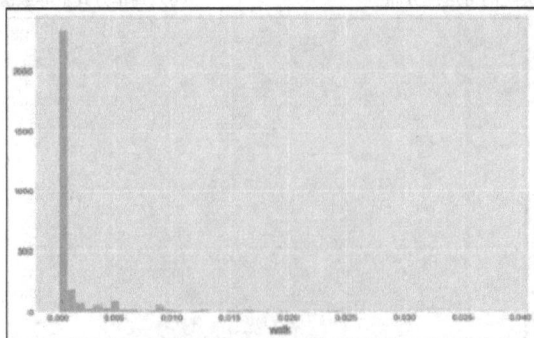

（c）步行方式下医疗设施可达性分布

图9　各交通方式医疗设施可达性分布

　　由概率分布曲线可以看出，公共交通及小汽车方式下曲线较为平滑，且在中高可达性时能维持一定的高度（各交通方式下医疗设施可达性得分分布曲线参见图10），这说明在这两种交通方式下，医疗设施可达性相对公平，能够为相当部分居民提供医疗服务，若能将某些区域短板补齐，相信能够可以很大程度改善医疗设施分布均衡性情况。对于步行交通方式，曲线很不平滑，这主要是由于步行交通方式下搜索范围较小，医疗设施的覆盖范围小，近似规模的医疗设施周边区域可达性得分相似，而距离设施稍远的区域可达性分数很小，因而会出现一些可达性分数较为集中的情况，表现在曲线上会有比较明显的波动起伏。

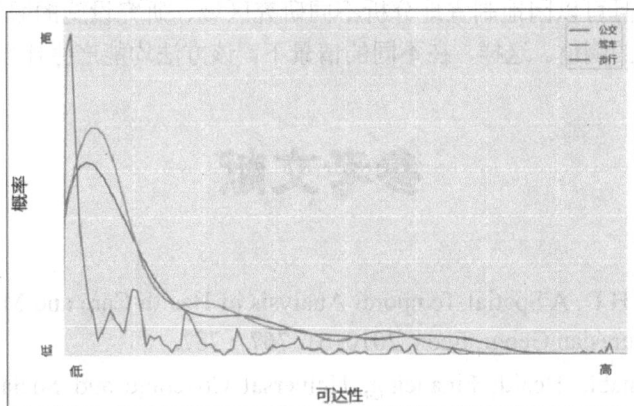

图10　各交通方式下医疗设施可达性得分分布曲线

　　另外需要提出的是，虽然驾车出行与公交出行有着比较相似的可达性得分，但是驾车出行的时间衰减阈值要比公交要小得多，这说明实际上，驾车出行只需要花比公交出行更少的时间，就能够获得与公交近似的服务。因此公交方式下，医疗设施的可达性仍然是不如驾车出行的，这提醒我们为了提高公交出行的医疗可达性，应在减少出行时间上想办法，比如研究加设通往高等级医院的公交专线或者制定定制公交等。

5　讨论

　　在本文中，我们根据基站划分泰森多边形，以基站所属泰森多边形作为研究单元，平均面积为 0.3 平方千米，相较于以往研究中使用的街道或交通小区作为研究单元，研究尺度大大细化。本文基于手机数据统计基站居住人口作为需求，相较于以往研究中所使用的统计年鉴或居民调查等数据，更加真实准确，且更新速度快，能更好地反映真实的需求情况。本文利用高德 API 接口爬取医疗设施信息并统计筛选，结合设施相关配套信息，得到设施供给，所得数据较为准确，能比较全面地表征昆山医疗设施供给情况。综上，本文在数据源上进行了一些创新，使得后续分析能够更加真实、准确、全面地反映出昆山医疗设施的可达性情况。

　　两步移动搜索法（E2SFCA）在衡量可达性时能够比较全面地考虑供需双方的情况，在衡量服务设施可达性时较为常用。本文使用两步移动搜索法（E2SFCA）对医疗设施可达性进行评估。在确定搜索距离阈值时，本文基于手机数据，根据在医院所属基站停留的用户的移动情况确定等级医院的服务范围。一般的两部移动搜索法有一个弊端，就是在确定搜索阈值划分搜索区域后，认为一个设施的某一个搜索区域内各位置有相同的可达性，这显然与实际情况不符。考虑到在同一搜索区内随着出行时间的增加，出行吸引力及可达性的下降，本文引入基于时间阈值的高斯函数作为衰减函数。同时考虑了不同交通方式下出行距离与出行时间对出行的影响，更加符合实际。

　　本文所提出研究思路不仅可以用来研究医疗设施，也可以用来了解公园、学校等设施的可达性情况，并且可以因地制宜地分析不同研究区域、研究设施的服务范围及用户出行情况并划定相适应的阈值。这样，在不同的情景下，该方法均能产生比较真实合理的结果。

参考文献

[1] Li, Y.; Wei, Y.H.D. A Spatial-Temporal Analysis of Health Care and Mortality Inequalities in China[J]. Eurasian Geogr. Econ. 2010, 51, 767–787.

[2] WHO. Sustainable Health Financing, Universal Coverage and Social Health Insurance 2005.

[3] WHO. 2008. World Health Report 2008: primary health care now more than ever. World Health Organization.

[4] Penchansky, R., Thomas, J. W. The concepts of access[J]. Medical Care, 1981, 19,127–140.

[5] Guagliardo, M. F. Spatial accessibility of primary care: Concepts, methods andchallenges [J]. International Journal of Health Geographics, 2004, 3.

[6] Wang, X.; Yang, H.; Duan, Z.; et al. Spatial accessibility of primary health care in China: A case study in Sichuan Province[J]. Soc. Sci. Med. 2018, 209, 14–24.

[7] Cutler, D.M.; Lleras-Muney, A.; Vogl, T. Socioeconomic Status and Health: Dimensions and Mechanisms; NBER Working Papers; National Bureau of Economic Research: Cambridge, MA, USA, 2008.

[8] Luo, W. Using a GIS-based floating catchment area method to assess areas with shortage of physicians. Health & Place, 2014, 10, 1–11.

[9] Albert, D.P.; Butar, F.B. Estimating the de-designation of single-county HPSAs in the United States by counting naturopathic physicians as medical doctors[J]. Appl. Geogr. 2005, 25, 271–285.

[10] Wang, F.; Luo, W. Assessing spatial and nonspatial factors for healthcare access: Towards an integrated approach to defining health professional shortage areas[J]. Health Place 2005 , 11, 131–146.

[11] Luo, W.; Qi, Y. An enhanced two-step floating catchment area (E2SFCA) method for measuring spatial accessibility to primary care physicians[J]. Health Place 2009, 15,

1100-1107.

[12] Amram O , Schuurman N , Pike I , et al. Assessing access to paediatric trauma centres in Canada, and the impact of the golden hour on length of stay at the hospital: an observational study[J]. BMJ Open, 2016, 6(1):e010274.

[13] Burkey, Mark L . Decomposing geographic accessibility into component parts: methods and an application to hospitals[J]. Annals of Regional Science, 2012, 48(3):783-800.

[14] Carriere K C , Roos L L , Dover D C . Across Time and Space: Variations in Hospital Use During Canadian Health Reform.[J]. Health Services Research, 2000, 35(2):467.

[15] late-stage cancer diagnosis: An exploratory spatial analysis and public policy implication[J]. International Journal of Public Policy, 5: 237 – 258.

[16] Billaudeau, N., Oppert, J.-M., Simon, C., et al. Investigating disparities in spatial accessibility to and characteristics of sport facilities: Direction, strength, and spatial scale of associations with area income[J]. Health &Place, 2011, 17: 114 – 121.

[17] Smith, D., Cummins, S., Taylor, et al. Neighbourhood food environment and area deprivation: Spatial accessibility to grocery stores selling fresh fruit and vegetables in urban and rural settings. International Journal of Epidemiology, 2010, 39: 277 – 284.

[18] Cummins, S., McKay, L., Macintyre, S. McDonald's restaurants and neighbourhood deprivation in Scotland and England[J]. American Journal of Preventative Medicine, 2005, 29(4): 308 – 310.

[19] Luo, W., Wang, F. Measures of spatial accessibility to health care in a GIS environment; synthesis and a case study in the Chicago region[J]. Environment and Planning B, 2003, 30: 865 – 884.

[20] Higgs, G., Langford, M., Norman, P. Accessibility to sport facilities in wales: A GIS-based analysis of socio-economic variations in provision[J]. Geoforum, 2015, 62: 105 – 120.

[21] McGrail, M. R. Spatial accessibility of primary health care utilising the two step floating catchment area method: An assessment of recent improvements[J]. International Journal of Health Geographics, 2012, 11: 50.

[22] McGrail, M. R., Humphreys, J. S. Measuring spatial accessibility to primary health care services: Utilising dynamic catchment sizes. Applied Geography, 2014, 54: 182 – 188.

[23] Higgs, G. A literature review of the use of GIS-based measures of access to health care services[J]. Health Services & Outcomes Research Methodology, 2004, 5(2): 119 – 139.

[24] Luo, W., Qi. An enhanced two-step floating catchment area (E2SFCA) methodfor measuring spatial accessibility to primary care physicians[J]. Health & Place, 2009, 15: 1100 – 1107.

[25] Kanuganti S , Sarkar A K , Singh A P . Quantifying Accessibility to Health Care Using Two-step Floating Catchment Area Method (2SFCA): A Case Study in Rajasthan[J]. Transportation Research Procedia, 2016, 17:391-399.

[26] Dony C C , Delmelle E M , Delmelle E C . Re-conceptualizing accessibility to parks in multi-modal cities: A Variable-width Floating Catchment Area (VFCA) method[J].

Landscape and Urban Planning, 2015, 143:90-99.

[27]　Xing L , Liu Y , Liu X . Measuring spatial disparity in accessibility with a multi-mode method based on park green spaces classification in Wuhan, China[J]. Applied Geography, 2018, 94:251-261.

[28]　Mao L , Nekorchuk D . Measuring spatial accessibility to healthcare for populations with multiple transportation modes[J]. Health & Place, 2013, 24:115-122.

[29]　Tao Z , Yao Z , Kong H , et al. Spatial accessibility to healthcare services in Shenzhen, China: improving the multi-modal two-step floating catchment area method by estimating travel time via online map APIs[J]. BMC Health Services Research, 2018, 18(1):345.

[30]　Liu, Lingbo, Peng, Zhenghong . Exploring Urban Spatial Feature with Dasymetric Mapping Based on Mobile Phone Data and LUR-2SFCAe Method.

[31]　Hao W , Lingbo L , Yang Y , et al. Evaluation and Planning of Urban Green Space Distribution Based on Mobile Phone Data and Two-Step Floating Catchment Area Method[J]. Sustainability, 2018, 10(1):214.

基于手机信令数据的人群类型识别研究

丁　达[1]　毛悍琪[2]　陆振波[1]

（1. 东南大学交通学院，南京 211189；
2. 南京市公安局交管局，南京 210019）

【摘要】随着 ICT 的不断发展，社会已经进入大数据的新时代，相比传统的交通调查数据，手机信令数据以其内涵丰富、时效性好以及采样率高等优点引起了越来越多学者的关注。但是从隐私保护以及实际操作可行性的角度考虑，手机信令数据很难获取大量真实的样本标签，因此需进行人群类型识别。目前大部分研究者在进行人口专题研究的时候只是运用简单的规则判别法来从样本全集里对目标人群进行判别与提取，这种方法主观性较强。而人群类型判别作为研究基础，其识别的精度将在很大程度上影响后续研究的准确度。因此本文将运用机器学习的方法，根据筛选出来的特征通过聚类将属性相近的人群进行聚合分析，以相对客观准确地得到各类不交织的目标人群。

【关键词】手机信令数据；人群类型；聚类分析

Research on Population Type Recognition Based on Mobile Signaling Data

Ding Da[1], Mao Hanqi[2], Lu Zhenbo[1]

（1. School of Communications, Southeast University, Nanjing 211189, China;
2. Traffic Administration of Nanjing Public Security Bureau, Nanjing 210019, China）

Abstract: With the development of ICT, social has entered a new era of big data. Compared with traditional traffic survey data, mobile signaling phone data has attracted more and more scholars, attention because of its rich connotation, good timeliness and high sampling rate. However, from the perspective of privacy protection and practical operation feasibility, it is difficult to obtain a large number of real sample labels from mobile signaling data, so it is necessary to identify the type attributes of the sample population. At present, most researchers only use simple rule discriminant method to discriminate and extract the target population from the sample set. This method needs a certain prior knowledge and has strong subjectivity. As the basis of research, the accuracy of population type identification will greatly affect the accuracy of follow-up research. Therefore, this paper will use machine learning method to aggregate the people with similar attributes by clustering according to the selected features, so as to objectively and accurately get all kinds of non-interwoven target groups.

Keywords: Mobile Signaling Data; Population Type; Cluster Analysis.

1 引言

随着信息技术的迅猛发展，以及社会基础设施建设的日益完善，人民的生活水平也在逐步提高，而与此同时人民的生活方式、出行规律正发生翻天覆地的变化。在交通领域，人类作为交通出行发生的活动主体，这种巨大的变化也就意味着传统的交通调查方法、分析策略以及规划模型等方面可能已经与现实情况不相匹配，需结合新兴技术完善方法模型以适应时代特色。通信与互联网技术的发展与普及应用，应运而生的是对其背后蕴藏的大量潜在信息的大数据的挖掘研究。手机信令数据以其内涵丰富、采样率高及时效性好等优良特性引起了大量学者的关注。然而手机信令数据出于保护隐私以及数据采集字段自身的一些局限性的缘故，很难获取准确的带有标签的样本信息，因此有必要首先进行出行者的人群类型识别，为后续各种专题研究奠定基础。

1.1 人群分类方法研究

人群的属性标签种类繁多，从不同的角度进行人群画像，可能就得到完全不同的人群划分结果。而且不同分类方式的分类结果可能相互交织，实际情形错综复杂。因此，很少有研究者能从总体的角度对人群进行详尽细致刻画与分类。在交通领域主要是根据出行目的对人群进行划分。Csaji[1]等指出大多数人每天都会在少数的几个地方度过他们大部分的时间。Huang[2]等认为这些常访点（规律性访问点、日常生活中心地、重要活动地、居住地和工作地等）和路线之间的距离对有效的网络管理、公共交通规划和城市管理具有重要的价值。Jiang[3]等表明在以往的文献中一般将人群划分成三类：工作者、学生和非工作者，他们也提出基于不同活动类型（如家、工作、学校、换乘、购物、个人事务、娱乐、宗教等）的分类簇，他们发现可以根据工作日和周末的活动情况将人群分为七类。

1.2 人群类型识别研究

为对不同人群进行专题分析，首先要从样本库中准确地提取目标人群。但由于不同领域需求不同，对人群刻画的侧重点也不一致，同时在人口属性方面手机信令数据属于无标签样本，因此需结合交通出行特性对人口进行划分刻画。与此同时，随着定位技术的快速发展，基于位置服务的应用软件不断增多，获取用户位置数据的渠道日益增多，因此基于定位数据的人群分类研究也在不断增多。Zheng Kai[4]等根据 GPS 坐标进行人群划分，考虑人群的空间分布特性，将在某一区域频繁出现的用户划分为同种人群，运用频繁模式挖掘用户频繁出现的位置坐标。宋衡[5]等采用主成分分析法（Principal component analysis，PCA）进行人群分类，首先提取每个用户经常出现的位置坐标，将其作为分类特征，然后运用主成分分析法提取用户特征，最后根据提取的特征对用户进行分类。在此基础上，张成[6]等提出了一种基于主成分分析法的单变量贡献度方法，其利用最大似然估计算法提取用户分类特征，从而进行人群划分。但是基于 GPS 坐标的人群分类算法仅考虑 GPS 坐标的地理位置，而没有考虑用户访问该地理位置的潜在意义，即出行目的[7]。

1.3　基于手机信令数据的出行行为识别研究

在处理完原始数据后下一步是进行出行行为识别，目前主要的识别方法有：规则判别法，以及地图匹配法。规则判别法是基于这样的假设：如果用户在相当长一段时间内停留在某一基站，则这个基站可能是用户出行的开始或结束点位置。需要确定一个逗留阈值，这些规则通常是根据先验知识或共识而人为定义的。其中 Schlaich[8]等将逗留阈值设置为 60 分钟，Yamada[9]等将逗留阈值设置为 30 分钟。地图匹配法通过使用研究区域的地理数据，然后简单地检验原始轨迹是否与预先定义的空间区域（城市、车站、交通分析区等）的边界相交。根据目标城市的边界，Doyle[10]等，Wu[11]等，Garcfa[12]等以及 Hui[13]等运用地图匹配发进行跨境出行识别。针对公共交通出行识别，Horn 和 Kern[14]根据目标车站位置，并将缓冲区设为 1 千米进行公共交通出行识别。而 Holleczek[15]等根据室内基站表，Li[16]等根据目标车站的位置进行地铁出行识别。

接下来本文将在第二段简单介绍如何进行手机信令数据的预处理及人群类型相关特征的提取工作；然后在第三段通过基于熵的无监督特征选取方法对提取的特征进行筛选，并根据所选择的特征运用 k-means 聚类分析算法对手机信令数据进行聚合分析；然后在第四段通过计算一系列相关评价指标来评估算法优劣性；本文将在第五段结合实际情况与各类人群的特征分布，对各聚类簇进行人群类型识别；最后在第六段对本文的研究内容与模型算法进行总结展望。

2　手机信令数据基本信息以及预处理

2.1　数据集来源及字段信息

手机信令是指为给手机用户提供连续服务的功能，移动通信网络主动或被动、定期或不定期的为与手机用户的移动终端保持联系所产生的一系列控制指令。通常手机信令数据包括手机识别码、时间戳、事件类型、基站编号、基站经纬度、号码归属地等字段。

本文以江苏省移动通信公司提供的昆山市 2017 年 1 月 19 日至 2 月 11 日，2 月 16 日至 2 月 19 日，2 月 22 日至 2 月 25 日以及 6 月 1 日至 6 月 10 日共计 45 天的 4G 手机信令数据作为研究基础，其中数据集的原始数据量共计 2 255GB，日均 50.1G。考虑到春节为特殊节假日，对人群出行活动影响较大，因此，结合时间特点将数据集样本进一步细化分类为以下四类：

（1）1 月 26 日—2 月 2 日，共计 8 天，表示春节时期，记为数据集 1。

（2）1 月 19 日—1 月 25 日，2 月 3 日—2 月 11 日，2 月 16 日—2 月 19 日，2 月 22 日—2 月 25 日，共计 24 天，表示春节前后时间段，记为数据集 2。

（3）5 月 20 日—5 月 22 日，6 月 1 日—6 月 10 日，共 13 天，表示非特殊时间段，记为数据集 3。

（4）包含以上所有数据集，共计 45 天，表示总样本集，记为数据集 4。

同时，为了结合出行者的基本属性进行研究，移动公司还提供了手机用户的一些基本信息，如性别、年龄、号码归属地、户籍所在地等。

2.2　数据清洗

手机信令数据在采集的过程中常因信号波动以及定位技术的缺陷而产生一系列的噪声数据，而这些噪音数据杂糅在原始数据集之中，极大地降低了数据质量，严重制约着下一步的数据挖掘工作。一般，这些噪声数据可以分为重复数据、缺省数据、漂移数据以及乒乓数据。本文在对手机信令数据进行仔细分析的基础上，从逻辑层面、阈值层面对手机信令数据建立数据有效性检验规则，以对这些噪声数据进行识别处理。通过数据清洗，数据集从 2 255GB 缩减到 65.5GB，日均 1.5GB。

2.3　特征提取

人群类型识别模型的特征集合大致可以分成两类：一种是手机用户基础信息相关特征，另一种是出行相关特征。出于保护手机用户个人隐私，本文获取的手机用户基本属性信息为特征统计信息而不涉及用户个体。提取的手机用户基础信息相关特征主要包括年龄、性别、户籍所在地和号码归属地，手机用户基础信息相关特征统计字段表见表 1。

表 1　手机用户基础信息相关特征统计字段表

编号	名称	数据类型	释义
1	Sex	整型	性别（1：男，2：女，0：其他）
2	Age	整型	年龄（1：[1, 5]，2：[6, 12]，3：[13, 18]，4：[19, 25]，5：[26, 35]，6：[36, 55]，7：[56, ∞]，0：其他）
3	Region	字符型	号码归属地
4	Cen-Reg	字符型	户籍所在地
5	Num	整型	人口数

考虑出行者的出行规律与其居住地和工作地出现频率有较强的联系，因此本文将 Exist_Day、ON-LSD、ULD、ON-WSD 及 UWD 等统计字段作为出行相关特征，其中，出

行相关特征统计表见表 2。

表 2　出行相关特征统计表

编号	名称	数据类型	释义
1	Exist_Day	整型	手机用户在研究时间范围内出现天数
2	Live-Station	长整型	居住基站
3	On-LSD	整型	居住时段内居住基站出现的天数
4	ULD	整型	手机用户居住时段出现的天数
5	Work-Station	长整型	工作基站
6	On-WSD	整型	工作时段内工作基站出现天数
7	UWD	整型	手机用户工作时段出现的天数

3　研究方法

3.1　特征选择

本文将提取出的年龄、性别、号码归属地、户籍所在地、出现天数、居住地出现天数、工作地出现天数、居住时段在居住地出现天数以及工作地在工作时段出现天数等所组成的集合作为研究特征。数据中可能存在一些冗余或不相关特征，而这些特征的存在不仅会增加算法的时间成本，而且会影响聚类效果。考虑到手机信令数据是无标签样本数据，因此本义采用 Dash[17] 提出的基于无监督的距离熵法对提取出的特征集合进行特征选择。计算处理算法具体如下。

（1）遍历数据集，计算各样本间的欧氏距离，样本 x_i 和 x_j 之间的欧氏距离 D_{ij} 计算公式如下（其中 $\max_k$ 和 $\min_k$ 分别表示第 k 个特征的最大值与最小值，M 表示特征数）：

$$D_{ij} = \left[\sum_{k=1}^{M}\left(\frac{x_{ik} - x_{jk}}{\max_k - \min_k}\right)^2\right]^{\frac{1}{2}} \tag{1}$$

（2）计算各样本之间的相似性度量，并归一化到 0 到 1 之间，样本连续变量 x_i 和 x_j 之间的相似性 S_{ij} 计算公式如下（其中 α 为控制参数，控制相似度的衰减性质，理论上取 $-\dfrac{\ln 0.5}{\overline{D}}$，其中 $\overline{D}$ 为对象间平均距离）：

$$S_{ij} = e^{-\alpha * D_{ij}} \tag{2}$$

离散变量间的相似性计算公式如下，其中，M 为离散型变量数：

$$S_{ij} = \frac{\sum_{k=1}^{M}|x_{ik} - x_{jk}|}{M} \tag{3}$$

（3）计算各样本之间的距离熵，样本 x_i 和 x_j 之间的距离熵 E_{ij} 计算公式如下：

$$E_{ij} = -S_{ij}\lg S_{ij} - (1 - S_{ij}) * \lg(1 - S_{ij}) \tag{4}$$

（4）计算样本总体的距离熵，计算公式如下，其中 N 表示样本数：

$$E = -\sum_{i=1}^{N}\sum_{j=1}^{N}(S_{ij}\lg S_{ij} + (1-S_{ij})*\lg(1-S_{ij}))\qquad(5)$$

（5）采用后向消除法作为搜索策略，遍历特征集，计算每次除去一个特征的总体距离熵，取值最小的总体距离熵对应去除的特征即为最不重要特征，然后从特征集中剔除这个特征，将其放到新特征集中。重复上述过程一次迭代直到所有特征都转移到了新特征集中，将新特征集逆序即得到特征的重要性排序。

通过数据集 4 计算，特征按重要程度从高到低的排列顺序为 ON_WSD、UWD、EXISTS_DAYS、ON_LSD 和 ULD，基于距离熵法的特征选择结果见表 3。

表 3　基于距离熵法的特征选择结果

迭代轮次	排除的特征	总距离熵	特征排序
1	EXISTS_DAYS	64 505 599.92	
	UWD	92837 088.72	
	ON_LSD	52 476 045.20	
	ULD	47 948 995.75	5
	ON_WSD	77 889 132.60	
2	EXISTS_DAYS	1 573 467.82	
	UWD	3 071 894.28	
	ON_LSD	511 115.01	4
	ON_WSD	3 057 919.57	
3	EXISTS_DAYS	8 237.95	3
	UWD	30 100.72	2
	ON_WSD	30 160.85	1

3.2　人群细化分类

目前对于出行人群分类的研究相对较少，多为结合其所研究的方向而确定相应的目标人群，如：流动人口、跨境出行人口和通勤人口等，缺乏对人群的整体把握。本文根据人群区域间的活动特性，将人群大致划分成三类：过境人口、流动人口和常住人口，并结合选取的特征对人群进一步细化分类以详尽刻画各类出行群体。

3.2.1　常住人口

常住人口在研究时间范围内，其大部分时间都生活居住在研究区域内，离开研究区域频率相对较低，出行规律性较强，是研究区域内部交通流的重要组成部分。根据其是否持有当地户籍可进一步分成户籍人口和暂住人口。

3.2.2　流动人口

流动人口在研究时间范围内，其在研究区域出现频率较高，日均逗留时间较长，可能存在居住停留行为，出行具有一定的规律性，同时对研究区域对内和对外交通有着重要影响，可以进一步分成：中长期出差人口、跨区域工作人口、有户籍去外地工作人口以及有户籍去外地上学人口。

3.2.3 过境人口

过境人口在研究时间范围内，其在研究区域出现频率较低，日均逗留时间较短，出行无明显规律性，是研究区域对外交通的主要组成部分，根据其在研究区域是否发生居住行为可以进一步分成通过人口和访客人口。

3.3 K–means 聚类分析

K-means 聚类算法是一种无监督的机器学习方法，通过计算样本之间的相似度，将内在性质相似的样本汇聚在一起形成 K 个聚类簇。本文根据选取的特征子集，运用 k-means 聚类分析法对人群进行划分，算法流程如下所示。

（1）从样本集中随机选择 k 个样本作为初始均值向量 $\{\mu_1, \mu_2, \cdots, \mu_k\}$。

（2）遍历样本集，计算每个样本 x 与各均值向量的欧式距离，并根据与其距离最近的均值向量 μ_i 确定其簇标记 C_i。

（3）划分完所有样本后，重新计算均值向量，计算公式如下：

$$\mu_i^{'} = \frac{1}{|C_i|} \sum_{x \in C_i} x \qquad (6)$$

（4）重复步骤（2），直到当前均值向量均未更新。

（5）输出簇划分 $C = \{C_1, C_2, \cdots, C_k\}$。

各类数据子集在 EXIST_DAYS 和 UWD 维度下，人群分布热力图如图1～图4所示。

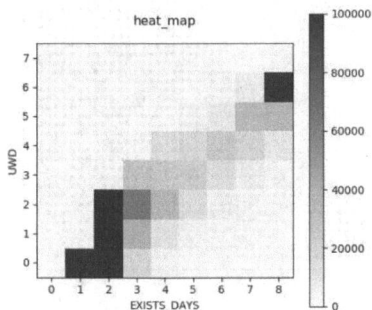

图 1　数据集 1 的人群分布热力图

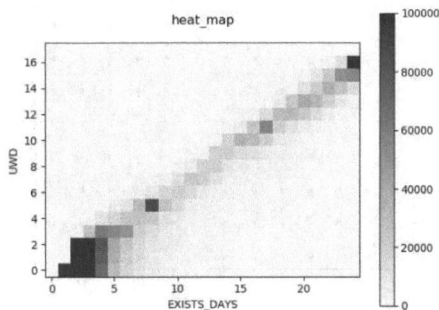

图 2　数据集 2 的人群分布热力图

K-means 聚类算法的聚类中心数 K 需人为预先设定，通过分析数据集可视化后的人群分布热力图可以发现人群大致分成三类，且在特征 EXISTS_DAYS 和 UWD 上的分布与上文划分的常住人口、流动人口和过境人口相符合。因此，初步将聚类中心数 K 设置为3，通过运用 K-means 聚类算法对各数据集进行聚合划分后的结果如图5～图8所示（横坐标为 EXISTS_DAYS，纵坐标为 UWD）。

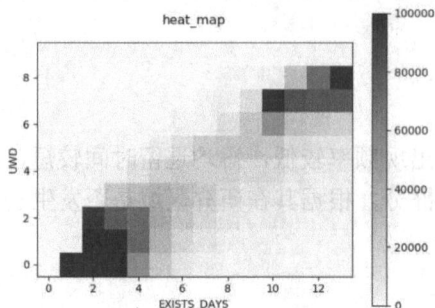

图 3　数据集 3 的人群分布热力图　　　　　图 4　数据集 4 的人群分布热力图

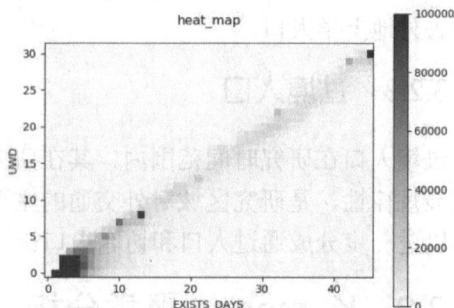

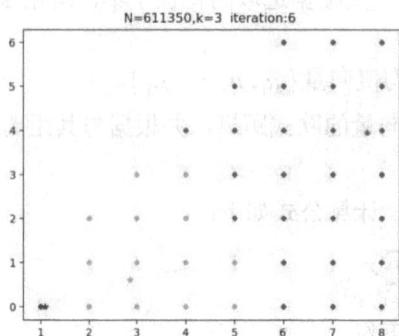

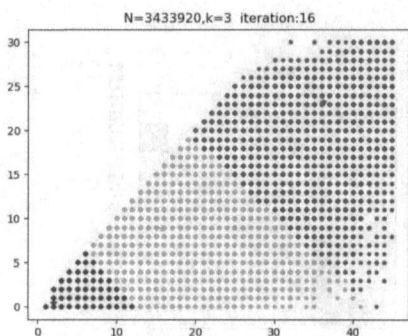

图 5　数据集 1 的人群划分图　　　　　图 6　数据集 2 的人群划分图

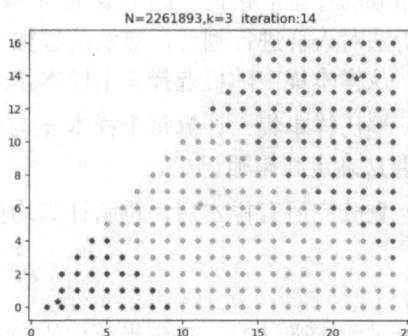

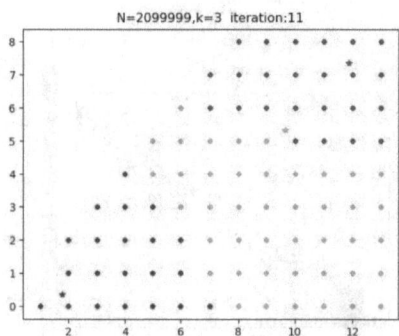

图 7　数据集 3 的人群划分图　　　　　图 8　数据集 4 的人群划分图

4　结果评价

如上文所述，根据人群出行活动特性差异将人群初步划分成三类：常住人口、流动人口和过境人口。然后结合先验经验知识，大致确定各类人群在选取的特征集合上的空间分布情况，以辅助确定各聚类簇所对应的人群类型。通常，常住人口在研究区域总出现天数较多，有固定住所，有较为明显的出行规律，其 EXISTS_DAYS，UWD 和 ON_WSD 较大；流动人口对外出行的可能性较大，相较于常住人口其在研究区域出现天数相对较少，有一定的出行规律性，其 EXISTS_DAYS，UWD 和 ON_WSD 相对较大且分布跨度较广；过境人口在研究区域总出现天数短，且没有明显的出行规律，其 EXISTS_DAYS，UWD 和 ON_WSD 较小。上述人群划分图中，红色聚类簇对应于过境人口；黄色聚类簇对应于流动人口；绿色聚类簇对应于常住人口，人群聚类分析统计结果见表4。

表4　人群聚类分析统计结果

数据集	人群类型	人口数	扩样后	备　注
1	常住人口	427 623	890 881	在当地居住的户籍人口、有户籍外出打工人口、有户籍外出上学
	流动人口	315 904	658 133	部分外来打工人口
	过境人口	2 483 026	5 172 971	
2	常住人口	1 049 273	2 185 985	在当地居住的户籍人口、有户籍外出上学人口、部分外来打工
	流动人口	769 529	1 603 185	部分外来打工人口、中长期出差人口
	过境人口	6 920 266	14 417 221	
3	常住人口	1 049 785	2 187 052	在当地居住的户籍人口、外来打工人口、外来上学人口
	流动人口	692 919	1 443 581	中长期出差人口
	过境人口	4 120 350	8 584 063	
4	常住人口	1 029 927	2 145 681	在当地居住的户籍人口、外来打工人口、外来上学人口
	流动人口	1 197 944	2 495 717	中长期出差人口、有户籍外出打工人口、有户籍外出上学人口
	过境人口	10 627 108	22 139 808	

数据集 1 是研究区域在春节期间共计 8 天的手机信令数据样本。春节在中国是最特殊的节日，在此期间，大多数离乡的人都要回家，研究区域的人群组成将发生巨大变化，如在研究区域工作或上学的外地人归乡，外出打工和外出上学的人返乡，来研究区域出差的人减少等。此时的常住人口主要是当地的户籍人口，即由上文划分的户籍人口 a, b 和流动人口 c, d 组成，而一些在研究区域长期居住工作的外来打工者因返乡而可能被划为流动人口或过境人口。

数据集 2 是研究区域春节前后共计 24 天的手机信令数据样本，用以反映春节前后人群流动的变化。在此期间，外出上学的学生在家、外来工作上学的人陆续回来。此时的常住人口主要是由户籍人口 a, b 和流动人口 d 组成。

数据集 3 是研究区域共计 13 天的非特殊时间的手机信令数据样本，用以反映常态下的人群流动情况。此时的常住人口主要为户籍人口 a, b 和外来打工上学人口；流动人口主要为中长期出差人口。

由数据集 1、2、3 共同组成了数据集 4，共计 45 天，用以反映混合时间类型下的人群流动情况。由于春节占样本总体比例相对较大，因此外出打工上学人口及外来打工上学人口的流动情况被相对放大。此时，外出打工上学人口和部分外来打工上学人口可能就被划分为流动人口。

据苏州 2017 年统计年鉴统计，截止 2016 年年末，昆山市户籍人口为 82.35 万人，常住人口为 165.7 万人（其中常住人口为在昆山居住半年以上的人），从业人员 116.27 万人。数据集 1 识别出的常住人口主要由户籍人口组成，为 89.09 万人，与统计年鉴统计结果相差 8.18%。

根据各数据集划分出的常住人口和流动人口对应的居住基站和工作地基站，结合昆山市路网，绘制局住地分布热力图（以数据集 4 为例），如图 9～图 12 所示。

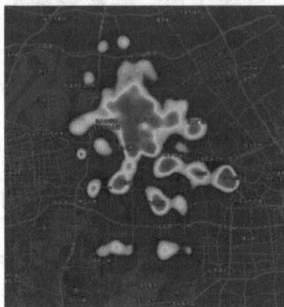

图 9　常住人口居住地分布热力图图　　　　图 10　流动人口居住地分布热力图

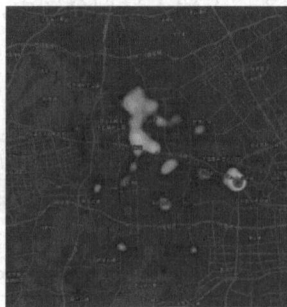

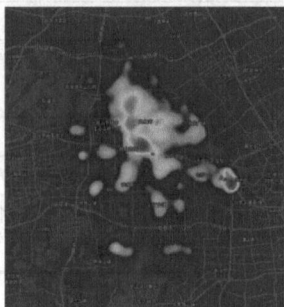

图 11　常住人口工作地分布热力图　　　　图 12　流动人口工作地分布热力图

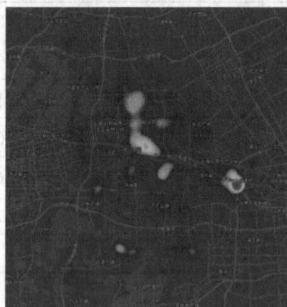

从上图可以明显观察出流动人口的职住地主要分布在花桥地区，常住人口的职住地主要在昆山市区。针对相关研究专题，结合实际路网，可以结合识别出的不同人群的职住地分布进行职住平衡优化，从系统的角度进一步有针对性的优化交通网络布局。

5　结语与展望

本文针对手机信令数据的人群类型识别提出了一种基于 K-means 的机器学习算法，首先提取出人群出行相关特征与人群类型属性特征，并运用无监督的距离熵法对提取的特征进行排序选择，然后根据选择的特征运用 K-means 聚类算法对数据集进行划分，最后考虑时间特征将数据集分成了四类并结合人群实际活动特点对各聚类簇进行人群类型识别。经过比较分析，目前本文提出的这种方法适用性较强，不受地区和时间的影响，可以同时进行多种人群的类型识别，相较于传统的规则判别法有更好的鲁棒性。其中对于常住人口、流动人口和过境人口这三大类人群的识别精度较高，进一步细化分类识别还需提取更多特征，如跨境通勤特征、时间类型特征。为了提升人群类型识别精度，提取特征算法还应进一步优化，如联住地的识别算法还可以引入概率的思想。对于 K-means 聚类方法，需考虑特征权重的影响，而聚类中心个数确定尚无有效解决方法，而且个数越多，越依赖于人工解释，而这些问题主要是无监督机器学习与无标签样本研究本身所存在的缺陷。

参考文献

[1] Balázs Cs. Csáji, Arnaud Browet, V.A. Traag,Jean-Charles Delvenne, Etienne Huens,Paul Van Dooren, Zbigniew Smoreda, Vincent D. Blondel. Exploring the mobility of mobile phone users[J]. Physica A: Statistical Mechanics and its Applications, 2013, 392(6).

[2] Huang W, Dong Z, Zhao N, et al. Anchor Points Seeking of Large Urban Crowd Based on the Mobile Billing Data[C]// Advanced Data Mining & Applications-international Conference. DBLP, 2010.

[3] Jiang S, Ferreira J, Marta C. González. Clustering daily patterns of human activities in the city[J]. Data Mining and Knowledge Discovery, 2012, 25(3):478-510.

[4] Zheng K, Zheng Y, Yuan N J, et al. On Discovery of Gathering Patterns from Trajectories[C]. IEEE International Conference on Data Engineering. IEEE Computer Society, 2013.

[5] 宋衡. 基于位置数据的人类行为识别和相似性研究[D]. 上海：上海交通大学，2014.

[6] 张成，刘亚东，谢彦红，等. 基于 PCA 与 MLE 方法的人群分类新方法研究[J]. 沈阳化工大学学报，2015(2):168-171.

[7] 邱运芬，张晖，李波, et al. 一种基于位置语义和概率的人群分类方法[J]. 数据采集与处理，2018, 33(03):154-162.

[8] Schlaich, J., Otterstatter, T., Friedrich, M. Generating trajectories from mobile phone data[C]. Presented at the Transportation Research Board 89th Annual Meeting Transportation Research Board, 2010.

[9] Yamada Y , Uchiyama A , Hiromori A , et al. Travel estimation using Control Signal Records in cellular networks and geographical information.[C]// Wireless & Mobile Networking Conference. IEEE, 2016.

[10] Doyle, J., Hung, P., Kelly, D., et al. Utilizing mobile phone billing records for travel mode discovery[C]. Presented at the ISSC 2011, Trinity College Dublin, 2011.

[11] Wu, W., Cheu, E.Y., Feng, Y., et al. Studying intercity travels and traffic using cellular network data[C]. Presented at the Mobile Phone Data for Development: Net Mob 2013.

[12] García, P., Herranz, R., Javier, J.. Big data analytics for a passenger-centric air traffic management system[C]. Presented at the 6th SESAR Innovation Days, Delft, Netherlands, 2016.

[13] Hui, K.T.Y., Wang, C., Kim, A., et al. Investigating the use of anonymous cellular phone

data to determine intercity travel volumes and modes[C]. Presented at the Transportation Research Board 96th Annual Meeting Transportation Research Board, 2017.

[14] Horn C, Kern R. Deriving Public Transportation Timetables with Large-Scale Cell Phone Data[J]. Procedia Computer Science, 2015, 52:67-74.

[15] Holleczek T , Anh D T , Yin S , et al. Traffic Measurement and Route Recommendation System for Mass Rapid Transit (MRT)[C]// the 21th ACM SIGKDD International Conference. ACM, 2015.

[16] Li, G., Chen, C.-J., Peng, W.C., et al. Estimating crowd flow and crowd density from cellular data for mass rapid transit[C]. Proceedings of The 6th International Workshop on Urban Computing in Conjunction with ACM KDD, 2017.

[17] Dash M, Liu H. Feature Selection for Classification[M]. Feature selection for classification. 1997.

山地城市干道交织区通行能力模型研究

蔡晓禹[*1,2]　李少博[2]　彭　博[1,2]　谭景元[2]

（1. 山地城市交通系统与安全重庆市重点实验室，重庆 400074；
2. 重庆交通大学 交通运输学院，重庆 400074）

【摘要】为研究适用于山地城市干道交织区通行能力计算模型，本文利用高空视频采集技术对典型城市复杂交织区展开研究，提出山地城市干道交织区交通仿真模型构建与参数标定方法。针对仿真模型多个参数进行敏感性分析与测试，最终确定 4 个关键影响参数：速度期望分布、停车间距（CC0）、跟车变量（CC2）、安全距离折减系数。利用实测数据进行关键参数标定，给出各参数合理阈值。之后针对重庆市四千米交织区进行实例对比分析，实验结果表明，在拥堵情形时仿真结果与实际流量相比误差在 7% 之内，能准确反映交织区实际运行情况。对比现有交织区运行分析方法，发现现有通行能力计算模型不适用于山地城市干道交织区，计算结果远大于实测通行能力。基于 VISSIM 交织区仿真模型获取不同交织情形下通行能力，提出适用于山地城市干道交织区通行能力计算模型，选取交织区长度（L_S）、交织区车道数（N）、交织流量比（Q_R）和汇出比（Q_W）作为模型 4 个参数。利用 1stOpt 软件进行非线性复杂模型参数估算求解。模型拟合度 R^2 为 0.9897，与实测数据误差约在 6% 之内。

【关键词】交织区；VISSIM 仿真模型；通行能力计算模型

Study on Capacity Model of Weaving Areas of Arterial in Mountainous Cities

Cai Xiaoyu[1,2]*, Li Shaobo[2], Peng Bo[1,2], Tan Jingyuan[2]

(1. Chongqing Key Lab of Traffic System & Safety in Mountain Cities, Chongqing 400074, China;

2. College of Traffic and Transportation, Chongqing Jiaotong University, Chongqing 400074, China)

Abstract: In order to study the traffic capacity calculation model applicable to the intertwined area of mountainous urban trunk roads, this paper uses high-altitude video acquisition technology to study the complex interweaving area of typical cities, and proposes the construction of traffic simulation model and parameter calibration method for the intertwined area of mountainous urban trunk roads.Sensitivity analysis and testing for multiple parameters of the simulation model, and finally determining four key impact parameters: Speed expectation distribution, parking distance (CC0), following vehicle variable (CC2), safety distance reduction factor. The measured data is used to calibrate the key parameters, and a reasonable threshold for each parameter is given.Then, the four-kilometer interweaving area in Chongqing is used for comparative analysis. The experimental results show that the simulation results are within 7% compared with the actual flow rate in the case of congestion, which can accurately reflect the actual operation of the interweaving area.Comparing the existing analysis method of interweaving area, it is found that the existing capacity calculation model is not applicable to the interweaving area of mountainous urban trunk roads, and the calculation result is much larger than the actual measurement capacity. Based on the VISSIM interweaving area simulation model to obtain the traffic capacity under different interleaving conditions, a traffic capacity calculation model suitable for the interweaving area of mountainous urban trunk roads is proposed. The length of the interlaced area (L_S), the number of interlaced areas (N), the interleaved flow ratio (Q_R) and The remittance ratio (Q_W) is used as the model's four parameters. The 1stOpt software is used to solve the nonlinear complex model parameters. The model fitting result is 0.989 7, and the error with the measured data is about 6%.

Keywords: weaving areas; VISSIM simulation model; capacity calculation model.

1 引言

　　交织区作为道路系统中的关键交通瓶颈，导致车辆交织行为相比于基本路段更为复杂。在道路系统中，复杂交织区与普通交织区相比，具有交织距离短、有多个出入口等特性。交织区示例如图1所示。图中可以看出对于复杂交织区来说，由于多股车流汇合、分流，交织区车辆会表现出急加速、急减速、频繁换道等行为。从而产生交通冲突，导致交通流紊乱，降低交通流稳定性。目前国内外关于交织区相关研究主要集中在两方面：交织区交通流特性分析和交织区通行能力研究。

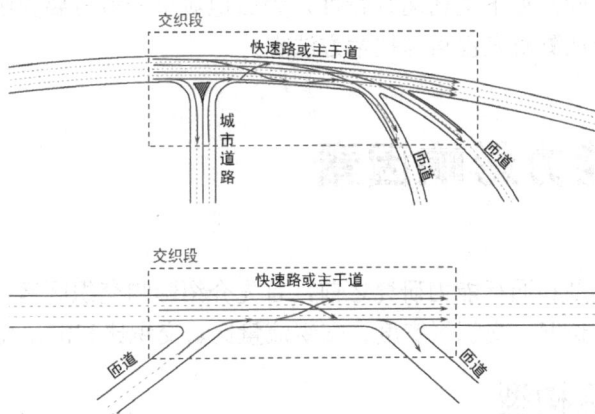

图1　交织区示例（上方：复杂交织区，下方：普通交织区）

　　交织区交通流特性方面。国内外学者在交织区、环形交叉口、分流合流区等区域展开了大量研究，并取得了一系列成果。交织区交通流特性研究方面，杜胜品(2014)通过车道流向量化地描述了交织区不同车道复杂程度[1]；冯玉荣(2017)提出交织流量比对交织区运行情况影响最为明显[2]。Roess(2007)通过分析车道变换率与交织区长度、交织区车道数、流量比和总流量之间的关系，提出交织区长度由135m增加到接近500m时，车辆变换率急剧增加[3]。臧晓冬(2011)根据韦布尔分布中形状参数随距离的变化规律，提出了A型和C型交织区对上下游的影响范围[4]；陈宽民(2017)基于ArcGIS技术研究交织区特性，提出交织区分合流点对主线交通流影响范围[5]。

　　交织区通行能力方面，美国出版的《道路通行能力手册》（简称HCM手册），即HCM1950[6]，此后对HCM手册展开了4次修订工作，形成了HCM1965[7]、HCM1985[8]、HCM2000[9]和HCM2010[10]。瑞典、德国等国家结合本国道路条件均编制相应手册。我国也开展专题研究，如陈金川等出版的《道路交织区通行能力研究》、"九五"科技攻关成果《公路通行能力研究》等。Lertworawanich(2007)基于交织区流量、密度、速度提出了一个适用于交织区范围的广义通行能力计算模型[11]；江金胜(2012)[12]、孙剑(2016)[13]、张菁(2011)[14]、周晨静(2015)[15]、曲昭伟(2016)[16]均通过分析交织区交通流特性，提出交织区交通流特性与通行能力关系的模型。周荣贵等人细化了标准分级，出版了《公路通行能力手册》[17]。冯玉荣[18][19]（2018）以美国 HCM2010、德国 HBS2015、瑞典 METKAP、周荣贵《公路通行能力手册》为基础进行了对比研究，并在周荣贵《公路通行能力手册》通行能力计算模型上进行优化。

交织区的相关研究已积累了丰富成果，但在数据采集和研究对象方面存在一定局限：①数据采集方面，大部分研究主要通过人工交通调查或借助传统摄像机获取流量和流线等宏观交通流数据，对于准确获取车辆行为等微观数据具有一定挑战。②研究对象方面，现有研究多基于高速路和快速路，交织区结构类型相对简单。对于山地城市交织区相关研究较少，现有交织区通行能力不适用于山地城市干道交织区。

本文利用高空视频采集技术对典型城市复杂交织区展开研究，提出构建山地城市干道交织区的交通仿真模型及标定方法，并建立适用于山地城市干道交织区实际通行能力计算模型。揭示交织区不同情形下交通运行特性，为山地城市干道重要交织影响区的交通预测与管控提供一种新的观测研究视角与技术方法支持。

2 通行能力影响因素

在交织区仿真模型和通行能力研究之前，首先介绍影响交织区运行的几个重要因素：交织区构型、交织区长度、交织区宽度、交织流量比、交织比和汇出比。

2.1 交织区构型

交织区构型，是由交织区进出口车道的连接形式决定了交织车辆完成交织行为所需的车道变换次数。目前公路上常见的交织区构型有同侧交织区和异侧交织区两种类型。同侧交织区示意图如图 2 所示。由于本国道路设计中多为同侧交织区，异侧交织区现实情形存在较少，本文研究重点对象为同侧交织区。

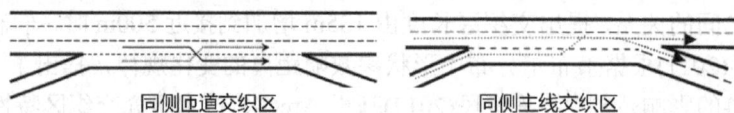

同侧匝道交织区　　　　　　　　　同侧主线交织区

图 2　同侧交织区示意图

2.2 交织区长度

交织区合流点与分流点之间的长度即为交织区长度，它影响车辆在交织区的驾驶行为，约束了车辆在交织区内的车道变道位置和变道时间。交织区长度越短，交织区的车流紊乱程度和换道行为越强，减低了车辆在交织区通行能力。

2.3　交织区宽度

交织区宽度由交织区的车道数（N）表示，是影响交织区车辆运行的重要影响参数。交织区通行效率不仅与车道数（N）相关，而且与交织车辆和非交织车辆所占用的各车道比例相关。交织区内交织车辆和非交织车辆使用各个车道的位置和数量也会一定程度上影响交织区的通行效率。

2.4　交织流量比、交织比和汇出比

交织流量比、交织比和汇出比是影响交织区交通运行效率的重要交通参数，该参数直接量化地反映了交织区内车辆换道运行的频繁程度。影响交织区运行参数如图 3 所示。

交织区总流量：交织区内总流率（$Q_总 = Q_A + Q_B$ 或 $Q_C + Q_D$）

交织流量比：交织内交织流率和总流率的比值（$Q_{BC} + Q_{AD}$）$/Q_总$；

交织比：交织区内较小的交织流率与交织总流率的比值即为 $\min(Q_{BC}, Q_{AD})/(Q_{BC} + Q_{AD})$。

汇出比：交织区内主线上游驶入匝道下游的流率（Q_{AD}）和交织总流率（$Q_{BC} + Q_{AD}$）的比值即为 $Q_{AD}/(Q_{BC} + Q_{AD})$。

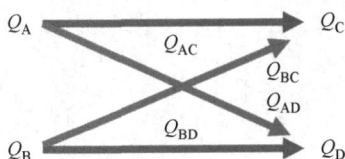

图 3　影响交织区运行参数

其中，Q 为流量（pcu/h），Q_A 主线上游流量，Q_B 匝道上游流量，Q_C 主线下游流量，Q_D 匝道下游流量。

3　基于 VISSIM 的交织区仿真模型构建与标定

3.1　交织区仿真模型构建

为精确仿真不同交通需求（各车道流量、交织车辆比例）下的交织区实际运行情况，本文基于 VISSIM 10.0 构建交织区仿真模型。即针对交织区上游路段进行仿真模型构建，实现针对每一条车道流量、车辆静态路径（交织车辆比例）、车辆组成等参数的精准调控，实现模拟不同情形下交织区运行状况。交织区车辆静态路径示意图如图 4 所示。

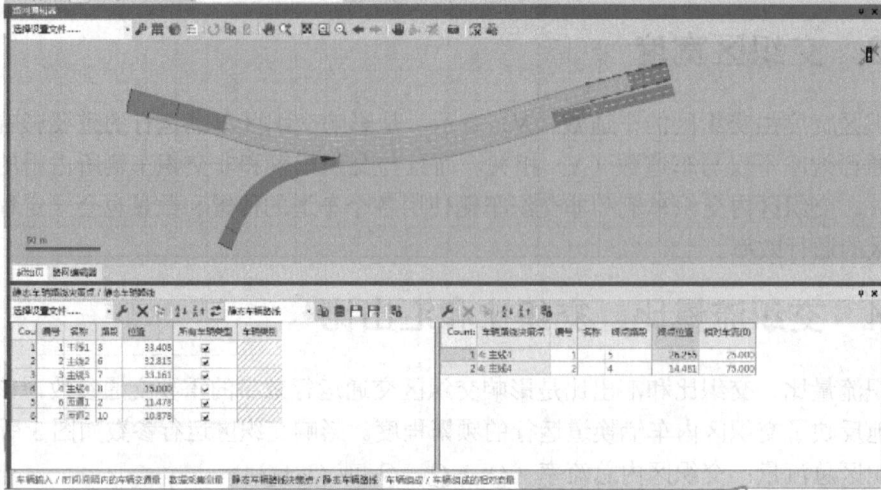

（a）4车道（最外侧）：主线-主线

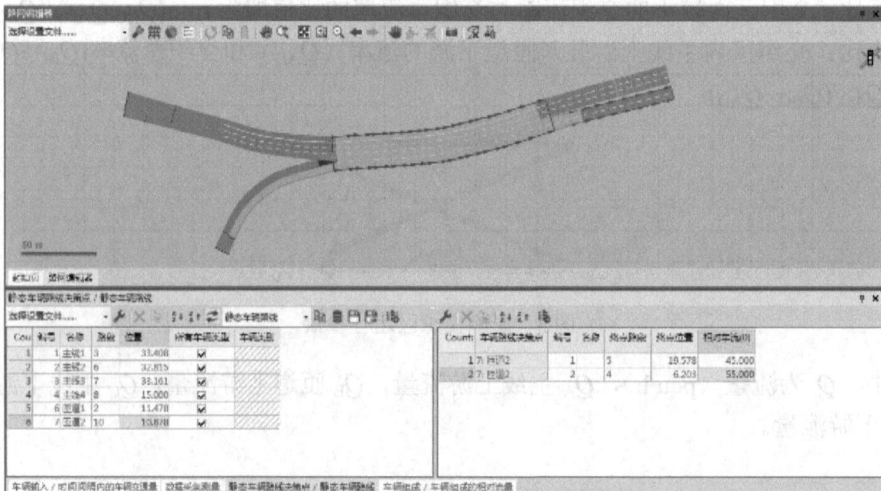

（b）匝道2：匝道-匝道

图 4　交织区车辆静态路径示意图

3.2　仿真参数敏感性分析

VISSIM 中主要影响交织区交通运行状况的模型及参数，包括期望速度、跟驰模型、换道模型和横向行为模型。本文主要针对期望速度、跟驰模型、换道模型和横向行为等各个参数进行敏感性测试与分析。现选取以下参数进行仿真参数敏感性方案测试。

本文利用四千米交织区仿真进行参数敏感性测试实验，针对仿真模型输入拥堵状态下四千米交织区实测数据进行测试，包括交织区上下游流量、各车道交织流量比例、车辆组成系数和平均车速等。由于本文主要研究内容为交织区通行能力，所以主要针对流量测试结果进行分析。敏感性测试结果对比表参见表 1。

表 1　敏感性测试结果对比表

参数		默认值	测试方案	最小数值	流量	最大数值	流量	差值比例
期望车速		-	10~80，步长 10	15	2 497	80	3 503	28.72%
CC0	停车间距	1.5	0.5~2.0，步长 0.5	0.5	3 559	2.5	3 333	6.35%
CC2	跟车变量	4	2~8，步长 2	2	3 490	8	3 267	6.39%
CC4&5	跟车状态的阈值	±0.35	0.05~1.05，步长 0.2	0.05	3 452	1.05	3 388	1.85%
CC6	车速振动	11.44	4~20，步长 4	4	3 452	20	3 456	0.12%
CC7	加速度振动幅度	0.25	0.4~2，步长 0.4	0.4	3 506	2	3 454	1.48%
安全距离折减系数		0.6	0.1~0.6，步长 0.1	0.1	3 720	0.6	3 434	7.69%

由上述测试结果可知，期望车速对仿真模型流量结果影响最大，差值比例达到 28.72%；停车间距（CC0）、跟车变量（CC2）、安全距离折减系数对仿真模型流量结果影响较大，差值比例约为 6%~7%；而其他参数影响因素较小，可忽略不计。因此，确定交织区仿真模型影响交通运行效率的关键影响因素为：速度期望分布、停车间距（CC0）、跟车变量（CC2）、安全距离折减系数。

3.3　基于实测数据的模型参数标定

针对上述交织区仿真参数敏感性测试分析结果，选取对交织区交通运行特性影响较大的关键参数进行参数标定工作，其关键影响因素为：速度期望分布、停车间距（CC0）、跟车变量（CC2）、安全距离折减系数。其中速度期望分布和停车间距，可通过无人机视频中提取的车辆轨迹数据进行标定工作。

期望速度分布是指在车辆运行不受其他车辆干扰时，驾驶员所期望达到的行驶速度。本文利用四千米交织区畅通状态下无人机视频提取的车辆轨迹数据和雷达测速数据，进行期望车速标定工作，数据采集统计分析结果和期望车速分布曲线。期望车速数据分布直方图如图 5 所示。

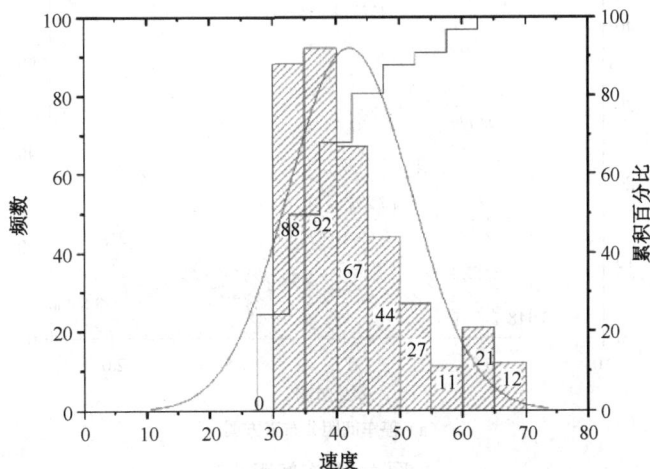

（a）期望车速累计概率数据

图 5　期望车速数据分布直方图

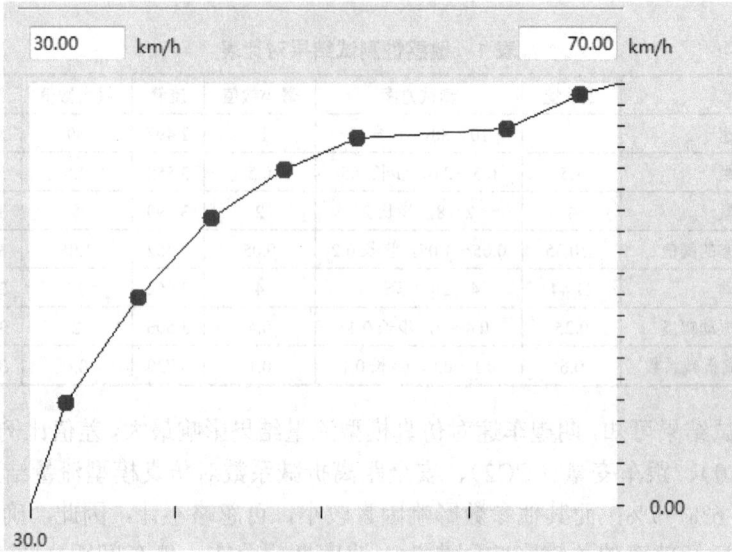

30.00 km/h 70.00 km/h

30.0 0.00

（b）VISSIM 交织区期望车速分布曲线图

图 5 期望车速数据分布直方图（续）

　　停车间距为静止车辆与前车的期望距离，该参数数据标定工作可依据拥堵状态下四千米交织区无人机视频所提取的车辆轨迹数据进行。本文基于无人机视频筛选速度小于 5km/h 的车辆轨迹数据，认为车辆处于停车状态，提取车辆轨迹数据中的前头间距数据作为停车间距，其数据分布如图 5 所示。

　　基于上述数据进行停车间距统计分析。停车间距如图 6 所示。由图 6（a）可知约 55% 的数据小于 1.0，均值为 1.02。最终"停车间距"标定结果为 1.02m。

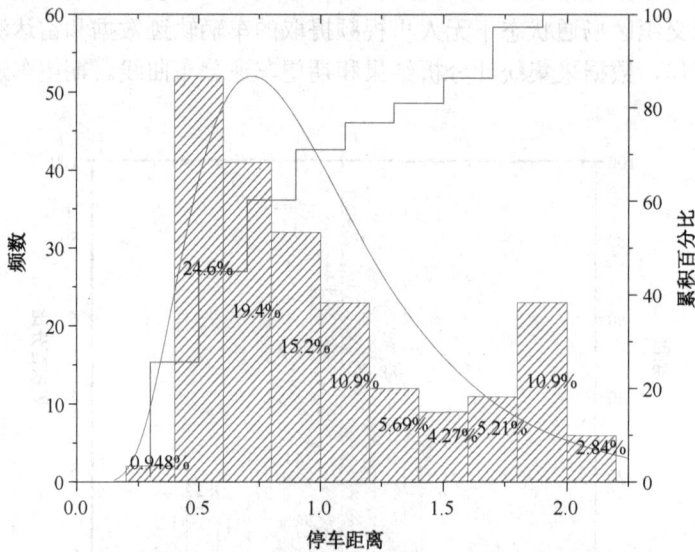

（a）停车间距分布直方图

图 6 停车间距

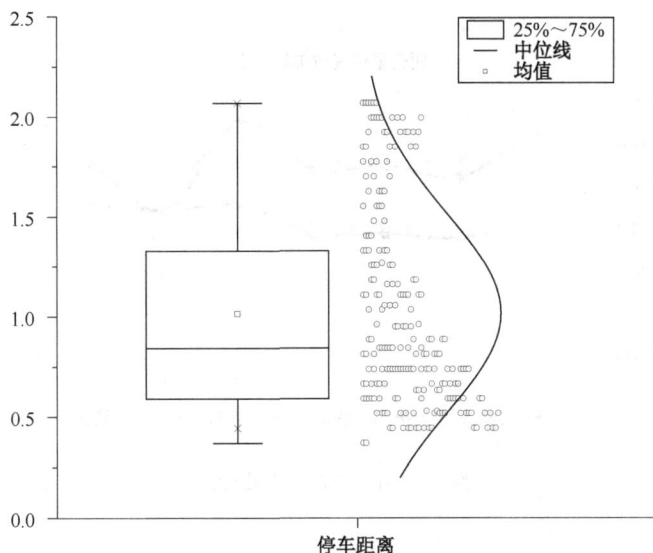

（b）停车间距箱图

图 6　停车间距（续）

速度期望分布和停车间距可通过从无人机视频中提取车辆轨迹数据进行标定工作。上述其他参数则参考同济大学孙剑教授[20]——基于上海城市快速路延安高架驶入匝道建立的 VISSIM 模型的所标定的参数建议值。针对上述关键影响参数进行数据标定工作。交织区仿真模型关键影响参数确认值如表 2 所示。

表 2　交织区仿真模型关键影响参数确认值

参数	参数含义	确定参数
CC0	停车间距	1.02
CC2	跟车变量	2
CC4	消极跟车状态的阈值	0.95
CC5	积极跟车状态的阈值	0.95
	安全距离折减系数	0.2

3.4　运行结果与实测流量对比

针对优化后 VISSIM 交织区仿真模型依据四千米交织区无人机视频实测数据进行实例对比分析，对比分析时，将默认 74 跟驰模型和 99 跟驰模型进行对比分析。实际与仿真结果对比如图 7 所示。其中，1 至 4 为交织区"拥堵状态"，5 至 7 为"畅通状态"。

如图 7 所示，标定后的交织区 VISSIM 仿真模型交通运行参数匹配效果明显优于默认参数设置时仿真结果。在拥堵情形时仿真结果与实际流量相比误差均在 7% 之内，能够反应交织区车辆实际运行情况。为交织区实际通行能力研究提供了技术和数据支撑。

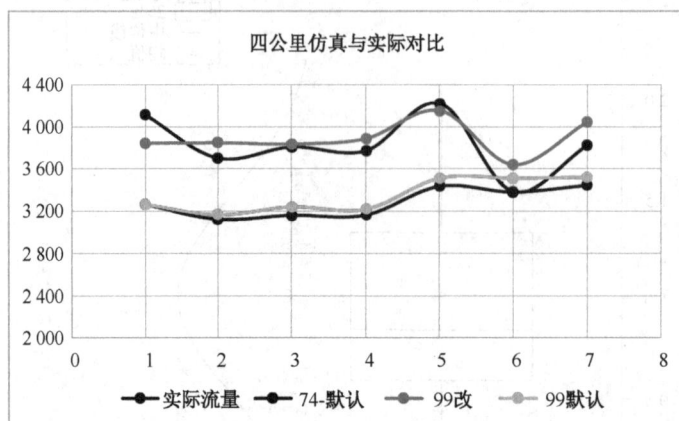

图 7　实际与仿真结果对比

4　交织区通行能力计算优化模型

4.1　现有模型对比分析

4.1.1　现有通行能力计算模型

至今我国工程技术研究人员针对交织区通行能力的分析研究工作主要分为两个阶段：基于 HCM2000 分析方法优化、基于 HCM2010 分析方法优化。本文选取 HCM2010、2017 版《中国公路通行能力手册》和冯玉荣优化模型进行对比分析。

HCM2010 手册中首次提出了交织区通行能力具体计算公式（两种计算方法），针对同侧交织区手册认为在满足两种任意一个条件时达到交织区通行能力。条件 1，当交织区车流平均密度达到 $K=27$pcu/km/ln 时；条件 2，对于 $N_{wl}=2$，交织区总流率达到 $Q=2\,400$pcu/h。以下给出 HCM2010 的两种通行能力计算方法：

$$\left.\begin{cases} C_1 = [C_0 - 438.2 \times (1+Q_R)^{1.6} + 0.076\,5 \times L_s + 119.8 \times N_{wl}] \times 4 \times f_{HV} \times f_p \\ C_2 = (2\,400/Q_R) \times N \times f_{HV} \times f_p \end{cases}\right\} \min(C_1, C_2) \quad (1)$$

式中：

C：交织区实际通行能力，单位为 pcu/h。

C_0：相同自由流车速下，基本路段为一条车道基本通行能力，单位为 pcu/h/ln。

Q_R：交织流量比。

L_s：交织区长度，单位为 m。

N_{wl}：交织车道数。

N：交织区内整体车道数。

f_{HV}：交通组成修正系数。

f_p：驾驶员修正系数。

交织区实际通行能力 C 选取基于车流平均密度 K 的交织区通行能力和基于交织区总流率 Q 的交织区通行能力两者之间较小值。

公路 2017 基于 HCM2010 的计算模型上进行了改进，增加了汇出流量比 D_R 指标，基于实测数据对模型进行重新标定、验证和修正。计算模型如下：

$$C = [C_0 - 495.6 \times LN(1 + Q_R) - 103.4 \times LN(1 + D_R) + 0.05 \times L_s - 60.38 \times N] \times N \qquad (2)$$

式中，D_R 为交织流量汇出比，其他指标同上。

冯玉荣在公路 2017 通行能力计算模型基础上进行改进，提出将汇出流量比 D_R 替换为交织比 W_R，并基于西安绕城高速公路曲江 2 个互通交织区视频检测数据进行标定，其中，"基本通行能力 C_0" 取值 2 200pcu/h/ln，计算模型如下：

$$C = [C_0 - 605.4 \times LN(1 + Q_R) - 80.3 \times LN(2 - W_R) + 0.05 \times L_s - 60.38 \times N] \times N \qquad (3)$$

式中，W_R 为交织比，其他指标同上。

对比上述 3 个模型，其中共有的关键影响因素为 C_0。C_0 为相同自由流车速下基本路段一条车道基本通行能力，单位 pcu/h/ln。由此可知不同车速所对应的基本通行能力不同。

由于城市干道复杂交织区设计/自由流车速往往达不到高速公路和快速路设计标准，一般设置为 60km/h。所以参照 2012 版《城市道路设计规范》基本通行能力，设计车速为 60km/h 时，C_0 基本通行能力为 1 800pcu/h。

4.1.2　与实测数据对比

针对四千米交织区所采集高峰/平峰情形时无人机视频进行数据对比分析，共 7 段视频。其中视频 1～4 为交织区高峰-拥堵状态，视频 5～7 为平峰-畅通状态。四千米无人机视频截图如图 8 所示。四千米交织区示意图如图 9 所示。

（a）拥堵状态

图 8　四千米无人机视频截图

（b）畅通状态

图 8　四千米无人机视频截图（续）

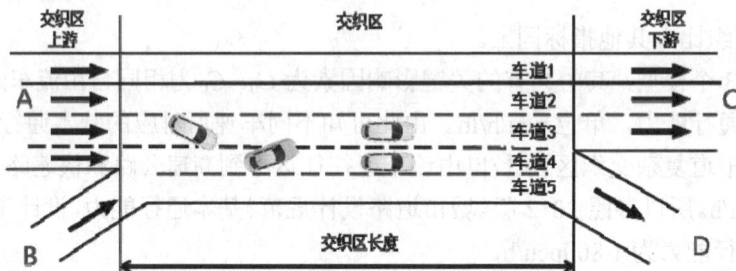

图 9　四千米交织区示意图

四千米交织区长度 L_s 为 150m，交织车道数 N_{wl} 为 2 车道，交织区内总车道数 N 为 4 车道。由于车道 1 与车道 2 之间为实线车辆无法进行车道变化，所以在交织区通行能力分析（流量、交织流量比、交织比、汇出比）时，1 车道数据不计入统计。

将四千米立交相关数据带入 HCM2010、公路 2017 和冯玉荣优化模型进行对比分析，其中关键参数值为：基本通行能力 C_0 为 1 800pcu/h；交织区长度 L_s 为 150m，交织车道数 N_{wl} 为 2 车道，交织区内总车道数 N 为 4 车道，驾驶员修正系数 f_p 为 1，得到如下公式：

HCM2010：

$$\left.\begin{cases} C_1 = [1\,800 - 438.2 \times (1 + Q_R)^{1.6} + 0.076\,5 \times 150 + 119.8 \times 2] \times 4 \times f_{HV} \\ C_2 = (2\,400 / Q_R) \times 4 \times f_{HV} \end{cases}\right\} \min(C_1, C_2) \quad （4）$$

公路 2017 模型：

$$C = [1\,800 - 495.6 \times LN(1 + Q_R) - 103.4 \times LN(1 + D_R) + 0.05 \times 150 - 60.38 \times 4] \times 4 \quad （5）$$

冯玉荣优化模型：

$$C = [1\,800 - 605.4 \times LN(1 + Q_R) - 80.3 \times LN(2 - W_R) + 0.05 \times 150 - 60.38 \times 4] \times 4 \quad （6）$$

将四千米交织区各个视频统计的交织流量比、交织比和汇出比，带入各个通行能力计算模型。四千米实际流量与现有模型对比表见表 3。

表3 四千米实际流量与现有模型对比表

序号	交织流量比	交织比	汇出比	实际流量	误差			误差比例		
					HCM 2010	2017 公路	冯玉荣模型	HCM 2010	2017 公路	冯玉荣模型
视频 1	0.42	0.14	0.14	4 112	−828	−1 400	−1 101	−20.14%	−34.05%	−26.78%
视频 2	0.44	0.11	0.11	3 703	−1 189	−1 790	−1 466	−32.11%	−48.34%	−39.59%
视频 3	0.42	0.09	0.09	3 810	−1 170	−1 718	−1 388	−30.71%	−45.09%	−36.43%
视频 4	0.41	0.11	0.11	3 774	−1 174	−1 778	−1 453	−31.11%	−47.11%	−38.50%
视频 5	0.30	0.45	0.45	4 223	−1 196	−1 371	−1 268	−28.32%	−32.47%	−30.03%
视频 6	0.34	0.47	0.53	3 388	−1 864	−2 127	−2 039	−55.02%	−62.78%	−60.18%
视频 7	0.33	0.45	0.55	3 823	−1 408	−1 690	−1 604	−36.83%	−44.21%	−41.96%

由于视频 1~4 为高峰-拥堵状态，视频 5~7 为平峰-畅通状态。本文认为视频 1~4 达到该交织情形下通行能力，视频 5~7 数据仅作为对比参考。由表 3 可知，3 模型通行能力计算结果排序为：HCM2010<冯玉荣优化模型<公路 2017，现有模型所计算的通行能力远远大于实测值，造成这一原因是由于以上 3 个通行能力计算模型适用对象均为高速公路交织区，不适用于山地城市干道交织区。由上述分析可知，现有模型计算结果与实际情况偏差较大，需要根据现有模型进行优化研究适用于城市干道交织区通行能力计算模型。

4.2 基于 VISSIM 仿真的通行能力提取

由于通过现场实测数据获取不同情形下（交织流量比、汇出比或交织比）交织区通行能力数据样本覆盖率低、提取难度大、工作量大等条件限制。本文利用实测数据所标定的 VISSIM 城市干道交织区仿真模型，通过设置各个车道不同流量和交织比例，获取不同交通情形下的交织区通行能力。

本次仿真实验基于四千米交织区进行实验设计，其中交织区类型为同侧主线交织区，交织区长度 L_s 为 150m，交织区内车道数为 5。为获取不同交通情形下的交织区通行能力，设计交织区通行能力仿真实验，其实验设计思路为：针对每一条车道调节不同流量、车辆交织比例，获取不同情形下交织区下游各车道流量和平均车速。最后统计分析获取不同交织情形下（交织流量比、交织比、车辆比）交织区通行能力。

针对上述仿真实验仿真设计思路，交织区仿真方案设计参见表 4。分别设置各车道（主线/匝道）的流量和往主线车辆比例。其中，主线上游分为 1 车道、2 车道、3 车道和 4 车道，匝道上游分为匝道 1 和匝道 2。

表4 交织区仿真方案设计

	1 车道	2 车道	3 车道	4 车道	匝道 1	匝道 2
各车道流量	2 000	2 000	2 000	2 000	1 200	1 200
	1 800	1 800	1 800	1 800	1 100	1 100
	1 600	1 600	1 600	1 600	1 000	1 000

续表

	100%	100%	95.0%	85.0%	80.0%	75.0%
	100%	100%	87.5%	77.5%	72.5%	67.5%
	100%	100%	80.0%	70.0%	65.0%	60.0%
	100%	100%	72.5%	62.5%	57.5%	52.5%
往主线车辆比例	100%	100%	65.0%	55.0%	50.0%	45.0%
	100%	100%	57.5%	47.5%	42.5%	37.5%
	100%	100%	50.0%	40.0%	35.0%	30.0%
	100%	100%	42.5%	32.5%	27.5%	22.5%
	100%	100%	35.0%	25.0%	20.0%	15.0%

通过参照相关通行能力手册,得知主线设计车速60km/h基本通行能力为1 800pcu/h/ln;匝道双车道设计车速40km/h基本通行能力为2 400pcu/h。所以,主线车道流量仿真实验分别为设置为2 000、1 800、1 600三组,匝道车道流量仿真实验分别为1 200、1 100、1 000三组;同时,主线各车道往主线车辆比例分为9组,匝道各车道往主线车辆比例也分为9组。构成3×3×9×9的交织区仿真实验设计,从而获得不同交织流量比、汇出比或交织比情形下的交织区各车道流量和平均车速。

针对上述仿真实验,获取上游不同流量和往主线比例情形下的交织动态参数、各车道流量和平均车速。其中交织动态参数包括:交织流量比、交织比和主线汇出比。是由各车道流量×各车道所占比例计算所得。由上述分析可知,交织区通行能力与各车道交织车辆比例存在直接关系,为获取相同各车道交织比例下的交织区通行能力,可通过求取3×3组(主线:2 000/1 800/1 600;匝道:1 200/1 100/1 000)不同流量情形下总流量最大值获得。交织区通行能力分析图如图10所示。

案例1为不同流量下,各车道通往主线比例相同,分别为:2车道为100%、3车道为35%、4车道为25%、匝道1为20%、匝道2为15%,由图10可知,该交织车道比例下,通行能力为5 209pcu/h。

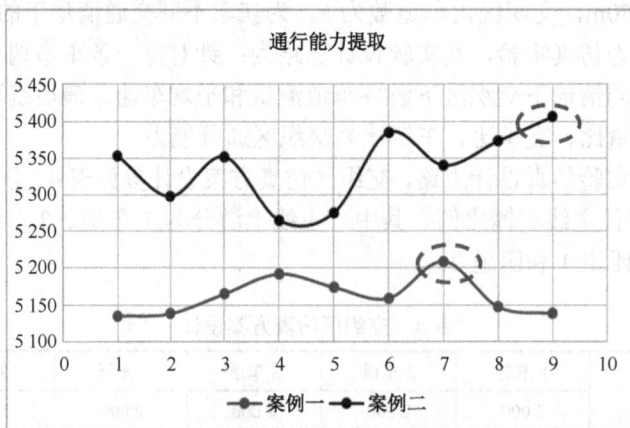

图10 交织区通行能力分析图

案例2为不同流量下,各车道往主线比例相同,分别为:2车道为100%、3车道为35%、

4 车道为 25%、匝道 1 为 40%、匝道 2 为 20%，由图 10 可知，该交织车道比例下通行能力为 5 406pcu/h。

通过上述分析，可得到不同交通情形下通行能力，共 81 组数据（9×9）。

4.3 优化模型确定与实测数据对比

现结合现有通行能力计算模型，确定通行能力计算模型参数为：交织区长度、交织区车道数、交织流量比和汇出比。选定 5 个优化模型进行拟合分析，将交织区长度 L_s（150m）、交织区车道数 N（4）、交织车道数 N_{wl}（2）和基本通行能力 C_0（1 800pcu/h），代入模型。利用 1stOpt 软件的麦考特法+通用全局优化算法求解各模型参数，得到如下模型拟合结果：

模型 1：

$$C = [1\,800 - 535.76 \times (1 + Q_R)^{1.6} - 0.076\,5 \times 150 + 119.8 \times 2] \times 4$$

模型 2：

$$C = [1\,800 - 1\,773.8 \times LN(1 + Q_R) + 384.17 \times LN(1 + D_R) + 0.05 \times 150 - 60.38 \times 4] \times 4$$

模型 3：

$$C = [1\,800 - (-196.08 \times (\frac{Q_R}{D_R})^2 + 662.21 \times \frac{Q_R}{D_R} - 4.31) + 0.05 \times 150 - 60.38 \times 4] \times 4$$

模型 4：

$$C = [1\,800 - 143.57 \times \frac{(1 + Q_R)^{4.51}}{(1 + D_R)^{1.12}} + 0.05 \times 150 - 60.38 \times 4] \times 4$$

模型 5：

$$C = [1800 - 822.47 \times (1 + Q_R)^{1.39} + 724.3 \times (1 + D_R)^{0.48} + 0.05 \times 150 - 60.38 \times 4] \times 4$$

得到如下模型评价结果：相关系数(R)、拟合优度(R^2)、均方差(RMSE)、残差平方和(SSE)、决定系数(DC)、卡方系数等，基于上述指标进行模型对比分析确定最终优化模型，各模型计算评价结果汇总对比，如表 5 所示。

表 5　各模型计算评价结果汇总对比

	模型 1	模型 2	模型 3	模型 4	模型 5
相关系数（R）	0.935 8	0.9 920	0.792 9	0.9 819	0.994 8
相关系数之平方（R^2）	0.875 8	0.9 841	0.628 6	0.9 642	0.989 7
均方差（RMSE）	216.81	72.57	344.72	108.45	57.53
残差平方和（SSE）	3 807 410	426 560.7	9 625 357	952 741.1	268 098.2
决定系数（DC）	0.85	0.98	0.63	0.96	0.99
卡方系数（Chi-Square）	387.28	43.58	1 069.12	95.95	28.26
F 统计（F-Statistic）	556.99	4 899.55	133.73	2 127.56	7 558.58

由表 7 通过对比各模型评价结果可知，模型 3、4、5 拟合结果较高。其中，模型 5 模型优化结果最高（拟合度 R^2 为 0.989 7）。由于模型 4、5 在个别数据上误差较大，所以模型 5 为最终通行能力计算模型。

本文基于山地城市干道同侧交织区，设计车速为 60km/h，交织区长度为 150m，交织区车道数为 4，基本通行能力选取 C_0=1 800pcu/h，进行模型标定。模型 5 模型拟合结果图如图 11 所示。

$$C = [C_0 - 822.47 \times (1 + Q_R)^{1.39} - 724.3 \times (1 + D_R)^{0.48} + 0.05 \times 150 - 603.8 \times 4] \times 4 \times f_{HV} \times f_p \quad （7）$$

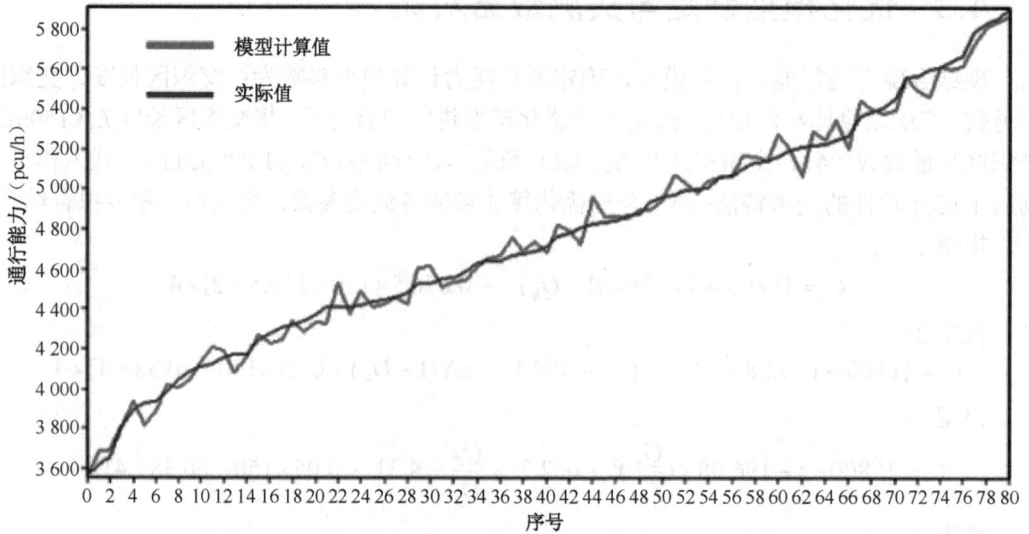

（a）实际值与计算值对比图

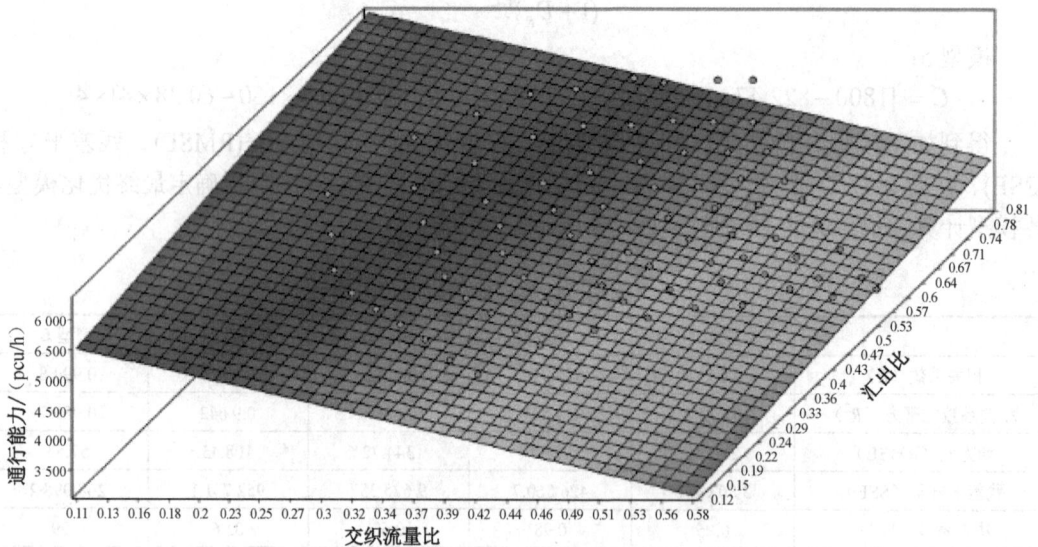

（b）模型拟合结果三维曲面图

图 11　模型 5 模型拟合结果图

4.4　与实测通行能力数据对比

将四千米交织区各个视频统计实测数据，带入现有通行能力计算模型和优化模型进行对比。通行能力计算结果与实测数据误差表参见表 6。

表6　通行能力计算结果与实测数据误差表

序号	实际流量	误差				误差比			
		HCM2010	2017	冯玉荣	优化模型	HCM2010	2017	冯玉荣	优化模型
视频1	4 112	−828	−1 400	−1 101	128	−20.14%	−34.05%	−26.78%	3.11%
视频2	3 703	−1 189	−1 790	−1 466	−119	−32.11%	−48.34%	−39.59%	−3.21%
视频3	3 810	−1 170	−1 718	−1 388	−87	−30.71%	−45.09%	−36.43%	−2.28%
视频4	3 774	−1 174	−1 778	−1 453	−232	−31.11%	−47.11%	−38.50%	−6.15%
视频5	4 223	−1 196	−1 371	−1 268	−772	−28.32%	−32.47%	−30.03%	−18.28%
视频6	3 388	−1 864	−2 127	−2 039	−1 504	−55.02%	−62.78%	−60.18%	−44.39%
视频7	3 823	−1 408	−1 690	−1 604	−1 159	−36.83%	−44.21%	−41.96%	−30.32%

　　对比现有模型可知，本文优化模型交织区通行能力计算误差远小于其他模型。与视频1～4实测数据对比可知，本文优化模型通行能力计算结果与实际通行能力误差在6%之内，达到可接受范围。通过对比实验表明本文所提出山地城市干道交织区通行能力计算模型，能够较准确计算交织区实际通行能力。

5　结语

　　（1）基于 VISSIM 仿真软件设计山地城市干道交织区仿真模型。并针对仿真模型多个参数进行敏感性分析与测试，最终确定4个关键影响参数：速度期望分布、停车间距（CC0）、跟车变量（CC2）、安全距离折减系数，并基于实测数据进行关键参数标定，给出参数合理阈值。

　　（2）利用重庆市四千米交织区进行实例对比分析，实验结果表明在拥堵情形时仿真结果与实际流量相比误差在7%之内，能够准确反映车辆在交织区的实际运行情况。

　　（3）针对现有交织区通行能力计算模型与实测数据进行对比分析，发现现有模型计算结果远大于交织区实际通行能力。之后利用优化后 VISSIM 交织区仿真软件获取不同情形下（交织流量比、汇出比、交织比）交织区运行状况，并统计分析获取交织区不同情形下通行能力。

　　（4）通过借鉴现有模型及参数影响因素分析结果，选取交织区长度、交织区车道数、交织流量比和汇出比作为本文优化模型4个指标。利用 1stOpt 数据分析软件基于 VISSIM 仿真数据，拟合分析确定交织区通行能力计算优化模型，其拟合度 R^2 为 0.989 7，与实测数据对比误差在6%以内。

参考文献

[1]　杜胜品，马永锋. 基于冲突点的交织区复杂度量化研究[J]. 交通运输系统工程与信息，

2014，14(01): 53-58.

[2] 冯玉荣，杨少伟，张驰等. 高速公路交织区服务水平敏感性分析[J]. 公路交通科技，2017，34(1): 103-111.

[3] Roess R P, Ulerio J M. Analysis of four weaving sections: Implications for Modeling[C]// Transportation Research Board 86th Annual Meeting. 2007.

[4] 臧晓冬. 城市快速路苜蓿叶互通立交交织区影响范围研究[J]. 交通运输系统工程与信息，2011，11(1): 173-178.

[5] 陈宽民，田甜，夏立品. 基于 GIS 技术的小间距互通交织区交通特性研究[J/OL]. 重庆交通大学学报（自然科学版），2017，DOI:10.3969/j.issn.1674-0696.2017.09.

[6] Transportation Research Board. Highway Capacity Manual 1950 [M]. Washington, D.C.: Bureau of PublicRoads，1950: 254 -258.

[7] Transportation Research Board. Highway Capacity Manual 1965 [M]. Washington, D.C.: Bureau of PublicRoads，1965: 258 -263.

[8] Transportation Research Board. Highway Capacity Manual 1985 [M]. Washington, D.C.: Bureau of PublicRoads，1985: 283 -288.

[9] 任福田，刘小明，荣建等. 道路通行能力手册[M]. 北京：人民交通出版社，2007.

[10] Transportation Research Board. Highway Capacity Manual 2010 [M]. Washington, D.C.: Bureau of PublicRoads, 2010

[11] Lertworawanich P, Elefteriadou L. Generalized capacity estimation model for weaving areas[J]. Journal of Transportation Engineering, 2007, 133(3): 166-179.

[12] 江金胜，董力耘. 基于元胞自动机模型的 C 型交织区交通流特性[J]. 力学学报，2012，44(6): 996-1004.

[13] 孙剑，胡家琦，孙杰. 城市快速路交织区通行能力估计模型[J]. 中国公路学报，2016，29(04): 114-122.

[14] 张菁，巨永锋. 快速路交织区交通流模型研究[J]. 中国公路学报，2011，24(05): 89-93.

[15] 周晨静，荣建，冯星宇. 2010HCM 交织区通行能力分析方法适用性研究[J]. 公路交通科技，2015，32(4): 118-123.

[16] 曲昭伟，曹宁博，陈永恒等. 城市快速路入口交织区通行能力模型. 东南大学学报（英文版），2016，32(2)，226-232.

[17] 周荣贵，钟连德. 公路通行能力手册[M]. 北京：人民交通出版社股份有限公司，2017: 62-76.

[18] 冯玉荣，杨少伟，杨宏志等. 高速公路交织区运行分析方法对比研究[J]. 公路交通科技，2018，35(8).

[19] 杨少伟，冯玉荣，杨宏志等. 高速公路交织区运行分析方法综述[J]. 公路交通科技，2018，35(10).

[20] 左康,刘启远,孙剑. 城市快速路匝道汇入行为建模及仿真[J]. 系统仿真学报,2017(9).

基于号牌识别和GPS数据的实时排队长度估计方法

刘佳超[1]　安成川[2*]　夏井新[3]

（1. 东南大学智能运输系统研究中心，南京，211189；

2.（通信作者）东南大学智能运输系统研究中心，南京，211189；

3. 东南大学智能运输系统研究中心，南京，211189.）

【摘要】排队长度是制定有效的城市交通缓堵策略的重要基础信息。本文提出了一种双层随机森林模型，利用匹配的号牌数据和 GPS 数据进行实时排队长度估计。GPS 数据提供了车辆的停车位置，与之匹配的号牌识别数据提供了对应停车位置的解释特征。模型的第一层基于提取的特征对有停车车辆和无停车车辆进行分类，模型第二层用于估计有停车车辆的停车位置，从而直接得到排队长度。昆山市三个不同等级的道路作为实例对本方法进行了验证，估计值和实际值的对比表明本方法具有可信的精度并且有一定的应用价值。

【关键词】排队长度；GPS 数据；号牌识别数据；随机森林

Real-time Queue Estimation Method Based on LPR and GPS Data

Jiachao LIU[1], Chengchuan AN[2*], Jingxin XIA[3]

（1. Intelligent Transportation System Research Center, Southeast University, Nanjing, 211189, China;

2. (corresponding author) Intelligent Transportation System Research Center, Southeast University, Nanjing, 211189, China;

3. Intelligent Transportation System Research Center, Southeast University, Nanjing, 211189, China. ）

Abstract: Queue length is a fundamental and crucial information for formulating efficient queue management strategies to ease traffic congestion in urban areas. In this paper, a bi-level random forest algorithm is proposed to calculate real-time queue length using matched LPR and GPS data. The GPS data provides the stop location of vehicles and the matched LPR data provides the features explaining the corresponding stop locations. The first level model is used to classify the pass vehicles and stop vehicles based on the extracted features, while the second level could estimate the stop locations of stop vehicles so that queue lengths are directly reflected. The proposed model has been evaluated by comparing the estimated results with field data observed from two different roads in Kunshan, China. The results show that the estimation has satisfactory accuracy and is applicable in practice.

Keywords: queue length; GPS data; LPR data; Random Forest.

1 引言

排队长度是用于建立有效的排队管理策略来缓解城市交通拥堵的重要信息。特别是自适应控制系统，需要可靠的实时排队长度作为输入，因为实时排队长度反映了当前的交通状态，信号控制方案需要根据这一状态进行调整。

目前的排队估计方法主要分为两类：累积输入输出方法[1-3]和 Shockwave 方法[4-7]。前者的方法是基于交叉口车辆的到达离去特性进行排队长度估计，局限性在于无法提供排队形成和消散的空间分布特征，并且对检测器的误差较为敏感。后者方法是通过不同的数据源绘制停车和驶离的冲击波，在以下两个方面要优于前者方法：（1）可以提供排队的空间和时间信息；（2）可以将普通排队和剩余排队进行区分。因此，近些年的研究大都集中在利用 Shockwave 理论的排队估计上。

由于检测器大量布设的成本较高，当前的研究大都侧重于利用现有的检测器数据构建模型。早期的研究都是利用固定检测器[8]。随着先进的检测技术的出现，高分辨率的检测器开始作为排队长度估计的输入[9]。近些年，大数据的浪潮使得交通领域出现了大量可以使用的移动数据，从而涌现了大量研究，利用移动数据进行排队估计。Izadpanah 等人[10]和 Cheng 等人[11] 提出了一种直接通过浮动车轨迹数据构建冲击波的排队估计方法。Ban 等人[6]提出了一种基于移动数据提供的行程时间信息的实时排队长度估计方法。Li 等人[12]提出了一种只利用浮动车数据的周期排队长度估计方法，不需要配时、到达率和渗透率等已知信息。然而，移动数据（如浮动车的 GPS 轨迹数据）相对难获取，因为涉及用户隐私问题，不可能获得全样本的数据。因此渗透率是需要考虑的重要问题。目前渗透率还维持在一个很低的水平（大约 5%，甚至更低），当前的渗透率水平无法满足大部分方法对于实时排队估计的需求。

综上所述，当前文献的一个局限性是，大多数研究只关注单一的数据源，而不同数据源中的相关信息尚未得到充分的探索。另一个问题是，大多数方法需要的假设或条件在实践中难以满足。为了克服这两个局限性，本文提出了一种利用号牌识别数据（LPR 数据）和 GPS 轨迹数据的车道的排队长度实时估计方法。GPS 数据提供车辆的停车位置，匹配的号牌识别数据提供解释相应停车位置的特征。随机森林作为一种广泛应用的集成学习方法，在分类和回归两方面都有着良好的性能。模型的第一层是根据从号牌识别数据中提取的特征对未停车和停车两种车辆进行分类，第二层是对停车车辆的停车位置进行估计。通过对匹配的号牌识别数据和 GPS 的历史累积数据的训练，该模型可以预测车辆的停车位置，并以实时的号牌识别数据为输入可以估计最大排队长度。

2 模型建立

该方法由三个主要步骤组成：第一步是从匹配数据中提取信息，包括计算 GPS 数据提供的停车车辆的停车位置和从号牌识别数据中提取解释性特征。第二步是两个级别的随机森林模型的建立。一级模型的目的是训练一个随机森林模型，将停车车辆与未停车车辆进行分类，二级模型利用识别出的停车车辆信息，建立基于随机森林算法的停车位置估计模型。最后一步是使用估计的停车位置计算基于实时的车道级的最大排队长度。模型的方法框架如图 1 所示。

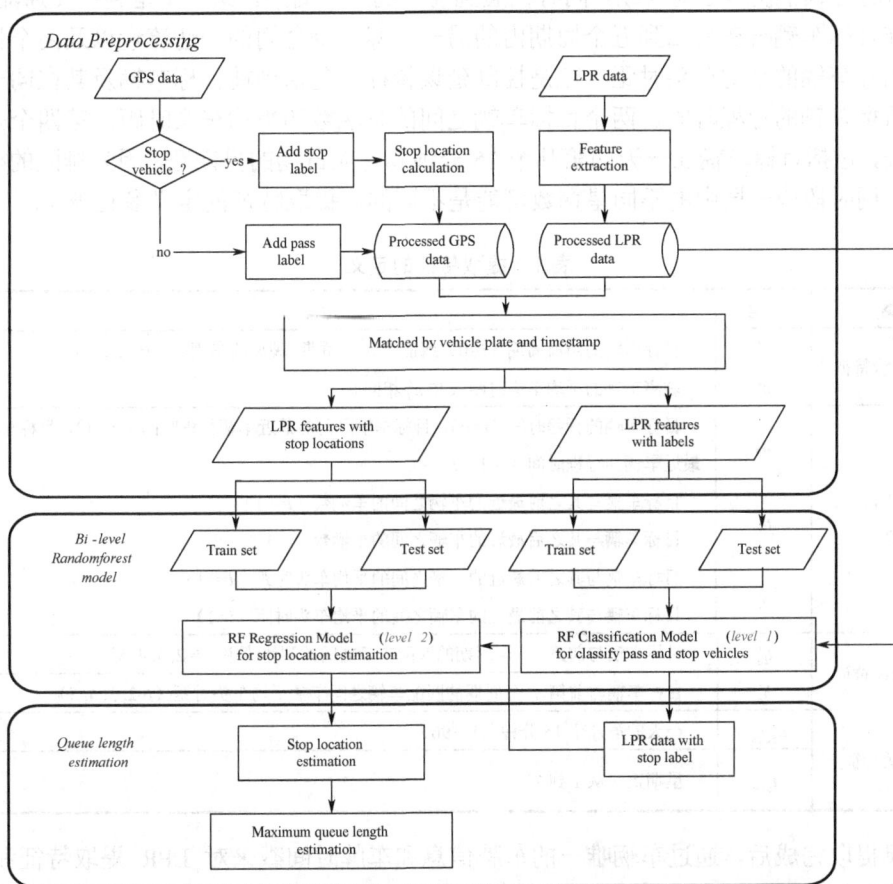

图 1　模型的方法框架

2.1　信息提取

信息提取过程将 GPS 数据和 LPR 数据分开进行。从 GPS 数据中，可以通过瞬时速度判断车辆是否加入排队并停车。在本文的研究中，只有瞬时速度小于 5 千米每小时并装有 GPS 的车辆会被判定为停车车辆，并对其标注"停车"标签。如果一个路段上的车辆轨迹没有瞬时速度低于 5 千米每小时的轨迹点，则该车辆将被判定为不停车车辆并标记为"通过"。标签（停车或通过）作为第一级分类模型训练过程中的响应变量。对于停车车辆，同时需要提取相应的停车位置。停车位置的定义是从车辆停车点到路段停车线的距离。这一步骤包含了地图匹配技术，本文不进行详细阐述。

LPR 数据是通过架设在交叉口停车线处的视频检测器获取的。视频检测器可以对通过停车线的车辆进行捕捉，利用图像识别技术记录车辆的车牌信息和通过停车线的时间戳。LPR 数据中可以提取解释特征。由于一个路段的排队变化和上游到达交通流，下游驶离交通流和交叉口信号控制特征有高度的相关性，因此四类相关的特征用于本文的建模。第一类是驶离交通流特征，包括单个周期内目标车辆离开前的车辆数和离开车辆的平均车头时距。所用的时域不仅是当前周期，同时扩展到前一到三个周期。第二个是到达交通流特征，包括当前目标车辆与在前二到五个周期内的另一目标车辆之间的到达流量以及两个目标车辆之间离开车辆的平均车头时距。三是控制延误特征，包括当前目标车辆及其在同一周期内最近目标车辆的行程时间、两个目标车辆之间的车辆数和平均车头时距。第四个是时间相关特征，包括目标车辆在一天的第几个 15 分钟和对应日期的星期数，因为排队的模式在一天的不同时段或一周中的不同星期数可能是不同的。提取特征的定义参见表 1。

表 1　提取特征的定义

种类	符号	定义
驶离交通流特征	n_d^i	目标车辆的当前周期（$i=0$）或前第 i 个周期 驶离的车辆数（$i=1,2,3$）
	h_d^i	驶离车辆的平均车头时距（与 n_d^i 相同）.
控制延误特征	tt_c^i	目标车辆的行程时间（$i=0$），目标车辆之前的最近车辆行程时间（$i=-1$），目标车辆之后最近车辆的行程时间（$i=1$）.
	n_c^i	目标车辆与其之前最近的车辆之间的车辆数（$i=-1$）
		目标车辆与其之后最近的车辆之间的车辆数（$i=1$）
	h_c^i	目标车辆与其之前最近的车辆之间的平均车头时距（$i=-1$）
		目标车辆与其之前最近的车辆之间的平均车头时距（$i=1$）
到达交通流特征	q_a^i	目标车辆与前第 i 个周期的匹配车辆之间的到达流率（$i=2,3,4,5$）
	h_a^i	目标车辆与前第 i 个周期的匹配车辆之间车辆平均车头时距（$i=2,3,4,5$）
时间相关特征	$t_{15minod}$	一天的第几个 15 分钟（1～96）
	t_{dow}	星期数（从 1 到 7）

信息提取完成后，通过车辆唯一的车牌信息和车牌时间戳来对 LPR 提取特征和 GPS 提取的停车位置进行匹配。由于 GPS 和 LPR 检测器的设备误差导致数据丢失，一些车辆可能无法被两个设备捕获，因此存在部分信息丢失的情况，匹配率可能无法满足要求。但是由于采用了历史积累数据，数据量较小的问题得到了解决。最后，得到了用于建模的历

史数据集。数据集中的每条观测数据都有一个标签（"停止"表示车辆在排队中停止，"通过"表示车辆在没有停止的情况下通过停车线）、相应的停止位置（通过车辆为零，停车车辆非零）和 25 个用于解释排队的特征。由于数据缺陷，数据集中仍会有一些缺失值，但是随机森林模型能够处理不完整的数据，对缺失数据进行补全后再拟合。

2.2 双层随机森林模型

第一层模型的目的是根据从 LPR 数据中提取的 25 个特征对停车和未停车车辆进行分类。标签（通过或停止）用作响应变量，25 个特征用作解释变量。历史数据集按 7:3 的比例分为两部分。70%的数据用作训练集，30%的数据用作测试集，以便验证模型的精度。

首先，在分类模型中使用所有特征来评估不同特征对响应变量的重要性。然后，只选择具有更高重要性的特征来构建模型。这个过程称为特征选择，它有助于去除不相关变量，从而减少对模型准确性的损害。在 RF 模型中，给出了两种度量方法：排序重要性和基尼指数，来量化特征的重要性。在本文的研究中，使用排序重要性（PI）度量来选择特征，并且在分类和回归模型中都只选择 PI 值排名前五的特征。

第二层模型是一个随机森林回归模型，用于估计第一级标记为"停止"车辆的停止位置。在训练过程中，仅使用带有停车标志的车辆。响应变量是停止位置，是一个连续变量，使用的特征与第一层模型相同。同样，70%的数据被用来训练回归模型，其他数据被用来测试模型的精度。在建模过程中仍需进行特征选择，方法与第一级相同。

经过两层建模过程，得到两个不同用途的模型。在应用中，从 LPR 数据中提取的 25 个特性是唯一的输入。第一层模型根据特征选择的结果，使用五个特征作为输入，输出是与特征相关的车辆状态（停止或通过）标签。第二层模型只选择标签为"停止"的特征作为输入，输出是估计的停止位置。如果 LPR 数据有可以保证一定的数量，并且被实时地输入到模型中，那么停止位置也会被实时地估计出来。然后将每个周期的最大停车位置作为排队长度，最大停车位置应与信号控制具有相同的周期性。

3 案例分析

3.1 数据描述

以中国昆山市为例，选择了三个路段共六条车道。期中两个路段分别为主干道白鹿路，另外一个路段为次干道中华园路。每个路段有两条车道，一条专用左转车道和一条直行车道。实际上，路段上也有右转车道，但由于不受信号控制，因此通常不会形成周期性的排队，在本文研究中不予考虑。每条车道的上游和下游交叉口都安装有 LPR 检测器，检测器可以实时获取大量匹配的 LPR 数据。本研究根据从 2018 年 3 月 1 日至 4 月 14 日 45 天的 LPR 数据计算出 25 个特征。同一时期的 GPS 数据是以 20 秒为间隔从出租车上采集的。每个记录包括出租车车牌、地理位置（经纬度）、记录时间戳、瞬时速度。表 2 是所选路段的信息。

表 2　所选路段的信息

道路等级	路段编号	车道 ID	方向	长度/m	样本量
Major	101	101-1	LT	458	6 711
	101	101-2	TH	458	8 491
	102	102-1	LT	264	1 082
	102	102-2	TH	264	6 310
Minor	201	201-1	LT	438	2 754
	201	201-2	TH	438	4 600

3.2　特征选择

特征选择的目的是选择估计模型中使用的特征，以提高精度。图 2 和图 3 分别显示了 1 级和 2 级模型的重要特征排序。由于篇幅限制，本文仅给出 101 和 201 号路段（双向）的结果。从第一层模型结果可以看到，前五个最重要值的特征与选择的道路类型有关。换言之，对于不同的车道类型和道路等级，模型的特征选择结果不同，因此每个车道都应该单独考虑。然而，对于所有车道而言，排名前三个的特征都是相同的，分别是目标车辆的行程时间和相邻前后两个车辆的行程时间。这很容易理解，路段的行驶时间可以反映车辆是否停止，因为有排队停车的车辆通常具有更长的行驶时间。第二层模型的结果与一层模型相似：不同车道模型中，排名前五的特征不同。但是所有车道的二层模型都有一个相同的特征，即当前周期中目标车辆之前离开的车辆数。在二次建模的过程中，每个车道的每个模型中只选择前五特征，这样使得模型精度有所提高。

图 2　第一层模型特征重要性（上为路段 101，下为路段 201）

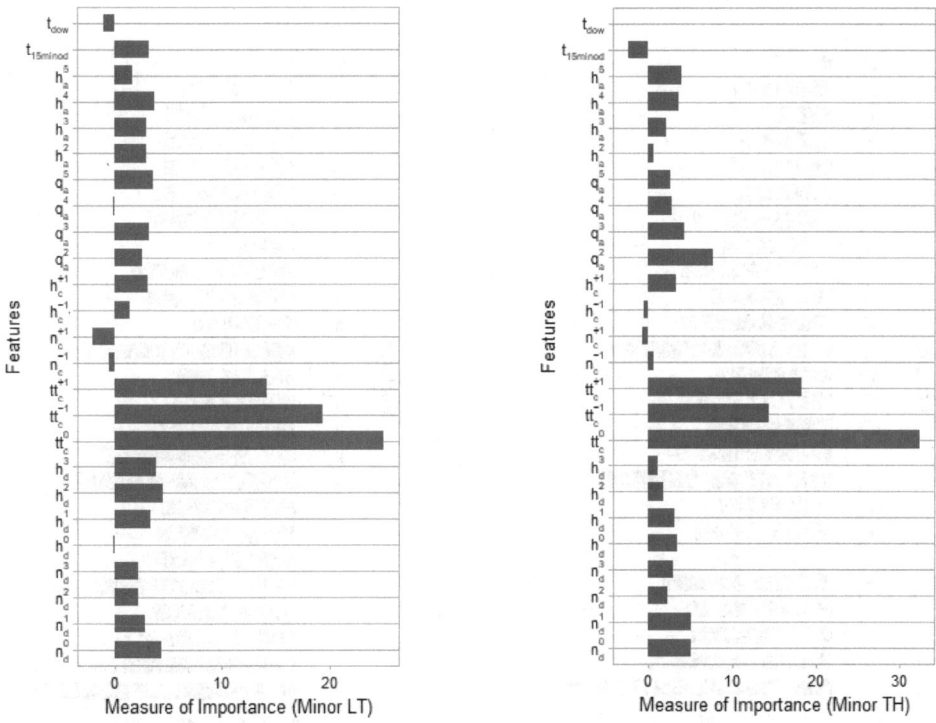

图 2　第一层模型特征重要性（上为路段 101，下为路段 201）（续）

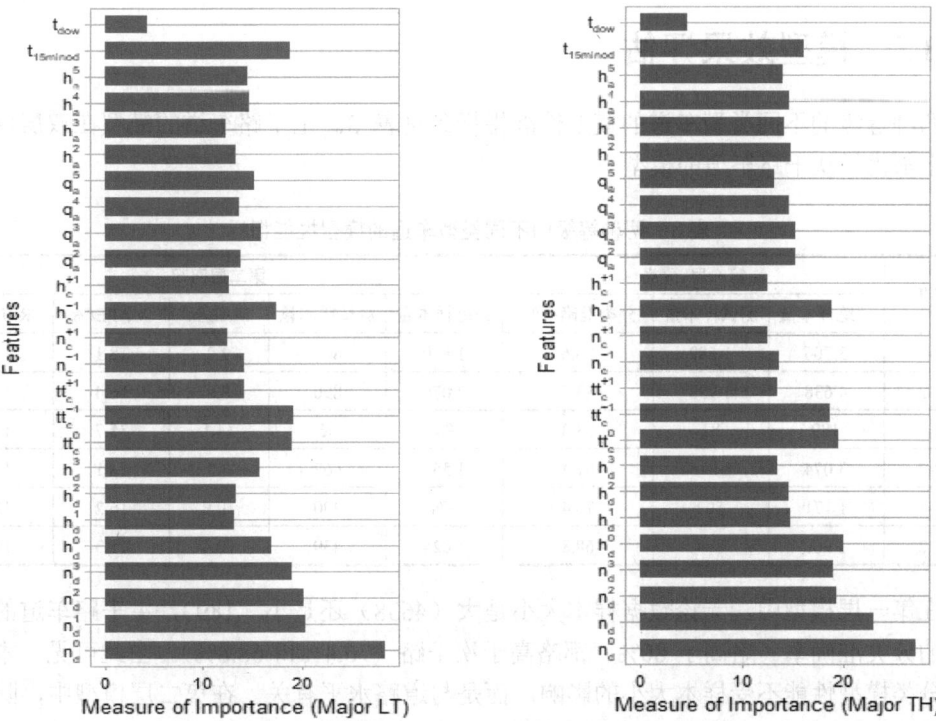

图 3　第二层模型特征重要性（上为路段 101，下为路段 201）

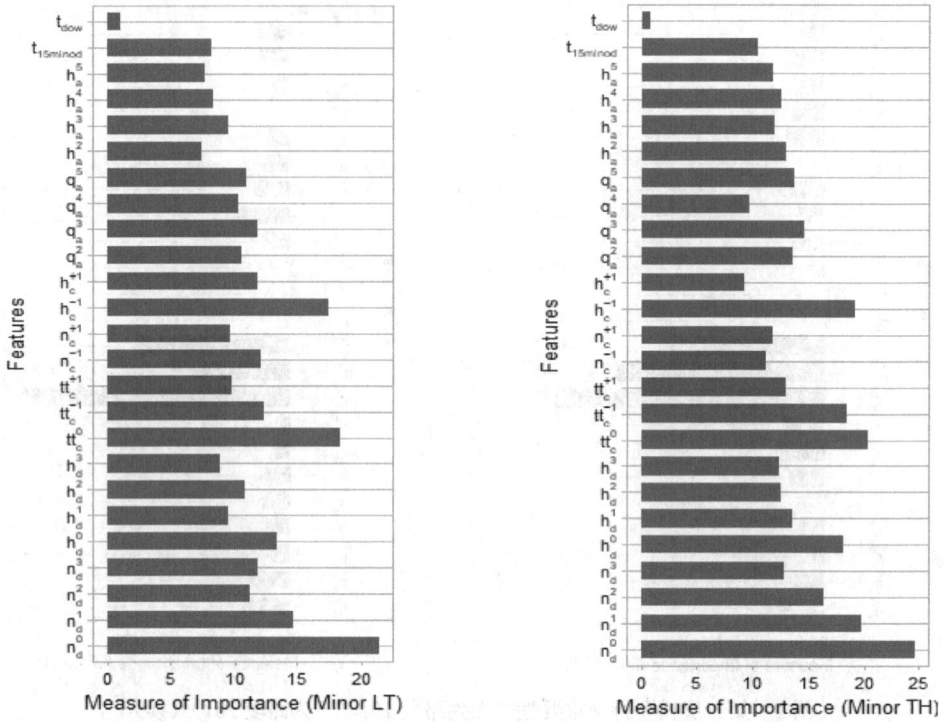

图 3　第二层模型特征重要性（上为路段 101，下为路段 201）（续）

3.3　模型效果评估

两种等级的不同类型车道的模型性能指标参见表 3。主干路车道的模型在双层模型的表现上都优于次干路车道的模型。

表 3　两种等级的不同类型车道的模型性能指标

车道 ID	第一层 分类			第二层回归				
	训练样本量	测试样本量	分类准确率/%	训练样本量	测试样本量	MAE/m	MAPE/%	RMSE/m
101-1	3 706	1 589	80.6	1 870	802	9.9	18.1	16.1
101-2	4 638	1 988	83.7	2 076	890	8.6	16.4	17.0
102-1	189	81	83.3	83	36	14.1	35.7	17.4
102-2	3 074	1 318	81.4	1 555	667	8.5	18.1	14.1
201-1	1 171	502	76.4	674	290	10.9	16.2	17.8
201-2	1 966	844	68.8	1 024	439	10.4	15.3	15.5

在第一层模型中，无论数据样本大小是大（4638）还是小（189），主干路车道的分类模型的分类准确率（略高于 80%）都略高于次干路（76.4% 和 68.8%）。由此可见，本文提出的分类模型性能不受样本大小的影响，而是与道路水平有关。在第二层模型中，除了样本量最小（83）的 102-1 车道具有最大的 MAE 和 MAPE 值之外（分别为 14.1m 和 35.7%），

所有选定车道的指标都处于同一水平,可以得出回归模型精度会受样本量影响的结语。另一个值得一提的发现是直行车道的模型要优于左转车道的模型,因为左转车道模型的 MAE 和 MAPE 值较低。

3.4 最大排队长度估计

在前面的步骤之后,得到了针对不同车道的两个层级模型。如果有实时的 LPR 数据作为输入,则可以实时估计停车车辆的停车位置。图 4 是最大排队长度估计结果,是根据 5 月 13 日 17:30-18:15 期间 101-1 左车道的 LPR 数据得出的停车位置和最大排队长度估计出来的。橙色点表示估计的停止位置,绿色三角形点表示每个周期中观察到的最大队列长度。蓝线是所有停车位置的连线,其含义与冲击波曲线相似。

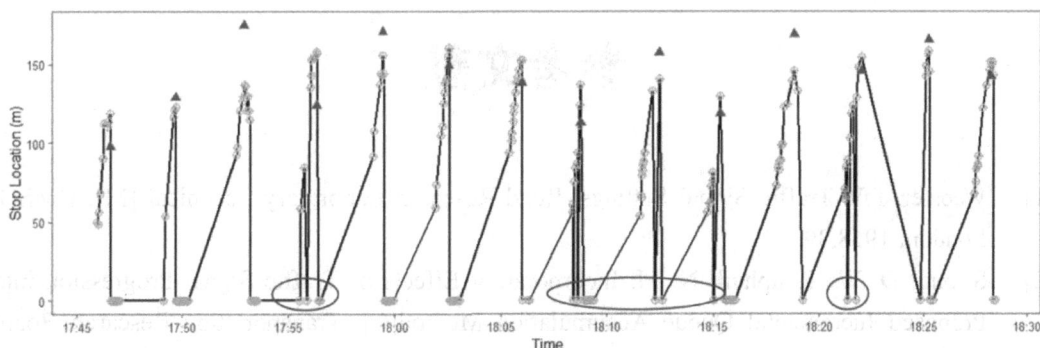

图 4 最大排队长度估计结果

估计结果与 101-1 车道观测到的地面实测数据进行了比较,计算出的 MAE 和 MAPE 分别为 16.2 m 和 12.9%,由于 16.2m 大约等于三辆车的长度,因此估计精度令人满意。然而,曲线有一些值得注意的地方。在红圈中,估计停车位置有一些奇怪的波动,这在现实中是不应该存在的。这可能是由于第一层分类的错误分类造成的,这意味着模型将非停车车辆视为停车车辆,并导致出现一些不切实际的估计。还有一种猜测是,由于左转待转区或道路的几何线型,左转车道的交通状况很复杂导致出现这种异常估计值。但是这种波动不会对最大排队长度的估计造成太大影响。

4 结语

本文提出了一种双层随机森林算法,利用车牌匹配的 LPR 和 GPS 数据计算车道级的排队长度。GPS 和 LPR 数据提供了车辆的停车位置和每个停车位置对应的特征。第一层模型可以对停车车辆与未停车车辆进行分类,第二层可以估计停车车辆的停车位置。在案例研究中,选择了中国昆山市三条道路的六条车道为测试对象。使用的数据集是 45 天内的历史累计数据。一级分类模型在本案例所有选定车道中的准确率保持在 80% 左右。二级回归模型的 MAE 和 MAPE 平均值分别为 10M 和 17%。特征选择过程表明,控制延迟特征是一级分类模型中最具信息性的特征，当前周期内目标车辆前的车辆数对二级回归模型影响最大。在选择使用的特征时，应单独考虑不同车道的特点建立相应的模型。

实时最大队列长度也根据高峰时段 45 分钟的 LPR 数据进行估计。估算值与真实值进行了比较，MAE 和 MAPE 分别为 16.2 m 和 12.9%，结果令人满意，表明该方法可以在实际应用中得到应用，尤其是在实时排队长度估计中应用。

本文研究的创新主要体现在两个方面：（1）基于两个数据源的组合，对两个数据源的相关性进行了探索；（2）估计方法是无模型、纯数据驱动的。在进一步研究中，将基于更多的实测数据对所提出的方法进行测试，以检验其有效性；利用更多的特征来提高精度，并考虑更复杂的情况，例如溢出或缺少检测器（上游或下游仅安装一个 LPR 传感器）的情况。

参考文献

[1]　Webster, F.V. Traffic Signal Settings. Road Research Laboratory Technical [M]. HMSO, London, 1958;39.

[2]　Strong, D. W., Rouphail, N. M. Incorporating Effects of Traffic Signal Progression into Proposed Incremental Queue Accumulation Method[C]. Transportation Research Board 85th Annual Meeting, 2006.

[3]　Viti, F., Van Zuylen, H. J. Probabilistic models for queues at fixed control signals[J]. Transportation Research Part B 2010, 44(1): 120－35.

[4]　Lighthill, M. J., G. B. Whitham. On kinematic waves. I. Flood movement in long rivers. In Proceedings of the Royal Society of London A: Mathematical[J]. Physical and Engineering Sciences, 1955, 229(1178): 281-316.

[5]　Richards, P. I. Shock waves on the highway[J]. Operations research, 1956, 4(1): 42-51.

[6]　Ban J., P. Hao, Z. Sun. Real time queue length estimation for signalized intersections using travel times from mobile sensors. Transportation Research Part C: Emerging Technologies, 2011, 19(6): 1133－1156.

[7]　Ramezani, M., N. Geroliminis. Queue profile estimation in congested urban networks with probe data[J]. Computer-Aided Civil and Infrastructure Engineering, 2015, 30(6): 414-432.

[8]　Skabardonis, A. , Geroliminis, N. Real-time monitoring and control on signalized arterials, Journal of Intelligent Transportation Systems, 2008, 12(2): 64－74.

[9]　An, C., Y. Wu, J. Xia, et al. Real-time queue length estimation using event-based advance detector data. Journal of Intelligent Transportation Systems, 2018, 22(4): 277－290.

[10]　Izadpanah, P., Hellinga, B., Fu, L. , Automatic traffic shockwave identification using vehicles' trajectories, in Proceedings of the 88th Annual Meeting of the Transportation Research Board (CD-ROM), January, Washington, D.C, 2009.

[11] Cheng, Y., Qin, X., Jin, J., et al. An exploratory shockwave approach to estimating queue length using probe trajectories, Journal of Intelligent Transportation Systems: Technology, Planning, and Operations, 2012, 16(1): 12 – 23.

[12] Li, F., Tang, K., Yao, J., et al. Real-Time Queue Length Estimation for Signalized Intersections Using Vehicle Trajectory Data[J]. Transportation Research Record: Journal of the Transportation Research Board, 2017, 26(23): 49 – 59.

基于深度学习的路面裂缝自动识别方法

唐 聚[2] 彭 博[1,2] 张媛媛[2*] 谢济铭[2] 蔡晓禹[1,2]

（1. 山地城市交通系统与安全重庆市重点实验室，重庆 400074;
2. 重庆交通大学 交通运输学院，重庆 400074）

【摘要】为了快速、高效、准确地识别路面裂缝，给路面养护管理、路面性能评价与预测、路面结构和材料设计提供参考，提出基于深度学习的路面裂缝自动识别方法。首先将源图像划分为 128 像素×128 像素的子块以降低图像维度；其次，将子块人工分类为裂缝图像与非裂缝图像；然后将分类好的图像与 5 种深度学习模型结合进行模型训练与测试；最后将训练好的模型用于裂缝识别验证，选出准确率最高的模型。结果表明，该方法能达到裂缝识别准确率 92.0%，可在无人为干预的情况下准确、高效地识别路面裂缝。

【关键词】路面裂缝；深度学习；自动识别

Automatic Pavement Crack Detection Based on Deep Learning

Tang Ju[2], Peng Bo[1,2], Zhang Yuanyuan[2*], Xie Jiming[2], Cai Xiaoyu[1,2]

（1. Chongqing Key Lab of Traffic System & Safety in Mountain Cities, Chongqing 400074, China;
2. College of Traffic and Transportation, Chongqing Jiaotong University, Chongqing 400074, China）

Abstract: In order to identify pavement cracks quickly, efficiently and accurately, it provides reference for pavement maintenance management, pavement performance evaluation and prediction, pavement structure and material design, and proposes an automatic recognition method for pavement cracks based on deep learning. Firstly, the source image is divided into sub-blocks of 128 pixels × 128 pixels to reduce the image dimension. Secondly, the sub-blocks are manually classified into crack images and non-crack images; then the classified images and five deep learning models are selected. Combine the model training and testing; finally, the trained model is used for crack identification verification, and the model with the highest accuracy is selected. The results show that the method can achieve crack identification accuracy of 92.0%, and can accurately and efficiently identify pavement cracks without human intervention.

Keywords: pavement crack; deep learning; automatic identification.

1 引言

路面质量对行车安全性、舒适性、经济性以及公路使用周期有重要的影响，需要对其进行及时高效的检测，以评价和预测路面性能、辅助养护管理决策、改善路面结构和材料设计。随着公路交通行业的快速发展，路面裂缝病害防治工作越来越受到公路养护部门的重视。传统的基于人工视觉检测的方法已经越来越不能适应公路发展的要求，基于图像处理的路面裂缝自动检测技术开始成为人们的研究重点。

为了快速高效地识别路面裂缝，路面裂缝检测系统应运而生，如法国的 GERPHO 系统（采用 35mm 电影胶片采集图像，冲洗成照片后进行分析）[1]、日本的 KOMATSU 系统（利用摄像车的两侧灯光对路面进行照射，采集路面裂缝图像，只能夜晚工作）[2]、美国的 PCES 系统（基于模拟量和数字量的转换理论，采用数字图像进行处理）、加拿大的 ARAN 系统（在 KOMATSU 系统基础上配置了高强度的闪光灯，可以全天工作）[3]。与此同时，涌现出许多路面裂缝图像识别和分类算法，如阈值分割算法[4]、实时阈值的分割算法[5]、空域边缘检测算法[6-7]、基于小波分析的裂缝检测算法[8-9]、基于人工神经网络的裂缝分类算等[10-11]。然而，大部分算法是针对二维图像设计的，易受到阴影和油污等因素的干扰。因此，快速高效的识别裂缝图像仍然是一大挑战。

深度学习是机器学习研究中的一个新的领域，其动机在于建立、模拟人脑进行分析学习的神经网络，能模仿人脑的机制来解释数据，例如图像、声音和文本。深度学习能够很好地获取较为稳定的特征，搜索的相似目标更精确，搜索准确率在 95% 以上。

为快速、高效、准确地识别裂缝，本文提出基于深度学习的路面图像裂缝识别方法。通过采集路面图像，并对图像进行降维等一系列预处理后，与深度学习模型结合进行模型训练预测，最后将训练好的模型用于裂缝识别，可达到识别准确率 92.0%，实现快速、高效、准确地识别裂缝。

2　方法简介

本文基于深度学习的方法进行路面图像的裂缝识别，使用的图像数据为国内某品牌摄像机拍摄所得。步骤流程图如图 1 所示。

（1）路面图像采集。利用摄像机人工近距离拍摄路面图像，获得 2048 像素×2048 像素的路面图像。

（2）图像预处理。将获得的图像划分为 128 像素×128 像素的子块，即每张图像被划分为 256 张子块，并将获得的子块人工分类为裂缝图像与非裂缝图像。

（3）模型训练测试。训练测试分为 LeNet、AlexNet、CaffeNet、GoogLeNet 与 Vgg_16 五种模型，通过训练，舍弃掉训练结果不好的 GoogLeNet 模型与 Vgg_16 模型，并不断调整优化其他三种模型的参数，直到满足准确率-损失值阈值条件。

（4）模型验证与分析。针对训练好的 LeNet、AlexNet 与 CaffeNet 模型分别进行验证图像分析，若准确率太低且准确率曲线不收敛则调整参数重新训练与测试模型；若准确率达到要求，则可以用于路面裂缝自动识别。通过验证，留用验证效果好的 AlexNet 模型。

（5）路面图像裂缝识别。利用训练好的 AlexNet 模型针对路面原始图像进行路面裂缝自动识别。步骤流程图如图 1 所示。

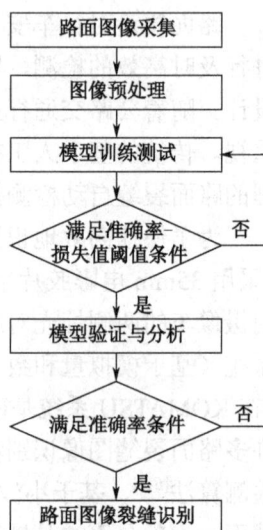

图 1　步骤流程图

3　图像预处理

首先需要通过降维算法将原始图像进行降维处理获得降维图像，然后将路面图像按照图 2 的方式划分为 $n \times n$ 像素子块，以便于后续的模型训练测试。

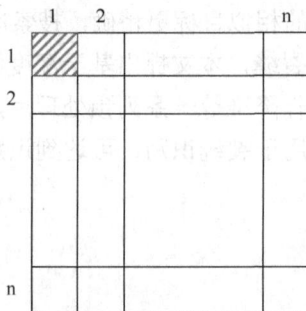

图 2　图像划分方式

本文源图像为 2048 像素×2048 像素，取 $n=16$，即将源图像划分为 128 像素×128 像素的子块，故每张源图像可划分为 256 张子块。并将获得的子块人工分类为裂缝图像与非裂缝图像，构成原始数据库（basic_dataset）。"裂缝"图像如图 3 所示，"非裂缝"图像如图 4 所示。

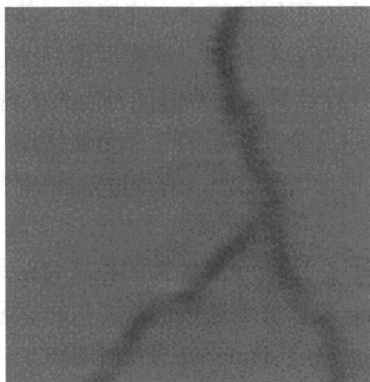

图 3　"裂缝"图像

图 4　"非裂缝"图像

在原始数据库的基础上做一系列预处理（如数据扩样、统一尺寸、灰度转换、统一编号、制作 label 分类标签文件、将 4 857 张原始裂缝图像和 36 574 张非裂缝图像数据转化为 lmdb 数据文件以及计算均值文件（mean.binaryproto）得到训练集（train_dataset）图片共 160 000 张，其中裂缝图像和非裂缝图像各 80 000 张；测试集（test_dataset）的预处理过程同训练集一样，其图像的数量可以少于训练集，本文随机抽取了 50 000 张图像作为测试集，"裂缝"图像和"非裂缝"图像各 25 000 张；验证集（predict_dataset）的图像来源于原始数据库，本文从原始数据库中随机抽取了 500 张图像构成验证集，包括"裂缝"与"非裂缝"图像各 250 张。各类样图数量如表 1 所示。

表 1　各类样图数量

类别	原始样图/张	训练集/张	测试集/张	验证集/张
裂缝	4 857	80 000	25 000	250
非裂缝	36 574	80 000	25 000	250
合计	41 431	160 000	50 000	500

4　模型训练测试

4.1　深度学习模型简介

深度神经网络模型常见模型有 LeNet[12]、AlexNet[13]、CaffeNet[14]、GoogleNet[15] 与 Vgg_16[16]，对各模型简介如下。

（1）LeNet 模型：由两个卷积层、两个池化层，以及两个全连接层组成。这些模块通常是逐个叠加而成，卷积层共享权值，池化层对卷积层的输出进行降采样，从而减少下面一层的数据率。由此可以把图像作为直接的输入对象，省去了烦琐的特征提取过程。本次我们将高空视频直接作为输入对象，利用机器学习进行特征分析，简化了操作流程。

（2）AlexNet 模型：包含了八个学习层，其中五个卷积层和三个全连接层，其中有一个特殊的计算层即 LRN 层，可以对当前层的输出结果做平滑处理。该模型很好地证明了 CNN 在复杂模型下的有效性，同时由于使用了 GPU 并行计算使训练时间范围大大降低。

（3）CaffeNet 模型：同样包含了八个学习层，其中五个卷积层和三个全连接层，该模型基于 AlexNet 网络结构对 pool 层和 norm 层的位置进行调整，提高了模型的识别精度和运行速度。

（4）GoogleNet 模型：一共有 22 层网络，由于采用了 Inception 架构的模块化结果，方便增添和修改网络结构；网络最后采用 average pooling 来代替全连接层，将目标识别结果的 top-1 准确率大大提高；网络移除了全连接层，但是保留了 Dropout 层；同时增加了两个辅助的 softmax 层用于向前传播梯度，避免梯度消失。

（5）Vgg_16 模型：该模型有 13 个卷积层和 3 个全连接层，一共 16 层，网络结构很规整，没有过多的超参数，专注于构建简单的网络，基本上是几个卷积层后面跟一个可以压缩图像大小的池化层，简化了卷积神经网络的结构，但网络架构 weight 数量相当大，训练的特征数量非常大，很消耗磁盘空间，训练速度非常慢。

4.2　深度学习模型训练与测试

本文采用了 LeNet、AlexNet、CaffeNet、GoogLeNet 与 Vgg_16 这 5 种深度学习模型针对裂缝图像进行了训练测试，训练测试过程主要分为以下几个实验步骤。

（1）准备数据集。用训练集与测试集作为数据集。

（2）标记数据。将训练集与测试集内的图像按照各自的分类进行标记。本文将裂缝图像标记为"0"，非裂缝图像标记为"1"，从而实现整个数据集的标记工作。

（3）创建 lmdb 格式的数据库文件。为了加速训练过程，本文编写一个 MakeLmdb.bat 的脚本文件，使用 Caffe 框架中的 convert_imageset.exe 工具将已标记的图像数据集转化为 lmdb 数据文件。

（4）计算均值。为了提升训练测试的速度和精度，模型训练时需要从每张图片中减去均值，获得均值文件，主要利用 Caffe 框架中 make_imagenet_mean.sh 脚本创建均值文件 mean.binaryproto。

（5）优化训练模型参数。对 5 个常见的神经网络训练模型进行参数优化，主要针对训练测试网络文件（train_test.prototxt）和训练测试配置文件（solver.prototxt），通过设置合理的网络参数实现训练模型优化，如迭代次数（test_iter）、基础学习率（base_lr）、批大小（batch_size）、学习策略（lr_policy）等参数。

（6）执行训练。按照优化后的模型参数进行训练测试。

卷积神经网络的训练过程是对网络的各个参数进行优化，这个过程包括前向传递和后向传播。前向传递的时候网络中的参数保持不变，根据各层节点的激励函数逐级计算得到网络的输出；然后将输出值与已知的数据标签进行比较得到两者的差值，再从最后一层网络进行误差传递来达到优化参数的目的，从而达到优化参数的目的。本文 AlexNet、LeNet、CaffeNet、GoogleNet 与 Vgg_16 五个模型的模型参数设置值见表 2。

表 2 模型参数设置值

模　型	AlexNet	LeNet	CaffeNet	GoogLeNet	Vgg_16
完成一次测试需要的迭代次数（test_iter）	320	400	1 000	100	100
测试间隔（test_interval）	1 000	1 000	1 000	100	1 000
基础学习率（base_lr）	0.001	0.000 1	0.001	0.000 1	0.000 1
最大迭代次数（max_iter	200 000	100 000	100 000	100 000	100 000
学习策略（lr_policy）	inv	inv	inv	inv	Step
学习率变化指数（gamma）	0.001	0.001	0.001	0.001	0.001
学习变化权重（power）	0.75	0.75	0.75	0.75	—
步长（stepsize）	—	—	—	—	1 000
动量（momentum）	0.9	0.9	0.9	0.9	0.9
权重衰减（weight_decay）	0.000 5	0.000 5	0.000 5	0.000 5	0.000 5

经过训练与测试，得到包含 Train loss、Test loss 和 Accuracy 三个部分的训练测试结果图，当 Train loss 和 Test loss 趋近于 0 时，Accuracy 趋近于 1 时，训练测试结果最好。如图 5 到图 9 所示为这 5 类模型的训练测试结果图，可见 AlexNet、LeNet、CaffeNet 三种模型的训练测试效果相对来说较好，可进行模型验证；GoogLeNet 模型与 Vgg_16 模型训练测试效果较差，考虑舍弃。

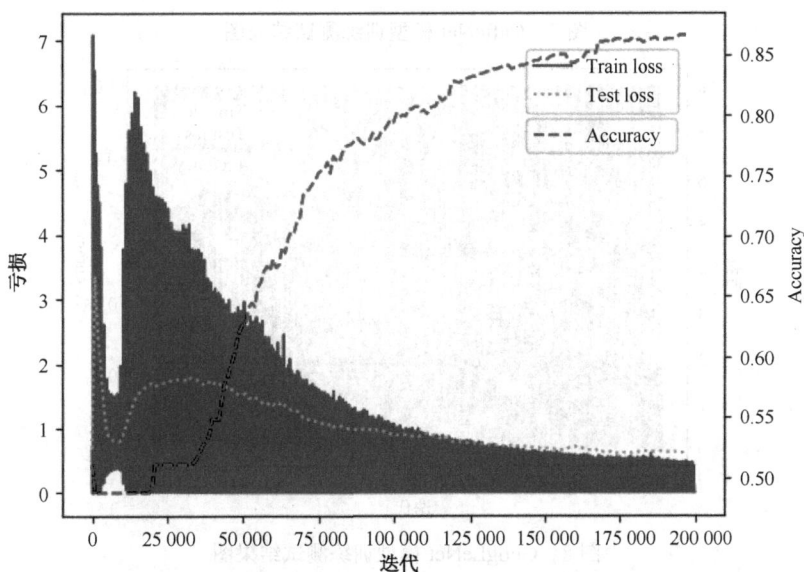

图 5 AlexNet 模型训练测试结果图

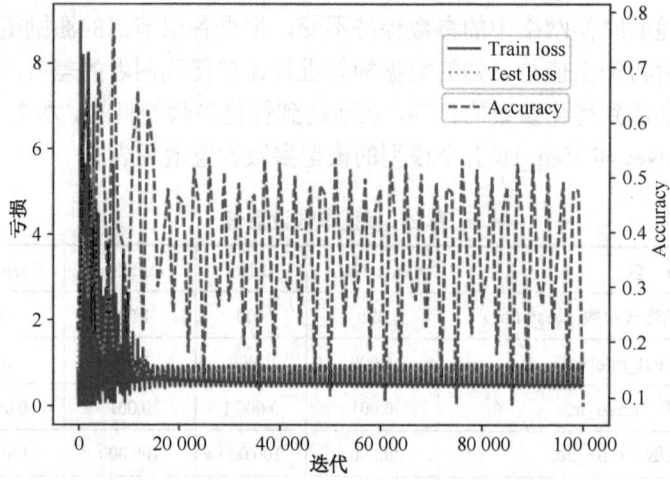

图 6　LeNet 模型训练测试结果图

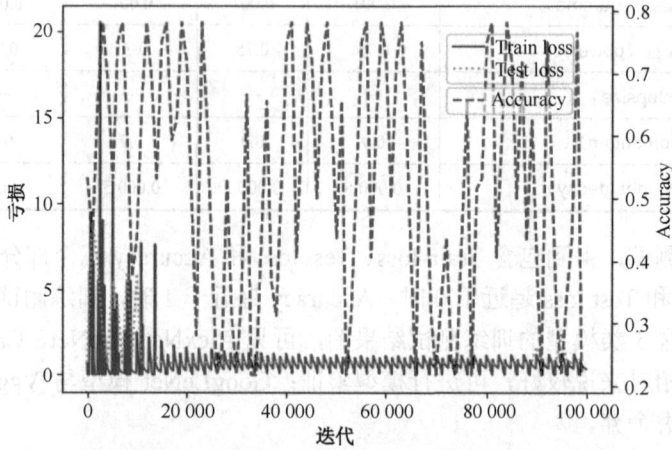

图 7　CaffeNet 模型训练测试结果图

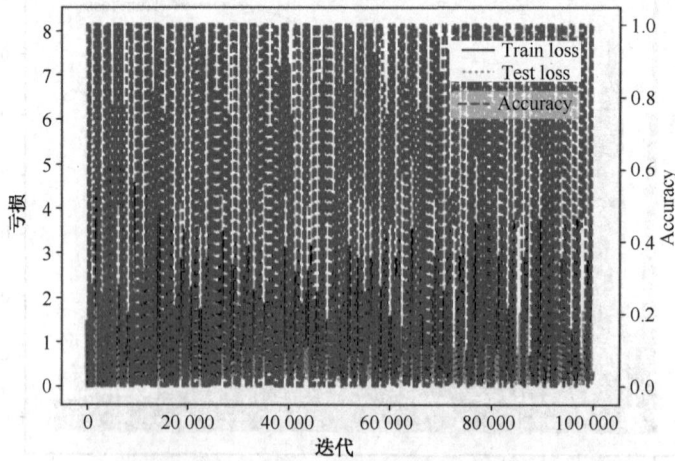

图 8　GoogLeNet 模型训练测试结果图

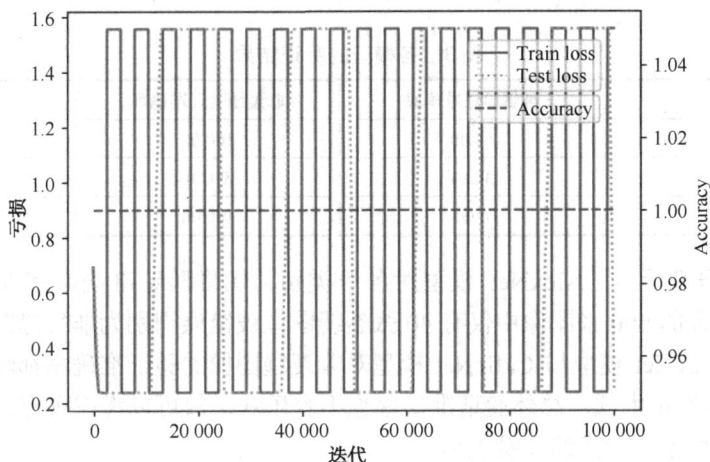

图9　Vgg_16模型训练测试结果图

5　模型验证与分析

5.1　模型验证步骤

模型验证有以下几个步骤。

（1）创建类名文件。将类名文件以 txt 格式保存，其作用是定义分类号对应的类名称，格式为"分类号：类名"，每行对应一个类。本文根据裂缝与非裂缝图像分成了两个类名文件。

（2）创建验证图像集。本文从原始数据库中随机抽取 500 张图像（前 250 张是裂缝图像，后 250 张是非裂缝图像）构成验证集。

（3）构建预测网络模型。调整预测文件（deploy.prototxt）的网络结构，与训练模型时的网络基本结构和参数保持一致，同时载入训练好的分类网络模型，通过最优训练模型的权重结合预测网络的网络结构来构建预测网络模型。

（4）图像分类。基于网络预测模型，本文编写了 classifyImage.bat 批处理文件，将预测模型路径和验证图像集路径集成在一起并采用 GPU 并行计算模式，得到了最后的图像分类结果。

5.2　模型验证分析

将验证图像集用于 AlexNet、LeNet、CaffeNet 模型进行图像验证，得到图像属于各个类别的验证概率值。各概率值的较大值所对应的类别即为图像所属类别，经统计后得到模型针对各类别图像的验证准确率。各模型的验证结果参见表3。

表 3　各模型的验证结果

模型	裂缝验证准确率	非裂缝验证准确率	平均准确率
AlexNet	84.00	100.00	92.00
LeNet	34.80	99.20	67.00
CaffeNet	0.00	100.00	50.00

从表中数据可看出，AlexNet 模型对各个类别的图像验证准确率都很高。据统计，AlexNet 模型验证的 500 张图像中仅有 40 张裂缝图像被错误识别为非裂缝图像，其余图像全部验证准确；LeNet 模型与 CaffeNet 模型对非裂缝图像的验证准确率都较高，但对裂缝图像的验证准确率都太低，总体验证准确率也不容乐观，故可以考虑舍弃。因此，只保留 AlexNet 模型，用于下一步的裂缝识别。

6　路面裂缝识别

综上所述，AlexNet 模型验证准确率最高，利用最优的 AlexNet 深度学习模型对路面图像子块进行裂缝识别，得到最终裂缝识别结果。路面原始图像参见图 10。裂缝识别结果参见图 11。可以看出，利用深度学习对路面裂缝进行自动识别方法可行。

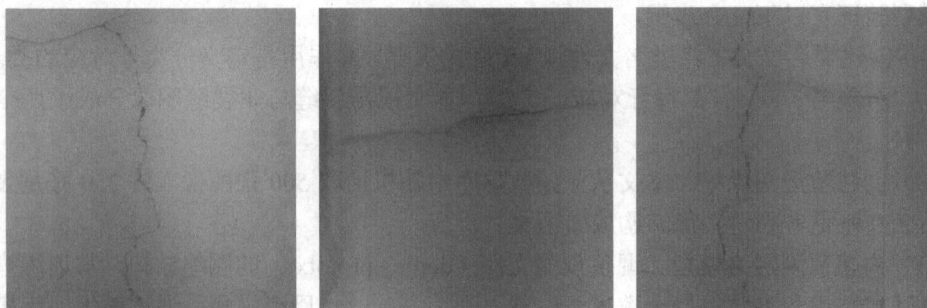

图 10　路面原始图像

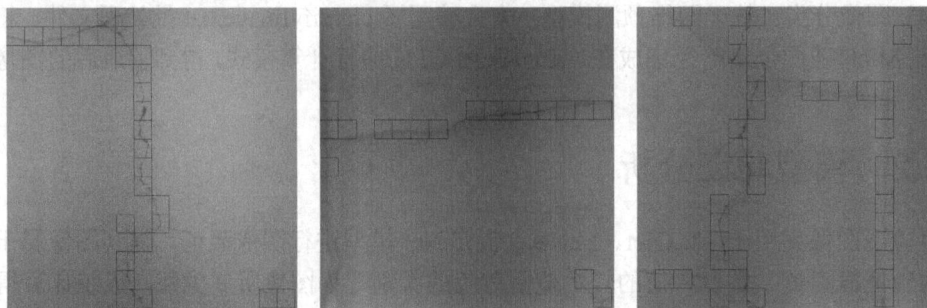

图 11　裂缝识别结果

7 结语

本文提出的基于深度学习的路面图像裂缝识别方法，包含图像降维、深度学习模型训练测试、模型验证以及路面图像裂缝识别 4 个过程。经测算，本文方法可达到较高的识别准确率与识别速度，总体上优于其他的裂缝识别方法。该方法将深度学习与路面图像结合进行裂缝识别，前期的模型训练会花一些时间，但是模型训练好并得到较高准确率后，就可以实现快速、高效、准确的识别裂缝。因此，与传统的算法相比，更利于快速有效地识别裂缝。

参考文献

[1] Jiang M H, Georges G, Deng B X, et al. A fast learning algorithm for time-delay neural networks[J]. Information Sciences, 2002, 24(3): 27-29.

[2] Wang Chaofan, Sha Aimin. Pavement Crack Classification based on Chain Code 2010 Seventh International Conference on Fuzzy Systems and Knowledge Discovery (FSKD 2010) [C]. 2010.

[3] Cheng H D, Chen Jim-Rong. Novel approach to pavement cracking detection based on fuzzy set theory[J]. ASCE, 1999, 13(4): 270-280.

[4] Haris N, Koutsopoulos Sanhouri, Allen B. Downey. Analysis of Segmentation Algorithms for Pavement Distress Images[J]. Journal of Transportation Engineer, 1993, 119(6): 391-394.

[5] Cheng H D. Automated Real-Time Pavement Distress Detection Using Fuzzy Logic and Neural Network[J]. SPIE Proceeding, 1996, 2946(13): 140-151.

[6] 李晋惠. 用图像处理的方法检测公路路面裂缝类病害[J]. 长安大学学报：自然科学版，2004，24(3): 24-29.

[7] 张娟，沙爱民，高怀钢等. 基于数字图像处理的路面裂缝自动识别与评价系统[J]. 长安大学学报：自然科学版，2004，24(4): 18-22.

[8] SUILLE P, TALBOT H. Directional Morphological Filtering[J]. IEEE Transactions on Pattern Analysis and Machine Intelligence, 2001, 23(11): 1313-1329.

[9] ROSITO JUNG C, SCHARCANSKI J. Adaptive Image Denoising and Edge Enhancement in Scale-space Using the Wavelet Transform[J]. Pattern Recognition Letters, 2003, 24(7): 965-971.

[10] 初秀民，王荣本，储江伟等. 沥青路面破损图像分割方法研究[J]. 中国公路学报，2003，16(3): 11-14.

[11] 樊海玮，张国翊，丁爱玲等. BY 改进算法及其在路面裂缝检测中的应用[J]. 长安大学

学报：自然科学版，2010，30(1): 46-53.

[12] Lecun Y, Bottou L, Bengio Y, et al. Gradient-based learning applied to document recognition[J]. Proceedings of the IEEE, 1998, 86(11): 2278-2324.

[13] Krizhevsky A, Sutskever I, Hinton G E, et al. ImageNet Classification with Deep Convolutional Neural Networks[J]. neural information processing systems, 2012, 141(5): 1097-1105.

[14] Jia Y, Shelhamer E, Donahue J, et al. Caffe: Convolutional Architecture for Fast Feature Embedding[J]. acm multimedia, 2014: 675-678.

[15] Szegedy C, Liu W, Jia Y, et al. Going deeper with convolutions[J]. computer vision and pattern recognition, 2015: 1-9.

[16] Simonyan K, Zisserman A. Very Deep Convolutional Networks for Large-Scale Image Recognition[J]. international conference on learning representations, 2015.

基于 CNN+LSTM 的城市路网动态 OD 估计方法研究

王寅朴　安成川　夏井新　陆振波

（江苏南京 东南大学 智能运输系统研究中心，南京 211189）

【摘要】利用道路交通供需关系实现精细化城市交通管理是智能交通的主要内容，其中城市路网动态 OD 估计是交通需求侧的重要支撑。各种车辆检测器的广泛布设为智能交通提供了多样的交通大数据，以高清卡口车辆检测器采集的号牌数据为代表的车辆轨迹数据可以提供车辆的行驶路径，为估计路网动态 OD 提供了数据支持。以深度学习为代表的人工智能技术为交通科学问题提供了新的解决思路。本研究将监督式学习中的 CNN 和 LSTM 两种神经网络相结合，构建兼具时空特性的动态 OD 分配模型，基于进化策略思想用训练好的分配模型快速估计动态 OD，最后对模型的交通分配性能和动态 OD 估计性能进行评估。结果表明，本文提出的方法能够快速和较为准确地估计城市路网动态 OD。

【关键词】城市路网；动态 OD 估计；监督式学习；进化策略

Research on Dynamic OD Estimation Method of Urban Road Network Based on CNN+LSTM

Wang Yinpu, An cheng chuan, Xia jin xin, Lu zhen bo

Abstract: Using the road traffic supply and demand to achieve urban traffic management meticulously is the main content of intelligent transportation, and the dynamic OD estimation of urban road network is an important support on the traffic demand side. A wide range of vehicle detectors are installed for intelligent transportation to provide a variety of traffic big data. The vehicle trajectory data from automatic license plate data collected by the HD vehicle plate detector can provide the vehicle's travel path, and support estimating road network dynamic OD. Artificial intelligence technology represented by deep learning provides new solutions to traffic science problems. In this study, CNN and LSTM, two neural networks in supervised learning, are combined to construct a dynamic OD assignment model with both temporal and spatial characteristics. Based on the evolutionary strategy, the dynamic allocation OD is quickly estimated by the trained assignment model. Finally, the model's performance of traffic assignment and dynamic OD estimation are evaluated. The results show that the proposed method can estimate the dynamic OD of urban road network quickly and accurately.

Keywords: Urban Road Network; Dynamic OD Estimation; Supervised Learning; Evolution Strategy.

1 引言

城市化进程的不断加快在提高居民生活水平的同时也导致了日益严重的交通问题。城市道路、停车场等基础设施的建设速度远低于城市汽车保有量的爆炸式增速，随之产生了日益严重的城市拥堵、环境污染以及交通安全问题。随着大数据、移动互联、人工智能等创新科技的兴起，越来越多的新兴科技在交通领域得到广泛应用，智能交通技术取得了长足的发展，城市管理部门和出行者切身感受到了智慧交通带来的便利和良好的出行体验。然而事实上城市交通问题依然严峻，智能交通技术需要进一步发展。

路网车流动态 OD（Origin-Destination，简称 OD）估计是利用道路交通供需关系实现主动交通管理的关键支撑，是交通智能管控的重要基础环节。自 20 世纪 80 年代初提出基于检测交通流量反推车流 OD 问题以来，车流 OD 估计研究经历了由简单封闭路网到当前集中关注的大规模开放式城市路网、从仅考虑固定检测流量到当前尝试整合运用车辆轨迹等新兴移动数据的发展演化过程。车流动态 OD 估计是一个复杂非线性优化问题，涉及诸多约束条件下的多目标优化建模，并常与动态交通分配过程联动求解，建模与求解复杂度较高。可以说，车流动态 OD 估计是道路交通供需平衡理论体系中一直以来的研究痛点问题，也是"十三五"《"综合交通运输与智能交通"重点专项》中交通供需平衡理论研究的重要研究内容之一。

动态 OD 估计在将近四十年的发展中诞生了许多代表性方法。其中最重要的分支解析法包括贝叶斯统计推理模型、最大似然模型、最大熵模型、最小二乘模型、双层规划模型和状态空间模型等。这些路网动态 OD 估计理论均以用户均衡为动态交通分配收敛目标，寻求建立路网 OD 与道路可观测流量（包括路段流量和交叉口转向流量）的映射关系，而真实路网车辆出行路径选择通常介于用户均衡和系统最优之间[1]，精确描述真实路网车辆出行路径选择规律的动态交通分配建模问题尚未彻底解决。此外，还有基于仿真实现路网动态 OD 估计的方法，通常会将真实路网交通状态进行简化，由此带来的估计精度损失使其仍然无法有效地支撑城市真实路网主动交通管控需要。

大数据和人工智能的发展为传统交通问题提供了新的解决思路。现代交通信息采集设备的发展为智能交通提供了坚实的数据支撑，以高清卡口车辆检测器采集到的号牌数据和微波车辆检测器采集到的微波数据为代表，这让交通工程师对道路交通流的态势有了更精准的把握。在交通大数据背景下，以人工智能为代表的新兴技术大大提升了智能交通管理效率，引领了交通管理的发展，将智能交通提升到一个新的发展水平。将新技术与智能交通管理应用相结合，基于交通管理需求，提出智能型应用，创新交通管理发展，是交通强国的智能交通发展战略对交通人提出的创新性新要求。

在此背景下，本文提出一套基于监督式学习的城市路网动态 OD 快速估计方法。以号牌数据为主要数据源，辅以微波数据，构建基于监督式学习的城市路网动态 OD 快速估计方法。本文是利用新兴人工智能技术解决传统交通难题的一次有益尝试。

2 文献综述

车流动态 OD 估计研究始于 20 世纪 80 年代初。尽管在表达形式和求解思路上有所差异，既有方法在本质上均是针对同一双层估计问题进行建模与求解[2]，其中上层是针对动态 OD 估计问题进行建模与求解，下层是针对动态交通分配问题进行建模与求解，二者相互依赖，互为因果。上层动态 OD 估计问题主要有两种建模思路：一是通过构建统计优化函数将 OD 估计问题转换为多约束条件下的目标优化求解问题；二是将 OD 估计问题转化为状态空间方程的建模求解问题。下层动态交通分配问题主要有三种建模思路：一是在建模过程中不考虑动态交通分配；二是以用户均衡为模型收敛目标，通过多轮迭代求解实现显式动态交通分配，这也是当前研究的主流思路；第三类思路认为真实路网状态并非收敛至用户均衡，因此其重心是如何建模捕捉动态交通分配关系。

基于非动态交通分配的动态 OD 估计研究主要面向独立交叉口、道路走廊及简单封闭路网。Cremer 和 Keller[3]研究了独立交叉口动态 OD 估计问题，通过分析进口道与出口道之间流量的线性关系，构建了普通最小二乘、约束最小二乘、简单递归及卡尔曼滤波四类估计模型。Chang 和 Wu[4]构建了适用于高速公路走廊动态 OD 在线估计的状态空间模型。此外，一些学者研究了基于移动数据扩样的动态 OD 估计方法，避免了显式的动态交通分配建模。北京交通大学董敬欣和吴建平[5]基于浮动车样本估计路网动态 OD，建立了浮动车与运营车比例随着 OD 对改变的估算模型。

面向简单路网的动态 OD 估计方法虽然不需要复杂的动态交通分配建模，但需已知进口和出口流量信息，对于复杂开放路网适用性较差。Willumsen[6]首次从理论层面分析了面向开放路网的动态 OD 估计问题，构建了基于最大熵理论的动态 OD 估计模型；Ashok 和 Ben-Akiva[7]比较了基于状态空间模型的动态 OD 估计方法，指出状态空间模型在不显著降低估计精度前提下具备较好的执行效率。这些研究在建模过程中均未考虑路网中普遍存在的拥挤效应。鉴于此，北京交通大学安梅和高自友等[8]探究了拥挤网络 OD 估计中的双层规划模型，提出了逐步更新比例矩阵的求解思路。

上述面向复杂开放路网的动态 OD 估计方法以数学解析方式求解动态交通分配问题，具有较好的理论可解释性，然而复杂的求解过程给实际应用带来了较大挑战。鉴于此，部分学者尝试运用交通仿真来实现动态交通分配，相关仿真工具包括 KLMTS、DYNASMART-P、TSM、TRANSIMS、Mezzo、S-Paramics 等。相较于数学解析法，交通仿真法的优点在于分配速度相对较快，且能有效集成交通控制等管控措施，然而由于诸多先验假设和简化规则，其经常与实际脱节。鉴于此，一些学者通过在上层目标优化函数中嵌入路径流量约束信息，将双层规划问题转化为用户均衡分配条件下的单层非线性优化问题。出于同样考虑，Lorenzo 和 Matteo[9]在假设 OD 矩阵分布已知情形下，构建了以路段流量为输入、OD 矩阵为输出的浅层神经网络模型来捕捉动态交通分配关系。

考虑交通管控实时性特点，研究人员在车流动态 OD 在线估计方面亦展开了深入的探索。中山大学的何兆成和余志[10]通过分析 OD 流量与交叉口转向流量间的动态映射关系，建立了兼顾路段断面流量和路口转向流量的状态空间模型。清华大学的焦朋朋和陆化普[11]以观测值与 OD 估计偏差绝对值之和最小为优化目标，设计遗传算法求解路口转向流量，构建了基于卡尔曼滤波的路网动态 OD 估计模型。Zhou 和 Mahmassani[12]将动态 OD 矩阵分解为常规模式、结构化偏差及随机波动信息，提出了面向结构化状态空间的动态 OD 在线估计框架。

围绕交通需求时空演变规律，国内外学者也取得了一些研究成果。韦伟[13]探索了不同交通状态在时空上的分布和演化特性，考虑交通流时空非平稳性，提出一种拥堵传播时空演化规律分析方法。部分学者还从交通需求的不确定性角度开展了相关研究工作。Shao 等[14]通过日变小时交通量的一阶和二阶统计指标捕捉交通需求波动性，提出了高峰期 OD 矩阵均值和方差的估计方法。Jones 等[15]基于检测和调查数据构建交通需求不确定性模型，对交通网络进行评价。

综上，车流 OD 估计研究经历了由简单封闭路网到开放式城市路网、从仅考虑固定检测流量数据到尝试整合运用车辆轨迹等移动数据的发展演化过程。既有研究在动态交通分配精确建模、OD 在线估计模型快速寻优求解等层面仍然存在不足，致使在此基础之上构建的面向城市路网的主动交通管理与控制距离实际应用还有一定的距离。近年来，以深度学习为代表的人工智能技术得到了广泛的重视和蓬勃发展，本研究以此为契机，基于其中的监督式学习方法对城市路网动态 OD 估计开展研究。

3 基于 CNN+LSTM 的城市路网动态 OD 估计

动态 OD 是对城市道路网络动态交通需求的直接量化表现形式，当前主要通过捕捉道路交通流检测设备采集的多时段交通流信息与动态 OD 的非线性关系对路网多时段交通需求进行动态估计。CNN 和 RNN 都是深度学习的代表性算法，其中，CNN 常被用来处理空间数据，特别是图像数据，RNN 的变种 LSTM 神经网络常被用来处理时间序列数据。路网 OD 具有与图像数据类似的空间特性，在路网中存在的滞留现象使路网 OD 分配过程具有时间特性，即当前时段的路网交通流与前几个时段的路网 OD 均相关，用 CNN 和 LSTM 神经网络组合的方式可以同时发挥二者的优势，使捕捉到的路网动态 OD 的分配模型更加精确。进化策略是一种基于进化理论来进行最优解搜索的方法，本节选用该方法基于训练好的分配模型快速求得动态 OD 估计结果。

3.1　CNN+LSTM 的输入输出形式

本节用 CNN+LSTM 模型来捕捉路网 OD 与路网交通流的非线性映射关系，因此分配模型的输入数据和输出数据分别为路网多时段 OD 和路网交通流。CNN+LSTM 模型输入输出形式示意图如图 1 所示。

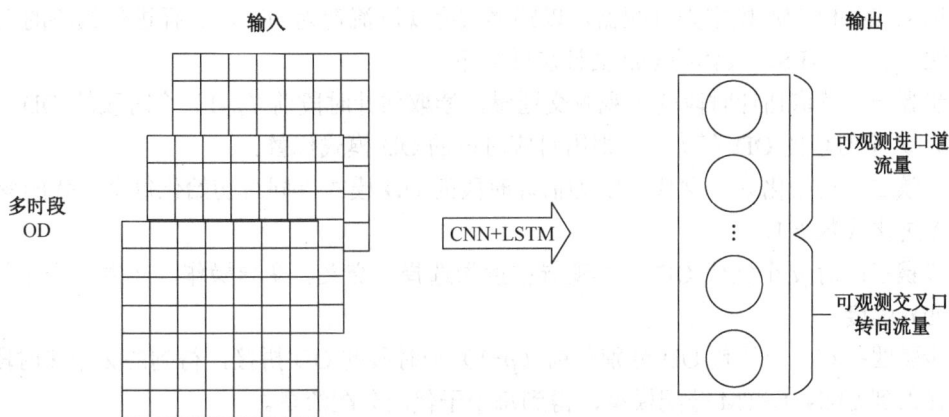

图 1　CNN+LSTM 模型输入输出形式示意图

3.2　算法框架

本文 CNN+LSTM 神经网络的开源机器学习平台 TensorFlow 上搭建框架，以本文所用实例路网为研究对象，基于 CNN+LSTM 的动态 OD 分配模型框架如图 2 所示。本文构建的 CNN+LSTM 神经网络模型框架包括了输入层、卷积层、池化层、隐藏层、全连接层和输出层。输入层的输入数据为包括当前时段的最近三个时段的交通小区 OD；分别对三个时段的交通小区 OD 进行卷积、池化操作，本章的模型包括了三层卷积层和三层池化层，二者交替存在；将三个时段的交通小区 OD 处理后得到的数据矩阵做扁平化（flatten）处理；按照顺序将三个扁平化层输入 LSTM 神经网络的隐藏层，本章模型的隐藏层层数设置为 100 层；隐藏层的计算结果输出到全连接层；全连接层与输出层相连，输出层包括可观测进口道流量和可观测交叉口转向流量。

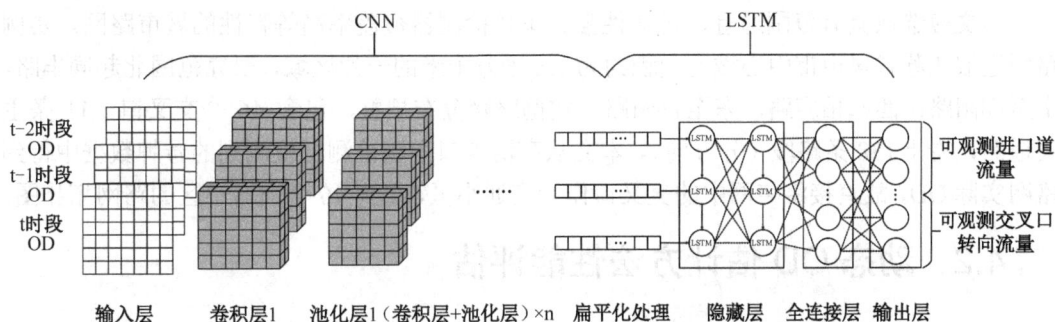

图 2　基于 CNN+LSTM 的动态 OD 分配模型框架

3.3　基于进化策略的动态 OD 估计

本节在训练好的 CNN+LSTM 分配模型的基础上，提出了基于进化策略的城市路网动态 OD 估计方法。首先，基于历史 OD 数据提取交通小区的 OD 波动特性和 OD 模式，然后以路网 OD 波动范围和 OD 模式为参考，基于进化策略快速搜索到满足约束条件的解。

以 CNN+LSTM 模型为分配器，以路网实际观测流量为约束，选择进化策略的主流选择方法（μ, λ）-ES，具体的 OD 估计步骤如下。

步骤一：读取估计时段的可观测交通量，读取估计时段前（p-1）个时段的 OD，如果前（p-1）个时段的 OD 有缺失，则用对应时段的 OD 模式代替。

步骤二：初始化 μ 个父代 OD 为估计时段的 OD 模式，同时初始化每个父代的变异强度，令进化代数 i=1。

步骤三：对 μ 个父代 OD 及其变异强度做选择、交叉、变异操作，产生 λ 个子代 OD 及其变异强度。

步骤四：将 λ 个子代 OD 分别与前（p-1）个时段的 OD 拼接，得到的 λ 个多时段 OD 样本输入到 CNN+LSTM 分配模型，得到每个子代的分配流量。

步骤五：对于每个子代，根据可观测交通量实际值和分配流量，计算相应的均方误差。

步骤六：判断 i 是否小于进化总代数 N，若小于，进入步骤七，否则，将均方误差最小的子代 OD 作为 OD 估计结果输出，算法结束。

步骤七：在子代中选择均方误差最小的 μ 个样本作为新的父代，i=i+1，进入步骤三。

4　实例分析——以昆山市中心城区一片区域为例

4.1　实例路网描述

本文应选取具有范围适宜、可达性强、车辆检测器覆盖率高等特性的城市路网。实例路网选取江苏省昆山市中心城区面积约为 7.8 平方千米的一片区域，研究范围北起同丰路，南至朝阳路，西起柏庐路，东至青阳路。实例路网分布规整，包含 46 个交叉口，11 条主要道路，共计 138 条路段（分方向）。本文从高清卡口车辆检测器检测到的号牌数据中得到路网实际 OD，故直接将路网中的交叉口作为交通小区，得到 46 个交通小区的路网拓扑图。

4.2　动态 OD 估计方法性能评估

选取 105 天的号牌数据做训练集，训练 CNN+LSTM 分配模型，1 天的号牌数据评估分配模型性能，1 天的号牌数据评估动态 OD 估计性能。考虑城市路网 OD 和道路可观测交通流在不同时段的分配机制会有明显差异，本文在训练阶段将训练集分为三个时段，分别为早高峰（7:00～10:00）、午间平峰（10:00～17:00）、晚高峰（17:00～20:00），对三个时段的训练集分别训练，再用对应时段的测试集去分别评估模型性能。

4.3　交通分配性能评估

表 1 为交通分配性能评估 GEH 值统计表。总体上看，84.0%的可观测进口道和可观测交叉口转向的 GEH 值小于 5，接近于标准 85%，可以认为 CNN+LSTM 神经网络分配模型的有较高的准确性。具体来看，午间平峰时段有超过 85%的 GEH 指标小于 5，可以认为该时段的道路流量分配的准确性好；晚高峰时段 GEH 指标小于 5 的比例小于 85%但也大于80%，模型的分配性能在可接受范围内，午间平峰时段、晚高峰时段的分配模型表现显著优于早高峰时段。本文认为，与午间平峰时段相比，早晚高峰特别是早高峰，交通流的波动性更强，更易发生交通拥堵和车辆排队现象，交通流的不确定性更高，造成交通小区 OD和道路可观测交通流的映射关系的规律性减弱。此外，早、午、晚三个时段均有 5%左右的GEH 指标大于 10，本文认为可能与本文所用路网 OD 和道路可观测交通流不是全样本数据有关。

表 1　交通分配性能评估 GEH 值统计表

GEH 值	早高峰 7:00～10:00	午间平峰 10:00～17:00	晚高峰 17:00～20:00	总体
GEH≤5	75.2%	88.5%	82.1%	84.0%
5< GEH≤10	18.8%	7.8%	12.5%	11.4%
GEH > 10	6.0%	3.7%	5.5%	4.6%

4.4　动态 OD 估计性能评估

路网的 OD 矩阵是一个典型的稀疏矩阵，其中 OD 值大的小区点对对路网的交通状况影响更大，也更易对路段可观测流量产生影响，因此本节选取流量较大的 10 组 OD 点对，比对实际值和估计值的偏差程度，采用 MAPE（%）作为指标评估 OD 估计模型的准确性。此外，将本文所用估计方法与卡尔曼滤波（Kalman Filter，简称 KF）模型进行对比分析，动态 OD 估计性能评估 MAPE 值（%）统计表参见表 2。采用本文所用的监督式学习 OD估计方法，10 组 OD 点对在总体水平上，大部分 OD 点对的 MAPE 值小于 20%，所有 OD点对的 MAPE 值均小于 30%，估计误差在可接受范围内。本文所用方法的估计准确性略优于卡尔曼滤波模型，且省去了构建复杂映射方程的过程。针对某些 OD 点对在部分时段存在 MAPE 较大的情况，本文认为可能是研究路网道路可观测流量的数目远远少于 OD 点对的数目造成的，考虑在未来研究中引入其他数据源，增加可观测流量作为约束，进一步提高 CNN+LSTM 估计动态 OD 的精确性。此外，动态 OD 估计过程在 Python 语言的 Spyder开发环境上实现，计算机 CPU 为 Intel Core i5-7500，主频为 3.4GHz，实现所有时段的动态OD 估计的平均时间为 6 分 24 秒，满足动态 OD 估计快速性的要求。

表2　动态 OD 估计性能评估 MAPE 值统计表/%

OD 点对	早高峰 7:00～10:00	午间平峰 10:00～17:00	晚高峰 17:00～20:00	总体	KF
10-1	28.52	2.50	16.42	11.72	24.06
42-41	20.28	18.31	14.81	17.96	24.48
1-41	24.62	5.56	31.34	15.91	18.52
18-12	16.38	17.39	6.41	14.62	7.58
25-18	22.06	21.62	23.21	22.09	16.26
17-18	17.47	27.03	25.64	24.50	25.73
18-25	18.23	14.81	16.28	15.94	22.81
44-45	36.21	18.18	22.50	23.34	17.04
5-44	9.46	9.43	21.74	12.28	19.28
46-45	19.50	16.67	2.02	13.94	13.85

5　结语

城市交通网络具有复杂性特征，且网络规模越大，这种特性将越明显。本文针对现有动态交通分配模型难以精确描述真实路网车辆出行路径选择规律、动态 OD 估计模型调优求解费事费力的现状，提出一种利用深度学习中的监督式学习进行城市路网动态 OD 估计的新方法，对智能交通系统的实际应用有一定的参考和指导意义。

参考文献

[1] Çolak, Serdar, Lima A , González, Marta C. Understanding congested travel in urban areas[J]. Nature Communications, 2016, 7:10793.

[2] 赵慧. 动态 OD 估计方法研究综述[J]. 交通运输研究，2011(22):128-133.

[3] Cremer M, Keller H. A new class of dynamic methods for the identification of origin-destination flows[J]. Transportation Research, Part B (Methodological), 1987, 21(2):117-132.

[4] Chang G, Wu J. Recursive estimation of time-varying origin-destination flows from traffic counts in freeway corridors[J]. Transportation Research Part B, 1994, 28B(2): 141-160.

[5] 董敬欣，吴建平. 使用浮动车检测 OD 矩阵的算法及可靠性分析[J]. 北京交通大学学报，2005，29(3):73-76.

[6] Willumsen L. Estimating time-dependent trip matrices from traffic counts[C]. Proceedings of the 9th International Symposium on Transportation and Traffic Theory, 1984,

Netherlands, Delft University.

[7] Ashok K, Ben-Akiva M. Alternative approaches for real-time estimation and prediction of time-dependent origin-destination flows[J]. Transportation Science, 2000, 34(1): 21-36.

[8] 安梅，高自友，杨璐. 求解 O-D 需求估计双层规划模型的新算法[J]. 清华大学学报（自然科学版），2000，40(11): 15-18.

[9] Lorenzo M, Matteo M. OD matrices network estimation from link counts by neural networks[J].Journal of Transportation Systems Engineering and Information Technology, 2013, 13(4): 84-93.

[10] 何兆成，余志. 城市道路网络动态 OD 估计模型[J]. 交通运输工程学报，2005, 5(2): 94-98.

[11] 焦朋朋，陆化普. 全路网改进动态 O-D 反推模型[J]. 清华大学学报（自然科学版），2006，46(9):1505-1509.

[12] Zhou X, Mahmassani H. A structural state space model for real-time traffic origin–destination demand estimation and prediction in a day-to-day learning framework[J]. Transportation Research Part B:Methodological, 2007, 41(8): 823-840.

[13] 韦伟. 基于实测数据的道路交通状态特征及拥堵传播规律分析方法[D]. 北京交通大学，2017.

[14] Shao H, Lam W. Estimation of mean and covariance of peak hour origin-destination demands from day-to-day traffic counts[J]. Transportation Research Part B: Methodological, 2014, 68: 52-75.

[15] Jones L, Gartner N. Modeling origin-destination uncertainty using network sensor and survey data and new approaches to robust control [J]. Transportation Research Part C: Emerging Technologies, 2017, 23:887-900.

面向城市路网级联失效的限流防控模型研究

邢茹茹 [1,2]　蔡晓禹 [1,2]

（1. 重庆交通大学交通运输学院，重庆 400074；
2. 山地城市交通系统与安全重庆市重点实验室，重庆 400074）

【摘要】为实现路网失效前防御、失效后控制的目的，本文从限流的角度，提出一种面向城市路网的级联失效主动防控模型。该模型通过设置失效响应启动点、限流策略，根据失效情况设置不同限流模式。以路段为例，运用实际路网数据搭建仿真环境，结果表明该模型能够达到预期效果。

【关键词】复杂网络；级联失效；限流；防控

Research on Prevention and Control Model for Urban Traffic Network Cascading Failure

Xing Ruru[1,2], Cai Xiaoyu[1,2]

（1. School of Traffic & Transportation, Chongqing Jiaotong University, Chongqing 400074, China;
2. Chongqing Key Lab of Traffic System & Safety in Mountain Cities, Chongqing 400074, China）

Abstract: In order to realize the defense before road network failure and the purpose of post-failure control, this paper proposes a cascade failure active prevention and control model for urban road network from the perspective of current limiting. The model sets the failure response start point, the current limiting policy, and sets

---

通信作者：蔡晓禹（1979-），博士，教授。研究方向：交通网络特征与控制方法。E-mail: caixiaoyu@cqjtu.edu.cn。
基金项目：基于多源大数据的交叉口智能信号控制技术研究（SW-2018-Z015），国家自然基金青年科学基金项目（61703064），重庆市高校优秀人才支持计划项目，重庆市技术创新与应用示范专项社会民生类重点研发项目（cstc2018jscx-mszdX0085）。

different current limiting modes according to the failure condition. Taking the road section as an example, using the actual road network data to build the simulation environment, the results show that the model can achieve the expected results.

Keywords: Complex network; Cascading failure; Limit flow; Prevention and control.

1 引言

交通拥堵问题，早已成为制约各个城市发展的"交通通病"。而随着技术的升级、数据量的增加，各类交通管控措施治理交通拥堵的效果已有很大提升，但这些措施主要针对拥堵后的交通流疏导、控制。此外，城市交通拥堵的发生、演变不仅受交通流运行方面的影响，也因路网基础拓扑结构造成。那么，如何结合网络拓扑结构和动力学模型两个层面实现拥堵发生前的预防和拥堵发生后的控制，则是本文的研究重点。

20 世纪 60 年代，随着 Erdös 等[1]提出的 ER 随机图模型，复杂网络理论的研究拉开了序幕。1998 年 Watts 等[2]指出网络具有小世界网络特性。1999 年 Barabási 等[3]提出随机网络一系列概念，推动了复杂网络研究的热潮。复杂网络理论以图论为基础，分析网络特殊现象下的潜在机理。因此，本文借助复杂网络理论，将治理城市交通拥堵问题转化为路网级联失效防控方面的研究，进而达到从网络拓扑结构和动力学模型相结合地研究城市交通拥堵问题。

分析现有研究成果，多以电力网络作为基础研究网络，其中关于级联失效方面的研究也主要围绕电力网络展开。关于级联失效控制方法方面，多以节点修复为主。例如，Motter 等[4]在网络遭遇攻击后，通过删除部分节点（边）实现控制网络级联失效的蔓延。Zhao 等[5]同样给出了无标度网络发生失效时的最优节点（边）删除策略。不同于删除节点（边）控制策略，Hayashi 等[6]提出以增加边的方式控制网络级联失效。而在城市路网级联失效控制方面的研究很少。Dobson 等[7]通过导航策略来控制运输网络的失效。李秀美等[8]提出了在不确定信息环境下的模糊最短路径关键边的有效算法以实现关键链路优化的目的。何湘锋[9]通过明确关键路段的影响范围，给出了关键路段优化方法用于控制失效的蔓延。由于目前城市路网级联失效控制方面的研究甚少，本文的研究成果能够为城市级联失效理论提供基础性研究支持。

2 城市路网失效防控限流模型

当城市路网面临外界攻击时，路网内负载剧增。当负载达到路段最大承载能力时，路段发生失效。若该路段的失效蔓延进而诱发其他路段、节点的失效所引发的路网级联失效，对路网运行功能造成极大的影响。因此，如何建立路网失效防控模型、提前预知路网级联失效并做到失效前预防、失效后控制，是本部分的研究重点。那么，以路网失效为例，建立面向城市路网级联失效的限流防控模型，从路段失效前、失效后两个阶段阐明如何防御和控制路网级联失效。

2.1　失效防控限流模型参数

假使城市路网 $G = (\mathcal{V}, \mathcal{K})$ 中包含 N 个交叉口、M 条路段，则路网 $G = (\mathcal{V}, \mathcal{K})$ 对应的邻接矩阵 $A = \{a_{ij}\}_{N \times M}$，其中当节点 i 与节点 j 相连时，$a_{ij} = 1$，否则 $a_{ij} = 0$。

2.1.1　失效响应启动点

当城市路网面临外界攻击（诱发某路段失效）时，该失效路段主要经历三个阶段：①正常状态，即路段交通状态畅通；②过渡状态，即路段上的交通流量 q_{ij}（负载 l_{ij}）超过道路通行能力 c_{ij}，交通状态相变至拥堵状态；③失效状态，即路段上的交通流量 q_{ij}（负载 l_{ij}）超过其最大承载能力 $C_{ij}^{\max}$，交通运输能力暂时丧失。

根据路网运行特性，将路段 e_{ij} 在过渡状态下对应路段的道路通行能力 c_{ij} 定义为启动路段 e_{ij} 失效的主动防御响应阈值 C_{ij}^{1*}，即

$$C_{ij}^{1*} = c_{ij} \tag{1}$$

$$l_{ij}(t) \geqslant C_{ij}^{1*} = c_{ij} \tag{2}$$

只有当满足公式（2）时，路段 e_{ij} 方可开启失效主动防御。

在城市路网运行过程中，满足公式（2）中的路段均处于过渡状态，即达到路段 e_{ij} 通行能力 c_{ij}，但未达到失效阈值 $C_{ij}^{\max}$，负载仍能在路段 e_{ij} 上运行，效率相对降低，如果把这个时间段设置为失效响应启动点，就能尽可能地在路段 e_{ij} 负载还未达到失效时缓解负载压力，推迟路段 e_{ij} 失效并降低路段 e_{ij} 在未来失效的概率。

然而，在未及时监测出路段 e_{ij} 达到防御响应而路段 e_{ij} 已发生失效时，需要对其实施失效控制，即当路段负载满足公式（3），路段 e_{ij} 开启失效主动控制。

$$l_{ij}(t) \geqslant C_{ij}^{2*} = C_{ij}^{\max} = 1.15 c_{ij} \tag{3}$$

2.1.2　失效防控限流总量

面向城市路网的失效防控限流模型的本质是在路段 e_{ij} 上的负载达到失效响应启动点时，失效防控得以响应，通过对路段 e_{ij} 上的负载限流，将其多余负载分配到其他路段，以期达到推延路段 e_{ij} 失效的速率或控制失效蔓延速率的目的，从而恢复路段 e_{ij} 上负载的畅通传送。

假设城市路网在 t 时刻下路段 e_{ij} 遭遇外界攻击，此时路段 e_{ij} 上的负载为 $l_{ij}(t)$。那么，依据路段 e_{ij} 上的负载 $l_{ij}(t)$ 与其失效防御响应阈值 C_{ij}^{1*}、失效控制响应阈值 C_{ij}^{2*} 的关系，失效防控限流总量 τ 分配到路段 e_{ij} 上的失效限流 τ_{ij} 存在以下三种情况。

（1）路段 e_{ij} 上的负载 $l_{ij}(t)$ 低于其失效防御响应阈值 C_{ij}^{1*}（即 $l_{ij}(t) < C_{ij}^{1*}$）：此时路段 e_{ij} 处

于正常状态，不需要失效防御限流分配。

（2）路段 e_{ij} 上的负载 $l_{ij}(t)$ 高于其失效防御响应阈值 C_{ij}^{1*}，低于其失效控制响应阈值 C_{ij}^{2*}（即 $C_{ij}^{1*} \leqslant l_{ij}(t) < C_{ij}^{2*}$）：此时路段 e_{ij} 处于过渡状态，路段 e_{ij} 上的负载 $l_{ij}(t)$ 超过失效防御响应阈值 C_{ij}^{1*}，限流总量 τ 则为路段 e_{ij} 上的负载 $l_{ij}(t)$ 与其通行能力 c_{ij} 之间的差值。

（3）路段 e_{ij} 上的负载 $l_{ij}(t)$ 高于失效控制响应阈值 C_{ij}^{2*}（即 $l_{ij}(t) \geqslant C_{ij}^{2*}$）：此时路段 e_{ij} 处于拥挤状态，功能失效，路段 e_{ij} 上的负载 $l_{ij}(t)$ 超过失效控制响应阈值 C_{ij}^{2*}，限流总量 τ 则为路段 e_{ij} 上的负载 $l_{ij}(t)$ 与其 1.15 倍通行能力 c_{ij} 之间的差值。

$$\tau = \begin{cases} 0, & 若 l_{ij}(t) < C_{ij}^{1*} \\ l_{ij}(t) - c_{ij}, & 若 C_{ij}^{1*} \leqslant l_{ij}(t) < C_{ij}^{2*} \\ l_{ij}(t) - 1.15c_{ij}, & 若 l_{ij}(t) \geqslant C_{ij}^{2*} \end{cases} \quad (4)$$

公式（4）说明失效防控限流总量 τ 是分配到路段 e_{ij} 上直接与路段 e_{ij} 的负载 $l_{ij}(t)$ 相加减的函数参量。因而限流总量 τ 是一个与路段 e_{ij} 的负载 $l_{ij}(t)$ 同量纲，即等同于交通流量 q_{ij} 的参量。

$$\tau_{ij} = \mu_{ij}\tau \quad (5)$$

其中，τ 表示路网投入的失效防控限流总量；μ_{ij} 表示路段 e_{ij} 上限流的分配系数。

依据公式（5）可知，路段 e_{ij} 上的限流分配系数 μ_{ij} 越大，对应其分配到的失效防控限流 τ_{ij} 越多。相反，若投入到路网内的失效防控限流总量 τ 越大，那么在限流分配系数 μ_{ij} 保持不变的情况下，路段 e_{ij} 分配到的失效防控限流 τ_{ij} 仍旧越多。如果路段 e_{ij} 上分配的失效防控限流 τ_{ij} 越大，那么路段 e_{ij} 更易恢复至正常状态。在实际限流总量分配过程中，路段 e_{ij} 分配到的失效防控限流 τ_{ij} 往往由分配策略决定，即公式（5）中的分配系数 μ_{ij} 的取值是由限流分配策略确定的。

2.2 失效防控限流分配策略

依据 2.1.2 节提到的三种失效限流总量 τ 取值情况，在失效防控限流分配后，失效响应路段 e_{ij} 上的负载 $l_{ij}'(t)$ 为：

$$l_{ij}'(t) = \begin{cases} l_{ij}(t), & 若 l_{ij}(t) < C_{ij}^{1*} \\ l_{ij}(t) - \mu_{ij}\tau, & 若 l_{ij}(t) \geqslant C_{ij}^{1*} \end{cases} \quad (6)$$

其中，$l_{ij}(t)$ 表示路段 e_{ij} 上分配前的负载；C_{ij}^{1*} 表示路段 e_{ij} 上的失效防御响应阈值；τ 表示路段 e_{ij} 失效后的响应防御限流总量。

城市路网中，交叉口（或路段）规模较大、车流量本文采用介数与负载两种属性作为衡量城市路网内组件的影响力，并对应两种不同失效防控限流分配策略，同时加以均匀分配的策略进行对比。以网络攻击路网内路段为例，具体失效防控限流分配策略如下：

均匀分配：防控限流平均分配到路网内所有路段，则分配系数 $\mu_{ij} = \dfrac{1}{N}$。

介数分配：将路网内所有路段按照其介数大小由高到低依次分配防控限流，则分配系数为

$$\mu_{ij} = \sum_{l \neq m; \{l,m\} \neq \{i,j\}} \frac{N_{lm}(e_{ij})}{N_{lm}} \qquad (7)$$

其中 N_{lm} 表示节点 l 和节点 m 之间最短路径的边数；$N_{lm}(e_{ij})$ 表示节点 l 和节点 m 之间最短路径经过路段 e_{ij} 的边数。

路阻分配（即负载分配）：依据路段上交通阻抗大小，按照由高到低的顺序依次将失效防控限流分配到失效路段下游的各个路段上，则

$$\mu_{ij} = \frac{\hat{t}_{ij}}{L_{ij}} = \frac{1}{L_{ij}} t_{ij}^0 \left(1 + \alpha \left(\frac{q_{ij}}{c_{ij}} \right)^{\beta} \right) \qquad (8)$$

其中，$\hat{t}_{ij}$ 表示路段 e_{ij} 上 BPR 函数的取值；t_{ij}^0 表示路段 e_{ij} 上交通流在自由流状态下的行程时间；L_{ij} 表示路段 e_{ij} 上的长度；q_{ij} 表示路段 e_{ij} 上的流量；c_{ij} 表示路段 e_{ij} 上的设计通行能力；α 和 β 表示函数系数。

采用路段交通阻抗而非路段负载作为一种分配方式的原因在于：首先，路网中道路等级不同，对应最大负载能力不同，所以必须移除道路能力对道路负载的影响；其次，路段的长度也影响着路段负载，同样需要排除此因素。因而选用单位长度下的交通阻抗作为限流分配的策略依据之一。

根据公式（6），防控限流主要针对以下两种情形分配，即路段处于过渡状态和失效状态。上述提到的三种失效防控限流分配策略主要包括两种情况：①过渡状态下的路段 e_{ij} 分配防控限流；②失效状态下的路段 e_{ij} 分配防控限流。因而，基于城市路网的具体失效防控限流分配策略如下。

失效防控限流分配策略 1（S1）：过渡状态下的路段 e_{ij} 均匀分配防御限流。

失效防控限流分配策略 2（S2）：过渡状态下的路段 e_{ij} 介数分配防御限流。

失效防控限流分配策略 3（S3）：过渡状态下的路段 e_{ij} 路阻分配防御限流。

失效防控限流分配策略 4（S4）：失效状态下的路段 e_{ij} 均匀分配控制限流。

失效防控限流分配策略 5（S5）：失效状态下的路段 e_{ij} 介数分配控制限流。

失效防控限流分配策略 6（S6）：失效状态下的路段 e_{ij} 路阻分配控制限流。

失效防控限流分配策略 7（S7）：不分配防控限流。

以上资源分配策略 1～6 是从城市路网网络拓扑结构和失效情况两个角度提出的失效防控限流分配策略，将资源分配策略 7 作为数值模拟中的对比策略。此外，本文之所以将过渡状态下的限流分配措施与失效状态下的限流分配措施进行对比，旨在考虑现实交通管控资源有限的情况下，针对路网的限流分配措施需要考虑分配顺序时，必须将资源发挥到最大限度，即首先保护对路网影响较大的路段，因而需要从过渡状态下的路段和失效状态下的路段中选取首先保护的对象。

2.3　失效防控限流分配流程

在介绍了失效防御响应阈值 C_{ij}^{1*} 和控制响应阈值 C_{ij}^{2*}、失效防控限流总量 τ 等模型参数的定义以及失效限流分配策略后，城市路网失效防控限流模型流程图如图 1 所示。

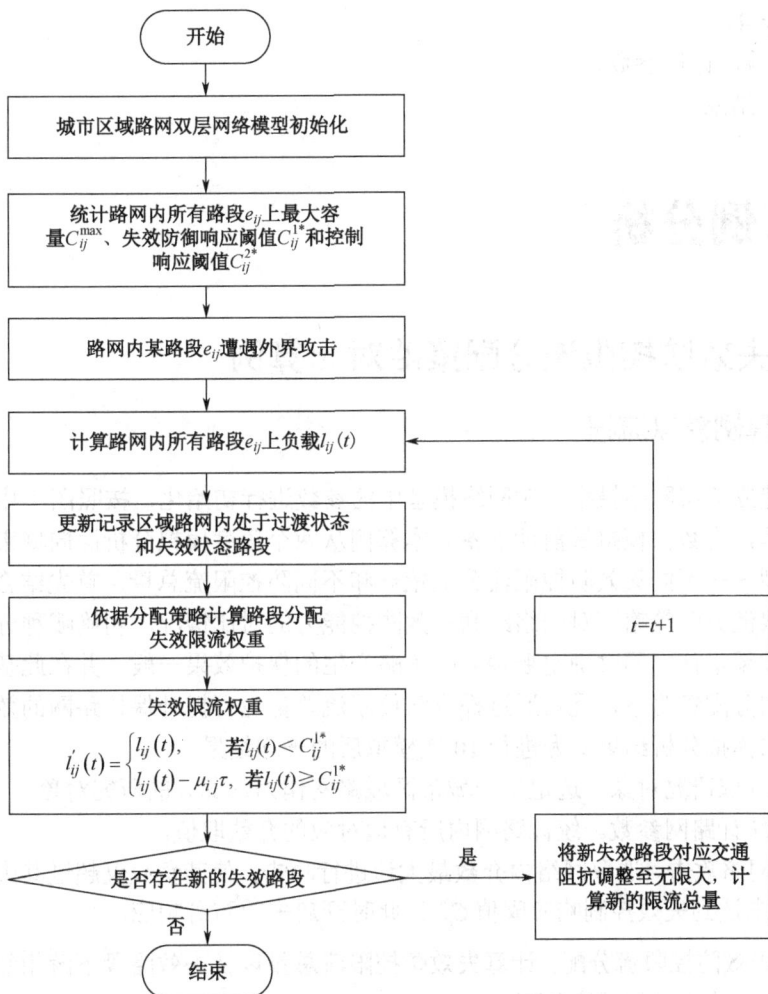

图 1　城市路网失效防控限流模型流程图

Step 1：初始化。建立城市路网双层网络模型，对模型内参数进行初始化。

Step 2：参数统计。统计路网内所有路段 e_{ij} 的最大容量 C_{ij}^{max}、失效防御响应阈值 C_{ij}^{1*} 和失效防控响应阈值 C_{ij}^{2*}。

Step 3：网络攻击。根据攻击策略假设 t 时刻路网内某一路段 e_{ij} 遭遇外界攻击。

Step 4：计算负载。计算攻击后（t 时刻）路网内所有路段 e_{ij} 上的负载 $l_{ij}(t)$。

Step 5：路段状态记录。记录由初始攻击路段引发的新相变路段——过渡状态路段和失效状态路段。

Step 6：资源分配权重。依据路段对应限流分配策略下资源分配权重。

Step 7：失效防控限流分配。根据公式（6）确定受攻击的路段 e_{ij} 将要分配的防控限流总量。

Step 8：失效判别。若分配资源后所有路段的负载没有达到失效阈值 $C_{ij}^{\max}$，进入 Step 9。否则，将新失效路段 e_{kl} 的阻抗调整至无限大，计算新的限流总量并将其分配到下游其他路段，返回 Step 4。

Step 9：输出评价参数。

Step 10：结束。

3 算例分析

3.1 失效防控限流分配策略对比算例

3.1.1 算例模拟流程

首先，建立双层网络模型，对网络模型中的参数进行初始化，按照图 1 中的失效防控限流模型流程，为数值模拟做前期准备。本算例从两个角度模拟分析面向城市路网的失效防控限流模型——不同失效防控限流分配策略和不同防控限流总量，首先结合模型分析不同失效防控限流分配策略下对网络级联失效防控能力的对比情况，明确哪种分配策略对城市路网保护效果最佳，同时确定哪种分配策略产生的保护效果一般。并在此基础上，分析在效果一般的分配策略下，是否通过提升防控限流总量也可提升保护路网的效果。需要说明的是以下的模拟分析结果均为进行 10 次模拟后的平均结果。

Step 1：选取研究对象。选定某一城市区域路网作为本部分的研究对象。

Step 2：统计路网参数。统计路网内所有边对应的介数取值。

Step 3：网络攻击。选取网络内介数最大边进行攻击，使其负载仅超过其失效防御响应阈值 C_{ij}^{1*}，而未达到失效控制响应阈值 C_{ij}^{2*}，此时开启失效防御响应。

Step 4：失效防控限流分配。计算失效防控限流总量以及失效路段下游相邻路段的分配限流量，对失效路段进行限流分配。

Step 5：新失效路段判定。若路网内再未出现新的路段负载达到失效防御响应阈值 C_{ij}^{1*}，则输出结果后转至 Step 6；否则，返回 Step 4，进行下一轮的限流分配。

Step 6：路网恢复初始状态并重新攻击。攻击介数最大边，使其负载超过控制响应阈值 C_{ij}^{2*}，进而开启失效控制响应。

Step 7：失效限流分配。计算此时新的失效限流总量以及失效路段下游相邻路段的分配限流量，对失效路段进行限流分配。

Step 8：新失效路段判定。假使路网内再未出现新的路段负载达到失效防御响应阈值 C_{ij}^{1*}，则结束算例模拟过程；否则，返回 Step 7，进行下一轮的限流分配。

3.1.2　算例结果分析

采用最大连通片指标 G 作为评价不同失效防控限流分配策略对路网的保护效果，并从路段失效数量角度提出最大连通片指标 G 的新定义，其计算公式为

$$G = \frac{M'}{M} \tag{9}$$

其中，M' 表示网络内级联失效后最大连通片内的路段条数；M 表示网络内初始路段条数。

（1）不同失效防控限流分配策略。

从网络拓扑结构的角度分析，不同失效防控限流分配策略下最大连通片的模拟结果如图 2 所示。其中，因介数路段失效对路网影响程度较大，本节在网络攻击时采用最大介数路段作为攻击对象，即图 2 中 S7 所反映的曲线对应为介数路段攻击对路网级联失效的影响。

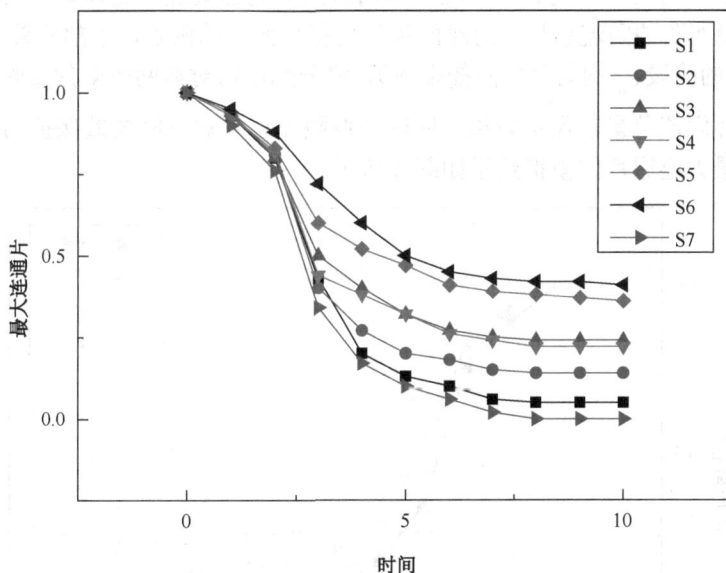

图 2　不同失效防控限流分配策略下最大连通片的模拟结果

从图 2 可以看出，处于失效状态路段在路阻分配防控限流策略下网络的保护效果最佳（如 S6 曲线所示），而处于过渡状态路段在均匀分配防控限流策略下网络的保护效果不显著（如 S1 曲线所示）。从 S6 曲线可知，在初始资源分配阶段，将失效状态下的路段按照其下游路段的路阻进行限流分配，网络保护已然提升。随着迭代持续，网络失效得以缓解，部分失效路段得以保护。此外，防控限流以路段交通阻抗为原则的分配策略对路网级联失效的保护效果远好于以介数为原则的分配策略，原因在于网络失效的判别标准是基于路段负载的，分配给路阻较大的路段往往比分配给介数较高的路段对网络的保护作用更大。并且，路阻分配需考虑单位长度下路段负载能力，在分配限流时不再单纯向负载大的路段分配限流而是综合考量此刻下游路段在局部路网的地位，从而避免向趋于饱和的路段分配限流，有效避免了二次失效。此外，失效防控限流分配给失效路段的保护效果比分配给过渡状态

路段的要高，这说明失效控制限流响应在路段失效后能够发挥控制失效的作用并且对失效路段的保护效果相对明显，也说明路段一旦失效对路网的影响相较于处于过渡状态的路段更深远，而当路段在失效后得到保护，从失效状态转变至过渡状态时，也降低了失效对其他路段的影响。因此，在城市路网发生失效初期，若处于失效状态的路段与过渡状态的路段共存于路网中且现有交通管控资源有限，首先应将已失效路段实施失效控制限流措施，修复其交通功能进而改进整个路网的抗毁性。而在交通管控资源充裕的情况下，不需考虑失效限流措施实施的先后顺序，对路网内已经达到失效防御响应的路段和失效控制响应的路段共同实施失效限流措施。

（2）不同防控限流总量。

在对比分析失效防控限流分配策略对路网保护的影响后，分析不同防控限流总量对路网保护的影响。在确定某路段达到失效限流响应阈值时，防控限流总量 τ 的取值也已经确定。然而，本部分研究不同防控限流总量对路网保护效果的原因在于考虑实际交通管控资源充裕的情况下，当路段达到失效响应，增加防控限流总量能否提升对路网保护的效力。那么，为单纯说明防控限流总量 τ 对路网失效后保护效力的影响，本部分采用分配策略 S1（即过渡状态下的路段 e_{ij} 均匀分配防控限流），将分配策略对路网失效的影响降到最低，通过对比不同防控限流总量的保护效果，明确防控限流总量对路网失效保护的影响。不同防控限流总量下最大连通片的模拟结果如图 3 所示。

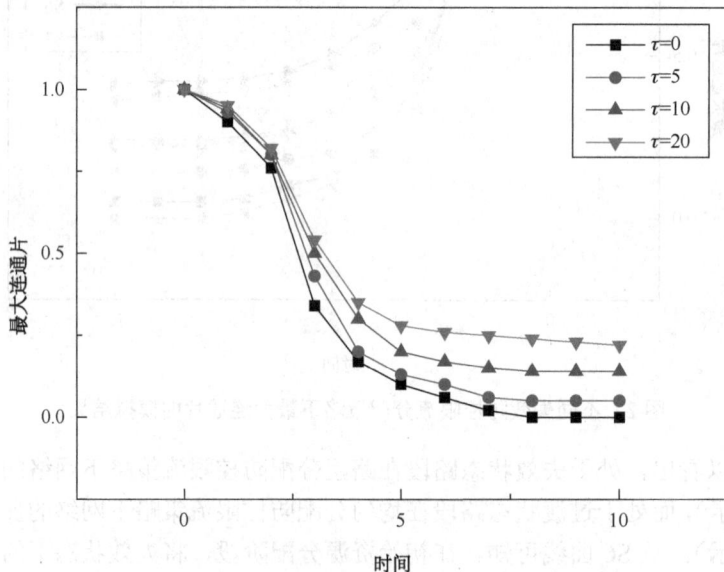

图 3　不同防控限流总量下最大连通片的模拟结果

从图 3 可以看出，随着防控限流总量的增加，级联失效对路网的影响随之降低，但保护效果并没有立竿见影。原因在于图 3 是基于路段介数攻击模式下路网最大连通片的曲线图，故在失效初期，网络内较大介数的路段失效，由于均匀分配的策略对网络保护效果较低，所以未能改变高介数路段失效对路网级联失效的影响。但在失效中后期失效趋于平稳状态时，随着防控限流总量的增加，失效防控限流措施对路网的保护效果提升。因此，提升防控限流总量同样对路网失效防护具有积极的影响。

3.2　失效防控限流模型仿真算例

3.2.1　仿真环境搭建

选取路网中部分路段交叉口组成的子路网作为本部分的研究对象。根据实际该区域内调查的交叉口各进口道交通流量、信号配时、进出口车道数、路段的行程时间和车道数等信息，用 VISSIM 仿真软件对路网进行仿真，获得实验所需数据。仿真路网遭遇攻击路段如图 4 所示，不再重复列举。本节选取图中交叉口 9 到交叉口 10 之间 9→10 方向路段作为外界攻击对象。仿真路网失效路段示意图如图 5 所示

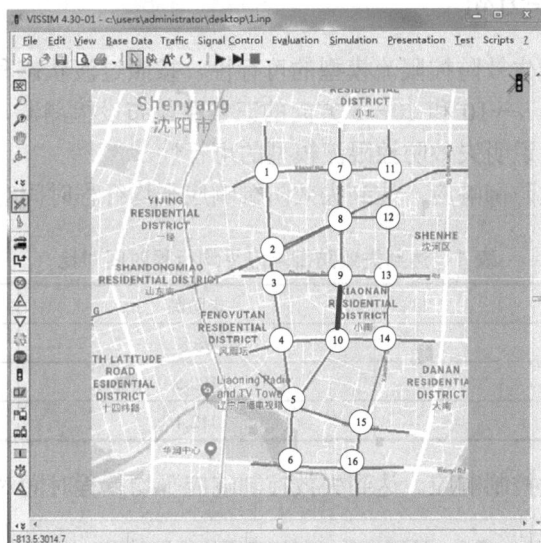

图 4　仿真路网遭遇攻击路段

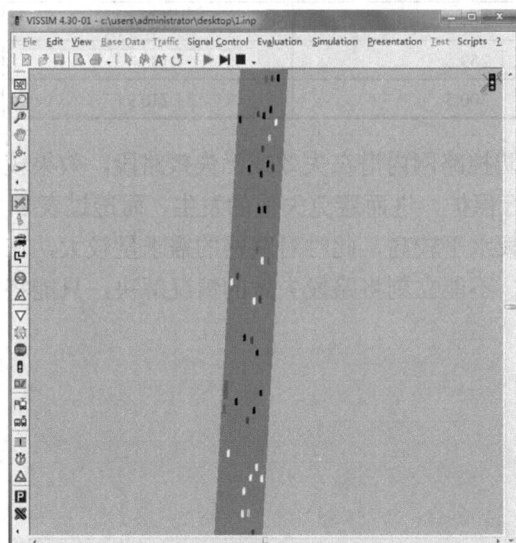

（a）路段达到失效防御响应　　　　　　　　　（b）路段达到失效控制响应

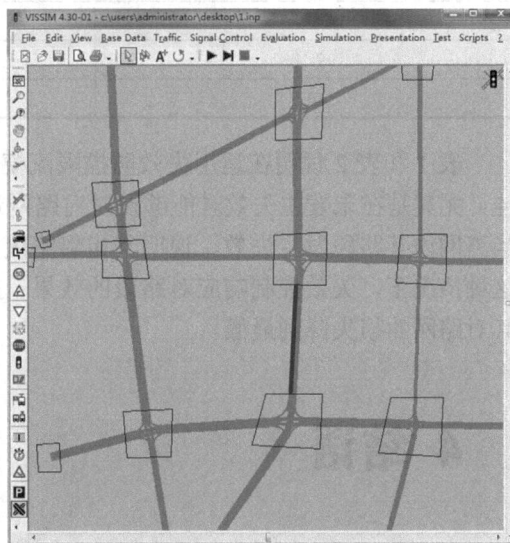

图 5　仿真路网失效路段示意图

　　为模拟仿真路段遭遇攻击发生失效前后运用失效防控限流模型对路网的修复能力，图 5 中针对路段的两种情况，给出不同仿真条件下路网在遭遇外界攻击时面临的两种响应，即图 5（a）为路段达到失效防御响应阶段，图 5（b）为路段达到失效控制响应阶段。

　　图 5（a）通过设置道路内红灯，仿真路段发生交通事故后路段轻微拥挤，达到失效防御响应。而图 5（b）则通过关闭目标路段，即仿真达到路段失效后阻抗被调至无限大的状态。通过图 5（a）和图 5（b）可知，将失效路段相邻路段的平均延误和平均行程时间取值对比，说明失效防控限流模型在路网还未发生失效和已经发生失效两个阶段对路网的失效起到预防和控制的作用。

3.2.2　仿真结果分析

　　为说明本节提出的失效防控限流模型的可行性，按照过渡状态和失效状态下路阻分配的方式限流。在 8→9、9→10 和 10→5 方向的三条路段布设检测器，对比分析限流先后路段平均行程时间取值，说明失效防控限流模型的可行性。

　　（1）路网达到失效防御响应。达到失效防御响应平均行程时间对比参见表 1。

表 1　达到失效防御响应平均行程时间对比

路段编号	未防御	防御
8-9	96.8	77.6
9-10	109.5	89.4
10-5	112.4	98.1

　　（2）路网达到失效控制响应。达到失效控制响应平均行程时间对比参见表 2。

表 2　达到失效控制响应平均行程时间对比

路段编号	未控制	控制
8-9	207.3	164.5
9-10	259.5	188.4
10-5	300.5	210.9

　　表 1 和表 2 说明在运用失效防控限流模型防控路网内潜在失效或已失效路段，效果较佳，尤其是在未发生失效时能够及时对路网进行保护，进而避免失效的发生。而透过表 2，当路网内某路段发生失效，说明其相邻路段负载水平较高，此时对路网的需求量较大，在这种情况下，失效控制响应对路段的效果一般，不能立刻将路段失效的情况解决，只能将其对路网的损失降到最低。

4　结语

　　为提升城市路网抗毁性，控制网络级联失效对路网造成的影响，本文提出了面向城市路网的级联失效防控限流模型，从失效响应启动点、失效防控限流分配等多个方面说明了该模型的具体原理。进而根据城市路网实际失效特性，说明了两种失效防控限流分配过程。并针对分配过程中的权重取值，提出了六种失效防控限流分配策略。通过失效防控限流分配策略对比算例数值模拟分析，得出失效状态下的路段 e_{ij} 负载分配防控限流策略下网络的保护效果最佳这一结语。并通过失效防控限流模型仿真算例进一步验证本文提出的失效防控限流模型能够适用于路网失效。本文的研究内容不仅为交通管理部门提供了预防、控制网络级联失效的技术手段，也为日后交通设计部门优化网络结构提供了理论方法。

参考文献

[1] Erdös P, Renyi A. On random graphs[J]. Publicationes Mathematicae, 1959,6(4):290-297.

[2] Watts D J, Strogatz S H. Collective dynamics of 'small-world' networks[J]. Nature, 1998,393(6684):440.

[3] Barabási A L, Albert R. Emergence of scaling in random networks[J]. Science, 1999,286(5439): 509-512.

[4] Motter A E, Lai Y C. Cascade-based attacks on complex networks[J]. Physical Review E, 2002, 66(6): 065102.

[5] Zhao L, Park K, Lai Y C, et al. Tolerance of scale-free networks against attack-induced cascades[J]. Physical Review E, 2005, 72(2): 025104.

[6] Hayashi Y, Miyazaki T. Emergent rewirings for cascades on correlated networks[J].Physics, 2005.

[7] Dobson I, Chen J, Thorp J S, et al. Examining criticality of blackouts in power system models with cascading events[C]. Hawaii: International Conference on System Sciences,2002.

[8] 李秀美，陈华友. 不确定信息下模糊网络最短路径关键边问题[J]. 武汉理工大学学报: 信息与管理工程版，2013 (1): 36-39.

[9] 何湘锋. 基于灾害应急交通保障的关键路段管理研究[D]. 成都：西南交通大学，2008.

典型 T 型交叉口渠化与信号配时协调优化

叶含珺[1,2]　安成川[1,2]　夏井新[1,2]

（1. 东南大学 交通学院，江苏 南京 211189；
2. 教育部智能运输系统（ITS）工程研究中心，江苏 南京 211189）

【摘要】本文选取长春市解放大路-新民大街交叉口为研究对象，研究 T 型交叉口交通组织、路口渠化和信号控制问题。通过对研究对象进行交通调查，对其现状不足进行分析。并在此基础上，根据相关标准重新设计交叉口渠化方案，然后综合考虑延误和通行能力，提出交叉口分时段定时控制优化方案。在 VISSIM 中搭建仿真路网，对比分析优化渠化方案和信号配时方案前后交通流的运行状况。结果表明，与采用原有渠化与配时方案相比，优化后的交叉口组织方式使交叉口总体车均延误最多降低了 58.418%。

【关键词】T 型交叉口；延误；通行能力；交通组织优化；信号配时优化

Coordination Optimization of Channelization and Signal Timing for Typical T-intersection

Hanjun Ye[1,2], Chengchuan An[1,2], Jingxin XIA[1,2]

（1. School of Transportation Southeast University, Nanjing Jiangsu 211189, China;
2. Intelligent Transportation System Research Center, Nanjing Jiangsu 211189, China）

Abstract: In this paper, Jiefang road-Xinmin street intersection is selected as the research object to study the traffic organization, channelization and signal control of T-intersection. The defects in transportation organization was analyzed based on traffic investigation. The channelization scheme of this intersection is redesigned according to relevant standards, and then the time-division signal timing control optimization scheme is put forward by comprehensively considering the delay and capacity. A simulated road network was built in VISSIM to compare and analyze traffic condition before and after the coordination optimization of channelization and signal timing. The results show that compared with the original channelization and signal timing scheme, the optimized scheme reduces the overall vehicle delay at the intersection by 58.418% at most.

Keywords: T-intersection; delay; capacity; traffic organization and optimization; signal timing optimization.

1 引言

随着机动化水平的提高，城市道路拥堵问题日益严重，特别是在错位信号控制交叉口，交通组织复杂，拥堵情况十分严重。T 型交叉口是一种常见的错位交叉口，由于其特殊的交叉口形态与车流组织方式，T 型交叉口具有与常规交叉口不同的信号控制方式。我国城市中存在大量的 T 型信号交叉口，这些交叉口是城市道路通顺主要的瓶颈点，对其信号配时优化设计尤为重要。目前的信号交叉口优化研究通常只单方面考虑交叉口渠化设计优化或信号配时优化，而忽略了两者的有机协调，所以导致优化效果不佳。

本文选取吉林省长春市解放大路-人民大街交叉口作为研究对象，通过实地调查获取交叉口渠化配置、交通量数据、信号控制方案等信息，分析现状渠化方案、车流组织方式等的不足，探索 T 型交叉口渠化方案与配时方案的协调优化方式，提出针对该交叉口的协调优化方案，并通过 VISSIM 仿真验证方案的优越性。本研究提供了一种渠化方案与配时方案协调优化的设计思路，力求为 T 型交叉口的设计及改善提供借鉴。

2 国内外研究现状

对于平面交叉口研究的历史起源于 1958 年，英国交通专家 Webster 率领其工作团队把车辆的平均延误最低作为优化目标对单点交叉口的定周期信号优化设计进行研究，研究得到的优化模型算法 TRRL 法一直沿用至今。自此以后，大量学者对平面交叉口进行了研究，为相关领域的探索积累了大量研究经验及研究成果。研究主要分为渠化设计优化研究和信号控制优化研究两个方向。

在渠化设计优化研究中，学者们的研究主要集中于具体渠化设施研究和渠化设计方法流程研究两个方面。对渠化设施的研究主要涉及左转渠化研究[1]、右转渠化研究[2-3]和非机动车道渠化研究[4]。这些研究基本上很少关注交叉口渠化设施之间的相互关系，但是实际的车流运行往往受到各个渠化部分的共同作用。因此，一些学者从交叉口渠化设计流程入手进行研究，讨论交叉口各类渠化设施的有机结合。黄新等研究了不同道路与车流条件下 T 形交叉口的渠化设计方式[5]。雷小磊等提出了淮南市内某 T 形平面交叉口的渠化设计方案，具体叙述了此交叉口渠化设计的总体流程[6]。这些研究立足于总体，通常是定性分析，缺乏定量的指标，对于实际的设计和施工缺乏指导意义。目前国内外已经形成一些规范或手册来指导交叉口渠化设计，如美国的 *Highway Capacity Manual* 及国内的《道路交通标志与标线》，这些规范或手册中提出了各类渠化设施的相应设计方法，但是在具体实施过程中仍需交通工程设计师因地制宜，提出符合交叉口特性的渠化方案。

国内外关于信号控制方面的研究主要分为动态信号控制研究和静态信号控制研究两个方向。交叉口动态信号控制研究中通常将相位相序设计和信号配时设计作为一个整体同时进行优化，基于模糊控制[7-9]、神经网络[7-8]、遗传算法[10-11]等设计信号配时方案。目前的动态信号配时方法受制于算法缺陷和程序运行时间过长等问题，发展已经进入瓶颈期。交叉口静态信号控制研究中通常将相位相序优化和信号配时优化作为两个独立的个体分别进行研究。在相位相序优化研究中，国内外学者通常将相位分为两种，即叠加相位[12-15]和普通相位[16-17]，分别对两类相位的相序优化进行研究。目前关于相位相序设计方面的研究还比较少，提出的方法不多，定量的优化方法提出较少，多为定性的分析。定时信号配时优化的研究起步较早，迄今为止提出的定时信号配时方法主要有 Webster 方法及其优化补充[18-20]，HCM 方法[21]及 ARRB 方法。国内学者也提出了一系列适应国内交通运行特性的定时信号配时优化方法[22-24]。目前的信号配时优化研究主要存在以下两点不足：① 动态信号控制方法大多存在模型复杂、计算过程烦琐、生成方案速度过慢或是建模不准确的问题。此类方法受限于算法、检测器、预测精度等诸多因素，在短期内无法进行大范围推广。② 静态信号控制研究中，将相位相序设计和信号配时设计当成两个独立的阶段进行分别研究，得出的方案并非整体最优。

因此，在详细分析具体交叉口几何条件、环境条件和车辆条件的基础上，确定整体最优的渠化设计与信号控制协调方案有着重要的意义。

3 交叉口交通现状调查与分析

3.1 几何现状

解放大路-新民大街交叉口位于吉林省长春市文化广场南侧，长春市地铁二号线文化广场站附近，交叉口地理位置特殊。相交道路均为长春市内重要主干道，新民大街为南北向道路，入口道宽度为 13.5 米，共分为四条车道，其中三条为左转车道，一条为右转车道；出口道宽度为 13 米，共四条车道。解放大路为东西向道路，其中西入口道宽度为 21 米，有四条直行车道和一条直右混行车道，西出口道宽度为 21 米，共分五条车道，最内侧车道为吉大一院左转通道；东入口道宽度为 20 米，共分五条车道，其中两条为左转车道，三条为直行车道，东出口道宽度为 14 米，共分四条车道。交叉口渠化现状如图 1 所示。

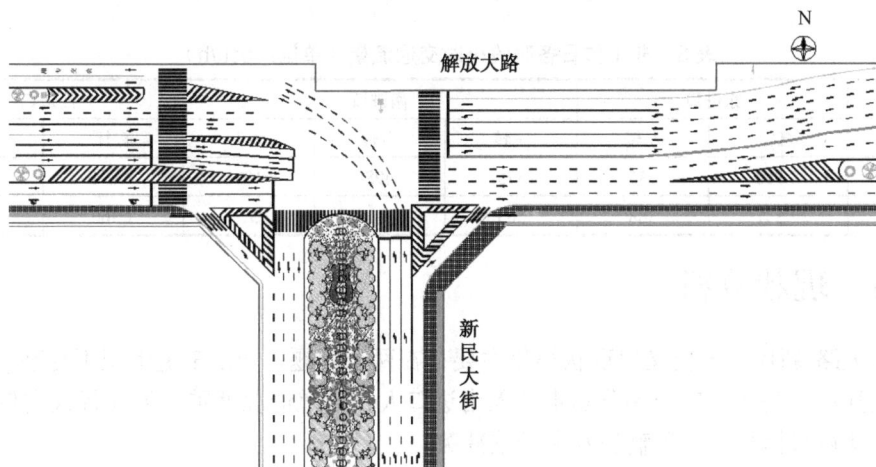

图 1 交叉口渠化现状

3.2 信号配时现状

交叉口现状采用分时段定时控制，共有三套配时方案，均为三相位控制，左转均为保护型相位，右转不受信号控制。解放大路-新民大街交叉口现状信号配时参见表 1，其中相位 1 与相位 2 的转换过程没有全红时间。

表 1 解放大路-新民大街交叉口现状信号配时（单位：s）

信号控制方案	相位 1 （东西直行）	相位 2 （东进口左转）	相位 3 （南进口左转）	黄灯时间	全红时间	周期时长
方案 1（夜间）	67	42	35	3	3	159
方案 2（工作日日间）	88	43	32	3	3	178
方案 3（非工作日日间）	76	44	24	3	3	159

3.3 交通流量现状

根据交叉口交通运行特性将工作日白天划分为高峰、平峰和低峰三类时段，将非工作日的白天分成平峰和低峰两类时段，选取各时段有代表性的小时交通流量作为研究依据，分别见表 2 和表 3。从表中可看出，解放大路-新民大街交叉口交通流量较大，其中东西进口直行流量占比很大，东进口和南进口左转车辆流量相当。

表 2 工作日各时段小时交通流量（单位：pcu/h）

时段	东进口		南进口			西进口	
	直行	左转	左转	右转	调头	直行	右转
高峰	2161	861	761	648	123	2 481	628
平峰	2082	706	783	441	146	2 253	635
低峰	1347	388	565	312	32	1 360	418

表 3　非工作日各时段小时交通流量（单位：pcu/h）

时段	东进口		南进口			西进口	
	直行	左转	左转	右转	调头	直行	右转
高峰	1 910	635	875	498	108	2 174	623
平峰	1 347	388	565	312	32	1 360	418

3.4　现状分析

解放大路-新民大街交叉口现状渠化主要存在两个问题，一是车道组织不合理，导致车流运行混乱；二是南进口中央分隔带侵入南进口人行横道情况严重，致使行人需借助车行道走，使得过街行人与车辆易发生严重冲突。

解放大路-新民大街交叉口采用的控制方案为分时段定时控制，分别为工作日日间，非工作日日间和夜间设计了 3 套配时方案，但是这 3 套配时方案普遍存在周期时长较长的问题。工作日日间全天交通量变动较大，高峰期间采取现行的配时方案不存在浪费绿灯时间的问题；但是中午过后，东西进口的交通量明显减少，此时如果继续使用相同的配时方案就会浪费较多的绿灯时间。周末的交通量变化没有工作日明显，但是仍能明显观察到很多周期都存在绿灯时间浪费的问题。夜间周期时长过长导致绿灯时间浪费的现象尤其严重，几乎所有周期都会出现绿灯期间无车辆通过的情况。

此外，此交叉口各进口道违规调头的车辆较多，对正常行驶的车辆形成干扰，致使交叉口通行能力降低。违规情况主要有两种：车辆在东西进口道压实线违规调头；车辆在南进口道压实线换道到最内侧车道进行调头。

4　基于渠化的交叉口配时方案优化

根据现状分析结果，对解放大路-新民大街交叉口进行渠化方案与信号控制方案协调优化，具体包括交通流时空特性分析、交叉口渠化方案设计以及交叉口信号配时方案优化。

4.1　交通流时空特性分析

4.1.1　交通流时间特性分析

以总流量作为依据，采用 Fisher 最优分割法对解放大路-新民大街交叉口进行时段划分。Fisher 在 1958 年提出的最优分割算法是聚类分析法的一种，能够对有序样本进行分类，使进行一个分割后，各段的内部样品间差异最小，各段间的差异最大，适用于样品在均值周围以不同程度分散的情况。在最优分割法中，一般用直径来表明数据的段内差异程度，"直径"越小则说明段内差异越小。本文把离差平方和作为直径，则对于类 $\{x_i, x_{i+1}, \cdots, x_j\}(1 \leqslant i \leqslant j \leqslant n)$，其直径为：

$$D(i,j) = \sum_{m=i}^{j}(x_m - \bar{x}_{ij})^2 \tag{1}$$

式中：$D(i,j)$ 为 Fisher 分割法中的直径，即离差平方和；x_m 为第 m 项特征值；$\bar{x}_{ij}$ 为各分段的平均值。

将各段直径的和作为误差函数，则误差函数为：

$$\tilde{E}(p(n,k)) = \sum_{m=1}^{k}D(i_m, i_{m+1}-1) \tag{2}$$

误差函数越小，分段效果越好。定义比值 $\beta = \tilde{E}(p(n,k))/\tilde{E}(p(n,k+1))$，当 β 大于 1 时，表示分 $k+1$ 段比分 k 段好，且当 β 值接近 1 时就可以不必再分。

综合考虑分段误差及时段长度，得到工作日的时段划分为：高峰期（6:35～8:25；10:05～11:35），平峰期（8:25～10:05，11:35～18:00），低峰期（其余时间）；非工作日的时段划分为：平峰期（7:15～19:25），低峰期（其余时间）。

4.1.2 交通流空间特性分析

（1）进口道分布特征。

不同时段各进口道交通量分布情况如图 2 所示，解放大路-新民大街交叉口交通流量流向图如图 3 所示。各时段中，南进口交通量均明显低于东、西进口交通量，西进口道交通量均略高于东进口交通量，解放大路-新民大街交叉口没有明显的潮汐特性。

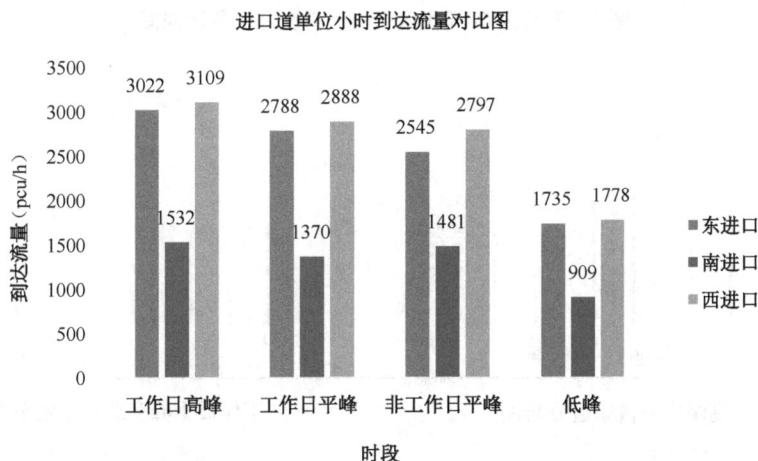

图 2　不同时段各进口道交通量分布情况

（2）车道分布特征。

车道由内向外编号，各进口道各时段分车道交通量分布图如图 4 所示。

各时段车辆的分布规律基本一致：西进口 4 道和 5 道小型车很少，大型车较多，特别是 5 道在平峰和低峰的时候车辆极少，只有在高峰期间 5 道的利用率稍微高一些；东进口左转内侧小型车多于外侧，大型车几乎都分布在外侧车道；东进口直行的 2 道和 3 道交通量相差不大，5 道因为通行时间更长，所以交通量明显大于 2 道和 3 道；因为 1 道同时承担左转和调头车辆的疏散，所以南进口 1 道左转交通量最小，其余 2 条车道大部分情况下

3 道交通量大于 2 道，这可能是外侧车道车辆严重压迫内侧车道车辆所致。

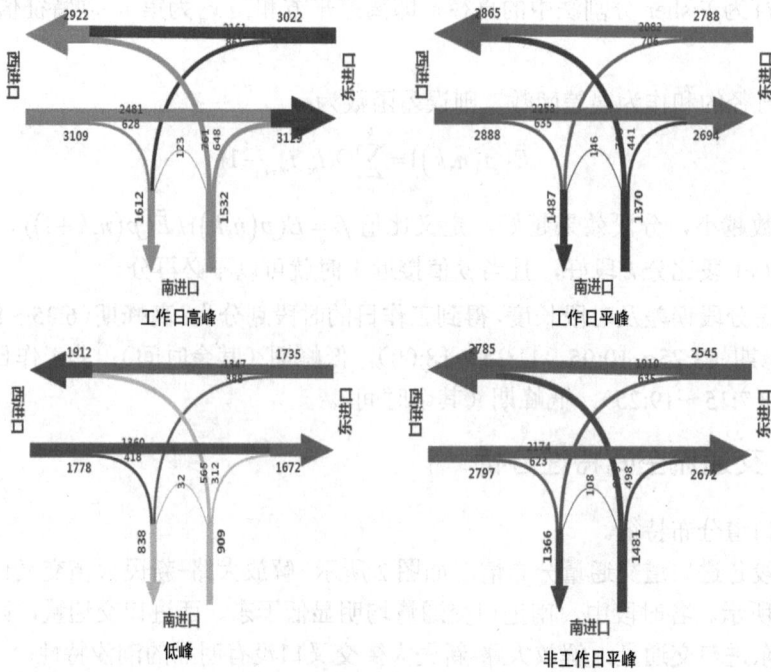

图 3　解放大路-新民大街交叉口交通流量流向图

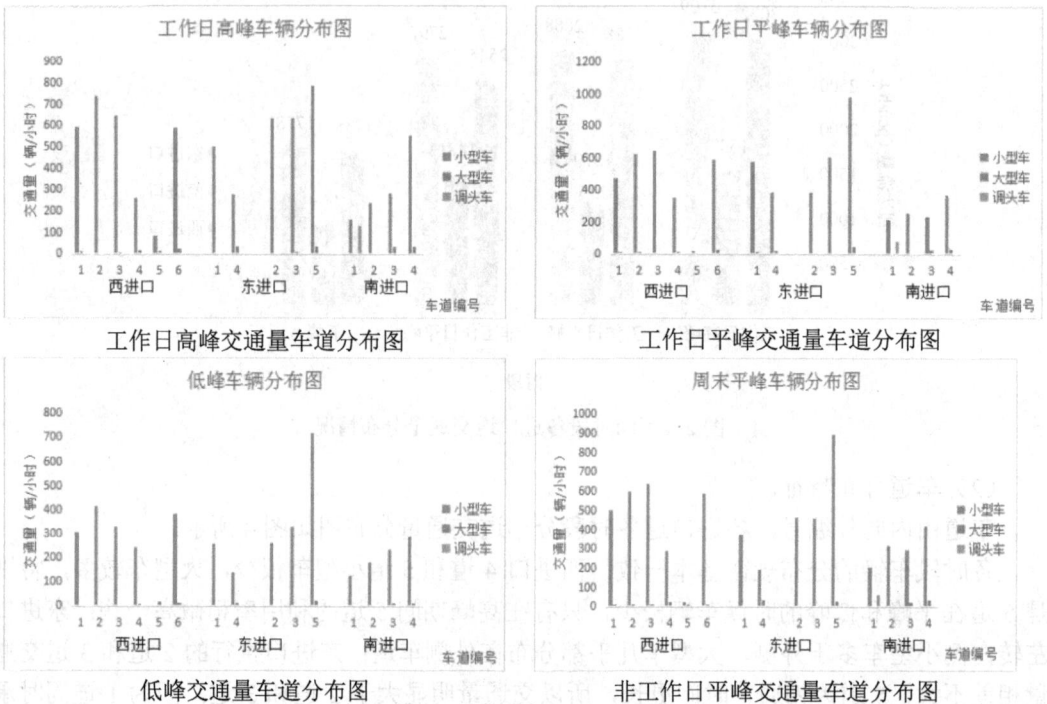

图 4　各进口道各时段分车道交通量分布图

4.2　渠化方案优化

渠化能够把交通流从空间上进行分离，使性质不同的交通流互不干扰，减少交叉口内冲突点，增加交叉口的安全系数和通行能力。渠化优化和配时优化密不可分，只有在良好的渠化条件下讨论配时方案优化才有意义。

首先根据交叉口几何条件和交通流量进行车道功能划分[25]，更加合理地利用交叉口内部空间，避免交叉口空间资源的浪费。根据设计小时交通量进行进口道车道功能划分，其中新民大街进口道设计流量为 1702pcu/h，解放大路西进口设计流量为 3214pcu/h，解放大路东进口设计流量为 3041pcu/h。因为目前还没有确定信号配时方案，所以一条进口机动车道的通行能力先取 450pcu/h[21]。综合考虑进口道需求和供给，获得交叉口车道功能划分结果为：南进口维持 3 条左转车道，1 条右转车道现状不变；东进口设置 4 条直行车道，2 条左转车道；西进口设置 5 条直行车道，1 条右转车道。出口道车道功能划分主要考虑各阶段车辆放行情况，治理性交叉口当道路条件受到限制时，宽度可以取 3.25m[26]，据现场观察，高峰期间东出口拥堵情况极为严重，解放大路东面道路总宽 33m，原东进口 5 条进口道，若取每条进口道 3m，每条出口道取 3.25m，外侧因为绿化带的原因宽度只能取 3.5m，则内侧可设 3 条宽为 3.25m 的出口道。因此，出口道车道功能划分结果为：南出口 4 条车道，东西出口各 5 条车道。

在车道功能划分的基础上，根据《GB5768-2018 道路交通标志与标线》进行左转、直行、右转车道的渠化设计，并将南进口调头位置提前。解放大路-新民大街交叉口渠化优化结果如图 5 所示。

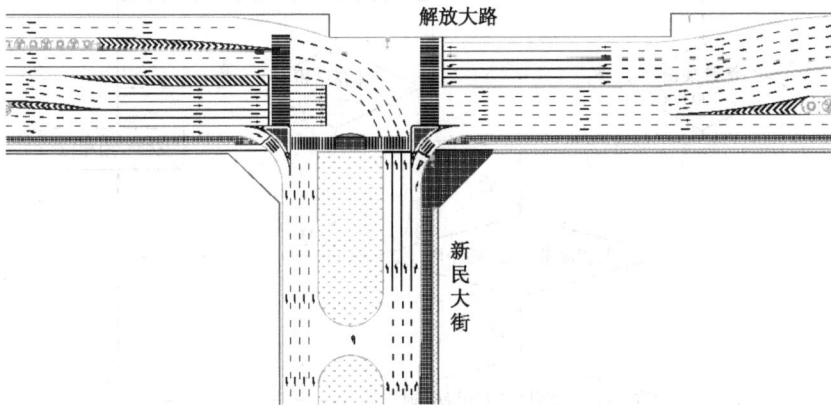

图 5　解放大路-新民大街交叉口渠化优化结果

4.3　信号配时方案优化

本节通过分析交通冲突和流量比确定相位方案；然后在此基础上，以延误和通行能力为效益指标，对周期时长进行优化，并最终确定配时方案；最后用 VISSIM 仿真结果说明新方案的优越性。

4.3.1　相位方案设计

相位设计定性分析控制方案，是配时设计的基础，配时设计能够定量分析信号控制方案，是交叉口信号优化的最关键一步，两者息息相关。

根据解放大路-新民大街交叉口交通特征以及已有的数据资源，选取流量和交叉口几何特征两类作为判断左转相位类型的指标大类。具体判断流程如图 6 所示。解放大路-新民大街交叉口西进口道直行车道数为 5，多于 3 条车道，故东进口道应设置左转专用相位；南进口道对向没有直行车道，所以根据左转流量进行判断，南进口工作日高峰左转交通流量为 761 辆/小时，平峰左转交通流量为 783 辆/小时，低峰左转交通流量为 565 辆/小时；周末平峰左转交通流量为 875 辆/小时，左转交通流量均大于 320 辆/小时，故南进口应设置左转专用相位。左转相位类型判断流程图如图 6 所示。

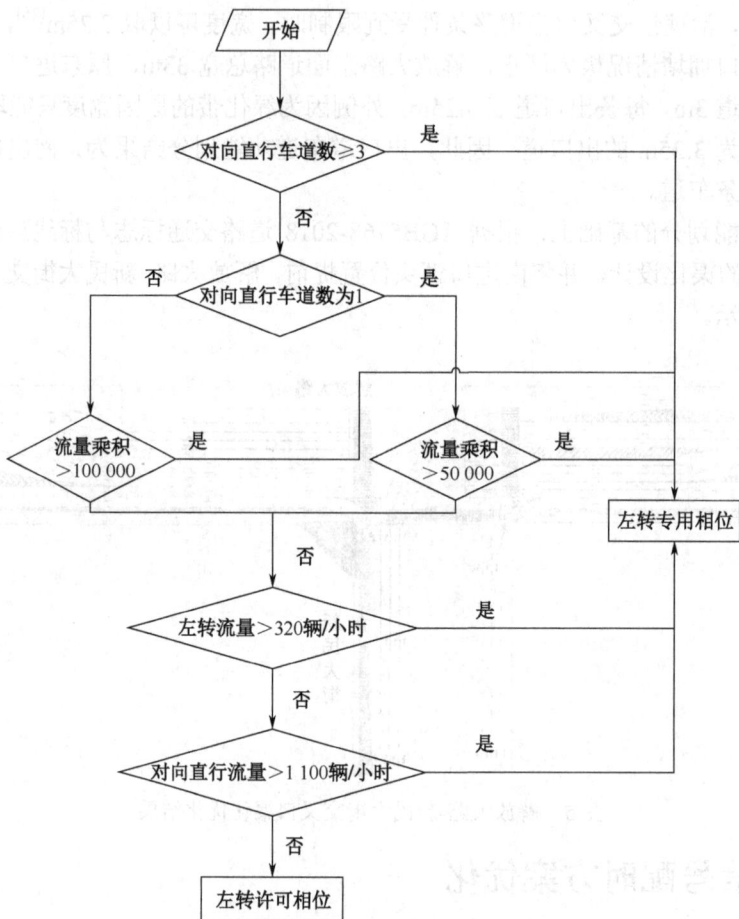

图 6　左转相位类型判断流程图

解放大路-新民大街交叉口交通流冲突矩阵如图 7 所示，综合考虑冲突等级和流量比可将车流进行分组，分组情况为：东西向直行车流一组，东进口左转车流一组，南进口左转车流一组。

流向	西直	西右	东直	东左	南左	南右	行人
西直		8		4	4	7	
西右	8			7			3
东直				8			
东左	4	7	8		1		3
南左	4		7	1		8	3
南右					8		3
行人		3		3	3	3	
	1级		2级		3级		4级
	5级		6级		7级		8级

图 7　解放大路-新民大街交叉口交通流冲突矩阵

现有车流组合方案下有两种放行顺序方案，即先东西向直行放行，然后东进口左转放行，最后南进口左转放行或者先东西向直行放行，然后南进口左转放行，最后东进口左转放行。但是考虑到流量情况，可以将东进口左转设成并列式左转车道，东进口直行采用搭接相位，所以选用前一套方案。即解放大路-新民大街交叉口采用四相位方案：1 相位为西进口直行，2 相位为东进口直行，3 相位为东进口左转，4 相位为南进口左转。

4.3.2　配时方案设计

延误和通行能力是评价交叉口运行效果的两个主要指标，绝大多数信号配时模型只考虑这两个指标的其中之一，难免顾此失彼，本文综合考虑延误和通行能力设置信号控制方案。通行能力采用停车线法[27]计算，车均延误采用 Webster 机动车延误计算模型[28]。

根据等饱和度公式推导可得，i 相位的通行能力是关于周期长度的一元函数，如公式 3 所示。

$$\mathrm{CAP}_i = (1 - \frac{L}{C})\frac{y_i}{Y}S_i \tag{3}$$

式中：CAP_i 表示 i 相位的通行能力，C 表示信号周期时长，L 表示绿灯点损失时间。当周期较小时，随着周期时长的增加。通行能力明显增加。但随着周期时长的持续增长并超过一定的值，通行能力增加的速度会越来越缓慢，之后再增长周期对通行能力的增加起的作用不大。

解放大路-新民大街交叉口是长春市内两条主要干道的交汇处，通行车辆多，交通负担重，所以高峰期间服务水平取 3 级（单车延误 40～50s，车辆运行虽有一定阻隔但可接受），平峰和低峰期间服务水平取 2 级（单车延误 30～40s，车辆略需一些等待，基本满意）。各时段取不同周期计算得到的通行能力和延误曲线如图 8 所示。

工作日高峰期间，服务水平为 3 级时，对应的周期时长范围为 121～156s。高峰期间应该尽可能地增加通行能力，所以周期时长取 156s。工作日平峰期间，服务水平为 2 级时，对应的周期时长范围为 91～127s，期间通行能力呈上升趋势，所以周期取 127s。低峰期间，对应的周期时长为 107～147s，低峰期间延误越小越好，所以周期取 107s。非工作日平峰期间，对应的周期时长范围为 91～127s，可以取 127s。

绿灯时间根据等饱和度原则进行分配，得到各时段信号配时方案，参见表 4，除相位 2 全红时间为 1s，其余相位全红时间均为 2s（全红时间根据交通流冲突及车辆速度计算）。不同周期时长所对应的通行能力和延误值如图 8 所示。解放大路-新民大街优化配时表参见表 4。

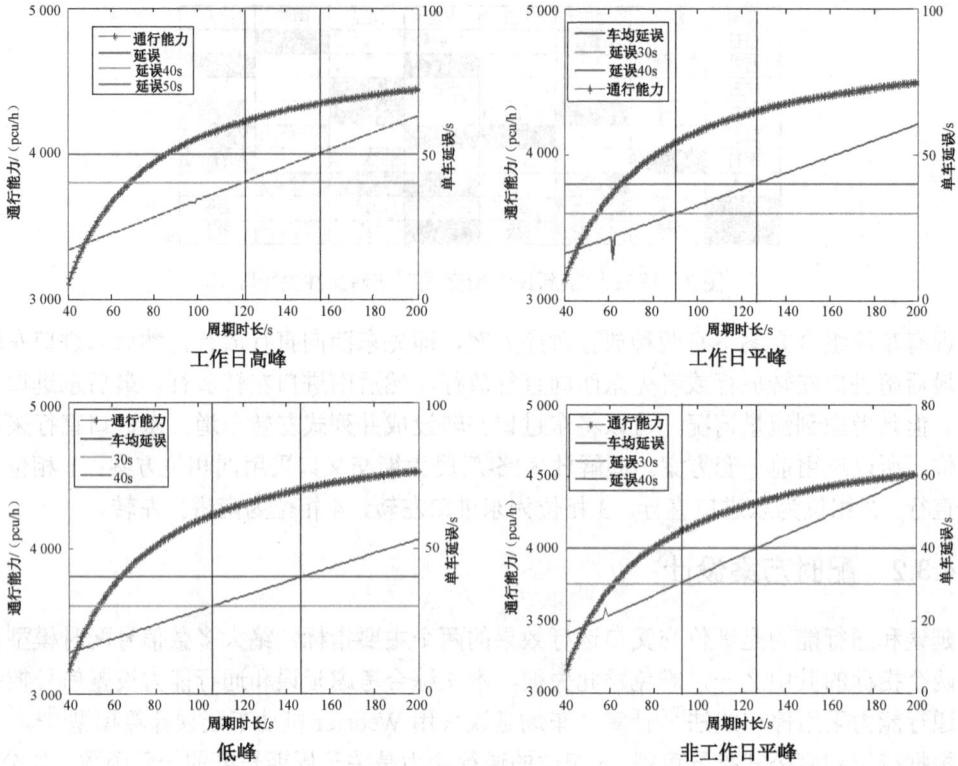

图8　不同周期时长所对应的通行能力和延误值

表4　解放大路-新民大街优化配时表

信号控制方案	相位1 （东西直行）/s	相位2 （东进口左转）/s	相位3 （南进口左转）/s	黄灯时间 /s	全红时间 /s	周期时长 /s
方案1（夜间低峰）	38	27	25	4	2	107
方案2（工作日高峰）	59	51	29	4	2	156
方案3（工作日平峰）	47	37	26	4	2	127
方案4（非工作日平峰）	46	34	30	4	2	127

4.4　基于 VISSIM 仿真的结果分析

使用 VISSIM 软件仿真验证优化方案的效果。各配时时段新旧方案延误对比柱状图如图9所示。

由图9可以看出，各时段新配时方案下，各进口道延误均有下降，且交叉口平均车均延误小于旧方案下的对应值。旧方案控制下，不同流向间的延误差距较大，其中东进口及南进口左转的延误明显要高于其他流向，这与在原渠化方案与控制方案下，相应流向车道设置不合理，绿灯时间分配不足的情况相一致。优化调整之后，各流向延误的差异变小，交叉口总体车均延误变小。此外，由于低峰期间交通流量较小，优化效果不够明显，这也与低峰期间交通流运行特性相符。

计算可以得到，采用新的渠化方案和配时方案后，交叉口各流向车均延误的平均值下降幅度如下：工作日高峰为 38.369%；工作日平峰为 47.215%；非工作日平峰为 58.418%；低峰为 23.6%。

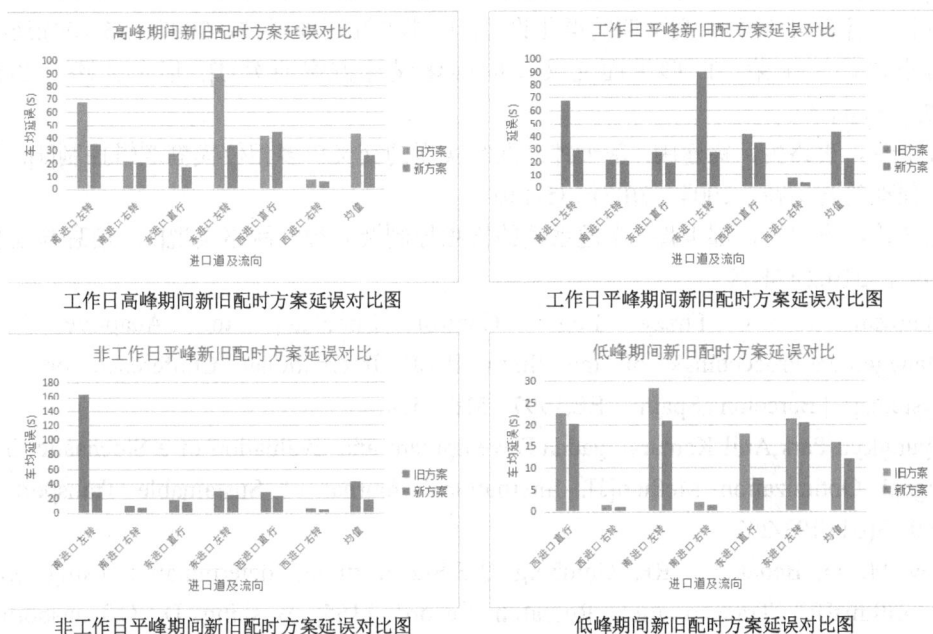

工作日高峰期间新旧配时方案延误对比图

工作日平峰期间新旧配时方案延误对比图

非工作日平峰期间新旧配时方案延误对比图

低峰期间新旧配时方案延误对比图

图 9 各配时时段新旧方案延误对比柱状图

5 结语

本文选取吉林省长春市解放大路-新民大街交叉口为对象，研究典型 T 型交叉口的渠化设计与信号配时协调优化。首先根据现场踏勘情况，分析现状交叉口存在的主要问题，然后依据相关标准对交叉口渠化设计进行优化，具体包括车道功能的重新划分、渠化设施的重新布置等，接着综合考虑延误和通行能力提出交叉口分时段定时控制方案，最后采用 VISSIM 搭建仿真平台验证方案的优越性。仿真结果表明，优化方案的性能明显优于原有方案。

参考文献

[1] 黎冬平，陈峻. 信号控制交叉口左转专用车道停车线优化设计的方法研究[J]. 交通运输系统工程与信息，2005，5(06):87-90.

[2] Lin.Feng-Bor. Right-Turn-On-Red Characteristics and Use of Auxiliary Lanes[J]. Transportation Research Record,1985,1010:9-15.

[3] Dixon K K, Hibbard J L.Right-Turn Treatment for Signalized Intersections[J]. Transportation Research Circular,2000:E-2/1-E-2/11.

[4] 李俊. 城市道路交叉口设计方法研究[J]. 黑龙江交通科技，2016，263(01):35-36.

[5] 黄新，谷寅. T形平面交叉口的渠化设计[J]. 黑龙江交通科技，2007，158(04):56-57.

[6] 雷小磊，冯玉荣. T形平面交叉口的渠化设计方案研究[J]. 华东公路，2008，173(05):44-47.

[7] 许伦辉，衷路生，徐建闽. 基于神经网络实现的交叉口多相位模糊逻辑控制[J]. 系统工程理论与实践，2004，7(07):135-140.

[8] 徐冬玲，方建安，邵世煌. 交通系统的模糊控制及其神经网络实现[J]. 信息与控制，1992，21(02):74-79.

[9] Jongwan Kim.A Fuzzy Logic Control Simulator for Adaptive Traffic Management.Proceedings of the Sixth IEEE International Conference on Fuzzy Systems[C].Barcelona,Spain:IEEE,1997:1510-1524.

[10] Byungkyu Park,Anil Kamarajugadda.Development and Evaluation of a Stochastic Traffic Signal Optimization Method[J]. International Journal of Sustainable Transportation, 2007,3(01):193-207.

[11] Foy M. D, Benekohal RF, Goldberg D.E.Signal timing determination using genetic algorithms[R]. Transportation Research Record 1365. Washing D. C:Transportation Research Board, 1992.

[12] R.Akcelik.Traffic Signals:Capacity and Timing Analysis[J]. Transportation Research, 1981, 15(06):505-505.

[13] Slobodan Guberinic,Gordana Senborn,Bratislav Lazic. Optimal Traffic Control:Urban Intersections[M]. Boca Raton, FL:CRC Press, 2008:67-72.

[14] 彭国雄，张扬. 叠加相位设计方法研究[J]. 中国公路学报，2001，14(s1):59-62.

[15] 卢顺达，徐正全，杨宇星. 基于相位相序的交叉口信号配时优化研究[C]. 城市交通规划学术委员会. 中国城市交通规划年会会议论文集. 北京：高教出版社，2016:1-6.

[16] 马万经，聂磊，杨晓光. 基于损失时间的单点交叉口信号相序优化模型[J]. 同济大学学报（自然科学版），2010，38(07):1007-1011.

[17] 杨万三，曲大义，卞晓华，等. 基于相位相序优化的道路交叉口设计方法[J]. 青岛理工大学学报，2013，34(02):81-96.

[18] Webster, F.V. Traffic Signal Settings[J]. Road Research Technical Paper, 1958, 39.

[19] Akcelik, R. Time-Dependent Expressions for Delay,Stop Rate and Queue Length at Traffic Signals[R]. Highway Traffic Control, 1980.

[20] Akcelik,R.Traffic Signals:Capacity and Timing Analysis[M]. Australia:Publication of Australian Road Research Board, 1981:13-22.

[21] TRB .Highway capacity manual (HCM) 2000[R] .National Research Council, Washington DC,2000.

[22] 黎晓龙，刘杰元. 车流波动理论在信号配时中的应用[J]. 交通建设与管理，2014，20(10):193-200.

[23] 徐洪峰，耿现彩. 面向 T 形交叉口的机动车相位固定最小绿灯时间计算[J]. 吉林大学学报，2012，42(03):600-605.

[24] 沈家军，王炜. 冲突强度最小时城市道路交叉口的信号配时[J]. 扬州大学学报：自然科学版，2013，16(01):75-78.

[25] 杨晓光. 城市道路交通设计指南[M]. 北京：人民交通出版社，2003:64.

[26] GB50647-2011，城市道路交叉口规划规范[S]. 北京：中国计划出版社，2011.

[27] 杨晓光，赵靖，马万经，白玉. 信号控制交叉口通行能力计算方法研究综述[J]. 中国公路学报，2014，27(05):148-157.

[28] 成卫，别一鸣，陈昱光. 城市交通信号控制技术[M]. 北京：科学出版社，2016:168.

单点交叉口信号控制方案时段划分方法

熊睿成　袁淑芬　安成川　夏井新

（东南大学智能运输系统研究中心 南京 210096）

【摘要】信号配时优化是缓解道路交通拥堵、提高通行能力和减少交通延误的重要手段。国内城市多采用多时段信号控制方式，需要根据不同时段的交通流特性制定适宜的信号配时方案，目前普遍采用人工经验法，缺乏数据驱动的智能方法。本文基于交通流量数据，采用时间序列分段算法提出了一种单点交叉口信号控制方案时段划分方法，与聚类算法和启发式算法相比，时间序列分段算法得到的信号控制方案在时间上能够保持连续性，且能够灵活设置参数，为智能化交叉口信号优化奠定基础。

【关键词】时段划分；信号优化配时；时间序列分段算法

Time-of-Day Signal Plan Division Methods at Isolated Intersections

Xiong Ruicheng, Yuan Shufen, An Chengchuan, Xia Jingxin

（ Intelligent Transportation System Research Center, Southeast University, Nanjing 211196 ）

Abstract: Signal timing optimization is an important means to alleviate road traffic congestion, improve traffic capacity and reduce traffic delays. Many cities in China adopt time-of-day signal control mode, so it is necessary to formulate appropriate signal timing scheme according to the traffic flow characteristics of different periods. At present, manual experience method is widely used, and data-driven intelligent method is lacking. Based on traffic flow data, this paper presents a time-of-day signal plan division method at single intersections by using time series segmentation algorithm. Compared with clustering algorithm and heuristic algorithm, the signal control plan obtained by time series segmentation algorithm can maintain continuity in time and set parameters flexibly, which is wise. It lays a foundation for signal optimization of energy-efficient intersection.

Keywords：Time-of-Day; signal timing optimization; time series segmentation algorithm.

1 引言

交通信号控制是城市道路交通管控的核心手段之一，路口信号配时优化对于缓解城市道路交通拥堵、提升路网通行能力具有重要作用。信号控制方案时段划分是信号配时优化的一大重要部分，能够有效缓解交通拥堵、减少交通延误和提高交叉口的通行能力，避免在高峰时段造成交通严重拥堵而在低峰时段过长的绿灯时间导致交通延误增加。

时段划分是在交叉口信号配时优化过程中，根据一天中交叉口交通流的变化规律，将一天划分为几个交通流状态相同的若干个控制时段。时段划分方法主要可以分为经验方法、启发式搜索算法、聚类分析算法。经验方法是根据历史的交通流量绘制流量-时间曲线图，根据曲线的变化规律和趋势，通过人工观察和主观分析进行时段划分，由于操作简便，实现简单，现实工程中多采用该方法。但由于划分方法较为主观，极易产生不合理的时段划分，而且难以满足现代城市交通模式快速变化的需求，目前国内学者对于交通信号控制时段划分的方法主要集中在启发式搜索算法和聚类分析算法两个方面，这两类算法都是基于数据驱动方法实现控制时段地自动划分。

对于交叉口时段划分方法研究大多集中于聚类分析算法方面，Smith[1]首次尝试将聚类分析算法应用于控制时段划分当中，其具体做法是考虑交叉口的流量数据和时间占有率数据作为算法的输入变量，利用层次聚类的方法自动划分控制时段，但文献中没有对聚类数目的确定做出说明，在此基础上，Smith[2]在层次聚类的算法上继续完善，充分研究海量交通流数据，提出了信号控制时段划分的详细数据处理过程和划分过程，并利用仿真软件Simtraffic进行分析，优化效果较好。但前面两种方法没有明确地指出确定聚类数目的方法。Wang[3]提出一种基于 K-Means 算法识别多时段划分的时间转换点方法，考虑各个进口道以 5 分钟为时间间隔的交通流量数据，实现多时段的自动划分，此方法的聚类数目是人为确定的，无法保证所确定的聚类数目是否为最优聚类数目。由于聚类算法没有考虑交通流数据的时间因素以及划分的控制时段时长问题，划分结果需要二次调整，后续学者主要致力于解决这些缺陷。Wong[4]利用一种迭代的方法实现多时段的划分，每一个迭代的过程都是基于历史的交通流量数据利用聚类算法划分时段，并同步优化每个控制时段的信号配时参数。直至前后两次划分的时段一致为止。此类过程相对较复杂，收敛的过程较慢。Dong[5]考虑到高维度数据可能导致聚类效果的不佳，因而采用 Isomap 方法对各个车道的交通流量数据进行降维处理，在此基础上运用 K-Means 聚类算法实现多时段的自动划分；Nedal[6]考虑聚类数目的确定需要基于仿真方法和聚类性能指标等方法的优化过程较为烦琐，并需要比较在不同聚类数目下优化性能指标的大小的缺陷，提出了基于减法算法确定聚类数目，然后利用 K-Meanas 算法划分多时段。

2 基于时间序列分段算法的时段划分方法

时间序列分段算法中，关键的三个要素是转折点数量的确定、成本函数的构建以及搜索算法的构建。但通过优化算法确定转折点数量需要惩罚函数 $\text{pen}(t)$ 和惩罚系数 β。由于惩罚系数取值不同，优化所得的转折点数量和位置也不同，不同的时间序列样本数据所对应的惩罚系数最优值也不同，并且目前并未有文献在时段划分方面研究惩罚系数 β 的最优取值范围，因此，难以确定合适的惩罚系数 β，并且难以验证在惩罚系数 β 确定的条件下优化的转折点数量和位置是否为最优。因此，本文采用确定的转折点数量（由人工确定）。

成本函数是建立样本拟合后的函数值与样本对应点值之间偏差的函数关系，并在最小化成本函数值总和的思想基础上建立离散优化函数。国内外学者在时间序列分段算法中的成本函数方面有较为成熟的研究，成本函数建立的基础主要取决于拟合时间序列样本数据的模型。目前常用的成本函数有绝对偏差最小函数、平均偏差最小函数、线性模型变化函数、高斯过程变化函数、自回归模型变化函数、核心均值变化函数等。根据交通流变化的情况，本文采用最常用的线性模型变化函数，其拟合模型为多元线性回归模型，假设 $t^* = \{t_1^*, \cdots, t_k^*\}$ 为样本存在的转折点位置，y 是因变量，$x = \{x_t\}_{t+1}^T$ 和 $z = \{z_t\}_{t+1}^T$ 为变量，ε_t 为误差值，$v \in \mathbf{R}^q$ 和 $u_k \in \mathbf{R}^p$ 为未知的系数，其基础线性回归模型公式如下：

$$\forall t, \ t_k^* < t \leqslant t_{k+1}^*, \ y_t = x_t'u_k + z_t'v + \varepsilon_t \quad (k=0,\cdots,K) \tag{2-1}$$

上述模型也被称为部分结构变化模型，y 和 x 之间会根据 u_k 的变化随时发生突变，而 y 和 v 存在恒定的线性关系，从上式中去掉 $z_t'v$ 这一项后模型会变为结构变化模型。其对应的成本函数可以基于最小平方残差值来确定。其公式如下：

$$c_{\text{linear}}(y_{a..b}) = \min_{v \in \mathbf{R}^q, u_k \in \mathbf{R}^p} \sum_{t=a+1}^{b} (y_t - x_t u_k - z_t v) \tag{2-2}$$

搜索算法是基于成本函数构建的目标函数，通过一定的约束条件，利用算法实现样本数据的遍历，识别并获取各转折点的位置，进而实现样本数据的分段。目前常用的算法有动态规划算法（Dynamic programming，Opt）、滑动窗口法（Window-sliding，Win）、二分法（Binary Segmentation，BinSeg）和自上而下分割法（Bottom-Up segmentation，BotUp）等，动态规划算法是一种精确检测转折点的算法，其优点在于准确性高，但算法复杂度较高，在数据量较大情况下运算效率低。滑动窗口算法是动态规划算法的快速近似替代算法，该算法依赖于单个转折点检测程序并将其扩展到多个转折点。其主要优点为复杂度低、易于实现，但因为单个转折点检测是在小区域（窗口）上检测的，减低了统计功效，降低了稳定性。二分法是动态规划算法的一个近似的替代算法，其运行速度特别快，算法简单且易于实现，是最常用的算法之一，但其优化结果仅是动态规划优化的估计值，检测的转折点接近准确的转折点，但存在误差。自上而下分割法也是一种近似精确检测转折点的顺序分割方法，与 BinSeg 相反。BotUp 首先将样本数据分为很多子样本数据，然后依次合并它们，直到只剩下 K 个变化点。其优点在于线性计算的复杂度和算法的简单化，缺点是合并过程并不稳定，可能出现无法检测出真正的转折点的情况，其研究的成熟度不如 BinSeg。本文采用的数据量较小，为了提高转折点位置检测的准确性，采用动态规划算法构建搜索算法，动态规划算法通过递归的方法来完成整个优化过程。

上述基于时间序列分段算法的时段划分方法，主要包括时间序列数据获取和模型优化两个方面，在模型优化过程中需要确定数据的拟合模型、对应的成本函数和搜索模型。其方法的主要优化流程如下。

步骤一：提取时间序列数据；基于交叉口的过车记录数据，根据交叉口的渠化方式按照相位以 15min 为间隔汇聚一天 24h 交通流量数据，形成多维时间序列样本数据 $y = \{y_t\}_{t=1}^{T}$（$T=96$）。

步骤二：选择时间序列数据拟合模型，构建成本函数；利用多元线性回归模型拟合样本数据，构建成本函数 $c_{\text{linear}}(y_{a..b})$；

步骤三：构建目标函数；确定转折点数目 K 和最小划分时段的长度 min_size（即划分时段最少需要包含数据的数量），构建目标函数 $\min\limits_{|t|=K} V(t, y=y_{0..T})$

步骤四：确定搜索算法；利用动态规划算法搜索转折点，并最终确定转折点的位置，进而获取各个控制时段。

3 实例分析

3.1 交叉口基本情况

本文以昆山市的珠江路与前进路交口为例，珠江路为昆山市区南北方向的城市次干道，前进路为昆山市区东西方向的主干道，其在交叉口的每个进口均布置卡口式电子警察设备，交叉口渠化图如图 1 所示。0 表示由北向南，1 表示由西向东，2 表示由南向北，3 表示由东向西。

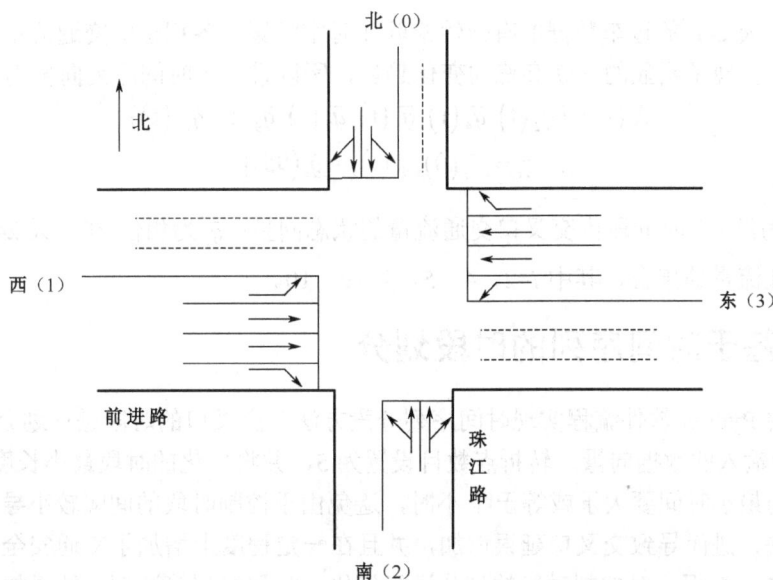

图 1 交叉口渠化图

由于南向行人相位、北向行人相位、东向行人相位、西向行人相位分别与四个直行方向的相位重合，故不考虑行人相位。在东西方向的进口存在右转专用道，其右转不受信号灯限制，故不考虑东至西右转和西至东右转相位。故本交叉口考虑的相位为北至南直行相位、东至西直行相位、东至西左转相位、西至东左转相位、南至北直行相位、西至东直行相位，其相位编号分别为 2、4、5、7、9，10。

根据信号交叉口的卡口电警数据（过车数据），对数据进行预处理，按照 15 分钟的时间间隔汇聚各相位的交通流量，一天可以分成 96 个时间段，一天 24h 的交通流量的变化（交叉口相位交通流量图如图 2 所示）。纵轴为 15 分钟的相位交通流量，横轴是时间段。

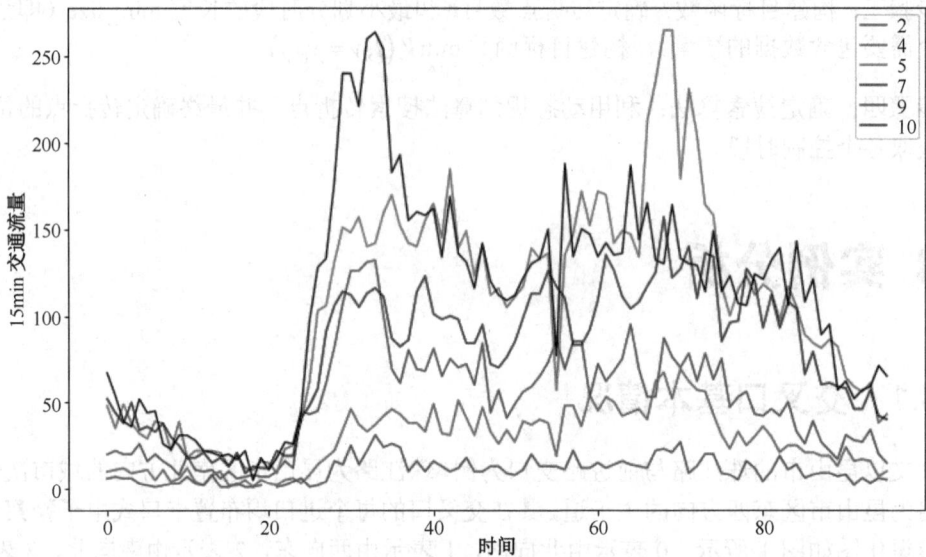

图 2　交叉口相位交通流量图

通过对一天 24h 的过车数据的有效性检验和时空汇聚，各相位的交通流量呈现图 2 所示变化趋势。呈现了明显的早晚高峰的变化趋势，所以采用的时间序列向量为：

$$X(t) = \left(\overline{q}_2(t), \overline{q}_4(t), \overline{q}_5(t), \overline{q}_7(t), \overline{q}_9(t), \overline{q}_{10}(t) \right) \qquad (3\text{-}1)$$

$$\overline{q}_i = \left[\overline{q}_i(0), \overline{q}_i(1), \cdots \overline{q}_i(95) \right]$$

式中：$X(t)$ 为第 t 个时间段内交叉口交通流量的状态向量；$\overline{q}_i$ 为相位 i 在一天 24h 内的各相位 15min 交通流量的集合，其中 $i=2$，4，5，7，9，10。

3.2　基于时间序列的时段划分

本文利用 Python 软件编程实现时间序列分段方法对交叉口的时段进行划分，将预处理后的 $X(t)$ 作为输入的数据向量，转折点数目设置为 5，并将优化的时段最小长度设置为 4，即每个时段的最小时间要大于或等于 1 小时，避免由于控制时段的间隔较小导致信号配时方案变化过快，进而导致交叉口延误增加，并且在一定程度上增加了交通安全风险；通过 Python 软件进行编程，对控制时段的划分进行优化。时间序列算法划分结果如图 3 所示，图中的六个子图分别表示相位 2、相位 4、相位 5、相位 7、相位 9 和相位 10 的交通量在一天中的变化情况，横轴表示以 15 分钟为间隔划分的时间段，纵轴表示 15 分钟的交通流量。图中虚线表示经过优化后的转折点的位置，两个转折点之间代表一个控制时段。

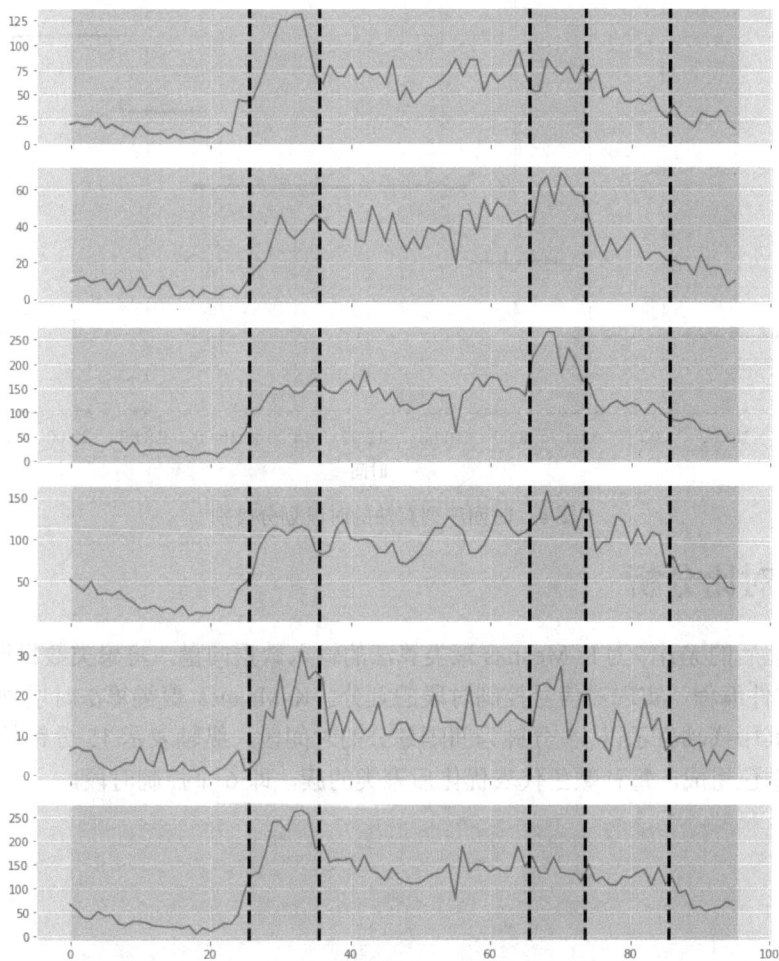

图 3   时间序列算法划分结果

由图 3 可知，两个转折点之间（虚线之间）的时段为划分后的控制时段，将转折点的个数设置为 5 个，可以划分六个时段，图中明显地呈现出了早晚高峰的时段，即从左至右第二个时段为早高峰时段，第四个阶段为晚高峰时段。此划分结果与实际相符合。

根据 Python 软件中程序的运行结果，时间序列划分方法将一天 24 小时根据相位交通流量划分为了六个时段类别，其每个类别时段的开始时间和结束时间由下图所示。00：00～6：45 和为第一个时段类别，处于低峰期；6：45～9：15 为第二个时段类别，处于早高峰期；9：15～16：45 为第三个时段类别，处于平峰期；16：45～18：45 为第四个时段类别处于晚高峰期；18：45～21：30 为第五个时段类别，处于平峰期；21：30～24：00 为第六个时段类别，处于低峰期；基于时间序列分段方法划分的六个时段识别出了分别处于早晚高峰、平峰及低峰期的时段，此时段的划分与实际道路上的交通流量的变化规律相符合，仅仅在平时常用的低峰、平峰、高峰三个时段的基础上进行了细化，提高了控制时段划分的准确性，划分较为合理。时间序列算法的时段划分类别如图 4 所示。

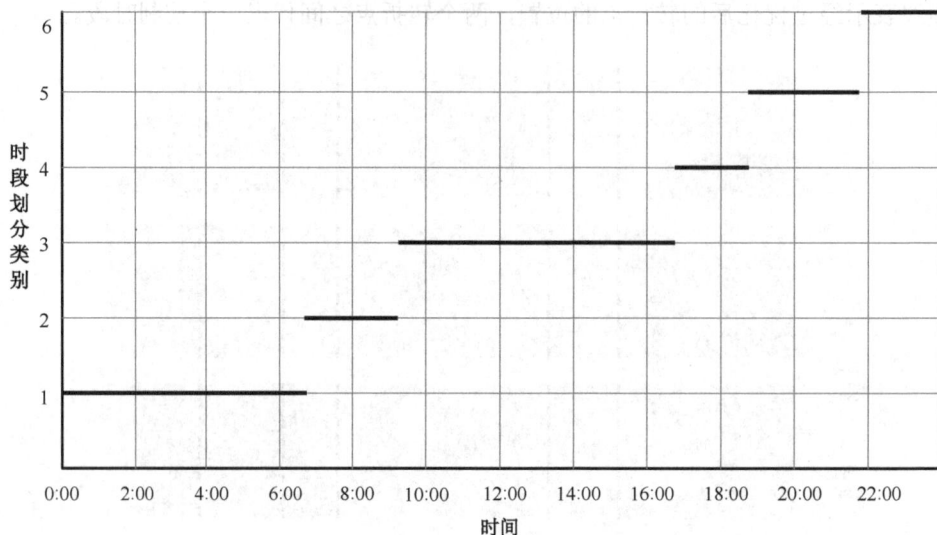

图 4　时间序列算法的时段划分类别

3.3　对比分析

将预处理后的 $X(t)$ 作为 K-Meanas 聚类算法的输入数据向量，将聚类数目设置为 6，通过 Python 软件编程，实现对信号控制时段的划分。K-Meanas 聚类算法时段划分结果图如图 5 所示，其中横轴表示以 15 分钟为间隔划分的时间段，纵轴表示 15 分钟的交通流量。图中有 6 种颜色组成，每种颜色代表优化后聚类的簇，即 6 个控制时段。

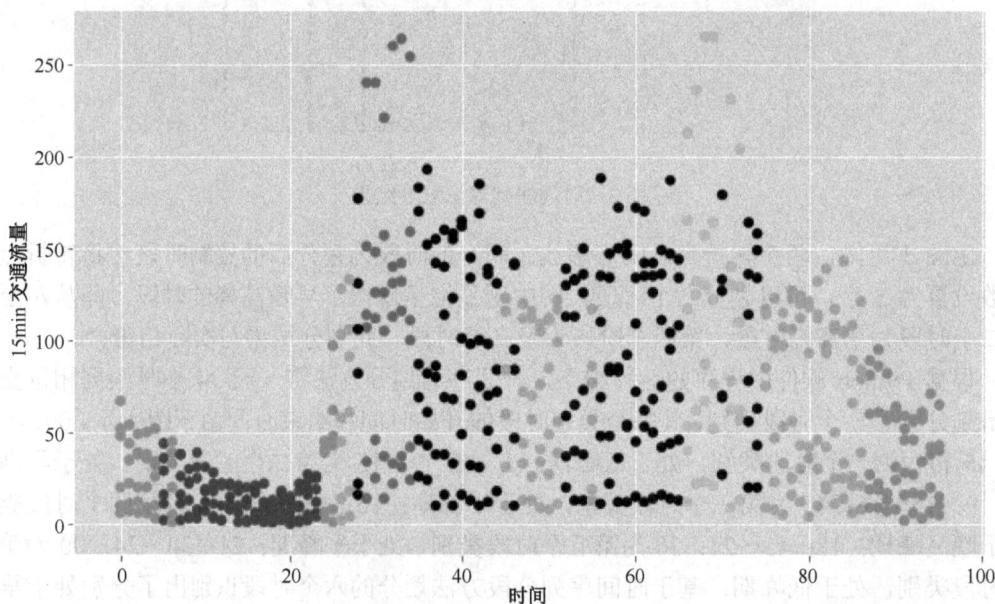

图 5　K-Meanas 聚类算法时段划分结果图

图 5 所示为以 15min 为统计间隔的各相位交通量与时间的散点图，其中不同颜色代表通过 K-Meanas 聚类算法划分后的簇，即控制时段类别。由图 5 可知，不同颜色的散点之间存在交叉和重叠的状况，比如紫色这一簇的散点与绿色这一簇有交叉和重叠，说明 K-Means 划分的时段并不连续，一个控制时段类别可能包含了多个时间段，导致控制时段的增加；K-Means 聚类算法也大致划分出了高峰、平峰，以及低峰三个交通状态。

在 Python 中编程实现针对时段划分的 K-Means 聚类分析，将一天 24h 划分为了 6 个时段来划分类别。K-Means 聚类算法的时段划分类别图如图 6 所示，除了类别 2、5、6 以外，其他时段划分类别均包括多个时间段，划分的时段是不连续的。并且有一部分的时间段的时间长度非常短，仅为 15min，一个控制方案仅执行 15 分钟，这种情况在实际交叉口中是无法实现的。因此，需要对划分后的时段进行人工调整，将时间长度较短的时间段合并到相邻的时段中，但经过人工调整后改变了基于 K-Means 聚类算法划分后的时段，已经不在处于时段划分的最优状态。

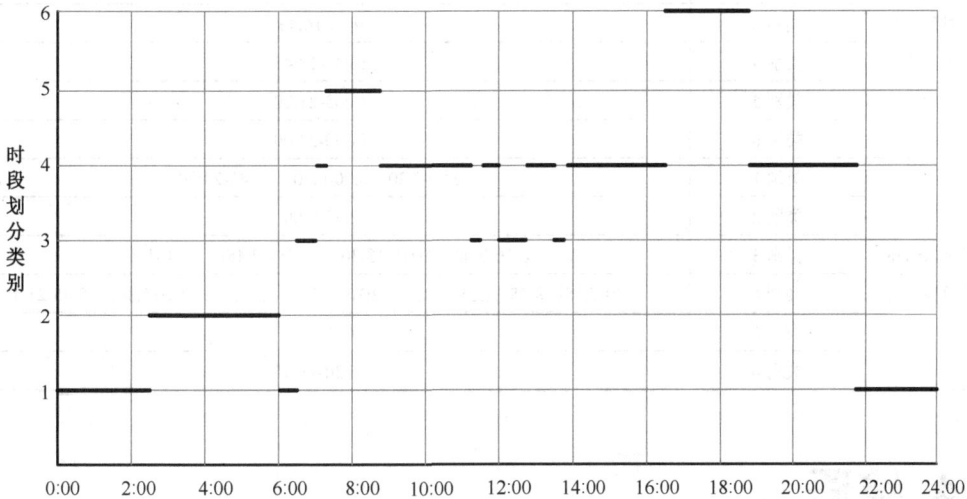

图 6　K-Means 聚类算法的时段划分类别图

上述两种方法划分的时段见表 1，基于时间序列分段方法划分的时段的特点在于每个时段类别仅包含一个时间段，且每个时段之间的时间长度大于 1h；而基于聚类分析方法划分的时段的特征在时段类别中可能有多个时间段，且每个时间段长度非常短。

对比这两种方法的划分结果，其共同之处在于这两种方法划分所得的控制时段体现出了早晚高峰、平峰和低峰时段，并且细化了这几个时段，形成了更详细和准确的时段划分方案。

由于基于 K-Means 聚类的时段划分方法未考虑交通流量的时间因素和时段的时间段长度等问题，其划分结果呈现出时段类别中包含多股不连续的时间段和时间长度较短的现象，划分时段类别中时间段不连续问题将会带来时段数量的增加，且增加的时段数目是由输入的样本数据决定，无法控制时段数量，一般情况交叉口的控制时段数量在 4～7 之间，过多的时段数量会导致信号周期转换成本过大。而时段的时间长度过短则难以完成信号配时方案的过渡变化和需要高频次地转换信号配时方案，这在一定程度上会增大信号配时方案转化成本和交叉口安全隐患的发生的概率。

本文所提出的方法能够高效和科学地解决基于 K-Means 聚类的时段划分存在的问题。时段划分结果参见表 1，根据输入的样本数据将信号控制时段划分成了 6 个类别，每个类别代表一个控制时段，每个控制时段中仅包含一个连续的时间段且每个时间段的长度较大。并且在划分的 6 个时段中类别 1 和类别 6 为低峰时段、类别 3 为早高峰、类别 4 为和类别 5 为平峰时段、类别 4 为早高峰，其早晚高峰、平峰和低峰所对应的时间与实际交叉口所对应的时间大致重合。因此，本文所提出的基于时间序列分段方法较基于 K-Means 聚类算法在时段划分方面更有效和更加科学。

表 1 时段划分结果

划分方法	时段划分类别	时段划分结果
基于时间序列分段方法	类别 1	0:00-6:45
	类别 2	6:45-9:15
	类别 3	9:15-16:45
	类别 4	16:45-18:45
	类别 5	18:45-21:30
	类别 6	21:30-24:00
基于 K-Means 聚类分析方法	类别 1	0:00-2:30；6:00-6:30；21:45-24:00
	类别 2	2:30-6:00
	类别 3	6:30-7:00；11:15-13:30；11:45-12:45；13:30-13:45
	类别 4	7:00-7:15；8:45-11:15；11:30-12:30；12:45-13:30；13:45-16:30；18:45-21:45
	类别 5	7:15-8:45
	类别 6	16:30-18:45

4 结语

信号配时优化对于缓解道路交通拥堵、提高通行能力和减少交通延误有着非常重要的作用和意义，而时段划分是信号配时优化的重要部分。首先对信号控制方案时段划分的作用和意义进行阐述，考虑到聚类分析算法和人工智能算法划分控制时段方面的不足，本文提出了一种基于时间序列分段算法的时段划分方法，最后通过对基于时间序列分段算法和基于 K-Means 聚类算法的时段划分方法得到的结果比较分析，发现基于时间序列分段算法的时段划分方法更为合理有效。

参考文献

[1]   Hauser T A, Scherer W T. Data mining tools for real-time traffic signal decision support &

maintenance[C]// IEEE International Conference on Systems, Man, and Cybernetics. IEEE, 2001:1471-1477 vol.3.

[2]   Smith B L ,Scherer W T , Hauser T A , et al. Data－driven methodology for signal timing plan development: A Computational Approach[J]. Computer-Aided Civil and Infrastructure Engineering, 2002, 17(6):387-395.

[3]   Wang X ,Cottrell W , Mu S . Using K-Means clustering to identify time-of-day break points for traffic signal timing plans[C]// Intelligent Transportation Systems, 2005. Proceedings. 2005 IEEE. IEEE, 2005.

[4]   Wong Y K ,Woon W L . An iterative approach to enhanced traffic signal optimization[J]. Expert Systems With Applications, 2008, 34(4):2885-2890.

[5]   Dong C D C ,Su Y S Y , Liu X L X . Research on TOD based on isomap and K-Means clustering algorithm[C]// International Conference on Fuzzy Systems & Knowledge Discovery. IEEE, 2009.

[6]   Ratrout N T .Subtractive Clustering-based K-Means technique for determining optimum time-of-day breakpoints[J]. Journal of Computing in Civil Engineering, 2011, 25(5): 380-387.

基于号牌识别数据的控制子区承载力估计

柯四平　刘　伟　王寅朴　安成川　夏井新

（ 东南大学 智能运输系统研究中心 江苏省南京市东南大学路 2 号 211189 ）

【摘要】准确的区域路网承载力估计是城市区域交通管控的重要输入基础，它反映了路网在稳定交通状态下所能承受的最大累积车辆数。在控制子区的基础上，本文首先基于车辆出行轨迹数据，构建了控制子区的 MFD（Macroscopic Fundamental Diagram），并利用 H-S 主曲线算法对 MFD 散点进行了去噪，通过对比多种拟合函数对主曲线质心进行拟合以确定 MFD 变量之间的定量关系，从而进行控制子区承载力估计。本文提出的基于号牌识别数据的控制子区承载力估计方法，利用大量易获得的号牌数据进行研究，克服了传统图论方法和交通流模型理论进行承载力估计不准确以及利用不真实仿真数据进行承载力估计的缺陷，具有数据获取容易、模型关系简单、实用性和准确性高等突出优点。

【关键词】号牌识别数据；MFD；控制子区；承载力

Carrying Capacity Estimation of Control Subarea Based on License Plate Identification Data

Siping Ke, Wei Liu, Yinpu Wang, Chengchuan An, Jingxin Xia

（ ITS Research Center, Southeast University, No.2 Southeast University Road, Nanjing, Jiangsu, 211189 ）

Abstract: Accurate regional road network carrying capacity estimation is an important input for urban regional traffic control, which reflects the maximum cumulative number of vehicles that the road network can withstand under stable traffic conditions. Based on the control subarea, this paper firstly constructs the MFD (Macroscopic Fundamental Diagram) of the control subarea based on the vehicle travel trajectory data, and denoises the MFD scatter point by using the HS main curve algorithm. The merging function fits the centroid of the main curve to determine the quantitative relationship between the MFD variables, thus estimating the subarea carrying capacity. The method for estimating the carrying capacity of the control subarea based on the number plate identification data proposed in this paper uses a large number of easily available license plate data for research, overcomes the shortcomings that using traditional graph theory method, traffic flow model theory and simulation data to carry out inaccurate estimation of carrying capacity. The method of carrying capacity estimation here have the outstanding advantages of easy data acquisition, simple model relationship and high practicability and accuracy.

Keywords: License Plate Identification Data; MFD; Control Subarea; Carrying Capacity.

1 引言

实施子区控制最关键的要素是进行控制子区承载力的估计，控制子区承载力，即区域路网从非拥堵状态转换为拥堵状态的临界点，控制子区需要将受控区域内的累积车辆或者平均车辆密度值维持在一定阈值之下以保证交通流运行的稳定性，减少交通拥堵发生的可能性。在二十一世纪之前，学者们往往通过路网车辆 OD 或者各路段通行能力来推断路网的承载力，但模型含有大量待标定参数，实际承载力的估计效果并不理想，经典的图论分析方法，当在分析实际路网时，存在无法考虑车辆路径选择行为的缺陷，交通分配法等网络交通流微观建模存在模型结构复杂、数据难以获取、理论假设难以验证的缺陷，无法保障路网承载力分析的准确性和可靠性。这些问题极大地制约了传统方法在真实复杂路网条件下的实际应用。随着交通检测技术的发展，MFD（Macroscopic Fundamental Diagram）现象[1]和理论都被得到了验证，这给区域承载力的估计提供了更为高效的思路。MFD 是一种描述路网承载和通行能力的理论，且 MFD 的特性可以直接作用于子区控制，它并不依赖于 OD 输入和详细的车辆驾驶行为，从理论上来说只要拥有足够的检测器便可以得到 MFD 曲线。近年来，虽然很多学者利用 MFD 对数据进行分析，但大多采用的是实际观测数据、仿真数据，以及在城市路网中覆盖率较低的车辆检测器数据，由于这些数据精确度不高，所有利用这些数据进行区域承载力估计，会导致承载力估计精度不高，所以本文根据路网车辆视频号牌识别数据获取车辆轨迹得到路网累积车辆累计量和输出量，并利用 MFD 图像估计控制子区的承载能力。

2 研究现状分析

承载力原本是源于岩土与土木工程的物理概念，反映了材料在不发生任何破坏时所能承受的最大负荷。随后，承载力的概念逐渐延伸至交通领域，城市道路交通网络的承载力和容量意义十分相近，反映了城市路网所能承载的车辆数与其对应的交通运行状态，城市道路交通网络的承载力不仅是城市路网规划设计和交通政策制定的重要考虑指标，更是城市交通管控的重要支撑。对承载力的研究已经经历了半个多世纪，美国、日本和法国的相关学者对路网承载力的研究比较经典。美国学者 Beckmann[2]最早提出利用连续运输系统来代表路网，并给出了一个可以描述平衡交通流分配的线性规划模型。在 1956 年，美国学者 Ford 和 Fulkerson[3]根据最大流最小割原理创建了网络流模型，被广泛应用于通信网和交通运输网络中。Smeed R.J[4]在研究路网容量时发现路段通行能力和路网容量有很强的联系，提出了一种基于路段通行能力求解路网通行能力的方法。日本学者西村昂[5]和山村信吴[6]基于路网的拓扑结构深入地分析了路网地最大通行能力。Doulliez[7]等人将交通流分配问题转换成了最短路问题，并用 Dijkstra 算法对问题进行了求解。饭田恭敬[8]则考虑了将驾驶员路径选择作为约束对路网通行能力进行求解。Masuya 等人将网络流割集理论和线性规划理论结合起来对路网承载力进行了求解[9]。Yang[10]等人将路段通行能力和交叉口排队长度作为路网承载力的约束条件，在 Beckmann 模型的基础上提出了二次规划的双层极值模型。之后，Iida[11]提出通过将 OD 按照一定比例分配到路网上来计算各饱和路段的流量之和作为网络承载力。法国工程师路易斯·马尚提出时空消耗模型，将路网的时空总量与个体出行的平均时空消耗量的比值作为城市路网容量[12]。Garcia[13]等人基于过饱和路网建立了过饱和路网承载力模型，并基于改进的 Frank-Wolfe 模型进行求解。Tam M L[14]等人以路网停车空间为约束研究了路网的最大机动车保有量并将此定义为路网承载力。Awad W H[15]利用神经网络技术对路网交织段的通行能力数据进行训练，用于计算不同情况下路网交织段的承载力。

国内对承载力的研究大部分是基于国外承载力的相关研究成果进行了深入扩展，转换成为适合国内交通状况的承载力模型。杨涛[16]在 1990 年基于时空消耗模型提出了高峰小时城市路网承载力的计算方法。张珊珊[17]对路网时空消耗模型进行了改进，增加路网时空资源的有效利用的约束对模型进行求解。李旭宏[18]根据不同等级路段的通行能力，基于割集法提出了一种粗略估计路网承载力的方法。杨晓萍[19]以提升路网资源利用率为目的调整了 OD 需求，并利用割集法理论求解多起终点的路网通行能力。赵彤[20]等人从系统工程学的角度考虑建立了系统用户平衡的双层规划模型来计算路网承载力，模型以系统最优为条件以出行成本最低为目标，但是模型计算较为复杂，在现实中较难运用。张元亮[21]先确定路网的关联路段，然后利用交通模拟分配法和关键路段交叉口构建承载力扩充模型。钱晨[22]等人在传统路经选择决策中考虑了惯性思维和前景理论，并提出了新的流量加载机制，实现了对路网承载力的求解。

经典的图论分析方法在分析实际路网时，存在无法考虑车辆路径选择行为的缺陷；交通分配法等网络交通流微观建模存在模型结构复杂、数据难以获取、理论假设难以验证的缺陷，无法保障路网承载力分析的准确性和可靠性。这些问题极大地制约了传统方法在真实复杂路网条件下的实际应用。

近年来，以路网宏观基本图理论为核心的路网交通流宏观建模方法的逐渐兴起和发展。2005 年，Daganzo 等重新引入了网络交通流宏观建模的概念，并从理论上证明了路网 MFD 的存在[23][24]。Saberi 等人[25]通过观察美国波特兰市高速公路路网的 MFD，得出最大网络流量处于 1 300veh/h 到 1 500veh/h 的区间范围。Geroliminis 等人[1]通过观察日本名古屋城区 MFD，得出最大网络流量为 500veh/h。Keyvan-Ekbatani 等[26]通过观察确定了路网 MFD，并以此为依据提出了基于 MFD 的区域边界门限控制方法。Saberi 等[27]基于路网交通仿真数据构建的 MFD，通过观察得出了美国芝加哥、盐湖城和长岛路网容量分别为 83 000trip/5min、20 000trip/5min 和 21 000trip/5min，但大多采用的是实际观测数据、仿真数据，以及在城市路网中覆盖率较低的车辆检测器数据，由于这些数据精确度不高，所有利用这些数据进行区域承载力估计，会导致承载力估计精度不高，所以本文根据路网车辆视频号牌识别数据获取车辆轨迹得到路网累积车辆累计量和输出量，并利用 MFD 图像估计控制子区的承载能力。现阶段，相比网络交通流微观建模方法，基于 MFD 的网络交通流宏观建模方法具有数据获取容易、模型关系简单、实用性高等突出优点，为路网承载力的分析提供了新思路。

3 基于号牌识别数据的控制子区 MFD 构建

3.1 MFD 理论

宏观基本图（Macroscopic Fundamental Diagrams，MFD）理论提供了路网中交通变量之间的平均关系，该理论并不拘泥于单个路段，而是对路网的整体运行状态进行建模，它通过路网中平均路段车辆密度和平均网络流量之间的关系来表征路网的运行态势，另外 MFD 也可以用路网累积车辆数和出行完成流量之间的关系来表示。图 1 展示了路网累积车辆数和出行完成流量之间的 MFD 示意图。路网的出行完成流量随着路网累积车辆数的增加而增加，当路网累积车辆数达到临界值时，出行完成流量达到最大值，之后路网的出行完成流量随着路网累积车辆数增加而减少直到接近零。

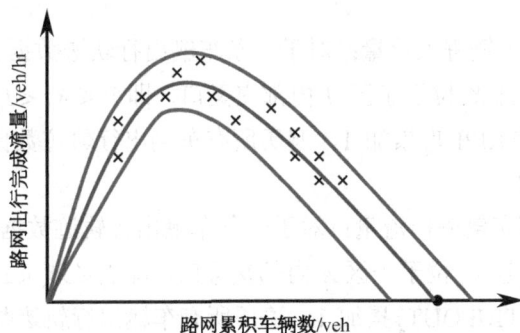

图 1　路网累积车辆数和出行完成流量之间的 MFD 示意图

路网均质性是得到完好 MFD 的关键条件，即一个区域中路段的车辆密度方差较小，此时 MFD 的离散程度较低，能够更佳准确获得路网的临界累积车辆数等信息，为子区控制提供准确的路网临界状态信息。

3.2　基于车辆出行轨迹的控制子区 MFD 构建规则

基于路网累积车辆数-出行完成流量的 MFD 直接反映了路网累计车辆数对路网运行状态的影响，可以为区域控制提供更直观有效的信息。通过历史车辆出行轨迹数据可以准确地计算路网的累积车辆数、出行完成流量等信息，从而获取基于累积车辆数、出行完成流量的 MFD。

对于一条车辆出行轨迹数据 $X=[X_1,X_2,\ldots X_n]$，对于任意一个轨迹点 X_k，X_k 时间信息为 X_k^t，X_k 位置信息（位置基于交叉口表示）为 X_k^s。子区 A 包含的交叉口的集合为 INT_A，子区 A 边界的交叉口集合为 INT_A^b，子区 A 内部的交叉口集合为 INT_A^i，其中 $\mathrm{INT}_A=\mathrm{INT}_A^b\cup\mathrm{INT}_A^i$。对于任意时段 $[T_s,T_e)$，基于车辆出行轨迹数据统计子区 A 的累积车辆数 ACC_A、边界车辆进入流量 TRIPIN_A^b、边界车辆驶出流量 $\mathrm{TRIPOUT}_A^b$、内部车辆进入流量 TRIPIN_A^i 和内部车辆驶出流量 $\mathrm{TRIPOUT}_A^i$ 的规则如下：

（1）子区 A 的累积车辆数：对于一条车辆出行轨迹数据 X，位置处于子区 A 内的轨迹点的时间信息集合为 $T_X^A=\{X_i^t\mid X_i^s\in\mathrm{INT}_A\}$，若 T_s 处于 $\max(T_X^A)$ 和 $\min(T_X^A)$ 之间，则 ACC_A 累加 1，遍历所有车辆出行轨迹数据即可获得 T_s 时刻子区 A 的累积车辆数 ACC_A；

（2）子区 A 的边界车辆进入流量：对于一条车辆出行轨迹数据 X，若存在一个轨迹点 X_k 处在子区 A 的边界交叉口，X_k 的时刻介于 $[T_s,T_e)$，且 X_k 的前一个轨迹点不在子区 A 内，即 $X_k^s\in\mathrm{INT}_A^b$，$T_s\leqslant X_k^t<T_e$，$X_{k-1}^s\notin\mathrm{INT}_A$，则子区 A 的边界车辆进入流量 TRIPIN_A^b 累加 1，遍历所有车辆出行轨迹数据中的所有轨迹点即可获得 $[T_s,T_e)$ 时段子区 A 的边界车辆进入流量 TRIPIN_A^b；

（3）子区 A 的边界车辆驶出流量：对于一条车辆出行轨迹数据 X，若存在一个轨迹点 X_k 处在子区 A 的边界交叉口，X_k 的时刻介于 $[T_s,T_e)$，且 X_k 的后一个轨迹点不在子区 A 内，即 $X_k^s\in\mathrm{INT}_A^b$，$T_s\leqslant X_k^t<T_e$，$X_{k+1}^s\notin\mathrm{INT}_A^b$，则子区 A 的边界车辆驶出流量 $\mathrm{TRIPOUT}_A^b$ 累加 1，遍历所有车辆出行轨迹数据中的所有轨迹点即可获得 $[T_s,T_e)$ 时段子区 A 的边界车辆驶出流量 $\mathrm{TRIPOUT}_A^b$；

（4）子区 A 的内部车辆进入流量：对于一条车辆出行轨迹数据 X 的第一个轨迹点 X_1，若 X_1 的时刻介于 $[T_s,T_e)$ 且 X_1 位于子区 A 内部交叉口，即 $T_s\leqslant X_1^t<T_e$，$X_1^s\in\mathrm{INT}_A^i$，则子区 A 的内部车辆进入流量 TRIPIN_A^i 累加 1，遍历所有车辆出行轨迹数据即可获得子区 A 的内部车辆进入流量 TRIPIN_A^i；

（5）子区 A 的内部车辆驶出流量：对于一条车辆出行轨迹数据 X 的最后轨迹点 X_n，若 X_n 的时刻介于 $[T_s,T_e)$ 且 X_n 位于子区 A 内部交叉口，即 $T_s\leqslant X_n^t<T_e$，$X_n^s\in\mathrm{INT}_A^i$，则子区 A 的内部车辆驶出流量 $\mathrm{TRIPOUT}_A^i$ 累加 1，遍历所有车辆出行轨迹数据即可获得子区 A 的内部车辆进入流量 $\mathrm{TRIPOUT}_A^i$。

（6）子区 A 在 $[T_s,T_e)$ 的总出行增加量为 $\mathrm{TRIPIN}_A^b+\mathrm{TRIPIN}_A^i$，总出行完成量为 $\mathrm{TRIPOUT}_A^b+\mathrm{TRIPOUT}_A^i$。

3.3 控制子区 MFD 主曲线分析

准确的承载力估计可以为基于反馈控制的子区控制手段提供数据支撑，而 MFD 拟合可以为基于 MPC 控制的子区控制手段提供数据支撑，同时更加便利地进行承载力估计，为了减少区域车辆出行完成流量波动带来的噪声，利用 H-S 主曲线算法对 MFD 进行初步拟合并计算原始 MFD 在主曲线上的投影（即主曲线的质心点），为后续利用函数对 MFD 进行拟合减少干扰。

主曲线算法是根据数据寻找通过数据分布"中央"的主曲线，使它能真实地反映数据的形态，即这条曲线是数据集合的"骨架"，数据集合是这条曲线的"云"。H-S 主曲线算法不用事先确定曲线的类型，是一种基于曲线弧长的非参数分析方法，具有较好的普适性，算法具体步骤如下：

步骤一：曲线初始化。设初始主曲线 $r^{(0)}(s)$ 为数据集合 $X = \{x_1, x_2, \cdots, x_n\}$ 的第一线性主成分曲线，$r^{(j)}(s) = f\left(r_1^{(j)}(s), r_2^{(j)}(s), \cdots, r_d^{(j)}(s)\right)$ 是第 j 次迭代的 D 维函数，s 是一个可以调节参数，本质上 $r^{(j)}(s)$ 是 D 维欧式空间 R^D 上的一条连续可微的光滑曲线，$j = 0,1,\ldots$ ；

步骤二：投影。将原始数据点 x_n 投影到曲线 $r^{(j)}(s)$ 上，计算投影指标 $s_{r^{(j)}(s)}(x) = \sup\left\{s : \| X - r^{(j)}(s) = \inf \| X - r^{(j)}(\tau)\|\right\}$ 。其中，$s_{r^{(j)}}(x)$ 是数据点 x_n 投影到曲线 $r^{(j)}(s)$ 上的值；

步骤三：期望。计算期望 $E\left(X \mid s_{r^{(j)}}(X) = s\right)$ ，并令 $r^{(j+1)}(s) = E\left(X \mid s_{r^{(j)}}(X) = s\right)$ ；

步骤四：判定。若 $\left(1 - \dfrac{\Delta\left(r^{(j+1)}\right)}{\Delta\left(r^{(j)}\right)}\right)$ 收敛则停止；否则令 $j = j+1$ ，返回步骤2。

4 实例分析

4.1 控制子区全天 MFD 分析

本文使用的视频号牌识别设备数据的采集时段为 2018 年 7 月 30 日至 2018 年 8 月 12 日，共计 2 周，地点为江苏省昆山市，每当车辆经过视频号牌识别设备时，设备就会对车辆进行拍照并对车辆的相关信息进行记录。控制子区 8 在 2018 年 8 月 6 日的 MFD 如图 2 所示。以 2018 年 8 月 6 日视频号牌识别设备数据为例，当日共计 7 692 751 条数据，根据最短路原则进行车辆出行轨迹缺失信息修补并进行子区划分。基于 MFD 构建规则对 2018 年 8 月 6 日的 3 个控制子区的 MFD 进行构建，控制子区 8 的 MFD 如图 2（b）所示。可以看到，该控制子区的实际 MFD 绝大部分处于上升阶段，并展现出一段较为平缓的临界状态，但是下降阶段不明显，处于临界状态附近的点分布较为离散。

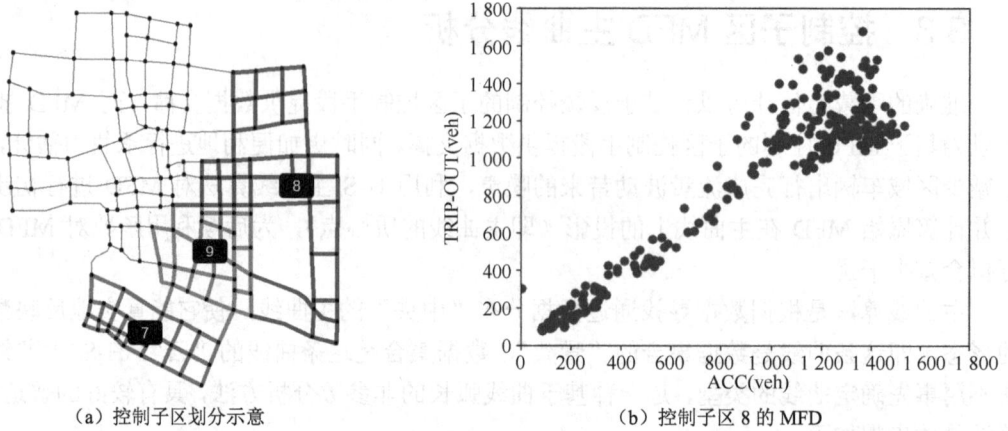

（a）控制子区划分示意 （b）控制子区 8 的 MFD

图 2 控制子区 8 在 2018 年 8 月 6 日的 MFD

一个控制子区一天的 MFD 包含了早晚高峰等多个时段，由于各个时段的交通控制方案存在一定差异且存在道路车辆密度分布不均衡的情况，所以一个控制子区一天的 MFD 有时会呈现较为离散的状态。以控制子区 8 为例，从 2018 年 8 月 6 日一天的 MFD 可以观测到在路网累积车辆为 0～1 100veh 时，路网出行完成流量和路网累积车辆呈现出较为显著的线性关系，而当路网累积车辆为 1 100～1 500veh 时 MFD 的散点离散程度较大，近似呈现出圆形形状，图 3 为 2018 年 8 月 6 日控制子区 8 的 MFD 全天 MFD。MFD 展现出了三个较为显著的部分，分别为早高峰路网车辆累积数上升阶段 MFD、晚高峰路网车辆累积数下降阶段 MFD 和介于早晚高峰之间的车辆累积数波动阶段的 MFD。

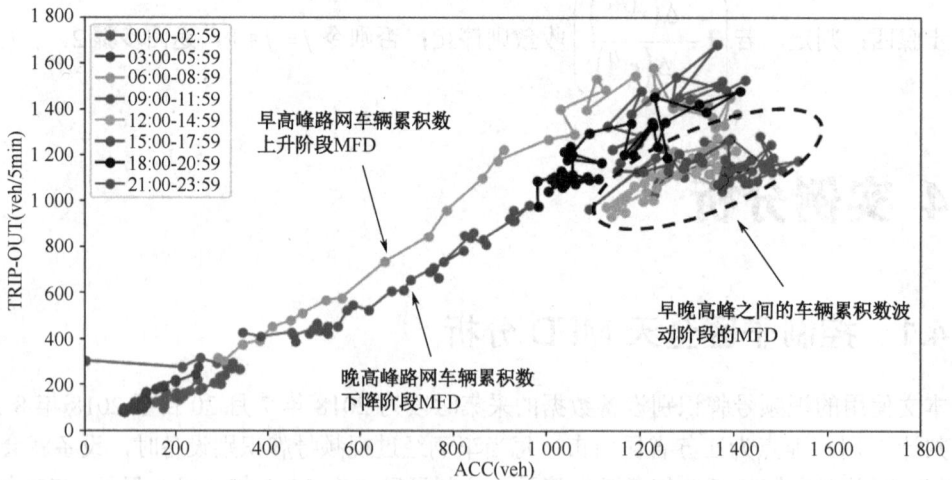

图 3 2018 年 8 月 6 日控制子区 8 的 MFD 全天 MFD

2018 年 8 月 6 日控制子区 8 的 MFD 变量时序图如图 4 所示。图 4（a）展示了车辆累积数时序图，路网车辆累积数从 4：00～10：00 持续增加，在 10：00 附近达到当日最高峰值；在 12：00～17：00 时段中路网车辆累积数波动较大，出现了多个明显的高峰，此期间车辆积累数偏高而车辆出行完成流量偏低；在 18：00 附近晚高峰时期，路网车辆累积数达到了当日最后一个高峰值，之后路网车辆累积数持续下降。图 4（b）展示了车辆出行完成流量时序图，车辆出行完成流量时序图呈现典型的双峰特征，分别对应了早晚高峰，早高峰峰值于 8：00 达到，车辆出行完成流量为 1 577(veh/5min)，晚高峰峰值于 17：10 达到，车辆出行完成流量为 1 678(veh/5min)。

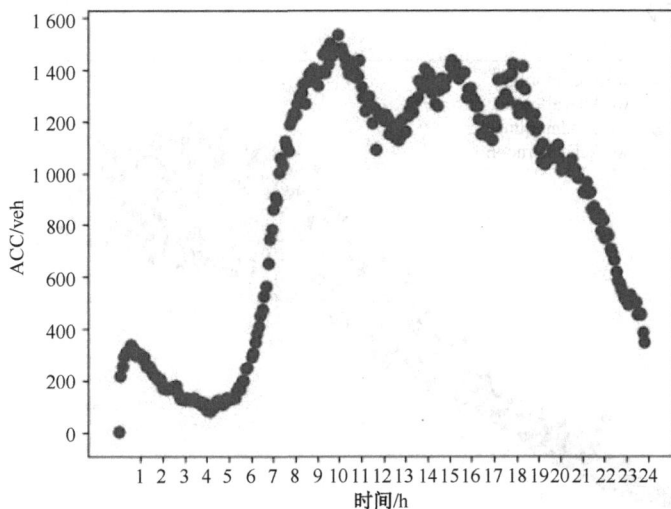

（a）车辆累积数时序图

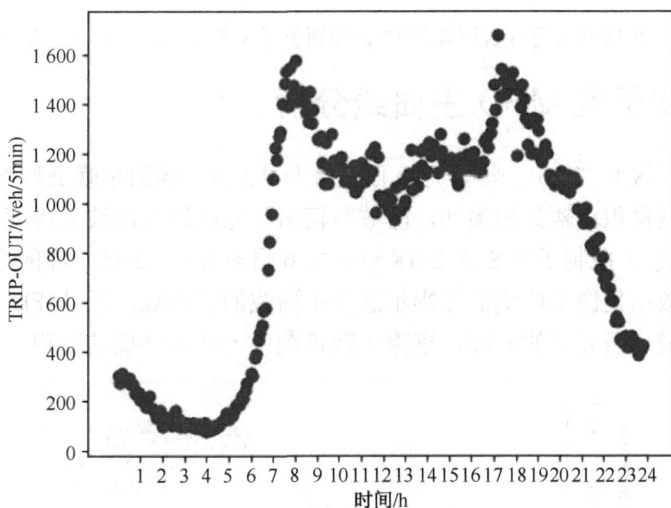

（b）车辆出行完成流量时序图

图 4　2018 年 8 月 6 日控制子区 8 的 MFD 变量时序图

4.2　控制子区一周 MFD 分析

对控制子区 8 在 2018 年 8 月 6 日至 8 月 12 日一周内 00：00～10：00 的 MFD（称为早高峰 MFD），以及 17：30～24：00 的 MFD（称为晚高峰 MFD），分工作日和周末进行对比分析。2018 年 8 月 6 日至 8 月 12 日控制子区 8 工作日周末早晚高峰 MFD 如图 5 所示。图 5 中，黑色散点表示工作日早高峰 MFD，绿色散点表示工作日晚高峰 MFD，蓝色散点表示周末早高峰 MFD，黄色散点表示周末晚高峰 MFD，可以发现工作日、周末早晚高峰四个类型的 MFD 均有其独特的分布特性。早高峰 MFD 右侧均展现出一部分下降阶段，工作日早高峰 MFD 比周末早高峰 MFD 的下降阶段更明显且车辆出行完成流量更高；晚高峰 MFD 的右侧均没有展现出明显的下降阶段，工作日晚高峰 MFD 的车辆出行完成流量略高于周末晚高峰 MFD。

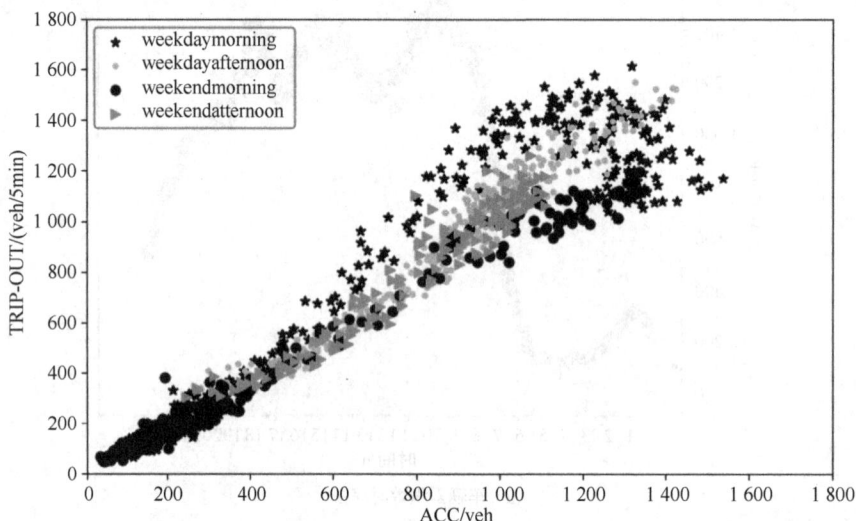

图 5　2018 年 8 月 6 日至 8 月 12 日控制子区 8 工作日周末早晚高峰 MFD

4.3　控制子区 MFD 主曲线分析

通过对控制子区 8 在 2018 年 8 月 6 日至 8 月 12 日一周的早晚高峰 MFD 进行观察可以发现，随着区域累积车辆数的增加，区域车辆出行完成流量的波动程度变大。图 6（a）、（b）、（c）分别展示了控制子区 8 在 2018 年 8 月 6 日至 8 月 12 日一周的早高峰 MFD 主曲线拟合图。原始数据集像主曲线的投影示意及主曲线的质心点，经 MFD 投影形成的主曲线质心点近似连成一条光滑的曲线，剔除了散点图中一些不必要的噪声。

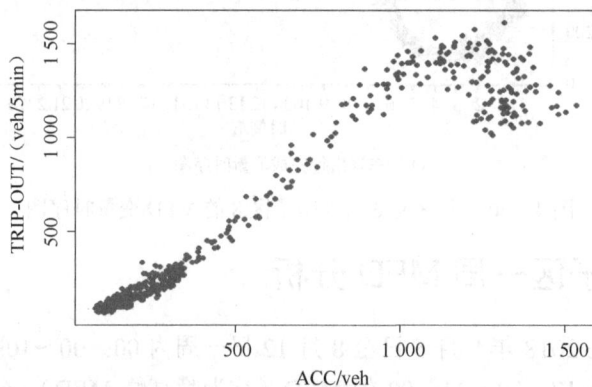

（a）MFD 散点图

图 6　2018 年 8 月 6 日至 8 月 12 日一周的早高峰 MFD 主曲线拟合图

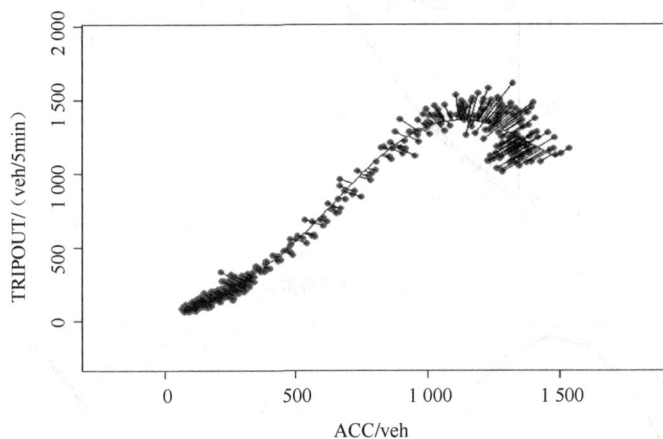

（b）MFD 主曲线与投影

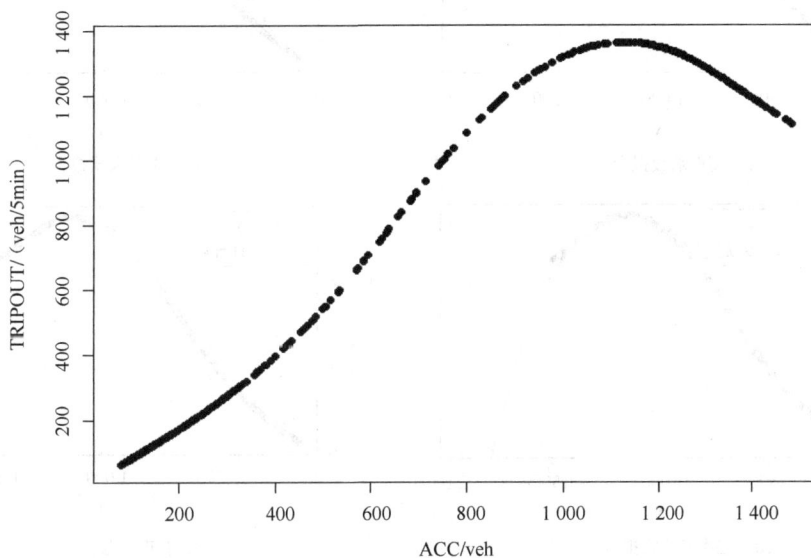

（c）MFD 主曲线质心

图 6　2018 年 8 月 6 日至 8 月 12 日一周的早高峰 MFD 主曲线拟合图（续）

4.4　控制子区 MFD 函数拟合与承载力估计

　　为了进一步分析 MFD 中变量之间的关系并估计区域承载力，下面利用多种函数对控制子区 8 在 2018 年 8 月 6 日至 8 月 12 日一周的早高峰 MFD 进行拟合，建立区域累积车辆数和区域车辆出行完成流量的定量关系，各拟合函数的形式、参数及拟合指标如图 7、表 1 所示，其中，有理函数的拟合效果最好。

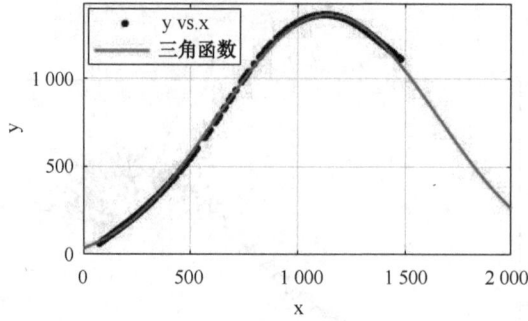

（a）三角函数拟合

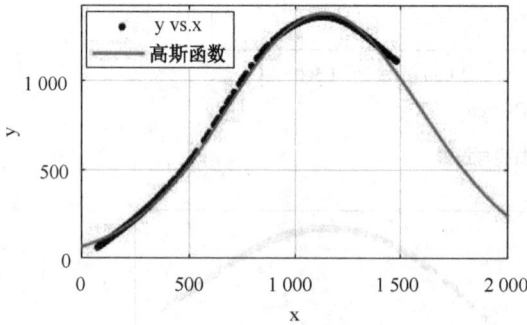

（b）高斯函数拟合

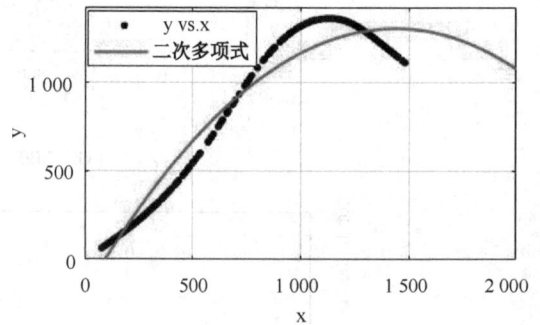

（c）二次多项式拟合

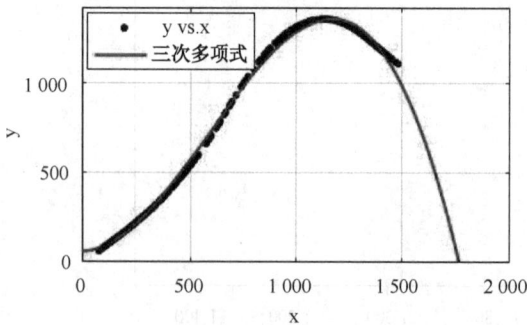

（d）三次多项式拟合

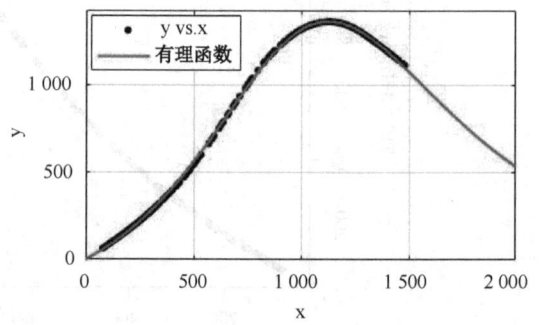

（e）有理函数拟合

图 7　2018 年 8 月 6 日至 8 月 12 日控制子区 8 早高峰 MFD 拟合图

表 1　2018 年 8 月 6 日至 8 月 12 日控制子区 8 早高峰 MFD 拟合函数详情

拟合函数名	函数形式与参数	R-square	RMSE
三角函数	$f(x)=586.1-593.4*\cos(x*0.00229)+340.8*\sin(x*0.00229)+43.11*\cos(2*x*0.00229)-81.25*\sin(2*x*0.00229)$	0.9998	7.714
高斯函数	$f(x)=1380*\exp(-((x-1137)/650.7)\text{^}2)$	0.9988	17.67
二次多项式	$f(x)=-0.0007212*x\text{^}2+2.075*x-187.7$	0.9742	81.73
三次多项式	$f(x)=-1.628e-06*x\text{^}3+0.002847*x\text{^}2+0.01039*x+60.87$	0.9991	15.13
有理函数	$f(x)=(-337.1*x\text{^}3+1.094e+06*x\text{^}2+3.773e+04*x+394.3)/(x\text{^}3-2007*x\text{^}2+1.582e+06*x-1.796e+04)$	0.9999	6.019

在[0,+∞)范围内求得拟合的有理函数车辆出行完成流量最大的点为（1 118.4veh，

1365.9veh/5min）。在工作日早高峰，当控制子区 8 的累积车辆数达到 1 118.4 时，子区内的车辆出行完成流量达到最高为 1365.9/5min，这是控制子区 8 路网交通状态的临界点，反映了该区域的承载力，当子区的累积车辆数继续增加时，路网将进入不稳定的拥堵状态，路网交叉口发生溢出死锁导致大范围路网拥堵的几率显著增加。通过对控制子区 8 工作日、周末早晚高峰 MFD 拟合和承载力估计详情见表 2。最后，对控制子区 8 工作日、周末早晚高峰 MFD 拟合的效果图如图 8 所示。

表2　控制子区 8 工作日、周末早晚高峰 MFD 拟合和承载力估计详情

时段	函数形式与参数	承载力状态点
工作日早高峰	$f(x)=(-337.1*x^3+1.094e+06*x^2+3.773e+04*x+394.3)/$ $(x^3-2007*x^2+1.582e+06*x-1.796e+04)$	（1 118.4,1 365.9）
工作日晚高峰	$f(x)=(-1107*x^3+2.645e+06*x^2+5.167e+04*x+276.5)/$ $(x^3-3366*x^2+3.795e+06*x-2.326e+04)$	（1 474.3,1 484.5）
周末早高峰	$f(x)=(-93.17*x^3+1.156e+06*x^2+4.695e+04*x+488.6)/$ $(x^3-1727*x^2+1.805e+06*x-1.924e+04)$	（1 288.9,1 076.5）
周末晚高峰	$f(x)=(-1322*x^3+2.221e+06*x^2+3.969e+04*x+205.2)/$ $(x^3-3464*x^2+3.338e+06*x-1.448e+04)$	（1 273.2,1 248.1）

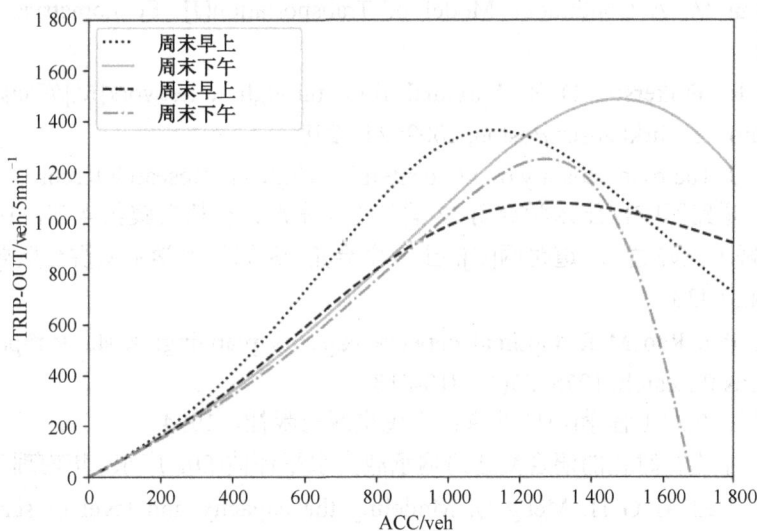

图8　控制子区 8 工作日、周末早晚高峰 MFD 拟合的效果图

5　结语

本文基于近年来研究比较热门的宏观基本图理论，利用号牌识别数据来分析控制子区的承载力。在建立的控制子区基础上，利用车辆出行轨迹数据，构建了控制子区的 MFD，并分析了示例控制子区不同情景下早晚高峰 MFD 的特征，为了对 MFD 的变量建立定量关

系，利用 H-S 主曲线算法对 MFD 散点进行了去噪，并利用多种拟合函数对主曲线质心进行拟合，确定了有理函数更加符合 MFD 的变化趋势，从而对子区工作日、周末早晚高峰承载力进行了估计，如在工作日早高峰，结果表明当控制子区 8 的累积车辆数达到 1118.4 时，子区内的车辆出行完成流量达到最高为 1 365.9/5min，这是控制子区 8 路网交通状态的临界点，反映了该区域的承载力，当子区的累积车辆数继续增加时，路网将进入不稳定的拥堵状态，路网交叉口发生溢出死锁导致大范围路网拥堵的几率显著增加，本文提出的承载力估计方法具有数据获取容易、模型关系简单、实用性和准确性高等优点，能为子区控制提供良好的输入基础。

参考文献

[1]　Geroliminis N, Daganzo C F. Existence of urban-scale macroscopic fundamental diagrams: Some experimental findings[J]. Transportation Research Part B Methodological, 2008, 42(9):759-770.

[2]　Beckmann M. A Continuous Model of Transportation[J]. Econometrica, 1952, 20(4): 643-660.

[3]　Ford L R, Fulkerson D R. Maximal flow through a network[M]//Classic papers in combinatorics. Birkhäuser Boston, 2009: 243-248.

[4]　Smeed R J. The road capacity of city centers[J]. Highway Research Record, 1967 (169).

[5]　西村昂. 道路网[C]. 土木学会第 23 届年次学术演讲会概要集第 4 部，1968：429-430

[6]　山村信吾·三好逸二. 道路网[C]. 土木学会第 23 届年次学术演讲会概要集第 4 部，1968：429-430

[7]　Doulliez P J, Rao M R. Optimal network capacity planning: A shortest-path scheme[J]. Operations Research, 1975, 23(4): 810-818.

[8]　饭田恭敬. 交通工程学[M]. 北京：人民交通出版社，1994.

[9]　李婷. 基于出行时耗的混合交通路网承载力水平评估[D]. 广东：华南理工大学，2016.

[10]　Yang H, Bell M G H, Meng Q. Modeling the capacity and level of service of urban transportation networks[J]. Transportation Research Part B: Methodological, 2000, 34(4): 255-275.

[11]　Iida Y. Studies on methodology for maximum capacity of road network[C]//Proceedings of the Japan Society of Civil Engineers. Japan Society of Civil Engineers, 1972, 1972(205): 121-129.

[12]　杨涛，徐吉谦. 城市道路网广义容量研究及其应用[J]. 城市道桥与防洪，1989(1):1-7.

[13]　Garcia A, Reaume D, Smith R L. Fictitious play for finding system optimal routings in dynamic traffic networks[J]. Transportation Research Part B: Methodological, 2000, 34(2): 147-156.

[14]　Tam M L, Lam W H K. Maximum car ownership under constraints of road capacity and

parking space[J]. Transportation Research Part A: Policy and Practice, 2000, 34(3): 145-170.

[15] Awad W H. Estimating traffic capacity for weaving segments using neural networks technique[J]. Applied Soft Computing Journal, 2004, 4(4): 395-404.

[16] 杨涛, 徐吉谦. 时空消耗概念下的道路网总体容量研究[C]. 中国土木工程学会年会暨全国城市桥梁学术会议. 1990.

[17] 张珊珊. 考虑时空资源有效利用的城市路网承载力计算方法研究[D]. 北京: 北京交通大学, 2016.

[18] 李旭宏, 田锋, 顾政华. 城市道路网供求分析技术[J]. 交通运输工程学报, 2002, 2(2).

[19] 杨晓萍. 基于网络最大流理论的城市道路网容量研究[D]. 黑龙江: 哈尔滨工业大学, 2004.

[20] 赵彤, 高自友. 城市交通网络设计问题中的双层规划模型[J]. 土木工程学报, 2003, 36(1).

[21] 张元亮. 城市路网容量扩充的研究[D]. 四川: 西南交通大学, 2009.

[22] 钱晨. 基于节点多向堵塞的路网承载力研究[D]. 安徽: 合肥工业大学, 2017.

[23] Daganzo C F. Improving city mobility through gridlock control: an approach and some ideas[J]. 2005.

[24] Daganzo C F, Geroliminis N. An analytical approximation for the macroscopic fundamental diagram of urban traffic[J]. Transportation Research Part B: Methodological, 2008, 42(9): 771-781.

[25] Saberi M, Mahmassani H. Hysteresis and capacity drop phenomena in freeway networks: empirical characterization and interpretation[J]. Transportation Research Record: Journal of the Transportation Research Board, 2013 (2391): 44-55.

[26] Keyvan-Ekbatani M, Yildirimoglu M, Geroliminis N, et al. Multiple concentric gating traffic control in large-scale urban networks[J]. IEEE Transactions on Intelligent Transportation Systems, 2015, 16(4): 2141-2154.

[27] Saberi M, Mahmassani H S, Zockaie A. Network capacity, traffic instability, and adaptive driving: findings from simulated urban network experiments[J]. EURO Journal on Transportation and Logistics, 2014, 3(3-4): 289-308.

基于交叉口间车流关联性的信号控制子区划分

郭宗麒 刘 伟 安成川 夏井新

（东南大学智能运输系统研究中心 南京 211189）

【摘要】区域控制是一种缓解区域交通拥堵的有效方法，其中子区划分是区域控制的重要支撑。现有控制子区划分方法存在对子区内部交叉口控制协调性考虑不足、子区划分连通性较差等问题。本研究以车辆出行轨迹数据为基础，以社团划分等方法为手段，研究包含基于交叉口间车辆出行轨迹关联性的控制子区划分，使出行轨迹或出行需求集中的区域形成一个相对独立的控制子区，以提升子区内交叉口信号控制的协调性。本方法首先基于车辆出行轨迹分析路网所有交叉口对之间的关联性，构建以交叉口为顶点、以交叉口对关联性为边权的全联通无向加权图，不断对无向加权图的关联边进行筛选并利用 Newman 快速算法进行子区划分，在不同无向加权图关联边筛选比例下选择子区连通性最好的方案作为最优控制子区划分方案。

【关键词】子区划分；出行轨迹；社团划分；区域信号控制

Network Partition for signal control based on vehicle travel path correlation

Guo Zongqi, Liu Wei, An Chengchuan, Xia Jingxin

（ Intelligent Transportation System Research Center, Southeast University, Nanjing 211189 ）

Abstract： Regional control is an effective method to alleviate regional traffic congestion. Network partition is important support for regional gating control. The existing network partition for gating control has problems such as insufficient coordination of internal intersections in subzones, and does not organically combine purpose of various control subzones. Based on the vehicle travel trajectory data, this study uses the method of community division to study the preliminary control sub-area based on the correlation of the vehicle's travel trajectory at the intersection, so that the travel trajectory or the area where the travel demand is concentrated forms a relatively independent pre-liminary control sub-area to enhance the intersection in the sub-area. The method firstly analyzes the correlation between all pairs of intersections on the road network based on the vehicle travel trajectory, and constructs a non-directional weighted graph of the all-connectivity with the intersection as the vertex. The correlation edge is se-lected repeatedly and the Newman fast algorithm is used to divide the subzone. The scheme with the best subzone connectivity is selected as the optimal control subzone partitioning scheme under different undirected weighted graph correlation edge screening ratios.

Keywords: network partition; travel trajectory; community detection; area signal control.

1 引言

随着城市化进程的不断推进，城市规模和人口不断增长，居民拥有机动车的比例不断提升，城市道路交通拥堵程度进一步加剧。进行合理的交通信号控制是缓解拥堵的有效手段。近年来随着检测技术的提升和人工智能相关技术的融合，交通信号控制的作用日益凸显，控制策略也从单点信号优化、干线信号优化方向向区域协同优化方向发展。

在实施区域信号控制之前首先要将路网划分成若干控制子区，以便根据不同控制子区的特性运用不同的控制方案，对于控制子区划分方案的研究国内外已经有大量研究成果。美国学者 Wailinchus[1]在 1971 年首次提出了交通控制子区的概念，他将一个庞大的路网根据一定的规则划分成为多个相对独立的控制子区，然后根据各个控制子区的交通流特性分别实施不同的控制方案。控制子区的划分主要以交叉口或者路段的关联性作为依据，其中以交叉口关联性为依据的居多。Yagoda 等人[2]认为相邻交叉口之间的关联性与路段上的交通流量 Q 成正比，与两交叉口之间的距离 L 成反比，将流量与距离的比值 Q/L 定义为耦合度作为相邻交叉口的关联性指标。Whitson 模型通过引入上游交叉口最大驶入流向流量、平均驶入流向流量和行程时间等参数，综合反映路段长度、车辆行驶速度、流量、转向比等相关因素的共同作用。徐建闽[3]等人在 Whitson 模型的基础之上加入了相邻交叉口饱和度相似性的因素，通过加权 Whitson 模型和交叉口饱和度相似度构建了关联度模型，但是模型中权重值的确定没有充分的理论依据。卢凯[4,5]等人考虑了交叉口间距、路段流量和相邻交叉口信号配时参数，定义了新的相邻交叉口关联性指标，并推导出多交叉组合关联度。保丽霞[6]在其研究中不仅考虑了相邻交叉口之间的距离、流量等因素，重点分析了驾驶员的跟车特性、离散特征等因素，构建了相邻交叉口关联程度的量化模型。李瑞敏[7]等人认为利用关联度公式很难真实反映出多种因素的共同作用，他详细地考虑了交叉口间距、路段流量、交通流离散程度、周期等因素，最后利用模糊推理的方法确定交叉的关联度。

总体而言，学者认为影响相邻交叉口关联性的因素有路段流量、时间占有率、路段长度、行程时间、交叉口饱和度、交叉口进口道排队、交叉口进口道车道数、车队离散程度、周期、转向比等，但是目前绝大多数关联性仅限于相邻交叉口之间分析，尚未通过车辆轨迹分析交叉口之间的关联性，也鲜有人考虑非相邻信号交叉口之间的关联性。

　　基于以上背景，本文基于视频号牌数据获取车辆出行轨迹和出行链，进而得到路网交叉口对间的平均 OD，然后采用社团划分手段，在考虑交叉口之间的关联性和控制子区内部交叉口的协调性的情况下，实现了一种子区划分方法。

2 社团划分问题

　　网络是由若干顶点和连接顶点的边组成的，现实中许多系统都是可以由网络来表征，例如人际关系网[8-9]、食物链[10]、计算机网络、电力网络等，系统中的个体对应着网络中的顶点，而个体与个体之间的关系则对应着连接顶点的边。城市道路也可以由网络来表征，一般来说会以城市道路交叉口作为顶点，交叉口之间的流量、长度等信息作为连接顶点的边，也有一些学者将路段作为网络顶点开展研究。

　　现实世界的网络很少是均匀分布的，有的局部网络中顶点之间边连接数多且距离近，相反有的局部网络中顶点之间边连接数少且距离远，这种网络顶点聚集或者分散的特征反映了网络的社团结构。

　　网络中社团结构的直观意义表明社团中的顶点通常具有相同的属性或者起着类似的作用。网络中的社团结构示意图如图 1 所示。通过一定的手段划分出现实网络中的社团结构可以帮助研究人员更好地认识研究对象的特性和本质，将现实路网进行社团划分也能发现社团中路网交叉口之间的关联特征。

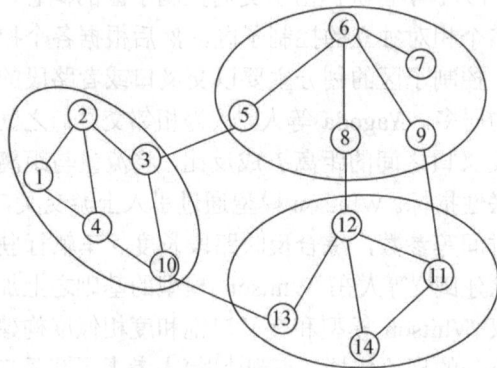

图 1　网络中的社团结构示意图

2.1　社团划分效果评价指标——模块度

　　模块度是衡量社团划分效果最常用的评价指标，最初由 Newman 和 Girvan 针对无向无权网络提出。具体地说：假定一个网络被划分为 g 个社团，定义一个 $g \times g$ 的矩阵 e，矩阵中的元素 e_{ij} 表示连接社团 i 和社团 j 中顶点的边数占整个网络边数总和的比例，矩阵的迹

Tre 为各个社团内部顶点的边连接占网络边数总和的比例；矩阵各行元素之和 $a_i = \sum_i e_{ij}$ 为与社团 i 顶点连接的边数占网络边数总和的比例。在配置模型中，连接社团 i 和社团 j 的顶点边数占网络边数总和的比例为 $a_i a_j$，社团 i 内部顶点之间的边占网络边数总和的比例为 a_i^2。整个配置模型网络中所有社团内部顶点的边连接之和占网络边数总和的比例为：

$$\sum_i a_i^2 = \sum_i \sum_{jk} e_{ij} e_{ik} = \| e^2 \| \tag{1}$$

$\| x \|$ 表示为 x 中所有元素之和，将社团结构和零模型进行对比可以得到模块度 Q 的定义：

$$Q = \sum_i (e_{ii} - a_i^2) = \text{Tre} - \| e^2 \| \tag{2}$$

模块度 Q 的具体含义为划分后网络中各社团内部边数之和占网络边数总和的比例与配置模型中各社团内部边数之和占网络边数总和的比例之差，反映了社团划分算法相比于随机划分的效果提升程度。

但是现实世界中很多网络的边长度并不相同，模块度的定义也进一步扩展至无向加权网络：

$$Q = \frac{1}{W} \sum_{ij} (w_{ij} - \frac{d_i d_j}{W}) \delta(C_i, C_j) \tag{3}$$

其中，W 为网络边权重之和，w_{ij} 为顶点 i 和顶点 j 之间边的权重，d_i 和 d_j 分别为顶点 i 和顶点 j 的度。当 C_i 和 C_j 相同时，$\delta(C_i, C_j) = 1$，反之为 0。在配置模型中，顶点 i 和顶点 j 之间边连接数的期望为 $p_{ij} = d_i d_j / W$，该指标也反映了在无向加权网络中社团划分算法相比于随机划分的效果提升程度。

实际网络中，Q 值的范围在 0 到 1 之间，Q 取值越大，社团结构越明显，划分效果越好。不同的社团划分方法得到的社团结构的模块度是不一样的，对应最大模块度的社团划分称为网络的最优划分。

2.2 Newman 算法

Newman 快速算法本质上是一种基于模块度 Q 的贪婪优化算法，通过不断合并网络中的顶点来直接优化模块度 Q，并获得较优的社团结构。该算法一开始将所有 N 个顶点均视为独立的社团，每次合并两个社团，使社团的合并向网络模块度增量最大的方向发展，直到网络中所有的顶点合成了一个社团时停止，选取模块度 Q 最大时的社团结构作为近似最优社团结构。

算法首先给定一个含有 N 个顶点和 M 条边的无向加权网络，令网络中每个顶点均为独立社团，初始模块度 Q 为 0，构造辅助矩阵 e 和辅助向量 a，其定义与模块度指标中定义的矩阵相同，e 的行列数和 a 的元素个数都表示网络中的社团数量。e 和 a 的元素 e_{ij} 和 a_i（$i,j=1,2,3,\cdots,N$）初始化如下：

$$e_{ij} = \begin{cases} \dfrac{w_{ij}}{\sum w_{ij}}, & \text{顶点} i \text{和顶点} j \text{有边相连} \\ 0, & \text{其他} \end{cases} \tag{4}$$

$$a_i = k_i / \left(\sum w_{ij} \right) \tag{5}$$

其中，w_{ij} 为连接顶点 i 和顶点 j 的边的权重，k_i 为顶点 i 的度，a_i 等价于 e_{ij} 的行和（列和）。

然后尝试合并所有相邻的两个社团 C_i 和 C_j，并计算合并后网络的模块度增量 ΔQ，将使 ΔQ 最大的两个社团进行合并操作，将 e 矩阵对应两个社团的行列相加，形成新的 e 矩阵，并重新计算向量 a，更新模块度 $Q = Q + \max(\Delta Q)$；直到网络中所有的顶点合并成为一个社团后，选取模块度 Q 最大时对应的社团结构为最优划分结果。

Newman 快速算法的社团结构和模块度变化示意图如图 2 所示。

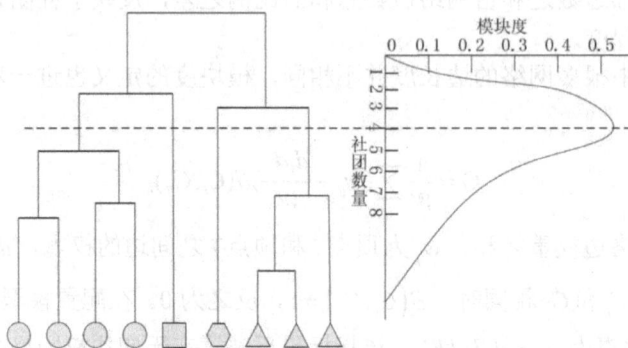

图 2　Newman 快速算法的社团结构和模块度变化示意图

3　控制子区划分方法

本节提出一种基于车辆轨迹的控制子区划分方法，利用基于视频号牌识别设备数据构建的车辆出行轨迹计算研究区域内一定时段内各交叉口对之间的平均 OD 流量并设计交叉口对的关联性指标，形成以交叉口为顶点、以交叉口对关联度为关联边的全联通无向加权图，利用 Newman 快速算法实现对无向加权图的划分，并投射到真实路网基于连通性进行调整。基于车辆出行轨迹的控制子区划分流程如图 3 所示。

步骤一：读取前期经过修补的一天的出行轨迹数据。

步骤二：计算一段时间内研究区域各交叉口对之间的平均 OD 流量。首先计算各交叉口对的单向 OD 流量 $V_{mn} = \sum\limits_{i=1}^{N} \text{ord}(m,n)_i$，$V_{mn}$ 表示从交叉口 m 到交叉口 n 的 OD 流量，N 代表出行轨迹数目，$\text{ord}(m,n)_i$ 表示在出行轨迹 i 中是否存在交叉口对 m 和 n，且 m 的次序在 n 之前，若存在，则 $\text{ord}(m,n)_i = 1$，否则为 0。例如一段时间内一条出行轨迹的轨迹点为

[A,B,C,D]，则有向交叉口对 *AB*、*AC*、*AD*、*BC*、*BD*、*CD* 间的 OD 流量均增加 1，将这段时间内的所有出行轨迹产生的有向交叉口对 OD 流量叠加起来就是这段时间内有向交叉口对的单向 OD 流量，交叉口对之间的平均 OD 流量为 $\overline{V_{mn}} = (V_{mn} + V_{nm})/2$；

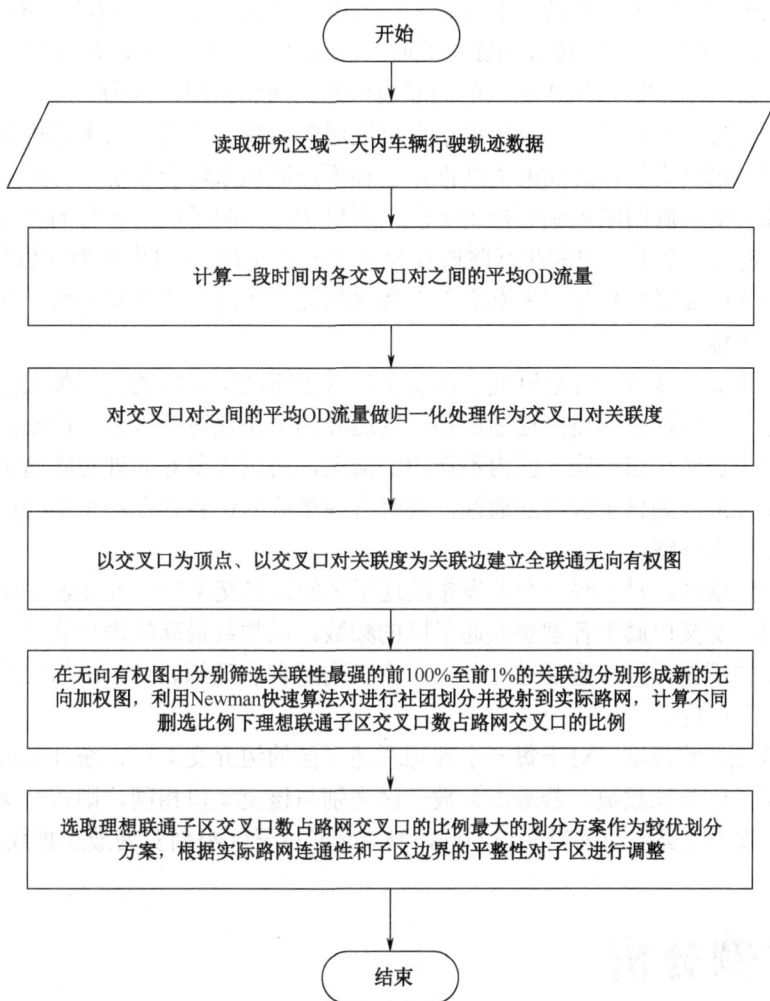

```
                    ┌──────────┐
                    │   开始    │
                    └──────────┘
                          │
          ╱───────────────────────────────╲
         ╱  读取研究区域一天内车辆行驶轨迹数据  ╱
        ╱───────────────────────────────╲
                          │
        ┌─────────────────────────────────┐
        │   计算一段时间内各交叉口对之间的平均OD流量   │
        └─────────────────────────────────┘
                          │
        ┌─────────────────────────────────┐
        │ 对交叉口对之间的平均OD流量做归一化处理作为交叉口对关联度 │
        └─────────────────────────────────┘
                          │
        ┌─────────────────────────────────┐
        │ 以交叉口为顶点、以交叉口对关联度为关联边建立全联通无向有权图 │
        └─────────────────────────────────┘
                          │
        ┌─────────────────────────────────┐
        │ 在无向有权图中分别筛选关联性最强的前100%至前1%的关联边分别形成新的无向加权图，利用Newman快速算法对进行社团划分并投射到实际路网，计算不同删选比例下理想联通子区交叉口数占路网交叉口的比例 │
        └─────────────────────────────────┘
                          │
        ┌─────────────────────────────────┐
        │ 选取理想联通子区交叉口数占路网交叉口的比例最大的划分方案作为较优划分方案，根据实际路网连通性和子区边界的平整性对子区进行调整 │
        └─────────────────────────────────┘
                          │
                    ┌──────────┐
                    │   结束    │
                    └──────────┘
```

图 3 　基于车辆出行轨迹的控制子区划分流程

　　步骤三：通过对交叉口对之间的平均 OD 流量做归一化处理。在无向加权图中顶点的关联度有相似性和相异性两种度量，相似性度量即顶点对之间的权重越大则顶点对之间的关联性越强，相异性则反之。本文中使用相异性度量来作为顶点对之间的权重，即权重越大，顶点对之间的关联性越弱，在无向图中则可以直观地通过两个顶点之间连线的距离来体现关联性。这里首先求交叉口对 *m*、*n* 之间的平均 OD 流量的倒数 $1/\overline{V_{mn}}$，然后对所有交叉口对的平均 OD 流量倒数基于 max-min 标准做归一化处理，$r_{mn} = (1/\overline{V_{mn}} - \min)/(\max - \min)$，其中 r_{mn} 为顶点 *m* 和 *n* 之间的相异关联度，min 为研究区域内交叉口平均 OD 流量倒数的最小值，max 为研究区域内交叉口平均 OD 流量倒数的最大值。

步骤四：以交叉口为顶点，以交叉口对间相异关联度 r_{mn} 为顶点间的边权构建全联通无向加权图。

步骤五：筛选出关联性最强的前 $k\%$ 关联边构建无向加权图，利用 Newman 快速算法对路网进行划分，并计算理想联通子区交叉口占所有交叉口的比例。k 从 100 开始取到 1，每次减 1，当 $k=100$ 时，没有边被剔除，此时为全联通图；当 k 等于 99 时即剔除关联最弱的 1% 的关联边，再利用剩下的 99% 的关联边构建无向加权图。因为一般来说对整个路网利用聚类算法进行子区划分时都会出现子区不连通的现象，无论是只考虑相邻交叉口之间的关联性还是考虑全交叉口之间的关联性，这种不连通现象均会出现。另外考虑到在初步控制子区内部可能实施门限控制等控制手段，所以初步控制子区所包含的交叉口数不应过少，本研究中定义一个子区内的相互联通且数量大于 20 的交叉口集合为理想联通子区，这样的子区内包含的交叉口数量占所有交叉口数量的比例越高，说明划分后子区的连通性更强，划分效果更优。

步骤六：选取步骤五中理想联通子区交叉口数占路网交叉口的比例最大的划分方案作为较优划分方案，根据实际路网连通性和子区边界的平整性对子区进行调整。步骤五中的最优划分方案中仍然存在一些子区内不连通的情况，所以需要对非理想联通子区的交叉口进行分类，保证最终划分子区的连通性，同时有些子区的边界存在不平整的情况，也有必要对边界进行一定调整。

连通性调整规则：对于每一个非理想联通子区的边界交叉口向外搜索 2 步，分别统计两步搜索范围内交叉口属于各理想联通子区的频数，以频数最高的理想联通子区类别作为该边界交叉口的所属类别，重复进行以上操作直到所有非理想联通子区的交叉口都被划入某个理想联通子区内。

边界平整性调整规则：对于每一个理想联通子区的边界交叉口，统计与该交叉口相邻的交叉口所属子区类别频数，若最高频数子区类别与该交叉口相同，则该交叉子区类别不变，若最高频数子区类别与该交叉口不同，则该交叉口子区类别变为最高频数的子区类别。

4 实例分析

本研究主要基于视频号牌识别设备数据重构形成的车辆轨迹展开，需要较为密集的视频号牌识别设备布设，故选取的路网为昆山市中环的核心路网，路网区域和视频号牌识别设备分布图如图 4 所示。根据前文介绍的基于车辆出行轨迹的控制子区划分流程，利用 2018 年 8 月 6 日一天的出行轨迹数据对研究区域路网进行协调子区划分。

由于交通检测设备本身存在的一些缺陷和传输过程中受到的干扰，各类检测器采集到的原始检测数据往往存在取值异常或者缺失的情况，有必要对交通检测器的原始数据进行有效性检验和缺失估计。

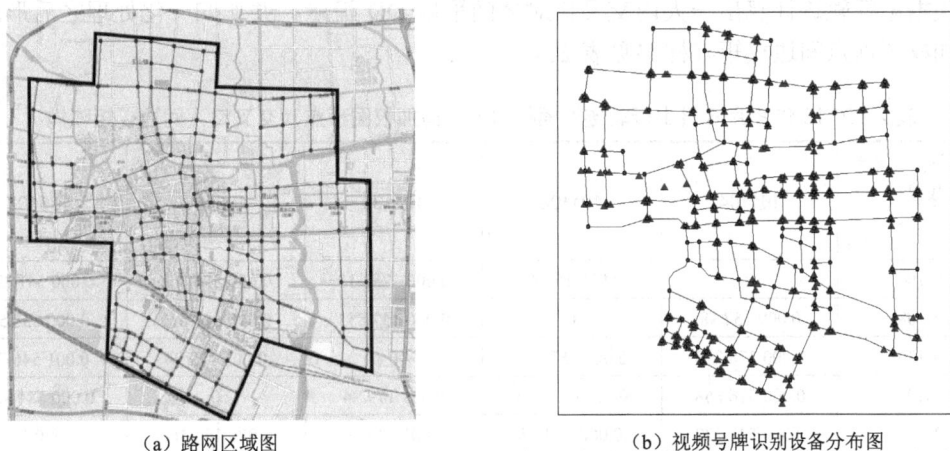

（a）路网区域图　　　　　　　　　　　　（b）视频号牌识别设备分布图

图 4　路网区域和视频号牌识别设备分布图

　　本文根据每个路段的实际交通情况，从数据驱动的角度对不同的出行链进行划分，首先将记录按车牌和时间排列，不同车牌的记录划分到不同出行链；在车牌相同的情况下，若两条数据的时间差大于对应的有向交叉口对的出行链划分时间阈值时，也进行一次划分，具体做法是基于一周内研究区域所有向交叉口对的行程时间分布特征，利用箱线图法确定各交叉口之间行程时间的范围，将箱线图的最大估计值作为不同出行链划分的时间阈值，最大估计值的计算公式为 $Q_3+k*(Q_3-Q_1)$，其中 Q_1 和 Q_3 分别为数据集的下四分位数和上四分位数，k 是人为设定的设定系数，此处设置为 3。最后基于最短路原则对出行轨迹中的缺失信息进行修补，具体做法是，若当前轨迹点和后一个轨迹点的交叉口不相邻，则认为中间产生了数据缺失，将两个交叉口之间最短路经过的交叉口及作为修补的轨迹点插入到这两个轨迹点中间。车辆出行轨迹样例参见表 1。

表 1　车辆出行轨迹样例

车牌号	时间	方向	交叉口编号	设备编号
冀******	10：10：59	0	109106	30
冀******	10：11：30	0	109108	735
冀******	10：13：01	0	109232	1953
冀******	10：13：50	0	109112	133
冀******	10：14：45	3	203122	1860
冀******	10：16：38	3	273122	2018
冀******	10：19：11	3	105122	81
冀******	10：22：35	0	888100	2141
冀******	10：24：59	0	888093	2037
冀******	10：26：34	1	888093	2036
冀******	10：28：36	3	888093	2034
冀******	10：29：46	3	777010	2038
冀******	10：31：30	1	888242	2136

注：隐私数据进行了脱敏处理。

　　根据出行轨迹计算出一天内交叉口对之间平均 OD 流量，并作归一化处理之后形成的无向加权图顶点间边权矩阵样参见表 2。

表 2　2018 年 8 月 6 日出行轨迹数据构建的无向加权图顶点（交叉口）间边权矩阵样

终点 权值 起点	101104	101108	101136	103102	105102
101104	0	0.000 157 48	0.000 3782 15	0.000 576 868	0.000 541 272
101108	0.000 157 48	0	0.000 157 853	0.000 640 615	0.000 638 57
101136	0.000 378 215	0.000 157 853	0	0.001 179 94	0.001 546 79
103102	0.000 576 868	0.000 640 615	0.001 179 94	0	0.000 184 366
105102	0.000 541 272	0.000 638 57	0.001 5467 9	0.000 184 366	0

　　基于关联性最强的前 100%关联边构建无向加权图，利用 Newman 快速算法对研究区域 170 个交叉口进行社团划分的过程参见图 5，170 个交叉口被视为 170 个社团经过 169 次合并融合成了一个社团，每次合并都向着模块度增量最大的方向发展。$k=100$ 时，Newman 快速算法社团合并时的模块度变化如图 6 所示。随着合并次数的不断增加，社团结构的模块度由最开始的-0.015 8 逐渐增加到 0.036 9，然后模块度陡降。

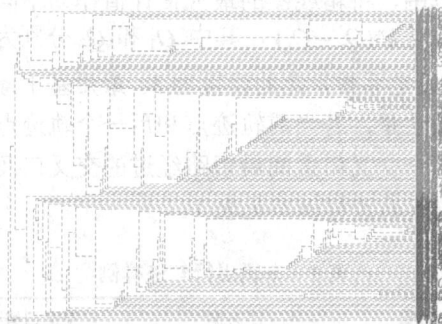

图 5　$k=100$ 时 Newman 快速算法社团划分结构图

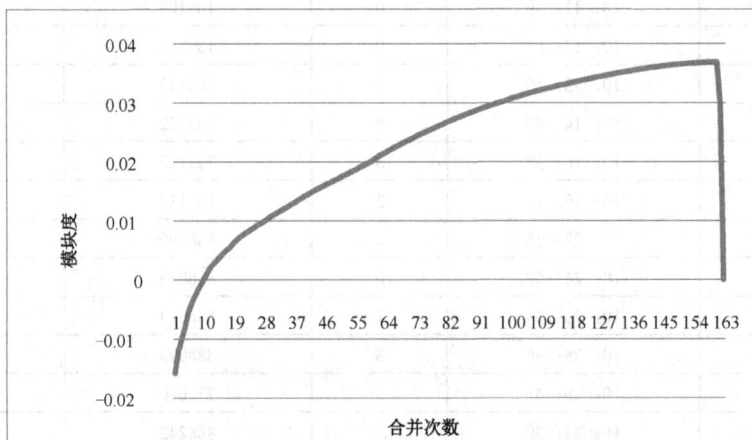

图 6　$k=100$ 时 Newman 快速算法社团合并时的模块度变化

当 k=100 时，在整个 Newman 快速算法社团合并的过程中模块度最大值为 0.0369，此时存在 6 个社团，为当前无向加权图的最优社团结构。图 7 展示了社团分类在路网上的分布情况，定义社团内部交叉口数大于 20 的社团为大型社团，大型社团共有 3 个，内部交叉口数分别为 68、66、33 个，分别用蓝、红、黑色强调表示。可以看到，对 k=100 条件下构建的无向加权图实施 Newman 快速算法进行社团划分，各个社团在实际路网上的连通性较差，三个大型社团之间彼此相互渗透，很难找出明显的子区边界，理想联通子区交叉口占比为 60.6%。k=100 时，大型社团在实际路网上的分布图如图 7 所示。

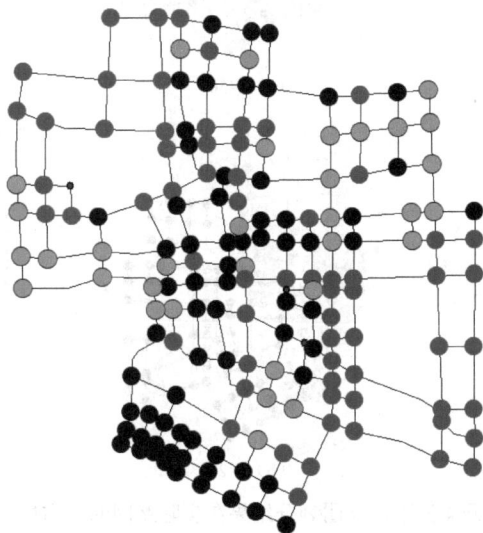

图 7 k=100 时大型社团在实际路网上的分布图

逐渐剔除关联性较弱的关联边，分别在 k 为 99 至 1 的情况下构建无向加权图并分别实施 Newman 快速算法，并分别计算最优模块度和理想联通子区交叉口占比。图 8 分别展示了在 k 为 90、80、70、60、50、40、30、20、10 的情况下社团划分结果在实际路网的分布情况。对社团内交叉口数大于 20 个的大型社团强调显示，可以看到，随着弱关联边逐渐被剔除，划分后的社团在实际路网上的连通性呈现出先增加后减少的趋势，理想联通子区交叉口占比随着弱关联边被剔除的变化趋势如图 9 所示。

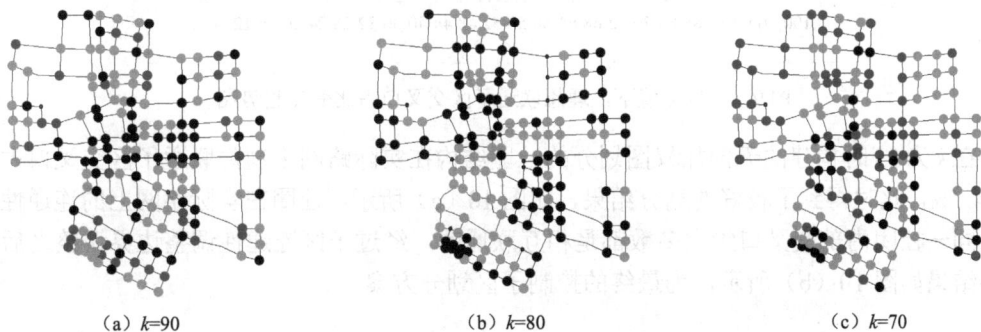

(a) k=90 　　　　　　　　 (b) k=80 　　　　　　　　 (c) k=70

图 8 不同 k 值下，社团划分结果在实际路网的分布情况

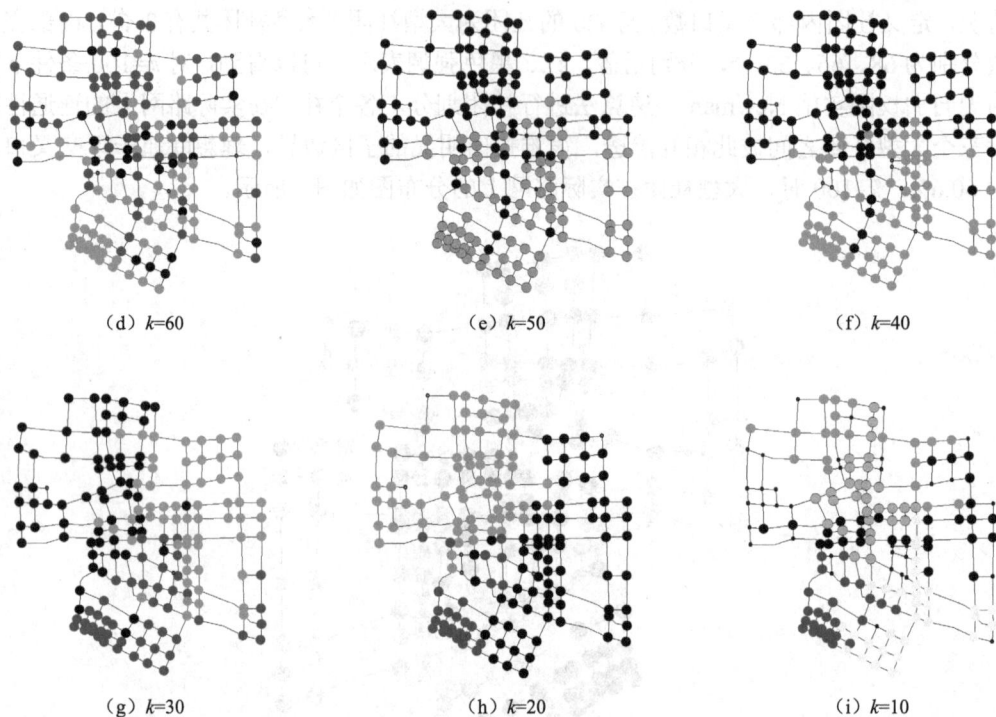

(d) k=60   (e) k=50   (f) k=40

(g) k=30   (h) k=20   (i) k=10

图8　不同 k 值下，社团划分结果在实际路网的分布情况（续）

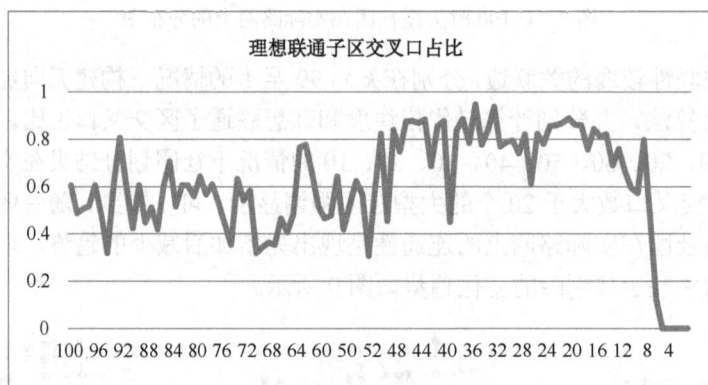

图9　不同 k 值下，理想联通子区交叉口占比变化趋势图

在 k 为35时构建的无向加权图划分的社团结构在实际路网中理想联通子区交叉口占比为94.7%，此时得到了较好的划分结果，如图10（a）所示，社团在实际路网上的连通性较强，同一社团内部交叉口绝大多数都是相互联通的，经过子区连通性调整边界调整之后的最终结果如图10（b）所示，为最终的控制子区划分方案。

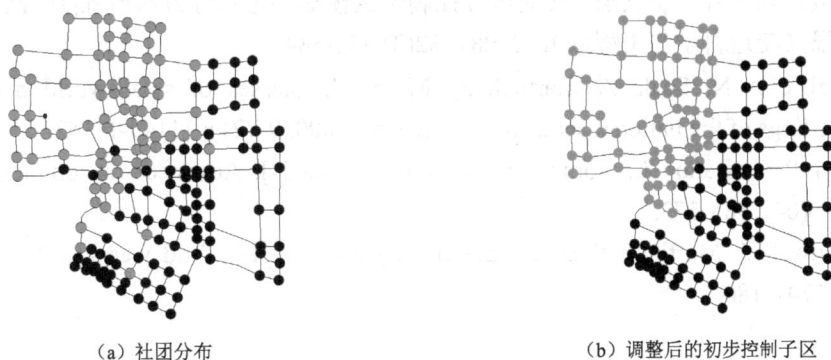

(a) 社团分布　　　　　　　　　　　　　　(b) 调整后的初步控制子区

图 10　k 为 35 时的子区划分效果图

5　结语

本文实现了一种基于交叉口间车辆出行轨迹关联性的初步控制子区划分方法。主要包括路网交叉口对 OD 流量计算、无向加权图构建、强关联边筛选和实施 Newman 快速算法等几个关键步骤，并以子区的连通性作为主要评价指标寻找最优的划分方案。与现有方法相比，该初步控制子区划分方法充分利用了车辆出行轨迹数据中的交通流信息，同时考虑了相邻交叉口对和非相邻交叉口对之间的关联性。最后本文选取昆山市中环路网视频检测数据进行了头例研究。研究结果可以为实际的子区划分提供参考。

参考文献

[1]　Walinchus R J. Real-time network decomposition and subnetwork interfacing[M]. 1971.

[2]　Yagoda H N, Principe E H, Vick C E, et al. Subdivision of signal systems into control areas[J]. Traffic Engineering, Inst Traffic Engr, 1973, 43(12).

[3]　徐建闽，鄢小文，荆彬彬等. 考虑交叉口不同饱和度的路网动态分区方法[J]. 交通运输系统工程与信息，2017，17(4): 145-152.

[4]　卢凯，徐建闽，李轶舜. 基于关联度分析的协调控制子区划分方法术[J]. 华南理工大学学报（自然科 学版），2009，37(7).

[5]　卢凯，徐建闽，郑淑鉴. 相邻交叉口关联度分析及其应用术[J]. 华南理工大学学报（自然 科学版），2009，37(11).

[6]　保丽霞. 基于车队离散模型的交叉口关联度量化方法研究与试验[J]. 公路交通科技，2011，28(S1): 1-4.

[7] 李瑞敏，陆化普，史其信. 交通信号控制子区模糊动态划分方法研究[J]. 武汉理工大学学报（交通科学与工程版），2008，32(3):381-384.

[8] Amaral L A N, Scala A, Barthelemy M, et al. Classes of small-world networks[J]. Proceedings of the national academy of sciences, 2000, 97(21): 11149-11152.

[9] Gleiser P M, Danon L. Community structure in jazz[J]. Advances in complex systems, 2003, 6(04): 565-573.

[10] Williams R J, Martinez N D. Simple rules yield complex food webs[J]. Nature, 2000, 404(6774): 180.

考虑车头时距不确定性的交叉口饱和车流识别

邢　韵[1]　陶雨濛[2]　安成川[1]　夏井新[1]

（1. 东南大学智能运输系统研究中心，南京，211189；
2. 南京交通职业技术学院，南京，211188）

【摘要】鉴于传统的单一阈值方法无法考虑饱和与非饱和车流划分中的不确定问题，本文提出了一种考虑随机性的阈值划分方法，主要包括非饱和车流计算起点确定和划分阈值选取两部分。在非饱和车流计算起点确定方面，本文提出的基于阈值划分方法允许一列连续的饱和车流中存在少量大于设定阈值车头时距的车辆。在划分阈值选取方面，考虑号牌数据不具备正态分布特性，提出了一种基于非参数检验的最优划分阈值确定方法，通过秩和检验对不同阈值划分结果进行显著性差异检验，并依据最小 P 值确定了最优阈值。本文的研究是根据我国实际情况，开展基于高解析度交通流数据的城市道路信号控制性能评价的一次尝试，将为我国城市道路信号控制性能评价、干线信号协调优化提供一定的技术支持。

【关键词】饱和车流；车头时距；阈值划分；秩和检验

Traffic Flow Identification at Intersections Considering Uncertainty of Time Headway

Xing Yun[1], Tao Yumeng[2], An Chengchuan[1], Xia Jingxin[1]

（1. Southeast University Intelligent Transportation System Research Center, Nanjing, 211189;
2. Nanjing Jiaotong Vocational and Technical College, Nanjing, 211188）

Abstract: In view of the fact that the traditional single threshold method can not consider the uncertainties in the classification of saturated and unsaturated traffic, this paper proposes a threshold division method considering randomness, which mainly includes the determination of the starting point of the unsaturated traffic flow and the selection of the threshold. In terms of determining the starting point of unsaturated traffic flow calculation, the threshold-based division method proposed in this paper allows a small number of consecutive saturated traffic flows to have a small number of vehicles greater than the set threshold headway; in terms of threshold selection, consider that the number plate data does not have a normal distribution. In this paper, a method for determining the optimal partition threshold based on nonparametric test is proposed. The rank difference test is used to test the difference of different thresholds, and the optimal threshold is determined according to the minimum P value. The research in this paper is an attempt to evaluate the performance of urban road signal control based on high-resolution traffic flow data for China's actual situation. It will provide certain technical support for China's urban road signal control performance evaluation and trunk signal coordination optimization.

Keywords: saturated traffic flow; time headway; threshold-based method; rank sum test

1 引言

　　饱和车流能够反映信号交叉口通行能力，准确确定信号交叉口通行能力对信号配时、参数优化等有重要意义。城市道路交通流由于受到信号控制的影响，属于典型的间断交通流。一般而言，在绿灯启亮时段，信号交叉口的交通流状态可分为饱和流和非饱和流两类。饱和流的车头时距较小，一般在排队车辆消散时产生；非饱和流的车头时距较大，为排队车辆消散后的随机到达车流。Liu 等[1]利用高分辨率信号事件数据，针对排队超过上游检测器的情况，提出了一种基于阈值划分饱和车流的方法，即当绿灯开始后，车辆排队开始消散，上游检测器由持续占有状况转变为饱和车流运行阶段，认为当出现超过 2.5 秒的车头时距间隔时，上游检测器处的交通流运行状态转变为非饱和流。虽然基于先验阈值方法在 Liu 等[1]的研究中具有较好的应用效果，但由于车辆组成、道路条件、天气条件、行人非机动车干扰等因素的影响，基于阈值的饱和车流和非饱和车流划分存在一定的不确定性。如何针对某一交叉口或车道特定的交通流运行特性，确定饱和车流和非饱和流在车头时距上的差异，是确定合理阈值，进而划分饱和车流的关键所在。为此，基于车辆车头时距信息对于交通实测数据的要求，本文采用车辆号牌识别数据作为数据源，提取了信号交叉口绿时阶段的车辆车头时距信息，并在此基础上提出了一种考虑随机性的划分阈值确定方法。

2 信号交叉口车辆车头时距特性分析

　　车头时距是指在同一车道上同向行驶的一列车队中，相邻两辆车通过该车道某一点的车头之间的时间间隔[2]，通常用相邻两辆车前、后保险杠通过基准点的时间差来表示。本文主要针对直行和专左车道的车头时距，分析车辆驶离交叉口特性。

2.1 直行车道车头时距特性分析

当直行方向信号灯变为绿灯时，交叉口停车线后的排队车辆开始启动并连续通过交叉口停车线，直到排队车辆全部驶离交叉口或者直行绿灯时间结束仍有剩余排队车辆。

交叉口车头时距数据来源于号牌数据。本文选取昆山市前进路与长江路交叉口东西进口道 2016 年 8 月 29 日至 9 月 2 日（周一至周五）早晚高峰时段的数据，分析直行车道车头时距特性，其统计结果见表 1。

表 1 前进路-长江路交叉口东西进口道直行车道车头时距统计结果

排队位置	早高峰时段（7:00~9:00）			晚高峰时段（17:00-19:00）		
	均值/s	样本量	标准误	均值/s	样本量	标准误
1	4.697	367	0.080	4.730	308	0.098
2	3.101	367	0.055	3.445	308	0.083
3	2.681	367	0.051	2.773	308	0.068
4	2.515	367	0.050	2.708	308	0.079
5	2.529	367	0.053	2.558	283	0.068
6	2.428	367	0.050	2.559	263	0.073
7	2.428	355	0.059	2.565	232	0.082
8	2.373	335	0.062	2.509	214	0.092

由表 1 的统计结果可知，直行车道排队车辆驶离交叉口的车头时距具有如下特征。

（1）在直行车道排队车辆中，排队首车车头时距较大。这是由于排队首车的驾驶员对于信号灯由红灯转变为绿灯存在反应时间，以及信号灯转变过程中，部分非机动车或行人尚未清空，对机动车产生干扰，导致其延误增人，延长了排队首车车头时距。

（2）随着排队位置逐渐后移，直行车道排队车辆车头时距逐渐减小并趋于稳定值。车辆排队位置是车头时距的重要影响因素。车队中第二辆车的驾驶员绿灯反应时间与首车重叠，因此第二辆车的车头时距比首车要短，但同样受机非干扰等情况的影响，其车头时距较后续车辆仍然要长。其后干扰因素减少，车速不断提升，后续排队车辆车头时距不断减小。通常在第四、五辆车后，车速较为稳定，基本形成饱和车流。

（3）直行车道排队车辆早高峰时段车头时距均小于晚高峰时段车头时距，且晚高峰时段车头时距离散程度较大。

2.2 专左车道车头时距特性分析

左转车辆容易引起交叉口交通冲突，通常情况下会设置专左车道，并配合左转保护相位，以减少交通冲突。本文选取昆山市前进路与长江路交叉口西进口道 2016 年 8 月 29 日至 9 月 2 日（周一至周五）早晚高峰时段的数据，分析左转车道车头时距特性，其统计结果见表 2。

表2　前进路-长江路交叉口西进口道左转车道车头时距统计结果

排队位置	早高峰时段（7:00～9:00）			晚高峰时段（17:00～19:00）		
	均值（s）	样本量	标准误	均值（s）	样本量	标准误
1	5.530	280	0.134	5.653	186	0.270
2	4.314	280	0.101	4.495	186	0.121
3	4.086	280	0.109	4.158	184	0.131
4	3.500	198	0.122	3.479	117	0.165
5	2.936	156	0.112	2.959	74	0.119
6	2.828	134	0.114	2.707	58	0.159
7	2.939	115	0.130	3.071	42	0.230
8	2.494	89	0.147	3.111	27	0.308

注：该交叉口早晚高峰时段绿灯时长不同，早高峰绿灯时长为30s,晚高峰绿灯时长为25s。

由表2的统计结果可以看出，专左车道排队车辆驶离交叉口的车头时距具有如下特征。

（1）左转车道排队车辆首车车头时距达到5.5秒，后续车辆车头时距稳定在3秒左右，这是因为相较于后续车辆，首车更易受到行人干扰。

（2）对比直行车道与专左车道的车头时距可以看出，直行车道车头时距普遍小于专左车道，这是由于左转车道车辆受车辆转弯半径影响。在不考虑外界干扰因素的情况下，直行车道车辆驾驶员启动后可以直接加速以达到目标速度，而左转车辆由于存在转向需求，需要先以较小速度完成左转，因此左转车辆车头时距较长。

3 饱和车流与非饱和车流划分方法

饱和车流指在一次连续绿灯时间内，交叉口进口道上的一列以最短安全行车间隔通过基准断面的稳定连续车流。最短表明该值在数值表示上为最小值，而稳定则保证了该值在特定的道路、交通状况下能重复出现。换言之，饱和车流既包含随机性，又体现稳定性，是两者的有机结合。

3.1 基于单阈值的划分方法

HCM[2]估计饱和车头时距时，通常取排队车流中第四至第十辆或第四至十二辆车的平均车头时距，但该方法忽略以下两点问题：一是排队长度较长与排队长度较短的车流的饱和车头时距差异无法体现，二是第四辆车至第十辆或第十二辆车是否为饱和车流无法判定。针对HCM方法存在的问题，部分研究[3]做出相应改进，提出基于单一阈值提取饱和车流的方法，认为超过车头时距阈值的车流即为非饱和车流。但该方法未对超过车头时距阈值的车流是否一定为非饱和车流进行详细讨论，若由于部分驾驶员注意力分散、驾驶习惯等自身原因导致车辆的车头时距过大，但该车辆仍处于饱和车流之中，说明上述方法对于饱和车流与非饱和车流的划分存在问题。图1为周期车头时距与排队位置关系图。

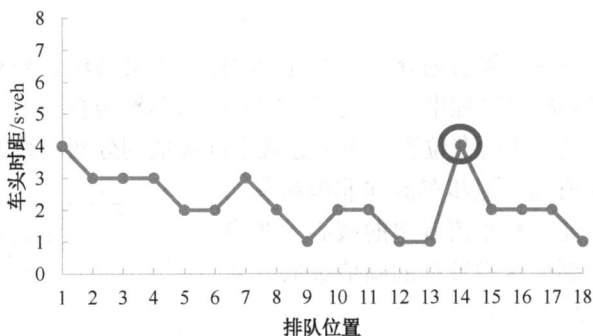

（a）不存在拐点的周期车头时距与排队位置关系图

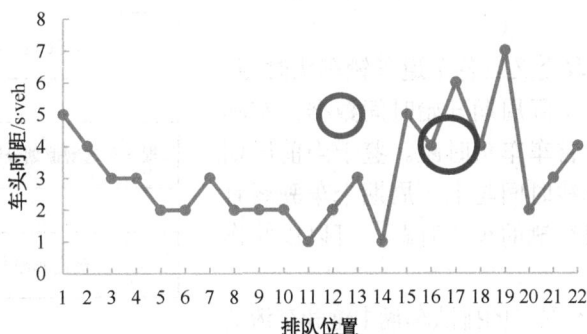

（b）存在拐点的周期车头时距与排队位置关系图

图1　周期车头时距与排队位置关系图

　　从图中可以看出，周期车流除去开始几辆车外，一般分为两种情况：一是后续车流均为饱和车流；二是后续车流一部分为饱和车流，饱和车流之后存在车辆离散到达的状况。对于第一种情况，后续车流中不存在拐点，但车流中可能存在1～2辆车的车头时距较大的现象，如图1（a）中用虚线框标出的第14辆车，该辆车的车头时距明显高于其他车，但其后续仍为饱和车流，所以该点不算作拐点，即整列车流均为饱和车流；对于第二种情况，后续车流中存在拐点，拐点之前的车头时距一般低于某一特定值，拐点之后的车头时距无明显规律。如图1（b）中用实线框标出的第15辆车，该辆车之前饱和流的车头时距均低于3s，但第15辆车之后的车头时距分布较为分散，因此该点判断为拐点。

　　对于图1（a）中的情况，基于单一阈值的划分方法无法准确提出饱和车流。鉴于单一阈值方法存在的问题，本文提出的方法在识别饱和车流时，允许其中存在少量大于设定阈值的车头时距数据。

3.2　考虑随机性的划分阈值确定方法

鉴于传统方法采用单一阈值划分饱和车流的缺陷，本文考虑划分阈值的随机性确定饱和车流。在饱和车流的确定过程中，关键在于判断排队车辆是否处于饱和车流状态，即判断饱和车流中最后一辆车的所在位置。由于选取不同阈值划分两类数据，如何在可选阈值中选取一个合适的阈值划分饱和车流与非饱和车流也是讨论的重点。因此饱和车流确定的核心为非饱和车流的计算起点和划分两类数据的阈值选取。饱和车流识别框架图如图 2 所示。

Step1：根据原始车辆号牌数据，通过相邻车辆经过交叉口停车线的时间之差，计算各辆车的车头时距。

Step2：按周期提取交叉口各车道车辆车头时距。由于缺乏信号交叉口实际周期开始时间数据，实际计算过程中无法获取首车车头时距。鉴于当前周期首车驶离交叉口停车线时间与上一周期末车驶离时间之差明显大于一般车辆的车头时距，可以以此作为判断首车的标准。

Step3：确定驶离交叉口的排队车辆中饱和车流的计算起点。目前对于选取车流中的第几辆车作为计算起点尚无定论，选择第 4～7 辆车的情况都存在[4-5]。考虑到车流中初始的 3～5 辆车存在启动延误的可能性，饱和车流的计算起点通常以第 4～6 辆车为宜。结合过往研究及昆山市交叉口交通实际情况，本文选取车流中第 4 辆车作为直行车道饱和车流的计算起点，左转车道的计算起点为第 5 辆车。

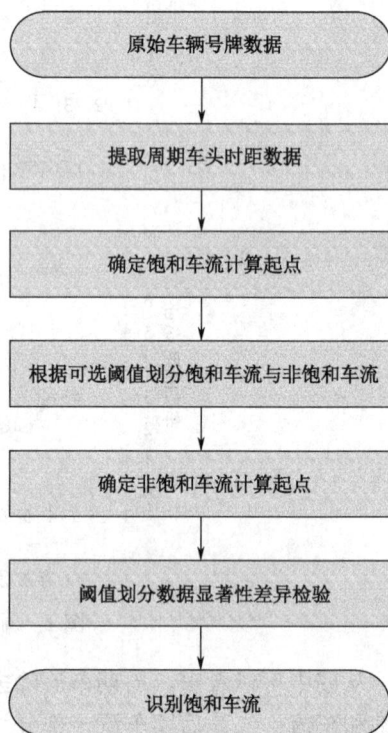

图 2　饱和车流识别框架图

Step4：通过设定的可选阈值（阈值取值为 2、3、4、5、6）判断排队车辆是否处于饱和车流状态，当车流中某辆车的车头时距超过饱和车头时距设定阈值，则判断是否将该辆车作为非饱和车流的计算起点。

Step5：当连续的饱和流后的出现某辆车的车头时距大于饱和车头时距设定阈值，则判断后续车辆是否仍存在连续的饱和流，若存在，则该辆车不是非饱和车流计算起点，继续在后续车流中确定非饱和车流的计算起点，若不存在，则判定该辆车是非饱和车流的计算起点。

Step6：对不同阈值划分的饱和车流及非饱和车流车头时距两类数据进行显著性差异检验，根据检验结果选取最符合饱和车流状态的划分阈值。

Step7：根据选定阈值划分出饱和车流和非饱和车流。

在上述步骤中，考虑到连续的饱和流中可能出现由于驾驶员自身因素或外界干扰因素导致的车头时距略大的情况，单纯以一个设定阈值去划分单个周期的饱和车流与非饱和车流存在不合理现象，因此需要对非饱和车流计算起点进行判定。当首次出现车头时距大于阈值时，需判断该辆车是否为非饱和车流的起点，若其后不存在连续的饱和流，则该辆车为非饱和车流的起点；若其后仍存在连续的饱和流，则将该辆车算入饱和车流，并且两次相邻的饱和流之间的间隔车辆数至多为 2。在确定非饱和车流计算起点后，需判断处于饱和车流状态的车辆数量，若饱和流车辆数大于等于 4，则算法继续计算，否则停止计算。本文设定判断车头时距小于等于阈值的饱和车流的出现次数最大为 4 次，这是根据实际采集的车头时距数据的观测结果确定的，一般判断次数为 2～3 次。非饱和车流起点判断算法流程图如图 3 所示。

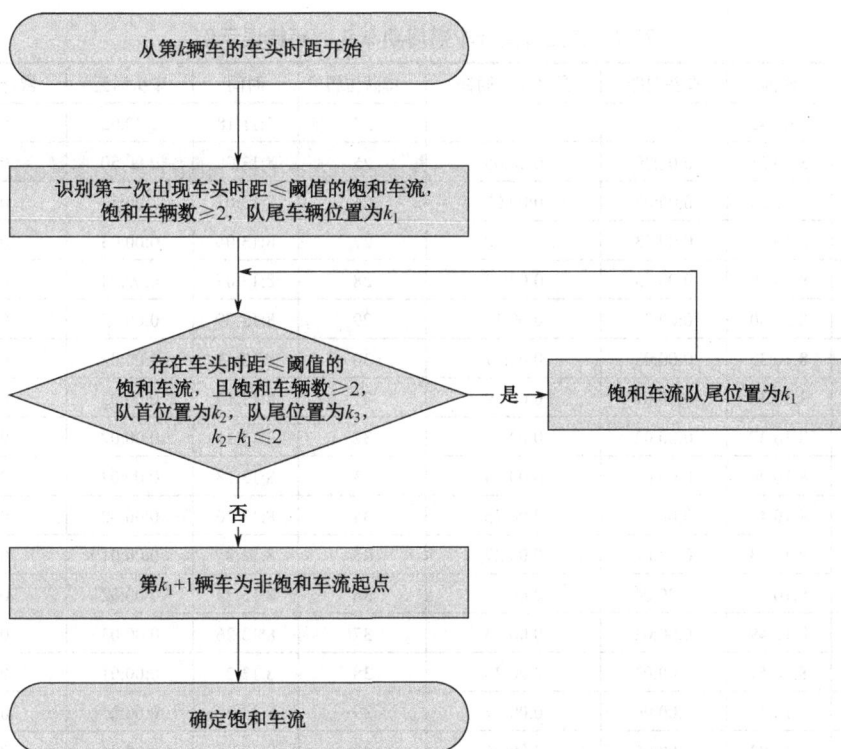

图 3　非饱和车流起点判断算法流程图

4　实例分析

根据上述饱和车流的阈值划分方法，本文以长江路-前进路西进口道直行车道为例，对饱和与非饱和车流进行识别。已知该交叉口 7:00～9:00 的周期时长为 155 秒，绿灯时间为 109 秒。具体识别过程分为以下三个环节。

（1）周期车头时距数据提取。

鉴于缺乏实际信号配时方案周期开始时间，无法准确获得首车车头时距，对于各周期首车的判别标准是出现当前车辆驶离交叉口停车线时间与上一辆车驶离时间之差大于周期红灯时长，则标记当前辆车为当前周期的首车。然而在数据有效性检验时发现，存在单个周期通过交叉口停车线的车辆数异常的情况，这是由于驾驶员违规行为导致红灯期间有车辆通过交叉口停车线，无法根据上周期末车与当前周期首车的时间差判别当前周期的首车。对于此类错误数据需要再判断周期累计车头时距是否大于绿灯时长。表 3 为实例交叉口西进口直行车道的统计车头时距，该周期通过交叉口停车线车辆数高达 46 辆，一般周期在该时段的车辆通过数约为 20 辆，其累计车头时距远高于周期绿灯时长。经判断，从第 25 辆车的累计车头时距开始大于周期绿灯时长，则第 25 辆车标记为闯红灯车辆，则下一周期的首车应为当前周期的第 26 辆车。交叉口直行车道周期车头时距错误示例参见表 3。

表 3　交叉口直行车道周期车头时距错误示例

排队位置	时间	车头时距	累计车头时距	排队位置	时间	车头时距	累计车头时距
	8:08:42			24	8:11:18	0:00:02	0:01:02
1	8:10:21	0:01:39	0:00:05	25	8:12:08	0:00:50	0:01:52
2	8:10:23	0:00:02	0:00:07	26	8:13:01	0:00:53	0:02:45
3	8:10:26	0:00:03	0:00:10	27	8:13:04	0:00:03	0:02:48
4	8:10:29	0:00:03	0:00:13	28	8:13:07	0:00:03	0:02:51
5	8:10:30	0:00:01	0:00:14	29	8:13:09	0:00:02	0:02:53
6	8:10:33	0:00:03	0:00:17	30	8:13:11	0:00:02	0:02:55
7	8:10:35	0:00:02	0:00:19	31	8:13:14	0:00:03	0:02:58
8	8:10:37	0:00:02	0:00:21	32	8:13:16	0:00:02	0:03:00
9	8:10:40	0:00:03	0:00:24	33	8:13:18	0:00:02	0:03:02
10	8:10:41	0:00:01	0:00:25	34	8:13:20	0:00:02	0:03:04
11	8:10:43	0:00:02	0:00:27	35	8:13:21	0:00:01	0:03:05
12	8:10:47	0:00:04	0:00:31	36	8:13:23	0:00:02	0:03:07
13	8:10:49	0:00:02	0:00:33	37	8:13:26	0:00:03	0:03:10
14	8:10:51	0:00:02	0:00:35	38	8:13:27	0:00:01	0:03:11
15	8:10:57	0:00:06	0:00:41	39	8:13:32	0:00:05	0:03:16
16	8:11:02	0:00:05	0:00:46	40	8:13:36	0:00:04	0:03:20
17	8:11:03	0:00:01	0:00:47	41	8:13:42	0:00:06	0:03:26
18	8:11:06	0:00:03	0:00:50	42	8:13:46	0:00:04	0:03:30
19	8:11:07	0:00:01	0:00:51	43	8:13:53	0:00:07	0:03:37
20	8:11:10	0:00:03	0:00:54	44	8:13:55	0:00:02	0:03:39
21	8:11:12	0:00:02	0:00:56	45	8:13:58	0:00:03	0:03:42
22	8:11:15	0:00:03	0:00:59	46	8:14:02	0:00:04	0:03:46
23	8:11:16	0:00:01	0:01:00		8:15:40	0:01:38	

注：由于无法获取首车车头时距，本文将首车车头时距定为 5 秒。

（2）饱和车流识别

以前进路-长江路交叉口西进口 2016 年 8 月 31 日上午 7:00～9:00 采集的车头时距数据

为例，阈值划分饱和车流与非饱和车流结果参见表 4，表中饱和车流中大于阈值的车头时距数据用灰色阴影标出。

表 4　阈值划分饱和车流与非饱和车流结果

排队位置	周期1	周期2	周期3	周期4	周期5	周期6	周期7	周期8
4	3	2	3	3	3	2	2	2
5	1	3	2	2	3	2	3	2
6	3	2	2	2	4	2	3	2
7	2	2	3	3	2	3	2	2
8	2	1	2	4	2	3	3	2
9	2	5	2	1	3	2	2	2
10	2	2	3	2	2	2	2	4
11	4	1	4	2	1	3	7	2
12	9	2	3	2	2	2	1	3
13	4	3	1	5	2	2	2	2
14	7	2	2	6	1	1	2	4
15	2	1	2	3	1	5	4	3
16	6	5	1	3	3	1	3	2
17	5	2	3	2	2	6	3	1
18		3	1	4	2	4	2	5
19		2	2	2	2	2	3	1
20		1	2	4	1	3	3	3
21		2	3	7	8	2		4
22		2		4	2			5
23		2			1	3		
24		4			6			
25		3	3					

注：表中横线用以划分饱和车流和非饱和车流，横线前为饱和车流，横线后为非饱和车流。

　　根据 3.2 节提出的非饱和车流起点判断方法可以看出，周期 3 和周期 7 内的车流均为饱和车流，不存在非饱和车流。周期 6 中两次相邻的饱和流间的间隔车辆数为 4，大于设定的间隔数 2，该周期在清空排队车辆后存在车辆离散到达并驶离的情况，因此后续饱和车流不算入整个饱和车流中。周期 4 中第 2 次与第 3 次出现连续的饱和流间的间隔车辆数为 2，因此第 3 次出现的饱和流算入整个饱和车流中。周期 8 的饱和车流中出现三次车头时距大于阈值的情况，因此达到最大判断次数 4 次。

　　（3）显著性差异检验

　　本文采用非参数检验中的秩和检验方法对结果进行显著性检验。其原理是将原始数据从小到大排列，并对每个数据编定秩号。基于原始数据的秩次，计算各组秩次之和，对平均水平进行假设检验，并做出统计推断。在对原始数据编秩的过程中，若同一组别的数据相等，则顺次编秩；若不同组别的数据相等，则取平均秩次。在求样本秩和时，当两样本例数不相等时，取样本例数较小的秩和；当两样本例数相等时，任取一组的秩和。

Wilcoxon-Mann-Whitney 检验适用于两组独立样本的显著性差异检验。假定两总体分布具有类似形状，样本 X 和 Y 的样本量分别为 m 和 n，样本 X_1，X_2，$\cdots$，$X_m \sim F(x-\mu_1)$，样本 Y_1，Y_2，$\cdots$，$Y_n \sim F(x-\mu_2)$，检验假设：

$$H_0 : \mu_1 = \mu_2 (\mu = \mu_1 - \mu_2 = 0) \tag{1}$$

$$H_1 : \mu_1 \neq \mu_2 (\mu = \mu_1 - \mu_2 \neq 0) \tag{2}$$

将样本 X_1，X_2，$\cdots$，X_m 和 Y_1，Y_2，$\cdots$，Y_n 混合，对这 $(m+n)$ 个数按从小到大的顺序排列，R_u 为 X_u 在这 $(m+n)$ 个数中的秩，R_v 为 Y_v 的秩。

$$W_X = \sum_{u=1}^{n} R_u \tag{3}$$

$$W_Y = \sum_{v=1}^{m} R_v \tag{4}$$

式中，W_X 为样本 X 的秩和统计量，W_Y 为样本 Y 的秩和统计量。

$$W_Y = W_{XY} + \frac{n(n+1)}{2} \tag{5}$$

统计量 Z 为：

$$Z = \frac{W_{XY} - \dfrac{mn}{2}}{\sqrt{\dfrac{mn(m+n+1)}{12}}} \rightarrow N(0,1) \tag{6}$$

式中，W_{XY} 为较大样本的秩和统计量，m 为较大样本含量，n 为较小样本含量。

双边检验时，令 $K = \min\{W_X, W_Y\}$，K 通过正态分布 $N(a,b)$ 求任意点的分布函数，a，b 由式（3）～（6）确定。在显著性水平 α 下检验的拒绝域为

$$2\text{Porm}(K < k \mid a,b) \leqslant \alpha \tag{7}$$

式中，k 是满足式（3）～（8）最大的 k，可以通过计算统计量 K 的 p 值做决策。

$$p = 2\text{Porm}(K < k \mid a,b) \tag{8}$$

对设定的不同阈值划分的数据进行两样本秩和检验，假设阈值划分的两组车头时距数据无显著差异。以前进路-长江路交叉口西进口 2016 年 8 月 31 日上午 7:00～9:00 采集的直行车道车头时距数据为例，将其划分的饱和车流与非饱和车流车头时距数据进行秩和检验，其中，阈值的取值分别为 2、3、4、5、6，不同阈值划分两组数据的秩和检验结果参见表 5。

表 5　不同阈值划分两组数据的秩和检验结果

阈值	样本量		p 值	是否拒绝原假设
	饱和车流	非饱和车流		
2	175	247	5.9001e^-19	是
3	415	150	4.7215e^-27	是
4	483	97	1.6880e^-23	是
5	535	49	1.8199e^-19	是
6	565	24	3.2214e^-12	是

注：$P > 0.05$，无显著差异；$P < 0.05$，差异显著；$P < 0.01$，差异极显著。

由检验结果可以看出，本文选定的 5 个阈值所划分的饱和车流与非饱和车流的车头时距数据均拒绝原假设，且差异极显著，但由于检验所得 P 值的数值越小，两组数据的差异越显著，因此选择 P 值最小的阈值来划分饱和车流与非饱和车流。

本文对昆山市 21 个布设卡口式电子警察系统的交叉口左转车道及直行车道进行饱和车流识别，表 6 为 2016 年 8 月 31 日昆山路网中部分信号交叉口饱和流与非饱和流划分阈值选取的结果。

表 6　昆山市信号交叉口饱和流与非饱和流划分阈值选取结果

交叉口编号	交叉口名称	样本量		选取阈值	饱和车头时距
		饱和车流	非饱和车流		
1	前进路-黄河路东进口	120	44	3	2.483
3	前进路-黄河路西进口	198	90	3	2.551
11	震川路-长江路东进口	92	30	3	2.326
12	震川路-长江路西进口	124	26	3	2.565
13	震川路-长江路北进口	436	143	3	2.266
27	同丰路-长江路东进口	137	55	3	2.504
28	同丰路-长江路南进口	201	60	3	2.090
72	朝阳路-柏庐路东进口	182	37	3	2.434
74	朝阳路-柏庐路西进口	187	69	3	2.652
102	昆太路-柏庐路东进口	371	45	4	2.604
131	朝阳路-长江路南进口	207	98	3	2.411
132	朝阳路-长江路西进口	296	174	2	2.017
133	朝阳路-长江路北进口	528	37	4	2.517
179	朝阳路-黑龙江东进口	289	42	3	2.401
180	朝阳路-黑龙江西进口	371	57	3	2.375
733	前进路-长江路南进口	135	71	3	2.289
735	前进路-长江路北进口	450	70	3	2.140

由表 6 可以看出，虽然划分阈值取值范围为[2,6]，但经过显著性差异检验后，划分两类车流的阈值基本集中在 3 秒，少数存在 2 秒或 4 秒的情况，且饱和车头时距一般为 2.5 秒左右。因此，在一般情况下，可设定阈值为 3 秒划分饱和车流与非饱和车流。

5　结语

本文鉴于单一阈值方法无法考虑饱和车流与非饱和车流划分中的不确定问题，提出了一种考虑随机性的阈值划分方法，重点包含非饱和车流计算起点确定和划分阈值选取两个关键技术点。在非饱和车流计算起点确定方面，本文提出的基于阈值划分方法允许一列连续的饱和车流中存在少量大于设定阈值车头时距的车辆；在划分阈值选取方面，考虑号牌数据不具备正态分布特性，本文提出了一种基于非参数检验的最优划分阈值确定方法，通过秩和检验对不同阈值划分结果进行显著性差异检验，并最终依据最小 P 值确定最优阈值。

参考文献

[1]　Liu H X, Wu X, Ma W, et al. Real-time queue length estimation for congested signalized intersections[J]. Transportation research part C: emerging technologies, 2009, 17(4): 412-427.

[2]　Transportation Research Board. Highway Capacity Manual[M]: Special report 209, Washington, D.C.: Transportation Research Board, 2010.

[3]　杨东援，罗江邻，刘翀等. 信号交叉口饱和流率动态提取方法[J]. 交通运输工程学报，2013，13(1): 98-103.

[4]　Khosla K, Williams J. Saturation flow at signalized intersections during longer green time[J]. Transportation Research Record: Journal of the Transportation Research Board, 2006(1): 61-67.

[5]　Li H, Prevedouros P. Detailed observations of saturation headways and start-up lost times[J]. Transportation Research Record Journal of the Transportation Research Board, 2002, 1802(1): 44-53.

信号交叉口饱和车头时距估计方法

严　颖　安成川　夏井新

（东南大学智能运输系统研究中心，南京，211189）

【摘要】为了准确获取车道的饱和流量，为道路交通设计和管理控制提供重要参数，本文提出了利用车辆号牌数据估计信号交叉口进口道饱和车头时距的方法。根据采集的信号交叉口进口道的车辆号牌数据，分信号周期提取车头时距，基于高斯混合模型将车头时距划分为饱和状态和非饱和状态两类，同时获得饱和状态下车头时距的均值，即为饱和车头时距。以昆山市一个信号交叉口的 3 条进口车道为例对所提方法进行验证，结果表明：本文所提的方法不仅能够准确估计每条进口车道的饱和车头时距，而且结果稳定好，方法适应性强。

【关键词】信号交叉口；饱和车头时距；高斯混合模型

Estimation Method of Saturation Headway at Signalized Intersections

Yan Ying, An Cheng Chuan, Xia Jing Xin

（Intelligent Transportation System Research Center, Southeast University, Nan Jing, 211189）

Abstract: In order to accurately obtain the saturation flow of the lane and provide important parameters for road traffic design and management control, this paper proposes a method for estimating saturation headway of the signal intersection by using the vehicle plate data. According to the vehicle plate data of the entrance of the signalized intersection, headway is extracted by signal cycles and divided into saturated state and non-saturated state based on the Gaussian mixture model, and the mean value of headway in the saturated state is saturation headway. Taking the three approaches at a signalized intersection in Kunshan as an example, the proposed method is verified. The results show that the proposed method not only can accurately estimate the saturation headway of each approach, but also the results are stable and the method is highly adaptable.

Keywords: signalized intersections; saturation headway; gaussian mixture model.

1 引言

饱和车头时距是城市道路信号交叉口微观交通流运行分析中的一个关键参数，是信号交叉口合理信号配时、运行延误分析、通行能力研究、车辆折算系数研究等内容的关键基础。目前，针对饱和车头时距的估计，国内外研究学者主要采用的方法有美国《道路通行能力手册》法[1,2,3]、阈值法[4,5]及数据驱动法[6,7]。

美国《道路通行能力手册》[1]将饱和车头时距定义为：排队状态下，机动车流通过信号交叉口时的车头时距的稳定值，即信号绿灯启亮后，排队位置在第 4 辆车以后的释放车辆的车头时距趋于常数，用车流里面排队位置在第 4 辆车及其以后释放车流的车头时距平均值来估计。这种方法需要确定经过信号交叉口的每辆车是否处于排队车辆，因此，易受调查的时间和天气，以及特殊车型的影响，普适性差。用 3600 秒除以饱和车头时距可计算饱和流率，针对饱和车头时距和饱和流率的估计，美国《道路通行能力手册》中除了明确提出饱和车头时距定义法，还建立了标准条件下的饱和流率计算模型，即在基本饱和流率的基础上，考虑车道宽度修正系数、交通流中重型车修正系数、自行车修正系数等来计算实际的饱和流率，这种方法虽然考虑了道路及交通流的基础信息，但是没有考虑交通流的动态运行特性。王进等[2]用回归分析法，得到许可相位条件下左转车流对饱和流率的修正系数的计算模型，刘意等[3]建立了饱和流率关于车道宽度、大车率和车道数的三元回归线性模型。

阈值法是通过根据车头时距设置阈值将交通流划分为饱和状态和非饱和状态，再通过计算饱和状态车头时距的均值来估计饱和车头时距，但是这种方法存在考虑阈值选取合理性的问题，而且不同车道需要定义不同的阈值。别一鸣等[4]将高峰期获取到的车头时距作为饱和状态的车头时距，基于稳态检验算法剔除异常车头时距，从而获取饱和车头时距。另外，分位数法也是一种常见的阈值法，它是用排队离开车头时距观测样本的中值来估计饱和车头时距，这种方法虽然考虑了车头时距散布（方差）的影响，但是无法反映信号交叉口实际的交通流运行特性。杨东援等[5]根据大小车型的饱和车头时距判断阈值分别判断车辆是否处于饱和流状态，计算从第 4 辆车开始的饱和流状态的车头时距的平均值，作为当前周期的饱和车头时距，并采用指数平滑法对历史平均饱和车头时距和当前周期饱和车头时距进行平滑。

数据驱动法主要是基于机器学习中模型来估计饱和车头时距。祁宏生等[6]提出隐马尔科夫链模型法，用采集的交通流数据对隐马尔科夫链模型的参数进行训练，接着对隐含车头时距状态进行估计，得到连续的稳定车头时距序列，并对稳定车头时距序列进行求平均得到饱和车头时距。但是，这种方法在对模型的参数进行训练时需要手工识别车头时距的状态信息，方法操作复杂，工作量大。罗为明等[7]采用 K-means 聚类法，对单周期城市道路交叉口的平均车头时距进行聚类分析，再根据聚类分析结果计算饱和情况下车头时距的均值，这种方法虽然提高了饱和车头时距的精度，但是采用单周期的平均车头时距来聚类弱化了单周期内部车头时距的离散特性，聚类结果较差。

针对以上问题，本文提出一种完全数据驱动的信号交叉口饱和车头时距估计方法，利用车辆号牌数据，分车道提取单周期的离散车头时距，用高斯混合模型对车头时距进行分类，得到两种状态下车头时距的高斯分布模型，并获取饱和车头时距。

2 基于高斯混合模型的信号交叉口饱和车头时距估计方法

车头时距指在同一车道上行驶的车辆队列中，连续车辆车头通过某一断面的时间间隔。饱和车头时距是指在一次连续的绿灯信号时间内，进口道上一列连续车队能通过进口道停止线的最小车头时距。不同的天气状况、工作日或休息日，各信号交叉口各车道的交通流量不同，饱和车头时距也会有所不同。现假设车头时距由两个高斯模型组成，一类表示饱和状态的车头时距，另一类表示非饱和状态的车头时距。本文利用车辆号牌数据，基于高斯混合模型，提出一种完全数据驱动的信号交叉口饱和车头时距估计方法，算法如下。

Step1：车头时距提取：利用每个电子警察设备在每个车道采集的所有过车记录，提取对应车头时距。具体包括以下步骤：

（1）筛选某天某电子警察设备检测到的某车道的所有过车记录，将车辆车头端部经过该路口的时间 a:b:c 转换成距 00:00:00 的时间差 t，即 $t = a*3600 + b*60 + c$，其中 a、b、c 分别表示时、分、秒。

（2）将转换过的时间 t 按升序排序。

（3）用当前车辆经过的时间 t 减去前一辆车经过的时间 t 得到当前车辆的车头时距 h，即 $h_i = t_i - t_{i-1}$，$i = 2,3,4,\cdots,n$。

Step2：信号周期划分：利用实时的信号配时方案，匹配每条过车记录对应的信号周期。具体包括以下步骤：

（1）根据当天该信号交叉口的实时配时方案，梳理在不同时间段所采用的配时方案，确定各信号相位在各信号周期对应的时间区间。

（2）将该车道与对应的信号相位匹配。

（3）确定该车道所有的过车记录位于该信号相位的第几个信号周期。

（4）确定各过车记录在该信号周期内作为第几辆车经过。

Step3：高斯混合模型构建：去掉每个信号周期第一辆车与前一个信号周期最后一辆车的车头时距，提取各信号周期内部从第二辆车开始的所有离散车头时距作为观测数据，观测数据服从高斯混合分布。具体包括以下步骤。

（1）提取各信号周期除第一辆车以外的所有车辆的车头时距 h_1, h_2,…, h_N。

（2）假设车头时距 h_1, h_2,…, h_N 服从高斯混合分布。

$$p(y|\theta) = \sum_{k=1}^{K} \alpha_k \phi(y|\theta_k) \tag{1}$$

其中，$\theta = (\alpha_1, \alpha_2, \cdots, \alpha_k; \theta_1, \theta_2, \cdots, \theta_k)$；$\alpha_k$ 是系数，表示选择第 k 个高斯分布的概率，$\alpha_k \geqslant 0$，$\sum_{k=1}^{K} \alpha_k = 1$；$\phi(y|\theta_k)$ 是高斯分布密度，$\theta_k = (\mu_k, \sigma_k^2)$，表示第 k 个高斯分布的参数，则

$$\phi(y|\theta_k) = \frac{1}{\sqrt{2\pi}\sigma_k} exp\left(-\frac{(y-\mu_k)^2}{2\sigma_k^2}\right) \tag{2}$$

称为第 k 个高斯分布模型。

Step4：EM 算法求解，根据 EM 算法，求解高斯混合模型参数，确定每个车头时距对应的类别。具体包括以下步骤。

（1）取参数的初始值开始迭代；混合比例初值 α_k 是均匀狄利克雷分布中的随机变量；均值初值 μ_k 是由正态分布随机生成，中心由观测数据决定；标准差初值 α_k 是随机指数分布值的向量平方根的倒数，指数分布的参数是根据数据分箱技术确定。

（2）E 步：依据当前模型参数，计算分模型 k 对观测数据 y_j 的响应度：

$$\hat{\gamma}_{jk} = \frac{\alpha_k \phi(y_j|\theta_k)}{\sum_{k=1}^{K} \alpha_k \phi(y_j|\theta_k)}, \ j=1,2,\cdots,N; k=1,2,\cdots,K \tag{3}$$

其中，$\hat{\gamma}_{jk}$ 是在当前模型参数下第 j 个观测数据来自第 k 个分模型的概率，称为分模型 k 对观测数据 y_j 的响应度。

（3）M 步：计算新一轮迭代的模型参数：

$$\hat{\mu}_k = \frac{\sum_{j=1}^{N} \hat{\gamma}_{jk} y_j}{\sum_{j=1}^{N} \hat{\gamma}_{jk}}, \ k=1,2,\cdots,K \tag{4}$$

$$\hat{\sigma}_k^2 = \frac{\sum_{j=1}^{N} \hat{\gamma}_{jk} (y_j - \mu_k)^2}{\sum_{j=1}^{N} \hat{\gamma}_{jk}}, \ k=1,2,\cdots,K \tag{5}$$

$$\hat{\alpha}_k = \frac{\sum_{j=1}^{N} \hat{\gamma}_{jk}}{N}, \ k=1,2,\cdots,K \tag{6}$$

其中，$\hat{\mu}_k$ 是新一轮迭代的第 k 个分模型的均值；$\hat{\sigma}_k^2$ 是新一轮迭代的第 k 个分模型的方差；$\hat{\alpha}_k$ 是新一轮迭代的第 k 个分模型在混合模型中所占的比例，$N = \sum_{k=1}^{K}\sum_{j=1}^{N} \hat{\gamma}_{jk}$；

（4）重复 E 步和 M 步，直到收敛

Step5：饱和车头时距估计：选取车头时距均值较小的类别作为饱和状态，车头时距均值较大的类别为不饱和状态，则饱和状态对应的高斯分布均值为饱和车头时距。

3 实例分析

本文选取江苏省昆山市黑龙江路与前进路交叉口为研究对象，采集了东进口方向 2019 年 1 月 5 日至 2019 年 1 月 12 日的号牌识别数据，交叉口东进口方向实景图如图 1 所示。

图 1 江苏省昆山市黑龙江路与前进路交叉口东进口方向实景图

信号交叉口静态信息表见表 1，电子警察设备 ID 为 14；信号交叉口名称为黑龙江路/前进路；进口道方向编号为 3，即东进口方向；车道位置编号为 1；车道类型编号为 1，即左转车道。信号交叉口信号配时方案表如表 2 所示，该信号交叉口全天共有 7 套信号配时方案，有 3 个信号相位，分别为：东西方向的直行和右转共用相位，东西方向的左转相位，南北方向的左转、直行和右转共用相位。

表 1 信号交叉口静态信息表

FACILITY_ID	Int_Name	Direction	LANE	Lane_Type
14	黑龙江路/前进路	3	1	1

表 2 信号交叉口信号配时方案表

信号配时方案	各信号相位持续时间/s			时间段
	东西直右	东西左转	南北左直右	
1	23	25	17	23:01:28～06:00:16
8	70	85	39	06:00:39～09:01:29
3	40	53	24	09:02:39～16:30:26
4	56	69	35	16:31:06～17:39:29
7	49	58	0	17:40:25～18:30:23
5	40	54	23	18:31:45～19:00:19
6	47	61	23	19:01:00～23:00:20

利用 2019 年 1 月 5 日采集的黑龙江路与前进路交叉口东进口方向左转车道的号牌识别数据，提取车头时距，使用 EM 算法求得高斯混合模型参数表，参见表 3。根据交通含义，饱和状态时，信号交叉口进口道交通量大，相邻车辆间车头时距小，因此，均值小的类别代表饱和车头时距，均值大的类别代表非饱和车头时距。高斯混合模型分布图，如图 2 所示，窄而高的高斯分布对应均值小，代表饱和车头时距的高斯分布，宽而矮的高斯分布代表非饱和车头时距的高斯分布。

表 3　高斯混合模型参数表

类别	均值	标准差	混合比例
1	3.8	1.6	0.575
2	15.1	7.3	0.425

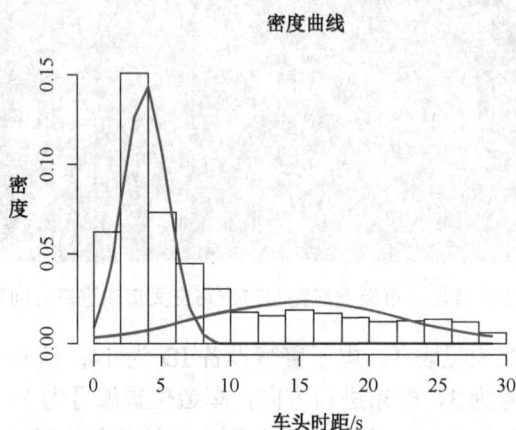

图 2　高斯混合模型分布图

为了验证基于高斯混合模型估计信号交叉口饱和车头时距方法的稳定性，采用 2019 年 1 月 5 日至 2019 年 1 月 12 日，江苏省昆山市黑龙江路与前进路的交叉口东进口方向电子警察设备采集的左转车道所有过车记录，利用高斯混合模型分别估计该车道每天的饱和车头时距，并从统计的角度，分别分析周末和工作日各天结果之间的均值和方差。饱和车头时距对比表见表 4。

表 4　饱和车头时距对比表

时间	饱和车头时距/（秒/辆）	均值	方差
2019 年 1 月 5 日	3.82		
2019 年 1 月 6 日	3.88	3.74	0.024 5
2019 年 1 月 12 日	3.52		
2019 年 1 月 7 日	3.26		
2019 年 1 月 8 日	3.31		
2019 年 1 月 9 日	3.35	3.32	0.005 7
2019 年 1 月 10 日	3.45		
2019 年 1 月 11 日	3.24		

2019 年 1 月 5 日、2019 年 1 月 6 日、2019 年 1 月 12 日为周末，2019 年 1 月 7 日至 2019 年 1 月 11 日为工作日，通过比较发现，周末的饱和状态车头时距均值略大于工作日的饱和状态车头时距均值，说明周末的交通量略小于工作日的交通量，因此，工作日的饱和状态车头时距均值更接近饱和车头时距。而且，无论是周末各天获得的结果之间相比较，还是工作日各天获得的结果之间进行比较，方差都很小，说明基于高斯混合模型的信号交叉口饱和车头时距估计方法稳定性好。

为了进一步验证基于高斯混合模型估计信号交叉口饱和车头时距方法的适用性，采用 2019 年 1 月 5 日至 2019 年 1 月 12 日，江苏省昆山市黑龙江路与前进路的交叉口东进口方向电子警察设备采集的许可相位条件下各车道过车记录，分别为左转车道、直行车道 1 和直行车道 2，其中直行车道 1 为靠近左转车道的直行车道，直行车道 2 为靠近右转车道的直行车道。利用高斯混合模型分别估计各车道每天的饱和车头时距，并从统计的角度，分析周末各车道的饱和车头时距，周末各车道饱和车头时距对比图见表 5，分析工作日各车道的饱和车头时距，对比表见表 6。

表 5　周末各车道饱和车头时距对比图

车道	1 月 5 日	1 月 6 日	1 月 12 日	均值	方差
左转车道	3.82	3.88	3.52	3.74	0.024 5
直行车道 1	3.02	2.95	2.84	2.94	0.005 3
直行车道 2	3.00	3.00	2.90	2.96	0.002 3

表 6　工作日各车道饱和车头时距对比图

车道	1 月 7 日	1 月 8 日	1 月 9 日	1 月 10 日	1 月 11 日	均值	方差
左转车道	3.26	3.31	3.35	3.45	3.24	3.32	0.005 7
直行车道 1	2.99	2.69	2.78	2.80	2.77	2.81	0.010 0
直行车道 2	2.86	2.69	2.73	2.69	2.78	2.75	0.004 2

通过比较发现，不论周末还是工作日，左转车道的饱和车头时距高于直行车道的饱和车头时距，说明左转车道的饱和流率略小于直行车道的饱和流率，而且两条直行车道的饱和车头时距基本接近，符合实际情况。

4　结语

本文利用车辆号牌数据，基于高斯混合模型，提出一种完全数据驱动的信号交叉口饱和车头时距估计方法。相比于其他现有技术，本方法的优点在于以下方面。

（1）不需要调查车辆经过信号交叉口时是否停车，因此该方法不受调查的时间和天气影响。

（2）属于数据驱动的方法，方法操作简单，精度高，普适性强。

（3）在实际应用中，适用于不同场景，例如可以分别估计工作日与节假日、天气情况良好与恶劣等场景下的饱和状态车头时距，实用性强。

但是，本方法是分信号周期来分析车头时距，因此不适用于不受信号灯控制的转向进口道的饱和车头时距估计的情况。

参考文献

[1] Transportation Research Board. Highway Capacity Manual: 2010[M]. Washington DC: Transportation Research Board,2010.

[2] 王进，杨晓光. 许可相位下饱和流率修正系数研究[J]. 公路交通科技，2010，27（09）：94-99.

[3] 刘意，张永，任刚. 信号交叉口直行车道饱和流率研究[J]. 交通运输工程与信息学报，2010，8（03）：62-67.

[4] 别一鸣，汤茹茹，王运豪等. 信号交叉口进口车道饱和流率估计方法[J/OL]. 吉林大学学报（工学版）：1-6[2019-06-26].

[5] 杨东援，罗江邻，刘翀等. 信号交叉口饱和流率动态提取方法[J]. 交通运输工程学报，2013，13（01）：98-103.

[6] 祁宏生，罗玉芳，江南等. 基于隐马尔科夫链的交叉口实时饱和流率估计方法[P]. 中国专利：CN106846804A，2017-06-13.

[7] 罗为明，袁建华，马庆等. 一种城市道路交叉口饱和流率计算方法[P]. 中国专利：CN107564290A，2018-01-09.

一种基于模拟退火的交通数据补偿方法[1]

林子豪[1] 梁译文[2] 胡坚明[1,3] 张 毅[1,3]

（1. 清华大学自动化系，北京，100084；

2. 东北林业大学信息与计算机工程学院，哈尔滨，150040；

3. 北京信息科学与技术国家研究中心，北京，100084）

【摘要】在采集交通数据后，各种意外可能会带来结果的不可靠性，尤其是一些设备可能因为各种因素发生数据丢失的问题，本文结合北方某城市的实际数据，从数据的强周期性和弱周期性出发对其关联性进行了分析，同时采用模拟退火算法和仿真软件SUMO 进行数据补偿，得到了一种数据补偿的思路。

【关键词】数据补偿；模拟退火算法；仿真

A Traffic Data Compensation Algorithm based on Simulated Annealing

Lin Zihao[1], Liang Yiwen[2], Hu Jianming[1,3], Zhang Yi[1,3]

（ 1. Department of Automation, Tsinghua University, Beijing, 100084;

2. School of Information and Computer Engineering, Northeast Forestry University, Harbin, 150040;

3. Beijing National Research Center For Information Science And Technology, Beijing, 100084 ）

Abstract：After collecting traffic data, all kinds of accidents may lead to the unreliability of the result. It occurs that we lose some data while some devices break down because of

---

项目资助信息：国家重点研发计划项目(2018YFB1600802, 2018YFB1600601)；国家自然科学基金项目(61673232)和清华大学自主科研项目（ 2018Z05JDX005, 20183080016）。

different facts. This paper combines with the actual data of a city in the north and analyses its relevance from the strong cyclical and the weak cyclical of data. At the same time using simulated annealing algorithm and simulation software we finish the data compensation and get an idea to compensate the data.

Keywords: data compensation; simulated annealing algorithm; simulation.

1 引言

为了研究交通的一般规律并对交通进行智能化和系统化的研究,我们通常会采集大量数据进行数据挖掘工作,通过分析大量数据的相关性,我们可以得到一些直观或简单处理方法所无法发现的内在隐含规律。但在实际研究中,原始数据通常是不完全可靠或存在问题的,问题数据的产生原因多种多样,比如采集设备所处地点天气的温、湿度变化,环境的情况波动,设备自身的质量不足,由于长期使用带来的老化问题,设备储存系统损坏,信息传输时间戳错误等。这些问题数据会导致研究结果不精确也不可靠,因此在使用数据进行数据挖掘前,我们需要对其进行数据预处理。在实际情况中,一个较为常见的问题是数据缺失,即在数据中存在大量的空数据,这对于后续工作的开展造成了较大的影响。

胡枫[1]提出对工作日与周末的数据分开对待的结语,并采用小波分解对不同频率的数据进行去噪;蔡念慈[2]结语了包括 KNNI 算法,MI 算法和最大期望算法等算法在内的,对缺失数据进行补充的算法;李月标[3]通过对各类算法进行系统的分析,找出了各类算法的优缺点,对主成分分析法进行改进,改进后的 KPPCA 算法和 MPPCA 算法在精度上优于原始算法,但是计算复杂度也更高,在预测、差值、统计等补偿算法中较为领先。

2 数据简介

2.1 数据概况

本文数据来自中国北方某城市,该城市占地约 6 429 平方千米,数据的主要来源是其下辖的两个区,占地面积约 54 平方千米。数据记录了该城市自 2014 年 1 月 6 日起至 2014 年 12 月 31 日为止的全年共 359 天的卡口过车数据,卡口设立在城市两个区的 94 个主要交叉路口,每天的卡口过车量约 100 万车次到 250 万车次,每条记录包含车辆经过的卡口、车辆的来向与去向、车辆的牌照号码和经过的时间,部分卡口数据包括车辆颜色、车辆类型及车速。我们对数据的使用出于宏观而不是微观考虑——这里的微观是指数据具体至每一辆车的轨迹,即它在何时经过哪一个路口;宏观指的是一段时间内经过某个路口的总车流量,在短时交通流预测中这个时间是五至十五分钟——因此,我们可以将这些卡口数据转换成为等时长的流量数据进行补偿。全年流量变化图如图 1 所示。

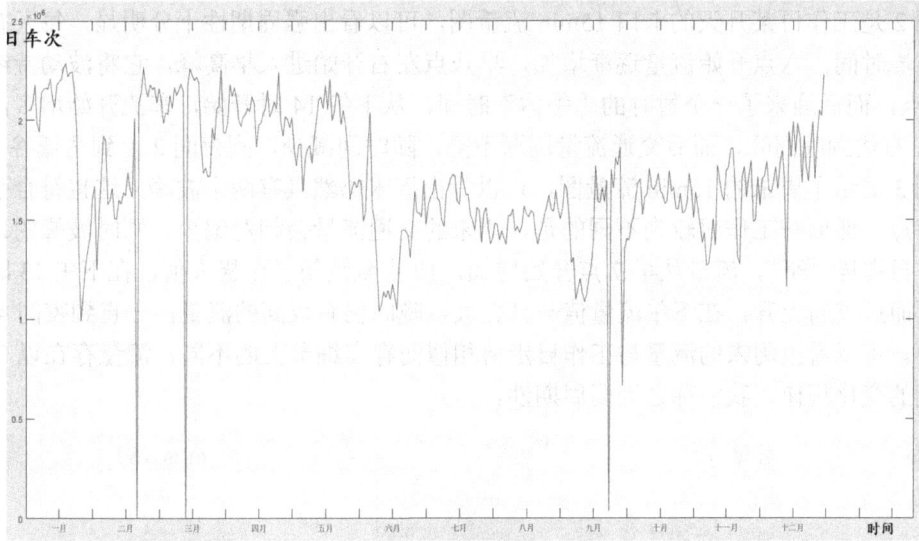

图 1　全年流量变化图

图 1 是该城市全年的流量车次统计数目变化图，我们可以看到虽然存在某些因每日出行需求变化带来的正常波动，但是也同时存在有一些极端异常的数据，比如有三天的数据完全跌至 0，这意味着该日的统计数据全部没有记录，此时我们需要通过数据补偿对每天的空白数据进行补充。

2.2　数据的时空相关性分析

基于日常生活的体验，我们可以容易地知道交通数据具有强周期性和弱周期性。强周期性指每二十四小时交通流数据循环一周期。五天的 15min 流量图如图 2 所示。

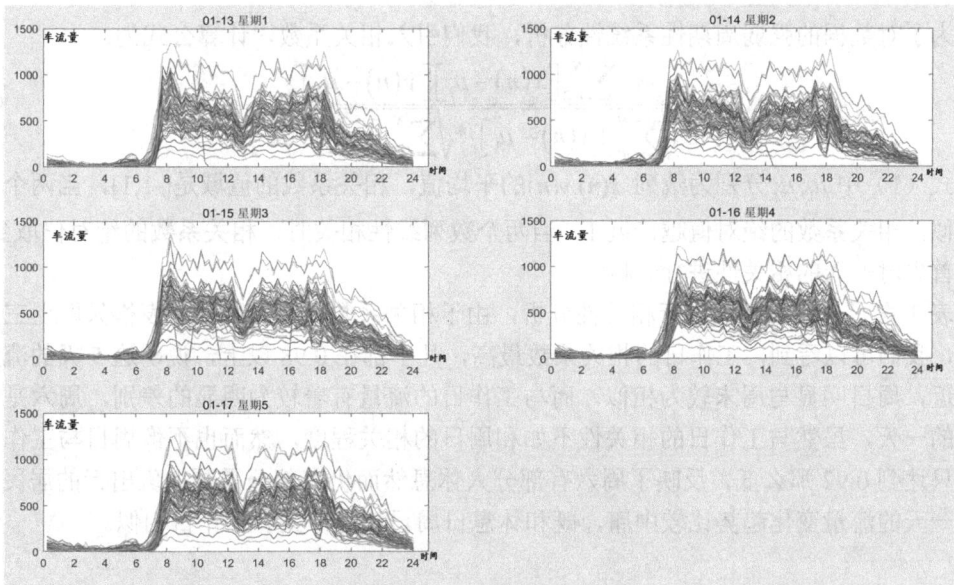

图 2　五天的 15min 流量图

图 2 是工作日某几天的卡口 15min 流量图，可以看出强周期性十分明显，每天有两个交通高峰时间，六点开始流量逐渐增加，早八点左右开始进入早高峰，它将波动持续到中午 12 点，而后迎来了一个暂时的"午休"时间，从下午 14 时开始，车流开始增多，在晚 18 时左右达到晚高峰，而后交通流量逐渐下降，随时间减少，到夜间 2 点到达低谷。

图 3 展示了周末的 15min 流量图，可以看出周末仍然具有两个波峰，这也符合强周期性的特点，然而与工作日较为不同的是，周末的交通流量会相对偏少，同时波峰的顶部不像工作日那样"平"，流量从早 7 点开始增加，10 点到达第一个极大值，在下午 13 时跌至低谷，而后重新上升，在下午流量值一直较大，晚间仍有较高的流量，一直到夜间 4 时到达最小。可以看出周末的流量与工作日走势相似而存在细节上的不同，流量存在以 7 天为一周期的变化规律，我们称之为弱周期性。

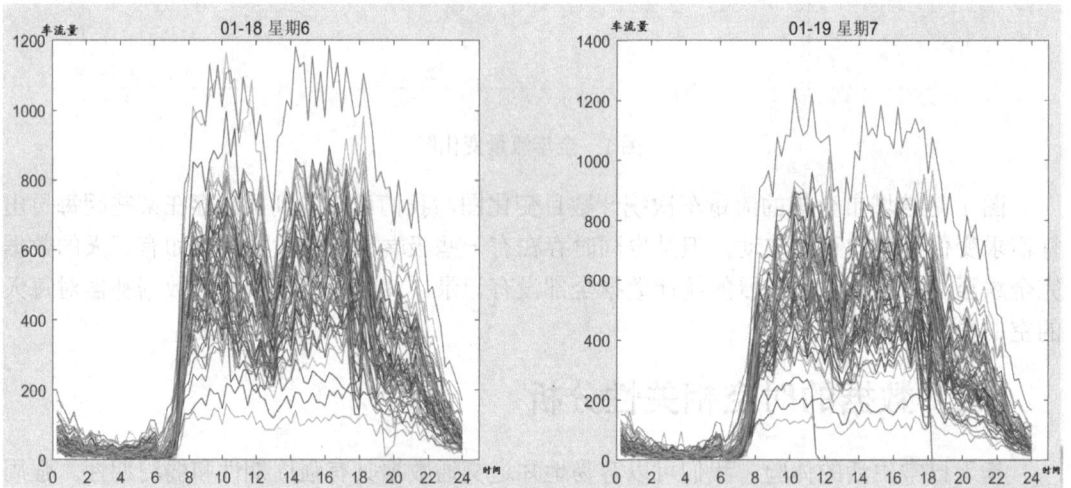

图 3　周末的 15min 流量图

为了对数据的强弱周期性系统性分析，我们引入相关系数，计算公式为：

$$\rho_{ij} = \frac{\sum_{n=1}^{N}\left[x(n)-\mu_1\right]\left[y(n)-\mu_2\right]}{\sqrt{\sum_{n=1}^{N}\left[x(n)-\mu_1\right]^2}*\sqrt{\sum_{n=1}^{N}\left[y(n)-\mu_2\right]^2}}\# \tag{1}$$

式（1）中 μ_1, μ_2 分别为数列 $x(n), y(n)$ 的平均值，相关系数的值域是[-1,1]，当两个数列越相似，相关系数的绝对值越接近 1，当两个数列线性相关时，相关系数的绝对值取到 1，下面首先对七天的相关性进行分析。

表 1 取了一周的数据进行相关性分析，由于相关系数具有对称性，表格只取上三角的一半，我们可以看到，工作日的相关系数最高，几乎都在 0.98 以上，说明这 5 天的流量走势相近，周日明显与周末较为相似，而与工作日的流量有着较为明显的差别，周六是较为中性的一天，虽然与工作日的相关性不如和周日的相关程度，然而也不像周日与工作日相关性只达到 0.92 那么低，反映了周六有部分人休息然而仍有部分需要加班出行的居民，因此这一天的流量变化趋势比较中庸，既和休息日周日相近，又和工作日相似。

表 1 周一至周日相关系数记录表

	Mon	Tue	Wed	Thu	Fri	Sat	Sun
Mon	1	0.994 942	0.993 616	0.983 015	0.974 831	0.959 695	0.915 886
Tue		1	0.995 898	0.986 328	0.977 17	0.964 166	0.922 727
Wed			1	0.989 044	0.980 055	0.971 268	0.931 748
Thu				1	0.990 181	0.984 419	0.956 992
Fri					1	0.985 508	0.963 135
Sat						1	0.979 963
Sun							1

表 2 展示了同一天不同路口相关系数分析，横坐标代表某一天内 A 路口的流量，纵坐标是同一天 B 路口的流量，我们可以首先看到的是，两路口在同一天的流量走势最为相似，在其他时间里的相似程度明显降低，以上分析展现了交通数据具有的时间规律。下面分析数据的空间规律。

表 2 同一天不同路口相关系数分析

	Mon	Tue	Wed	Thu	Fri	Sat	Sun
Mon	0.990 70	0.989 16	0.987 60	0.973 43	0.968 34	0.945 69	0.904 12
Tue	0.993 40	0.992 72	0.992 20	0.979 79	0.974 78	0.951 92	0.916 46
Wed	0.994 39	0.991 59	0.993 41	0.981 79	0.978 11	0.959 87	0.927 06
Thu	0.988 83	0.987 89	0.989 55	0.990 76	0.985 55	0.978 24	0.954 36
Fri	0.981 14	0.983 42	0.984 67	0.987 90	0.989 57	0.979 25	0.956 06
Sat	0.968 71	0.969 93	0.973 32	0.980 88	0.980 71	0.989 03	0.971 97
Sun	0.931 44	0.937 29	0.938 65	0.955 69	0.956 02	0.978 77	0.982 62

表 3 展示了同一天相邻卡口相似度分析，横纵坐标是卡口编号，图 4 展示了地理位置数据相关性分析，我们以 9 号节点为中心进行分析，可以明显看出，与 9 号节点有直接连接的 6、8、10、15 号节点都和 9 号节点具有较大的相关系数，而一些较远的节点，如 49 和 8 号节点，它们之间的相关性就不如相邻节点那样强，因此数据补全的一个思路是使用相邻节点的正常数据进行平均，然而这样的想法具有较大的不可靠性。

表 3 同一天相邻卡口相似度分析

	5	6	8	9	10	16	49
5	1.000 00	0.920 27	0.961 43	0.966 17	0.925 23	0.886 89	0.527 91
6	0.920 27	1.000 00	0.936 79	0.963 91	0.969 88	0.923 04	0.581 08
8	0.961 43	0.936 79	1.000 00	0.984 82	0.959 03	0.938 40	0.525 38
9	0.966 17	0.963 91	0.984 82	1.000 00	0.978 43	0.956 72	0.566 39
10	0.925 23	0.969 88	0.959 03	0.978 43	1.000 00	0.972 99	0.644 59
16	0.886 89	0.923 04	0.938 40	0.956 72	0.972 99	1.000 00	0.648 85
49	0.527 91	0.581 08	0.525 38	0.566 39	0.644 59	0.648 85	1.000 00

图 4　地理位置数据相关性分析

图 5 展示了卡口在连续时间内的过车量分布，从图中，我们可以发现，卡口的绝对过车量数据波动达到了 50%，相对于其他所有卡口的过车比例波动为 27.9%，而相对于最近卡口的误差达到了 8.5%，可见每一周的同一天卡口虽然走势相同，但是由于地理位置、卡口重要性的因素影响，相邻卡口的流量大小也较为不同，因此，其他卡口的流量数据绝对值不能彻底作为待估测卡口的参考，这样最终误差会在 10% 以上，我们考虑其他方法进行数据挖掘。

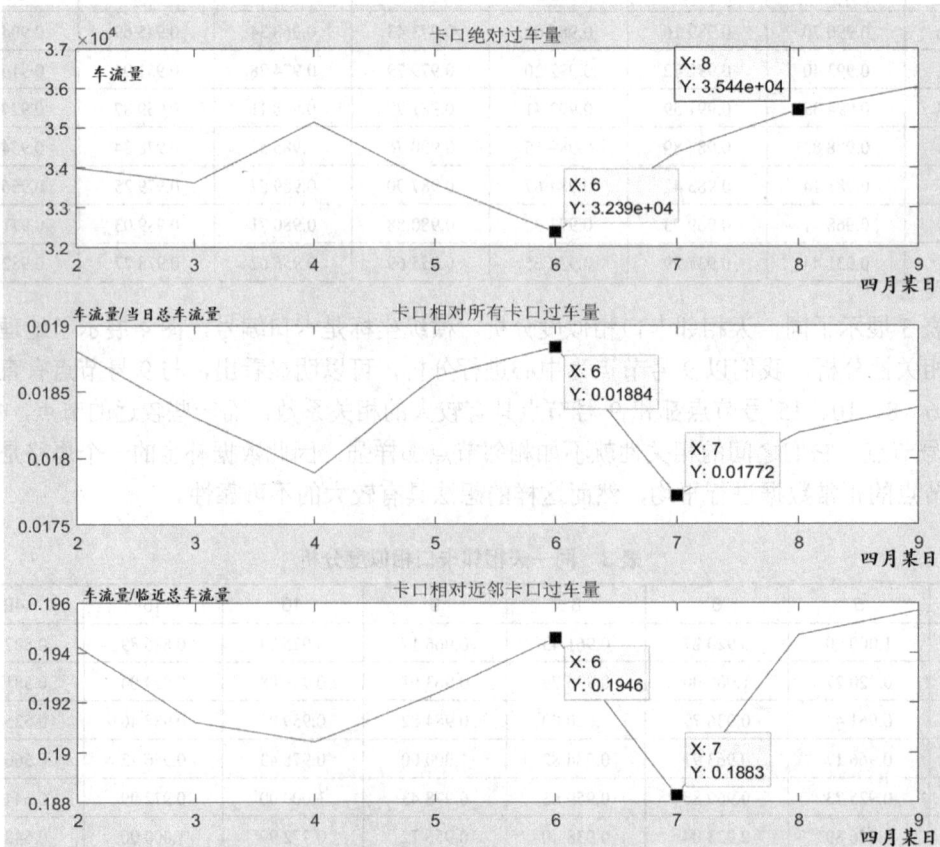

图 5　卡口在连续时间内的过车量分布

3 基于模拟退火算法的 OD 矩阵求取

3.1 OD 矩阵求取问题

OD 矩阵是 Origin-Destination 矩阵，描述了一个交通路网中，一段时间内人们的交通需求，根据该时间长度的不同，OD 矩阵也分为长期 OD 矩阵和短期 OD 矩阵，其中长期 OD 矩阵通常以天作为单位，其假设是 OD 矩阵的时间长度远大于两点之间的通行时间，短期 OD 矩阵则刚好相反，其考虑人们的出行需求变化较快，在求取的 OD 矩阵完全实现之前人们的出行需求就发生了改变。

由 OD 矩阵求取出行流量分配需要依据一定的假设原则，主要分为系统最优原则和用户均衡原则，用户均衡原则定义式如式（2），系统最优原则如式（3）。

$$\min Z = \sum_{a \in A} \int_0^{x_a} t_a(\omega) \mathrm{d}\omega \tag{2}$$

$$\min Z = \sum_{a \in A} x_a t_a(x_a) \tag{3}$$

式中，z 的意义是通行代价，x 代表路段流量，$t(x)$ 代表路段在流量为 x 时的通行时间，$t(x)$ 的计算可以采用 BPR 函数，用户均衡的定义式意味着在整个系统中，任何一个用户都不能通过改变自己出行路径的方式来降低整个系统的通行效率，这是一个较为抽象的定义。系统最优意味着牺牲某些用户的通行休验，即让他们选择相对最短路线更长的道路，来使得整个系统达到较低的总通行时间，相当于在博弈论中，双赢的结果。出于计算量的考虑，我们这里选用系统最优原则。

依据系统最优原则，我们可以从 OD 矩阵较容易地得到出行分配，如梯度下降算法[4]等凸优化算法可以较为轻松地得到结语，然而由具体流量推测 OD 矩阵则难以逆向解决，此时模拟退火算法在这一方面具有较大的优势，我们通过随机变化 OD 矩阵计算对应的交通流量，然后通过模拟退火算法决定是否接受这一变化。

3.2 模拟退火算法

退火这一概念来自金属冶炼领域，在冶炼过程中有一个步骤，是烧热冶炼炉后，撤掉炉子下的火焰，并等待炉子中的金属自然冷却，长期的生产生活中人们发现这一步骤可以使得金属内部自动消除某些不良结构，其原理如图 6 所示，金属原子具有多个极小值和一个最小值，这对贪婪算法寻找最小值增大了难度。然而在高温状态下，原子有较高概率跳出极小值，随机移动到相邻位置，而在低温时这个概率较小，因此降温过程中金属原子很大概率会"自动找到"能量最低的状态。

我们借鉴这一技术，发明了模拟退火算法来求解某些优化问题，理论上无限长的时间后金属状态可以遍历整个状态空间，即有 100% 的概率找到最小值，但是实际应用过程中，显然算法必须在有限时间内收敛，因此我们将计算过程归纳如下。

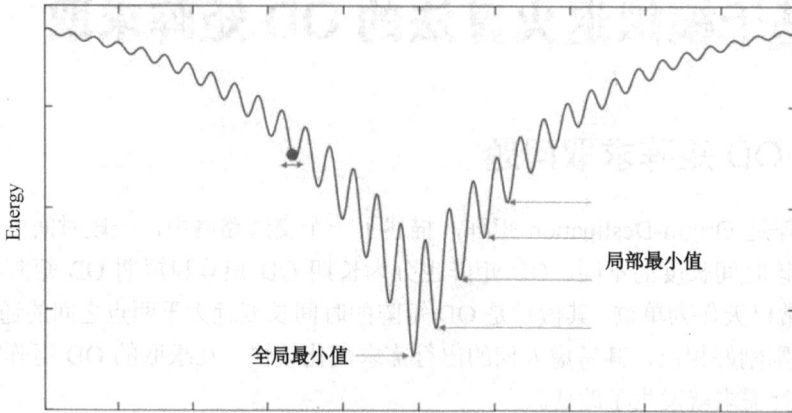

图 6　模拟金属中气体在空位置的能量分布图

Step1：设定初始温度，初始温度 T 应该是一个较高的值，这样我们才有较多的可能性让状态随机移动。

Step2：移动状态后计算目标函数值，得到新的目标函数值和原有函数值的差 Δz 。

若 $\Delta z < 0$ ，那么显然新的函数值更小，我们接受这一结语;

若 $\Delta z > 0$ ，在贪婪算法中必然会否掉这一结语，然而模拟退火算法的区别就在于仍然有部分概率接受这个变化，接受概率 $p = e^{-\frac{\Delta z}{T}}$ ，该判定方法叫做 Metropolis 判据。

Step3：在每次迭代之后，通过逐渐降低温度 ΔT 的方式，使得状态向更大值变化的概率减小，直至降低至设定好的最低温度，找到整个迭代过程中的最小值。

对于这个问题，模拟退火算法是有以下三个优势。

首先，我们无法写出从流量推测 OD 矩阵的具体函数，而模拟退火算法较强的通用性使得我们不需要这一函数表达也可以进行求解。

其次，是该算法并不过分依赖初始值，其原理决定了在足够长的时间之后，我们可以得到最小值。虽然如此，我们在选取初值时也并不盲目，比如在该问题的求解上，通过设定 $t(x)=t$，即先考虑不同流量下同一路段通行时间较为相似，将问题转换为一个线性方程组求解初始值，此时 OD 对的最短路径即是最终选择的路径，那么 dijkstra 算法等搜索算法可以计算出任意两点间的最短路径，在本文中不详述该算法过程。

第三，模拟退火算法的精度可以任意提高，由上述原理我们会发现减小 ΔT 的值来减缓 T 的减小速度，使得 p 始终处在较高的取值，当 $\Delta T \to 0$，我们一定会遍历到最小值，这也就意味着如果对结果不满意，可以通过调参的方式较容易地得到更理想的结果，当然也要付出相应的计算代价。

在该问题中，初始温度的设定需要与路网规模相匹配，经试验定为 $10^{0.04N}$，N 为节点数目，终止温度定为 1 000，$\Delta T = 1$，算法所需时间约为 1 700s，相比较单点估计具有较大的收敛速度和较低的复杂度，算法所得的结果效果较好。

4 仿真与结果

4.1 仿真软件 SUMO

SUMO（Simulation of Urban Mobility）的开发始于 2000 年，是一个交通仿真软件，其特色在于开源、微观，且具有多种模态。这里的微观与第二章所提到的微观概念一致。SUMO 的仿真可以在宏观上解决大流量的仿真问题，而在微观角度上，对于每个车辆的行驶路径都有着明确的求解结果，我们可以通过追踪单车的路径了解具体的 OD 分配情形。在实际问题建模中，SUMO 软件还有一个比较好的优势，可以拷贝来自 openstreetmap 的路网地图，输入相应的 OD 矩阵数据就可以得到微观视角下的行车路径，在需要的区域添加探测器即可统计所感兴趣的卡口流量。SUMO 中的城市路网如图 7 所示。

图 7　SUMO 中的城市路网

图 7 展示了在 SUMO 中数据城市的城区地图，其中实线表示为城市道路，我们只需给出其中卡口部分的 OD 矩阵，SUMO 会自动计算出需要节点的流量。

4.2 数据补偿结果

我们将用上文叙述的思路对 1 月 23 日的卡口流量数据进行补全，并与真实值进行对比。

表 4 记录了 1 月 23 日，上午 8:00～8:15 的真实数据与我们仿真得到的数据，每个预测数据是几次平均的结果，表 5 是上午 6:00～6:15 的真实数据与预测值。

表4　高流量时的真值预测值结果表

卡口	真实值	预测值
1	844	825.7
2	837	817.3
3	391	391
4	748	763.3
5	602	512.3

表5　低流量时的真值预测值结果表

卡口	真实值	预测值
1	11	0.6
2	11	19.3
3	0	7.7
4	25	12.3
5	9	3

对比可以得到结语，高流量时误差结果约为 2.6%，绝对误差约为 30 辆车，但是流量较小时，预测误差可能达到 200% 以上，发现基于仿真软件的补全需要数据规模较大，在较小的数据值时可能出现比较大的误差，此时需要延长 OD 矩阵的时间，使数据规模增大后再平均到 15min 去得到最终结语。

图 8 展示了某日的节点流量修复结果，其中蓝色为真实值，橘色为 SUMO 仿真值，黄色是将周围直连节点平均的结果，可以发现直连平均结果波动较大，差距也最大，本文使用方法与实际值较为相近，但是实际存在补偿结果偏小的情况，这是因为 OD 矩阵反映了整个路网的通行总车次，缺失数据的存在必然会使得整个路网的车流量下降，因此，数据偏小是一个难以避免的结果。

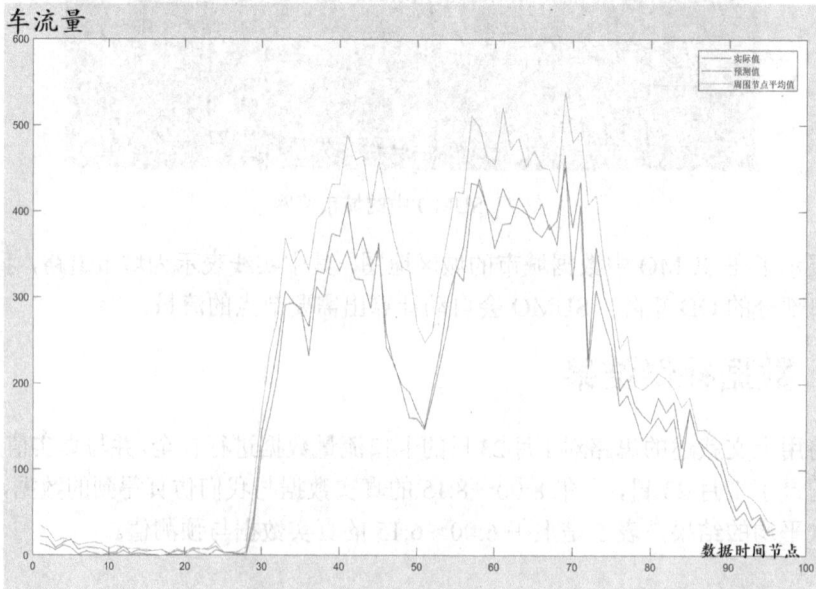

图 8　某日的节点流量修复结果

5 结语

本文叙述了一种对于缺失流量的补偿方法，通过模拟退火算法求取 OD 矩阵，之后代入 SUMO 仿真软件计算该 OD 矩阵下的流量分配，得到最终补偿后的结果，计算结果比较理想；提供了一种补偿缺失数据的思路，进而提高了数据的后续研究精度和应用价值。

参考文献

[1]   胡枫. 基于马尔科夫模型的短时交通流预测研究[D]. 南京：南京邮电大学，2013.

[2]   蔡念慈，柯敏. 基于大数据时代的数据挖掘预处理技术研究[J]. 纳税，2019，13(11):228.

[3]   李月标，李力，张毅. 基于时空特性的交通数据补偿算法对比[J]. 科技创新导报，2016，13(28):184-185.

[4]   Sheffi Y. Urban Transportation networks: Equilibrium analysis with mathematical programming methods[M]. Prentice-Hall, Englewood Cliffs, New Jersey, USA, 1985.

基于大数据的城市功能区交通模式分析

柳天明[1] 梁译文[2] 胡坚明[1,3*] 裴 欣[1,3]

（ 1. 清华大学自动化系，北京，100084；

2. 东北林业大学信息与计算机工程学院，哈尔滨，150040；

3. 北京信息科学与技术国家研究中心，北京，100084 ）

【摘要】城市的功能分配是影响城市交通状况的一个重要因素。对于复杂的、易拥堵的城市交通系统，分析城市功能对于交通的影响可以促进对城市拥堵的疏导。本文基于出租车轨迹数据集和 POI 地理信息数据集，使用了交通网络上的佩奇排名算法和基于 TF-IDF 方法的城市功能区划分方法挖掘了北京市城市功能区分布和其交通需求的变化，并分析了各个功能区的交通模式，以及不同功能区之间的交通模式差异和各个功能区对交通网络整体状况的影响。本文从较新的角度分析了城市功能区对于城市交通状况的影响，并得到了城市商业区、住宅区、旅游区和其他区域在城市交通中的模式、角色和影响。

【关键词】智能交通系统；数据挖掘；城市功能区；交通模式

通信作者：胡坚明，清华大学自动化系副教授，Email：hujm@mail.tsinghua.edu.cn。

项目资助信息：国家重点研发计划项目(2018YFB1600802, 2018YFB1600601)；国家自然科学基金项目(61673232)和清华大学自主科研项目（ 2018Z05JDX005, 20183080016)。

Analysis on Traffic Patterns of Urban Functional Zones Based on Big Data

Liu Tianming[1], Liang Yiwen[2], Hu Jianming[1,3], Pei Xin[1,3]

（ 1. Department of Automation, Tsinghua University, Beijing, 100084;

2. School of Information and Computer Engineering, Northeast Forestry University, Harbin, 150040;

3. Beijing National Research Center For Information Science And Technology, Beijing, 100084 ）

Abstract: The distribution of functional zones is an important influence factors of traffic conditions in a city. For a complex and a congested-prone urban traffic system, analyzing the influence of functional zones on traffic would be beneficial to solving traffic jams. This paper utilizes PageRank algorithm and a TF-IDF based functional zone division algorithm to find the distribution of functional zones and the variance of their traffic demands in the city of Beijing based on traffic trajectory dataset and point of interest dataset. On a fresh perspective, we analyzed the influence of city functional zones on traffic situations and summarized the pattern, role and impact of various functional zones in the traffic system.

Keywords: intelligent traffic system; data mining; functional zones; traffic pattern.

1 引言

城市交通系统对现代城市十分重要。随着机动车数量和城市居民出行需求的增加，城市内因出行需求过高导致的拥堵越来越多。这类拥堵导致了局部道路的饱和，并使得车辆的移动速度受限，是一种极其容易沿交通网络大量扩散的拥堵。研究城市交通系统中的交通模式，确定交通热点区域出现的规律，能够让人们对交通系统中的重要区域和其形成原因有更好的理解能力和预测能力。这对于交通拥堵的定位和解决是非常有益的。

城市交通网络是一个复杂的系统，局部交通状况的变化和整个网络的情况都息息相关[1]。有研究表明，交通网络内单个交叉口的交通状况和其他 100 个左右的交叉口的交通状况直接相关[2]。交通网络的整体交通状况还和固有的出行模式、日期、天气、城市功能分配和局部交通状况有关。这使交通网络整体交通状况的研究成为一个相对困难的问题。近年来学者们提出了很多研究和评估交通网络整体交通状况的方法[3~5]，但它们都存在一些局限性。很多方法都是从线圈检测器出发，但其可靠性有限，完整的数据不易获得，会导致建模误差。而只基于浮动车数据做简单的统计则容易由于采样的频率较低导致误差。同时，基于传统的路段平均速度等交通参数的算法有较强的主观性，需要大量的专家评估和校正，也不易发现交通网络中的深层次交通模式。本文使用了一种基于浮动车大数据的交通网络节点排名算法，其有建模简洁、计算速度快、信息挖掘能力强等优点，从全新的角度分析了交通网络整体的交通状况和模式。

　　城市的功能分配是影响城市交通状况的一个重要因素。人们在一天的生活中需要在不同的功能区中穿梭，并在不同功能区中完成自己的目标。不同的功能区可能在不同的时段成为交通热点区域。但从功能区角度出发分析城市整体交通状况的研究很少，城市功能区对交通状况的影响尚不明确。本文意图从城市功能区的角度出发，结合基于浮动车大数据的交通网络节点排名算法和基于 POI 的城市功能区分划算法分析城市各功能区的交通需求，并提取其中的时空模式，实现对于城市各功能区的整体交通状况和交通热点变化的掌握。

2　城市交通需求信息的提取

2.1　城市交通网络建模

　　城市交通网络是一个很复杂的系统。大型城市中有数目极多的交叉口和道路，它们之间也有很复杂的拓扑关系。基于路网的建模面临着规模过大且数据不易修正的问题。为了简洁地表示各个时刻的交通状况，我们选择了基于网格的动态图建模来研究城市的交通状况。

　　将整个城市分为合适大小的网格，每个格形成了一个节点。将单位时间段内的从节点 A 到节点 B 的交通流量 w_{AB} 作为边 AB 的权重。节点间的交通流量可以通过统计浮动车数据集内的交通情况得到。交通网络建模示意图如图 1 所示。

　　如此建模，对于每个时间段 t，交通网络的交通状况可以表示为双向图 G_t，对研究的总时间段，可以得到交通状况的动态图表示 $G = (G_0, \cdots G_t, G_{t+1}, \cdots G_T)$。基于浮动车数据集对城市进行整体统计，就可以得到一段时间内的交通状况的动态图表示。

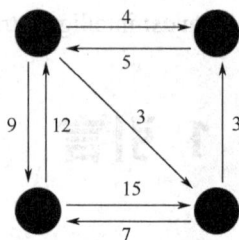

图 1　交通网络建模示意图

2.2　基于佩奇排名算法的城市交通需求信息提取

　　佩奇排名算法由谷歌公司的研究员 Brin 和 Page 在 1998 年提出[6]，是一种对复杂网络的节点重要性进行计算的有效算法。这种算法对于复杂网络的计算快、评估效果好，且能够很好地体现网络的整体性和部分之间的关系。之前也有一些研究使用佩奇排名算法及其变种来研究交通网络的性质，并都取得不错的效果[5,7~9]。在本研究中，我们使用佩奇排名算法计算交通网络中节点在每个时间段内的佩奇排名系数。

　　应用于交通网络的佩奇排名公式如下：

$$P_i(t) = \frac{1-d}{N} + d\sum_{j\in N_i} P_j(t)\frac{w_{ji}(t)}{\sum w_{ji}(t)}$$

其中，$P_i(t)$ 为节点 i 在 t 时间段的佩奇排名系数；$w_{ji}(t)$ 为 t 时间段内从节点 j 到节点 i 的车流量；N 为总节点个数；d 为阻尼系数，一般取 0.85。在计算 t 时间段内的节点的佩奇排名系数时，算法会不停循环，直到计算得到的各个节点都系数都稳定为止。

从佩奇排名算法的原理可以看到，有更多车辆流入的节点会更多吸引其他节点分配的佩奇排名系数，从而在下一时间段内获得更高的排名系数。因此，有更高交通量需求的区域会有更高的佩奇排名系数。通过佩奇排名系数的全局动态变化，我们可以提取出各个区域的交通量需求，观察交通热点区域的变化。

3 城市功能区的划分

3.1 城市功能区的特点

尽管现代城市是一个有机的整体，但是城市中不同的用地承担不同的职能。根据地区承担职能的不同，可以把城市划分为多个功能区，如工业区、商业区、住宅区和旅游区等。不同的功能区拥有不同的性质，对交通状况也会产生不同的影响，提取和分析城市的功能区实际上是比较难的。城市的功能区没有官方的明确规划，也没有很明确的边界，但依然有一些地理信息可以提供划分城市功能区的依据。

POI（Point of intcrest）是一种对城市地理信息点的描述，它包含了信息点的名称、类别、坐标和分类。不同的功能区包含的信息点的类别和数量比例都不同。商业区会包含更高比例与商业有关的 POI 点，而住宅区则会包含更多的居民楼和服务设施的 POI 点。以 POI 的分布为依据可以进行城市功能区的合理划分。

3.2 基于 TD–IDF 算法的城市功能区划分

TF-IDF 方法是自然语言处理中一种重要的技术，可以统计文本中出现的字词的情况，并计算字词的两个关键参数：频率和逆频率。通过之前的统计工作，可以得到过滤了核心关键词各个文本的 TF-IDF 权重矩阵，从而可以更加准确地评估文本的含义。

一些研究者已经把该方法的思想应用在城市功能区的划分上[10]。视区域为文本，区域的内容文字就是各种各样的 POI 点。对区域中的 POI 信息做 TF-IDF 处理，提取出区域的主要信息，就可以掌握区域的主要 POI 信息成分，从而对于区域做更准确的分类。

设全局总共有 M 类 POI 点。对于在 2.1 中讨论的一个单元格，设其编号为 i，其中包含 N_j 个第 j 类 POI 点，定义其 POI 特征为：

$$N(\mathrm{i}) = (N_1(i), N_2(i), \cdots, N_M(i))$$

视每类 POI 为一类词，对于文本 i，词类别 j，TF 值和 IDF 值的计算公式如下：

$$tf_{i,j} = \frac{N_j(i)}{N(i)}$$

$$idf_{i,j} = \lg(\frac{总区域数}{N_j(i)0的区域数 + 1})$$

TF-IDF 矩阵的计算为：

$$tf - idf_{i,j} = tf_{i,j} \times idf_{i,j}$$

记得到的矩阵为 A，对 A 进行 SVD 分解：

$$A = U\Sigma V^{\mathrm{T}}$$

由于在实际情况下，分类得到的 POI 类别有些相似。同时我们主要关注较大的主成分，因为较小的主成分对于 A 的影响不大。因此，可以取 Σ 的合适数量的较大特征值，并重建 TF-IDF 矩阵 A'。对 A' 中的各个区域的 TF-IDF 特征进行聚类分析，就可以得到对于各个区域的分类。

4 城市功能区的交通需求分析——以北京市为例

4.1　北京市交通网络建模情况

本研究的研究区域是北京市五环路以内的，坐标范围为东经 116.200°～116.570°，北纬 39.750°～40.040° 的区域。为了实现网络建模，我们将该区域分成了 34×33 大小的网格，每个网格的大小为 1km×1km。

我们使用了出租车数据集来统计得到区域之间的交通量。该数据集包含了两万辆北京市出租车在 2017 年 7 月 1 日—2017 年 7 月 31 日的轨迹数据，数据格式如表 1 所示。

表 1　轨迹数据格式

单条轨迹数据	数据点编号
	时间（精确到秒）
	车辆经度位置
	车辆纬度位置
	车辆编号
	车辆速度
	车辆朝向角

该轨迹数据集的采样频率为 60 秒一次，轨迹数据经过清洗，总共有 260 120 971 条有效数据用于计算。

4.2 北京市功能区分析

本研究中，我们采集了百度地图中的 POI 数据，共 570 000 条 POI 数据。POI 数据格式如表 2 所示。

表 2 POI 数据格式

单个 POI 数据点	POI 地址
	POI 所在城区
	POI 主营业务
	POI 类别
	POI 名称
	POI 经度坐标
	POI 纬度坐标

数据经过人工清理后分为 32 类，随后我们按照 3.2 节的方法进行了区域划分。经过对聚类数目的分析，我们采取了 7 为聚类数目。经过对各个区域的 POI 分布的分析，北京市功能区划分结果如表 3 所示。

表 3 北京市功能区划分结果

区域类别号	区域数目	区域名称	区域特征
1	264	商业区	区域内有大量的企业，写字楼，商业中心等
2	231	商业住宅混合区	区域同时有较为明显的商业区和住宅区特征
3	157	住宅区	区域内有大量的住宅和其配套的生活区
4	131	教育区	区域内有大学
5	155	市场	区域内不同于商业区，主要由农产品市场或者小商品市场组成
6	123	工业园区	区域离市中心较远，是集中了很多企业的园区
7	60	旅游区	区域内有比较大的旅游景点

结合 4.1 节和 4.2 节的分析，我们可以分析北京市城市区划对交通状况的影响。

4.3 北京市功能区的交通需求分析

本研究中，我们以 15 分钟为步长，根据 4.1 节的建模和数据集计算了北京市交通网络中各节点的交通需求状况变化。

对各个功能区的平均交通需求在 24 小时的变化做了统计，由于 0 时到 5 时的区域交通需求不大，在统计中暂时略去。统计结果如图 2 所示。

可以看到，各个区域的交通需求变化基本和北京市交通网络的总体交通需求变化一致，满足早晚高峰、日间高夜间低的总体趋势。

对于各个区域，从 0 时开始，各个区域的交通繁忙程度逐渐降低，直到 5 时左右达到一日交通活动的低谷。随后各个区域的交通需求都逐渐回升，到 7 时 30 分主干道的交通已经达到了较为繁忙的状况。到 8 时 30 分，早高峰形成，各个区域的交通需求达到最高点，交通达到最繁忙的状态。随后各个区域的需求有所降低，逐渐达到稳定的状态。到 18 时 30 分，各个区域的交通需求再次达到高峰，晚高峰形成。晚高峰后到 23 时，各区域的交通需求降低，直到新的一天开始。

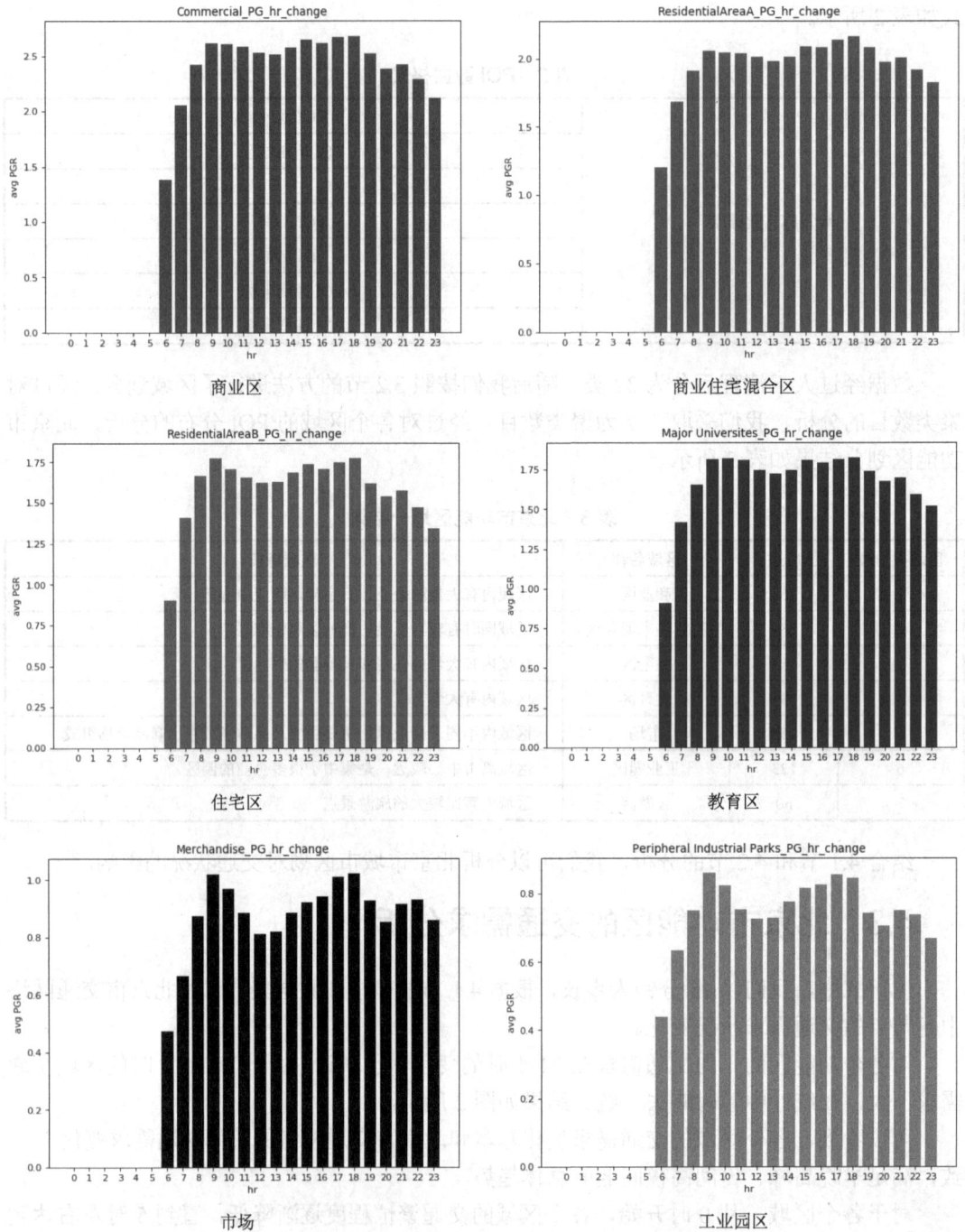

图 2 　北京市各功能区平均交通需求量的日均变化

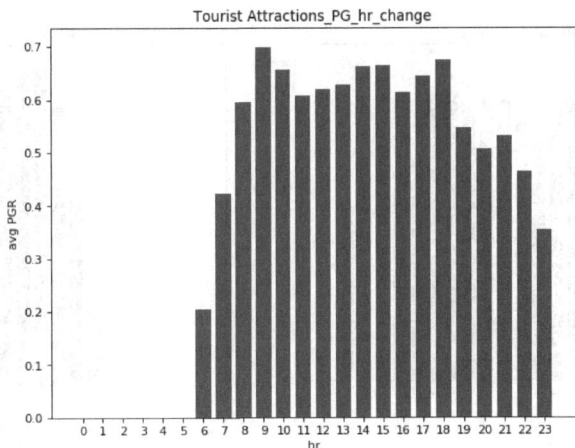

旅游区

图 2　北京市各功能区平均交通需求量的日均变化（续）

横向对比各个功能区的平均佩奇排名系数，可以得到各个功能区的总体交通需求的相对大小。可以看到，商业区的平均佩奇排名系数最大，其次是商业和住宅混合区。住宅区和教育区的平均佩奇排名系数处于中等水平，而其他区域则相对较小。这说明，区域的商业功能会导致最大的交通需求，而住宅功能则次之，其他功能则贡献不大。

除了区域的平均佩奇排名系数，区域拥有较高佩奇排名系数的频率也是一个能够反映交通状况的重要参数。对于一个区域，其内部的道路的承载能力是有限的，足够大的交通需求会使得区域内的道路的通行能力趋于饱和，直到造成拥堵。因此，统计较大的、超过一定阈值的佩奇排名系数的出现频率也是很重要的，因为它不仅能够指出交通热点区域，而也指出了交通拥堵容易发生的区域。这是区域的平均佩奇排名系数所不能够指出的。

本研究中，选择全部佩奇排名系数的 90% 分位数 4 为阈值。我们统计了统计各个功能区的佩奇排名系数到达阈值的频率，结果如图 3 所示。

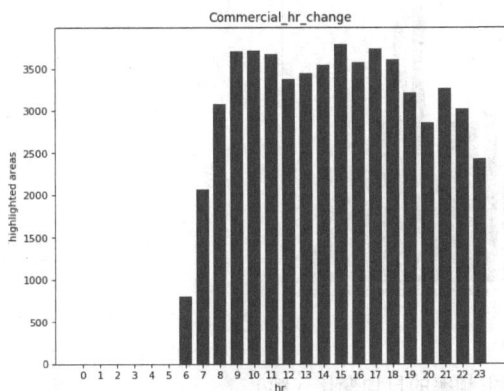

商业区

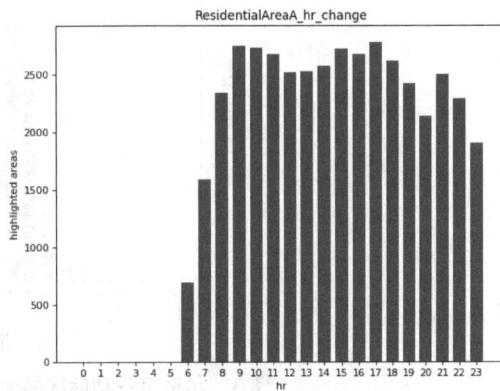

商业住宅混合区

图 3　北京市各功能区高交通需求频率的日均变化

住宅区

教育区

市场

工业园区

旅游区

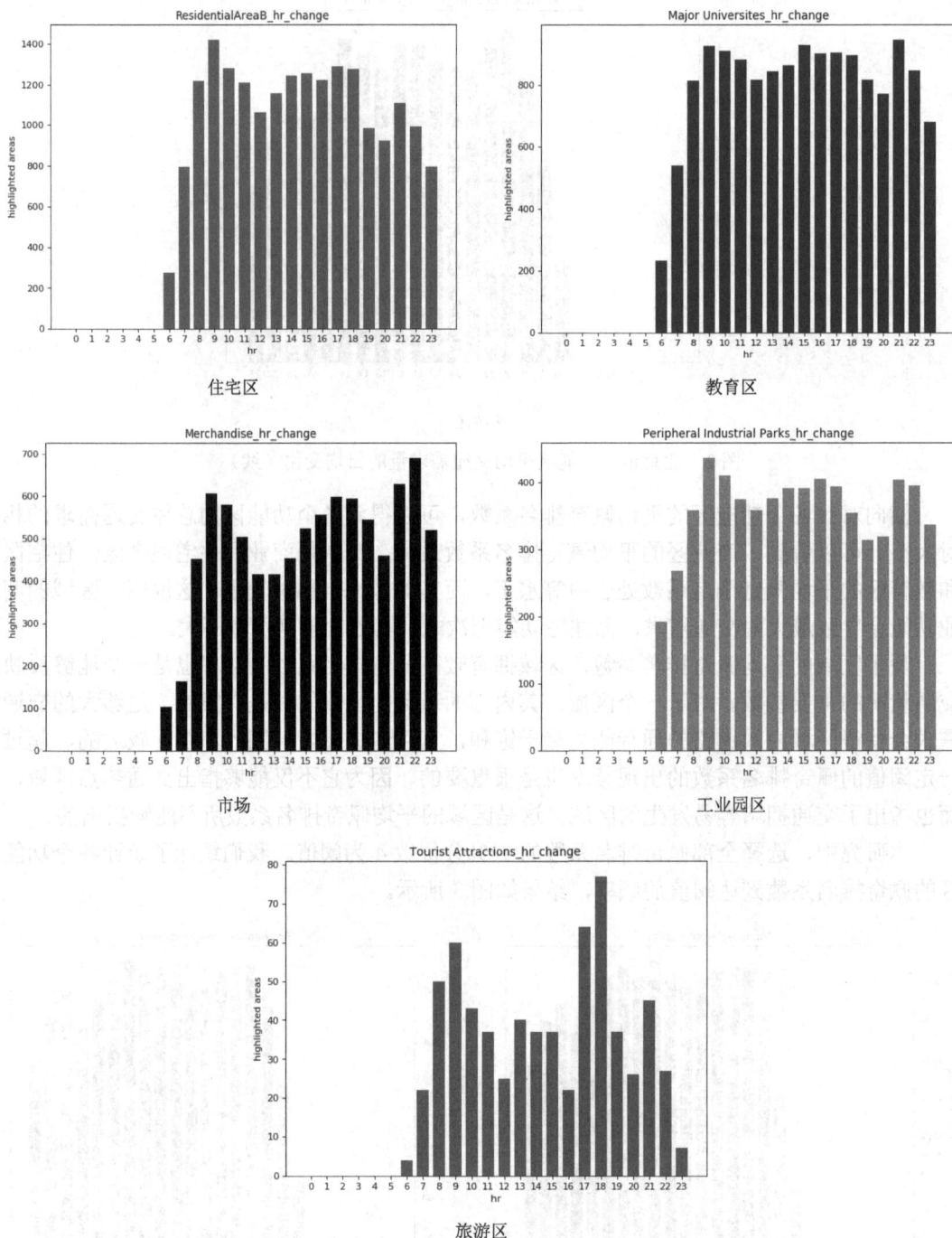

图 3　北京市各功能区高交通需求频率的日均变化（续）

　　从图中可以看到，在达到给定阈值的频率上，依然是商业区最高，居民区次之，而其他区域相比更低。各个区域的早晚高峰特征依然很明显。

　　相比于平均佩奇排名系数的统计结果，部分区域有更加鲜明的特征。旅游区的高峰时段出现在早、中、晚，这三个时段应该是客流的高峰时段。而对于晚间时段的交通需求，可以看到住宅区和教育区的晚间高需求路段的出现频率明显高于在日间一直占主导地位的商业区，说明晚间出行的主要热点从商业区向住宅区转移，商业区的活动在晚间区域平淡。而观察离市中心更远的市场和工业园区，其高需求的出现更多的是在晚间，与较为靠近市中心的商业区的交通模式有较大差异。

我们对晚间（晚8时以后）交通需求较高的区域和日间交通需求较高的区域进行了分类，结果如图4和图5所示。

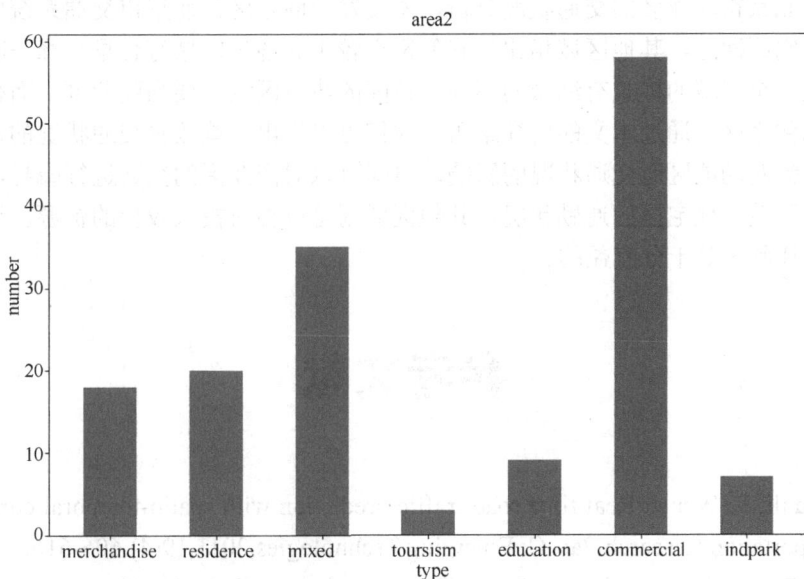

图4　日间交通需求较高的区域的功能区分布

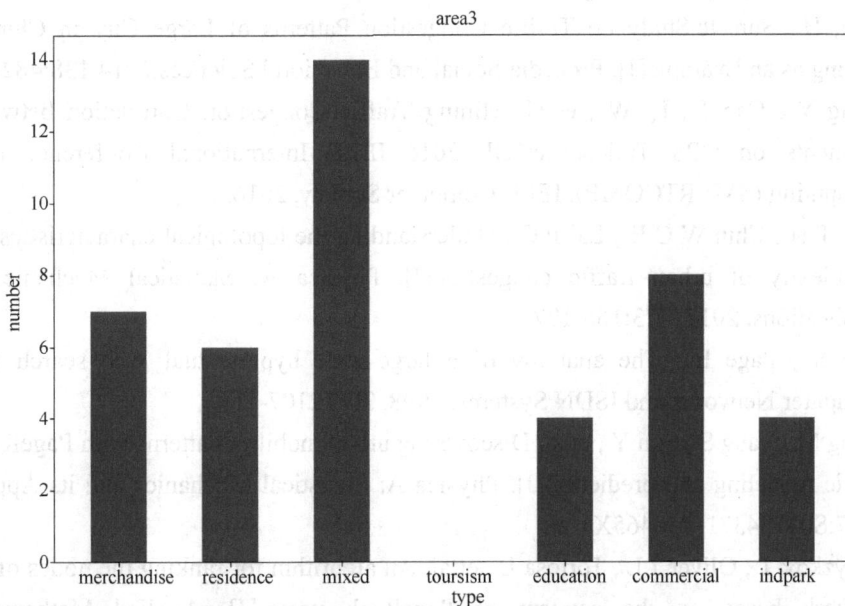

图5　夜间交通需求较高的区域的功能区分布

可以看到，在夜间交通需求较高的区域中，商业区占的比例明显变小，住宅区占的比例变大了很多。这也能够说明晚间出行的主要热点从商业区向住宅区转移。

5　结语

通过对北京市功能区的交通状况分析，本文发现商业区为北京市交通系统中的主要交通热点，住宅区次之，其他区域相比于它们需求较小。各个区域符合早高峰—晚高峰的交通模式，但各个区域的模式有细微的不同。日间的热点区域主要为商业区，而夜间的热点区域主要为住宅区。通过本文的研究结语，我们可以提出一些改善交通状况的建议。对北京市而言，针对功能区对交通状况的影响，日间可以对商业区的交通进行疏导，而夜间则可以更集中于改善住宅区的通勤状况，其他区域则可以相对投入较少的资源。这对于集中资源改善交通状况是十分有益的。

参考文献

[1]　M. Wanli, L. Wynter.Real-time road traffic prediction with spatio-temporal correlations[J]. Transportation Research Part C: Emerging Technologies,2011,19(4):606-616.

[2]　Yang, Su. On feature selection for traffic congestion prediction[J]. Transportation Research Part C: Emerging Technologies, 2013, 26:160-169.

[3]　Wen, H., Sun,etc.Study on Traffic Congestion Patterns of Large City in China Taking Beijing as an Example[J]. Procedia Social and Behavioral Sciences,2014,138:482-491.

[4]　Wang Y , Cao J , Li W , et al. Mining Traffic Congestion Correlation between Road Segments on GPS Trajectories[C]. 2016 IEEE International Conference on Smart Computing (SMARTCOMP). IEEE Computer Society, 2016.

[5]　Wen T H , Chin W C B , Lai P C . Understanding the topological characteristics and flow complexity of urban traffic congestion[J]. Physica A: Statistical Mechanics and its Applications, 2017, 473:166-177.

[6]　Brin S , Page L . The anatomy of a large-scale hypertextual Web search engine[J]. Computer Networks and ISDN Systems, 1998, 30(7):107-117.

[7]　Wang M , Yang S , Sun Y , et al. Discovering urban mobility patterns with PageRank based traffic modeling and prediction[J]. Physica A: Statistical Mechanics and its Applications, 2017:S037843711730465X.

[8]　Agryzkov T , Oliver J L , Tortosa L , et al. An algorithm for ranking the nodes of an urban network based on the concept of PageRank vector[J]. Applied Mathematics and Computation, 2012, 219(4):2186-2193.

[9]   Jiang, Bin. Ranking spaces for predicting human movement in an urban environment[J]. International Journal of Geographical Information Science, 2009, 23(7):823-837.

[10]   Yuan N J , Zheng Y , Xie X , et al. Discovering Urban Functionalal Zones Using Latent Activity Trajectories[J]. IEEE Transactions on Knowledge and Data Engineering, 2015, 27(3):712-725.

[9] Jiang B. Ranking space for predicting human movement in an urban environment[J].
International Journal of Geographical Information Science, 2009, _____.

[10] Zhao P, Zhang. __. Virtual Discovering of Urban Human Mobility Patterns for Smart
Mobility Planning[J]. International Conference on Knowledge Science, _____.

基于荟萃分析的智能网联车
技术避碰效益分析

钟 昊 王 玲 马万经

（同济大学道路与交通工程教育部重点实验室，上海市曹安公路 4800 号，201804）

【摘要】随着大数据、云计算等新兴技术的推广，智能网联汽车（CAV）获得快速发展，为驾驶过程中人为错误的减少带来可能。CAV 技术能带来避碰效益得到了学者们认同，然而他们对于 CAV 避碰效益大小存在争议。为客观评估 CAV 技术避碰效益，本研究使用荟萃分析评估了 8 种最重要的 CAV 技术。这种方法是以同一课题的多项独立研究的结果为研究对象，在严格设计的基础上，运用适当的统计学方法对多个研究结果进行系统、客观、定量的综合分析。首先，检索出 912 篇与 CAV 技术相关的研究，筛选得到 73 篇避碰效益相关文献。在荟萃分析中，利用随机效应模型合并效应量，通过漏斗图检验发表偏倚，并采用剪补法进行调整，客观全面地评估各技术的避碰效益。然后，根据 7 个国家的事故数据，计算得到综合避碰效益和技术优势分布。结果表明，如果全部实施 8 种 CAV 技术，能够平均减少 37.87% 的事故，其中印度减少最多，为 48.89%；另外，不同国家对于 CAV 技术的开发应有不同侧重，中国应优先开发车道变换警告技术和行人碰撞警告技术。这可以客观评估 CAV 综合安全效益，帮助不同国家了解技术优势分布，决定发展战略，并提高公众对 CAV 的接受程度。

【关键词】荟萃分析；智能网联车技术；避碰效益

Safety Benefit Analysis of Connected and Autonomous Vehicle Technologies Based on Meta-analysis

Hao Zhong, Ling Wang, Wanjing Ma

(1. The Key Laboratory of Road and Traffic Engineering, Ministry of Education, 4800 Cao'an Road, Shanghai, 201804,P.R. China)

Abstract: With the promotion of emerging technologies such as big data and cloud computing, the connected and automated vehicles (CAV) have achieved rapid development, which brings about the possibility of human error reduction in driving. The safety benefit of CAV technologies is commonly accepted by researchers. However, how much crashes can be reduced because of CAV technologies cannot reach a same conclusion. This research used meta-analysis to evaluate the safety benefits of eight CAV technologies. First, 73 literatures were screened out from 912 literatures related to CAV technologies. The random effect model was used to combine effect size, and the publication bias was tested by funnel plot, and the trim-and-fill method was used for adjustment, so as to objectively and comprehensively evaluate the safety benefits of each technology. Then, according to the accident data of seven counties, the comprehensive safety benefits and distribution of safety benefits of the above technologies were obtained respectively. The results show that if all of technologies were implemented, the average number of accidents could be reduced by 37.87%, with India reducing most by 48.89%. Additionally, different countries should give different priorities to CAV technologies, among them China should give priority to the development of lane change warning and pedestrian collision warning applications. These can evaluate the CAV comprehensive safety benefit, help different countries to understand the distribution of CAV safety benefits and decide their development strategies, and improve public acceptance.

Keywords: meta-analysis; connected and autonomous vehicles; security benefits.

1 引言

随着大数据、云计算等新兴技术的推广，智能网联汽车（CAV）获得了快速的发展，为驾驶过程中人为错误的减少带来了可能。目前，中国和美国正大力推行 CAV 技术，其中前向碰撞预警、弱势交通参与者碰撞预警、交叉口行动辅助系统、盲点警告系统、变道警告系统是中美两国普遍关注的[1,2]。但是，时间和精力有限，如何筛选出来最亟待发展、效益最明显的技术，显得尤为重要。现在，关于 CAV 技术的性能评估主要集中于安全性、环境影响和通行效率方面，其中，安全改善是许多智能交通系统和 CAV 技术的主要目标，也是大多数研究所关注的[3]。

绝大多数讨论交通安全的学者都强调 CAV 可以减少交通事故的发生，但是仍存在一些争议，主要争议不在于 CAV 提高交通安全的能力，而在于改进的程度。Yue[4]等（2018）研究表明，主要有四种方法来评估 CAV 的避碰效益：现场测试、驾驶模拟测试、统计分析和安全影响法。对于 CAV 技术采用不同的评估方法，评估效果也存在一定程度的差异。例如，前向碰撞预警在现场测试和安全影响法评估得到的效益分别是 39%[5]和 27%[6]。另外，车道偏离警告系统在现场测试和安全影响法评估得到的效益分别是 17%[7]和 33%[8]。此外，评估方法的差异并不是评估结果不同的唯一原因。由于实验条件和驾驶环境的不同，即使采用相同的评价方法，评价结果仍存在一定程度的差异。例如，Lyu（2018）[9]安排 32 名司机在城市道路、城市快速路和高速公路上进行实验，发现前向碰撞警告系统可以减少 13%的碰撞，这比安排 108 名司机在高速公路上进行实验的 Nodine 等（2011）[10]的评估结果小。造成以上问题的原因可能是这些研究局限于实验条件或评估方法，导致结语的适用性受到限制。

为了尽量减小各个研究之间的差异，客观评估 CAV 技术的避碰效益，一些研究使用荟萃分析（Meta-analysis）来评估。例如 Winter 等（2014）使用荟萃分析来研究自适应巡航控制对工作量和情景意识的影响[11]。Erke 等（2007）采用荟萃分析探讨了电子稳定控制对碰撞的有效性，并分析了 ESC 对单车事故和多车事故影响的差异[12]。但是现有利用荟萃分析评估 CAV 技术的研究仅关注一种技术，关注的并不一定是避碰效益，且年份较早。

针对上述问题，本研究采用荟萃分析并按照以下思路研究。首先，全面检索出 CAV 技术相关的研究，建立筛选策略，筛选出关于避碰效益的文献。其次，利用荟萃分析构建效应模型并利用漏斗图检验偏倚，客观分析各 CAV 技术的避碰效益。最后，根据 7 个国家相关预碰撞场景比例，分析 CAV 技术安全优势。研究框架如图 1 所示。

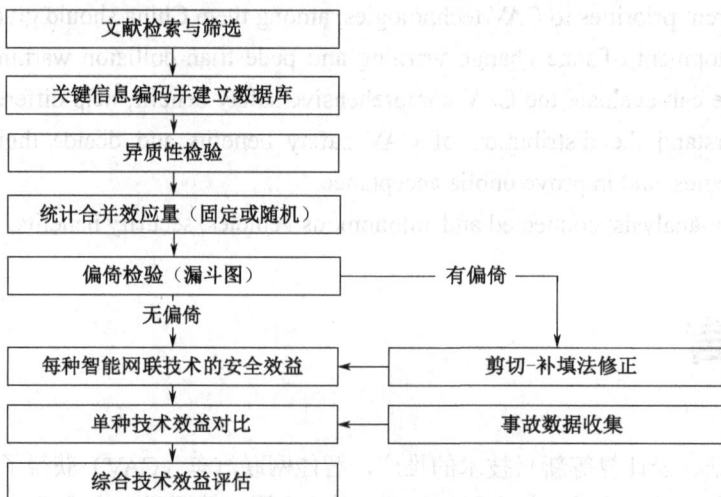

图 1 研究框架

2 数据准备

2.1 文献检索策略

Meta 分析是对他人已发表文献进行二次处理，通过 Meta 分析，研究者无须实验就可得到高质量科学结语。因此，充分收集文章尤为重要。

本研究利用"Google Scholar""ScienceDirect"和"Scopus"进行文献检索，检索关键词采用如下形式"'技术名称缩写' OR '技术名称全称' AND 'Safe'"和"'技术名称缩写' OR '技术名称全称' AND 'Crash' OR 'Accident'"。其中，技术包括智能网联汽车（CAV）、网联汽车（CV）、交叉口辅助系统（IMA）、弯道速度警告系统（CSW）、前方碰撞预警系统（FCW）、自适应巡航控制系统（ACC）、自动紧急制动系统（AEB）、车道偏离警告系统（LDW）、电子稳控系统（ESC）、盲点警告系统（BSW）、变更车道警告系统（LCW）、行人碰撞缓解系统（PCAM）。其他文献来源为二次利用已发表文献的研究的参考文献，即基于 Meta 分析或统计分析方法的文献。本文检索了 912 篇相关文献，并利用 ENDNOTE 进行整理。

2.2 文献筛选条件

因为研究目的是客观地评估每一种 CAV 技术的避碰效益，为 CAV 技术的发展重点和推广政策提供指导。本文设计了 5 个文献排除标准，筛选出 73 篇论文，共 91 个结果，文献筛选流程如图 2 所示。

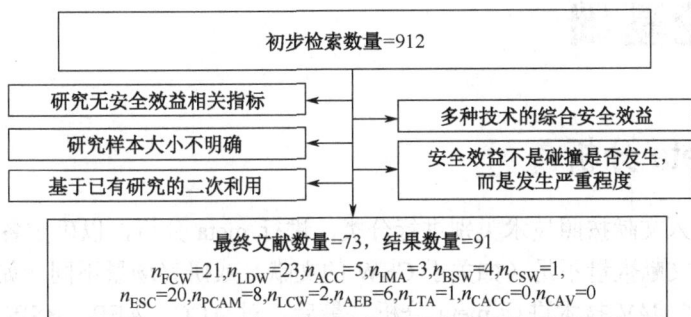

图 2 文献筛选流程

2.3 编码及数据库建立

对于纳入文献，提取如下信息：（1）作者；（2）年份；（3）实验实施所在国家；（4）避碰效益；（5）样本大小；（6）标准误差；（7）技术类别：FCW、LDW、ACC、IMA、BSW、CSW、ESC、PCAM、LCW、AEB、LTA。

2.4　事故数据收集

为评估 CAV 技术应用于不同国家的避碰效益，本研究从中国[13]、美国[14]、加拿大[15]、澳大利亚[16]、新西兰[17]、英国[18]、印度[19]的事故数据中获取各 CAV 技术相应预碰撞场景的比例。CAV 技术和预碰撞场景的映射关系如表 1 所示[20,21]。

表 1　CAV 技术和预碰撞场景的映射关系

技　　术	预碰撞场景	描　　述
FCW、ACC、AEB	前端碰撞	相同方向行驶的两车发生前端碰撞
LDW、ESC	偏离道路	单车碰撞物体
		单车路侧侧翻
BSW、LCW	车道改变	在相邻方向相同车道的两车发生角度碰撞或侧面碰撞
PCAM	行人	单车碰撞行人
AEB、ESC	障碍物	单车碰撞障碍物
AEB、ESC	动物	单车碰撞动物

根据上表对应关系，本文搜集了上述 7 国 2012—2016 年的事故数据。其中，中国只有 2013 年的预碰撞场景的比例，本文假设该比例不变，从而推断其他年份各类型事故量。印度只有预碰撞场景的比例，利用印度各年份事故总量进行推断以获取各类型数量。除美国缺乏 2016 年事故数据及各类型比例，采用 2015 年数据代替，其他国家事故数据均可顺利获得。

3　理论基础

3.1　Meta 分析

本研究将纳入文献按照技术类别进行分类，进行 meta 分析，以确定各 CAV 技术的避碰效益。但由于文献数量不足（如关于 CSW 的文献）或研究场景不同（如关于 IMA 的文献），无法对这些 CAV 技术进行 meta 分析。最后，对 ACC、AEB、BSW、ESC（只考虑单车事故，因为多车事故与单车事故存在显著差异[12]）、FCW、LDW、LCW、PCAM 进行 meta 分析。

本文利用避碰效益作为该研究的效应量，并非所有文献都可直接得到避碰效益和标准误差，如果某文献包含上述两项即可直接利用，但对于未包含上述内容的研究，则利用效益计算公式[4]转换，见公式（1）。由于纳入研究评估方式较多，P 根据研究内容在公式（2）[4]、（3）[22]、（4）[23]、（5）[24]中选择。另外，如果文献评估结果是一个范围，则取平均值进行转化。很多研究没有说明标准误差，也没有原始数据，只有使用无对照二分类法才能计算出估测效应[25]，见公式（6）。

$$\text{Effectiveness} = 1 - \frac{P_{\text{With}}}{P_{\text{Without}}} \tag{1}$$

$$P = \frac{No.\ of\ TTC < Threshold\ TTC}{Total\ No.\ of\ TTC} \tag{2}$$

$$P = \frac{Meters\ of\ Lane\ Departures}{Driving\ Mileage} \times 100 \tag{3}$$

$$P = \frac{No.\ of\ Warning\ of\ Lane\ Departures}{Driving\ Mileage} \times 100 \tag{4}$$

$$P = \frac{TET}{Total\ Time} \tag{5}$$

$$se = \sqrt{\frac{\text{Effectiveness} \times (1 - \text{Effectiveness})}{n-1}} \tag{6}$$

其中，Effectiveness 指每种技术的避碰效益，P_{With} 指配备该技术时发生事故的概率，P_{Without} 指未配备该技术时发生事故的概率。Time-to-collision(TTC)是碰撞时间，阈值为 1.5s，TTC 越小，碰撞风险越大，它已被证明是评估交通事故严重程度的有效措施[4]。TET 是 TTC 小于设定阈值的时间总和[15]。

本研究的效应加权方法是逆方差法，它包括固定效应模型和随机效应模型两种。固定效应模型只考虑各文献内的方差。随机效应模型既包括各文献内的方差，也包括各文献间方差。异质性检验是默认使用固定效应模型求出的，本研究采用的是 I^2 检验，如果 $I^2 > 50\%$，研究之间存在显著的异质性，只能用随机效应模型；如果 $I^2 \leqslant 50\%$，可认为异质性在可接受的范围内，可以用固定效应模型或随机效应模型，由于本研究干扰因素较多，因此采用随机效应模型。另外，该研究使用漏斗图来检验发表偏倚的存在和程度。发表偏倚指的是研究报告不被发表的倾向，例如，研究结果在统计上不显著，或者被认为是反常的难以解释的，甚至是不受欢迎的。但这也造成了评估结果不客观的情况，只有消除该偏倚，评估结果才能最接近真实效益。本研究使用剪补法来调整偏倚，通过补齐漏斗图中缺失的部分，得到各技术真实评估效益。

3.2　避碰效益综合评估

美国高速公路交通安全局（NHTSA）相关研究[20]表明，CAV 技术的避碰效益通常用每年减少的事故数量表示，并使用式（7）计算。然而，由于各国车辆保有率和事故数量差异很大，很难用事故数量变化作为评价指标。因此，本研究采用式（8）计算各 CAV 技术的避碰效益。由于一种预碰撞场景可能涉及多种智能网联技术，因此为评估这些技术的综合效益，本研究在公式（7）的基础上修改，如公式（9）所示。不过这种计算方法可能夸大了研究的结果，因为通常多种技术之间是存在交叉的[21]。但是由于在估计各 CAV 技术避碰效益时，选择偏保守的数值，因此这种夸大效果会得到一定缓解。

$$N_A = N_C \times \text{Effectiveness} \tag{7}$$

$$P_A = P_C \times \text{Effectiveness} \tag{8}$$

$$N_R = N_C \times \prod_{i=0}^{n} (1 - \text{Effectiveness}_i) \tag{9}$$

其中，N_A 是指每年因某一种 CAV 技术的应用而减少的相应预碰撞场景事故数量；N_C 是指每年发生的相应预碰撞场景事故数量；P_A 是指每年因某一种 CAV 技术的应用而减少的相应预碰撞场景事故比例；P_C 是指每年发生的相应预碰撞场景事故比例；N_R 表示应用某种智能网联技术之后，未被解决的事故数量；$Effectiveness_i$ 是指与某预碰撞场景相关技术的避碰效益。

4 分析结果

4.1 Meta 统计分析结果

通过文献检索、筛选及编码，汇总出相关文献关键信息[4~8,10,20,23,24,27~91]，示例见表 2。

表 2　文献编码结果示例

作　者	年　份	国　家	效　益	标准误	样本大小	技　术
Li et al.	2016	China	0.23	0.094	20	FCW
Scanlon et al.	2017	USA	0.25	0.019	501	IMA
Guglielmi et al.	2017	USA	0.22	0.104	16	BSW
Papelis et al.	2010	USA	0.524	0.046	120	ESC

所有纳入 meta 分析的文献一定是不同的，如驾驶条件或评估方法，这种差异称为异质性。消除或减少异质性是进行 meta 分析的关键。本文利用随机效应模型检验各 CAV 技术的异质性，得到各 CAV 技术避碰效益。根据漏斗图显示，所有技术都存在一定的发表偏倚，并且大部分技术的研究都存在夸大这种避碰效益的倾向（漏斗图左侧缺少文献点），如图 3 所示，这与 Høye[26]的研究相契合。最终得到各 CAV 技术的避碰效益，如表 3 所示。

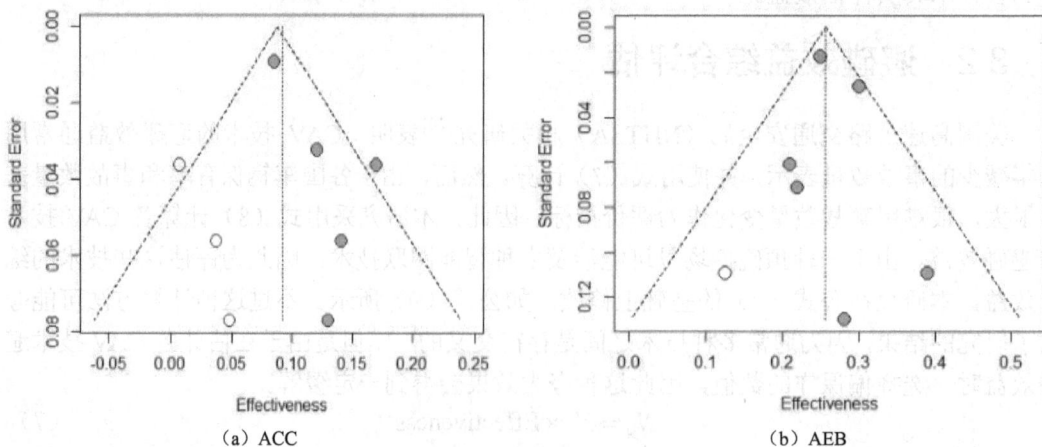

（a）ACC　　　　　　　　　　（b）AEB

图 3　剪补法处理后漏斗图

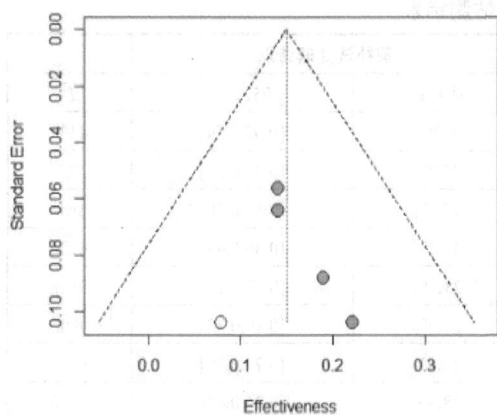

(c) BSW

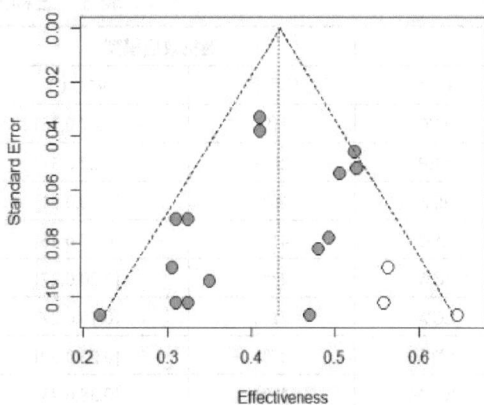

(d) ESC

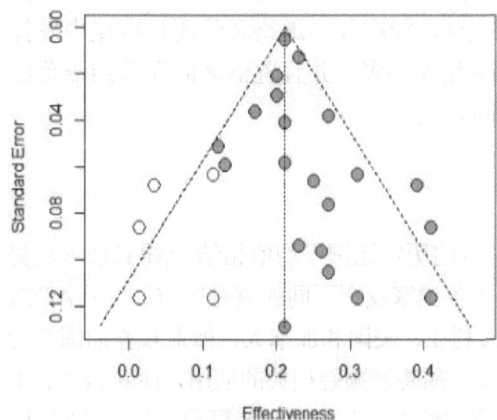

(e) FCW

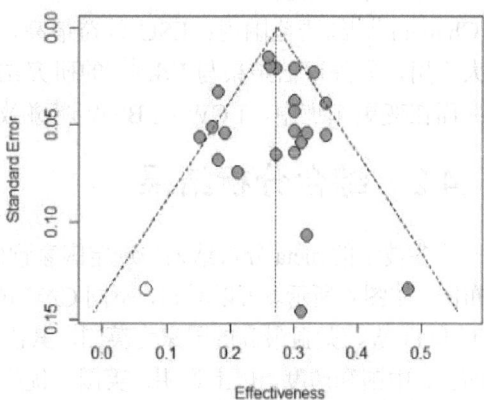

(f) LDW

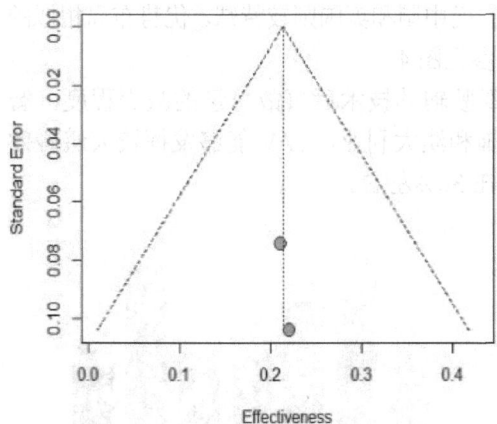

(g) LCW

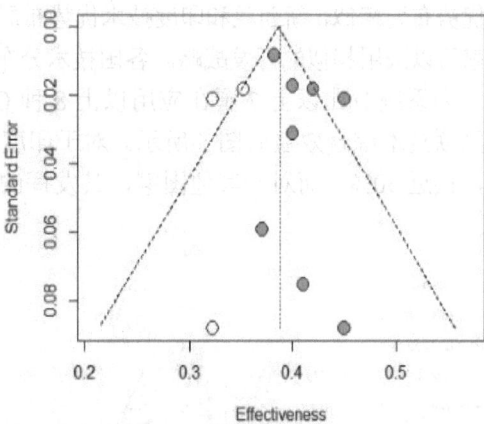

(h) PCAM

图3 剪补法处理后漏斗图（续）

表 3　三种方法的估测结果

技术	随机效应模型		剪补法处理结果		
技术	估测值	95% CI	估测值	95% CI	I^2
ACC	11%	[0.07,0.16]	9.3%	[0.05,0.14]	41%
AEB	26%	[0.22,0.31]	25.7%	[0.20,0.31]	7%
BSW	16%	[0.10,0.21]	15.0%	[0.10,0.20]	0%
ESC	41%	[0.37,0.46]	43.2%	[0.38,0.48]	41%
FCW	23%	[0.20,0.27]	21.1%	[0.17,0.25]	36%
LCW	21%	[0.15,0.27]	21.0%	[0.10,0.33]	0%
LDW	27%	[0.25,0.30]	24.0%	[0.21,0.30]	48%
PCAM	41%	[0.38,0.43]	38.9%	[0.36,0.42]	42%

结果显示，相较 ACC 和 FCW，AEB 在后端碰撞中具有更大避碰效益，且其评定结果在 Chauvel[54]结语范围内；ESC 效益最高，为 43.2%，能在偏离道路和障碍物碰撞中发挥巨大作用，另外评估结果与 Erke[12]的研究结语 46%相差不多，并且置信区间在其结语范围内；而在变更车道中，LCW 比 BSW 避碰效益更高。

4.2　综合分析结果

将各技术的 meta 分析结果与选定国家预碰撞场景的历年比例平均值相结合,得到技术优势分布图，如图 4 所示。可以看到，不同 CAV 技术对于各国家发挥不同的避碰效益。关于 ACC、AEB 和 FCW，效益最高的国家为英国，其次为澳大利亚、美国和加拿大，效益较差的国家为新西兰、中国和印度。以上说明，英国可优先开发与后端碰撞预警相关的应用，而新西兰、中国和印度应优先关注其他技术。同理，新西兰和印度宜优先开发与车道偏离预警相关的应用，中国应优先开发变更车道预警技术及行人碰撞预警技术。另外，美国、加拿大、澳大利亚的技术优势布局相似，新西兰和印度技术优势布局相似，而中国和英国则较特殊。优势布局相似的国家可以采用相似的开发战略。各国技术分布优势参见图 4。

为系统对比以上 7 国在应用以上 8 种 CAV 驾驶辅助技术后事故总量的减少程度，智能网联技术综合效益如图 5 所示。对于印度、美国和澳大利亚，CAV 能够发挥较大避碰效益，接近 50%。而对于其他国家，其发挥的效益在 30%左右。

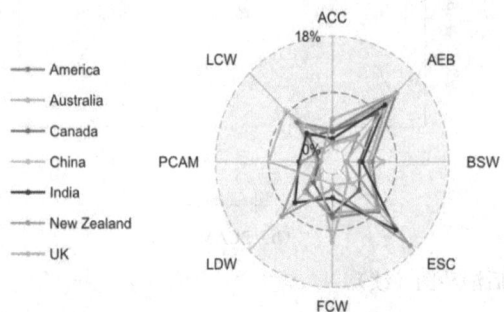

图 4　各国技术分布优势

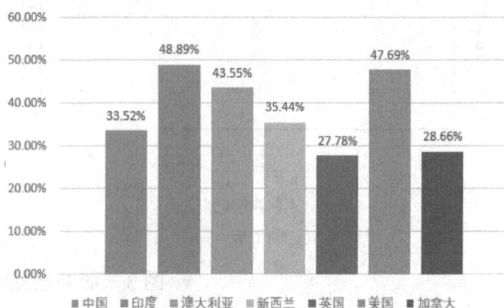

图 5　智能网联技术综合效益

5 结语

为客观评估 CAV 技术避碰效益，本研究使用荟萃分析针对 8 种最重要的 CAV 技术，检索并筛选了相关文献，并利用效应模型、漏斗图及剪补法客观评估各技术的避碰效益。然后根据中国、加拿大、新西兰、印度、美国、澳大利亚和英国的事故数据，计算得到综合避碰效益和技术优势分布。结果表明，对于印度、美国和澳大利亚，CAV 可以发挥更大的避碰效益，接近 50%；对于中国、加拿大、新西兰和英国，CAV 技术的效益约为 30%。另外，不同国家对于 CAV 技术的开发应有不同侧重，例如中国应优先开发车道变换警告技术和行人碰撞警告技术。但由于鼓励优先发展和实际发展难易程度存在区别，未来应该综合考虑技术实现难易程度及其效益，制定优先发展策略。

参考文献

[1] National Highway Traffic Safety Administration. Driver Assistance Technologies. https://www.nhtsa.gov/equipment/driver-assistance-technologies.

[2] 中国信息通信研究院. 车联网白皮书[R]. 2017.

[3] Tian D, Wu G, Boriboonsomsin K, et al. Performance Measurement Evaluation Framework and Co-Benefit/Tradeoff Analysis for Connected and Automated Vehicles (CAV) Applications: A Survey[J]. IEEE Intelligent Transportation Systems Magazine, 2018, 10(3): 110-122.

[4] Yue L, Abdel-Aty M, Wu Y, et al. Assessment of the safety benefits of vehicles' advanced driver assistance, connectivity and low level automation systems[J]. Accident Analysis & Prevention, 2018, 117: 55-64.

[5] *Son J, Park M, Park B B. The effect of age, gender and roadway environment on the acceptance and effectiveness of Advanced Driver Assistance Systems[J]. Transportation research part F: traffic psychology and behaviour, 2015, 31: 12-24.

[6] *Bärgman J, Boda C N, Dozza M. Counterfactual simulations applied to SHRP2 crashes: The effect of driver behavior models on safety benefit estimations of intelligent safety systems[J]. Accident Analysis & Prevention, 2017, 102: 165-180.

[7] *Kusano K D, Gabler H, Gorman T I. Fleetwide safety benefits of production forward collision and lane departure warning systems[J]. SAE International Journal of Passenger Cars-Mechanical Systems, 2014, 7(2014-01-0166): 514-527.

[8] *Holmes D, Gabler H, Sherony R. Estimating Benefits of LDW Systems Applied to Cross-Centerline Crashes[R]. SAE Technical Paper, 2018.

[9] Lyu N, Deng C, Xie L, et al. A field operational test in China: Exploring the effect of an

advanced driver assistance system on driving performance and braking behavior[J]. Transportation Research Part F: Traffic Psychology and Behaviour, 2018.

[10] *Nodine E, Lam A, Stevens S, et al. Integrated vehicle-based safety systems (IVBSS) light vehicle field operational test independent evaluation[R]. United States. National Highway Traffic Safety Administration, 2011.

[11] De Winter J C F, Happee R, Martens M H, et al. Effects of adaptive cruise control and highly automated driving on workload and situation awareness: A review of the empirical evidence[J]. Transportation research part F: traffic psychology and behaviour, 2014, 27: 196-217.

[12] Erke A. Effects of electronic stability control (ESC) on accidents: A review of empirical evidence[J]. Accident Analysis & Prevention, 2008, 40(1): 167-173.

[13] 中华人民共和国公安部交通管理局. 中华人民共和国公路交通事故统计报告[R]. 2013.

[14] National Highway Traffic Safety Administration. (2012-2016). Traffic Safety Facts 2012-2016.

[15] Transport Canada, National Collision Database (NCDB), 2012-2016. https://open.canada. ca/data/en/dataset/1eb9eba7-71d1-4b30-9fb1-30cbdab7e63a.

[16] Australia Government, Department of Planning, Transport and Infrastructure, Road Crash Data, 2012-2016. https://data.gov.au/dataset/ds-sa-21386a53-56a1-4edf- bd0b-61ed15f10acf/details.

[17] New Zealand Transport Agency, Crash Analysis System (CAS) data, 2012-2016. Available at: https://catalogue.data.govt.nz/dataset/crash-analysis-system-cas-data.

[18] UK. Department for Transport, Road Safety Data,2012-2016. Available at: https://data.gov. uk/ dataset/cb7ae6f0-4be6-4935-9277-47e5ce24a11f/road-safety-data.

[19] Road Accident Sampling System - India (RASSI), Database "Coding Manual Version 6.1," www.rassi.org.in.

[20] *Guglielmi J, Yanagisawa M, Swanson E, et al. Estimation of Safety Benefits for Heavy-Vehicle Crash Warning Applications Based on Vehicle-to-Vehicle Communications[R]. United States. National Highway Traffic Safety Administration, 2017.

[21] Cicchino J B. Effectiveness of forward collision warning and autonomous emergency braking systems in reducing front-to-rear crash rates[J]. Accident Analysis & Prevention, 2017, 99: 142-152.

[22] Sayer J R, Bogard S E, Buonarosa M L, et al. Integrated vehicle-based safety systems light-vehicle field operational test key findings report[J]. 2011.

[23] *Birrell S A, Fowkes M, Jennings P A. Effect of using an in-vehicle smart driving aid on real-world driver performance[J]. IEEE Transactions on Intelligent Transportation Systems, 2014, 15(4): 1801-1810.

[24] *Li Y, Li Z, Wang H, et al. Evaluating the safety impact of adaptive cruise control in traffic oscillations on freeways[J]. Accident Analysis & Prevention, 2017, 104: 137-145.

[25] Wang P X, Li H T, Liu J M. Meta-analysis of non-comparative binary outcomes and its

solution by Stata[J]. J Evid Based Med, 2012, 12: 52-6.

[26] Høye A, Elvik R. Publication Bias in Road Safety Evaluation: How can It be Detected and how Common is It?[J]. Transportation Research Record, 2010, 2147(1): 1-8.

[27] *Shinar D, Schechtman E. Headway feedback improves intervehicular distance: A field study[J]. Human Factors, 2002, 44(3): 474-481.

[28] *Kusano K D, Gabler H C. Model of collision avoidance with lane departure warning in real-world departure collisions with fixed roadside objects[C]. 2012 15th International IEEE Conference on Intelligent Transportation Systems. IEEE, 2012: 1720-1725.

[29] *Van Auken R M, Zellner J W, Chiang D P, et al. Advanced Crash Avoidance Technologies Program–Final Report of the Honda-DRI Team Volume I: Executive Summary and Technical Report[R]. 2011.

[30] *Georgi A, Zimmermann M, Lich T, et al. New approach of accident benefit analysis for rear end collision avoidance and mitigation systems[C]. 21st International Technical Conference on the Enhanced Safety of Vehicles. 2009: 09-0281.

[31] *Forkenbrock G J, O'Harra B C. A forward collision warning (FCW) performance evaluation[C]//Proc. 21st Int. Technical Conf. Enhanced Safety of Vehicles. 2009 (09-0561).

[32] *Itoh M, Horikome T, Inagaki T. Effectiveness and driver acceptance of a semi-autonomous forward obstacle collision avoidance system[J]. Applied ergonomics, 2013, 44(5): 756-763.

[33] *Wilson B, Stearns M, Koopmann J, et al. Evaluation of a Road-Departure Crash Warning System[R]. United States. National Highway Safety Bureau, 2007.

[34] *Gordon T, Sardar H, Blower D, et al. Advanced crash avoidance technologies (acat) program-final report of the volvo-ford-umtri project: Safety impact methodology for lane departure warning-method development and estimation of benefits[R]. United States. National Highway Traffic Safety Administration, 2010.

[35] *Tanaka S, Mochida T, Aga M, et al. Benefit estimation of a lane departure warning system using ASSTREET[J]. SAE International Journal of Passenger Cars-Electronic and Electrical Systems, 2012, 5(2012-01-0289): 133-145.

[36] *Gorman T I, Kusano K D, Gabler H C. Model of fleet-wide safety benefits of Lane Departure Warning systems[C]. 16th International IEEE Conference on Intelligent Transportation Systems (ITSC 2013). IEEE, 2013: 372-377.

[37] *Scanlon J M, Sherony R, Gabler H C. Preliminary potential crash prevention estimates for an Intersection Advanced Driver Assistance System in straight crossing path crashes[C]. 2016 IEEE Intelligent Vehicles Symposium (IV). IEEE, 2016: 1135-1140.

[38] *Quintero M C G, Cuervo P A C. Intelligent driving assistant based on accident risk maps analysis and intelligent driving diagnosis[C]. 2017 IEEE Intelligent Vehicles Symposium (IV). IEEE, 2017: 914-919.

[39] *Qi Y, Chen X, Yang L, et al. Vehicle infrastructure integration (VII) based road-condition

warning system for highway collision prevention[R]. Southwest Region University Transportation Center (US), 2009.

[40] *Chang J. Summary of NHTSA heavy-vehicle vehicle-to-vehicle safety communications research[R]. 2016.

[41] *Yanagisawa M, Swanson E, Najm W G. Target crashes and safety benefits estimation methodology for pedestrian crash avoidance/mitigation systems[R]. United States. National Highway Traffic Safety Administration, 2014.

[42] *Harding J, Powell G, Yoon R, et al. Vehicle-to-vehicle communications: readiness of V2V technology for application[R]. United States. National Highway Traffic Safety Administration, 2014.

[43] *Cicchino J B. Effects of lane departure warning on police-reported crash rates[J]. Journal of safety research, 2018, 66: 61-70.

[44] *Belzowski B M, Blower D, Woodrooffe J, et al. Tracking the use of onboard safety technologies across the truck fleet[J]. 2009.

[45] *Li Y, Zheng Y, Wang J, et al. Evaluation of Forward Collision Avoidance system using driver's hazard perception[C]. 2016 IEEE 19th International Conference on Intelligent Transportation Systems (ITSC). IEEE, 2016: 2273-2278.

[46] *Hickman J S, Guo F, Camden M C, et al. Efficacy of roll stability control and lane departure warning systems using carrier-collected data[J]. Journal of safety research, 2015, 52: 59-63.

[47] *Kusano K D, Gabler H C. Comparison of expected crash and injury reduction from production forward collision and lane departure warning systems[J]. Traffic injury prevention, 2015, 16(sup2): S109-S114.

[48] *Chen H, Cao L, Logan D B. Investigation into the effect of an intersection crash warning system on driving performance in a simulator[J]. Traffic injury prevention, 2011, 12(5): 529-537.

[49] *Rakha H A, Fitch G M, Arafeh M, et al. Evaluation of safety benefits from a heavy-vehicle forward collision warning system[J]. Transportation Research Record, 2010, 2194(1): 44-54.

[50] *Lehmer M, Miller R, Rini N, et al. Volvo trucks field operational test: Evaluation of advanced safety systems for heavy trucks[J]. US Department of Transportation National Highway Traffic Safety Administration, 2007.

[51] *Sternlund S, Strandroth J, Rizzi M, et al. The effectiveness of lane departure warning systems—A reduction in real-world passenger car injury crashes[J]. Traffic injury prevention, 2017, 18(2): 225-229.

[52] *Hickman J S, Guo F, Camden M C, et al. Onboard Safety Systems Effectiveness Evaluation[J]. 2013.

[53] *Orban J, Hadden J, Stark G, et al. Evaluation of the Mack Intelligent Vehicle Initiative Field Operational Test[R]. 2006.

[54] *Chauvel C, Page Y, Fildes B, et al. Automatic emergency braking for pedestrians effective target population and expected safety benefits[C]//23rd international technical conference on the enhanced safety of vehicles (ESV 2013). 2013 (13-0008).

[55] *Najm W G, daSilva M P, Wiacek C J. Safety benefits estimation of an intelligent cruise control system using field operational test data[J]. SAE transactions, 1999: 3295-3299.

[56] *Scanlon J M, Kusano K D, Sherony R, et al. Potential safety benefits of lane departure warning and prevention systems in the US vehicle fleet[C]//24th International Technical Conference on the Enhanced Safety of Vehicles (ESV). 2015 (15-0080).

[57] *Yanagisawa M, Swanson E, Azeredo P, et al. Estimation of potential safety benefits for pedestrian crash avoidance/mitigation systems[R]. United States. National Highway Traffic Safety Administration, 2017.

[58] *Rosén E, Källhammer J E, Eriksson D, et al. Pedestrian injury mitigation by autonomous braking[J]. Accident Analysis & Prevention, 2010, 42(6): 1949-1957.

[59] *Fredriksson R, Rosén E. Head Injury Reduction Potential of Integrated Pedestrian Protection Systems Based on Accident and Experimental Data–Benefit of Combining Passive and Active Systems[C]. Manuscript submitted to IRCOBI (International Research Council On the Biomechanics of Impact) Conference. Berlin, Germany. 2014.

[60] *Li Y, Zheng Y, Wang J, et al. Crash probability estimation via quantifying driver hazard perception[J]. Accident Analysis & Prevention, 2018, 116: 116-125.

[61] *Scanlon J M, Kusano K D, Gabler H C. Lane departure warning and prevention systems in the US vehicle fleet: influence of roadway characteristics on potential safety benefits[J]. Transportation Research Record, 2016, 2559(1): 17-23.

[62] *Scully J, Newstead S. Evaluation of electronic stability control effectiveness in Australasia[J]. Accident Analysis & Prevention, 2008, 40(6): 2050-2057.

[63] *Rosen E. Autonomous emergency braking for vulnerable road users[C]//Proceedings of IRCOBI conference. 2013: 618-627.

[64] *Papelis Y E, Watson G S, Brown T L. An empirical study of the effectiveness of electronic stability control system in reducing loss of vehicle control[J]. Accident Analysis & Prevention, 2010, 42(3): 929-934.

[65] *Dang J N. Preliminary results analyzing the effectiveness of electronic stability control (ESC) systems[R]. US Department of Transportation, National Highway Traffic Safety Administration, 2004.

[66] *Lie A, Tingvall C, Krafft M, et al. The effectiveness of ESP (electronic stability program) in reducing real life accidents[J]. Traffic Injury Prevention, 2004, 5(1): 37-41.

[67] *Chouinard A, Lécuyer J F. A study of the effectiveness of Electronic Stability Control in Canada[J]. Accident Analysis & Prevention, 2011, 43(1): 451-460.

[68] *Bahouth G. Real world crash evaluation of vehicle stability control (VSC) technology[C]//Annual Proceedings/Association for the Advancement of Automotive Medicine. Association for the Advancement of Automotive Medicine, 2005, 49: 19.

[69] *Dang J N. Statistical analysis of the effectiveness of electronic stability control (esc) systems-final report[R]. 2007.

[70] *Farmer C M. Effect of electronic stability control on automobile crash risk[J]. Traffic injury prevention, 2004, 5(4): 317-325.

[71] *Farmer C M. Effects of electronic stability control: an update[J]. Traffic injury prevention, 2006, 7(4): 319-324.

[72] *Green P E. The effectiveness of electronic stability control on motor vehicle crash prevention[J]. 2006.

[73] *Lie A, Tingvall C, Krafft M, et al. The effectiveness of electronic stability control (ESC) in reducing real life crashes and injuries[J]. Traffic injury prevention, 2006, 7(1): 38-43.

[74] *Thomas P. Crash involvement risks of cars with electronic stability control systems in Great Britain[J]. International Journal of Vehicle Safety, 2006, 1(4): 267-281.

[75] *Kreiss J P, Schüler L, Langwieder K. The effectiveness of primary safety features in passenger cars in Germany[C]. Proceedings of the 19th ESV Conference, paper. 2005 (05-0145).

[76] *Bahouth G. Reductions in crash injury and fatalities due to vehicle stability control technology[R]. SAE Technical Paper, 2006.

[77] *Cafiso S, Di Graziano A. Evaluation of the effectiveness of ADAS in reducing multi-vehicle collisions[J]. International journal of heavy vehicle systems, 2012, 19(2): 188-206.

[78] *Cicchino J B. Effects of blind spot monitoring systems on police-reported lane-change crashes[J]. Traffic injury prevention, 2018, 19(6): 615-622.

[79] *Cicchino J B. Effectiveness of forward collision warning systems with and without autonomous emergency braking in reducing police-reported crash rates[J]. Arlington, VA: Insurance Institute for Highway Safety, 2016.

[80] *Woodrooffe J, Blower D, Flannagan C A C, et al. Effectiveness of a current commercial vehicle forward collision avoidance and mitigation systems[R]. SAE Technical Paper, 2013.

[81] *Anderson R, Doecke S, Mackenzie J, et al. Potential benefits of autonomous emergency braking based on in-depth crash reconstruction and simulation[C]. Proceedings of the 23rd International Conference on Enhanced Safety of Vehicles, US National Highway Traffic Safety Administration, Washington DC. 2013.

[82] *Doyle M, Edwards A, Avery M. AEB real world validation using UK motor insurance claims data[C]. Proc. 24th ESV Conference. 2015 (15-0058).

[83] *Isaksson-Hellman I, Lindman M. Traffic Safety Benefit of A Lane Departure Warning System[J]. International Journal of Automotive Engineering, 2018, 9(4): 289-295.

[84] *Schaudt W A, Bowman D S, Hanowski R J, et al. Federal Motor Carrier Safety Administration's Advanced System Testing Utilizing a Data Acquisition System on the Highways (FAST DASH): Safety Technology Evaluation Project# 1 Blindspot Warning[R].

2014.

[85] *Páez Ayuso F J, Sánchez S, Furones Crespo A, et al. Benefits Assessment of Automatic Brake on Real Pedestrian Collisions[J]. 2016.

[86] *Scanlon J M, Sherony R, Gabler H C. Preliminary Effectiveness Estimates for Intersection Driver Assistance Systems in LTAP/OD Crashes[C]//Proceedings of Fourth International Symposium on Future Active Safety Technology: Toward zero traffic accidents (FAST‐zero). 2017.

[87] *Aksan N, Sager L, Hacker S, et al. Benefits from heads-up lane departure warnings predicts safety in the real-world[R]. SAE Technical Paper, 2016.

[88] *Isaksson-Hellman I, Lindman M. Evaluation of the crash mitigation effect of low-speed automated emergency braking systems based on insurance claims data[J]. Traffic injury prevention, 2016, 17(sup1): 42-47.

[89] *Spicer R, Vahabaghaie A, Bahouth G, et al. Field effectiveness evaluation of advanced driver assistance systems[J]. Traffic injury prevention, 2018, 19(sup2): S91-S95.

[90] *Wu K F, Ardiansyah M N, Ye W J. An evaluation scheme for assessing the effectiveness of intersection movement assist (IMA) on improving traffic safety[J]. Traffic injury prevention, 2018, 19(2): 179-183.

[91] *Riexinger L, Sherony R, Gabler H. Has Electronic Stability Control Reduced Rollover Crashes?[R]. SAE Technical Paper, 2019.

注：带有"＊"为纳入荟萃分析的文章

动车组运用检修一体化作业过程管理系统的设计与实现

王群华[1]

（上海局集团有限公司上海动车段，上海 201812）

【摘要】检修作业过程的有效管理是保障动车组检修质量的重要因素，本文结合 RFID 无线定位、数据安全接入以及便携移动终端技术，设计并实现了动车组运用检修一体化作业过程管理系统，实现对一级检修、二级检修、故障及联检等作业过程的有效管理。现场应用表明系统提高了现场的检修作业效率，达到对检修作业过程科学化、精细化的管理水平。

【关键词】动车组运用检修；过程管理；作业联检

Design and Implementation of The EMU Maintenance Integrated Operation Process Management System

（ Shanghai EMU Depot, China Railway Shanghai Group Co. Ltd., Shanghai 201812, China ）

Wang Qun Hua

Abstract: The effective management of maintenance process is important to guarantee the quality of the EMU maintenance, based on the RFID wireless positioning, and data security access and portable mobile terminal technology, the EMU maintenance integrated operation process management system was designed and implemented, which realizes the effective management of primary maintenance, secondary

项目：中国铁道科学研究院集团有限公司院基金课题（智能动车段成套解决方案及典型示范应用研究）(2018YJ104)。

1 作者简介：王群华，工程师。

maintenance, fault and joint inspection and other operation processes. The field application shows that the system improves the site maintenance efficiency, and achieves the scientific and refined management level of the maintenance operation process.

Keywords: EMU Maintenance;Process Control;Operation Joint Inspection.

1 引言

动车组运用检修一体化作业过程管理是对动车组一级检修、二级检修、故障及作业联检项目的综合管理，是保障动车组上线运行安全的重要措施。对动车组一体化作业过程的精细化、规范化管理，是实现检修信息可追溯的重要保证，也是标准化检修作业的要求。目前对检修作业过程的管理有以下几个难点。

（1）检修过程中产生的检修信息不能被及时方便地记录到系统中，存在信息滞后，导致检修信息存在一定误差。

（2）运用检修涉及的项目繁多，相关联的项目之间检修信息不能及时共享，存在信息壁垒。

（3）管理人员掌握现场作业进度只能通过通信设备、视频监控等手段，缺乏更加直观有效的方法。

（4）部分检修作业过程信息的记录通过传统的纸质方式，对检修信息的回溯和跟踪比较困难。

现阶段对于作业过程的管理多数是分散管理，检修数据之间不能及时交互共享，检修作业过程的监管缺乏直观有效手段。因此，本文利用智能手持设备的移动优势，结合 RFID 定位技术以及数据安全接入技术，设计和实现了运用检修一体化作业过程管理系统，对检修作业的信息进行实时高效的采集和管理，同时通过检修大屏将检修作业关键信息进行综合直观的展示[1~3]。

2 运用检修一体化作业过程管理系统 总体设计

2.1 系统设计原则

动车组的运用检修作业项目繁多、流程复杂、涉及多专业人员配合等，在系统设计时需要满足以下几个要求。

（1）一体化检修作业要求各专业人员相互配合，各项目的检修信息需要实现便捷、高效的信息共享。

（2）对检修作业过程的监控需要尽量减少对检修作业人员的负担，在不影响检修作业的前提下实现对作业过程的监控。

（3）检修业务数据的管理需要实现灵活的接口管理，便于后续系统的扩展移植。

（4）现场检修设备以及数据接口的访问需要进行验证以保证检修数据的安全性。

2.2 系统逻辑架构

系统采用分层架构设计，一方面增强了系统开发部署的灵活性，另一方面提升了系统的安全性。系统主要包含基于.net 平台的 WCF 框架、统计引擎、权限安全管理等。框架根据不同的应用层分别采用动车组管理信息系统段级框架、运用所级框架，权限安全管理采用框架提供的管理模块。

系统采用三层架构，即表示层、业务逻辑层和数据访问层，如图 1 所示。这种经典的三层架构模式经历了实践的多次检验，是比较合理、有效的分层设计[4]。

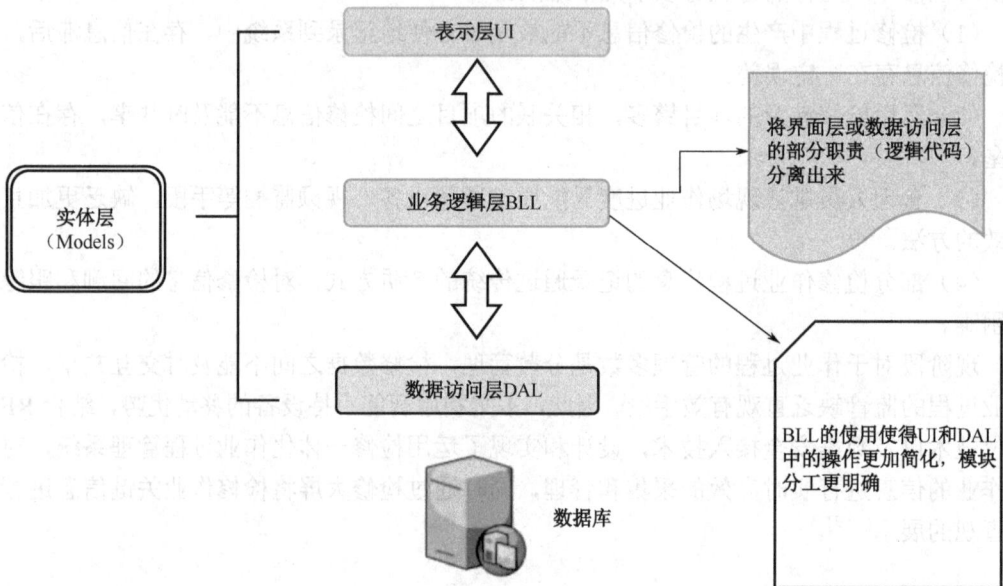

图 1 逻辑架构

对逻辑架构各层次的职责划分并没有明确规范，在本系统中结合.NET 平台的特殊性和具体实践经验，将各层次的结构划分如下。

（1）数据访问层 DAL。数据访问层负责数据的交互，包括从数据库中读出、插入、修改、删除数据操作，不考虑业务逻辑相关操作。

（2）业务逻辑层 BLL。业务逻辑层负责对系统领域业务逻辑性数据的生成、处理和转换。保证流入的数据的正确和有效，不考虑数据如何呈现展示。

（3）表示层 UI。表示层负责用户的交互和用户数据的展示，负责接收用户的输入、进行访问安全性验证，负责给用户展示的样式，当展示给用户的数据不正确时给出对应的异常信息。

2.3　系统总体结构

系统总体包括作业过程监控子系统、检修作业 PAD 管理子系统、库内检修手持终端子系统及作业过程管理终端子系统，总体架构如图 2 所示。

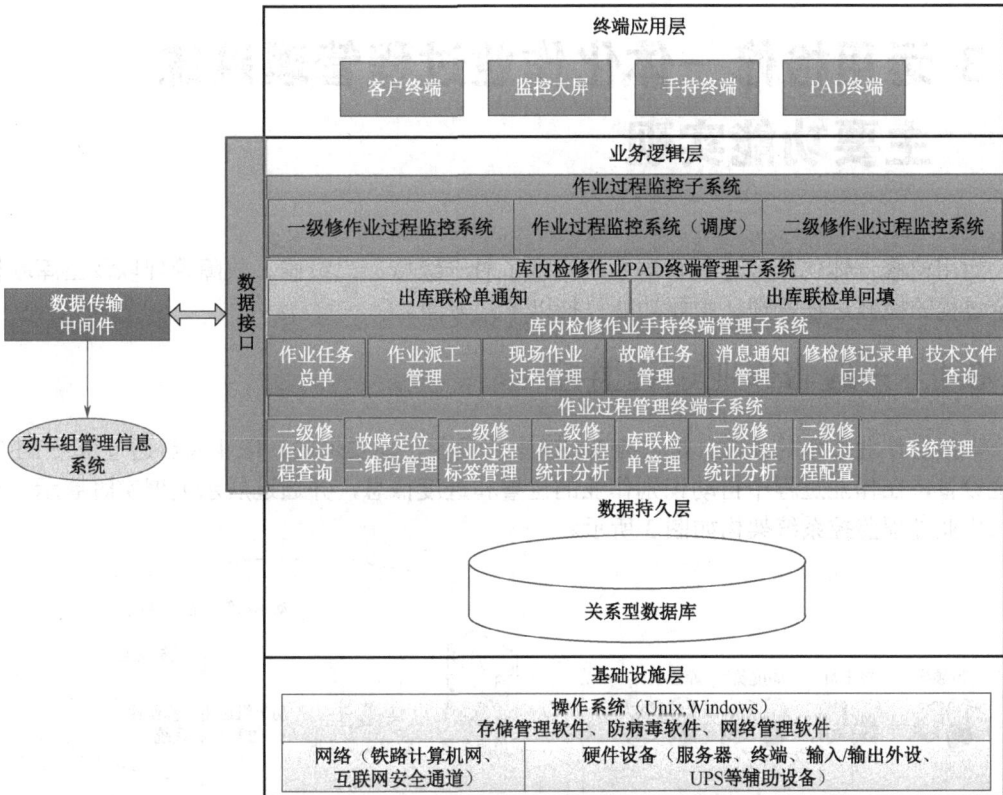

图 2　总体架构

系统架构包含的内容如下。

（1）作业过程监控子系统。主要是针对作业过程中产生的检修信息进行监控和展示，包括一级修作业过程监控、二级修作业过程监控以及调度室内的作业过程监控，分别对一级修、二级修的作业过程进行实时跟踪展示，并通过调度室界面及时反馈给调度人员进行作业过程的管理。从而实现对作业过程全面实时的监控和管理。

（2）库内检修作业 PAD 子系统。主要是针对检修作业质量的联合检查，通过 PAD 及时地接收和查看联检任务，并通过手动签字确认联检项目的完成，实现对作业过程质量的监管。

（3）库内检修手持终端子系统。主要为作业人员提供更加便捷的交互方式，作业人员可通过手持终端随时随地接收检修任务信息、查询技术文档资料、接收通知消息等，工长可通过手持终端实现人员派工；作业人员也可在作业过程中实时将检修信息回填，并实时同步到 EMIS 系统的记录单中；可通过手持终端实时查询车组需要处理的故障信息以及历史的故障记录等，实现信息的及时送达、检修数据的实时记录、作业过程的便捷管理。

（4）作业过程管理终端子系统。主要是为作业过程系统提供配置、查询以及管理的功能，包括一级修作业过程记录查询、故障定位二维码查询、一级修作业过程标签管理、一级修作业过程统计分析、二级修统计分析、二级修作业过程配置以及系统管理功能，通过该子系统，为作业过程系统提供支撑服务[5~7]。

3 运用检修一体化作业过程管理系统主要功能实现

运用检修一体化作业过程管理系统实现了对一级修、二级修、故障管理以及出库联检等全过程的检修过程管理。主要功能包括以下几方面。

3.1 一级修作业过程监控

一级修作业过程的监控，是依靠 RFID 定位设备自动实现的，作业人员通过携带 RFID 定位设备，在作业过程中自动识别作业的位置和进度信息，并通过展示大屏实时展示，一级修作业过程监控系统架构如图 3 所示。

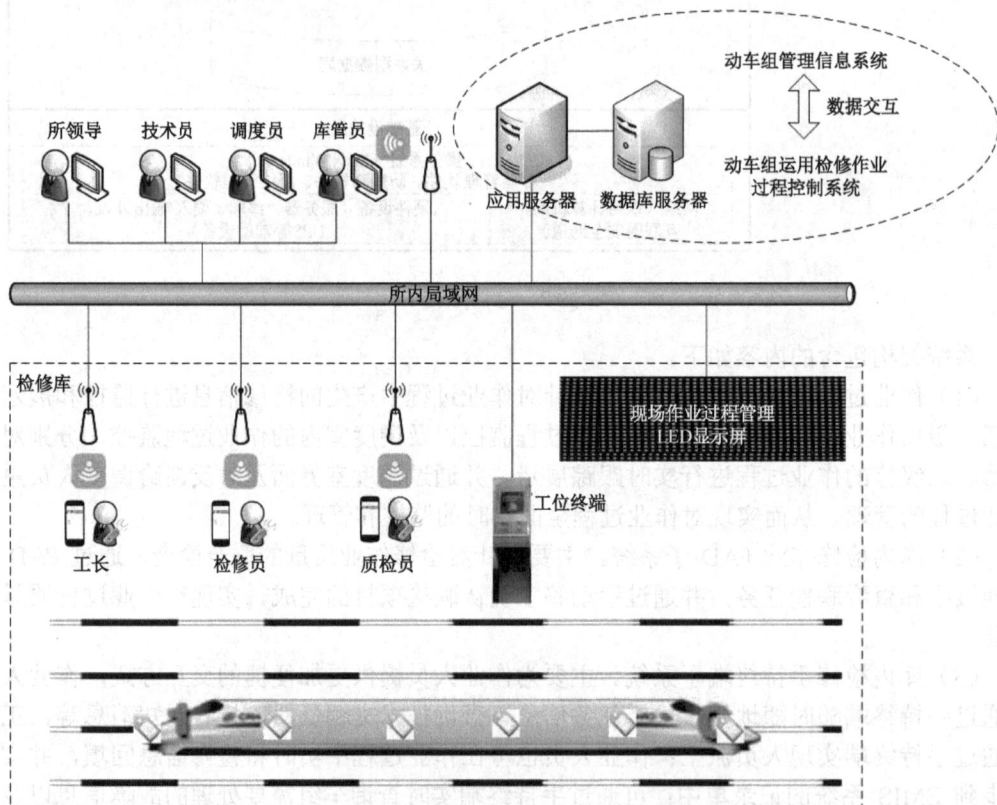

图 3　一级修作业过程监控系统架构

作业人员通过手持终端接收检修任务和故障信息，并根据任务进行作业，检修作业信息和进度会实时通过监控大屏展示（一级修监控大屏参见图4），可实现对动车组组位置、检修任务状态、故障处理状态以及作业进度等实时监控。

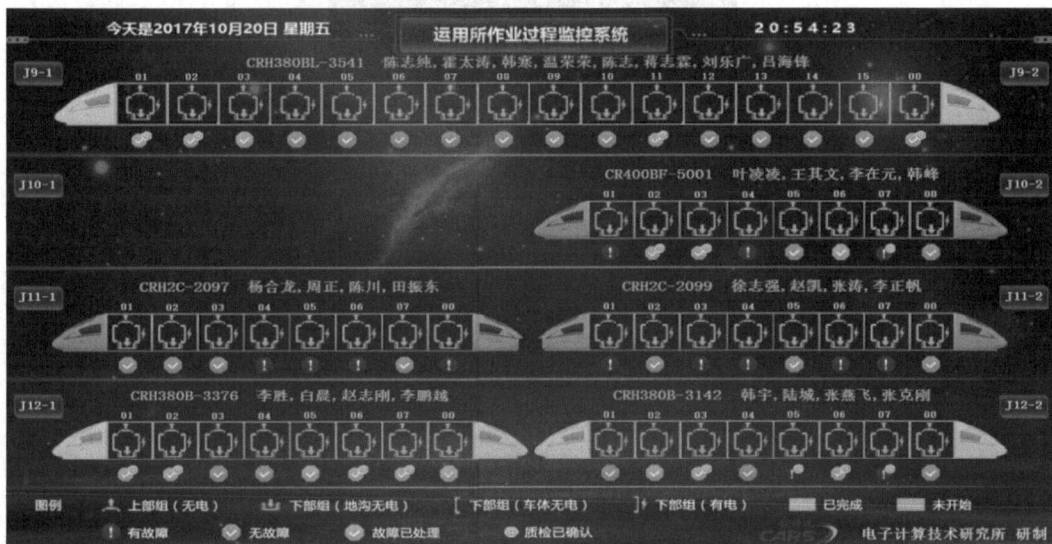

图4　一级修监控大屏

3.2　二级修作业过程监控

可按照需求对二级修作业项目进行配置，可配置作业的步骤及对应的指导图示，便于作业时进行参考，如图5所示。

图5　二级修配置界面

　　作业人员在手持终端上可实时获取最新的二级修任务,根据配置的项目步骤进行作业,(二级修手持机作业界面参见图6),在作业过程中可实时记录作业过程中的检修信息。

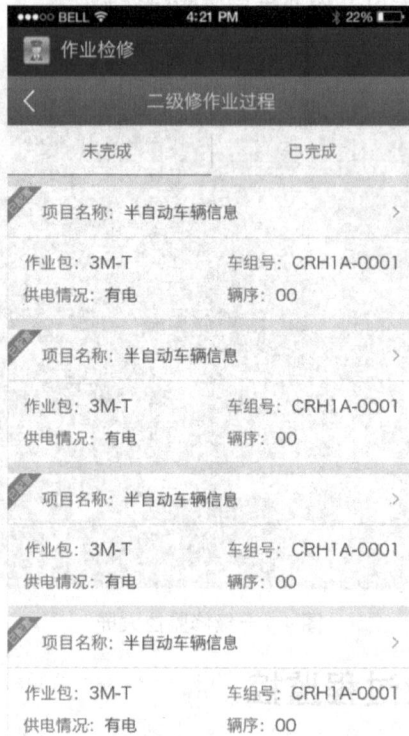

图6　二级修手持机作业界面

　　作业过程监控界面可对二级修作业的内容和进度进行直观可视化的展示(二级修作业过程监控界面参见图7),便于监控人员对二级修作业进行科学指导。

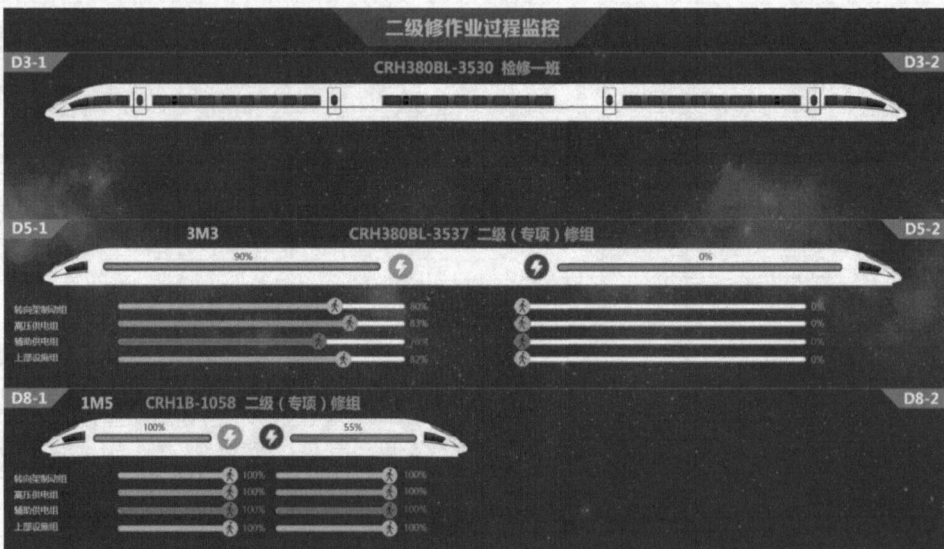

图7　二级修作业过程监控界面

3.3 故障管理

故障管理主要是在手持终端上实现故障的实时上报、处理和质检。结合作业过程大屏上的故障状态，作业人员可针对性查询需要处理的故障信息，并通过手持终端直接进行处理，并可在处理过程中附带拍照，更加清晰直观地处理。故障管理界面如图8所示。

图 8　故障管理界面

3.4 出库联检管理

当一级修作业完成后，系统自动通知相关部门人员进行出库联检，手持终端上可接收联检任务。出库联检任务列表如图9所示。

图 9　出库联检任务列表

出库联检完成后，通过 PAD 回填出库联检单，通过电子签名方式按照部门进行签字确认，便于对联检的项目结果进行确认和跟踪，联检项目签字如图 10 所示。

图 10　联检项目签字

4　运用检修一体化作业过程管理系统关键技术

4.1　RFID 无线定位技术

RFID 无线定位技术是通过射频识别 RFID 技术与算法相结合的方式来进行无线定位的技术。在检修作业过程中，采用无线定位技术尽量减少对检修人员正常作业的影响。

在检修作业路线上安装部署了多个 RFID 扫描器，RFID 扫描器可以读取一定范围内的 RFID 标签数据。作业人员在检修作业时，随身携带 RFID 定位标签，随着检修作业的进行，不同位置的 RFID 扫描器可以读取 RFID 定位标签的位置数据，通过服务器端的算法即可计算出作业人员的检修位置，并结合检修作业的任务信息进行记录保存。检修人员在正常作业时，系统即可实时感知到检修作业的进度，避免了对检修作业的干扰，同时实现了对检修作业过程的监控[8]。

4.2　数据安全接入技术

系统在设计时考虑了数据的安全性问题，分别在手持终端上进行用户登录以及设备有效性验证，在数据交互上对数据交互接口均采用了接口访问安全性验证，保证设备接入的安全性以及数据交互的安全性，数据安全接入技术如图 11 所示。

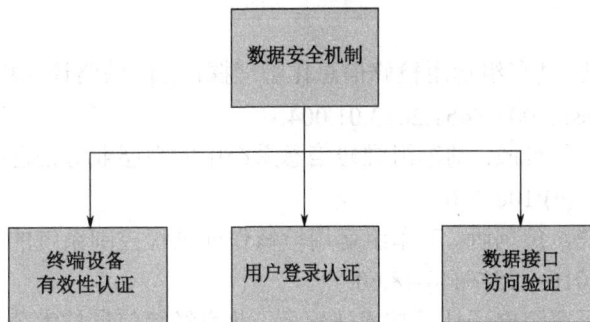

图 11　数据安全接入技术

4.3　便携式移动作业终端

系统采用基于 Android 操作系统的便携式移动作业终端技术，在故障管理模块中，作业人员可通过便携移动作业终端随时随地上报故障、查看故障详情以及故障处理进度，在处理过程中可通过终端设备对处理情况拍照留存，准确掌握故障现场情况；在出库联检模块中，作业人员通过设备终端可对联检项目检查情况进行电子签名确认，保证了联检项目检查的真实有效性，可有效提高联检作业的质量卡控[9,10]。

5　应用效果及展望

该动车组检修运用检修一体化作业过程管理系统，已经在部分动车运用所中成功实施。使用运用检修一体化作业过程管理系统使得作业人员实现从任务下发、作业派工到检修作业过程全流程封闭管理，借助于手持终端设备和 RFID 无线定位技术实现对检修作业过程的高效监控和管理，提高了动车组运用检修管理的信息化管理水平，实现对检修作业过程的科学化、精细化管理。

目前，动车组运用检修一体化作业过程管理系统主要是对检修作业进度信息的展示，展示内容还不够丰富，后续可以通过深度的结合检修业务数据，将更多的检修业务数据通过电子看板方式更加直观地进行展示，便于进一步指导和完善检修作业。

参考文献

[1] Coyle, Karen. Management of RFID in Libraries.The journal of Academic librarianship. 2005, 31(5):486-489.

[2] 薛淳，方鸣. 中国和谐号 CRH 动车组[J]. 中国科技投资，2008，12:36-38.

[3] 张卫华，王伯铭. 中国高速列车的创新发展[J]. 机车电传动，2010，01:8-12+69.

[4] 张惟皎. 动车组管理信息系统的发展回顾与展望[J]. 铁路技术创新，2015，

　　　　　(2):117-122,127.

[5]　张惟皎，贾志凯. 动车组运用检修信息化管理探讨[J]. 铁路计算机应用，2013, (1):5-9.
　　　　DOI:10.3969/j.issn.1005-8451.2013.01.004.

[6]　孙鹏，史天运，张惟皎. 动车组维修信息系统中的高层业务信息提取技术[J]. 中国铁
　　　　道科学，2014，(4):108-116.

[7]　杨春辉，张惟皎，詹珂昕. 动车组运用检修作业过程控制系统的设计与实现[J]. 铁路
　　　　计算机应用，2016，25(7):46-48,60.

[8]　中国铁道科学研究院电子计算技术研究所，北京经纬信息技术公司，中国铁道科学研
　　　　究院. 动车组检修作业过程管控系统及方法. 中国，CN201610021302.6[P]. 2016-
　　　　06-15.

[9]　张建松. 动车组运用检修信息化管理探讨[J]. 建筑工程技术与设计，2017，
　　　　(26):1755-1755.

[10]　孙雪姣，葛正义，张春. 高速铁路动车组检修计划方案的探讨[J]. 铁道建筑，2004，
　　　　(12):73-75.

货车管理信息系统整合关键技术研究

冯丽敏　蒋　荟

（中国铁道科学研究院集团有限公司电子所，北京 100081）

【摘要】本文对货车信息化现状以及将现有信息系统进行整合的必要性进行了分析，提出对铁路货车既有相关信息系统进行数据整合、应用整合才是目前构建全新的货车管理信息系统的最佳方案，同时本文对货车管理信息系统整合升级中单点登录 CAS、关键配件唯一编码、跨平台数据共享等关键技术进行了重点研究。目前，货车管理信息系统已在全路投入实际应用，取得了良好效果。

【关键词】货车；整合；单点登录；唯一编码

Research on Key technologies of Integration for Truck Management Information System

Feng Limin, Jiang Hui

（ Institute of Computer Technology, China Academy of Railway Sciences, Beijing 100081, China ）

Abstract: In this paper, we analyze the status quo of freight car information, as well as the necessity of integrating the existing information system. It is proposed that data integration and application integration for the relevant information systems of railway freight cars are the best solution for the construction of a new freight management information system. And deeply studies key technologies such as single sign-on CAS, unique coding of key components and cross-platform data sharing. At present, the railway truck management information system has been put into practical within the entire railway and makes a good performance.

作者简介：冯丽敏（1989-），女，汉族，工程师，从事铁路货车车辆研究。联系电话：18811190964，电子邮箱：1269794124@qq.com。

项目：铁道科学研究院创新基金（货车管理信息系统整合升级方案研究及系统研发）（2017YJ092）。

Keywords: railway truck; integration; SSO; unique coding.

1 引言

铁路货车是铁路货物运输的重要设备，是社会生产和人民生活所需物资及时、安全运达的保障，是铁路运输体系的重要组成部分。铁路货车在全路运行，无配属和固定维修地点，实行研制、购置、检修、运用直至报废的集中管理。我国铁路货车信息化起步比较早，自 2000 年开始，车辆部门已经推广实施了一系列与货车运用管理相关的信息系统，包括铁路货车技术管理信息系统、铁路车辆运行安全监控 5T 系统、铁路货车网络扣车系统、货车标签编程系统、货车结算审核等，这些系统在货车检修及运用管理中发挥了重要作用。

2 现状及必要性分析

由于铁路货车信息系统软件是在不同时期分散建设的，系统功能规模不一致，基础信息管理及应用不规范，相关信息未能有效集成。同时，由于各系统之间数据比较分散，未能互联互通，导致各系统间存在数据、应用重复的现象，这样的信息系统既不能及时便捷地为基层现场提供集成整合的货车及关键配件技术状态信息，也不能实时高效地为货车管理提供各种分类汇总及综合决策信息，不能够满足当前货车信息化的总体应用需要。

基于以上货车信息系统的现状，建立一个全新的货车信息管理系统是货车信息化的必然选择。然而由于现存的各系统目前仍旧是日常运输生产的主力，如果要将现存系统全部推倒重来建立全新的货车管理信息系统，势必对日常的生产造成非常大的影响。因此，本着对生产现场影响最小的原则，通过采用对既有货车相关信息系统进行系统整合、优化完善和综合应用的方式，逐步建立一个全新的货车管理信息化体系，是现阶段我们构建全新的货车信息管理系统的最佳选择。构建全新的货车信息管理系统就是要对既有信息系统进行数据整合，以货车整车及关键配件全生命周期管理为主线，集成整合货车及关键配件从新造、运用、检修、报废全寿命周期履历，并以此为数据基础对既有相关信息系统进行应用整合，统一系统框架，统一用户管理，按需进行功能优化、重组和新建，为各级货车管理人员及现场作业人员提供集成整合的信息服务支撑，为保安全、强管理、增效益提供全面的技术支撑，全面提升货车管理信息化水平。

本论文主要研究在货车管理信息系统整合中统一用户管理涉及的单点登录技术、并重点研究了关键配件全寿命周期信息管理中涉及的配件数据编码技术，以及多系统共享数据的 Web Services 技术，并论述了这些技术是如何与本系统有机结合的。

3 统一用户认证及权限管理技术

货车信息系统在整合以前，用户进入每个系统都需要登录，这不仅给管理带来了很大困难，同时也埋下了重大的安全隐患。为此须规范各级系统用户管理及身份验证机制，利用户密码结合 IP 地址等手段实现用户校验，采用单点登录技术实现统一用户管理，避免通用账号的使用，一次用户信息配置以后，实现权限范围内所有功能的统一应用，这不仅带来了更好的用户体验，同时也降低了安全风险和管理消耗。

单点登录（Single Sign-on，SSO）是一种方便用户访问多个系统的技术，用户只需在登录时进行一次注册，就可以在多个系统间自由切换，不必重复输入用户名和密码来确定身份。单点登录的实质就是通过安全环境（Security Context）或凭证（Credential）在多个应用系统之间的传递或共享。如图 1 所示，当货车管理信息系统用户登录系统时，单点登录技术通过用户的凭证（如用户名和密码）为用户建立一个安全环境，安全环境包含用于验证用户的安全信息，系统用这个安全环境和安全策略来判断用户是否具有访问系统资源的权限，统一登录到货车管理信息系统中。

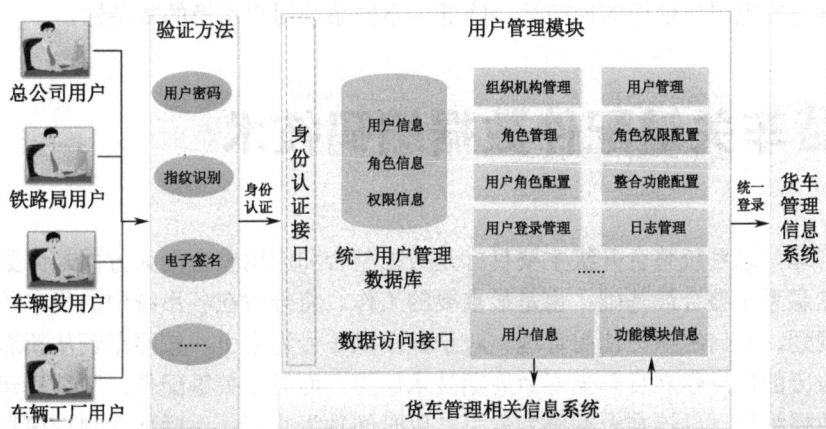

图 1 货车管理信息系统统一用户管理

本系统采用 CAS 技术为货车信息管理平台的应用提供了一种可靠的单点登录解决方案，即通过用户一次登录即可访问系统整合的多个应用，并通过 CAS 技术验证用户身份及功能权限，从而实现了统一用户认证及授权管理。

货车管理信息系统实现用户登录验证过程，如图 2 所示。

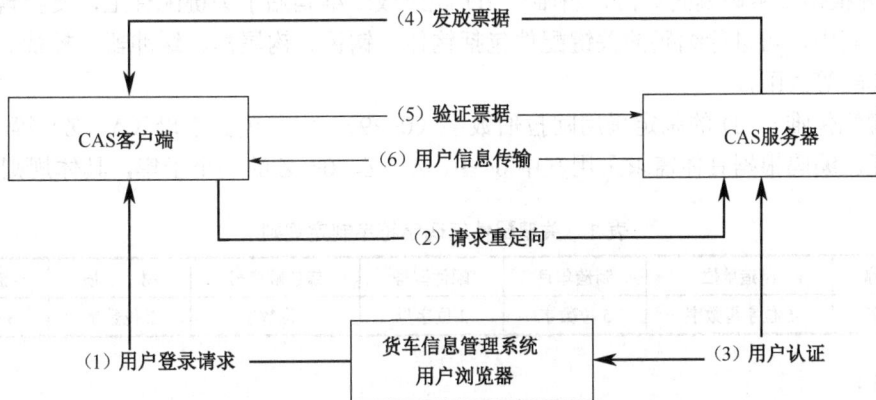

图 2 货车管理信息系统用户登录验证过程

（1）访问服务（用户登录请求）：货车管理信息系统用户通过浏览器发送请求访问应用系统提供的服务资源。

（2）定向认证（请求重定向）：CAS 客户端会重定向用户请求到 CAS 服务器。

（3）用户认证：用户身份认证。

（4）发放票据：CAS 服务器会产生一个随机的服务票据（Service Ticket）。

（5）验证票据：CAS 服务器验证票据 Service Ticket 的合法性，验证通过后，允许用户浏览器访问服务。

（6）传输用户信息：CAS 服务器验证票据通过后，传输用户认证结果信息给用户客户端浏览器。

通过对货车管理平台建立统一的用户，对用户的各种功能权限进行配置管理和授权，规范了用户授权和身份认证的管理，保证了用户操作的安全性、管理的规范性，同时通过应用的整合，实现用户使用的便捷性，降低了不同系统用户切换的复杂性。

4 货车关键配件数据编码技术

货车管理信息系统整合升级主要目标是数据整合和应用整合两大方面，而数据整合是货车管理信息系统整合最基础，也是最重要的工作。将分散在各系统中的货车数据资源进行统一的规划、存储组织、使用管理。对于整车以车号为索引，按照车辆从新造、运用、检修直至报废的信息建立货车全寿命周期技术履历。而对于关键配件，则须先建立配件全路唯一的数据编码，以该唯一编码为索引，以时间轴为序列，串联配件制造信息、装用信息、运用信息、检修信息、故障信息、报废信息的全寿命周期技术履历，以此实现关键配件全路范围可追踪。

4.1 关键配件唯一 ID 制定

为实现货车关键配件在全路范围内的全寿命周期追踪管理，须为货车关键配件制定唯一 ID，并根据二维码编码算法，将唯一 ID 映射成二维码贴于关键配件上，支持现场生产的应用。其中，可进行编码的关键配件包括钩体、钩舌、钩尾框、缓冲器、摇枕、侧架、车轴和车轮等大配件。

关键配件唯一 ID 的制定采用阿拉伯数字（0～9）、大写英文字母（A～Z）等 36 个字符为码元。编码根据具体需求采用其中 0～9、A～Z、0～Z 的一个子集，具体规则见表 1。

表 1　关键配件编码字符串制定规则

配件名称	制造单位	制造年月	配件型号	铸造顺序号	材　　质	流水号
2 位数字	5 位字母数字	5 位数字	2 位字母	7 位数字	2 位数字	3 位数字

例如：

```
01    000QZ    00305    13    0012316    02    000
```

- 流水号
- 材质为C级钢
- 铸造顺序号为12316
- 车钩型号为13号
- 制造年月是2003年5月
- 制造单位是重庆铸钢厂
- 配件名称为钩体

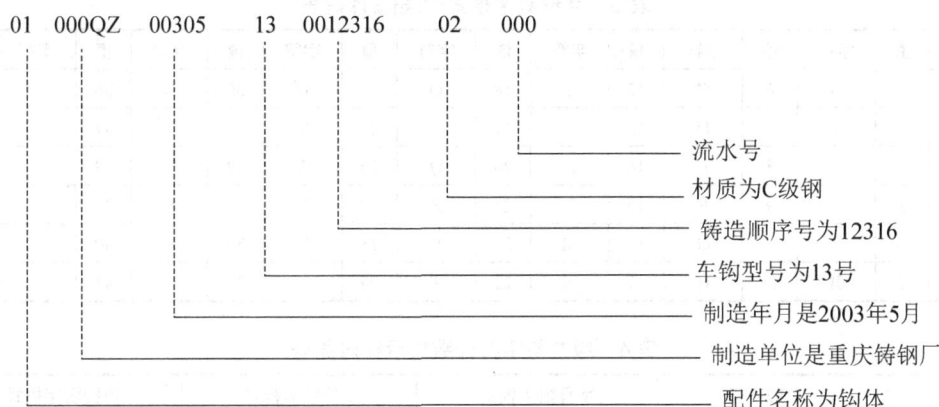

本文将货车关键配件唯一 ID 制成二维码进行实现全寿命信息管理。这是因为二维码除了具备一维码成本低、传播方便等优点外，还具有信息容量大、可靠性高、可表示多种形式数据、保密防伪性强等优点。虽然目前关键配件的唯一 ID 只包含字母数字形式，未来可能按需增加出厂的技术图片信息等，因此采用二维码编码也是考虑其具有可扩展性的优点。

4.2 关键配件编码原则及数据编码算法

二维码的编制要经过数据分析、数据编码、纠错编码、布置模块及掩模处理等过程，其中涉及的技术有数据分析方法、各类数据的编码方法、纠错码的构造和掩模等多种技术，本文主要对数据编码关键技术进行分析，见表 2[1, 2]，根据待编码数据的特征，选择合适的编码模式。

字母、数字及常用标点符号常常组合使用，所以针对这类数据进行单独编码。最常见的就是 QR 码，QR 码对数字（0~9）、字母（A~Z）及 9 个标点符号（空格、$、%、*、+、-、.、/）共计 45 个字符进行混合编码（见表 3），并采用 11 位二进制数来表示 2 个字符，见表 4[1,2]。

表 2 编码模式与指示符对照表

模　式	指　示　符
ECI	0111
数字	0001
字母数字	0010
8 位字节	0100
日本汉字	1000
中国汉字	1101
结构链接	0011
FNC1	0101（第一位置） 1001（第二位置）
终止符（信息结尾）	0000

表 3 字母数字模式的编码/译码表

字符	值	字符	值	字符	值	字符	值	字符	值	字符	值	字符	值	字符	值
0	0	6	6	C	12	I	18	O	24	U	30	SP	36	.	42
1	1	7	7	D	13	J	19	P	25	V	31	$	37	/	43
2	2	8	8	E	14	K	20	Q	26	W	32	%	38	:	44
3	3	9	9	F	15	L	21	R	27	X	33	*	39		
4	4	A	10	G	16	M	22	S	28	Y	34	+	40		
5	5	B	11	H	17	N	23	T	29	Z	35	-	41		

表 4 版本与字符计数指示符对照表

版　　本	数字模式	字母数字模式	8位字节模式	中国汉字模式
1～9	10	9	8	8
10～26	12	11	16	10
27～40	14	13	16	12

二维码数据编码算法（版本 1～9）。

输入：关键配件唯一 ID 字符串 Str，编码模式符 pattern_identifier，字符计数 count_identifier。

```
Code=conjunct(pattern_identifier,count_identifier),Code0='',Bin0='';
While(Str)
{ int i=0;
     If(Str.length%2==0)
     {
          Code0=45*Map(Str[i])+Map(Str[i+1]);
          Bin0=binary11(Code0);
          Code=conjunct(Code,Bin0);
     }else
     {
          Code0=Map(Str[i]);
          Bin0=binary6(Code0);
          Code=conjunct(Code,Bin0);
     }
     i=i+2;
}
Return Code;
```

输入的数据每 2 个字符为一组，将每组中的字符按照表 3 转换成对应值。将每组中第一个字符的值乘以 45 与第二个字符的值相加，将所得的结果转换为 11 位二进制数。如果输入的数据的字符个数不是 2 的整数倍，将该字符直接编码为 6 位二进制数。将所得的二进制数据连接起来并在前面加上模式指示符和字符计数指示符，按表 4 的规定在字母数字模式中，字符计数指示符的长度为 9 位二进制数，放置模式指示符之后，二进制数据序列之前。

例如，字符串 01000QZ0030513001231602000，str(length)=26 每两个为 1 组，G={{0,1}，{0,0}，{0,Q}，{Z,0}，{0,3}，{0,5}，{1,3}，{0,0}，{1,2}，{3,1}，{6,0}，{2,0}，{0,0}}，

根据字母数字编译码表进行 Map 得到 G={{0,1}，{0,0}，{0,26}，{35,0}，{0,3}，{0,5}，{1,3}，{0,0}，{1,2}，{3,1}，{6,0}，{2,0}，{0,0}}。

字符计数器 count_identifier 为 26，转化成二进制是 000011010，模式指示符（见表 5）为字母数字模式=0010，所以根据算法，最终的编码为：

0010　000011010　00000000001　00000000000　00000011010　11000100111　00000000011　00000000101　00000110000　00000000000　00000101111　00010001000　00100001110　00001011010　00000000000

经过编码的数据，利用成熟的纠错技术以及掩模等技术即可生成二维码。

表 5　二维码编码过程

分　　组	运算后	二进制	分　　组	运算后	二进制
{0，1}	1	00000000001	{0，0}	0	00000000000
{0，0}	0	00000000000	{1，2}	47	00000101111
{0，26}	26	00000011010	{3，1}	136	00010001000
{35，0}	1575	11000100111	{6，0}	270	00100001110
{0，3}	3	00000000011	{2，0}	90	00001011010
{0，5}	5	00000000101	{0，0}	0	00000000000
{1，3}	48	00000110000			

4.3　关键配件二维码应用

该二维码适用于关键配件的制造、检修、运用、报废等各个环节。从图 3 可以看出，关键配件的生产单位根据关键配件唯一编码规则，为每个关键配件生成唯一 ID，再根据二维码编码算法，将该唯一 ID 编制成二维码，并将该二维码以喷绘、涂打、粘贴的方式附于关键配件表面。配件的唯一 ID 定期传至铁路局、总公司数据库。

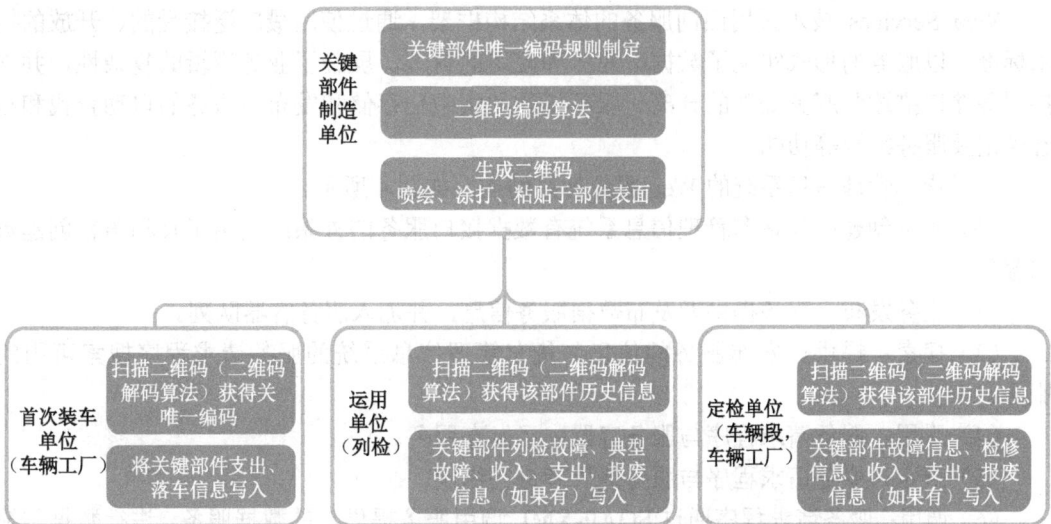

图 3　关键配件二维码使用场景

在首次装车单位，由装车人员将扫描该二维码，通过手持机将关键配件首次装车信息通过手持机或系统终端写入二维码中，后台存储到装车单位数据库，并实时同步给铁路局、总公司数据库。同样，运用单位以及检修单位将该配件在运用、定检时产生的信息以同样的方式写入该二维码中，后台数据库实时同步给铁路局、总公司数据库。

通过将关键配件信息进行二维码编制，实现了关键配件全寿命周期信息内追踪。检修单位也可通过配件的历史报警信息，更有针对性的指导检修。同时，对于铁路局、总公司管理层，根据图形化界面输入该配件唯一 ID 查看该配件的历史信息，尤其是在批量追踪重点车时发挥了重要作用。

5 专业内与跨专业相关系统数据共享与交换技术

货车管理相关子系统是不同研发单位在不同时期研发的，采用的开发技术不同，系统的运行环境不同，而货车管理相关系统整合的数据安全性和可靠性要求很高，因此，针对异构、异地数据集成的特点，建立统一的信息共享平台是必然的选择。

货车管理信息系统与多个外部系统有数据交换，主要有运输集成平台、主数据平台、票据电子化系统以及 5T 系统等，其中与运输集成平台共享货车装载、位置以及扣修修竣信息，与主数据平台共享车种车型等字典信息，与票据电子化系统共享货车运用检修票据管理信息，与 5T 系统共享货车安全监控信息。铁路货车管理信息系统在与外部系统建立数据接口中大量使用了 Web Services 技术，在货车管理相关子系统与货车管理平台之间进行各种数据信息的传递和接入，在各模块间实现共享信息服务和应用功能服务。

Web Services 技术采用面向服务的体系结构框架，通过使用最广泛接受的、开放的技术标准，以服务的形式实现了数据、业务和应用的封装，屏蔽了业务逻辑的复杂性，并支持服务接口描述和服务处理的分离、服务描述的集中化存储和发布、服务的自动查找和动态绑定及服务组合等功能。

基于货车管理信息系统的 Web 服务体系结构，如图 4 所示。

（1）服务创建：与货车管理信息系统有数据接口服务的外系统利用工具和语言创建数据服务。

（2）服务发布：服务提供者发布数据服务信息，并加入服务容器队列。

（3）搜索：提供已发布服务的信息，货车管理信息系统的服务请求程序搜索可用的服务。

（4）引用：服务请求程序与服务容器中已发布服务。

（5）绑定：服务请求程序与服务提供者进行绑定。

（6）调用：服务请求程序通过 SOAP-XML 调用服务提供者的数据服务，进行数据传输共享。

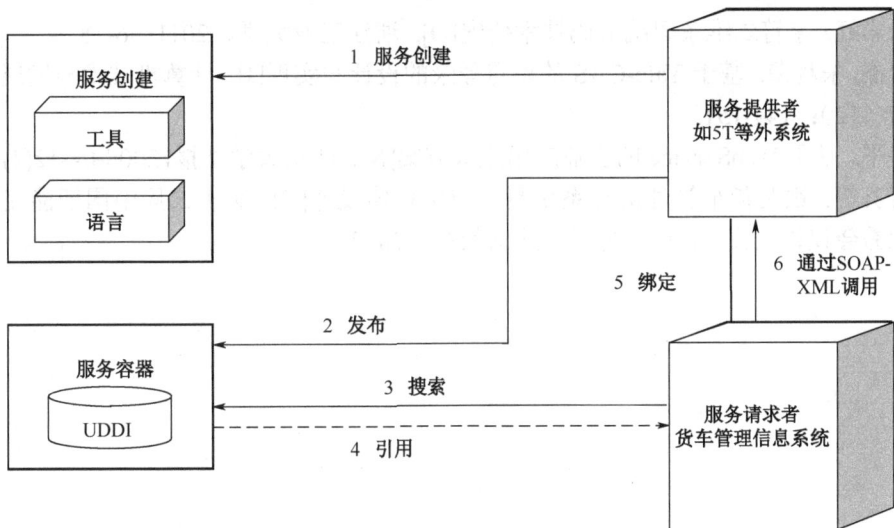

图 4　基于货车管理信息系统的 Web 服务体系结构

整合后的铁路货车管理平台将面向服务，以企业服务总线（ESB）为支撑，以 Web 服务为实现形式，提供快捷、跨平台、支持重用流程组合的集成模式，实现信息资源服务、接入、服务流程规划等数据统一传输和交换以及服务整合功能，最终实现"互联互通、资源整合、信息共享"。

6　结束语

通过对货车管理信息系统全面的数据整合与应用整合，实现跨系统间信息共享共用，充分挖掘数据价值，提高数据质量，为各级铁路货车管理人员和现场作业人员提供完整、及时的信息服务支撑。

目前，货车管理信息系统已经在铁路总公司及 18 个铁路局集团公司开展试运用工作，这标志着货车信息化的顶层设计已经付诸实践，在打破数据壁垒、实现数据综合应用方面取得了一定成效，为全面提高我国货车信息化水平奠定了坚实的基础。

参考文献

[1]　盛秋康. 二维码编解码技术的研究与应用[D]. 南京理工大学，2012：6-10.

[2]　曾子剑. 基于 QR 二维码编解码技术的研究与实现[D]. 成都电子科技大学，2010：1-12.

[3]　蒋荟，喻冰春等. 铁路货车全寿命周期信息整合应用研究[C]. 第十一届中国智能交通年会优秀会议论文集. 北京：电子工业出版社，2016.

[4]　徐彩虹. 字符二维条码编解码技术研究[D]. 浙江工业大学，2011：6-18.

[5]　沈杰，朱程荣. 基于 Yale-CAS 的单点登录的设计与实现[J]. 计算机技术与发展，2007，17（12）：144-151.

[6]　许平. 基于 WebService 的企业应用集成方案[N]. 江汉大学学报，2008-04-12(4)：39-41.

[7]　蒋荟等. 铁路货车管理信息系统整合应用总体设计[C]. 第十二届中国智能交通年会优秀会议论文集. 北京：电子工业出版社，2017.

基于 IFC 与 RTM 结合的铁路基础设施数据模型框架研究

郭　歌　刘北胜

（中国铁道科学研究院集团有限公司，北京 100081）

【摘要】信息化发展的一个主要目标是实现信息资源的共享和利用，而统一的数据模型标准是信息资源共享的基石。在铁路行业中，基础设施数据建模可遵循两个数据模型标准：工业基础类 IFC(Industry Fowdation Class)和铁路拓扑模型 RTM(Railway Topo Model)。两个模型标准都支持铁路基础设施数据的动态创建和表达，但是侧重点各有不同。本文通过分析这两种数据模型标准的结构和特点，提出一种 IFC 与 RTM 结合的数据模型框架，为进一步研究铁路基础设施建模标准提供思路。

【关键词】铁路；基础设施；全寿命周期；数据模型；IFC；RTM

Research on Railway Infrastructure Data Model Framework Based on IFC and RTM

Guo Ge, Liu Beisheng

(China A cademy of Railway Sciences, Beijing 100081, China)

Abstract: One of the main goals of informatization is to realize the sharing and utilization of data, and the unified data model is the cornerstone of data sharing. In the railway industry, infrastructure data modeling can follow two data model standards: Industrial Foundation Classes and Railway Topo Model. Both model standards support the dynamic creation and presentation of railway infrastructure data, but with different focus points. By analyzing the structure and characteristics of these two data model standards, this paper proposes a data model framework combining IFC and RTM to provide ideas for further research on railway infrastructure modeling standards.

Keywords: railway; infrastructure; life cycle; data model; IFC; RTM.

1 前言

长期以来，铁路基础设施数据建模一直是学术界和产业界的一个研究热点。目前，在铁路行业中被广泛认可的数据模型标准有两种：一种是 BSI（Building SMART International）组织提出的 IFC；另一种是国际铁路联盟 UIC（International Union of Railway）提出的 RTM。IFC 是一种建筑信息模型 BIM（Building Information Modeling）数据存储标准，主要用于描述建筑信息。有了 IFC，各 BIM 应用软件之间就有了一种统一的数据交换格式。由于 BIM 具有强大的信息集成和表达能力，能够用于铁路建设项目中动态的工程信息创建、管理和共享，因此受到铁路行业的青睐。自 2012 年以来，中国铁路总公司着手研究铁路工程管理平台，确定将 BIM 技术作为铁路工程管理平台的主要技术发展方向，并制定了以铁路工程设计、建设、运营全生命周期管理为目标的平台总体规划[1]。在总体规划的指导下，中国铁路行业内的相关单位开始对 IFC 标准进行扩展，遵循 IFC 面向对象的信息描述原则，在领域层增加了 6 个铁路相关专业，并定义了各专业对应的空间结构单元、构件、组合件、零件。在核心层增加了铁路线路中心线，用于描述铁路网的空间结构，将桥梁、隧道、车站等物理实体串联在一起，形成物理实体的空间位置关系网络模型。采用扩展后的 IFC 标准进行铁路基础设施数据建模会带来两个新的问题，一是 IFC 标准侧重于设计阶段和建造阶段的信息集成和表达，对于运维阶段的信息管理缺乏有效支持；二是 IFC 标准通只建立起实体之间的位置关系，并未从逻辑层面建立起铁路网的网络拓扑，无法有效表达路网逻辑层面的变化。然而，在铁路基础设施全寿命周期管理中，逻辑层面的变化非常频繁，例如，在设计阶段会将一条铁路线划分成多个设计单元，到了施工阶段又会按照施工标段和工点进行重新划分，而且在施工过程中施工标段和工点也可能发生动态变化，采用 IFC 标准难以通过模型来描述这些变化。

RTM 项目由 UIC 发起，获得了铁路基础设施领域内多家企业和科研机构的支持。RTM 项目的目标是定义一套统一的、开放的铁路业务对象描述标准，这套标准独立于各具体应用，可以分不同层次表达铁路基础设施、线路、信号、运量等多种类型信息。RTM 区别于 IFC 的两个主要特性是：逻辑关系拓扑与物理实体分离，以及信息的层次化表达。但是，RTM 模型更加侧重于铁路基础设施运维阶段的信息集成和表达，对于设计阶段和建造阶段所需的一些信息，例如，构筑物的细部几何特征描述、施工材料类型及用量信息等，缺乏有效的描述手段。

本文首先对 IFC 和 RTM 的原理和特点进行了分析，并基于此提出一种 IFC 与 RTM 结合的模型，为进一步研究铁路基础设施数据建模标准奠定基础。

2 铁路 IFC 标准

IFC 标准的研究开始于 20 世纪 90 年代，目标是建立一种可用于定义建筑信息的、可扩展的统一数据格式，以便在建筑、工程和施工应用程序之间进行数据交互。IFC 标准于 2005 年被国际标准化组织接受，成为 ISO（International Organization for Standardization）标准。IFC 标准基于 STEP（Standard for the Exchange of Product model data）标准，采用 EXPRESS 语言描述，是一种通过面向对象的方法建立的数据模型标准，该模型既可以描述客观存在的物理对象，例如一座桥梁或一面墙，又可以描述一些抽象的概念，例如空间、关系和过程等[2]。IFC 标准的体系架构包含 4 个层次，从上到下依次是领域层、共享层、核心层和资源层。每层中都包含一系列的信息描述模型，并且遵守一个规则：每个层次只能引用同层次和下层的信息资源，而不能引用上层的资源，当上层资源发生变动时，下层不会受到影响。目前 IFC 标准的最新版本为 IFC4 Add1，定义的实体类型已增加到 812 个，但还是无法完全满足铁路基础设施领域对信息资源的表达需求。为了能够更加有效地推进 IFC 标准在中国铁路行业中的应用，2013 年 5 月，中国铁路 BIM 联盟启动铁路工程 BIM 标准的研究工作，其中一项主要工作内容就是对现有的 IFC4 标准进行扩充，使之能够满足中国铁路行业的应用需求。对 IFC 标准的扩充遵循 IFC 原有的体系架构和面向对象的原则，在资源层的几何资源中增加 IfcAlignment 的部分内容，在核心层的中扩展 IfcAlignment 类，用于表示铁路线路中心线，在共享层中增加铁路公用模式的定义，在领域层增加了轨道、路基、站场、桥梁、隧道和线路 6 个铁路专业，并定义了相应的空间结构单元、构件、组合件、和零件。扩展后的铁路 IFC 标准体系架构如图 1 所示。

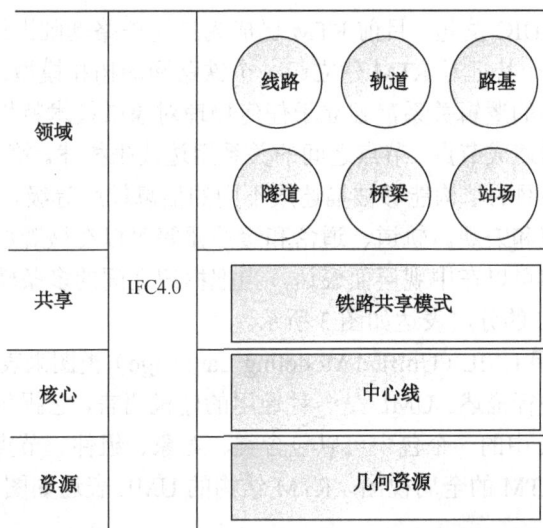

图 1 扩展后的铁路 IFC 标准体系架构

铁路基础设施的空间结构通过铁路线路中心线来表达，铁路线路中心线是对

BuildingSMART 发布的道路中心线概念的扩展，一个铁路工程建设项目（IfcProject）可以包含一条或多条铁路线（IfcRailway），一个或多个铁路枢纽（IfcRailwayTerminal）。一条铁路线（IfcRailway）又可进一步包含一系列轨道（IfcTrack）、路基（IfcSubgrade）、桥梁（IfcBridge）、隧道（IfcTunnel）、车站（IfcRailwayStation）。铁路枢纽（IfcRailwayTerminal）也可包含一系列铁路线（IfcRailway）和铁路车站（IfcRailwayStation）。IfcAlignment 与 IfcRailway 又形成空间结构包含关系。铁路空间结构组成如图 2 所示。

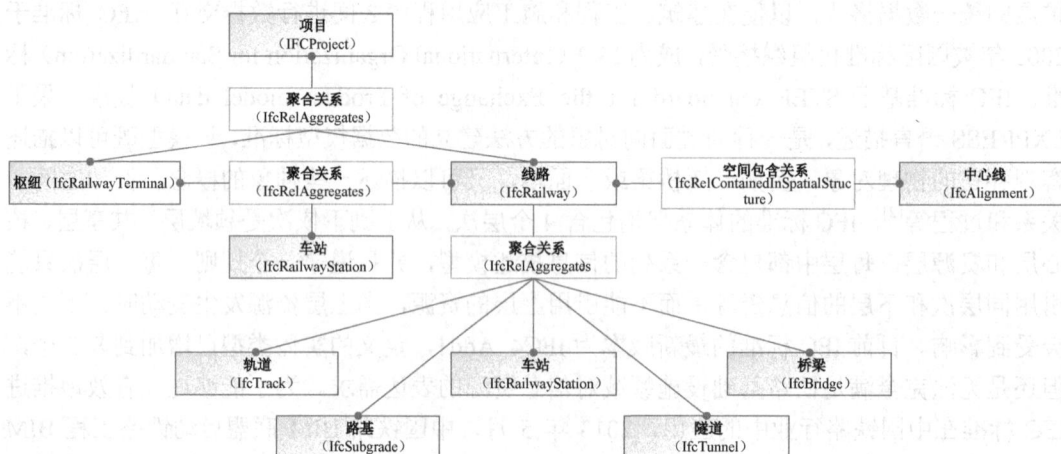

图 2　铁路空间结构组成

3　铁路拓扑模型

对 RTM 的研究由 UIC 发起，目前 RTM 已成为描述铁路基础设施的标准模型[3]。RTM 有两个重要特征：第一个特征是 RTM 建立起一个铁路网的拓扑模型，这个拓扑模型只描述铁路网各组成部分之间的逻辑关系，独立于任何物理对象或技术特性。根据这个特征，铁路网的各组成部分被描述成节点，节点之间的关系用边线来描述。第二个特征是 RTM 可以分层次表达信息。铁路网的结构能够被描述成不同的信息粒度等级。RTM 中包含三个信息粒度等级：微观、中观和宏观。轨道、道岔和缓冲器等可以在微观层面表达，枢纽及连接它们的一条或多条轨道可以在中观层面表达，当把枢纽之间的多条轨道抽象成区间时，可在宏观层面表达。RTM 的分层表达如图 3 所示。

RTM 的结构可以用 UML（Unified Modeling Language）类图来表达。借助 UML，RTM 可以对铁路业务对象进行描述。UML 是一种通用的建模语言，它提供了一种标准化的系统设计描述方法[4]。UML 中的一个包中可以包含类、对象、组件、节点、节点实例或者其他的包，从而提供一个 RTM 的全局视图。RTM 结构的 UML 表达如图 4 所示。

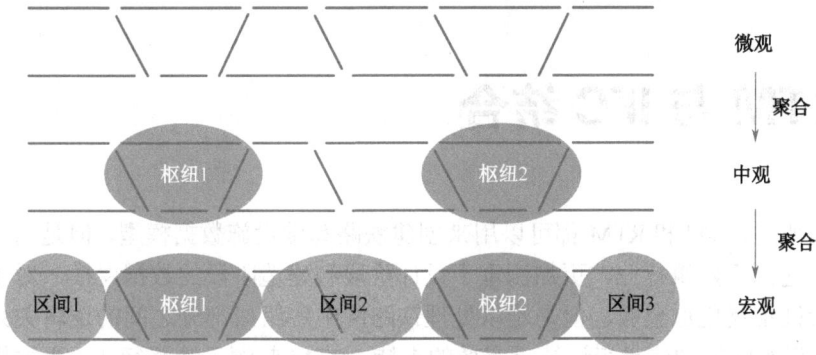

图 3　RTM 分层表达

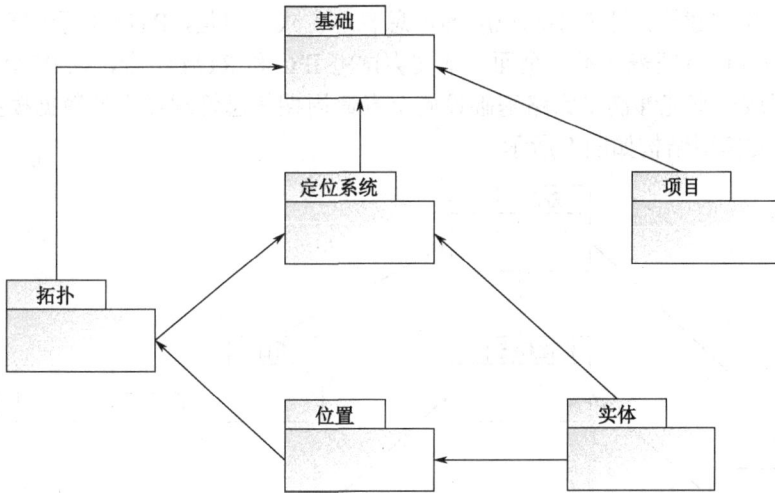

图 4　RTM 结构

　　RTM 包含铁路基础设施的所有领域，这些领域通过 7 个包来描述，分别是基础、定位系统、逻辑拓扑、位置、网络实体、基础设施和项目。每个包中还包含相应的类和类之间的关系。逻辑拓扑包描述铁路网的拓扑结构，是 RTM 的核心组成部分。在逻辑拓扑包中，节点通过网络元素类（Net Element）来描述，边线通过关系类（Relation）来描述。根据分层表达的原则，可将多个网络元素类组合成一个网络元素组合类（Composition Net Element），从而实现节点的组合功能。网络元素定位类（Positioning Net Element）是网络元素组合类的派生类，表明每个网络元素至少有一个对应的定位系统。相关网络元素类（Associated Net Element）定义网络元素实例之间的拓扑关系和位置关系，包含三个属性：内部起始坐标、内部结束坐标（intrinsic Coord End）和保持原方向。内部起始坐标和内部结束坐标属性用来描述实体在所属网络中的相对位置，保持原方向属性是布尔型数据，用来描述一个子元素的方向是否与其父元素保持一致。

4 RTM 与 IFC 结合

如前文所述，IFC 和 RTM 都可以用来创建铁路基础设施数据模型，但是两者的侧重点不同。IFC 起源于建筑行业，更加侧重于设计阶段和建造阶段的数据建模，对于构筑物实体的物理特征描述更加全面，但是难以处理铁路网中各组成部分之间的逻辑关系的变化。另外，对于运维阶段的信息表达缺乏有效的支持。RTM 起源于铁路行业，更加侧重于运维阶段的数据建模。RTM 将铁路网的逻辑拓扑与物理实体分离，能够有效应对逻辑关系变化。另外，通过层次化建模，适应不同粒度的信息表达方式。但是，RTM 对于构筑物实体的物理属性尤其是几何特征表达不够全面。本文尝试将 IFC 和 RTM 结合，以 RTM 架构为基础进行扩展，形成一套能够满足铁路基础设施全寿命周期信息管理需求的数据模型标准，IFC与 RTM 结合的模型结构如图 5 所示。

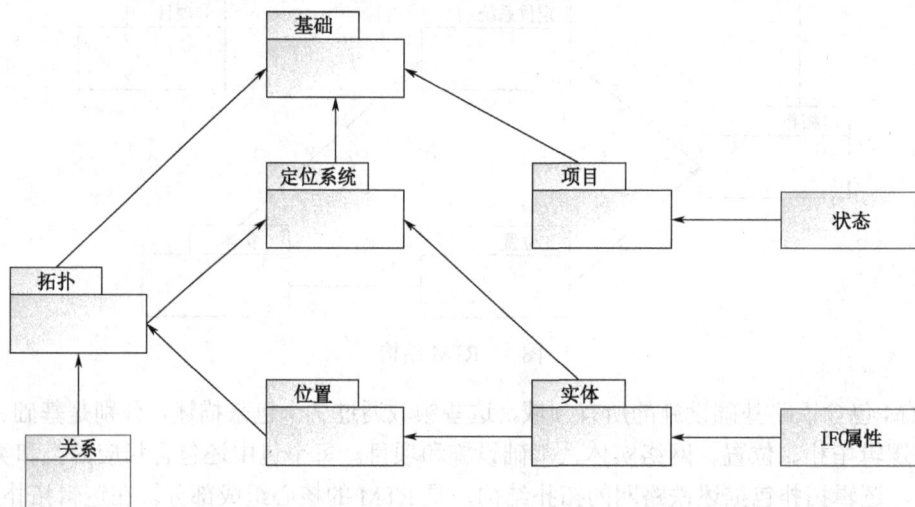

图 5　IFC 与 RTM 结合的模型结构

IFC 与 RTM 结合的模型是在保持 RTM 结构不变的基础上根据 IFC 中定义的属性对RTM 进行扩展。扩展的内容包括：在 RTM 实体包中的路基、桥梁、隧道等实体类中增加IFC 中定义的几何属性和非几何属性。在项目包中的项目类增加项目状态属性，用来表达项目所处的阶段，包含规划、设计、建造、运维和废止。在拓扑包中增加关系类，用来表达拓扑结构中的元素之间的可达、不可达以及设计单元、工区、工点的组合关系。

5 结语和展望

本文对铁路基础设施数据建模的领域的两个最主要的数据模型标准（IFC 和 RTM）的

背景、结构、特性和实现原理进行了分析和结语，并提出将两个模型进行结合的思路。研究表明，两个模型的架构和应用场景有很大不同，但是都具备很强的可扩展性，有必要对两个模型的结合方法进行深入研究，并最终形成一套能够满足铁路基础设施全寿命周期信息管理和共享的需求的数据模型标准。今后的研究可侧重于两个模型架构的融合方法以及RTM 的线性定位方式与铁路 IFC 的线路中心线定位方式的结合方法。另外，对于数据的存储和利用方法也值得深入探讨。

参考文献

[1]   王同军. 基于 BIM 的铁路工程管理平台建设与展望[J]. 铁路技术创新，2015(3):8-13.

[2]   杨绪坤. 基于 IFC 的铁路工程信息模型数据存储标准研究[J]. 铁路技术创新，2015(6):8-12.

[3]   IRS-Internatial Railway Solution: RailTopoModel-Railway Infrastructure Topological Model. International Union of Railways, 2016.

[4]   Zheng C, Assaf S, Benoit Eynard. Towards Modelling and Standardisation Techniques for Railway Infrastructure[J]. 2017.

基于航空票价的京沪动卧列车定价策略及效果评价研究

王 煜[1] 王 亮[2] 方伟[2]

（1. 中国铁道科学研究院集团公司 电子计算技术研究所，北京 100081
2. 中国铁路总公司，北京 100081）

【摘要】动卧旅客列车定价策略需要参考同区段航空票价水平，但长期以来，航空票价随着预售期、服务条款、航班类型的不同而显示不同的执行票价，如何选择参考指标确定参考基准一直难以确定。通过选取同区段航空经济舱最低票价在预售期内的平均数、中位数、众数三个指标构建一个动态化的参考基准，并根据其分布特征、预售期内变化趋势制定动卧席别票价策略，然后从经济效益和运输效率两个维度对动卧旅客列车定价实施效果进行评价，同时采用 Stacking 算法和随机森林算法进行预测，最后根据预测结果反向调整动卧旅客列车票价水平，最终实现动卧旅客列车开行综合效益的最大化。结果表明，选取同区段航空票价经济舱最低价的平均数、中位数、众数作为动卧旅客列车的定价参考指标具有合理性和可操作性；选用 Stacking 算法和随机森林算法也能够较为准确地对动卧旅客列车开行的综合效益进行评价和预测。

【关键词】Stacking 算法；航空票价；定价策略；动卧旅客列车；集成学习

Research on pricing strategy and effect evaluation of Beijing-Shanghai sleeping train based on air fare

Wang Yu[1], Wang Liang[2], Fang Wei[2]

(1. Institute of Computing Technology, China Academy of Railway Sciences, Beijing 100081,China;

2. China Railway Corporation,Beijing 100081 China)

Abstract: the pricing strategy of moving-sleeping trains need to consider about the level of air fares in the same section. However, for a long time, air fares show different executive fares with different pre-sale periods, service terms and flight types. It has been difficult to define how to select reference indicators to determine reference benchmarks. By choosing the average, median and mode of the lowest fare in the same section during the pre-sale period, a dynamic reference benchmark is constructed. According to its distribution characteristics and the changing trend during the pre-sale period, the movable berth fare is formulated. Then, the effect of the pricing of moving-sleeping trains is evaluated from the two dimensions of economic benefit and transportation efficiency, and the Stacking method is adopted at the same time. Finally, according to the forecast results, the price level of the moving-sleeping trains is reversely adjusted to maximize the comprehensive benefits of the moving-sleeping trains operation. The results show that it is reasonable and operable to select the average, median and mode of the lowest economic class fare of air fare in the same section as the reference index for the pricing of moving-sleeping trains; Stacking algorithm and Random Forest Algorithms can also accurately evaluate and predict the comprehensive benefits of moving-sleeping passenger trains.

Keywords: air fare; pricing strategy; moving-sleeping trains; stacking algorithm; integrated learning.

0 引言

自 2008 年以来，铁路部门先后在北京至上海、南京、杭州间，北京至广州、深圳间，上海至广州、深圳间陆续开行既有线动卧和高铁动卧列车，由于列车采取夕发朝至的开行时刻，为旅客节省了白天宝贵的时间，受到市场欢迎[2]。动卧旅客列车主要竞争对手为航空，动卧票价定价自然要参考同区间的航空票价，但航空票价随着预售期、服务条款、航班类型的不同而显示不同的执行票价，如何选择参考指标确定参考基准值得研究。另一方面，动卧旅客列车一直采取固定不变的票价策略，难以对动卧旅客列车票价与航空票价关系进行动态研究，更无法对动卧旅客列车动卧席别定价策略的实施效果进行动态的过程化的评价。自 2018 年起，京沪动卧旅客列车动卧席别开始实施灵活浮动的市场化票价策略[1,4]，本文通过分析动卧席别票价和航空票价的比价关系[3]、变动趋势、票价分布，构建出科学合理的动卧席别定价策略，并从运输效率和经济收益两个维度对定价效果进行预测，再根据预测结果反向调整动卧席别票价水平，最终实现动卧旅客列车运输效率和经济收益的最大化。

1 模型比较与选择

近几年，利用机器学习算法对目标变量实施评价预测变得越来越多，需要先对数据样本进行标记，然后输入模型进行训练，通过迭代不断优化模型参数，最终利用训练好的模型进行评价和预测。主要方法有多元回归、神经网络模型、决策树模型、灰色理论模型和集成学习算法模型等。每种模型各有优点，也存在一定的局限性。例如，传统的多元回归模型以统计学理论的线性算法模型为基础，对样本数量和质量要求较高，对非线性数据预测结果较差，且容易受到异常值的影响；神经网络结构较为复杂，函数表达式隐晦而抽象，整个迭代过程难以在物理层面进行理解，且有时会陷入局部极值，当样本量过小时很难提高训练准确率；决策树模型在小样本情况下容易产生欠拟合，且剪枝条件等参数较难确定。

为克服上述模型的不足，本文在比较多种机器学习算法的基础上决定采用 Stacking 算法模型[8]和随机森林算法模型进行研究预测。Stacking 算法和随机森林算法都属于集成学习算法，即通过某种策略将多个单一算法（又称个体学习器）组合起来，形成一个算法组合，克服了单一算法泛化能力弱的缺点，提高了评价和预测的准确性[6]。Stacking 算法先从初始训练集中基于各种不同的算法训练出初级学习器，然后通过初级训练器生成一个新的数据集来最终训练出次级学习器。在这个数据集中，每个初级学习器对原始样本的预测标记被作为新样本的输入特征，而原始样本的原始标记被作为新样本的输出特征。在 Stacking 算法中一般还采用交叉验证的思想对初始训练集进行交叉分组，以克服初始训练集既要训练出初级学习器，又要再次输入初级学习器形成次级训练集从而产生过拟合的缺点，交叉验证的思想（K 折交叉验证法）主要内容如图 1 所示。

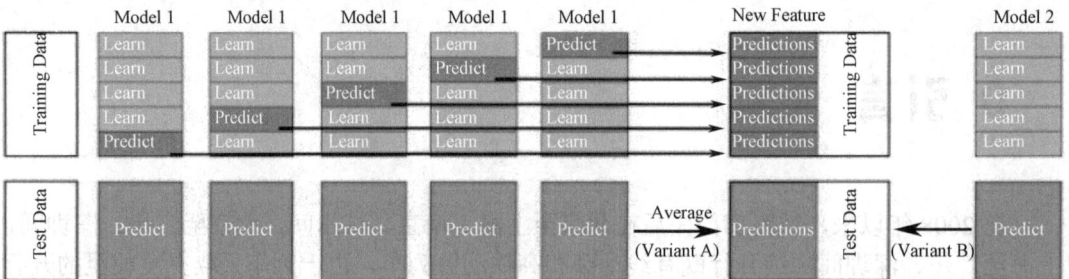

图 1　K 折交叉验证法

2 实例应用

2.1 基于航空票价的京沪动卧旅客列车定价策略

2007—2017 年，铁路客运量年均增长 8.6%，民航客运量年均增长 11.5%。铁路与航空占全国运输市场份额分别从 6.1%、0.8%增长至 16.7%、3%。全国客运运输市场表现为公路客流向铁路和航空转移的趋势。但是，在中长距离运输市场上，铁路正在受到航空越来越大的竞争压力。2008—2017 年，铁路客运量在 500～1000 千米、1000～1500 千米、1500千米以上年均增速分别为 8.6%、5.9%、3.2%，呈递远、递减趋势，主要交通运输区段铁路与航空市场份额占比（忽略公路和水运等交通方式）见表 1。

表 1　主要运输区段铁路与航空市场占有率比较

区段里程	铁　路	航　空
1 000 千米以内	74%	26%
1 000～1 200 千米	67%	33%
1 200～1 500 千米	50%	50%
其中：1 300～1 400 千米	40%	60%
1 500 千米以上	28%	72%

京沪动卧旅客列车运行距离为 1 400 千米左右，在该距离区段上，航空市场份额约占60%，高于铁路 40%的市场份额，二者势均力敌，竞争激烈。其次，京沪区间连接了北京、天津、山东、江苏、上海等中国东部经济最发达的省份，沿线旅客收入水平较高，对航空出行接受度也较高，是动卧旅客列车有力的竞争对手。最后，京沪区间航空市场化竞争充分，各航空公司充分发挥价格浮动的灵活性以吸引客流，同一航班机票价格在预售期内经常从特价机票、2 折、3 折到全价范围内动态浮动，有时会出现航空票价低于动卧票价的现象，因而航空票价水平及动态调整对动卧旅客列车的客流有显著影响。

目前，已有一些学者对于动卧旅客列车票价制定策略进行了研究，主要集中在客流周期识别与客流时序预测、旅客需求价格弹性、旅行时间价值与经济价值对比选择、服务品质与服务差异等角度上的定价选择。而航空票价作为一个显著外部影响因素虽然较多涉及，但被选择作为影响变量输入模型进行量化分析的并不多。其次，研究方法多选用博弈论、分担率模型、效益费率函数等方法，模型过于复杂，参数较多且很多参数必须依靠经验估值，又由于不了解铁路定价的具体流程和机制，使得研究结语比较理论化，缺乏可操作性，难以对实际票价制定工作提供具体指导。最后，由于不掌握相关详细数据，基于费率、效益函数等博弈论模型难以准确测算成本因素，使得最终定价策略有可能偏离于真实情况。本文主要从同区段航空票价水平和动态调整的角度对京沪动卧旅客列车定价策略进行研究，尽量实现合理性、准确性与可操作性的平衡。

2.2　航空票价指标选择与京沪动卧旅客列车定价策略

航空票价本身是一个很宽泛的概念，具体价格随预售期、航班、舱位、附加服务不同而动态调整，呈现出一种统计分布，难以选取某个确定的指标或者某个时点的指标作为参考基准[3]，通过长时间的跟踪监测和统计研究，选择经济舱票价代表该航班的票价水平较为合适。在预售期内，每隔固定时间对同区段航空所有经济舱最低票价进行一次记录，并计算出截至该时刻的经济舱最低票价的平均数、中位数、众数作三个指标，组成一个参考指标体系。该指标体系在起飞日期前一直处于动态调整，并反向对动卧席别票价策略和水平提供调整参考。选取 2018 年一段时间内（115 天）的每日数据（最终结果）作为实例（115个样本数据），各价格关系如图 2 所示。

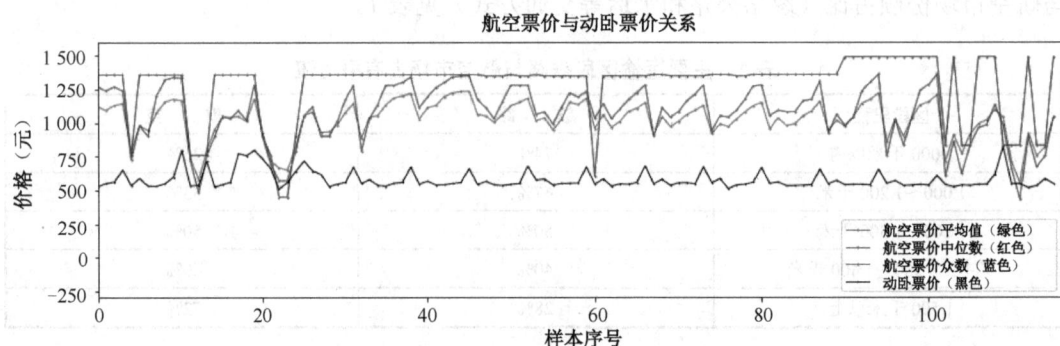

图 2　航空票价平均数、中位数、众数与动卧票价关系

（1）动卧席别票价灵活浮动自实施以来，形成周中下降、周末上调的周期性变化规律，但幅度相比航空票价小。平均客座率 65%，按照日客座率排序的 3/4 分位数为 51%，整体客座率分布较为接近，说明动卧旅客群体也已基本接受目前票价水平和浮动范围。

（2）在大多数时间内，呈现出航空票价众数>航空票价中位数>航空票价平均数>动卧席别票价的关系，且航空票价中位数与航空票价平均数浮动趋势基本一致，在绝大部分时间内航空票价总是高于动卧票价。动卧席别票价应以航空票价平均数这一指标作为参考，在保持目前票价水平的基础上，根据航空票价平均数的波动趋势进行适时调整。

（3）当出现航空票价平均数>航空票价中位数的情况时，对应的动卧席别客座率为 51%，低于样本数据总体客座率 65%，说明航空运输企业加大了折扣力度和折扣范围，机票价格分布整体下移，对动卧旅客列车产生了一定的不利影响。此时动卧席别票价应以航空票价中位数为基准，适当加大票价折扣力度，以减轻航空票价下浮带来的影响。

（4）当出现航空票价平均数>航空票价中位数>航空票价众数时，意味着进入客流低谷，航空企业将相当数量的票额进行大力度的低价促销，且在预售期内一直保留有该票价水平的票额。该情况下对应动卧席别客座率只有 49%，远低于样本数据总体客座率的 65%，但对应的日均收入仅略低于总体样本日均收入。鉴于成本考虑，动卧席别继续折扣幅度有限，且航空票价已经过于低廉，数量充足，即使动卧席别实行"破天荒"的低价也难以提高客座率[7]，应该坚持日常的票价水平，以"不降低经济效益"为目标，增加额外服务或提高服务水平，留住"最忠诚"的那部分动卧旅客群体，保证动卧席别收入不出现大幅度下降。

2.3　京沪动卧旅客列车定价实施效果评价

京沪动卧旅客列车定价实施效果表现为经济效益和运输效率两部分。使用动卧列车动卧席别收入来评价经济效益，用动卧列车动卧席别客座率来评价运输效率。由于动卧列车客流存在周期性波动，单纯使用客座率或收入的绝对值来评价运输效率和经济效益不够客观，因而我们用每个样本数据客座率和收入与去年同期该月客座率和收入的平均值比较后的结果作为评价依据。当样本客座率（收入）高于同期月度客座率（收入）时评价为"增运增收"，并将客座率指标和收入指标赋值为（1,1）；当其中一个指标高于同期月度平均值时意味着增运或者增收，对应赋值（1,0）（0,1），二个指标均低于同期月度平均值时意味着定价效果未达到预期效果，对应赋值（0,0）。动卧列车定价效果评价分类如图3所示。

		动卧席别收入	
		高于同期月度平均值	低于同期月度平均值
动卧席别客座率	高于同期月度平均值	增运增收（1,1）	增运（1,0）
	低于同期月度平均值	增收（0,1）	未达到预期效果（0,0）

图3　动卧列车定价效果评价分类

根据日常工作经验，选取2018年一段时间（115天）内京沪动卧旅客列车每天的动卧席别票价、客座率、收入作为动卧列车特征指标。以每个起飞日期在其预售期内对应的经济舱最低票价的平均数、中位数、众数作为航空票价的特征指标，最终形成115×6数据样本矩阵，前100个数据样本用来训练算法模型，后15个数据样本用来预测。

2.4　京沪动卧旅客列车经济效益预测

使用动卧席别票价、同区段航空经济舱票价平均数、中位数、众数作为输入特征，动卧席别收入赋值作为输出特征，将前100个数据样本按照交叉验证的思想输入Stacking算法进行训练，然后用后15个数据样本输入训练好的Stacking算法，输出预测结果。结果见表20，为了方便比较和分析，同时利用AdaBoost分类算法，GradientBoosting分类算法，ExtraTrees分类算法，支持向量分类算法（SVC）进行预测，预测效果如图4所示。

表2　动卧列车经济效益预测结果

预测样本序号	1	2	3	4	5	6	7	8	9	10	11	12	13	14	15
实际结果	达到增收效果	未达到增收效果	达到增收效果	未达到增收效果	未达到增收效果	达到增收效果	达到增收效果	达到增收效果	达到增收效果	未达到增收效果	未达到增收效果	达到增收效果	未达到增收效果	未达到增收效果	未达到增收效果

续表

预测样本序号	1	2	3	4	5	6	7	8	9	10	11	12	13	14	15
预测结果	达到增收效果	未达到增收效果	达到增收效果	未达到增收效果	未达到增收效果	达到增收效果	达到增收效果	达到增收效果	达到增收效果	未达到增收效果	未达到增收效果	达到增收效果	未达到增收效果	未达到增收效果	未达到增收效果
是否预测准确	是	是	是	是	是	是	是	是	是	是	是	是	是	是	是

由图 4 可知，Stacking 算法预测准确率达到 100%，高于 AdaBoost 分类算法（93.3%），GradientBoosting 分类算法（93.3%），ExtraTrees 分类算法（86.7%），SVC 算法（46.7%）。利用 Stacking 算法能够很好地对京沪动卧旅客列车在确定票价水平下的经济效益进行预测。

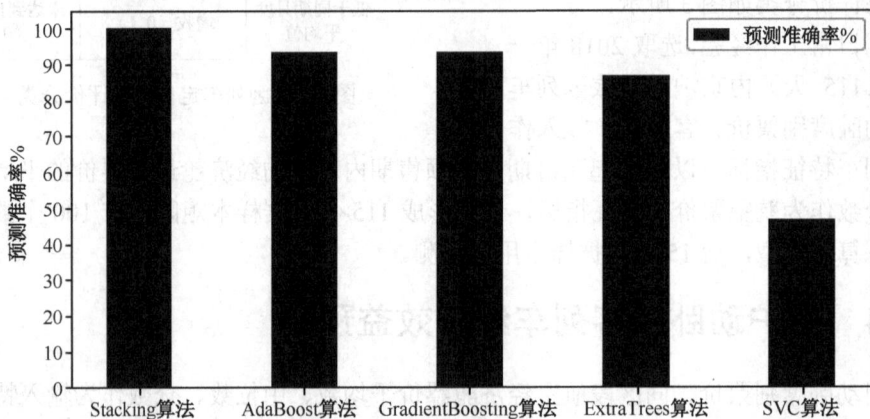

图 4　五种算法预测准确率比较

2.5　京沪动卧旅客列车运输效率预测

同理，使用动卧席别票价、同区段航空经济舱票价平均数、中位数、众数作为输入特征，动卧席别客座率赋值作为输出特征，将前 100 个数据样本输入随机森林算法（RandomForestClassifier）进行训练，然后用后 15 个数据样本进行预测。动卧列车运输效率预测结果见表 3，同时利用 AdaBoost 分类算法，GradientBoosting 分类算法，ExtraTrees 分类算法，支持向量分类算法（SVC）五种算法进行预测比较，效果如图 5 所示。

由图 5 可知，随机森林算法预测准确率达到 86.7%，高于 AdaBoost 分类算法（66.7%），GradientBoosting 分类算法（66.7%），ExtraTrees 分类算法（80%），SVC 算法（46.7%）。使用随机森林算法能够很好地对京沪动卧旅客列车在确定票价水平下的运输效率进行预测。

表 3　动卧列车运输效率预测结果

预测样本序号	1	2	3	4	5	6	7	8	9	10	11	12	13	14	15
实际结果	达到增运效果	未达到增运效果	达到增运效果	未达到增运效果	未达到增运效果	未达到增运效果	达到增运效果	达到增运效果	达到增运效果	未达到增运效果	未达到增运效果	达到增运效果	未达到增运效果	未达到增运效果	达到增运效果
预测结果	达到增运效果	未达到增运效果	达到增运效果	未达到增运效果	未达到增运效果	未达到增运效果	未达到增运效果	达到增运效果	达到增运效果	未达到增运效果	未达到增运效果	达到增运效果	未达到增运效果	未达到增运效果	未达到增运效果
是否预测准确	是	是	是	是	是	是	否	是	是	是	是	是	是	是	否

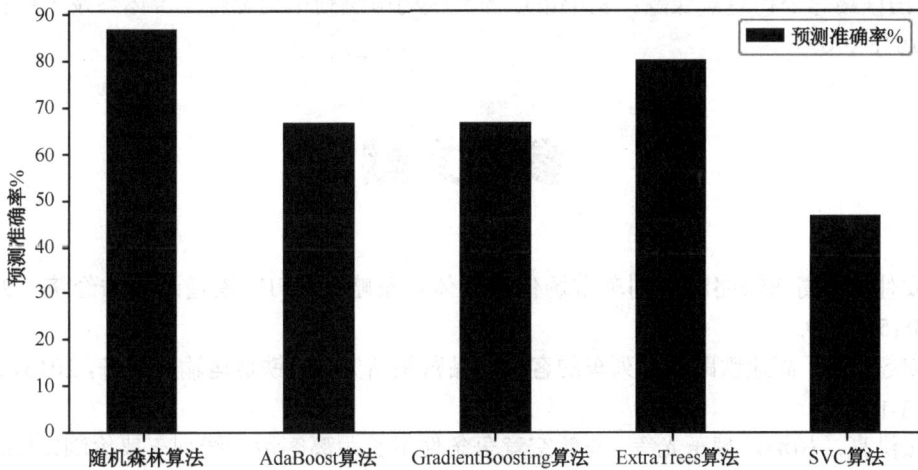

图 5　五种算法预测准确率比较

2.6　结果评价

使用 Stacking 算法和随机森林算法能够很好地对京沪动卧旅客列车定价效果进行评价和预测，对经济效益指标评价预测准确率达到 100%，对运输效率指标评价预测准确率达到 86.7%，总体预测准确率达到 86.7%（100%×86.7%），远高于 AdaBoost 分类算法、GradientBoosting 分类算法等其他算法。利用预测结果可以反向对现行票价水平进行调整，提高动卧旅客列车更好的经济效益和运输效率。

3 结语

本文对同区段航空经济舱最低票价在预售期内的平均数、中位数、众数及对应日期的动卧席别票价进行定时监测记录，根据航空票价分布特征、预售期内变化趋势参考制订动卧席别票价策略，然后从经济效益和运输效率两个维度对动卧旅客列车定价实施效果进行评价，同时，采用 Stacking 算法和随机森林算法对定价实施效果进行预测，最后根据预测结果反向调整动卧旅客列车票价水平。通过动态调整定价策略，形成贴近市场化的票价水平，实现动卧旅客列车开行综合效益的最大化。

（1）将同区段航空经济舱票价平均数、中位数、众数作为参考的指标体系，依据其统计分布和走势的变化制定、调整动卧旅客列车的票价策略具有一定的合理性和可操作性。

（2）采用 Stacking 算法和随机森林算法能够很好地对票价实施效果进行预测，准确率、适用性高于其他主流分类算法。

（3）基于以上两点对动卧席别票价调整的量化过程与具体调整路径将是下一步的研究重点。

中国铁路总公司重点课题：基于市场的高铁动车组列车动态化定价体系及关键技术研究（N2018X009）

参考文献

[1]　安仲文. 高速铁路动卧列车市场化定价体系策略研究[J]. 铁道运输与经济，2016，38(5)：5-9.

[2]　宋超. 基于高速铁路动卧列车的客运产品营销研究[J]. 铁道运输与经济，2015，37(4)：13-17.

[3]　张洪亮，杨浩，魏玉光等. 与航空竞争条件下长距离客运专线列车票价制定[J]. 中国铁道科学，2009，30(3)：134-137.

[4]　曲思源，彭丹. 高速铁路动卧列车夕发朝至运营组织分析[J]. 高速铁路技术，2016，7(1).

[5]　张瑞，栾维新，赵冰茹. 基于旅客选择影响的高速铁路及航空客票定价博弈分析[J]. 铁道运输与经济，2015，37(1)：5-9.

[6]　韦艳艳，李陶深. 一种基于投票的 Stacking 方法[J]. 计算机工程，2006，32(7)：199-201.

[7]　王煜，徐彦，方伟等. 高速铁路动卧旅客对价格敏感度识别与研究[J]. 铁路计算机应用，2019，28(3)：12-15.

[8]　周星，丁立新，万润泽等. 分类器集成算法研究[J]. 武汉大学学报，2015，61(6)：503-508.

[9]　王煜，王洪业，吕晓艳等. 高速铁路车站间客流变化一致性研究[J]. 铁道运输与经济，2019，41(3)：43-47.

铁路技术站智能调度决策系统研究

杨文冠

（北京经纬信息技术有限公司　北京　100081）

【摘要】 铁路技术站是铁路运输生产的基层单位，其生产作业效率直接影响整个铁路的运输效率和经济效益，因此有必要研究铁路技术站智能调度理论与技术。综合应用计算机、数据集成、优化调度、智能决策、大数据分析和面向服务组件等技术，基于车站作业流程和作业组织管理的限制，以作业效率最高和鲁棒性最好为目标，在数据集成平台和合署办公准则的基础上，实现了信息实时集成、集中办公、智能调度决策和自动编制计划，提高了车站作业效率和智能化水平，并为路局和铁路总公司各层级实现智能调度和辅助决策提供基本保障。

【关键词】 铁路技术站；智能决策；调度优化；协同计划

Research on Intelligent Dispatching Decision System of Railway Technical Station

Yang Wenguan

（Beijing Jingwei Information Technologies Company, Beijing ,100081）

Abstract: Railway technical station is the basic unit of railway transportation system. Its production efficiency directly affects the transportation efficiency and economic benefits of the railway. Therefore, it is necessary to study the theory and technology of intelligent dispatching of railway technical station. Based on the constraints of operation flow and organization management, aiming at the highest efficiency and the best robustness, the technology of computer, data integration, optimal dispatching, intelligent decision-making, big data analysis and service-oriented components are integrated to realize real-time information integration, centralized office, intelligent dispatching decision-making and automatic planning on the basis of data integration platform. Intelligent dispatching decision system raises the efficiency of the operation and intelligence level of station and provides basic guarantee for intelligent dispatching and assistant decision-making at all levels of Railway Bureau and China Railway.

Keywords: railway technical station; intelligent decision-making; scheduling optimization; collaborative planning.

1 引言

按照中国铁路总公司"交通强国，铁路先行"战略部署和落实信息化总体规划要求，有必要研发和建设铁路智能调度系统，从而不断提高调度指挥的自动化和智能化程度，实现信息的互联共享、资源的高效运用、运能的充分发挥。

铁路运输调度工作实行分级管理、集中统一指挥的策略。其中在总公司设有调度处、在铁路局设有调度所、在铁路技术站设有调度室，作为三级调度体系的基层单位，铁路技术站特别是编组站集中了与运输有关的各项技术设备，参与了运输过程的主要技术环节，涉及列车、调车、车辆和货运的各种作业。因此，技术站调度辅助决策系统的研制，是调度系统智能化建设的关键环节，也是推动调度大数据建设的必要条件。

2 系统功能

铁路技术站智能调度辅助决策系统是整合并升华了编组站综合自动化系统[1~3]相关技术，通过各种感知手段和传感技术，充分采集作业源点信息，实现总公司-路局-车站一体化调度指挥、车务-机务-车辆区域协同、车流智能推算、计划自动编制与调整和作业实绩自动反馈的系统。

本系统主要针对技术站作业流程控制和作业调度需求，包括列车的接发、会让和越行，车辆的解体、编组、取送，货物的装卸和途中检查，以及机车换挂、车辆的检修等作业；总调度、车站调度、助理调度员、调车区长、货运调度员、驻站机车调度、驻站车辆调度等。还针对总公司、路局及车站管理层的车站业务和作业的管理决策需求。主要功能包括以下方面。

（1）信息共享。于一体化的信息集成平台，充分共享和融合决策层、管理层、调度层和计划层的信息，实现总公司与区域枢纽协同交互业务和路局与车站协同编制计划。

（2）合署办公。确定车站、机务、车辆合署办公业务流程和作业标准，实现车站与机务、车站与车辆集中管理与远程调度。

（3）集中管理。基于路局日（班）计划，对技术站资源进行集中统一调配和车流进行精细推算。

（4）智能调度。基于人工智能技术的深度学习理论自动生成车站班计划、阶段计划和调车作业计划。基于人机界面实现阶段计划的智能动态调整。

（5）智能分析。基于作业效率分析方法和考核指标体系，实现各种指标的实时计算、评价、预警，为各级管理提供信息化管理考核手段。

3 系统结构

3.1 总体功能结构

系统总体功能结构如图 1 所示。

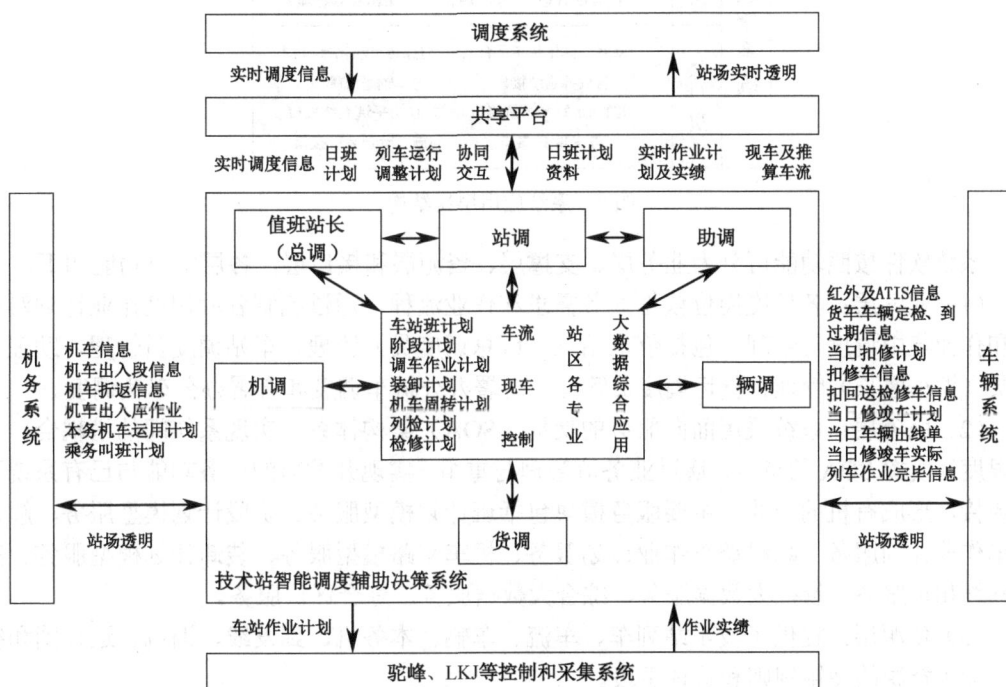

图 1 系统总体功能结构

技术站智能调度辅助决策系统主要涉及车站值班站长（总调）、站调、助调、货调、机调和辆调等岗位，通过对调度系统、车站综合管理信息系统（SMIS2.0、SAM）、站内控制系统以及车站外围系统（机务、车辆）的接口，实现信息实时动态共享，并将各专业数据进行关联、整合、优化，建立大数据综合分析应用平台。实现车站班计划的编制与动态调整、车站阶段计划的编制与动态调整、车站调车作业计划的编制与监控、车站列车技术作业监控等功能。实现技术站站局协同、管控融合、区域一体、智能决策、动态分析、精益考核，构建技术站的智能调度体系。

3.2 应用层次结构

系统应用层次结构如图 2 所示。

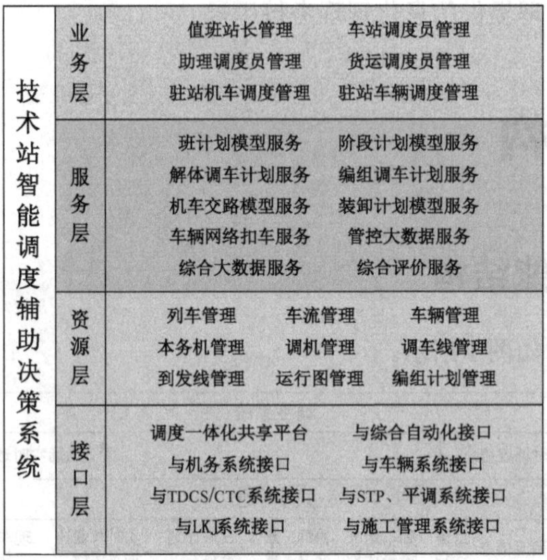

技术站智能调度辅助决策系统	业务层	值班站长管理	车站调度员管理
		助理调度员管理	货运调度员管理
		驻站机车调度管理	驻站车辆调度管理
	服务层	班计划模型服务	阶段计划模型服务
		解体调车计划服务	编组调车计划服务
		机车交路模型服务	装卸计划模型服务
		车辆网络扣车服务	管控大数据服务
		综合大数据服务	综合评价服务
	资源层	列车管理　车流管理	车辆管理
		本务机管理　调机管理	调车线管理
		到发线管理　运行图管理	编组计划管理
	接口层	调度一体化共享平台	与综合自动化接口
		与机务系统接口	与车辆系统接口
		与TDCS/CTC系统接口	与STP、平调系统接口
		与LKJ系统接口	与施工管理系统接口

图 2　系统应用层次结构

系统软件按照功能可分为业务层、支撑层、资源层和接口层，各层主要功能如下。

（1）业务层：各调度岗位依据业务需求和作业流程，通过编制各种调度作业计划对资源和作业集中调度与管理。包括值班站长（或总调度员）管理、车站调度员管理、助理调度员（调车区长）管理、货运调度员管理、合署办公机车调度和合署办公车辆调度。

（2）服务层：系统采用面向服务的架构（SOA）架构体系，实现系统间的松耦合，最大限度地发挥 SOA 的特点。通过业务流管理与重组，实现开发新的业务功能与已有系统无缝衔接，形成有机的一体。主要服务模块包括班计划模型服务、阶段计划模型服务、解体调车作业计划服务、编组调车作业计划服务、机车交路模型服务、装卸计划模型服务、车辆网络扣车服务、管控大数据服务、综合大数据服务、综合评价服务。

（3）资源层：提供了技术站列车、车流、车辆、本务机、到发线、调机、运行图和编组计划等资源的使用规则和管理手段。

（4）接口层：通过调度一体化信息共享平台完成与 TDMS 系统的连接，接收并保存路局计划调度的班计划、列车计划和机调的机车周转计划等，同时，将车站班计划、阶段计划、调车作业计划和列车技术作业实绩、调车机车作业实绩及站内现车数据上传至平台共享。主要包括综合自动化接口、机务段接口、车辆系统接口、TDCS/CTC 系统接口、STP/平调系统接口、LKJ 系统接口、施工管理系统接口等。

3.3 应用逻辑结构

系统按照面向组件的三层架构特点，设计了系统应用逻辑结构，如图 3 所示。

（1）数据服务层：通过集中数据存储，将数据库物理集中到路局。对高可靠性要求的大站，可保留本地数据库作为影子库，通过中间件实现两地数据库完全同步和灾备使用。

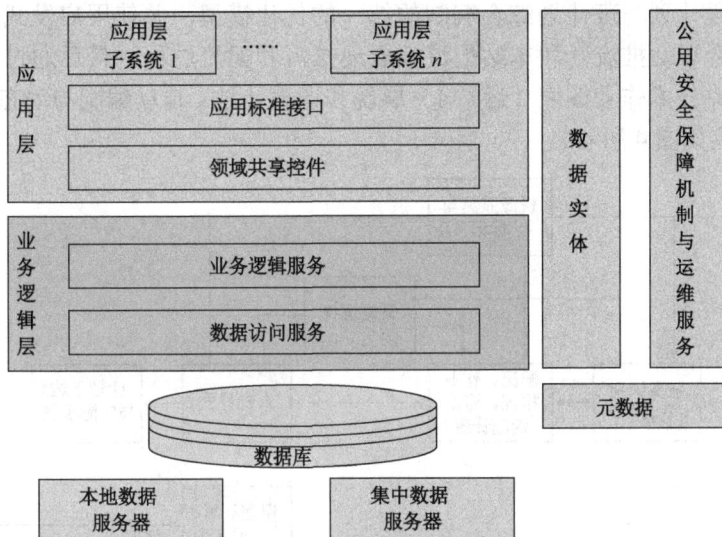

图 3　应用逻辑结构

（2）业务逻辑层：将数据访问服务和核心业务逻辑服务从应用中抽象出来，独立设计与具体应用表示层无关的、基于服务的组件。

（3）应用层：包括共享控件库、应用标准接口、应用表示。共享控件库将各应用子系统可共享的控件抽象出来，以促进功能代码的复用；应用标准接口定义了应用规范，以支持同一业务功能的多种实现版本；应用表示以 UI 为主，支持多态化实现，提倡快速开发，适应业务变化。

（4）元数据：将应用中的核心数据从具体应用中抽象出来，通过元数据规范其结构和质量属性，以便于数据管控。元数据定义为独立的核心业务数据实体包，该包可在业务服务层和应用层的各子系统间复用。

（5）应用逻辑结构还设计了纵向的性能监控和运维服务功能，提供各层的性能监控、运行监控等能力，以便简化运营维护。

4　关键技术

4.1　班计划、阶段计划自动编制

（1）班计划和阶段计划编制方法。

阶段计划是保证实现班计划的行动计划，班计划是阶段计划的轮廓计划，班计划主要确定了列车的到达、出发计划及工作指标等，而阶段计划还需考虑到发线、调机机车、调车线、驼峰、牵出线等资源的运用，所以班计划和阶段计划数据资料和内容表现形式是相似的，数据的逻辑是关联的。

本系统以车站作业效率最高和资源利用率最高为综合目标，采用数学规划和约束规划方法建立阶段计划与班计划综合编制的统一的优化模型，并使用启发式算法对模型进行求解，并结合车站推流表和车站配流表展现推流和配流过程，最后通过车站班计划表（运站2）和车站技术作业图表（运站1）展现和调整计划。自动编制与动态调整班计划和阶段计划的流程如图4所示。

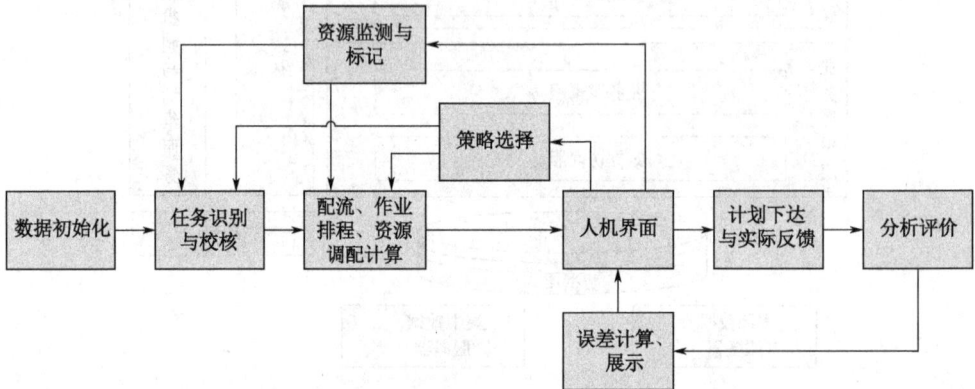

图4　自动编制与动态调整班计划和阶段计划的流程

（2）车站班计划和阶段计划自动编制数学模型

日班计划和阶段计划优化问题主要是针对无改编中转列车、自编始发列车和到达解体列车的作业调度、资源分配、动态配流三个相互关联的子问题的综合优化[4~9]。各子问题的优化目标都具有一定的字典序，而且不同列车各作业之间共享有限资源。车站日班计划和阶段计划的优化流程如图5所示。

从图5可知计划优化问题总为3个阶段，各阶段的状态变量包括车流、股道、调机等资源在不同阶段的占用状态。

第1阶段为无改编中转列车作业调度与资源分配问题，决策变量包括无改编中转列车接入到发线作业和到发线占用状态。

第2阶段为自编始发列车动态配流与资源分配问题，决策变量包括到解列车接入股道作业、到解列车推峰作业、到解列车溜放作业、编发列车编组作业、编发列车接入股道作业、编组调机占用状态、出发场股道占用状态、编发列车编组内容和车流来源。

第3阶段为配流剩余到达解体列车作业排程和资源分配问题，决策变量包括剩余到解列车接入股道作业、剩余到解列车推峰作业、剩余到解列车溜放作业、到达场股道占用状态、推峰线占用状态、溜放线占用状态和解体调机占用状态。

由于编组站内的列车具有一定的优先级，根据实际作业业务需求和各阶段决策问题的阶段效益函数，得到日班和阶段计划优化全过程的字典序目标函数，包括班计划兑现率最高、班时间内车辆在站平均停留时间最短、资源利用率最大和资源利用平衡率最大等。

针对日班计划和阶段计划优化模型中字典序多目标，使用分层迭代算法逐步求解，最终得到多阶段、多目标综合优化的满意解。解决了以往综合目标函数中权值无法确定问题，而且提高了求解效率，满足现场对计划智能编制的实时性需求。

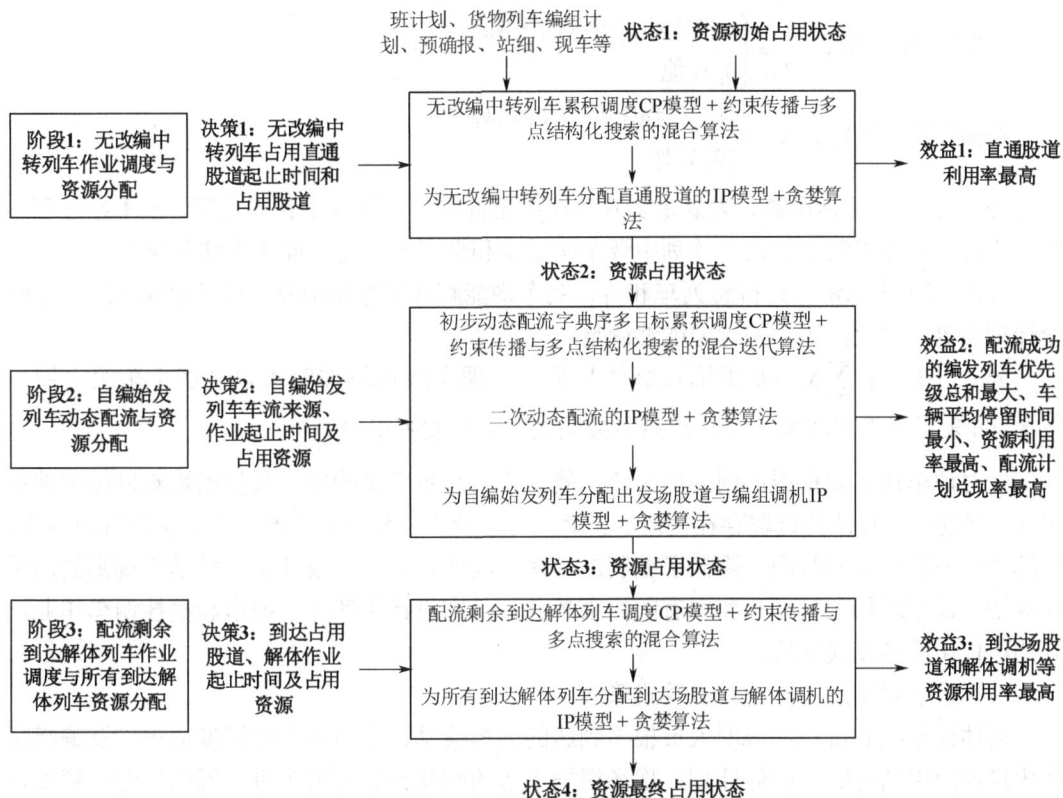

图 5　车站日班计划和阶段计划的优化流程

4.2　车站调车作业计划自动编制和动态调整

调车作业计划是保证实现阶段计划的调车作业具体行动计划。调车作业计划的编制，应根据阶段计划和现车分布状况、到达列车编组确报、驼峰（牵出线）利用情况及调车场线路固定用途和存车情况、各装卸点作业进度及调车机工作动态等实际情况，按照《车站行车工作细则》及有关规定进行编制。

本系统通过数学规划方法建立解体、编组和摘挂调车钩计划的指派问题模型[5,7]，调车钩计划的指派问题模型表示如下：

$$\min f \tag{1}$$

$$\sum_{i=1}^{m} x_{ij} = 1, \qquad j = 1, 2, \cdots, n \tag{2}$$

$$\sum_{j=1}^{n} x_{ij} \begin{cases} \geqslant 0, \text{解体} \\ \leqslant 1, \text{编组} \end{cases}, \quad i = 1, 2, \cdots, m \tag{3}$$

$$x_{ij} = 0 \text{或} 1 \qquad i = 1, 2, \cdots, m; j = 1, 2, \cdots, n \tag{4}$$

在解体钩计划时，$x_{ij} = \begin{cases} 1, \text{当车组} g_i \text{指派给调车线} S_j \text{时} \\ 0, \text{其他} \end{cases}$。

在编组钩计划时，$x_{ij} = \begin{cases} 1, 当车组g_i指派给发列车d_j时。 \\ 0, 其他 \end{cases}$

在摘挂钩计划时，$x_{ij} = \begin{cases} 1, 车组g_i指派给摘挂列车d_j \\ 0, 其他 \end{cases}$。

公式（1）为目标函数，为满足货物列车编组计划、铁路技术管理规程、技术站管理细则、阶段计划等限制下的调车计划中调车钩最少和调车程最短，即调车钩分最小。

公式（2）表示每一列待解列车和待编列车均能解体和编组成功，由于解编顺序是由阶段计划确定，因此，该约束肯定能够满足。

公式（3）中$\sum x_{ij} \geq 0$表示在解体时某一条调车线在解体时可以被多个车组占用，$\sum x_{ij} \leq 1$表示在编组时某一个车组最多被编入一列出发列车中。

针对调车钩计划指派问题，由于该问题的费用系数较难确定，目标函数难以精确地被定义，问题求解算法的选取存在困难。罚函数可以给出目标函数，但是由于指派规模较大，求解上会消耗过多的时间，降低了编制的效率。因此，本系统设计了一种基于规则的启发式算法，根据现场大量经验和固有的约束条件，分别设计了解体、编组和摘挂调车作业计划的组优化的启发式算法。

（1）自动编制解体钩计划启发式算法

解体计划编制流程：调度人员根据到达的列车信息、上级下发的调度命令以及编组场各股道的应用情况编制解体计划，现场根据下达的解体计划对列车进行解体作业。解体计划的实质就是为解体车列的每一车辆确定编组场股道。本系统建立解体钩计划的指派问题模型，以解体车组与编组线最优匹配为目标，按照解体照顾编组原则，设计解体勾计划的车组自动溜放规则，各规则优先级从高到低排序，具体如下[5]。

规则A：依据调度命令，比如根据调度命令空车按车种确定方向、军用车生成军用方向。

规则B：特征车股道，系统把满足某种或几种属性的车辆定义为特征车，属性的种类包括到站、方向、品名、车种、车种简码、换长、记事、收货、到局、站调方向、载重、自重、空重标志、部企标志、军运标志、运非标志、租用标志、使用属性、车辆属主和回送标志等十几大类，不同组合的属性构成车辆的不同特征。

规则C：股道活用表，充分把方向与股道联系起来，股道交叉进路，根据对应确定车辆的编组场股道。

规则D："露头"原则，露头即在编组场各股道中最靠近驼峰位置车辆的方向号称为该股道的露头方向，简称露头。查找露头与下车车辆方向一致的股道，若有多条，选择车辆最多且没有满轴和编车的股道。

规则E：现有方向原则，现有方向指的是编组场股道所包含的车辆方向，查找现有方向与下车车辆方向一致的股道。

规则F：虚拟空股道，需人工确定实际股道。

按以上步骤选择完成后还要对该股道进行满轴判断、隔离审查、关门车判断、空车入空线判断、容车数判断和成组判断等。如果没有通过以上审查和确认就必须重新选择下落股道，重新进行审查和确认。

上述规则中最核心的股道活用表的编制，本系统采用预演方法，根据阶段计划优化得到的解编顺序及配流结果的基础上，依据调车程最短和调车钩最少目标，预推车列解体过程，自动生成阶段时间内动态的、智能的编组场股道活用方案。

（2）自动编制编组钩计划启发式算法

由于自动解体钩计划的编制原则是解体照顾编组，但是由于一列车发列车的车流可能不在一条调车线集结，因此编制时还需要满足编组的满轴、隔离、关门、不违编违流等限制。同时，编组钩计划的依据是站调下达的阶段出发计划，它是编组站编发流程的开始，还必须合理掌握调机的运用、牵出线的使用甚至本务机的运用，更重要的是掌握车流、组织车流、利用车流，所以在编制编组钩计划时还需要考虑编组照顾出发和取送原则，保证按照阶段计划准时出发和取送。本系统以调车线待编车流与出发列车最优匹配为目标，建立编组钩计划的指派问题模型，系统依据以下步骤实现编组钩计划的自动编制。

步骤1：初始化车辆库。

步骤2：编组车流的标记，在编组场内将与出发列车标记处最优匹配的待编车辆。

步骤3：计算并检查车组，使得车组满足满轴、隔离、关门、不违编违流等限制。

步骤4：确定编组车组。

步骤5：生成比选方案集合，求得编组调车钩数最少和编组调车程最短的钩计划。

（3）自动编制摘挂钩计划启发式算法

摘挂列车计划可分为按站顺编组、按成组选编两种，其共同特点是都要满足车组编挂的顺序要求。本系统采用的是车组下落的方法，经过车组下落、确定暂合列方案和按方案开列钩计划等步骤编制计划，根据已有理论，下落组数为 $P(2k-1<P\leq2k)$ 的待编车列需用 $K+1$ 条线路，连挂钩数为 $K+1$ 钩，当 $P=2k$ 时的调车流线图是唯一的，其排列方法是：首先将全部下落的偶数组放在一条线路上，然后再将剩余组中偶数位置的组放在一条线路上，依次类推，直至将最后的第"一"组放在一条线路上，如图6和图7所示。

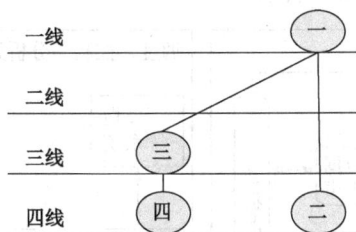

图6 $P=4$ 的调车方案   图7 $P=8$ 的调车方案

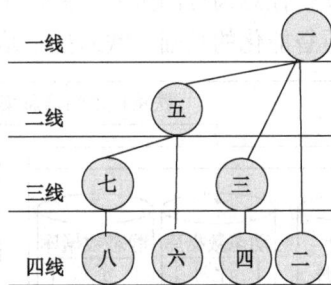

当 $2k-1<P<2k$ 时，调车方案可根据 $P=2k$ 时的调车方案得出，只要在图中 $2k$ 个车组中，选择 $2k-P$ 个空位即可，此时共有 C_{2k}^P 个可选调车方案，如 $P=5$ 时，有 $C_8^5=56$ 个调车方案。

传统的选择调车方案的方法需考虑的因素包括车列端组、暂合列端组、车组的邻组、车组交错次数、待编列车组坐底、暂合列车组坐底等，判断门类繁多较为复杂，即使判断完这些因素也不能完全保证该方案就是最优的。这里编组站系统将采取遍历的算法，计算所有的调车方案的连挂钩、溜放钩、带车数，再换算成钩数取钩数最少的方案。

采用遍历的方法最关键的问题是要解决计算速度的问题，本系统在算法的数据结构设计时采用一维数组，数据类型采用整型，现车模块与下落模块独立的方法，可以使计算速度成倍增加。经过测试，当 $P=5$ 时，9 个到站的成组顺序将会有 9 个排列顺序，每个顺序有 56 个调车方案，计算时间不超过 3 秒，符合现场计划编制的实时性要求。

4.3　面向组件的架构

面向组件架构是对面向服务架构（SOA）的具体实现。利用面向组件的架构，可以充分利用现有的技术成果和技术架构，将既有应用向 SOA 架构转换，最终具备构建企业级应用的能力。为了实现面向组件架构，需要完成以下关键技术。

（1）根据车站用户需求，将各种业务需求和用户功能抽象并整理出一系列服务。

（2）根据现有车站管理信息系统或者综合自动化系统，将既有资源结构整合，进行服务化；同时，抽象出现有应用中可共享的部分，并封装为组件、控件。

（3）基于整理出的组件，重构既有应用，实现面向组件的架构。

4.4　信息集成技术

为了解决异构系统数据的共享与互操作问题，需要因地制宜地考虑车站实际情况的差异，给出具有不同作业流程和不同作业组织方式车站的通用解决方案。基于面向服务架构和基于数据库共享的数据整合方法，使不同系统、不同平台、不同结构、不同类型、不同粒度的信息数据能够有机地整合，并实现信息的共享和交互。数据集成还需充分考虑大数据技术的运用，通过"再加工"实现数据的"增值"。

本系统依据铁路技术站作业组织与管理的特点和逻辑，建立更广泛的多维信息集成平台，不同业务的数据根据生产流程的关联性在关系型数据库中建立联系，任何一个决策岗位都可获得任意岗位的全局信息，全局掌握和控制生产流程，具备实现调度指挥自动化和决策分析智能化的基础。铁路技术站信息集成平台如图 8 所示。

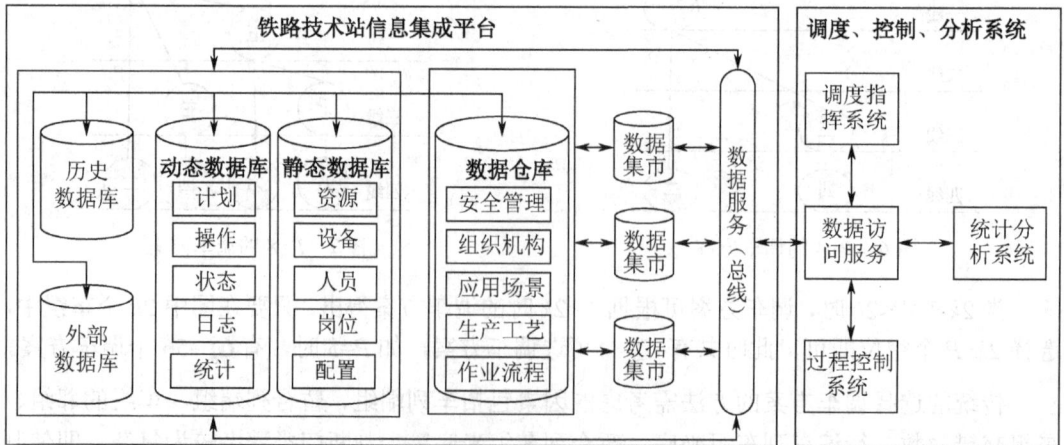

图 8　铁路技术站信息集成平台

5 结语

铁路技术站智能调度决策系统是铁路智能化的具体体现，是实现铁路智能化的基础系统，为路局和铁路总公司各层级实现智能调度和决策提供基本保障。铁路技术站智能调度决策系统综合应用计算机、数据集成、优化调度、智能决策、大数据分析和面向服务组件等技术，以实现车站内各岗位信息共享、合署办公、集中调度和车站、路局和铁路总公司协同编制计划，基于车站作业流程的限制和作业高效组织的要求，在数据集成平台和合署办公准则的基础上，实现了各岗位、各工种、各系统、各作业环节信息的实时集成与交互，实现了调度决策的智能化和作业计划的自动化，提高了车站作业效率，并为改进车站作业流程和作业组织管理流程提供依据。

通过铁路技术站智能调度决策系统可以实现铁路字典数据的唯一性，可以提高铁路基础数据的准确性，为实现全路车流推算、预测与跟踪和铁路资源精细化、智能化、透明化的集中管理打下基础。

参考文献

[1] 崔炳谋. 编组站综合自动化若干问题的研究[D]. 北京：铁道部科学研究院，2007.
[2] 张雪松，沃华欧. 编组站综合自动化的发展分析[J]. 铁道通信信号，2011，47(3):5-7.
[3] 崔炳谋. 编组站阶段计划编制系统几个问题的研究[J]. 兰州交通大学学报，1996(2):64-68.
[4] 杨文冠，张雪松. 编组计划服务模型的研究[J]. 铁路计算机应用，2015，24(4):9-11.
[5] 马亮，张晓霞，郭进. 基于启发式回溯算法的铁路编组站调车场股道活用研究[J]. 铁道学报，2016，38(8):16-22.
[6] 张雪松，马亮. 基于约束规划的编组站阶段作业计划优化研究[J]. 铁路计算机应用，2012，21(9):1-4.
[7] 马亮. 铁路编组站阶段计划优化研究[D]. 2015.
[8] 何世伟，宋瑞，谭立刚，等. 枢纽编组站智能调度系统的设计与实现[J]. 北京交通大学学报，2002，26(5):19-23.

铁路货车运行里程统计系统设计与应用

钱 琳[1] 黄 睿[1] 王仲辉[2]

（1. 中国铁道科学研究院集团有限公司 电子计算技术研究所，北京 100081；

2. 北京康拓红外技术股份有限公司，北京 100080）

【摘要】货车的运行里程是铁路货车管理中不可缺少的数据。在分析铁路车辆部门现有信息系统的基础上，本文提出了基于车号识别信息，充分利用 THDS 探测站信息资源，建设铁路货车运行里程统计系统的目标及原则，详细阐述了系统总体设计方案，关键技术及功能应用。通过系统的应用，可实现货车运行里程的自动统计，货车定检到期里程预警，满足铁路货车专业管理的应用需求。

【关键词】货车；运行里程；车号识别；统计

Design and Application of Railway Freight Vehicle Running Mileage Statistics System

Qian Lin[1], Huang Rui[1], Wang Zhonghui[2]

（1. Institute of Computing Technologies, China Academy of Railway Sciences Corporation Limited, Beijing 100081, China;

2. Beijing Ctrowell Technology Co.,Ltd. Beijing 100080, China）

Abstract: The running mileage of freight vehicle is an indispensable data in railway freight vehicle management. On the basis of analyzing the existing information system of railway vehicle departments, this paper puts forward the objectives and principles of building a freight vehicle running mileage statistics system based on automatic train identification and making full use of the information resources of THDS detection stations, elaborates the overall design scheme, key technologies and functional applications of the system. Through the system application, the automatic running mileage statistics of freight vehicle, and the mileage warning of freight vehicle repair expired time can be realized, meet the application requirements of railway freight vehicle management.

Keywords: freight vehicle; running mileage; automatic train identification; statistics.

1 引言

铁路货车的运行里程与车辆的机件磨损、老化程度有着切关系[1]，实现货车运行里程的自动统计，对于协助铁路车辆管理部门动态掌握车辆运用情况、合理安排检修、提高铁路货物运输能力、提升铁路货车专业管理水平有着重要意义。我国铁路货物运输存在车流输送距离长、运输组织复杂、车流状态变化频繁等特点[2]，全路货车并无固定的行车径路，因此利用信息化手段实现货车运行里程统计关键的在于能否实时获取车辆的位置信息，从而确定车辆的行车径路，根据行车径路计算车辆的运行里程。

车号自动识别系统（ATIS）是实现车辆实时跟踪管理的基础信息源，经过多年建设已在全路 600 多个主要车站、各货车车辆段检修车间、货车造修工厂等单位的出入口安装了 AEI 地面设备；车辆轴温智能探测系统（THDS）用于监控车辆的轴温，防止由于车轴热切造成列车脱轨等事故的发生[3]，红外线数据采集点大约每隔 30 千米分布在铁路沿线，在 THDS 探测设备配套添加车号智能跟踪装置后，使得车号识别数据的采集点更为密集，为实现货车运行里程的准确统计提供了基础。

2 建设目标及原则

2.1 建设目标

（1）实时获取 THDS 探测站、车站及厂段车号探测设备采集的车辆信息，实时解析和存储，形成稳定的高效的数据处理机制。

（2）研究国铁线路上货车的运行情况，运用车站车号识别信息、红外线车号信息和厂段车号信息等数据源生成车辆运行轨迹，收集分析国铁线路车号识别安装点、装卸站和厂段间里程情况，建立采集点间里程字典。

（3）将车号识别信息和铁路运输信息集成平台的装卸信息进行整合，建立车辆运行轨迹库，设计货车运行里程计算模型，结合采集点间里程字典，计算货车每日重车、空车和总运行里程数据。

（4）以货车日运行里程数据为基础，结合铁路货车技术管理信息系统（HMIS）中的检修信息，计算出各修程在检修阶段的重车、空车和总运行里程数。按业务需求，实现各检修阶段的总运行里程统计和查询。

（5）形成一套完整的里程统计计算和系统自动维护机制，能够及时捕捉红外线车号、车站车号、线路等基础信息的变更信息，根据变更的信息及时修正计算结果，使得运行里程统计值更为准确。

2.2　建设原则

（1）系统建设中应坚持统一规划、整体设计、分层开发、集中部署、规范应用的总体原则。

（2）本系统应用涉及多个系统的数据源，数据信息以车号识别数据为基础，信息的质量和时序的一致性决定了应用的最终效果，因此数据采集过程中应坚持时钟源同步的原则，保证采集的数据准确可靠。

（3）应充分利用现有 THDS 信息和设备资源，建立全路货车运行里程基础数据库，为运行里程相关综合应用打好基础。

3　总体设计方案

3.1　总体架构设计

铁路货车运行里程统计系统，以车号识别数据作为主数据源，在采集的车号数据设备时钟同步的基础上，根据解析入库的红外线车号信息、车站 ATIS 信息、厂段车号信息生成货车运行位置和轨迹记录。里程的计算主要以 THDS 探测站站间距字典为累加单位，根据车辆运行轨迹、计算模型、运输信息集成平台装卸报告，实现货车运行里程的自动统计，并自动筛选出计算过程中的异常数据。货车运行里程数据与 HMIS 货车检修信息进行匹配，从而计算出货车检修阶段的运行里程，为货车修程修制的改革提供数据支撑。系统总体架构如图 1 所示。

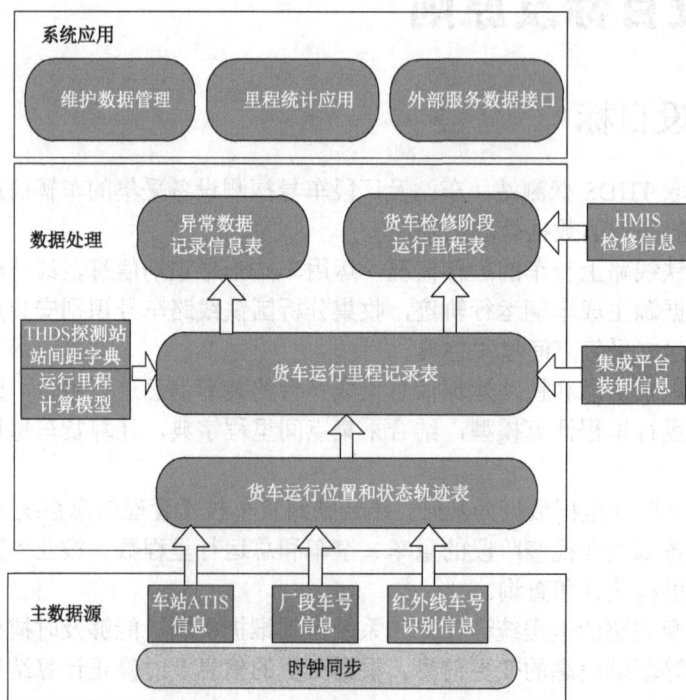

图 1　系统总体架构

3.2 系统功能设计

系统主要功能包括货车里程统计查询、货车健康状态管理、字典维护管理和 THDS 探测站异常监控四大部分。系统功能框架如图 2 所示。

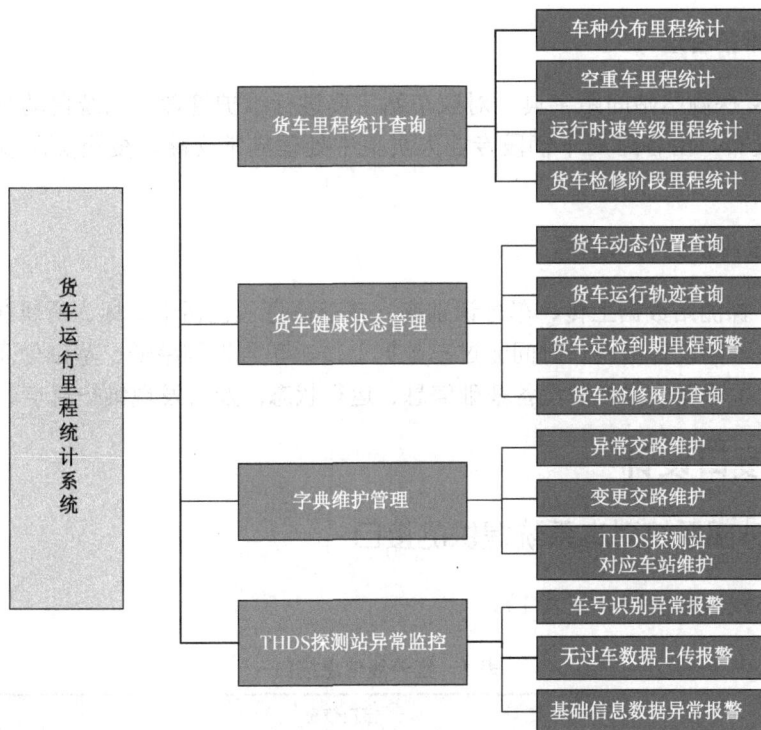

图 2　系统功能框架

1. 货车里程统计查询

（1）可按货车重空状态、运行平均速度等级、统计精度、路局管辖范围对货车运行里程进行准确统计，提供货车在任意时间范围内的运行里程查询。

（2）以货车修竣时间为节点，自动统计货车全生命周期各检修阶段的运行里程，提供货车新造、厂修、段修后运行里程以及各修程末次检修时间的查询。

（3）统计敞车、棚车、罐车等 13 类主要车种在全路的运行车车数、运行总里程、平均里程，提供车种里程分布的查询。

2. 货车健康状态管理

（1）根据车辆最后经过的 THDS 探测站对应车站，可以确定货车的大致位置，结合货车追踪系统中的货车动态运行位置信息，提供较为准确的货车动态位置。

（2）按照分段加和的方式实现里程的统计，并记录每次加和的 THDS 探测站信息，从而形成车辆的运行轨迹，提供货车运行轨迹以及运行轨迹中相邻 THDS 探测站间的里程查询。

（3）将货车的运行里程信息与定检信息进行匹配，根据匹配后的货车动态信息，统计全路货车的定检信息，提供货车检修履历查询。

（4）按车种车型建立到下次厂修、段修时最长运行里程数据的字典信息，为里程超限预警提供预警依据。预警统计数据提供超限货车车辆的位置、状态以及各修程运行里程等细目信息查询。

3. 字典维护管理

对 THDS 探测站站间距字典、对应车站字典进行维护管理，系统自动统计相关维护信息并及时发布，由各路局车辆段专业人员集中处理异常交路、变更交路以及对应车站的填报。

4. THDS 探测站异常监控

对 THDS 探测站数据上传、车号识别率、基础信息（包括千米标、所属线路、探测方向）进行监控，当设备出现长时间无过车数据上传、车号识别率低、基础信息不准确进行报警，协助设备管理单位维护设备基础信息、运行状态，及时发现维护盲点。

3.3 接口设计

3.3.1 外部系统对本系统提供的接口

（1）红外线信息接口（见表 1）。

表 1　红外线信息接口

序号	接口信息	
1	接口名称	红外线信息接口
	接口方式	提供红外线报文信息
	状态	[]现有 [√]新增 []待定
	外部系统	车辆轴温智能探测系统
	接口格式要求	红外线报文格式
	接口内容	车次、车号、车种车型、辆数、辆序、轴位、轴距、波形、轴温、热级、静态数据、通过站代码、通过日期/时间、顺位、运行方向、AEI 号

（2）铁路运输信息集成平台装卸信息接口（见表 2）。

表 2　铁路运输信息集成平台装卸信息接口

序号	接口信息	
2	接口名称	装卸信息接口
	接口方式	数据库接口表访问
	状态	[]现有 [√]新增 []待定
	外部系统	运输信息集成平台
	接口格式要求	装卸摘要信息格式
	接口内容	车号、车种车型、装卸站代码、装卸标识、装卸日期、装卸时间

（3）车站 ATIS 信息接口（见表 3）。

表 3　车站 ATIS 信息接口

序号	接口信息	
3	接口名称	车站 ATIS 信息接口
	接口方式	数据库接口表访问
	状态	[]现有 [√]新增 []待定
	外部系统	车号自动识别系统
	接口格式要求	车号识别信息格式
	接口内容	车号、车种车型、通过站代码、通过日期/时间、顺位、运行方向、AEI 号

（4）厂段车号信息接口（见表 4）。

表 4　厂段车号信息接口

序号	接口信息	
4	接口名称	厂段车号信息接口
	接口方式	数据库接口表访问
	状态	[]现有 [√]新增 []待定
	外部系统	车号自动识别系统
	接口格式要求	厂段车号信息格式
	接口内容	车号、车种车型、驶入/驶出时间、厂段单位代码、驶入/驶出标识

3.3.2　本系统对外部系统提供的接口

通过本系统可对其他系统提供货车检修阶段运行里程信息接口，如表 5 所示。

表 5　检修阶段运行里程信息接口

序号	接口信息	
1	接口名称	检修阶段运行里程信息接口
	接口方式	数据库接口
	状态	[]现有 [√]新增 []待定
2	接口内容	车号、上次厂修时间、厂修单位、上次厂修后重/空/总运行里程数、上次段修时间、段修单位、上次段修后重/空/总运行里程数、上次辅修时间、辅修单位、上次辅修后重/空/总运行里程数

4　系统关键技术

4.1　货车运行里程计算模型的建立

里程的计算是货车运行里程统计系统的核心部分，系统以全路 THDS 探测站位置信息为基础，建立 THDS 探测站里程交路字典。根据我国铁路货运线路分布以及货物列车作业径路特点，将 THDS 探测站间的里程计算分为干线交路里程计算、特殊交路里程计算。利用 THDS 探测站千米标、线路、探测方向等基础信息，自动形成同一线路上任意两个 THDS 探测站之间的站间距，实现干线里程的计算。对于特殊交路，根据调研结果具体分为枢纽、交叉口、支线、专用线、地方铁路、分界口和国境站 7 种线路情况，针对上述线路情况，设计了相应的里程计算模型，实现跨线交路 THDS 探测站间的里程计算。

4.2　装卸报告与车号识别轨迹的匹配算法

在实现里程统计的基础上，为了能够统计车辆重车、空车里程，系统接入运输信息集成平台装卸报告，以车号信息作为关联条件，根据装卸作业时间、车辆通过探测站的过车时间，将装卸报告与车号识别轨迹进行匹配，获取车辆在每段运行轨迹前后站时间段内的装卸作业情况，判断车辆重空状态的改变情况，并对照上段轨迹车辆的重空状态，来确定本段轨迹累加里程的重空类型，从而实现根据车辆的重空状态，对运行里程进行分类统计。

4.3　HMIS 车辆修竣数据与货车运行里程数据的匹配算法

HMIS 车辆修竣信息可以确认车辆的检修情况、检修时间节点，系统接入 HMIS 车辆检修数据建立车辆检修履历库，以车号信息作为关联条件，将 HMIS 车辆修竣数据与货车日里程统计数据进行匹配，实现货车各检修阶段的运行里程统计。货车各检修阶段的里程统计，以车辆各修程末次修竣的时间为起点按日累加车辆的运行里程，根据当日车辆的修竣信息判断各检修阶段是否需要重新累计里程，从而动态掌握车辆各检修阶段的运行里程。

4.4　采用内存数据库对数据进行处理

THDS 联网的红外线车号数据每天处理列数达 24 万列左右，再结合其他辅助数据，记录总数达 1000 多万条。对于如此大数量的处理，须采用更加高效的数据处理技术和方法。

系统采用了内存数据库来进行数据的实时处理，内存数据库抛弃了磁盘数据管理的传统方式，基于全部数据都在内存中重新设计了体系结构，数据处理速度一般是传统数据库的数据处理速度的 10 倍以上。内存数据库既能够保证里程计算中数据处理的效率，又能够保证数据的安全性。

4.5　货车运行里程统计异常数据的筛选与运行维护机制的建立

货车运行里程统计系统对于车号识别数据的及时性和准确性依赖性较高，同时由于 THDS 探测站的移设或新增，探测站间的里程值也会发生相应的变化，为了里程统计数据能够长期保持较高的统计精度，因此制定了运行维护机制。

针对 THDS 探测站里程站间距字典的维护，设计了异常数据的筛选功能，自动筛选出由于新增探测站产生的无站间距交路以及探测站位置迁移产生的变更交路，对于大部分无站间交路系统根据 THDS 探测站对应的车站自动处理，少量复杂的交路采取人工填报的方式进行补录；变更交路由交路所在的单位负责更新距离。系统根据交路里程、交路过车时间计算出平均运行时速，检测出运行时速异常的交路，自动对字典里程值进行校验，保障了字典里程值的准确性。

针对系统主数据源红外线车号识别数据的维护，系统通过对过车数据的分析，能够自动识别出无过车数据上传、车号识别功能发生异常的 THDS 探测站设备，实现对 THDS 探测站设备数据传输的监控。

5 系统功能应用

5.1 准确的里程统计数据

货车运行里程统计系统对于全路每天 20 万列左右的车辆运行记录进行数据分析和处理，比较精确地计算出每辆货车每天的运行里程，同时又分不同的角度和类型进行分类统计，为确保系统里程统计数据精度达到运用标准，自 2017 年年初试运行以来，每月由铁路局人工统计若干车辆在管内的实际运行里程，并与系统自动统计里程值进行对比，平均每月统计货车 200 多辆，随着系统算法不断完善，各级数据维护人员的努力，统计精度逐渐提高，如图 3 所示，误差比例逐渐减小，自 2017 年 9 月份以来统计误差均小于 5%，达到了铁路总公司要求统计精度不低于 90% 的标准。

图 3　2017—2018 年里程统计数据误差比例趋势

5.2 货车检修阶段里程统计

2017 年 11 月，里程统计系统开始接入 HMIS 货车修竣数据，利用系统现有货车日里程统计数据，设计匹配算法，实现了货车各检修阶段的里程统计，以 2017 年为时间起点，自动统计货车厂修、段修后的运行里程，为货车定检到期提供里程预警。当前系统已为 5000 辆 C80E 型敞车设定了检修到期里程预警提示，如图 4 所示，使检修单位有效掌握车辆运用情况，避免出现使用效率低的货车频繁检修的情况。

图 4　货车定检到期里程预警

5.3　闭环管理的运行维护机制

系统自运行以来，全路 18 个铁路局集团公司车辆部、43 个货车车辆段使用系统对日常数据进行维护，系统每月产生的异常数据明显减少，由使用初期的 2000 多条降至当前 100 条以内，系统里程字典得到了有效维护。系统 THDS 探测站设备异常提示功能，结合设备管理单位处理结果的反馈，有效解决了因室外天线信号衰减、同轴电缆接触不良等造成设备异常而未能及时发现的问题，减少了因车号信息异常影响热轴预警的安全隐患。

6　结语

铁路货车运行里程统计系统基于对车号识别数据的挖掘分析，以较低的投入成本，实现了高精度的货车运行里程统计。系统集货车里程统计、位置查询、检修到期预警等功能于一体，解决了货车运行里程难以自动统计这一难题。随着系统的深入应用，系统将在铁路货车管理领域发挥积极作用，为货车的检修带来社会效益和经济效益。

参考文献

[1]　马健，马洪洋，赵亮. 铁路货车依据运行里程施修简要技术方案探讨[J]. 铁道车辆，2013，51(8):27-29.

[2]　王斌，金福才，谢玉霞. 一种基于流计算的铁路车流推算架构模型研究[J]. 铁道运输与经济，2018，40(7):86-89.

[3]　马千里. 中国铁路车辆运行安全监控系统建设规划研究[J]. 中国铁路，2015, (10):1-7.

面向铁路要素的可量测实景地理信息技术研究

蒋丽丽

（中国铁道科学研究院集团有限公司电子计算技术研究所 北京 100081）

【摘要】利用实景地理信息技术，对中国铁道科学研究院环形铁道试验基地的大环线、小环线以及城轨线的工务、信号和接触网专业的可量测要素进行了分析，研究了移动式可量测实景影像采集技术和铁路要素空间位置实时精确测量技术，并基于可量测实景地理信息技术搭建了环铁数字平台，实现了铁路线路环境相关信息快速采集、铁路基础设施快速巡视和变化检测、现状数据库的更新和历史数据库的维护，以及铁路基础设施的可视化综合管理和统计分析。该平台为环铁试验中心运营和管理业务的数字化、智能化提供基础技术和数据的支撑。

【关键词】实景地理信息；环行试验线；移动可量测采集技术

Research on Measurableactual Scene Geographic Information Technology for Railway Factors

Jiang Lili

（Institute of computer technologies, China academy of railway sciences, Beijing, 100081, China）

Abstract: Based real-time geographic information technology, the measurable elements of the track maintenance, signals and contact line are analyzed in Beijing National Railway Track Test Center of the Chinese Academy of Railway Sciences. The technology of mobile measurable real image acquisition is studied. A real-time and accurate measurement technique for railway elements spatial location is proposed. Based on the measurable real geographic information technology, the loop railway digital platform is built. The rapid inspection and change detection of railway infrastructure has been realized. The visual comprehensive management and statistical analysis of railway infrastructure have been completed.

Keywords: real-time geographic information; loop railway ; mobile measurable acquisition.

1 引言

随着地理信息技术和移动测量技术的发展，可量测实景地理信息技术融合了三维地理视频实景数据快速采集技术、空间位置实时获取技术、快速视频实景影像解算技术、视频实景地理信息综合处理和展示技术、基于 GIS 的时空综合统计分析技术等技术手段，为智慧城市、公路交通、数字市政、城市安全应急等领域提供了空间信息和资产特征信息的快速更新技术手段。

实景地理信息技术以其移动采集、快速更新、按需及时、高度可视化的特点，在传统二维地理信息的基础之上，增加了连续的地面可测量影像作为新的数据源，并通过专门的数据开发平台与地理信息行业应用软件无缝集成，从而提供更直观、易用的实景可视化环境，最终实现铁路线路环境相关信息快速采集、铁路基础设施快速巡视和变化检测、现状数据库的更新和历史数据库的维护，以及铁路基础设施的可视化综合管理和统计分析。

2 可量测的环行试验铁路要素分析

中国铁道科学研究院环行铁道试验基地包括大环线、小环线及新建的城轨试验线并配套有各种铁道专业试验室，环行试验线可进行机车车辆、铁道建筑、通信信号、铁道电气化设施、客货运输、特种运送等多专业的科学试验。表 1 为环线线路地理信息数据需求分类。

表 1　环线线路地理信息数据需求分类（工务、接触网和信号）

分类		间距
工务	桥涵 11	桥跨结构 1
		支座
		墩台
		基础
		涵洞
	隧道 11	隧道本体
		洞口及缓冲结构
		防排水
	安防设施	声屏障
		防护栅栏

	分类	间距
工务	路基	路基本体
		路基防护
		路基排水
	轨道	钢轨
		有砟轨道
		无砟轨道
		道岔
电务	信号	信号机
		应答器
供电	接触网	定位支持装置
		支柱、拉线和基础
		单项设备
其他	道口及平过道	道口
		平过道

在环铁线路设备设施管理现状调研的基础上，结合环铁试验线机车运行条件，提出环铁基础设施空间数据采集技术方案。方案应明确环铁基础设施采集范围和颗粒度，以及针对不同设施所运用的空间数据采集技术、采集手段。同时，针对不同采集技术生成的空间数据，给出对应数据管理、数据存储、数据更新技术方案。

实景地理信息技术可以为环形试验铁路提供空间信息和资产特征信息的快速更新技术手段。铁路可量测实景数字影像可用于铁路维修的量化对比和实景勘验，用于铁路应急、线路规划、改扩建、运行监控和养护等各个工作环节的精确地理影像参考。三维实景高精度的环线线路实景地理数字影像，可反映环线线路及沿线轨旁设施的细节专题信息，特别是轨道、接触网及信号等环行试验铁路重点关注的基础设施，包括轨道设备、轨旁标志、标线、里程桩、防护栅栏、声屏障等基础设施；提供精确量测、标注铁路专题要素的几何尺寸，并综合快速建库。

3 可量测实景地理信息关键技术研究

研究在试验机车行进过程中，以高密度时间或距离间隔采集实景影像，沿线路进行地毯式扫描，从而获得高密度的连续可量测影像。同时，利用全自动、无人工干预地连续数据采集能力，实现技术人员单人、自主、轻松地完成数据采集任务。研究基于卫星定位、惯性导航技术的实景图像采集方法，实现实景图像与空间位置的相互融合。与此同时，将实景图像结合环行试验线线路里程，使每张实景图像带有平台、线性两种坐标系。同时，研究基于近景摄影测量、即时定位与制图技术等测量技术，为实现设施设备在实景图像中的空间信息提取提供技术和基础数据支撑。

3.1　环铁基础设施空间数据移动式可量测实景影像采集技术

环铁基础设施空间数据采集利用可量测移动摄影测量技术采集环铁线路实景数据，并利用移动光学手段，开展环铁试验基地轨道和接触网结构部件高清图像连续采集测量。

研究在试验线机车行进过程中，利用工业数字摄像设备（CCD）以高密度时间或距离间隔采集实景影像，沿线路进行地毯式扫描，并基于 SLAM 算法进行多照片交汇（多基线测量）数据处理，保证任意影像与地图空间位置的精确匹配，从而获得高密度的连续可量测实景影像。同时，利用全自动、无人工干预地连续数据采集能力，实现技术人员单人、自主、轻松地完成数据采集任务。

SLAM（Simultaneous Localization and Mapping）同时定位与地图构建，搭载传感器的设备在陌生环境中移动时，在没有类似于环境地图这种先验信息的前提下，利用传感器对环境的观测，对当前环境以一种增量的方式动态构建一个地图模型，同时在地图构建过程中，确定自身在地图中的位置。SLAM 第一次被正式提出是在 1995 年，比较成熟和流行的 SLAM 系统有基于激光的 GMapping、基于单目视觉的 ORB-SLAM、基于 RGBD 相机的 RGBD-SLAM 等。这些 SLAM 系统大多都是依赖单一的传感器数据，当运行环境满足相应的条件时，这些 SLAM 系统可以很好地完成定位与地图构建任务。

在空间数据管理方面，根据采集实景数据，开展设备设施尺寸和姿态精确测量，提取设备设施的空间几何属性数据，并基于空间几何属性数据完成三维线路建模。同时，针对轨道、接触网结构部件，实现基于高清影像和三维点云数据完成三维精确建模。最后，采用非关系型数据库、运用多版本数据管理手段实现对采集实景数据、高清图像数据和三维模型数据的快速存取。图 1 为实景采集设备。

图 1　实景采集设备

3.2　铁路要素空间位置实时精确测量技术

研究基于卫星定位导航、惯性导航技术的实景影像采集方法，实现实景影像与空间位置的相互融合。空间位置实时获取技术，依托高精度、高可靠性的 GPS 信号接收芯片，实现全天候的道路上任意位置的精确坐标获取。同时，结合先进的惯性导航技术，保证在 GPS 信号不稳定环境下的连贯线性精确位置采集，最终实现任意线路位置的空间坐标快速、精确采集。

虚拟参考站 VRS 指 GPS 的网络 RTK（network real. time kinetic，载波相位动态实时差分）技术，GPS 参考站网络通过数据通信链始终连接到控制及数据处理中心上，数据处理中心的计算机持续采集所有参考站上接收机的信息，并建立一个局部地区修正量的数据库，再将这些数据和来自流动站的原始数据联合起来创建一个离流动站仅几米远的虚拟参考站，流动站读取和使用该数据时就像使用来自真实的参考站数据一样，但获得 RTK 定位性能可以大大提高。

地面移动测量作业中，差分 GPS 提供 10Hz 采样频率的数据. 相对于网络 RTK lHz 的采样频率对移动平台运动特性也能有较好的体现。下面是差分 GPS 计算测站速度的数学表达：

$$\begin{cases} \overset{*}{X}_i = \left[\left(X_i - X_{i-1}\right) \cdot t_2/t_1 + \left(X_{i+1} - X_i\right)t_1/t_2\right]/\left(t_1 + t_2\right) \\ \overset{*}{Y}_i = \left[\left(Y_i - Y_{i-1}\right)t_2/t_1 + \left(Y_{i+1} - Y_i\right)t_1/t_2\right]/\left(t_1 + t_2\right) \\ \overset{*}{Z}_i = \left[\left(Z_i - Z_{i-1}\right)t_2/t_1 + \left(Z_{i+1} - Z_i\right)t_1/t_2\right]/\left(t_1 + t_2\right) \end{cases} \quad (1)$$

其中，$\left(X_{i+1}, Y_{i+1}, Z_{i+1}\right)$ 与 $\left(X_{i-1}, Y_{i-1}, Z_{i-1}\right)$ 为当前被测位置 $\left(X_i, Y_i, Z_i\right)$ 前后相邻点位；t_1 和 t_2 为相应时间间隔。

差分 GPS 数据与 VRS 数据根据相同的时间标签实现同步，从而相对于 VRS 数据记录实际的移动平台运动状况参考多普勒测量所得速度进行，发现与过滤掉 VRS 数据中与运动情况不符的部分。具体过滤分析的数学表达如下：

$$\begin{cases} X_i' = X_0 + \sum_{j=1}^{n} \overset{*}{X}_j t_j, \left|X_i - Y_i'\right| \leqslant \alpha T_x \\ Y_i' = Y_0 + \sum_{j=1}^{n} \overset{*}{Y}_j t_j, \left|Y_i - Y_i'\right| \leqslant \beta T_y \\ Z_i' = Z_0 + \sum_{j=1}^{n} \overset{*}{Z}_j t_j, \left|Z_i - Z_i'\right| \leqslant \gamma T_z \end{cases} \quad (2)$$

其中，$\left(X_i', Y_i', Z_i'\right)$ 与 $\left(X_i, Y_i, Z_i\right)$ 相同时刻按三维速度与时间间隔积分得到的预期三维位置；$\left(T_x, T_y, T_z\right)$ 为按经验给定的阈值；$\left(\alpha, \beta, \gamma\right)$ 为根据初始位置到当前位置给定的变换系数，该线性变换系数根据运行轨迹上检核点和初始点之间三维距离变换与推算预期变换之间比较得到。

3.3 线性里程采集和线性参考系统（LRS）构建技术

研究将实景影像结合环行试验线线路里程，使每张实景影像带有平面、线性两种坐标体系。线性里程参考系统（LRS，Linear Reference System）是国际上进行线性空间数据组织和构建的先进模型。基于线性里程参考系统，可实现线性设施网络中任意两点之间的精确里程量算；指定网络中任意位置和方向，进行任意里程位置的精确定位、查询。

线性参照系统最早于 1974 年由 Baker 和 Blessing 提出。1997 年 Alan Vonderohe 等提出了一个通用的线性参照模型，阐述了线性参照模型由线性参照基准、拓扑网和线性参照方法 3 个部分组成。线性参照基准是由控制点和控制段组成。拓扑网为应用层，建立在线性参照基准上，管理部门可根据需要在同一线性参照基准上建立多种不同的拓扑网。设施数据以事件的形式，通过线性参照方法建立在拓扑网上。

线性参照方法是使用沿线状要素的相对位置存储地理事件的方法。为了方便使用，不同的部门会采用不同的线性参照方法，各线性参照方法可根据线性参照基准进行转换。我国的铁路部门一般采用里程桩法，这种方法为每一条铁路赋予唯一编号，指定固定起点位置，沿着道路行进方向，在路两侧设立里程桩，实际定位时，量测定位点到最近的里程桩的距离，得到准确的里程桩号。

在线性参照模型中，一维线性要素类的设施、现象等信息通过线性参照定位的方法，以事件的形式建立在拓扑层上，使得空间数据库的建立不再依赖于基础地图，脱离了与基础地图中的空间要素的直接联系，同时，实现了非空间数据的空间化。图 2 为可测量实景实时定位技术。

图 2　可量测实景实时定位技术

4 基于可测量实景技术的环行铁路空间信息服务平台

为实现对环铁基础设施空间信息的快速采集和管理，基于实景地理信息技术，研究符合环铁现场条件可测量移动摄影测量技术手段，提出环铁基础设施空间信息采集和管理技术方案。

设计数字环铁二、三维一体化数字环铁地理信息系统软件原型，实现对环铁资产设备的可视化检索和查询，具备周边环境与设备状况的历史追溯功能，同时实现具有基于实景图像的空间分析与量算从而达到对环铁线路线型状态的测绘，实现基于 GIS 平台的试验设备管理，为环铁设备设施的健康维护与高效运用提供数据基础。环行铁路空间信息服务平台功能实现如图 3 所示。

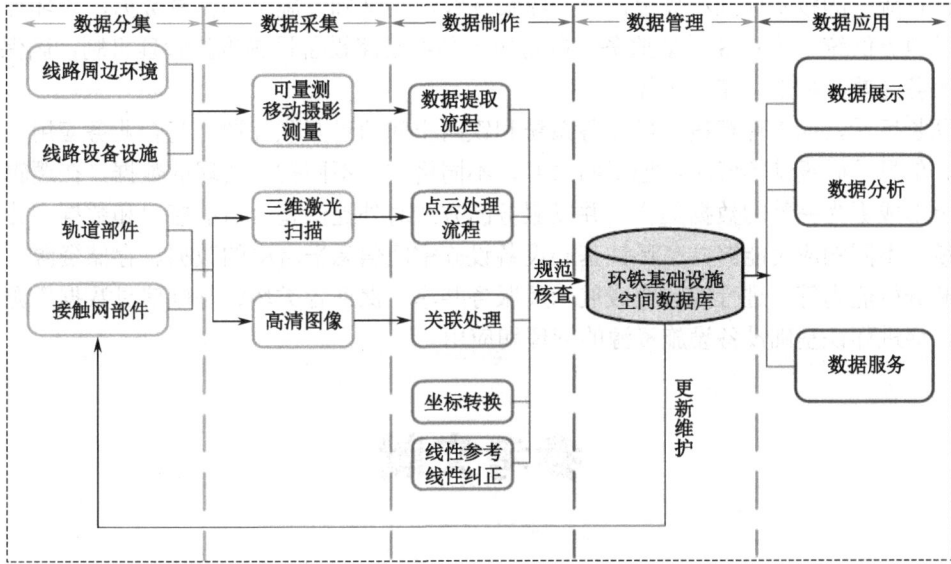

图 3　环行铁路空间信息服务平台功能实现

对环线线路基础设施台账及建设期收集的数据电子化，以设备设施的地理位置为统一参照，实现设备设施的建设、使用、检测、养护、维修各环节信息的一体化管理及可视化展示。

将试验过程进行统一规范的运维管理，并为各层次管理人员提供有效的技术支持。基于每次试验的定位，梳理试验业务过程，从试验规划、试验场管理、试验调度分配试验资源、试验过程、试验报告审批、试验数据积累与利用各环节，规范、优化现有管理模式，利用信息化功能特点，保障试验业务的完整性，提升环线线路的利用率与试验中心管理水平，支撑环线试验数据积累与业务能力提升。

5　结语

本文研究了环铁基础设施空间数据包含的内容和数据采集范围；针对列车行进时 CCD 快速采集要求，研究了基于 SLAM 算法进行多照片交汇（多基线测量）数据处理。同时，依托高精度、高可靠性的 GPS 信号接收芯片，实现全天候的道路上任意空间位置的实时精确坐标获取。最后，基于线性里程参考系统，可实现线性设施网络中任意两点之间的精确里程量算。

以地理信息数据为支撑，对环线线路基础设备设施设计、建设、竣工验收信息进行集成，对运营维护环节的动静态检测信息和监测信息、养护维修作业信息等进行采集、实时传输、存储和分析，实现对铁路基础设计管理、检测、维修流程的统一管理，并对各种信息进行智能综合分析，提出科学的设备养护维修建议，为工务、接触网和信号设备养护维修的各级决策提供全方位的信息服务。

环行铁路空间信息服务平台的建立，对线路的各专业应坚持统一资源和统一管理的原则：依据统一的技术标准和规范，统一收集环线线路基础设施空间信息数据，为环行铁道试验基地提供统一的 GIS 功能服务；制定统一环线线路设备设施维护管理机制，确保 GIS 功能服务高效、稳定、连续运行。

从长远看，应将环行线路各业务系统和铁路空间信息互联互通，整合业务应用、数据资产、信息基础设施等资源，把不同来源、不同格式、不同技术实现的数据，在逻辑上或物理上形成更为完整的数据集合，并以服务的方式对外提供整合后的接口和数据。让不同的系统、不同的应用能够共享环铁基础设备设施空间信息平台中的数据、存储资源、计算资源和分析能力等，进行综合集成展示及服务共享，保证各类环铁基础信息数据资源集成共享，促进环铁基础设备设施资源的管理和应用。

参考文献

[1]　贾利民，秦勇，张媛．数字铁路、智能铁路与铁路智能运输系统[J]．中国铁路，2012(3):16-20.

[2]　阮秋琦．"数字铁路"21 世纪我国铁路现代化建设的战略目标[J]．铁道学，2000(3):96-101.

[3]　史天运，王英杰，李平．数字铁路框架体系的研究[J]．交通运输系统工程与信息，2010(6):29-33.

[4]　Shi Jin Fang, Liu Lishih. Applying BIM and GIS to Railway Maintenance Works in Taiwan[J]. 2015, 2(1):18-23.

[5]　Linyan Tu,Wei Dong,Yindong Ji, et al.A Meta-model Based Modeling Method for Geographic Information Model in CTCS Hardware-in-the-loop Simulation System[J], 2008(12):19.

[6]　袁京蓉，崔德山，邱成利等．试论我国铁路信息资源的层次结构——数字铁路信息体系[J]．数量经济技术经济研究，2001(5):72-75.

[7]　蒲浩，严基团，李伟等．面向铁路站场平面数字化设计系统的本体建模研究[J]．铁道科学与工程学报，2018(1):220-225.

[8]　易思蓉，聂良涛．基于虚拟地理环境的铁路数字化选线设计系统[J]．西南交通大学，2016(2):373-380.

[9]　李拓．俄罗斯数字化铁路初具规模[J]．国外铁道车辆，2018(4):5-7.

[10]　王长栓．基于开源 GIS 软件的铁路货场数字化管理系统建设[J]．测绘与空间地理信息，2014(7):110-112.

铁路货车健康管理信息系统应用探讨

蒋 荟[1] 杜永明[2] 张 宇[3]

（1. 中国铁道科学研究院集团有限公司电子计算技术研究所，北京 100081；
2. 南昌铁路局集团有限公司，南昌 330002；
3. 中国国家铁路集团有限公司机辆部，北京 100844）

【摘要】故障预测与管理（PHM）是一门科学，可利用传感器与测量技术，对监测对象的状态进行监测与预测、评估，以实现系统视情维修。本文在详细分析国内外 PHM 发展现状的基础上，对铁路货车健康管理（PHM）的应用需求进行了详细的分析，提出了货车健康管理系统技术架构，重点分析了货车健康管理的应用案例，并对系统的应用前景进行了展望。

【关键词】货车；健康管理；信息系统；应用

Design and Application of Statistical System for Railway Vehicle Running Mileage

Jiang hui, Du yongming, Zhang yu

(1. Institute of Computing Technologies, China Academy of Railway Sciences Corporation Limited, Beijing 100081;
2. China Railway Nanchang Group Co.,Ltd, Nanchang 330002;
3. Ministry of Aircraft and Vehicles, China Railway, China State Railway Group Co.,Ltd, Beijing 100844)

Abstract: Prognostics and Health Management (PHM) is a science, can make use of sensor and measurement technique of monitoring the state of the object of evaluation and pre-

作者简介：蒋荟（1965—）女，汉族，博士，研究员，从事铁道信息技术研究。联系电话：办公电话：010-51893415 移动电话，13901068984 电子邮箱：jianghui@rails.cn。
项目：铁道科学研究院创新基金（货车管理信息系统整合升级方案研究及系统研发）（2017YJ092）。

diction, monitoring, in order to realize the system maintenance. Based on the detailed analysis of the current PHM development situation at home and abroad, this paper analyzes the application requirements of railway wagons prognostic health management (PHM) in detail, puts forward the technical architecture of the railway wagon prognostic health management system, analyzes the application case of the railway wagon health management, and forecastes the application prospect of the system.

Keywords: railway wagons；prognostic and Health Management; information system; application.

1 国内外 PHM 发展现状分析

1.1 PHM 的基本概念

故障预测与健康管理（Prognostics and Health Management，PHM）是一门管理科学，广泛应用于电子领域，其主要作用是利用先进的传感器与测量技术，获取系统运行状态信息，借助各种智能推理算法（如神经网络、数据融合、模糊逻辑、专家系统等），根据系统历史状态和环境因素，评估系统自身的健康状态，在系统故障发生之前对其进行状态监测、故障诊断及预测，同时提出维修维护建议，以实现系统的视情维修。

1.2 国内外 PHM 的发展历程

PHM 技术最早出现在军用装备中，并在航天飞行器、飞机、核反应堆等复杂系统和装备中获得应用。其发展过程可大致分为可靠性分析、故障分析与预测、综合诊断与系统监控、综合系统故障预测和健康管理 5 个阶段。PHM 起源可追溯到 20 世纪 50-60 年代可靠性理论、环境试验和系统试验以及质量方法的诞生；70 年代出现了诊断故障源和故障原因的技术，PHM 技术的发展已初露端倪；从 20 世纪 80 年代后期至 90 年代，综合诊断技术在美国航空航天研究领域盛行，美国国家航空航天局也于 20 世纪 90 年代初期适时提出了飞行器健康监控的概念；20 世纪末到 21 世纪初，美国国家航空航天局引入了综合系统健康管理的概念，以支持新一代可重复使用运载器的高性能要求。随着 PHM 技术的不断发展，目前在很多工业领域逐渐受到重视，在电子、汽车、船舶、工程结构安全等方面的应用也不断增加[1,2]。

在军事领域，美军为 F-35 JSF 开发的 PHM 系统是最早、也是目前技术水平最高的应用。在民用技术领域，PHM 在民用飞机、汽车、复杂建筑、桥梁、核电站、大型水坝等重要装备和工程设施的监控和健康管理中得到广泛应用。例如，播音公司的客机 PHM 解决方案——飞机状态管理（AHM）系统，已在多家航空公司的客机上得到应用。在国内，PHM 已在飞机维修管理、国家电网输电、变电及电力调度监测等方面得到了广泛应用。

1.3　我国货车健康管理现状分析

目前，我国铁路货车检修采用以计划预防修为主、状态修为辅的检修制度。计划预防修分为定期检修和日常维修两大类。定期检修主要包括厂修、段修，分别在车辆工厂、车辆段进行。日常维修又称运用维修，在列检作业场进行。状态修主要在运用作业场、站修作业场进行，主要依据货车运行安全防范系统监测报警信息及人工检查情况进行故障处理和换件修。这种检修模式相对于 PHM 技术下的视情维修主要存在"过度检"和"过度修"等情况。

相对于国外 PHM 技术在航空航天等领域的应用，将 PHM 技术应用于铁路货车管理仍然存在以下不足。

（1）铁路货车没有外接电源和状态传感器，很难实时采集货车及关键部件运行状态信息。

（2）目前在轨边安装的各类车辆运行安全监测设备，主要实现了对轮轴状态的监测，监测数据的完整性和测量精准度仍有待进一步提升。

（3）由于一些设备监测以及人工检查发现的货车整车及零部件异常状态，缺乏明确的故障原因诊断，很难进行故障部位精准定位，因此，不能明确给出维修处理建议。

（4）多年来积累的货车定期修、日常维修和状态检修的各种检查、处置信息，没有进行系统性的分析研究，对货车及关键部件的可靠性、服役状态变化、故障发生规律等尚未形成完整的技术评价体系，不能够支持寿命预测和状态维修。

（5）受信息系统体系架构和存储等影响，货车及关键部件的各类监测信息、检修信息及故障处置信息等分散存储，尚未保存设备全寿命周期内的各类设备状态数据，目前积累的多为故障数据，缺乏数据关联分析与综合应用，因此对于货车关键部件磨耗演变规律、检修运用限度变化等研究缺乏数据支撑[3]。

因此，迫切需要研究和借鉴国内外健康管理的相关成果，并根据我国铁路货车健康管理的应用需求，开展货车健康管理信息系统研究，在对既有货车相关信息系统进行数据整合的基础上，研究建立货车 PHM 管理模型、货车走行千米模型，通过大数据分析，研究货车状态发生规律，为铁路货车设计与制造、运用与维修、质量分析改进、修程修制改革等管理决策提供辅助决策依据。

2　货车健康管理需求分析

2.1　货车健康管理在货车运用的需求分析

铁路列检技术作业是铁路货车运用工作的基本单位，是确保铁路运输安全和畅通的重要保证。作为货车日常检查的一个重要环节，货车健康管理在货车运用中的主要需求就是：

根据列检作业场实际接车情况，按列、辆将货车健康管理系统中对车辆故障的预测结果及时准确地推送到列检作业场，指导列检作业场扣车及重点检查，保障车辆运行安全。同时，通过对比不同列检作业场对货车故障检查处置的结果，来分析评价列检作业质量，为质量分析改进提供依据。

2.2　货车健康管理在货车检修运用的需求分析

货车厂修、段修是货车定期检修的主要工作内容。作为货车检修的重要环节，货车健康管理在货车检修运用中的主要需求就是：在车辆入段（厂）检修时，一是提供完整的货车健康状态清单，包括车辆及关键零部件技术状态预测信息，车辆及专用配件基本信息、设计参数信息（车辆地板、墙板新造装用材质、厚度，敞车下侧门、中门设计装用材质、板材厚度等）；二是提供检修周期内车辆发生的行车安全信息，包括设备故障信息和事故信息；三是提供对有寿命管理配件提供过期预警信息；四是对配件装用不匹配的情况进行预警提示，从而有针对性地指导现场对车辆进行重点检查。同时，对修竣车进行质量分析，对检修单位的检修质量进行评价，作为检修质量改进的依据。此外，通过对检修配件故障分析，对修程修制改革和车辆设计制造，提供参考依据。

3　货车健康管理系统总体架构设计

综合考虑 HMIS 系统技术架构、车辆运行安全监控系统技术架构，同时兼顾各级车辆部门对货车健康管理的需求，提出货车健康管理系统的总体架构[4,5]，如图 1 所示。

（1）通过运用子系统、段修子系统、站修子系统、新造子系统、厂修子系统等实现对货车新造、运用、检修、报废各环节的信息采集，为货车健康管理 PHM 系统的应用打下数据基础。

（2）车辆段、铁路局作为实现货车健康管理系统的关键枢纽，将列检、检修、站修等生产作业数据和管理信息逐级上传总公司，车辆厂将造修数据直接上传至总公司，为货车健康管理全寿命周期管理提供数据基础。同时车辆段（厂）、铁路局接受总公司下发的局管内运用、检修货车及关键部件的技术履历以及货车健康管理相关信息，为货车健康管理应用提供数据支撑。

（3）建立总公司、铁路局、车辆段（厂）货车管理信息平台，对既有货车相关信息系统进行资源整合和优化完善，通过数据融合处理、信息共享及业务综合分析，形成集技术管理、生产组织、综合管理为一体的铁路货车信息管理体系；建立基础数据管理子系统，统一数据编码规范，确定货车关键部件唯一标识；对全路货车及关键部件的技术履历进行集中统一管理，建立货车健康管理子系统，实现货车及关键部件全寿命周期技术履历信息的有效集成融合及健康管理；利用采集的货车技术信息，建立决策支持子系统，实现货车大数据应用，为货车管理提供各种分类汇总及综合决策信息。

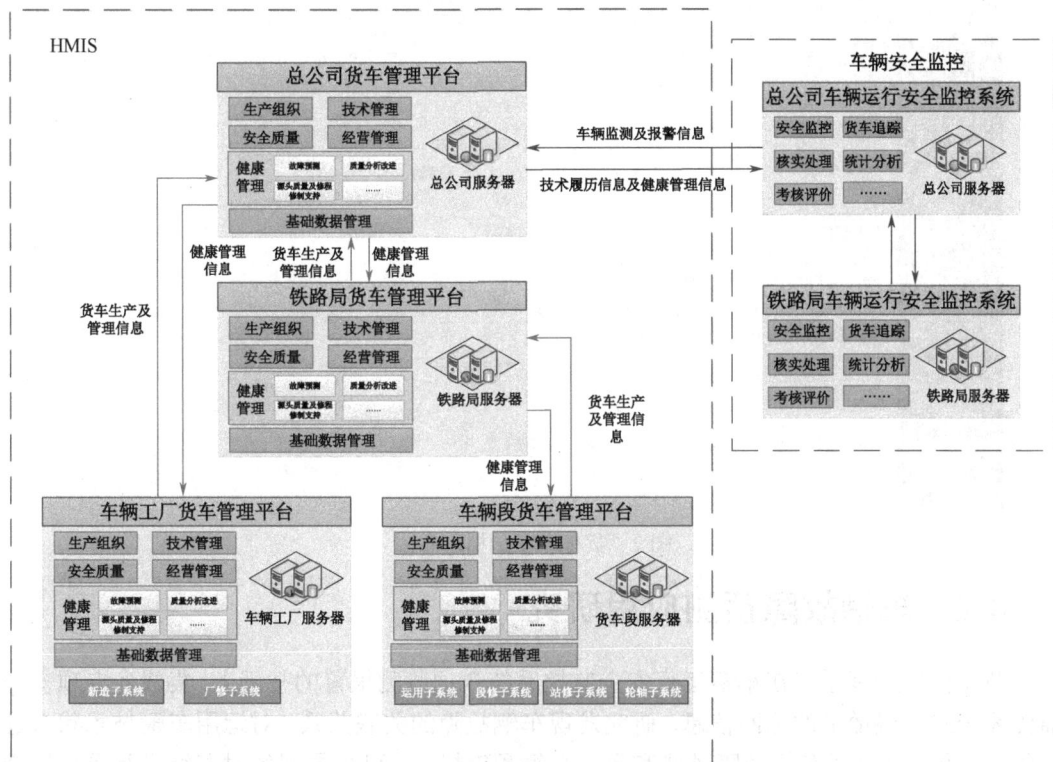

图 1　货车健康管理系统总体架构

4　货车健康管理应用研究

在分析 HMIS 系统和车辆运行安全系统目前积累的各类货车基础信息、检修、运用以及安全监测信息的基础上，结合现场应用的需求，在车辆故障预测、质量分析改进、修程修制改革、源头质量与设计制造等方面开展了货车健康管理的应用研究。

4.1　货车全寿命周期管理应用研究

既有的 HMIS 系统的基础信息以及检修、运用信息主要是以各种表单形式进行上报和存储的，若要串接货车及关键部件的全寿命周期的数据非常不便。为了提高数据的应用价值，实现货车寿命周期的管理，货车健康管理系统以车号为索引，按照新造、装用配件、检修、运用、报废等环节分别建立车辆属性模型，以时间轴为序串接货车基础信息、装用配件、检修、运用以及安全监测信息，形成了货车全寿命周期电子履历档案，方便用户全面掌握整车及关键部件全寿命周期的信息，为货车 PHM 的研究应用奠定了基础。货车一车一档示意图如图 2 所示。

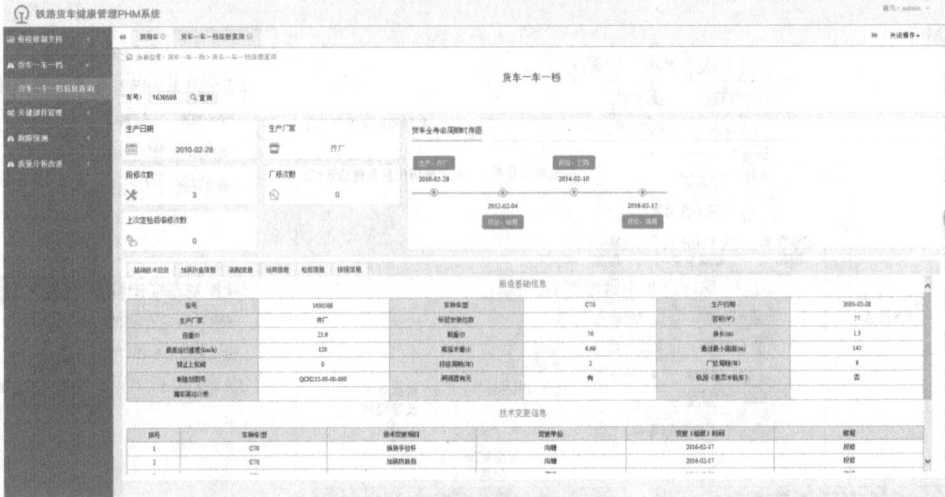

图 2　货车一车一档示意图

4.2　车辆故障预测应用研究

货车健康管理系统在车辆运行安全监控系统专项监测报警的基础上，集成各专项安全监测系统对车辆故障的诊断信息，研究发现车辆故障的关联关系，对运用车辆技术状态进行综合评价，实现了车辆故障预测和重点车辆预警提示，可指导现场对车辆进行重点核查和车辆扣修，有效地保证了车辆运行安全。目前，货车健康管理系统已实现的车辆故障预测的功能点主要包含以下几个方面。

（1）在专项安全监控系统报警评判的基础上，利用各专项安全监测报警信息的集成以及车辆技术履历信息对车辆故障进行综合评判，将综合预警车辆故障预报给列检作业场进行预警提示。

（2）对定检的过期车辆进行预警提示，指导现场及时对到过期车辆进行扣修。

（3）根据检修或运用中发现的典型故障，按照厂家、批次、型号进行比对分析，对超过阈值的车辆故障进行预警提示，提醒现场对同类故障进行重点核查。

（4）根据运用管理的要求，对发现的源头质量或专项整治车辆进行预警提示，指导现场对预警故障进行重点核查。

（5）建立列车编组规则，对始发编组的列车进行始发编组核查，对违反编组规则的车辆进行预警提示，确保不发生违规编组车辆上路运行。

（6）以铁路局发生的行车事故和设备故障等安全信息为基础，按照车号、车型、故障、发生局、线别、发生地、前次定检（段修）单位、事件关键词等不同维度，分别建立安全信息比对模型，综合分析前一阶段（年/季度/月）的故障发生情况，并根据历史经验定义预警阈值。当指定时间段事故/故障件数超过预警阈值时，系统自动给出预警提示，提醒安全管理人员注意查找问题原因，杜绝安全隐患频繁发生。

（7）根据配件寿命周期，对车辆装用有寿命管理的配件实现过期预警提示；按检修规程和加装改造文件要求，对车辆配件装用不匹配的车辆进行预警提示，提醒现场在检修时重点检查。

系统的功能页面如图 3 和图 4 所示。

图 3　车辆故障综合评判示意图

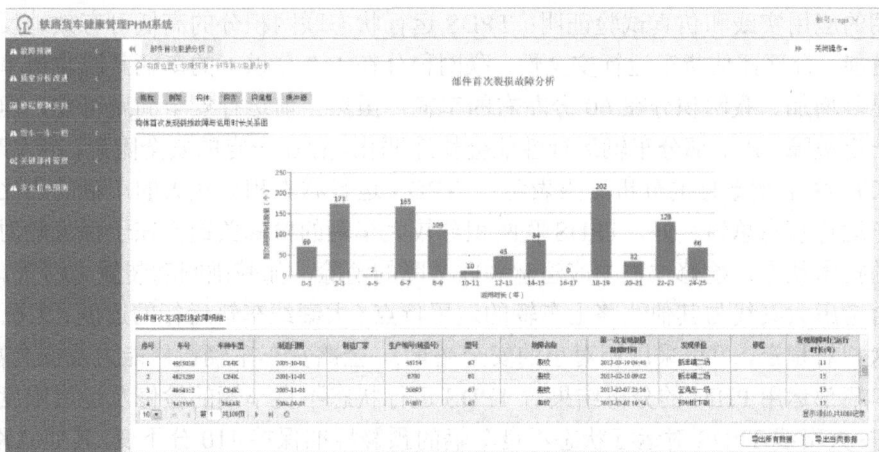

图 4　部件首次裂损故障分析

4.2.1　质量分析改进应用研究

保证货车检修质量和运用质量是保证运用货车处于良好技术状态的关键内容之一。在运用质量分析方面，系统按照标准化列检作业质量评价的要求，建立列检作业场货车质量评价模型，将作业场 TFDS 预报故障及处置、典型故障及处置、临修故障及处置信息进行融合处理，以整列编组、中间未经过编组摘挂的作业列车为评价对象，按照其通过到达/中转作业的作业场顺序，将各作业场发现及处置的故障信息进行数据串接和比对，依据其对车辆故障核实程度进行综合打分，作为其作业质量评价的基础。各单位可根据作业场技检作业后货车质量评比合格率评价其作业质量，分析技检作业存在的不足，不断提高作业质量。

同理，PHM 系统以检修单位为量纲，将检修周期内车辆运行安全监测严重报警及处置、典型故障及处置信息进行融合处理，建立车辆检修质量评价模型，作为对不同检修单位检修质量评价的依据。通过分析检修质量排名及报警数据，鞭策检修单位主动发现生产及管理存在的问题，不断提高检修质量，保证运用车辆运行安全。

4.2.2　修程修制改革应用研究

车辆运行品质是反映车辆技术状态的重要指标之一，而 TPDS 系统的功能之一是可以对货车运行状态进行综合评价。为了掌握铁路货车运行品质与 TPDS 联网积分值的关联关系，制定相应的检修、运用措施，保证铁路货车 120km/h 达速运行安全。总公司车辆部于2014 年、2015 年分别在广州和北京组织选取了部分 TPDS 联网积分值较高的货车与部分厂修、段修车进行了运用质量对比分析。经过现场对车底架及整车落成状态、转向架组装状态、轮轴状态等的检测，选取与 TPDS 联网积分有关的 14 项指标进行了计算和分析，发现对 TPDS 联网积分值影响较大的指标主要有同一轮对轮径差较大、同一车辆 4 个下旁承预压缩量不均匀、下旁承座与旁承盒纵向间隙较大、车轮失圆等原因。通过跟踪上述车辆的转向架和轮对进行施修后上线运行情况，发现其运行品质均恢复正常。车辆工厂的仿真试验也证明了 TPDS 联网积分与车辆动力学性能的关联关系。

长期的应用实践和仿真试验证明：TPDS 运行状态联网积分的高低可有效地反映车辆动力学性能、合理评估货车运行安全性，联网积分在 110 分以上的车辆其脱轨概率相对其他车辆显著增加。联网积分在 60 分左右的车辆，虽然当前运行安全尚属可控，但其部件均存在一定故障，其中部分车辆运行性能会快速恶化，存在一定的安全隐患，应及时消除。近 5 年 TPDS 监测数据的分析结果表明：　TPDS 运行状态积分较大的车辆的占比很小，铁路货车运行状态总体良好。TPDS 联网积分较大车辆的检修关键点在于保证轮对、旁承及整车的技术状态，检修过程中应注意关联故障的消除，如基础制动装置卡滞等。

综合考虑大秦线与其他线路上车辆的运用特点（大秦线车辆运行的速度、工况、TPDS监测频次相对稳定，可以采用相对小的安全裕量）、全路货车车辆检修能力及安全富裕量，总公司车辆部运用 PHM 的分析结果对 TPDS 运行状态不良车辆的检修及运用限度进行了优化改进：大秦线 TPDS 对运行状态不良车辆的预警标准保持 110 分不变，其他线路 TPDS运行状态不良车辆预警标准调整为联网积分 60 分。同时要求，列检作业场对到达列车中TPDS 运行品质不良联网报警货车要立即扣修。扣修车辆临修时，须对轮对、旁承及心盘落成情况进行检测，并按段修标准进行检修。

从 2016 年 3 月货车健康管理系统实现运行状态不良预警车辆自动推送至列检作业场的新运用模式至今，全路已扣修运行状态不良逾 4 600 辆，有效地保证了货车运行安全。

4.2.3　货车设计制造与源头质量应用研究

多年来，货车的造修与货车运用脱节，货车设计、制造部门很难掌握货车运用的第一手资料，用来进行设计、制造的改进与优化。货车健康管理系统则顺畅了设计与运用的关系，将两次修程之间的车辆运行安全监测报警及核实处置信息、临修故障及处置信息、典型故障及处置信息进行融合处理，根据货车及关键部件故障原因进行分析，将涉及制造、厂修/段修的源头质量问题依据造修单位进行分类汇总，将分析结果推送给货车造修工厂及主要配件厂，既可为源头质量改进提供数据支撑，也可为车辆结构及配件设计改进提供参考依据。

5 结束语

目前，货车健康管理 PHM 系统的已投入试用，部分功能正在逐步优化和完善过程中。随着系统功能的不断完善和应用范围的不断扩大，将有利于实现货车全寿命周期健康信息管理，利用大数据建立货车整车及关键部件的可靠性技术评价体系，研究发现货车服役性能演变规律，实现对货车健康状态的诊断、评估与寿命预测，为货车修程修制改革提供辅助决策依据，将成为车辆部门的现场生产和管理决策的重要技术支撑手段，将有助于不断提高数据价值，为保证车辆运行安全、提高生产效率、降低维修成本发挥越来越大的作用，并将为车辆管理带来显著的经济和社会效益。

参考文献

[1] 彭宇，刘大同，彭喜元. 故障预测与健康管理技术综述[J]. 电子测量仪仪器学报，2014(1)：1-8.

[2] 曾声奎，Michael G. Pecht. 故障预测与健康管理（PHM）技术的现状与发展[J]. 航空学报，2005，26(5)：626-632.

[3] 蒋荟，喻冰春等. 铁路货车全寿命周期信息整合应用研究[C]. 第十一届中国智能交通年会优秀会议论文集. 北京：电子工业出版社，2016.

[4] 蒋荟，喻冰春，祁苗苗. 铁路车辆运行安全监控联网及信息综合应用系统总体方案. 铁路总公司，2015.

[5] 喻冰春，蒋荟. 铁路货车管理信息系统整合应用总体设计[C]. 第十二届中国智能交通年会优秀会议论文集. 北京：电子工业出版社，2017.

铁路基础设施元数据管理研究与应用

郭　歌　刘北胜

（中国铁道科学研究院集团有限公司，北京 100081）

【摘要】本文从分析元数据的作用入手，结合铁路行业数据资源的特点和信息共享需求，提出铁路基础设施元数据管理方案，包括元数据分类和描述方法、元数据管理和维护机制以及利用元数据 Schema 进行具体数据填报和校验的应用场景。另外，通过搭建铁路基础设施元数据管理平台，对元数据管理方案进行应用验证。

【关键词】信息共享；元数据管理；Schema；数据校验

Research and Application of Metadata Management for Railway Infrastructure

Guo Ge, Liu Beisheng

(China Academy of Railway Sciences, Beijing 100081)

Abstract: Through ananlysing the role of metadata, this paper proposes a metadata management solution for railway infrastructure based on the characteristics of railway data and information sharing needs. The solution includes metadata classification and description methods, metadata management and maintenance mechanism, and the application scenario of metadata data filling and verification using metadata Schema. In addition, by establishing the metadata management platform of railway infrastructure, the metadata management solution is applied and verified.

Keywords: information sharing; metadata management; Schema; data validation.

1 前言

随着计算机技术特别是互联网技术的发展，各领域、各行业纷纷建立了大量的信息化系统和软件工具。这些系统的应用极大地提高了生产效率，同时也产生了大量的数据资源。随着数据量的不断增大，数据之间的依存关系也越来越复杂，需要一种简单有效的方法整合这些数据，并使信息供应链中的各方能够对数据元素的含义和关联关系具有统一的认知，从而真正实现信息共享。元数据管理为数据资源的整合和利用提供了一种有效手段，通过对行业元数据进行梳理，可构建出一个关键业务数据的定义词库，使行业内数据资源的提供者和使用者达成数据语义统一[1]。通过构建行业元数据管理系统，可对行业内元数据的变化进行持续跟踪和统一维护，保证数据资源的正常流转。另外，通过元数据的定义对具体数据进行检查，保证数据在信息供应链中正确传递。

近年来，铁路行业的信息化水平的不断提高，信息化系统数量及其管理的数据量不断增大，对于数据资源的整合和利用的需求也日趋强烈。但是由于铁路行业的信息供应链庞大，数据来源范围广、涉及多个专业领域、数据关联关系复杂，对于元数据管理提出了新的挑战。另外，铁路工程建设项目要求对基础设施数据进行全生命周期的管理和维护，其中涉及设计阶段、施工阶段和运维阶段的数据交付，需要保证各阶段之间的数据准确、完整传递[2]。为了满足铁路行业的特殊需求，本文提出基于元数据管理的铁路基础设施数据整合方案，包含铁路基础设施元数据的描述方法、元数据管理和维护方案以及基于 JSON Schema 的元数据利用方案。另外，基于本文提出的数据整合方案研发铁路基础设施元数据管理系统，实现铁路基础设施元数据的填报、管理、维护和利用。

2 元数据分类

为了实现元数据管理，须要先对行业元数据进行梳理，并制定相应的元数据标准。由于铁路行业数据涉及的专业领域众多，须要先对元数据进行分类，再对每个类型下的元数据元素进行描述和定义。根据《铁路建设项目预可行性研究、可行性研究和设计文件编制办法 TB10504-2018》中的专业划分原则，将铁路基础设施元数据按照类型和专业进行分类，如图1所示。

首先将铁路基础设施元数据分为项目、组织结构、人员和文档四大类，其中项目类的元数据描述铁路基础设施建设项目的相关业务信息，项目类元数据又可分为项目相关元数据、线路相关元数据、各专业（包括路基、轨道、桥涵、隧道、站场、房建、四电、车辆、机务、环水保等）相关元数据以及专业下各类型的设计单元相关元数据。组织机构类元数据描述铁路行业人员所在单位的信息，又可细分为机构类元数据和部门类元数据。人员类元数据描述人的相关信息，又可细分为人员基本情况、受聘情况、学历、职务、资格、成果和社会福利等类型。文档类元数据描述各类文档、文件或资料的信息，又可细分为基本类、公文、格式文档、法规、规范和设计文件等类型。将元数据进行分类有助于厘清元数据之间的复杂关系，为下一步元数据描述打下基础。

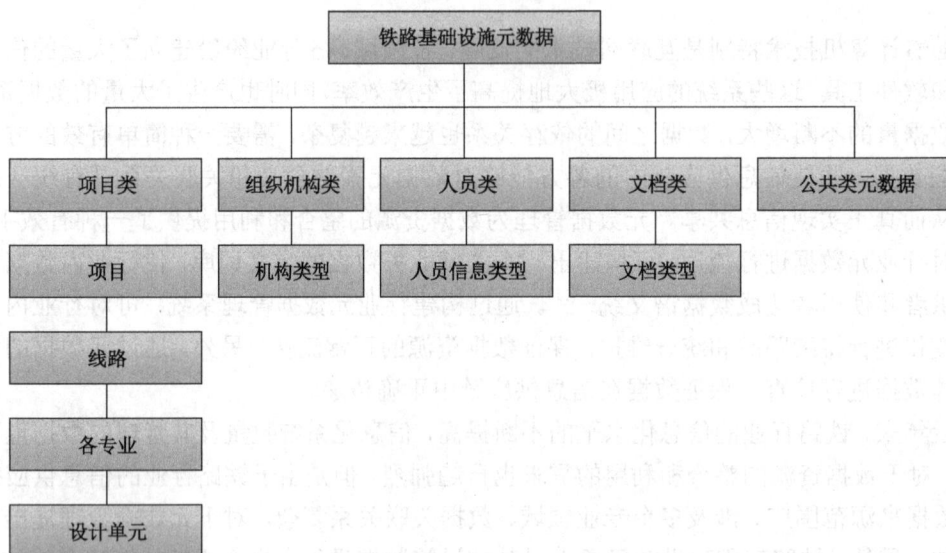

图1　铁路基础设施业务元数据分类

3　元数据描述

元数据作为描述数据的数据，通常由信息结构的描述组成，随着技术的发展元数据内涵有了非常大的扩展，比如数据交易规则、数据接口定义、业务流程、产品配置描述以及各种业务规则、术语和定义等[3,4]。对于铁路基础设施业务元数据的梳理应先从制定元数据的描述方法入手，再通过统一、规范的方式对梳理出来的元数据进行定义和描述。本文结合铁路行业的需求，提出铁路基础设施业务元数据的描述方法，通过基本信息、类型信息、约束信息、取值范围、关联关系和附加信息6个方面来描述元数据，如图2所示。

元数据的基本信息包含元数据的中英文名称、定义和目的，其中定义是对元数据元素含义的描述，目的用来描述元数据元素的必要性和作用。类型信息包含元素类型和数据类型，其中元素类型又可分为简单型、容器型和复合型。简单型元素是指不具有子元素的元素所对应的元素类型，容器型元素是指具有子元素且本身不能被赋值的元素所对应的元素类型，复合型元素是指本身可以被赋值且在一定条件下可以具有子元素的元素所对应的元素类型。元素的数据类型是指为表达元数据元素值而规定的具有相同数学特性和相同操作集的数据类别。数据类型包括字符型、数值型、日期时间型。容器型元素没有数据类型。

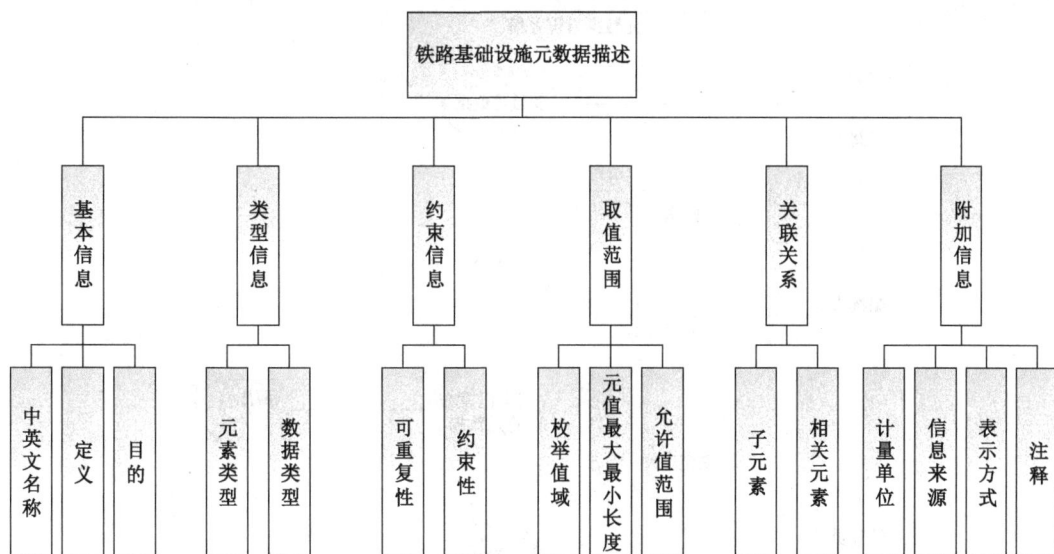

图 2 铁路基础设施元数据描述

约束信息包含可重复性和约束性，可重复性是指元数据元素是否可以重复出现，约束性是指采用该数据元素的强制性程度，分必选、条件选和可选。必选表示总是强制采用，条件选表示在特定环境和条件下必须采用，可选表示可采用也可不采用，由用户根据需要确定。取值范围包含枚举值域、数据元值的最大最小长度、数据元值的允许值范围。枚举值域是指可以分配给元数据元素的值，数据元值的最大最小长度是指当元数据元素的数据类型是字符型时，数据所占的最大和最小字节数，数据元值的允许值范围是指当元数据元素的数据类型是数值型时，数据的最大和最小值。关联关系包含子元素和相关元素，子元素是指在同一元数据分类下该元素具有的下属元素。相关元素是指在不同元数据类型下与该元素具有密切关系的元素。附加信息包含计量单位、信息来源、表示方式和注释。其中，计量单位是指用于计量数据元值的单位，如米、秒、公斤等。信息来源是指元素据元素来源于哪个标准或规范。表示方式是指数据元值的展示方式，例如，年-月-日、百分比、分数等。注释是指对元素的进一步说明。通过这些信息可对元数据元素进行完整、清晰地描述，也可为元数据的利用提供便利。

4 元数据管理和维护

对行业元数据进行有效管理需要建立元数据维护机制，并研发相应的软件系统，对元数据进行持续更新，从而保证元数据的高可用性。本文提出元数据管理流程，并据此研发铁路基础设施元数据管理系统，实现元数据的导入、归档、维护和发布，元数据管理系统用例如图 3 所示。

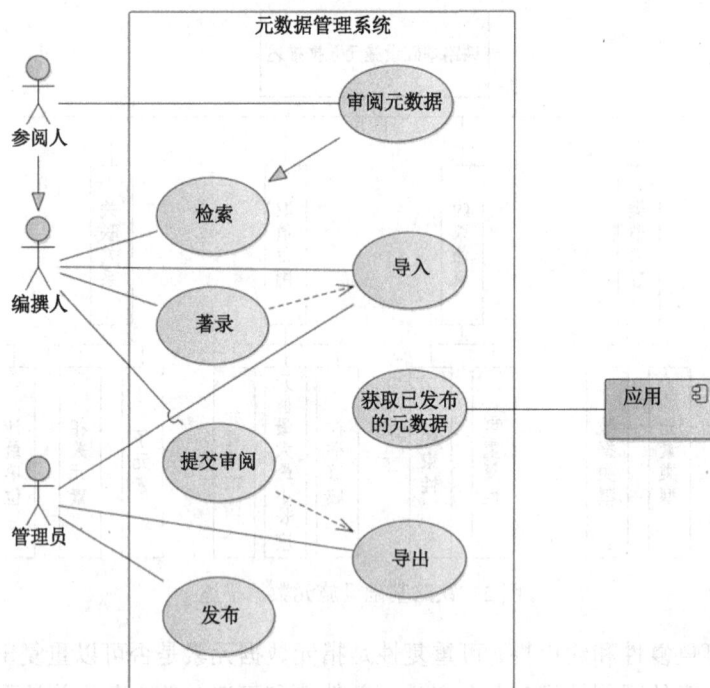

图 3　元数据管理系统用例

元数据可通过 Excel 文件导入系统，编辑人将元数据的描述录入统一格式的 Excel 模板文件，再将文件导入到系统，可分专业、分批次进行导入。导入的同时系统会根据元数据描述规则对填报的元数据进行自动校验，例如检查简单型元数据是否录入了数据类型、枚举型元数据是否录入了值域等。校验合格后的元数据将按照分类归档存储。归档后的元数据可直接在系统进行检索和查看。元数据参阅人可在系统上对录入的元数据进行逐一审核，审核通过后的元数据可由系统管理员进行发布。在使用过程中需要对元数据进行持续更新，编辑人可在系统上对已发布的元数据进行编辑，编辑完成后提交审核。元数据编辑流程如图 4 所示。

编辑人完成元数据编辑后将结果提交至元数据管理系统，系统将被编辑的那部分元数据锁定，并启动审批流程。审批流程启动后流程引擎通知所有参阅人对编辑结果进行审核。参阅人可在元数据管理系统查阅编辑后的元数据并给出反馈意见和审核结果，若所有参阅人均审核通过，则发布编辑后的元数据；若审核不通过，系统解锁被编辑的元数据，由编辑人根据审核意见再次编辑元数据并重新提交审核。

5　元数据应用

元数据是信息资源描述的重要工具。它可以用于信息资源管理的各个方面，包括信息资源的创建、发布、转换、使用和共享等。本文根据一定映射规则将元数据转化成 Json

Schema，信息供应链中的各单位根据 Schema 中的元数据描述填报具体数据，生成 Json 格式的数据文件，用于数据的传递和共享。此外，元数据管理系统可根据元数据 Schema 自动生成具体数据的填报界面，或者对具体数据进行校验。元数据管理系统中的元数据查看界面如图 5 所示。

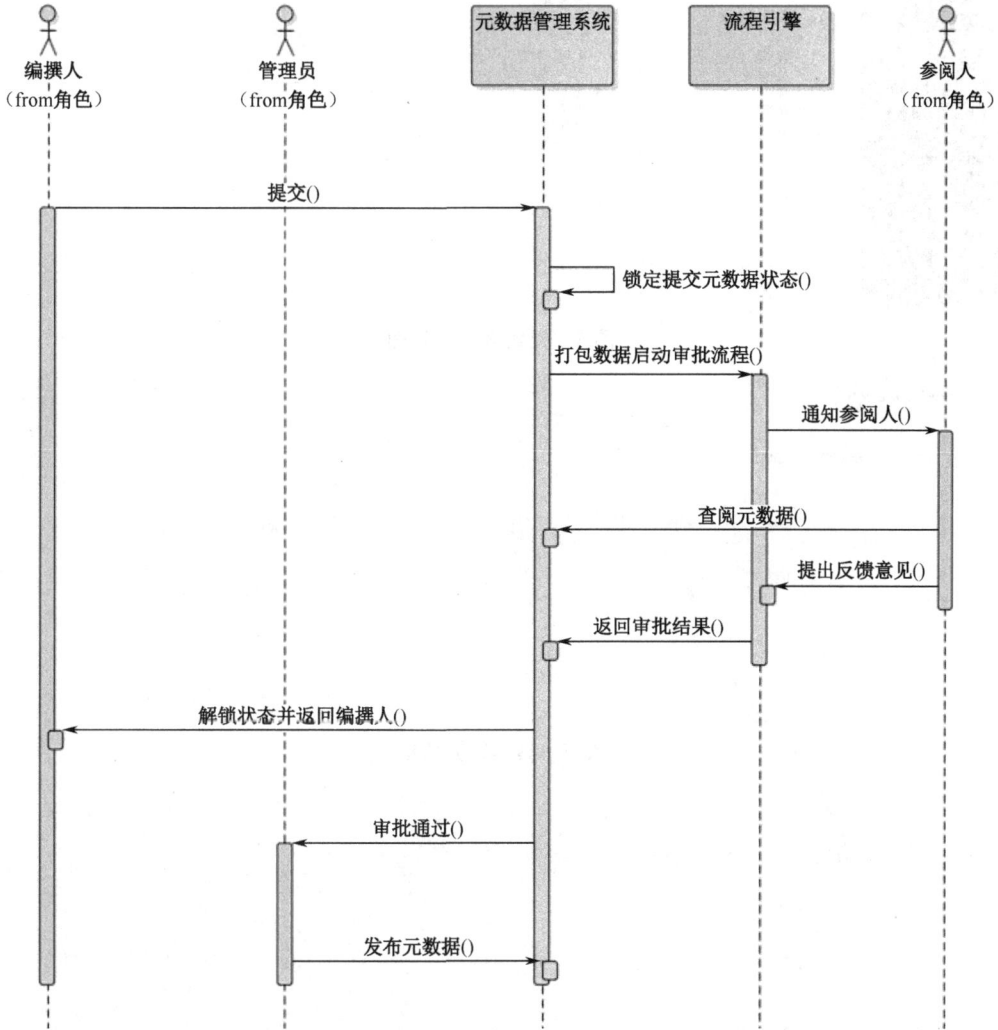

图 4　元数据编辑流程

　　信息供应链中的各方可在元数据管理系统中查看已发布的元数据。可根据元数据分类进行检索，选择某个具体元数据可查看元数据的描述。选择某个元数据分类可将该分类下的元数据导出成 Json Schema，元数据 Schema 可作为具体数据交换的标准，从而实现信息共享。元数据管理系统还支持具体数据的填报和校验。通过元数据 Schema 可自动生成具体数据的填报界面，信息供应链中的各方可在元数据管理系统中进行具体数据的填报，系统在填报过程中对数据进行实时校验，如图 6 所示。另外，具体数据也可在系统外进行填报，并以 Json 格式上传到系统进行校验，如图 7 所示。

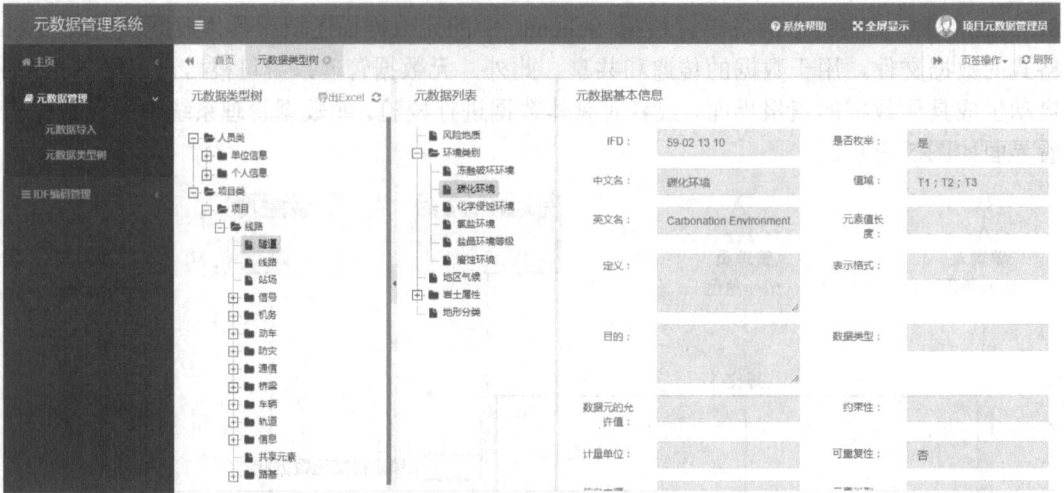

图 5　元数据查看界面

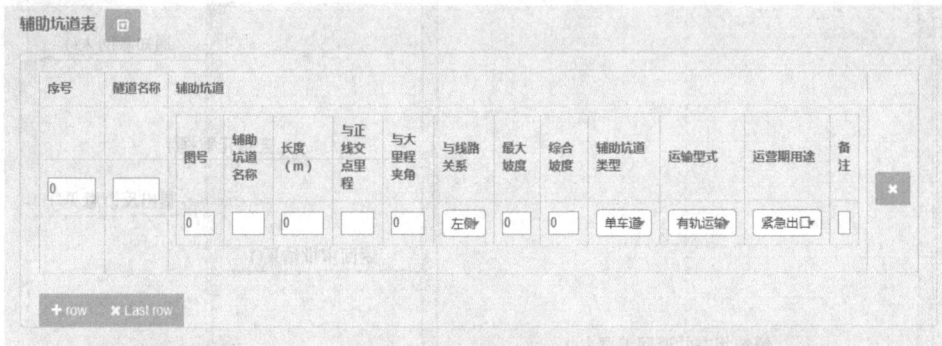

图 6　具体数据填报

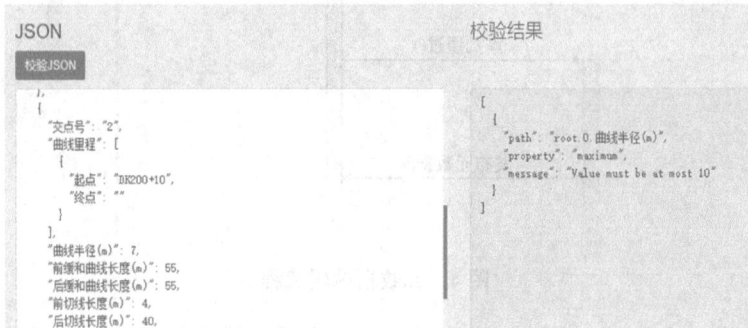

图 7　Json 格式具体数据校验

6　结语和展望

本文首先对元数据的作用进行了分析，并根据铁路行业业务数据的特点和数据共享的具体需求提出铁路基础设施元数据的分类和描述方法、管理和维护机制及应用场景。基于此搭建铁路基础设施元数据管理系统，实现了元数据的著录、维护和利用。研究发现，元数据对于行业数据资源的整合和利用具有非常重要的作用。通过元数据管理可保证信息供应链中各方在数据层面保持语义等效，从而实现真正的数据共享。在后续工作中，应深入研究元数据管理的应用场景、安全策略和订阅推送机制等，还应考虑对业务术语、技术术语中的敏感数据进行标记和分类，制定相应的数据隐私保护政策，确保企业隐私安全。

参考文献

[1] 高沛鑫. 论元数据及其作用[J]. 软件，2014(3)：201-202.

[2] 王同军. 基于 BIM 的铁路工程管理平台建设与展望[J]. 铁路技术创新，2015(3)：8-13.

[3] Staudt M, Vaduva A, Vetterli T. Metadata Management and Data Warehousing[M]. University of Zurich, 2007.

[4] Inmon W H. Building the Data Warehouse[M]. John Wiley & Sons Inc, 2002.

铁路客车故障轨旁图像检测设备联网应用接入技术研究

杨 凯

（中国铁道科学研究院集团有限公司电子计算技术研究所，北京 100081）

【摘要】铁路客车故障轨旁图像检测设备（Train of Passenger Vehicle Failures Detection System，TVDS）的部署，能够实现铁路客车侧部底部关键可视部件的图像检测，有效保障了铁路客车运行安全。为满足客车故障的快速准确发现及实时跟踪处置，需要将 TVDS 设备进行集中联网，实现综合故障诊断。为此，本文基于 TVDS 的设备特点，结合图像类设备监控需求，研究了多型制 TVDS 设备的集中接入技术，设计了规范的设备接入方案，制定了统一的数据传输流程和传输报文标准，为TVDS 的集中接入奠定了技术基础，为实现 TVDS 综合联网应用、保障行车安全提供了技术支持。

【关键词】铁路客车，TVDS，数据接口

TVDS Networking Data Interface Technology Research

Yang Kai

（Institute of Computing Technologies, China Academy of Railway Sciences Corporation Limited, Beijing 100081）

Abstract: Train of Passenger Vehicle Failures Detection System (TVDS) enable detect the image of key visual components at the bottom of the train. In order to identify vehicle fault quickly, achieve TVDS networking application, we research TVDS networking data interface technology in this paper, design the content standard and the data

基金项目：中国铁路总公司科技研究开发计划课题（2017J003-D）。
中国铁道科学研究院集团有限公司科研项目（2018YJ109）。
中国铁道科学研究院集团有限公司科研项目（2018YJ104）。

作者简介：杨凯（1981—），男，博士，副研究员，研究方向为铁路行车安全监控、图像处理等，（ict_yk@163.com）。

transmission process standard. This research provides technical support for TVDS networking application.

Keywords: train of passenger vehicle; TVDS; data interface.

1 概述

铁路客车故障轨旁图像检测设备（Train of Passenger Vehicle Failures Detection System, TVDS）[1]是一种安装于既有铁路正线主要站点入站咽喉处，对客车进行图像检测的行车安全监控设备。该设备能够实现对客车车体底部、侧下部、连接装置、转向架、车体顶部（可选）等可视部位的线阵图像采集，并发送给现场检车作业人员，以实现对客车运行状态的监控以及可视故障的快速发现与上报，是铁路地对车安全监控系统的重要组成部分[2]。根据"铁路车辆运行安全监控系统联网及信息综合应用总体方案"[3]的规划，为满足客车故障的快速发现及跟踪处置，需要实现沿线多点 TVDS 设备的集中接入、综合故障诊断与多级联网应用。为此，开展多型制 TVDS 设备的集中接入技术，设计规范的设备接口和集中接入方案，具有重要的研究与应用价值。

2 研究现状

TVDS 设备是利用轨旁图像采集装置采集传输客车车体底部、侧下部、连接装置、转向架等可视部位线阵图像，实现对客车可视部件状态监控的设备。TVDS 设备的组成包括机房设备和轨旁设备两部分。机房设备包括图像信息采集服务器、车辆信息采集服务器、控制服务器、AEI 设备、防雷装置等；轨旁设备包括线阵采集相机、光源补偿设备、车轮传感器、除尘清洁装置、AEI（Auto Vehicle Identification System，铁路车号采集系统）设备等。其主要功能如下[4]。

（1）线阵图像采集功能，实现对客车侧下部及底部可视部件的线阵图像采集。

（2）车辆信息采集功能，实现 AEI 主机车号信息采集，以及自动计轴计辆、测速的功能，形成完整的客车运行信息。

（3）车号识别功能，实现对客车车号、车次的自动识别，并建立车辆部件图像与车号及位置的匹配关系。

（4）抗雨雪雾、沙尘及阳光干扰功能，实现雨雪雾、沙尘及强烈阳光条件下，系统图像及数据的正常采集。

（5）自检及远程维护功能，实现轨旁设备和专用通道的定时自检，并及时对故障情况进行预报。

目前，铁路地对车行车安全领域已有相似技术原理的行车安全检测设备 TEDS[5]及 TFDS[6]，分别实现了对动车组及货车运行车体状态进行图像检测及监控，并且已经完成了联网应用[7]，实现了设备的集中标准接入。然而，由于检测车辆属性、检测设备架构、采集数据类型，乃至运用管理需求等诸多方面存在明显的差异，现有类似原理设备的联网数据接口规范并不适用于 TVDS 设备。因此，基于 TVDS 设备自身的设计特点和监控应用需求，研究多型 TVDS 设备统一的数据接入技术，制定标准化程度更高、兼容性能力更强的设备接入方案，是铁路客车故障轨边图像监控亟待解决的技术问题。

3 接入方案设计

3.1　接入方法

3.1.1　参与主体

TVDS 设备集中接入工作涉及三个参与主体：TVDS 联网系统建设者、TVDS 设备建设者和 TVDS 系统使用者。

TVDS 联网系统建设者，根据设备的接入需求，统一组织设备接口协议的制定，协调各类型设备硬件的部署接入，设计并研发综合应用平台并部署，保障应用平台的持续稳定运行。

TVDS 设备建设者，配合 TVDS 联网系统建设者制定设备接入规范，完成设备的软硬件环境部署并实现数据接口开发，协同完成设备统一接入的联调及测试，保障数据接口的持续稳定运行。

TVDS 系统使用者，根据实际业务需求，提出设备接入内容及标准的需求，配合联网系统建设者与设备建设者实现综合应用平台及设备软硬件环境的部署，统筹协调设备集中接入，并持续监控数据接口的稳定运行。

3.1.2　流程设计

TVDS 设备集中接入流程总体可分为三个阶段：方案制定阶段、接口实现及部署阶段、接口运行及维护阶段。其中，各参与主体在相应阶段中的协同工作内容如图 1 所示。

具体流程如下。

（1）在方案制定阶段中，首先由系统使用者发起设备接入需求，由联网系统建设者根据需求分析既有软硬件条件，组织制定接入接口标准，同时设备建设者积极配合，形成标准的数据接入规范方案。

（2）在接口实现及部署阶段，在系统使用者确认接入方案的基础上，联网系统建设者及设备建设者分别完成接入程序的服务端与客户端程序研发，并配合系统使用者的统筹协调，开展接口调试，实现多型制设备的统一标准接入。

（3）在接口运行及维护阶段，由联网系统建设者根据系统使用者的现场应用需求，实现应用功能的研发并交付使用，设备接入的后期运维工作由系统使用者、设备建设者及联网系统建设者共同监控及协同维护。

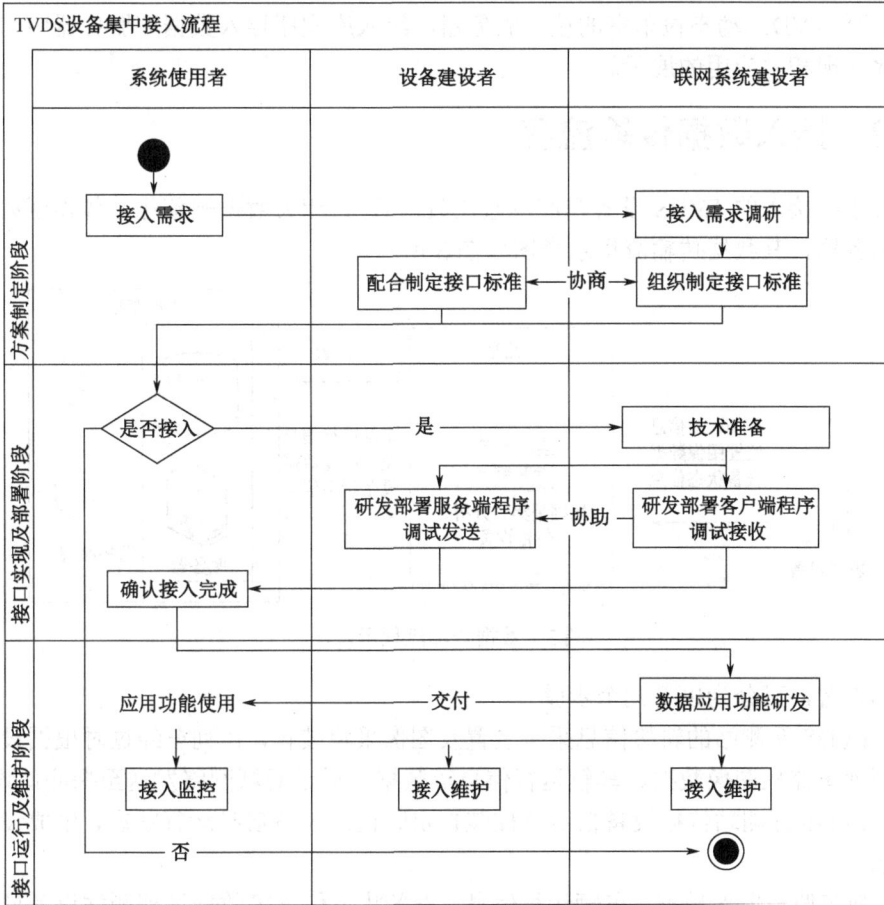

图1 设备集中接入总体流程图

3.2 接入设备架构

TVDS 设备集中接入的设备连接示意图如图 2 所示。

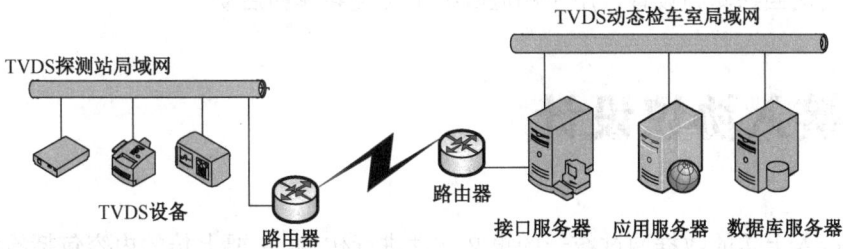

图2 TVDS 设备集中接入的设备连接示意图

图 2 中，位于 TVDS 轨边探测站中的 TVDS 设备，实现了接入服务端程序的部署，通过路由器等网络设备连入铁路通信网络；位于 TVDS 动态检车室专用于设备集中接入的接口服务器，通过路由器等网络设备接入铁路通信网络，部署有接入客户端程序。当列车经过 TVDS 探测站并被检测时，由探测站 TVDS 设备采集的监控数据，会经铁路通信

网络发送至 TVDS 动态检车室的接口服务器，经入库程序导入数据库服务器中，并通过应用程序实现相关应用的展示。

3.3　接入数据传输流程

实现集中接入的 TVDS 设备在产生监控数据后，将相关数据规范化并传输至动态检车室接口服务器，其数据传输流程示意图如图 3 所示。

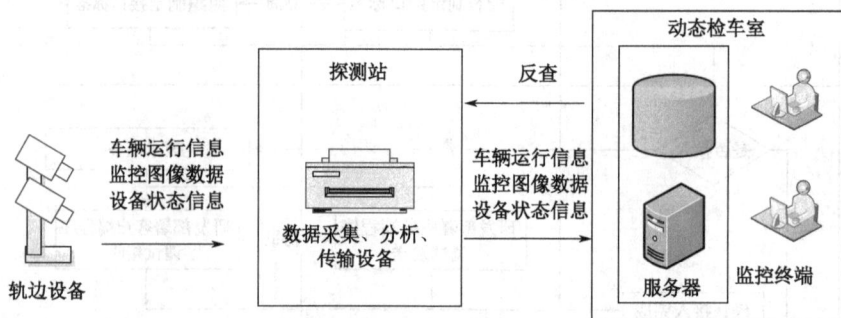

图 3　数据传输流程示意图

具体来看，可分为以下几个步骤。

（1）TVDS 探测站的轨边信息采集装置及图像采集装置，在列车经过时根据设备控制信号检测列车监控图像数据、车辆运行信息等数据，通过局域网络发送至探测站设备中。

（2）TVDS 探测站依据设备自身监控装置定时检测设备自身运行状态，生成设备运行状态信息。

（3）列车监控图像数据、车辆运行信息、设备状态信息等数据经探测站设备处理分析后，按照设备接口协议以形成规范的数据报文，通过设备上部署的服务端程序发送至 TVDS 动态检车室接口服务器的客户端程序，并统一存放于约定的文件存储位置下，用于数据入库及使用。

（4）同时，动态检车室在应用数据的过程中会生成数据反查需求，按照协议标准通过传输程序发送回探测站设备，用于相应数据上传及共享的启动。

4　接入协议设计

设备接入上传的数据通过统一的报文文件进行传输，主要上传的内容包括检测车辆运行信息、设备状态信息文件，以及列车监控图像数据文件。

4.1　车辆运行信息

检测信息主要包括车辆报文、设备状态报文、反查报文等报文文件，具体的数据内容见表 1。

表1 接口报文格式及数据内容表

报文类型	类型编码	说 明	数据项内容
车辆报文	LC	记录通过测点的列车及车辆信息	[过车时间][运行方向][车次][机后总辆数][机后总轴数][平均车速][最高速度][最低速度][过车辆序][车号][车种][车型][席别][轴数][轴距][端位][线阵通道图片编码]
设备状态报文	ZT	探测站设备运行状态信息	[监控内容编码][设备序号][状态编码][参数]
反查报文	FC	反查图像发送的内容	[图片名称][反查时间]

其中，各类报文的命名方式如下。

（1）LC_过车序号_过车时间_版本号.data

（2）ZT_上报时间_版本号.data

（3）FC_过车序号_反查时间_版本号.data

其中，采用"yyyyMMddhhmmss"格式的时间串作为报文生成时间字符串；过车序号为当日 0:00 分后通过探测站的列车序号自 001 开始至 999 结束；版本号自 00 开始至 99 结束；报文文件内每条报文一行，以"/r/n"结束，行内各数据项以","分隔符切割；报文文件内所有报文输入结束后，另起一行输入"EOF/r/n"，作为文件的语义结束符。

各报文的内容与格式分别如表2～表5所示。

表2 车辆报文数据项类型及释义

含 义	数据类型	备 注
过车时间	DATE	yyyyMMddhhmmss 格式的时间串作为过车时间字符串
运行方向	Char(1)	列车运行方向，0：上行，1：下行
车次	Char(8)	通过列车车次号
机后总辆数	Number(2)	机车后车辆数量
机后总轴数	Number(2)	机车后车轴数量
平均车速	Number(3)	列车运行平均速度，以千米/小时为单位
最高速度	Number(3)	列车驶入测点的速度，以千米/小时为单位
最低速度	Number(3)	列车驶出测点的速度，以千米/小时为单位
过车辆序	Number(2)	具体标定机后第几辆车
车号	Number(6)	车辆号
车种	Char(1)	车辆车种，H 表示货车，K 表示客车，D 表示动车组
车型	Char(3)	客车型号，如 25T 等
席别	Char(2)	车辆席位类别，如 TW 等
轴数	Number(1)	车辆车轴个数
轴距	Number(4)	车轴间距离比例值
端位	Number(1)	车辆标签安装端位与机车的相关关系
线阵通道图片编码	自定义	线阵通道相机拍摄图像的相关信息，如表3所示

表 3 线阵通道图片编码释义

含 义	数据类型	备 注
相机类型编号	Number(1)	相机型号，0 线阵，1 面阵，2 顶部相机，3 三维相机
相机编号	Number(1)	不同位置相机的编号，由 1~9
图像文件总数	Number(3)	采集到的车辆所含图像总数
轴位所在图片	Number(3)	轴位所在第几张图像上
轴位图片位置	Number(3)	轴位所在图像的千分比位置

表 4 设备状态报文数据项类型及释义

含 义	数据类型	备 注
监控内容编码	Char(8)	监控项编码号
设备序号	Number(2)	同类设备序号编码号
状态编码	Char(1)	工作状态，正常为 Y，异常为 N，未获取为 E
参数	Number(3)	工作状态具体参数值

表 5 反查报文数据项类型及释义

含 义	数据类型	备 注
图片名称	Char(100)	包含相对路径及文件名称的图片名称
反查时间	DATE	yyyyMMddhhmmss 格式的时间串作为过车时间字符串

4.2 监控图像数据

线阵图像模块采集的图像内容设计为横向显示，文件名称统一规范为 13 位（含后缀名），具体规则如下。

（1）第 1 位为默认大写字母"L"，若传输原图则为"Y"。

（2）第 2 位为相机编号，以列车行车方向为前分别将左侧、底左、底中、底右、右侧相机编为 1~5。

（3）第 3 位为英文字符下划线"_"。

（4）第 4 位至第 5 位为辆序，从 1 开始顺序递增，不足二位的用数字 0 补齐。

（5）第 6 位为英文字符下划线"_"。

（6）第 7 位至第 9 位为图片序号，从 001 开始顺序递增，不足三位的用数字 0 补齐。

（7）第 10 位至第 13 位为图片后缀名".jpg"。

5 结语

本文基于 TVDS 的设备特点，结合图像类设备监控需求，研究了多型制 TVDS 设备的集中接入技术，设计了规范的设备接入方案，制定了统一的数据传输流程和传输报文标准，为 TVDS 的集中接入奠定了技术基础，为实现 TVDS 综合联网应用，保障行车安全提供了技术支持。后续将重点开展检测信息综合评判技术、联网应用深化研究等方面的研究。

参考文献

[1] 北京康拓红外技术有限公司. 客车故障轨边图像检测系统（TVDS）[J]. 军民两用技术与产品，2013(3)：43.

[2] 中国铁路总公司. 车辆专业安全监控技术发展规划（运辆管理函[2014]472号），2013.

[3] 中国铁路总公司. 铁路车辆运行安全监控系统联网及信息综合应用总体方案（运信规划函[2015]185号），2014.

[4] 中国铁路总公司. 动车组运行故障图像检测系统（TEDS）探测站设备暂行技术条件（铁总运[2015]242号），2015.

[5] 李九灵，冯维，孙国栋等. TFDS故障动态图像识别系统的设计[J]. 湖北工业大学学报，2013(5)：9-11.

[6] 李骏. 动车组运行故障动态图像检测系统（TEDS）设计与实现[D]. 北京：北京邮电大学，2012.

[7] 杨凯，贾志凯，吕赫等. TEDS监控设备联网应用技术研究[A]. 中国智能交通协会. 第九届中国智能交通年会大会论文集[C]. 2014：7.

基于 NEMA 相位的交叉口信号配时方法设计

晁文杰 [1,2]

（1. 北京航空航天大学 交通科学与工程学院，车路协同与安全控制北京市重点实验室，
北京 100191；
2. 北京航空航天大学 大数据科学与脑机智能高精尖创新中心，北京 100191）

【摘要】随着我国道路交通状况的日益复杂，对于十字交叉口，车流在交叉口处不再是单一的呈现流量对称的状态。本文针对非传统交叉口，即流量不对称的交叉口，引入 NEMA 相位概念。分析 NEMA 相位与传统相位的差异及其优异性，厘清 NEMA 相位与传统对称相位在概念上的混淆。针对 NEMA 相位与传统相位的适用性差异，基于传统相位的配时方法，建立了一个标准的、区别于传统相位的 NEMA 相位流率比分配与信号配时方法，并对合肥市繁华大道与莲花路交叉口应用 NEMA 相位进行信号配时设计与优化。通过实地调查得到数据，在 VISSIM 软件仿真中实现。通过对比仿真得到的优化前后数据，证明了 NEMA 相位能够显著的减少在流量非对称交叉口上的延误与排队长度，验证了本文提出的配时方法的可行性。

【关键词】NEMA 相位；流量不对称交叉口；信号配时；VISSIM 仿真

作者简介：晁文杰，男，北京航空航天大学硕士研究生。

Design of intersection signal timing method based on NEMA phase

Chao Wenjie[1,2]

(1. School of transportation science and engineering, Beijing university of aeronautics and astronautics, Beijing key laboratory of vehicular road coordination and safety control, Beijing 100191, China;

2. Big data science and high precision innovation center, Beijing university of aeronautics and astronautics, Beijing 100191 China.)

Abstract: With the increasing complexity of China's road traffic, the flow of traffic at the intersection is no longer a single state of flow symmetry. In this paper, the concept of NEMA phase is introduced for nontraditional intersections, i.e. intersections with asymmetric flow. The differences and advantages between NEMA phase and traditional phase are analyzed to clarify the conceptual confusion between NEMA phase and traditional symmetric phase. In view of the applicability difference between NEMA phase and traditional phase, a standard NEMA phase ratio allocation and signal timing method is established based on traditional phase timing method. NEMA phase was applied to signal timing design and optimization at the intersection of Lianhua road and Fanhua road in Hefei. The data obtained through field investigation is realized in the simulation of VISSIM software. By comparing the optimized data obtained by simulation, it is proved that NEMA phase can significantly reduce the delay and queue length at the traffic asymmetric intersection, and verify the feasibility of the timing method proposed in this paper.

Keywords: NEMA phase; asymmetric intersection; signal timing; VISSIM Simulation.

1 引言

随着我国道路交通状况的日益复杂，对于十字交叉口，车流在交叉口处不再是单一的呈现流量对称的状态。可能出现的状态有交叉口道路按流量大小分为主干路与次干路，还可能为交叉口的四条支路中有两条不处于一个方向的支路的流量明显大于对向支路，这类交叉口被称为流量不对成交叉口。流量不对称交叉口的配时方法不同于一般的流量对称交叉口，其配时难点在于相位概念不清，关键流率比如何确定。

对于交叉口配时，国内外学者几十年来对其提出了诸多的理论。最经典的是，Webster[1]提出了 Webster 法利用交叉口总延误计算得到总周期时长，通过确定关键流率比分配绿灯时间，从而得到相位配时方案。此后遗传算法[2]、改进遗传算法[3]、群集智能算法[4]以及其他的启发式算法被广泛的应用在交叉口配时中。

NEMA 相位适用于十字交叉口，灵活地适用于各中流量的变化是其显著特点，交通工程师们可以利用该特点快速地调整相位方案，调整信号配时。因此，NEMA 相位在流量不对称交叉口或者流量变化大的交叉口上尤为适用，与传统交叉口相比，适用范围更大、灵活性更好。

2 NEMA 相位简介

NEMA 相位是一种双环（Dual-Ring）相位结构，其设计是基于传统信号控制机设计而来的。右标号顺序图如图 1 所示，按照南北西东给左转车流分别标号 1、3、5、7；对直行车流按北东南西分别标号 2、4、6、8。此相位的控制逻辑（见图 1 左，相位控制图）为：

（1）同一行的转向车流不可组成一个相位。

（2）不在同一行但在阻隔的同一侧的任两个转向车流都可以组成一个相位。

（3）在阻隔一侧的内部相位时间不必同步。

该控制逻辑有效地避免了冲突车流被同时放行，有效地保障了交叉口在控制上的安全，且在配时就不必统一两个相位的时间，给相位方案与配时设计带来了多种可能，有利于交叉口的差异化配时。

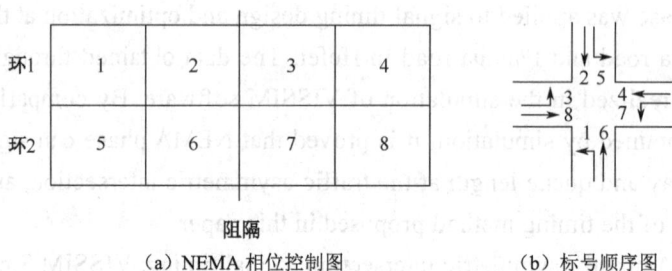

| （a）NEMA 相位控制图 | （b）标号顺序图 |

图 1　右标号顺序图

2.1　相位定义区别

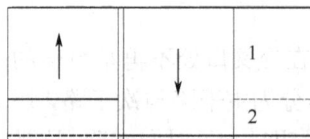

图 2　部分相位控制图

传统相位方案下的相位一般是这样定义的，即文献[5]认为每一种控制状态（一种通行权），即各进口道不同方向所显示的不同灯色的组合，可以称为一个信号相位。也就是说，同一时间给不同方向车辆的通行权不能跨越到其他相位，否则就会造成概念上的混淆。如图 2 所示是部分相位控制图，多出来的小相位 2 是独立的相位吗？

这个问题的产生主要是因为传统相位与 NEMA 相位对于相位定义是有区别导致的。NEMA TS2 将相位定义为：一个周期内，分配给任意一个独立交通流的绿灯时间、红灯时间及清空时间的组合[4]。按照传统的相位定义，图 2 中的 1 与 2 是独立的两个相位（因为在相位 2 中通行权有变化），而在 NEMA 相位中则认为两个通行方向的车流组成了一个相位，既不是分为了两个相位（相位 1 与相位 2），也不是 1 与 2 共同构成了一个相位。通过图 3 可以更清晰地了解两种相位方案在相位定义上的区别。

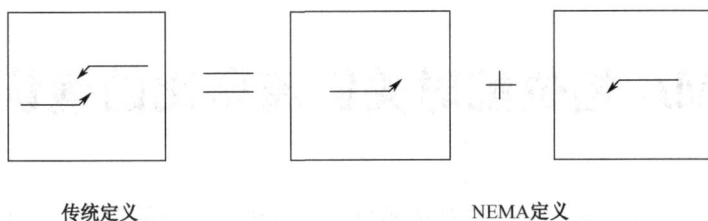

传统定义 　　　　　　　　　　 NEMA定义

图 3　两种相位方案在相位定义上的区别

本文为了消除在设计 NEMA 信号配时方法时由于相位定义可能产生的误差，引入了过渡相位这个概念，即在绿灯时间内某一方向的车流持续了不止一个相位。由于双环结构的控制逻辑是在阻隔一侧的相位时间随意调整，因此可能产生如图 4 所示的相位方案。在这个方案中，相位 1 和 3 早起，相位 5 和 7 迟断，形成了阴影部分的过渡相位。在设计 NEMA 信号配时方法时把过渡相位称为一个相位，即图 4 展示的相位方案为 6 相位，但是由于过渡相位的损失时间与完整的相位不同，在计算配时中的损失时间时，过渡相位不计入其中。

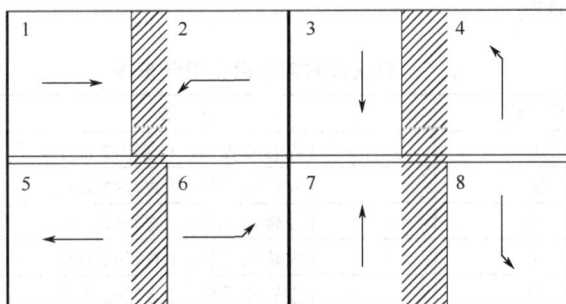

图 4　一种 NEMA 相位控制图（含过渡区域）

2.2　NEMA 相位方案的优势

NEMA 相位的控制逻辑保证了在阻隔同侧的两个进程之间没有冲突，因此两个进程的控制就可以独立进行，进程内部相位时间不必一致。这样的特性使得 NEMA 相位方案更加多样化，适应车流量不对称的交叉口，本章提到的交叉口道路按流量大小分为主干路与次干路的交叉口和四条支路中有两条不处于一个方向的支路的流量明显大于对向支路的交叉口。

NEMA 相位在相位方案调整上具有优势，对于图 4 所示的相位控制图，可以通过调换进程 5 和 6 的顺序来使过渡相位变成给予东西左转车辆通行权，或是进程 6，即西进口左转车流量大于西进口直行车流量，也可通过此方式优化的相位方案。通过控制图改变阻隔同一侧内部相位的时间，NEMA 相位方案可以提供比传统方案更为灵活的控制方案。

但是 NEMA 相位的调节不是万能的，是有一定限制的。例如，相比于北进口，我们想要南进口的左转大，但直行较小，这就无法实现。

值得注意的是，NEMA 方案在交叉口滤波设计上也具有较大的灵活性，但本文主要研究的是 NEMA 相位在单点信号交叉口上的应用，所以，不在此展开介绍。

3 NEMA 相位配时关键流率比的确认

因为 NEMA 相位不同于传统的对称相位，其有过渡部分的存在，因此就不能够像传统相位那样配时，主要区别在于几个点，分别是各相位关键流率比的确定，总流率比的计算，分配给过渡部分定义的相位的绿灯时间等。因此，为 NEMA 相位设计一个配时方法就显得极其重要。

3.1　两种方案的适用场合的分析

流率比在信号配时中至关重要。流率比的定义为一个车道一小时的交通量与该车到饱和流率之比[5,6]。

确定各个方向的流率比，对比两个对向车道（分别为 1 和 2）的同方向流率比，可能出现表 1 列出的八种情况。

表 1　交叉口对向车道流量分布表

序　号	状　态
①	1 左转>2 左转；1 直行>2 直行
②	1 左转>2 左转；1 直行<2 直行
③	1 左转<2 左转；1 直行>2 直行
④	1 左转<2 左转；1 直行<2 直行
⑤	1 左转>2 左转；1 直行=2 直行
⑥	1 左转=2 左转；1 直行>2 直行
⑦	1 左转<2 左转；1 直行=2 直行
⑧	1 左转=2 左转；1 直行<2 直行

（此处的"<"（">"）意味着车流少（多）20%以上，不是略微小于（大于）。"="意味着流率比相差不大，不是严格相等）

首先，我们对四种情况背后所折射出的情景进行分析。①表明进口道 1 的左转和直行车流均大于对向进口道 2 的左转与直行车流，也就意味着此对向车流为非对称。同时④的流率比对比与①正好相反，在这里可以合并分析。对于这两种情况的相位方案，既可以设置为 NEMA 相位的形式（通过设置过渡部分）也可以使用传统相位方案（第一相位进口道 1 直左，第二相位进口道 2 直左）。②表明进口道 1 的左转大于对向进口道 2 的左转，而直行车流较小。此方案若要使用 NEMA 相位，通过调整控制图，我们发现无法实现一个进口道的左转大于对向的左转同时直行小于对向直行，反过来也一样，这表明情况②和

③都无法利用调整 NEMA 相位设置过渡部分来最大化绿灯时间通过车辆数。只能使用传统相位方案，并势必要浪费部分绿灯时间。⑤～⑧表现出的情况在设置相位方案时可以合并成一种来看，也就是一个进口道的某方向车流大于对向进口道的同方向车流，而其他方向车流相差不大。

通过对以上情况的分析可以明确两种相位方案的适用场合，从而帮助我们选择最佳的相位方案。

3.2　NEMA 相位关键流率比确认

如果我们选择了调整 NEMA 相位设置过渡部分，那么在相位分配上就有了疑问——过渡部分属于哪个相位？为了便于理解，本文直接使用了传统的相位定义，即文献[7]定义的一股或多股交通流，在一个周期内不管任何瞬间都获得完全相同的信号灯色显示。于是我们把过渡部分看成一个独立的相位。值得注意的是该相位有一股车流有黄灯无启动损失，另一股车流有启动损失而无黄灯。确定了这种分配方式后我们就可以着手对被拆成 2 个相位的车流的流率比分配了。

想要使配时达到最优，则同一个相位中各个方向车流的流率比应达到最优。本文对各个相位的时间分配就是以同一方向的流率比之差为优化目标的。这里有一个简单的过程可供参考：假设南进口道左转和直行被拆成 2 个相位，即由过渡部分定义的相位 2 为南左转直行，相位 1 为南北直行，相位 3 为东西左转。相位 1 应满足北直行的流量，则在相位 1 中的南直行应占据其全部时间的 y_n / y_s，流率比为 $y_{n1} = y_n \times y_n / y_s$。于是，相位 2 中的南直行流率比为 $y_{n2} = y_n - y_{n1}$，另一方向，即南左转流率比 $y_{s1} = y_{n2}$。相位 3 中的南左转流率比为 $y_{s2} = y_s - y_{s1}$。这样我们就能保证南北方向各个流率比之差达到最优，从而使配时达到最优。

（1）传统相位总流率比。

总流率比计算应该取每个相位中各个方向流率比最大的那一个，在这里我们把它称作关键流率比。这是因为要保证分配时的有效绿灯时间要让最大的流率比对应的车流通过交叉口，否则会造成大量的延误。因此，总流率比应按照式（1）计算：

$$Y = \sum_{i=1}^{i} \max\left(y_i, y_i', \ldots\right) = \sum_{i=1}^{i} \max\left[\left(\frac{q_d}{S_d}\right)_i, \left(\frac{q_d}{S_d}\right)_i', \ldots\right] \tag{1}$$

式中：Y ——总流率比为各个相位关键流率比之和；

　　　i ——一个周期内的相位数（包含过渡部分构成的相位）；

　　　y_i, y_i' ——第 i 相位的流率比；

　　　q_d ——设计交通量，pcu/h；

　　　S_d ——设计饱和流量，pcu/h。

Y 值应不大于 0.9。若 $Y > 0.9$ 时，会使周期时长计算结果非常大，不符合实际情况。

（2）NEMA 相位总流率比。

由于 NEMA 相位设置了过渡部分（看作一个相位），这导致了流率比不能够按照传统相位流率比那样计算，因此，我们可以将阻隔的一侧（而非同一相位）看作一个整体分析，将阻隔同一侧的同一条控制链（Ring）也看作一个整体。然后对比同一侧中不同的两个控制链（Ring）的流率比，其中，最大的为关键流率比。通过图 5 可以清晰地看出其中的区别。

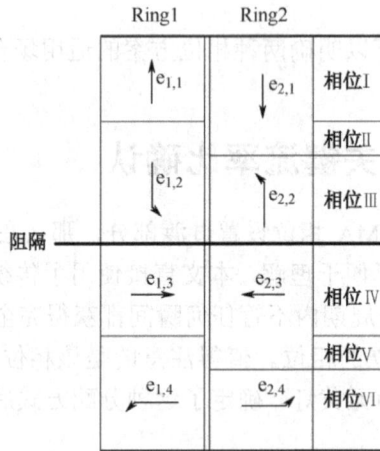

图 5　一种 NEMA 相位控制图

于是，NEMA 相位总流率比可以用式（2）表示：

$$Y = \sum_{i=1}^{i} \max\left(y_i, y_i^{'}, \ldots\right) = \sum_{i=1}^{i} \sum_{j=1}^{j} \max\left[\left(e_{i,j} + e_{i,j+1}\right), \left(e_{i,j}^{'} + e_{i,j+1}^{'}\right), \ldots\right] \tag{2}$$

式中，i——第 i 环；

　　　j——从控制图上到下第 j 位；

　　　$y_i, y_i^{'}$——第 i 环的整体流率比；

　　　$e_{i,j}$——第 i 环，从控制图上到下第 j 位的流率比。

（3）有效绿灯时间分配。

1）传统方案

$$g_e = G_e \frac{\max\left(y_i, y_i^{'}, \ldots\right)}{Y} \tag{3}$$

2）NEMA 相位方案

对于采取 NEMA 相位的交叉口，通过控制图我们可以看出同一时间放行的两股车流的放行时间是不同的。比如，从图 5 可以看出南北直行中北直行通行时间大于南直行。因此，过渡部分的配时如何进行就成为一个问题。对此，本文对依旧采用传统信号配时的思想，通过计算出每个相位中关键流率比（最大流率比）占全部有效绿灯时间的比值，按比值进行分配。由于各相位对应的车流有重叠，无法得到一个统一的公式，且考虑到相位数较少，故本文将每个相位的有效绿灯时间一一列出。于是，NEMA 相位的各相位有效绿灯时间可以按照式（4）～式（7）计算：

$$g_e^1 = G_e \times \frac{\max\left(y_1, y_1^{'}, \ldots\right)}{Y} \times \frac{e_{1,1}}{e_{1,1} + e_{1,2}} \tag{4}$$

$$g_e^{1+2} = G_e \times \frac{\max\left(y_1, y_1', \ldots\right)}{Y} \times \frac{e_{2,1}}{e_{2,1} + e_{2,2}} \tag{5}$$

$$g_e^{3} = G_e \times \frac{\max\left(y_1, y_1', \ldots\right)}{Y} \times \frac{e_{2,2}}{e_{2,1} + e_{2,2}} \tag{6}$$

$$g_e^{2+3} = G_e \times \frac{\max\left(y_1, y_1', \ldots\right)}{Y} \times \frac{e_{1,2}}{e_{1,1} + e_{1,2}} \tag{7}$$

式中，g_e^{1+2}——相位 1 和相位 2 对应方向车流所得有效绿灯时间。

以上只列出了环 1 的各相位有效绿灯时间。环 2 可同理得到。这里需要注意，如果相位方案为 NEMA+传统相位同时使用，传统相位的有效绿灯时间仍需要按照式（3）来计算。

4　配时设计案例

4.1　交通流量调查

表 2 为繁华大道与莲花路交叉口高峰时段（18～19 点）交通量统计表。

表 2　繁华大道与莲花路交叉口高峰时段（18～19 点）交通量统计表（单位：辆）

进口道方向		小汽车	公交车	货　车	大客车
北进口道	左转	86	0	1	0
	直行	513	2	6	0
	右转	223	13	6	2
南进口道	左转	802	31	8	2
	直行	853	30	9	2
	右转	158	7	6	0
东进口道	左转	422	0	33	0
	直行	523	55	12	2
	右转	122	0	6	3
西进口道	左转	430	3	6	1
	直行	832	67	61	3
	右转	747	35	0	0

4.2　相位方案优化与配时

按照将流率比需要降低到 0.9 的要求，相位方案可以调整为 NEMA+传统相位形式，信号相位控制图如图 6（a）所示。

在对这种相位方案配时时需要考虑总延误的计算，流率比的分配等问题，按照上节提出的流率比分配方法，采用韦伯斯特配时方法求周期时长优化后的信号配时参见表 3。

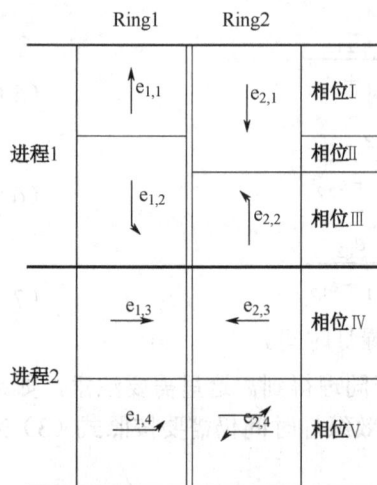

（a）优化后信号相位控制图　　　　（b）VISSIM 仿真运行图

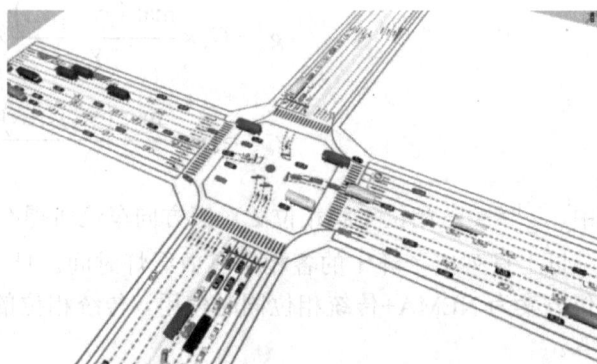

图 6　相位方案优化与配时

表 3　各相位绿灯时间

相　位	通行权	显示绿灯时长/s	实际绿灯时长（调整）/s
相位 1	南北直行	19	20
相位 2	南直行左转	25	25
相位 3	南北左转	9	10
相位 4	东西直行	28	28
相位 5	东西左转	20	20
总计		101	103

注：相位 2 中南直行需要 15s

4.3　VISSIM 仿真与对比

本文通过 VISSIM 微观仿真软件中实现两种方案来获得对比所需的信息。选取时间为 1 000～3 600s，读数间隔为 150s，测量距离为交叉口向外 100 米的数据，对比每车平均信控延误，平均排队长度。VISSIM 仿真运行图 6（b）所示。通过多次测量后，整理两种方案的结果，可以得到优化前后的数据对比，参见表 4。

表 4　优化前后平均延误与平均排队长度

进口道	平均延误/s		平均排队长度/m	
	优化前	优化后	优化前	优化后
东进口道	70.8	48.9	45.6	20.6
西进口道	66.3	33.5	62.1	49.2
南进口道	108.7	33.5	83.8	41.6
北进口道	59.5	59.9	22.6	15.6
整体	61.6	40.3	40.4	31.0

通过上表的比较易见，无论是交叉口整体的延误，还是每个进口道上的延误，优化后

的结果都比优化前的结果要好。其中，最明显的是南进口道，延误减少了 75.2s。排队长度减少了 42.6m，效果显著。

5　结语

本文引入 NEMA 概念，厘清了 NEMA 相位与传统对称相位在概念上的混淆。针对 NEMA 相位与传统相位的适用性差异，基于传统相位的配时方法，提出了 NEMA 相位流率比分配与信号配时方法。在应用在合肥市莲花路与繁华大道交叉口。结果显示配时方法可行，并且可灵活使用，非常适合应用在流量不对称的交叉口上。

未来，随着城市汽车保有量的持续增长，类似于莲花路与繁华大道这种流量不对称的交叉口会越来越多，选择一个什么样的相位与配时方案就显得至关重要。在这种情况下，NEMA 相位大有可为。在采用 NEMA 相位方案时，应当考虑其适用性、安全性与灵活性。在我国 NEMA 相位应用程度不大的情况下，结合我国国情，探究 NEMA 相位如何在更广的范围内应用，研究统一的设计标准、改进方案及其所带来的问题。

参考文献

[1]　Webster F V. Traffic signal settings[R]. Road Research Laboratory Technical Paper, 1958.

[2]　Hadi M A W C E. Hybrid genetic algorithm to optimize signal phasing and timing[M]. Transportation Research Board, 1993.

[3]　Brian Park B, Messer C J, Urbanik T. Enhanced genetic algorithm for signal-timing optimization of oversaturated intersections[J]. Transportation Research Record, 2000, 1727(1): 32-41.

[4]　Association N E M. Traffic Controller Assemblies with NTCIP Requirements, Version 02.06[J]. NEMA-TS, 2003, 2: 2003.

[5]　吴兵，李晔. 交通管理与控制（第 5 版）[M]. 北京：人民交通出版社，2005.

[6]　吴瑞麟，沈建武. 城市道路设计[M]. 北京：人民交通出版社，2003.

[7]　徐吉谦. 交通工程总论[M]. 北京：人民交通出版社，2002.

[8]　王炜，过秀成. 交通工程学[M]. 南京：东南大学出版社，2009.9.

[9]　宋现敏. 城市交叉口信号协调控制方法研究[D]. 吉林：吉林大学交通学院，2008.

[10]　Fellendorf M. Vortisch P: Microscopic traffic flow simulator VISSIM. Fundamentals of traffic simulation: Springer, 2010: 63-93.

北京大兴机场陆侧交通规划设计方案仿真评估

林源[1.2] 吴超[1.2] 姜涵[1.2]

（1. 北京航空航天大学 交通科学与工程学院，车路协同与安全控制北京市重点实验室，北京 100191；
2. 北京航空航天大学 大数据科学与脑机智能高精尖创新中心，北京 100191）

【摘要】随着民航业的迅速发展，陆侧交通作为机场与城市衔接的纽带，面临着愈发严峻的考验。陆侧交通设计是否合理直接影响着机场的运行效率，是机场充分发挥其功能的体现。机场作为城市发展中的重要交通枢纽，旅客吞吐量大、货物运输量多，因此需要建设完善的交通系统，否则会对机场的运行情况造成一定的影响。文章结合北京大兴国际机场陆侧交通量数据及机场环境，旨在加快机场陆侧交通的运行效率，通过进行陆侧交通设计方案分析，运用 VISSIM 软件建立仿真模型，得出合理的机场陆侧交通规划设计方案。

【关键词】机场改扩建工程；陆侧交通系统；仿真分析

Simulation Evaluation of Landside Traffic Planning and Design scheme of Beijing Daxing Airport

Lin Yuan[1.2], Wu Chao[1.2], Jiang Han[1.2]

（1. School of transportation science and engineering, Beijing university of aeronautics and astronautics,   Beijing key laboratory of vehicular road coordination and safety control, Beijing 100191, China;
2. Big data science and high precision innovation center, Beijing university of aeronautics and astronautics, Beijing 100191, China. ）

Abstract: With the rapid development of civil aviation industry, land-side traffic, as the link between airport and city, is facing increasingly severe test.Whether the design of landside traffic is reasonable or not directly affects the operating efficiency of the airport, which is the embodiment of the airport giving full play to its functions.As an important transportation hub in urban development, airport has a large passenger throughput and a large amount of cargo transportation. Therefore, it is necessary to build a perfect transportation system, or it will have a certain impact on the operation of the airport.

Based on the data of land-side traffic volume and airport environment of Beijing daxing international airport, this paper aims to speed up the operation efficiency of land-side traffic in the airport. By analyzing the design scheme of land-side traffic and establishing the simulation model with VISSIM software, a reasonable plan and design scheme of land-side traffic in the airport is obtained.

Keywords: airport reconstruction and extension project; land side traffic system; simulation analys.

1 引言

随着我国经济的快速发展，改革开放促进了我国民航业的快速发展，使我国民航面貌发生了惊人的变化，取得了前所未有的成果。如今，随着我国航空地位的不断发展，航空运输处于越来越重要的地位。与此同时，随着机场吞吐量与运营量的井喷式增长，机场陆侧交通面临着越来越大的地面压力，将不可避免地给机场陆侧交通带来更大的压力，进出场交通组织与停车场进出交通组织面临着极大的历史考验。

机场作为城市连接外界的名片，在时代的变迁中，变得越来越重要并且处于举足轻重的地位。但随着机场陆侧交通拥挤问题的日益严峻，由于机场车道边数目不足，并且面积狭窄，进出场交通组织及停车场交通组织面积不足以满足如今日益增长的客车数量和机场吞吐量，导致机场车道边不堪重负，进出场道路交通组织及停车场道路交通组织的车辆排队长度及延误时长都超出了平均值[1]，公共汽车、客车、小汽车等车辆进出机场拥堵现象层出不穷，现有的机场陆侧交通系统已无法继续为新型交通系统提供便捷快速的通行方式。长时间的交通拥挤不仅浪费了城市居民及观光旅客的时间，还损耗了他们的精力与热情。

缓慢、等待的机场陆侧交通已被人们厌倦，机场陆侧交通改扩建仿真方案分析将呼之欲出。机场陆侧改扩建仿真分析方案将着重针对机场车道边数目以及面积改扩建与进出场道路交通组织、停车场道路交通组织的合理布置形式，来应对如今日益庞大的交通量。进出场道路交通组织与停车场道路交通组织改扩建是否符合未来年陆侧交通发展的规模，将是本次陆侧交通改扩建的重中之重，尤其在机场航站楼前车道边的道路设置以及停车场进口的检测器设置，需满足未来年交通量的需求，并检测机场机场陆侧交通的可行性。

但是，规划设计要在充分尊重城市现有设施的基础上，进行合理的规划设计方案，争取不造成物资浪费及人力损失，充分保障机场陆侧交通系统在规定年限内能保持其应有的作用，并保证所建设施标准不会过高，能满足未来年交通流的需要与机场陆侧交通的顺畅，保证各类社会车辆的安全通过，减轻航站楼前车道边的地面压力。随着高峰小时的降临，受航班安排的影响，机场陆侧交通变得拥挤，损耗着人们的精力和意志，必须加快机场陆侧交通建设，让机场陆侧交通更好地惠及人民。

2　陆侧交通规划设计概述

2.1　陆侧交通范围界定

机场陆侧交通，主要包括进出场车道边及停车场进出交通组织，包括出租车、公交车、小客车及机场巴士四种交通方式。优质、舒适的陆侧交通可以促进航空业的发展。机场陆侧交通系统的组成、舒适性、可靠性及换乘成本等影响着陆侧交通的发展，机场进口道及进出高架、机场航站楼前车道边、容错系统、停车场的改扩建也影响着机场的运行效率。

本文对于机场陆侧交通规划设计，主要分为进出场交通组织与停车场交通组织。机场车道边是提供人车换乘、车流交汇的区域，使得进出机场的车辆可以用便捷、安全的速度实现乘客上下及进出港，通过设置车辆检测器检测到达航站楼前车道边车辆的行程时间得出机场楼前车道边的运行效率。

停车场进出交通组织是进入机场各类车辆临时停靠的地方[4]，道路不能出现障碍物影响车辆正常通行，且停车位应满足未来年机场陆侧交通需求。特别是停车场出入口，属于各类车流的交汇口，是交通复杂的地段，需要合理的设计及建造，在停车场进口设置检测器检测到达进口的车辆数及排队长度，通过仿真分析，得出合理的停车场规划设计方案，以满足机场陆侧交通发展的必然要求。

2.2　北京大兴机场概况

北京大兴国际机场，是建设在北京市大兴区与河北省廊坊市广阳区之间的超大型国际航空综合交通枢纽。按照客流吞吐量 1 亿人次、飞机起降量 80 万架次的规模建造，建设有 7 条跑道和约 140 万平方米的航站楼，机场预留控制用地按照终端（2050 年）旅客吞吐量 1.3 亿人次、飞机起降量 103 万架次、9 条跑道的规模预留。

2.3　影响进出场道路交通组织规划设计的因素

影响进出场道路交通组织的主要因素[6]有车辆的停留时间、停车位数量和高峰小时交通量。

对于车辆的停留时间，进离场车辆停留时间不同，主要受航班安排以及机场陆侧的实际拥堵情况影响。各个旅客停留时间不同，落客时间主要由有无行李以及旅客人数影响。

对于停车位数量，进出场道路交通组织的通畅性受临时停车位的数量影响，应针对进出场车道边进行改扩建，减少进出场道路压力。

对于高峰小时交通量，在一天内最大小时交通量的影响下，机场进出场道路极易发生拥堵，这主要受航班安排及旅客到达情况的影响。

2.4 影响停车场进出交通组织规划设计的因素

目前，影响停车场交通组织的主要因素有机场的未来规划、停车场需在进口设置检测器、测定车辆到达进口的交通量与排队时间。通过合理分析得出停车场的陆侧交通改扩建方案，满足机场未来年交通流规模的需求。进出机场的车辆类型，需根据车辆的构型合理进行停车场改扩建规划，合理划分各类车辆的停车标线与接送乘客区域，加快停车场运行效率，便捷车辆更好地进出停车场。停车场出入口位置应避免设在车流交叉口，交通路线分配应合理，减少交叉，车流交汇处易导致拥挤，停车场的设置应合理根据机场未来年交通量来进行合理设置。机场用地，由于目前机场用地不足，对停车场改扩建造成一定影响，停车场应在充分利用现有设施的基础上，进行停车场进出交通组织改扩建。

3 陆侧交通规划设计方案分析

3.1 陆侧交通进出场道路方案描述

根据相关资料显示，在 2030 年吞吐量为 1 亿人次。航站楼设计方案包括了 T1、T2、T3，其中，T1、T2 为国内出发，T3 为国际出发。进入机场的交通流包含国内及国际旅客，交通流只能从北端进入机场，高峰小时交通量为 5 280 人次，其中国内年旅客吞吐量为 3 000 万人次，高峰小时旅客人数为 7 200 人次，国际年旅客吞吐量为 1 300 万人次，高峰小时旅客人数为 4 225 人次，见表 1。

表 1 近期各航站楼高峰小时旅客比例及使用交通方式人数划分表（单位：人次）

航站楼	占高峰小时旅客比例	地 铁	出租车	私家车	专车/快车	公 交	酒店巴士	租 赁
T1 及 T2	31.61%	912	973	2 433	182	1 217	243	122
T3	68.39%	1 974	2 106	5 265	395	2 632	527	263
合计	19 244 人次	2 886	3 079	7 698	577	3 849	770	385

3.2 进出场道路组织规划设计方案

根据相关资料显示，2030 年，进出北京大兴机场轨道交通将占比 15%，公路交通占比 85%。使用各交通方式，旅客乘车比例分别为地铁 15%、出租车 16%、私家车 40%、专车/快车 3%、公交 20%、酒店巴士 4%、租赁 2%。每车载客人数分别为出租车 1.5 人、私家车 1.5 人、专车/快车 1.7 人、公交 25 人、酒店巴士 5 人、租赁 1.7 人，参见表 2。

表 2　近期各航站楼高峰小时各交通方式车辆数量表（单位：人次）

航站楼	地　铁	出租车	私家车	专车/快车	公　交	酒店巴士	租　赁
T1 及 T2	912	649	1 622	107	49	49	71
T3	1 974	1 404	3 510	233	105	105	155
合计	2 886	2 053	5 132	340	154	154	226

3.3　道路宽度与等级

道路宽度与等级设计表参见表 3。

表 3　道路宽度与等级设计表

	道路等级	设计车速	单车道容量/辆
高架桥	快速路	80km/h	1 800
进场路地面段	主干道	60km/h	1 400
航站楼前高架及地面工作区道路	次干道	40km/h	1 300

3.4　停车场道路组织规划设计方案

通过对近期进出停车场车辆数量进行分析，得出出租车与小轿车占比较多，本次停车场改扩建，将主要对社会车辆停车楼进行合理规划设计。

出租车蓄车场与机场大巴暂存位于 GTC 楼内西侧的近端蓄车场，面积为 2 万平方米。长途巴士停车场位于 GTC 东区，停车区域面积为 2 万平方米。

社会停车场主要供小轿车、专车、酒店停车及租赁停车使用，通过停车场划分片区，不按照使用性质设计单独的停车场，整合使用停车资源，停车场进出车辆数量统计如表 4 所示。社会停车场位于航站楼前 GTC 内，总面积为 20.0 万平方米。同时利用现有的 T2 地下停车场 3 万平方米及 T2 北侧的地面停车场 6 万平方米，使航站区楼前的社会车停车区域最大可达到 29 万平方米。近期停车场进出车辆数量表参见表 4。

表 4　近期停车场进出车辆数量表（单位：辆）

进出港比例	1∶1	1∶1
	进　港	离　港
公交巴士	77	77
出租车	1 027	1 027
小轿车	2 566	2 566
专车/快车	170	170
租赁	113	113
酒店车辆	77	77

3.5　线路设计

根据近期进出场、停车场的交通流数据，合理确定车辆的各种构型，针对车辆的类型合理划分车道边及停车区域，各类车辆运行线路参见表 5。

表 5 各类车辆运行线路

车辆类型	运行路线
机场巴士	机场巴士沿进场路进场，从 T3 高架进入 T3 航站楼车道边下客，再从 T3 离场高架离开或继续前往 T1、T2 航站楼下客。机场巴士亦可通过 T3 地面道路进入东区停车场，或从近端容错系统进入巴士停车场，在 GTC 内接送旅客，然后经 T1、T2 地面路离开机场
私家车	私家车沿进场路进场，从 T3 高架进入 T3 航站楼车道边下客，接着可从 T3 离场高架离开或前往 T1、T2 航站楼车道边下客。私家车亦可沿 T3 地面路或近端容错系统进入东区、南区、T1、T2 楼前 GTC 内接到港旅客离开机场，或进入停车位进行停靠
出租车	出租车沿进场路进场，从 T3 高架进入 T3 航站楼车道边下客，接着可从 T3 离场高架离开或前往 T1、T2 航站楼车道边下客。出租车亦可沿 T3 地面路或近端容错系统进入东区、南区、T1、T2 楼前 GTC 内，不进入停车位停靠，仅接到港旅客离开机场
酒店车辆	酒店车辆可沿进场路，经 T3 地面道路或者近端容错系统进入东区社会车辆停车场或者南区社会车辆停车场，进入酒店区域下客
快车/专车	快车/专车可沿进场路，经 T3 地面路或近端容错系统进入停车场接送到场旅客，不做长时停留，仅接送到港旅客
租赁	租赁车辆可沿进场路，经 T3 地面路或近端容错系统进入停车场接送到场旅客，不做长时停留，仅接送到港旅客

4 陆侧交通改扩建仿真建模

4.1 VISSIM 仿真模型

VISSIM 仿真软件是一种研究交通流信息的仿真模型，运用了进出场的信号周期时长、绿信比，车辆的排队长度、延误时长等。它可以对交通流信息进行高效的处理，显示交通流信息的瓶颈，便于及时做出更正，VISSIM 适用于微观交通仿真建模，VISSIM 是一种研究车辆、信号管理与道路之间协同有效的仿真软件。

4.2 仿真模型搭建

运用 CAD 绘图软件绘出机场陆侧交通规划设计图形，通过选择 Background 中的 Scale，进场高架，地面道路设为路段，将陆侧交通其他部分设置为连接器，并车道连接。

进入机场的出租车、私家车和公共汽车有 42% 的车辆经近端容错系统进入停车场接送到港旅客，有 58% 的车辆经过 T3 航站楼楼前交通系统下客，其中，有 31% 的车辆从 T3 楼前高架离开机场，27% 的车辆经 T2 航站楼下客。

根据交通调查数据设置路段流量，按交通调查数据设置路径及各路径比例，根据未来年交通量设定车辆组成为出租车，私家车和公共汽车为主，即本文的主要研究目标。

4.3 输出仿真指标

仿真输出东区社会停车场、南区社会停车场、大巴停车场、T1、T2 社会停车场进口的拥挤程度，得到进入各停车场的具体车辆数，通过设置车辆通过车辆检测器到达进口的时间，得出各种类型车辆在各停车场进口的排队情况。通过在 T3 楼前车道边、T1 和 T2 楼前车道边设置行程时间检测器，得到出租车、私家车、机场大巴及各类社会车辆通过楼前车道边的行程时间，针对不同车辆类型在机场航站楼前车道边的下客速度，有利于进行机场陆侧交通规划设计仿真分析。

通过 VISSIM 仿真模型的仿真运行，输出本次仿真所需要的数据类型，表 6 为本次陆侧交通改扩建仿真分析的输出指标，分别为停车线排队长度表、停车线流量表与行程时间表。本文将在高峰小时内以每 300 秒为间隔对此次仿真数据进行分析。表 6 为停车线排队长度表，表 7 为停车线流量表，表 8 为行程时间表。

表 6　停车线排队长度表（单位：米）

排队长度	东区社会停车场	南区社会停车场	大巴停车场	T1 社会停车场
0～300	8.4	4.1	0	4.2
300～600	7.8	4.0	6	4.1
600～900	8.2	4.3	0	4.6
900～1 200	8.5	4.4	0	4.1
1 200～1 500	7.6	5.1	0	4.7
1 500～1 800	7.8	5.5	6.3	4.2
1 800～2 100	8.1	6.2	0	5.4
2 100～2 400	7.5	4.3	0	4.6
2 400～2 700	6.8	4.6	0	4.5
2 700～3 000	8.5	4.2	0	4.9
3 000～3 300	8.0	4.7	0	4.7
3 300～3 600	6.2	4.2	0	4.3

表 7　停车线流量表（单位：辆）

流　量	东区停车场	南区停车场	大巴停车场	T1 停车场
0～300	162	73	3	70
300～600	162	73	9	70
600～900	156	88	2	75
900～1 200	147	81	6	72
1 200～1 500	156	56	9	52
1 500～1 800	165	81	10	69
1 800～2 100	162	68	7	65
2 100～2 400	135	65	5	71
2 400～2 700	168	83	5	74
2 700～3 000	145	73	5	66
3 000～3 300	171	82	3	75
3 300～3 600	159	62	6	81

表8 行程时间表（单位：秒）

行程时间	T1-T2 楼前车道边	T3 楼前车道边
0～300	50.0	60.1
300～600	49.8	62.2
600～900	50.4	62.6
900～1 200	50.8	63.8
1200～1 500	50.0	61.4
1 500～1 800	50.8	65.4
1 800～2 100	51.0	72.1
2 100～2 400	51.2	68.2
2 400～2 700	49.4	62.3
2 700～3 000	51.0	66.4
3 000～3 300	50.4	66.5
3 300～3 600	50.4	65.3

4.4 仿真指标分析

4.4.1 排队长度分析

由于各个停车场的进口均设有 5 条车道，每条车道宽为 5 米，并设计车辆检测器，设置车辆到达进口并通过检测器的时间为 8 秒，通过输入高峰小时的各种车辆类型数据得出停车场的排队长度。

分析停车线排队长度数据可知，当车辆到达进口经过检测器的检测进去停车场，在 T3 东区、南区停车场，大巴停车场、T1 和 T2 楼前社会停车场的车辆出现排队的情况，但排队长度较短，并且随着时间的增长，这种情况将会维持，但不影响进入停车场车辆的进出，这表明机场陆侧停车场的进口设置合理有效，能满足未来年进入机场停车场车辆的需求。

T3 东区停车场为进场路至 T3 地面道路车流量较多的停车场，该停车场贯通 T3 楼前地面工作区域的社会停车场和大巴停车场，由于设置 5 条停车场进口车道，在 2 700～3 000 米的时候，来往车辆较多，停车排队长度为 8.5 米，但纵观整个高峰小时，T3 东区停车场车辆进出停车场排队情况不严峻，停车场设置合理有效。

T3 南区社会停车场、大巴停车场为 T3 楼前地面工作道路相互贯通的停车场，社会车辆可通过近端容错系统，到达该停车场，大巴停车场的进口只允许大巴车辆通过，大巴停车场设置 5 条进口车道并设置 5 个检测器，满足了高峰小时大巴车的停靠需求。南区社会停车场主要为进入近端容错系统的车辆临时停靠，车辆可前往 T3 工作区的其他停车场接送乘客，满足了未来年的停车需求。

T1 和 T2 楼前社会停车场主要为 T1 和 T2 到港旅客提供离开机场的需求，到港旅客前往 GTC 内的旅客中心。车辆可通过近端容错系统到达 T1 和 T2 楼前停车场接送旅客，由停车排队长度可知，T1 和 T2 停车场的进口可以满足各类车辆停车的停靠需求。

4.3.2　停车线车辆数分析

分析各停车场进口停车线的车辆数据可知，东区社会停车场的到达车辆较多，各类车辆主要通过进场道路至 T3 地面道路进入东区社会停车场。在停车场工作区地面段内接送乘客，东区社会停车场的建造面积为 7.4 万平方米，满足了高峰小时进入停车场车辆的停靠需求。

南区社会停车场面积为 3.0 万平方米，5 条进口道满足了高峰小时车流量的需求。从近端容错系统至大巴停车场，需要乘坐机场大巴的旅客需前往 GTC 西区乘坐，从近端停车场进入的大巴不需要经过 T3 地面段，减少了路程，加快了效率，5 条停车场进口道满足了未来几年大巴车辆进入大巴停车场的需求。

T1 和 T2 社会停车场位于 T1 和 T2 航站楼前地面工作区段，服务于从 T1 和 T2 航站楼到港的旅客，社会车辆主要通过近端容错系统到达 T1 和 T2 停车场接送旅客，从停车线车辆数来看，5 条进口道满足了未来几年社会车辆进入 T1 和 T2 社会停车场的需求。

4.3.3　行程时间分析

行程时间检测器设置在 T3 楼前车道边与 T1 和 T2 楼前车道边，用于检测进场车辆通过航站楼前车道边的时间。进场的各类社会车辆经过 T3 航站楼的车辆较多，之后在 T3 高架与进入 T2 航站楼车道边进行分流。分析路径行程时间可知，T3 航站楼前车道边的行程时间较 T2 航站楼的楼前车道边行程时间久，一方面原因是车流量更多，楼前车道边设置 9 条车道，承担进场旅客上下客的功能，旅客上下车多，导致行程时间久。另一个原因是，T3 航站楼的楼前车道边的行程长度大于 T1 和 T2 航站楼的楼前车道边，导致车辆经过航站楼楼前车道边消耗时间多。

经过 T1 和 T2 航站楼的楼前车道边车辆行程时间大多稳定在 50 秒左右，用于承担旅客上下客以及过境的功能。9 条车道满足了出租车、私家车和大巴车辆的临时停靠上下车的需求。经过 T3 航站楼楼前车道边的车辆行程时间大多稳定在 65 秒左右，由进场路至 T3 高架再到 T3 航站楼前车道边的车辆较多，设计 9 条车道边可以满足未来年的车辆临时停靠下客的需求。

5　结语与展望

分析停车线排队长度、停车线流量、航站楼前车道边车辆的行程时间，得出北京大兴机场规划设计方案可以较好地满足未来机场交通量的基本要求。本次规划设计的进出道路系统、楼前交通系统、容错系统、航站区和工作区衔接系统，极大程度地满足了各类社会车辆的需求。

本次陆侧交通方案考虑了进场路至 T3 高架段车流量较大、车速较快的特点，合理设置车道数目及构型，在经过 T3 航站楼前车道边设置 T3 离场高架，以及 T1 和 T2 进场衔接道路进行分流，保证了进场车辆的最佳运行效率及速度，进入停车场的车辆可以在停车场接送旅客，并且离去。离场道路末端还设有远端容错系统，供再进场的社会车辆进场。在 T3 航站楼前，停车场设置南区、东区、大巴停车场，极大地满足了未来几年各类社会车辆的需求，为车辆的临时停靠及接送旅客起到了十分重要的作用，提高了各类车辆进出机场的效率。

本次陆侧交通规划设计仿真方案，充分评估了未来几年北京大兴机场路测交通的运行能力，缓解了机场陆侧交通的压力，使机场陆侧交通发挥了其应有的作用，加快了建设大吞吐量机场的进程，加快了机场作为城市枢纽的运行效率，使机场作为一个现代交通枢纽惠及人民民生，改善了城市风貌，加快了城市的旅游业与交通业发展，为机场作为城市名片增添了光辉亮丽的一笔。

参考文献

[1] 李甜甜，柳伍生，周向栋. 基于混合熵权的机场陆侧客运交通内部衔接效率的模糊综合评价[J]. 长沙理工大学学报（自然科学版），2018，15(03)：27-34.

[2] 张楠，张昕越，池磊. 既有机场综合交通枢纽改造与提升的思考与实践——以西安咸阳国际机场陆侧交通改造为例[J]. 交通与运输，2018，34(04)：35-37.

[3] 杨立峰. 大型机场航站区陆侧交通组织与规划研究[J]. 交通与运输（学术版），2018(01)：1-5.

[4] 刘淑敏，孙莹莹. 枢纽型机场陆侧交通系统后评价及优化研究——以南京禄口国际机场为例[J]. 交通与运输（学术版），2018(01)：37-40+54.

[5] 欧阳杰，李相志，邓海超. 机场陆侧交通设施竖向布局模式研究[J]. 城市轨道交通研究，2017，20(10)：53-57.

[6] 黎晴，陈小鸿. 机场陆侧交通问题的研究[J]. 华东公路，2005(05)：35-41.

[7] 宋雨田. 银川河东机场综合交通规划研究[D]. 北京：北京交通大学，2013.

[8] 刘淑敏. 空港型综合交通枢纽陆侧交通系统关键技术问题研究[J]. 现代交通技术，2017，14(06)：58-60.

[9] Lee, J. Kim, C. Conference on Intelligent Transportation Systems, Proceedings, ITSC, p 1304-1309, 2013, 2013 16th International IEEE Conference on Intelligent Transportation Systems: Intelligent Transportation Systems for All Modes, ITSC 2013; ISBN-13: 9781479929146.

[10] Nosedal Sánchez, J. CICTP 2017: Transportation Reform and Change-Equity, Inclusiveness, Sharing, and Innovation-Proceedings of the 17th COTA International Conference of Transportation Professionals, v 2018-January, 1909-1915.

高速公路通行卡调配路径算法研究

吴 超[1.2] 姚宗含[1.2] 林 源[1.2]

（1. 北京航空航天大学 交通科学与工程学院，车路协同与安全控制北京市重点实验室，
北京 100191；
2. 北京航空航天大学 大数据科学与脑机智能高精尖创新中心，北京 100191）

【摘要】随着高速公路的不断发展和里程不断增加，对于高速公路的管理而言，传统的高速公路收费模式由于不能很好地辨别司机走过的路径，只能以最低收费标准进行收费，每年因为高速公路通行卡偷逃漏行为而造成巨大的经济损失。尤其是随着高速公路省界收费站的取消，高速公路收费问题会变得更加严重，因此急需一种新的收费管理模式。在此情况下，CPC 卡取代 IC 卡成为新的高速公路通行凭证，可以完美地解决二义性路段的收费问题，但是高昂的造价使得其调拨问题显得愈发重要。为了解决 CPC 卡的调拨问题，本文提出了一种可行的 CPC 卡调配方法。首先，在确定调拨周期后确定每个站点的盈亏情况，根据盈亏情况计算得到初始携带卡量。其次，将整个最短路问题视为 TSP 问题，在得到需进行调配站点坐标的情况下运用禁忌搜索算法得到一条连接所有站点的最短路以及需要的车辆个数。最后，车辆从调拨中心出发，携带一定卡量，对路途上缺卡公司进行补充，盈卡公司进行回收，完成整个调拨过程。

【关键词】高速公路；CPC 卡；禁忌搜索算法；调拨问题

Research on Highway Toll card Allocation Path Algorithm

Wu Chao[1,2], Yao Zonghan[1,2], Lin Yuan[1,2]

(1. School of Transportation Science and Engineering, Beijing Key Laboratory for Cooperative Vehicle Infrastructure Systems and Safety Control, Beihang University, Beijing 100191, China

2. Beijing Advanced Innovation Center for Big Data and Brain Computing, Beihang University, Beijing 100191, China)

Abstract: With the continuous development of highways and the increasing mileage, the traditional toll model can only charge at the lowest rate because it can't distinguish the route taken by the driver for the management of highway. Great economic losses happened because of the highway cards leakage behavior every year. Especially with the cancel of toll stations in the province, the problem of highway toll will become more serious. Therefore, a new fee management mode is urgently needed. In this case, CPC card replaced IC card as the new highway passage voucher, which can perfectly solve the problem of ambiguous road toll. However, the high cost makes the allocation issue more important.

In order to solve the CPC card allocation problem, this paper proposes a feasible allocation method. Firstly, the profit and loss situation of each station is determined after the allocation cycle is decided, and the initial quantity of carrying cards is calculated according to the profit and loss situation. Secondly, the whole shortest circuit problem is regarded as TSP problem, and tabu search algorithm is applied to obtain the shortest circuit connecting all stations and the number of vehicles when the coordinates of all stations need to be deployed are obtained. Finally, the vehicle starts from the allocation center and carries a certain mount of cards to supplement the companies that lack cards on the way, and collect cards form the profit company to complete the whole allocation process.

Keywords: Highways; CPC card; Tabu search algorithm; Allocation problem.

1 引言

从高速公路的发展趋势来看，高速公路的未来肯定会采用全 ETC 车道。然而，由于以下原因，全 ETC 收费站暂时还无法实现。

首先，一些公路在修建时由政府对个人和企业进行有偿集资，这些公路由于需还贷的原因，经依法批准后，可以向经过车辆收取一定的费用。这表示高速公路收费仍会持续很长一段时间，而 CPC 卡作为取代 IC 卡的新的通行凭证，就未来十年内来看仍然是不可缺少的。其次，根据实际情况来看，经常上高速公路的司机通常会配备 ETC 非现金卡，而大部分不经常上高速的车辆保有者并不会花这部分钱去专门办理非现金卡。由于我国目前并没有强制规定要使用非现金卡，所以后者基本上用到的还是现金通行卡。最后，如果全部撤销人工收费通道，那么必然会引发大量相关从业人员的下岗，这些人该何去何从是高速公路管理部门应当认真考虑的问题。

由于 ETC 暂时无法全面普及，并且传统的 IC 通行卡存在着一定的缺陷，因此，在取消省界收费站统一采用 CPC 卡的大背景下，原有的 IC 卡调拨问题转化为 CPC 卡的调拨问题，传统的 IC 卡造价只有 2～3 元，而 CPC 卡由于功能强大，其造价是 IC 卡的几十倍，因此，不能像 IC 卡一样进行大量的储存，必须在一定的周期内对 CPC 卡进行调拨。

就已有参考文献来说，国外相关研究主要集中于电子不停车收费系统，相对来说国内研究较为丰富，但都流于对卡管理方面的研究，针对高速公路通行卡调拨问题的研究相对较少。高速公路通行卡调拨问题也可以简单地视为货物最优路径的运输问题，因此通行卡调拨问题可以以货运运输问题作为参照。

配送问题的相关研究。

王会云等基于遗传算法完成了关于求解路径配送优化问题的设计，并利用 MATLAB 进行实例的验证[1]。陈彦军等基于 GIS 设计了 TSP 问题在物流配送中的应用[2]。王勇等利用动态规划的方法分别以配送时间最短和配送路线最短为目标函数进行实验设计[3]。罗彦等使用禁忌搜索算法，对烟草公司的多仓库多配送点问题进行研究，给出了一种物流车辆调度问题的配车方案[4]。

高速公路通行卡方面的研究。

吴烈阳等人提出高速公路通行卡调配问题的数学模型和其求解法，建立以通行距离最小的数学模型，用表上作业法进行求解，得到较好结果[5]。刘伟铭等人针对高速公路通行卡调拨问题建立以总行走里程最小为约束条件的调拨模型，求解结果用遗传算法与表上作业法进行对比，验证遗传算法的优越性[6]。仇一凡结合陕西省高速公路调拨实际，分析了当前陕西省 IC 卡调拨的运转模式和调拨流程，结合对实际情况的分析研究，提出通行卡调拨存在的一系列问题并给出了相关建议[7]。刘江等人用整数规划的方法对 CPC 卡的调拨问题求解，将设计好的权重和参数输入到 lingo 中求出最优解[8]。

2 相关概念和算法介绍

2.1 CPC 卡概念

高速公路复合通行卡的应用是取消省界收费站的核心工作之一，它不但能够识别车辆进、出收费站信息，还可以通过在高速公路路网互通位置设置路径识别系统，精确记录车辆的实际行驶路径，能够为跨省通行费计费、清算等提供重要依据，参见表 1。

表1　CPC卡工作组成和功能

组　成	功　能
CPC通行卡	在入口处接收起点信息，沿途接收路径信息储存在内部芯片中，在出口处交给收费员
复合读卡器	在入口处写入起点信息，出口处读取起点信息和路径信息
路径标识点	在二义性路口布设基站，持续发送路径识别码

2.2　旅行商问题

旅行商问题（TSP）也叫担货郎问题，是一个经典的组合优化问题。它可以这样被描述：一个商人要去 n 个城市推销商品，该商人从起点出发，经过所有城市回到出发点，每个城市只能去一次，应选择何种路线使得总路程最短。该问题属于运输问题中的最短路问题，从图论的角度讲是一个带权的无向图问题，权重即路程。由于要对所有城市进行访问，随着城市量的增加，它所产生的路径组合方式呈爆炸式增长。例如要访问30个城市，那么就有30!种组合方式，即有 $2.65 \times 1\,032$ 种组合方式，如此庞大的计算量是无法以穷举法来得到所有路径的距离的。在这个问题出现的早期，很多学者对此进行了大量研究，提出了很多精确算法，例如，分支定界法、线性规划、动态规划等方法。但是随着城市数量的不断增加，问题规模不断扩大，精确算法已经无法找到最优解，因此，在之后的研究中，国内外学者的研究重点都变成了如何高效地寻找到一个近似最优解，为此诞生了一系列近似算法，常见的有爬山算法、禁忌搜索算法、蚁群算法、模拟退火算法、遗传算法等。

2.3　禁忌搜索算法

禁忌搜索算法是解决组合优化问题常用的方法之一，它是一种亚启发式算法。它由一个初始可行解出发，采用某种方法搜索各方向邻域，最终选择使目标函数值向变化最大的方向移动。它的特殊之处在于"禁忌"二字，设定一个禁忌表，将局部最优解存入禁忌表中，处于禁忌表中的值在禁忌时间内不可被搜索，这样就使算法在一定程度上允许解的暂时退化，扩大解的搜索范围，能够有效地避免局部最优解。

2.4　禁忌搜索算法过程

在调拨过程中，我们的目标是寻找一条经过所有站点的最短路径，为了描述上述算法过程，我们可以做一个路径网络，路线权重为两点间的距离。图1是站点网络图。在该例子中，六个点之间互连互通，我们需要找到一条路径，使这条路径经过所有的点，但路程最短。

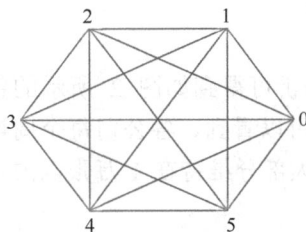

图1　站点网络图

首先，我们给定一个任意初始解 x_1=[0,1,2,3,4,5]，令禁忌表为空，此时，路程 f_1=10，则 best=now=10，候选集合（包含三个候选解）和禁忌表参见表 2。

表 2　候选集合（包含三个候选解）和禁忌表

候选集合		禁忌表
[0,2,1,3,4,5]	f = 15	
[0,1,3,2,4,5]	f = 20	
[0,1,2,3,5,4]	f = 8	

在交换 4,5 时得到的结果最优，则此时 x_2=[0,1,2,3,5,4]为新的最优路径，放入禁忌表中，此时 best=now=8。

基于 x_2=[0,1,2,3,5,4]寻找新的候选集，结果参见表 3。

表 3　基于 x_2=[0,1,2,3,5,4]寻找新的候选集

候选集合		禁忌表
[0,2,1,3,5,4]	f = 10	[0,1,2,3,5,4]
[0,1,3,2,5,4]	f = 12	
[1,0,2,3,5,4]	f = 9	

候选集中最优解[1,0,2,3,5,4]结果为 9，即 now=9，best=8。此时，算法允许所得的解有一定程度的退化，因为之前的最优解还在"关禁闭"，因此，我们继续基于[0,1,2,3,5,4]寻找候选集，同时，将[1,0,2,3,5,4]加入禁忌表，参见表 4。

表 4　将[1,0,2,3,5,4]加入禁忌表

候选集合		禁忌表
[1,2,0,3,5,4]	f = 13	[0,1,2,3,5,4]
[1,0,3,2,5,4]	f = 25	[1,0,2,3,5,4]
[4,0,2,3,5,1]	f = 6	

当 now=6，now<best 时，令 best=now，并且将[4,0,2,3,5,1]加入禁忌表。如此反复迭代，直到迭代了相应次数后退出程序。此时，就得到了一个较为接近最优解的解。

3　数据分析与展示

3.1　调拨需求分析

通过对已有数据进行整理分析可得到如图 2 所示的各公司交通卡周期波动图和各公司 MTC 车辆年占比。从图2 中可以看到，各公司每个周期内最多盈卡数不超过 10 万张，最大亏卡量不过 15 万张，波动大部分维持在 1 万张以内。图中三个波动较剧烈的地方分别是清明节、国庆节和春节。

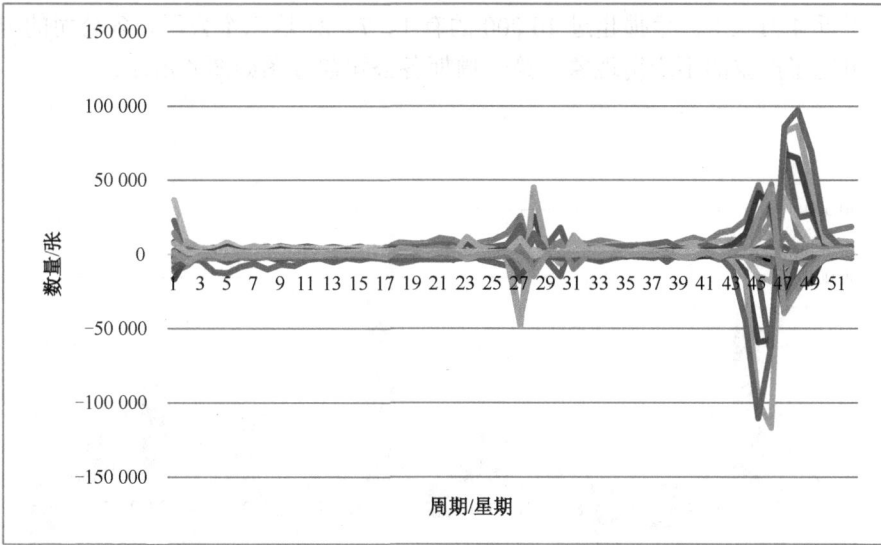

图 2　周期波动图

通过图 3 可以看到，在高速公路运营过程中，大部分司机还是选择使用人工收费的方法进行缴费，各收费公司人工收费占比都处于 70%以上，有公司甚至达到了 90%，巨大的车流量意味着通行卡的大量流通，这也从侧面反应了通行卡调拨的紧迫需求。

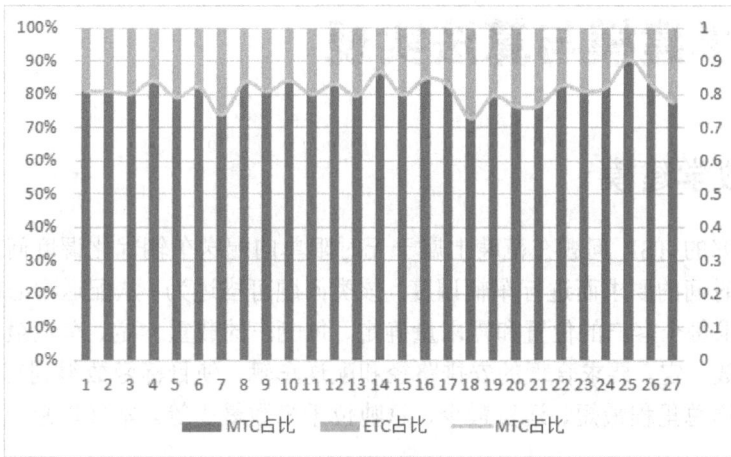

图 3　各公司 MTC 车辆所占百分比

3.2　调拨量确定

在实际的高速公路收费中，每个收费站在初始的时候都会配备一定的卡量以满足暂时的需求，在车辆驶入收费站时领取 CPC 卡，在驶离收费站时上交 CPC 卡，在较长的时间内（比如图 2 中分析的一年内），出入高速公路的车辆总体上是平衡的。然而在较短时间内，由于道路施工、节假日旅行、季节变化、地方政策等一系列原因，有些收费站会出现不均衡现象，图 4 是第一周期内各公司盈亏图，可以看到，在一个周期内，大部分公司的浮动都在 10 000 张以内，盈余超过 10 000 张的有 2、15、23 这三个公司，其中公司 15

更是盈余了近 4 万张卡。亏损超过 10 000 的有 1、7、27 这三个公司，各公司的卡量在单个周期内出现了严重的不均衡现象。第一周期各公司盈亏图如图 4 所示。

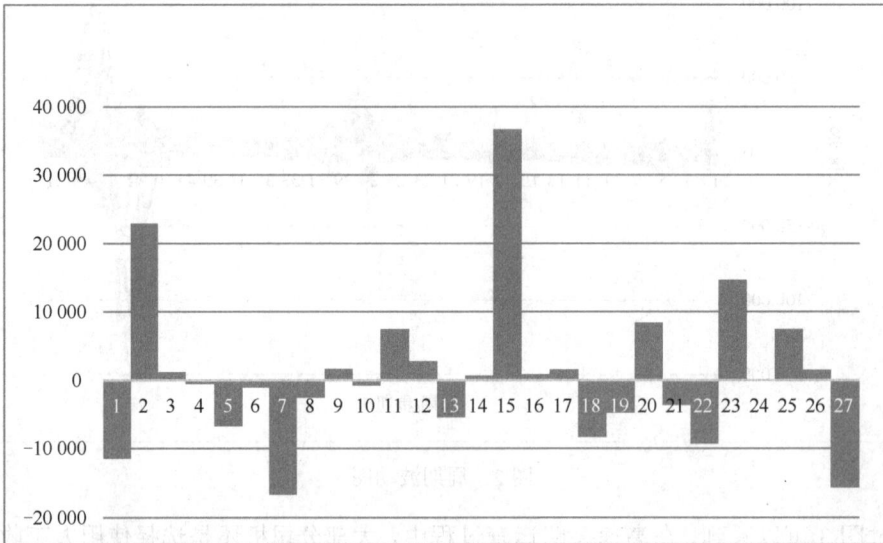

图 4　第一周期各公司盈亏图

4　数学建模与算法实现

4.1　数学建模

本文所研究的 TSP 问题在范畴上属于无时限单向配送车辆优化调度问题，即在配送过程中不考虑时间的要求而进行车辆调度。该类问题可描述为：从配送中心向各站点进行卡的调拨，要求每个客户的位置和需求量确定、每辆车的载重一定、车辆最大行驶距离一定、可用车辆数一定。要求合理的安排路径和配送车辆，使目标函数得到有效优化。目标函数可以是配送总里程最短、运费最少、总吨位千米数最少等。本文以总里程最短，建立如下数学模型：

$$\min Z = \sum_{k=1}^{K} \left[\sum_{i=1}^{n_k} d_{r_{k(i-1)}r_{ki}} + d_{r_{kn_k}r_{k0}} \cdot \mathrm{sign}(n_k) \right] \tag{1}$$

$$s.t.\ 0 \leqslant \sum_{i=1}^{m} qr_{ki} \leqslant Q_k \quad \forall 1 \leqslant m \leqslant n_k \tag{2}$$

$$\sum_{i=1}^{n_k} d_{(r_{(k)(i-1)})rki} + d_{r_{knk}r_{k}0} \cdot \mathrm{sign}(n_k) \leqslant D_k \tag{3}$$

$$0 \leqslant n_k \leqslant L \tag{4}$$

$$\sum_{k=1}^{K} n_k = L \tag{5}$$

$$R_k = \left\{ r_{ki} \mid r_{ki} \in \{1, 2, \cdots, L\}, i = 1, 2, \cdots, n_k \right\} \tag{6}$$

$$R_{k_1} \cap R_{k_2} = \varnothing, \forall k_1 \neq k_2 \tag{7}$$

$$\text{sign}\left(n_k\right) = \begin{cases} 1, & n_k \geqslant 1 \\ 0, & \text{其他} \end{cases} \tag{8}$$

式中，Z——所有车辆完成配送行驶的总里程；

K——路径个数；

L——总站点个数；

n_k——第 k 台车辆配送站点数；

d_{ij}——站点 i 到 j 的运距；

r_{ki}——站点 r_{ki} 在路径 k 中的顺序为 i；

q_i——每个站点的货物需求量；

Q_k——每台车辆的载重量；

D_k——一辆车一次配送的最大行驶距离；

R_k——第 k 条路径。

4.2　算法实现

禁忌搜索算法求解的时候对众参数和方法的选择有很多要求，其中，对结果影响比较大的因素有解的表示方法、初始解的选定、邻域选点方法、终止准则的选用、禁忌长度的确定和候选集合的大小这几项。

在本文中，有 27 个挑拨点，用 1～27 进行编号，拟用三辆车，编号为 0、28 和 29，解的表示方法选择了客户与虚拟中心共同排列的方法，解的评价以路径最短为指标，采用贪婪算法确定一个初始解，邻域选点方法采用两交换法选择候选集，终止准则选用迭代一定步数后终止的准则。因此，现在影响解的因素还剩下禁忌长度的确定和候选集大小的确定这两项。通过实验来确定这两项参数的值，最终选定禁忌长度 30，候选集大小为 100，进行 10 次重复试验，得到如下结果，参见图 5、图 6、表 5、表 6、表 7。

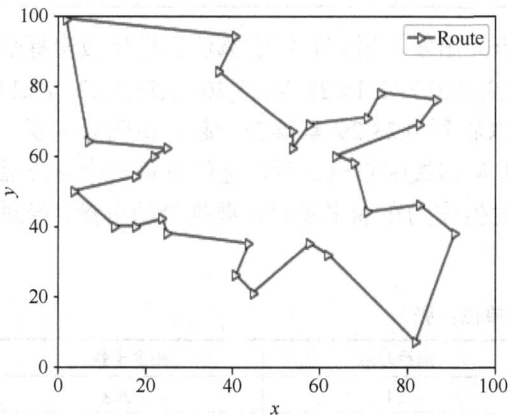

图 5　路径图

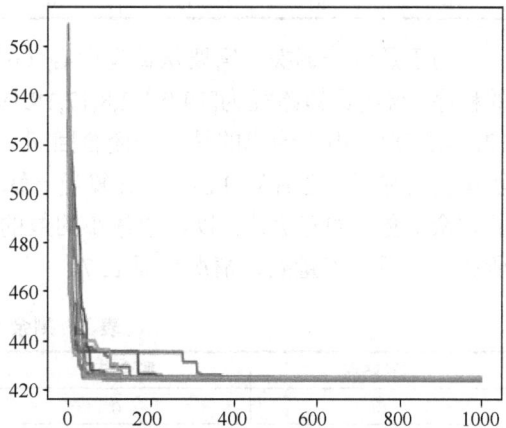

图 6　寻优图

表5　实验结果表

实验次数	1	2	3	4	5	6	7	8	9	10	平均
最短路程/m	423.74	423.74	423.74	423.74	423.74	424.69	423.74	424.69	423.74	423.91	423.95
运行时间/s	1.29	1.29	1.29	1.32	1.27	1.27	1.28	1.27	1.32	1.28	1.29
最优解	423.74										
最优路径	1, 2, 8, 17, 18, 19, 20, 9, 10, 6, 7, 13, 14, 23, 24, 25, 26, 27, 28, 15, 16, 21, 22, 29, 11, 12, 3, 4, 5, 0										

4.3　导入调拨量进行调拨

在之前的章节中已经用禁忌搜索算法找到了最短的调拨路径，下面本文以一个周期为例，对 27 个站点进行 CPC 卡的调拨。0 号站点视为调运中心，1～27 号站点视为需要调拨的站点，28、29 号站点的坐标与 0 号站点相同并视为虚拟调运中心见表6。

表6　调拨量

站　点	横坐标	纵坐标	需求量	站　点	横坐标	纵坐标	需求量
中心	41	94	0	15	25	38	36 677
1	37	84	−11 519	16	24	42	896
2	54	67	22 918	17	58	69	1 572
3	25	62	1 188	18	71	71	−8 437
4	7	64	−518	19	74	78	−4 742
5	2	99	−6 733	20	87	76	8 372
6	68	58	−1 063	21	18	40	−3 619
7	71	44	−16 715	22	13	40	−9 367
8	54	62	−2 557	23	82	7	14 691
9	83	69	1 667	24	62	32	63
10	64	60	−765	25	58	35	7 460
11	18	54	7 458	26	45	21	1 524
12	22	60	2 788	27	41	26	−15 734
13	83	46	−5 393	中心	41	94	0
14	91	38	700	中心	41	94	0

由于是统一调拨，需要从调运中心（0 站点）出发，用禁忌搜索算法运行修改坐标后的程序，得到最短路径为[29,0,1,2,8,17,18,19,20,9,10,6,7,13,14,23,24,25,26,27,15,16,21,22,11,12,3,4,5,28]，由于形成的是一个闭合回路，可以看到 0,28,29 紧挨在一起，说明只需要一辆车就足够了。之后从 0 出发，计算当一辆空车从调拨中心出发后沿途经过每一个站点后的剩余卡量，如有负值，以其中最小的数的绝对值作为车辆出发时需要携带的卡量。经过所有站点后，卡量剩余情况参见表7。

表7　剩余量（单位：张）

途经站点	剩余卡量	途经站点	剩余卡量
0	0	24	−1 208
1	−11 519	25	6 252
2	11 399	26	7 776
8	8 842	27	−7 958

续表

途经站点	剩余卡量	途经站点	剩余卡量
17	10 414	15	28 719
18	1 977	16	29 615
19	-2 765	21	25 996
20	5 607	22	16 629
9	7 274	11	24 087
10	6 509	12	26 875
6	5 446	3	28 063

可以看到在站点 13 的时候卡量最少，说明调拨车辆行至此处会无法给予该站点 16 662 张卡，到达终点 29（0）时剩余 20 812 张卡，即整个行程最后会收回 20 812 张卡。因此，车 0 在出发前应从调拨中心携带至少 16 662 张卡，再次回到调拨中心时会带回 37 474 张卡。

5 结语

高速公路的问题是我国交通发展过程中最重要的问题之一，高速公路的收费方式近年来一直备受争议，现有的 IC 卡通行模式存在效率低下、容易被偷逃漏、计费方式不合理等缺点。随着高速公路的发展和规模不断地扩大，现有的通行卡已经无法满足我们的需求，因此 CPC 卡的出现就成了必然趋势。

相比起传统的 IC 卡，CPC 卡主要有如下优势。

（1）能够识别车辆行驶的路径，做到精确计费。以前的高速公路计费由于无法识别具体的路径，在收费的时候只能按照最低收费标准进行收费，CPC 卡可以做到路径的精确识别，做到精确收费。

（2）能够识别车辆进出站信息。

（3）能够极大提高收费站的效率。

（4）更容易实现对卡的精准定位和识别，可以有效防止偷逃漏行为。

但由于其独特的功能，它暂时也存在着一些缺点：

（1）卡造价昂贵，目前一张卡的造价是 IC 卡的几十倍。

（2）需要相应的配套设施，比如专用读卡器和布设在二义性路段上的信号发射器。

（3）需要大量的前期投资，并对卡的管理进行相应的改进。

（4）由于造价昂贵，所以无法像 IC 卡一样进行大量储存，需要定期进行调拨。

但无论如何，作为 IC 卡收费和 ETC 收费之间的过渡阶段，CPC 卡的建设还是很有必要的。本文针对此问题对 CPC 卡的调拨做出相应的研究。首先确定调拨路径，然后用禁忌搜索算法确定最短路径，最后导入地点信息和各公司对卡的需求量，得到最终的调拨方案。

参考文献

[1] 王会云，肖建禄，刘登泰等．基于遗传算法的配送路线优化[J]．后勤工程学院学报，2008(03)：91-94．

[2] 陈彦军，吴国平，李敬民．基于 GIS 空间分析的物流配送模型研究及应用[J]．南京师范大学学报（工程技术版），2004(03)：68-72．

[3] 王勇，池洁．物流配送路线及配送时间的优化分析[J]．重庆交通大学学报（自然科学版），2008(04)：647-650．

[4] 罗彦，何利力．带移库的多仓库烟草物流调度研究[J]．工业控制计算机，2014，27(01)：105-107．

[5] 吴烈阳，段进红，黎川．高速公路通行卡调配问题的数学模型及其解法[J]．公路与汽运，2017(01)：50-51+75．

[6] 刘伟铭，李荣荣，王超等．高速公路通行卡调拨问题的遗传算法[J]．广西师范大学学报（自然科学版），2016，34(01)：1-8．

[7] 仇一凡．陕西省高速公路通行卡调拨问题的研究[D]．西安：西北大学，2016．

[8] 刘江，魏平，赵松等．高速公路路网内复合通行卡（CPC）调拨方法研究[J]．中国交通信息化，2019(02)：88-93．

[9] 吴胜昔，刘威，卢文建等．一类面向仓库车辆路径优化的改进禁忌搜索算法及其应用[J]．华东理工大学学报（自然科学版），2018，44(04)：581-587．

[10] 刘春华，韩广广，谢仕智等．高速公路 ETC 全国联网后的多义性路径识别研究[J]．公路与汽运，2016(01)：54-60．

[11] 宋晓晓．基于邻域粗糙模型的次优决策表约简算法[D]．青岛：青岛大学，2017．

[12] 郎茂祥．配送车辆优化调度模型与算法[M]．北京：电子工业出版社，2009．

面向智能车路系统的交叉口安全与效率测试评价方法

张　乐 [1,2]　冯小原 [1,2]

（1. 北京航空航天大学 交通科学与工程学院,车路协同与安全控制北京市重点实验室，
北京 100191；
2. 北京航空航天大学 大数据科学与脑机智能高精尖创新中心，北京 100191）

【摘要】近年来，随着小汽车数量的增多，城市的交通压力也越来越大，城市交叉口作为
各类交通流汇集与疏散的节点，其交通安全与通行效率问题尤为突出。首先，鉴
于城市交叉口的安全与效率往往存在诸多问题，本文对影响智能车路系统的交叉
口安全与效率的主要因素进行分析，通过对面向智能车路系统的交叉口综合交通
设计来提高交叉口的整体服务水平。最后，基于合肥市徽州大道与芜湖路交叉口
的实例，通过 VISSIM 软件对设计后的交叉口进行仿真评价，验证本文设计方法
的可行性。

【关键词】交通安全；通行效率；智能车路系统；综合交通设计

Test and Evaluation Method of Intersection Safety and Efficiency Oriented to Intelligent Vehicle-Road System

Zhang Le[1,2], Feng XiaoYuan[1,2]

（1. School of transportation science and engineering, Beijing university of
aeronautics and astronautics, Beijing key laboratory of vehicular road
coordination and safety control, Beijing 100191, China;
2. Big data science and high precision innovation center, Beijing university of
aeronautics and astronautics, Beijing 100191, China.）

Abstract: In recent years, with the increase of the number of cars, the traffic pressure in cities
is also increasing. As a node of traffic flow gathering and evacuation, the traffic
safety and efficiency of urban intersections are particularly prominent. There are

many problems in the safety and efficiency of urban intersections. This paper analyses the main factors affecting the safety and efficiency of intelligent vehicle-road system intersections, and improves the overall service level of intersections through integrated traffic design for intelligent vehicle-road system. Finally, based on the example of the intersection of Huizhou Avenue and Wuhu Road in Hefei City, the simulation evaluation of the designed intersection is carried out by VISSIM software to verify the feasibility of the design method in this paper.

Keywords: traffic safety; traffic efficiency; intelligent vehicle road system; comprehensive traffic design.

1 引言

面向智能车路系统的交叉口安全与效率直接影响城市道路交通系统运行的安全与效率，对面向智能车路系统的交叉口进行基于安全与效率的分析和评价，有利于及时发现现状城市交叉口存在的各种问题，找出影响交叉口通行效率和交通安全的影响因素，可以确保改善城市交通的科学性和有效性。平面交叉口是整个城市道路网系统的节点，其交通流特性复杂，是城市中交通事故的多发地点，也是交通拥堵的发生源[1]。交叉口的拥堵会迅速辐射至附近路段及相邻交叉口，最终会影响整个城市道路交通系统的安全与效率。因此，合理有效地引导交叉口的交通流，不仅可以提高交叉口的安全与效率，而且会提高整个城市道路系统运行的安全与效率。

本文将选择在信号控制交叉口的框架下，定量分析影响城市交叉口交通安全和通行效率的各种因素，建立一种基于安全与效率的交叉口评价方法，应用于合肥市的芜湖路与徽州大道交叉口，对其进行交通改善设计。

2 面向智能车路系统的交叉口安全与效率评价方法研究

2.1 面向智能车路系统的交叉口交通安全评价

由于采用交通事故率作为交叉口安全评价需要大量的样本数据及长时间的观测分析[2,4]，所以，本文选择更加方便计算观测的信号交叉口等效冲突点 A 作为评价交叉口区域交通安全的主要指标。

等效冲突点数由下式计算[8]：

$$A = N_0 + 3N_e + 5\text{NI} \tag{1}$$

式中，N_0, N_e, NI 分别为车流的分流点、合流点和交叉点数量。

评价指标 A 越大，则信号交叉口的危险度就越大。

2.2　面向智能车路系统的交叉口通行效率评价

（1）面向智能车路系统的交叉口通行效率度量指标选取

对于城市交叉口，交叉口的通行效率在很大程度上受到交叉口排队长度、行程时间和延误的影响，所以本文在查阅相关资料的基础上选择以上因素作为评价交叉口通行效率的指标。

（2）面向智能车路系统的交叉口通行效率评价模型

为了较全面地反映影响交叉口通行效率的三个影响因素，本文选取下面的公式可用于表示交通流量的效率[6]：

$$E = \frac{qTS}{t_c} = \frac{qTS}{t_0 + D} = \frac{SQ}{t_0 + D} \tag{2}$$

其中，S——交通流运行轨迹的长度；

　　　t_c——发生冲突情形下交通流穿越交叉口所需时间；

　　　t_0——未发生冲突情形下交通流穿越交叉口所需时间；

　　　D——交通流由于冲突在交叉口功能区产生的延误；

　　　Q——交通流在研究时间段的流量。

研究整个交叉口的通行效率，就是将对该交叉口的各交通流的通行效率求和：

$$E = \sum_{i=1}^{m} E_i \tag{3}$$

2.3　面向智能车路系统的交叉口综合评价模型

本文讨论的综合交通设计是基于交叉口的安全与效率两个方面考虑的。本文采用专家打分的方法对交叉口安全与效率的相关指标进行权重的量化，安全指标主要考虑交叉口冲突点（冲突点面密度），效率指标主要考虑交叉口的平均行车延误、交叉口的平均排队长度与行程时间，具体打分见表1。

表1　交叉口交通设计专家打分表

指标	专家1	专家2	专家3	专家4	专家5	专家6	专家7	专家8	专家9	专家10	总分
安全	3	4	5	2	6	3	3	4	5	3	38
效率	7	6	5	8	4	7	7	6	5	7	62

从上述的打分表中可以看出，若考虑交叉口设计的安全与效率两个因素，则影响交叉口设计的安全因素占比 0.38，效率因素占比 0.62。

综合后，可以得到一个基于安全与效率的交叉口评价模型：

$$V = 0.38 \times \frac{A_{原} - A}{A_{原}} + 0.62 \times \frac{E - E_{原}}{E_{原}} \tag{4}$$

其中，$A_原$、$E_原$分别为现状交叉口的安全指标和效率指标；A、E分别为设计交叉口的安全指标和效率指标；$V>0$则表示交叉口综合性能有所改善；$V<0$则表示交叉口的综合性能有所下降。

3 芜湖路与徽州大道交叉口交通改善设计实例分析

本文选择合肥市的芜湖路与徽州大道交叉口作为实例对其进行基于安全与效率的交叉口交通改善设计。

3.1 交叉口及相交道路几何条件调查

芜湖路与徽州大道交叉口为十字形交叉口。东进口有四个机动车道、两个直行车道、一个左转车道、一个右转车道，车道宽为 2.75m；东出口有两个机动车道，车道宽为 2.75m；西进口有四个机动车道、两个直行车道、一个左转车道、一个右转车道，车道宽 2.75m；西出口有两个机动车道，车道宽为 2.75m；南进口有五个机动车道、三个直行车道、一个左转车道，一个右转车道，车道宽为 3m；南出口有三个机动车道，车道宽为 3m；北进口有五个机动车道、两个直行车道、两个左转车道、一个右转车道，车道宽为 3m；北出口有三个机动车道，车道宽为 3m。整个交叉口四个进口并没有设置人行横道，但此交叉口处设立了人行天桥。东进口有展宽渐变段，由两车道变为四车道，展宽段为 70m，展宽渐变段为 30m。西进口有展宽渐变段，由两车道变为四车道，展宽段为 50m，展宽渐变段为 30m。

3.2 交叉口交通条件调查

交叉口交通量调查统计见表 2。

表 2　交通量调查

芜湖路与徽州大道交叉口			
进口方向	转向	平峰流量/（veh/h）	高峰流量/（veh/h）
芜湖路东进口	直	435	490
	左	145	175
	右	355	335
芜湖路西进口	直	355	425
	左	170	155
	右	155	215

续表

芜湖路与徽州大道交叉口			
进口方向	转向	平峰流量/（veh/h）	高峰流量/（veh/h）
徽州大道北进口	直	845	1 025
	左	155	270
	右	230	270
徽州大道南进口	直	855	875
	左	115	145
	右	270	265

交叉口交通控制状况调查相位设置如图1所示。

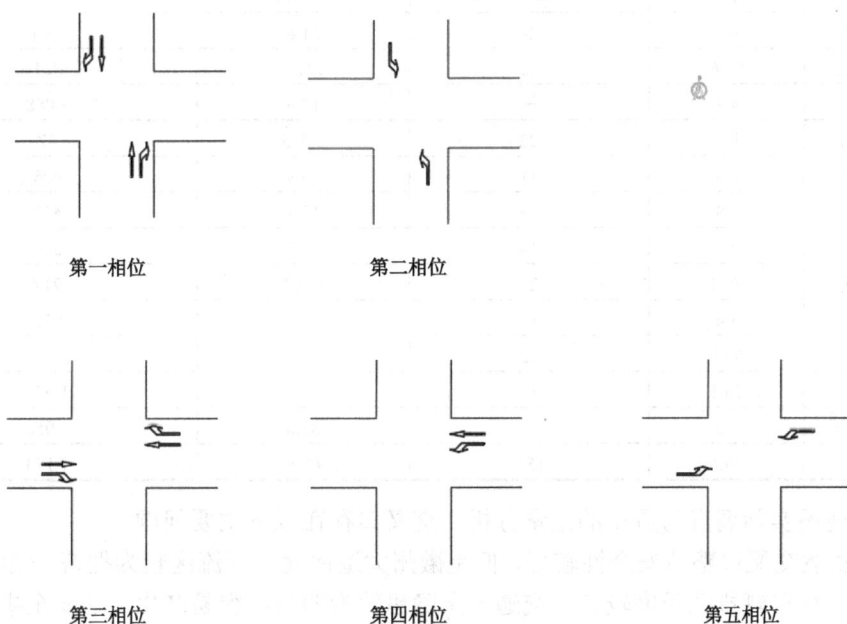

图1 交叉口交通控制状况调查相位设置

芜湖路与徽州大道交叉口采用五相位控制，现有相位总周期为 T=187s，第一相位为40s 绿灯，3s 黄灯；第二相位为56s 绿灯，3s 黄灯；第三相位为32s 绿灯，3s 黄灯；第四相位为28s 绿灯；第五相位为22s 绿灯。

3.3 交叉口现状评价

本文为了可以直观地体现交叉口的安全性，故着重于考虑交叉口的等效冲突点个数，表 3 是将机动车与机动车冲突和机动车与非机动车冲突综合起来考虑的交叉口安全评价表。

表3　现状交叉口交通安全评价表

评价指标			现状交叉口
安全	冲突	个数	42
	类型	合流	5
		分流	12
		交叉	3

由公式（1）可得交叉口的等效冲突点数为 $A=42$ 个。

交叉口的效率评价主要从行程时间、排队长度与延误三个指标考虑，现状交叉口通行效率评价表参见表4。

表4　现状交叉口通行效率评价表

进口道		延误（s）	排队长度/（pcu）	行程时间/s	通行效率/（pcu km/h）
东	左	53.7	9	51.8	180
	直	90.6	22	121.2	421
	右	4.3	—	17.9	1 088
西	左	48.9	22	108.5	67
	直	72.4	11	89.9	425
	右	0.9	—	17.7	427
南	左	49.3	14	71.2	319
	直	70.2	22	108.1	717
	右	1.4	—	30.3	973
北	左	53.6	12	79.9	452
	直	73.5	12	93.6	1 054
	右	1.8	—	35.6	1 050
均值/合计		43.4	15.5	68.8	7 173

根据现场实际调查与数据的定量分析，交叉口存在以下主要问题。

（1）虽然交叉口整体安全性较好，但是徽州大道南北向分流区较为拥挤，芜湖路进口道左转与直行车辆排队长度较长，交通安全隐患较为明显，容易产生交通安全事故。

（2）徽州大道南北进口道直行车辆较多，排队长度较长，无法满足高峰时段直行车快速通过的需求。

（3）徽州大道南北进口车道左转交通流较为拥挤，排队长度较长，左转车流通过交叉口的延误较高，应设置左转待行区。

（4）交叉口的信号配时有待优化，可进一步挖掘交叉口交通潜力。

3.4　交叉口综合交通设计

由于交叉口的南北向直行车辆较多，往往造成交叉口拥挤甚至冲突，所以实例设计方案重点考虑交叉口的徽州大道南北方向的直行车辆的拥堵问题。

在设计交叉口时，考虑到交叉口的占地面积不能扩大，在现有的基础上只允许有小幅度的改动，所以设计后的交叉口南北走向的徽州大道的机动车道为9条（6进口、3出口），右转专用车道为3.5m，其他机动车道宽度为3m，机动车道总宽度为27.5m。芜湖路机动车道 7 条（4 进口、3 出口），每条机动车道设置为 3.5m，机动车道总宽度为 24.5m。

（1）交叉口协调区域设计。

1）通过调整将徽州大道进口道的右转车道接近交叉口的 50m 改为直行车道，以满足徽州大道进口道直行车流的需求，原本右转的车辆在进入交叉口前经过右转匝道部分占用非机动车道进行右转，经调整徽州大道机动车进口道总宽度达到 18.5m，芜湖路机动车进口道总宽度达到 14m。

2）进口道设计

拓宽后徽州大道进口道为 5 车道，1 条左转专用道，4 条直行车道，每条车道设置的宽度为 3m，其中右转车流到达停车线前就利用右转专用道分流通过交叉口，在停车线前有 4 条直行车道，左转车道要进行渠化设计，设置左转待行区。

芜湖路进口道为四车道，1 条右转，1 条左转，2 条直行车道，每条车道宽度设置为 3.5m，左转车道设置左转待行区。

芜湖路东进口道拓宽车道展宽段延长为 80m，展宽渐变段 30m 保持不变。

3）出口道设计

徽州大道出口道设置成 3 条出口道，徽州大道 3 条出口道宽度均设置成 3m，同时将车流在出口车道上的行驶车速提高到 40km/h，芜湖路的两条出口道设置宽度也为 3.5m，芜湖路与徽州大道交叉口方案设计图如图 2 所示。

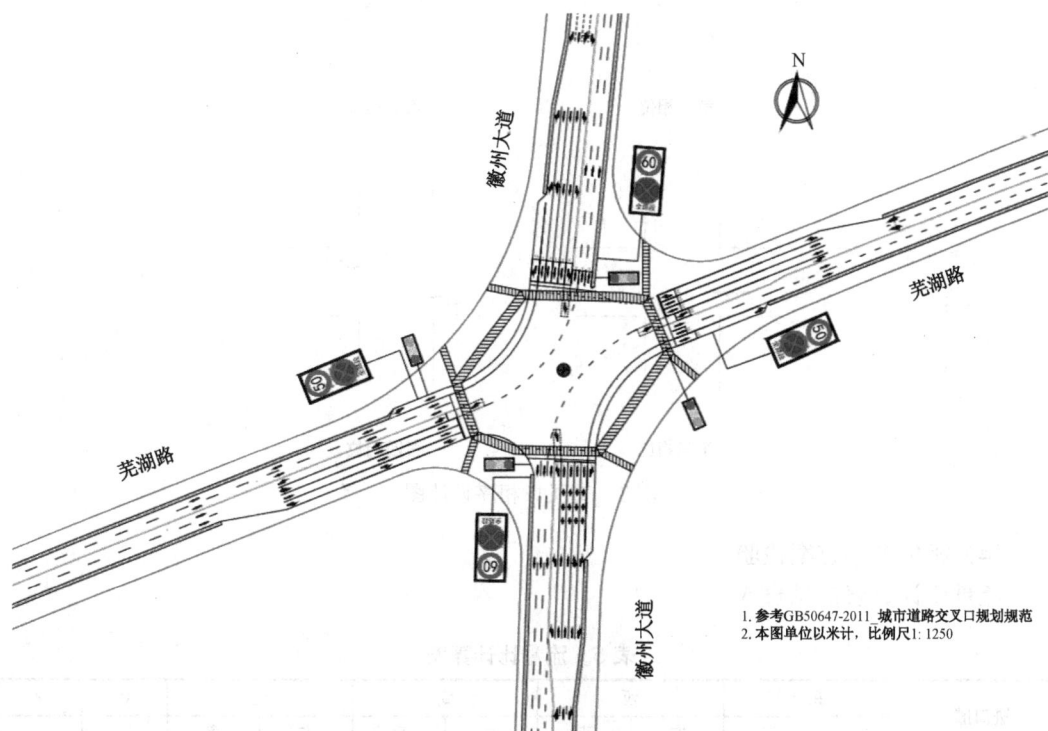

图 2 芜湖路与徽州大道交叉口方案设计图

（2）交叉口功能区域设计。

1）左转待行区设计

由于交叉口面积较大且徽州大道南北进口车道左转车流较多，所以设计时将 4 个车道进口左转车道均设置左转待行区。

2）交叉口导流线设计

由于交叉口功能区域车辆运行较为复杂，为了使交叉口车辆更加有序地通过交叉口，各股车流尽量减少相互干扰，提高交叉口的运行安全与效率，因此进行该交叉口的导流线设计。

芜湖路与徽州大道交叉口的东西方向的左转车流相对较多，为了规范左转车流通过交叉口的轨迹，在设置了左转待行区的基础上进行芜湖路左转车流导流线的设计，根据交叉口的物理条件，设置导流线的半径为 70m 左右。

（3）相位相序设计。

结合交叉口的空间设计，现在对交叉口的相位相序进行设计，现在拟定交叉口的相位为 4 相位设计，交叉口相序设计图如图 3 所示。

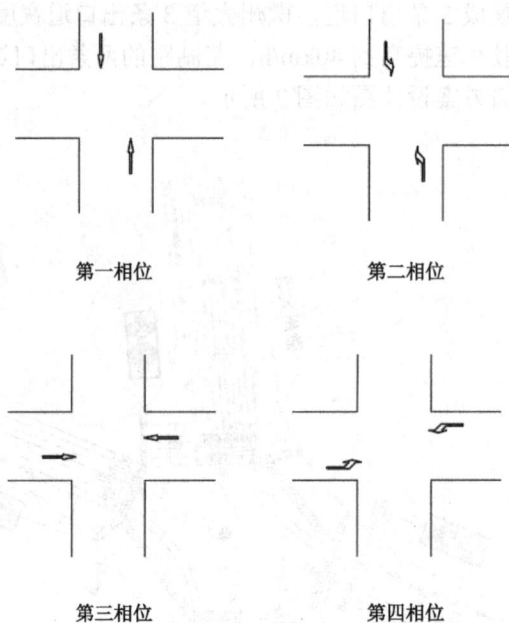

第一相位　　　　　　　第二相位

第三相位　　　　　　　第四相位

图 3　交叉口相序设计图

（4）相位控制方案检验

流量比计算表参见表 5。

表 5　流量比计算表

进口道	东		西		南		北		y_i	Y
	左	直	左	直	左	直	左	直		
车道数	1	2	1	2	1	4	1	4	—	—
交通量	175	490	155	425	145	875	270	1 025	—	—
饱和流量	1 500	1 500	1 500	1 500	1 500	1 300	1 500	1 300	—	—

进口道	东		西		南		北		y_i	Y
	左	直	左	直	左	直	左	直		
流量比	0.12	0.16	0.10	0.14	0.10	0.17	0.18	0.20	—	—
相位一	—	—	—	—	—	0.17	—	0.20	0.20	0.66
相位二	—	—	—	—	0.10	—	0.18	—	0.18	
相位三	—	0.16	—	0.14	—	—	—	—	0.16	
相位四	0.12	—	0.10	—	—	—	—	—	0.12	

由于 Y=0.66＜0.9，故此四相位的交叉口控制方案满足设计要求。

（5）信号配时设计[3,7]

信号总损失时间：

$$L = \sum_{i=1}^{4}(l_i + I_i - A_i) = 24\text{s} \tag{4}$$

信号最佳周期时长：

$$C_0 = \frac{1.5L + 5}{1 - Y} = 120\text{s} \tag{5}$$

总有效绿灯时间：

$$G_e = C_0 - L = 96\text{s} \tag{6}$$

各相位有效绿灯时间由公式

$$g_{ei} = G_e \frac{y_i}{Y} \tag{7}$$

得到

$$g_{e1}=29\text{s}，\quad g_{e2}=26\text{s}，\quad g_{e3}=23\text{s}，\quad g_{e4}=18\text{s}$$

由于芜湖路与徽州大道交叉口设置了行人过街天桥，所以此处不考虑行人过街所需的最短绿灯时间，所以各相位显示绿灯时间如下：

相位 1，g_1=32s；相位 2，g_2=29s；相位 3：g_3=26s；相位 4，g_4=21s

改善信号配时图如图 4 所示。

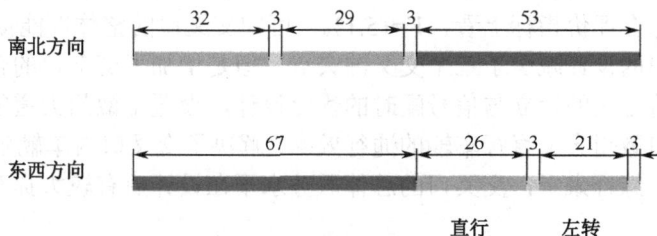

图 4　改善信号配时图

3.5　综合交通设计后交叉口评价

为了评价交叉口的综合交通设计是否改善了交叉口的安全性与通行效率，下面将对改造后的交叉口进行 VISSIM 仿真并对各项评价指标进行计算。方案二交叉口交通安全评价指标结果见表 6；然后，通过与现状交叉口相关指标进行对比来说明基于安全与效率的交叉口交通设计措施是否有效。设计后交叉口通行效率评价指标参见表 7。

表 6　方案二交叉口交通安全评价指标结果

评价指标			交叉口
安全	冲突	个数	38
	类型	合流	8
		分流	14
		交叉	0

由公式（1）得交叉口的等效冲突点数 $A=38$，与现状交叉口相比较交叉口的安全性提高了 9.5%。

表 7　设计后交叉口通行效率评价指标

进口道		延误/s	排队长度/pcu	行程时间/s	通行效率/(pcu·km/h)
东	左	42.0	4	70.4	212
	直	42.3	9	70.4	756
	右	0.6	—	17.5	1 196
西	左	41.9	3	72.7	150
	直	38.3	4	55.9	629
	右	0.4	—	18.9	480
南	左	36.0	5	65.9	262
	直	38.3	7	70.6	1 003
	右	0.9	—	27.6	1 111
北	左	39.1	9	71.2	451
	直	39.6	8	64.6	1 151
	右	1.3	—	35.1	1 105
均值/合计		均值 26.7	均值 6	均值 53.4	合计 8 506

观察表 4 和表 7，可以发现交叉口的通行效率及交叉口延误、排队长度、行程时间等度量指标与现状交叉口相比均有明显的改善，交叉口的通行效率提高了 18.6%，交叉口的平均延误降低了 38.5%，平均排队长度也下降了 61%，平均车辆行程时间也缩短了约 22.4%。

从交叉口的综合评价指标上看，$V=15.1\%$，可知交叉口的整体性能提升了 15.1%；从数据上看，交叉口的设计减少了三个交叉冲突点，但是增加了交叉口的合流点与分流点。通过交叉口左转待行区的设立与信号配时的优化设计，设置了徽州大道的右转专用车道，大大提高了交叉口徽州大道直行车辆的通行效率，解决了交叉口内车辆延误高、排队时间长等问题。因此，综合来看，交叉口的总体服务水平在设计后有较大提升。

4　结语

本文主要以安徽省合肥市内的芜湖路与徽州大道交叉口为例，根据交通调查现状，运用相关理论方法对现状问题进行了相关优化，通过 VISSIM 软件的仿真得到优化后的数据，通过与现状交叉口的相关指标进行比较，得到交叉口优化后的情况，经 VISSIM 仿真后，交叉口存在的问题在一定程度上能够得到解决，同时，通过本章实例的说明也证实了本文面向智能车路系统的交叉口安全与效率测试评价方法理论的正确性与可行性。

参考文献

[1] 张韡. 典型交叉口综合交通设计对通行效率影响研究[D]. 南京：南京林业大学，2015.

[2] 孙林. 基于交通冲突技术的城市交叉口交通安全评价方法研究[D]. 西安：长安大学，2015.

[3] 杨晓光，白平. 交通设计[M]. 北京：人民交通出版社，2010.

[4] 颜桃为，马健霄，马亮. 信号交叉口安全评价体系研究[J]. 森林工程，2010(01).

[5] 徐吉谦，陈学武. 交通工程总论[M]. 北京：人民交通出版社，2018.

[6] Werner Brilon.Traffic flow analysis beyond traditional methods[C]. Fourth international symposium on highway capacity, 2000.

[7] 杨锦东，杨东援. 城市信号控制交叉口信号周期时长优化模型[J]. 同济大学学报，2001.

[8] 陶经辉. 信号交叉口评价指标体系及对策研究[D]. 南京：江苏大学，2002.

共享自动驾驶车辆对智能车路系统的影响研究

张子洋 [1,2]　　冯小原 [1,2]

（1. 北京航空航天大学 交通科学与工程学院，车路协同与安全控制北京市重点实验室，
　北京 100191；
　2. 北京航空航天大学 大数据科学与脑机智能高精尖创新中心，北京 100191）

【摘要】共享自动驾驶车辆（Shared Autonomous Vehicle，SAV）将在不久的将来进入市场。
自动驾驶不仅受到学术界的关注，而且还受到运输和城市规划的从业者和政策制
定者的关注。虽然共享自动驾驶车辆会提高道路网络使用效率并提升道路安全性，
但是有研究结果反映，共享自动驾驶车辆还会诱增更多的出行需求，并使城市蔓
延发展。为了更好地理解共享自动驾驶车辆的潜在影响，本文基于先进的土地利
用和交通整合模型（TRANUS）分析了共享自动驾驶车辆对智能车路系统产生的
影响。

本文采用 TRANUS 构建了江阴市的土地与交通整合模型，首先制定出四种不同的
城市发展方案：趋势发展、拥挤收费、加入共享自动驾驶车辆的发展及综合发展
（拥挤收费+加入共享自动驾驶车辆）。然后采用 K-means 聚类分析法对 TRANUS
的结果进行聚类，分析共享自动驾驶车辆在城市不同发展类型下对智能车路系统
产生影响的差异性。

最终发现共享自动驾驶车辆的出现，在降低系统平均行程时间上有积极意义，并
且相较于主城区，对于边远城区更为有利。

【关键词】共享自动驾驶车辆；土地利用和交通整合模型；K-means 聚类分析

Study on The Impact of Shared Autonomous Vehicles on Intelligent Vehicle Road System

Zhang Ziyang[1,2], Feng Xiaoyuan[1,2]

(1. School of transportation science and engineering, Beijing university of aeronautics and astronautics, Beijing key laboratory of vehicular road coordination and safety control, Beijing 100191, China;

2. Big data science and high precision innovation center, Beijing university of aeronautics and astronautics, Beijing 100191, China.)

Abstract: Shared automated vehicles will soon enter the market in the near future. Automated driving is not only concerned by the academic community, but also by practitioners and policy makers in transportation and urban planning. Although shared autonomous vehicles will improve the efficiency of road network use and improve road safety, studies have shown that shared autonomous vehicles will also induce more travel demand and spread the city. In order to better understand the potential impact of shared autonomous vehicles, this paper analyzes the impact of shared autonomous vehicles on intelligent vehicle road system based on the advanced integrated models of land use and transportation (TRANUS).

This paper uses TRANUS to construct the integrated models of land use and transportation of Jiangyin City, and develops four different urban development plans: trend development, congestion charging, participation in the development of shared autonomous vehicles and comprehensive development (crowding charges + joining shared autonomous vehicles) . Then the K-means clustering analysis method is used to cluster the results of TRANUS, and the difference of the influence of shared automated vehicles on intelligent vehicle road system is analyzed.

It was finally found that the emergence of shared autonomous vehicles has positive significance in reducing the average travel time of the system, and is more advantageous for the remote urban areas than the main urban area.

Keywords: shared autonomous vehicles; integrated models of land use and transportation; K-means cluster analysis.

1 引言

1.1 研究背景

最近的研究报告称，车辆自动化技术已经成熟到足以实现自动驾驶汽车的商业化的程序，预期可能到 2020 年就可以实现这一目标[1]。同时随着移动互联网的迅速普及，可以整合各类分散的资源，实现供需双方快速匹配，共享经济迅速发展和蔓延，共享经济正以其革命性的力量颠覆传统的经济模式[2]。

共享汽车和自动驾驶汽车的结合被普遍认为是未来城市交通的最佳解决方案，对降低出行成本、缓解交通拥堵等汽车发展带来的诸多社会问题具有重要意义。随着共享自动驾驶车辆商业化的一步步到来，共享自动驾驶车辆也越来越受到学术界的关注。

1.2 研究现状综述

自动驾驶车辆是革命性的技术创新，它将以全新的形式组织运输，并且在不同的情景下，协助或完全替代现有的运输形式。运输供应的变化将主要影响舒适度、行程时间、时间价值、可靠性、成本或运营成本和安全性[3]。运输供应的这些变化将对运输需求产生影响[4]。最初，这些影响将会涉及出行行为，例如活动类型、出行次数或出行方式的选择。但是，由于交通与土地存在互动反馈作用，从长期来看，可能会对住户和公司的选址产生影响。此外，由于土地利用和交通的相互作用是由其他因素共同决定的，因此会对家庭和企业的个人特征和需求（例如家庭构成）、地区吸引力、土地可用性和住宅供应、流动性和土地利用相关政策以及其他的技术发展产生影响。

有几个指标常用于探究共享自动驾驶车辆的影响。关于出行行为，大多数使用车辆行驶里程或车千米数的变化作为影响指标[5]。一些研究还使用诸如出行时间变化，即车辆行驶时间等指标[6]。关于对于城市土地利用影响，以往的研究常重点关注自动驾驶车辆对于减少停车用地方面的影响。另外，还有部分研究主要调查研究区域内不同区域的人口发展或工作密度的变化[7]。

2 研究方案

2.1 技术路线

道路拥挤收费制度作为交通需求管理和交通管制的有效措施之一，在伦敦、新加坡等国家和城市先后实施，在治理交通拥挤、提高交通效率等方面取得了显著效果。因此，本文确定了四个研究方案，通过对在不同方案下由 TRANUS 平台模拟出的数据进行分析，横向对比挖掘在方案的实行后会造成的潜在影响：一个趋势型发展方案（不采用任何措施）——通过趋势发展得到的预测方案（A 方案），三个改进方案——实施拥挤收费政策得到的方案（C 方案），加入 SAV 得到的预测方案（S 方案），以及在道路拥挤收费模式下加入 SAV 得到的预测方案（B 方案）。此外，本文确定了若干发展年份，在这些发展年份下分别实施不同的发展方案，从而挖掘共享自动驾驶车辆造成的影响随时间的变化，具体而言，以 2010 年为基础年，以每 5 年为间隔，趋势发展至 2040 年。同时，在 2020 年加入道路收费政策，在 2025 年加入共享自动驾驶车辆。技术路线图如图 1 所示。

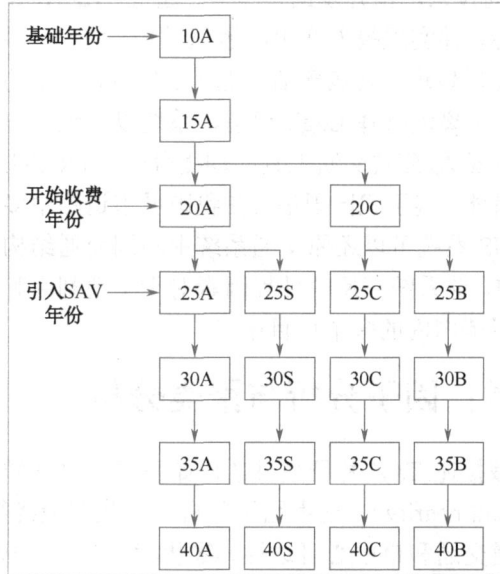

图 1　技术路线图

2.2　研究区域分区与实际收费方案的制订

本文以整个江阴市作为研究区域，采用交通分析区（TAZ）将整个研究区域划分为 265 个小区。

随着人们对生活品质追求的日益提高，江阴市的小汽车保有量正逐年上升。我们选取中心城区——西至通江北路、通江南路，南至芙蓉大道，东至东外环路，北至滨江中路所围合的范围，作为收费区域，总面积约为 13 平方千米。其中共有 56 个小区位于收费区内，共有 209 个小区位于收费圈外。江阴市道路拥挤收费方案参见表 1。

表 1　江阴市道路拥挤收费方案

项　目	描　述
收费区域	中心区域
收费目标	进入收费区域小汽车
收费费率	20 元

3 研究方法

3.1 土地利用与交通整合模型——TRANUS

TRANUS 是基于空间投入产出开发的模型[8]，通过 TRANUS 可以将制造业和其他生产活动集计为统一的目标，并实现投入产出的累积过程，它以产业活动作为外生变量，并在城市蔓延发展过程中得以体现。它包含活动选址、出行产生、方式划分、交通分布及交通分配 5 个子模块[9]。基于离散选择 Logit 模型，系统以一致的方式连接在一起。相较于传统运输模式的中常见的私人/公共交通工具的均衡分配，TRANUS 的多式联运路径的选择和分配更为有优势。另外，鉴于我国国情（在我国城市道路中多见机动车与非机动车混行情况的发生），TRANUS 系统可以还原交通系统中不同交通结构下不同出行方式抢占有限道路资源的情况。目前，该系统在反映外界因素对于土地利用和交通因素影响方面表现优异，并成功应用于世界范围内的多个项目中。

3.2 TAZ 分类：因子分析与聚类分析

因子分析法可以缩减描述 TAZ 特征属性的原始变量，这样做的目的是减少各变量之间的多重共线性（multicollinearity）。使用因子分析法，我们最终得到 7 个因素用于描述城市建成环境，包括轨道交通和市中心可达性、零售状况、人口状况、工业状况、街道设计和常规公交状况、政府状况、基础设施可达性。

并且，使用 K-means 聚类分析法对 265 个 TAZ 进行分类，考虑到分类的结果的可解释性并保证聚类种类的多样性，最终圈内圈外分别划分了 8 种 TAZ 类型。

3.2.1 收费区域内 TAZ 的聚类分析

收费区域内 TAZ8 种聚类中心值参见表 2。表 2 中最后两行表示每种 TAZ 类型的分布情况[10]。例如有 20 个 TAZ 属于 TAZ2。聚类中心值反映了每种 TAZ 类型的特征，具体而言，有以下特征。

TAZ1 面积较大，具有最好的政府岗位状况以及较好的基础设施可达性，是处理政务的核心区域，但是工作岗位状况、零售岗位状况与公交、街道设计都很差。

TAZ2 的工业岗位状况、零售岗位状况与公交、街道设计、政府岗位状况都很差。

TAZ3 虽然工业岗位数不是很好，但是街道设计较好，零售岗位数和公交好，且距离基础设施较近。

TAZ4 的区域面积最小，且距离基础设施最远。

TAZ5 具有较为优秀的工业岗位状况与零售岗位状况与公交，但是较小且政府岗位状况及街道设计很差。

TAZ6 具有最好的人口状况而且区域面积不小，是较好的人口聚集区，但是工业岗位状况、零售岗位状况与公交、政府岗位状况都很差且距离基础设施较远。

TAZ7 具有最好的工业岗位状况，并且政府岗位状况与街道设计都很优秀，但是它的零售岗位状况与公交是最差的，距离基础设施也很远。

TAZ8 具有最大的区域面积以及最好的零售岗位与公交状况，工业岗位状况也很优秀，但是它的政府岗位状况与街道设计是最差的。

根据表 2 的信息，图 2 给出了收费区域内 TAZ 聚类结果。

表 2　收费区域内 TAZ8 种聚类中心值

	Cluster							
	1	2	3	4	5	6	7	8
区域面积	0.766	−0.262	−0.381	−0.568	−0.513	0.557	−0.184	3.274
工业状况	−0.559	−0.231	−0.167	0.030	4.034	−0.143	4.709	0.623
零售状况与公交	−0.534	−0.586	0.809	0.524	1.862	−0.095	−1.130	2.241
人口状况	−0.875	−0.608	0.210	−0.548	−0.498	1.153	0.216	−1.903
政府状况	4.100	−0.409	0.161	0.218	−0.614	−0.149	0.874	−0.964
街道设计	−0.534	−0.264	1.007	−0.002	−0.740	−0.163	0.746	−1.278
基础设施可达性	0.356	0.341	0.867	−1.821	0.409	−0.318	−0.709	−0.193
数目	2	20	10	6	1	15	1	1
所占比例	4%	36%	18%	11%	2%	27%	2%	2%

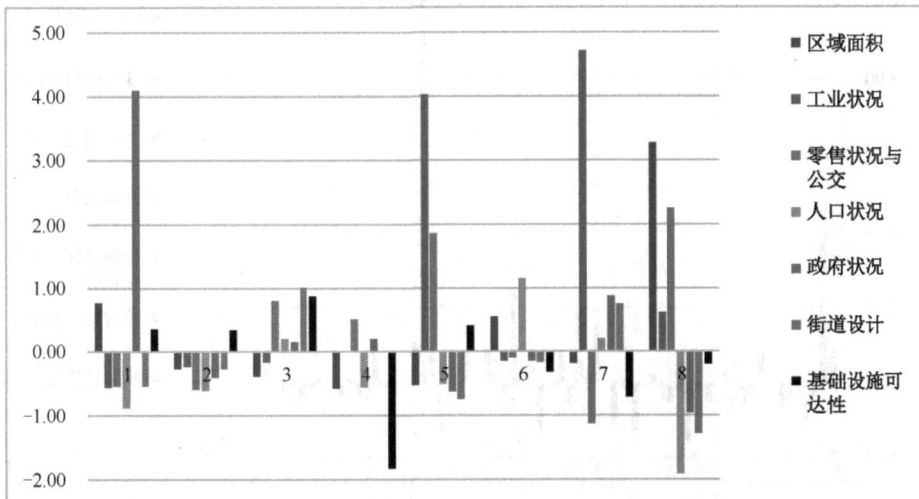

图 2　收费区域内 TAZ 聚类结果

3.2.2　非收费区域内 TAZ 的聚类分析

同样地，非收费区域 TAZ8 种聚类中心值参见表 3[10]。

TAZ1 具有最好的零售岗位状况，以及优秀的 CBD 可达性，是优秀的零售岗位聚集地，但是工业岗位状况与政府岗位状况以及到基础设施可达性很差。

TAZ2 具有最好的 CBD 可达性，不差的人口状况以及街道设计与常规公交设计，但是零售岗位状况、工业岗位状况、政府岗位状况、基础设施可达性均很差。

TAZ3 到达 CBD 以及基础设施的可达性均是最差的。

TAZ4 具有最好的工业岗位状况和常规公交设计与街道设计，且距离基础设施距离很近，但距离收费区域或 CBD 距离较远。

TAZ5 的零售、工业和政府岗位状况都很优秀，是工作岗位集聚区，但该区域的街道设计和常规公交状况较差。

TAZ6 具有最好的政府岗位状况和基础设施可达性，以及较为优秀的 CBD 可达性和常规公交设计以及街道设计，是处理政府事务的核心地区。

TAZ7 具有优秀的工业岗位状况以及政府岗位状况，但是它的街道设计和常规公交状况较差，距离基础设施非常远。

TAZ8 距离 CBD 以及基础设施距离均非常远，属于偏远地区，同时，政府岗位状况、人口状况、街道设计及常规公交设计均很差。

同样，图 3 是根据表 3 信息给出的不收费区域内 TAZ 聚类结果。

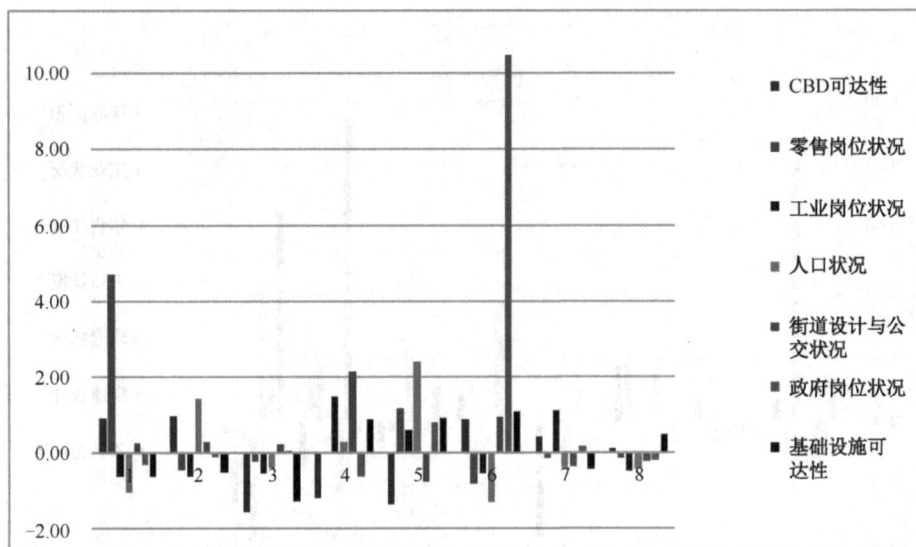

图 3　不收费区域内 TAZ 聚类结果

表 3　非收费区域 TAZ8 种聚类中心值

| | Cluster | | | | | | | |
	1	2	3	4	5	6	7	8
CBD 可达性	0.925 66	0.971 35	-1.569 01	-1.201 07	-1.358 13	0.880 02	0.444 00	0.108 13
零售岗位状况	4.702 32	-0.458 11	-0.215 49	0.009 25	1.166 21	-0.829 56	-0.131 09	-0.123 97
工业岗位状况	-0.614 45	-0.608 44	-0.546 79	1.474 95	0.617 47	-0.530 32	1.128 83	-0.468 21
人口状况	-1.048 61	1.417 09	-0.379 32	0.286 09	2.407 66	-1.315 97	-0.398 54	-0.420 53
街道设计与公交状况	0.255 98	0.283 88	0.248 57	2.142 63	-0.748 54	0.953 19	-0.368 85	-0.208 50
政府岗位状况	-0.307 64	-0.112 23	0.057 50	-0.611 62	0.797 71	10.475 88	0.190 97	-0.185 91
基础设施可达性	-0.615 30	-0.492 91	-1.277 34	0.875 74	0.911 43	1.093 87	-0.423 93	0.504 75
数目	5.000 00	29.000 00	22.000 00	12.000 0	10.000 00	1.000 00	44.000 00	86.000 00
所占比例	2%	14%	11%	6%	5%	0%	21%	41%

4　结果分析

　　按照 3.2 节的聚类分析结果，分析共享自动驾驶车辆的加入对从不同城市建成环境的各交通小区出发，至其他区域的平均出行时间产生影响的差异性，并确定所产生的差异与城市建成环境各要素之间的联系，解释由土地利用与交通整合模型得到的结果。各 TAZ 的平均出行时间满足式（1）

$$T_n = \sum_{a(n)} \sum_j t_{ij}(n) / [a(n)k] \tag{1}$$

式中，T_n 代表第 n 种 TAZ 的平均行程时间；$u(n)$ 代表第 n 种 TAZ 的数量；$t_{ij}(n)$ 代表属于第 n 种 TAZ 的小区 i 与小区 j 之间的最短行程时间；k 代表小区数量。

　　表 4、表 5 给出了收费区域内及收费区域外，与 C 方案相比，各类 TAZ 在 B 方案下引入共享自动驾驶车辆后，平均行程时间的变化情况。平均行程时间的变化率满足式（2）：

$$\beta_n = \left[\overline{T}_n(B) - \overline{T}_n(C) \right] / \overline{T}_n(C) \tag{2}$$

其中，β_n 为第 n 种 TAZ 的平均行程时间变化率；$\overline{T}_n(B)$ 为 B 方案下第 n 种 TAZ 的平均行程时间；$\overline{T}_n(C)$ 为 C 方案下第 n 种 TAZ 的平均行程时间。

表 4　收费区域内不同 TAZ 类型的平均行程时间变化率（%）

TAZ 类型	收费区域
1	-2.08
2	-2.28
3	-1.10
4	-1.45
5	-3.68
6	-0.22
7	-7.67
8	-0.94

表5　不收费区域内不同 TAZ 类型的平均行程时间变化率（%）

TAZ 类型	不收费区域
1	−12.54
2	−12.55
3	−16.56
4	−13.43
5	−14.06
6	−10.22
7	−16.21
8	−15.31

由表4、表5可以分析得到以下结论。

加入共享自动驾驶车辆后，平均行程时间普遍降低。相较而言，对于不收费地区更为有利，行程时间的降低要远大于收费地区。初步分析其原因是，由于从收费区域出发驶向其他区域将不会收取拥堵费用，如果选择租赁共享自动驾驶车辆还要缴纳租金，出于成本考虑，大部分人群还会选择公共交通或者私家车出行，即在收费区域，共享自动驾驶车辆的加入对于人们出行方式的选择影响不大；而在非收费地区，由于从非收费地区出发，驶向收费地区，需要缴纳拥堵费用，因此，人们会偏向选择共享自动驾驶车辆，所以在非收费地区，由于共享自动驾驶车辆的引入，行程时间的降低要远高于收费地区。

具体来说，对于收费区域来说，公交状况良好的区域，如 TAZ8，在 SAV 的加入后，行程时间几乎没有变化；相反，公交状况差的区域，如 TAZ7，在 SAV 的加入后，行程时间相较而言有着明显降低。在公共交通状况差的区域，人们除了私家车出行，驾驶共享自动驾驶车辆出行也是不错的选择。所以，在公共交通状况差的区域，共享自动驾驶车辆的引入对人们出行方式的选择影响要大于公共交通状况好的区域。相应地，行程时间的降低也较高。这也在一定程度上证明了上文的猜想。

对于非收费区域，在引入共享自动驾驶车辆后，除 TAZ6 以外，对于其他 TAZ，行程时间的缩短差距不大。由于 TAZ6 拥有优秀的基础设施可达性与 CBD 可达性以及街道设计与公交状况，交通便利，乘坐公交出行不仅价格低廉且行程时间也不长，共享自动驾驶车辆的引入对居民出行方式选择的影响最小。相对而言，TAZ3 的各项指标均不优秀，共享自动驾驶车辆加入后，由于其便利性，导致更多的人选择共享自动驾驶车辆出行，因此 TAZ3 的行程时间降低最为明显。

5　结语

本论文依托江阴市的土地利用和交通整合的综合模拟平台，并在此平台上模拟了共享自动驾驶车辆的加入，并重点关注了影响行程时间的因素，明确这些影响因素使我们可以制定有利于区域发展的交通政策，避免或降低共享自动驾驶车辆加入后产生的负面影响。

　　此外，为进一步分析不同建成环境要素组合作用下，道路收费对行程时间的影响差异性，本研究采用聚类分析的方法对收费区域内、外的 TAZ 分别进行定量化分类。通过分析共享自动驾驶车辆的加入对不同建成环境类型各交通小区产生影响的差异性，理解所产生的差异与城市建成环境各要素组合之间的联系。可以发现，共享自动驾驶车辆加入交通系统后，将会使交通系统的平均行程时间普遍缩短，但明显对于非收费地区更为有利。并且共享自动驾驶车辆的加入对于那些生活在公交状况不好或街道设计差的区域的人群，帮助更大，更能降低他们的平均出行时间，相较于生活在交通便利区域的人群，共享自动驾驶车辆的引入，对于前者更为有利。

参考文献

[1] Litman T. Autonomous vehicle implementation predictions: Implications for transport planning. Victoria Transport Policy Institute.

[2] 乔英俊，纪雪洪. 发展共享汽车推动汽车强国建设[J]. 中国工程学，2018，20(01)：120-126.

[3] Milakis, D., van Arem, B., van Wee. B. Policy and society related implications of automated driving: A review of literature and directions for future research[J]. Journal of Intelligent Transportation Systems, 2017, 21(4): 324-348.

[4] Alessandrini A, Campagna A, DelleSite P, et al. Automatedvehiclesandthe rethinking of mobility and cities[J]. Transportation Research Procedia, 2017, 5: 145-160.

[5] Hörl, S., Erath, A.. Axhausen, K. W. Simulation of autonomous taxis in a multi-modal traffic scenario with dynamic demand. Zurich: Institute for Transport Planning and Systems.ETH Zurich.

[6] Childress S, Nichols B, Charlton B. Using an activity-based model to explore possible impacts Of automated vehicles.Paper presented at the TRB annual meeting, 2015.

[7] Gelauff G, Ossokina I, & Teulings C. Spatial effects of automated driving: Dispersion, concentration or both. The Hague: KIM-Netherlands Institute for Transport Policy Analysis.

[8] de la Barra T. Intergrated land use and transport modelling. Decision chains and hierarchies[M]. Cambriclge: Cembridge Llniversity Press, 1989.

[9] 姜耀. 道路拥挤收费对城市空间结构和汽车尾气排放的影响[D]. 大连：大连理工大学，2014.

[10] 钟绍鹏，隽海民. 城市土地利用与交通整合理论、方法和实践[M]. 北京：科学出版社，2018：198-199.

反侵权盗版声明

电子工业出版社依法对本作品享有专有出版权。任何未经权利人书面许可，复制、销售或通过信息网络传播本作品的行为；歪曲、篡改、剽窃本作品的行为，均违反《中华人民共和国著作权法》，其行为人应承担相应的民事责任和行政责任，构成犯罪的，将被依法追究刑事责任。

为了维护市场秩序，保护权利人的合法权益，我社将依法查处和打击侵权盗版的单位和个人。欢迎社会各界人士积极举报侵权盗版行为，本社将奖励举报有功人员，并保证举报人的信息不被泄露。

举报电话：（010）88254396；（010）88258888

传　　真：（010）88254397

E-mail：　 dbqq@phei.com.cn

通信地址：北京市万寿路 173 信箱

　　　　　电子工业出版社总编办公室

邮　　编：100036